KB191022

교리사:

개혁파적 교의사(教義史)의 한 시도

개혁파 성도들은 무엇을 어떻게 믿어 왔는가?

이 책을 박윤선 목사님을 비롯한 귀한 은사님들과 합신의 동료 교수님들과
합신의 과거, 현재, 미래의 모든 학우들에게 헌정합니다.

A History of the Reformed Dogma
by Seung-Goo Lee
Verbum Dei Minister
BA, MA, M. Div., M. Phil., & Ph. D.
Professor of Systematic Theology
Hapdong Theological Seminary

합신신학총서 05

교리사: 개혁파적 교의사(教義史)의 한 시도

- 개혁파 성도들은 무엇을 어떻게 믿어 왔는가?

초판 1쇄 2023년 11월 11일
발 행 인 김학유
지 은 이 이승구
펴 낸 곳 합동신학대학원출판부
주 소 16517 수원시 영통구 광교중앙로 50 (원천동)
전 화 (031)217-0629
팩 스 (031)212-6204
홈페이지 www.hapdong.ac.kr
출판등록번호 제22-1-2호
인 쇄 처 예원프린팅 (031)902-6550
총 판 (주)기독교출판유통 (031)906-9191

ISBN 979-11-93395-01-1 (94230)
ISBN 978-89-97244-63-8 (94230) 세트
값은 뒷표지에 있습니다.

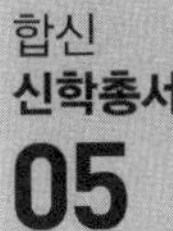

교리사

개혁파적 교의사(教義史)의 한 시도

이승구 지음

A History of the Reformed Dogma

개혁파 성도들은 무엇을 어떻게 믿어 왔는가?

합신대학원출판부

이 책은 송파제일교회 임성실 장로님이 지원한 연구비로 저술되었습니다.
귀한 기금을 마련하여서 합신을 통하여 개혁파적 서적이 발간되게 하시는 귀한 사역으로
이 땅에 개혁파 사상이 널리 전파 되게 하시는 것에 대해 깊이 감사드립니다.

들어가는 말

서론에서 잘 드러나겠지만, 교의(教義, Dogma)란 교회 공동체가 계시에 근거해서 믿는 것을 공식적으로 선언한 것이다. 이 책은 개혁파 교의가 과연 어떤 경로로 선언되었고, 그 내용이 어떤 것인지를 역사적으로 탐구하는 책이다. 그래서 일반적으로 교리사(教理史)라고 하는 것을 『개혁파 교의사』(教義史)라고 했다. 이것은 교리사를 다루는 나의 입장을 처음부터 분명히 하려는 것이다. 그러므로 오늘날 흔히 재미있게 표현하는 방식으로 말하자면, 이 책은 "교리사라고 쓰고, 개혁파 교의사라고 읽으려고 하는 책"이다. 사실 이것은 오늘날 사람들이 별로 관심을 가지지 않는 주제다. 그러나 이 내용은 신학을 공부해서 다음 세대의 목사가 되어 2,100년 된 신약교회의 바른 가르침을 대변할 사람으로 설 사람들은 반드시 점검해 보아야 하는 것이다. 그러므로 이 책의 일차적 대상은 앞으로 장로교 목사가 되려는 사람들이다. 그 분들로 하여금 장로교회가 공식적으로 믿고 선언하는 바인 개혁파 교의가 과연 어떤 역사적 과정을 거쳐 형성되었는지를 생각하여, 그 분들이 참된 장로교 목사가 되는 일에 도움이 되도록 하려는 책이다. (그러므로 앞으로 장로교 목사가 되려는 분들만 다 읽어도 이 책은 많은 분들이 읽을 것이다. 그러나 과연 그럴까?)

이 책의 이차적 대상은 이 땅의 많은 장로교인들이다. 장로교인들이 관심을 가지고 읽으면서, 우리가 과연 장로교인으로서 믿어야 할 바를 바르게 믿고 있는지를 점검하기 바란다. 그렇게 되면 이 땅의 장로교회는 참으로 든든한 교회가 될 것이다. 그 분들 뿐만 아니라, 예를 들어서 침례교회에 속해 있으면서도 (교회론의 몇 가지 문제를 제외하고는) 개혁파 신학(reformed theology)을 가지고 있는 19세기의 스펄젼이나 우리 시대의 존 파이퍼 목사님과 같은 입장에 서 있는 분들도 위한 것이다. 미국 남침례 교회와 장로교회가 그리하는 것과 같이 든든한 개혁파 연대가 이 땅에서도 형성되기를 바라면서 말이다.

이 책의 다른 대상은 다른 교파에 속해 있는 분들이다. 우리들이 과연 어떤 점에서 의견을 같이하는지, 어떤 점에서는 의견을 달리하는지를 점검할 수 있는 좋은 대화의 기연(奇緣)이 되었으면 한다.

이 책의 원고를 일단 출판사로 보내는 지금 나는 지극히 아쉬운 마음을 가진다. 이전에 어떤 책을 "쓰기 시작하면서 곧바로, 그 일이 얼마나 부담되는 일인지를 파악하고서, 그 책 쓰는 일을 허락한 것을 후회했다"고 말하는 외국 교수님들의 저작을 본 일이 있었는데, 이 책은 사실 책을 쓰기 전부터 많은 부담을 가져서 쓰기를 매우 어려워한 책이다. 교의사와 교리사를 쓰는 작업의 어려움을 잘 알고 있었기 때문이다. 드디어 수년의 작업을 마치고 원고를 출판사로 보내면서도 그 부담은 여전하다. 원고가 마음에 들게 완성되어 보내는 것이 아니라 (그러려면 몇 년의 시간이 더 필요하다고 여겨진다), 일단은 마쳐야 하기에 그저 지금 여기서 멈추고 원고를 보내는 것이기 때문이다. 사실 대부분의 책의 출판 상황이 그러하다. 그렇지 않았으면 지금까지 아마 책 한 권도 내지 못했을 것이다. 늘 그렇지만, 일단 마치면서 앞으로도 계속해서 수정하여 더 나은 책을 만들기로 약속하면서 이 책을 여러 독자들에게로 보낸다.

합신 교수님들이 발간하는 '신학정론적 교과서 시리즈'의 한 부분으로 이 책이 나올 수 있도록 〈합신 신학 교과서 시리즈〉 기금을 내신 귀한 장로님과 이 책의 내용을 꼼꼼히 검토하신 〈합신 저작물 심의위원회〉의 여러 동료 교수님들과 정말 많은 시간을 들여서 일일이 맞춤법을 교정해 주시는 김우곤 선생님께 깊이 감사드린다.

주께서 이 부족한 작업도 의미 있게 사용해 주시기를 기원하면서...

2023년 7월 1일
1992년에 첫 저작물인 『현대 영국 신학자들과의 대담』을 내던 때를 생각하면서
교수 생활의 마지막 책 원고를 보내며
합동신학대학원대학교 연구실에서

차례

들어가는 말 05

서론: 교의와 교의사 12

제1부

고대 교회의 기여:
근본적 기독교 교의의 형성

제1장 이단 배격: 가현설, 영지주의, 마르시온주의, 몬타누스주의를 배격한 교부들 40

제2장 삼위일체 교의의 정립 128

제3장 그리스도의 양성론의 정립 210

제4장 구원과 은혜에 대한 고대 교회의 이해 262

제5장 어거스틴의 교리사적 기여와 문제점 318

〈부록〉 부활에 대한 어거스틴의 이해를 통해 본 어거스틴의 플라톤주의 극복의 문제 350

제6장 기타 기본적 교의의 정립 380

제2부

중세 교회의 주장과 그 문제점:
천주교회의 교의 이해와 그 문제점

제7장 중세 신학의 교리사적 기여 420

1. 기독교의 기본 교리의 보존과 명료화 424

2. 구속을 위한 그리스도의 양성의 필요성 논증 439

3. 대리형벌설의 정립 443

제8장 중세 신학의 문제들(1): 구원 교리와 관련한 문제들 474

제9장 중세 신학의 문제들(2): 성례 교리와 관련한 문제들 508

제10장 중세 신학의 문제들(3): 교회 조직과 관련한 문제들 524

제11장 중세 신학의 문제들(4): "성경과 전통"과 관련한 문제들 마리아론, 상(像) 문제, 혼배성사, 고해제도, 성호 사용의 문제 540

제3부

종교개혁 시대에 정립된 종교개혁적 교의들

제12장 "오직 성경" 원리의 정립 564

제13장 "이신칭의" 교의의 정립 578

제14장 성화 교의의 정립 602

제15장 교회와 교회 조직과 관련한 교의의 정립 618

제16장 세례에 대한 교의 정립 640

제17장 성찬에 대한 교의 정립 652

제18장 고대교회와 중세교회와 연속성을 지닌 교의들 676

제4부

종교개혁 이후 시대에 정리된 교의들

제19장 개혁신학의 명확한 정리와 정교화 696

〈부록〉 17~18세기 루터파 교회안에서의 논쟁과 루터파 정통주의 784

제20장 잘못된 사상들 반박 790

소시니우스주의, 항론파 사상, 가정적 보편주의, 합리주의 신학 반박

제21장 성경과 계시에 대한 정확한 정리 830

제22장 언약 사상과 언약 교의의 정립 868

제23장 다른 사상들에 대한 반박 916

제24장 종말 이해의 정립 950

나가면서 978

참고 문헌 980

서론

교의와 교의사

기독교 교의란 무엇인가?

교의(教義, decree, dogma)란 교회가 공식적으로 믿는 바를 말한다. “종교적 교의는 권위에 근거하고, 어떤 교회 회의에 의해 공식적으로 규정된 종교적 진리다.”[1] 그러므로 기독교회가 공식적으로 믿는 바가 기독교 교의(Christian dogma)다. 무엇이 기독교 교의인가 하는 것은 매우 중요한 것이 아닐 수 없다. 나는 이 책에서 개혁파 교회(즉, 장로교회와 개혁교회)가 공식적으로 믿고 가르치는 바를 **개혁파 교의**(Reformed Dogma)라고 하였다. 그러므로 개혁파 교의에 대한 정립이 어떤 과정을 통해서 이루어졌는지를 탐구하는 것이 개혁파 교의의 역사(*A Reformed 'History of Dogma' or A History of the Reformed Dogma*)라고 할 수 있다. 그러므로 이 책은 아주 의도적으로 아예 처음부터 우리들은 개혁파 교회가 공식적으로 믿는다고 선언한 바를 중심으로 교의에 대한 논의를 한다는 점에서 그

---

1 Louis Berkhof, *The History of Christian Doctrines* (Grand Rapids: Eerdmans, 1937, 1949, paperback edition, Grand Rapids: Baker, 1975), 16.

의미를 찾을 수 있다.[2] 이 책에서 자세히 논의하겠지만, 개혁파 교회는 오직 성경의 가르침에 근거해서 우리의 믿는 바를 규정하려고 하였다. 따라서 종교 개혁 이전의 교회가 공식적으로 믿는다고 선언한 것 가운데서 성경에 일치하는 것이 개혁파의 교의에 해당하는 것이고, 성경에 일치하지 않거나 성경적 근거가 부족한 것은 개혁파 교의가 아니다.

교회가 믿는 바를 공적으로 규정하려는 시도는 아주 오래 전부터 있었다. 니케아 공의회(325)나 콘스탄티노플 공의회(381)와 같은 초기 공의회의 시도들이 그런 것이었다. 레린의 빈센트(Vincent of Lérins=Vincentius Lerinensis, † c. 445)는 434년에 교회가 "항상, 어디서나 그리고 모두에 의해서"(*semper, ubique et ab omnibus*) 받아들여져 믿어온 것이 "보편적이고 정통적 교리"(catholic or orthodox doctrine)라고 말하였다.[3] 그래서 보편성(universality), 고대성(antiquity), 그리고 대부분의 사람들의 합의(consensus)가 중시된다.

이것은 아주 의미 있고 흥미로운 규정이다. (그래서 1614년에 헬름스타트(Helmstadt)의 신학 교수가 되었던 죠오지 칼릭스투스(George Calixtus, 1586-1656)는 이 원칙을 가지고 성경과 사도신경, 그리고 처음 500 동안에 제시된 내용을 믿는 루터파, 개혁파 심지어 천주교회를 아울러 보려는 시도도 했다. 그는 이런 목적의 회합이었던

[2] 물론 명확히 이런 제목을 내세우지 않는 벌코프도 결국 이런 성향을 드러내고(특히 Berkhof, *The History of Christian Doctrines,* 28), 결국 개혁파 교의사를 제시하였다고 할 수 있다.

[3] Cf. Vincentius, *Commonitorium,* 2. 3 (https://www.newadvent.org/fathers/3506.htm). 아주 잘 알려진 것이긴 하지만 이는 George Park Fisher, *History of Christian Doctrine* (Edinburgh: T. & T. Clark, 1896, 7th Impression, 1949), 196와 Jaroslav Pelikan, *The Christian Tradition: A History of the Development of Doctrine,* vol. 1: *The Emergence of the Catholic Tradition (100-600)* (Chicago & London: The University of Chicago Press, 1971), 333에서 온 정보이다.

1645년 폴란드 또른(Thorn) 회의에 참여했으나, 많은 사람들은 그의 절충적 입장을 강하게 반대했다.)[4] 그래도 많은 사람들이 교의에 대한 말을 할 때 항상 레린의 빈센트의 이 말을 인용하면서 시작하곤 한다.

레린의 빈센트보다 한 세기 후에 『보편적 신앙에 대하여』라는 책을 쓴 보에띠우스(Boethius, c. 480 - 524)도 비슷하게 말한다: "그러므로 이 보편적 신앙은 온 세상에 퍼져 있고(spread), 다음과 같은 세 가지 특별한 표지로 알려진다. 그 안에서 믿어지고 가르쳐지는 것은 성경의 권위를 지닌다. 보편적 전통의 권위를 지닌다. 그리고 그 자체의 바른 용례의 권위를 지닌다."[5]

어거스틴도 "온 세상의 판단은 믿을 만하다"고 한 바 있다.[6] 그러나 빈센트의 말은 다양하게 해석될 수 있으므로, 이것만 가지고 교의가 무엇인지를 말하는 것은 어려운 일이다.[7] 특히 그가 "우리의 거룩한 조상들과 교부들이 명백히 유지

---

4 특히 비텐베르크 교수였던 아브라함 칼로비우스(Abraham Calovius, 1612-86)는 칼릭스투스의 입장을 강하게 반대했다. (이에 대해서 R. Buick Knox, "The History of Doctrine in the Seventeenth Century," in *A History of Christian Doctrine,* ed., Hubert Cunliffe-Jones [Edinburgh: T&T Clark, 1978, reprinted, Philadelphia: Fortress Press, 1980], 432를 보라).

5 Boethius, *De fide catholica* (*The Emergence of the Catholic Tradition,* 333).

6 Augustine, *Against the Epistle of Parmenianus,* 3. 4. 24: "*securus judicat orbis terrarum.*" (*The Emergence of the Catholic Tradition,* 334); *Against Faustus the Manichean,* 11. 2: "the consensus of so many nations" (Pelikan, *The Emergence of the Catholic Tradition,* 338).

7 더구나 빈센티우스가 5세기 반(半)-펠라기우스 논쟁 때에 반(半)-펠라기우스주의(Semi-Pelagian)를 옹호하는 사람으로도 언급되는(Pelikan, *The Emergence of the Catholic Tradition*, 319; 그리고 https://en.wikipedia.org/wiki/Vincent_of_L%C3%A9rins) 상황에서 그를 언급하는 것은 무의미해진다. 특히 비슷한 말을 하면서 바른 것도 그저 개인 신학자와 교사의 견해 ("어거스틴 개인의 신학")이지 교회의 교리가 아니라고 하면서 많은 것에 대해서 좀 더 넓게 보려는 여지를 주는 Pelikan, *The Emergence of the Catholic Tradition,* 326-27 등의 논의는 우리를 불안하게 한다.

한 해석이 규범적인" 것이라고[8] 보충 설명할 때 그 모호성이 더 드러나게 된다.

그러므로 일단 "참된 기독교회가 성경에 근거해서 자신들이 믿는 바를 공식적으로 선언한 것"을 기독교 교의(Christian Dogma)라고 하기로 한다.[9] 이것이 우리의 기본적인 작업가설(working hypothesis)이다. 여기에 담긴 의미를 하나하나 생각해 보는 것이 이 서론에서 해야 할 작업이다.

(1) 기독교회가 믿는 바가 기독교의 교의다.

개인이 믿는 바나 개인의 의견은 교의(教義, dogma)라고 하지 않는다. 교의들은 "개인들의 창작물이 아니다."[10] **구속받은 공동체인 교회 공동체가 함께 믿는 바가 교의다.** 그러므로 교의는 처음부터 공동체적이고 따라서 자신들이 공동을 믿는 바를 보존하려는 성격이 있어 왔다.[11] 일반적으로도 교의는 어떤 종교에서 진리라고 믿는 바나 그 가르침이라고 규정된다. 이렇게 교의에는 기본적으로 공동체적 성격이 있다.

개인을 너무 중요시하는 오늘날은 의도적으로 반(反)-교의적(anti-dogmatic)이려고 한다. 그래서 현대에는 많은 사람들이 교의라는 말을 싫어한다. 이것이 우리 시대의 시대정신이라고 할 수 있다. 그러므로 우리들은 아주 의식적으로

---

8 Vincentius, *Commonitorium,* 2. 3 (https://www.newadvent.org/fathers/3506.htm). 또한 "모든 사제들과 박사들의 정의와 결정"이라는 표현도 한다(*Commonitorium,* 2. 3). 펠리칸은 이에 속하지 않는 대표적인 예로 어거스틴의 예정론을 들고 있다. 이것은 보편적인 교의에 속하는 것이 아니라고 하는 것이다(Pelikan, *The Emergence of the Catholic Tradition,* 336).

9 이와 비슷하게 사용한 예들로 다음을 보라. James Orr, *The Progress of Dogma* (London: James Clarke & Co. Limited, 1901), 12, 13, 18 ("성경에 근거하고 그 본질적인 것들이 공인되는 종교개혁 신조들에 구현되어 있는 교리의 체계").

10 Orr, *The Progress of Dogma*, 18: "They are not the creations of individual minds."

11 이런 보존적 성격에 대한 좋은 지적으로 Pelikan, *The Emergence of the Catholic Tradition*, 127을 보라.

반(反)-교의적인 상황과 사회 속에서 의식적으로 교회 공동체가 믿는 교의에 대해서 논하려고 한다.

(2) 기독교회가 공적으로 선언한 것이 기독교 교의다.

그런데 어느 시대의 교회 공동체가 그들 나름대로 믿는 바도 교의라고 하지 않는다. 한동안 잘못된 것을 믿는 일이 있을 수 있다. 그것을 탐구하는 것은 현상을 파악하는 것일 뿐이다. 오직 교회가 **공식적으로** 우리는 이런 것을 믿는다고 공적으로 선언한 것이 교의다. 예를 들자면, 니케아 공의회 바로 전인 325년 초에 안디옥에서 열렸던 지역 공의회의 결정문에 대해서 당시 알렉산드리아의 감독이었던 알렉산더가 "우리는 이렇게 가르치고, 우리는 이것을 설교합니다. 이것이 교회의 사도적 교의입니다."라고 선언하였는데,[12] 그와 같이 교회가 같이 믿는다고 선언한 것이 교회의 교의다. 특히 초기의 몇 번의 공의회에서 선언한 것은 매우 중요시된다. 553년에 열렸던 두 번째 콘스탄티노플 공의회 때도 "성경에서 받은 것들과 이전의 **네 번의 공의회, 즉 니케아 공의회**(325), **콘스탄티노플 공의회** (381), **에베소 공의회** (431), **그리고 칼케돈 공의회** (451)**에 의해 규정된 하나의 같은 신앙**"에 충실히 따른다고 하였다.[13] 유스티니아누스 황제(482/3-566, 재위 527-564)도 "이 네 번의 공의회는 ... 하나님의 교회에서 권위가 있다."고 했다.[14] 그렇다고 해서 그저 "니케아 공의회로부터 시작하여 중요한 역사적 신앙고백의 마지막 선언을 받아들임으로 마쳐지

---

[12] Alexander of Alexandria, *Tome,* 3 (Pelikan, *The Emergence of the Catholic Tradition,* 201).

[13] The Second Council of Constantinople (553), *Sentences* (Pelikan, *The Emergence of the Catholic Tradition,* 335), 강조점을 덧붙인 것임.

[14] Justinian I, *Epistle against Theodore of Mopsuestia* (Pelikan, *The Emergence of the Catholic Tradition,* 335).

는 것으로 가정하는 것은 잘못이다."[15] 그 이전 시대에 이미 미리 구성된 것(the preformations of the dogmas)이 있기 때문이다.

교의의 형성은 "그저 기계적 구성 작업이 아니고 오히려 유기적 성격을 지니기에"[16] 교리사를 기계적으로 단절하여 논의하기는 어렵다. 또한 신학적 논구에는 아직 교의에 속하지 않은 것들이 있을 수 있다.[17] 그런 점에서 교회의 공식적 선언인 교의 안에서 성경에 일치하여 작업하려 하는 한 신학적 논의는 폭 넓게 진행될 수 있다. 신학은 어떤 면에서는 교의에 앞서는(antecedes) 것이고, 더 넓은 의미를 지니는 것이다.[18] 그러나 교의는 또한 "새로운 신학적 탐구의 근거"가 된다.[19]

그러므로 교의에는 공적 성격이 있고 권위가 있다. 그저 한 시대의 교회가 일반적으로 믿는 바가 교의가 아니고, 교회가 공의회의 결정이나 공식적인 신조와 신앙고백서로 선언한 것이 교의다. 그러므로 이 세상에는 천주교회의 교의가 있고, 동방 정교회의 교의가 있고, 루터파 교회의 교의가 있고, 개혁파 교의가 있다. 오직 천주교에서 제시된 것만을 교의로 논하려는 하르낙의 태도와는 달리 개신교도 교의의 진전에 큰 영향을 미치고 중요한 기여를 하였다.[20] 그런데 천주교 교의와 개혁파 교의가 일부 비슷한 면도 있지만 핵심적인 부분에서 서로 대립하고 있다. 그러므로 당대의 교의의 빛에서 매 시대를 평가하

---

15 Berkhof, *The History of Christian Doctrines,* 23.

16 이점을 잘 논의하는 Berkhof, *The History of Christian Doctrines,* 24를 보라.

17 같은 요점을 잘 강조하는 Orr, *The Progress of Dogma*, 13을 보라.

18 같은 요점을 잘 강조하는 Orr, *The Progress of Dogma*, 13을 보라.

19 Orr, *The Progress of Dogma*, 13: "the basis of new theological endeavours."

20 하르낙의 태도를 비판하면서 개신교의 교리사적 기여를 강조하는 Orr, *The Progress of Dogma*, 13을 보라.

는 것은 옳지 않다. 예를 들어서, 4-5세기 상황에서는 교회의 공식적 교의에 주로 삼위일체에 대한 것과 양성론에 대한 것이 속해 있었으니 다른 문제에 대해서 잘못된 것을 말한 것은 "이단은 아니고, 단지 어리석은 것으로" 언급된 예들을 계속해 언급하는 것은[21] 수많은 오해를 양산(量産)할 수 있다. 그래서 우리는 아주 의도적으로 **개혁파 교리의 역사**를 말하고자 한다. 이는 개혁파가 성경의 가르침을 명확히 규정한 **그 빛에서 모든 시대의 교리를 살피는 일**이다.

그런데 오늘날은 공적인 것보다는 사적인 것을 더 추구하고, 따라서 공적인 선언에도 전혀 권위를 부여하려고 하지 않는다. 그러나 이런 상황 속에서 우리는 우리가 속한 교회의 공적인 선언을 권위 있는 것으로 받아들인다. 그러므로 우리는 현대와 후-현대(post-modern) 시대에 살지만 의식적으로 반-현대(anti-modern)와 반-후-현대적(anti-post-modern)인 작업을 하는 것이다.

(3) 기독교회가 성경에 근거해서 믿는 바가 기독교 교의다.

이렇게 어떤 교회 공동체가 공식적으로 믿는 바를 선언하면 그것이 기독교 교의인가? 한편으로는 그렇다. 그것이 이 세상이 교의라는 말을 사용하는 방식이다. 그러나 우리는 이에 대해서 심각하게 질문하면서 우리의 논의를 하려고 한다. 어떤 교회가 공식적으로 자신들이 믿는 바를 선언해도 그것이 성경의 가르침에 부합하지 않는다면 그것은 "기독교 교의"(the Christian dogma)가 아니라는 것이 우리가 주장하고자 하는 바이다. 그러므로 어떤 교회가 자신들의 종교적 경험이나 감정이나 신념을 표현한 것은 우리가 이 용어를 사용하는 의미에서의 교의가 될 수 없다.[22] "[개혁자들에 의하면], 모든 참된 종교적 교의

---

21 Pelikan, *The Emergence of the Catholic Tradition*, 316.

22 그래서 우리는 이와 비슷하게 주장하는 슐라이어마허, 릿츌, 카프탄, 룝스타인, 비네(Vinet), 자바티어(Sabatier) 등의 견해에 동의하지 않는다. 이에 대해서 Berkhof, *The History of Christian*

는 그 내용(material contents)을 성경에서, 오직 성경에서만 가져온다."[23] 그러므로 항상 성경은 궁극적 검증 기준이 되어야 한다.[24] "성경은 신적 계시의 사실들과 법칙들의 대한 우리들의 지식의 궁극적 원천이다."[25] 이렇게 일차적으로는 성경 자체의 가르침이, 그리고 부차적으로는 성경에서 온 것들이 상호일관성 있게, 유기적 단일체로 논의되고, 또한 그것이 교회 전체의 생동력 있는 기독교적 경험과 상호 연관될 때, 그리고 도덕적 열매와 함께 활용 가능한지를 보는 결과로 검증하는 실천적 효과에 호소될 때[26] 그것이 성경에 부합한 것으로 공적으로 선언된다. 그러므로 성경에서 발견되지 않는 것은 기본적으로 교의가 될 수 없다.

개혁자들이 이것을 분명히 했지만, 그 이전에도 언제나 이런 태도를 가지고 논해 왔다고 할 수 있다. 예를 들어서, 알렉산드리아의 시릴(c. 376 - 444)은 우리들은 "모든 면에서 진리에 묶여야 하는데, 성경에 따라 가장 바른 것을 추구하고, 그리고는 교부들의 의견을 따르는 데 있어서 충실해야 한다"고 하였다.[27] 그러므로 제대로 된

Doctrines, 17-18을 보라.

23 Berkhof, *The History of Christian Doctrines,* 17.

24 이것에 동의하고 이를 주장하는 많은 개혁신학자들과 함께 Orr, *The Progress of Dogma*, 14; Philip Schaff, *The Principle of Protestantism* (Chambersgurg, PA: The Publication Office of the German Reformed Church, 1845), 70-71도 보라.

25 Orr, *The Progress of Dogma*, 15.

26 이런 부차적 것 네 가지를 언급하는 Orr, *The Progress of Dogma*, 15-16을 보라. 믿는 바에 대한 공식적 선언과 삶이 분리될 때 생동력과 능력이 없어지고 따라서 교회가 세워지지 않거나 번성하지 못하는 결과를 낸다는 것을 강조한다.

27 Cyril of Alexandria, *De incarnatione unigeniti* (Pelikan, *The Emergence of the Catholic*

신학은 항상 성경에서부터 시작하여 성경에 일치하는 것을 추구해 왔다. 그것을 교회 공동체의 예배와 기도와 그에 근거한 성경적 삶의 맥락에서 그리하였다.

그런 점에서 "기도[예배]의 규범이 신앙의 규범이 되어야 한다"는 프로스퍼(Prosper of Aquitaine, 388-455)의 유명한 말(the axiom)은 매우 적절한 것이다.[28] 그런데 이렇게 기도의 맥락에서 성경에 충실한 신학을 하자는 것을 가장 강조한 것은 종교개혁 교회들이었고, 특히 개혁파는 이 점에 매우 철저하려고 노력했다.[29]

따라서 우리는 앞에서 "참된 교회가 **성경에 근거해서** 믿는다고 공식적으로 선언한 것"을 교의라고 했다. "그것들은 무오하지는 않다, 그러나 상당한 안전성을 가지고 있다."[30] 그것들은 성경에 근거한 것이기에 권위 있는 것으로 받아들여진다. "교의들은 **내용적으로는**(*materially*) 하나님의 말씀에 근거한 것이고, **형식적으로는**(*formally*) 교회 공동체에 의해서 규정된 것이기 때문에 권위가

Tradition, 243). 안타까운 것은 여기서 "성경과 전통"이라는 잘못된 구조가 나올 수도 있다는 것이다. 412년에서 444년에 알렉산드리아의 총대주교(the Patriarch of Alexandria)였던 그의 이름을 카릴로스(Κύριλλος Ἀλεξανδρείας)라고 부르기도 한다. 여기서는 영어의 일반적 용례에 따라 시릴이라고 한다.

[28] Prosper of Aquitaine, *Official Pronouncements of the Apostolic See on Divine Grace and Free Will,* 8: *"ut legem credendi lex statuat supplicandi."* (Pelikan, *The Emergence of the Catholic Tradition,* 339, 343). 어거스틴의 제자로 그의 입장을 잘 제시하려고 노력한 인물이기에 "최초의 중세 어거스틴주의자"로 언급되곤 하는 그는 프랑스 남부 아뀌땅(Aquitaine) 출신이어서 Prosper Aquitanus (c.388–c.455)로 불린다. 그에 대한 본격적 연구서로 중국계 미국인인 Alexander Y. Hwang, *Intrepid Lover of Perfect Grace: The Life and Thought of Prosper of Aquitaine* (Washington D. C.: Catholic University of America Press, 2009)이 있다.

[29] 오늘날 이런 맥락을 벗어난 시도들이 곳곳에서 시도되는 것이 매우 안타까운 일이다. 신학은 항상 기도와 예배의 맥락에서 하는 것이다.

[30] Berkhof, *The History of Christian Doctrines,* 17.

있다."[31] 그러므로 교의는, 벌코프가 잘 정리한 바와 같이, "성경에서 나오고, 교회에 의해서 공식적으로 규정되고, 신적 권위에 근거해서 선언된 교리"라고 규정될 수 있다.[32] 그 내용은 하나님 말씀인 성경에서 나온 것이므로 권위 있다. (그러므로 성경을 무시하는 시대나 그런 곳은 교의도 무시하고, 또한 권위도 무시하는 것이다. 우리 시대가 가장 그런 시대이다. 포스트모던 시대에 교의를 말하는 이 용감한 일을 감행하는 사람들이 진정한 그리스도인들이다). 그러나 교의는 그저 성경의 말을 인용해서 반복하는 것은 아니고 교의적 성찰의 산물로, 유능한 교회 회의가 성찰해서 하나님의 권위를 가지고 선언한 것이다.

그래서 고대교회(ancient church)가 교회의 가르침으로 공식적으로 선언한 것 가운데서 성경에 가르침에 부합한 것, 대표적인 예로 하나님께서 삼위일체 하나님이시라는 것, 성자께서 신성과 인성의 양성(兩性)을 한 인격에 가지고 계시다는 것, 하나님의 은혜가 구원한다는 것 등은 우리가 기쁜 마음으로 받아들이고 이것들도 우리 개혁파 교회의 교의라고 한다. 초기 기독교의 선언에 대해서 개혁파 교회는 성경에 근거해서 "심각하게 고치고, 심화시키고, 그 해석을 확대하였다."[33] 그러나 칭의와 구원 문제에 대해서, 성찬 문제에 대해서 교회 조직 문제에 대해서, 그리고 마리아에 대한 이해 문제에 대해서는 고대와 중세 교회가 생각한 바를 우리들의 교의로 받아들일 수 없다고 선언하면서 그것을 전적으로 변혁하면서 "재구성"(reconstruction)하였다.[34] 개혁자들은 "교회

---

31 Berkhof, *The History of Christian Doctrines,* 17, 강조점은 벌코프 자신의 것임.

32 Berkhof, *The History of Christian Doctrines,* 18-19: "A dogma may be defined as a doctrine, derives from Scripture, officially defined by the Church, and declared to rest upon divine authority."

33 Orr, *The Progress of Dogma*, 13.

34 "재구성"이라는 표현은 Orr, *The Progress of Dogma*, 13에서 온 표현이다. 그런데 그가 말하듯이 현대의 필요를 따라 재구성했다고 하기보다는 우리들이 표현한 바와 같이 성경의 가르침을 따라서 재구성했다고 하는 것이 더 옳을 것이다.

의 교의가 상당한 안정성을 지니면서도 변할 수 있고, 역사의 과정 가운데서 새로운 요소들로 더 풍성하게 되기도 했고, 더 정교하게 표현되기도 했으며, 변화도 겼었다고 주장해 왔다. 그래서 교의사라는 말을 어려움 없이 사용하는 것이다."[35]

여기서 천주교회의 교의 이해와 개혁파의 교의 이해의 차이를 심각하게 생각해야 한다. 우선 **내용을 가지고 말하면**, 앞으로의 논의에서 잘 드러날 바처럼 천주교회는 성경이 가르치는 바와 성경 외에 교회의 구전이나 전승이나 역사 속에 있는 것을 다 사용해서 자신들의 교의를 구성한다. 그러므로 내용에 있어서 천주교회는 성경에만 근거하여 교의를 말하는 것이 **아니다**. 그런데 무엇이 교의인지를 말하는 **형식적** 자리에서 천주교회는 일치해서 교의는 계시된 진리, 계시된 교리들(revealed doctrines)이라고 말한다. 천주교회에서 나온 몇 가지 진술을 들어 보자.

> 교의는 하나님에 의해 계시된 진리고, 동시에 교회에 의해 우리가 믿도록 제안된 것이다.[36]
>
> 교회가 하나님에게서 계시된 것으로 우리 앞에 제시한 진리를 신앙의 진리, 또는 교의라고 한다.[37]
>
> 늘 변하는 교리를 지지하기 위해 불변하는 성경에 호소하는 개신교인들에 비해

---

[35] Berkhof, *The History of Christian Doctrines,* 20.

[36] Wilhelm Wilmers, *Handbook Of The Christian Religion: For The Use Of Advanced Students And The Educated Laity* (1891, 2nd edition, Benziger Bros., 1921), 151, cited in Berkhof, *The History of Christian Doctrines,* 16.

[37] Francis Spirago, *The Catechism Explained,* edited by Richard F. Clarke (New York, Cincinnati, Chicago: Benziger Bros., 1899), 84, cited in Berkhof, *The History of Christian Doctrines,* 16.

천주교회는 불변하는 교의(an unchanging dogma)를 가지고 있어서 더 뛰어난 것이라고 하면서 하는 말인 교회의 신조는 과거 시대의 그것과 동일시된다.[38]

기독교 종교는 그 모든 계시된 교리들에 있어서 불변한다. 모든 사람들을 위해 의도된 규례들과 규정에 있어서 말이다. 그 어떤 신앙의 항목도 더하거나 뺄 수 없다. 그 어떤 교의도 그리스도에 의해서 주어진 것 이외의 다른 의미를 가질 수 없다.[39]

좀 더 나은 표현으로 버나드 오텐 교수의 다음 주장을 보라. "[교리사]는 계시된 진리가 객관적으로 영속적이며 불변하다는 것을 전제한다. 또한 이는 그것에 대한 주관적 인식과 외적 표현은 진보한다는 것을 전제한다."[40] 그러므로 전통적 천주교회의 입장에 따르면 교의는 불변하는 것이고 이미 계시된 것이다.

이와 유사한 것 같으면서도 상당히 다른 개념이 버나드 로너간(1904 - 1984) 같은 현대 천주교 신학자의 입장이다. 그는 그의 주저 중의 하나인 『니케아로 가는 길』에서 그는 이렇게 주장한다.

하나님 말씀에 근거한 참된 것으로서의 교의라는 개념의 발생은 모호한 것으로부터 명료한 것에로 나아가는 운동이다. 이에 비해 예수 그리스도에 대한 기독교 교회의 교리는 모호함에서 명료함으로 나아간 것이 아니고, 한 종류의 명료함에

38 James Cardinal Gibbons, *Faith of Our Fathers* (1876), 11, 87, cited in Berkhof, *The History of Christian Doctrines,* 20-21.

39 Wilmers, *Handbook of The Christian Religion,* 67, cited in Berkhof, *The History of Christian Doctrines,* 21.

40 Bernard J. Otten, *A Manual of the History of Dogmas,* 2 vols., 3rd edition (St. Louis, Richmond. Heights, 1922), I:2, cited in Berkhof, *The History of Christian Doctrines,* 21.

서 다른 종류의 명료함으로 나아간 것이다.[41]

로너간 같은 현대 천주교 신학자들은 전통적 천주교 입장과 좀 다른 성향을 드러내면서, 특히 그리스도의 양성 이해에 있어서는 한 종류의 명료성에서 다른 종류의 명료성을 추구하는 것으로 나타나고 있다는 입장을 드러낸다. 교의적 의식은 기독교 역사의 상당히 후에야 나타나기 시작했다는 것이다.

이에 비해서 종교개혁 이후의 개신교에서는 과거의 교회가 교의라고 선언한 것 가운데서 잘못된 것이 있었고, 따라서 교의가 변해 왔다는 것을 분명히 한다.[42] 그러나 그 과정에서 건강한 교회는 "계시의 본질(the substance of revelation)과 신비의 중심에로 더 접근해 갔다"고 믿는다.[43] 그래서 고대 교회와 중세 교회가 공식적으로 선언한 것 가운데 **성경의 가르침에 부합하는 것이라고 개혁파 교회들이 공식적으로 선언한 것이 개혁파 교의**(敎義)고, 이를 체계적으로 가르치는 것을 **개혁파 교의학** 또는 **개혁파 조직신학**이라고 한다. 근대와 현대의 어떤 사람들이 보편 구원론을 주장할 때 교회가 그것을 보편구원론의 교리로 만들지 않게 하는 것은 성경이 이를 분명히 가르치지 않고, 그와 대립하여 가르치기 때문이다.[44] 그러므로 성경에서 가르치는 것이 아닌 것은 교의가 될 수 없다. 사실 초기 교부들도 "성경은 그것에 의해서 진리와 이단이 구

---

41 Bernard Lonergan, *The Way To Nicea: The Dialectical Development of Trinitarian Theology* (Philadelphia: Westminster Press, 1976), 13.

42 교의가 변해 왔으므로 교의의 역사를 탐구해야 한다는 것이 교의사를 논의하는 벌코프의 기본적 전제의 하나임을 주목하여 보라. Berkhof, *The History of Christian Doctrines,* 20.

43 특히 삼위일체 교리의 성립에 대해서 이렇게 표현하는 William G. T. Shedd, *A History of Christian Doctrine,* vol. 1 (New York: Charles Scribner's Sons, 1863, 1902 edition, reprinted by Birmingham, AL: Solid Ground Christian Books, 2006), vii.

44 현대 개신교의 논의들(many of the theories of modern Protestantism) 중에서 특히 이 점을 언급하는 Orr, *The Progress of Dogma*, 15, n. 2, 348-51을 보라.

별되는 기준"이라는 말도 했었다.[45] 그러나 그에 충실하지 않은 것들이 그들에게도 상당히 있었던 것을[46] 개혁파 개혁자들이 더 철저히 적용하고, 개혁신학은 계속해서 이 작업을 하려고 하는 것이다.

이 책이 의도하지 않는 바

따라서 교리사는 신학사나 기독교 사상사와는 성격이 다르다. 기독교 사상사나 신학사는 처음부터 그 역사를 쓰는 시기까지의 기독교 사상과 신학을 이런 저런 방식으로 다 포괄해야 한다. 거의 모든 것이 다 포괄된다. 그러나 교회의 공식적 선언인 교의를 중심으로 하는 교리사는 그 모든 것을 다 포괄할 필요는 없다. 다른 것들은 논의의 과정에서 이런저런 방식으로 언급하고, 성경에 비추어 바르게 믿고 나갈 바를 각 시대에 바른 교회가 어떻게 규정하여 선언하였는지에 집중하면 된다.

또 하나 이 책이 의도하지 영역은 교의의 진전이 과연 어떤 구조나 법칙을 가지고 있는가에 대한 것이다. 이는 교의의 진전 배후에 과연 무엇이 있는지를 찾아보려는 개념사(the history of ideas)적이면서도 역사 속에서 드러난 것의 배후를 찾으려는 심층심리적인 작업이다. 이것은 매우 흥미로운 주제이고 오

---

45 Clement of Alexandria, *Stromata,* 6. 15; 7. 16; Origen, *First Principle,* 서문. 이를 인용하여 말하는 Orr, *The Progress of Dogma*, 84, n. 1을 보라.

46 성경에서 가르친 것을 중요시하면서도 항상 교부들의 가르침을 상당히 존중하면서 이단은 성경이나 "고대 교부들의 옛 책들에 포함되어 있지 않은 새로운 어떤 것을 드러내려고" 한다고 말한다 (Gregory Magnus, *Moral Discourses on Job,* 18. 26. 39 [Pelikan, *The Emergence of the Catholic Tradition,* 336]). 이것이 "성경과 전통"이라는 형식으로 굳어진 것이 중세 교회의 모습이다. 그래서 "바르게 해석된 성경은 전통과 일치하는 것으로 제시되었다"고 고대 교회와 중세 교회의 모습을 제시하면서 그래서 그들에게는 사도적 지위의 계승과 연속성이 중요했다고 말하는 Pelikan, *The Emergence of the Catholic Tradition,* 337을 보라.

래 전에 다양한 배경을 지닌 아주 뛰어난 분들이 각기 독특한 생각을 가지고 이 주제를 다룬 예들이 있다. 그 대표적인 예가 존 헨리 뉴만(Cardinal John Henry Newman, 1801-1890)과 19세기의 대표적인 복음주의 장로교 신학자들이라고 할 수 있는 필립 샤프(Philip Schaff, 1819 - 1893)와 제임스 오어(James Orr, 1844-1913)의 19세기의 작업이 그런 것들이다. 그러나 이에 대해서 아직까지도 단언할 만한 이야기를 하기는 어려운 상황이라고 여겨진다.

(1) 존 헨리 뉴만의 기독교 교리 발전사

먼저 뉴만에 대해서 생각해 보자. 잘 알다시피 그는 아주 독특한 이력을 가졌다. 1816년에 칼빈주의적 복음주의를 받아들이고 옥스퍼드에서 공부를 마치고 성공회 목사(사제, 1825)가 되어[47] 옥스퍼드에서 가르치고 목회하던 성공회 사제였었다. 그런데 1828년 그의 누이 메리의 죽음을 계기로 "교부들에 대한 독서를 통해 생각의 전환"을 이루어[48] 영국교회의 믿음과 예전을 종교개혁 이전으로 돌리려고 하던 옥스퍼드 운동(the Oxford movement)의 지도자의 한 사람으로 활동하다가,[49] 결국은 천주교도가 되기를 바라면서(1843), 성공회 사제직

---

[47] Brian Martin, *John Henry Newman: His Life and Work* (London: A&C Black, 2000), 34. 그 전해인 1824년에 부제(deacon)가 되었다.

[48] 이렇게 말하는 George Herring, *What Was the Oxford Movement?* (London: Continuum, 2002), 52.

[49] 옥스퍼드 대학교의 오리엘 컬리지의 펠로우들 중심으로 일어난 이 운동을 "일으킨(inspired) 사람은 케블(John Keble, 1792–1866)이고 자극을 준(gave the impetus) 사람은 프루드(Robert H. Froude, 1803–1836)이며, 실제로 일을 한 사람(took up the work)은 뉴만이고, 조직화한 사람은 당시 대영제국 잡지(the *British Magazine*)의 편집인이었던 휴 제임스 로즈(Hugh James Rose, "the Cambridge originator of the Oxford Movement")였다고 하는 말을 참조하여 보라. Cf. "Newman, John Henry," *Encyclopædia Britannica,* vol. 19, 11th edition, edited by Hugh Chisholm (Cambridge University Press, 1911), 516–20, at 518.

과 옥스퍼드 교수직을 버리고(1845), 1846년 10월에 로마에 가서 신부로 임직하고 교황 비오 9세에 의해 신학박사 학위를 받았다(1847). 그는 로마 교황청의 명령에 따라 아일랜드 천주교 대학교(Catholic University of Ireland)를 창설하고(1854),[50] 레오 13세 교황에 의해 추기경이 되었다(1879).[51]

뉴만은 그가 아직 성공회에 속해 있던 1843년 2월 2일에 옥스퍼드에서 행한 마지막 설교에서 "종교적 교리들의 발전 이론"(The Theory of Developments in Religious Doctrine)을 말하기 시작하였다.

그리고 1845년에 출간한 책으로 유명해진 『기독교 교리의 발전에 대한 에세이』(*An Essay on the Development of Christian Doctrine*)에서[52] 교회 역사 안에서의 교리사적인 발전이 있음을 주창한 대표적 인물이다.

뉴만은 교부들의 글을 제시하면서 교회가 시작한 이래로 성경과 전통에 신적 계시가 계속 작용하고 있다고 하면서 천주교회의 가르침이 새로운 것을 도입한 것이 아니라고 천주교회의 가르침을 옹호하는 데 이 개념을 사용했다. 마리아에 대한 천주교회의 가르침 같은 것은 처음 보기에는 분명하지는 않지만 이성이 성경에 본래 계시된 진리들을 가지고 생각할 때 논리적으로 이끌어

---

50 이는 후에 더블린 대학교[University College, Dublin]가 되었다. 뉴만은 이곳에서 4년을 보낸 후에 그의 유명한 『대학의 이념』을 썼다. *The Idea of a University* (London, 1852 and 1858, London: Longmans, Green and Co., uniform edition, 1900).

51 그는 후에 교황 베네딕트 16세(Pope Benedict XVI)가 영국을 방문할 때였던 2010년 9월 19일에 "복자(福者, the Blessed)"로 선언되었고(beatification), 프란시스 교황(Pope Francis)에 의해서 2019년 10월 13일 주일에 "성자(聖者, the Saint)"로 선언되었다(canonization). Cf. "Pope Beatifies Cardinal Newman as His UK Tour Ends (with video clip)," *BBC News,* 19 September 2010 & "Pope to Canonize Newman and Four Others on 13 October." *Vatican News,* 1 July 2019: www.vaticannews.va. (https://www.vaticannews.va/en/church/news/2019-10/biography-cardinal-john-henry-newman-anglican-catholic.html).

52 John Henry Newman, *An Essay on the Development of Christian Doctrine* (J. Toovey, 1845). 1878년 edition이 있고 이것의 14쇄(London: Longmans, Green and Co., 1909)의 digital edition으로 다음을 보라(https://www.newmanreader.org/works/development).

져 나온 것으로 자연스럽고 유익한 결과들이라고 주장한다. 이런 뉴만의 생각이 한참 후인 〈제2 바티칸 공의회〉에 모인 분들에게도 영향을 미쳐서 그들로 하여금 "계속 전달된 것들과 말씀들이 신자들의 성찰과 연구를 통해서 성장하여 계속해서 신적 진리의 온전함을 향해 가는 경향이 있다"고 주장하게[53] 만들었다고 여겨진다. 이는 성경과 전통, 그 둘 다를 통해서 지금도 하나님의 계시가 주어지고 있다는 천주교회의 주장을 옹호하며 강조하는 것이다.

(2) 필립 샤프의 개신교의 원리

이에 반(反)해서, 필립 샤프와 제임스 오어는 개신교적 입장에서 교리의 유기적 진전을 주장하였다.

스위스 태생으로 튜빙겐, 할레, 그리고 베를린 대학교에서 공부하고 1842년에 베를린 대학교에서 사강사(Privatdocent)를 하다가, 미국으로 이민하여 1843년에 펜실바니아 주 멜세스벡(Mercesburg)에 있던 독일 개혁파 신학교(German Reformed Seminary) 교수로 취임한 필립 샤프(Philip Schaff, 1819 - 1893)는[54] 이 학교 취임 연설에서 "종교개혁이 교리의 진전을 보여 주는 대표적인 예"이며,[55] 이 종교개혁의 "질료적 원리"(material principle) 또는 "존재의 원

[53] The Second Vatican Council, Constitution on Revelation, article 8.

[54] 그래서 그와 네빈의 신학은 "멜세스벡 신학"이라고 언급된다. Cf. James Hastings Nichols, *Romanticism in American Theology: Nevin and Schaff at Mercersburg* (Chicago: University of Chicago Press, 1961); James Hastings Nichols, ed., *The Mercersburg Theology* (New York: Oxford University Press, 1966); W. Bradford Littlejohn, *The Mercersburg Theology and the Quest for Reformed Catholicity* (Eugene, OR: Wipf and Stock, 2009); William B. Evans, *A Companion to the Mercersburg Theology: Evangelical Catholicism in the Mid-Nineteenth Century* (Eugene, OR: Cascade Books, 2019).

[55] 1844년 10월 25일에 펜실바니아주 레딩(Reading)에서 독일어로 강연한 이 원고는 후에 거의 한 권의 책으로 확장되어 존 윌리암슨 네빈(John Williamson Nevin)의 영어 역으로 1845년에 출간

리"(*principium essendi*, the life principle)는 이신칭의 교리이고,[56] 형식적 원리(the formal principle) 또는 인식의 원리(*principium cognoscendi*)는 오직 성경의 원리라는 것을 잘 논의하였다.[57] 그리고 종교개혁 이후의 두 가지 큰 문제로[58] 합리주의(rationalism)와[59] 분파주의(sectarianism)를 지적하면서[60] 이를 극복하려는 한 시도로 나타난 영국 옥스포드 대학교의 히브리어 왕립 교수였던 에드워드 퓨시(Edward Bouverie Pusey, 1800 - 1882) 중심의 소위 옥스퍼드 운동을[61] 이런 문제를 극복하려는 좋은 의도를 가지고 제시

되어, 대개 신조학 분야에서 영어로 된 선구적 작품으로 인정된다. Cf. Philip Schaff, *The Principle of Protestantism* (Chambersgurg, PA: The Publication Office of the German Reformed Church, 1845), esp., 56.

56 Schaff, *The Principle of Protestantism*, 54-70, esp., 54. 신학의 원리에 대한 논의는 오래 되었는데(적어도 카이퍼와 바빙크의 논의, 그리고 그를 따르는 벌코프의 논의를 보라), 종교개혁의 원리를 이와 같이 분류하여 이야기한 것은 아마도 필립 샤프의 이 논의가 처음인 것으로 여겨진다. 폴 틸리히도, 필립 샤프를 언급하지는 않았지만, 이런 식으로 논의하는 것이 19세기에 시작하였다고 하였다. Cf. Paul Tillich, *A History of Christian Thought from Its Judaic and Hellenistic Origins to Existentialism,* ed., Carl E Braaten (New York: Simon & Schuster, 1967), 280.

57 Schaff, *The Principle of Protestantism*, 70-94, esp., 70.

58 그는 이를 "개신교의 병들(diseases of Protestantism)"이라고 표현한다(Schaff, *The Principle of Protestantism*, 98).

59 그는 이를 "한쪽으로 치우친 이론적 주관주의"라고 표현하기도 한다(Schaff, *The Principle of Protestantism*, 98). 합리주의에 대한 분석으로 Schaff, *The Principle of Protestantism*, 99-106을 보라.

60 그는 이를 "한쪽으로 치우친 실천적 주관주의"라고 표현하기도 한다(Schaff, *The Principle of Protestantism*, 107). 분파주의에 대한 분석으로 Schaff, *The Principle of Protestantism*, 107-21을 보라.

61 이를 샤프는 "퓨시즘"(Puseysm)이라고 표현한다(Schaff, *The Principle of Protestantism*, 121).

되었으나 진정한 해결책은 못된다고 잘 분석하면서 그 문제도 논하였다.[62] 그리하여 그는 결국 개혁파 교회에서 계속 강조된 "항상 개혁되어야 한다는 주장은 계속되는 교리적 발전을 보여 주는" 대표적인 예라고 주장하면서, 종교개혁 이후에도 참된 "역사적 진전"(historical progress)이 있다고 하였다.[63]

(3) 제임스 오어의 '교의의 진전'

그런가 하면, 스코틀랜드 글라스고우에 있던 연합 프리쳐치 컬리지에서 변증학과 조직신학 교수(1900-1913년 봉직)로[64] 미국 펜실바니아주 알리게니(Allegheny)에 있던 웨스턴 신학교(Western Theological Seminary)에서 "교의의 진전"이라는 엘리오트 강연(the Elliot Lectures, 1897)을 했던 제임스 오어(1844 - 1913)는[65] "교의(Dogma)의 진전에 인식할 만한 법칙이 있다"고 주장하였다(4, 246 ["the law of the progress of dogma], 352).[66]

오어는 한편으로는 "그리스도의 종교와의 연합은 지적 개념에 있는 것이 아니라, 그리스도의 영에 참여하는 것에 있다"고 하면서 기독교에 교의가 없다고 주장하려는 19세기의 자유주의 경향을 잘 의식하고 강하게 반대하고(5),

---

62 Schaff, *The Principle of Protestantism*, 121-28.

63 Schaff, *The Principle of Protestantism*, 128-76.

64 그전에는 그는 17년 동안 목회하고 1891년에 에딘버러의 연합장로교 컬리지에서 교회사 교수로 청빙되어 교수하였다.

65 오어에 대한 좋은 논의로 Gary J. Dorien, *The Remaking of Evangelical Theology* (Louisville, Ky.: Westminster/John Knox Press, 1998); Gen G. Scorgie, *A Call for Continuity: The Theological Contribution of James Orr* (Macon: Mercer University Press, 1998, reprint. Vancouver: Regent College Publishing, 2004) 등을 보라.

66 James Orr, *The Progress of Dogma* (London: James Clarke & Cp. Limited, 1901). 이하 몇 문단에서 이 책으로부터의 인용은 본문 안에 ( ) 안에 면수만을 밝히기로 한다.

또 한편으로는 원시적 기독교 관념과 희랍 정신을 결합하여 나타난 “기독교의 헬라화”(헬라화 된 기독교)의 문제점을 지적하면서 모든 형이상학적 전제를 벗어버리고 “역사적 그리스도의 직접적 인상으로부터” 시작하여 우리가 새롭게(*de novo*) 구성하는 새로운 신학, 시대가 요구하는 그런 신학을 추구해야 한다는 아돌프 폰 하르낙의 입장을 비판하면서(6-7), 다음과 같은 것을 강조한다.

(1) 기독교에는 교의가 있을 뿐만 아니라, “교의적 진리의 체계”(a system of Dogmatic truth)를 말할 수 있다(4). 왜냐하면 “성경 진리에 관여된 진리(a truth) 또는 일단의 진리들(sum of truths)이 있기” 때문이다(8). 그래서 이를 탐구하는 신학이 필요하며, 오어는 “우리 시대의 교회는 신학이 너무 많아서가 아니라 진지한 신학이 너무 없어서 어려움을 당한다고 주장하고 싶다”고까지 말한다(9, n. 1).

(2) 교의는 “신적 계시에서 신앙에 제공된 자료에 작용하는 인간 정신의 작업으로 시간 안에서 발전한 것이다.”(9)[67]

(3) 교의사(the history of dogma)를 잘 살피면 “교의의 진전 밑에 참된 법칙과 논리, 그것을 발전시키는 참된 신적 목적과 인도하심이 있어서, 더 깊고 온전

---

[67] 오어에게 중요한 이 개념의 바른 전달을 위해 원문을 여기 밝힌다: “[Dogma], as we have it, is a development in time-a work of the human spirit operating on the matter furnished to faith in divine revelation.” 어떻게 보면 그대로 받아들일 수도 있는 것이나 여기서부터 걱정스러운 논의들이 주어질 수 있기에 오어처럼 강하게 교의사 배후의 법칙을 찾으려고 하는 것에 부담이 주어지는 것이다. 특히 이 문장과 관련해서는 계시된 것에 인간 정신이 작용하여 낸 결과물이 교의라는 말을 보는 사람에 따라서 각기 다르게 받아들일 수 있기에 문제가 될 수도 있다.

한 기독교에 대한 이해에 이르게 한다"고 주장한다(9). 즉, "그 과정에서, 인간의 죄와 연약성과 연관된 갈등과 오류도 있었고 아직도 온전하지는 않지만, 그 주된 과정은 진전하는 것이며 또한 더 진전하는 것을 불가능하게 하지 않는 결과를 내었다"는 것이다(9). 그래서 오어는 "교리사는 교리들에 대한 판단의 장"임을 분명히 하면서(17), "신학적 체계들의 검증으로서의 교리사"(the history of doctrine as a test of theological system)라는 말을 한다(20). 즉, "교의사는 교리들을 비판하고 잘못을 교정하며, 일시적 요소들을 제거하고, 부족한 것들을 보충하고, 과거의 유익을 포함시키고, 동시에 미래를 위한 전망을 연다"고 한다(17). 그리하여 결과적으로 성경적으로 바른 교리가 정통 교회의 교의로 선언된다고 한다. 교리사 자체가 "수 세기에 걸쳐 펼쳐진 신학 체계", 즉 플라톤의 말을 원용해서 말하면 "큰 글자로 쓰여진" 신학이라고 한다(21).[68] 시간적으로 논의된 것과 논리적 순서가 상응한다(correspond)는 것이다(21).[69] 그리하여 오어는 "모든 교리는 그 나름의 때가 있다"고 주장한다(243, 280, 345). 이를 잘 살펴서 그는 "신학의 참된 진전이 있음"을 교리사에 대한 탐구를 통해 드러내길 원했다(17). 교리의 역사 속에 진리의 체계가 점차 드러나며 입증된다는 것이다(30). 그는 신학이 계속해 발전해 갈 수 있음을 인정하면서도(30), 그것은 기독교와 유기적으로 연합한 발전이므로 과거의 발전이 성취한 것에 영구한 가치가 전혀 없는 듯이 과거의 발전을 저버리는 이른바 과거를 무시하고 낮추어 보는 듯한(contemptuous) 태도를 가지는 것은 신학의 진정한 발전이 아니라고

[68] 이런 말을 하지 않으면서 벌코프의 교리사 제시도 상당히 같은 것을 보여 주고 있다. 그러나 그런 것을 관찰하면서 흥미 있어 하는 것과, 이를 이렇게 강하게 주장하는 것과는 아주 다른 문제이다. 언제든지 강한 주장은 쉽게 공격의 대상이 되기 쉽다.

[69] 그러나 시간적 순서와 논리적 순서를 이런 식으로 "상응시켜" 보는 것에는 항상 위험 부담이 따른다.

한다(31). "우리는 우리들의 노력이 헛되지 않으리라는 격려도 우리 앞서 간 사람들로부터 받을 수 있다"(33).

그러므로 필립 샤프와 제임스 오어가 말하는 '교의의 진전'(the progress of dogma)은 주어진 계시에 대한 교회의 이해와 정리에서의 진전이다. 이는 성경에 주어진 계시를 넘어서 전통 속에도 그런 것이 있음을 시사하는 헨리 뉴맨의 생각과는 상당히 다르고 상당히 건전한 것이다. 그러나 이를 강하게 주장하기 위해서는 모든 것에 대한 상당한 논의가 필요하며, 그것에 대한 여러 반대 논의들과의 깊이 있는 논쟁적 과정이 예상되는 일이다.[70] 예를 들어, "기독교는 무엇보다 구속의 종교"(209)라고 단언하면서도 "구속론은 그 전제를 형성하는 교리들은 신론과 인간론과 구속자의 위격에 대한 교리에 충분히 집중한 후에라야 유용하게 탐구될 수 있다"(209)고 하고, 따라서 "그리스도의 위격에 대한 교리가 확정된 후에 사람들은 그것의 구원론적 함의를 생각할 시간을 가지게 되었다"(220)고 하면서, 따라서 "교리사에 있어서 구원론적 시기는 11세기 말의 켄터베리의 안셀름과 함께 올 수 있었다"(210)는 주장은[71] 어떤 의미에

70 오어에 대해서 그가 교의의 진전을 진화론적으로 설명하며, 그래서 그는 "진화적 과정"이라는 말도 서슴없이 사용하며(19), 교의화 과정에 대해서 소위 "적자생존(the survival of the fittest)의 원리"를 도입시켜 설명하는(19) 것이 가장 큰 논쟁거리의 하나가 될 수 있다. 또한 "모든 발전에 대한 일반적 원리들"(20)을 과연 찾아내어 말할 수 있는지, 그것을 헨리 뉴만이 말한 대로 (1) "형태의 보존"(Preservation of Type), (2) "원리의 연속성"(Continuity of Principle), (3) "유사한 것들끼리 뭉치는 힘"(the Power of Assimilation), (4) "논리적 연관성"(Logical Sequence), (5) "미래의 예상"(Anticipation of the Future), (6) "과거의 보존 성향"(the Conservative Action in the Past), 그리고 (7) "지속적 활력"(Chnonic Vigour)이라고 말할 수 있는지(20), 더구나 오어가 찾아보려고 하는 "실제 역사의 내재적 법칙," 즉 "교리사 안에 법칙이나 논리"를(20) 우리들의 능력으로 과연 잘 드러내어 말할 수 있는지는 매우 어려운 문제로 대두될 것이다. 오어는 뉴만이 말하는 것을 가지고 뉴만 자신이 세운 체계를 잘 논박할 수 있다고도 한다(20).

71 오어는 "12세기는 이 교리[즉, 구원론]의 역사에 있어서 획기적 시기를 구성한다"고 말하는 네안더의 말(Johann August Wilhelm Neander, *Allgemeine Geschichte der christlichen Religion und Kirche* (Bohn), VIII, 200, 201)도 인용하고, 릿츨도 그의 화목론을 안셀름으로부터 시작한다고 하고, 하르낙도 초기 교회는 이 교리를 "거룩한 신비로 남겨 놓아 (이 교리는) 중세를 위해 남겨졌다"고 하는

서는 단순한 동의를 얻을 수 있지만, 또 다른 면에서는 아주 복잡한 논의를 낳게 한다. 오어 자신이 잘 말하고 있듯이 안셀름도 이전에 사람들이 한 말에 의존하면서(특히 212-20에서 오어는 이를 잘 드러낸다.) 그것에 합리적 근거를 제공하는 식으로 논의하고 있기 때문이다(211). 그러므로 "모든 교의는 그 나름의 때가 있다"(243)고 하고, 교리가 드러나 역사적 구조와 논리적 구조가 조화될 수 있다고 하면서(244),[72] 교의의 진전 배후에 과연 어떤 신적 법칙이 있다는 **아주 강하고 큰 주장**(meta theory)에 대한 탐구는 후에 이 문제만을 다루는 별도의 책에서 깊이 논의해야 할 문제라고 여겨진다.

따라서 이 책에서 나는 이런 상당히 사변적인 논의는 피하려고 한다. 우리는 하나님의 계시 자체로부터 개념을 찾아내는 작업에서 일종의 논리적 질서가 있지 않을까 하는 벌코프가 시사하는 느슨한 생각을 할 수 있을 것이다.[73] 물론 이 책에서 제시한 것이 교의의 발전을 이해하는 문제에 어떤 빛을 던져주는 것이 있는가를 생각할 수는 있을 것이다. 그러나 이 작은 책은 그런 복잡하고 어쩌면 사변적인 주제를 다룰 수 있는 책이 아니고, 그런 작업을 하기 위한 일종의 기초 작업을 하는 것이라고 할 수 있다.

말을 인용하면서(*History of Dogma,* III, 306) 자신의 주장을 편다(Orr, *The Progress of Dogma,* 210).

[72] 더 아쉬운 것은 이것을 말할 때 리츨의 제안을 따라 그리하고 있다는 점이다. Albrecht Ritschl, *A Critical History of the Christian Doctrine of Justification and Reconciliation,* 3 vols., trans. John Black (Edinburgh: Edmonston and Douglas, 1872), I:94, 123, 124. Cf. Orr, *The Progress of Dogma,* 244.

[73] Berkhof, *The History of Christian Doctrines,* 24.

이 책의 기본적 구조

그러므로 이 책에서는 일차적으로 고대교회가 성경에 근거해서 공식적으로 선언한 것 가운데 어떤 것이 성경의 가르침에 부합하는 것으로 우리들도 같이 고백하고 선언하는 것인지를 말하고(제1부), 중세교회의 공적 선언과 논의들 가운데서 성경의 가르침에 부합하여 오고오는 세대에 마땅히 믿어야 하는 바라고 여겨질 수 있는 것을 드러내고, 동시에 중세 교회의 주장들 가운데 성경에 비추어 문제가 되는 점들을 드러낸(제2부) 후에, 종교개혁기에 오직 성경의 원리의 확립에 근거하여 한편으로는 천주교회와 또 한편으로는 재세례파와의 논쟁 가운데서 또한 루터파와의 논쟁 가운데서 개혁파 교회들이 공식적으로 선언한 바를 중심으로 개혁파 교의를 밝히고(제3부), 종교개혁 이후 시대에 비교적 안정된 상황에서 정리된 내용을 드러내어(제4부), 과연 개혁파 교회로서 우리들은 어떤 것을 공식적인 가르침, 즉, 개혁파 교의로 선언하였는지를 드러내도록 할 것이다.

그 과정에서 잘못된 것이나 부족한 것이 진술되고, 그것이 어떻게 후대 교회에 의해서 극복되었는지가 논의될 것이다. 그 모든 잘못의 근원은 "시대 시대마다 다른 형태로 나타나지만 근본적으로는 불신(infidelity)"이다.[74] 어떤 때는 에스큐로스주의적인 자연주의가 또 어떤 때는 지적인 합리주의가, 어떤 때는 범신론적 불신이 또 어떤 때는 이신론적 불신이 나타났는데[75] 교회가 연약할 때에는 그런 사조(思潮)들에 휩쓸려 갔다가 주께서 교회의 건강을 회복시켜 주시면 그런 사조들과 대립하여 싸우면서 전투하는 교회(the Church militant)의 면

---

74 이를 잘 지적하여 언급하는 Shedd, *A History of Christian Doctrine,* 1:104.

75 Cf. Shedd, *A History of Christian Doctrine,* 1:104.

모를 드러내었다. 그런 의미에서 쉐드 자신이 잘 표현한 바와 같이, "궁극적으로 기독교는 그 자신의 최선의 방호책이다."[76] 그러므로 교의사(教義史)는 교회 안에서 불신을 제거해 가는 과정에 대한 기록이라고도 할 수 있다. 성경이 계시한 바를 그대로 믿지 않으려는 이상한 일들을 건강한 교회들이 극복해 가는 과정을 살피면서 우리들이 더 성경에 근거해 스스로를 개혁해 가는 일들을 할 수 있기 바란다.

[76] Shedd, *A History of Christian Doctrine,* 1:viii: "Christianity is, ultimately, its own best defence."

제1장 이단 배격: 가현설, 영지주의, 마르시온주의, 몬타누스주의를 배격한 교부들

제2장 삼위일체 교의의 정립

제3장 그리스도의 양성론의 정립

제4장 구원과 은혜에 대한 고대 교회의 이해

제5장 어거스틴의 교리사적 기여

〈부록〉 부활에 대한 어거스틴의 이해

제6장 기타 기본적 교의의 정립: 사도신경과 니케아-콘스탄티노플 신경을 중심으로

제1부

고대 교회의 기여:
근본적 기독교 교의의 형성

제1장

이단 배격:
가현설, 영지주의, 마르시온주의, 몬타누스주의를 배격한 교부들

I. "속사도 교부들"(the Apostolic Fathers)[1]

사도들을 친히 알고 그들의 직접적 가르침을 받고 주후 90-150경에 활동했던 목회자들로서 그들보다 앞에 사역했던 사도들을 이어 당대 교회의 이

---

[1] "속사도 교부들"이라는 용어는 17세기부터 사용된 것으로 언급된다. Cf. J. B. Lightfoot, *The Apostolic Fathers,* second edition (London: Macmillan & Co., 1890), vol. 1, 3. See also H. J. de Jonge, "On the Origin of the Term 'Apostolic Fathers'," *The Journal of Theological Studies,* n.s. 29/2 (Oct. 1978): 503-505; David Lincincum, "The Paratextual Invention of the Term 'Apostolic Fathers'," *The Journal of Theological Studies,* n.s. 66/1 (April 2015):139-48. 과연 이 용어를 사용해야 하느냐에 대한 고민과 논박이 있을 수 있다. 신약 교회가 성경 시대에는 그리하지 않다가 교회에서 공식적으로 가르치는 분들을 점차 "아버지" 즉 "신부(神父, father)"라고 부르게 된 것과 연관될 수 있기 때문이다. 그래서 교부(敎父)라는 말을 쓰기가 저어되는 것은 사실이다.

그러나 많은 분들이 그런 연관성을 생각하지 않고 그저 이 시기의 저술가들은 "속사도 교부들"이라고 불렀고, 그것을 원용해서 후대 개신교의 좋은 토대를 마련한 분들을 "종교개혁의 교부들"이라고 하기도 하고, (자신들의 "조상들"이라는 조금 다른 의미가 같이 들어 있지만) 처음 미국으로 간 청교도들을 일컬어 "건국의 아버지들"(the Founding Fathers)라고 말하는 것(https://www.biography.com/people/groups/founding-fathers)을 생각하면서 일단 이 전통적 용어를 사용하기로 한다. 그러나 고민은 해 보아야 할 것이다. 속사도 시대(sub-apostolic age)라는 말은 정확하고 사용할 만한 말이다. 그러나 이 시기의 지도자들을 속사도 교부들이라고 하는 것은 고민하여 한자어를 사용하지 않는 다음 시대를 위해서 "사도 시대 바로 이후의 교회 지도자들" 식으로 표현하는 것이 좋아 보인다.

런저런 문제를 해결하기 위해 글을 썼던 로마의 클레멘트(Clement of Rome),[2] 이그나티우스(Ignatius of Antioch), 히에라폴리스의 파피아스(Papias of Hierapolis), 서머나의 폴리캅(Polycarp of Smyrna),[3] 아테네의 콰드라투스(Quadratus of Athens, † c. 129), 그리고 유대인으로 그리스도인이 된 하게시피우스(Hagesippius) 같은 분들을 일반적으로 **"속사도 교부들"**(the Apostolic Fathers)이라고 한다.[4]

〈로마의 클레멘트(Clemens Romanus, Κλήμης Ῥώμης, c. 35-99)의[5] 고린도서〉

---

[2] 이 분이 빌립보서 4:3에 언급된 "글레멘드"일 수 있다고 벌코프는 말한다. Louis Berkhof, *The History of Christian Doctrines* (Grand Rapids: Eerdmans, 1937, 1949, paperback edition, Grand Rapids: Baker, 1975), 37. 그는 일반적으로 로마의 감독이었다고 언급되지만 그렇게 이른 시기에 감독이라는 말이 그렇게 사용되었을지를 생각하면 아마 그곳의 영향력 있는 목회자였을 것이라는 벌코프의 말이(37) 더 정확할 것이다.

[3] 벌코프는 여기에 바나바 서신의 저자와 헤르마스 목자의 저자를 넣어 6명의 이름을 중심으로 사도들을 이은 "사도적 교부들"이라고 한다(Berkhof, *The History of Christian Doctrines,* 37). 루터파 교의사가인 클로체(E. H. Klotsche)도 〈헤르마스의 목자서〉와 〈바나바 서신〉 그리고 〈디다케〉, 그리고 소위 〈베드로의 말들〉(11-13)이라는 단편까지를 넣어 속사도 교부들의 문서들이라고 한다(E. H. Klotsche & J. Theodore Mueller, *The History of Christian Doctrine* [Burlington, Iowa: The Lutheran Literary Board, 1945], 17-18을 보라). 〈바나바 서신〉의 저자는 정확히 누군지는 모르나 사도행전에서 바울과 동행한 분으로 추정한다. 이는 아주 반(反)-유대교적 서신이다. 그는 배교한 사람들이 모세 율법을 설명하면서 지키라고 하는 것은 "악한 천사들"에 의해 충동된 오류들이라고 하면서(4:9), 그리스도인들이 유일하게 참된 언약 백성이라고 주장했으니(4:14). 기독교 최초의 언약 신학의 시초를 제공했다고 할 수 있다. 〈헤르마스의 목자〉의 저자인 헤르마스(Hermas)는 로마서 16:14의 "허마"와 동일시되나 정확히 이 분이 이 〈헤르마스의 목자〉의 저자인지는 모르지만 초대 교회는 이 문서를 매우 중요시했었다.

[4] 대개 여기에 〈디다케〉와 〈헤르마스의 목자서〉를 넣어 속사도 교부들의 글들이라고 한다. 그렇게 말하는 대표적인 예로 Fisher, *History of Christian Doctrine*, 43, 44; Berkhof, *The History of Christian Doctrines,* 37-38을 보라.

[5] 이레니우스와 터툴리안이 로마의 감독이라고 언급한 그를 천주교회에서는 88년에서 99년에 봉직한 2대 혹은 3대 교황 클레멘트 1세라고 주장한다. 그를 3대로 말하는 분들은 2대로 리누스

는 교린도 교회 안의 불화에 대한 권면을 담고 있는 서신으로, 신약의 서신서 이후의 초기 기독교 문서 가운데 가장 최초의 것이라고 추론되고 있다.[6] (〈클레멘트의 제 2편지〉는 사실 무명의 저자가 쓴 일종의 설교나 권면으로 이것도 아마도 고린도에서 행한 설교일 것으로 추론한다. 이는 150년경의 문서로 생각되며, 아마도 지금까지 남아 있는 최초의 설교가 아닌가 하고 추론하는 일도 있다.[7])

흔히 안디옥의 감독이라고 지칭되는 이그나티우스(Ignatius of Antioch, c.35 - 110)는 15편의 서신을 쓴 것으로 알려져 있는데, 그 중에 아마도 110년경에 서머나에서 로마로 가는 도상에서 쓴 7편지(즉, 에베소 교회, 마그네시아 교회, 트랄리아 교회[Trallians], 로마 교회, 빌라델비아 교회, 서머나 교회, 그리고 폴리캅에게 보낸 7편)만이 실제로 그가 쓴 것이라고 하고,[8] 이것마저 의심하

(Linus)가 세워졌으나 전체를 돌아보게 한 후계자로 세운 것은 클레멘트라고 한다. 터툴리안은 클레멘트가 곧바로 후계자인 2대 로마 감독이라고 하고(Tertullian, "Prescription against Heretics," in *The Ante-Nicene Fathers: Translations of the Writings of the Fathers Down to A.D. 325,* vol. III [New York: C. Scribner's Sons, 1903], Part II Section I, Ch. 32, 258), 이레니우스는 베드로, 리누스, 아나클레투스(Anacletus, 때로는 클레투스)에 이어 네 번째로 언급한다(Irenaeus, "Against Heresies," *Ante-Nicene Fathers,* vol. I [New York: C. Scribner's Sons, 1885], Book III, Ch. III). 이를 유세비우스가 따라 진술한다(Eusebius of Caesarea,"Church History of Eusebius," in *Nicene and Post-Nicene Fathers,* series II, vol. I [New York: C. Scribner's Sons, 1885], Book III, Chapter 4, paragraph 10.

6 Berkhof, *The History of Christian Doctrines,* 37. Klotsche & Mueller, *The History of Christian Doctrine*, 17에서는 이 문서가 약 97년경의 문서라고 한다.

7 이렇게 말하는 Klotsche & Mueller, *The History of Christian Doctrine*, 18을 보라. 후에 논의할 이 문서가 가지고 있는 심각한 문제에 대한 지적으로 20쪽도 보라.

8 Klotsche & Mueller, *The History of Christian Doctrine*, 17.

는 분들도 있다.[9]

폴리캅(Polycarp of Smyrna, c.69 - c.155)은 흔히 서머나의 감독이라고 지칭되나, 유세비우스가 말하는 바와 같이 "복된 사도적 장로"였다는 것이 더 정확할 것이다.[10] 그는 요한의 제자로서 성경의 언어로 실천적 권면을 하는 빌립보서를 썼다. 여기서 자신이 〈이그나티우스의 서신〉을 가지고 가고 있다고 하면서 그것을 전달하는 사람으로서의 권면을 함께 담고 있고 아마도 112-118년의 문서라고 추론한다.[11]

흔히 히에라폴리스의 감독으로 언급되는 파피아스(c.60-c.130)는 폴리캅과 동시대 사람으로 그도 아마 요한의 제자였다고 여겨진다.[12] 그는 아마도 125년경에 "우리 주의 말씀에 대한 강해"라는 5권으로 된 글을 썼는데,[13] 그 중 일부가 단편적으로 유세비우스의 글에 남아 있다.

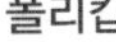

폴리캅 파피아스

9 Berkhof, *The History of Christian Doctrines,* 38.

10 이런 정보와 동의로 Berkhof, *The History of Christian Doctrine*s, 37을 보라. 그러므로 이 때까지는 아직 감독 제도가 정착되기 전이라고 해야 한다.

11 Klotsche & Mueller, *The History of Christian Doctrine*, 18.

12 이 정보는 Berkhof, *The History of Christian Doctrine*s, 37-38에서 왔다.

13 Klotsche & Mueller, *The History of Christian Doctrine*, 18.

이분들의 글과 흔히 같이 언급되는 (1873년에 발견된)[14] 〈디다케〉(*Didache*)라는 문서는 대개 96-100년경 문서로 추론되는데,[15] 첫 부분(1-6)은 두 가지 길, 즉 "생명의 길과 사망의 길"이라는 주제 하에 도덕적 지침을 제공하고, 둘째 부분(7-15)은 예배와 교회 정치에 대한 지침을 제공하여 1세기 말의 교회의 모습을 잘 알 수 있게 하는 문서다. 여기에는 마지막(16)에 그리스도의 재림을 바라보면서 깨어 있으라는 권면도 담겨 있다.

이 속사도 교부들의 글들은 체계적이기보다는 문제를 해결하는 것을 중심으로 하고, 예수님을 믿는 사람들이 어떻게 살아야 하는지를 다루고 순종을 강조하는 매우 실천적인 내용의 글이다.[16] 대개는 그들이 하나님의 말씀으로 믿고 존귀하게 여기는 성경의 여러 말씀들을 인용하면서 문제를 다루어 나간다.[17] 물론 기록된 것도 인용하지만 구전된 것을 인용하면서 말한다.[18] 또한 그에 대해서 강해의 형태로 짧게 말을 덧붙이기도 한다. 그러나 어떤 것을 체계적으로 설명하지는 않는다.[19] 그들은 계시된 것을 그대로 받

---

14 1056년 사본으로 여겨지는 유일한 헬라어 사본이 콘스탄티노플의 파나르(Phanar)에 있는 예루살렘 수도원에서 정교회 감독인 필레떼오스 브리엔니오스(Philotheos Bryennios) 감독에 의해 1873년에 발견되어, 1883년에 처음 인쇄되었다고 한다(Klotsche & Mueller, *The History of Christian Doctrine*, 18).

15 벌코프는 100년경 문서라고 한다(Berkhof, *The History of Christian Doctrines*, 38). 이 문서의 연대에 대해서 이승구, 『하나님께 아뢥니다』 (서울: 말씀과 언약, 2020), 435, n. 12를 보라. 100-125년으로 제시하는 Klotsche & Mueller, *The History of Christian Doctrine*, 18도 보라.

16 그래서 이를 도덕주의(moralism) 등으로 언급하고 한다. 대표적인 예로 George Park Fisher, *History of Christian Doctrine* (Edinburgh: T. & T. Clark, 1896, 7th Impression, 1949), 42.

17 이는 거의 대부분의 사람들이 관찰한 바이다. Cf. Berkhof, *The History of Christian Doctrines*, 38.

18 이 점을 지적하여 언급하는 Berkhof, *The History of Christian Doctrines*, 39도 보라.

19 Berkhof, *The History of Christian Doctrines*, 38-39.

아들이면서 자신들이 이해한 대로 재진술하려고 했다.[20] 그러나 이때에 성경에 함의된(implicit) 것과 성경에서 부분적으로 그리고 체계적이지 않은 형태로 말하는 것들에 대해서 밝히 그 뜻을 드러내어 명료하게(explicit) 진술하기도 한다.

속사도 교부들의 글에서 그리스도의 인간성이 가현적(docetic)이었다는 생각에 대한 논박이 자주 명료하게 나타나고 있다. 이그나티누스의 글이 그 대표적인 예이고,[21] 부활 후에도 그리스도께서 몸 안에 계셨다는 것을 아주 강조하고 있다.[22] 그는 "세상의 시작부터 숨겨져 있던" "기독교의 가장 커다란 세 가지 신비"로 "동정녀 마리아에게서 낳아지신 것, 마리아의 수태, 그리고 주님의 죽으심"을 들고 있다.[23] 폴리캅도 요한일서의 말을 그대로 인용하면서 "예수 그리스도께서 육체로 오신 것을 고백하지 않는 사람들마다 적그리스도"라고 한다.[24] 그러므로 속사도 교부들의 글의 큰 공헌 중의 하나가 가현설(Docetism)에 대한 논박이라고 할 수 있다.

속사도 교부들은 기본적으로 창조주와 통치자로서 하나님에 대한 믿음을 분명히 했고, "보이지 않으시나 모든 것을 보시며, 피조되지 않으셨는데 그의 능력의 말씀으로 모든 것을 만드셨고, 아무 것도 필요로 하지 않으신데, 모든 것들은 그를 필요로 하고 그를 위해 존재한다"는 것을 분명히 천

---

20 Berkhof, *The History of Christian Doctrines*, 39.

21 Ignatius, *To the Trallians,* 9. 10; *Epistle to Smyrna,* 1. 6 (Klotsche & Mueller, *The History of Christian Doctrine*, 31).

22 Ignatius, *Epistle to Smyrna,* 1-3 (Klotsche & Mueller, *The History of Christian Doctrine*, 19).

23 Ignatius, *Epistle to Ephesians,* 19 (Klotsche & Mueller, *The History of Christian Doctrine*, 19).

24 Polycarp, 7 (Klotsche & Mueller, *The History of Christian Doctrine*, 19).

명하였다.[25] 성자께서 창조 때에도 활동하셨음과 구약 시대에도 계속 역사(役事)하셨음을 분명히 하면서,[26] 그가 종국적으로 참으로 성육신하셨음을 명백히 진술했다. 그러므로 예수님께서 하나님이시요 사람이심을 분명히 표현했다.[27] 그러나 그 함의를 다 드러내어 표현하지는 않았다.

삼위일체의 구체적 관계를 말하지 않지만 세례를 삼위일체의 이름으로 함은 거의 전제되어 있다.[28] 그리스도의 사역에 대해서는, 때로는 그의 수난과 죽음으로 사람들을 죄와 사망에서 해방하셨다고 한다. 그는 우리들에게 영생을 가져다 주셨을 뿐만 아니라, "생명을 주시는 능력으로 신자들 안에 거주하신다."[29] "그가 우리 안에 거하시니 우리는 그의 전이요, 그는 우리 하나님으로 우리 안에 계신다."[30] 그런데 때로는 이와 연관해서 그가 성부를 계시하고 새로운 도덕법을 가르치셨다고 표현하며, 또 때로는 그리스도의 죽음이 사람들을 위한 죄 용서의 은혜를 확보하고 새로운 순종의 길을 연 것으로 표현하기도 한다. 이런 도덕주의적 성향이 속사도들의 글의 가장 취약한 부분이고, 당시 상황 속에서 율법주의로 오용될 수 있었다는 벌코프의 지적을[31] 심각하게 들어야 한다.

성례들은 그것에 의해 구원의 복을 전달하는 것으로 제시되었다. 새로

---

[25] *Praedicatio Petri,* in Clement A1. strom. 6. 5를 인용하면서 이를 말하는 Klotsche & Mueller, *The History of Christian Doctrine*, 18을 보라.

[26] 이 점을 잘 지적하는 Berkhof, *The History of Christian Doctrine*s, 40을 보라.

[27] 특히 이그나티우스의 서신들에 이것이 언급되고 있다.

[28] Cf. Klotsche & Mueller, *The History of Christian Doctrine*, 19.

[29] Ignatius, *To the Ephesians,* 19; *To the Magnesians,* 1; *To Smyrna,* 15 (Klotsche & Mueller, *The History of Christian Doctrine*, 19).

[30] Ignatius, *To the Ephesians,* 15.

[31] Berkhof, *The History of Christian Doctrines,* 40.

운 삶을 시작하는 세례는 모든 죄, 혹은 과거의 죄에[32] 대한 용서를 확보하는 것으로 언급되고, 성찬은 "영적 음료와 양식"이라는 성경적 표현으로 표현되기도 했으나[33] 때로는 그것을 넘어서서 사람들에게 복된 불멸성이나 영생을 전달하는 수단으로 제시되기도 했다.[34]

세례에서 주어지고 믿음으로 확보된 죄 용서 이후에는 선행으로 다음 단계의 은혜를 공로로 얻는 것인 양 제시된 때도 있었다. 그래서 기독교는 새로운 순종을 주도하는 사랑이 "새로운 법"(*nova lex*)으로 제시되고, 때로는 하나님의 은혜보다도 선행이 전면에 나서기도 했다. 그래서 그리스도가 주로 새로운 법을 주신 분이요 신적 지식의 교사로 제시되었다.[35]

그리스도인들은 기독교적 공동체인 교회 안에서 사는 것으로 묘사되었다. "그리스도가 계신 곳에 보편의 교회가 있다."[36] 때로는 어떤 감독이 다른 감독들보다 더 우위에 있는 것으로 언급되기도 하였다.[37] 그래서 이그나티우스는 감독을 "성부의 모형"이라고 하기도 하고,[38] 또 "주님 자신의 모

---

32 이렇게 표현하는 것이 특히 헤르마스의 목자서와 클레멘트 제2서신이다(Berkhof, *The History of Christian Doctrines,* 40).

33 *Didache,* 10.

34 *Didache,* 7; Ignatius, *To the Ephesians,* 20; "the medicine of immortality".

35 Hermas, *Similitudes,* 5. 6; *2 Clement,* 3.1, 4; 17. 1 (Klotsche & Mueller, *The History of Christian Doctrine*, 19).

36 Ignatius, *To Smyrna,* 8 (Klotsche & Mueller, *The History of Christian Doctrine*, 20). 그대로 음역하고 가톨릭 교회가 있다고 하는 것은 재미도 있으나 오해도 일으킬 수 있다. 여하튼 "보편적"(catholic)이라는 말을 제일 처음 사용한 사람이 이그나티우스라는 말은 옳다.

37 Berkhof, *The History of Christian Doctrines,* 41. 교회 제도와 관련해서 문제가 드러나기 시작한 것이다. 그러나 2세기 중반까지는 이런 것이 강력한 것은 아니었다고 해야 할 것이다.

38 Ignatius, *To the Trallians,* 2 (Klotsche & Mueller, *The History of Christian Doctrine*, 20).

형"이라고도 말한다.[39] 교회의 하나됨의 이상을 "감독과 장로들과 집사들에게" 합당한 존중을 표하는 것에서 찾고 있다.[40] "몸과 영혼의 하나됨이 있듯이 감독에게 그리고 서로 복종하라"고 한다.[41]

구약 예언의 빛에서 모든 것의 마지막이 임박한 것으로 묘사되었고,[42] 몸의 부활 후에 있을 최후의 심판에서는 하나님의 백성은 하늘의 보상을 받고[43] 악한 자들은 영원한 멸망에 이르는 정죄를 받을 것임이 강조되었다.[44] 최고선으로 여겨진 하나님 나라는 순전히 미래적인 것으로 표현되었다. 바나바의 글이나[45] 회개를 요청하는 〈헤르마스의 목자서〉에서나 파피아스의 글에서는 천년왕국 후에 영원한 종국적 상태가 오는 것으로 묘사되어 역사적 전천년설의 초기 형태를 드러내었다.[46] 파피아스를 인용하면서 후에 이레니우스도 천년왕국 동안의 우주와 동물의 변화를 묘사하기도 했

---

[39] Ignatius, *To the Ephesians,* 6 (Klotsche & Mueller, *The History of Christian Doctrine*, 20).

[40] Ignatius, *To the Philadelphians,* 7 (Klotsche & Mueller, *The History of Christian Doctrine*, 20).

[41] Ignatius, *To the Magnesians,* 7 (Klotsche & Mueller, *The History of Christian Doctrine*, 20).

[42] Polycarp, 2, 6, 12 (Klotsche & Mueller, *The History of Christian Doctrine*, 21).

[43] *2 Clement,* 9. 1, 5; 19. 4 (Klotsche & Mueller, *The History of Christian Doctrine*, 21).

[44] *2 Clement,* 17. 7 (Klotsche & Mueller, *The History of Christian Doctrine*, 21).

[45] *Epistle of Barnabas,* 15. 4-9, cited in Jarolav Pelikan, *The Christian Tradition: A History of the Development of Doctrine,* vol. 1: *The Emergence of the Catholic Tradition (100-600)* (Chicago & London: The University of Chicago Press, 1971), 124. Cf. Berkhof, *The History of Christian Doctrines,* 41.

[46] *Epistle of Barnabas,* 1, 4, 21; Eusebius, *HE,* 3. 39. 12. Berkhof, *The History of Christian Doctrines,* 41; Klotsche & Mueller, *The History of Christian Doctrine*, 22; Pelikan, *The Emergence of the Catholic Tradition,* 124.

다.[47] 후에 저스틴도 이때 예루살렘이 다시 세워진다고 하기도 했다.[48] 그러므로 "묵시문학주의가 모든 기독교 신학의 어머니"라고 하는 에른스트 캐제만의 주장은[49] 심각하게 지나친 것이고, 이런 묵시문학적 이상의 쇠퇴가 사도들 이후 세대의 심각한 쇠퇴와 격변을 가져 왔다고 주장하는 것도 잘못된 말이다.[50]

그런데 〈헤르마스의 목자서〉가 과연 어떤 기독론적 이해를 가지고 있느냐에 대한 논쟁이 있다. 그 내용은 최대한으로 해석해도 모호하고, 극단적으로 보면 이단적이다.[51] 이 문서는 그리스도의 선재성을 분명히 하지만 그를 "믿는 자들의 마음에 율법을 두신 분," 즉 "이 백성[유대 백성]을 주관하며 그들의 군장"인 천사장 미카엘과 동일시한다.[52] 더구나 한 곳에서는 "모든 피조계를 창조하신 선재하시는 거룩한 영, 그가 원하시는 육체 안에 머무시는 하나님"이라는 말이 나오는데,[53] 이때 "그가 원하시는 육체"를 예수

---

47 Irenaeus, *Adversus Haereses,* 5. 33. 4 [W. W. Harvey, ed., *Sancto Arenaei...Adversus Haereses* (Cambridge, 1857), I:30-31] (Pelikan, *The Emergence of the Catholic Tradition,* 124).

48 Justine Martyr, *Dialogue with Tripho,* 80. 2 (Pelikan, *The Emergence of the Catholic Tradition,* 125).

49 Ernst Käsemann, "Die Anfänge christlicher Theologie," in *Exegetische Versuche und Besinnungen* (Göttingen, 1964), 2:82-104, at 100, cited in Pelikan, *The Emergence of the Catholic Tradition,* 123.

50 한편으로는 캐제만에게는 동의하면서 묵시문학적 환상(vsion)의 사라짐이 문제였다고 하는 것은 "증거를 상당히 과장하는" 것이라는 Pelikan, *The Emergence of the Catholic Tradition,* 123의 비판적 논의를 보라. 캐제만에게 대해서도 비판했어야 했을 것이다.

51 이렇게 말하는 Pelikan, *The Emergence of the Catholic Tradition,* 125, 175을 보라. 헤르마스의 목자서의 기독론을 양자론적이라고 해석하고 주장하는 Harnack의 『교의사』(1931), 1:211을 보라.

52 Hermas, *Similitudes,* 8. 3. 3. 69: "The Holy preexistent Spirit, which created the whole creation, God made to dwell in flesh that he desired."(Pelikan, *The Emergence of the Catholic Tradition,* 183).

53 Hermas, *Similitudes,* 5. 6. 5. 59 (Pelikan, *The Emergence of the Catholic Tradition,* 184).

의 육체로 볼 수 있는 가능성도 있어서 아주 애매한 표현을 하고 있는 것으로 보일 수 있다. 그래서 헤르마스의 목자서는 성자의 선재하시는 신성을 성령과 동일시한다는 지적도 나온다.[54] 이 문서가 잘못된 기독론을 가지고 있다면 이 문서는 당시 사람들의 잘못된 생각을 알려 주는 것으로만 여겨야 하고, 이로부터 어떤 교리적인 것을 찾으려고 해서는 안 된다.

소위 〈클레멘트 2서〉(*2 Clement*)에 나오는 이상한 말에 대해서는 더 큰 문제가 있음을 명확히 해야 한다. 태양과 달이 창조되기 전에 영적인 존재인 그리스도와 함께 있던 일종의 영성적인 에온(eon)이 교회라고 한다. 그래서 "그리스도는 남성이고, 교회는 여성"이라고 하는데[55] 이런 표현은 심각한 문제를 지닌 것이다. 또한 구원에는 선행이 필수적으로 있어야 한다는 주장을 반복하기에 더 심각하다.[56]

다른 분들도 선행의 공로성을 자꾸 언급해서 문제가 된다. 〈디다케〉나 〈바나바 서신〉도 그런 주장을 한다고 한다.[57] 〈헤르마스의 목자서〉에도 그런 언급이 있고,[58] 특히 순교는 "죄를 속하는 덕"(a sin-atoning virtue)이라고 언

---

54 Hermas, *Similitudes,* 5. 6과 9. 1을 인용하면서 이점을 말하는 Klotsche & Mueller, *The History of Christian Doctrine*, 18도 보라. 클레멘트 제2 서신도 그런 말을 한다(2 Clement, 9:5). 또한 좀 애매한 문구에서(2 Clement, 14) 성자와 성령이 성부의 피조물이라고 말하기도 한다고 한다(Klotsche & Mueller, *The History of Christian Doctrine*, 18) 이런 점 때문에 이런 문서들이 아무리 이른 시기의 문서여도 성경과는 다름을 분명히 하는 것이다.

55 *2 Clement,* 14 (Klotsche & Mueller, *The History of Christian Doctrine*, 20).

56 이 점을 지적하는 Klotsche & Mueller, *The History of Christian Doctrine*, 21을 보라. Cf. *Didache,* 6: "만일 당신이 주의 멍에 전부를 감당할 수 있다면 완전할 것이다. 그러나 그럴 수 없다면 할 수 있는 만큼을 하라."

57 *Didache,* 4; *Epistle of Barnabas,* 2 (Klotsche & Mueller, *The History of Christian Doctrine*, 21).

58 헤르마스의 목자서에서도 영생은 하나님의 뜻을 행한 보상이라는 말들이 반복해서 나온다(5. 1, 6. 1, 8. 2). 심지어 넘치는 잉여 공로의 행위(works of supererogation)도 있다고 한다(*Similitudes,* 5. 3).

급되기도 한다.[59] 재혼을 허락하기는 했지만 홀로 살면서 순결을 유지하는 것은 공로가 더 되는 것이라고 한다.[60]

그러므로 속사도 시대의 교회는 그 전에 주어진 "무오한 정경과 그리스도의 말씀 자체라는두 가지 증언에 제시된 진리의 깊이와 높이에 훨씬 이르지 못했다"는 클로췌 교수의 평가는 매우 정확한 것이다.[61] 그들은 사도들의 얼굴을 보면서 가르침을 받았지만 사도들이 말하는 것의 의미를 온전히 깨닫지도 못하고 때로는 복음의 독특한 특성들을 모호하게 했다. 또한 신약 문서들과 속사도 교부들의 글의 차이는 "그저 정도의 차이가 아니고 질(質)의 차이"라고 하면서 사도와 다른 사람들의 글의 차이를 분명히 지적한 것도[62] 클로췌 교수의 큰 기여이다. 이런 데서 기독교 교리와 관련한 인간적 요소의 중요성을 잘 의식하며 지적한 것도 옳다. 성경의 계시에 충실할 때만 온전히 기독교 교리의 정리가 나타날 수 있기 때문이다.

---

59 Hermas, *Vision,* 3. 2; *Silmilitudes,* 9. 28.

60 Hermans, *Mandates*, 4. 1, 4 (Klotsche & Mueller, *The History of Christian Doctrine*, 21).

61 Klotsche & Mueller, *The History of Christian Doctrine*, 22.

62 Klotsche & Mueller, *The History of Christian Doctrine*, 22.

II. 변증가들에 대한 이해

이렇게 속사도들의 글을 살피고, 그 후에는 소위 2세기의 변증가들(the Apologetes or Apologists)의 글들을 생각하는 것이 관례다. 하드리안(Hadrian) 황제(117 - 138년 재위) 때 활동한 (때로는 속사도 교부로 분류되기도 하는) 콰드라투스(Quadratus, 123-129년에 아테네의 감독으로 활동),[63] 안토니누스 황제(Antoninus Pius, 138-161년 재위) 때에 아리스티데스(Aristides, 140-45년에 주로 활동),[64] 그리고 대표적인 변증가로 사마리아의 플라비아 네아폴리스(Flavia Neapolis)에서 헬라 사람들인 부모에게서 출생하여[65] 여러 철학과 사상을 전전하다가 130년경에 그리스도인이 되어[66] 후에 로마에 와서 활동하다가 결국 그곳에서 165년경에 순교한 저스틴(Justin Martyr=Flavius Justinianus, c.100 - c.165)과 그의 제자인 타티안(Tatian, c. 120-c. 180),[67] 그리고 마르쿠스 아우렐리우스 황제(Marcus

---

[63] 그의 변증서 가운데서 다른 구세주(Soter)와 우리 구세주를 비교하는 파편적 글이 있고, 124년 경 문서로 여겨지는 〈디오그네투스에게 보낸 편지〉를 그의 글로 보는 분들도 있고, 이를 다른 분의 작품으로 보는 분들도 있다. Cf. Berkhof, *The History of Christian Doctrines*, 38에서는 내적 증거로 볼 때 그의 글이 아닌 것 같다고 한다("His authorship is very unlikely in view of internal evidences"). 클로체 교수는 이 글이 150년경의 무명의 저자의 작품이라고 한다(Klotsche & Mueller, *The History of Christian Doctrine*, 23).

[64] 이는 시리아 사본에 따라 하는 말이고 그가 하드리안 황제에게 변증서를 썼다고 보기도 한다. Cf. Klotsche & Mueller, *The History of Christian Doctrine*, 23. 원본은 사라졌고, 시리아어 사본과 헬라어 사본, 그리고 아르메니아어 사본이 남아있다고 한다.

[65] 그의 〈제 1변증서〉에서 그는 자신을 "프리스쿠스(Priscus)의 아들이요, 바키우스(Bacchius)의 손자라고 하면서 팔레스타인에 있는 플라비아 네아폴리스(Flavia Neapolis) 태생"이라고 소개한다. James Orr, *The Progress of Dogma* (London: James Clarke & Co. Limited, 1901), 38에서 재인용.

[66] 이에 대해서 그 자신이 "나는 이 철학만이 안전하고 유익하다고 발견했다"고 표현한다(Klotsche & Mueller, *The History of Christian Doctrine*, 24). 그리고 자신의 회심을 불완전한 철학에서 "온전한 철학"으로 나간 것이라고 한다(25쪽 참조).

Aurelius Antoninus, 161 - 180년 재위) 시대의 아떼나고라스(Athenagoras of Athens, c. 133 - c. 190), 안디옥의 떼오필루스(Theophilus of Antioch), 싸르디스의 멜리토(Melito of Sardis), 에데사의 바르데사네스(Bardesanes of Eddesa), 그리고 소위 라틴 신학의 창시자라고 여겨지는 미누시우스 펠릭스(Minusius Fellix) 등과 같은 소위 변증가들의 글을 보면 2세기 기독교의 생각이 어떠했는지 알 수 있다. 이때 "기독교는 그 생존에 대해서 싸움을 하고 있었다."[68] 한편으로는 공격하는 유대인들과 또 한편으로는 공격하는 이교도들과 했던[69] 이 사활적인 영적 전쟁은 한편으로는 기독교의 생존 자체를 위한 싸움이었고, 또 한편으로는 **과연 어떤 기독교로 있을 것이냐**의 싸움이라고 할 수 있다.

때로는 잘 몰라서 또 때로는 악의적 기독교와 그리스도인들에게 대해 주장된 잘못된 혐의에 대해서 적어도 그렇지 않다는 것을 밝히는 방어적인(defensive) 작업이 변증가들의 첫째 작업이었다. 그리스도인들이 로마의 공식적 신들을 인정하지 않으므로 무신론자라는 혐의를 받는 것에 대해서, 저스틴 마터의 다음과 같은 변증이 그 대표적인 예이다.

---

[67] 클로췌 교수는 그가 앗시리아 사람(the Assyrian)이라고 한다(Klotsche & Mueller, *The History of Christian Doctrine*, 24). 같은 견해를 말하는 L. W. Barnard, "The Origins and Emergence of the Church in Edessa during the First Two Centuries A.D.," *Vigiliae Christianae* 22/3 (Sep., 1968): 161-175도 보라. 시리아 사람이라고 하는 Caspar René Gregory (1846-1917), *Canon and Text of the New Testament* (New York: Charles Scribner's Sons, 1907), 399; Charles Burlingame Waite (1824-1909), *History of the Christian Religion to the Year 200* (Chicago: C. V. Waite, 1881, 5th edition, 1900), 493도 보라.

[68] 여러 사람이 이를 말하나 이 개념 자체는 Orr, *The Progress of Dogma*, 35에서 온 것임을 밝힌다.

[69] 누구나 다 그렇게 관찰할 수 있지만 특히 이점을 드러내어 말하는 William G. T. Shedd, *A History of Christian Doctrine,* vol. 1 (New York: Charles Scribner's Sons, 1863, 1902 edition, reprinted by Birmingham, AL: Solid Ground Christian Books, 2006), 105를 보라.

> 그런 신들과 관련해서 우리들이 무신론자라고 하는 것은 인정합니다. 그러나 가장 참되신 하나님, 모든 불결함 너머에 계시는 공의와 바름, 그리고 다른 모든 덕들의 아버지와 관련해서는 우리들이 무신론자가 아닙니다. 우리는 그런 하나님을 경배하고 숭배합니다. 그리고 그에게서 나오셔서 이런 것들을 가르치신 성자를 경배합니다. 그리고 그를 따르고 그와 비슷하게 만들어진 다른 선한 천사들과 선지자들의 영을 믿습니다.[70]

또한 아떼나고라스도 이교도들이 제기한 비슷한 혐의에 대해서 그리스도인들은 무신론자들이 아니니, 그들은 "이해로만(by the understanding only) 그리고 이성(the reason)으로 파악할 수 있는 하나님," "영원한 정신으로(as the eternal mind) 그 안에 [로고스](the Reason)을 가지셨으며, 영원부터 이성을 가지신(λογικός) 하나님"을 가르친다고 했고,[71] 결국 삼위일체 교리로 반응하며, 이를 신화적으로 오해하지 말라고 하면서 "하나님의 아들은 생각과 능

---

70 Justin Martyr, *1 Apology,* 6 (Pelikan, *The Emergence of the Catholic Tradition,* 134).

71 Athenagoras, *Legatio pro Christianis* (Supplication for the Christians), 10. 1, 2 (Pelikan, *The Emergence of the Catholic Tradition,* 188, 191).

력이 있는 성부의 로고스"라고 말한다.[72] 성자는 로고스로서 "존재하게 된 것이 아니라"(did not come into existence), "영원하다"고 했다. 그리고는 "우리의 신론(τὸ θεολογικόν)은 여기서 그치지 않고, 우리는 많은 천사들과 사자들이 (있음을) 주장합니다."라고 말하고 있다.[73]

떼오필루스(Theophilus of Antioch)는 예수 그리스도 안에서 종국적으로 나타나신 로고스는 '창조의 근원(ἀρχή)'이라고 하면서, 다음과 같이 말한다. 하나님께서는 "그에 의해서 만들어진 모든 것들 가운데서 이 로고스를 그의 도움자(a helper)로 두셨고, 그에 의해 모든 것을 만드셨다. 그[로고스]는 그가 통치하기에 원리라고 불리고 그에 의해 조성된 모든 것의 주이시다."[74]

더구나 복음의 사실을 왜곡하거나 유대인들의 경우에는 예수님의 메시아 됨에 대한 부인, 그리고 그리스도인들의 삶에 대한 오해와 악의적 음해에 대해 사실을 드러내는 것이 필요했다. 특히 이 시기에 기독교가 법의 보호 밖에 있던(outlaw) 종교였다는 것을 생각하면 이것은 그야말로 생존을 위한 변호였다. 로마 제국이라는 큰 세력에 대해서 공정을 외치는 목소리를 발한 것이다. 자신들이 자신들의 양심을 따라 법 안에서 조용하고 평화롭게 살기를 원한다는 주장을 하였다.

흥미롭게도 이 시기는 베스파시안 황제 이후로 황제들이 철학을 장려하고 마르쿠스 아우렐리우스 황제 같은 경우에는 자신이 철학을 하는 사람임

---

72 Athenagoras, *Legatio pro Christianis*, 10. 1-2 (Pelikan, *The Emergence of the Catholic Tradition,* 189).

73 Athenagoras, *Legatio pro Christianis*, 10. 3 (Pelikan, *The Emergence of the Catholic Tradition,* 134).

74 Theophilus of Antioch, *To Autolycus,* 2. 10 (Pelikan, *The Emergence of the Catholic Tradition,* 188).

을 분명히 하며 누구나 잘 관찰하듯이 스토아 철학에 충실한 모습을 드러낼 정도의 시기였다.[75] 그러므로 때로는 이 황제들에게 변증서를 쓰고,[76] 때로는 이교도 친구를 설득하기 위해서,[77] 또 때로는 유대인과 논쟁하기 위해,[78] 또는 헬라사람들을 대상으로[79] 변증서를 쓴 2세기 변증가들이 기독교를 "새로운 철학"으로 제시하는 것은 매우 자연스러운 일이었다.[80] 예를 들어서, 아떼나고라스는 177년에 아우렐리우스 황제에게 변증서를 써 보내면서 수려한 언어와 문체로 기독교가 무신론이라는 비난과 식인(食人) 행위를 한다는 비난, 그리고 성적으로 부도덕하다는 비난에 대해서 그렇지 않음을 잘 변증하고 오히려 이교의 헛됨과 어리석음을 잘 드러내고 이교(異教)

---

75 이런 시대적 배경 속에서 변증가들을 보아야 한다는 좋은 통찰은 Orr, *The Progress of Dogma*, 36에서 왔음을 밝힌다.

76 7명 정도의 변증가들이 황제에게 변증서를 썼다고 한다(Orr, *The Progress of Dogma*, 37). 예를 들자면, 아리스테데스가 안토니누스 황제에게 써 보내었다는 <기독교 신앙에 대한 변호>(*Apology for the Christian Faith*)는 소실되었다가 19세기에 다시 발견되었다고 한다. 저스틴 마터의 첫째 변증(c. 150)은 안토니누스 황제에게 쓰여진 것으로 그리스도인이 부도덕하지 않다고 변호하고 그리스도의 삶은 이미 구약 성경에 예언되어 있었다고 변증했고, 그리고 그의 두 번째 변증서는 아우렐리우스 황제에게 보내기 위해 작성된 것이다. Cf. "Apologists," available at:https://www.encyclopedia.com/humanities/encyclopedias-almanacs-transcripts-and-maps/apologists; "Apologists," available at: https://www.britannica.com/topic/Apologist. 또한 멜리토와 밀리타데스, 그리고 아떼나고라스는 아우렐리우스 황제에게 변증서를 써 보냈다(Klotsche & Mueller, *The History of Christian Doctrine*, 23f.).

77 Cf. 안디옥의 떼오필루스(Theophilus of Antioch)가 그의 이교 친구에게 써서 보낸 변증서인 <오토리쿠스에게>(*To Autolycus*)라는 변증의 글. 보이지 아니하시는 하나님에 대해서, 6일 창조에 대해서, 그리고 유대-기독교 윤리의 오래됨에 대해서 논증하는 중에 철학에 대한 이해가 있고 플라톤을 읽는 사람임을 드러내고 있다.

78 약 160년에 쓰여진 것으로 여겨지는 <유대인 트리포와의 대화>. Cf. Justin Martyr, *Dial. with Trypho*.

79 Tatian, *Discourse to the Greeks*.

80 Cf. Justin, *Dialogue with Trypho*, 8. 그는 기독교가 "유일한 참된 철학"이라고 한다. 이와 아울러 그들은 기독교가 짧은 시간 내에 얼마나 빨리 퍼져 갔는가 하는 것을 지적하면서 호소하고, 또한 기독교로 개종한 사람들의 도덕적 성격에 호소하는 작업을 많이 하였다.

신화들의 부끄러운 모습을 잘 드러내었다.[81]

이 변증가들은, 더 나아가, 기독교를 "유일하게 참된 철학"(the only true philosophy), 따라서 "최고의 철학"(the highest philosophy) 또는 "가장 확실하고 분명한 철학"(the surest philosophy)으로 제시하였다.[82] 기독교야말로 유대교와 헬레니즘에서 발견할 수 있는 모든 진리의 성취라고 한 것이다. 그것은 시대의 정신이 기독교에 영향을 미친 것이었지만 또한 기독교가 광장에 나서서 기독교가 합리적인 것임을 주장하였다는 점에서도 의미가 있다.[83] 자신들은 안전을 보장 받기 위해서가 아니라 공정한 평가를 받기 위해 이 변증을 하는 것인데, 자신들이 악을 행하는 자들이나 사악한 사람들이 아니라는 것을 분명히 하면서 "당신들이 우리를 죽일 수는 있어도 (궁극적으로) 우리를 해할 수는 없습니다"고[84] 말하며, 자신들이 하나님께 속한 자유로운 사람들이라는 정체성을 분명히 했다. 그 결과 2세기의 변증가들은 이전 사상과의 연속성을 강조하면서 스스로를 옹호하다 보니 부수적으로 기독교의 독특성을 상실한 면이 있다는 평가를 받기도 한다.[85]

유대인을 대상으로 해서는 구약에 근거하여 하나님께서 주신 **구약의 율**

---

81 이 점을 잘 지적하고 있는 Klotsche & Mueller, *The History of Christian Doctrine*, 24를 보라.

82 왜냐하면 "기독교는 합리적 요소를 가지고 있으며, 모든 참된 철학자들이 물어 온 질문들에 만족할 만한 대답을 제공하며, 단순한 개념과 억측에서 나온 것이 아니라 초자연적 계시에서 기원한 것이기 때문이라는 것이다." 이를 언급하는 Berkhof, *The History of Christian Doctrines*, 56, 57; Klotsche & Mueller, *The History of Christian Doctrine*, 24를 보라.

83 변증가들의 작업의 이런 양면성을 지적하는 James Orr, *Neglected Factors in the Study of the Early Progress of Christianity,* the Morgan Lectures delivered at Auburn Theological Seminary in New York in October 1897 (London: Hodder and Stoughton, 1899), 184-94; Orr, *The Progress of Dogma*, 36-37을 보라.

84 Justin, *The First Apology,* cited in Orr, *The Progress of Dogma*, 38.

85 이런 평가의 대표적인 예로 Pelikan, *The Emergence of the Catholic Tradition*, 68을 보라.

법이 그 성격상 한시적(temporary)**이라는 강한 논의**를 하였다.[86] 이것이 변증가들의 논의 가운데 가장 신학적인 논의였다. 유대인들이 중요시하는 구약 성경에 의하면 율법을 주시기 이전 시대가 있음을 분명히 하면서, 또한 하나님께서 새 언약을 맺을 때가 있음을 유대인들이 중시하는 구약이 예언하고 있음을 지적하였다. 그래서 율법의 영원한 요소와 한시적 요소에 대한 논의를 하고, 율법의 모형과 그림자로서의 성격도 밝히며, 예수님이 유대인들이 그토록 기다리던 메시아이심을 논증하였다.

이교에 대해서는 이교의 어리석음과 무가치함과 부조리와 비도덕성을 드러내었다. 이때 변증가들은 마치 사도행전 17장 28절의 바울과 같이 이교도 시인들과 철학자들을 많이 인용하면서 논의하였다. 또한 그런 이교의 신과 대조하면서 하나님의 통일성과 영성, 하나님의 자유로운 창조, 보편적 섭리, 도덕적 통치, 도덕법의 실재와 보편성, 그리고 다가올 심판과 미래의 삶에 대한 기독교의 가르침을 제시하였다.[87] 이것과 함께 그리스도의 초자연적 출생과 부활과 천상에서의 통치, 그를 통해 주어진 최종적 계시에 대해서 논의하였다. 예수님께서 바른 진리를 주셔서 사람들이 그에 근거해서 회개하고 덕을 향해 나가고 자신을 영생에 부합하게 할 수 있다는 식으로 말하였다. 결국 예수님께서 온전한 법을 주셨으므로 그것에 순종해서 구원 받을 수 있고, 바른 가르침 이외의 다른 것은 필요하지 않다고 했다. 그런데 이런 말에 후대의 논의를 반영해서 이것이 유대교적 율법주의

---

86 이를 잘 언급하고 논의한 Orr, *The Progress of Dogma*, 45를 보라.

87 오어는 당대의 주도적인 우상숭배, 에피쿠로스 학파의 무신론, 스토아 학파의 범신론과 운명론에 대항해 반드시 언급되고 강조되어야 할 것이라는 점을 지적한다(Orr, *The Progress of Dogma*, 50). 이 점은 심지어 하르낙도 "바로 필요한 것이었다"고 인정한다고 말한다(Harnack, *History of Dogma*, II, 171).

저스틴 마터

에로 돌아간 것이라든지[88] 일종의 펠라기우스적인 가르침이었다고 주장하는 것은 부당해 보인다. 우리가 저스틴이 남겨 놓은 부분적인 글만으로 그의 구원론을 다 알 수는 없기 때문이다. 특히 그가 객관적 구속을 무시한다고 하기는 어려워 보인다.[89]

또한 저스틴은 "모든 사람은 자신들 안에 일정한 신적 로고스를 지니고 있다"고 하면서, "모든 사람들 가운데서 바르게 언급된 모든 것은 우리 그리스도인들의 소유다"고 말하기도 했다.[90] 그는 모든 철학적 지혜와 모든 예언적 영감이 로고스라는 같은 원천에서 오는 것이라고 했다.[91] 또 다른 곳에서는 이렇게도 말했다: "이성(로고스)에 따라서 사는 사람들이 그리스도인들입니다. 비록 그들이 무신론자들('아떼오이')이라고 언급되기도 하지만 말입니다. 예를 들어서, 헬라 사람들 가운데 소크라테스나 헬라클리토스 같은 사람들 말입니다."[92] 로고스 개념에 호소한 이유는 당대의 교육 받은

88 애매하게 말하기는 하지만 하르낙이 이런 식으로 논의하는 측면이 있다. Cf. Harnack, *History of Dogma,* II, 221, 227, 216-20.

89 Justin, *Dialogue with Trypho,* 13. 94-96을 인용하면서 이 점을 잘 논의하는 Orr, *The Progress of Dogma*, 52, 53을 보라.

90 Justin, *Second Apology,* 13.

91 이 점을 지적하는 Klotsche & Mueller, *The History of Christian Doctrine*, 25를 보라.

92 Justin, *Apologia,* 1. 46 (Shedd, *A History of Christian Doctrine*, 1:136, n. 1); idem, *2nd Apology,* 10도 보라. 이런 것이 후에 심각한 문제가 된다는 것을 잘 생각해야 한다. "로고스에 따라서 산" 이교도들은 구원 받을 가능성이 있다고 한 것은 큰 문제를 일으킨다.

계층이 이를 중요시하기 때문이었다.[93] 따라서 로고스가 헬라 철학자들에게 씨앗의 형태로(seminally) 부분적으로 (소위 "씨앗적 로고스," the spermatic Word) 있다가,[94] 후에 예수님에게서 온전히 성육신했다(소위 온전한 로고스, the whole Word)고 했다.[95] 그러므로 고대 가르침 가운데서 참된 것과 거짓된 것을 판단하는 기준(canon)이 그리스도라고 하였다.

이런 저스틴 마터의 헬라 철학에 대한 긍정적 태도와는[96] 달리 그의 제자였던 타티안(Tatian, c. 120-c. 180)은 〈헬라인들에게 보내는 논의〉(*Discourse to the Greeks*)에서 헬라 철학과 이교(paganism)의 악한 성격을 강조하였다.[97] 그는 헬라 철학에 선한 것이 전혀 없거나 거의 없다고 했다.[98] 그래서 자신을

93 이를 지적하는 Berkhof, *The History of Christian Doctrine*s, 58을 보라.

94 이 "씨앗적 로고스"에 대한 논의는 주로 Justine, *First Apology,* 46과 *Second Apology,* 8-13에 언급된다. 로고스에 대한 관심이 유대인 필로에게서 온 것이라는 것을 잘 반박하면서(특히 Orr, *The Progress of Dogma*, 79, n. 2), 오히려 요한복음에서 왔다고 하는 것이 자연스럽다는 Orr, *The Progress of Dogma*, 78-79도 보라. 특히 테오필루스(Theophilus)는 요한복음은 명시하지만 필로는 한 번도 언급하지 않는다는 것을 잘 지적한다(79).

95 저스틴이 "성경적 로고스 개념을 가지고 있지 않았고 필로의 로고스 개념과 비슷한 개념을 가졌으니 영원히 하나님 안에 계신 로고스는 위격적 존재를 가지지 않은 그저 하나님의 이성이었기 때문이다"는 벌코프의 다소 강한 비판(Berkhof, *The History of Christian Doctrine*s, 58)은 일리가 있다. 그러나 과한 면도 있다고 할 수 있다. 바로 후에 그 자신도 "변증가들의 로고스는 철학적 로고스와는 달리 독자적 위격성을 가졌기 때문이다"라고 하고 있다(58).

96 저스틴과 후에 오리겐은 철학과의 관계를 더 긍정적으로 말하면서 이교 지혜 안에도 진리의 빛이 있음을 강조하고 그런 것들과 기독교를 자연스럽게 연결시키려고 하였다. 물론 그들도 이성의 인도가 부적절하며, 고대 이교도들의 견해들이 얼마나 서로 모순되며 혼합적인지를 적절히 지적하였다. 이 점을 잘 언급하는 Orr, *The Progress of Dogma*, 46-47. 또한 로고스에 대한 강조가 기독교적이기보다는 우주론적이라고 하면서 변증가들이 기독교에 자연신학적 전환을 시도하고 우주론적 관심에로 나아갔다는 Julius Kaftan의 주장(*Truth of the Christian Religion,* 2 vols. [Edinburgh : T. & T. Clark, 1894])에 대해서, 그들이 우주론적 측면을 강조한 것은 사실이지만 그것이 그들의 신앙의 가장 근본적인 것은 아니었다고 잘 논의하는 Orr, *The Progress of Dogma*, 78-79도 보라.

97 타티안, 떼오필루스, 그리고 후의 교부인 터툴리안의 접근은 이교 철학과 가르침에 대한 부정적 접근이라고 할 수 있다. Cf. Orr, *The Progress of Dogma*, 46.

98 이를 지적하는 Berkhof, *The History of Christian Doctrines,* 57을 보라.

"야만인들(the barbarians)의 철학의 제자"라고 일컫기도 한다.[99] 그와 동시대 사람으로 아마도 당대의 철학, 특히 회의주의자들의 글을 잘 이해한 것으로 여겨지는 아떼나고라스는 〈그리스도인들을 위한 변호〉(*Embassy for the Christians*)와 〈죽은 자들의 부활에 대해서〉(*On the Resurrection of the Dead*)에서 다시 헬라 철학을 높이 여기면서 사람은 몸과 영혼의 연합체이므로 하나님께서 다시 부활시킬 수 있으시다는 것을 변증하였다.

저스틴 등 변증가들은 기독교의 기본적 가르침을 그대로 가진 것으로 보인다. 그래서 삼위일체 교리의 상당한 토대를 마련하고,[100] 성자의 성육신을 아주 분명히 확인하여[101] 그의 인성과 신성을 확언하였으며,[102] 좀 부

---

[99] 이 점을 지적하는 Klotsche & Mueller, *The History of Christian Doctrine*, 24를 보라.

[100] 이를 잘 드러내고 있는 Orr, *The Progress of Dogma*, 78-79를 보라. 특히 Justin, *Dialogue with Trypho*에서 그리스도의 신성을 분명히 하고, 신성 안의 구별이라는 용어는 사용하지 않지만 복음서와 구약의 증언에 근거해서 이를 말한다고 하는 79, 80쪽의 논의를 주목하라. 변증가들은 그리스도의 신성과 로고스에 대한 논의를 많이 하고 성령에 대해서는 별로 많은 말을 하지 않았다(Orr, *The Progress of Dogma*, 125). 그러나 이는 그들이 성령님의 존재와 신성을 믿지 않았다는 말이 아님에 주의해야 한다. 그들은 대개 성령이 셋째 자리를 차지한다고 표현하였다(Justin, *First Apology,* 13; Athenagoras, 10). **떼오필루스는 *Trias*라는 말을 처음으로 사용하였다고 한다** (Theophilus, II. 15). 이상에 대해서 Orr, *The Progress of Dogma*, 125; Klotsche & Mueller, *The History of Christian Doctrine*, 26을 보라.

[101] 저스틴에게도 이것이 출발점이었음에 대한 강조와 논의로 Orr, *The Progress of Dogma*, 79를 보라.

[102] 아리스티데스(Aristides)는 그리스도의 신성과 동정녀 탄생을 강하게 주장하였다(Klotsche & Mueller, *The History of Christian Doctrine*, 26).

족한 면도 있지만 인간의 자연적 능력이 죄로 말미암아 연약해졌다는 것도 타락한 인간은 필연성과 무지의 상태에 있다고 확언한다.[103] 그리스도의 구속도 분명히 말한다.[104] 그리고 성찬에 대한 논의에서 그리스도와의 신비한 연합도 말한다.[105]

그런데 세례를 "중생" 또는 "신생"이라고 말하는 점에서 문제도 드러낸다.[106] 세례가 죄 용서를 가져 온다는 생각도 나타난다.[107] 새로운 삶이 시작하는 것에 대해서 때로는 전적으로 인간의 선택에 의한 것이라고 하고, 또 때로는 전적으로 하나님의 자유로운 은혜에 의존하는 것이라고 말한다.[108] 타락한 상태에서도 믿음과 회개로 하나님을 향해 결단할 수 있다고 한다.[109] 이렇게 문제가 있는 진술도 하지만 2세기 변증가들은, 신앙을 교리를 바꾸고 복음을 헬라화하여 기독교 복음에 대한 이해에서 온전히 벗어났다고 평가하는 하르낙이나 루프스의 견해와 달리,[110] 그들 나름대로 그 시대의 "어려운 과제 앞에서 자신들의 사역을 어느 정도 잘 감당하였다"고 할 수 있다.[111] 비록 그들이 항상 성공한 것은 아니지만 그들은 계시의 진리들

---

103 Justin, *First Apology,* 10, 61.

104 이를 잘 드러내고 있는 Klotsche & Mueller, *The History of Christian Doctrine*, 25f.을 보라.

105 Justin, *First Apology,* 61, 65, 66.

106 이를 지적하는 Berkhof, *The History of Christian Doctrines,* 59를 보라.

107 Justin, *First Apology,* 61.

108 이를 지적하는 Berkhof, *The History of Christian Doctrines,* 59를 보라.

109 이 점을 지적하는 Klotsche & Mueller, *The History of Christian Doctrine*, 26f.을 보라.

110 Harnack, *History of Dogma,* II, 169-229; Loofs, *Dogmengeschidenis,* 782-81을 언급하면서 그들의 이런 평가를 언급하는 Berkhof, *The History of Christian Doctrines*, 59를 보라.

111 이렇게 공정하게 평가하는 Orr, *The Progress of Dogma*, 54; Berkhof, *The History of Christian Doctrines,* 59-60을 보라.

을 바르게 해석하려고 한 것은 사실이다. 그들의 작품은 "철학적 틀 속으로 억지로 집어넣으려는 강요가 있기는 했어도 기독교 신학의 시작으로 기록될 수 있다."[112] 그러므로 "교회는 그들에게 대해 감사해야 하고, 우리는 오늘날도 그들을 감사함으로 기억해야 한다."[113]

그러나 기독교가 당대의 교육 받은 계층의 사람들에게 받아들여질 수 있도록 하기 위해 그 합리성을 강조한 것이 가져올 문제 역시 심각하게 생각해야 한다. 후에 논의하겠지만 과연 누구의 합리성이냐 하는 것을 생각하지 않은 이런 언어의 사용이 신자와 불신자가 공유하는 합리성 개념이 있다는 오해를 낳을 수 있기 때문이다.[114] 기독교를 최고의 철학이라고 할 때, 그 투쟁과 표현으로 매우 중요한 기여를 하였지만 동시에 그것이 낳을 수 있는 문제를 잘 생각하지 않았다. 이 문제는 2세기 변증가들이 글을 쓸 때 일반 계시와 특별 계시를 혼합해 넣어[115] 글을 쓰는 데서 발생한 것이라고 할 수 있다.

또한 그들이 그리스도의 구속을 잊어버리고 있지는 않지만 구속자로서의 그리스도보다는 예수님의 가르침이 변증가들의 사상에서 큰 위치를 차지하고 있는 것도 문제이다.[116] 그들에게는 그리스도가 성육신 이전에 자신

112 Berkhof, *The History of Christian Doctrines,* 60. 묄러 교수는 저스틴이 헬라적으로 변형한 기독교를 형성하는 데 있어서 가장 영향력이 있고 기독교 신학의 형성자(the founder of Christian theology)라고까지 말한다(Moeller, *History of Christian Church,* I, 173, cited in Klotsche & Mueller, *The History of Christian Doctrine*, 25).

113 Orr, *The Progress of Dogma*, 54.

114 대부분의 사람들은 이 문제를 심각하게 생각하지 않는다. 이를 가장 심각하게 여기면 걱정했던 분의 하나로 코넬리우스 반틸을 들 수 있다. Cf. 이승구, 『코넬리우스 반틸』 (서울: 살림, 2007)

115 이 점을 지적하는 Berkhof, *The History of Christian Doctrines,* 57을 보라.

116 이 점을 잘 지적하는 Klotsche & Mueller, *The History of Christian Doctrine*, 25f.도 보라.

을 그렇게 드러낸 것과 같이 새로운 가르침을 가르친 선생님이시고 새로운 법을 주신 분으로 나타난 것이다.[117]

또한 저스틴이 성자의 종속을 말하고 있는 것도 사실이다.[118] 떼오필루스는 좀 더 나아가 로고스는 성부의 첫째 피조물이라고 하면서 따라서 그에게 종속한다고 말한다.[119]

III. 교부들의 이단 논박

이와 같이 교회 **밖에서**(*without*) 교회를 비판한 이교와 철학들과 투쟁한 변증가들을 생각한 후에는 그 뒤를 따라 나와서 2-3세기에 나타난 다양한 이단들과 대결한 교부들을 생각하는 것이 매우 자연스러운 일이다.[120] 이분들은 교회 **안에서**(*within*) 일어나 다양한 위협이라고 할 수 있는 다양한 이단들과 투쟁하여 기독교를 지켜낸 사람들이다.[121] 대부분의 이단들이 교회 안에서 일어났음을 잘 표현한 것으로 오리겐이 말한 바 "이단들은 모두 믿는 것으로 시작해서 후에는 신앙의 길과 교회의 가르침의 진리를 벗어났다."는

117 Justin, *Dailogue,* 18을 인용하면서 이를 지적하는 Klotsche & Mueller, *The History of Christian Doctrine*, 26도 보라.

118 Justin, *Dialogue,* 61. 62; 2nd *Apology,* 6을 인용하면서 이를 언급하는 Klotsche & Mueller, *The History of Christian Doctrine*, 26도 보라.

119 Cf. Klotsche & Mueller, *The History of Christian Doctrine*, 26.

120 같은 견해를 말하는 Berkhof, *The History of Christian Doctrines,* 62를 보라.

121 교회 밖에서의 공격과 교회 안에서의 공격이라는 식의 구조화를 시도한 Orr, *The Progress of Dogma*, 54을 보라. 그는 이 교회 안의 공격 가운데서 영지주의가 가장 심각한 것이었다고 하면서 주로 영지주의와의 투쟁을 중심으로 논한다.

말을 생각해 볼 수 있다.[122] 일반적으로 이레니우스, 히폴리투스, 그리고 라틴 교부인 터툴리안을 영지주의(Gnosticism)를 반대한 대표적인 교부들로 논의하고,[123] 터툴리안을 마르시온주의(Marcionism)에 대한 반대자로, 이레니우스, 에파파네스, 히폴리투스, 터툴리안, 유세비우스, 어거스틴 등을 군주신론(Monarchianism)을 배격한 교부들로 논의한다. 오어의 말을 원용해서 표현한다면, 이 교부들은 교회가 교의를 선언할 온전한 준비가 되기 전에 그들의 작업을 한 것이라고 할 수 있다.[124] 그러므로 2-3세기의 교부들은 교회가 마땅히 믿어야 할 바를 명확히 규정하기보다는 성경의 가르침을 전제로 하면서 당대에 이단들이 제기한 문제들에 대해서 이단들이 믿는 바가 성경의 가르침에서 벗어난 것임을 지적하는 역할을 한 것이다.[125]

어떤 의미에서 신약 교회의 본격적인 신학적 논쟁은 한편으로는 이교와의 논쟁과 또 한편으로는 영지주의, 마르시온주의, 그리고 몬타누스주의(Montanism)와의 대결에서 왔다고 할 수 있다.[126] 그러나 결과적으로 이러한 이단들이 기독교회의 교리적 발전에 도움을 준 것처럼 생각하거나 말하는

---

122 Origen, *Commentarius in Cantica Canticorum* 3. 4 (GCS 33:179) (Pelikan,*The Emergence of the Catholic Tradition,* 69).

123 Cf. Berkhof, *The History of Christian Doctrines*, 62-63.

124 오어는 영지주의에 대한 반박을 중심으로 해서 이렇게 말한 바 있다. Cf. Orr, *The Progress of Dogma*, 73.

125 2-3세기의 정통 교회의 작업이 이런 성격을 지녔음을 잘 지적하는 Pelikan, *The Emergence of the Catholic Tradition,* 121도 보라.

126 변증가들의 시대는 이교와 영지주의에 대항하여 기독교의 근본적 개념을 드러내고 입증하려는 것이었다고 하면서, 이교와의 논쟁과 영지주의와의 논쟁을 "이 시대 교회의 이중 투쟁"(the twofold battle of the Church)이라고 말하는 Orr, *The Progress of Dogma*, 24와 제2장 전체(35-70)도 보라. 변증가들은 합리적이고 윤리적 측면에서의 논의라면 영지주의와의 투쟁을 바로 종교적 측면에서의 갈등을 해결하는 것이었다고도 표현한다(54-55).

것은[127] 옳지 않다.[128] 정통교회는 이들이 없어도 성경이 말하는 바른 생각을 향해 가고 있었기 때문이다.

III-1. 초기 이단 사상들

1. 영지주의(Gnosticism)

영지주의는 어떤 의미에서 초기 기독교에 대한 가장 심각한 공격이었다. 이는 초기에 가장 심각한 이단이었다.[129] 학자들이 오랫동안 논쟁하고 탐구하였지만 아직도 영지주의가 과연 어떻게 형성된 것인지 잘 모른다. 이미 나름의 영지주의가 있었고 그것이 기독교의 영향을 받으면서 기독교 영지주의가 있게 된 것인지,[130] 아니면 헬라사상의 만연 속에서 일부 기독교인

127 마르시온에 대해서 정확히 이렇게 말하고 있는 Harnack, *Marcion, das Evangelium vom fremden Gott* (1920, reprint, Berlin, 1960), I:214-15, cited in Pelikan, *The Emergence of the Catholic Tradition,* 120을 보라. 이런 점에서 하르낙은 여러 면에서 문제를 일으켰다.

128 정확히 같은 생각을 말하면서 이단이 기여한 것이 없다는 것을 분명히 하는 Pelikan, *The Emergence of the Catholic Tradition,* 119-20을 보라.

129 거의 모든 사람이 이를 말한다. 가장 대표적인 예로 Pelikan, *The Emergence of the Catholic Tradition,* 81을 보라. 오랜 전에 벌코프도 영지주의는 "2세기의 가장 큰 이단"이라고 했다(Berkhof, *The History of Christian Doctrines*, 77).

130 영지주의의 근원적 형태는 유대교에 뿌리를 두고 있다고도 말하고(Berkhof, *The History of Christian Doctrines,* 45, 46; Pelikan, *The Emergence of the Catholic Tradition,* 83에서도 초기 형태의 기독교 영지주의는 이런 기원을 가졌다는 시사를 한다) 다양하게 이야기하는데, 결과적으로 온전히 발전된 영지주의에는 유대교적 요소와 기독교 교리, 그리고 이교적 사변이 다 섞여 있다고 결론 내린다(Berkhof, *The History of Christian Doctrines,* 45).

기독교 영지주의를 제외하면 시리아 영지주의, 이란적 영지주의, 그리고 유대교 영지주의가 있다고 한다(Pelikan, *The Emergence of the Catholic Tradition,* 82). 이와 관련해서 가장 의미 있는 말이 "영지주의-기독교=여전히 영지주의"라는 퀴스펠의 말이다, Cf. Gilles Quispel, *Gnosis als Weltreligion* (Zürich: Origo, 1951), 28, cited in Pelikan, *The Emergence of the Catholic Tradi-*

들이 기독교와 헬라사상을 혼합하여 영지주의를 만들게 된 것인지[131] 아직 도 논쟁 중이다. 그래서 어떤 분들은 "영지주의"라는 용어 자체를 거의 현대 역사학계의 창안물로 여기기도 한다.[132] 기본적으로 영지주의는 사변적 운동(speculative movement)이며, 동시에 대중적 운동(a popular movement)이며, 혼합주의적 운동(a syncretistic movement)이라고 생각한다.[133] "동방의 신지학(theosophy)과 헬레니즘적 철학과 기독교가 혼합주의적 성행을 가지고 합하여 보편적 종교로 나타난" 것이다.[134] 이는 "지식을 깨달음을 통한 영의 우주적 구속을 가르치는 사유 체계"다.[135] 다시 한번 더 말하지만, 정통교회는 이 영지주의를 초기의 가장 큰 이단으로 여기고 그렇게 논의하여 왔다. 이는 기독교 안에 있어도 "헬레니즘적 철학적 경향을 지닌 본질적으로 이교적 운동"이다.[136] 그런데 하르낙은 영지주의를 이단이라고 하지 않고 영지주의자들을 "최초의 기독교 신학자들"이라고 하였다.[137] 신학을 근원적 기독교와 헬라정신의 혼합으로 보고 기독교의 헬라화(Hellenising of Christianity)를 말하는 하르낙다운 표현이다. 그를 따르는 자유주의자들은 그런 식으로 영지주의적 생각이 의미 있는 기여를 한 것으로 보려고 하며, 오히려 정통

---

tion, 82.

131 그렇게 되면 영지주의는 기독교의 영향 하에서 기독교와 헬라 사상과 혼합되어 나타난 것이 된다. "영지주의는 2세기에 가장 독특한 현상의 하나"라고 말하는 오어는 아마도 이렇게 생각하는 듯하다(Orr, *The Progress of Dogma*, 56).

132 이렇게 말하는 Pelikan, *The Emergence of the Catholic Tradition,* 81을 보라.

133 이렇게 규정하는 Berkhof, *The History of Christian Doctrines,* 46-47을 보라.

134 Klotsche & Mueller, *The History of Christian Doctrine*, 29.

135 이렇게 제시하는 Pelikan, *The Emergence of the Catholic Tradition,* 82를 보라.

136 Klotsche & Mueller, *The History of Christian Doctrine*, 30.

137 Harnack, *History of Dogma,* I, 227, 255.

주의가 문제가 있다는 식으로 논의해 간다. 이것은 마치 그 시대에 영지주의가 기독교를 내부에서 쓰러뜨리려고 한 것과 같은 작업을 19세기-21세기에 다시 시도하는 것으로 보인다.

영지주의자들은 하나님과 인간과 우주의 근원적 문제들에 대해서 교회 안에서 일반적으로 제시되는 대답들(commonplace answers)을 부족한 것들로 여기면서 신적인 것들에 대한 더 깊은 지식[Gnosis]을 자신들이 제시하는 것이라고 했다. 그래서 자신들이 최고의 지적인 사람들이 받아들일 수 있는 영적 지식[靈的知識, gnosis]을 소유하고 제공한다고 주장하였다. 그런 사람들은 "영지자들"(Gnostikoi)이라고 하였고, 여기서 "영지주의"라는 말이 나왔다.

흔히 케린뚜스(Cerinthus)가 그 대변인으로 언급되는 초기 영지주의(the early and incipient forms of Gnosticism),[138] (뱀을 중요하게 여기는) 오파이트주의자들이 중요한 그룹으로 언급되는 '중급 단계의 영지주의'(the inchoate or semi-developed Gnosticism),[139] 그리고 알렉산드리아서 117년에서 138년에 가르친 바실리데스(Basilides),[140] 그리고 로마에서 활동한 발렌티누스(Vanlentinus, Οὐαλεντῖνος, c.AD 100 - c.180) 등에 의해 제시된 '온전히 발전된 영지주의'(the fully - developed Gnosticism)로 나뉘어 설명된다.[141]

---

138 Irenaeus, *Adv. Haereses,* 1. 23. 3 (Pelikan, *The Emergence of the Catholic Tradition,* 83).

139 오파이트주의자들(Ophites) 또는 나아쎄니(Naasseni)라는 불리는(Klotsche & Mueller, *The History of Christian Doctrine*, 33) 이들은 타락 이전에 아담과 하와가 "빛과 같은 몸"을 가졌다고 한다(Irenaeus, *Adv. Haereses,* 1. 30. 9 [Pelikan, *The Emergence of the Catholic Tradition,* 88]). 정통파에서 일부는 이 오파이트주의자들이 유다서에 언급된 거짓 교사들이라고 지적하기도 했다. 이를 말하는 Klotsche & Mueller, *The History of Christian Doctrine*, 33을 보라.

140 Orr, *The Progress of Dogma*, 83.

141 이렇게 나누어 설명하는 대표적인 예로 Orr, *The Progress of Dogma*, 58-59를 보라. 오어는 온전히 발전된 영지주의에 마르시온을 넣어 제시하였다. 그런데 벌코프는 이전에 그렇게 분류하던 것에 대해서 이제는 다들 의심하게 되었다고 한다(Berkhof, *The History of Christian Doctrines,*

1세기의 이런 초기 영지주의는 이미 신약 성경에서 비판적으로 언급되고 있는 것으로 여겨진다.[142] 유다서에 나타난 거짓 선생들과 계시록이 말하는 니골라당이 초기 영지주의적 사변에 근거한 방종적 입장에 근거하고 있는 듯하다고 한다.[143] 천사를 숭배하는 이단들과(골 2:18), 부활이 이미 지나갔다고 주장하는 이단들(딤후 2:18)도 초기적 영지주의와 연관된 것인지도 논의한다.[144]

마리아와 요셉이 낳은 인간 예수는 "다른 사람들보다 더 의롭고 신중하고, 지혜롭기에,"[145] 그가 세례 받을 때에 높은 영이 임하여 왔다가 십자가 죽음 바로 전에 떠난 것으로 설명한 케린뚜스 이단에 대한 간접적 논박이 요한복음 1:14; 20:31; 요한일서 2:22, 4:2, 5:1, 5, 6; 요한이서 7절 등에 있다고 한다.[146]

이런 초기 영지주의에 이레니우스는 시몬 마구스와 사투리누스(Saturinus)를 연관시키기도 한다.[147] 시몬파 영지주의자들은 세상을 만든 것이 천

---

52). 하르낙과 제베르크도 마르시온을 따로 논의하고 있다.

142 Berkhof, *The History of Christian Doctrines,* 45; Klotsche & Mueller, *The History of Christian Doctrine*, 30. Cf. 골 2:18ff.; 딤전 1:3-7; 4:1-3; 6:3; 딤후 2:14-18; 딛 1:10-16; 벧후 2:1-4; 유다 4, 16; 계 2:6, 15, 20f.

143 이렇게 말하는 Klotsche & Mueller, *The History of Christian Doctrine*, 30을 보라.

144 Klotsche & Mueller, *The History of Christian Doctrine*, 30.

145 Klotsche & Mueller, *The History of Christian Doctrine*, 30.

146 Irenaeus, *Adv. Haereses,* 1. 26;1. 3. 2. 1 (Berkhof, *The History of Christian Doctrines,* 45; Klotsche & Mueller, *The History of Christian Doctrine*, 30]. 케린뚜스와 같이 목욕탕에 있다가 뛰쳐나온 요한에 대한 말을 전하는 Irenaeus, *Adv. Haereses,* 3. 3. 4 ("Let us fly")도 보라. 그를 따르는 사람들은 부활도 심판도 부인한다고 지적했다(Ignatius, *To the Smyrna,* 2; Polcarp, *ad Phi.,* 7. 1 [Klotsche & Mueller, *The History of Christian Doctrine*, 31]).

147 Cf. Pelikan, *The Emergence of the Catholic Tradition,* 83-84; Klotsche & Mueller, *The History of Christian Doctrine*, 31.

사들이라고 하면서 그들이 선지자들을 영감했다고 했다.[148] 그들은 또한 "유대 땅에서 고난을 당한 것은" 구레네 시몬이었다고 했다.[149] 그리고 "크다 일컬어지는 하나님의 능력이 하나님으로부터 처음 나온 것이고 신적 경배를 받을 수 있다고 했다"고 한다.[150] 사마리아 출신인 저스틴 마터가 증언하기를 모든 사마리아 사람들이 그를 최고의 하나님이라고 존숭하고 그의 동반자인 헬레나(Helena)를 하나님의 "첫째 생각"으로 여겼다고 한다.[151] 헬레나는 "모든 것들의 어머니로서 그에 의해서 태초에 시몬이 천사들과 대천사들을 만들 개념을 가졌다"고도 했다.[152] 그리고 도덕법은 최고의 하나님에 의해서 주어진 것이 아니고, 세상을 창조한 천사들에게서 온 것이라고 여기면서 덜 높였다고 한다.[153] 그래서 시몬과 헬레나를 의지하는 사람들은 선지자들의 규례에 신경을 쓰지 않고 자유로운 입장을 지닌다는 것이다. 그래서 시몬을 따르는 자들은 자유분방한 삶을 살고 마술을 행한다고 이레니우스가 지적하였다. 그들은 또한 미네르바의 상 아래 있는 주피터와 헬레나의 형상 아래서 시몬의 이미지들을 숭배한다고도 지적했다.[154] 시몬의 계승자인 메난더(Menander)도 역시 사마리아 사람으로 시몬의 초기 영

---

148 Irenaeus, *Adv. Haereses,* 1. 23. 3 (Pelikan, *The Emergence of the Catholic Tradition,* 93).

149 Pelikan, *The Emergence of the Catholic Tradition,* 174.

150 Klotsche & Mueller, *The History of Christian Doctrine*, 31.

151 Justin, *First Apology,* 26, 56; *Dialogue,* 120 (Klotsche & Mueller, *The History of Christian Doctrine*, 31).

152 Irenaeus, *Adv. Haereses,* 1. 23 (Klotsche & Mueller, *The History of Christian Doctrine*, 31).

153 이를 지적하는 Klotsche & Mueller, *The History of Christian Doctrine*, 31을 보라.

154 Irenaeus, *Adv. Haereses,* 1. 23에 의존하여 이를 지적하는 Klotsche & Mueller, *The History of Christian Doctrine*, 31을 보라.

지주의적 생각을 안디옥에 전파했다고 한다. 그런데 이제는 세상의 구주가 메난더라고 했다고 한다. 그리하여 "그의 제자들은 그에게로 세례를 받았고 죽지 않으며 영원한 젊음을 가진다"고 하였다고 한다.[155] 메난더의 제자인 싸투리누스는 시리아에서 비슷한 운동을 일으킨 주도적 인물이었다.[156] 싸투리누스는 혼인과 생육, 그리고 예언도 사탄에게서 기원한 것이라고도 한다.[157] 그는 사람은 천사들이 창조한 것인데, 최고의 신이 인간을 불쌍히 여겨서 생명의 스파크를 더했고 죽으면 이 생명의 스파크가 다시 돌아간다고 했다.[158]

아주 발전된 영지주의는 하드리안 황제 시대에 알렉산드리아에서 가르친 바실리데스와 그곳에서 자라고 훈련 받은 후 2세기 중엽에 로마에서 가르친 발렌티누스에게서 찾아 볼 수 있다.[159] 발렌티누스와 바실레데스의 한 가지 중요한 차이로 히폴리투스는 발렌티누스는 "피타고라스학파와 플라톤주의자라고 할 수" 있지만, 바실리데스가 가르친 것은 "사실 아리스토텔레스의 교묘한 궤변일" 뿐이라고 한다.[160] 바실리데스는 위로부터의 발출(發出) ("최고의 신으로부터 365개의 하늘과 그 영들이 발출했다"고 한다)과 함께 ("모든

155 Irenaeus, *Adv. Haereses,* 1. 23에 의존하여 이를 말하는 Klotsche & Mueller, *The History of Christian Doctrine*, 31-32를 보라.

156 Klotsche & Mueller, *The History of Christian Doctrine*, 32.

157 Irenaeus, *Adv. Haereses,* 1. 24. 2 (Pelikan, *The Emergence of the Catholic Tradition,* 87, 93).

158 Irenaeus, *Adv. Haereses,* 1. 24. 1 (Pelikan, *The Emergence of the Catholic Tradition,* 87-88).

159 Cf. Klotsche & Mueller, *The History of Christian Doctrine*, 32.

160 Hippolytus, *Haer.,* 6. 29. 1 (GCS 26:155); 7. 14 (GCS 26:191) (Pelikan, *The Emergence of the Catholic Tradition,* 84).

Vanlentinus

것을 더 나은 것을 추구한다"고 하면서) 믿으로부터의 발전도 말했다.[161]

그러나 영지주의 체계의 공통된 것은 없기에 여기서는 그저 전형적인 양상들을 들어 설명해 보고자 한다. 대개는 발렌티누스의 생각에 근거하고 있는 생각을 정리해 본다. 일반적으로 영지주의에서는 참된 하나님을 "끝을 찾을 수 없는 심연"(Unfathomable Abyss, βυθός)이라고 한다. 그래서 그 최고의 신은 "낳아지지 않았고, 형언할 수 없으며, 완전히 다 알 수는 없다"고 언급된다.[162] 발렌티누스파의 신학자로 알려진 프톨레미(Ptolemy)는 이렇게 말한다.

> 보이지 않고 이름 붙일 수 없이 높은 곳에 거하시는 온전하고 선재하는 에온이 있는데, 그가 시작 이전(prebeginning)이고 원천(forefather)이며 심연(depth)이라고 한다. 그는 담을 수 없고(uncontainable), 보이지 않고, 영원하고, 시작이 없고, 조용히(in quiet) 깊은 고독 속에(in deep solitude) 있다고 한다. 은혜와 침묵이라고도 불리는 생각이 그와 같이 있었다.[163]

---

161 Klotsche & Mueller, *The History of Christian Doctrine*, 32.

162 Klotsche & Mueller, *The History of Christian Doctrine*, 32에 나오는 "낳아지지 않았고(unbegotten), 형언할 수 없으며(ineffable), 완전히 다 알 수는 없다(incomprehensible)"는 말은 정통신학에서도 그대로 사용된다. 그러나 아래 인용문을 통해 볼 수 있듯이 그 함의는 완전히 다름을 생각해야 한다.

163 Irenaeus, *Adv. Haereses,* 1. 1. 1 (Pelikan, *The Emergence of the Catholic Tradition,* 85).

그로부터 "둘씩 **발출된**(emanation) 15쌍, 즉 30개의 능력들"(어떤 체계에서는 "에온들(aeons)")이 있고,[164] 모든 것을 아버지와 이 모든 능력들을 포함한 그 전체가 "신적 실재의 충만(πλήρωμα)을 형성한다"고 한다.[165] 참 하나님은 이런 "에온들"이라는 중간적 존재들을 통해서만 피조된 존재들과 관계를 가질 수 있다고 한다.

그리고 세상의 창조는 선한 하나님의 능력에 의한 창조가 아니라, 이 충만("플레로마")으로부터의 타락(a rupture or fall in the Pleroma)의 결과로 여겨진다. 프톨레미의 설명으로는 마지막 30번째 에온인 소피아가 심연 자체와 연합하려는 열정적 추구를 하다가 결국 "아카모뜨(Achamoth)" 또는 "지혜의 갈망"(the Desire of Wisdom)이라는 적절하지 않은 존재(an untimely being)인 형태 없는 물질(a shapeless mass)을 낳았다고 한다. 이로써 플레로마의 균열이 일어났다.[166] 플레로마에서 쫓겨난 "아카모뜨"(Achamoth)는 생명의 씨앗을 물질에 전달하여 물질적 실체의 데미우르고스(the Demiurge of Physical substance)를 만들었다고 한다.[167] "그래서 그들은 물질적 실체(material substance)가 무지와 슬픔, 그리고 두려움과 당황에서 시작되었다고 했다."[168] 프톨레미에 의하면, 이 데미우르고스가 "플레로마 밖에 있는 모든 것의 아버지요, 하나님"

---

164 바실리데스의 체계에서는 원래 "에온들"이 있지 않았다고 한다(Orr, *The Progress of Dogma*, 60, n. 1). 각 쌍의 연합을 "syzygy"라고 한다(Klotsche & Mueller, *The History of Christian Doctrine*, 32).

165 Pelikan, *The Emergence of the Catholic Tradition,* 85; Klotsche & Mueller, *The History of Christian Doctrine*, 32.

166 Klotsche & Mueller, *The History of Christian Doctrine*, 32.

167 Klotsche & Mueller, *The History of Christian Doctrine*, 32-33. 때로는 데미우르고스가 "가장 낮고 연약한 에온"이라고 하기도 한다(34).

168 Irenaeus, *Adv. Haereses,* 1. 2. 3 (Pelikan, *The Emergence of the Catholic Tradition,* 87).

이라고 한다.[169] 이 데미우르고스는 "하늘을 모르고 하늘을 만들었고, 사람을 모르면서 사람을 만들었으며, 땅을 이해하지 못하고 땅에 빛을 가져다 주었다"고까지 말한다.[170] 그는 최고의 하나님이 아니고 후에는 최고의 하나님과 대립하는 것으로 나타나기도 한다.[171] 거의 모든 영지주의 체계에서 가시적 세계의 조물주인 데미우르고스와 구약의 하나님이 동일시되고, 그는 때가 찼을 때 그리스도 안에서 계시된 최고의 하나님이 구별되어 제시된다. 구약의 하나님은 제한되어 있고(limited), 우리와 같은 성정을 지니고(passionate), 복수심을 가진(vengeful) 저급하고 불완전한 신이고, 그리스도의 하나님은 모든 덕과 선과 진리의 근원적 원천으로 제시된다.[172]

어떤 체계에서는 물질이 독자적인 악한 세력으로 하나님과 계속 대립해 있는 것으로 제시되고, 또 어떤 체계에서는 그것이 영적 타락에서 나타난 것이라고 한다. 근본적으로 물질세계는 저급한 신(a lesser god), 따라서 아마도 악한 신의 산물로 본질적으로 악하다고 제시된다.[173] 이런 생각에 의하면, 사람의 창조와 타락이 거의 동일시된 것이다.[174] 그리하여 세 종류의 실체(substance)가 있게 되었으니, 물질적인 것(hylic), 혼적인 것(psychi), 그리고 영적인 것(pneumatic)이다. 모든 물질적인 것은 사탄의 지배하에, 모든 혼적인 것은 데미우르고스의 지배하에, 그리고 영적인 것은 "아카모뜨"(Acha-

169 Irenaeus, *Adv. Haereses,* 1. 5. 2 (Pelikan, *The Emergence of the Catholic Tradition,* 86).

170 Irenaeus, *Adv. Haereses,* 1. 5. 3 (Pelikan, *The Emergence of the Catholic Tradition,* 87).

171 Pelikan, *The Emergence of the Catholic Tradition,* 86.

172 후에 따로 논의할 마르시온이 이런 입장을 가장 잘 대변한다.

173 Berkhof, *The History of Christian Doctrines,* 48.

174 이런 점을 지적하는 Pelikan, *The Emergence of the Catholic Tradition,* 87, 88을 보라.

moth)의 지배하에 있게 되었다고 한다.[175]

어떤 체계에서는 아담의 세 아들이 대변하는 세 종류의 사람이 있게 되었다고 하기도 한다. 그것이 "영적인 사람"(οἱ πνευματικοί, the spiritual), "물질적인 사람"(οἱ ὑλικοί, the hylic, material)과 그 중간의 "혼적인 사람"(οἱ ψυχικοί, the psychical=the soulish)이다.[176] 영지주의자들은 사람들이 본래 죄 있게 창조되어서 자유의지가 없다고 한다.[177]

그런데 영지주의에서는 구원자(σωτήρ) 신화를 매우 중요하게 여기고 자세히 다루고 있다. "빛의 나라"인 하늘에서 내려 온 구원자(σωτήρ)가 "어두움의 나라"인 이 세상에서 여러 사람들에게 "빛의 스파크"(the spark of light)를 일으킨 후에 하늘로 올라가면서 가는 길을 따라가면 사람들이 하늘에 이르러 구원을 받는 것이라고 한다. 그리스도는 천상적 존재이거나 **31번째 "에온"으로**[178] 발출된다. 즉, 플레로마의 회복이 이루어지면, 모든 에온들이 합하여 새로운 에온적 존재, 또는 구주, 또는 "높은 천상적 그리스도"(즉, "에온 그리스도")를 발출시킨다고 한다. 그런데 그는 아카모뜨(Achamoth)의 미래 남편이라고 한다.[179] 그리고는 구속을 위해 사람들 가운데 "환영적 몸"(a phan-

---

175 Klotsche & Mueller, *The History of Christian Doctrine*, 33.

176 이에 대한 자세한 설명으로 William G. T. Shedd, *A History of Christian Doctrine,* vol. 2 (New York: Charles Scribner's Sons, 1897), 28을 보라. 이 육적인 사람들은 불 가운데서 물질과 함께 멸망하고 만다고 한다. 그리고 "혼적인 사람들은" 데미우르고스와 그의 경건한 자들과 함께 중간적 위치를 차지한다고 한다(Klotsche & Mueller, *The History of Christian Doctrine*, 33).

177 이를 말하는 Shedd, *A History of Christian Doctrine,* 2:29를 보라. 이에 대항해서 교부들은 성경을 따라서 사람은 본래 선하게 창조받은 것을 강조한다.

178 그리스도와 성령을 16째 쌍의 에온들이라고 한다. 이를 말하는 Klotsche & Mueller, *The History of Christian Doctrine*, 33을 보라.

179 Klotsche & Mueller, *The History of Christian Doctrine*, 33.

tasmal body)을 가지고 "낮은, 지상적 그리스도"가 나타나신 것이거나[180] "최고의 능력"인 천상적 그리스도가 잠시 지상의 예수와 함께 했던 것이라고 제시된다.[181]

그렇게 구원자가 일으키는 스파크를 받아 그 길로 가는 "영적인 사람들"(οἱ πνευματικοί)만이 영적 지식(the magical password)을 가질 수 있고[182] 충만(πλήρωμα)을 향유할 수 있으며,[183] 결국에는 "모든 것이 회복된 때의 순수함"(the purity of the restored order of things)에 참여할 수 있다고 한다. 그런데 영적 비밀 의식(the gnostic mysteries)에 들어오는 사람들만이 이를 얻을 수 있다고 한다.[184] 참 진리는 기록된 것으로가 아니라 생생한 목소리(*viva voce*)로 전해진다는 것이다. 바울이 "온전한 사람들 가운데서 지혜를 말한다"(고전 2:6)고 할 때에 그 온전한 자들이 바로 영지주의적 영적인 사람들, 즉 택

---

180 최고의 영은 악한 몸을 가질 수 없다는 이유에서 이렇게 말하는 것이다. Cf. Berkhof, *The History of Christian Doctrines,* 48. 그러므로 이런 체계는 가현설 주장을 하는 것이다. 마르시온이 이런 입장을 취했다고 한다(Orr, *The Progress of Dogma*, 61).

181 Berkhof, *The History of Christian Doctrines,* 48; Klotsche & Mueller, *The History of Christian Doctrine*, 33. 프톨레미에 의하면 "빌라도 앞으로 나갈 때 그리스도의 영은 떠나시고 오직 '혼적인 그리스도'(the Psychic Christ)만 수난을 당하셨다"고 했다(Irenaeus, *Adv. Haereses,* 1. 7. 2 [Pelikan, *The Emergence of the Catholic Tradition,* 90]). 이 '혼적인 그리스도'(the Psychic Christ)가 마치 물이 도관을 통과하듯이 마리아를 통과한 것이고, 세례 받을 때에 구주(Savior)가 그에게 임하셨다고 했다. 그런가하면 바실리데스는 예수 대신에 구레뇨 시몬이 십자가에 못 박혔다고 한다 (Irenaeus, *Adv. Haereses,* 1. 24. 4, 5 [Pelikan, *The Emergence of the Catholic Tradition,* 90]). 이렇게 영지주의 안에는 다양한 체계와 다양한 설명이 존재한다.

182 이것을 말하는 Pelikan, *The Emergence of the Catholic Tradition,* 90을 보라. 그런 password의 하나로 인용된 91쪽의 어귀를 보라.

183 이렇게 영지주의가 성경에 나온 용어를 사용하는 것에 대해서 이레니우스는 "계시의 좋은 용어들을 자신들이 창안한 사악한 생각에 맞추어 넣으려고 노력하는 것"이라고 하면서 이는 신약 성경에서 중요하게 사용된 용어를 불신하게 하려는 것이라고 했다(Irenaeus, *Adv. Haereses,* 1. 3. 6 [Pelikan, *The Emergence of the Catholic Tradition,* 70]).

184 Pelikan, *The Emergence of the Catholic Tradition,* 92. 그들의 독특한 전통이 그들 안에만 보존된다는 것을 강조하는 이 부분을 보라.

자들이라고 한다.[185] 성경에 있는 것도 자신들에게 주어진 비밀한 것들과의 연관 가운데서만 제대로 해석될 수 있다고 하면서, 바실리데스는 비밀스러운 베드로의 전통에 접근할 수 있고, 발렌티누스는 비밀스러운 바울의 전통에 접근할 수 있다고 한다.[186] 이렇게 사도들로부터 영지주의자들이 말하는 완전한 자들에게 전달된 그 전통에 근거해서만 성경도 제대로 해석할 수 있다는 것이 영지주의자들의 주장이었다.[187] 이런 신비한 가르침의 도움을 얻어서만 우주적 드라마와 관련해서 "성경의 모호한 구절들을 설명할 수 있다"는 것이다.[188] 구약의 선지자들은 다른 신들의 영감으로 예언했고,[189] 구약 대부분은 데미우르고스에 의해 주어진 것이라고 한다.[190] 영지주의 복음서들은 구주의 인격과 정경 복음서가 묘사하는 수난과 고통을 나누어 보려고 애썼다.[191] 영적인 분이 고난을 당할 수 없다는 생각 때문이었다.

그러면 영적인 사람들은 "플레로마"(충만)에 받아들여질 것이며 "그러면 우주 안에 감춰어진 불은 빛나고 그와 함께 모든 물질을 다 삼키게 되고,

185 Irenaeus, *Adv. Haereses,* 3. 2. 1 (Pelikan, *The Emergence of the Catholic Tradition,* 92).

186 Clement, *Str.* 7. 17. 106. 4 (Pelikan, *The Emergence of the Catholic Tradition,* 93).

187 이에 반해서 정통파 교회는 사도적 전통은 사도들로부터 계승된 교회들에 공개적으로 보존되어 있다고 하였다. Cf. Pelikan, *The Emergence of the Catholic Tradition,* 115. 오리겐은 "교회의 교리는 사도들로부터 질서 있는 계승에 의해 전달되어 오늘날까지 교회에 남아 있다"고 했다(*The First Principle,* part 2 (Pelikan, *The Emergence of the Catholic Tradition,* 115). 사도적 전통은 공적인 전통이다(116).

188 Irenaeus, *Adv. Haereses,* 2. 10. 1 (Pelikan, *The Emergence of the Catholic Tradition,* 93).

189 Irenaeus, *Adv. Haereses,* 2. 35. 2 (Pelikan, *The Emergence of the Catholic Tradition,* 93).

190 Irenaeus, *Adv. Haereses,* 4. 35. 2 (Pelikan, *The Emergence of the Catholic Tradition,* 93).

191 이를 잘 언급하는 Pelikan, *The Emergence of the Catholic Tradition,* 174를 보라.

결국 무존재(nonexistent)가 될 것이다"고 한다.[192] 그러므로 발렌티누스에 의하면, 영이 육체와 이 세상의 지배에서 벗어나게 되고 결국 우주와 물질은 모두 파괴된다고 한다.[193]

"물질적인 사람들"은 그 지식을 가질 수 없고, 영원히 구속에서 멀어지게 되니, 물질적인 것은 부패로 마쳐질 것이다.[194] 그러므로 영지주의에서는 오직 영혼만 구원받는 것으로 제시되고, 몸의 부활은 철저히 배제된다.[195] 십자가는 "마치 불이 겨를 태우듯이 물질적 요소들을 실제로 태웠다"고 한다.[196]

영지주의자들이 말하는 구원을 얻은 사람들의 삶과 관련해서는 극단적인 두 입장이 서로 대립해서 제시된다. 일부는 엄격한 고행주의를 제시하기도 하고, 또 어떤 이들은 이 세상에서의 삶은 전혀 문제가 되지 않다고 여기면서 방종에 빠졌다.[197] 이레니우스가 전하는 바에 의하면 발렌티누스주의자들은 그들의 행위로 영적인 본성을 얻는 것이 아니고 본래적으로(inherently) 그런 본성을 가졌다고 했다고 한다.[198] 발렌티누스주의자들은 많은 추종자들이 있어서 다양하게 그 체계를 제시했다고 하며, 동방적 발렌티누스주의자들과 이탈리아 발렌티누스주의자들이 있는데 이탈리아 발렌티누

192 Irenaeus, *Adv. Haereses,* 1. 7. 2 (Pelikan, *The Emergence of the Catholic Tradition,* 91).

193 이것을 발렌티누스의 종말론으로 제시하는 Pelikan, *The Emergence of the Catholic Tradition,* 91을 보라.

194 Irenaeus, *Adv. Haereses,* 1. 7. 5 (Pelikan, *The Emergence of the Catholic Tradition,* 91).

195 그런 의미에서 몸의 부활을 철저히 배제하는 불트만 같은 분이 20세기의 영지주의자로 비판받았다.

196 Irenaeus, *Adv. Haereses,* 1. 3. 5 (Pelikan, *The Emergence of the Catholic Tradition,* 90).

197 Cf. Berkhof, *The History of Christian Doctrines,* 49.

198 Irenaeus, *Adv. Haereses,* 1. 6. 4 (Klotsche & Mueller, *The History of Christian Doctrine,* 33).

스주의자 중에서 요한복음 주석을 쓴 헤라클레온(Heracleon)이 유명하다.[199]

결국 영지주의는 "복음을 일종의 종교적 철학이나 신비적 지혜로 변형시킨 것이 되었다."[200] 그래서 제베르크 같은 교리사가는 영지주의는 기독교라기보다는 이교(異敎)라고 평가하였다.[201] 또한 월터(Walther) 교수는 영지주의가 "이교적 벌거벗음을 기독교의 천을 조금 훔쳐서 가려보려는" 것이라고 하였다.[202] 그런데도 이런 영지주의가 당대 기독교 인구에 상당수의 사람들에게 큰 영향을 미친 것으로 여겨진다. 직접적으로 영향을 받아 영지주의 형태의 이단 그룹에 참여한 사람들도 많았고, 그것의 간접적인 영향도 컸다.

그래서 거의 대부분의 초기 기독교 지도자들은 영지주의가 기독교가 아니라는 것을 아주 분명히 하는 작업에 큰 힘을 기울였고, 영지주의의 간접적 영향도 극복하려고 애썼다.[203] 그 노력으로 영지주의는 빨리 성장한 것과 같이 급속히 자리를 감추게 되었다.[204] 초기 영지주의부터 말하면 영지주의는 1세기 말에 나타나기 시작해서 2세기 중반에 최고조에 달했다가 2세기 말에는 거의 스러졌다고 할 수 있다.[205] 그러므로 벌코프가 "잠시 타다

---

[199] 이는 Klotsche & Mueller, *The History of Christian Doctrine*, 33에서 온 정보이다.

[200] 이렇게 지적하는 Berkhof, *The History of Christian Doctrines*, 47을 보라.

[201] Cited in Berkhof, *The History of Christian Doctrines*, 47.

[202] Cited in Berkhof, *The History of Christian Doctrines*, 47.

[203] 그럼에도 불구하고 영지주의가 교회에 미친 나쁜 영향으로 (1) 천주교회의 기계적 성례 이해, (2) 하나님을 세상과 직접 연관시키기 어려워하고 중간적 존재들(성자들, 천사들, 마리아 등)을 통해서 연관하려는 생각들, (3) 더 높은 단계의 사람들과 보통 사람들을 나누려는 시도들, (4) 고행주의에 대한 강조를 들고 있는 Berkhof, *The History of Christian Doctrines*, 49을 보라.

[204] 이 점을 잘 지적하는 Orr, *The Progress of Dogma*, 61-62을 보라. 특히 늪지에서 계속 올라오는 새벽안개가 태양이 뜨면 신속하게 다 사라지는 것과 비교하는 62쪽의 표현은 흥미롭다.

[205] 3세기까지 지속된 마르시온 주의는 따로 설명하기로 한다.

가 사라지는 유성"과 비교하면서 잘 지적하는 바와 같이 "영지주의는 단명했다."[206]

2. 마르시온주의(Marcionism)

마르시온(c. 85 - c. 160)은 본도(Potus)의 시노페(Sinope) 출신으로 (그래서 시노페의 마르시온이라고 언급된다) 아마도 간음 때문에 고향에서 쫓겨나서 139년경에 로마에 왔다고 한다.[207] 그러나 로마 교회에서도 쫓겨난 마르시온은 144년경에 그를 따르는 이들과 함께 모이기 시작했다고 한다.[208] 구약과 신약의 관계성에 대한 질문을 강하게 한 마르시온은 구약의 하나님은 세상의 창조자이기는 하지만 엄격함과 공의로 다스리고 진노로 가득차 있어서 은혜와 자비를 모르므로[209] 온전하신 신약의 하나님과 같은 분이 아니고 저급한 신(a lesser god)이라고 하면서,[210] 구약은 유대인의 하나님의 계시이므로

---

[206] Berkhof, *The History of Christian Doctrines,* 49.

[207] Berkhof, *The History of Christian Doctrines,* 52. 그런데 야로슬라프 펠리칸은 140년경 그가 아직도 소아시아에 있을 때에 이미 두 신에 대한 생각을 분명히 가졌다고 하고, 아마 이 문제 때문에 그를 파문했을 수도 있는 시노페의 주교가 그의 아버지였다고 한다(Pelikan, *The Emergence of the Catholic Tradition,* 72). 그런데 클로체는 마르시온이 약 140년경에 로마로 왔다고 하면서, 로마에서 **시리아 영지주의자인 케르도(Cerdo)**의 영향을 받았다고 한다(Klotsche & Mueller, *The History of Christian Doctrine*, 36).

[208] Klotsche & Mueller, *The History of Christian Doctrine*, 36; Pelikan, *The Emergence of the Catholic Tradition,* 72.

[209] 마르시온의 이런 생각을 비판하면서 터툴리안은 "자비의 아버지라는 칭호와 복된 하나님이시라는 칭호가 창조자에게 돌려질 수 있다고 강조했다(Tertullian, *Marcion,* 5. 11. 1 [Pelikan, *The Emergence of the Catholic Tradition,* 112].

[210] 이런 가르침은 그의 선생인 케르도(Cerdo)에게 있었다고 한다. 이레니우스와 터툴리안이 말하는 케르도에 대한 설명으로 Pelikan, *The Emergence of the Catholic Tradition,* 71-72을 보라. 두 가지 다른 신에 대한 마르시온의 언급에 대해서는 Tertullian, *Marcion,* 1. 6. 1; 5. 13. 15 (Pelikan, *The Emergence of the Catholic Tradition,* 74)를 보라. 마르시온이 처음에 악한 조물주와 선

그리스도인 우리들에게는 성경이 아니라고 거부하였고, 누가복음만을, 그 것도 손상의 형태의 누가복음만을 인정했다.[211]

마르시온도 "복음은 구원을 주시는 하나님의 능력"이라고 했는데,[212] 그는 예수 그리스도의 복음을 유일하게 이해한 사람이 바울이라고 하면서 바울 서신 가운데 그가 가장 존중한 갈라디아서를 비롯한 10개의 서신들만을 성경으로 받아들였다(갈라디아서, 고린도전후서, 로마서, 데살로니가 전후서, 에베소서, 골로새서, 필립보서, 그리고 빌레몬서). 그는 "바울만이 진리를 알았었고 그에게 신비가 계시로 드러났다"고 했다.[213] 다른 복음서들은 갈라디아서가 지적하는 율법과 복음을 섞어 내는 문제를 가지고 있다고 비판하면서 거부했고, 이런 다른 복음은 (신약의 하나님이 아닌) 구약의 조물주와 그의 사도들이 도입시킨 것이라고 하면서,[214] 이제 마르시온 자신을 통해 다시 회복되

한 구속자를 대립시켜 생각하고 있다가 케르도의 영향으로 조물주가 완전히 악한 것은 아니고 공정한 구석도 조금은 있다고 생각했을 수 있다는 Edwin Cyril Blackman, *Marcion and His Influence* (London: SPCK, 1948), 67과 그를 따르는 Pelikan, *The Emergence of the Catholic Tradition,* 74를 보라. 이에 대해서 펠리칸은 "마르시온은 하나님의 통일성 교리를 희생하면서 구원 교리를 얻었다"고 재미있게 표현했다(75).

[211] Tertullian, *Marcion,* 4. 2. 4 (Pelikan, *The Emergence of the Catholic Tradition,* 79).

[212] Cf. Tertullian, *Marcion,* 5. 13. 2 (Pelikan, *The Emergence of the Catholic Tradition,* 141).

[213] Irenaeus, *Adv. Haer.,* 3. 13. 1 (Pelikan, *The Emergence of the Catholic Tradition,* 78). 그래서 마르시온은 바울이 "유일한 사도"라고 했다고 한다(Tertullian, *Marcion,* 5. 2. 7, Pelikan, *The Emergence of the Catholic Tradition,* 113; Klotsche & Mueller, *The History of Christian Doctrine*, 36).

이런 잘못된 가르침에 대항해서 이레니우스는 "베드로도 바울과 마찬가지로 같은 하나님의 사도"라고 했다(Irenaeus, *Adv. Haereses,* 3. 13. 1 (Pelikan, *The Emergence of the Catholic Tradition,* 113).

[214] Tertullian, *Marc., 5.* 2. 5 (Pelikan, *The Emergence of the Catholic Tradition,* 79). 따라서 마르시온은 "다른 사도들은 구원 받지 못한다고 가르쳤을 수도 있다"고 하고(터툴리안에게 돌려지는 *Baptism*, 12. 2 [Pelikan, *The Emergence of the Catholic Tradition,* 112]), 정통파 기독교의 형성이 "참된 사도적 가르침, 즉 바울적 가르침으로부터의 배교"라고 주장했다(Pelikan, *The Emergence of the Catholic Tradition,* 108). 이단이 항상 자신들을 진짜라고 하고 정통 교회를 배교한 교회라

없다고 했다.[215] 마르시온은 자신이 강조하는 복음을 아주 강조하였고 인간의 구원은 가장 중요하고 무엇보다도 중요한 것이라는 것을 강조하였다.[216]

그 전에는 예언도 하지 않고 그야말로 아무 일도 하지 않고 있다가[217] 갑자기 그리고 새롭게 "디베료 황제(Tiberius Caesar) 15년에 가버나움으로 내려오셔서 안식일에 가르치신"[218] 예수 그리스도의 아버지로,[219] 그리스도 안에서 자신을 계시하신 신약의 하나님은[220] "더 높은 하나님" 즉 "이전에는 몰랐던 하나님"(a previously unknown God)이요,[221] 참되고 "선하고 자비로운 하나님"이라고 했다. 그러나 그리스도는, 오는 구속자에 대한 선지자들의 예언을 그대로 이룬 것이 아니므로 구약의 메시아와 동일시될 수는 없다고 했다.

마르시온에 의하면 그리스도는 선하신 하나님의 표현(manifestation)으로 오셨으므로, 데미우르고스의 세상에서 무엇인가를 취하여 참된 몸을 가져

고 하는 특성이 여기서도 잘 나타난다.

215 Tertullian, *Marc.,* 1. 20. 1 (Pelikan, *The Emergence of the Catholic Tradition,* 79).

216 마르시온의 복음과 복음의 새로움에 대한 강조를 잘 표현한 예로 Harnack, *History of Dogma,* 2:256; Pelikan, *The Emergence of the Catholic Tradition,* 73, 78을 보라. 자기 나름으로의 "복음"을 강조하는 점에서도 많은 사람들이 지적하는 것과 같이 마르시온은 20세기의 불트만과 여러 면에서 비슷하다.

217 Tertullian, *Marc.,* 5. 4. 3 (Pelikan, *The Emergence of the Catholic Tradition,* 74). 메시아의 오심이 구약에 예언된 것이 아니며 그리스도의 오심은 그런 예언의 성취가 아니라는 것이 마르시온에게는 매우 중요한 것이었다. 물론 그는 구약의 메시아 예언이 있다는 것을 인정하나 그것이 그리스도에게 적용되지 않는다고 한다(Tertullian, *Marc.,*4. 20; 3. 14. 5 [Pelikan, *The Emergence of the Catholic Tradition,* 77]. 이 점을 잘 드러내어 강조하는 Pelikan, *The Emergence of the Catholic Tradition,* 76-77을 보라.

218 Cf. Klotsche & Mueller, *The History of Christian Doctrine*, 36.

219 Tertullian, *Marc.,* 1. 19. 2; 4. 7. 1 (Pelikan, *The Emergence of the Catholic Tradition,* 74).

220 Tertullian, *Marc.,* 1. 19. 1 (Pelikan, *The Emergence of the Catholic Tradition,* 75).

221 Tertullian, *Marc.,* 4. 6. 3 (Pelikan, *The Emergence of the Catholic Tradition,* 75).

자신을 더럽힐 수 없다고 하여,[222] 철저히 헬라적 태도를 드러냈다. "그리스도는 참 하나님에게서 왔으므로 여인에게서 태어날 수 없고" 그는 "곧 바로 다 자란 사람으로 계시되었다"고 했다.[223] 마치 창세기 18장과 19장에서 아브라함과 롯에게 나타난 하나님의 사자와 같이[224] 사람들이 알 수 있도록 하기 위해 몸이 있는 것처럼 보이게 한 것이라고(an apparent body) 했다. 그는 화난 데미우르고스에 의해서 이런 몸으로 십자가에 달리셨다고 한다.[225] 그러므로 마르시온의 기독론은 가현설적(docetic)이다.[226] 그는 조물주인 데미우르고스의 율법과 사역을 폐하셨기에 세상 임금들에 의해 십자가에 처형되었다는 것이다. 그러나 우리가 위에서 살펴 본 그의 몸의 비실재성 때문에 십자가는 그에게 진정한 해를 끼치지 못한다고 했다. 그는 죽었으나, 진정 몸을 지닌 것이 아니기에 죽은 것처럼 보이는 죽음을 경험한 것일 뿐이다.[227] 그의 십자가 죽음으로 "다른 이에게 속한 사람들을" 그 조물주에게서 사셨다고 한다.[228] 그는 사랑과 율법으로부터의 자유의 복음을 선포하여 믿는 모든 사람의 구원의 길을 열어 놓았다고 했다. 그런데 믿는 사람은 엄격한 고행, 특히 독신 생활을 해야 가능한 것이라고 하였다고 한다.[229] 그렇

---

222 이에 대한 상세한 표현으로 Pelikan, *The Emergence of the Catholic Tradition,* 75-76을 보라.

223 Tertullian, *Marc.,* 4. 21. 11 (Pelikan, *The Emergence of the Catholic Tradition,* 76). 또한 Klotsche & Mueller, *The History of Christian Doctrine*, 37도 보라.

224 Tertullian, *Marc.,* 3. 9. 1 (Pelikan, *The Emergence of the Catholic Tradition,* 76).

225 Klotsche & Mueller, *The History of Christian Doctrine*, 37.

226 이를 지적하는 Klotsche & Mueller, *The History of Christian Doctrine*, 37을 보라.

227 Cf. Klotsche & Mueller, *The History of Christian Doctrine*, 37.

228 Tertullian, *Can.,* 4. 3 (Pelikan, *The Emergence of the Catholic Tradition,* 76).

229 Klotsche & Mueller, *The History of Christian Doctrine*, 37. 이것이 율법적인 것을 다 비판하는 마르시온의 아이러니라고 할 만한 가르침이다. 고행주의라는 새로운 율법이 등장하기 때

게 하지 않는 대부분의 사람은 데미우르고스의 불에 던져져서 멸망할 것이나, 선한 하나님께서 그들을 형벌하시는 것이 아니고 그는 그저 그들을 가지지 않으시는 것뿐이라고 표현했다.[230]

이런 마르시온에게 있어서 중요한 것은 "영혼의 구원"이다. 마르시온에게는 몸의 부활이 없다. 심지어 그리스도도 부활하신 것이 아니라 '하데스'로 내려 가셔서 소돔사람들이나 이집트 사람들을 포함한 이방인들도 풀어 자유하게 하셨다고 한다. 그런데 유대인들은 조금 덜 행복한 곳으로 가거나 완전한 버림을 받는다고 하였다.[231] 마르시온은 몸의 부활에 대한 모든 것을 "영혼의 구원"으로 바꾸어 해석하고 제시하였다.[232] 그가 특히 싫어하던 성(性)적인 것과 아이 낳음과 키움 등이 모두 배제된 것이 구원의 상태라는 것이다.[233] 이런 영적인 구원이 "모든 메뚜기들의 창조"보다 훨씬 나은 것이라고 했다고 한다.[234]

이런 위협 앞에서 교회는 저스틴서부터 시작하여 이런 잘못된 가르침이 바울이 예언했던 바와 같이 "믿음에서 떠나 귀신들의 가르침을 따르는 것"(딤전 4:1)이라고 여기면서[235] 이전부터 교회가 사도적인 것으로 받아들여 오던 것을 분명히 하는 작업을 하였다. 앞서 말한 바와 같이 144년에 마르

문이다.

230 Berkhof, *The History of Christian Doctrines,* 53.

231 이 점을 지적하는 Klotsche & Mueller, *The History of Christian Doctrine*, 37을 보라.

232 Tertullian, *Res.* 2. 12 (Pelikan, *The Emergence of the Catholic Tradition,* 73).

233 Tertullian, *Can.* 4:2; Idem, *Marc.,* 4. 21. 10-11 (Pelikan, *The Emergence of the Catholic Tradition,* 73).

234 Tertullian, *Marc.,* 1. 17. 1; 1. 24. 7 (Pelikan, *The Emergence of the Catholic Tradition,* 73).

235 예를 들어, 순교자 저스틴은 "마귀가 본도의 마르시온을 내세워 이단을 생성하도록 했다"고 했다(Justin, *1 Apology,* 58:1).

시온은 로마에서 출교되었고, 마르시온을 따르는 자들은 그들 자신의 교회를 형성하였다.[236] 2세기와 3세기에 곳곳에 있었던 그를 따르는 사람들 가운데서는 하늘에서 그리스도의 오른편에 바울이 있고 왼편에 마르시온이 있다는 말이 있을 정도였다고 한다.[237] 그 중의 대표적인 사람이 아펠레스(Apelles)라고 한다. 그는 마르시온의 견해를 조금 수정하여, (1) 두 가지 다른 신이 아니라 하나의 신적 원칙이 있음을 구약에 의해 설득되어 주장했고, (2) 그리스도께서 다른 사람들의 몸의 요소가 아니라 별들의 요소로 구성된 것이기는 하지만 참된 몸을 소유했다고 했지만 근본적으로 마르시온주의자였다고 할 수 있다.[238] 이런저런 형태의 마르시온주의는 동방에서 6세기까지 잔존해 있으면서 영지주의의 영향을 받기도 했다고 한다.[239]

이런 이단적 주장을 보면서 교회는 사도적 가르침을 더 주의하게 되었다. 그러나 마르시온 이단이 교회로 교회의 정경을 규정하도록 했다고 표현하는 것은 오해를 낳게 할 수 있는 표현이다. 중요한 것은 이전부터 오랫동안 교회가 영감된 것으로 믿고 사도적 권위를 지닌 것으로 받아들여 왔던 것을 분명히 하기 시작했다고 해야 한다.[240] 그러므로 사도들이 직접 썼거나 사도적 그룹에 속한 사람들이 써서 사도들이 재가를 한 것들만이 사도적인 권위를 지닌 것으로 언급되었다. 그러므로 사도적 권위를 지닌 것으로 교회가 이전부터 받아들이지 않던 것들은 배제한 것으로 보아야 한

236 Pelikan, *The Emergence of the Catholic Tradition,* 72.

237 Origen, *Homilies on the Gospel of Luke,* 25. 2 (Pelikan, *The Emergence of the Catholic Tradition,* 80).

238 아펠레스에 대한 언급으로 Pelikan, *The Emergence of the Catholic Tradition,* 80을 보라.

239 Klotsche & Mueller, *The History of Christian Doctrine*, 37.

240 비슷한 태도로 진술하며 이전부터 사도적인 것으로 받아들여 오던 바를 확언하였다는 논의를 하는 다음 학자들을 존중해야 한다. Orr, *The Progress of Dogma*, 65.

다. 그러므로 사도적 기원, 그 영감성, 그리고 그것이 규범적 권위를 지녔음이 이후로 강조되었다. 아주 비평적인 신약 학자인 존 낙스도 인정하듯이 "정경성과 사도성은 거의 동의어가 되었다."[241] 그리고 "사도들의 가르침 가운데서 명백히 전달된 특별한 요점"들로 언급되는[242] "성부, 성자, 성령, 그리고 예수 그리스도의 삶과 죽으심과 부활"과 그 의미는 대개 "신앙의 규범"(rule of faith)이라는 말로 언급되며 보존되어졌다.[243] 이 중심적 내용은 양보할 수 없다고 하였다. 이레니우스도 교회가 사도들과 그 제자들로부터 받은 신앙이라고 하면서 이런 내용을 언급한다.[244] 터툴리안도 그리스도부터 그와 함께 한 사람들에게 전달된 "진리의 규범"(a rule of truth)에 대해서 말한다.[245] 교부들은 이런 사도적 전승이 신구약 성경의 바른 해석을 제공하고, 성경에서 사도적 전승이 왔음을 강조한다.

---

241 John Knox, *Criticism and Faith* (Nashville, TN: Abingdon-Cokesbury Press, 1952), 66-67.

242 Origen, *De principiis,* Part 4 (GCS, 22: 9-11) (Pelikan, *The Emergence of the Catholic Tradition,* 117).

243 이는 때때로 "진리의 규범"이라고 불리기도 했다. 이를 잘 지적하는 Pelikan, *The Emergence of the Catholic Tradition,* 117을 보라.

244 Irenaeus, *Adv. Haereses,* 1. 10. 1 (Pelikan, *The Emergence of the Catholic Tradition,* 117).

245 Tertullian, *Apology,* 47. 10 (Pelikan, *The Emergence of the Catholic Tradition,* 117).
그런데 루피누스는 사도들이 오순절에 한 자리에 모여서 고백했다고 하면서 사도신경의 내용을 소개한다(Rufinus, Sym. 2 (CCSL 20:134) (Pelikan, *The Emergence of the Catholic Tradition,* 117). 그러나 여러 번 지적하였지만, 이것은 지나친 과장이다. 사도 신경은 그렇게 형성된 것은 아니기 때문이다. 물론 그 내용이 사도들의 가르침과 성경에 온 것은 분명하지만 말이다. Cf. 이승구, 『사도신경』 (서울: SFC, 2003, 최근판 2022), 부록의 역사 부분.

3. 몬타누스주의(Montanism)

"2세기 중반과 2세기 말에 나타난 강력하고 열정적이고 교회분열적인 운동"은 몬타누스주의였다.[246] 2세기 중반 아마도 135-175년에 활동하며 프리기아(Phrygia)의 장로였던 몬타누스(Montanus, Μοντανός)는[247] 자신과 또한 자신과 함께 활동하는 (부유한 상류층 부인들이었던) 브리스가(Prisca)와 막시밀라(Maximilla)를 여선지자라고 하면서,[248] 요한복음과 요한서신서를 매우 강조하면서, 계시의 마지막 때가 보혜사(Paraclete)께서 임하신 보혜사의 시대라고 하면서 자신들에게서 이 시대가 이르렀다고 했다. 그전에 시빌(Cybele)을 열심히 예배하는 이교도였다가 그리스도인이 되었고, 그라투스(Gratus)가 아시아의 총독(Proconsul)일 때 (오늘날 터키에 있는) 페푸자에 나타난[249] 몬타누스는 보혜사가 자신에게 "성육신했다"고도 했다.[250] 에피파니우스에 의하

---

246 Orr, *The Progress of Dogma*, 64, n. 1

247 그에 대해서 잘 알 수 없다고 하면서 이렇게 제시하는 것이 최선이라는 Pelikan, *The Emergence of the Catholic Tradition,* 97을 보라. 유세비우스는 172년이라고 한다면서, 몬타누스의 등장 시기를 157년경으로 제시하는 Klotsche & Mueller, *The History of Christian Doctrine*, 37와 비교하라.

248 아마 그녀들 중의 하나에 대해서 말하면서 터툴리안은 "오늘 날 우리 가운데 있는 한 자매는" 예배 가운데 천사들과도 대화하고, 때로는 주님 자신과도 대화하는 계시의 은사를 가졌다고 했다(Tertullian, *Anima* 9. 4 [Pelikan, *The Emergence of the Catholic Tradition,* 100]에서 재인용).

249 Klotsche & Mueller, *The History of Christian Doctrine*, 37.

250 이렇게 주장하는 Pierre de Labriolle이 빠리에서 1913에 낸『몬타니즘의 위기』라는 책 1:135를 인용하는 Pelikan, *The Emergence of the Catholic Tradition,* 102를 보라. 또한 몬타누스는 자신이 곧 성령이라고 주장하는 무모함을 가졌다고 말하는 예루살렘의 시릴의 말도 참고하라(Cyril of Jerusalem, *Catech.* 16. 8 [Pelikan, *The Emergence of the Catholic Tradition,* 102]). 좀 소극적으로 말하면 그는 신적인 영의 수동적, "의지-없는(will-less) 도구"라고 했다고 한다(Klotsche & Mueller, *The History of Christian Doctrine*, 37). 그를 따르는 사람들은 몬타누스가 "약속된 파라클레토스의 성육신"이라고 했다고 한다(Klotsche & Mueller, *The History of Christian Doctrine*, 38).

면 몬타누스는 다음과 같은 주장도 했다고 한다: "나는 사람에게 내려 온 전능하신 주 하나님이다."[251] 또는 "나는 천사도 아니고 오기로 한 장로도 아니고, 나는 나, 곧 주 하나님이다."[252] 맹인 디두모(Didymus the Blind)가 전하는 바에 의하면, 몬타누스는 "나는 성부, 성자, 그리고 보혜사다"라고 말하기도 했다고 한다.[253] 이것이 자신이 말 그대로 성령이라고 주장하는 것인지, 아니면 몰아 상태(in ecstasy or in the ecstatic seizures)에서 계시를 전하면서 이런 말을 하는 것인지의 해석의 문제가 있으나[254] 어떻게 보든지 자신이 말할 때에 성령이 말씀하는 것이라고 하는 것이니 문제였다. 몬타누스주의자들도 이런 것이 "새 계시"라고 했다고 한다.[255] 그러므로 이런 말 앞에서 교부들은 몬타누스주의를 이단이라고 말하지 않을 수 없었다. 이는 사탄의 영감으로 온 것이라고 하였다.[256] 특히 히폴리투스는 "계시는 성령으로부터 온 마지막 분명한 계시인 사도 요한의 계시록으로 그쳐졌다"고 하면서,[257] 사도는 성령의 영감을 주장할 수 있지만 자신들이 사는 시대의 소위 예언자들은 그런 주장을 할 수 없다고 했다.[258]

---

251 Epipanius, *Haer.,* 48. 11. 1 (Pelikan, *The Emergence of the Catholic Tradition,* 102).

252 Epipanius, *Haer.,* 48. 11. 9 (Pelikan, *The Emergence of the Catholic Tradition,* 102).

253 Didymus, *Trinitate* 3. 41 (Pelikan, *The Emergence of the Catholic Tradition,* 102).

254 후자일 경우라고 하는 Pelikan, *The Emergence of the Catholic Tradition,* 102를 보라. 그렇게 볼 수 있는 예로 펠리칸은 함께 하던 두 여선지자의 하나인 막시밀리아가 성령이 그렇게 말하라고 했다고 하면서 하는 "나는 말씀(ῥῆμα)이요 성령이요, 능력이다"(Euse, *H.E.* 5. 16. 17)는 말을 인용하고 있다(102-103). 그러나 후에 몬타누스 자신을 삼위일체의 한 위로 생각하는 일도 있었다고 그 가능성을 열어 놓으면서, 또한 일부에서는 일종의 양태론적으로 생각한 경우도 열어놓으면서 논의한다(103-104).

255 Klotsche & Mueller, *The History of Christian Doctrine*, 38.

256 Klotsche & Mueller, *The History of Christian Doctrine*, 38.

257 Hippolitus, *Antichrist* 31, 47-48 (Pelikan, *The Emergence of the Catholic Tradition,* 106).

1세기에 있던 은사 운동이 점차 수그러진 시대에[259] 상당히 묵시문학적 사상의 영향 가운데서 나타난[260] 몬타누스와 그 선지자들은 이 보혜사의 시대는 영적 은사와 예언의 시기라고 했다. 몬타누스는 "이상한 소리를 내면서 교회 안에서 전통적으로 하던 것과는 다른 방식으로 예언을 했다"고 한다.[261] 그래서 그들은 많은 문서를 남겼으나 다른 이단들의 글이 그러했듯이 거의 모든 것이 소실되었다.[262] 그리고 보혜사가 몬타누스를 통해서 말씀하시기를 세상 끝이 이르렀다고 했다. 그래서 곧 자신들이 활동하던 페푸자에 "새 예루살렘"이 내려 올 것이라고 하였다.[263] 더구나 성경을 충분히 고행적이지 않다는 내용의 계시가 왔음을 강조하는 몬타누스주의가 얼마나 "율법주의적으로 고행주의적"인지 잘 알 수 있게 한다.[264] 그들은 교회가 도덕적으로 바르지 못해서 성경의 은사가 교회 안에 부재하게 되었다고 했다.[265] 몬타누스주의는 성경 이상으로 자신들이 중요한 규범으로 제시하는 것들이 있었다. 예를 들자면, (1) "한 아내의 남편"이라고 했으니 중혼

---

258 Hippolitus, *Antichrist* 36 (Pelikan, *The Emergence of the Catholic Tradition,* 106).

259 바로 전까지 활발했던 은사 운동을 언급하면서 이런 것이 수그러진 2세기 중반의 상황을 강조하는 Pelikan, *The Emergence of the Catholic Tradition,* 99-100을 보라.

260 세심한 연구를 통해서 이 점을 강조한 Wilhelm Schepelern, *Der Montanismus und die phyrygischen Kulte* (Tübingen, 1929), 162 (Pelikan, *The Emergence of the Catholic Tradition,* 98).

261 Eusebius, *H.E.* 5. 17. 7 (GCS, 9:462)을 인용하는 Pelikan, *The Emergence of the Catholic Tradition,* 100.

262 다들 이렇게 말한다. 대표적인 예로 Pelikan, *The Emergence of the Catholic Tradition,* 97을 보라.

263 Klotsche & Mueller, *The History of Christian Doctrine*, 38.

264 Berkhof, *The History of Christian Doctrines,* 54.

265 이 점을 강조해서 말하는 Pelikan, *The Emergence of the Catholic Tradition,* 100-101, 105; Klotsche & Mueller, *The History of Christian Doctrine*, 38을 보라.

(重婚)은 물론이거니와 재혼(再婚)도 안 된다고 했고,[266] (2) 하나님 나라가 종국적으로 임하는 것이 가까웠으니 금식을 더 열심히 해야 한다고 했다.[267] (3) 핍박이 올 때 도망해서는 안 되고 오직 순교해야 한다고 강조되었다.[268] 세례 이후의 중죄에 대해서는 순교만이 그 죄를 속할 수 있다는 주장도 했다.[269]

영지주의적 사변을 비판하는 면과 악한 세상의 물이 들어서는 안 된다는 것을 강조하는 면에서는 바른 교회와 의견을 같이 하였고, 교회의 의식화하는 경향과 권위주의를 비판한 것은 좋으나, 몬타누스주의가 성경에 포함된 것보다 더 높은 계시를 주장하는 점에서 바른 교회는 몬타누스주의와 같이 할 수 없었다.

이 세 가지 이단은 주류 기독교와도 다르고 자신들도 각기 다른 것이었지만 모두 다 자신들이 가르치는 것의 독특성을 주장하였다.[270] 그러면서도 각지 자신들이 연속성을 지녔다고 했고, 오히려 정통 기독교의 연속성 주장이 불법적인 것이라고 주장했다.[271] 이에 비해 교부들은 정통 교회의 연속성을 더 강조하고 독특성을 덜 강조하였다고 할 수 있다는 것은 이미 언급한 바 있다.

---

266 헤르마스의 목자서도 그렇게 생각했음(Hermas, *Mand.*, 4. 4 [SC 53:162])을 언급하면서 몬타누스주의의 이런 강조를 언급하는 Pelikan, *The Emergence of the Catholic Tradition,* 101, 105을 보라.

267 Tertullian, *Jejun* 17. 7 (CCSL 2:1276) (Pelikan, *The Emergence of the Catholic Tradition,* 101).

268 Klotsche & Mueller, *The History of Christian Doctrine*, 38.

269 Klotsche & Mueller, *The History of Christian Doctrine*, 38.

270 이 점을 강조하는 Pelikan, *The Emergence of the Catholic Tradition,* 68을 보라.

271 이 점을 강조하는 Pelikan, *The Emergence of the Catholic Tradition,* 109를 보라.

III-2. 이단과 싸운 교부들

1. 이레니우스(Irenaeus, 135-202)

흔히 리용의 감독으로 지칭되는 이레니우스는 아마도 서머나에서 135년경 태어났다고 생각된다.[272] 그가 거기서 폴리캅을 보았을 것이니, 그는 자신이 어릴 때 요한의 가르침에 대해서 말하는 폴리캅을 보았다고 말하고 있다.[273] 누구든지 심지어 하르낙조차도 이레니우스는 그의 존재 전체를 가지고 "교회의 신앙 가운데서 살았다"고 인정한다.[274] 폴리캅은 155년에 순교하였고, 이레니우스는 리용에 170년경에 정착했다가 177년 리용(Lyons)과 뷘(Vinne)이 박해당할 때 리용 교회의 장로(a Presbyter)로[275] 편지를 가지고 로마에

[272] 피셔는 이레니우스가 125-130 사이에 태어났다고 한다. cf. Fisher, *History of Christian Doctrine*, 37.

[273] Irenaeus, *Adv. Haereses,* 3. 3. 4, trans. Alexander Roberts and William Rambaut, *Ante-Nicene Fathers,* vol 1. (Buffalo, NY: Christian Literature Publishing, 1885), available at:http://www.newadvent.org/fathers/0103.htm.; Eusebius, *H. E.,* v. 20. 한철하,『고대 기독교 사상사』(서울: 대한 기독교서회, 1970), 42.

[274] Adolf von Harnack, ed., *Des Heiligen Irenaeus Schrift zum Erweise des aopstolischen Verkündigung* (Leipzig, 1907), 66, cited in Jarolav Pelikan, *The Christian Tradition: A History of the Development of Doctrine,* vol. 1: *The Emergence of the Catholic Tradition (100-600)* (Chicago & London: The University of Chicago Press, 1971), 123.

[275] 이때 장로란 사제를 의미한다. 그러므로 이때부터 벌써 사제로서의 장로와 감독이 구별되고 있었음을 알 수 있다. 정통 교회도 성경적 가르침에서 벗어나는 모습을 이때부터 나타내고 있다.

갔었고, 그가 다시 리용에 왔을 때는 리용의 감독 폰투스(Phontus)가 순교했음을 알게 되고,[276] 그를 이어 리용의 감독이 되어 활동하다가 202년 리용에서 많은 그리스도인들이 순교할 때에 같이 순교한 것으로 알려져 있다.

그의 『이단 반박』(*Adversus Hereses, Against Heresies*)은 180년경에 쓰인 것으로 아주 상세한 영지주의 비판서이다.[277] 그는 영지주의자들을 조롱하면서 "참으로 영적인 사람은 구약에서 신적 경륜의 성격을 보게 된다(could discern the character of the Divine economy)"고 하였다.[278] 영지주의자들이 창조주와 구속주를 구별하는 것에 반박해서 이레니우스를 비롯한 교부들은 창조주가 곧 구속자이심, 즉 한 하나님께서 창조주요 또한 구속주이심을 아주 강조하였다.[279] 또한 마르시온에 반박하면서 율법을 주신 분이 곧 복음을 주신 분임을 강조하였다. 그러므로 그 어떤 이유로라도 하르낙이 바울과 이레니우스를, 발렌티누스와 마르시온과 한 그룹으로 말하면서 "성경적 신학자들"이라고 한 것은[280] 이 분들의 관계를 제대로 알고 평가하는 사람들은 결코 받아들일 수 없다. 발렌티누스나 마르시온과는 달리, 이레니우스는 자신이 새로운 것을 도입한다고 하지 않았고, 오직 교회가 항상 인정해 왔던 것을 명확히 표현하는 것임을 분명히 하였다.[281] 여기에 교부들의 기여

---

276 Fisher, *History of Christian Doctrine,* 37에서는 그의 선임자를 Potinus라고 표기하고 있다.

277 Fisher, *History of Christian Doctrine,* 38. 이는 라틴 번역본으로 잔존하나 히폴리투스, 유세비우스, 에피파니우스의 글에 헬라어로 인용되어 있다.

278 Irenaeus, *Adv. Haereses,* 4. 33. 15 (Pelikan, *The Emergence of the Catholic Tradition,* 111).

279 이 점을 지적하는 Berkhof, *The History of Christian Doctrines,* 63을 보라.

280 Harnack, *History of Dogma,* II, 237, 250.

281 이 점을 잘 지적하는 Orr, *The Progress of Dogma*, 64를 보라.

가 있다. 그와 다른 교부들은 교회 안에서 이미 수립되어 있었고 권위 있는 것으로 인정되고 있던 성경에 호소했다.[282] 교부들은 성경을 영감된 것으로 받아들였고 이미 수립된 그 권위에 자신들이 복종했다. 복음서들은 교회 안에서 오랫동안 사용되고 있었고 바울의 서신들을 하나로 모으는 일도 오래 전부터 시작되고 있었다.[283] 이는 매우 자연스럽게 무의식적으로 영적인 성장을 위해 일어난 것이지 성경의 정경성을 명확히 하기 위한 의식에서 이루어진 것이 아니다.[284] 이 시기는 사도 시대에 이어 나온 시대로 사도적 가르침의 전통이 살아 있던 때이고 사도적 가르침과 사도적 신앙의 규칙(the rule of faith)이 교회 전체에 강하게 영향을 미치고 있는 때였다. 그러므로 성경의 권위가 이 논쟁 과정에서 교회에 의해서 수립된 것으로 보는 천주교회와 하르낙의 이해는 객관적 사실에 부합하지 않는다.

이레니우스는 성부가 성자와 성령과 함께 계시다는 것을 말하면서 성부는 두 손(the hands)을 가지신다고 하면서 그것이 성자와 성령이라고 말한 것으로 유명하다. 그러나 흔히 인용되고 오해되는 이 말을 너무 오해하면 안 된다. 이레니우스는 성부, 성자, 성령의 위격적 관계를 상세히 논의하지는 않았다.[285] 그래도 이레니우스는 로고스이신 성자께서 **영원부터 계시고**, 온전한 신성을 가지셨으며, **위격적 구별성을 가지고 계심**을 분명히 하였다.[286] 즉, 이레니우스는 로고스가 영원부터 존재하셨다는 것을 분명히

---

282 다르게 보는 하르낙에 반박하면서 이 점을 잘 지적하는 Orr, *The Progress of Dogma*, 64, n. 3를 보라.

283 이 점을 지적하는 Orr, *The Progress of Dogma*, 64f.를 보라.

284 이 점을 잘 지적하는 Orr, *The Progress of Dogma*, 65를 보라.

285 Franz Dünzl, *A Brief History of the Doctrine of the Trinity in the Early Church* (Edinburgh: T & T Clark, 2007), 17.

286 사실에 근거하여 정확하게 지적하는 Orr, *The Progress of Dogma*, 81를 보라. 그런데 이

주장했다.[287] 그리고 그 로고스가 구약의 여호와라고 하였다.[288] 그도 창세기 19:24과 시편 110:1을 연결시켜 생각하면서 "성부께서 분명히 주님이시고, 성자께서 분명히 주님이시니, 성령도 주라는 명칭을 받기에 적절하다"고 했다.[289] 이레니우스는 성자는 시간 이전 영원에서 "성부에게서 나셨다"(was begotten of the Father), 즉 성부와의 영원한 관계를 가지고 계신다고 말했다.[290]

이렇게 삼위일체 이해의 토대를 분명히 하는 이레니우스는 그리스도의 성육신을 매우 중요시하면서 성육신으로 영원하신 로고스가 역사적 예수가 되었으며, 따라서 그는 참 하나님이시고 참 사람이심을 강조하였다. 또한 영지주의에 반해서, 하나님께서 인간성을 참으로 취하여 인간성으로 참으로 고난 당하셨음을 분명히 하였다. 제2의 아담으로 그리스도 안에서 인

레니우스의 논의는 로고스에 대한 철학적 사변에 근거한 것이 아니고, 그의 '로고스'라는 용어의 사용이 거의 요한복음서와 계시록 19:13에 근거한 것이라는 좋은 논의로 Pelikan, *The Emergence of the Catholic Tradition,* 187을 보라.

287 Berkhof, *The History of Christian Doctrines,* 65.

288 Irenaeus, *Adversus Haereses,* 3. 6. 1 (Shedd, *A History of Christian Doctrine,* 1:282). 터툴리안도 그랬다고 한다(*De Praescriptionibus,* c. 13).

289 Irenaeus, *Adversus Haereses,* 3. 6. 1 (Pelikan, *The Emergence of the Catholic Tradition,* 181).

290 Bernhard Rohse, *Epochen der Dogmengeschichte* (Stuttgart: Kreuz Verlag, 1963), trans. F. Ernest Stoeffler, *A Short History of Christian Doctrine* (Philadelphia: Fortress Press,1966, revised edition, 1985), 44.

류가 다시 하나님과 연합하는 것을 드러내기 위해, 그리스도 안에서 온 인류의 "총괄갱신"(recapitulation)을 보도록 하는 그 나름의 아주 독창적인 신학을 제시하였다.[291] 벌코프도 이것이 이레니우스의 기독론의 핵심이라고 하였다.[292] 그리스도께서 인류 전체를 그 안에서 총괄갱신하여 하나님과 인간 사이의 새로운 관계를 수립하고 인류 안에 새로운 생명의 누룩이 되셨다는 것이다.[293] 이는 인간들을 위해 "경건과 의와 복종의 모범이 되신 것"이라고 한다.[294] 그리하여 인간성을 더 높은 수준으로 올리고 불멸하게 하셨다는 것이다. 이런 새롭고 불멸의 생명의 누룩을 그가 전달한다는 것이다.[295] 이런 식으로 "모든 것이 그[그리스도] 안에서 하나가 된다"는 에베소서 1:10의 말씀을 중심으로 신학 전체를 제시하는 놀라운 작업을 하였다. 또한 그는 한 분이 순종하는 것 안에서 한 분이 모두를 대표하는 원리도 잘 드러내었고, 사탄에 대한 승리도 분명히 하였으며 죽음을 죄와 연관시키면서 이를 그리스도의 승리로 극복하게 하는 신학을 제시한 것이다.[296]

---

291 이는 조금 후에 논의할 "총괄갱신론"에 대한 평가이다. 이런 평가로 Orr, *The Progress of Dogma*, 70을 보라. 오어는 이레니우스의 이런 신학의 의미가 19세기 말과 20세기에 비로소 잘 드러나기 시작할 정도로 이레니우스는 아주 뛰어난 신학을 제시한 것이라고 한다.

이레니우스의 독창성을 어느 정도 인정하면서도 이레니우스가 당시 기독교 공동체의 정신을 반영하였음을 잘 논의한 펠리칸의 논의(Pelikan, *The Emergence of the Catholic Tradition*, 144)도 비교하여 보라.

292 Berkhof, *The History of Christian Doctrines,* 65.

293 Berkhof, *The History of Christian Doctrines,* 66.

294 Ireneaus, *Adv. Haereses,* 2. 22. 4 (Pelikan, *The Emergence of the Catholic Tradition*, 144). 그러나 이것이 온전히 모범을 따른 구원이라는 인상을 주지 않음을 (1) 그리스도의 십자가의 나무에서 불순종의 나무에서 이루어진 해가 회복되도록 했다고 말하는 *Adv. Haereses,* 5. 16. 3 까지 비교하여 극복하게 하는 Pelikan, *The Emergence of the Catholic Tradition*, 146도 보라.

295 Berkhof, *The History of Christian Doctrines,* 67.

296 이것은 후에 구스타프 아울렌이 승리자 그리스도 모델이라고 한 것의 최초 제시라고 할 수도 있다. Cf. Gustav Aulén, *Christus Victor: An Historical Study of the Three Main Types of the Idea of Atonement* (1930), trans. A. G. Herbert (London: Macmillan, 1969).

이레니우스는 또한 세례의 선결조건으로서 신앙의 필요성을 강조하였고, 그에게서 신앙은 진리를 받아들일 뿐만 아니라 영혼이 하나님께 항복하여 자기를 드리는 것(self-surrender)을 포괄하였다. 여기서 거룩한 삶이 나올 수 있다고 하였다.[297] 또한 세례로 죄를 씻고, 새로운 생명이 그 안에 태어난다고 했다. 이 새로운 생명은 선행이라는 의의 열매를 맺으니, 신앙은 반드시 그리스도의 명령에 순종함을 낳고 결국 그를 하나님 앞에 의롭게 만들기에 충분하다고 했다. 그는 오직 하나님께만 예배해야 함을 강조하면서 예배 때에 천사의 이름을 부르면 안 된다는 것을 강조하였다.[298]

비교적 가장 정통주의적 교부로 생각되는 이레니우스에게도 일종의 도덕주의적 요소와 신비주의적 요소가 있었다고 언급된다.[299] 그래서 그는 타락한 사람이 여전히 할 수 있는 선을 자발적으로 택하는 일을 하여 다시 회복하는 일을 할 수 있다는 시사도 하고, 그리스도 사역의 진정한 중요성은 하나님에 대한 확실한 지식을 주어서 인간의 자유를 강화하는 것이라는 시사도 한다.[300] 흔히 그의 총괄 갱신 교리가 성육신에서 시작하여 인간의 신화(神化, deification)를 낳는 신비한 과정으로 설명될 때 이런 문제가 심화된다. 그러나 그의 의도는 비교적 정통적 구속을 잘 설명하면서 그리스도와의 살아 있는 연합을 같이 강조하려는 것이었다고 여겨진다.[301] 오히려 그

---

[297] 이 문단에 있는 것은 Berkhof, *The History of Christian Doctrines,* 67에 제시된 것이다. 이런 데서 우리는 이레니우스에게 건전한 생각과 문제가 되는 중세 사상의 씨앗이 섞여 있음을 발견할 수 있다.

[298] Irenaeus, *Adv. Haereses,* 2. 49. 3 (Shedd, *A History of Christian Doctrine,* 1:284-85).

[299] 이 두 가지 문제를 지적하는 Berkhof, *The History of Christian Doctrines,* 66을 보라.

[300] 이를 지적하는 Berkhof, *The History of Christian Doctrines,* 66을 보라.

[301] 이런 식으로 말하면서 그리스도와의 생동적 유기적 관계에 대한 강조가 후대의 안셀름의 이해에 결여된 것이라고 설명하는 Berkhof, *The History of Christian Doctrines,* 67도 보라.

가 그리스도 안에서의 모든 것의 총괄 갱신되는 것과 유비적으로 적그리스도에게서 "노아 홍수 이후의 모든 오류와 우상 숭배가 총괄되는(recapitulate)" 것이며, 그는 "단 지파에 속한 사람"이라고 설명하는 것은[302] 상당히 지나쳐 보인다.

2. 히폴리투스 (Hyppolytus, c.170-236)

히폴리투스는 이레니우스의 제자로, "정신적 형성에 있어서나 단순함과 온건함과 실천적임에 있어서 그의 선생님을 상당히 닮았다."[303] 히폴리투스는 제피리누스(Zephyrinus)와 칼리스투스(Callystus)가 로마의 감독일 때(199-222) 로마 인근에서 장로(a Presbyter), 즉 목회자로 있던 인물이다.[304]

그는 "모든 이단들에 대한 반박"이라는 글을 썼고,[305] 〈필로소푸메나〉(*Philosophumena*)라는 제목으로 영지주의를 비판하는 글을 썼다.[306] 그는 교리를 왜곡시키는 모든 왜곡의 근원이 철학자들의 사변에 있다고 보았다.[307] 그는 아마도 로마에서 순교한 것으로 여겨진다.[308] 다른 견해로는 막시미누스 뜨락스 황제(Emperor Maximinus Thrax) 때에 일어난 박해로 히폴리투스와 폰티

---

302 Irenaeus, *Adv. Haereses,* 5. 30. 1-2 (Pelikan, *The Emergence of the Catholic Tradition,* 127-28).

303 Berkhof, *The History of Christian Doctrines,* 62.

304 다시 말하지만 이런 맥락에서 장로는 사제를 의미한다.

305 Berkhof, *The History of Christian Doctrines,* 62.

306 Fisher, *History of Christian Doctrine,* 38에 의하면 이 책은 1842년에 발견되었고 1851년에 처음 출판되었다고 한다.

307 Berkhof, *The History of Christian Doctrines,* 62.

308 Berkhof, *The History of Christian Doctrines,* 62.

안(Pontian)이 235년에 사르디니아(Sardinia)로 유배당하여,[309] 그곳 광산에서 죽었는데, 로마의 파비안 감독(Fabian, 236 - 250)이 그와 폰티안의 시체를 로마로 가져 왔고, 로마에서 장례식을 하였는데 고백자 저스틴(Justin the Confessor)이 집례했다고 한다. 그전에 초기 양태론적 입장을 보이던 로마 감독들과 관계가 나빠졌으나 죽을 무렵 로마 교회와의 관계가 회복되고, 로마 교회에서는 그를 사제(piest)로 여긴 것으로 보인다.

히폴리투스는 초기 양태론자인 노에투스(Noetus)의 견해에 반대하면서 그리스도는 (요한복음이 말하는 "그를 통해 온 세상이 지어진) 말씀"이라고 하면서 "우리들은 그에게서 성육신하신 로고스를 본다; 우리들은 그로 인해 성부를 이해한다; 우리들은 성자를 믿고 성령께 경배한다."고 하였다.[310] 또한 정통파는 두 하나님을 믿는 것이 아니냐는 노에투스파에 대해 반박하면서 다음과 같이 말하였다.

> 나는 두 하나님(two Gods)이라고 하기보다는 한 하나님(One God)과 두 위격들(two Persons)이라고 하겠으니, 성부는 한 분이신데, 두 위격이라고 말하는 이유는 또한 성자가 계시기 때문이고, 또한 셋째 위(the third Person)는 성령이

---

309 Fr. Paolo O. Pirlo, SHMI, "Sts. Pontian & Hippolytus," *My First Book of Saints* (Manila: Sons of Holy Mary Immaculate, Quality Catholic Publications, 1997), 179–80.

310 Hyppolytus, *Noet.,* c. 12 (Shedd, *A History of Christian Doctrine,* 1:286).

> 시다.... 하나님의 말씀이신 그리스도께서 부활하신 후에 제자들에게 '가서 모든 민족으로 제자를 삼아 성부의, 성자의 그리고 성령의 이름으로 세례를 베풀라'고 명령하신 것은 이를 행하지 않는 사람은 누구든지 하나님을 온전히 영화롭게 하지 않음을 보여 주는 것이다. 삼위일체를 통해서 성부께서 영광을 받으신다. 성부께서 의도하셨고, 성자께서 수행하셨고, 성령님께서 나타내셨다. 모든 성경이 이를 선포한다.[311]

이와 같이 히폴리투스는 성경의 증언의 근거해서, 비록 그런 용어는 사용하지 않았지만 삼위의 동일본질을 분명히 하면서, 동시에 삼위의 구별을 명백히 하고 있다.

3. 터툴리안 (Tertullian, c.155 - c.220)[312]

아마도 아프리카 카르타고에 주재하던 로마 백부장의 아들로 당대의 모든 학문을 잘 알고 있었던 법률가로 훈련 받은 사람으로 갑자기 복음을 믿고 예수님을 따르면서 당대의 학문을 분토(糞土)와 같이 버리고서 후에 카르타고의 장로(Presbyter)가 된 터툴리안은 북아프리카 신학의 대변인이었고,[313] 신적 위격의 삼위일체(*trinitatis*)라는 말을 처음 사용한 것으로 알려져

---

311 Christopher Wordsworth, *St. Hyppolytus and the Church of Rome* (London: F. & J. Rivington, 1853), 175, 176, cited in Shedd, *A History of Christian Doctrine,* 1:286.

312 이 연대는 Robert Audi, *The Cambridge Dictionary of Philosophy* (Cambridge University Press, 1999), 908에서 온 것이다. Fisher, *History of Christian Doctrine,* 38에서는 약 160년에 태어나 220년경에 죽은 것으로 언급한다. Shedd도 220년에 죽었다고 한다(Shedd, *A History of Christian Doctrine,* 1:117).

313 Berkhof, *The History of Christian Doctrines,* 62.

있다.[314] 그 뿐만 아니라 "낳으심"(generation), "한 본질"(one substance), 그리고 "삼위"(three persons)라는 말도 그에게서 나왔다고 한다.[315]

학교에서 헬라어를 공부하고[316] 법률가였던 그는 로마법을 잘 알았고 신학에 법률적 용어를 많이 제공한 사람으로 인정된다.[317] 그는 신학을 하는 일에 라틴어를 사용한 첫 사람으로 인정되어,[318] 항상 라틴 신학자 중의 첫 인물로 언급된다. 철학도 잘 아는 사람이었으나 그는 철학에 대해서 강한 반감을 표현하면서, 심지어 플라톤은 "모든 이단들의 조미료(the *condimentarius*)"라고 말하기도 했다.[319] 이처럼 그도 히폴리투스와 같이, 모든 이단은

314 Tertullian, *De Pudicitia,* chapter 21; Tertullian, *Against Praxeas,* 3. 1 (Pelikan, *The Emergence of the Catholic Tradition,* 105). Cf. B. B. Warfield, "Tertullian and the Beginnings of the Doctrine of the Trinity (1)," *Princeton Theological Review* 3/4 (October 1905): 529-57; idem, "Tertullian and the Beginnings of the Doctrine of the Trinity (2)," *Princeton Theological Review* 4/1 (January 1906): 1-36; idem, "Tertullian and the Beginnings of the Doctrine of the Trinity (3)," *Princeton Theological Review* 4/2 (April 1906): 145-67; Berkhof, *The History of Christian Doctrines,* 63; John McManners, *Oxford Illustrated History of Christianity* (Oxford: University Press, 2001), 50.

315 이를 말하는 Orr, *The Progress of Dogma*, 82를 보라.

316 이를 밝히는 Fisher, *History of Christian Doctrine,* 38을 보라.

317 Berkhof, *The History of Christian Doctrines,* 63. 그 대표적 단어들이 심판자(Judge), 죄책(guilt), 형벌(punishment), 그리고 만족(satisfaction) 같은 용어들이다(Berkhof, *The History of Christian Doctrines,* 68).

318 여러 사람이 이를 말하나 Fisher, *History of Christian Doctrine,* 38도 보라.

319 이를 언급하는 Fisher, *History of Christian Doctrine,* 38을 보라.

헬라 철학에서 나오는 것으로 환원시켰고 철학과 강하게 대립하였다. 그는 성질이 급하였는데 이것이 그의 과격한 표현의 원인이라고 추론된다.[320] "예루살렘과 아테네가 무슨 상관인가? 교회와 (플라톤의) 아카데미가 무슨 상관인가?"라고 하면서,[321] 당시의 학문들과 싸우면서 성경이 말하는 그리스도와 그의 구속을 잘 보존하려고 했던[322] 터툴리안은 "하나님은 시작부터 논의하는 분이 아니고, 오히려 태초 이전부터 합리적이었다"라고 하면서,[323] 하나님이 합리성의 원리(the principle of rationality)로서 다시 말과 논의의 원리(the principle of speech or discourse)가 되신다고 한다.[324] 그러므로 하나님을 중심으로 생각해 보면, 터툴리안은 반학문적이지 않았다. 그가 반학문적으로 보인 것은 이 세상의 시도를 다 거부하려고 했기 때문이다.

군주론(Monarchianism)에 대항해서 한 본질(substance)을 가진 세 위격(*per-*

---

320 이렇게 말하는 Berkhof, *The History of Christian Doctrines,* 62-63을 보라.

321 Tertullian, "The Prescription against Heretics," in A. Roberts & J. Donaldson, eds.. *Ante-Nicene Fathers,* vol. 3 (Peabody, Massachussets: Hendrickson, 1994), 246.
그는 한 곳에서 "비참한 아리스토텔레스"(miserable Aristotle)라는 말도 했다고 한다. Cf. Benjamin Drewery, "Martin Luther," in *A History of Christian Doctrine,* ed., Hubert Cunliffe-Jones (Edinburgh: T&T Clark, 1978, reprinted, Philadelphia: Fortress Press, 1980), 328.

322 이 때문에 어떤 분들은 터툴리안을 "문화의 적"(the enemy of culture)으로 간주해왔다. 대표적인 예로 Charles Norris Cochrane, *Christianity and Classical Culture* (London: Oxford University Press, 1944), 227을 보라. 그를 "혼동과 모순의 마스터"로 제시하는 H. A. Wolfson, *The Philosophy of the Church Fathers* (Cambridge: Harvard University Press, 1970), 1:102ff.도 보라. 또한 그를 "비이성적 역설"의 대변인으로 제시한 분들은 많이 있다. Cf. L. Harold DeWolf, *The Religious Revolt Against Reason* (New York: Harper & Row, 1949), 40ff.; Richard Kroner, *Speculation and Revelation in the Age of Christian Philosophy* (Philadelphia: Westminster Press, n.d.), 57ff.; William Barrett, *Irrational Man* (New York: Doubleday & Co., 1962), 94-95; Paul Tillich, *A History of Christian Thought: From Its Judaic and Hellenistic Origins to Existentialism* (New York: Simon & Schuster, 1968), 45-46.

323 Tertullian, *Against Praxeas,* 6. 3: "God is nor discursive from the beginning but is *rational* even before the beginning" (Pelikan, *The Emergence of the Catholic Tradition,* 188, 강조점은 덧붙인 것임).

324 이를 지적하는 Pelikan, *The Emergence of the Catholic Tradition,* 188을 보라.

sona)을 표현하려는 의도를 가진 터툴리안은 삼위(three persons)가 한 본질로 존재하시니(exist in the one substance), 하나님은 하나이시라고 했다. 삼위의 '본질(*substantia*)의 동일성'에 대한 강조가 터툴리안에게서 잘 나타난다.[325] 즉, 터툴리안은 성자와 성령이 성부와 "하나의 같은 본질"을 가지신다고 했다.[326] 이런 개념이 후에 니케아 신조에서도 잘 사용되었다고 평가된다.[327] 그는 창조 전에 하나님 안에 있는 하나님의 경륜(*dispositio* or *economia*), 즉 구속사에 대한 계획이 삼위를 요구한다고 표현하기도 했다.[328] 그는 또한 성부께서 성자에게 만유에 대한 권세를 주셨다는 것이 성부와 성자의 구별(a distinction)의 증거라고 한다.[329] 그러나 그가 하나님의 경륜 중심으로만 생각한 것은 아니니, 그는 경륜의 실현 이전의 이미 위격들의 존재를 말했기 때문이다. 그래서 그는 "지위(*satatu*)와 본질(*substantia*)과 능력(*potestate*)에서는 같으나, 위격의 순서(*gradu*)와 형태(*forma*)와 양상(*specie*)에서는 다른 삼위(三位)가 있다"고 하였다.[330] 그런

---

325 Shedd, *A History of Christian Doctrine,* 1:277-78; Rohse, *A Short History of Christian Doctrine*, 45; Berkhof, *The History of Christian Doctrines,* 83.

326 Tertullian, *Against Praxeas,* 2 (ANF, 3:598). 이를 강조하는 Orr, *The Progress of Dogma*, 82를 보라. <프락세아스에 대한 반론>은 208년 이전의 글은 아닐 것으로 추론되고 있다. 이를 영역한 Holmes의 의견이다(ANF, 3:597, n. 1).

327 Berkhof, *The History of Christian Doctrines,* 65.

328 Rohse, *A Short History of Christian Doctrine*, 45.

329 Tertullian, *Against Praxeas,* 16. 2 (Pelikan, *The Emergence of the Catholic Tradition,* 181).

330 Tertullian, *Against Praxeas,* 2 (ANF, 3:598). Cf. Rohse, *A Short History of Christian*

의미에서 "성부는 성자와 어떤 방식에서(*modulo*, in the mode of their being) 서로 다르다"고 했다.[331] 이와 같이 그는 하나님의 삼위성(the tri-personality)도 분명히 하였다.[332] 그는 특히 성령님도 "하나님"이라고 부르면서, 성부와 성자와 본질의 통일성을 가지심을 분명히 하였다.[333]

이런 성경적 입장을 분명히 하여 그는 군주론과 영지주의를 배격했다.[334] 그러나 그는 성부는 전체 본질(the whole substance)이지만 성자는 그것의 한 부분이니 그는 성부로부터 온 것이기 때문이라고도 하고, 때로 성자의 종속론을 시사(示唆)하는 표현을 하여 종속론을 완전히 청산하지 못하였다.[335] 또한 성부 성자 성령을 뿌리, 가지, 열매와 비교하는 비유를 사용해서 후대의 오해를 사는 일도 있었다.[336] 특히 로고스가 본래 하나님 안의 비위격적 이성이었는데, 창조를 바라보면서 위격이 되었다고 하면서,[337] 그런 의미에서 "성부께서 성자를 가지지 않던 때도 있었다"는 말을 한 것은[338]

Doctrine, 45.

331 Tertullian, *Against Praxeas,* 9 (ANF, 3:603).

332 Berkhof, *The History of Christian Doctrines,* 83.

333 Tetullian, *Against Praxeas,* 2 (ANF, 3:598). 그런데 때로는 성자와 성령을 동일시하는 듯이 해석할 수 있는 말도 하였다(*De Oratione,* 1. 1-2 [Pelikan, *The Emergence of the Catholic Tradition,* 184]).

334 Rohse, *A Short History of Christian Doctrine*, 45.

335 Berkhof, *The History of Christian Doctrines,* 65, 66.

336 Tertullianus, *Against Praxean,* Cap. 8. 이런 문제점을 잘 지적하는 Rohse, *A Short History of Christian Doctrine*, 45도 보라. 그런데 이런 비유를 사용한 그의 의도는 성부와 성자의 동일본질을 말하는 것이었다는 Shedd, *A History of Christian Doctrine,* 1:278-79의 논의도 참고하라.

337 이를 말하는 Berkhof, *The History of Christian Doctrines,* 65-66을 보라.

338 Tetullian, *Against Hermoneges,* 3. 이에 대해서는 Orr, *The Progress of Dogma*, 81에 주어진 번역을 사용하였다. 그러나 터툴리안은 그의 사후에 나타난 아리우스주의자들이 말하는 것에 동의하거나 그들에게 힘을 줄 의도가 전혀 없었다는 Orr, *The Progress of Dogma*, 81의 논의도

그의 사후의 아리우스의 주장과 혼동될 수 있는 심각한 문제가 되는 말이었다.[339] 그런 의미에서 그도 삼위일체 교리에 대한 아주 정확한 진술에 이르지는 못하였다는 벌코프의 말은[340] 옳다.

물론 터툴리안은 그리스도의 양성을 잘 인정했고 특히 인성의 온전함을 잘 공언했다.[341] 양성은 혼합(fusion)되지 않았다는 것을 분명히 하는 것은 좋은데, 그리스도 안에 그저 신성과 인성의 공존(a conjunction)이 있었다고 했다.[342] 또한 그리스도의 죽음을 강조하면서 그것이 "우리의 죄에 대해서 자신을 하나님께 드린 것"이라고 하고,[343] 구약의 성례들과 대조하면서 그리스도를 "모든 이방인들을 위한 희생 제사"(a sacrifice for all the Gentiles)라고 표현하기도 하였지만,[344] 형벌적 만족의 필요성에 대해 충분히 강조하지 않았다. 그는 하나님을 "만족시킨다"(*satifactio*)는 개념을 처음으로 도입한 것으로 알려져 있다.[345] 그러나 그의 논의를 자세히 보면, 터툴리안은 십자가에

잘 주목해야만 한다. 터툴리안은 성자는 성부와 동일한 본질을 가짐을 아주 분명히 하였다. 또한 창조 이전부터 아주 분명한 위격의 구별이 있음을 분명히 하고 있다. 말의 표현이 비슷해도 전혀 다른 의미로 한 말이라는 좋은 논의를 오어 교수가 한 것이다.

339 그러나 터툴리안은 후의 아리우스와는 달리 정통신학적 의미로 이 표현을 한 것임을 생각해야 한다. 이에 대해서 Orr, *The Progress of Dogma*, 81의 좋은 논의를 보라.

340 Berkhof, *The History of Christian Doctrines,* 83. 삼위일체라는 말을 처음 사용한 터툴리안도 그랬다는 것은 역사의 아이러니이다.

341 벌코프는 그가 멜리토(Melito) 다음으로 그리스도의 온전한 인성에 가장 충실한 교부라고 한다(Berkhof, *The History of Christian Doctrines,* 66).

342 Berkhof, *The History of Christian Doctrines,* 66.

343 Tertullian, *Scorpiace,* 7. 5-6 (Pelikan, *The Emergence of the Catholic Tradition*, 147).

344 Tertullian, *Adversus Judaeos,* 13. 21 (Pelikan, *The Emergence of the Catholic Tradition*, 147).

345 이를 말하는 Pelikan, *The Emergence of the Catholic Tradition*, 147을 보라. 그는 터툴리안이 사인간의 손해를 끼쳤을 때 배상하는 로마의 사법(private law)의 개념이나 아니면 공적 형벌을 요구하는 로마의 공법(public law)에서 이 개념을 끌고와 적용했다고 한다. 그래서 회개할 때 우

서 형벌적 요소를 인정하였지만 하나님의 자비를 더 높여 말하였다.[346] 일종의 율법주의적 성향이 그의 저작 전반에 나타나고 있다.[347] 하나님을 입법자와 심판자(Judge)로 제시했으며, 세례 후에 행해진 죄에 대해서 고해로 하나님께 만족을 드려야 한다고 말한다. 그래서 회개하는 사람은 "주를 만족시키는 것이고"(making satisfaction to the Lord), 회개 후에 또 범죄하는 사람은 "마귀를 만족시키는 것이다"(making satisfaction to the devil)고 한다.[348] 이것은 거의 천주교회적 고해론의 토대를 제시한 것으로 판단된다.[349] 만족에 대한 그의 논의가 거의 고해의 맥락에서 나타나고 있음은 이를 잘 드러낸다.

또한 터툴리안은 인간의 영혼이 몸이라는 감옥에 갇혀 있다고 아주 자연스럽게 말하기도 하였다.[350] 터툴리안은 플라톤에 대해서 상당히 동감적이었으나, 때로는 그를 비롯한 철학자들이 "이단의 족장들"(the patriarchs of heretics)이라고도 하고,[351] "모든 이단적 사변의 기본 자료(source)와 조미료를

리는 "하나님을 만족시켜야 한다"고 했다(Terullian, *De paenitentia,* 7. 14, https://www.tertullian.org/anf/anf03/anf03-47.htm#P11261_3190842). 그런데 십자가에 "만족" 용어를 사용한 사람은 힐라리(Hilary, Ps. 53: 12-13)라고 한다(Pelikan, *The Emergence of the Catholic Tradition*, 147). 물론 터툴리안도 "자신의 죽음으로 다른 사람의 죽음을 대신할 수 있는 분이 하나님 아들 외에 누가 있는가?... 사실 그는 바로 이 목적, 즉 죄인들을 위하여 죽기 위해 오셨다"고 이에 아주 가깝게 말한 바도 있다(Tertullian, *De Pudicitia* (On Modesty), 22. 4 [Pelikan, *The Emergence of the Catholic Tradition*, 148]).

346 Berkhof, *The History of Christian Doctrines,* 66.

347 Berkhof, *The History of Christian Doctrines,* 66.

348 Tertullian, *De paenitentia,* 5. 9 (Pelikan, *The Emergence of the Catholic Tradition*, 147).

349 같은 평가를 하는 Berkhof, *The History of Christian Doctrines,* 68을 보라.

350 Cf. Shedd, *A History of Christian Doctrine,* 1:125: "... the soul itself, which although confined by the prison of the body...."

351 Tertullian, *De Anima,* 3; *Adv. Hermorgenem,* 8: "*Philosophi patriarchae haereticorum.*" (Shedd, *A History of Christian Doctrine,* 1:127, n. 1).

제공하는" 저자라고 했다.[352]

터툴리안은 또한 마지막이 속히 있지 않다고 생각하는 것에 익숙해져서 "끝까지 견디는 자는 구원을 받으리라"(마 10:22)는 예수님의 말에 나오는 "끝까지"라는 말을 개인이 죽을 때까지라고 해석하면서[353] 개인화하는 해석을 하는 경향을 보였다.

가장 큰 문제는 열정적인 그가 생애 말기에 몬타누스주의(Montanism)를 옹호하면서 자신도 그 안에 속했다고 공언한 것이다. 이전에는 경건하고 엄격한 자신의 기독교 개념에 근거해서 도덕적 순결을 강조하던 그가 몬타누스주의를 수용한 후에는 신적인 권위에 근거해서 이를 주장한 것이라고 하는 나다니엘 본베취의 말을 인용하는 야로슬라프 펠리칸의 말을 의미 있게 들어야 한다.[354] 문제는 그가 몬타누스주의가 융성하던 시기에 비해서 두 세대 후에 이를 말하고 있다는 점이다.[355] 또한 그의 저작들이 정확히 어떤 때에 나왔는지를 확정하기 어려워 정통파 교회의 터툴리안인지 아니면 몬타니스주의에 동의하는 터툴리안의 글인지를 구별하기 어렵다는 문제도

---

352 Tertullian, *De Anima,* 23: "*Ploto omnium haereticorum condimentarius*" (Shedd, *A History of Christian Doctrine,* 1:127, n. 1).

상당히 유사한 태도를 드러낸 분이 미누시우스 펠릭스(Minucius Felix)다. 그는 인간의 자연적 합리성에 대해서 말하면서 그와 기독교가 잘 부합한다고 하였다. 인간의 정신의 구조와 기독교가 어울린다고 하였다. 이교 철학과 기독교의 부분적 일치에 대해서 말하면서 소크라테스에 대해서는 상당한 공격을 하였다. 이에 대해서 Shedd, *A History of Christian Doctrine,* 1:127을 보라.

353 Terullian, *Scorpiace,* 10. 17; *De fuga in perscutione,* 7. 1-2 (Pelikan, *The Emergence of the Catholic Tradition,* 130).

354 G. Nathanael Bonwetsch, *Geschichte des Montanismus* (Erlangen, 1881), 119를 인용하는 Pelikan, *The Emergence of the Catholic Tradition,* 101을 보라.

355 이 점도 Pelikan, *The Emergence of the Catholic Tradition,* 101에서 언급되고 있다. 그래서 펠리칸은 터툴리안이 말하는 몬타누스주의가 우리가 흔히 말하는 몬타니스주의와 정확히 같은 것인가를 의문시하기도 한다.

있다.[356]

4. 키프리안(Cyprian, 200-258)의 기여

카르타고의 주교였던 키프리안은 258년에 순교자가 되었다. 그의 생각은 터툴리안에게 상당히 많은 빚을 지고 있다고 할 수 있다. 그 자신은 주로 교회 정치와 교회의 치리 문제에 대해서 논의하는 글들을 남겼다. 그래서 키프리안적 교회 개념이 결국 초기 천주교회적 교회 개념과 거의 동일한 의미로 사용되게 되었다.[357]

키프리안은 마태복음 16:18의 "너는 베드로라 이 반석 위에 내 교회를 세우리니"라는 예수님의 말씀을 중요시하면서 교회는 베드로 위에 세워졌다는 것을 강조하였다.[358] 물론 이 때 그는 다른 사도들에게도 비슷한 권세가 주어졌다는 것도 말한다.[359] 그러나 후에 "출발은 오직 그[베드로]로부터만 온다"는 말을 덧붙였다.[360]

---

356 이 점도 지적하는 Pelikan,*The Emergence of the Catholic Tradition,* 122도 보라.

357 이런 용례의 대표적 예로 Berkhof, *The History of Christian Doctrines,* 68을 보라.

358 Cyprian, *De unitate ecclesiae,*4 (CSEL 3:212) (Pelikan, *The Emergence of the Catholic Tradition,* 119).

359 이 점을 잘 지적하는 Pelikan, *The Emergence of the Catholic Tradition,* 119도 보라.

360 Cyprian, *De unitate ecclesiae,* 4 (ACW 25:46) (Pelikan, *The Emergence of the Catholic Tradition,* 119).

5. 알렉산드리아 학파 사람들(the Alexandrians)

당시 일반적 학문의 중심지(intellectual center)의 하나가 북 아프리카의 알렉산드리아였으니 이곳은 철학적 신학이 시작되어 뿌리를 내리기에 매우 적절한 곳이었다. 대개 "지적인 면에서 알렉산드리아는 아테네 다음으로 가장 놀라운 곳이었다"고 언급된다.[361] 이곳은 (유대적 관념들과 그리스 철학을 혼합시킨) "필로의 도시였고, (영지주의자) 바실리데스가 가르친 곳이었으며, 신플라톤주의가 탄생한 곳"이기도 하다.[362] 이교도 지성인들이 예수님을 믿게 되었을 때 그들을 잘 가르치는 학습 과정은 이곳에서 좀 더 깊이를 가지고 철학적 성격을 가지게 되었고, 이런 학습교인을 위한 학교(catechetical school)로부터 교회의 목회자를 훈련하는 학교로 발전하였다. 전반적인 분위기상 카르타고의 터툴리안과 같이 철학과 기독교를 대립시키고 이것이냐 저것이냐의 태도를 가지기보다는 당대의 철학적 추구가 지향하는 것을 그 스스로는 온전히 다는 이루지 못하는 것을 성경과 기독교가 제공한다는 태도가 형성되고 그런 식의 논의가 알렉산드리아 학파 사람들에 의해서 이루어졌다.

알렉산드리아 학파 사람들은 복음과 헬레니즘적 사유의 혼합을 시도했다.[363] 이들은 같은 지역에서 이전에 활동했던 유대인 필로의 로고스 개념도 자연스럽게 가져다가 사용했다.[364] 이처럼 이교나 다른 사람들의 것 가

---

361 Orr, *The Progress of Dogma*, 82.

362 이 흥미로운 표현은 Orr, *The Progress of Dogma*, 83에서 온 것이다.

363 비슷하게 평가하는 Berkhof, *The History of Christian Doctrines,* 70을 보라. 필로가 유대종교적 학문과 헬라주의 철학을 연관시킨 것과 비슷하게 2-3세기의 알렉산드리아 교부들은 헬라주의 사상과 복음의 진리를 놀라운 방식으로 결합시키려고 했다고 평가한다.

364 이 점은 인정하면서 말하는 Orr, *The Progress of Dogma*, 79를 보라. 그 대표적인 예로 Clement of Alexandria, *Stromata,* 1. 6, 21, 23 등을 언급한다.

운데서 선한 것이라고 판단된 것(what is good in it)을 가져다가 기독교의 체계에 편입시키는 것이 알렉산드리아 학파의 큰 특성이다. "복음서의 하나님이 창조의 하나님이시므로 모든 학문과 사람에게 주신 것의 모든 발전은 거룩하거나 거룩해질 수 있다"고 본 것이다.[365] 이런 태도가 너무 강해서 인간의 타락에 의한 부패성을 온전히는 인정하지 않는 성향이 이들의 글 곳곳에 나타난다. 물론 이분들은 모든 참된 지식은 항상 하나님에 대한 사랑과 순종에 근거해야 한다고 말한다.[366] 그리고 자신들의 이런 목적을 위해서 성경에 대한 알레고리적 해석을 시도하고 그것에 의존하였다.[367]

알렉산드리아 학교의 최초의 교사였던 **판태누스**(Pantaenus, Πάνταινος, +c. 200)는 그리스도인이 되기 이전에 스토아 사상에 상당히 신뢰를 보냈던 사람으로 예수님을 믿은 후에 아마도 185년경부터 사역을 시작한 것으로 보인다.[368] 그는 알렉산드리아 사람들 대부분이 그리했던 것과 같이 플라톤적인 생각을 자신의 교리에 많이 넣어 가르쳤다고 한다. 그러나 우리들은 그 정확한 것을 잘 알 수 없으니, 그의 저작들은 다 사라졌기 때문이다.[369]

365 이 표현은 Orr, *The Progress of Dogma*, 83에서 온 것이다.

366 Cf. Clement of Alexandria, *Paedagogue,* 1. 1, 2.

367 Cf. Berkhof, *The History of Christian Doctrines,* 70.

368 이는 Fisher, *History of Christian Doctrine,* 39에서 온 정보이다.

369 Fisher, *History of Christian Doctrine,* 39.

판태누스의 제자로 그를 이어 가르친 **클레멘트**(Clement of Alexandria, c.150 - c. 215)는 아마도 이 학교에서 191부터 202년에 가르쳤던 것으로 여겨지며, 알렉산드리아 학파의 특성을 잘 드러내는 작업을 하였다. 본래 그리스에서 태어나 여러 사람들에게서 철학을 배웠던 그는 다른 곳에서 추구하면서 도무지 찾을 수 없던 것을 기독교에서 찾았다고 표현했다. 그는 자신의 서신에서 "그리스도는 하나님으로부터 메시지를 가지고 왔고, 사도들은 그리스도에게서 메시지를 가지고 왔다"고 했다.[370] 이는 사도적 가르침의 기원과 특성을 잘 표현하는 말로 주목할 만한 말이다. 그런데 그는 신적인 것에 대한 지식의 원천을 성경과 이성으로 제시하고, 신학자는 복음과 이방 학문의 연결 고리 역할을 해야 한다고 하였다. 결국 그에 의해서 이성이 폭 넓게 사용되어 성경에 대한 알레고리적 해석에 의해서 온갖 사변의 길이 열렸다.

물론 그도 최종적 대답은 기독교에 있다고 결론을 내렸다.[371] 철학적 추구의 최종적 만족은 기독교에 있다는 것이다. 그래서 헬라인들과의 대화에서 그는 이교적 제사 제도보다 복음이 얼마나 뛰어난 것인지를 말하고, 헬라 시인들과 철학자들에게서 발견되는 진리가 기독교에 더 온전한 형태로 있다고 주장하였다.[372] 이는 헬라 철학이 전적으로 일관성을 지니고 있지는 않기 때문이라고 보았고, 헬라 철학이 옳은 말을 한 것에 대해서 어떤 것은 그것이 부분적 계시라고 하기도 하고, 어떤 것은 히브리 선지자들에게서

---

370 *I Clement* 42. 2. 이점을 강조하는 Pelikan, *The Emergence of the Catholic Tradition,* 109.

371 Cf. Berkhof, *The History of Christian Doctrines,* 70.

372 Cf. Fisher, *History of Christian Doctrine,* 39.

배운 것의 반영이라고 하기도 하였다.[373] 로고스의 빛은 이방인들에게 복음의 온전한 빛을 위한 일종의 디딤돌 역할을 하였다고 했다.[374]

개종자들의 윤리적 가르침을 위해 쓰여진 그의 『패다고구스, 즉 교사』(*Paedagogus*)라는 책은 기독교적 가르침의 더 깊은 신비를 얻기 위한 준비가 되었다.[375] 여기서 그는 스토아적 윤리와 기독교적인 것을 많이 섞어 제공하였다. 이런 의미에서 그는 이전의 이레니우스나 터툴리안보다는 덜 정통적이었고, "신앙의 규범"(the rule of faith)에 덜 철저했다고 여겨진다.[376] 그러나 그는 위격적으로 존재하시는 로고스, 즉 성자가 성부와 함께 영원히 선재하셨음을 분명히 하였다.[377] 때로는 로고스가 그저 성부 안에 있는 이

---

373 Berkhof, *The History of Christian Doctrines,* 71.

374 Berkhof, *The History of Christian Doctrines,* 72.

375 Fisher, *History of Christian Doctrine,* 39.

376 비슷하게 평가하는 Berkhof, *The History of Christian Doctrines,* 70을 보라.

377 Clement of Alexandria, *Stromata,* 5. 1; 7. 1-3. Orr, *The Progress of Dogma*, 84; Berk-

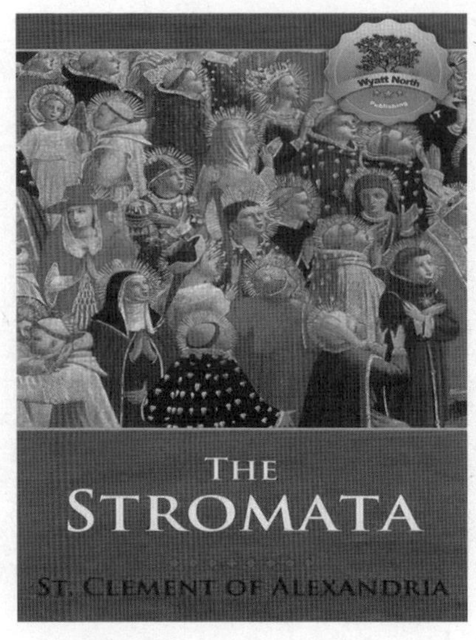

성인 것 같은 인상도 남겨 주었지만[378] 그가 성부와 성자의 '본질의 동일성'을 가장 분명히 표현한 것은 사실이다. 성부와 성자에 대해서 말하면서 "그 둘은 하나, 곧 하나님이시다"고 했다.[379] 성부, 성자, 성령을 말하는 것이 그의 글 곳곳에 있다.[380] 예를 들어서, "우주의 한 아버지가 계시며, 우주의 한 말씀이 계시고, 어디에나 계시는 한 성령님이 계신다."고 한다.[381]

클레멘트는 "하나님의 참된 로고스"(the real Logos of God)와 성육신하신 성자-로고스(the Son-Logos)를 구별하여 말하기도 하였다.[382] 그는 그리스도의 양성(兩性)을 잘 말하였으나, 그리스도께서 식사하신 것은 그럴 필요가 있어서 하신 것은 아니고 인간성을 부인하지 못하게 하려는 의도에서 그리하신 것이라고 하고, 그리스도께서는 기쁨과 슬픔 등의 감정을 가지실 수

---

hof, *The History of Christian Doctrines,* 72.를 보라.

378 이를 지적하는 Berkhof, *The History of Christian Doctrines,* 72를 보라.

379 Clemens Alexandranus, *Paedagogus,* 3. 12 (Shedd, *A History of Christian Doctrine,* 1:274).

380 이에 대한 예는 Shedd, *A History of Christian Doctrine,* 1:274-75를 보라.

381 Clemens Alexandranus, *Paedagogus,* I. 6 (Shedd, *A History of Christian Doctrine,* 1:274).

382 Berkhof, *The History of Christian Doctrines,* 72.

없다고 하여 가현(假現)설의 문제를 완전히 극복하지는 못하였다.[383]

클레멘트는 그리스도의 사역에 대해서 별다른 기여를 하지는 않았으니, 그는 그리스도가 대속물로 자신을 주었다는 말을 하였으나 사람의 죄를 위한 화목제물(propitiation)이라는 것을 강조하지는 않았다.[384] 그는 과거의 죄 문제를 해결하는 것보다는 인간을 타락 이전의 상태 이상으로 높이는 것을 위주로 논의하였다.[385]

6. 특히 오리겐의 기여와 문제점

그런데 클레멘트를 이어 가르쳤으며[386] 알렉산드리아 학파에서 후대에 가장 큰 영향을 미친 오리겐(Ὠριγένης Ἀδαμάντιος, +254)은 성자의 위격적 자존성(personal subsistence)을 더 분명히 했다.[387] 기독교인 부모에게서 태어난[388] 오

383 그렇게 평가하는 Berkhof, *The History of Christian Doctrines,* 73을 보라.

384 이 점을 지적하는 Berkhof, *The History of Christian Doctrines,* 73을 보라.

385 Cf. Berkhof, *The History of Christian Doctrines,* 73-74.

386 일반적으로 오리겐이 클레멘트에게서 배웠다고 하나(많은 분들이 그렇게 말하지만 대표적인 예로 Pelikan, *The Emergence of the Catholic Tradition,* 109도 보라), John Anthony McGuckin은 이것은 그들의 유사성에 근거한 추론일 뿐이라고 하면서 그를 잘 언급하지 않고 혹시 언급할 때에는 그의 잘못을 교정하기 위해서 하고 있으므로 그의 제자가 아니라는 추론을 제시한다. Cf. John Anthony McGuckin, "The Life of Origen (ca. 186–255)," in *The Westminster Handbook to Origen,* ed., John Anthony McGuckin (Louisville, Kentucky: Westminster John Knox Press, 2004), 6.

387 Orr, *The Progress of Dogma*, 85에서 오어는 이것이 삼위일체 교리에서의 "진전한 진보"(real progress)라고까지 말한다.

388 오리겐의 생애에 대한 정보는 가이사랴의 유세비우스(Eusebius, c. 260–c. 340)의 교회사에서 제공되었다. 오리겐의 생몰 연도를 대개 185-254년으로 제시하는데, *The New Catholic Encyclopedia* (Detroit: Gale, 2003)에서는 185-253으로 제시하고, McGuckin, "The Life of Origen (ca. 186–255)"에서는 약 186-255년으로 제시하고 있다.

리겐은 고전 교육과 기독교 교육을 다 잘 받은 사람이다.[389] 그의 아버지인 알렉산드리아의 레오니데스(Leonides)는[390] 날마다 성경 구절을 암송하게 교육시켰고,[391] 성경과 함께 고전 교육도 잘 시켰다고 한다. 신플라톤주의자인 암모니우스 싸카스(Ammonius Saccas)에게서 철학을 공부한 오리겐은[392] 신플라톤주의뿐만 아니라 당대의 모든 철학과 대화하면서 일종의 '고대적 종합'을 이루었다고 할 수 있다. 그는 초대 교회에서 가장 박식한 사람이었고 가장 깊이 있는 사상가의 하나였다고 언급된다.[393] 따라서

---

389 Fisher, *History of Christian Doctrine,* 40.

390 그는 202년에 로마 황제 셉티미우스 세베루스(Septimius Severus)가 로마시민 가운데 기독교인은 다 신고하고 처형받으라는 명령에 따라 스스로 신고해서 참수형을 받았다고 한다(Joseph Wilson Trigg, *Origen: The Bible and Philosophy in the Third-Century Church* [Georgia, Atlanta: John Knox Press, 1983], 30: McGuckin, "The Life of Origen [ca. 186–255]," 3).

391 이는 유세비우스의 교회사 정보를 활용해서 Trigg, *Origen*, 12에서 제공한 정보이다.

392 Cf. Fisher, *History of Christian Doctrine,* 40; Robert M. Grant, "Origen," in *The Encyclopedia of Philosophy,* ed., Paul Edwards, vol. 5 (New York City, New York: The MacMillan Company & The Free Press, 1967), 551; Trigg, *Origen,* 66–75; Roger E. Olson, *The Story of Christian Theology* (Downers Grove, Illinois: InterVarsity Press, 1999), 101; McGuckin, "The Life of Origen (ca. 186–255)," 5; Edward J. Watts, *City and School in Late Antique Athens and Alexandria* (Berkeley and Los Angeles, California: University of California Press, 2008), 158-61.

393 이렇게 평가하는 Berkhof, *The History of Christian Doctrines,* 71을 보라. "초기 교회가 낸 가장 천재적인 인물"(the greatest genius the early church ever produced)이라고 한 McGuckin, "The Life of Origen (ca. 186–255)," 13도 보라. "그의 시대의 군주신론에 대한 가장 지적이고 가장 유능한 적수"라고 평한 Shedd, *A History of Christian Doctrine,* 1:288도 보라. 그는 또한 오리겐이 "그의 시대에 가장 위대한 사람"(the greatest man of his century)이라고도 했다(289).

그는 그의 시대에 상당히 강력한 영향력을 발휘하던 영지주의자들과 논쟁할 수 있는 좋은 준비를 갖춘 사람이었고, 군주론적 단일신론을 강력하게 비판하였다.

오리겐은 클레멘트를 이어서 18세에 알렉산드리아 학교(the Catechetical School of Alexandria)의 교사(a catechist)가 되어 231년까지 알렉산드리아 학교에서 가르친(202-231) 당대에 아주 명성 있는 교사였고, 그 중에 212년에는 로마에 가서 히폴리투스의 강의에 참여했고 그로부터 로고스 교리를 가르침 받았다고 한다.[394] 231년에 알렉산드리아를 떠나서[395] (친구인) 갑바도기아의 가이사랴(Caesarea)의 떼옥티스투스(Theoctistus of Caesarea) 감독에게 요청하여 231년에 장로(presbyter)가 되었고, 이 일 때문에 알렉산드리아의 감독 데메트리우스(Demetrius)와의 불화가 더 심화되고 다른 지역 감독에게서 임직했다는 이유로 정죄되자 알렉산드리아로 돌아가지 않기로 하고 가이사랴에서 교리문답 학교를 창설하여 가르치다가[396] 253년에 3-4년 전 데시우스 황제 때의 박해(Decian persecution) 때에 받은 상처의 후유증으로 두로에서 69세의 나이로 사망했

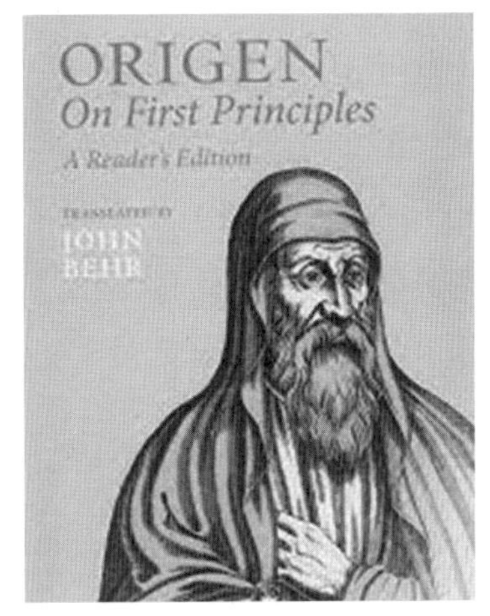

394 McGuckin, "The Life of Origen (ca. 186–255)," 8.

395 그 이유를 그의 사변(思辨)과 스스로를 고자로 만든 것과 교회법을 무시한 것으로 제시하는 Klotsche & Mueller, *The History of Christian Doctrine*, 48을 보라.

396 이곳에 당대의 신플라톤주의 철학자로 유명한 폴피리(Porphyry)도 일부러 방문하여 오리겐의 강의를 들었다고 한다(McGuckin, "The Life of Origen (ca. 186–255)," 18).

다.[397] 그의 생애 전체가 논쟁이었다는 쉐드의 말은 사실이고, 인상 깊다.[398]

오리겐은 여러 책을 저술했는데,[399] 특히 70인경(LXX)과 다른 헬라어 본들과 히브리어 본문을 비교하여 제시한 『헥사플라』(*Hexapla*)는 27년간의 연구의 성과물이라고 한다.[400] 또한 그는 거의 모든 성경에 대한 주석을 썼는데 그 중에 마태복음과 요한복음 주석에 사람들은 주목한다.

그리고 유명한 『원리들에 대하여는』(*De Principiis*) **아마도 가장 이른 교리신학의 체계적 제시**라고 여겨진다.[401] 여기서 그는 기독교의 모든 것은 그리스도의 말씀과 가르침에 근거해야 하는데 이때 주께서 이 세상에서 하신 말씀만을 생각하지 말아야 하니, "그리스도는 모세와 선지자들 안에서 활동하셨던 하나님 말씀이기도 하셨다"는 것을 분명히 하였다.[402] 그런 뜻에서 그는 "모든 것을 창조하시고 질서 지우신 **한 하나님**, 즉 사도들의 하나님, 구약과 신약의 하나님이 계시다"고 고백했다.[403] 그가 말년에 쓴 『켈

---

397 253 또는 254로 제시하는 Klotsche & Mueller, *The History of Christian Doctrine*, 48과 비교하라.

398 Shedd, *A History of Christian Doctrine,* 1:289: "his whole life as a controversy."

399 이것이 가능했던 이유들 가운데 하나는 그가 암브로스(Ambrose)라는 부유한 사람을 발렌티누스를 따르는 영지주의에서 개종하도록 도운 것에 대한 보답으로 암브로스가 집과 비서와 7명의 필경사 등을 채용하여 여러 글을 쓰게 한 결과라고 한다. Cf. Olson, *The Story of Christian Theology*, 101; McGuckin, "The Life of Origen (ca. 186–255)," 5.

400 Fisher, *History of Christian Doctrine,* 40.

401 Berkhof, *The History of Christian Doctrines,* 71: "the first example of a positive and well-rounded system of theology." 그러나 원본은 사라졌고, 이것의 한 부분을 루피누스가 라틴어로 자유롭게 번역된 루피누스 역만이 잔존한다(Fisher, *History of Christian Doctrine,* 40; Orr, *The Progress of Dogma*, 84; Pelikan, *The Emergence of the Catholic Tradition,* 109). 이 책뿐만 아니라 대부분의 오리겐의 글이 이러하다는 지적으로 Pelikan, *The Emergence of the Catholic Tradition,* 122를 보라.

402 Origen, *De principiis,* part 1. 이레니우스도 비슷한 말을 했다. Irenaeus, *Adv. Haereses,* 4. 2. 3 (Pelikan, *The Emergence of the Catholic Tradition,* 110).

403 Origen, *De principiis,* part 4 (Pelikan, *The Emergence of the Catholic Tradition,* 112).

수스에 대한 답변』(*Contra Celsum, Reply to Celsus*)은 철학자인 켈수스의 기독교 비판에 대한 오리겐의 변증이었다.

오리겐은 한편으로는 그 이전의 클레멘트나 저스틴 마터보다 성자와 성령의 위격성을 좀 더 분명히 하며,[404] 결국 세 위격들(hypostases or personal subsistences)이 있음을 명확히 했고,[405] 또 한편으로는 이레니우스와 터툴리안과 함께 하나님의 통일성(unity of God)을 매우 강조했다.[406] 그런데 그는 이를 위해서 성자와 성령의 신성은 성부에서 오는 것이라는 것을 강조했다. 오리겐은 성부께서 "영원한 낳으심"(the eternal generation)의 방식, 즉 우리가 이루 다 표현할 수 없는 무시간적인 방식으로 성부가 성자를 "낳으셨다"(an ineffable timeless origination from the Father's essence)는 것을 강조하였다.[407] 즉, 성자는 "한 영원한 행위로"(by one eternal act) 낳아지셨다[=나셨]는 것이다.[408]

이전에 변증가들이나 터툴리안이, 성경의 표현을 따라서, 성부가 성자

---

404 Origen, *De principiis,* 1. 2. 9, 10 (Klotsche & Mueller, *The History of Christian Doctrine*, 49).

405 이 점을 잘 드러내는 Shedd, *A History of Christian Doctrine,* 1:292를 보라. 그런데 오리겐이 '셋'(τρίας)이라는 말은 <요한복음 강해> 6. 133과 <마태복음 강해> 15. 698에서 한 번씩 딱 두 번만 사용했다고 잘 지적한다(292, n. 1).

406 Cf. Rohse, *A Short History of Christian Doctrine*, 46.

407 Origen, *De Principiis,* 1. 2. 4. 이 "영원 출생"이 여러 의미로 이해될 수 있음을 Rohse, *A Short History of Christian Doctrine*, 47을 보면서 생각해 보라. 영원 창조와 연관되는 영원 출생의 문제점을 지적할 수 있다. 실제로 아리우스주의자들은 이것을 그렇게 해석하며 사용하려 했다(이 점을 지적하는 Shedd, *A History of Christian Doctrine,* 1:290, 326을 보라).

그러나 영원 창조와 연관시키지 않은 영원 출생의 의미를 의미 있게 생각할 수 있다. 아타나시우스는 오리겐이 자신과 같은 정통적 견해를 가르친다고 주장하였다(Athanasius, *De decretis synodi Nicaenae,* Cap. vi, section 27, cited in Shedd, *A History of Christian Doctrine,* 1:291, n. 1). 그것이 더 나은 해석이다. 이런 바른 해석으로 Orr, *The Progress of Dogma*, 85; Shedd, *A History of Christian Doctrine,* 1:288, (후에 니케아 신학자들의 이 용어 사용과 관련해서) 317-26, 특히 323 등을 보라.

408 Berkhof, *The History of Christian Doctrines,* 72. 이때 발출이나 유출(emanation) 또는 분리(division) 등의 개념을 배제하려 했다는 지적도 보라.

를 "낳으심"이라고 말하던 것의 **그 의미를 밝혀서**, 이 낳으심이 시간적 낳으심이 아님을 분명히 하면서 "영원한 낳으심"이라고 한 것이다. 오리겐의 다른 생각들, 예를 들어서 영원 창조(the doctrine of eternal creation),[409] 영혼의 선재성(the pre-existence of the souls) 등은 교회적 인정을 받지 못하였으나, 이 "영원한 낳으심"에 대한 가르침은, "그 자체의 중요성 때문에, 교회의 교의적 건축물의 초석과 같은 위치를 얻게 되었다"는 도르너의 주장은 옳다.[410] 이렇게 오리겐은 성자의 위격을 분명히 했다. 그래서 성부, 성자, 성령의 개별적 존재의 지속(individual subsistence)을 지칭하기 위해 "휘포스타시스"(hypostasis)라는 말을 사용해서, 후대에도 계속해서 이런 용어가 사용되도록 하였다. 오리겐은 성부와 성자가 **숫자적으로 다르다**는 것도 말하였다.[411]

이와 같이 성자의 온전한 신성을 분명히 하였지만, 안타깝게도 그는 동시에 때때로 성자의 종속을 언급하고, 또한 성령의 종속도 언급하였다.[412] 성부께서 성자를 낳으신 것이 **그의 주권적 의지로부터 나온**(*proceeds from His sovereign will*) 것이라는[413] 표현에서부터 문제가 시작된다. 마치 우리의 "의지가 정신에서 나오는 것처럼"[414] 성자는 성부의 주권적 의지에서 나온다는

---

409 Origen, *De Principiis,* 1. 2. 10; 2. 3; 3. 5. 4; *Contra Celsum,* 3. 49 (Klotsche & Mueller, *The History of Christian Doctrine*, 49).

410 Isaak August Dorner, *The History of the Development of the Doctrine of the Person of Christ,* 4 vols. (Edinburgh: T. & T. Clark, 1862), II:114. 이를 인용하면서 동의하는 Orr, *The Progress of Dogma*, 86을 보라.

411 Rohse, *A Short History of Christian Doctrine*, 46.

412 Origen, *De principiis,* 서문 그리고 2. 2.

413 오리겐의 이 문제를 제기하는 Berkhof, *The History of Christian Doctrines,* 84를 보라 (강조점은 벌코프의 것임).

414 Klotsche & Mueller, *The History of Christian Doctrine*, 49.

이 표현은 (오리겐은 전혀 그런 의도가 없음에도 불구하고) 마치 성자가 있지 않을 수도 있었다는 인상을 주는 것도 문제이고, 성자가 순종하는 것이 사역상의 순종이 아니라 본질적 종속(an essential subordination of the Son to the Father)까지 말하는 것에서도 문제가 드러난다.[415]

오리겐은 "한 하나님"이라고 할 때 이 용어는 근본적으로 성부를 말하고, 성부께서 로고스를 통하여 자신과 사역을 계시하신다고 한다.[416] 성부는 그의 절대적이고 파생하지 않는 성격상 신성(the Godhead)의 근원적 원천(ἀρχή)이라고 하였다. 그리고 성자와 성령은 파생적이라고 하였다.[417] 그는 히브리서 1:3을 인용하면서 성자는 하나님의 영광의 광채(the radiance of the Glory)라고 말하면서 따라서 이런 광채로서 로고스는 "다른 합리적 피조물의 부분적 광채"를 거의 무의미하게 하고(irradiate, 광채가 아닌 것으로 만들고), 그것들을 초월하신다."고 한다.[418]

그런데 이를 좀 더 강조하면서 성자와 성령이 그 본질에 있어서 종속적이라는 시사를 주고 있는 것이 문제다.[419] 성부는 "그 하나님"(ὁ θεός)이라고 하고, 성자는 그저 "하나님"(θεός)이라고 언급되었다고 하는 것에도 이런 생각이 깃들어 있을 수 있다.[420] **심지어 "성자는 성부와 다르다(ἕτερος)"고 하**

---

415 이를 지적하는 Berkhof, *The History of Christian Doctrines,* 72, 84를 보라.

416 Berkhof, *The History of Christian Doctrines,* 72.

417 성령도 물론 다른 기원한 것들 보다는 뛰어나나 "기원한 것"(γενητόν)이라고 한다(Origen, *Comm.* on John 1:2). 이에 대해서 Orr, *The Progress of Dogma*, 86, 126을 보라.

418 Origen, *Commentary on the Gospel of John,* 32. 28. 353 (Pelikan, *The Emergence of the Catholic Tradition,* 188).

419 같은 점을 지적하면서 이 점이 오리겐의 가장 큰 문제점이라고 잘 지적하는 Shedd, *A History of Christian Doctrine,* 1:293을 보라.

420 Origen, *Johann. Tom.* II, 271. 이를 지적하는 Berkhof, *The History of Christian Doctrines,* 84; Shedd, *A History of Christian Doctrine,* 1:293-94; Klotsche & Mueller, *The History*

며 "성자는 신성의 자존적 본질에 참여하지 않으니 그가 성부와 동일본질(ὁμοούσιος)을 지녔다고 할 수 없다는 말도 했다.[421]

"내 아버지는 나보다 크심이라"(요 14:28)는 말을 인용하면서 오리겐은 성자는 "제2의 하나님"(δεύτερος θεός)이라고도 표현했다.[422] 성자를 "지혜 자체"(αὐτοσοφία), "진리 자체"(αὐτοαλήθεια)라고는 할 수 있어도 "그 스스로 하나님" 또는 "하나님 자체"(αὐτόθεος)라고는 할 수 없다고 했다.[423] "진리의 성부 하나님은 진리 자체보다 크시고, 지혜의 성부 하나님은 지혜 자체보다 크시다"고 했다.[424] 성자는 성부와 이 세상의 여러 존재들("존재의 다양성") 사이의 일종의 중보 역할을 한다고 보았다.[425] 성자는 피조물들과 같이 여겨질 수는 없다는 것을 분명히 하면서 그는 모든 피조물보다 더 크신 분이라고 한다.[426] 그는 그의 신성을 절대적 하나님(ὁ θεός)으로부터 직접 받은 분이라

---

of Christian Doctrine, 48을 보라.

421 Origen, *De Oratione,* c. 15 (Shedd, *A History of Christian Doctrine,* 1:306). 후자는 Shedd, *A History of Christian Doctrine,* 1:294에서 재인용.

그러므로 그가 "성부, 성자, 성령의 "동일본질"(*homoousios*)이라는 말도 이미 사용하였다"고 하는 Klotsche & Mueller, *The History of Christian Doctrine*, 49; Rohse, *A Short History of Christian Doctrine*, 46의 말과 잘 비교하여 검토해야 한다.

422 Origen, *Contra Celsum,* 5. 39. 변증가들과 터툴리안도 이런 용어를 사용하였다. Cf. Tertullian, *Against Praxeas,* 3. Cf. Berkhof, *The History of Christian Doctrines,* 72, 84. 이것이 오리겐의 삼위일체 이해에서 가장 심각한 결점이고 아리우스의 길을 마련한 일종의 디딤돌이라고도 할 수 있다는 지적도(84) 옳다. 이를 후에 칼빈이 성자께서 하나님 자신이심(αὐτόθεος)을 강조하는 것과 대조하라.

423 Origen, *Johann. Tom,* II, 272 (Shedd, *A History of Christian Doctrine,* 1:294-95).

424 이를 인용하는 Shedd, *A History of Christian Doctrine,* 1:294를 보라.

425 Rohse, *A Short History of Christian Doctrine*, 47. 이것으로부터 오리겐이 자신이 의도하지 않게 다신론적 신개념의 사변을 만들었다고 하는 것은(Shedd, *A History of Christian Doctrine,* 1:298), 더 나아가 이교적 발출(發出) 이론과 그 종류에 있어서 그리 다르지 않다고 판단하는 것(298f.)은 상당히 지나친 것이지만 그런 비판의 소지가 될 만한 것을 오리겐이 제공한 것도 사실이다.

426 Shedd, *A History of Christian Doctrine,* 1:296.

는 것이다.[427] 그래서 로고스인 성자는 "모든 피조물들 가운데 첫째로 낳은 자이고(the firstborn of all creation), 피조된 존재이고(a thing created), 지혜(wisdom)"라고 하였다.[428] 그리고 로고스가 만물의 창조자이므로 다른 것들은 다 아들을 통해서 그 존재를 간접적으로 받았다고 한다. 그리고 성령님은 성부께서 성자를 통해 창조하신 "최초의 피조물"이라는 말도 하였다.[429] 그래서 인지 바실(Basil)은 성령에 대한 오리겐의 견해는 전혀 건전하지 않다고 했다.[430] 오리겐의 제자였던 알렉산드리아의 디오니시우스(Dionysius of Alexandria)는 더 나아가, "하나님의 아들은 피조물, 만들어진 것, 본성상 그 자신으로부터의 존재가 아니고 본질에 있어서 성부로부터 멀어진 자이고.... 피조물이니, 그가 존재하게 되기 전에는 있지 않았다"는 말도 하였다.[431]

또한 오리겐은 "높여지신 주님"께 기도하는 것이 적절하지 않다고 하였다.[432] 기도는 성부에게만 하는 것이고, 성자와 성령을 통해 기도하는 것이라고 하였다.[433] 또한 오리겐은 그리스도의 양성의 구별됨을 잘 말하면서도, 로고스께서 부활과 승천에서 그의 인성을 신화(神化)시켰다(deified)고 말

---

427 이를 지적하면서 언급하는 Shedd, *A History of Christian Doctrine,* 1:297을 보라.

428 Origen, *De Principiis,* 4. 4. 1 (Pelikan, *The Emergence of the Catholic Tradition,* 191); 1. 2. 1; Johann, 1. 22 (Klotsche & Mueller, *The History of Christian Doctrine*, 49). 이 때 그는 잠언 8:22-31을 참조하여 이렇게 말했다.

429 Origen, *Johann. Tom.* II. 60 (Shedd, *A History of Christian Doctrine,* 1:303). 또한 이를 지적하는 Berkhof, *The History of Christian Doctrines,* 72, 84도 보라.

430 이를 말하는 Shedd, *A History of Christian Doctrine,* 1:303을 보라.

431 Pseudo-Athanasius, *Defense of Dionysius,* 4. 2에 언급된 알렉산드리아의 디오니시우스의 말(Pelikan, *The Emergence of the Catholic Tradition,* 192).

432 Rohse, *A Short History of Christian Doctrine*, 46.

433 Origen, *On Prayer,* chaps. XV. 1-VVI. 1 (LCC, 2: 269-71). cf. Rohse, *A Short History of Christian Doctrine*, 46. 그런데 성령님이 신적 예배의 대상이라고 하기는 했다(Berkhof, *The History of Christian Doctrines,* 72).

하기도 했다.[434] 그리스도께서 사람들을 위해서 자신을 사탄에게 대속물로 주셨으나, 사탄은 자신이 이 무죄한 분의 영혼을 보유할 수 없다는 것을 몰랐기에 결국 사탄은 사람들과 그리스도의 영혼을 모두 잃게 되었다(ransom to Satan theory)는[435] 고대 교회의 일반적 주장을 오리겐이 제시하였다.

이미 앞에서 언급되었던 영원한 창조에 대한 가르침, 그리고 그와 연관된 인간 영혼의 영원 창조와 선재성에 대한 가르침, 그리고 현재의 물질적 세계의 창조의 원인인 영혼 세계에서의 타락 개념과 물질적인 몸은 악한 것으로 이 타락한 영혼들의 단련과 정화를 위한 감옥으로 창조되었다는 생각을[436] 비롯해서 이런 것들이 오리겐의 표현에서 심각하게 문제가 될 만한 것이다. 또한 그리스도의 인성의 선재하는 영혼은 선재할 때에도 이미 로고스와 연합해 있어서 그때에도 로고스와 그의 영혼 사이의 온전한 상호 교류(inter-penetration)가 있었다고 하고, 로고스로 가득 찬 영혼이 성육신에서 몸을 취하셨으니, 이 몸도 로고스로 가득 차서 신화(神化)되었다(divinized)고, 그러니 그의 영화에서 그는 실질적으로 어디에나 다 있게 되었다고 주장하였다.[437]

성경을 해석할 때도 인간의 삼분설적 이해에 상응하게 거의 모든 구절에서 성경의 문자적 의미, 혼적인 의미(도덕적 의미) 그리고 영적인 의미(상징

---

434 Berkhof, *The History of Christian Doctrines,* 74.

435 Origen, *Matt.* 13. 8-9; *Matt.* 16. 8. Cf. Berkhof, *The History of Christian Doctrines,* 73; Pelikan, *The Emergence of the Catholic Tradition*, 148을 보라.

436 이 점을 지적하는 Berkhof, *The History of Christian Doctrines,* 73을 보라.

437 Berkhof, *The History of Christian Doctrines,* 73을 보라. 그러므로 오리겐은 인성의 성격을 거의 잘 보존하지 않았다는 벌코프의 판단은 옳다. 후에 루터파에 대해서도 같은 말을 해야 할 것이다.

적, 알레고리적 해석)을 찾으려고 하였다.[438] 특히 영적인 의미는 오직 완전한 자에게만 열려 있다고 하였다. 이것도 문제이고 그의 알레고리는 심각한 문제를 남겼다.

이런 문제들 때문에 그의 말년과 사후에 오리겐은 이단으로 정죄되기도 했다.[439] 벌코프가 잘 지적한 바와 같이, 그는 성경에 근거하려고 노력했고 정통적이려고 했으나[440] 그의 신학은 신플라톤주의적 잔재를 가지고 있고, 그의 알레고리적 성경해석은 온갖 사변과 자의적 해석의 문을 열어 놓았다.[441] 특히 구속의 영향력이 이 세상에 살았던 모든 사람들과 타락한 영들에게까지 미쳐서 결국에는 모든 영혼이 하나님과 다시 연합(a reunion of all souls with God)하는 만유의 회복(ἡ ἀποκατάστᾰσις πάντων, *apokatastasis*)이 이루기를 바라는 그의 생각에서[442] 이런 문제가 가장 잘 드러난다.

---

438 Cf. Klotsche & Mueller, *The History of Christian Doctrine*, 48.

439 Berkhof, *The History of Christian Doctrines,* 71. 오리겐 사후인 4세기 말에 있던 오리겐주의에 대한 일차 위기(the First ist Crisis)에서 **살라미스의 에피파니우스(Epiphanius of Salamis)와 제롬(Jerome)이 그를 비판했고**, 티란니우스 루피누스(Tyrannius Rufinus)와 예루살렘의 요한(John of Jerusalem)이 그를 옹호했다. 그리고 **543년에는 유스티니안 I세 황제(Justinian I)**가 오리겐을 이단으로 정죄하고 그의 모든 저작들을 불태우라고 명했다. 그리고 제2 콘스탄티노플 공의회(the Second Council of Constantinople, 553)에서 오리겐으로부터 기원한 이단적 가르침들을 정죄하였다. 이런 일반적 견해에 대해서 오히려 543년에 중요한 결정이 일어난 것이라고 하는 Pelikan, *The Emergence of the Catholic Tradition,* 277, 337-38을 보라.

440 성자의 영원한 낳아지심에 대한 견해에서와 또한 십자가 사건이 대속적인 죄에 대한 희생 제사였고, 필수적인 구속이었음을 잘 논의하는(Berkhof, *The History of Christian Doctrines,* 74) 것에서 이런 것이 잘 드러난다. 그런 뜻에서 아따나시우스, 갑바도기아 교부들(그레고리들과 바질), 그리고 크리소스톰은 아리우스파에 대한 비판을 잘하였다고 오리겐을 옹호하였다(Shedd, *A History of Christian Doctrine,* 1:290, n. 1).

441 Berkhof, *The History of Christian Doctrines,* 71.

442 Origen, *De principiis,* 3. 6. 6. 오리겐의 이 문제를 지적하는 Berkhof, *The History of Christian Doctrines,* 74를 보라. 또는 아주 주의하면서 오리겐은 이것을 바랐으나 이것은 그저 사변일 뿐이라고 했다는 논의들도 보라(https://en.wikipedia.org/wiki/). 특히 그가 결국에는 사탄조차도 구원받을 것이라고 했다는 견해(Berkhof, *The History of Christian Doctrines,* 74)를 그가 알렉산드리아의 감독 데메트리우스(Demetrius)에게 이 죄목으로 심문 받을 때에 오리겐은 강력하

오리겐에 대해서 초기에 가장 철저하게 반대한 사람이 아마도 루시아(Lycia)와 후에는 두로(Tyre)에서 사역하다가 311년에 순교한 것으로 알려져 있는 메토디우스(Methoidus of Olympus)였다. 그는 오리겐의 여러 이론들에 반박하였으며 정통적 입장을 수호하려고 하였다. 그러나 성부와 성자 관계의 영원성에 대해서는 그 둘이 의견을 같이 하였으니, 이것이 성경적 견해였기 때문이다. 성부와 성자의 관계의 영원성을 말하기 위해서 메토디우스는 시편 2:7이 말하는 "오늘날"이 예수님의 생애의 어느 시점을 말하는 것이 아니라 세상의 토대를 놓는 일 보다 먼저 있었다고 한 저스틴 마터나 터툴리안과[443] 의견을 같이하면서 이 "오늘날"이라는 말은 "무조건적으로 그리고 시간과 관련하지 않고" 언급된 것이라고 하였다.[444] 그래서 이사야 63:9을 헬라어로 번역한 것을 활용하여 만든 (그에게 돌려진 기도) 시에 의하면 삼위에게 대해서 다음과 같이 송축한다: "사자(an ambassador)나 천사(an angel)가 아니라 주께서 친히(the Lord himself) 우

게 부인했다고 하는 이들의 논의와 비교하라. Cf. Olson, *The Story of Christian Theology*, 105; McGuckin, "The Life of Origen (ca. 186–255)," 15; Henry Ansgar Kelly, *Satan: A Biography* (Cambridge: Cambridge University Press, 2006), 199.

443 Cf. Justin Martyr, *Dialogue with Trypho,* 88. 8; Tertullian, *Against Praxeas,* 7. 2 (Pelikan, *The Emergence of the Catholic Tradition,* 190). 저스틴은 잠언 8:22-25을 참조하면서 "이 아들은 모든 피조물들 보다 먼저 성부로부터 낳아졌으며, 낳아진 것은 낳은 분과는 숫자적으로 다르다(another in number)"고까지 표현했다(Justin Martyr, *Dialogue with Trypho,* 129. 4 [Pelikan, *The Emergence of the Catholic Tradition,* 192]).

444 Methodius, *Symposium,* 8. 9 (Pelikan, *The Emergence of the Catholic Tradition,* 190).

리를 구하십니다. 그러므로 우리가 주님을 복되다 하옵나니, 당신님은 성부와 성령과 함께 모든 세대 전[영원 전]부터 영원히 복되시옵나이다."[445]

나가면서

교부들은 완전하지 않았다. 특히 그들이 "감독이 있는 곳에 교회가 있다"고 하면서 감독에게 사도적 계승이 있다고 강하게 주장한 것은 이단에 대항해서 성경적 진리를 보존하려는 그 노력에도 불구하고 후대 교회에 여러 심각한 문제를 일으켰다. 또한 터툴리안이 후에 몬타누스 파와 같이 한 것은 고대 교회의 큰 스캔들이라고 하지 않을 수 없다. 또한 알렉산드리아 학파에 속한 분들에게 플라톤적이고 스토아적인 영향이 있었음을 발견할 수 있고,[446] 존경 받는 오리겐의 알레고리 해석은 우리들을 심각하게 당황하게 만든다. 터툴리안이 성부에 대한 성자의 종속을 시사(示唆)하는 표현을 한 것이나 특히 오리겐이 성자는 본질에 있어서 성부에게 종속한다고 명시적으로 말한 것은 심각한 문제이다.[447] 그만이 그런 것이 아니라 상당히 많은 교부들에게서 종속론적 경향이 발견되고 있다.[448]

그러나 교부들은 "영지주의자들의 상상력은 근거가 없고, 비기독교적

---

[445] Pseudo-Methodius, *Psalms* 6 (Pelikan, *The Emergence of the Catholic Tradition,* 190).

[446] 이 점을 인정하면서 말하는 Orr, *The Progress of Dogma*, 69를 보라.

[447] 이를 잘 지적하는 Louis Berkhof, *Systematic Theology* (Grand Rapids: Eerdmans, 1941), 82를 보라. 이런 문제가 쉽게 이단적 가르침의 접촉점이 되거나 오용될 수 있음을 말하는 Orr, *The Progress of Dogma*, 86-87을 보라.

[448] 락탄티우스(Lactantius), 가이사랴의 유세비우스(Eusebius of Caesarea), 그리고 루시안(Lucian of Antioch)에게서 보여지는 종속론적 표현들에 대한 언급으로 Orr, *The Progress of Dogma*, 111을 보라.

이며, 비도덕적임을" 잘 드러내었다.[449] 그리하여 하나님에 대해서 생각할 때 신화적 사변을 하는 것을 하지 못하게 하였고, 구약의 하나님과 신약의 하나님의 하나이심을 분명히 했다. 구약과 그리스도의 가르침의 연속성을 말하는 것이 "참된 사도적 전통의 본질적 요소였다."[450] 그리스도가 수없이 많은 "에온들"(aeons)과는 비교할 수 없는 분임을 분명히 하게 하였고, 창조가 의도하지 않은 발출(involuntary emanation)의 결과라고 생각하지 못하게 했으며, 가현설을 분명히 배제하면서 그리스도의 인성을 명확히 보호하였고, 그리스도의 동정녀 탄생, 이적들, 그의 죽음과 부활의 역사적 사실을 명확히 드러내고 이들에 대한 알레고리적 해석을 배격했다.[451] 교부들이 조금 후에 확립될 삼위일체 교의의 토대를 분명히 놓은 것은 누구나 인정한다.[452] 또한 교부들은 적어도 성경에 충실하려고 하였고, 성경에 대한 왜곡을 피하려고 애썼다. 교부들 자신들도 비록 알레고리적 해석을 하고 때로 이상한 길로 나가기도 하지만, 그들이 마주하여 논박한 2-3세기 이단들의 현저한 태도와 그들의 성경 해석과 비교하면, 교부들의 성경해석은 그래도 건전한 것이었다고 할 수 있다.[453] 성경 해석에서 교부들을 잘 지켜준 것은 그들이 성경을 해석할 때 그들이 "신앙의 규칙"(the rule of faith)이라고 말한 바 사도들이 수립한 가장 기본적 가르침에 근거해서 성경을 해석하고 논의하려는 태도 때문이었다.[454] 2세기에 이미 세례받을 때 고백하는 신앙 고백

---

449 이는 Orr, *The Progress of Dogma*, 68에서 말하고 있는 것이다.

450 Pelikan, *The Emergence of the Catholic Tradition,* 110.

451 교부들의 이런 기여에 대한 논의로 Orr, *The Progress of Dogma*, 69를 보라.

452 특히 이를 강조하면서 말하는 Orr, *The Progress of Dogma*, 81을 보라.

453 이점을 잘 지적하면서 논의하는 Orr, *The Progress of Dogma*, 66을 보라.

454 Cf. Irenaeus, *Adv. Haereses,* 1. 10; Tertullian, *Prescript. of Heretics,* 13, 18, 20, 21, 28.

의 내용이 후에 사도신경에 제시된 것과 거의 일치하는 형태로 제시되어 있었다. 사도적 전승이 살아 있을 때[455] 그것이 얼마나 강력하게 교회를 지킬 수 있었는지를 보여준다. 그것은 성경과 함께 이중의 권위를 주장하는 것이 아니라 오히려 성경과 함께하여 도우며, 또한 지나치게 잘못된 성경 해석을 억제하는 역할을 하였다.

---

455 이것이 후대의 오용과 대립되는 전승의 합법적(the legitimate use) 사용이라고 하는 Orr, *The Progress of Dogma*, 67을 보라.

제2장

삼위일체 교의의 정립

그리스도인과 교회와 이 세상에게 가장 중요한 것은 하나님이시다. 따라서 우리 하나님을 바르게 이해하는 일은 우리 그리스도인들에게 필수적인 일이다. 그런데 교회 역사 속에서 계속하여 하나님을 오해하는 일들이 있었다. 하나님에 대한 심각하게 잘못된 이해를 삼위일체에 대한 이단(異端)이라고 하면서, 교회는 **하나님의 계시에 근거해서 하나님을 바르게 믿어야 한다**는 것을 계속 천명해 왔다. **야로슬라프 펠리칸**(1923-2006) 교수가 잘 표현한 바와 같이, "초기 교회의 교리적 발전의 절정은 삼위일체 교리였다"는 말은 매우 정확한 말이다.[1] 이것이 "예수 그리스도의 정체성에 대한 교회의 반응으로 발전되었다"는 말은[2] 일부 옳다. 그러나 교

[1] Jaroslav Pelikan, *The Christian Tradition: A History of the Development of Doctrine,* vol. 1: *The Emergence of the Catholic Tradition (100-600)* (Chicago & London: The University of Chicago Press, 1971), 172.

[2] Pelikan, *The Emergence of the Catholic Tradition,* 226.

부들이 이런저런 다른 사상들의 영향으로 새로운 교리를 만들어서 성경의 자료에 낯선 것을 넣은 것이라는 입장은 처음부터 배제되어야 한다. 정통 교회는 성부, 성자, 성령을 하나님께서 계시하신 대로 믿으면서 후에 삼위일체로 표현한 바를 **처음부터 믿어 왔었다**는 것을 잘 의식하는 것이 매우 필수적이다.[3] 그러므로 삼위일체 교의는 이미 성경에 주어진 것에 대한 교회의 반응으로 나타났다고 해야 한다. 펠리칸이, 닛사의 그레고리와 여러 교부들의 입장을 설명하면서 말하고 있는 대로, "삼위일체 교의는 교회의 예전 가운데 감싸여 있고, 성경을 바르게만 읽는다면, 성경에 기록되어 있는 것이다. 신학의 과제는 이제 이것을 묵상하고 옹호하는 것이다. 어떤 의미에서 삼위일체 교의는 신학의 최종 결과다... 그러나 다른 의미에서 삼위일체 교의는 신학의 출발점이다."[4]

속사도 시대 이전부터 사도들의 교회와 초대교회(Primitive Church)는 예수 그리스도를 하나님으로 믿고 경배해 왔다.[5] 이에 대해서 누구나 비두니아-본도 지역의 총독으로 112년에 트라얀(Trajan) 황제에게 그리스도인들을 어떻게 처리해야 하는지 문의하는 편지를 썼던 플리니(흔히 "Pliny the Younger"라고 언급되는 Gaius Plinius Caecilius Secundus, 61-c. 113)의 증언을 언급한다. 그리

---

3 이런 입장을 잘 표현하는 예들로 다음을 보라. 헤르만 바빙크, 『개혁주의 신론』 (서울: CLC, 1987), 제6장 거룩한 삼위일체 (371-486); William G. T. Shedd, *A History of Christian Doctrine,* vol. 1 (New York: Charles Scribner's Sons, 1863, 1902 edition, reprinted by Birmingham, AL: Solid Ground Christian Books, 2006), 262; James Orr, *The Progress of Dogma* (London: James Clarke & Co. Limited, 1901), 74, 125; Louis Berkhof, *Systematic Theology* (Grand Rapids: Eerdmans, 1941), 82-86.

4 Pelikan, *The Emergence of the Catholic Tradition,* 223: "The dogma of the Trinity was enshrined in the liturgy and, if one read them aright, documented in the Scriptures." 펠리칸 교수 자신이 이렇게 믿는다면 대단한 것이다. 최소한 그가 닛사의 그레고리가 이렇게 믿었음을 잘 증언해 주는 것에 대해서 감사한다.

5 이것이 당시의 "새로운 종교"인 기독교를 "믿는 사람들의 특성"이었다고 하면서 이 점을 특히 언급하는 Shedd, *A History of Christian Doctrine,* 1:262를 보라.

스도인들은 동이 트기 전에 모여서 교독하는 응답송을 하면서 "그리스도를 하나님으로"(*Christo quasi Deo*) 찬양하였다."[6] 구속자인 그리스도는 다른 존재가 아니라 바로 하나님 자신이시라는 확신이 고대 교회의 공통된 확신이었다.[7] 150년경부터 사용된 것으로 알려지는 알렉산드리아 교회의 예배 순서에 의하면, 교우들이 "성부께서만 거룩하시고, 성자께서만 거룩하시며, 성령께서만 거룩하시도다"고 찬양하였다고 한다.[8] 니케아 공의회 이전의 교회는 찬양과 의식적 규정들 중에 그저 성경에 나타나는 비전문적인 말로 영원한 삼위(the Eternal three)를 존중하고 경배하는 것으로 만족하였다는 쉐드의 말은 옳다.[9]

로마의 클레멘트는 "형제들이여 우리들은 예수님을 하나님으로, 그리고 산 자들과 죽은 자들의 심판자로 받아들여야 합니다."라고 하였다.[10] 그리고 "한 하나님, 한 그리스도"를 언급한 후에 "우리에게 쏟아 부어진, 그리고 그리스도 안에서 부르시는 한 은혜의 성령이 있지 않습니까?"라고 묻는다.[11] 이그나티누스는 〈에베소 교회에 보내는 편지〉에서나 〈로마 교회에 보내는 편지〉에서나 〈트랄리안 교회에 보내는 편지〉 등 곳곳에서 "우리 하

---

6 Plini, *Ep.* 10. 96. 7 (Shedd, *A History of Christian Doctrine,* 1:262-63; Pelikan, *The Emergence of the Catholic Tradition,* 173).

7 이를 잘 설명한 Pelikan, *The Emergence of the Catholic Tradition,* 173을 보라. 그러므로 James Dunn의 *Christology in the Making: A New Testament Inquiry Into the Origins of the Doctrine of the Incarnation* (London: SCM, 1980)에 제시된 논의는 참으로 사실과 아주 먼 것임을 분명히 해야 한다.

8 Shedd, *A History of Christian Doctrine,* 1:263에서 재인용.

9 Shedd, *A History of Christian Doctrine,* 1:264.

10 Clement of Rome, *2 Clement,* 1. 1-2 (Shedd, *A History of Christian Doctrine,* 1:265; Pelikan, *The Emergence of the Catholic Tradition,* 173, 238).

11 Clement of Rome, *The First Epistle to the Corinthians,* c. 46 (Shedd, *A History of Christian Doctrine,* 1:267).

나님 예수 그리스도"라는 말을 하고 있다.[12] 또한 "성자와 성부와 성령 안에서"라고 말한다.[13] 그리스도인들은 "우주의 창조주를" 믿는다고 하고서 이를 가르쳐 주신 분이 "참되신 하나님의 아들이며, 그가 둘째 자리를 차지한다"고 하고 "그리고 셋째 자리를 차지하는 선지자적 영에게도 합리적으로 영예를 돌린다"고 한다.[14] 〈제1 변증서〉에서 저스틴은 곳곳에서 "성부와 우리 구주 예수 그리스도와 성령의 이름"을 언급한다.[15] 이와 같이 처음부터 삼위에 대한 이해가 교회 안에 있었고, 삼위의 본질이 하나라는 생각이 전제되고 있었다.

또한 삼위의 구별에 대한 분명한 의식도 있었으니, 저스틴 마터는 창세기 19:24을 생각하면서 "만유의 주이신 성부(the Father and Lord of all)," 즉 "계속해서 하늘에 계시는 주님"과 "위임을 받는 주(the Lord who received a commission)"를 구별하면서 말한다.[16] 그는 이런 구별을 의식하면서 떨기나무 불꽃 가운데서 모세를 부른 분은 선재하시는 로고스이시고 성부가 아니라고 하였다.[17] 심지어 "하나님께서 창세전에 주의 영광(the Glory of the Lord), 때로는 성자(the Son), 때로는 지혜(the Wisdom)라고 불린 어떤 합리적 능력을

---

12 이 내용을 인용하고 있는 Shedd, *A History of Christian Doctrine,* 1:265를 보라.

13 Ignatius, *The Epistle to the Magnesians,* c. 13 (Shedd, *A History of Christian Doctrine,* 1:267).

14 Justin Martyr, *Apologia,* I, 23 (Shedd, *A History of Christian Doctrine,* 1:273).

15 Justin Martyr, *Apologia,* I, 67, 6, 61 (Shedd, *A History of Christian Doctrine,* 1:274). 그럼에도 불구하고 성령님은 우주적 로고스로 개념화하는 과정 중에서 성령님의 독특성이 사라지게 하는 성향도 있음을 걱정하게 하기도 한다. 이를 지적하는 Shedd, *A History of Christian Doctrine,* 1:292도 보라.

16 Justin Martyr, *Dialogou cum Tryphone,* 56. 23; 127. 5 (Pelikan, *The Emergence of the Catholic Tradition,* 181).

17 Justin Martyr, *Apologia,* I, 63 (Shedd, *A History of Christian Doctrine,* 1:268-69).

자신으로부터 낳으셨다"고도 말하고, 또 다른 곳에서는 "이 합리적 능력은 성부의 능력과 의지로 성부로부터, 그러나 성부의 본질의 그 어떤 절단이나 분리는 없이 낳아지셨다"고 하기도 한다.[18] 그러므로 성자는 성부와 숫자적으로 구별된다고 말하기도 한다.[19] 그리고 그는 태초에 계셔야 하니 그는 영원중에 있음이 확언된 것이고, 그가 태초에 만물을 만들고 질서를 부여한 분이기 때문이다.[20]

그러다가 교회 안에 삼위일체에 대한 오해들도 나타나고 그것을 성경에 근거해 고쳐 나갔다. 그러므로 이제 그 과정을 살펴 가려고 한다. 먼저 하나님에 대해서 바르지 못하게 생각한 것들, 특히 2-3세기의 군주신론과 아리우스의 생각과 마케도니안 논쟁들을 생각해 보고,[21] 이 문제를 고대 교회가 어떻게 다루어서 고대 교회는 이미 **성경에서 주어진 것을 어떻게 잘 유지했는지**를 논하려고 한다. 우리는 성경에 이미 삼위일체에 대한 계시가 있으며, 그것에 충실한 것이 삼위일체 교리라고 하는 입장을 천명한다.[22]

---

18 Justin Martyr, *Dialogou cum Tryphone,* 61 (Shedd, *A History of Christian Doctrine,* 1:270-71).

19 Justin Martyr, *Dialogou cum Tryphone,* 128 (Shedd, *A History of Christian Doctrine,* 1:271).

20 이를 언급하는 Shedd, *A History of Christian Doctrine,* 1:272를 보라.

21 앞으로 다룰 것들 외에 비교적 후대에 나타난 잘못된 견해 중에서 비기독교적 자료에서 삼위일체의 원형을 찾는 시도들, 예를 들어서 플라톤에게서나 힌두교나 이란의 이교(Parsiism)에서 삼위일체의 근원을 찾아보려는 시도들이 있었으나 이런 것들은 이제 모두 잘못된 것으로 선언되어졌다. 이를 잘 말하는 Bernhard Rohse, *Epochen der Dogmengeschichte* (Stuttgart: Kreuz Verlag, 1963), trans, F. Ernest Stoeffler, *A Short History of Christian Doctrine* (Philadelphia: Fortress Press,1966, revised edition, 1985), 37을 보라.

그런데 삼위일체 교리 정립에 있어서 헬라적 철학 개념에서 얼마나 가져 왔는지에 대해서 아직 확신 있게 결론내리기 어렵다는 논의(38)에 대해서는 그가 하르낙 등의 지나친 입장에 따른 것이 아닌지 더 깊이 생각해 보아야 한다. 특히 신약 성경에 관한 한 그 안에서 실제적 삼위일체 교리 자체를 발견할 수 없고 후에 삼위일체 교리로 발전할 신개념의 토대들(the rudiments)만이 있다는 로세의 논의(38)에 대해서는 전혀 동의하기 어렵다.

대개 교부들은 일차적으로 성경에 호소하고, 그 후에 초기의 찬송들과 클레멘트의 서신들, 이그나티우스, 이레니우스나 멜리토 같은 다른 권위 있는 분들의 말에 의존하면서 잘못된 입장들을 배제하려 했다. 교부들에게 일차적으로 중요했던 것은 성경이 성자와 성령의 신성을 분명히 확언한다는 것과 성부, 성자 성령의 이름으로 세례를 주도록 명령받고(마 28:19) 교회가 계속해서 그렇게 세례를 받았다는 것이었다.[23] 성경의 가르침에 근거해서 클레멘트가 "형제들이여 우리들은 예수 그리스도를 하나님으로, 그리고 산 자와 죽은 자들의 심판자로 생각해야만 합니다"는 말로 그의 설교를 시작한 것이나, 이그나티우스가 "우리 하나님이신 예수 그리스도"라고 부른 것은 아주 자연스러운 일이었다.[24] 이런 "속사도 교부들의 실천적이고 전혀 사변적이지 않은 글들에서 내재적 삼위일체의 시작을 찾을 수 있다"는 마

---

22 이에 대해서는 바빙크, 『개혁주의 신론』 (서울: CLC, 1987) 해당 부분을 보라. 이런 입장은 바빙크와 특히 보스가 잘 강조한 성경의 유기적 계시를 잘 인정하는 입장이다.

이는 대부분의 교부들이 생각한 구약에도 삼위일체에 대한 명백한 계시가 있다는 입장과는 구별해야 한다. 이런 교부들의 태도를 잘 드러내는 그레고리 1세(590-604년 재위)의 다음과 같은 말과 바빙크와 보스의 성경신학적 입장을 잘 비교하는 것이 좋다. 족장들은 "한 분의 전능하신 하나님이 거룩한 삼위일체이심을 알고 있었다, 그러나 그들은 그들이 알고 있던 삼위일체를 공적으로 많이 드러내지는 않았다"(Gregory Magnus, *Homilies on Ezechiel,* 2. 4. 10 [Pelikan, *The Emergence of the Catholic Tradition,* 336]). 그레고리 1세의 이런 진술은 너무 지나친 것이다.

23 그런 예의 하나로 대개 1세기 말의 문서로 여겨지는 <디다케>(*Didache*)에서 "성부, 성자 성령의 이름으로의 세례함"을 언급하고 있는 점이다. Cf. Orr, *The Progress of Dogma*, 76. <디다케>의 연대에 대해서는 이승구, 『하나님께 아룁니다』 (서울: 말씀과 언약, 2020), 453, n. 12를 보라.

24 이는 Orr, *The Progress of Dogma*, 76에 인용된 말들이다. 그는 *The Second Clement*의 오래된 설교와 Ignatius, *Ephesians,* 18에서 이를 인용하고 있음을 밝히고 있다. 오어는 다른 많은 분들과 같이 "속사도 교부들"은 요한이나 바울이나 히브리서와 같이 성자의 온전한 신성을 주장하고 있다고 명백히 선언한다(Orr, *The Progress of Dogma*, 77). 그러므로 이 교부들의 기독론을 "영적 기독론"(Pneumatic Christology)이라는 하면서 이상하게 왜곡하는 하르낙의 제시(Harnack, *History of Dogma,* I, 188-99)는 잘못되었음을 잘 지적한다(Orr, *The Progress of Dogma*, 76-77). 하르낙은 히브리서, 에베소서 등도 이런 영적 기독론의 초기 표현 또는 원형(prototype)이라고 하는데 이것도 심각한 왜곡이라고 오어는 정확히 지적한다(77).

이어(Meier)의 말은 정확한 것이다.[25] "성자에 대해서 불가시적인 것이 성부이고, 성부에 대해서 가시적인 것이 성자이다"는 이레니우스의 유명한 말은[26] 성부와 성자를 잘 나타내 주기도 하지만, 성부는 근본적으로 우리가 접촉할 수 없다는 플라톤주의적 오해도 담고 있고, 성자도 그 본질에서는 불가시적이라는 생각을 하지 못하게 할 위험이 있다. 따라서 점점 사람들은 하나님에 대해서 오해하기 시작했다. 먼저 그 대표적 오해들을 생각해 보기로 하자.

1. 군주신론(Monarchianism), 특히 양태론적 군주신론의 등장

그런데 예수님을 이해하면서 예수님은 비인격적인 하나님의 능력과 '인간 예수'가 연합한 분이라고 생각하는 사람들이 나타났다. 이렇게 생각하는 분들 가운데 '로고스'는 하나님의 속성인데 그 로고스가 인간 예수와 연합한 것이라고 생각하는 사람들이 있었다. 이런 이해는 하나님은 하나이실 뿐만 아니라 영원히 한 위격이라고 고정된 생각에 고착하는 것에서 비롯되었다. 유대교가 아니면서도 이렇게 하나님을 한 위격으로만 여기는 고대의 견해를 '군주신론'(Monarchianism)이라고 한다. 한 하나님의 통치(*monarchia*)를 뜻하는 이 용어는 터툴리안이 처음 사용했다고 한다.[27] 물론 이 군주신

25 Meier, *Geschichte der Trinitaetslehre,* 47, 54, cited in Shedd, *A History of Christian Doctrine,* 1:265, n. 1.

26 Irenaeus, *Adversus Haereses,* 4. 6. 6 (Pelikan, *The Emergence of the Catholic Tradition,* 229): " The Father is that which is invisible about the Son, the One is that which is visible about the Father."

27 Orr, *The Progress of Dogma*, 89; George Park Fisher, *History of Christian Doctrine* (Edinburgh: T. & T. Clark, 1896, 7th Impression, 1949), 98; Berkhof, *The History of Christian Doctrines*, 77; Pelikan, *The Emergence of the Catholic Tradition,* 176).

론 자체가 정확히 언제부터 나타나게 되었는지는 모른다.[28] 이는 기독교 안에서 단일신론(monotheism)을 유지하려고 하는 시도였다.[29]

그런데 이 군주신론에는 두 가지 상당히 다른 형태가 있다. 흔히 '역동적 군주신론'(Dynamic Monarchianism)이라고 언급되는 입장은 좀 더 문제가 많다고 할 수 있다. 이런 입장을 가진 분들은 그저 사람인 예수님을[30] 하나님이 선택하시고 초자연적으로 영감하시고 높이셨다고 주장한다. 그래서 그는 본래부터 성부와 독특한 존재론적 관계를 가지고 있는 것이 아니고, 온전한 사람이신 그가 하나님께 온전히 순종하신 것 때문에 하나님의 아들로 입양(入養)되신 것이라고 한다. 그래서 이를 '양자(養子)론적 군주신론'이라고도 한다.[31] 이는 2세기 말과 3세기 초에 있던 생각이다.[32]

200년대에 나타난 '양태론적 군주신론'은 그와는 정반대로 그 자신이

---

28 Fisher, *History of Christian Doctrine*, 99: "It is impossible to say." 벌코프는 "군주신론이 3세기의 가장 현저한 이단"이라고 한다(Berkhof, *The History of Christian Doctrines*, 77).

29 군주신론에 대해서 이렇게 표현한 Rohse, *A Short History of Christian Doctrine*, 42를 보라.

30 그래서 피셔 교수는 이를 "인간적 또는 인간주의적 (humanitarian) 군주론"이라고도 언급한다(99). 오어는 이를 "에비온주의적 또는 유니테리언 군주신론"(an *Ebionitic* or *Unitarian* Monarchianism)이라고 한다(Orr, *The Progress of Dogma*, 89).

31 하르낙과 벌코프는 이런 용어를 사용한다. 오어는 역동적 군주신론에 대해서 '양자론적 군주신론'이라고 이름 붙이는 것은 8세기에 나타날 이단을 선취하는 듯한 인상을 주기에 피하는 것이 좋겠다는 의견을 제시한 바 있다(Orr, *The Progress of Dogma*, 90, n. 1).

32 Cf. Rohse, *A Short History of Christian Doctrine*, 42. 이르게 잡으면 90년경의 알레고리적 문서인 〈헤르마스의 목자〉(*Shepherd of Hermas*)가 "양자론적 기독론"을 가진다고 하르낙은 주장한다(Harnack, *History of Dogma*, I, 188-99), 그러나 이런 주장은 사실이 아니다(Orr, *The Progress of Dogma*, 77: " I cannot admit that he does."). "하나님의 아들은 창조보다 더 오래 전부터 계셔서 창조 때 성부의 모사가 되셨다"고 말하는 것을 언급하면서 그리스도 자신에 관한 한 선재하시는 성자의 성육신을 말한다고 명확히 한다. Pfleidere, Dorner, Salmon, Donaldson 등도 〈헤르마스의 목자〉가 양자론적 기독록은 말하지 않는다고 하면서, 이 점에 있어서 하르낙의 논의는 신학적 가치가 전혀 없다고까지 말한다(Orr, *The Progress of Dogma*, 78, n. 1). 양자론적 기독론은 거의 3세기 말의 사모사타의 바울에게서나 나타난다는 오어 교수의 말이 설득력 있다.

신적인 성자는 성부가 그저 다른 형태로 역사의 무대에 나타나신 것이라고 본다. 즉, 한 하나님께서 양태(樣態, mode)만 달리하여 성자로 나타나신 것이라고 한다. 그래서 이를 '양태론적 군주신론'(modalistic monarchianism)이라고 한다. 이는 하나님의 하나이심과 성자의 신성을 분명히 하면서 성부와 성자와 성령을 구별하지 않는 것이다.[33] 오리겐과 터툴리안이 자신들의 시대에 "군주론자들이 많다"고 했을 때 그들은 이런 양태론적 견해를 지닌 사람들이 많다는 뜻으로 말한 것이라고 생각된다.[34] 이런 입장에 의하면 성부가 곧 성자로 나타난 것이므로 성자가 수난을 받으실 때 "성부가 수난받았다"는 것이 된다. 그래서 이를 서방에서는 '성부수난설'(Patripassianism)이라고 했다. 동방에서는 이런 주장의 대표자인 사벨리우스(Sabellius, fl. ca. 215)를 언급하면서 사벨리우스주의(Sabellianism)라고 했다.[35] 그래서 오어는 "(2세기가 영지주의의 시기였다면) 3세기를 군주론적 이단의 시기"라고도 했다.[36] 이런 이단들과 교회가 논리적으로 싸운 시기라는 의미다.

(1) 역동적 군주신론(Dynamic Monarchianism)

역동적 군주신론은 에비온주의(the Ebionite)와 유사하다.[37] 에비온주의자들

---

33 Pelikan, *The Emergence of the Catholic Tradition,* 178.

34 여러 교리사 학자들의 견해를 언급하며 동의하는 Fisher, *History of Christian Doctrine*, 99를 보라. "군주신론"(Monarchianism)이라는 용어를 사용하면서 비판한 사람은 터툴리안이라고 한다(Orr, *The Progress of Dogma*, 89).

35 누구나 다 아는 이 유명한 호칭들이 각기 서방과 동방에서 주로 불리던 명칭이라는 지적으로 Fisher, *History of Christian Doctrine*, 99를 보라.

36 Orr, *The Progress of Dogma*, 87.

37 Berkhof, *The History of Christian Doctrines*, 77도 같은 의견을 말한다.

이라고 언급되는 유대인 그리스도인들은 바울의 사도성을 인정하지 않으면서 모든 그리스도인들은 반드시 할례를 받아야 한다고 주장하는 일종의 유대화주의자들이었다.[38] 더구나 이들은 성자의 신성과 동정녀 탄생을 부인하면서,[39] 인간 예수가 요한에게서 세례 받을 때에 그가 율법을 온전히 다 지킬 정도로 아주 경건하였기에 "그의 율법적인 경건"(His legal piety)에 근거해서[40] 성령이 그에게 임하여 메시아의 자질을 갖추게 했고 그 자신도 세례 때에 성령을 받음으로 이를 의식하게 되었다고 주장한다. 그들은 시편 2:7을 양자론적으로 해석하면서 예수님은 성령의 특별한 능력을 부여받은 사람이라고 주장했다.[41] 이런 에비온주의자들은 5세기에는 거의 자취를 감취었다고 한다.[42] 그러나 역사적으로는 에비온주의와 역동적 군주신론을 연결시킬 확실한 근거를 말하기는 어렵다고 한다.[43] 그러므로 "2세기의 로마 교회는 에비온주의적이었고, 양태론은 그에 대한 반발이었는데, 로고스

---

38 이 점을 드러내면서 지적하는 Louis Berkhof, *The History of Christian Doctrine* (Grand Rapids: Eerdmans, 1937, 1949, paperback edition, Grand Rapids: Baker, 1975), 44를 보라.

39 Cf. Berkhof, *The History of Christian Doctrines,* 44.

이에 비해 또 다른 유대적 그리스도인들인 소위 나사렛파(the Nazarenes)는 예수의 신성과 동정녀 탄생을 인정했다. 이들은 히브리어로 된 마태복음을 받아들이고 바울을 참된 사도로 인정했다고 한다(44). 유대인들로서 자신들은 율법을 열심히 지키지만 이방인 그리스도인들이 율법을 지킬 필요는 없다는 입장을 취했다(44).

또 다른 유대인 그리스도인 그룹인 엘케사이트파(Elkesaites)는 동정녀 탄생을 부인하면서 다른 사람의 아들인 예수가 높은 영이나 가장 높은 천사장이며, 이상적 아담의 성육신이라고 했다. 이들은 할례와 안식일을 매우 중시했고, 여러 정결예식을 강조하면서 그것에 마술적 의미와 화해적 의미를 부여하고 마술과 일종의 점성술을 사용한 유대교 신지학적(theosophic) 사변에 빠져 있고 일종의 고행주의를 강조하는 집단이었다(44). 벌코프는 골로새서와 디모데전서가 이들을 지칭하고 있는 듯하다고 추론하고 있다(45).

40 이 용어도 Berkhof, *The History of Christian Doctrines,* 44에서 온 것이다.

41 Cf. Pelikan, *The Emergence of the Catholic Tradition,* 176.

42 Orr, *The Progress of Dogma,* 75.

43 이런 견해를 표하는 Fisher, *History of Christian Doctrine*, 99를 보라.

신학은 그 둘을 변증법적으로 하나로 만든 중도적 입장"이라는 바우어(F. C. Baur)의 사변적 견해는 현재로서는 학문적 근거를 가지기 어렵다는 피셔 교수의 주장은[44] 상당히 정확한 것이다.

대개 성자는 로고스가 아니라는 '알로기파'(the "Alogi")와 역동적 군주신론이 연관된다고 주장된다.[45] 알로기파라는 명칭은 에피파니우스(Epiphanius)가 붙인 것이라고 한다.[46] 이들은 2세기 중반 프리기아(Pyrygia)에서 시작된 몬타누스(Montanus)주의(Montanism)와 그들의 예언과 성령에 대한 잘못된 강조에 반발해서, 170년경 소아시아에서 나타난 이단적 집단으로 요한계시록과 요한복음을 받아들이지 않으려고 했다. 이렇게 요한복음서의 로고스 기독론을 받아들이지 않으므로 그들은 성자는 로고스가 아니라고 하였기에 그들을 "로고스를 부인하는 자들"이라는 뜻으로 "알로기파"라고 한다. 이들은 요한복음을 케린뚜스(Cerinthus)의 작품으로 여겼다고 한다.[47] 따라서 그들은 예수님을 로고스가 아니라고 주장하였지만, 예수님의 신성을 부인했는지는 모호하다고 한다. 그러나 인간 예수의 초자연적 출생은 인정했다.[48]

역동적 군주신론의 대변인은 2세기에 활동한 떼오도투스(Theodotus of Byzantium 또는 Theodotus the Cobbler)라고 여겨진다. 때로는 "온전한 떼오도투스"라고도 언급되는[49] 그는 희랍 문화에 익숙한 사람으로 비잔티움에서 로

---

44 Fisher, *History of Christian Doctrine*, 100.

45 그런데 제베르그는 이를 부인한다. Cf. Berkhof, *The History of Christian Doctrines*, 77.

46 Fisher, *History of Christian Doctrine*, 100.

47 Fisher, *History of Christian Doctrine*, 100.

48 Epiphanius, 51을 인용하면서 이를 말하는 Orr, *The Progress of Dogma*, 90을 보라.

49 Reinhold Seeberg, *Text-Book of the History of Doctrines* (Grand Rapids: Baker Book

마로 와서 활동하다가 195년경에 로마 교회의 주교였던 빅토르 1세에 의해서 축출된 사람으로,[50] 유세비우스는 떼오도투스를 그리스도가 단지 사람이었다고 주장하는 이단의 창시자라고 하였다.[51] 그는 예수님이 성령님에 의해 이적적으로 수태된 것을 믿었고, 그가 세례 받을 때에 그의 놀라운 경건 때문에 성령이 비둘기 같은 형태로 그에게 임하셨었으나 그 때문에 그가 하나님이라고 언급될 수는 없다고 하면서 그리스도는 "단지 사람"(φιλὸς ἄνθρωπος, mere man)일 뿐이라고 했다고 한다.[52] (그 파 가운데 어떤 분들은 그가 부활 후에 하나님이 되었다고, 후에 사모사타의 바울과 비슷하게 가르친 분들도 있었다고 한다).[53]

그의 제자 가운데 한 사람인 두 번째 떼오도투스(환전상 떼오두투스, Theodotus the Money Changer)는 성령께서 예수 안에서보다도 멜기세덱 안에서 더 높은 임재의 형태와 활동의 형태로 있었다고 했다고 한다. 그래서 이들은 멜기세덱파라고도 불렸다고 한다.[54] 이들은 아리스토텔레스와 떼오프라스투스(Theophrastus), 그리고 갈렌(Gallen)의 제자들로 자처했으며 (비록 성공하지는 못했지만) 로마에서 독립된 교회를 세우려고 했었다고 한다.[55]

이런 입장을 로마에서 드러낸 마지막 인물로 230 또는 240년경에 활동했던 시리아 출신의 아르테몬(Artemon)을 든다. 그를 따르던 자들은 "아

House, 1956), 163.

50 Berkhof, *The History of Christian Doctrines*, 78.

51 Eusebius, *H.E.,* 5. 28. 6 (Fisher, *History of Christian Doctrine*, 101, n. 1; Pelikan, *The Emergence of the Catholic Tradition,* 176).

52 Orr, *The Progress of Dogma*, 91.

53 Orr, *The Progress of Dogma*, 91.

54 Fisher, *History of Christian Doctrine*, 101.

55 Fisher, *History of Christian Doctrine*, 102.

르테몬주의자들"(the Artemonites)이라고 한다. 아르테몬도 양자론적 군주신론을 주장한 것으로 보인다. 그런데 2세기 이후에는 서방에서는 역동적 군주신론이 거의 영향력을 발휘하지 못한 것으로 여겨진다.

그런데 조금 후에 동방에서는 안디옥의 감독이었던(260-268/혹 270년에 재위) 사모사타의 바울(Paul of Samosata, 200-275)에 의해서 이 역동적 군주신론이 다시 나타났다. 다른 모든 이단자들에 대한 정보와 같이, 사모사타의 바울이 어떻게 생각했는지도 오직 여러 감독들이 하는 말로부터 추론할 수 있다. 교회의 직임 외에 통치자의 역할도 병행하여 그는 상당히 부유했고, 그렇기 때문인지 그의 교만과 사치와 다른 이들에 대한 억압이 심하여 사람들은 그를 몹시 싫어했다고 한다.[56] 그는 심지어 그리스도의 영광을 높이는 찬송을 없애고 부활절 절기에 자신의 영광을 드러내는 노래를 작곡하게 하여 찬양대가 부르도록 했다고도 한다.[57] 그의 사생활은 아주 심각했지만, 당시 왕비였던 제노비아(Queen Zebobia)의 애호를 받는 그에 대해서 말할 사람이 없었다고 한다.

사모사타의 바울의 그리스도에 대한 이해는 더 심각한 것이었다. 그리스도는 사람으로 시작해서 "점진적으로 발전하여"(προκοπή) 결국 하나

56 이 정보는 Orr, *The Progress of Dogma*, 99-100에서 온 것이다.

57 Cf. Orr, *The Progress of Dogma*, 100.

님의 아들이라는 지위에 이르렀다고 보았다.[58] 그는 "하나님이 되었다"(τεθεοποιῆσται)는 것이다.[59] 그러나 그가 본성상 하나님이 되었다는 것은 아니고, 그의 경건 때문에 하나님에 의해 신적 영예를 부여받았다는 의미로 이렇게 말한 것이다.[60] 본질의 변화가 아니고 신적 지위가 부여되었다는 것이다. 이는 그저 은혜에 의한 신화(神化, deification)일 뿐이다.[61] 하나님 안의 로고스는 마치 사람 안에 있는 이성과 같다고 하였다. 그리스도는 그저 사람이었고 "밑으로부터" 시작하였다.[62] 그는 "인간으로부터 하나님이 되셨다"(ἐξ ἀνθρώπων γέγονε θεός)는 것이다. 물론 엄격한 의미에서 하나님은 아니라고 하였지만 말이다. 사모사타의 바울이 그리스도의 초자연적 출생을 부인한 것 같지는 않다고 한다.[63] 그러나 그리스도와 로고스의 결합은 다른 사람들의 결합과 그저 양적인 차이가 있

---

58 이는 Epiphanius, *Haereses,* 65에 근거하여 Orr, *The Progress of Dogma*, 100, 101에서 요약하여 말하는 것이다. 그는 이렇게 주장하는 Paul of Samosata를 보면서 19세기의 Schults, Lipsius, Beyschlag, 그리고 많은 리츌주의자들이 그리스도가 하나님이라고 말은 하지만 그것이 인간성을 고양시킨 것 정도임과 비슷한 정도의 말을 하는 것을 보면서 안타까와하며 논의한다(Orr, *The Progress of Dogma*, 102).

59 이는 Orr, *The Progress of Dogma*, 101에서 인용한 것이다.

60 Cf. Orr, *The Progress of Dogma*, 101.

61 Cf. Berkhof, *The History of Christian Doctrines*, 78.

62 Eusebius, *H.E.,* 7. 30. 11 (Pelikan, *The Emergence of the Catholic Tradition,* 176).

63 Orr, *The Progress of Dogma*, 100.

을 뿐이라고 하였다. "로고스는 모든 사람 안에 있는 비위격적 능력으로 특히 이 사람 예수 안에서 작용하였다"는 것이다.[64] 물론 그리스도에게는 신적 능력이 그의 인간성을 파고들었으니 다른 사람과는 비교가 안 된다고 하였다. 그러나 그는 시편을 그리스도에게 돌려 찬송하는 것을 금했다고 한다.[65] 그는 하나님의 통일성을 강조하다가 오직 성부를 강조한 것이 되었고, 예수의 인간성을 강조하여 결국 후대의 소시니우스주의(Socinian)와 유니테리언의 선구자라고 할 수 있다는 벌코프의 평가는 옳다.[66]

결국 안디옥에서 이 문제를 다루는 공의회가 두 번 열렸는데 264년에는 교묘하게 회피하였지만 269년에는 사모사타의 바울의 궤변이 폭로되고 그의 견해는 정죄되었다.[67] 이때 핵심적인 것은 그가 성부와 성자의 동일 본질(ὁμοούσιος, *homoousios*)을 거부했다는 것이다. 후에 니케아 공의회에서 중요한 용어로 사용된 것이 이미 이때부터도 의미 있게 사용되었음을 알게 한다.[68]

---

64 Berkhof, *The History of Christian Doctrines*, 78에 있는 벌코프의 표현이다.

65 Eusebius, *H.E.,* 7. 30. 10에 근거한 Pelikan, *The Emergence of the Catholic Tradition,* 176의 표현이다.

66 Berkhof, *The History of Christian Doctrines*, 78.

67 이를 언급하는 William G. T. Shedd, *A History of Christian Doctrine,* vol. 1 (New York: Charles Scribner's Sons, 1863, 1902 edition, reprinted by Birmingham, AL: Solid Ground Christian Books, 2006), 257을 보라. 그러나 이때도 제노비아 여왕의 총애 때문에 감독의 직무는 계속 수행했다가 후에 아우렐리우스 황제가 여왕을 몰아 낸 후에야 이 공의회의 결정의 온전한 집행이 이루어졌다고 한다(257).

68 이상의 정보는 Orr, *The Progress of Dogma*, 101에서 왔다. 그런데 벌코프는 사모사타의 바울은 로고스가 성부와 동일본질이라고 하였으나 그의 독자적 위격(a distinct Person)이라는 것은 인정하지 않고, 마치 인간 이성이 사람 안에 있는 것 같이 로고스가 인간 예수 안에 있었다고 주장했다고 한다(Berkhof, *The History of Christian Doctrines*, 78).

(2) 양태론적 군주신론(Modalistic Monarchanism)

양태론적 군주신론의 선구자의 한 사람은 소아시아의 신앙고백자(confessor)로 엘류떼루스(Eleutherus)가 주교인 때(170-190)에 로마에 와서 영향을 미친 프락세아스(Praxeas, Πραξέας)이다. 그는 "한분의 전능하신 하나님, 즉 성부께서 문자적으로 성육신하셨다"고 하면서, 이를 성부가 인간성의 몸을 취하여 성자가 되었다고 설명했다. 터툴리안이 그를 비판하는 글에 인용된 바에 의하면 프락세아스는 "성부께서 동정녀에게 임하셔서 자신이 그녀에게서 나시고, 자신이 고난을 당하셨으니, 결국 성부 자신이 예수 그리스도이다"고 했다고 한다.[69] 이것을 좀 더 정교하게 설명하면서, (1) 그리스도 안의 **영이 성부이고, 그 몸은 성자**라고 하고, 따라서 (2) "**그리스도 안에 있는 영인 성부**"는 고난 받지 않는다고 하면서 성부는 육체의 고난에 대한 체휼로 고난 받으시는 것이었다고 한다. 터툴리안은 이 프락세아스가 양태론적 이단을 처음으로 로마에 들여온 인물이라고 했다.[70] 그래서 그에 대해서, (몬타누스주의를 반격하여) "그는 성령을 몰아내고, 성부를 십자가에 못 박았다"고 표현하기도 했다.[71] 프락세아스는 후에 카르타고에 가서 많은 옹호자를 얻었다고 한다.

양태론의 또 다른 선구자로 서머나의 노에투스(Noetus of Smyrna, Νοητός)

---

[69] Tertullian, *Adversus Praxeans.* (Shedd, *A History of Christian Doctrine,* 1:255).

[70] 이를 잘 지적하는 Fisher, *History of Christian Doctrine,* 102; Berkhof, *The History of Christian Doctrines*, 79를 보라.

[71] Tertullian, *Adv. Praxeans,* 1. 5 (CCSL 2:1159-60) (Pelikan, *The Emergence of the Catholic Tradition,* 104, 180; Fisher, *History of Christian Doctrine,* 102, n. 2). 이에 반해서 터툴리안은 "한 본질을 가진 삼위"를 언급하고 있다(*Adv. Praxeans,* 12=ANF, 3, 607). 또한 Berkhof, *The History of Christian Doctrines*, 79; Rohse, *A Short History of Christian Doctrine*, 45도 보라.

를 든다.[72] 그는 아주 명확하게 성부가 그의 존재 방식을 바꾸어 성자가 되셨다고 하면서("그는 그 자신의 아들이 되셨다"),[73] 그러나 그 자신이 성부이심을 분명히 말씀하셨기에, **성부 자신이 "태어나셨고, 고난당하시고, 죽으셨다" 고 주장**했다.[74] 그러므로 그는 다음과 같은 식으로 말했다. "성부께서 아직 나지 않으셨을 때 그는 성부라고 옳게 불렸다. 그가 낳아지시기를 기뻐하셨을 때에 그는 태어나셨고 성자가 되셨는데, 그는 다른 분에 의해서가 아니라 자신으로부터 (of Himself) 그리하셨다."[75]

교회가 이에 대해서 질문할 때 노에투스는 "나는 **한 하나님**을 영화롭게 하는데, 내가 무슨 악을 행했다는 것이냐?"고 반문했다고 한다.[76] 그는 그의 제자들인 에피고누스(Epigonus)와 클레오메네스(Cleomenes)를 통해서 로마에 큰 영향을 미쳤다. 그리하여 로마 주교였던 제피리누스(Zephyrinus, 200-218년 재위)와 그의 후계자인 칼리스투스(Callistus, 218-23년 재위)도[77] 한동안 노에투스의 견해를 받아들였었다. 이에 대해 강하게 반대한 교부는 히폴리투

---

72 Hippolytus, *Contra heresin Noeti* (Shedd, *A History of Christian Doctrine,* 1:255). Cf. Berkhof, *The History of Christian Doctrines*, 79.

73 Hyppolytus, *Adv. Noet..* 9. 5 (Orr, *The Progress of Dogma*, 93).

74 Hyppolytus, *Adv. Noet..* 1 (Fisher, *History of Christian Doctrine,* 103, n. 2). 또한 Hyppolytus, *Adv. Noet..* 2 (Pelikan, *The Emergence of the Catholic Tradition,* 180).

75 Berkhof, *The History of Christian Doctrines*, 79에 언급된 노에투스의 사상이다. 이에 반대 하면서 터툴리안은 "이런 신성 모독을 주장하는 것을 그치게 하라. 이런 소리를 하지 말게 하라. 성자이신 그리스도께서 죽으셨다고 말하는 것으로 충분하니, 성경에 이렇게 기록되어 있기 때문이다"라고 하였다(Tertullian, *Adv. Praxeans,* 29. 1 [Pelikan, *The Emergence of the Catholic Tradition,* 180]). 그리고 "성부는 성자의 수난에 동참하지 않기 때문이다"(Pelikan, *The Emergence of the Catholic Tradition,* 180).

76 Tertullian, *Adv. Praxeans,* 1 (Orr, *The Progress of Dogma*, 94).

77 이들을 천주교회에서는 다 교황이었다고 주장한다. 그래서 책들에 이들이 교황이라는 언급이 나오기도 한다. 그러나 이때는 아직 "교황"이라는 용어와 개념이 일반화되지 않은 때였다는 것을 유념해야 한다.

스(Hyppollytus)였다. 히폴리투스는 칼리스투스 주교가 노에티우스의 생각과 테오도시우스파의 생각을 모두 받아들여 연결시켰다고 한다.[78] 결국 노에투스는 파문되었다.

양태론을 주장한 또 한 사람으로 아라비아의 보스트라의 주교였던 베릴루스(Beryllus of Bostra)를 들 수 있는데 교회사가인 유세비우스의 모호한 구절에 언급된 것으로부터 추론하면, 그는 하나님의 자기 제한을 주장한 것으로 보인다. 그는 이것을 "구역제한"(circumscription, περιγραφή)이라고 했는데 후대의 케노시스 이론과 비슷한 주장을 했다고들 생각한다.[79] 즉, 그는 "그리스도 안의 신적인 것이 그 자신의 신성(ἰδία θεότης)이 아니고, 성부의 신성인데, 이 신성은 성육신 후에는 그 이전에 속하지 않는 존재의 영역 안에(circumscription) 존재한다고 했다고 한다. 그의 견해는 244년에 아라비아 공의회(Arabia Synod)에서 성부수난설을 주장한 이단으로 판단되었다.[80]

그러나 가장 대표적인 양태론자는 "아들-아버지"(성자-성부, υἱοπατήρ)라는 말을 사용했던[81] 사벨리우스(Sabellius)다.[82] 그는 3세기 초에 펜타폴리스(Pentapolis)에 있는 프톨레마이스(Ptolemais)의 장로(250-260)로 활동하였고[83] 로마에서 가르치다가 "칼리스투스 주교에 의해 로마에서 출교되었는데,

---

78 Hyppolytus, *Ref. Omn. Haer.* 10. 27 (Fisher, *History of Christian Doctrine,* 102, n. 3).

79 Orr, *The Progress of Dogma*, 94. 쉐드는 그를 베릴(Beyl)로 영미 식으로 언급하고 있다(Shedd, *A History of Christian Doctrine,* 1:255, 289).

80 이에 대해서는 Shedd, *A History of Christian Doctrine,* 1: 255-56을 보라.

81 이는 Athanasius, *Contra Arianos,* 4. 13-14와 Athanasius, *On the Synods of Arminium and Seleucia,* 16에 인용된 사벨리우스의 말이다(Orr, *The Progress of Dogma*, 96, n. 1). 또한 Pelikan, *The Emergence of the Catholic Tradition,* 179도 보라("υἱοπάτωρ").

82 Cf. Berkhof, *The History of Christian Doctrines*, 79; Rohse, *A Short History of Christian Doctrine*, 42.

83 이는 Shedd, *A History of Christian Doctrine,* 1:257에서 온 정보이다.

260년경 북 아프리카에서 그리고 4세기에 다시 그의 견해가 번성하였다"고 한다.[84]

사벨리우스는 하나님의 절대적이고 자기 동일적 정체성에서 시작한다. 그런데 이 하나님께는 [사벨리우스가 모나스(monas)라고 언급하는] "능력과 계시"가 있는데, 이로써 "침묵적인 하나님"이 "자기 확장적인 말씀하시는 하나님"이 되신다고 했다. "은사는 다양하나 한 성령님이 계시다"(고전 12:4)는 바울의 말을 인용한 후에 "그와 마찬가지로 아버지도 그와 같으니, 성자와 성령으로 확장된다(expanded)"고 하였다.[85] 그는 태양의 비유를 사용하면서 광열과 광선과 태양의 형태를 자신이 말하는 삼위일체의 유비로 제시하면서, 또 때로는 성부를 빛이라고 하고, 성자를 그 비췸(radiance)이라고 하기도 한다.[86] 그러면서 자기 자체를 계시하고 전개하는 행위 가운데 있는 모나스인 로고스는 모든 계시의 원리라고 한다. 로고스-능력(Logos-power)이 그리스도의 인성과 연합하게 되어 그를 형성하였다는 것이다.[87] 이 로고스-능력은 예수의 승천 때에 다시 신적 본성의 심연으로 들어가게 되었다고 한다.[88]

사벨리우스는 하나님의 계시의 양상을 여러 비유를 들어서 예증하는데, 확장과 수축이라는 스토아적인 비유를 써서 설명하기도 한다. 이것은 손을

---

[84] Orr, *The Progress of Dogma*, 94.

[85] Psedo-Athanasius, *Orations against the Arians,* 4. 25에 인용된 사벨리우스의 말을 인용하는 Pelikan, *The Emergence of the Catholic Tradition,* 179를 보라.

[86] Psedo-Athanasius, *Orations against the Arians,* 4. 25에 인용된 사벨리우스의 말을 인용하는 Pelikan, *The Emergence of the Catholic Tradition,* 179를 보라.

[87] Cf. Shedd, *A History of Christian Doctrine,* 1:258.

[88] Cf. Shedd, *A History of Christian Doctrine,* 1:258-59.

펼침과 다시 모음과 비슷한 것으로 언급된다.[89] 일종의 내적 필연성의 법칙에 따라서 모나스의 확장과 수축이라는 신적 본성의 리드미컬한 움직임이 있다는 것이다. 그래서 삼위일체의 계시는 역사의 영역에 속하게 된다. "성부로서의 하나님은 구약과 율법에서 알려지고, 성자로서의 하나님은 예수 그리스도 안에서 성육신으로 알려지고, 성령 하나님은 교회 안의 신자들의 심령에 내주하심으로 알려지신다"고 한다.[90] 창조와 율법을 주실 때는 성부로 드러내셨고, 성육신하여 성자로 드러내셨으며, 우리들을 중생시키시고 성화되도록 하실 때 성령으로 드러내셨다는 것이다.[91]

사벨리우스는 이 과정을 잘 보면 하나님이 점점 더 인간들과 밀접한 관계성으로 들어오셨음이 나타난다고 한다. 율법 안에서는 하나님이 **인류와 외적인 관계**를 가지셨는데, 그리스도 안에서는 **한 개인으로 인류 안에** 거하셨고, 이제 **성령은 신자들의 영혼의 생동하는 원리**시라는 것이다.[92] 하나의 같은 하나님 - 사벨리우스가 말하는 근원적 모나스(the original Monas)가 - 사벨리우스가 "프로소파"(πρόσωπα)라고 하는 세 양태로 자신을 계시하시는데, 이 계시가 연속적이라는 것이다.

사벨리우스에 의하면 성부, 성자, 성령은 동시에 계시되지 않고, "연속적으로" 나타난다.[93] 신적인 손이 펼쳐지고 그것이 거두어져야 또다시 펼쳐

---

89 Orr, *The Progress of Dogma*, 96.

90 Orr, *The Progress of Dogma*, 96.

91 Cf. Berkhof, *The History of Christian Doctrines*, 79.

92 Orr, *The Progress of Dogma*, 96, 강조점은 덧붙인 것임.

93 Tertullian, *Against Praxeas,* 2. 4 (Pelikan, *The Emergence of the Catholic Tradition,* 179).

질 수 있다고 한다.[94] 성부의 "프로소폰"이 그쳐져야 성자의 "프로소폰"이 시작된다. 또한 성자의 "프로소폰"이 그쳐야 성령의 프로소폰이 시작된다. 하나님이 성부이기를 그쳐야 성자가 있고, 성자이기를 그쳐야 성령이 있다. 따라서 성육신은 한시적인 현상이라고 언급된다. 성자의 형태는 부활과 승천으로 그쳐진다는 것이다. 그래서 그리스도의 인성은 부활과 승천에서 신성에 흡수되었다고 가르쳤다고 보고되기도 한다.[95]

이것이, 정통 교회의 삼위일체 이해와는 달리, **오직 계시의 하나님일 뿐**이라는 오어의 주장은[96] 매우 중요한 것이다. 그리고 사벨리우스는 구속에 대해서 말한 것이 남아 있지 않지만, 추론해 볼 때 이 과정을 통해서 유한한 인간들이 신성에게 흡수된다는 것이 사벨리우스가 말하는 구속론이 아닌가라고 추론하기도 한다.[97] "그 근거는 스토아 철학의 범신론에 가까운 범신론적이며, 이는 기독교 계시의 사실과 부합하지 않고, 결국 사벨리우스가 말하는 성부는 성자의 성부가 아니며, 이는 결국 기독교적 소망을 망가뜨리고, 기독교회를 파괴하는 것이 된다"고 하는 오어의 평가는[98] 상당히 정확한 것이다.

따라서 이런 양태론은 성경이 말하는 바에 일치하지 않는 잘못된 것

---

[94] Orr, *The Progress of Dogma*, 97.

[95] Epiphanius, II, 62, 1을 인용하면서 이를 말하는 Orr, *The Progress of Dogma*, 97을 보라. 그래서 사벨리우스에게는 그리스도의 인격의 항구적 중요성은 사라지고 만다.

[96] Orr, *The Progress of Dogma*, 96, 강조점은 덧붙인 것임. 정통적 삼위일체론은 본체론적 삼위일체와 경륜적 삼위일체(계시의 삼위일체)가 모두 인정되고 강조되는 것에 비해서 사벨리우스의 삼위일체론은 오직 경륜적 삼위일체라는 이 지적은 매우 중요한 것이다. 오직 경륜적 삼위일체만을 말하는 일의 심각성은 이승구, 『개혁신학 탐구』, 최근 판 (수원: 합신대학원 출판부, 2022), 65-66, 131-51을 보라.

[97] Orr, *The Progress of Dogma*, 97에 언급된 이런 추론을 보라.

[98] Orr, *The Progress of Dogma*, 97-98.

임이 너무 분명해서 성경을 따르는 사람들은 이런 견해를 아주 분명히 거부하였다. 이런 양태론이 정통 교회의 가르침에 대한 강력한 대체물(a formidable rival)이라는 것은 이를 잘 분석해 보면 잘 드러난다.[99] 그러나 이런 견해는 사람들이 정신을 차리지 않으면 쉽게 사람들 사이에서 퍼지기 마련이다.[100] 그래서 양태론적 군주신론은 더 영향력이 컸다고 한다.[101]

그리고 군주론적 입장에서는 결과적으로 성령의 구별된 위격(a distinct Person)도 제대로 인정하지 않는 경향이 있다.[102]

2. 아리우스와 아리우스 이단설의 등장

(1) 아리우스와 아리우스주의자들의 주장

가장 심각한 삼위일체 논쟁은 아리우스 논쟁이라고 여겨진다.[103] 아리우스(Arius, 250년 또는 256년-336년)는 오늘날의 리비아 출신으로 알렉산드리아에 있던 바우칼리스 교회(the Church of St. Baucalis)의 목회자(a presbyter/a priest)였다.[104] 키가 크고 야윈 체구에 긴 머리를 가지고 수도사적인 삶의 방식과

---

99 이 점을 잘 지적하는 Orr, *The Progress of Dogma*, 97을 보라. 이는 "참된 기독교의 가르침이 아니다"(anything but truly Christian)는 점을 바르게 지적하는 이 논의를 잘 보라.

100 초대 교회뿐만 아니라 오늘날 한국 땅에서도 많은 사람들이 삼위일체 하나님을 양태론적으로 이해하는 것을 많이 볼 수 있다. 이에 대해서는 여러 곳에서 지적했으니 참조하여 보라. 대표적으로 이승구, 『교회 그 그리운 이름』 (서울: 말씀과 언약, 2021), 192-93을 보라.

101 Berkhof, *The History of Christian Doctrines*, 78.

102 비슷하게 말하는 Orr, *The Progress of Dogma*, 126을 보라.

103 Berkhof, *The History of Christian Doctrines*, 84.

104 Rohse, *A Short History of Christian Doctrine*, 50.

그런 복식을 한,[105] 그런데 매우 강한 열정을 지닌 사람으로 묘사되는[106] 아리우스는, (안디옥에서 일종의 신학교를 하며 313년에 순교자가 된) 루시안(Lucian of Antioch)의 제자였다.[107] 그러나 루시안이 정확히 어떤 견해를 가졌었는지 확언하기는 어렵다.[108] 아리우스는 루시안을 통해서 오리겐의 생각의 일부를 물려받았다고 한다.[109] 그러나 후에 나타나겠지만, 그는 오리겐의 생각을 너무 잘못된 방향으로 이끌어 갔다.[110] 아리우스는 〈딸리아〉(*Thalia*)라는 자신의 책의 서문에서 자신이 "하나님의 영광을 위해 많은 고난을 받았으며, 하나님에 의해 가르침을 받고 지혜와 지식을 얻은 사람"이라고 소개하기도 했다.[111] 과연 그가 이런 자신의 평가에 부합한지는 그의 견해를 살펴보면서 대답해야 할 것이다.

아리우스는 기본적으로 성부 중심으로 생각한다. 그의 신앙 고백은 다

---

105 이는 Arthur Penrhyn Stanley, *Lecture on the History of the Eastern Church* (Michigan: University of Michigan, 1862), III, 5를 인용하는 Orr, *The Progress of Dogma*, 108에 나오는 표현이다.

106 Orr, *The Progress of Dogma*, 108. "유능한 논쟁가(skillful disputant)이지만 심오한 정신을 가지지 않은 사람(not a profound spirit)이라는 벌코프의 평가도 참조하라(Berkhof, *The History of Christian Doctrines,* 84). 오리겐보다 "덜 경건하고 깊이가 덜하다"고 평하는 Shedd, *A History of Christian Doctrine,* 1:307도 보라.

107 그래서 아리우스파 사람들은 당시에 자신들과 가까운 사람들을 루시안주의자(Lucianist)들이라고 칭했다고 한다. 예를 들어, 아리우스는 니코메디아의 유세비우스(Eusebius of Niocomedia)를 "동료 루시안주의자"(fellow-Lucianist)라고 불렀다고 한다(Theodore, *Ecc. Hist.*, 1. 5, cited in Orr, *The Progress of Dogma*, 107, n. 3).

108 하르낙은 루시안을 사모사타의 바울의 견해를 받아들이면서 조금 수정한, 거의 아리우스 이전의 아리우스주의자로 묘사하면서 그리스도가 점진적으로 하나님이 되어 간 것으로 묘사하는데 (Harnack, *History of Dogma,* IV, 3-7), 이렇게 단정적으로 말하기는 어렵다는 견해들이 있다(Orr, *The Progress of Dogma*, 107f.).

109 Rohse, *A Short History of Christian Doctrine*, 48.

110 비슷하게 지적하는 Shedd, *A History of Christian Doctrine,* 1:307, 308을 보라.

111 이는 Athanasius, *Contra Arianos,* 1. 5에서 인용된 것을 재인용한 것이다(Orr, *The Progress of Dogma*, 108, n. 5).

음과 같은 식으로 시작되고 있다:

> 우리들은 홀로 태어나지 않으셨으며, 홀로 영원하시고, 홀로 시작이 없으시며, 홀로 죽지 아니하시고, 홀로 지혜로우시며, 홀로 선하시고, 홀로 주님이시며, 홀로 모든 것을 다스리시는 한 하나님을 믿습니다.[112]

이 표현으로 아리우스가 성부를 말하려는 것임이 자명하다. 그런데 이 "유일하신"(one and only, μόνος) 하나님은 너무나도 초월적이시어 이 세상과 직접 관계할 수 없다고 아리우스는 생각했다.[113] 이런 플라톤적인 생각이 모든 문제의 근원이 되었다. 그래서 이 세상의 창조를 바라보면서 성자가 있게 되었다고 하는데, 아리우스는 영원에서의 성자가 있게 되심과 피조됨을 동일시한다. 로제는 아리우스가 성자는 성부로부터 "낳아진다"는 표현을 기본적으로는 거부한다고까지 표현했다. 이런 표현은 물리적 범주를 하나님께 돌리는 것이고, 하나님을 복합적인 것(composite)으로 만드는 것이라고 했다.[114] 또한 이는 성부와 성자를 너무

112 Rohse, *A Short History of Christian Doctrine*, 48에 번역되어 제시된 것을 사용하고 있음을 밝힌다.

113 Athanasius, *Contra Arianos,* 2. 26 (Pelikan, *The Emergence of the Catholic Tradition,* 195). Cf. Orr, *The Progress of Dogma*, 115: "God is so exalted that He cannot immediately create a world."

114 Arius, *Epistle to Alexandria,* 5 (Pelikan, *The Emergence of the Catholic Tradition,* 194).

가깝게 만든다고 한다. 그래서 **오직 파생적 의미에서만 "낳으심"이라는 용어를 쓸 수 있다**고 한다.[115] 그래서 아리우스는 이런 파생적 의미의 "낳으심"이라는 말을 "창조하심"이라는 의미로 사용했다.[116] 유일하신 하나님이 유일한 아들을 "창조했다"는 것이다.[117] 대개 아리우스, 논쟁이 잠언 8:22-31에 대한 주해 논쟁에서 나왔다고 한다.[118]

아리우스는 그 어떤 상황에서도 성부와 성자의 본질의 하나 됨을 말할 수 없다고 했다.[119] 더 나아가, 성자라는 이름 자체가 성부의 우선성을 함의한다고 했다.[120] "성부는 모든 것의 원천이다."[121] 그래서 그는 성자가 **영원중에서** "무로부터(from the non-existent) 창조된 최초의 피조물"이고 "온전한 피조물"이라고 한다.[122] 그리고 그를 통하여 **"시간 안에서"** 만물이 지어졌다고 한다. 그러므로 성자는 "피조물들 가운데 하나는 아니나, 하나님의 온전한 피조물"이라고 했다.[123] 물론 성자는 무시간인 영원에서부터 있게 되었으니 그가 "낳아지기(was begotten), 또는 피조되기(created), 또는 세워지기(ordained) 또는 수립되기(established) 전에는" **"그가 있지 않았던 때가 있었**

Cf. Rohse, *A Short History of Christian Doctrine*, 48.

115 Rohse, *A Short History of Christian Doctrine*, 49; Berkhof, *The History of Christian Doctrines,* 84.

116 이 점을 말하는 Orr, *The Progress of Dogma*, 115를 보라.

117 Pelikan, *The Emergence of the Catholic Tradition,* 194.

118 Pelikan, *The Emergence of the Catholic Tradition,* 193.

119 Rohse, *A Short History of Christian Doctrine*, 49.

120 Cf. Orr, *The Progress of Dogma*, 113.

121 Arius, *Epistle to Alexandria,* 5 (Pelikan, *The Emergence of the Catholic Tradition,* 194).

122 Athanasius, *Contra Arianos,* 1. 5에서 재인용 (Pelikan, *The Emergence of the Catholic Tradition,* 195). Cf. Rohse, *A Short History of Christian Doctrine*, 49.

123 Arius, *Epistle to Alexander,* 2 (Pelikan, *The Emergence of the Catholic Tradition,* 202).

다."(ἦν ὅτε οὐκ ἦν, **there was a then when He did not exist**)고 주장했다.[124] 다른 말로 하면 "성부가 홀로 있던 때, 그가 아직 성부가 아닌 때가 있었다"는 것이다.[125] 즉, 성부만 홀로 있던 때가 있었다는 것이다. 시작을 가지지 않는(*agenesia*) 성부와 대조되게, 성자에게는 시작이 있다고 한다. 이렇게 성부는 영원중에 성부가 되셨다고 한다. 이것이 계속해서 아리우스 사상을 대변하는 말이 된다.

그래서 아리우스는 영원 출생(eternal generation)이라는 오리겐의 견해를 반대한다.[126] 성자는 하나님의 의지에 의해 있게 되셨다는 것이다. 따라서 아리우스의 성자는 성부에게 온전히 종속하는 존재이고,[127] "둘째 자리를 차지하는 하나님"이라고 한다.[128] 이렇게 아리우스에게 있어서 성자는, "모든 점에서 성부의 본질과 그 자아됨과는 다르고, 떨어져 있다."[129] 그러므로

---

124 Arius, *Epistle to Eusebius,* 5 (Pelikan, *The Emergence of the Catholic Tradition,* 193, 203). Cf. Orr, *The Progress of Dogma*, 113. 이 표현에 유의하라. 이를 "그가 존재 하지 않던 시간이 있었다"(there was a time when he did not exist)로 표현하지 않으려 하면서 이렇게 말하는 그 교묘함을 주목해 보아야 한다. 이점을 지적하는 *Emergence of the Catholic Tradition,* 196을 보라. 그가 알렉산더 주교에게 보낸 편지에서도 역시 잠언 8:22-23을 인용하면서 아주 교묘하게 표현하기를 성자는 "성부에게서 무시간적으로 낳아졌고, 만세 전에 창조되고 수립되었다"고 했다(Arius, *Epistle to Alexande,* 4 [Pelikan, *The Emergence of the Catholic Tradition,* 193]).

디두모는 이단들이 제시한 이것이 "가장 비종교적이고 부조리한 것"이면서 동시에 "근본적 문제"라고 하였다(Didymus of Alexandria, *De Trinitate,* 3. 3 [Pelikan, *The Emergence of the Catholic Tradition,* 193]).

125 Athanasius, *Contra Arianos,* 1. 5, 9 (Pelikan, *The Emergence of the Catholic Tradition,* 195). Cf. Orr, *The Progress of Dogma*, 113; Rohse, *A Short History of Christian Doctrine*, 49. 이 말은 길거리에서도 흔히 들리던 아리우스주의 찬송의 일부였다고 한다. St. Athanasius, *On the Incarnation* (New York: Macmillan Publishing, 1946), 18.

126 이 점을 잘 드러내서 언급하는 Fisher, *History of Christian Doctrine,* 136을 보라.

127 아리우스에게서 "종속적 기독론"(a subordinationist Christology)이 명백히 나타났다는 지적으로 Rohse, *A Short History of Christian Doctrine*, 50을 보라.

128 Orr, *The Progress of Dogma*, 111: "occupying a secondary relation to the Father."

129 Athanasius, *Contra Arianos,* 1. 6에서 재인용 (Pelikan, *The Emergence of the Catholic*

아리우스의 견해는 새로운 형태의 다신론이라는 로제의 말은[130] 매우 적절하다.

그러면서도 아리우스는 경륜의 과정과 연관되는 말을 하니, (역사의 과정에서) 그가 유혹을 이기실 것을 (영원에서) 하나님께서 미리 보시고 그의 미리 보여진 공로에 근거해서 하나님에 의해 선택되었다 한다.[131] 또한 그가 종국적으로 얻게 될 영광을 선취해서 그는 하나님의 아들, 로고스, 성자, 독생하신 분으로 불렸다고 했다.[132] 그는 참으로 "자신의 조심함과 자아 훈련으로" 자신의 가변적 성질을 이기고 승리했다고 한다.[133] 이런 "도덕적 진전"(moral progress, προκοπή) 때문에[134] 성자는 "하나님의 아들" 또는 "하나님"이라고 불릴 수는 있으나, "참된 하나님"(ἀληθινός θεός)은 아니시라고 한다.[135] 신성은 성자의 존재에 돌려질 수 있는 것은 아니고, 오직 하나님의 은혜에

Tradition, 196).

130 Rohse, *A Short History of Christian Doctrine*, 50. 사실 아따나시우스, 힐라리, 앙키라의 마르셀리우스, 보에띠우스 등이 모두 아리우스주의를 **다신론적**이라고 했다. 이를 근거와 함께 제시하는 Pelikan, *The Emergence of the Catholic Tradition,* 200을 보라.

131 이에 대해서 Athanasius, *Contra Arianos,* 1. 5; 그리고 Fisher, *History of Christian Doctrine,* 134; Orr, *The Progress of Dogma*, 113, 116; Berkhof, *The History of Christian Doctrines,* 84; Pelikan, *The Emergence of the Catholic Tradition,* 198 등을 보라.

132 Berkhof, *The History of Christian Doctrines,* 84.

133 Theodoret of Cyrrhus, *H.E.,* 1. 4. 13 (Pelikan, *The Emergence of the Catholic Tradition,* 198)에서 재인용.

134 Athanasius, *On the Synods of Arminium and Seleucia,* 26. 4. 2 (Pelikan, *The Emergence of the Catholic Tradition,* 198)에서 사모사타의 바울의 가르침으로 제시된 것인데 펠리칸은 아리우스도 같은 생각을 했을 것이라고 한다.

135 Fisher, *History of Christian Doctrine,* 134. 그러나 그는 한 편지에서는 그리스도가 "온전하신 하나님"(πλήρη θεός)이시고, "불변하시다"고 쓰기도 했다(Theodoret, I, 5를 인용하면서 이를 말하는 Orr, *The Progress of Dogma*, 116을 보라).

의해 그에게 부여된 것이라고 한다.[136] 그래서 아리우스주의에서는 성자를 정확히 하나님도 아니고 사람도 아닌 "반신"(a demi-god)으로 여겼다는 언급도 나올 정도이다.[137] 아리우스는 성자는 가변적(mutable)이라고, 즉, 죄로 떨어질 수도 있다고 했다.[138] 또한 성육신하셨을 때 로고스가 인간 영혼의 자리를 취하였다고 하였다.[139]

또한 성령은 성자에 의해서 무로부터 처음 창조된 피조물이라고 주장하였다.[140] 그는 성자와 성령에게 "휘포스타시스"라는 말을 사용하지만 그 의미가 정통신학의 의미와 다른 결과를 내고 말았다.[141] 아리우스는 심지어 성자는 하나님에 대한 온전한 지식이 있을 수 없다고 하고, 따라서 그가 주신 계시도 하나님에 대한 온전한 지식이 안 된다고 한다.[142]

또한 성자는 양자됨을 생각할 때 존숭을 받을 수는 있으나[143] 성자에게

---

136 Rohse, *A Short History of Christian Doctrine*, 49.

137 Fisher, *History of Christian Doctrine,* 135; Rohse, *A Short History of Christian Doctrine*, 49, 55, 59. 후에 아따나시우스는 만일에 성자가 단지 이런 분이면 참된 구원이 이루어질 수 없다고 주장했다(Rohse, *A Short History of Christian Doctrine*, 59).

138 Orr, *The Progress of Dogma*, 113; Berkhof, *The History of Christian Doctrines,* 84; Pelikan, *The Emergence of the Catholic Tradition,* 198.

139 Fisher, *History of Christian Doctrine,* 135. 그러므로 아리우스에 의하여 그리스도는 온전한 인성을 가지지 않은 것이 된다.

140 Athanasius, *Contra Arianos,* 1. 6; 3. 15 (Pelikan, *The Emergence of the Catholic Tradition,* 212). Cf. Fisher, *History of Christian Doctrine,* 144; Orr, *The Progress of Dogma*, 127. 에파파니우스는 "그들은[아리우스주의자들은] 성령은 피조물의 피조물이라고 한다"고도 표현했다고 한다(Epiphanius of Salamis, *Against Eighty Heresies,* 69).

141 Rohse, *A Short History of Christian Doctrine*, 49.

142 Rohse, *A Short History of Christian Doctrine*, 50, 59. 이와 관련하여 "적절하지 않는 신론은 필연적으로 부적절한 계시론으로 인도한다"는 아주 중요한 말도 한다(50).

143 Berkhof, *The History of Christian Doctrines,* 84.

기도하거나 경배해서는 안 된다고 하는[144] 이단적 입장을 드러내었다. 그런데 펠리칸 교수는 아리우스주의자들이 정통 교회와 함께 하나님의 아들에게 경배했고, 로고스에게 기도하는 것도 피할 수 없다고 했다고 주장한다.[145] 그러나 그의 논의가 과연 견지될 수 있을지 모르겠다. 늘 세심한 관찰자요 논의자인 그가 이 문제에서는 왜 이런 논의를 하고 있는지 안타깝다. 그가 이 논의의 마지막에 언급하고 있는 어떤 아리우스주의자들의 영광송(*Gloria Patri*)에 대한 다음과 같은 개작이 아마도 아리우스주의를 더 잘 설명할 것이다: "영광이 아들을 통하여 성령 안에서 성부에게 있사옵나이다."[146] 그러나 아리우스주의자들도 세례는 성부와 성자와 성령의 이름으로 베풀었다고 한다.[147] 그러므로 아리우스는 성부에게도 충실하지 않고 성자에게도 충실하지 않은 생각을 제시한 것이 된다. 그런 뜻에서 아리우스는 "하나님을 이신론적으로 해석했고, 사람을 도덕주의적으로, 그리고 그리스도를 신화적으로 해석했다"는 펠리칸의 말은 주목할 만하다.[148]

이런 견해에 대해서 당시 **알렉산드리아의 감독이었던 알렉산더**는 강하게 반대하고 비판하면서 그 내용을 널리 알리는 편지들을 주변 감독들에게 보냈다.[149] 그러자 아리우스도 자신이 정통적임을 변호하는 편지를 곳곳에

---

144 이를 강조하는 Bavinck, *The Doctrine of God* (Grand Rapids: Eerdmans, 1951; reprint Grand Rapids: Baker, 1977), 286=『개혁주의 신론』, 420.

145 Pelikan, *The Emergence of the Catholic Tradition,* 198-99, 238.

146 Didymus, *De Trinitate,* 3. 23 (Pelikan, *The Emergence of the Catholic Tradition,* 199)에서 재인용.

147 이를 잘 밝혀 말하는 Pelikan, *The Emergence of the Catholic Tradition,* 199를 보라. 특히 Athanasius, *Contra Arianos,* 1. 34를 제시한 것은 의미 있다.

148 Pelikan, *The Emergence of the Catholic Tradition,* 198.

149 콘스탄티노플 주교에게 보낸 알렉산더의 편지를 Theodoret, *H. E.,* 1. 3에서, 또한 다른 사역자들에게 보내는 편지들은 Socrates, *H. E..* I. 6에서 보라고 하는 Fisher, *History of Christian*

보냈다고 한다. 그러나 321년에 알렉산드리아에서 내려진 그의 견해에 대한 정죄는 오히려 그의 견해를 더 폭넓게 확산시키는 계기가 되었다고 한다.[150] 결국 322년 알렉산드리아에서 열린 큰 공의회에서 아리우스는 면직되고 출교되었다.[151]

그러나 이것으로 논쟁이 마쳐지지 않았다. 아리우스는 더 많은 사람들이 읽을 수 있는 형태로 자신의 의견을 진술한 『딸리아』(*Thalia*, 잔치, 축제)라는 책을 내어 많은 사람들이 읽게 하였고, 그에게 동감적인 니코데미아의 유세비우스(Euseboius of Nicomedia)는 두로의 감독에게 아리우스를 옹호하는 편지를 써 보냈다. 콘스탄틴 황제가 죽을 때인 337년 그에게 세례를 베푼 사제였기에[152] 이 니코데미아의 유세비우스의 영향력은 매우 컸다.

오리겐주의자이면서 아리우스보다는 보수적이었던 가이사랴의 유세비우스는 아리우스에게 전적으로 동감하지는 않았지만 이런 사람도 교회 안에 있을 수 있게 해야 한다는 의견을 내었다.[153] 그 당시에 아리우스주의가

Doctrine, 135, n. 2를 보라.

150 Orr, *The Progress of Dogma*, 109: "only fanned the flame of controversy."

151 Fisher, *History of Christian Doctrine,* 135.

152 Eusebius of Caesarea, *Life of Constantine* (New York: The Christian literature Company, 1890), 556, cited in https://en.wikipedia.org/wiki/Eusebius_of_Nicomedia.

153 Fisher, *History of Christian Doctrine,* 135.

Eusebius of Nicomedia

새로운 가르침이었음은 분명한 것으로 드러났다.

그러므로 아리우스주의가 교회에 큰 해를 끼쳤음이 아주 분명하다. 그러므로 그 어떤 의미에서라도 "아리우스주의가 교회의 교리를 솔직하고 복음적이게 하는 데 도움을 주었다"고 말하는 것은[154] 정당하지 않다.

(2) 니케아 공의회(325)와 니케아 신조

로마 제국을 하나로 통일하고자 하는 마음이 있었던 콘스탄틴 대제는 자신이 신용하던 코르도바의 감독인 호르시우스(Horsius, Bishop of Cordova)에게 양편 모두에게 주는 편지를 들려서 알렉산드리아에 보내서, 이들이 서로 논쟁하지 않을 수 있는 방도를 구하려고 했다. 콘스탄틴 대제는 하나님의 섭리를 믿으니 사소한 차이에 대해서는 서로 양보하자는 의견을 표했다고 한다.[155] 그러나 이 문제가 그럴 수 있는 문제가 아니라는 것을 호르시우스는 잘 알고 있었다.

자신의 편지가 효과를 발휘할 수 없음을 인식한 콘스탄틴 대제는 이 문

---

154 Pelikan, *The Emergence of the Catholic Tradition,* 200. 아마도 아리우스주의의 잘못이 반면교사가 되었다는 의미로 이렇게 말하는 듯하다. 그러나 그것도 이런 식으로 말하지 않은 것이 더 좋았을 것이다.

155 Eusebius, *Vita Constan.,* II. 64-72에 실린 콘스탄틴의 편지 전문과 Socrates, *H. E.*, I. 7에 있는 단편에 근거한 Fisher의 논의를 보라. Cf. Fisher, *History of Christian Doctrine,* 136.

제를 해결하기 위해 자신은 하늘로부터 내려진 영감을 받았다고 생각하면서[156] 325년 5월이나 6월에 마르마라 바닷가(sea of Marmara)의 니케아(Nicea)에 당대 모든 주교들이 참석하는 '전 기독교 세계의 공의회'를 소집한다. 이제 참석자들이 황제가 제공하는 숙식을 하면서 회의에 임하게 되었고, 황제가 친히 참석하여 개회를 선언하는 영광스러운 모임이 되었다.[157]

대부분 동방에서 온 300여 명의 주교들과 낮은 지위의 사역자들이 모인[158] 이 니케아 공의회에 알렉산드리아의 주교인 알렉산더와 그의 조수로 참석한 대부제(大副祭, archdeacon)였던 아따나시우스(Athanasius, c.296/298 - 373)

(니케아 회의가 모임 장소, 이 크기를 생각하면서 이 모임을 제대로 이해해야 한다)

---

156 이렇게 표현하는 Orr, *The Progress of Dogma*, 109를 보라.

157 Rohse, *A Short History of Christian Doctrine*, 52과 Orr, *The Progress of Dogma*, 117의 정보를 합한 표현이다.

158 전통적으로는 318명의 주교라고 Athanasius, Socrates, Theodoret 등이 말한다. 585년에 모인 셀루시아-체시폰 공의회(synod of Selucia-Ctsiphon)에서도 니케아에 모임 주교가 318명이라고 하였다(Pelikan, *The Emergence of the Catholic Tradition*, 267). 그 외 하급 성직자들을 합하여 1,000명에서 2,000명이라고 오어는 말하나(Orr, *The Progress of Dogma*, 117), 지금도 남아 있는 이 장소가 그렇게 많은 사람을 다 수용할 수 있다고 보이지는 않는다.

도 있었다. 이곳에 공언(公言)하는 아리우스주의자들은 그렇게 많이 참석하지 않았다고 한다. 필로스토르기우스(Philostorgius)는 참여한 아리우스주의자들이 22명이라고 하였다.[159] 문제의 본질을 보는 사람들이 누구나 인정하듯이, 니케아 공의회는 기독교 자체가 그것에 걸려 있는 중요한 회의였다.[160]

이 공의회 석상에서도 아리우스주의자들은 성부만이 '시작을 가지지 않으시며'(*agensia*), 성자는 영원중에 성부의 의지에 따라 낳아지시기 전에는 있지 않았다고 주장했다. 또한 성육신하신 그리스도는 인간의 몸과 (인간 영의 자리에 계신) 로고스로 이루어졌다는 의견도 피력하였다. 아리우스주의자들의 신조는 그 심각함을 의식하면서 거부되었다.[161] 이에 대해서 니케아 공의회는 여러 논의 끝에 아리우스의 생각이 성경의 가르침에 부합하지 않음을 선언하였다.[162] 즉, "성자가 있지 않았던 때가 있었다"는 아리우스의 주장이 잘못 되었음을 선언하고, 성자는 "무로부터"(from the non-existent)가 아니라 **성부의 본질로부터 낳아지셨음**

---

159 Orr, *The Progress of Dogma*, 117, n. 4에서 재인용.

160 이런 견해로 Orr, *The Progress of Dogma*, 109; Harnack, *History of Dogma,* IV, 41. 이를 점 하나를 둘러싼 논쟁이라고 폄하하는 Edward Gibbon, *The History of the Decline and Fall of the Roman Empire* (1776-1788), chapter xxi (1811년 판으로는 342쪽)과 대조하라.

161 Theodoret, *H.E.,* 1. 8을 인용하면서 이 아리우스파의 신조가 찢겨졌다고 하는 Orr, *The Progress of Dogma*, 117, n. 5도 보라.

162 니케아 신조 본문은 Philip Schaff, *The Creeds of Christendom,* 3 vols. (1876, reprinted, Grand Rapids: Baker, 1984), 2:260을 보라. 또한 Wolfram Kinzig, *Faith in Formulation,* 4 vols. (Oxford: Oxford University Press, 2017), 1: 290에 근거한 이남규, 『개혁교회 신조학』 (수원: 합신대학원출판부, 2020), 40-41도 보라.

을 말하고,[163] 따라서 **성부와 성자는 동일 본질**(ὅμοούσιος, *homoouios*, of the same substance)이심을 선언하였다.[164] 그러나 동시에, 성부는 성자가 없이는 성부가 아니며, 또한 성자도 성부가 없으면 성자가 아니라는 것이 선언되었다. 성자는 (아리우스주의자들이 말하는 바와 같이) 성부의 의지의 행위로 있게 된 것이 아니라(not by an act of will), 본질상 성자(God's Son by nature)라고 하였다.[165]

정작 신조를 작성할 때는 상당히 중도파이고 콘스탄틴 대제가 상당히 존중했던 **가이사랴의 유세비우스**(Eusebius of Caesarea, c. 260/265 - 339)가 강력한 지도력을 발휘했고, 그를 따르는 사람들이 이 회의의 다수를 차지했었다.[166]

가이사랴의 유세비우스는 앞장서서 새로운 용어의 도입을 거부하면서,

---

163 이 점의 함의를 잘 설명하는 Shedd, *A History of Christian Doctrine,* 1:317, 318; Pelikan, *The Emergence of the Catholic Tradition,* 202를 보라.

164 Fisher, *History of Christian Doctrine,* 136f.; Berkhof, *The History of Christian Doctrines,* 86.

그런데 이 "동일 본질"이라는 말 자체는 후에 추방된 니코메디아의 유세비우스가 의도하지 않게 제공한 것이라는 Ambrosius, *De Fide,* III. 15을 인용하면서 논의하는 Orr, *The Progress of Dogma,* 118, n. 2도 보라. 니코메디아의 유세비우스는 자신의 한 편지에서 "성자가 창조되지 않은 참되신 하나님이시라고 말한다면, 우리는 그가 성부와 동일본질(ὅμοούσιος)이라고 고백하는 것이 됩니다"라고 했다는 것이다.

니케아 회의의 과정에 콘스탄틴 황제도 개인적으로 여러 번 개입하여 발언하였다는 것은 매우 안타까운 일이다. 이 회의의 제일 중요한 단어인 이 "동일본질"이라는 말도 황제 자신이 사용하였다는 Rohse, *A Short History of Christian Doctrine*, 52의 논의도 보라. 오늘날까지 황제가 어떻게 이를 알고 사용하게 되었는지는 잘 모른다고 한다. 로제는 황제의 자문역 가운데 코르도바의 감독 호시우스(Hosius [Ossius] of Cordova)가 황제에게 제안한 것 같다고 하면서(Pelikan, *The Emergence of the Catholic Tradition,* 202; Rohse, *A Short History of Christian Doctrine*, 52) 이는 이전에 터툴리안이 성부와 성자의 동일본질에 대해서 말한 바를 헬라어로 번역한 것이라고 하기도 한다(Rohse, *A Short History of Christian Doctrine*, 52).

그러나 아마도 회의를 시작할 때에는 가이사랴의 유세비우스의 의견에 동의하던 콘스탄틴 황제가 **회의 중에서 아따나시우스의 표현이 주도적임을 발견하고, 전체를 하나로 하기 위해 이것을 지지하게 되었다고 하는 것**(Orr, *The Progress of Dogma*, 119)이 더 정확한 상황 설명일 것이다.

165 Fisher, *History of Christian Doctrine,* 137. Athanasius, *Contra Arios,* 3. 60-64.

166 Berkhof, *The History of Christian Doctrines,* 86.

전부터 자신의 교회에서 사용하던 것과 같은 표현을 써서 표현하도록 하였다.[167] 그것은 그리스도는 "창세 전에 성부에게 낳아지신"(the begotten of the Father from all the ages) "하나님의(=하나님으로부터 온) 말씀"이요, "하나님으로부터 온 하나님(God of God)," "빛으로부터의 빛(Light of Light), 생명으로부터 온 생명(Life of Life)"이라는 표현이었다.[168] 유세비우스는 황제도 동의하는 이런 표현이 잘 받아들여졌다고 하였으나, 결국 반(反)-아리우스주의자들의 의견에 따라서,[169] 이에 더해서 성자는 "성부의 본질로부터(ἐκ τῆς οὐσίας τοῦ πατρὸς, from the substance of the Father) 낳아지시되(γεννηθέντα) 피조된 것이 아니고(οὐ ποιηθέντα, not made),[170] 성부와 동일 본질이시다(ὁμοούσιος, consubstantial with)"고 선언되었

---

167 Fisher, *History of Christian Doctrine,* 138.

168 이는 Eusebius of Caesarea가 잘 사용한 용어였다. 그는 이와 함께 성부와 성자는 비슷한 본질, 즉 "유사(類似) 본질"(ὁμοιούσιος)을 가졌다고 표현하기를 즐겼는데(이를 지적하는 Shedd, *A History of Christian Doctrine,* 1:310), 결국 이 용어가 받아들여지지 않고, 동일본질(ὁμοούσιος)이라는 용어가 채용된 것은 놀라운 섭리라고 해야 할 것이다. 이 동일 본질이라는 용어가 본래 군주신론이나 사벨리우스주의자들이 애호하던 용어라는 설명으로 Shedd, *A History of Christian Doctrine,* 1:309를 보라.

169 그러므로 표현의 불명확성 때문에 가이사랴의 유세비우스가 제출한 신조도 거부되었다고 한 Orr, *The Progress of Dogma*, 118의 진술이 옳다고 할 수 있다. 실제로는 이 신조의 표현을 고쳐서 니케아 신조가 작성되었기 때문이다.

170 이것은 성부와 성자의 위격적 관계성을 표현하기 위해 성경의 표현을 그대로 가져온 것이라는 좋은 설명으로 Shedd, *A History of Christian Doctrine,* 1:315를 보라.

다. 니케아 신조의 본문은 다음과 같다.

> 우리들은 전능하신 아버지시요 눈에 보이거나 안 보이는 만물의 창조자이신 한 하나님을 믿습니다. 그리고 우리들은 한 분의 주 예수 그리스도, 하나님의 아들을 믿사오니, 이는 성부로부터 낳아지신 독생자(the only-begotten), 즉, 성부의 본질로부터 낳아지신 분이시니, 하나님으로부터 나신 하나님이시요(God of God), 빛으로부터 나신 빛이시요(Light of Light), 참 하나님에게서 나신 참 하나님(very God of very God)이십니다. 그는 낳아지셨고 창조되지 않으셨으며, 성부와 동일 본질(ὁμοούσιος)이시고, 그를 통해 하늘과 땅의 모든 것들이 만들어졌으며, 우리 인간들 때문에 그리고 우리의 구원을 위해서 내려오셔서 성육신하시어 사람이 되시고, 고난당하시고, 사흘 만에 부활하셔서 하늘에 오르셨으며, 산 자들과 죽은 자들을 심판하러 오실 것입니다. 또한 (우리들은) 성령님을 믿습니다.
>
> 그런데 [성자께서] "계시지 않았던 때가 있었다"고 말하거나 "그가 낳아지시기 전에는 계시지 않았다"고 말하거나 "그가 무에서 만들어졌다"고 말하거나 성자는 다른 본질을 가졌다고 하거나 하나님의 아들이 피조되었고 변할 수 있다(changeable or alterable)고 하는 사람들을 사도적 보편 교회가 정죄합니다.[171]

이와 같이 (1) 보편적 신앙을 진술하고, (2) 아리우스의 오류에 대한 저주를 선언한 두 부분으로 구성된 니케아 신조는 성자는 피조된 것이 아니라 "낳아지셨다"(begotten)는 것을 확언하였다. 그런데 이때 "낳아지심"은 시간적인 것이 아니고, 영원 안에서 성부와 성자의 관계를 표현하는 의미로 사용되었다. 그것은 결국 성부와 성자의 불변성과 영원성을 명확히 확언하려는

---

171 여러 곳에 있는 것을 참조하고 귀한 동료이신 이남규 교수님의 번역(『개혁교회 신조학』 [수원: 합신대학원 출판부, 2020], 40-41)을 조금 가다듬어 제시하였다.

것이었다.[172] 이를 위해 "성부의 본질로부터 낳아지셨다"는 표현이 사용되었는데, 그것은 형이상학적 아들 됨을 지칭하는 말이고, 따라서 성자는 성부와 같은 본질을 지니고 있음을 선언하는 말이다.[173] 한마디로, 성자의 온전하신 신성(the full divinity)이 선언되었다.[174]

성령에 대해서는 "우리들은 성령님을 믿습니다"라고 단순히 표현되었으니 이는 한편으로는 성령에 대한 다른 견해가 나타나기 이전이므로 별 논쟁거리가 없어서 그랬다는 점과 또 한편으로는 '반쯤은 아리우스에게 동의하면서 성자의 동일본질에 기꺼이 동의하지 않는 사람들이 상당히 많은 상황' 가운데서 성령의 동일본질까지를 이야기하면 문제가 더 복잡하게 될 것을 염려하여 일단은 성부와 성자의 동일본질을 분명히 하는 방향으로 신조를 작성했다는 것을 염두에 두어야 한다.[175] 성자가 성부와 동등하다는 것이 분명히 확보되면 논리적으로 성령도 동등하다는 것으로 나아갈 수 있음을 믿고 성령에 대한 논의는 미루어 두었으나 이 당시에도 정통파 신학

---

172 Rohse, *A Short History of Christian Doctrine*, 54. 그러므로 니케아 신학자들은 영원 출생 교리와 신적 본질의 통일성을 연결시켜 조화롭게 이해했다는 Shedd, *A History of Christian Doctrine,* 1:323의 논의는 정확한 것이다.

173 심지어 좀 더 포괄적으로 설명하려는 Rohse, *A Short History of Christian Doctrine*, 54도 이것을 분명히 한다. 본질로부터 낳아지심이나 나오심이 본질의 낳아짐이나 나오심이 아니라 성부와 끊임없이 부자 관계를 가진 위격인 성자와 성부와 끊임없이 숨 쉬어지는 관계를 가진 위격인 성령의 영원적 존재 방식에 대한 표현이라는 Shedd, *A History of Christian Doctrine,* 1:315도 보라. 이것이 창조와 어떤 차이를 지닌 것인지에 대한 좋은 논의로 317과 322, 그리고 영원 출생이나 영원하신 나오심에는 시간 개념과 우연성 개념이 배제된 하나님 안에서의 영원한 본질의 전달(the communication of the one eternal essence)이라는 좋은 논의로 318-19를 보라.

174 Millard J. Erickson, *Christian Theology* (Grand Rapids: Baker, 1985), 698; Rohse, *A Short History of Christian Doctrine*, 55.

이때 성자가 "그 스스로 하나님이심(*autotheos*)이 인정되었다고 하는 벌코프의 표현(Berkhof, *The History of Christian Doctrines,* 87)에 주목하라. 이는 후에 칼빈이 사용하고 강조한 용어이다.

175 이렇게 포괄적으로 논의하는 Shedd, *A History of Christian Doctrine,* 1:356을 보라.

자들은 성령의 동일본질도 확고히 믿었다.[176]

이에 덧붙여서 니케아 신조에는 아주 분명한 아리우스주의적인 표현에 대해서는 저주가 선언되었으니, "이전에는 계시지 않으셨던"(once He was not)이라는 말이나 "성부와 다른 본질"이라는 표현을 사용하는 것에 대해서 저주가 선언되었다. 가이사랴의 유세비우스(Eusebius of Caesarea)를 비롯해서 논의의 과정에서 아리우스 편을 들던 대부분의 감독들도 니케아 신조에 서명하였고, 니케아 신조에 서명하기를 거부한 아리우스는 그를 지지하던 두 명의 이집트의 감독들과 함께 출교되었고,[177] 아리우스적 견해에 대한 저주 선언에 서명하지 않으려 하고 후에 아리우스와의 관계를 끊으려하지 않던 니코메디아의 유세비우스(Eusebius of Nicomedia, +341)나 니케아의 떼오그니스(Theognis of Nicaea)도 같이 추방되었다.[178]

니케아 공의회와 그 결과로 나온 니케아 신조에서 헬라 철학적인 것이 승리한 것이라고 주장하는 분들이 있으나,[179] 오히려 니케아 회의는 기독교의 헬라화를 성공적으로 논박하고 극복하였다고 보는 견해가 더 옳다고 여겨진다.[180] 알렉산드리아의 주교였던 알렉산더는 니케아 공의회 바로 전인

---

176 이런 입장을 표명하는 Shedd, *A History of Christian Doctrine,* 1:356을 보라. 쉐드는 그 대표적인 예로 아따나시우스를 들고 있다.

177 Pelikan, *The Emergence of the Catholic Tradition,* 203; Rohse, *A Short History of Christian Doctrine*, 53; Orr, *The Progress of Dogma*, 118, n. 3. 그러므로 "니케아 신조는 아리우스의 가르침을 거부하려고 하였고 실제로 거부했다"고 할 수 있다(이를 강조하는 Rohse, *A Short History of Christian Doctrine*, 54를 보라).

178 Fisher, *History of Christian Doctrine,* 139. 니코메디아의 유세비우스만 말하고 다른 감독의 이름은 말하지 않는 Orr, *The Progress of Dogma*, 118, n. 3도 보라.

179 그 대표적인 것이 하르낙과 그를 따르는 사람들이다.

180 이런 입장을 잘 표현하는 Rudolph Sohm, *Outlines of Church History,* trans. May Sinclair (London: Macmillan & Company, 1895), 56과 그를 동감적으로 인용하는 Orr, *The Progress of Dogma*, 123-24를 보라. 이에 근거해서 오어는 니케아 신학이 그리스도의 본질적 신성에 대해 증언

325년 초에 안디옥에서 열렸던 지역 공의회의 결정문에 대해서 "우리는 이렇게 가르치고, 우리는 이것을 설교합니다. 이것이 교회의 사도적 교의입니다."라고 선언하였다.[181] 이는 니케아 신조에 더 부합하는 말이다. 이것이 삼위일체에 대한 교회의 교의(the dogma of the Trinity)다.

이렇게 니케아 공의회는 아리우스 논쟁에 대한 결론을 냈다. 그러나 실상은 황제의 강력한 힘에 의지해서 교회가 회의를 하며 어떤 결론을 낸 것도 문제이며, 이는 앞으로도 계속해서 황제의 변덕에 따라 교회의 신앙이 좌지우지될 수도 있게 하는 나쁜 선례를 남겼다.[182] 그리고 이것이 결국 일종의 타협을 찾아간 것임은 후에 니케아 신조 내용을 해석하면서 각기 다른 해석을 한 것에서 잘 드러난다. 결국 그 당시에 서로 다른 입장을 지닌 사람들이 각기 다른 마음으로, 같이 고백한 것이다. 따라서 이것은 후에 많은 논쟁의 여지를 남겼다. 그래서 베른하르트 로제 같은 분은 "니케아 신조에 대한 후대의 해석[즉, 정통파의 해석]은 그 본래의 의미와 꼭 일치하는 것은 아니다"고 지나치게 주장할 정도이다.[183] 그래서 그는 "니케아 공의회는 아리우스 논쟁을 끝낸 것이 아니라 니케아에서 이 논쟁이 진지하게 시작되었다"고 주장하며, "이제 교회 안에 난폭한 정치적 투쟁이 시작되었

하며 쌓은 토대를 오늘날의 신학이 제거하려고 해서는 안 된다고 강하게 말하고 있다(124).

181 Alexander of Alexandria, *Tome,* 3 (Pelikan, *The Emergence of the Catholic Tradition,* 201).

182 이에 대한 지적으로 Berkhof, *The History of Christian Doctrines,* 87을 보라.

183 Rohse, *A Short History of Christian Doctrine*, 53. 물론 주장은 지나친 주장이고, 결국 니케아 신조의 의미를 모호하게 하는 주장이다. 그러나 당시 역사적 복잡성을 잘 알게 해 주는 주장이다. 로제는 "교리사의 의미가 일련의 교의적 명제들의 역사적 기원과 관여하는 것이 아니라 끊임없이 받아들여지고 해석될 필요가 있는 고백들과 관여하는" 것이라는 독특한, 그리고 문제가 되는 입장을 드러낸다(54).

다"고 한다.[184] 우리가 조금 후에 묘사할 상황을 보면 "교리는 교회 정치와 사람들의 갈등의 희생물로 보이기도 한다"는 말이[185] 상당히 설득력을 가질 수 있다. 그러나 종국적으로 드러난 성경에 충실한 교리를 보면서 그 배후에 하나님의 섭리가 있어서 인간들의 여러 오류에도 주께서 성경적 바른 가르침을 보존하셨다고 해야 한다.

니케아 신조의 강조점을 한마디로 요약하면, 하나의 같은 본질이 성부와 성자에게 속한다고 선언되었는데, 후대에도 계속해서 이것을 강조한 사람이 아따나시우스이다.[186] 그 외에도 동방의 이고니움의 암필로치우스(Amphilochius, c. 339/340-394/403)와 오리겐의 충실한 제자였던 소위 맹인 디두모(Didymus the Blind, c. 313 - 398), 그리고 서방에서는 암브로우스(Ambrose, c. 339 - c. 397)와 힐라리(Hilary of Poitiers, c. 310 - c. 367)가 앞장서서 이런 입장을 잘 설명하려고 하였다고 본다.[187] 핵심은 오직 모든 것을 창조하신 분만이 인간을 구원할 수 있다는 것이다.[188]

---

184 Rohse, *A Short History of Christian Doctrine*, 56. 이것은 지나친 주장이지만 한편으로는 그 이후의 교회의 역사를 잘 드러내는 것이기도 하다. 비슷한 견해의 표명으로 Orr, *The Progress of Dogma*, 120; Berkhof, *The History of Christian Doctrines,* 87도 보라.

185 Pelikan, *The Emergence of the Catholic Tradition,* 173.

186 이것을 강조하기 위해서 우리가 볼 때는 오용될 수 있는 비유를 사용했으니 **태양과 그 광선의 관계**를 들면서 빛이 그 둘 모두에게 속하는 것처럼, 또한 강과 그 원천의 예를 들면서 그 둘 모두에 같은 물이 있으니 성부와 성자는 본질이 같으며(identity) 그러나 하나(numerical sameness)라고 한 것이다.

187 그렇게 말하는 Pelikan, *The Emergence of the Catholic Tradition,* 203을 보라.

188 이 점을 강조한 Pelikan, *The Emergence of the Catholic Tradition,* 203을 보라.

지금은 이슬람의 사원인 모스크가 된 니케아 회의가 열렸던 예배당 건물

예배당이 4세기에 무너진 터 위에 6세기에 유스타니우스 황제가 예배당을 재건하였으나, 11세기에 지진으로 다시 무너진 것을 그 후에 다시 재건했는데, 1331년에 오스만 제국의 오르한 가지[Orhan Gazi, c. 1281–1362]에 의해 점령된 후에 모스크로 바뀌었고, 후에 술레이만 술탄[1494-1596] 때[1520-1566년 재위] 모스크를 상징하는 첨탑(Mineret)이 세워졌다고 한다.

3. 니케아 공의회 이후의 논쟁

많은 사람이 인정하듯이, 니케아 공의회는 한편으로는 삼위일체에 대하여 명확한 선언을 한 신조를 내었으나, 그것에도 불구하고 당시 많은 사람들은 각기 자기 식의 생각을 계속하였다. 그러므로 니케아 회의(325)부터 콘스탄티노플 회의(381)까지의 시간은 교리사보다는 정치사가 더 중요한 역할을 했다고 해도 과언이 아니다.[189] 그러나 그 복잡한 상황 속에서 어떻게 교회가 성경적 입장을 유지할 수 있게 되었는지 하나님의 보존의 관점에서 보아야 할 것이다.

니케아 공의회 당시 가장 큰 세력을 가지고 있었던 중도파는 계속해서 선재(先在)하셨던 성자는 성부와 **비슷하다**(ὅμοιος)고 표현하는 것이 최선이라고 생각했고 실제로 그렇게 표현하였다. 가이사랴의 유세비우스를 따라서 '유세비우스주의자들'이라고 불려지거나 또는 '유사 본질(ὅμοιούσιος, *homoiousios*)파'로 알려진 이 중도파는 오히려 자신들의 견해를 더 넓히려고 했다.

그래서 니케아 공의회 후에 성부와 성자의 다른 본질(*heteroousios*)을 말하는 아리우스파와[190] 동일본질(*homoousios*)을 강조하는 정통파, 그리고 중도파인 유사본질(*homoiousios*)파 - 이렇게 세 파로 나뉘어졌다고 할 수 있다.[191] 논쟁이 심해졌을 때는 유사본질파는 정통파를 부정확하게 사벨리우스주의자들이라고 했고, 또 정통파는 유사본질파를 삼신론자들이라고 비난했다.[192]

그런데 콘스탄틴 황제는 자신의 누이에 의해 영향을 받아서, 매우 안타깝게도 추방된 감독들을 다시 불러들였고, 심지어 아리우스를 복권하려는

189 이 점을 잘 지적하는 Pelikan, *The Emergence of the Catholic Tradition,* 207을 보라.

190 "니케아 회의에서 잠시 퇴각한 것 같았던 아리우스파들은 그 후에도 많은 동조자들을 얻었다"(Rohse, *A Short History of Christian Doctrine*, 56)는 것은 역사적 사실이다. 그들이 많은 감독 자리를 채우려고 했기 때문이다.

191 이 당시의 분파에 대한 좀 더 상세한 논의로 William Cunningham, *Historical Theology,* I (Edinburgh: T. & T. Clark, 1870), 290; Berkhof, *The History of Christian Doctrines,* 88 등을 보라.

192 Cf. Fisher, *History of Christian Doctrine,* 139.

조치도 취했다. 328년에 알렉산더를 이어 알렉산드리아의 감독이 된[193] 아따나시우스는 이런 조치에 대해 강력한 항거를 하였다. 콘스탄틴 대제는 이런저런 편견과 정치적 오해로 인해 아따나시우스를 잠시 물러나게도 했으나 개인적으로 면담한 후에 다시 복권시켰다(332).[194] 그러다가 아따나시우스는 두로 공의회(335)에서 다시 면직되고 황제에 의해서 트립스(Treves)로 유배되었다(335-337).[195]

그리고 같은 해인 335년에 성경적 어귀를 동원하면서 다시 신앙고백서를 만들어 황제에게 제출했던 80세 된 아리우스가 공식적으로 엄숙하게 다시 교회로 받아들여지도록 되었는데, 그 일이 이루어지기 바로 전날 아리우스가 갑자기 사망하였다.[196] 그래서 아리우스

---

193 Pelikan, *The Emergence of the Catholic Tradition,* 173; Rohse, *A Short History of Christian Doctrine*, 56).

194 이 면담에 대해서 "콘스탄틴의 양심을 회복시킨 것"이라고 높이 평가하는 에드워드 기번의 말(*Decline and Fall of the Roman Empire,* III. c. xxi)을 인용하는 Fisher, *History of Christian Doctrine,* 140, n. 1을 보라.

195 Fisher, *History of Christian Doctrine,* 140; Rohse, *A Short History of Christian Doctrine*, 58. 로제는 이것이 첫 번째 유배라고 한다.

196 Fisher, *History of Christian Doctrine,* 140. 오어는 이 해가 336년이라고 한다(Orr, *The Progress of Dogma*, 122). 대개 그의 죽음을 336년이라고 하니 오어가 더 옳은지? 현대 학자인 Jonathan Kirsch는 자신의 책 *God against the gods: The History of the War between Monotheism and Polytheism* (New York: Viking Compass, 2004)에서 아리우스가 반대파에 의해 독살 당했다고

가 다시 공교회로 들어오게 되지는 않았다.

337년 5월 22일에[197] 콘스탄틴 황제 자신도 죽게 되었고, 그는 죽기 전에 자신이 트립스로 유배 보낸 **아따나시우스**를 복권하는 일을 추진하였으나, 그의 아들인 콘스탄티우스(Constantius) 황제는 내시들과 주변 궁정 사람들의 영향 하에서 가이사랴의 유세비우스의 편을 들었다.[198] 그런 점에서 콘스탄틴 황제 사후에 니케아의 결정에 대한 공개적 반대(open opposition)가 일어났다고 하는 펠리칸의 말은 의미 있다.[199] 유세비우스파에 의해서 아따나시우스는 341년 안디옥 공의회에서 면직되었고,[200] 알렉산드리아 감독 자리는 갑바도기아파의 그레고리가 차지했다. 황제와

주장했다. 정확한 사실은 모른다. 당대에는 하나님의 섭리적 손길을 주장하는 견해가 주도적이었다. 섭리적 손길을 강조하면서 그 상황을 좀 더 극적으로 묘사한 R. J. Rushdoony, *The Foundations of Social Order: Studies in the Creeds and Councils of the Early Church* (Chalcedon Foundation, 1968), 15는 흥미로우나 비학문적으로 보인다.

197 연대는 일반적인 것인데 월일까지 명시한 Pelikan, *The Emergence of the Catholic Tradition,* 207을 보라.

198 좁고 독재적 성향을 지니고 교회 일에 간섭하려 했으나 그의 아버지 같은 천재성을 갖지 못하고 주변에 흔들리던 그의 성향에 대한 좋은 묘사로 Orr, *The Progress of Dogma*, 122를 보라.

199 Pelikan, *The Emergence of the Catholic Tradition,* 207. 이때 그는 그 이전에도 니케아 교의가 "보편적 승인을 얻지 못했다"고 말하는 Sozomenos, *H.E.,* 3. 1. 1의 말을 동감하며 인용하면서 이런 논의를 하는 것이다.

200 이 공의회는 반(半)-아리우스파 공의회라고 여겨진다. Cf. Orr, *The Progress of Dogma*, 122.

교권 가진 자들의 반대 속에서 성도들의 상당한 지지를 얻는 아따나시우스는 니케아 신조를 철저히 지키려는 서방 황제 콘스탄스(Constance)가 있는 서방으로 가게 되었다. 당시 로마의 감독이었던 줄리우스(Julius)는 아따나시우스를 로마로 오도록 했고, 로마 공의회(341)와 사르디카 공의회(Sardica, 343)에서 아따나시우스를 옹호하는 결정을 하였다. 그러자 동방에서는 안디옥에서 공의회를 열어(341-345) 중도적이지만 성자가 성부의 **의지에 의해** 낳아졌다고 선언하는 신조를 발표했다.[201] 한 교회 안에서 동방과 서방이 상당히 다른 입장을 드러내기 시작한 것이다.

일을 더 복잡하게 만든 것은 **앙키라의 마르셀루스**(Marcellus of Ancyra, † 374)의 주장이었다.[202] "325년에 니케아 신조에 서명한 사람이었고 니케아 정통을 수호하면서 339년에 아따나시우스와 함께 로마에서 같이 추방된"[203] 마르셀루스는 "로고스"라는 칭호와 "아들"이라는 칭호를 구별해서 사용한다. 그는 "로고스는 하나님 안에 내재하고 있었고 영원하다"고 하면서, 그러나 로고스는 "낳아지신 것이 아니고(not begotten) 위격적이지는 않다(not personal)"는 매우 독특하고 상당히 이단적인 의견을 제시했다.[204] 성부로부터 "신적인 에너지"(*energeia drastike*)가 나와서 창조와 구속을 이루었다는 것이다. 그러다가 성육신 때에야 위격을 가졌다(personal)고 한다. 이 성육신하신 로고스를 성경이 '하나님의 아들'이라고 불렀고, 구주의 사역이 마쳐졌을 때 로고스는 성부와 지상적 관계 이전으로 돌아갔다고 했다. "아들"이

---

201 Fisher, *History of Christian Doctrine,* 140.

202 그에 대한 좋은 논의로 Theodor Zahn (1838-1933)이 1867년에 쓴 다음 논의가 추천된다. *Marcellus von Ancyra: ein Beitrag zur Geschichte der Theologie* (Gotha: F. A. Perthes, 1867).

203 이 점을 지적하면서 "니케아 정통파가 경험한 수치(embarrassment)"라고 하는 Pelikan, *The Emergence of the Catholic Tradition,* 207을 보라.

204 Fisher, *History of Christian Doctrine,* 141.

라는 말은 성육신하신 분에게만 써야 한다고 했다.[205] 선재할 때에는 로고스라는 용어를 쓰자고 하는데,[206] 그에 의하면 성육신 이전의 로고스는 위격적이지 않은 것이다. 이처럼 마르셀루스는 성경적 삼위일체와는 다른 이해를 제시하면서 이단적 생각을 드러내었다.[207]

성령에 대해서도 성령이 그 위격을 갖지 않는다고 했고,[208] 성령의 "내재적 (영원한) 나오심"과 "경륜적 보내지심"을 구별하지 않았으며,[209] 따라서 그리스도 재림 이후에는 성령이 "감당해야 할 그 어떤 기능도 없다"고 했다.[210] 모든 점에서 이단적 견해를 말한 것이다.

앙키라 출신으로 마르셀루스에게서 배우고 그 밑에서 부제(deacon)를 하고 후에 (오늘날 세르비아의) 시르미움의 주교(bishop of Sirmium)를 했던 포티누스(Photinus, † 376)도[211] 로고스가 비인격적인 하나님의 능력이라는 생각을 드러내면서 이 신적인 로고스의 영향력 아래 있던 마리아의 아들인 인간 예수가 있었다고 했다.[212]

그래서 336년 콘스탄티노플 공의회에서 마르셀루스가 정죄되었다. 그

---

205 Marcellus, *Fragments,* 109 (Pelikan, *The Emergence of the Catholic Tradition,* 208).

206 Marcellus, *Fragments,* 43 (Pelikan, *The Emergence of the Catholic Tradition,* 208).

207 펠리칸은 마르셀루스의 견해를 "은밀한 사벨리우스주의"(cryto-Sabellianism)라고 평가하였다(Pelikan, *The Emergence of the Catholic Tradition,* 208). 이는 유세비우스가 이미 이를 "사벨리우스주의의 교묘한 형태"라고 한 바(Eusebius, *Ecclesiastical Theology,* 3. 4)를 반영한 평가다.

208 Basil of Caesarea, *The Epistles,* 263. 5 (Pelikan, *The Emergence of the Catholic Tradition,* 212)에서 재인용.

209 Marcellus, *Fragments,* 67 (Pelikan, *The Emergence of the Catholic Tradition,* 212).

210 Basil of Caesarea, *On the Holy Spirit,* 16. 40 (Pelikan, *The Emergence of the Catholic Tradition,* 212)에서 재인용.

211 이 정보는 다음에서 얻었음을 밝힌다: https://en.wikipedia.org/wiki/Photinus.

212 Fisher, *History of Christian Doctrine,* 141.

런데 아따나시우스와 로마의 줄리우스는 그를 정통의 품 안에 있는 것으로 유지시키려고 했다. 논쟁 상황이 모든 것을 정확하게만 하는 것을 허용하지 않은 것으로 보인다. 후에 아따나시우스는 마르셀루스의 가르침은 잘못되었다고 논박하였으나 그를 인격적으로 공격하지는 않았다고 한다.[213] 마루셀루스 때문에 동방과 서방의 간극이 좀 더 벌어졌다.[214]

이후에도 한동안 유세비우스가 주도하는 중도파가 상당한 권력을 휘둘렀다고 할 수 있다. 이들은 실상 속으로는 아리우스적 견해를 가지고 있었으나 교묘하게 자신들의 견해를 가리면서 상대를 모함하고 모든 술수를 다 동원하는 사람들이어서 아리우스 논쟁에서 "헤롯파"라고 불리기도 하는 그룹이다.[215] 교회사에 나타나는 비극적 정황이 바로 이런 것이다. 그 결과로 다른 파, 니케아 신조에 반대하는 그룹이 한동안 승리를 구가(謳歌)하고 있었다고도 할 수 있다. 그 대표자들이 안디옥의 에이시어스 또는 아에티우스(Aetius of Antioch, fl. 350)와 미시아에 있는 씨지커스의 유노미우스(Eunomius of Cyzicus, c.393)라고 할 수 있다. 두 사람 모두 **동일 본질을 부인**하는 사람들이었다.[216]

그들을 비판하는 중도파(유세비우스파)도 내부가 분열되어서, 너무 분열될 것을 염려한 궁전 내 주교들은, 논쟁의 핵심이 되는 단어인 본질(οὐσία)

213 Fisher, *History of Christian Doctrine,* 141.

214 Berkhof, *The History of Christian Doctrines,* 89.

215 이렇게 표현하는 Orr, *The Progress of Dogma*, 114을 보라.

216 이들은 기본적으로 아리우스주의자들로 분류되고 그렇게 언급된다. Cf. Orr, *The Progress of Dogma*, 113. 아에티우스(Aetius)는 "낳음"(begetting, *gennesia*)을 우주적 개념으로 여기면서, 하나님의 '낳아지지 않으셨음'(agennesia)을 하나님의 본질로 여겼다고 한다(Franz Dünzl, *A Brief History of the Doctrine of the Trinity in the Early Church,* 89). 그러나 이는 대부분의 교부의 생각과 아주 다른 것이니 대부분의 교부들은 성부만이 "낳아지지 않으셨음"(agennesia)을 가지셨다고 했기 때문이다.

이라는 단어는 성경에 없는 단어이니 이 말 자체를 사용하지 말자는 입장을 취했다.[217] 더 나아가, "동일 본질"(ὁμοούσιος, *homoousion*)이라는 말까지 사용하지 않으려는 움직임도 나타났다. 예를 들자면, 341년의 안디옥 공의회의 결정문이나 제2차 시르미움 회의의 결정문(357), 그리고 제3차 시르미움 공회의 결정문(Sirmian creed, 357)이 그런 것이다. 이런 것들을 아리우스파의 신조들(Arian creeds)이라고 한다.[218] 제4차 시르미움 신조(358)에서도 성자는 "성경을 따라서" 성부와 비슷하다(to be like [ὅμοιος] the Father)고 모호하게 표현되었다.[219] 후에 셀루시아(Seleucia, 희랍어로는 셀루케이아, Σελεύκεια)에 모인 동방 감독들은 여기서 "성경을 따라서"라는 어귀도 빼고 "성자는 성부와 비슷하다(to be like [ὅμοιος] the Father)"고 고백하였다(셀루시아 신조, the Seleucian Symbol, 359). 이런 것들에서 우리들은 교회의 공의회도 잘못할 수 있고, 실제로 잘못하였다는 명백한 증거를 볼 수 있다.[220]

조금 후 줄리안(Julian)이 황제가 되자 아따나시우스가 다시 복권될 수 있었다(362). 그러나 발렌스(Valens) 황제 때에 그는 또 다시 유배당했으니, 발렌스 황제의 부인이 아리우스주의자였기 때문이다.[221] 362년에 알렉산드리아에서 모인 공의회에서도 그저 절충하려는 분위기가 주도적이었다.[222]

---

217 Fisher, *History of Christian Doctrine,* 142; Orr, *The Progress of Dogma*, 114.

218 이런 아리우스파의 신조들에 대해서는 다음을 참조하라: https://en.wikipedia.org/wiki/Arian_creeds. 오어는 357년 공의회는 아리우스파적 공의회였고, 358년의 공의회는 반(半)-아리우스적 공의회였다고 한다(Orr, *The Progress of Dogma*, 122).

219 Fisher, *History of Christian Doctrine,* 143.

220 이 점을 강조하는 칼빈의 『기독교 강요』 제 4권 앞부분을 보라. 이 시기에 대해서 제롬은 "온 세상이 신음하였는데, **자신들이 아리우스주의자들이라는 것을 발견하고 놀랐다**"고 했다고 한다(Orr, *The Progress of Dogma*, 122에서 재인용, 강조점은 덧붙인 것임).

221 Fisher, *History of Christian Doctrine,* 143.

222 그래도 이때에 성령이 성부와 성자와 동일본질임이 선언되는 성과도 있었다. Cf. Fisher,

안디옥의 멜레티우스(Meletius of Antioch)와 같이 극단적 입장들 모두를 거부하려는 절충적 니케아주의자들이 나타났다.

또한 350년경에 성령에 대한 논쟁이 나타나기 시작했다.[223] 그 전에는 성령에 대한 논의가 일어나지 않았기에 자세히 논의하지 않은 것이다.[224] 유사-아리우스주의자들과 유사-니케아주의자들이 성자의 성부와의 동일본질 개념을 어느 정도 받아들이면서, 그렇다면 성령의 지위는 과연 어떠한가에 대한 논의가 나타났다. 일부는 아리우스를 따라서 성령을 피조물로 여기면서 천사들과 비교하면서 천사들보다 정도에 있어서만 높으신 분으로 인식하려고 했다.[225] 조금 후에 논의할 아따나시우스는 이런 견해가 이집트에 만연하고 있다고 하면서 세라피온 감독에게 보내는 일련의 편지들에서 이를 논박하고 있다.[226] 아따나시우스는 성령이 성부와 동일본질을 가졌다고 주장했다.[227]

알렉산드리아의 시릴(c. 376-444)은 성령님께서 하시는 일들은 "오직 신적이고 최고로 뛰어난 성질을 가진 분"만이 할 수 있다고

History of Christian Doctrine, 144.

223 Orr, *The Progress of Dogma*, 127. 그는 Harnack, *History of Dogma,* IV, 111도 비슷하게 말한다고 한다.

224 정확히 이렇게 표현한 Amphilochius of Iconium, *Synodical Epistle* (Pelikan, *The Emergence of the Catholic Tradition,* 211)을 보라.

225 이에 대해서 Sozomen, IV. 27을 보라고 한다(Orr, *The Progress of Dogma*, 127).

226 Cf. Orr, *The Progress of Dogma*, 127.

227 Berkhof, *The History of Christian Doctrines,* 90.

했다.[228] 그 중에 거룩성에 대해 논의하면서 성령님은 "참여함"으로 거룩하신 것이 아니라, "본성상 그리고 참으로"(by nature and in truth) 거룩하시다고 한다.[229] 또한 그는 "살리는 능력을 가지고 계시니" 그는 단지 피조물이 아니고 하나님이실 수밖에 없다.[230] 시릴은 계속해 말하기를, "우리를 하나님으로 만드시는 성령님"이 하나님과는 다른 성질을 가지신다면 모든 희망이 사라진다고 하였다.[231] 이렇게 성령님에 대해서도 성경적이고 바른 견해가 점차 분명히 표현되어 갔다.

이렇게 복잡한 역사의 한 가운데서 니케아 신조와 그것이 강조했던 성부와 성자의 동일본질을 지키기 위해 5번 이상 유배당하면서 그 의미를 잘 드러낸 인물이 아따나시우스다.

4. 아따나시우스의 주장과 기여

"그 시대에 가장 뛰어난 사람이요, 엄밀한 학자이고, 강한 성격을 지녔으며, 자기 확신의 용기를 지닌 사람이요, 진리를 위해 희생할 준비가 되어 있던"[232] 알렉산드리아의 아따나시우스(Ἀθανάσιος Ἀλεξανδρείας, c.293/298 - 373)

---

228 Cyril of Alexandria, *Dialogues on the Trinity,* 7; Gegory of Nazianaum, *Orations,* 40. 44 (Pelikan, *The Emergence of the Catholic Tradition,* 216).

229 Cyril, *Dialogues on the Trinity,* 7 [Pelikan, *The Emergence of the Catholic Tradition,* 215]).

230 Cyril, *Dialogues on the Trinity,* 7 (Pelikan, *The Emergence of the Catholic Tradition,* 216).

231 Cyril, *Dialogues on the Trinity,* 7 (Pelikan, *The Emergence of the Catholic Tradition,* 216). "우리를 하나님으로 만드신다"는 말에 놀라서는 안 된다. 이는 동방 교회에서 늘 이야기하는 신화(神化, deification)를 뜻하는 말이니, 베드로후서 1:4이 말하는 "신성한 성품에 참여함"의 의미로 이해하면 된다.

232 이는 Berkhof, *The History of Christian Doctrines,* 87에 나오는 벌코프의 평가이다.

는[233] 후에 "니케아의 챔피언"으로 일컬어진다.[234] 이는 그 이후에 그가 니케아 신조를 옹호하려는 입장에 충실하려고 했고, 그 누구보다 성부와 성자의 "동일본질"을 위해 싸웠기 때문이다. 니케아 공의회에서도 알렉산더 감독을 보조하면서 활동하였고 시리아의 쿠르후스의 주교(Bishop of Cyrrhus, Syria)였던 떼오도레(Theodoret)는 아따나시우스가 "사도적 교리들을 진지하게 주장했고, 그는 그에게 찬동하는 사람들에게서는 환호를 받았으나 반대자들의 적개심을 일으켰다"고 하였다.[235]

그런데 처음에는 아따나시우스가 "동일본질"이라는 말을 쓰지 않으려고 했으니 이 용어는 사벨리우스가 애호했던 용어였기 때문이다. 그래서 처음에는 이 용어가 "비성경적이고, 의심스러우며, 사벨리우스주의적 경향을 지녔다"(un-Scriptural, suspicious, and of a Sabellian tendency)고 했었다.[236] 그러나 얼마 후에 아따나시우스는 "동일본질"이라는 말을 **사벨리우스와는 다른 의미로 사용하면서** 결국 그가 "동일본질"의 투사가 되었다.

---

233 그의 생년에 대해서는 (1) 주후 293년이라는 설(Edward Hardy, "St. Athanasius," *Britaninca,* available at: https://www.britannica.com/biography/Saint-Athanasius)과

(2) 295년이라는 설(러시아 정교회 사제요 하바드 대학교 신학부 교수도 했던 George Florovsky (1893-1979)의 *Eastern Fathers of the Fourth Century*에 있는 글, available at:http://www.holytrinitymission.org/books/english/fathers_florovsky_1.htm & https://www.johnsanidopoulos.com/2021/01/life-work-and-thought-of-saint.html),

그리고 (3) 296-298년이라는 설(Cornelius Clifford, "St. Athanasius," in Charles Herbermann, (ed.), *Catholic Encyclopedia,* vol. 2 [New York: Robert Appleton Company, 1907]),

그중에서 좀 더 구체적으로 (4) 297년이라는 설(Mark Galli and Ted Olsen, eds., *131 Christians Everyone Should Know* [Nashville: Broadman and Holman Publishers, 2000], 17f.)이 존재한다.

234 Rohse, *A Short History of Christian Doctrine*, 57. "강하고 조금의 다름도 허용하지 않으며 흔들리지 않는 진리의 챔피언"이라고 하는 Berkhof, *The History of Christian Doctrines,* 85도 보라. "정통의 챔피언"이라고 하는 Pelikan, *The Emergence of the Catholic Tradition,* 173도 보라.

235 *Encyclopaedia Britannica,* public domain selection quoted by Christian Classics Ethereal Library, www.ccel.org.

236 *Select Treatises of St. Athanasius: In Controversy With the Arians,* Freely Translated by John Henry Cardinal Newmann (Longmans, Green, and Co., 1911), 124, n.

ATHANASIUS: THE 5-TIME EXILE

사람들은 일반적으로 "니케아 이후의 논쟁의 역사는 아따나시우스 박해의 역사와 진배없다"고 한다.[237] 후커는 심지어 "온 세상이 아따나시우스와 싸우고, 아따나시우스는 온 세상과 싸웠다고 해도 과언이 아니다"고 말한다.[238] 335-37년에 트립스(Treves)로의 유배와 339-346년에 로마와 아퀼레이아(Aquileia)으로의 유배 이후인 350년부터 아따나시우스가 "동일본질"을 위해 더 투쟁하게 되었다.[239] 그 모든 정황 속에서 그는 전혀 믿음이 흔들리지 않았다고 한다.[240] 따라서 승리한 때에도 그는 너그러웠고, 자신이 어려움을 당한 때에도 고결성을 유지했다.[241]

---

237 Orr, *The Progress of Dogma*, 120-21.

238 Richard Hooker, *Eccl. Polity,* 5. 42, cited in Orr, *The Progress of Dogma*, 121. "세상과 싸우는 아따나시우스"(*Athanasius contra mundum*)라는 이 말은 C. S. Lewis가 아따나시우스의 책에 대한 "서론의 글"에서 사용한 말이기도 하다. Cf. C. S. Lewis, "Introduction" to St. Athanasius, *On the Incarnation* (New York: Macmillan Publishing, 1946), xvii, xviii. 더구나 이 말을 중심으로 쓴 Henry W. Coray, *Against the World: The Odyssey of Athanasius* (Neerlandia, Alberta, Canada & Pella, Iowa: Inheritance Publications, 1999), 특히 38-39도 보라.

239 이 과정을 잘 설명하는 Rohse, *A Short History of Christian Doctrine*, 58을 참고해 보라.

240 이를 말하는 Orr, *The Progress of Dogma*, 121을 보라.

241 아리우스주의자들과 이 점을 비교하면서 오어는 "도덕적 근거만 보아도 4세기의 아리우스주의는 정죄된 것이다"고 좋은 대조를 드러내고 있다(Orr, *The Progress of Dogma*, 121). 그런데 벌코프는 아따나시우스는 "자신이 진리라고 여긴 것에서 벗어난 것을 조금도 허용하지 않았다"(inflexible)고 한다(Berkhof, *The History of Christian Doctrines,* 85).

진리를 위해 5번이나 유배당했던 아따나시우스는 (1) 삼위가 같은 하나의 본질(the same substance)을 가지고 계심과 (2) 위격적 존재에 있어서의 구별(difference in personal subsistence)을 모두 분명히 했다.[242] 이것이 후에 정통파의 입장이라고 규정된다. 아따나시우스는 성자가 성부와 같은 본성을 가지고 있음(connatural)이 매우 당연하다고 하면서, 하나님이 하나님이신 한(限), 영원히 성부가 계시고 영원히 성자가 계셔야 한다고 했다.[243]

동시에 아따나시우스는 성경의 표현을 이용해서, 성부께서 영원중에서 성자를 "낳으신다"는 말을 한다.[244] 그러면서 이는 "하나님의 내적이고 필연적이고 영원한 행위"(an internal and therefore necessary and eternal act of God)이지, 그의 주권적 의지의 행위가 아니라는 것을 강하게 말한다.[245] 이때 그는 자신이 이것의 의미를 다 설명한 것으로 여기지 않았다. 오히려 하나님 안에 사람이 능히 말할 수 없는 내면적 활동(these ineffable and immanent activities)이 삼위일체의 신비 안에 있다고 여겼다.[246] 성자의 존재 자체가 하나님의 영원한 본질에 속한다고 따라서 성자는 결코 우연적 존재가 아니라고 하였

---

242 이를 잘 요약하는 Berkhof, *The History of Christian Doctrines,* 85를 보라.

243 Athanasius, *Contra Arianos,* 1. 8. 이를 잘 인용하여 말하는 Shedd, *A History of Christian Doctrine,* 1:322-23. 그리고 아리우스에 반박해서 이렇게 말한 것이기에 여기에 의미상 "영원히 성령님이 계셔야 한다"는 말이 함의된 것으로 보아야 한다. 이 논의에서 아따나시우스는 "동일본질'이라는 말을 거의 쓰지 않고도 그 의미를 잘 설명하였다(이 점을 잘 지적하는 Pelikan, *The Emergence of the Catholic Tradition,* 210을 보라).

244 "참되고 바른 낳으심"(the genuine and true generation of the Son from the Father)을 말하는 Athanasius, *Contra Arianos,* 1. 8 (Pelikan, *The Emergence of the Catholic Tradition,* 175, 227)를 보라.

245 Berkhof, *The History of Christian Doctrines,* 85-86. 누구나 잘 알 수 있듯이 이는 오리겐의 견해를 비판하는 말이다.

246 이 점을 잘 지적하는 Shedd, *A History of Christian Doctrine,* 1:316을 보라.

다.[247] "성자는 성부의 모든 것이다. 말씀이 있기 전에 성부에게 있었던 것은 아무것도 없다."[248] 그런데 말씀이 영원부터 계셨고 있지 않았던 때가 없으므로 영원히 성부에게 있는 것은 모두 다 항상 그리고 영원히 성자에게 있는 것이라는 말이다. 그러므로 성자도 시작이 없으시다. 그리고 그는 모든 것의 창조주이시니 시간의 창조자이시기도 하다.[249]

이것은 아따나시우스가 아리우스에 대해 논박하면서 말한 것이기에 주로 성자만 언급한 것이지, 성령님의 존재도 역시 그러한 것으로 인식하였다고 해야 한다. 실제로 그는 이를 표현하기도 했다. 예를 들어서, 그가 뜨뮈스(Thmuis)의 감독 세라피온(Serapion)에게 (359년이나 360년경에 써서) 보낸 네 편지는 성령의 동일본질을 증명하기 위해 써 보낸 것이다. 성령이 천사들과 질이 다른 것이 아니라 "오직 정도에 있어서만"(only in degree) 다르다고 주장하는 사람들을 논박하는 것이다.[250] 특히 넷째 편지에서 그는 성령님이 피조물(κτίσμα)이라고 주장하는 사람들에 대립해서, "셋(Triad) 안에는 신적 본질에 낯선 것이 없다는 것, 즉 순수한 신적 본질과 일치하는 것만이 있다는 것이 인정되지 않으면 아리우스주의가 온전히 버려진 것이 아니다"고 했다.[251] 그리고는 그가 늘 하는 주장을 하면서, 온전히 거룩하신 하나님에 의해서만 우리가 신성에 참여하는 자가 될 수 있으니 성령님이 신적 본질

---

247 이를 언급하는 Shedd, *A History of Christian Doctrine,* 1:323을 보라.

248 Athanasius, *Contra Arianos,* 3. 6. 12 (Shedd, *A History of Christian Doctrine,* 1:325).

249 이 점을 말하는 Pelikan, *The Emergence of the Catholic Tradition,* 204를 보라.

250 Athanasius, *The Epistle to Serapion,* 1. 1 (Pelikan, *The Emergence of the Catholic Tradition,* 212).

251 이를 인용하면서 언급하는 Shedd, *A History of Christian Doctrine,* 1:357에서 재인용.

을 가지셨음에 틀림없다고 했다.[252] 같은 말을 다른 식으로 표현하면서, "성령에 참여함으로 우리는 신성에 연결된다"고도 했다.[253] 또 다른 곳에서는 성령님은 분명히 오직 하나님께서만 주실 수 있는데, 성자께서 우리에게 성령을 주시니 성자는 하나님이심에 틀림이 없다고 했다.[254] 또한 히브리서 1:3에서 그리스도가 하나님의 영광의 광채(the radiance)라고 하였는데, 우리의 마음의 눈을 성령님께서 비추셔서 조명하시니 성령님도 하나님이심이 분명하다고 한다.[255] 그는 또한 이사야 63:7-14의 빛에서 "하나님의 영은 천사도 아니요 피조물도 아니요 신성에 속한다"고 단언한다.[256] 야고보서 1:17을 성령님께 적용하면서, "성령님도 하나님이시므로 변하실 수 없고, 변이가 없으며, 부패하지 않으신다"고 한다.[257]

성부와 성자의 동일본질을 강조한 아따나시우스에게 사벨리우스주의자라는 비난이 가해지자, 그는 성부와 성자의 위격이 둘임을 분명히 언급하면서 강조하기를 "같은 분이 동시에 성부요 성자인 것이 아니니, 이것으로 사벨리우스가 이단으로 판단되었다"고 하면서, "그들은 [즉, 성부와 성자는] 둘이니, 성부는 성부이지 성자가 아니며, 또한 성자는 성자이지 성부가

---

252 Shedd, *A History of Christian Doctrine,* 1:357.

253 Athanasius, *Contra Arianos,* 3. 24 (Pelikan, *The Emergence of the Catholic Tradition,* 216): "By the participation of the Spirit, we are knit into the Godhead."

254 Athanasius, *Contra Arianos,* 2. 18 (Pelikan, *The Emergence of the Catholic Tradition,* 213).

255 Athanasius, *The Epistle to Serapion,* 1. 19 (Pelikan, *The Emergence of the Catholic Tradition,* 212).

256 Athanasius, *The Epistle to Serapion,* 1. 12 (Pelikan, *The Emergence of the Catholic Tradition,* 214). 디두모와 알렉산드리아의 시릴도 이 구절에 근거해서 성령이 하나님이심을 논의한다. 이에 대해서도 Pelikan, *The Emergence of the Catholic Tradition,* 214를 보라.

257 Athanasius, *The Epistle to Serapion,* 1. 26 (Pelikan, *The Emergence of the Catholic Tradition,* 214).

아니나, [그들의] 본질은 하나다"라고 단언하여[258] 자신이 사벨리우스주의자가 아니며, 성부와 성자가 동일본질의 신성을 가진 두 위격임을 단언하였다.[259] 또한 동등성을 강조하면서, 따라서 이전에 오리겐이나 당대의 아리우스같이 성자에게 "둘째 하나님"(δεύτερος θεός) 같은 말을 쓰는 것은 잘못된 것이라고 하였다.[260] 그리고 교회와 천사들은 그리스도를 경배하였는데, 이것은 성자가 "본질상 하나님이실 때만 적절한" 것임을 논의하고 있다.[261]

이것이 아따나시우스에게 중요했던 것은 이런 것이 아니면 우리의 온전한 구원이 이루어지지 않는다고 생각했기 때문이다. 그에게 있어서 구원은 하나님과의 연합으로만 이루어지는 것이었다. 그런데 그저 인간이기만 한 존재는 우리를 하나님과 연합하게 할 수 없다. "오직 하나님만이 우리를 자신과 연합시킬 수 있다"는 것이 아따나시우스의 주요한 요점이었다.[262] "오직 하나님의 아들만이 우리의 죄를 구속하실 수 있다."[263] 제베르크가 잘 표현한 바와 같이, 아따나시우스에게는 "그리스도께서 온전하고 완벽한 의미에서 하나님이시고 하나님께서 인간성을 취하셨을 때만 하나님과의 교제, 죄용서, 하나님의 진리, 그리고 불멸성이 사람에게 분명히 주어질 수 있

---

258 Athanasius, *Contra Arianos,* 3. 4 (NPNF, 2nd series, 4:395).

259 아따나시우스의 의도와 의미를 잘 설명하는 Rohse, *A Short History of Christian Doctrine*, 58f.을 참고해 보라. 여기서 아직 잘 설명되지 않은 것이 위격들의 차이인데 이것을 다음에 다룰 갑바도기아 교부들이 잘 논의하고 있다는 Rohse, *A Short History of Christian Doctrine*, 59도 보라.

260 Cf. Berkhof, *The History of Christian Doctrines,* 85.

261 Athanasius, *Contra Arianos,* 2. 23-24 (Pelikan, *The Emergence of the Catholic Tradition,* 207).

262 Athanasius, *Contra Arianos,* 2. 69와 여러 곳. 이를 잘 설명하는 Orr, *The Progress of Dogma*, 112; Berkhof, *The History of Christian Doctrines,* 86 등을 보라.

263 그가 아리우스 논쟁 이전에 쓴 성육신에 관한 책에서 이를 분명히 하고 있다. Cf. Athanasius, *The Incarnation of the Word of God* (New York: Mcmillan, 1964), 특히 chapter 8, section 54.

다."[264]

이처럼 아따나시우스에게는 모든 교리가 우리의 구원과 밀접한 관계를 가진 것으로 여겨졌다.[265] 바로 그것 때문에 그는 성부와 성자의 "동일본질"을 위해 투쟁했다.[266] 마찬가지로 성령께서 우리를 거룩하게 하시고 신적이게 하시기에 "그는 반드시 하나님이셔야 한다"고 말했다.[267] 이를 후대에 아따나시우스 신학의 "구원론적 동기"(soteriological motive)라고 표현해 왔다. 이는 그의 삼위일체에 대한 논의가 그저 논의를 위한 논의가 아니라 구원과 관련된 사활적인 것이었음을 의미한다. 그래서 많은 분들이 그는 그저 신학을 위해 신학을 한 것이나 그저 사변을 한 것이 아니라, 구원의 도리를 보호하기 위해 바르지 않은 것과 싸운 것이라는 것을 인정하면서 말한다.[268] 아따나시우스는 마태복음 28:19에 대해 논의하면서, "세례가 주어질 때, 성부께서 세례 주시는 사람을 성자께서 세례 주시고, 성자께서 세례 주시는 사람은 성령님으로 거룩하게 봉헌된다(consecrated)"고 하여,[269] 세례에 삼위일체가 다 관여함을 분명히 했다.

이 문제를 논의할 때 늘 오해되면서 자주 인용되는 아따나시우스의 강

---

[264] Seeberg, *History of Doctrine,* I, 211.

[265] 이 점은 심지어 하르낙 조차도 인정할 정도로 아주 분명히 드러나고 있다. Cf. Harnack, *History of Dogma,* IV, 26; Orr, *The Progress of Dogma*, 112.

[266] Rohse, *A Short History of Christian Doctrine*, 59.

[267] Cf. Orr, *The Progress of Dogma*, 127. 그의 〈니케아 신경에 대한 변증〉도 다음과 같은 말로 마쳐지고 있다: "성부 하나님께, 그리고 그와 함께 존재하시는 성자요 로고스에게, 그리고 전적으로 거룩하시고 생명을 주시는 성령님께 마땅한 영광과 영예와 경배를 드립니다. 지금과 영원무궁토록. 아멘."(Shedd, *A History of Christian Doctrine,* 1:356, n. 1에서 재인용).

[268] 그 대표적인 예로 Rohse, *A Short History of Christian Doctrine*, 57-59를 보라.

[269] Athanasius, *Contra Arianos,* 2. 41 (Pelikan, *The Emergence of the Catholic Tradition,* 216).

한 표현이 있다. 그것은 "그가 참으로 인간성을 취하신 것은 우리가 신이 되도록 하기 위해서이다"는 말이다.[270] 이것이 동방신학의 신화(神化, deification) 개념과 연관되면서 오랫동안 많은 오해를 낳고 있다. 그러나 아따나시우스의 의도는 그가 후에 말한 다음과 같은 의도에서 했던 말이라고 여겨진다.

> 그렇다면 사람은 그 안에서 온전해지고, 처음에 만들어졌던 바와 같이, 즉 더 큰 은혜로 회복되어진다. 왜냐하면 죽은 자들로부터 부활하면 우리들은 더 이상 죽음을 두려워하지 않게 되고, 하늘에서 그리스도와 함께 영원히 통치하게 되기 때문이다. 이것은 성부로부터 오신 하나님의 말씀 자신이 육체를 취하셔서 사람이 되셨기에 가능하게 된 것이다.[271]

이를 가장 오해한 사람 중의 하나가 자유주의적 교리사가 하르낙이다. 그는 이런 말에 근거해서 아따나시우스는 영원히 사는 것을 최고선이라고 여겼고, 죽을 수 있음(mortality)이 최고의 악이며 모든 다른 악들의 원인이라고 말한다고 주장했었다.[272] 그러나 아따나시우는 자신의 주장들, 특히 아리우스에 반대하는 주장이 그저 오래 전부터 교회가 주장하는 바, 즉 "교회의

---

270 Athanasius, *The Incarnation of the Word of God,* 8. 54 (New York: Mcmillan, 1964), 93. Cf. Pelikan, *The Emergence of the Catholic Tradition,* 206.

271 Athanasius, *Contra Arianos,* 3. 4 (NPNF, 2nd series, 4:385).

272 이를 지적하는 Rohse, *A Short History of Christian Doctrine*, 60을 보라.
아따나시우스에게는 이보다 더 한 사변적 경향도 드러난다. 예를 들자면, 만물이 무로부터 창조되어서 결국 다시 무로 돌아가는 것을 막기 위해서 하나님께서 "자신의 로고스로 만드시고 존재를 부여하셨다"고 말할 때(*Contra gentes,* 41 [Pelikan, *The Emergence of the Catholic Tradition,* 204] 등이 그런 예이다. 이런 사변은 자제하는 것이 좋았을 것이다. 왜냐하면 그 자신이 사람이 "죽게 되고 부패하게" 된 것은 죄으로의 타락 때문이라고 정확히 성경적으로 말하고 있기 때문이다(*Orations against the Arians,* 3. 33).

보편적 신앙"(the universal faith of the Church)에 충실한 것임을 분명하게 밝혀 왔다.[273] 그런 의미에서 다음 같은 루이스의 말은 매우 적절한 것이다: "그[Athanasius]가 시대와 함께 요동하지 않은 것은 그의 영광이요, 모든 시대가 흘러가 버린 후에도 그가 그대로 머물러 있는 것은 그에게 주어진 보상이다."[274] 그러므로 우리는 그의 이런 주장을 존중해야 하고, 그의 표현을 성경의 의도와 다른 식으로 오해하지 않도록 주의해야 한다.

아따나시우스가 니케아 신조를 위해 투쟁하며 계속 논쟁할 때에 그 복잡한 상황에서 아따나시우스와 함께 동방의 이고니움의 암필로치우스(Amphilochius, c.339/340-394/403)와 오리겐의 충실한 제자였던 소위 맹인 디두모(Didymus the Blind, c.313 - 398), 그리고 바로 다음에 논의할 동방의 갑바도기아 교부들을 중심으로 한 삼위일체론의 정리가 이 논쟁을 성경적 방향으로 나아가게 했다고 할 수 있다. 특히 맹인 디두모는 성자께서 "본성상 자비로운 구주이시지만, 그 때문에 자비로우시고 구원하시는 하나님 아버지에게 종속하는 것이 아니다"고 하여,[275] 교부들에게서 늘 나타나고 있는 종속설을 명백히 거절하였다. 또한 성령님은 "모든 피조물을 가득 채우시는 분이니 피조물들과는 다른 본질(*substantia*)을 가지셔야 한다."고 하면서 성령의 신성도 단언하였다.[276] 그러면서 성경이 표현하는 대로 성부께서 성자

---

273 이 점에 대해서 Orr, *The Progress of Dogma*, 112를 보라.

274 C. S. Lewis, "Introduction" to St. Athanasius, *On the Incarnation* (New York: Macmillan Publishing, 1946), xviii: "It is his glory that he did not move with the times; it is his reward that he now remains when those times, as all times do, have moved away."

275 Didymus the Blind, *De Trinitate,* 1. 29 (Pelikan, *The Emergence of the Catholic Tradition,* 206).

276 Didymus, *On the Holy Spirit,* 8 (Pelikan, *The Emergence of the Catholic Tradition,* 216).

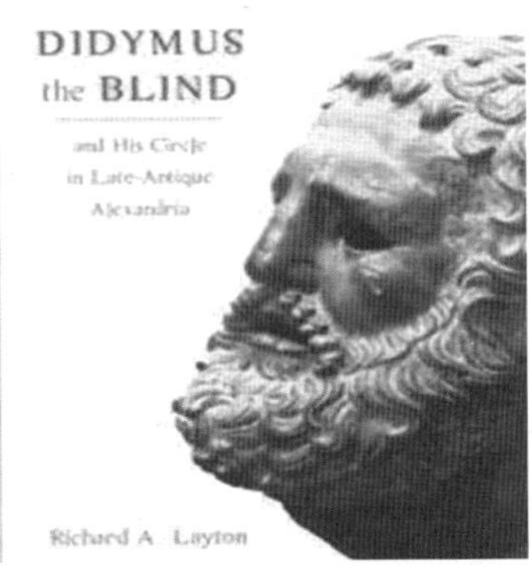

를 "낳으시고," 성령이 "나오시고" 하는 것은 성경에 따라서 그렇게 표현하는 것이지만 우리로서는 "알 수 없는 방식"(an unknown mode)으로 남아 있다고 인정한다.[277]

5. 삼위일체 교리에 대한 갑바도기아 교부들의 공헌과 문제점

가이사랴의 바실(Basil of Caesarea, Basil the Great, c. 300-379), 그의 친구였고 짧은 기간 동안 콘스탄티노플 대주교를 지낸 '나지안주스 또는 나지안줌의 그레고리'(Gregory of Nazianzus, 329?-389/390?), 그리고 바실의 동생인 '닛사의 그레고리'(Gregory of Nyssa, 335?-394?) - 이 세 사람이 '갑바도기아 교부들'(Cappadocian Fathers)로 불리며, 이들은 특히 삼위일체 교리의 정립에서 큰 영향을 미쳤다. 이들은 아주 오랜 귀족 가문 출신으로 헬라의 고전 문학을 잘 읽고, 이전 교부들의 글을 많이 읽었던[278] 갑바도기아 교회의 지도자들

---

277 Didymus the Blind, *De Trinitate,* 1. 9 (Pelikan, *The Emergence of the Catholic Tradition,* 223).

278 이 점을 언급하는 Rohse, *A Short History of Christian Doctrine*, 62를 보라.

이었다. 후대에 그들은 **가장 신학적인** 분들이었다고 생각되었고, 그들의 지적인 노력이 아니었으면 아리우스 이단이 좀처럼 근절되지 못했을 것이라고 언급하는 분들도 있을 정도이다. 이들은 교회 정치에 관여하기보다는 신학적 논의를 깊이 하여 이 문제 해결에 지적인 공헌을 하였다고 여겨진다. 그런데 이들은 기본적으로 오리겐적인 사유로부터 시작하였다.[279]

이전에 비해서 성령의 신성을 더 강조한 것이 갑바도기아 교부들의 큰 기여다.[280] 니케아 신조에서는 성령님에 대해서 요한복음 15:26을 반영하면서 아주 간단하게 "아버지로부터 나오시는 성령을 믿사오며"라고만 고백할 뿐이었다. 성부와 성자의 동일본질을 확언하면서 성령의 위치에 대한 논의는 하지 않고 그저 전제하고 있었다. 그런데 가이사랴의 유세비우스는 종속론적 견해를 많이 드러내면서 성령님은 "성자의 최초의 피조물"이라고 주장했다.[281] 이에 비해서 예루살렘의 시릴(Cyril of Jerusalem)은 후에 정통적 입장에 가깝게 생각하고 표현하였다. 맹인 디두모도 세례 베풀 때 성령의 이름이 없으면 세례 양식이 온전하지 않으므로 그런 세례는 무효(invalid)라고 할 정도로[282] 성령의 신성을 공언하였다. 이와 같이 니케아 신조에 서명한 사람들 사이에서도 성령님의 지위에 대해서는 여러 다른 생각이 있었다.

논쟁의 불을 당긴 것은 342-360년에 콘스탄티노플의 주교였던 마케도니우스(Macedonius) 주변에 모인 사람들의 독특한 견해였다. 마케도니우스를 중심으로 하였기에 마케도니우스파(the Macedonians) 또는 결과적으로 성

---

[279] 이렇게 말하는 Rohse, *A Short History of Christian Doctrine*, 62, 63을 보라.

[280] 이 점을 언급하면서 강조하는 Rohse, *A Short History of Christian Doctrine*, 61을 보라.

[281] 이를 지적하는 Rohse, *A Short History of Christian Doctrine*, 61을 보라.

[282] Didymus the Blind, *On the Spirit,* 24 (Pelikan, *The Emergence of the Catholic Tradition,* 217).

령님을 훼손하는 결과를 내었기에 성령 훼손당(the Pneumatomachianism)이라고 불리는 분들은 성령님의 신성을 부인하면서, "성령은 성자에게 종속하는 피조물"이라고 했다.[283] 이런 것을 보면서 갑바도기아 교부들은 성부와 성자의 동일본질뿐 아니라, 성자와 성령의 동일본질(the *homoousios* of the Holy Spirit)도 명시하면서 강조하였다.

이미 위에서 언급했던 것처럼 〈세라피온에게 보낸 편지〉(359년이나 360년경의 편지)에서 아따나시우스는 성경의 명확한 증언에 의하면 성령님은 피조된 분이 아니시고, 신성을 가지신 분이시므로 삼위일체의 한 위라는 것을 잘 논의하였다.[284] 성령님은 하나님에게서 오셨으므로 하나님께서 하시는 일은 거룩케 하심과 영생을 주시는 일을 하신다는 것을 그는 강조하였다. 성령님을 통해서 우리가 신성에 참여하게 된다는 것을 강조한 것이다.

---

283 Shedd, *A History of Christian Doctrine,* 1:358-59; Berkhof, *The History of Christian Doctrines,* 90. 이 둘, 그리고 Tropici를 구별하기 어렵다는 논의로 Pelikan, *The Emergence of the Catholic Tradition,* 212를 보라. 이들은 모두 성령에 대한 잘못된 견해를 지칭하는 것으로 보는 것이 옳을 것이다.

284 이를 지적하는 Rohse, *A Short History of Christian Doctrine*, 62; Orr, *The Progress of Dogma*, 127; Shedd, *A History of Christian Doctrine,* 1:357을 보라.

따라서 성령님은 분명히 하나님이시고, 그도 성부와 성자와 동일본질을 가지신다는 것을 말했다. 성령님은 "아들에게서 보내지시는 아들의 영"이라고도 언급된다. 요한복음 16:13-14 말씀에 근거해서 아들에게 속한 모든 것이 다 성령의 것임을 강조하면서 성자와 성령의 동일본질까지를 말한다. 우리가 후대에 정통파 삼위일체에 대해서 말하는 모든 것을, "위격"이라는 용어의 사용 없이, 아따나시우스는 잘 제시하며 논의했다. 여기에 위격이라는 용어를 잘 공급한 것이 갑바도기아 교부들이라고 할 만하다.[285]

이와 같이 **바실**(**Basil of Caesarea, Basil the Great**, c. 300-379)을 필두로 한 소위 갑바도기아 교부들은 '**휘포스타시스**'(**hypostasis**)**라는 용어를 각 위**(**位**)**에 대해 사용**하였고,[286] 그리하여 일차적으로 동방 교회에서 이 용례가 일반화되었고 후대에는 전체적으로 이것이 아주 일반적인 용례가 되었다.[287] 그리하여 갑바도기아 교부들은 일반적으로 "한 본질, 삼 위"(one ousia three hypostasis, *μία οὐσία τρεις ὑπόστάσεις*)라는 용어를 확정시킨 분들이라고 일컬어진다.[288] 그래서 이후로는 본질(*οὐσία*)이라는 말은 삼위일체의 공통적 본질을 지칭하는 것으로, 그리고 그 본질을 구현한 각 위격을 "휘포스타시스"(*ὑπόστάσις*, 위격)으로 사용하기에 이른다. 이렇게 갑바도기아 교부들은 삼위의 "위격적 구별"을 강조하였다.

---

285 이 점을 언급하면서 강조하는 Rohse, *A Short History of Christian Doctrine*, 62를 보라.

286 Basil of Caesarea, *Epistles,* 38. 3; *On the Spirit,* 18. 47 [Pelikan, *The Emergence of the Catholic Tradition,* 220].

287 이에 비해 서방 교회 일부에서는 이 "휘포스타시스"라는 용어를 '본질'에 대해 사용하려고 해서 서로 용어의 혼동이 있었고, 특히 그저 '존재'라는 의미로 사용한 아타나시우스의 용례(Pelikan, *The Emergence of the Catholic Tradition,* 219)도 있었기에 그런 것 때문에 오해들이 나타났다는 것은 널리 알려진 이야기이다. Cf. Berkhof, *The History of Christian Doctrines,* 89-90.

288 이를 말하는 다음 논의들을 보라 곤잘레스, 1, 한역, 363;

예를 들어서, **바실**은 각 위격적 독특성으로 아버지되심(fatherhood), 즉 "태어나지 않으심"(unbegotten), 성자의 "아들됨"(sonship), 즉 "태어나심"(begotten), 그리고 성령의 "거룩하게 하심"(sanctification)과 "나오심"(procession)을 말하였다.[289] 갑바도기아 교부들은 이와 같이 삼위의 위격적 구별을 통해서 성경의 삼위일체를 바로 이해하고, 그 삼위로부터 삼위일체에 대한 논의를 시작하였다.[290]

바실은 성령님이 하나님으로부터 나오시는(요 15:26) 방식, 즉 "그의 입의 숨결의 내쉬어짐"으로 "나오신다"는 것을 강조했다.[291] 그리고 그는 모든 피조된 선의 초월적 원천이기에 우리가 "생각해 낼 수 없다"(unapproachable

---

[289] Basil of Caesarea, *On the Spirit,* 18. 46 (Pelikan, *The Emergence of the Catholic Tradition,* 220). Cf. Rohse, *A Short History of Christian Doctrine*, 63; Shedd, *A History of Christian Doctrine,* 1:357.

[290] Berkhof, *The History of Christian Doctrines,* 90. 그에 비해 아따나시우스는 하나님의 본질로부터 시작해서 논의하였다고 한다.

[291] Basil of Caesarea, *On the Spirit,* 18. 46 (Pelikan, *The Emergence of the Catholic Tradition,* 215).

by thought), 그러므로 그는 하나님이셔야만 한다고 했다.[292] 이렇게 중요한 성령의 신성을 저버리는 것은 구원 자체의 의미를 버리는 것이라고 하였다.[293]

나지안주스의 그레고리(Gregory of Nazianzus, 329?-389/390?)도 다른 갑바도기아 교부들의 견해와 같이하였다.[294] 그는 특히 다음과 같은 말을 한 것으로 알려져 있다.

> 구약에서는 성부에 대해서 분명히 선포하였고 성자에 대해서는 감취어진 형태로 선포하였고, 신약은 성자를 드러내고 성령의 신성을 시사하였다. 지금은 성령께서 우리 가운데 거하시고 당신님에 대한 분명한 설명을 제공하신다.[295]

그는 성령님을 하나님으로 인정하지 않는 사람들이 있는 것에 대해서 안타까워하면서 성령님을 하나님으로 인정하는 사람들 가운데서도 "입으로만" 그리하는 사람들이 많다고 통탄한다.[296] 또한 그는 "하나님께 돌려지는 칭

---

[292] Basil, *On the Spirit,* 22. 53 (Pelikan, *The Emergence of the Catholic Tradition,* 215).

[293] Basil, *On the Spirit,* 10. 26 (Pelikan, *The Emergence of the Catholic Tradition,* 217).

[294] Shedd, *A History of Christian Doctrine,* 1:358.

[295] Gregory of Nazianzum, *Orations,* 31. 26 (Pelikan, *The Emergence of the Catholic Tradition,* 211).

[296] Gregory of Nazianzum, *Orations,* 31. 5 (Pelikan, *The Emergence of the Catholic Tradition,* 213).

호나 말 중에 (성부에게만 속하는) '낳아지지 않으셨음'(unbegotten)이라는 말과 (성자에게만 속하는) '낳아지심'(나심, begotten)이라는 말 외에 성령님께 돌려지지 못할 것이 무엇이 있느냐?"고 묻고는 성령님께 신적인 칭호들과 속성들을 돌리면서 성령님께서 하나님이심을 확언한다.[297] 그는 하나님의 한 본질과 삼위의 영원성을 분명히 하면서, "만일에 하나(the One, 즉 하나님의 본질)가 처음부터 있었다면, 삼위(the Three)도 그런 것이다"고 하면서,[298] 성령이 신적이며 영원함을 분명히 하였다.

갑바도기아 교부들 가운데 가장 철학적이었고[299] 신비주의적 성향을 더 보인 **닛사의 그레고리**(Gregory of Nyssa, 335?-394?)는 그의 〈대요리문답〉의 둘째 장에서 성령을 바람이나 숨과 연관하여 설명하였다.[300] 그러면서 로고스와 성령의 위격적 구별도 분명히 하고 있다.[301]

여기서 닛사의 그레고리가 사용한 소위 세 사람의 비유를 잘 생각해 보는 것이 좋다.[302] 사실 이것은 이 희랍 교부들의 독특한 인간성 이해를 이해하지 못하면, 현대의 많은 사람들이 그렇게 오해해서 몰고 가듯이,[303] 오해

---

297 Gregory of Nazianzum, *Orations,* 31. 29 (Pelikan, *The Emergence of the Catholic Tradition,* 215).

298 Gregory of Nazianzum, *Orations,* 31. 4 (Pelikan, *The Emergence of the Catholic Tradition,* 218).

299 이를 언급하는 Pelikan, *The Emergence of the Catholic Tradition,* 223도 보라.

300 이를 언급하는 Shedd, *A History of Christian Doctrine,* 1:358을 보라. 쉐드는 로마의 락탄티우스(Lactantius,c.250–c.325)도 그리하면서 이를 확대하였음을 잘 지적하고 있다.

301 락탄티우스와 비교하면서 이를 강조하는 Shedd, *A History of Christian Doctrine,* 1:358을 보라.

302 Gregory of Nyssa, *Quod non sint tres dii* (Pelikan, *The Emergence of the Catholic Tradition,* 220-21).

303 그 대표적인 예로 몰트만과 그를 따르는 미로슬라프 볼프 같은 분들을 언급할 수 있다. 이분들이 말하는 "사회적 삼위일체"가 이런 오해의 대표적인 예라고 할 수 있을 것이다.

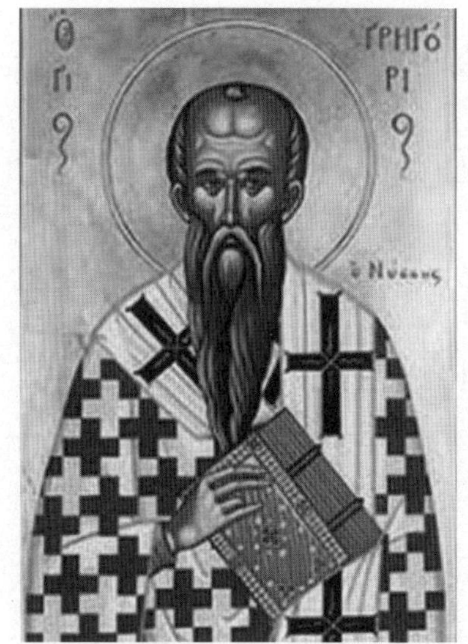

하기 쉬운 표현이다.

닛사의 그레고리는 인류 전체의 **인간성은 하나**라는 것을 전제하고 강조하면서 그런 하나의 인간성을 가진 개별자들이 여럿 있듯이, 하나님은 하나의 신성을 가진 개별자가 오직 셋임을 강조한 것이다. 현대인들은 하나의 인간성에 대한 이해가 이들 갑바도기아 교부들이 가진 이해와 같다고 하기 어렵다. 따라서 이들이 말하는 개념을 그대로 현대적으로 적용하여 세 사람의 사회와 비슷한 것이 성부, 성자, 성령이 이루는 관계라고 하는 것은 사람들을 오도하기 쉽다.[304] 닛사의 그레고리가 세 사람의 비유를 말한 것은 사실이지만, 그가 이런 말을 했을 때의 의도와 현대인들이 이 말을 하고 들을 때의 의도는 정확히 같은 것이라고 하기 어렵다. 이들은 "같은 하나의 인간성을 가진 세 사람의 관계"(the relation of three men to their common humanity)와[305] 비슷하게 하나님은 "오직 하나의 신성을 지닌 삼위로 존재하신다"는 것을 표현한 것이다. 그 배후에는 인간성 그리고 신성의 하나 됨과 통일성에 대한 거의 플라톤주의적인 이해가 있다.[306] 하나의 형상이 이 세상에서 여러 구체물로 나타난다는 생각이 닛사의 그레고리의 표현 배후에 있다. 그래서 그들의 인간성과 관련해서 "그

---

304 몰트만과 미로슬라프 볼프에게는 안되었지만 이것이 정확한 말이다.

305 이 표현은 Fisher, *History of Christian Doctrine,* 143에서 온 것이다.

306 이를 지적하는 Pelikan, *The Emergence of the Catholic Tradition,* 221도 보라.

들은 본질적으로 하나"라고 표현하였다. 그런데 "신적인 본질은 다른 보편들보다 더 실재적이고(real) 더 참으로 하나이다."[307]

이렇게 류적(類的)으로 하나인(genetically one) 하나님께서 성부, 성자, 성령으로 존재하신다.[308] 닛사의 그레고리에게는 인간성도 하나고, 신성도 하나라는 것이 기본적 전제였다. 하나의 신성이 성부, 성자, 성령의 관계를 가지는 것인데, 그 관계성을 성경의 표현을 따라서 표현하기를, 영원중에 성부가 성자를 "낳으신다"고 하였고(시 2:7; 요 1:18 참조), 성부와 성자에게서 성령이 "나오신다"(요 15:26)고 표현했다. 그런데 영원중에서의 이런 "결과의 한 근거 또는 원인이 바로 한 하나님"이시라는 것이 그의 기본적 생각이었다.[309] 그는 "단순하고 불변하는 성질은 신성(the divine)은 참으로 하나이기 위해서, 본질에 따라(according to ousia) 모든 종류의 다양성을 초월한다"고 했다.[310]

그리고 성부, 성자, 성령은 서로가 서로 안에 계시고(mutual inhabitation, 상호 내주), 상호 순환하시므로 항상 함께 생각해야 한다는 것을 강조하였다. 닛사의 그레고리는 이런 것을 '페리코레시스'(περιχῶρεσις)라는 용어를 사용해서 표현하기를 즐겨하였다. 이런 의미에서 성부, 성자 성령은 함께 한 하나님이시라고 했다. 분리될 수 없는 한 통일체(an inseparable unity)를 이루고

---

307 Pelikan, *The Emergence of the Catholic Tradition,* 221-22.

308 Cf. Gregory of Nazianzum, *Orations,* 25. 16 (Pelikan, *The Emergence of the Catholic Tradition,* 221).

309 이것은 가이사랴의 바실의 생각이기도 했다(*Against Those who Falsely Accuse Us of Saying that There are Three Gods,* cited in Pelikan, *The Emergence of the Catholic Tradition,* 221).

310 Gregory of Nyssa, *Quod non sint tres dii* (Pelikan, *The Emergence of the Catholic Tradition,* 221).

있다고 한 것이다.[311] 성부, 성자, 성령은 "시간에서나 공간에서나 의지에서나 사역에서나 나누어질 수 없다."[312] 삼위의 상호 내주로부터 삼위의 숫자적 하나 됨(numerical unity)을 말할 수 있다는 논의는 매우 중요하다.[313] 또한 닛사의 그레고리는 태양 광선과 무지개를 들어서 이를 예증하기를 좋아했다.[314] 빛은 하나인데 나뉘어 볼 수 있는 것이 아니냐는 것이다.

그러나, 후론하겠지만 이런 예증은 항상 문제를 일으킨다. 그러므로 후대에 사는 우리들은 이런 예증을 사용하지 않는 것이 좋다. 그러나 닛사의 그레고리가 이런 예증을 들어 말하려는 의도를 이해하려고 하는 것은 필요하다. 무지개 안에 여러 색이 있고 구별할 수 있어도 결국 무지개는 하나이듯이, 그는 하나님이 성부, 성자, 성령으로 구별할 수 있지만 하나이심을 말하려고 했다. 그리고 그는 기본적으로 인간성도 하나라고 생각하고 있었다는 점도 주의해야 한다. 그래서 그는 하나님이 하나라고 한 것이다.

그러나 닛사의 그레고리를 위시한 갑바도기아 신학자들은 하나님의 하나이심을 강조하기 위해 후대의 빛에서 보면 종속론적인 설명을 하는 경향이 있었다.[315] 특히 후대의 빛에서 보면 그렇게 보인다.

---

311 Cf. Fisher, *History of Christian Doctrine,* 144.

312 Fisher, *History of Christian Doctrine,* 144: "They are separated neither in time, nor place, nor will, nor work."

313 이를 말하는 George Bull, *Defensio Fidei Nic N: A Defense of the Nicene Creed, Out of the Extant Writings of the Catholick Doctors,* Lib. IV, section 4, Cf. Waterland, *Works* (Oxford, 1833), II:211; Cornelius Van Til, 『조직신학 서론』, 이승구, 강웅산 옮김 (서울: 크리스챤, 2009), 472: "숫자적으로 하나이신 분."

314 닛사의 그레고리의 입장을 설명하면서 특히 그의 삼위일체적 세계관에 근거해서 포스트모던적 생각을 잘 극복하려고 한 David Bentley Hart, *The Beauty of the Infinite: The Aesthetics of Christian Truth* (Grand Rapids:Eerdmans, 2004)을 보라.

315 이 점을 지적하는 다음 논의들을 보라. Fisher, *History of Christian Doctrine,* 144, 146; Berkhof, 한역, 96.

5. 콘스탄티노플 공의회(381)에서의 정리

떼오도시우스 대제라고 언급되는 떼오도시우스 1세 황제(347 - 395, 황제 재위는 379-395)가 소집한 콘스탄티노플 공의회(381)에는 모두 동방에서 온 150명의 주교들이 참여하고,[316] 흥미롭게도 안디옥의 감독 멜레티우스(Meletius)가 주재하였다.[317] 이 공의회는 기본적으로 니케아 신조를 받아들여 공언하므로 그동안의 논쟁의 그쳐질 수 있는 토대가 마련되었다. 대개 이 콘스탄티노플 회의로 아리우스 논쟁이 그쳐지게 된 것으로 평가한다.[318]

또한 콘스탄티노프플 공의회는 360년경부터 나타난 소위 마케도니우스주의자들, 성령훼손당(the Pneumatomachianism)의 문제도 명확히 드러내어 거부하고 성경적 성경에 대한 이해를 확립한 공의회가 된다.[319] 이를 분명히 드러내는 어귀는 니케아 신조에는 있지 않던 성령에 대한 긴 고백어

---

316 그래서 이 공의회를 "150인의 공의회"(the Council of the 150)라고도 표현한다(Orr, *The Progress of Dogma*, 123). 585년에 모인 셀루시아-체시폰 공의회(synod of Selucia-Ctesiphon)에서도 150명이 참석했다고 표현했다(Pelikan, *The Emergence of the Catholic Tradition*, 267).

317 Fisher, *History of Christian Doctrine,* 145.

318 그렇게 표현하는 Orr, *The Progress of Dogma*, 122를 보라.
그러나 이렇게 정통파의 승리로 보는 것은 너무 일방적이고 지나친 것이라고 하면서 당대 동, 서방 교회의 논쟁 속에서 양편 모두에 옳은 요소들이 있는 것으로 보려는(Franz Dünzl, *A Brief History of the Doctrine of the Trinity in the Early Church* [Edinburgh: T & T Clark, 2007], x, 20, 85, 135)의 논의는 홍미로우나 하나님의 섭리는 도외시하고 그저 인간적 수준만을 보려는 것이라고 해야 할 것이다.

319 누구나 다 관찰하는 것이지만 이를 명확히 하는 Orr, *The Progress of Dogma*, 129를 보라.

귀이다: "또한 (우리들은) **주님이시요 살리시는**(the Life-giving) 성령님을 믿습니다.[320] 그는 **성부에게서**[321] **나오시며, 성부와 성자와 함께 경배를 받으시고 영광을 받으십니다. 그는 선지자를 통해 말씀하셨습니다."** 이것은 특히 나지안주스의 그레고리의 영향으로 나온 것이라고 한다.[322]

비록 "동일본질"이라는 용어는 사용되지 않았지만, 성령의 신성이 분명히 언급되었고, 영원중의 성부와 성령의 관계도 요한복음 15:26을 그대로 사용하면서 잘 진술되었다.

흔히 콘스탄티노플 신조라고 불리는 신조의 초안은 **예루살렘의 시릴**(Cyril of Jerusalem, 313 - 386)이 주교가 되기 전인 350년에 작성했고, 현존하는 신조와 정확히 같은 형태의 신조는 374년에 에피파니우스(Epiphanius)가 승인한 예루살렘 교회의 세례식 때의 신앙고백문(a baptismal symbol)과 같다.[323] 그리고 451년에는 서방에서도 콘스탄티노플 공의회를 에큐메니칼 공의회로 인정하고 이 회의 결정문을 "콘스탄티노플 신조"라고 했다.[324]

---

320 이런 번역의 대표적 예로 이남규, 『개혁교회 신조학』(수원: 합신대학원출판부, 2020), 45를 보라. 이는 성령님이 주님이심을 분명히 표현한다. 이를 "생명을 주시는, 주의, 성령을 믿습니다."(And in the Holy Spirit, the Lordly, the life-giving)라고 번역할 수도 있다(Pelikan, *The Emergence of the Catholic Tradition,* 185, 그는 이 번역을 Philip Schaff, *The Creeds of Christendom,* 2:57에서 인용하고 있다.). 이는 성령님을 성자와 연관시키면서, 또한 그가 생명을 주시는 분이심을 언급하여 하나님이심을 분명히 하는 것이다.

321 다 알다시피, 서방 교회에서는 589년 톨레도 공의회에서 여기에 "아들로부터도"(*filioque*)라는 말을 넣어서 동방 교회의 종속론적 오해를 방지하려고 하였다. 그 이전에도 에피파니우스(Epiphanius of Salamis ['Επιφάνιος], c. 310/320–403)가 "**성부와 성자에게서 나오심**"을 주장하였다. 이에 (사벨리우스적 경향을드러낸) 앙키라의 마르셀루스(Marcellus of Ancyra [Μάρκελλος Ἀγκυρας,], died c. 374)도 동의했다고 한다(Shedd, *A History of Christian Doctrine,* 1:361).

322 이 점을 지적하는 Shedd, *A History of Christian Doctrine,* 1:360을 보라.

323 Fisher, *History of Christian Doctrine,* 145.

324 Fisher, *History of Christian Doctrine,* 146.이 "니케아-콘스탄티노플 신조는 고대 교회, 중세 교회, 그리고 현대 교회가 받아들인 역사적 삼위일체론을 포함하고 있다"는 Shedd, *A History of Christian Doctrine,* 1:392의 의미 있는 말을 주목해 보라.

콘스탄티노플 신조는 니케아 신조의 "즉, 성부의 본질로부터"(that is, from the substance of the Father)라는 말 대신에 "영원에서 성부로부터 낳아지시고"(begotten of the Father before all ages)라고 고백하였다. 또한 "하나님으로부터 온 하나님"(God of God)이라는 말도 생략하였다. 그리고 성령에 대해서 고백하기를 "성부로부터 나오시는 성령을 믿사오며"라고 성경 구절을 그대로 인용해서 고백한 후에, 성령님은 "성부와 성자와 함께 경배를 받으시고 영광을 받으셔야 한다"고 하였다. 그 내용은 다음과 같다. () 된 부분이 325년 니케아 공의회 결정문인 니케아 신조에서 삭제된 부분이고, 고딕체로 된 부분은 바뀐 부분임을 주목하여 보라.[325]

우리들은[326] 전능하신 아버지시요 눈에 보이거나 안 보이는 만물의 창조자이신 한 하나님을 믿습니다(πιστεύομεν). 그리고 우리들은 한 분의 주 예수 그리스도, 하나님의 아들을 믿사오니, 이는 모든 세대 전에(πρὸ πάντων τῶν αἰώ, *ante omnia saecula*) 성부로부터 낳아지신 독생자(the only-begotten), (즉, 성부의 본질로부터 낳아지신 분이시니, 하나님으로부터 나신 하나님이시요(God of

---

[325] 그런데 이 대부분은, 콘스탄티논플에서 처음 한 것이 아니라, 그 이전부터 사용되고 있던 것이니, 예를 들자면, 이미 350년경 예루살렘의 시릴의 신조나 374년경의 살라미스의 에피파니우스(Epiphaniusof Salamis)의 신조에서 사용되고 있던 것임을 의식해야 한다(이 점을 지적하는 Orr, *The Progress of Dogma*, 123을 보라).

[326] 대개 라틴어 판은 "*Credo*"로, 즉 "나는 믿습니다"고 바꾸어 제시되고 있다.

God),)[327] 빛으로부터 나신 빛이시요(Light of Light), 참 하나님에게서 나신 참 하나님(very God of very God)이십니다. 그는 낳아지셨고 창조되지 않으셨으며, 성부와 동일 본질(ὁμοούσιος)이시고, 그를 통해 (하늘과 땅의) 모든 것들이 만들어졌으며, 우리 인간들 때문에 그리고 우리의 구원을 위해서 내려오셔서 성령으로 마리아에게서 성육신하시어 사람이 되시고, 본디오 빌라도 치하에서 우리를 위하여 십자가에 못 박히시고 고난당하시고, 장사되셨고, 성경대로 사흘 만에 부활하셔서 하늘에 오르셨으며, 성부 우편에 앉아 계시다가 산 자들과 죽은 자들을 심판하러 영광 중에 다시 오실 것입니다. 그의 나라는 끝이 없습니다. 또한 (우리들은) 주님이시요 살리시는 성령님을 믿습니다. 그는 성부에게서[328] 나오시며, 성부와 성자와 함께 경배를 받으시고 영광을 받으십니다. 그는 선지자를 통해 말씀하셨습니다. 그리고 우리들은 하나의 거룩하고 보편적이며 사도적 교회를 믿습니다. 우리들은 죄를 사하는 하나의 세례를 고백합니다.[329] 우리들은 죽은 자들의 부활과 장차 올 영원한 삶을 기다립니다. 아멘.[330]

우리들은 복잡한 과정을 거쳐서라도 성경이 자증(自證)하는 하나님의 자기 계시에 충실한 고백을 교회가 하게 된 것에 대해서 이 일을 주관하신 하나님과 하나님께서 계시로 주신 진리를 잘 수호하고 이단들의 오도하도록 하는 표현을 반박하면서 성경적 가르침을 잘 표현해 보려 한 초대 교회 신자

327 라틴어 판에서는 이것이 다시 사용되었다.

328 다 알다시피, 서방 교회에서는 589년 톨레도 공의회에서 여기에 "아들로부터도"(*filioque*)라는 말을 넣어서 동방 교회의 종속론적 오해를 방지하려고 하였다. Berkhof, *The History of Christian Doctrines,* 91.

329 개신교회, 특히 개혁파 교회는 이 구절을 세례 중생설이나 세례로 죄가 사해진다는 의식주의적의 의미로 생각하지 않고 오히려 세례 중생설과 의식주의를 비판하면서 이를 설명하였다는 것을 밝혀야 할 것이다.

330 여러 곳에 있는 것을 참조하고 귀한 동료이신 이남규 교수님의 번역(『개혁교회 신조학』 [수원: 합신대학원 출판부, 2020], 45-47)을 조금 가다듬어 제시하였다.

들에게 감사하게 된다. 그리하여 정통교회는 다음 같은 삼위일체 교의를 가지게 되었다.

(1) 한 본질을 가신 성부, 성자, 성령이 영원중에서와 지금 그리고 영원히 계신다(μία οὐσία τρεις ὑπόστάσεις). 성부와 성자와 성령은 "동일본질"(ὅμοούσιος)이시고, "함께 경배를 받으신다."

(2) 영원 중에서부터 영원히 성부와 성자와 성령의 영원한 본질적 관계를, 성경의 표현을 따라 다음과 같이 표현한다.

- 성부께서 성자를 낳으시고(generates), 성자는 성부에게서 낳아지신다 (generated).

("**모든 세대 전에** 성부로부터 낳아지신 독생자")

- 성령은 성부에게서 (그리고 성자로부터도, *filioque*)[331] 나오신다(proceeds).

- 성부와 성자와 성령은 서로가 서로 안에 있으며 영원히 상호 순환하신다(περιχῶρεσις).[332] 현대인들은 일부 교부들의 표현을 응용하면서 이것을 가리켜 "영원한 삼위일체적 춤(dance)"이라고 표현하기를 좋아한다.

(3) 영원부터 이런 내재적 관계를 가지신 삼위는 역사 가운데서도 자신을 그대로 계시하신다.

- 성부께서 성자를 보내시고, 성자는 아버지의 뜻을 수행하려 보냄받으셨다.

("우리의 구원을 위해서 내려오셔서 **성령으로 마리아에게서** 성육신하시어 사람이 되시고, **본디오 빌라도 치하에서 우리를 위하여 십자가에 못 박히시고** 고난당하시고, **장사**

---

331 **종속론을 의도하지 않는 본래의 의도에 부합하게**, 그리고 종속론적 오해를 막기 위해 후대인 589년 톨레도 공의회의 결정을 따라 서방 교회가 표현하듯이 말이다.

332 Athanasius를 중심으로 니케아 신학자들의 "상호 내주"(페리코레시스) 개념에 대한 좋은 논의로 Shedd, *A History of Christian Doctrine,* 1:347-50을 보라.

되셨고, 성경대로 사흘 만에 부활하셔서 하늘에 오르셨으며"

- 경륜을 이루기 위해 죽기까지 복종하신 성자의 본래적 신성, 그는 성부와 하나이시다.

- 성자께서 성령을 보내시기로 약속하시고 그 약속에 따라 교회에 보냄 받으신 성령님.

(4) 지금도 현존하시는 내재적 삼위일체는 경륜적 삼위일체의 존재 근거이고, 경륜적 삼위일체는 내재적 삼위일체의 존재 근거이다.[333]

6. 삼위일체론 정립에 대한 어거스틴의 기여

라틴교회는 처음부터 성부, 성자, 성령의 '본질의 통일성'을 강조하는 경향이 있었다.[334] 그러나 어거스틴에게 이르러서 종속론이 라틴 교회에서 상당히 극복되게 된다.[335] 많은 분들은 서방교회 삼위일체론은 어거스틴의 저작인 『삼위일체론』에서 최종적 진술에 이르렀다고 평가한다.[336] 그는 하나님

---

333 이 중요한 명제에 대한 자세한 설명으로 이승구, "The Relationship Between the Ontological Trinity and the Economic Trinity," *Journal of Reformed Theology* 3/1 (2009): 90-107, 인용문은 106-107에서. 이 논문 전체는 「개혁신학 탐구」 (수원: 합신대학원출판부, 2012, 개정판, 2022), 53-67에 번역되어 수록되어 있음. 이를 언급하는 Robert Letham, *Systematic Theology* (Wheaton, IL: Crossway, 2019), 146, ns. 117, 118도 보라.

334 Fisher, *History of Christian Doctrine,* 146. 피셔는 서방 교회라는 표현을 쓴다. 결과적으로 옳은 말이고 일반적으로 쓰는 말이다. 그러나 아직 동서방 교회 분열 이전이므로, 그저 라틴 교회라고 하는 편이 나을 것이다.

335 물론 아직 그에게도 성부의 우선성을 그러내는 표현들이 계속 남아 있다. 그것은 동등성을 해치지 않는 범위에서의 표현의 문제로 여기든지, 경륜상의 순서를 미리 반영한 것으로 보는 것이 좋을 것이다. 이런 표현들도 극복되는 것이 최선이다. 그래도 그는 이전 교부들에게 나타나고 있는 종속론적 표현들을 상당히 극복한 것으로 말할 수 있다.

336 Berkhof, *The History of Christian Doctrines,* 92.

의 본질의 하나 됨과 위격의 삼위일체성을 강조하였다.

일단 "삼위"(the three persons)라고 할 때 그 "위"(位)라는 말이 만족스러운 것은 아니지만 계시에 대면한 후에 하나님에 대해서 말하지 않을 수 없으니(not to be silent) 어쩔 수 없이 쓰는 말이라는 것을 전제로 말하면서,[337] 그는 기본적으로 삼위의 "본질의 숫자적 하나 됨"을 아주 분명히 언급하였다.[338] 또한 그는 각 위가 전체 본질을 가졌음과 각 위가 그 본질에 관한 한 동등함을 강조하였다.[339] 삼위는 세 사람과 같지 않으니, 사람들은 하나의 인간성(generic human nature)을 나눠 가진 일부의 인간성을 지니는 것이지만, 삼위는 각자가 신성 전체를 가지고 있다고 하였다. 또한 한 위(位)는 결코 다른 위(位, person)가 없이 있지 않으며, 삼위는 서로가 상호 의존하여 삼위는 상호 내주(mutual inter-penetration)의 관계를 지닌다고 하였다.[340] 또한 이전에 구약의 신현(theophany)들에서 아들에게 돌려지던 기능과 행동들이 어거스틴에 의해 삼위일체 전체에게 돌려졌다.[341]

사도 시대 이후로 교회의 모든 교사들 가운데서 가장 영향력 있는 인물인 어거스틴의[342] 이런 정리는 교회가 성경적 입장의 삼위일체론을 잘 제시하는 일에 매우 큰 영향을 미쳤다. "소위 아따나시우스 신조"의 "성부도 전

---

337 어거스틴의 삼위일체론으로부터 John Calvin, *The Institutes of the Christian Religion,* 1. 8, 5과 Berkhof, *The History of Christian Doctrines,* 9에 인용된 것을 보라.

338 이 점을 아주 분명히 언급하는 Fisher, *History of Christian Doctrine,* 147을 보라.

339 Berkhof, *The History of Christian Doctrines,* 92.

340 Berkhof, *The History of Christian Doctrines,* 92.

341 Augustine, *De Trinitate,* 1. 2. 9-18.

342 이런 평가는 매우 보편적인 평가이지만 특히 이렇게 언급하면서 그의 영향력은 오래 유지되었고 라이벌이 없을 정도의 큰 영향력이라고도 말하는 Fisher, *History of Christian Doctrine,* 176을 보라.

능하시고, 성자도 전능하시며, 성령님도 전능하시다. 그러나 세 전능자가 있는 것이 아니고, 한 전능자가 있을 뿐이다"는 표현은 그 어귀 그대로 어거스틴의 삼위일체론에서 나온 것임을[343] 누구나 인정한다.[344] 또한 어거스틴은 삼위일체에 대한 논의를 하면서 "이것이 보편적 신앙인 것과 같이 나의 신앙이기도 하다" 또는 "이것이 보편적 신앙인 한(in asmuch as) 또한 나의 신앙이기도 하다"는 것을 분명히 했다.[345]

그러나 아직도 성부의 우선성을 나타내는 표현이 잔존하고, 하나님의 삼위일체에 대한 흔적을 인간의 심리와 존재 방식에서 찾으려는 소위 인간 심리적 유비를 제시한 것은 흥미로우나 악용될 수도 있고, 성령님과 그의 사역과 연관하여서 성령님을, 성경 구절을 인유하면서(엡 4:3) 연결하는 끈(*vinclum amoris*)으로 제시한 것이, 오해를 거쳐서 성령님의 인격성에 대한 무시로 오해하도록 한 것 등은 그에게도 가끔 나타나는 알레고리적 해석과 함께 안타까운 점이라고 하지 않을 수 없다.

그러나 그가 "삼위일체를 정의해 보라는 요청을 받으면, 그것은 이것이 아니면 저것도 아니라고 말할 수 있을 뿐이다"고 하고,[346] "만일에 당신이 온전히 다 이해하였다면 그것은 하나님이 아니다"(*Si enim comprhendis, non est Deus*)라고 하면서[347] 하나님의 신비를 보존하면서도 성경이 계시한 한도 내

---

343 Augustinus, *De Trinitate,* 5. 8. 9; 8. 1. 2.

344 이를 말하는 대표적인 예로 Pelikan, *The Emergence of the Catholic Tradition,* 351을 보라.

345 Augustinus, *De Trinitate,* 1. 5. 7.

346 Augustinus, *Ennar. in Ps.* 26. 8 (Shedd, *A History of Christian Doctrine,* 1:329, n. 2).

347 Augustinus, *Sermo* 117. 5, *Patrologia Latina* 38:661-71, at 663=E. Hill, *The Works of Saint Augustine. A Translation for the 21st Century. Sermons,* III/4 (New York: New City Press, 1992), 209-23. 이 어귀에 대한 좋은 논의로 Jean-Luc Grondin, "Augustine's '*Si comprehendis, non est Deus*': To What Extent is God incomprehensible?" *Analecta Hermeneutica* 9 (2017)을

에서 하나님에 대해서 말해 보려고 노력한 것은 그 내용에 있어서나 그 바르게 신학하는 태도에 있어서 높이 살 수밖에 없다. 그뿐만 아니라 삼위일체에 대해서 잘 표현해 보려고 노력한 대부분의 교부들이 거의 비슷한 말을 하며 같은 겸손을 드러낸다. 예루살렘의 시릴도 "성부께서 어떻게 성자를 낳으시느냐에 대해서 우리는 말할 수 없음을 고백합니다. 우리는 오직 '이런저런 방식으로는 아니다'라고 말할 수 있을 뿐입니다"고 하였다.[348] 고대 동방 교회를 대표하는 다메섹의 요한도 "신적 본성에 대해서 우리가 알 수 있는 것이라고는 알 수 없다는 것뿐입니다"고 한 바 있다.[349] 따라서 우리도 오직 성경에 근거해서만 하나님에 대해서 말할 수 있을 뿐이다. 그리고 성경이 가르치는 대로 삼위일체 하나님을 예배하는 것이 기독교의 예배였다.[350]

보라.

348 Cyril of Jerusalem, *Catecheses,* 11. 2 (Shedd, *A History of Christian Doctrine,* 1:329, n. 1).

349 Johannes Damascenus, *Expositio Fidei,* 1. 4 (Shedd, *A History of Christian Doctrine,* 1:329, n. 3).

350 이 점을 잘 강조하는 Pelikan, *The Emergence of the Catholic Tradition,* 239를 보라.

7. 필리오꾸베(Filioque) 논쟁과 삼위일체의 오해 방지와 의미의 천명

삼위일체에 대한 고대교회의 논의를 마무리하면서 **589년 스페인의 톨레도**에서 열린 〈제3차 톨레도 공의회〉의 결정 사항을 말하지 않을 수 없다. 이는 동방 교회가 주장하듯이 새로운 것을 더한 것이라기보다는 이전에 이미 삼위일체론이 말한 바의 의미가 여러 사람들에 의해서 손상되는 것을 막기 위한 조치를 한 것으로 보아야 할 것이다. 그러므로 이 공의회의 결정은 무엇을 더한 것이 아니고 교회가 믿는 바를 더 분명히 하게 위해 그 의미를 더 분명히 한 것이라고 해야 한다.

일단 논쟁 자체를 이해해 보기로 하자. 사도신경에서 "성령을 믿습니다"라고 한 것을 니케아 신경에서 요한복음 15:26 말씀에 근거하여 "아버지로부터 나오시는 성령을 믿습니다"고 고백한 것으로부터 생각해 보아야 한다. 그래서 이것을 "성령의 나오심"(the procession of the Holy Spirit)에 대한 논쟁이라고 한다. 이것은 물리적 나오심에 대한 이야기나 영지주의적 발출과는 전혀 상관없이 예수님께서 말씀하신 "아버지로부터 나오시는"이라고 하신 말씀의 의미에 대한 것이다. 그래서 이를 번역할 때 영지주의적 용어인 발출(發出)이라고 쓰면 안 된다. 한국에서는 "나오심"이라는 용어가 아주 좋은 용어이고, 중국에서는 "출래"(出來)라고 하면 될 것이다. 절대로 발출이라고 쓰지 않도록 주의하는 것이 좋다.

6세기에 서방에는 일반적으로 성부에게서 나오시니 당연히 성자에게서도 나오신다는 생각들이 있었다. 그것이 성부와 성자의 동일본질을 말한 니케아 신조의 의미에 충실한 것이라고 생각해서 그렇게들 사용해 왔다. 서방 교회에서는 성부와 성자의 동일 본질을 말한 니케아 신조의 함의에 이런 것이 있다고 여긴 것이다. 신조 자체에는 요한복음 15:26 그대로 "아

버지로부터 나오시는 성령"이라고 되어 있지만 그 함의는 "성부와 성자로부터도 나오시는 성령"이라고 믿으면서 말한 것이다. 그래서 589년에 스페인의 톨레도에서 열린 〈제3차 톨레도 공의회〉에서 아예 "성부와 성자로부터도(*filioque*) 나오시는 성령"이라는 말을 사용하여 니케아 신조의 의미를 아주 분명히 하려고 하였다.

그런데 동방 교회에서는 성경과 본래의 니케아 신조를 고수하기 원했고, 혹시 허용할 수 있다면 "성부로부터 성자를 통해 나오시는 성령"이라는 표현까지는 받아들이려고 하였다. 그들이 볼 때 이는 니케아 신조가 규정한 것에 낯선 말을 더하는 것이라고 여겼기 때문이다. 그러나 서방교회에서는 "아들로부터도(*filioque*) 나오시는(*procedit*)"이라는 어귀를 강조하면서 동방교회가 종속론적 경향을 많이 드러낸다고 생각하면서 종속론을 막는 방법의 하나가 이 어귀를 분명히 하는 것이라고 주장하였다. 특히 샤를마뉴(Charlemagne) 궁정과 프랑크 왕국에서는 왕의 명령에 따라 프리울리 공의회(the council of Friuli, *Concilium Forojuliense*, 796)에서 알퀸과 그의 조력자들의 논의에 따라서 "아들로부터도"(*filioque*)라는 용어의 사용을 분명히 하면서

이를 사용하지 말아야 한다는 입장을 정죄하였다.[351]

후에 아헨 공의회(a council at Aachen, 809)에서는 성령님이 성부와 성자로부터 나오신다는 "이중 나오심"(the double procession)을 더 분명히 선언하였다.[352] 그리고 당시 교황인 레오 3세(795-816 재위)에게 이 결정을 승인하고 니케아 신조에 이 구절을 넣어서 예배 때마다 이를 고백하도록 하기를 청원하였고, 레오 3세는 이를 승인하였지만 이 어귀를 니케아 신조 본문에 넣는 것을 거부하였고 자신도 이 어귀를 사용하지는 않았다고 한다.[353]

그러나 60년 후에 이것은 서방 교회에는 일반화되어 성령님은 성부와 성자로부터 나오신다고 톨레도 공의회의 어귀에 따라 고백하면서 성부와 성자와 성령의 "동일 본질"을 분명히 하며, 따라서 성부·성자·성령은 그 존재와 능력과 영광에 있어서 참으로 동등하시며, 영원하시며 동등하신 성부·성자·성령의 관계성을 지칭할 때 성경의 표현을 따라서 성부께서 성자를 "낳으신다"(generates)고 하고, 성령님은 성부와 성자로부터 "나오신다"(proceeds)고 표현하는 것이다.

---

351 David Knowles, "The Middle Ages: 604-1350," in *A History of Christian Doctrine,* ed. Hubert Cunliffe-Jones (Edinburgh: T &T Clark, 1978, reprinted, Philadelphia: Fortress Press, 1980), 238.

352 Knowles, "The Middle Ages: 604-1350," 238.

353 이를 잘 밝히는 Knowles, "The Middle Ages: 604-1350," 238을 보라.

제3장

그리스도의 양성론의 정립

그리스도의 신성과 인성, 즉 양성론에 대한 논의는 그전부터 있었으나 니케아 공의회 이후에 더 본격적으로 논의되기 시작했다고 할 수 있다.[1] 많은 분들이 잘 지적하듯이, 성자가 성부와 동일본질이라는 것, 즉 성자께서 "참되신 하나님"이시라는 것을 확립한 후에 그리스도 안의 신성과 인성의 관계의 문제가 제기되었다는 것은 자연스럽다.[2] 이제 이 논의를 시작하면서 매우 안타깝게도, 우리 주님에 대한 논의가 가장 혼란스럽고 인간적 문제점을 많이 드러낸, 그래서 이른바 "가장 사랑스럽지 않은"(the most unlovely) 논쟁이었음을 말하면서, 그래도 "성령께서는 이 혼동 한 가운데서도 교회를 떠나지 아니하시고, 교회의 평화가 깨지는 큰 값을 지불하면서도 교회가 믿는 바의 의미에 대한 분명한 이해로 교회를 인도하셨다"는 제임스 오

---

1 James Orr, *The Progress of Dogma* (London: James Clarke & Co. Limited, 1901), 27에서는 이 논쟁이 주로 죄와 인간 문제를 논의하는 어거스틴 사후에 많이 일어났음을 강조하면서 따라서 4세기에 있었던 아폴리나리우스와 관련한 논쟁은 일종의 서주(prelude)와 같은 것이었다고 한다(27, n. 2). 그래서 그는 양성론 논쟁을 죄와 구원에 관한 논의(제5장=135-70) 이후에 배치하고 논의한다(제6장=173-206) 그러나 이는 교리의 유기적 발전이라는 자신의 틀에 너무 집착하는 논의라고 할 수 있다. 이런 고정적 틀을 제시하는 것은 언제나 많은 문제를 낳는다.

2 Louis Berkhof, *The History of Christian Doctrines* (Grand Rapids: Eerdmans, 1937, 1949, paperback edition, Grand Rapids: Baker, 1975), 101; Jarolav Pelikan, *The Christian Tradition: A History of the Development of Doctrine,* vol. 1: *The Emergence of the Catholic Tradition (100-600)* (Chicago & London: The University of Chicago Press, 1971), 226-27, 239.

어의 감동스러운 말을 유념하자.[3]

이를 염두에 두면서 그 이전의 논의들도 조금은 다루면서 니케아 공의회 이후의 본격적인 논의들을 정리해 보기로 한다. 핵심은 "영원하신 성자의 참된 성육신"을 인정하고 바르게 이해하는 것이다.[4] 물론 그 누구도 성육신의 신비를 온전히 다 파악할 수 있다고 주장하지는 않았고, 그에 대한 잘못된 견해들과 비성경적 규정들을 제거하려고 한 것이 양성론을 확립해 가는 과정이었다.[5]

1. 신성에 대한 오해들과 그 극복 과정

(1) 신성을 인정하지 않는 이단들과 그 극복

유대교와 같이 초창기에는 예수님의 신성을 전혀 인정하지 않는 부류의 사람들이 있었다. 유대인인 그리스도인들 가운데 그런 사람들을 에비온주의자들(the Ebionites)라고 한다. 이런 명칭은 히브리어의 '에브욘'(אֶבְיוֹן, ebyon), 즉 '가난한 자'라는 말로부터 온 것으로 보이고, 본래는 '모든 유대인 그리스도인'을 지칭하는 말이었으나 점차 이 독특한 집단을 뜻하는 말로 사용되었다.[6] 그 중에 좀 온건한 사람들은 예수의 동정녀 탄생을 받아들였고 이

---

[3] Orr, *The Progress of Dogma,* 174. 벌코프도 "초기 교회의 기독론 논쟁이 별로 덕스럽지 않은 모습"이었지만 "성령님께서 교회를 인도하셔서, 때로는 수치스럽고 혼돈을 통과한 것이지만, 결국 진리의 자리로" 이끄셨다고 한다(Berkhof, *The History of Christian Doctrines*, 101).

[4] 궁극적으로는 이것이 양성론 논쟁의 핵심이라고 잘 지적하는 Orr, *The Progress of Dogma,* 175을 보라.

[5] 비슷한 인식의 표현으로 Berkhof, *The History of Christian Doctrine*, 101-2를 보라.

[6] 이렇게 말하는 E. H. Klotsche & J. Theodore Mueller, *The History of Christian Doctrine*

방 그리스도인들은 율법을 지킬 의무를 가지지 않는다고 하였다. 그런데 좀 더 엄격한 에비온주의자들은 예수님이 요셉과 마리아의 아들인 사람이라고 하였고 모든 그리스도인들은 율법을 반드시 준수해야 한다고 하였다.[7] 이들은 오직 마태복음만 인정했고 극단적 천년 왕국 사상을 전파하였다.[8] 이런 에비온주의는 바리새주의의 특정주의와 기독교를 합하는 혼합주의적 양상을 보였다.[9]

1세기 말에는 엘케사이의 책(the book of Elkesai)을 계시로 받아들이는 사람들, 즉 엘케사이파(the Elkesites)가 나타났다.[10] 위엄을 가진 한 천사가 같은 성질의 여성 천사인 성령과 함께하면서 엘케사이(Elkesai)에게 책을 주었다고 했다. 이 책에 의하면, 그리스도는 인간 부모들 사이에서 태어난 천사라고 한다. 또한 안식일 준수와 할례는 계속된다고 했다. 그리고 죄 씻음과 상처의 치유와 병 고침을 위해 세례가 반복적으로 사용될 수 있다고 했다. 점성술과 마술의 사용도 허용했다. 이런 것을 볼 때 엘케사이파는 유대교와 당대의 이교적 습관을 선별적으로 채용한 것으로 보인다.

또 다른 사람들은 예수님은 온전하신 인간이었고, 그의 온전함 때문에 하나님께서 일정 기간 그와 함께하셨다가 그가 죽기 전에 그 하나님이 그를 떠났다고 생각하는 분들이 있었다. 이들은 후에 역동적 군주신론(dynamic monarchianism)을 주장한 사람들이라고 불렸다.[11]

(Burlington, Iowa: The Lutheran Literary Board, 1945), 28을 보라.

7 Cf. Klotsche & Mueller, *The History of Christian Doctrine*, 28.

8 Cf. Klotsche & Mueller, *The History of Christian Doctrine*, 28.

9 이 점을 지적하는 Klotsche & Mueller, *The History of Christian Doctrine*, 29를 보라.

10 이하 이 문단의 정보는 Klotsche & Mueller, *The History of Christian Doctrine*, 28에서 왔음을 밝힌다.

비잔티움에서 로마로 와서 활동하다가 195년경에 로마 교회의 주교였던 빅토르 1세에 의해서 축출된 떼오도투스(Theodotus)는 그리스도가 단지 사람이었다고 주장하는 이단의 창시자로, 그는 예수님이 성령님에 의해 이적적으로 수태된 것은 믿었고, 예수께서 세례받을 때 성령이 비둘기 같은 형태로 그에게 임하셨다고 했으나, 그가 하나님은 아니라고 했다고 한다. 그의 제자 가운데 한 사람인 두 번째 떼오도투스(환전상 떼오도투스, Theodotus the Money Changer), 그리고 이런 입장을 로마에서 드러낸 마지막 인물로 230 또는 240년경에 활동했던 아르테몬(Artemon), 그리고 동방에서 비슷한 주장을 하던 사모사타의 바울(Paul of Samosata) 등이 역동적 군주신론을 드러내었다.

이들은 결국 예수님이 신성을 가진 것은 아니라고 한 셈이다. 기껏해야 하나님의 능력이나 로고스가 잠시 인간 예수와 함께했다고 생각했다.

지나치게 생각하는 분들은 안디옥 학파는 모두 다 이런 식으로 생각했다고 몰아가려고 하지만, 안디옥 파에 속한 모든 분들이 다 이런 이단적 견해를 가졌다고 하는 것은 너무 지나친 주장이다. 안디옥 학파 사람들 가운데에도 정통파 사람들이 있었다. 그들은 그리스도께서 오신 목적은 구원에 있음을 강조하면서, 그들도 신성의 고난받을 수 없음(impassibility)을 강조하면서 그리스도의 신성을 손상시키지 않으려고 노력했다.[12] 또한 그들은 "성경 가운데 제시된 전체 사도적 신앙"을 받아들임을 분명히 했다.[13] 그러므

---

11 이에 대한 자세한 설명은 앞장의 앞부분을 참조하여 보라.

12 이 점을 잘 논의한 Pelikan, *The Emergence of the Catholic Tradition,* 232를 보라.

13 Pelikan, *The Emergence of the Catholic Tradition,* 243. 그럼에도 불구하고 펠리칸이 전체적으로 안디옥 파의 입장을 "내주하시는 로고스" 교리(the doctrine of "the indwelling Logos")로, 알렉산드리아 파의 입장을 "위격적 연합" 교리(the doctrine of "the hypostatic union")로 제시하는 것 같아서(247, 251-52, 253, 256, 259, 262, 284-85, 340-41, 351) 좀 안타깝다.

로 안디옥 학파 사람들 중의 일부가 좀 더 지나치게 나아가 이단적 견해를 드러냈다고 해야 한다.[14]

그 대표적인 예가 몹수에스티아의 떼오도르(Theodore of Mopsuestia, c.350 - 428)라고 할 수 있다. 그는 그리스도의 온전한 인간성에서 출발하여 그리스도께서 인간적 경험을 하였음을 강조하면서, 그가 인간적 정욕과 투쟁하셨으며 유혹을 받으셨으나 그것들을 이기고 승리하셨다고 하였다.[15] 로고스께서 취하신 사람의 이 온전한 순종과 순전함이 사람들의 구원을 이루었다는 것이다.[16] 그리스도는 "사람으로서(as man) 사람들인 우리들을 위해서(for us as men) 율법을 성취하셨다"고 한다.[17] 그가 사람으로(as man) 성부를 "나의 하나님, 나의 아버지"라고 불렀으니, 사람들인 신자들도 그렇게 할 수 있다.[18] 바로 그 목적을 위해 로고스가 인간을 취하셨다고 한다. 그런데 그가 승리할 수 있었던 이유는 그가 무죄하게 태어났고, 그의 인간성이 **신적 로고스**와 연합했기 때문이라고 한다.

그런데 로고스는 그 안에 본질적 내주(the essential indwelling)를 하신 것이 아니고, 일종의 도덕적 내주(moral indwelling)를 하셨다고 했다.[19] 이 내주는 "그의 기뻐하심을 따라"(according to his good pleasure) 된 것이라는 것을 그는

[14] 물론 펠리칸도 극단적으로 나아간 분들이(extremes) 문제임을 인정하면서 말한다. 예를 들어서, Pelikan, *The Emergence of the Catholic Tradition,* 256을 보라.

[15] Berkhof, *The History of Christian Doctrines*, 104.

[16] Theodore of Mopsuestia, *Exposition of the Ephesians,* 4. 2 (Pelikan, *The Emergence of the Catholic Tradition,* 254).

[17] Theodore of Mopsuestia, *Exposition of the Galatians,* 3. 13 (Pelikan, *The Emergence of the Catholic Tradition,* 254).

[18] Theodore of Mopsuestia, *Exposition of the Ephesians,* 1. 3 (Pelikan, *The Emergence of the Catholic Tradition,* 254).

[19] Berkhof, *The History of Christian Doctrines*, 104.

강조한다.[20] 예수님 안에는 "전적으로 내주하셔서 내주하시는 성자께서 본성상 공유하시는 모든 영광을 그에게 줄 정도"라고 한다.[21] 그는 이것이 우리 안에 내주하시는 것과는 다른 것이라고 강하게 말하지만, 결국 그저 신적인 로고스가 예수 안에 내주하시는 것으로 생각하는 그것이 그의 근본적 문제였다. 신적인 로고스가 어떻게 인간 예수 안에 온전히 내주하는지를 설명하는 그의 설명은 아주 교묘하다. 가장 대표적인 설명은, 십자가의 죽음의 순간에 대한 다음 진술과 같은 것이다.

> 신성(the Godhead)은 죽음의 시련 속에서 고난받는 분으로부터 떨어져 있었다(was separated). 왜냐하면 만일 신성이 조심해서 그로부터 떨어져 있지(remote from him) 않으면 그가 죽음의 시련을 맛볼 수 [즉, 죽을 수] 없기 때문이다. 그러나 또한 신성이 취하신 인간성에 대해 필요한 모든 것을 하기 위할 정도로 아주 가까이 있었다(so near enough to do).[22]

이렇게 고심하면서 결국 신적 로고스가 인간과 함께 계심으로 생각하여 갔다. 그러므로 몹수에스티아의 떼오도르는 성육신을 인간 예수 안에 로고스가 도덕적으로 내주하시는 것으로 대체시켰다는 벌코프의 평가는[23] 정확하

---

[20] Theodore of Mopsuestia, *Fragments on the Incarnation* (Pelikan, *The Emergence of the Catholic Tradition,* 253).

[21] Theodore of Mopsuestia, *Fragments on the Incarnation* (Pelikan, *The Emergence of the Catholic Tradition,* 253).

[22] Theodore of Mopsuestia, *Catechetical Homilies,* 8. 9 (Pelikan, *The Emergence of the Catholic Tradition,* 254).

[23] Berkhof, *The History of Christian Doctrines*, 104. 이와는 다른 평가로 떼오도르도 성육신에 대한 또 다른 이해를 드러낸다는 Pelikan, *The Emergence of the Catholic Tradition,* 253의 논의와 비교해 보라. 떼오도르의 기독론을 어떻게 볼 것인가 하는 것은 아주 심각한 논의거리가 될 수 있

다. 로고스와 인간 예수의 연합이 아주 가까워서 남편과 아내가 한 몸이 된다고 한 것처럼 한 인격으로 불릴 수 있다고 하였다.[24] 그런 밀접한 연합 때문에 취하여진 자도 "성자"라고 불리웠다.[25] 특히 부활 후에는 영광이 로고스가 취하신 사람에게도 부여되었으니 "모든 사람들이 그를 높이고, 예수 그리스도는 성부 하나님의 영광을 위해 하나님이 되셨다고 고백한다"고 한다.[26] 그는 인간 예수가 하나님 우편에 올려지셔서, "**로고스 하나님과 밀접한 연합 때문에** 모든 피조물로부터 끊임없이 영광을 받으신다"고 한다.[27] "**그 안에 내주하시는 로고스 하나님의 성질 때문에** 그는 모든 것들로부터 영광을 받으신다"는 것이다.[28] 그런데도 "그가 영광 가운데 오실" 것과 관련해서는 **로고스가 올 것**이라고 한다. 이는 로고스가 취하신 사람은 하늘에서 온 것이 아니고 땅에서 태어났기 때문이라는 것이다.[29] 이렇게 쓸데없는 논의가 나타날 정도로 신적인 로고스와 그가 취한 인간 예수를 구별하니, 몹수에스티아의 떼오도르의 견해는 과연 예수님의 신성을 인정하지 않

다. 여기서는 잠정적으로 벌코프의 평가를 따르는 것으로 남겨 놓고자 한다.

24 Berkhof, *The History of Christian Doctrines*, 104.

25 Theodore of Mopsuestia, *Catechetical Homilies,* 8. 6 (Pelikan, *The Emergence of the Catholic Tradition,* 254).

26 Theodore of Mopsuestia, *Exposition of Philippians,* 2. 10-11 (Pelikan, *The Emergence of the Catholic Tradition,* 240): "[All] men adore him and all men confess Jesus Christ to be God to the glory of God the Father." 분명히 양자설에 근접하게 보이는 데도 펠리칸은 이것이 양자설과는 다름을 드러냈다고 논의한다(Pelikan, *The Emergence of the Catholic Tradition,* 253).

27 Theodore of Mopsuestia, *Catechetical Homilies,* 5. 6 (Pelikan, *The Emergence of the Catholic Tradition,* 240), 강조점을 덧붙인 것임.

28 Theodore of Mopsuestia, *Exposition of the Ephesians,* 1. 21 (Pelikan, *The Emergence of the Catholic Tradition,* 240), 강조점을 덧붙인 것임.

29 Theodore of Mopsuestia, *Catechetical Homilies,* 7. 14 (Pelikan, *The Emergence of the Catholic Tradition,* 255).

는 대표적인 경우라고 할 수 있다.[30]

(2) 신성을 부족하게 이해한 견해들과 그 극복

삼위일체론을 논하면서 제시한 바와 같이, 아리우스와 그를 따르는 분들은 성자를 로고스라고 했지만, **그의 온전한 신성을 충분히 인정하지는 않았다**. 온전한 신성을 지닌 분이 아닌, 따라서 영원부터 계신 분이 아닌, 즉 "시작이 있는 로고스"와 인간성의 연합을 말하는 아리우스에[31] 반해서, **니케아 신조**는 성자의 온전하신 신성을 잘 선언하였다. 아리우스주의가 온전히 보존한 것은 결국 그리스도의 인간성뿐이었다.[32] 그러므로 정통 교회가 아리우스파와 논쟁하고 마케도니아파와 논쟁하여, 결과적으로 성자와 성령이 성부와 "한 본질"임을 분명히 확립하는 결과를 내었다.[33] 그 후에는 성자의 "신성과 인성의 관계"에 대한 질문들이 나타났고, 그 이후의 교회는 이 질문을 좀 더 심각하게 묻게 되었다.[34] 4세기 중반에 일부 아리우스주의

---

30 이뿐만 아니라 그는 "자유롭고 구속받지 않는 의지의 불순종인 죄는 유전되는 것이 아니고 오직 (죄된) 성질(nature)만 유전된다"고 주장했다. 이를 지적하는 Pelikan, *The Emergence of the Catholic Tradition,* 285를 보라. 그는 아예 <원죄를 옹호하는 사람들에 대항하여, *De peccato originali*>라는 문서를 내기도 했다. 그러므로 몹수에스티아의 떼오도르는 여러 면에서 문제가 된다. 그는 "죽어야 함 때문에 죄가 우리의 본성에 뿌리를 내리고 있다고도 말한다"(*Exposition on the Gospel of John,* 1. 29 [Pelikan, *The Emergence of the Catholic Tradition,* 286].

31 그뿐만 아니라 아리우스파는 로고스에게 배고픔과 목마름을 느낄 수 있는 감각(sensation)도 돌리면서 오히려 정통파는 그리스도를 두 인격으로 분리하는 것이라고 비난했다고 한다. Cf. George Park Fisher, *History of Christian Doctrine* (Edinburgh: T. & T. Clark, 1896, 7th Impression, 1949), 148.

32 이 점을 잘 지적한 Shedd, *A History of Christian Doctrine,* 1:393을 보라.

33 Orr, *The Progress of Dogma,* 175.

34 Bernhard Rohse, *Epochen der Dogmengeschichte* (Stuttgart: Kreuz Verlag, 1963), trans, F. Ernest Stoeffler, *A Short History of Christian Doctrine* (Philadelphia: Fortress Press,1966,

자들이 예수님에게 있어서 로고스가 인간 영혼의 자리를 차지했다고 주장하였고, 이것은 362년 알렉산드리아 공의회에서 정죄되었다.[35]

이 문제에 대한 정통적 입장은 성자의 신성은 "영원하고 불변하다"는 것이다.[36] 이는 성육신에 의해서도 제거되지 않는다. 따라서 그리스도는 그가 취하신 몸으로는 수난을 당하시나, 그가 신성을 가지고 있는 한 그의 신성의 "수난당하실 수 없음"(impassibility)은 계속 유지된다.[37] 성자는 신성으로는 고난을 받으실 수 없으나 "고난받으실 수 있는 몸을 취하셨으니" 그의 몸의 수난도 그 자신의 것이라고 할 수 있다.[38] "그 자신의 몸으로는 수난받으셨으나, 그의 신성으로는 수난받지 않으셨다"고 하면서, 이것은 "모든 이성과 언어를 초월하는 방식으로" 이루어진 것이라고 하였다.[39] 신성의 본질적 고난 받으실 수 없음(the essential impassibility of the nature of God)은 손상 없이 보존되어야 신성이 제대로 인정되는 것이다.[40] 그러나 또한 그저 신성에

---

revised edition, 1985), 55. 사실 로쉐는 니케아 공의회 후에 성부와 성자의 관계, 그리고 성령님의 관계에 대한 질문과 성자의 신성과 인성의 관계에 대한 질문이 그 이후 한동안 교회가 에너지를 쏟아부은 질문이었다고 진술하고 있다(55).

35 이를 밝히는 Orr, *The Progress of Dogma,* 179, n. 1을 보라.

36 Cyril of Alexandria, *De incarnatione unigeniti* (Pelikan, *The Emergence of the Catholic Tradition,* 231).

37 Cyril of Alexandria, *Quod unus sit Christus* (Pelikan, *The Emergence of the Catholic Tradition,* 231).

38 Cyril, *Quod unus sit Christus* (Pelikan, *The Emergence of the Catholic Tradition,* 231).

39 Cyril, *Quod unus sit Christus;* idem, *Exposition of the Gospel of John,* 12 (Pelikan, *The Emergence of the Catholic Tradition,* 231).

40 이 점을 강조하고 잘 드러내는 Pelikan, *The Emergence of the Catholic Tradition,* 231을 보라.

이런 점에서 현대의 일부 동양신학자들(Kazoh Kitamori, *Theology of the Pain of God* [1946, London: SCM, 1966]; Jung-Young Lee, *God Suffers for Us: A Systematic Inquiry into a Concept of Divine Passibility* [The Hague: Springer Dordrecht, 1974]), 과정 신학자들(J. B. Cobb and D. Griffin, eds., *Process Thought: An Introductory Exposition* [Philadelphia: Westminster Press,

해당하는 것, 인간에 해당하는 것으로 나누어 보아서는 안 되고 그의 모든 경험을 "아직 성육신하지 않은" 로고스가 아니라, "그의 삶 전체의 구체성에 있어서 성육신하신 로고스"에게 연관시켜야 한다.[41] 그러므로 예수 그리

1976]), 유르겐 몰트만(J. Moltmann, *The Crucified God* [London: SCM, 1974]), 그를 따르는 리처드 보큠(R. Bauckham, "'Only the Suffering God Helps': Divine Passibility in Modern Theology," *Themelios* 9/3 [1984]: 6–13), 폴 피데스(Paul Fiddes, *The Creative Suffering of God* [Oxford: Oxford University Press, 1988]; idem, "Suffering, Divine," A. E. McGrath, ed., *The Blackwell Encyclopedia of Modern Christian Theology* [Oxford: Blackwell, 1993], 633-36; idem, *Participating in God: A Pastoral Doctrine of the Trinity* [London: Darton, Longman and Todd, 2000]), 클락 피녹을 중심으로 한 개방된 유신론의 주장자들 (Clark Pinnock, Richard Rice, John Sanders, William Hasker, David Basinger, *The Openness of God* [Downers Grove: InterVarsity, 1994], 12, 23-25, 118; "An Interview with Clark Pinnock," *Modern Reformation* [Nov-Dec, 1998]: 37; Clark H. Pinnock, *Most Moved Mover: A Theology of God's Openness* [Carlisle: Paternoster, 2001]), 그 외에도 수난받는 하나님을 강조하는 분들(T. E. Fretheim, *The Suffering of God: An Old Testament Perspective* (Philadelphia: Fortress Press, 1984); R. Goetz, "The Suffering God: The Rise of a New Orthodoxy," *New Christian Century* 103/13 [1986]: 385–89; Thomas Jay Oord, "Strong Passibility," in *Divine Impassibility: Four Views of God's Emotions and Suffering,* eds., Robert J. Matz and A. Chadwick Thornhill [Downers Grove, IVP Academic, 2019]), 심지어 월터스토르프(Nicholas P. Wolterstorff, "Does God Suffer?" *Modern Reformation* [Sept-Oct 1999], 45) 등의 시도는 아주 심각한 문제를 지닌 것임을 잘 의식해야 한다.

그렇게까지는 아니지만 아주 조금은 중도적 입장을 표명하는 다니엘 카스텔로(Daniel Castelo, "Qualified Impassibility," in *Divine Impassibility: Four Views of God's Emotions and Suffering*[Downers Grove: IVP, 2019], 53-74)나 부루스 웨어(Bruce A. Ware, *God's Greater Glory: The Exalted God of Scripture and the Christian Faith* [Wheaton: Crossway, 2004])와 그에게서 논문 지도를 받은 롭 리스터의 주장(Rob Lister, *God is Impassible and Impassioned: Toward a Theology of Divine Emotion* [Wheaton: Crossway, 2013])에 대해서도 조금은 불안함이 있다.

오늘날도 정통적 입장에 충실하게 하나님의 "고난받으실 수 없음"(impassibility)을 잘 유지한 다음과 같은 논의들을 보라: Herman Bavinck, *Reformed Dogmatics,* vol. 2 (Grand Rapids: Baker Academic, 2004), 158; Berkhof, *Systematic Theology* [Grand Rapids: Eerdmans, 1941], 59, 71-72; J. I. Packer, "God," in *New Dictionary of Theology,* eds., Sinclair Ferguson and David Wright (Downers Grove: InterVarsity, 1998), 277; idem, "Theism for Our Time," in Peter T. O'Brien and David G. Peterson, *God Who Is Rich in Mercy* (Grand Rapids: Baker, 1986), 16; Paul L. Gavrilyuk, "God's Impassible Suffering in the Flesh: The Promise of Paradoxical Christology," in *Divine Impassibility and the Mystery of Human Suffering,* eds., James F. Keating and Thomas Joseph White [Grand Rapids: Eerdmans, 2009], 140-41; Ronald S. Baines, Richard C. Barcellos, James P. Butler, Stefan T. Lindblad and James M. Renihan, *Confessing the Impassible God* (Palmdale: RBAP, 2015).

[41] Cyril of Alexandria, *Quod unus sit Christus* (Pelikan, *The Emergence of the Catholic Tradition,* 247).

스도는 "만세 전에 말할 수 없는 방식으로 낳아지신 분이며(was born ineffably born of the Father), 또한 몸으로는 여인에게서 난(bodily of a woman) 분이시다."[42] 그의 모든 경험과 하신 일은 모두 다 한 분의 성육신하신 로고스에게 돌려져야 하는데, 그는 그의 육체를 그의 이적들과 수난의 도구(an instrument)로 사용하신 것이다.[43] 변화산에서 들린 목소리(즉, 성부의 목소리)는 "신성과 인성을 지니신 한 분의 성육신하신 로고스"를 "내 사랑하는 아들"이라고 했다.[44]

심지어, 우리가 후에 심각하게 비판할 네스토리우스조차도 그리스도는 "그의 신성을 따라서는 고난받지 않으신다, 그러나 그의 몸의 성질에 따라서 고난받으신다"고 정확히 말하였다.[45]

2. 인성에 대한 오해들

(1) 인성을 인정하지 않는 견해들의 등장과 논박

2세기 영지주의자들은 예수님의 몸이 "일종의 환영적 몸"(a Phantom body)이라고 여겼다. 그래서 십자가 죽음 이후에는 그런 몸이 필요하지 않다고 주

---

42 Cyril of Alexandria, *Quod unus sit Christus* (Pelikan, *The Emergence of the Catholic Tradition,* 250).

43 Cyril of Alexandria, *Quod unus sit Christus* (Pelikan, *The Emergence of the Catholic Tradition,* 250).

44 Cyril of Alexandria, *De incarnatione unigeniti* (Pelikan, *The Emergence of the Catholic Tradition,* 250).

45 Nestorius, *The Epistle to Cyril,* 2. 4 (Pelikan, *The Emergence of the Catholic Tradition,* 231). 그의 문제는 후론될 것이다.

장했다.[46] 따라서 하늘에 계시는 그리스도는 영으로만 계신다고 보았다. 이런 입장에서는 십자가에서 죽으신 것은 **그저 사람인 예수**라고 했다.

이에 반해서, 이그나티우스(Ignatius of Antioch, c. 35 - 110)는 그리스도의 신성을 분명히 인정하면서도 그가 취하신 인성은 인정하면서 다음과 같이 말하였다. 그리스도께서 "참으로 (여인에게서) 태어나시고, 잡수시고, 마시고, 본디오 빌라도 치하에서 고난받으시고, 참으로 십자가에 못 박혀 죽으시고.... 실제로 죽은 자들 가운데서 부활하셨다."[47]

오리겐(† 254)은 그리스도의 양성, 즉 신성과 인성을 더 분명히 표현하기 시작했다. 그는 신적인 로고스이며 동시에 몸과 영혼을 지닌 사람이라고 했다. 신적인 지혜 혹 로고스는 증감이 없고 높여지거나 낮아질 수 없다고 하면서, 오직 그리스도 안의 인간성만이 수난을 당하였음을 분명히 확언하였다. 그러면서도 그의 인격의 통일성을 확언하였다.[48]

그러나 이렇게 정통적 견해를 잘 표현하던 오리겐도 때때로 부정확하게 표현하는 때도 있었다. 예를 들어서, 그리스도는 인간의 몸과 인간의 영혼이 신성과 "연합함과 함께 있음으로"(union and intermixture) 하나님으로 변화되었다(changed into God)고 말하기도 하였다.[49] 이런 것이 오리겐이 희랍적 사상의 영향 아래서 잘못 생각한 여러 예들 가운데 하나다.

---

[46] Rohse, *A Short History of Christian Doctrine*, 43.

[47] Ignatius, *Epistle to the Trallians*, 9 (Pelikan, *The Emergence of the Catholic Tradition,* 174).

[48] Fisher, *History of Christian Doctrine*, 148.

[49] Origen, *Contra Celsus,* III. 41을 인용하면서 이것이 거의 가현설적인 색채를 나타내기도 한다고 말하는 Fisher, *History of Christian Doctrine*, 148을 보라.

(2) 온전한 인성을 인정하지 않는 견해들

4세기 중반에 아리우스주의자들이 예수님에게 있어서 로고스가 인간 영혼의 자리를 차지했다고 주장하였고, 362년 알렉산드리아 공의회에서 정죄되었었다.[50] 또한 이 정황에서 언급해야 할 인물이 희랍적 학문에 익숙했던 라오디게아의 감독이었던 **아폴리나리우스**(Apollinarius, Ἀπολινάριος, 때로 아폴리나리스, Apollinaris [-382])이다.[51] 4세기 중반에, 아리우스파에 반대해서, 그리스도의 온전한 신성을 강조하던 아폴리나리스는[52] 그리스도는 인간적인 몸(σῶμα)과 인간적 혼(ψυχή)을 가졌으나 인간적 영(πνεῦμα)의 자리는 신적인 로고스가 차지하였다고 주장했다. 그는 영이 죄의 자리라고 생각했기에 그리스도의 무죄성을 보호하려면 로고스가 영의 자리를 대신해야 한다고 여겼다.[53]

---

50 이를 밝히는 Orr, *The Progress of Dogma,* 179, n. 1을 보라.

51 같은 이름을 가졌던 그의 아버지와 구별하기 위해 젊은 아폴리나리우스라고 불리기도 한다(Orr, *The Progress of Dogma,* 179). 벌코프와 브리태니카 백과사전에서는 그가 약 390년경에 죽었다고 한다(Berkhof, *The History of Christian Doctrines*, 102; https://www.britannica.com/biography/Apollinaris-the-Younger). 그런가 하면 Joseph Sollier, "Apollinarianism," in *The Catholic Encyclopedia,* vol. 1 (New York: Robert Appleton Company, 1907)에서는 382년이라고 한다.

52 일단 그가 아따나시우스를 추종하였으므로, 피셔 교수는 그가 4세기 중반에 정통주의의 기둥들 중의 하나로 여겨졌다고 표현하기도 한다(Fisher, *History of Christian Doctrine*, 149). 그러나 결과적으로 그가 그리스도의 온전한 인성을 인정하지 않은 문제를 생각하면, 이런 표현을 들을 때 조심해서 들어야 한다.

53 Berkhof, *The History of Christian Doctrines*, 102-3. 아폴리나리스가 그리스도의 무죄성을

즉, 그리스도가 참으로 불변하고 연약성을 벗어나려면 그리고 그의 의식에 이중적 의식이 있지 않으려면 그렇게 되어야만 했다고 아폴리나리우스는 생각했다.[54]

결과적으로 아폴리나리우스가 제시하는 그리스도의 인성이 온전하지 않은 것이 된다. 인간적 영이 동물적 혼과 몸을 통제하는 것이 정상인데, 타락하여 인간적 영이 이 통제력을 상실하여 로고스의 성육신이 필요하게 되었다고 하면서, 이런 신적인 로고스가 동물적 혼과 몸을 통제하는 것이라고 하였다. 만일에 그리스도께서 인간적 영도 취하셨으면 그 안에 로고스라는 본래적 아드님과 합리적 영이 수양적 아들로 있어, 결국 그 안에 두 아들이 있게 된다고 했다. 또한 그렇게 된 인간의 영은 그저 하나님에 의해 영감받은 사람이 될 뿐, 참으로 신적인 분은 안 된다고 했다.[55] 그러면서 둘째 사람은 "하늘로부터 온 사람"이라는 구절(고전 15:47)과, 그는 사람으로 지어졌다(He is in fashion as a man, 빌 2:7)는 말을 강조한다. 아폴리나리우스는 그리스도에게서 로고스가 인간 영혼의 자리를 차지했을 뿐 아니라 참으로 인간 영혼이 되셨다(becomes)고 하면서 다른 사람들보다 더 참된 인간(more truly human)이 되셨다고 한다.[56] 그래서 이를 설명하면서 도르너는 "그리스도의 영(πνεῦμα)은, 비록 신적이긴 하지만, 인간의 영(human πνεῦμα)"이라고 아폴리나리우스의 의도를 표현하기도 했다.[57] 결국 아폴리나리우스의 구조

지키려 한 것에 대해서는 다들 높이 사지만, 그는 "온전한 인성은 자연히 죄로 가득한 존재"라고(103) 잘못 생각했기에(103) 이런 문제가 발생했다.

54 이 점들을 잘 지적하는 Orr, *The Progress of Dogma,* 180, 181을 보라.

55 Fisher, *History of Christian Doctrine*, 149.

56 이 점을 잘 드러내어 언급하는 Orr, *The Progress of Dogma,* 180; Shedd, *A History of Christian Doctrine,* 1:395을 보라.

57 Isaak August Dorner, *History of the Development of the Doctrine of the Person of Christ*,

에서는 그리스도가 인간적인 것 모두를 가진 것이 아니고, 부족한 인간성을 지닌 것이 된다.[58]

아따나시우스와 갑바도기아 교부들은 이런 아폴리나리우스의 견해를 용납할 수 없었다. 아따나시우스의 소위 구원론적 원리, 즉 그리스도께서 취하신 것은 (후에 십자가 구속에 의해) 구속된다는 원리에[59] 비추어 볼 때, 아폴리나리우스의 견해를 취하면 인간의 몸과 혼은 (후에 십자가 구속에 의해서) 구속되는 데 비해서, 인간의 영은 구속되지 않는 결과가 초래된다.

또한 갑바도기아 교부들 중에 두 분의 그레고리도 만일 그리스도께서 다른 사람들처럼 인간적 영을 가지고 있지 않았다면 구속이 이루어지지 않는다고 하였다.[60] 특히 나지안줌의 그레고리는 인간성 전반이라는 의미에서 인성이라는 말을 사용한 것으로 유명하다. 그리스도는 성육신에서 그런 총체적 인간성을 취하셨다는 것이다.[61] 그들은 아폴리나리스의 가르침에

II (Edinburgh: T. & T. Clark, 1862), 371, cited in Orr, *The Progress of Dogma,* 181, n. 1.

58 이 점을 잘 지적하는 Shedd, *A History of Christian Doctrine,* 1:395를 보라.

59 이를 아따나시우스는 때로는 "하나님께서 인간이 되신 것은 인간이 하나님이 될 수 있게 (might be made God), 즉 거룩하게 하려고(might be divinized) 하신 것이다"는 식으로 표현했다. Cf. Athanasius, *De. Decretis,* 14; *Ad. Adelph.,* 4. 그는 심지어 하나님께서 십자가에 못 박히셨다고 표현하기를 주저하지 않으셨으며(*Ad. Epict.* 10), 마리아를 "하나님을 낳은 자"(Theotokos)라고 한 번 이상 언급했다. Fisher, *History of Christian Doctrine*, 150. 물론 그는 신성이 주어졌다는 함의를 전하지는 않는다.

60 Cf. Fisher, *History of Christian Doctrine*, 150; Berkhof, *The History of Christian Doctrines*, 103.

61 이를 강조하면서 후대의 개별적 인간성과는 다른 개념이라는 것을 유념해야 한다. 또한 갑바도기아 교부들의 말 가운데 후대 논쟁의 빛에서 보면 오해하게 할 만하고, 심각한 문제라고 지적될 만한 표현도 나타난다. 예를 들어서, 양성이 하나로 흘러들었다(two natures flowing together into one)는 말도 하고(*Orat.* 37. 2), "인간성이 로고스와 연합해서 신성화되었다"는 말도 한다. Fisher, *History of Christian Doctrine*, 150. 나지안줌의 그레고리는 "그리스도 안에서 신성은 마치 태양과 같고 인성은 별들과 같아서, 인성은 거의 안 보일 정도"라고 말하고, 닛사의 그레고리는 "마치 한 방울의 식초가 대양 속에 떨어뜨려진 것과 같이 인성은 불변하는 신성의 바다에 스며들었다"고 표현하기도 하고 (*Cont. Eunom.* V, 708), 심지어 육체가 "신성과 섞어지면 더 이상 그 제한과 속성들을 계속 가지지 못

있는 가현설적 요소라고 하면서 이를 비판하기도 하였다.[62] 닛사의 그레고리는 아폴리나리스처럼 생각하면 그리스도의 몸은 신적인 것과의 연합에서 변화되어서 그 모든 본래적 속성들을 상실하게 되는 것이라고 비판하였다.[63]

그리스도의 온전한 인성을 인정하지 않는 아폴리나리우스의 견해는 그의 이름을 언급하지 않은 알렉산드리아 공의회(362)에서 정죄되었고, 다마수수(Damasus) 주교 인도하의 로마 공의회(377)에서와[64] 콘스탄티노플 공의회(381)에서 정죄되었다. 이로써 교회는 그리스도의 영혼을 포함하여 그리스도의 온전한 인성을 잘 보호하였다. 그러나 그 이후에도 교묘한 방식으로 자신들의 견해를 말하는 아폴리나리우스주의자들이 있었으며, 그들의 글들의 일부는 아따나시우스나 다른 정통적 저자들의 저작에 혼합해 들어가서 간접적인 영향을 미치기도 하였다.[65]

그리스도에 대한 예배는 성육신하신 분에게 하는 예배요, "그에게 바르게 예배할 때 그의 육체가 배제될 수 없다"고 하면서 "이 육체를 경배하지 않는 사람은 그 누구나 그를 예배하지 않은 것"이라고 정확히 말했던[66] 아

한다"고 말하기도 한다(*Cont. Eunom.* V, 693. 이는 모두 Fisher, *History of Christian Doctrine*, 150에서 인용하였다). 그러나 그리스도의 성육신의 온전한 결과는 그리스도의 영화 이후에야 온전히 나타난다고 한다. 그때에는 그리스도의 몸이 그 인간적 속성을 전적으로 상실할 것이라고 닛사의 그레고리는 말했다. 즉, 그때에는 그리스도의 인성이 편재하게 될 것이라고 했다. 후에 루터가 말하는 것을 선취(先取)하는 말을 닛사의 그레고리가 한 것이다.

62 Berkhof, *The History of Christian Doctrines*, 103.

63 Berkhof, *The History of Christian Doctrines*, 103.

64 누구나 다 언급하는 콘스탄티노플 공의회(381)에서의 정죄와 함께 이것까지를 말하는 Fisher, *History of Christian Doctrine*, 150을 보라.

65 매우 현실적으로 이런 사실까지 적시하면서 논하는 Fisher, *History of Christian Doctrine*, 150f.도 보라.

66 Apollinaris, *De fide et incarnatione,* 6 (Pelikan, *The Emergence of the Catholic Tradi-*

폴리나리스가 그리스도의 인성의 가장 중요한 부분인 영을 빼고 생각한 것이 안타까운 일이다. 그러니 그의 경우가 그리스도의 온전한 인성을 제대로 인정하지 않은 대표적인 경우가 된다.

3. 신성과 인성의 연합에 대한 오해와 그 극복

그리스도의 온전한 신성과 온전한 인성을 다 인정하면서 그가 신인(神人, God-man, θεάνθρωπος, *Deus Homo*)이심을 말해야 성경에 계시된 내용에 충실한 것이다. 이미 오리겐도[67] 아따나시우스(c.293/298 - 373)도 이것을 잘 말하였었다.[68] 350년경에 뽀아띠에의 감독이 된 힐라리(**Hilary of Poitiers**, ***Hilarius Pictaviensis***, c. 310 - c. 367)는 성자께서 성육신 이전에는 오직 신성만 가지고 계셨고(*ante hominem Deus*), 이 세상에 계시는 동안에는 신성과 인성을 가지고 계셨고(*homo et Deus*), 높여지신[昇貴] 후에는 온전한 사람이요 온전한 하나님(*post hominem et Deum totus homo totus Deus*)이시라고 정확히 표현하였다.[69] 그는 또한 그리스도의 사역이 모두 우리의 구원을 위해 일어난 것임을 분명히 하면서 "그가 낮추어졌기에 우리가 높여졌고, 그에게 수치가 주어졌기

---

tion, 239).

[67] Origen, *De Principiis,* 2. 4; 2. 7.

[68] Cf. Athanasius, *On the Incarnation* (New York: Macmillan Publishing, 1946). *On the Incarnation of the Word* (https://www.newadvent.org/fathers/2802.htm). 이를 주제로 아따나시우스의 신학을 제시한 Andrew Robert Teal, *The God-Man: Athanasius in Early Christianity* (Missoula, MT: Scholar's Press, 2013)도 보라. 이는 본래 프란시스 영(Frances Young) 교수의 지도 아래에 작성하여 2006년에 버밍엄 대학교에 제출했던 학위 논문("The God–Man: An Engagement with the Theology of Athanasius of Alexandria, Its Genesis and Impact")을 개정한 것이다. Available at: https://etheses.bham.ac.uk/id/eprint/218/1/Teal06PhD.pdf.

[69] Hilary of Poitiers, *De Trinitate,* 9. 6 (Pelikan, *The Emergence of the Catholic Tradition,* 256-57).

에 우리에게 영광이 주어졌다. 그는 하나님이신데도 육체를 거주지로 하셨으니(made flesh his residence), 우리는 육체로부터 하나님께로 새롭게 높여지는 것이다."고 하면서,[70] 이전에 아따나시우스가 헬라어로 한 말을 힐라리는 라틴어로 잘 표현하였다.

이렇게 정확히 말할 때는 그리스도의 모든 일이 신성과 인성 전체가 관여해서 하는 일이라고 표현한다. 예를 들어서, 알렉산드리아의 시릴(c. 376 - 444)은 예수님께서 야이로의 딸을 살리시거나 나인성 과부의 아들을 살리실 때 신성과 인성이 다 관여됨을 말하면서, "로고스(신성)와 인성의 "하나의 사역"(single operation)을 이루기 위해 그리스도의 손이 그 사람을 만졌다."고 한다.[71] 그러므로 한 사역에 신성과 인성 모두를 적용해서 말하는 것이 옳은 것이 된다. 그래서 시릴은 "**생명의 원천이신 분이 굶주리셨으며, 전능하신 분이 지치셨다**"고[72] 신성과 인성 모두를 사용하여 하는 표현을 하는 것이다. 생명의 원천이나 전능에 대한 말은 신성을 따라 하는 말이며, 굶주리고 지치셨다는 것은 인성을 따라 하는 말이다. 각 성질에 해당하

---

70 Hilary, *De Trinitate,* 2. 25 (Pelikan, *The Emergence of the Catholic Tradition,* 257).

71 이렇게 정확히 정통파의 견해를 표현하는 Cyril of Alexandria, *The Exposition of the Gospel of John* 4 (Pelikan, *The Emergence of the Catholic Tradition,* 245)를 보라.

72 Cyril of Alexandria, *Quod unus sit Christus* (Pelikan, *The Emergence of the Catholic Tradition,* 231), 강조점은 덧붙인 것임.

는 것을 다 한 위격에 돌리면서 말할 수 있다는 말이다.

레오(Leo Magnus)도 "고난받을 수 있는 인성이 고난 받을 수 없는 신성과 연합했다"고 하고, 그래서 그리스도는 "한 요소로[즉, 인성으로]는 죽으실 수 있고, 다른 요소[즉, 신성으로]는 죽으실 수 없다"고 정확히 말한다.[73] 그리고 그의 사역을 이루는 데 있어서 로고스는 그에 적절한 일을 하고, 육체(즉, 인성은) 육체에 적절한 일을 한다고 하였다.[74]

그런데 신성과 인성을 다 인정한다고 해도 그 두 성질이 어떻게 연관된다고 이해하느냐에 따라서 잘못된 생각이 나타나기도 했다. 그 가장 대표적인 예가 신성과 인성의 결합에서 신성과 인성이 독자적인 위격을 구성한다고 보는, 그리하여 결국 그리스도에게 두 위격(two persons)이 있게 된다고 보는 네스토리우스파의 생각이다.

(1) 네스토리우스와 네스토리우스파의 잘못된 생각

안디옥에서 교육받고 428년에 콘스탄티노플의 주교가 된 네스토리우스(Nestorius,c. 386 – c. 451)는[75] 마리아에게 "하나님을 낳은 자인 마리아"(*Maria*

[73] Leo Magnus, *Tome,* 3 (Pelikan, *The Emergence of the Catholic Tradition,* 258).

[74] Leo Magnus, *Tome,* 4 (Pelikan, *The Emergence of the Catholic Tradition,* 259).

[75] Fisher, *History of Christian Doctrine*, 151. 네스토리우스는 자신의 선생님인 몹수에스티아의 떼오도르(Theodore of Mopsuestia,- 428)의 안디옥 신학을 받아들여서 좀 더 과격하게 표현한 것이라고 할 수 있다. 몹수에스티아의 떼오도르의 가장 큰 문제는 인간의 타락이 인간성을 높이는 데 필수적인 것임을 시사하는 데 있다고 여겨진다. 또한 그리스도 안에 하나님이 "내주하심"(ἐνοίκησις)을 강조하면서, 이것이 "본질을 따른 것"(κατ' οὐσίαν)도 아니며 "활동으로 이루어진"(κατ' ἐνηργείαν) 것도 아니고, 하나님의 "기쁘신 뜻에 따라"(κατ' εὐδοκίαν) 일어난 것이라고 설명한다. 그것은 우리가 생각할 수 있는 "가장 완전한 내주"라고 한다. 그런데 그것이 신자들에게 내주하시는 것보다 더 강화되고 더 뛰어난 방식으로 내주하심이라는 데에 문제가 있다. 예수의 인간 영이 가장 근접해서 결국 하나님과 하나가 되었다는 것이다. 여기서 인간성이 제거되지 않고 가장 완전함에 이르게 되었다는 것이다. 또한 성자께서는 인간성을 온전히 자기의 것으로 하시고 연합하셔서 그 인간성이 성자의 인격

Theotokos)라는 용어를 사용하지 말라고 주장하던 설교자 편을 들었고 그 대신에 "사람을 낳은 자"(*Anthrotokos*) 또는 "그리스도를 낳은 자"(*Christotokos*)라는 용어를 사용하자고 주장하였다.[76] 로고스는 마리에게서 나신 것이 아니고 마리아에게서 나신 분 안에 거하셨으니, 마리아를 "하나님을 낳은 자"(θεοτόκος) 라고 하지 말자는 것이었다.[77] 그래서 이 논쟁은 흔히 "떼오토코스"(θεοτόκος) 논쟁이라고도 언급된다. 네스토리우스는 나중에는 이것이 예배에서 관례적으로 사용되는 것이기에 이 용어의 사용은 받아들일 수 있었다고 한다.[78] 그러나 그의 근본적 의도는 신성과

적 표현 기관이 되게 하셨다는 것이다. 그리고 승천 이후에는 이 연합으로 성자께서 취하신 인성이 로고스의 영광과 통치에 참여하게 되었다고 한다. 이는 결국 본래 구별된 두 위격의 도덕적 연합으로 표현될 위험성이 있다. 실제로 떼오도르는 두 위격의 연합(conjunction, συνάφεια)이라는 용어를 사용했다. 이에 대한 좋은 논의로 Orr, *The Progress of Dogma,* 184-85를 보라.

[76] 네스토리우스는 "그리스도를 낳은 자"라는 용어를 선호했을 것이라고 하는 Pelikan, *The Emergence of the Catholic Tradition,* 242를 보라.

[77] 이렇게 표현하는 Orr, *The Progress of Dogma,* 185-86을 보라. 이 용어는 아무래도 알렉산드리아에서 만들어진 것 같다는 Pelikan, *The Emergence of the Catholic Tradition,* 241의 말을 보라. 이 용어가 가장 먼저 나온 것은 324년 아리우스주의자들을 반박하는 알렉산더 주교의 목회서한(목회 칙서)에서라고 한다(*The Epistle of Alexander,* 54). 그 후 4세기 후반에 줄리안 황제가 "왜 너희들은 마리아를 계속 '하나님을 낳은 자'(θεοτόκος)라고 부르느냐?"고 질책할 때 나온다고 한다(Julian, *Against the Galileans,* 262D). 이 용어를 긍정적으로 사용하는 사람들은 성육신으로 인한 '위격의 통일성'(the unity of the person of Christ) 때문에 자연히 이 용어가 사용될 수 있다고 하였다(Pelikan, *The Emergence of the Catholic Tradition,* 242를 보라).

로마의 레오(Leo Magnus)는 마리아는 "신성과 인성을 지닌 한 그리스도의 어머니이니 떼오토코스(θεοτόκος)라고 할 수 있다"고 하였다(Leo Magnus, *Epistles,* 124. 2 [Pelikan, *The Emergence of the Catholic Tradition,* 259].

[78] 이 점을 지적하는 Pelikan, *The Emergence of the Catholic Tradition,* 242를 보라.

인성을 분명히 구별하면서 로고스는 인성의 고통에 참여하지 않는다는 것을 강조하려는 것이었다.[79] 그런데 이를 분명히 하려고 하다가 지나쳐서 결국에는 신성의 위격이 있고 인성의 위격이 따로 있는 듯이 표현한 것이 문제다. 결국 그리스도 안에 있는 신성과 인성의 관계(σχέσις) 정도로 표현한 것이다.

알렉산드리아의 시릴(Cyril of Alexandria)은 이 점을 견딜 수 없어 했다. 그의 불같은 성격과 전혀 관용하지 않는 태도,[80] 그리고 콘스탄티노플과 알렉산드리아의 대립이 이 논쟁을 더 심화시켰다고 할 수 있다. 시릴은 당시 로마 주교였던 퀼레스틴 1세(Coelestin I)의 지지를 얻는 데 성공하였다.[81]

처음에 시릴은 네스토리우스에게 편지를 써서[82] 그의 견해를 고쳐 보려고 노력하였으나 별 효과를 거두지 못했다. 그들은 결국 자신들의 주장을 강조하는 편지들만 주고받았다. 결국 알렉산드리아 공의회(430)에서 시릴은 네스토리우스의 문제를 지적하면서 12가지 항목으로 저주를 선언하였다.[83] 이에 대해서 안디옥파에 속하는 사모사타의 감독 안드레아스와 구브로의 감독이었던 떼오도레(Theodore)는 반박하였다.[84] 네스토리우스 자신도

---

79 이 점을 지적하는 Fisher, *History of Christian Doctrine*, 152를 보라. 이것 자체는 정통파의 주장과 같은 것이다. 그러나 그는, 앞서 말한 바와 같이, 자신의 선생님인 몹수에스티아의 떼오도르의 안디옥 신학을 받아들여서 이것을 넘어서 좀 더 과격하게 표현한 것이 문제다. 같은 견해를 말하는 Berkhof, *The History of Christian Doctrines*, 104를 보라.

80 이 점을 잘 지적하는 Orr, *The Progress of Dogma,* 186을 보라.

81 이 점을 지적하는 Fisher, *History of Christian Doctrine*, 152를 보라.

82 Cyril of Alexandria, *Opp. Epistle* IV. 이를 언급하는 Fisher, *History of Christian Doctrine*, 152, n. 4를 보라.

83 Fisher, *History of Christian Doctrine*, 152.

84 Fisher, *History of Christian Doctrine*, 153.

반격하면서 역시 시릴의 기독론에 대해서 12가지 저주를 선언하였다.[85]

네스토리우스의 입장은 그리스도 안에 신성과 인성의 연합(union)은 본질의 연합이 아니라 하나님과 사람의 연합(a union between God and man)이라는 것이다.[86] 신적인 것과 인간적인 것이 계속 함께 있으면서 계속 같이 작용하는 것이라는 말이다. 신적 로고스가 "인간 예수" 안에 있게 된 것이 성육신이라고 주장한 것이다. 여기서 그가 안디옥에서 교육을 받았음이 잘 드러난다. 네스토리우스는 인간 예수가 독자적 인격을 가졌다고 생각하면서 그 안에 또 하나의 위격인 로고스가 거주하는 것이라고 했다. 네스토리우스는 그 각각의 독자성을 철저히 유지하려고 하였다. 예를 들어서, 로고스의 고난받을 수 없음(impassibility)은 모든 정황에서 유지되어야 한다고 보았다. 따라서 겟세마네 동산에서 천사가 예수님에게 "힘을 더했다"(눅 22:43)는 표현은 그저 비유일 뿐이라고 하였다. "왜냐하면 '고난받지 않으면서 고난받는 분'(he who suffers impassibly)은 그 누구의 도움을 받을 필요가 없는 분이었기 때문이다."[87] 여기 나타나는 "고난받지 않으면서 고난받는 분"이라는 독특한 표현이 네스토리우스의 견해를 잘 드러내는 것이다. 인간으로서는 고난받으시는데, 그의 신성의 위격은 고난받지 않으시니 그리스도는 "고난받지 않으면서 고난받는 분"이라고 표현한 것이다.

이처럼 그리스도 안에서 신성과 인성은 공동의 목적을 위해서 상호 협력했지만, 상호 교류(communication)는 없다는 것이다. 그래서 그리스도께서 물 위로 걸으신 것에 대해 말하면서 네스토리우스는 "물 위를 걸으신 이는

---

85 Fisher, *History of Christian Doctrine*, 152.

86 이하 3 문장은Fisher, *History of Christian Doctrine*, 152에서 온 것임을 밝힌다.

87 Nestorius, *Fragments,* 24 (Pelikan, *The Emergence of the Catholic Tradition,* 232).

누구인가? 그 안에 거하시는 능력을 통하여 구체적인 몸이 걷고 그의 발이 걸은 것이다. 왜냐하면 하나님께서 물 위를 걸으셨다는 그것은 [당연한 것이지] 놀라운 것이 아니기 때문이다"라고 하면서,[88] 계속해서 인간 예수 안에 거하시는 로고스와 인간 예수를 구별해서 말하고 있다. 네스토리우스는 항상 이런 구별에 익숙하다. 요한복음 2:19의 "너희가 이 성전을 헐라, 내가 사흘 동안에 다시 일으키겠노라"는 말씀에서도 네스토리우스는 그리스도가 "헐릴 성전"과 "다시 일으킬 하나님"으로 이중적으로 나타나고 있다고 한다.[89]

그러므로 네스토리우스에 의하면, 두 개의 개별적인 자아(two separate and diverse selves)가 나란히(side by side) 있으면서 그저 도덕적이고 동감적 연합(sympathetic union)만을 인정하는 것이었다는 쉐드의 평가는 옳다.[90] 엄밀한 의미에서, 네스토리우스에 의하면 그리스도 안에 공통적 자의식(a common self-consciousness)이라는 것은 없게 된다.[91] 그렇게 되면 결국 비하도 없고 승귀도 없는 것이 된다. 인성을 지닌 인간은 늘 낮고, 신성을 지닌 신격은 늘 높이 계시기 때문이다. 이처럼 네스토리우스에 의하면, 그리스도 안에 하나님도 계시고 인간도 있는데 (그래서 두 위격을 말하는 것이 된다), 한 위격의 "신인"(the God-man)은 없는 것이 된다.[92]

---

[88] Nestorius, *Capitula* (Chapters) (Pelikan, *The Emergence of the Catholic Tradition,* 245). 시릴은 이런 식으로 생각하면 그리스도가 선지자들과 정도에 있어서만 다른 것이 된다고 비판한다 (Cyril of Alexandria,*Q uod unus sit Christus* (Pelikan, *The Emergence of the Catholic Tradition,* 245).

[89] Nestorius, *Sermon on the Theotokos,* 1 (Pelikan, *The Emergence of the Catholic Tradition,* 252).

[90] Shedd, *A History of Christian Doctrine,* 1:396.

[91] 이 점을 지적하는 Shedd, *A History of Christian Doctrine,* 1:396을 보라.

[92] 이렇게 지적하는 Shedd, *A History of Christian Doctrine,* 1:396-97을 보라.

이에 반해서, **알렉산드리아의 시릴**은 그리스도 안에서 신성과 인성의 형이상학적 연합(metaphysical uniting of the two natures),[93] 즉 위격적 연합(hypostatic union)을 주장했다. 성육신 이후에는 그리스도 안에서 양성이 구체적인 하나의 실재(the God-man)가 되었다. 그래서 "육체를 따라" 말하면, "하나님이 태어나셨다"(God is born)라고 말할 수 있다는 것이다.[94] 그러므로 시릴은 정통적 양성론의 토대를 분명히 했으니, (1) 양성이 분가분리적으로 연합해 있음, (2) 로고스가 **그의 도구로 사용하는 인성**의 비위격성(impersonality)과 의존성, (3) 그리스도 안의 위격의 하나 됨과 지속성을 분명히 하였다.[95] 시릴과 정통파에 의하면, 이제 성육신 이후에는 신-인(divine-human)이라는 한 주체가 있을 뿐이다.

그런데 이것을 표현할 때 시릴은 "신적 로고스의 성육신하신 하나의 성질"(the one incarnated nature of the divine Logos)이라고 표현하여, 성육신하신 후에는 하나의 성질(one nature)이 있는 듯이 보이게 하는 그 나름대로 또 다른 오해를 유발시켰다.[96] 특히 인성에 대해서

---

[93] Fisher, *History of Christian Doctrine*, 152. 그런데 피셔 교수는 이를 양성의 물리적 연합이라고도 표현해서 오해를 살 수도 있게 표현하였다. 이것은 지양되는 것이 더 좋아 보인다.

[94] Fisher, *History of Christian Doctrine*, 153. 이에서 더 나아가 "육체를 따라 하나님이 고난 받으셨다"(God suffered according to the flesh)고 할 수도 있다고 한다. 그러나 이런 표현은 많은 오해를 낳기에 쓰지 않았으면 더 좋았을 것이다.

[95] 이 정리는 Berkhof, *The History of Christian Doctrines*, 105에서 온 것이다.

[96] 시릴의 생각에 이와 같이 단성론의 초기 요소가 있다는 지적으로 Fisher, *History of Chris-*

는 "푸시스"(φυσίς, 성질)이라는 말을 쓰지 않고, 로고스에 대해서만 써서 마치 그것이 휘포스타시스(Hypostasis)와 동의어 같은 인상을 주는 것이 문제였다.[97]

이에 대해서 네스토리우스는 시릴의 그런 표현은 신성과 인성의 구별을 없애 버리는 것이라고 했다. 이는 신성에 다른 성질을 더하여 섞는 것이 되어 신성의 변화를 인정하는 것이라고 하면서 비판하였다. 그러나 시릴은 두 성질의 연합이 혼합(fusion)은 아니라고 하면서, 성육신하실 때 "육체를 취하신다"는 것이 "육체가 된다"는 뜻은 아니라고 하였다.[98]

네스토리우스는 자신이 말하는 바는 그리스도 안에서 인성이 신성에 복종하면서 계속적으로 조화롭게 협력한다고 하는 것이므로 자신이 그리스도 위격의 통일성을 저버린 것이 아니라고 하였다. 그리스도 안에서 인성이 신성과 연관하여 있으므로 신적 위엄을 공유한다고 하였다. 이에 대해서 시릴은 본성상 신성이 아닌 인성에 신적 영예를 돌리는 것은 사람을 숭배하는(man-worship) 것이 된다고 하면서 반박하였다.[99] 또한 네스토리우스식으로 생각하고 표현하는 것은 온전한 성육신이 아니고, 그저 "신성과 인성의 함께 있음"이 될 뿐이고, 성자는 인간 예수의 손님처럼 같이 있게 된

---

tian Doctrine, 153; Orr, *The Progress of Dogma,* 187, 189을 보라. 그래서 시릴은 신적 속성을 인간성에도 돌려서 그리스도는 사실 전지하시기게 어떤 것에 대해서 무지(無知)한 것처럼 하신 것은 경륜상(a species of economy) 그저 그렇게 보였을 뿐(only seeming)이라고 하였다. 이 점에 대한 논의로 Alexander Balmain Bruce, *Humiliation of Christ* (Edinburgh: T. & T. Clark, 1876), 71-75; Orr, *The Progress of Dogma,* 189을 보라. 신성과 인성의 상호 속성 교류(a mutual communication of attributes)를 통해서 **결과적** 하나 됨(a *resultant* unity)이 있는 듯한 표현을 했다는 Berkhof, *The History of Christian Doctrines*, 105도 보라. 그래서 후기 단성론자들이 그의 견해에 호소한 일이 있었다(106).

97 Berkhof, *The History of Christian Doctrines*, 105-6.

98 Fisher, *History of Christian Doctrine*, 153.

99 Fisher, *History of Christian Doctrine*, 153.

다고 비판했다.[100] 그들 사이에 그저 "관계적 연합"(σχετική συνάφεια)만 있게 될 뿐이라는 것이다.[101] 그래서 네스토리우스가 생각하는 연합을 "가치에 있어서의 연합"(κατ᾽ ἀξίαν), "의지에 있어서의 연합," "이름에 있어서의 연합" 등으로 표현하는 일이 있었다.[102] 이는 결국 네스토리우스의 생각에 의하면 진정한 "위격적 연합"(hypostatic union)은 있지 않다는 것이다. 네스토리우스는 신적인 위격이 인간성을 취한 것으로 생각하지 않고 신적 위격과 인간적 위격이라는 두 위격(two persons)이[103] "가장 밀접한 도덕적 연합" 가운데 있다는 것이다. 즉, 한 위격인 로고스가 또 다른 위격을 지닌 인간성 안에 있었다는 것이다.[104]

그러므로 사람이신 예수는 하나님이 아니고 하나님을 지닌 분(God-bearer, *theophros*)이시고, 그가 경배를 받으시는 것은 그가 하나님이기 때문이 아니고, 하나님께서 그 안에 계시기 때문이라고 하였다.[105]

이렇게 계속되는 논쟁을 해결하기 위해서 떼오도시우스 II세(401/402-450, 408-450 재위)는[106] 에베소의 "성 마리아 예배당"(the great double church of St. Mary)에서"[107] 공의회, 소위 제3차 에큐메니칼 공의회를 가지도록 했다

100 Orr, *The Progress of Dogma,* 187.

101 이를 말하는 Orr, *The Progress of Dogma,* 187을 보라.

102 Cf. Dorner, *History of the Development of the Doctrine of the Person of Christ*, II, 59; Orr, *The Progress of Dogma,* 187.

103 Berkhof, *The History of Christian Doctrines*, 105.

104 이와 같이 네스토리우스의 견해를 잘 드러내는 Orr, *The Progress of Dogma,* 187을 보라.

105 Berkhof, *The History of Christian Doctrines*, 105.

106 이를 명시하는 Fisher, *History of Christian Doctrine*, 153을 보라. 이 시대에 황제들이 교회의 공의회를 소집했던 것의 문제를 잘 의식해야 한다.

107 이를 명시하는 Pelikan, *The Emergence of the Catholic Tradition*, 261을 보라.

(431). 그런데 이집트에서 많은 주교들이 왔었고 두 주를 기다려도 아직 안디옥의 요한을 포함한 동방의 주교들이 다 참여하지 않은 상황에서 황제의 위임받은 자(the Emperor's Commissioner)의 저항에도 불구하고 시릴은 에베소의 주교였던 멤논(Memnon)의 지지를 얻으면서 네스토리우스를 이단이라고 정죄하고 콘스탄티노플 주교직에서 폐위하고 출교시키는 결정을 하도록 했다.[108] 이때 그리스도의 구별되는 성질을 분명히 하면서 그가 한 위격 안에 있다고 하였다.[109] "육체 가운데서 고난받으시고, 육체 가운데서 십자가에 못 박히시고, 육체 가운데서 죽으신 분은" 로고스 자신이라고 하고, "그는 하나님으로서 생명이며 또한 생명을 주시는 분이시고" 동시에 그 같은 그리스도께서 부활로 "죽은 자들 가운데서 처음으로 나신 분"이 되셨다고 한 것이다.[110] 신성으로는 생명을 주시는 분이시나 인성으로 죽으시고 살아나셨는데 그 모든 것을 한 위격에 돌릴 수 있음을 표현한 것이다. 따라서 마리아에 대해서 "떼오토코스"(*theotokos*)라는 용어를 사용할 수 있다고 결론 내렸다.[111] 에베소 공의회(431)는 니케아 공의회를 높이고 그에 충실하겠다는 것이 기본적 입장이라고 할 수 있다.[112]

그러나 에베소 공의회(431)의 결정은 누구도 만족시키지 못하는 것이 되

---

108 Fisher, *History of Christian Doctrine*, 153; Orr, *The Progress of Dogma,* 188.

109 Berkhof, *The History of Christian Doctrines*, 106.

110 Pelikan, *The Emergence of the Catholic Tradition*, 261에 인용되어 있는 에베소 공의회(431)의 결정문.

111 Berkhof, *The History of Christian Doctrines*, 106; Pelikan, *The Emergence of the Catholic Tradition*, 261.

112 이런 점을 잘 강조하고 있는 Pelikan, *The Emergence of the Catholic Tradition*, 260-61을 보라. 특히 "그, 누구도 니케아에서 성령과 함께 모였던 거룩한 교부들이 제정한 것 외의 다른 신조를 제시하거나 쓰거나 작성하려고 해서는 안 된다"는 결정도 찾아 인용하고 있다(260). 그러나 이는 시릴의 기독론을 인정하고 네스토리우스의 입장을 정죄하는 것이었다(261).

었다.[113] 얼마 후 도착한 동방의 주교들은 안디옥의 주교였던 요한의 인도 하에서 따로 공의회를 가지고 시릴과 그의 주된 협력자인 멤논의 주교직 폐위를 결정하였다.[114] 안디옥의 요한은 431년 에베소 공의회를 "아폴리나리우스적이고, 아리우스적이며, 유노미우스적인 이단"이라고 하면서 시릴의 입장을 받아들인 사람들은 "덧붙이지 않으면서 새로운 니케아 신앙을 받아들인 것"이라고 하면서 "시릴의 이단적 명제들에 대한 저주를 선언하였다."[115] 황제 떼오도시우스 II세는 이 세 건의 주교직 폐위를 다 확인한 후에 시릴과 멤논은 복권시켰고, 네스토리우스는 복권하지 않고 안디옥에 있는 수도원에 감금되어 있게 했다.[116]

이 과정에서 이집트 지역과 동방 지역에 있는 주교들의 대립이 격화되었다. 떼오도시우스 2세 황제는 자신의 권위로 이 둘을 잘 연결시켜 보려고 노력했다. 433년에 안디옥의 요한이, 한편으로는 평화를 위해서 또 한편으로는 황제의 위압적 태도 때문에, 같이 협력하여 평화를 이루기로 약조하였고,[117] 시릴은 안디옥파 주교들이 작성한 (정통파적 입장을 표명한) 신앙고백서에 같이 서명하였다. 그래서 안디옥파는 "떼오토코스"라는 용어를 받아 들였고,[118] 알렉산드리아파는 신성과 인성의 "혼합되지 않은 연

---

113 이 점을 명시하는 Pelikan, *The Emergence of the Catholic Tradition*, 261을 보라. 거의 모든 회의의 문제가 이런 점에 있다. 이런 점에서 어떻게 해야 하는지가 교회가 항상 직면하고 있는 문제다.

114 Fisher, *History of Christian Doctrine*, 153.

115 그들의 공의회의 결정문을 인용하고 있는 Pelikan, *The Emergence of the Catholic Tradition*, 262를 보라.

116 Fisher, *History of Christian Doctrine*, 154. 결과적으로는 옳은 결정이었지만, 이렇게 교회와 관련한 많은 것을 황제가 결정하는 당대의 교회의 문제를 심각하게 보아야 한다.

117 이렇게 분석하여 제시한 Fisher, *History of Christian Doctrine*, 154를 보라

118 이에 동의하지 않는 안디옥파 사람들 대표적으로 떼오도레트(Theodoret) 같은 사람들은 많

합"(unconfused [ἀσυγχύτος] union [ἑνώσις])이라는 용어를 받아들였다.[119]

이곳저곳으로 유배되던 네스토리우스는 많은 어려움을 겪은 후에 유배지에서 440년에 죽었다.[120] 그러나 아직도 남아 있는 네스토리아 파도 있었는데 그들은 알렉산드리아의 시릴의 후계자로 그곳 주교가 된 디오스쿠루스(Dioscurus, 444-451 주교로 섬김)에 의해서 박해를 받고 시리아에서 피신할 수밖에 없었다. 그리하여 네스토리우스의 입장에 찬동하던 사람들은 페르시아로 가서 그들 나름의 교회를 세우고 인도와 중국 등지로 퍼져 나갔다. 그들은 498년에는 희랍교회와의 관계를 단절했고 그 잔존하는 교회가 쿠르디스탄(Kurdistan)과 아르메니아(Armenia) 등지에 남아 있었다.[121]

(2) 유티케스와 관련된 이단들과 그 극복

이렇게 "위격적 연합"을 말하면서 그리스도의 한 위격을 강조하는 시릴파가 득세하는 것처럼 보였다. 그런데 시릴파에 속한 것으로 여겨졌고 그와 같이 한 위격을 강조하면서 안디옥파 전부가 정죄된 것이라고 생각하면서[122] 지나치게 나아가는 사람들 때문에 시릴파 내부의 분열이 있게 되었다. 그 대표적인 사람이 콘스탄티노플 근처의 한 수도원의 나이 많은 수도원장(Abbot)이던 **유티케스(Eutyches**, Εὐτυχής; c.380 - c.456)였다. 그는 열심을 내면서

이 꺼려하고 어려워했다고 한다. Cf. Orr, *The Progress of Dogma,* 188.

119 이를 잘 제시한 Orr, *The Progress of Dogma,* 188을 보라. 이 용어는 본래 떼오도레트가 사용한 용어인데 떼오도레트 자신은 네스토리우스에 대한 정죄가 불법적으로 이루어졌다면서 찬동하지 않았다(Orr, *The Progress of Dogma,* 188).

120 Fisher, *History of Christian Doctrine*, 154; Orr, *The Progress of Dogma,* 188.

121 Orr, *The Progress of Dogma,* 188-89, n. 1.

122 이 점을 잘 지적하는 Orr, *The Progress of Dogma,* 189를 보라.

너무나 지나친 표현을 하였다. 성육신할 때 신성과 인성의 연합에 의해서 성육신 이후에는 그리스도 안에 오직 한 본성(one nature, μία θυσίς)이 있을 뿐이라고 주장하였다. 그리스도는 양성으로부터(*of* two natures) 있게 되었으나 양성으로 있는(*in* two natures) 것은 아니라는 것이다.[123] 그리스도 위격의 자의식의 통일성을 분명히 하였으나, 양성을 분명히 드러내지 못한 것이다.[124] 따라서 그리스도의 몸은 신성과 함께 있는 것이기에 우리들의 몸과 "같은 본질을"(consubstantial) 지닌 것이 **아니라**고 하였다.[125] 그런 의미에서 "하나님께서 고난받으신다", 즉 신의 본질에서 고난받으신다고 말하는 것이 이제 가능해졌다고도 한다.[126]

4. 문제들의 극복과 칼케돈 공의회

그러자 그의 친구 중 하나였던 도릴래움의 유세비우스(Eusebius of Dorylaeum)에게서 기소되어 자신의 교구의 감독인 콘스탄티노플 주교였던 플라비아

123 Fisher, *History of Christian Doctrine*, 155.

124 이 점을 지적하는 Shedd, *A History of Christian Doctrine,* 1:397을 보라.

125 Fisher, *History of Christian Doctrine*, 155; Berkhof, *The History of Christian Doctrines*, 106.

126 이 점을 지적하는 Shedd, *A History of Christian Doctrine,* 1:397을 보라.

누스(Flavianus)가 주재한 **콘스탄티노플 공의회(448)**에서 유티케스는 정죄되고 수도원장의 직위를 박탈당하고 출교되었다.[127] 당시 로마의 감독이었던 레오 I세도 콘스탄티노플의 플라비아누스(Flavianus) 감독에게 보낸 긴 편지("*Tome*")에서 이 일을 승인하면서 그리스도의 양성(兩性)을 분명히 하였다.[128] 레오 I세의 이 편지("*Tome*")는 다음 요점을 분명히 했다: (1) 그리스도 안에서 영속적으로 구별되는 양성(兩性)이 있다; (2) 양성이 한 위격 안에 연합해 있다. 인성과 신성은 성육신한 삶에서 각기 자신의 기능을 감당한다; (3) 위격의 연합에서 속성교류(*communicatio idiomatum*)가 있게 된다; (4) 구속을 위해서는 신성과 인성 모두가 다 필요하다. 성육신에서 참 하나님이시기를 중지하시는 것이 아니다. 종의 형태(*forma servi*)는 하나님의 형상(*forma dei*)을 없애지 않는다. 인류의 구속은 유한한 것을 무한한 것으로 승귀시켜서 성취된 것이 아니라, 무한하신 분께서 유한한 것으로 비하하셔서 성취된 것이다.[129] (5) 그리스도의 인성은 영속적인 것이다.[130] 벌코프는 이것이 서방 기독론의 요약이라고 말한다.[131]

그런데 (시릴의 후계자로) 알렉산드리아의 감독인 디오스쿠루스(Dioscurus, 444-451년 재위)는 에베소에서 다시 공의회를 열게 하고는 강압과 강요로 유

---

127 Fisher, *History of Christian Doctrine*, 155; Orr, *The Progress of Dogma,* 190.

128 이 편지("Tome to Flavian")가 후일 칼케돈 공의회의 결정의 토대가 되었다고 한다(Orr, *The Progress of Dogma,* 191; Berkhof, *The History of Christian Doctrines*, 106; Pelikan, *The Emergence of the Catholic Tradition*, 263, 264 ["결정적인 것이었다," the decisive ones]). 그러나, 후론하겠지만, 가장 많은 인용은 시릴의 편지들에서 왔다는 것도 잊지 말아야 한다.

그런데 로마 교황권을 강조하려는 사람들은 칼케돈 공의회에서 레오 감독의 이 편지가 낭독되자 다른 감독들이 "베드로가 레오의 입을 통해 말하였다!"고 소리쳤다는 것을 강조한다(*Council of Chalcedon* [Pelikan, *Emergence of the Catholic Tradition*, 353]).

129 이 점을 지적하는 Shedd, *A History of Christian Doctrine,* 1:406-407을 보라.

130 Berkhof, *The History of Christian Doctrines*, 106-7.

131 Berkhof, *The History of Christian Doctrines*, 107.

티케스를 옹호하는 결정을 하게 하였다(449).[132] 이 공의회에서는 그리스도의 "두 성질[兩性]을 말하는 자는 저주받는다"고 선언하였다.[133] 이로써 상당한 소요가 일어났다. 그래서 레오 I세가 말한 바에 따라 흔히 "강도 공의회"(robber synod, *Latrocinium*)로 불리는 이 에베소 공의회(449)를 당시 황제인 떼오도시우스 2세(401-450)는 옹호하였다.[134] 폭력적이었고 억압적인 이 공의회에 대해 반박하는 공의회가 얼마 후에 로마에서 열리기도 하였다.[135]

그런데 테오도시우스 2세가 낙마해서(a riding accident) 죽자 마르키아누스(Marcianus)가 황제로 선임되었고, 그는 떼오도시우스 2세의 누이였던 풀케리아(Pulcheria)와 혼인하였다. 이들은 알렉산드리아의 디오스쿠루스 주교에게 적대적이었고, 로마의 레오 주교에게 동감적이었다.[136] 그리하여 451년에 전체 공의회가 마르시아누스 황제의 명령으로 (콘스탄티노플과 마주 보는 도시라고 할 수 있는) 칼케돈(Chalcedon)에서 열리게 되었다.[137] 흔히 제4차 에

---

132 동시에 떼오도레트(Theodoret)를 면직하고, 콘스탄티노플 주교였던 플라비아누스(Flavianus)는 물리적으로도 혹독하게 처리되어 며칠 뒤에 사망할 정도였다고 한다(Orr, *The Progress of Dogma,* 191). 이 문제에 대해 아주 이상하게 디오쿠루스 주교 편에서 평가하고 기술한 Harnack, *The History of Dogma,* IV, 209-10와 비교하여 보라.

133 이 공의회(449)의 결정문을 인용하여 소개하는 Pelikan, *The Emergence of the Catholic Tradition*, 263을 보라.

134 그런데 당시 상황을 잘 아는 분들은 떼오도시우스 황제는 유약한 사람이었고, 이 문제에 있어서 그는 왕비인 유도키아(Eudocia)에 의해 좌지우지되었고, 심지어 내시였던 크리사퓌우스(Chrysaphius)의 영향도 많이 받았다고 한다(Orr, *The Progress of Dogma,* 190).

135 Orr, *The Progress of Dogma,* 191.

136 Fisher, *History of Christian Doctrine*, 155. 떼오도시우스 2세 황제의 죽음으로 왕비 유도키아는 유배되고, 내시 크리사피우스(Chrysaphius)도 유배되었고(banished)(Orr, *The Progress of Dogma,* 191, n. 2), 얼마 후에 마르키아누스 황제의 명령으로 처형되었다고 한다(https://en.wikipedia.org/wiki/Theodosius_II#Death).

137 이 시기부터 7세기까지의 역사를 정교회 입장에서 논의한 John Meyendorff, *Imperial Unity and Christian Divisions: The Church 450-680 A.D.,* The Church in History, vol. 2 (Crestwood, NY: St. Vladimir's Seminary Press, 1989)도 보라.

큐메니칼 공의회로 언급되며 520명의 감독들이 참여한 가장 큰 **칼케돈 공의회**(451)에서 디오스쿠루스 주교는 면직되어 추방되고,[138] 시릴은 정통파적이라고 선언되었으며 칼케돈 신조를 제정하였다. “이것이 교부들의 신앙입니다. 이것이 사도들의 신앙입니다. 우리들은 모두 이에 동의합니다”는 외침과 함께 이 신조가 제정되고 선언되었다고 한다.[139] 칼케돈 신조는 다음 같은 몇 가지 요점을 아주 분명히 선언하였다. (1) 성자가 그의 신성에서는 성부와 동일본질(*homoousion*)임을 다시 확언하였다

> “신성에서 온전하시고” [the same perfect in godhead, *eundem perfectum in deitate*], “신성에서 성부와 동일본질이시고”[*homoousios* with the Father in godhead, *consubstatialem Patri secundum deitatem*], “신성은 만세 전에 성부에게서 나시고” [bogotten before ages of the Father in godhead, *ante secula quidem de Ptre genitum secundum deitatem*])

또한 (2) 그의 인성에서는 우리와 “같은 합리적 혼과 몸”(the same of a

138 13명의 이집트 감독들만이 그를 옹호했다고 한다(Orr, *The Progress of Dogma,* 192).

139 이를 언급하는 Orr, *The Progress of Dogma,* 192를 보라.

reasonable soul and body, *eundem ex anima rationali et corpore*)을 가지셨으니, 우리들과 동일본질임을 선언하였다.

> "인성에서 온전하시다"[the same perfect in manhood, *eundem perfectum in humanitate*], "인성에서 우리와 동일본질이시다"[the same homoousios with us in manhood, *consubstantialem nobis eundem secundum humanitatem*], "인성으로는 '떼오토코스'인 마리아에게서 나셨다"[(born) of May the Virgin *Thetokos* in manhood, *ex Maris virgine, Dei geniotrice secundum humanitatem*]).

그래서 (3) 그는 참 하나님이고 참 사람(truly God and truly man, *Deum verum et hominem verum*)이라고 선언되었다.

그리고는 (4) 그 유명한 선언, 즉 그는 두 성질이 한 인격에 "혼합 없이(ἀσυγχύτως, without confusion, *inconfuse*), 변함없이(ἀτρέπτως, without conversion, *immutabiliter*), 나누어짐 없이(ἀδιαιρέπτως, without division, *indivise*), 분리됨 없이(ἀχωρίστως, without separation, *inseperabiliter*)" 있는 분이시라는 선언이 주어졌다.

이는 상당 부분 시릴의 편지들, 특히 소위 "네스토리우스에게 보낸 시릴의 두 번째 편지"와 "안디옥 사람들에게 보낸 시릴의 편지"에서 온 것이라고 인정되며, 또한 레오의 서한도 큰 영향력을 미쳤다고 평가된다.[140] 그리고 "두 위격으로 나누어지거나 분리되지 않음"이라는 어귀는 떼오도레에게서 온 것이라고 한다.[141] 이 정의에서는 계속해서 "한 분의 같은 그리스도"(one and the same Christ)라는 말이 반복적으로 나오고 있다.

---

140 이를 잘 분석하여 제시하는 Pelikan, *The Emergence of the Catholic Tradition*, 264를 보라.

141 Pelikan, *The Emergence of the Catholic Tradition*, 264

이 유명한 선언에서 앞의 두 마디는 유티케스적 사유를 비판하는 것이고, 뒤의 두 마디는 네스토리우스적 사유를 비판하는 것이다.[142] 그러므로 신성과 인성 - 양성의 독특성을 분명히 하면서도,[143] 양성이 한 인격 안에 연합하여 있음을 분명히 하는 것이 칼케돈 정의(定義)의 의도였다. 그러므로 신성으로는 전지하시고 인성으로는 지식의 제한이 있을 수 있고, 신인의 수난은 무한한 수난이기는 하나 **신성은 고난받지 않으신다**(impassibility)는 것이 선언된 것이다.[144] 즉, 신-인(the God-man)이신 그리스도는 그의 인간성으로 고난받으신 것이지, 신성으로 고난받으신 것은 아니다; 각 본성의 특성들이 그 신인이라는 한 위격에 돌려질 수는 있어도 다른 성질에 귀속되는 것은 아니기 때문이다.[145] 수난의 자리는 인성이지 신성이 아니라는 말이다. 먼저 독자적인 한 인간이 있고 그와 제2위가 연합하는 것이 아니라, 로고스가 인성을 취하셔서 성육신이 이루어진 것이다.[146] 동정녀 마리아의

---

142 이를 설명할 때마다 항상 말하는 이 말과 정확히 같이 표현하는 Orr, *The Progress of Dogma,* 192를 보라. 그러므로 잘 논의한 후에도 칼시돈 정의가 결국 "네스토리우스의 입장을 정당성 있는 것으로 드러내는 것으로도 받아들여질 수 있다"(it could even be, and indeed was, taken as a vindication of the Nestorian position)는 펠리칸 교수의 논의는(Pelikan, *The Emergence of the Catholic Tradition*, 265) 상당히, 이해할 수 없을 정도로 이상한 것이라고 해야 한다. 늘 예리하게 분석하는 펠리칸 교수가 때때로 이런 이상한 주장을 할 때마다 안타까움을 가지게 된다. 그의 이런 태도는 "진리, 심지어 복음서의 진리도 결코 순수하고 분명하지 않고, 단순한 적은 정말 없다"(266)는 기본적 생각에서 나오는 것으로 보인다. 그는 시리아 교회와 희랍 정교회에서 이를 모호하게 해석하고 있다고 보며 특히 종교개혁 이후의 칼케돈 기독론에 대한 다양한 도전을 어느 정도 받아들이려고 하는 듯한 시사에서 우리의 안타까움을 더해진다.

143 그러므로 여기서도 "신성은 신성이고 인성은 인성이다"고 말할 수 있다. 이를 분명히 언급하는 Pelikan, *The Emergence of the Catholic Tradition*, 265를 보라. 종교개혁기에 이것의 함의가 제대로 드러났다고 해야 할 것이다. 그러므로 이를 분명히 하는 쪽이 칼케돈 정의에 충실한 것이다.

144 Berkhof, *The History of Christian Doctrines*, 107; Shedd, *A History of Christian Doctrine,* 1:404.

145 정확히 이를 지적하여 말하는 Shedd, *A History of Christian Doctrine,* 1:404를 보라.

146 이 점을 강조하여 지적하는 Shedd, *A History of Christian Doctrine,* 1:407을 보라.

태중에서 신성과 인간성의 연합이 이루어졌다.[147] 당대 상황을 가지고 말하면 이것은 안디옥 신학과 알렉산드리아 신학이 극단적으로 잘못된 방향으로 나아가는 것들만을 비판한 것이라고 할 수 있다.[148] 이렇게 이해하는 것이 중요하다.

그러나 칼케돈 공의회(451) 후에도 모든 교회들이 다 이런 입장을 잘 받아들이지는 않은 것 같다. 452년 2월 7일에 황제는 칙령을 내려서 그 전해에 작성된 정통적 교의를 따르지 않는 사람들은 군대에서 지위가 박탈당할 것이라고 선언한 것이나, 소위 단성론(單性論)자들(the Monophysite)부터 "그리스도를 사랑하는 여인"이라고 치하받을 정도로 단성론을 옹호한 황비 떼오도라(Theodora)의 존재와 영향력은[149] 당대에 칼케돈 정의의 영향력이 절대적이지 않았음을 잘 드러내 준다.

6세기 이집트에서는 수도사들이 "불경한 칼케돈 공의회에 저주가 있을지어다! 그것에 동의하는 모든 사람들에게 저주가 있을지어다! 그리스도의 구속적 고난을 부인하는 모든 사람들에게 저주가 있을지어다!"라고 외치는 일이 있었다고 한다.[150] 신성의 고난받으실 수 없음(impassibility)도 분명히 한 칼케돈 정의가 말하는 바가 그리스도의 고난을 부인하는 것이라고 생각했음이 이런 구호에서 잘 드러난다.

---

147 Berkhof, *The History of Christian Doctrines*, 108.

148 기본적으로 안디옥 신학과 유사성을 가지면서 이렇게 하는 것이라고 논의하는 Orr, *The Progress of Dogma,* 19-93을 보라. 그러면서 잘못은 잘 지적하면서도 적극적인 신학 건설적 활동은 하지 않는 것이라고 비판하는 93의 논의도 보라.

149 이런 점들을 언급하고 있는 Pelikan, *The Emergence of the Catholic Tradition*, 267을 보라.

150 1951년 마리아 크레머의 논의를 소개하면서 이를 언급하고 있는 Pelikan, *The Emergence of the Catholic Tradition*, 267을 보라.

그런가 하면 또 어떤 분들은 칼케돈 회의가 네스토리우스를 오해하고 충분히 네스토리우스를 반영하지 않았다고 하면서 다시 공의회를 열어 자신들이 생각하는 바른 입장을 제시하기도 하였다. 585년에 셀루시아-체시폰 공의회(synod of Selucia-Ctesiphon)가 그런 것의 하나이다. 이는 동부 시리아의 네스토리우스적 공의회라고 언급된다.[151] 이는 네스토리우스파의 남은 사람들의 반응이었다.

더 많은 비판은 성육신 이후의 소위 "하나의 본질(μία φυσίς)을 주장하는" 사람들(the Monophysite), 즉 단성론(monophysitism)으로부터 나왔다. 특히 팔레스타인과 이집트와 안디옥, 그리고 시리아 일부에서 수도사들 사이에 단성론 주장이 계속되었다.[152] 이 단성론자들은 칼케돈 정의가 결국 네스토리우스적인 것이라고 아주 과하게 주장했다.[153]

유티케스는 인성이 신성에 흡수(absorption)되었다고 한 것에 비해서, 새로운 단성론자들은 그리스도 안에서 신성과 인성의 혼합(fusion)이 일어나 그리스도는 "복합적 성질"(a composite nature)을 가지게 되었다고 주장했다.[154] 성육신 이후의 인성의 성질의 변화를 강조한 사람으로 할리카르나수스의 줄리안(Julian of Halicarnassus, Ἰουλιανός Ἁλικαρνασσού, † 527)을 들 수 있다. 그는 그리스도의 몸은 "신성과 연합한 순간부터 (즉, 수태한 때로부터) 부패할 수 없었다(free of corruption)"고 했다고 한다.[155] 그래서 나사로의 무덤가에

---

151 이 회의의 결정문을 인용하면서 소개하는 Pelikan, *The Emergence of the Catholic Tradition*, 267을 보라.

152 Berkhof, *The History of Christian Doctrines*, 108.

153 단성론자들의 이런 견해를 잘 전하는 Orr, *The Progress of Dogma,* 194를 보라.

154 이를 잘 설명하는 Orr, *The Progress of Dogma,* 195를 보라.

155 Pseudo-Leontius of Byzantium, *On the Sects,* 10. 1 (Pelikan, *The Emergence of the Catholic Tradition*, 272)에서 재인용.

서 예수님께서 우셨어도 "**그의 부패할 수 없고 신적인 눈물(His incorruptible and divine tear)**이 나사로를 죽은 자들로부터 일으키셨다"고 할 정도였다.[156] 그의 눈물이 신적이니, 그 몸이 신적인 것으로 생각되었다는 것은 당연하다. 따라서 그리스도의 몸은 이 지상에서도 부패할 수 없었으니, 그는 타락한 상태의 사람이 아니라 타락 이전의 아담과 동일본질이었기 때문이라고 했다.[157] 그를 따르는 사람들을 "부패할 수 없음을 주장하는 사람들"(the *Aphthartodocetae*)이라고 한다.[158]

또한 그리스도께서 신성과 인성의 "복합적 성질"을 가지게 되었다고 주장한 사람들로 필로크네누스(Philoxenus of Mabbug, † 523)와 안디옥의 세붸루스(Severus of Antioch, c.459/465-538)를 들 수 있다.[159] 안디옥의 세붸루스는 부패할 수 없음을 주장하는 사람들에 대해서도 그것은 고난의 실재를 무시할 수 있다고 비판하고, 또한 칼케돈파에 대해서도, 그들은 "하나님의 로고스가 그의 본질에서 구원하는 십자가를 지시고 우리를 위해 수난을 받으셨다고 한다"고 비난하면서, 그들은 "몸에 있어서 우리와 동일본질이신 한 분이시요 우리 하나님이시며 구주이신 예수 그리스도라고 부르기를 거절한다" 고 비판하였다.[160] 자신의 단성론적 생각에서 지나치게 비판한 것이다.

---

156 Anastasius of Sinai, *Hodegus* (Guide to the Way) 23 (Pelikan, *The Emergence of the Catholic Tradition,* 272)에서 재인용, 강조점은 덧붙인 것임.

157 Paul of Antioch, *Synodical Epistle* (Pelikan, *The Emergence of the Catholic Tradition,* 273)에서 재인용.

158 Cf. https://en.wikipedia.org/wiki/Aphthartodocetae.

159 이들을 언급하는 Dorner, *History of the Development of the Doctrine of the Person of Christ*, II, 122ff.와 Orr, *The Progress of Dogma,* 195, n. 1을 보라. 안디옥의 세르붸스에 대해서는 John D'Alton & Youhanna Nessim Youssef, (eds.). *Severus of Antioch: His Life and Times* (Leiden: Brill, 2016)을 보라.

160 Severus of Antioch, *Epistles,* 6. 5. 6 (Pelikan, *The Emergence of the Catholic Tradition,* 269). 이에 대해서 알렉산드리아의 떼오도시우스는 다음과 같이 써 보냈다고 한다: "삼위일체의 한 위

그러나 이런 양성의 혼합(σύγχυσις, 또는 κρᾶσις)은 이미 칼케돈 회의에서 정죄된 것이다. 그런데도 때로는 이를 옹호하는 황제가 즉위하여 정통파 주교들을 폐위하고 유배를 보내기도 하였다. 그 대표적인 예가 바실리스쿠스(Basiliscus) 황제였다. 그때는 칼케돈 신조를 거부하는 문서에 500명의 주교가 서명하기도 했다.[161]

그런데 또 상황이 바뀌면서 "그리스도를 사랑하는"(Christ-loving) 황제로 불린 **유스티아누스 I세**(527-565년 재위)는 군사령관 비탈리안(Vitalian)의 압력에 의해 형식적으로 칼케돈 신조를 수납하기도 했다(519).[162] 좀 더 후인 553년에 유스티니아누스가 소집한 소위 제5차 에큐메니칼 공의회로 언급되는 콘스탄티노플 공의회(553)에서 다시 칼케돈 신조를 명목상으로 확언했다.[163] 이 공의회에서 "이적을 행하신 로고스 하나님이 고난받으신 그리스도와 다른 분이라고 주장하는 사람에게 저주"를 선언하였다.[164] 또한 떼오토코스(*Theotokos*) 용어의 사용을 다시 확인하면서, 단순히 "그리스도를 낳은 자"(Christotokos)라고 하지 말라고 하였다. 핵심은 "삼위 가운데 한 위인 로고스 하나님(God the Logos)께서 성육신하셨을 때에 삼위일체에 또 하나의 위격(a person or hypostasis)이 더해지는 것이 아니다"고 확언하였다.[165]

이신 '성부의 위격적 로고스'(the hypostatic Logos of God the Father)께서 고난받으실 수 있는 우리와 동일본질의 몸을 위격적으로 자신과 연합시키셨다."(*Epistle,* cited in Pelikan, *The Emergence of the Catholic Tradition,* 269).

161 Fisher, *History of Christian Doctrine*, 156.

162 Fisher, *History of Christian Doctrine*, 156.

163 5명을 제외하고는 거의 동방에서 온 165명의 감독이 참여한 이 공의회의 복잡한 성격을 잘 설명하는 Orr, *The Progress of Dogma,* 197을 보라.

164 Pelikan, *The Emergence of the Catholic Tradition,* 277.

165 Pelikan, *The Emergence of the Catholic Tradition,* 277에서 재인용.

그랬다가 564년에는 같은 유스티니아누스 황제가 그리스도께서 부패할 수 없는 몸을 가지셨다는 주장을 어느 정도 받아들이면서, "그리스도의 몸은 '부패할 수 없었고(incorruptible), 자연적이고 비난할 수 없는 감정에 휘둘리지 않는, 즉 고난받을 수 없는 것이었다는 것에 동의를 강요하는 칙령"을 발령하기도 하였다.[166]

콘스탄티노플 공의회(553)를 주재했던 콘스탄티노플의 대감독 유티키우스(Patriarch Eutychius of Constantinople)가 성경에 근거하여 이에 반대했으나 결국 황제는 유티키우스의 직분을 빼앗고 억지로 타지로 가게 하고, 그 자리에 요한 스콜라스티쿠스(John Scholasticus)를 앉혔다고 한다. 비슷한 일을 안디옥의 대감독(the Patriarch of Antioch) 아나스타시우스(Anastasius)에게 하려고 하고, 단성론적 함의를 지닌 또 다른 칙령을 내리려고 하였으나 그의 통치 39년째 되는 565년 11월 14일에 죽음으로 이런 일은 발생하지 않았다고 한다.[167]

결국 양성론을 주장하는 칼케돈파와 단성론으로 두 파가 완전히 갈리어 6세기에는 이집트, 시리아, 그리고 아르메니아에 단성론(Monophysite) 교회들이 세워졌고, 이들은 오늘날도 콥틱 교회, 이디오피아 정교회, 시리아 정

---

166 Yonatan Moss, *Incorruptible Bodies: Christology, Society and Authority in Late Antiquity* (Oakland, CA: University of California Press, 2016), 172.

167 이를 말하는 William Gordon Holmes, *The Age of Justinian and Theodora: A History of the Sixth Century A.D.,* 2 vols., (London: G. Bell and Sons, LTD., 1905; 2nd edition 1912, reprint, Adamant Media Corporation, 2003), 2:382를 보라.

교회, 아르메니아 정교회라는 이름으로 남아 있다. 이들은 시릴의 가르침을 따르면서 유티케스의 입장에는 반대한다고 하면서 아주 독특한 단성론 입장을 드러내고 있다.

또한 안디옥의 감독이었던 세베루스[Severus, 459 or c. 465-538, 512-538년 재위]를 따르는 파(Severians)는 시릴의 주장에 집착하면서 칼케돈 신조의 양성에 대한 언급에 대해서 불평한다.[168] 그러면서 그리스도의 몸은 부활 이전에도 "썩을 수 없는 몸"이었다고 주장했다. 이런 것들이 단성론의 문제를 잘 드러낸다.

5. 7세기의 "두 의지론" 논쟁과 그 결과[169]

그리스도의 한 인격 안에 양성이 있음을 확실히 한 후에도 다시 논쟁이 일어났다. 그것은 그리스도의 의지는 과연 하나인가 둘인가에 대한 논쟁이다. 의지가 위격에 속한 것이라고 생각하는 분들은 한 위격의 그리스도는 한 의지를 가졌다고 하였고, 의지가 성질에 속한 것이라고 생각하는 분은 양성을 지닌 그리스도는 분명히 두 의지를 가졌다고 하였다. 이 문제에 대해서 어떤 논쟁이 어떻게 발생했으며, 과연 성경적으로 바른 입장은 무엇인지 생각해 보기로 한다.

622년 페르시아 원정을 한 헤라클리우스(Heraclius, 610-641) 황제는 시리아와 아르메니아를 지나면서 단성론(Monophysitism)을 주장하는 주교들을 만났고, 그들로부터 칼케돈 신조는 그리스도의 두 의지를 시사(示唆)하기에 그

---

168 Fisher, *History of Christian Doctrine*, 156f.

169 시기적으로 이 논의는 중세에 속한 논의이지만 편의상 여기서 같이 논의하기로 한다. 많은 교리사에서 대개 이렇게 하기도 한다.

것이 바르지 않다는 말을 들었다.[170] 이 과정에서 시리아와 아르메니아의 단성론 교회들까지를 한 교회로 다 연합시키려는 의지를 가지게 된 헤라클리우스 황제는 콘스탄티노플의 대주교(Patriarch)였던 세르기우스(Sergius)의 찬성에 힘입어, 그리스도께서 단일의지를 가지셨다는 견해를 선언하였다(단일의지론, monophysitism, 630). 처음에는, 아레오파기타(*Areopagite*) 문헌에 나온 어구인 그리스도의 "하나의 신인적 활동 방식"(θανδρικὴ ἐνέργεια)이라는 표현이 주로 사용되었다. 알렉산드리아의 대감독이었던 싸이러스(Cyrus)와 안디옥의 대감독이었던 아나스타시우스도 이에 동의하였다.[171] 또한 당시 로마의 교황이었던 호로니우스(Horonius, 625-38)도 단일의지론에 동의한다는 견해를 밝혔다.[172] 그는 "우리들은 우리 주 예수 그리스도의 **한 의지**를 고백한다"고 선언하였다.[173] 그리스도에게는 한 위격이 있으니 그 의지도 하나라는 것이다.

그러자 이에 대해서 반박하는 사람들이 나왔다. 그 대표적인 사람이 이집트의 수도사였던 **쏘프로니우스(Sophronius, c. 560 - 638)**였다. 특히 그가 638년 예루살렘의 대주교(Patriarch of Jerusalem)가 되었을 때(그래서 그를 "예루살렘의 쏘프로니우스"라고 한다), 그는 큰 영향을 미치기 시작했다. 그리스도 안

---

170 이런 역사적 배경을 잘 소개하는 Fisher, *History of Christian Doctrine*, 158을 보라.

171 David Knowles, "The Middle Ages: 604-1350," in *A History of Christian Doctrine*, ed. Hubert Cunliffe-Jones (Ediburgh: T &T Clark, 1978, reprinted, Philadelphia: Fortess Press, 1980), 232.

172 그는 두 편지에서 이를 선언하였다고 한다. 이에 표현된 견해에 대해서 그는 제6차 전체 공의회(the 6th General Council), 즉 콘스탄티노플 공의회(680)에서 이단으로 선언되었고, 후에 교황 레오 II세에 의해서 저주 선언을 받았다(anathemized)(cf. Knowles, "The Middle Ages: 604-1350," 233). 그 이후 11세기에 이르기까지 모든 교황은 선출될 때에 호노리우스의 정죄를 재가(ratify) 해야만 했다고 한다. 이에 대해서 Fisher, *History of Christian Doctrine*, 158, n. 1과 Phillip Shaff, *Church History,* IV, 500-506; 그리고 *The Progress of Dogma,* 200, n. 1을 보라.

173 이를 말하는 Orr, *The Progress of Dogma,* 200을 보라.

에 있는 두 성질(즉, 신성과 인성)은 한 인격에 의해 주도되는 “각기 다른 작용들”(two separate operations)을 요구한다는 것이다.

그런데 그 해(638년)에 헤라클리우스 황제는 세르기우스(Sergius) 대감독이 작성한 소위 “엑크떼시스”(*Ecthesis*) 문서를 발표하였다. 여기서는 그리스도의 모든 활동의 중심은 그의 위격이니, 그 활동(operation) 방식(energy, ἐνέργεια)이 하나인지 둘인지를 가지고 논의하지 말라고 하면서, 쏘프로니우스 같은 분의 소리를 막기 위해서 그리스도에게는 “오직 한 의지”(μία θέλημα)만 있다고 선언하였다. 비록 의지의 하나 됨(a moral unity of will) 만을 선언한 것이지만 단성론자들은 이것을 기뻐했다. 옛 논쟁이 다시 불러일으켜진 것이다.

이에 대해서 당시 로마 교황이던 떼오도레 I세(Pope Theodore, 642-649년 재위)는 의견을 달리하면서, 콘스탄티노플 대감독이었던 파울루스를 콘스탄티노플에서 면직시키고 로마로 오게 한다. 그리고 카르타고에서 열린 공적 논의에서 콘스탄티노플의 한 수도원장이었던 고백자 막시무스(Maximus Confessor, 580-c. 662)에게 설득되어 단일의지론을 완전히 포기하게 된다.[174]

그 와중에 교황 호노리우스가 638년에 죽고, 그 다음 교황인 요한 4세가 2년 후에 로마에서 공의회를 열어 그리스도 안에 단일의지가 있다는 견

---

[174] Fisher, *History of Christian Doctrine*, 158. 막시무스의 반대에 대해서 Knowles, “The Middle Ages: 604-1350,” 232도 보라.

해를 정죄했다(640).[175] 몇 주 후에 헤라클리우스 황제도 죽고 얼마 후에 아랍 사람들이 아르메니아에 침입해 와서, 단성론자들은 고립되었다.[176]

이런 상황에서 황제인 콘스탄스 2세가 소위 "티포스"(*Typos, Rule*) 칙령(648)을 발행하여 이 주제에 대한 모든 논의를 하지 말라고 하면서, 이에 순종하지 않는 사람들에게는 심각한 처벌이 내려진다고 선언하였다.[177] 그러나 이는 너무 늦어 효과를 내지 못한다.[178]

그다음 해(649)에 "고백자 마르틴"(Martin the Confessor)이라고 불리는 로마의 교황인 **마르틴 1세(Martin I**, 590/600 - 655, 649-655년 재위)는 500명의 감독들이 모인 〈제1차 라테란 공의회〉(649)에서 "엑크떼시스"(*Ecthesis*) 문서와 "티포스"(*Typos*) 문서와 그 작성자들 전부와 단성론을 정죄하면서, 그리스도의 두 의지를 말하는 것이 칼케돈 신조에 일치하는 것이라고 하였다.[179] 이

175 Knowles, "The Middle Ages: 604-1350," 233.

176 이 점도 지적하는 Knowles, "The Middle Ages: 604-1350," 233도 보라.

177 Orr, *The Progress of Dogma,* 200을 보라.

178 Knowles, "The Middle Ages: 604-1350," 233.

179 Fisher, *History of Christian Doctrine*, 158f.; Knowles, "The Middle Ages: 604-1350," 233.

때문에 콘스탄스 2세 황제의 명령으로 마르틴 1세와 고백자 막시무스 모두가 콘스탄티노플로 끌려가 황제 반역형으로 유배된다.[180] 마르틴 1세는 결국 크리미아로 유배되고 실질적으로 아사(餓死)하였다.[181] 또한 82세의 고백자 막시무스는 혀와 오른손이 잘리고 몇 해 후에 그 휴유증으로 사망하였다.[182]

얼마 후 아데오다투스 II세(Adeodatus, c. 621 - 676) 교황 때 또다시 이에 대한 논쟁이 일어나서 로마와 콘스탄티노플 사이의 교제가 끊어졌다(677년).[183] 그러나 진정으로 평화를 갈망한 (콘스탄스 2세의 아들이자 계승자인) 콘스탄틴 4세로 불리는 콘스탄틴 프로그나투스(Constantine Prognatus, 668-685 재위)에 의해 공의회가 제안되고(678년), 같은 해에 로마에서 공의회를 열어(680)[184] 이전인 649년에 결정되고 선언된 두 의지론을 확언한 로마의 교황인 아가또(Agatho, 577-681, 678-681 재위)도 의견을 같이해서, 콘스탄티노플에서 공의회가 열렸다(680년).[185] 이를 〈제6차 에큐메니칼 공의회〉라고도 하고,[186] (이 모임이 열린 콘스탄티노플 궁전 안의 방의 이름을 따서) 〈제1차 트룰란(Trullan) 공의회〉라고도 한다.[187] 200여 명의 감독들이 모인 이 공의회는 이

---

180 Fisher, *History of Christian Doctrine*, 159; Orr, *The Progress of Dogma,* 200; Knowles, "The Middle Ages: 604-1350," 233.

181 이를 언급하는 Orr, *The Progress of Dogma,* 200을 보라.

182 Orr, *The Progress of Dogma,* 200. 그런데 혀와 손이 잘린 것을 오어는 622년이라고 하는데 아마도 연대는 662년의 미스 스펠링일 것이므로 662년으로 조정되어야 할 것이다.

183 Orr, *The Progress of Dogma,* 201.

184 이를 말하는 Knowles, "The Middle Ages: 604-1350," 233을 보라.

185 이는 다음 여러 곳에서 제시한 정보를 합해 제시한 것임. Orr, *The Progress of Dogma,* 201; Fisher, *History of Christian Doctrine*, 159; Knowles, "The Middle Ages: 604-1350," 233.

186 이렇게 말하는 Knowles, "The Middle Ages: 604-1350," 233을 보라.

187 이 정보를 제시하는 Orr, *The Progress of Dogma,* 201을 보라.

논쟁과 관련한 이전 공의회보다 안정되고 공평한 논의를 할 수 있던 공의회로 평가된다.[188] 로마의 교황이었던 아가또(Agatho)가 황제에게 보낸 편지에 근거하여 확정된 공의회의 규정에서 아가또는 (1) 의지는 성질에 속한 속성이므로, 그리스도의 양성이 있으니 두 의지가 있는데, (2) 그리스도의 인성의 의지는 기꺼이 전능한 신성의 의지에 따르기로 결정한다고 말하였다.

이를 토대로 작성된 신조는 칼케돈 정의를 더 명확히 하는 의미를 지닌 것으로 여겨진다. 그래서 칼케돈 정의를 따르면서 그것을 의지에도 적용하여, "그리스도 안의 두 가지 자연적 의지들(two natural wills), 두 가지 자연적 작용들(two natural operations [energies]) 이 나누어짐과 변화와 분리와 혼합 없이" 있다는 어귀를 지닌 결정문이 나왔다.[189] 물론 인성의 의지는 결국 신성의 의지를 따른다고 하는 부가적인 말도 하였다. 그 결과로 두 의지론(the Dyothelite view)이 교회의 교의(Dogma)가 되었다.[190]

---

188 이런 평가로 Orr, *The Progress of Dogma,* 201을 보라. 이때 정죄된 인사 가운데 Honorius도 있다고 한다(Knowles, "The Middle Ages: 604-1350," 233).

189 이 중요한 어귀를 제시하는 Orr, *The Progress of Dogma,* 201을 보라. 물론 그는 칼케돈 정의에 대해서 했던 말과 같이 이런 표현이 오류를 제거하고 사변적인 길로 나가지 않은 장점은 가졌지만 결국 두 의지의 관계를 더 적극적으로 밝히지 못하여 온전하거나 최종적인 것은 못 된다고 논의한다(201. 더한 논의는 202-203에 제시되고 있다). 그러나 그 이상을 요구하는 것은 오히려 문제를 만드는 일이 될 것이다. 오어 자신은 결국 그리스도의 의지는 사람으로서도 신인적 의지(a divine-human will, *theanthropic* will)라고 하는(203) 사변(思辨)으로 나아가 또 문제를 복잡하게 하기 때문이다. 그러므로 7세기 선배들이 사변의 길로 나가지 않은 것을 더 높이 사야 할 것이다. 오어가 204-205에 제시한 바가 바로 두 의지론을 말한 7세기 선진들의 의도라고 해야 할 것이다.

190 Fisher, *History of Christian Doctrine*, 159. 그러나 이에 동의하지 않는 이들이 독립하여 마론주의자들(the Maronites)로 있었다.

6. 레온티우스(Leontius)와 다메섹의 요한(John of Damascus)의 이해

마지막으로 비잔티움의 레온티우스(Leontius of Byzantium, 약 485 - 543)의 견해와 동방 교회에서 가장 권위 있는 것으로 여겨지는 다메섹의 요한(c. 675/6-749)의 삼위일체론과 기독론을 정리하여 제시함으로 초기 시대의 기독론에 대한 논의를 마무리해 보도록 하자.

먼저 **비잔티움의 레온티우스(Leontius of Byzantium)**의 견해를 정리해 보자. 그는 동방에서 칼케돈 신학을 가장 유능하게 변호한 사람이다.[191] 네스토리우스의 견해를 비판하면서 레온티우스는 그리스도의 인간성의 비위격성(impersonality, *anhypostasis*)을 말한다. 그래서 레온티우스는 그리스도께서 취하신 인간성은 비위격적(impersonality, *anhypostasis*)이나 성육신 순간부터 로고스의 위격 안에 존재하니 그리스도는 비인격적(*anhypostasis*)이지 않고 내인격적(*enhypostasis*)이라고 하였다.[192]

일반적으로 "위격 안"이라는 뜻의 엔휘포스타시스(*enhypostasis*) 교리는 비잔티움의 레온티우스(Leontius)에게 있었고, 다메섹의 요한에 의해 가장

191 Berkhof, *The History of Christian Doctrines*, 108.

192 Berkhof, *The History of Christian Doctrines*, 109. 정통신학은 이런 입장을 지속적으로 주장한다. 이를 잘 정리하여 제시한 Berkhof, *Systematic Theology,* 321-22를 보라.

온전히 발전되었다고 한다.[193]

다메섹의 요한은 신적인 로고스가 형성적이고 주도적인 주체로 역사한다고 생각하면서 양성의 통일성을 제시하였다. 그는 로고스가 취하신 것이 개별적인 인간도 아니고, 심지어 (정통파에서 늘 생각하는 인간성 일반도 아니라고 하면서, 위격(person or hypostasis)으로 아직 드러나지 않은 잠재적 인간성을 취하셨다고 하였다. 여기서 그리스도께서 **취하신 인성의 비인격성**(*anhypostasis, anhypostatos*)이라는 표현이 나온다. 그런데 로고스의 위격이 인간성을 취하시는 것이므로 **그리스도는 비인격적**(*anhypostasis, anhypostatos*)**이지 않으시다**. 왜냐하면 로고스의 위격 안에(*enhypostasis*) 있기 때문이다. 그래서 로고스의 "위격 안에" 라는 뜻에서 "위격 안"(*enhypostasis, enhypostatos*)이라는 말이 사용된다.[194] 다메섹의 요한이 사용한 이 용어는 후에 모든 정통적 교회가 사용하는 용어가 된다.[195]

그리하여 양성이 하나(unity)를 이루게 된다고 한다. 몸과 영혼으로서 인성이 로고스와 연합하게 된 것이 성육신이라는 것이다. 그리하여 양성 모두에 대해 한 위격(one hypostasis)이 있게 된다.

따라서 그리스도 안에서 신성과

193 Orr, *The Progress of Dogma,* 206.

194 위에서 살펴본 것같이, 엔휘포스타시스(Enhypostasis) 교리는 비잔티움의 레온티우스에게 있다가 다메섹의 요한에 의해 가장 온전히 발전되었다(Orr, *The Progress of Dogma,* 206).

195 후대 개혁파 신학에서 매우 자연스럽게 이를 그대로 사용한 예로 Louis Berkhof, *Systematic Theology* (Grand Rapids: Eerdmans, 1941), 322를 보라.

인성의 "상호내주, 상호순환, 상호점유"(περιχώρησις, *circumincessio, circumcessio*)가 있다는 것을 다메섹의 요한은 말한다. 이것은 그리스도의 신성과 인성을 온전히 인정하고 그 성격을 보존하면서도 어떻게 그리스도 안에 그 두 성질이 있는지를 잘 설명하려는 시도로 인정된다. 이런 이해 가운데서 그는 "하나님의 아들이 경배 받으셔야 한다"고 하며, 이때 그의 인성도 신성과 연합해 있기에 자연스럽게 포함되는 것으로 제시된다.

그런데 이때 인성은 그 성격상 수납적이고 수동적이라고 한다. 그런 의미에서 "하나님께서 육체 가운데서 수난당하셨다"는 말도 하고, "육체의 신성화(theosis)가 있게 된다"고 표현하는데,[196] 이는 유키테스적 의미로 말한 것은 아닌 것으로 보인다.

그리스도의 의지와 관련해서는 당대의 심리적 이해에 따라 성질에 속한 것으로 표현한 후에 그 뒤에는 좀 모호하게 표현하는데, "그리스도 안에서 인성의 의지는 단지 신적 의지의 기관이므로 성육신하신 하나님의 의지가 된다"고 하는데,[197] 신적 의지의 기관이라는 표현이나 성육신하신 하나님의 의지가 된다는 표현이 모두 오해를 일으킬 수 있는 표현으로 여겨진다. 그래서 인성의 실재를 잘 보존해 보려고 하였지만 "그의 가르침의 방향은 단성론적인 방향으로 움직여 갔다"고[198] 말하는 학자도 있을 정도다.

다메섹의 요한은 삼위일체에 대한 이해에 있어서는 아주 명확히 정통적 방향을 잘 드러내었다고 할 수 있다. 이전의 많은 교부들과 같이 그도 성부가 근거이고 모두의 원인이라는 표현을 사용하기는 하지만, 위격들의 구별

---

196 Fisher, *History of Christian Doctrine*, 160.

197 Fisher, *History of Christian Doctrine*, 160.

198 이는 Fisher, *History of Christian Doctrine*, 160의 평가이다.

과 통일성을 다 잘 드러내고, 아버지 되심, 아들 됨, 그리고 나오심에 의한 구별도 분명히 하면서, 성부 성자 성령은 서로가 서로 안에 있어서 다른 위격이 없이는 있을 수 없게 되고, 삼위는 지식과 의지와 행위에서 하나라는 것을 강조한다.

즉, 다메섹의 요한은 하나의 신적 본질이 있고 이 하나의 신적 본질을 가진 삼위(three persons or hypostases)가 계심을 분명히 하면서, 삼위를 신적 존재(the divine Being) 안에 있는 실재들(realities)로 여겼다.[199] 그러나 삼위의 관계는 세 사람이 관계하는 그런 관계와 같은 것은 아니라고 하였다. 삼위 모두가 다 시작을 가지지 않으시나(*agenesia*), 오직 성부만 "낳아지지 않으심"(*agennesia*, non-generation)에 의해 특징지어지고, 성자는 "낳아지심"(*gennesia*, generation)에 의해서, 그리고 성령은 "나오심"(procession)에 의해 특징지어진다고 한 것이다. 그런데 이 구별되는 위격들은 혼합되거나 섞이지 않는 위격들의"상호내주, 상호순환, 상호점유"(περιχώρησις, mutual interpenetration)의 관계를 가지고 있다고 한다.

[199] 여기서 나는 다메섹의 요한의 견해를 Berkhof, *The History of Christian Doctrines,* 91에 요약된 것을 참고하여 제시하였다.

그러나 그는 종속성을 강하게 부정하면서도 성부가 신성의 원천이라고 하고(the source of the Godhead), 성령님은 성부로부터 로고스를 통해서 나오신다고 표현하였다.[200] 서방에서 보기에 이는 여전히 희랍적 종속론의 잔재가 남아 있는 것이고, 그를 포함한 동방에서는 톨레도 공의회(589)의 "아들로부터도"(*filioque*) 성령이 나오신다는 말을 받아들일 수 없었다.[201] 결국 이 차이 때문에 동방 교회와 서방 교회는 후에 공식적으로 분열되었다.

7. 양자론과 그 극복

7-8세기에 서방 교회 안에서 양자론 논쟁이 일어났다. 이미 675년에 톨레도 공의회에서 그리스도께서는 본성상(by nature) 하나님의 아들이지, 양자로(by adoption) 아들 된 것은 아니라고 하였다. 그런데 783년부터 799년까지 우르겔라의 감독이었던 펠릭스(Felix, Bishop of Urgella, † 818)는 그리스도는 그의 신성에 관한 한 자연적 의미에서 독생하신 하나님이신 하나님의 아들이라고 하였으나, 그의 인성에 관한 한 양자되어 하나님의 아들이 되었다고 하였다. 그런데 그는 그리스도의 인성이 수태된 때로부터 하나님의 아들의 위격과 연합되었다는 것을 강조하였다.[202]

펠릭스와 그를 따르던 분들은 성경에 사람으로서의 그리스도가 성부보다 낮은 것으로 묘사된 부분들에 주목하면서, 그것은 인성으로서의 그에 대한 묘사이고, 그 인성에 관한 한 양자되어 하나님의 아들이라고 하면 역

---

200 Berkhof, *The History of Christian Doctrines,* 91.

201 이것도 Berkhof, *The History of Christian Doctrines,* 92의 있는 벌코프의 평가이다.

202 Berkhof, *The History of Christian Doctrines,* 111.

시 양자되어 하나님의 자녀가 된 우리들이 예수님을 형제로 여길 수 있다고 한 것이다.[203] 이를 말하기 위해서 그들은, 예수님의 경우에 베들레헴에서의 자연적 출생과 세례받을 때에 시작되어서 부활할 때 극치에 이른 영적인 출생을 구별하여 설명한다.[204] 그리고는 이 영적인 출생에 의해서 그리스도는 그 인성에 관한 한, 하나님의 아들로 입양되었다고 하는 것이다.

이에 대한 비판은 이미 샤를마뉴 시대의 알퀸(Alcuin)에서부터 시작되었다. 기본적으로 펠릭스의 이런 양자론은 그리스도의 두 아들 됨을 상정하는데 그것이 문제라고 하였다. 그리하여 이 견해는 794년 프랑크포르트 공의회에서 정죄되었다.[205]

이와 같이 정통 기독교회는 성경에 충실하게 그리스도의 양성이 한 인격 안에 있음을 분명히 천명하는 칼케돈적 입장에 충실하려고 하였음을 유념해야 한다.

---

203 Berkhof, *The History of Christian Doctrines,* 112.

204 Berkhof, *The History of Christian Doctrines,* 112.

205 Berkhof, *The History of Christian Doctrines,* 112.

제4장

구원과 은혜에 대한 고대 교회의 이해

성경의 가르침을 따르는 분들은 항상 성경이 강조하는 구원을 강조해 왔다. 그리고 구주 예수 그리스도와 구원은 항상 연관되어 제시되었다. 후대의 빛에서 때때로 속사도 교부들이 "그리스도의 죽으심의 의미를 잘 파악하지 못했다"고 강하게 비판하는 일도 있었다.[1] 그러나 그들이 남겨 놓은 것만 가지고 이렇게 강하게 판단하는 것은 무리한 일일 것이다. 최소한 우리는 정확히 모르나 그런 경향을 보였다는 정도로만 말하는 것이 좋을 것이다. 더한 비판을 받는 변증가들 가운데 자신의 신앙을 위해 순교한 분들을 생각해 보면 그들의 "순교는 변증보다 교의적으로도 더 큰 가르침을 주고 있다"는 펠리칸 교수의 태도가[2] 더 공정할 것이다.

---

1 Thomas F. Torrance, *The Doctrine of Grace in the Apostolic Fathers* (Edinburgh & London: Oliver and Boyd, 1958, reprint, Grand Rapids: Eerdmans, 1959), 137. 바른 이런 점 때문에 야로슬라프 펠리칸은 이 책을 뛰어나지만 좀 과장되었다고 판단한 것으로 보인다. Cf. Jarolav Pelikan, *The Christian Tradition: A History of the Development of Doctrine,* vol. 1: *The Emergence of the Catholic Tradition (100-600)* (Chicago & London: The University of Chicago Press, 1971), 369.

2 Pelikan, *The Emergence of the Catholic Tradition*, 143.

1. 헬라 교부들의 견해들

이레니우스(135-202)는 그리스도께서 구원(σωτηρία)을 가져오시는 분임을 말하고, 영지주의를 반박하면서 죄로부터의 구원을 가져오시는 분(the bringer of salvation from sin)은 질병으로부터의 구원을 가져오시는 분(the bringer of salvation from disease)과 같다는 것을 강조했다.[3] 그는 또한 "구주를 따른다는 것은 구원에 참여하는 것이고, 빛을 따른다는 것은 빛을 받는 것이다"고 하였다.[4] 그의 총괄 갱신 교리도 결국 구원에 관한 것이었다.

특히 이레니우스의 구원 이해를 생각하면서 후대의 루터파 신학자인 아울렌은 그리스도께서 승리하셨다는 주제가 고대 교회의 "고전적" 구속론이라고 제시하기도 했다.[5] 이레니우스는 분명히 창세기 3:15을 생각하면서 종국적으로 여인의 후손이 "영원히 승리하리라"고, 그래서 "죽음과 마귀에게 사로잡혀 있던 사람들에게 죽음으로부터의 승리를 주실" 것이라고 강조했다.[6] 여인의 후손, 즉 승리하시는 그리스도는 뱀의 머리를 부수시고 사

---

[3] Irenaeus, *Adv. Haereses,* 5. 17. 3, cited in Pelikan, *The Emergence of the Catholic Tradition*, 154-55.

[4] Irenaeus, *Adv. Haereses,* 4. 14. 1 (Pelikan, *The Emergence of the Catholic Tradition*, 141.

[5] Gustaf Aulén, *Christus Victor: An Historical Study of the Three Main Types of the Idea of Atonement,* trans. A. G. Herbert (London: SPCK, 1931, reprint, New York: Macmillan, 1969), 4-7.

[6] Irenaeus, *Adv. Haereses,* 5. 21. 1-2 (Pelikan, *The Emergence of the Catholic Tradition*,

람을 자유롭게 하니 "그의 구원은 죽음의 멸망이다."[7] 그리스도께서는 그의 수난으로 죽음과 오류와 부패성과 무지를 파괴하셨고 신자들에게 불멸성을 주셨다는 것이다.[8] 그는 이렇게 말한다. "그의 순종으로 불순종을 완전히 파괴하신다. 왜냐하면 그는 강한 자를 결박하시고, 연약한 자들을 해방하셨고, 죄를 없애셔서 그의 피조물에게 구원을 주시기 때문이다."[9] 후에 존 오웬이 말하는 바의 핵심이 여기서 언급되고 있다. 이레니우스는 심지어 마태복음 12:29에 있는 예수님의 말씀을 이제까지 사탄이 사람들을 묶고 포로로 하고 있던 바로 그 쇠사슬로 사탄을 결박하는 것이라고까지 말하기도 한다.[10]

알렉산드리아의 클레멘트(c.150 - c. 215)는 그리스도의 십자가를 통해서 건짐 받음을 강조하면서,[11] 그리스도는 "[죄로부터] 정화하게 하시

149-50).

[7] Irenaeus, *Adv. Haereses,* 2. 23. 17 (Pelikan, *The Emergence of the Catholic Tradition,* 150).

[8] Irenaeus, *Adv. Haereses,* 2. 20. 3 (Pelikan, *The Emergence of the Catholic Tradition,* 150).

[9] Irenaeus, *Adv. Haereses,* 3. 18. 6 (Pelikan, *The Emergence of the Catholic Tradition,* 150).

[10] Irenaeus, *Adv. Haereses,* 5. 21. 3 (Pelikan, *The Emergence of the Catholic Tradition,* 150).

[11] Clement of Alexandria, *Protrepticus* (Exohortation to the Greeks), 12. 118. 4 (Pelikan, *The Emergence of the Catholic Tradition*, 153).

는 분이고(the purifier), 구조요, 평화를 가져 오시는 분"이라고 밝히 말한다.[12] 이와 같이 헬라 교부들도 그리스도께서 구원을 가져 오신다는 것은 아주 분명히 했다. 그래서 "그리스도께서는 하나님으로서는 죄를 용서하시고, 사람으로서는 그를 따라 오는 사람들에게 죄를 짓지 않게 훈련시키신다"고 하였다.[13] 오리겐(† 254)도 이사야 53장을 거의 전부 인용하면서 죄인들이 "구주의 수난으로 고침을 받는다"고 한다.[14]

또한 헬라 교부들은, 우리가 위에서 살펴본 바와 같이, 영지주의 이단에 대항하면서 영지주의의 문제를 잘 드러내었다. 영지주의자들은 육체는 필연적으로 악하다고 주장하고 악은 근본적으로 선하다고 주장하였는데, 이를 성경적으로 비평하며 바른 견해를 잘 드러내는 과정에서 헬라 교부들에게도 어느 정도의 이원론적인 성향이 나타나고 있다. 그래서 헬라 교부들도 영(靈)을 좀 더 중요시하고, 또한 지성을 더 중요시하여 지성을 통해서 의지에 영향을 미친다는 것을 강조하였다.[15] 알렉산드리아의 클레멘트의 다음 말에도 이런 성향이 나타나고, 헬라 사람들의 오랜 표현인 신화(神化, Θέωσις, deification) 개념이 처음 출현한다. "하나님의 로고스께서 사람이 되신 것은 당신들이 이 사람으로부터 사람이 어떻게 하나님이 될 수 있는지를 배우도록 하시기 위해서였다."[16]

---

12 Clement of Alexandria, *Protrepticus*, 10. 110. 1 (Pelikan, *The Emergence of the Catholic Tradition*, 153).

13 Clement of Alexandria, *Paedagogus,* 1. 3. 7. 1 (Pelikan, *The Emergence of the Catholic Tradition*, 153).

14 Origen, *Contra Celsum,* 1. 54-55 (Pelikan, *The Emergence of the Catholic Tradition*, 153).

15 이를 잘 지적하는 Louis Berkhof, *The History of Christian Doctrines* (Grand Rapids: Eerdmans, 1937, paperback edition, Grand Rapids: Baker, 1975), 127-28=한역, 134를 보라.

16 Clement of Alexandria, *Protrepticus*, 1. 8. 4 (Pelikan, *The Emergence of the Catholic*

그런데 헬라 교부들은 타락에도 불구하고 인간은 "자신의 본래적 힘"(αὐτεξουσίον)을 사용하여 선을 행할 수도 있고 죄로부터 피할 수 있다고 하였다.[17] 알렉산드리아의 클레멘트는 "믿는가 믿지 않는가는 철학을 할 것인가 안 할 것인가와 같이 의지에 달려 있다"고 하고, "사람은 모든 영적인 존재와 같이 자유로운 선택의 능력을 결코 상실하지 않는다. 이 능력을 수단으로 해서 고귀한 정신은, 그것이 이루어지려면 반드시 있어야만 하는 신적 능력의 도움을 받아서 무지와 깊은 도덕적 부패로부터 스스로를 들어 올려 하나님과 진리에로 가까이 이끌려 간다"고 말했다.[18] 이 말에도 들어 있듯이, 인간이 도덕적으로 증진해 가는 일을 시작할 수는 있지만 하나님의 도우심이 없이는 완성할 수 없는 것이라고 하지만,[19] 기본적으로 헬라 교부들은 죄는 언제나 인간의 자유로운 선택에서 유래하고, 연약함과 무지의 결과라고 생각했다.[20] 예를 들어서, 이레니우스는 "모든 사람들은 같은 본성을 가지고 있다. 선한 것을 굳게 붙잡고 행할 수도 있고, 그것을 버리고 행하지 않을 수도 있다"고 했다.[21] 타락 이전과 이후의 인간성의 변화에

Tradition, 155). 이것은 후에 오리겐의 신화(神化) 개념(Origen, *Contra Celsum,* 3. 28)을 거쳐서 동방 교회의 독특한 개념으로 발전해 간다. 오리겐의 신화 개념은 그리스도의 인간성을 통해서 신자들을 그리스도의 신성으로 연합하게 하여 결국 하나님의 신성과 연합하게 한다고까지 표현하기에 상당히 과한 함의를 가지고 있다.

[17] 이를 잘 지적하여 말하는 William G. T. Shedd, *A History of Christian Doctrine,* vol. 2 (New York: Charles Scribner's Sons, 1897), 31을 보라. 이런 생각이 지닌 심각한 문제를 잘 의식하면서 생각해 가야 한다.

[18] Shedd, *A History of Christian Doctrine,* 2:31-32에서 재인용.

[19] 이 점을 잘 드러내어 설명하는 Shedd, *A History of Christian Doctrine,* 2:32를 보라. 특히 "하나님은 원하는 영혼에 협동하신다"(God co-operates with those souls that are willing)와 같은 클레멘트의 말을 잘 인용하여 상황을 잘 드러내고 있다.

[20] Berkhof, *The History of Christian Doctrines,* 128=한역, 134.

[21] Ireneaus, *Adv. Haereses,* 4. 37. 2 (Pelikan, *The Emergence of the Catholic Tradition*, 283).

크게 신경 쓰지 않았다. 타락할 때, 이레니우스가 "신성의 의복"(the robe of sanctity)이라고 부른 "성령께서 부여해 주신 거룩성과 의"인 "모양"(likeness)은 사라졌어도[22] "형상"(image)은 "별 문제 없이 있다"(intact)는 그의 '하나님 형상론'이 이것을 잘 드러낸다. 그는 항상 사람들은 "자유로운 주체"(free agents)로 지어졌음을 강조한다.[23] 그래서 이로부터 이들은 유아들이 오직 육체적 타락을 물려받았기에 그들이 죄에 대한 책임이 있다고 하기는 어렵다는 이상한 생각을 드러내기도 했다.[24]

심지어 삼위일체 문제에 있어서 정통을 위해 투쟁한 아따나시우스와 크리소스톰조차도 후대의 원죄론을 회피하려는 듯한 모습을 나타냈다.[25] 이 말을 오해하면 안 된다. 물론 이분들은 사람들이 불순종으로 하나님께 대해 돌아섬으로 사람들은 "죽음 가운데서 부패함의 원인이 되었다"는 것을 인정하고, 이렇게 타락한 상태는 점점 더 악해져 가니 사람들은 죄를 짓는 일에 있어서 "만족할 줄 모르게"(ἀκόρεστει) 되었다는 것을 분명히 말한다.[26] 첫째 죄로 만족하지 않고 "다시 다른 악들로 가득 채워서 더 부끄러운 데로 나아가고 불경건 가운데로 나아간다."[27] 이런 상황에서 로고스의 성육신만이 인간을 구원할 유일한 방도라는 것을 아주 분명히 말한다. 인간이 잘못

---

22 Ireneaus, *Adv. Haereses,* 3. 2. 3; 3. 23. 5, trans. Alexander Roberts and William Rambaut, *Ante-Nicene Fathers,* vol 1. (Buffalo, NY: Christian Literature Publishing, 1885) http://www.newadvent.org/fathers/0103.htm.

23 Ireneaus, *Adv. Haereses,* 4. 39. 4 (Pelikan, *The Emergence of the Catholic Tradition,* 284).

24 Berkhof, *The History of Christian Doctrines,* 128=한역, 134.

25 Berkhof, *The History of Christian Doctrines,* 128=한역, 134.

26 Athanasius, *The Incarnation of the Word of God* (New York: Mcmillan, 1964), 5. 3.

27 Athanasius, *Contra gentes,* 8 (Pelikan, *The Emergence of the Catholic Tradition,* 285).

했다는 것에 대해서는 회개만으로 충분한데, 인간이 부패하게 되어서 멸절할 위험에 처해졌기 때문에 로고스의 성육신이 필요하게 되었다고 했다.[28] 창조의 주체로서 인간을 무로부터 불러내신 로고스가 다시 인간을 멸절에서 구하시기 위해서 성육신하셨다는 것이다. "죽음과 부패성이 신성에 참여하는 것을 막고 있기에 로고스의 성육신으로 이를 극복했다"고 한다.[29] 그러나 후대에 정교한 원죄론은 아직 드러나지 않았다. 그래서 아따나시우스는 로마서 5:14 말씀에 근거해서 예레미야나 세례 요한 같은 사람들은 "모든 죄로부터 깨끗한" 사람들이라고도 말한다.[30]

죄 문제에 대해서 가장 이상한 견해를 제시한 분은 역시 **오리겐**(Origen, † **254**)이다. 그는 인간 영혼이 시간 이전의 영원에서 타락하여 죄에 대한 벌로 몸이라는 감옥에서 일정 시간을 사는 벌에 처해졌다는 영혼선재설을 표현하였다. 그래서 이 세상에 있는 사람들은 다 (영원에서 타락한 존재이므로) 타락성을 가지고 있다고 했

28 이를 잘 논의하는 Pelikan, *The Emergence of the Catholic Tradition,* 285를 보라.

29 이렇게 요약한 Pelikan, *The Emergence of the Catholic Tradition,* 285를 보라.

30 Athanasius, *Contra Arianos,* 3. 33 (Pelikan, *The Emergence of the Catholic Tradition,* 285).

다.[31] 그러나 이렇게 타락한 존재들도 자유의지를 가지고 있어서 선악간 어떤 방향으로든지 궁극적 유효성을 지니고 있다고 했다.[32] 따라서 예수 그리스도 안에서 제시된 구원을 받아들일 수 있다고 하였다.[33] 유한한 능력으로 옳은 방향으로 나가는 일을 시작하면 신적인 은혜가 온전하게 해서 완성한다는 것이다.[34] 물론 이때 하나님이 하는 면이 더 크다고 강조한다. 그럴 수 있는 능력을 창조하신 것이 그 능력의 사용보다 더 중요하다고 한다. 그러나 결국 "모든 옳은 행위는 자신의 자유로운 선택과 신적 도움의 복합체"라고 한다.[35] 그리고 어떤 의미에서 믿음보다 더 강조한 것이 하나님 앞에 죄를 고백하는 것이라고 하였다. 물론 그는 라틴 신학자들, 특히 터툴리안보다는 좀 더 내면적 회개를 강조하는 듯이 보인다.[36]

구원론과 관련한 오리겐의 가장 큰 문제는 그가 "만물의 회복"(ἀνάστασις πάντων)을 너무 이상하게 설명한 것이다. 그의 영혼의 선재 상태에서의 타락이라는 견해에 근거해서 오리겐은 "마지막은 항상 시작과 같은 것이다"고 한다.[37] 고린도전서 15:24-28의 말씀 특히 그 마지막에 하나님께서 "모든 것 가운데서 모든 것이" 되신다는 말씀에 근거해서[38] 오리겐은 "하나님

---

31 이에 대해서는 6장에서 좀 더 자세하게 논의할 것이다.

32 이 점을 강조하는 Origen, *De Principiis*, 3권에서 오리겐이 하는 말을 잘 인용하여 타락한 인간의 자유선택 능력에 대한 강조를 잘 드러내는 Shedd, *A History of Christian Doctrine*, 2:33-34를 보라.

33 이를 잘 제시하는 Berkhof, *The History of Christian Doctrines*, 74를 보라.

34 이를 잘 드러내어 논의하는 Shedd, *A History of Christian Doctrine*, 2:34를 보라.

35 오리겐이 여러 곳에서 하는 여러 말에 근거해서 이를 말하는 Shedd, *A History of Christian Doctrine*, 2:34, n. 1을 보라.

36 이를 잘 제시하는 Berkhof, *The History of Christian Doctrines*, 75를 보라.

37 Origen, *De Principiis*, 1. 6. 2 (Pelikan, *The Emergence of the Catholic Tradition*, 151).

38 Origen, *De Oratione*, 25. 2 (Pelikan, *The Emergence of the Catholic Tradition*, 151).

의 선하심은, 그의 그리스도를 통해서, 모든 피조물을 한 목적으로 이끄니, 마지막 원수인 죽음뿐만이[39] 아니라, 세상을 주관하고 있는 마귀도 포함될 것이다."고 한다.[40] 그는 이렇게 말한다: "죽음이 더 이상 존재하게 되지 않을 때, 또한 죽음의 쏘는 것이, 악조차도 전혀 있게 되지 않을 때 그때에야 하나님이 참으로 모든 것 가운데 모든 것이 되시는 것이다."[41]

헬라 교부들 가운데 성경적 원죄론에 가장 가깝게 표현한 사람은 닛사의 그레고리라고 여겨진다.[42] 그 외에는 전반적으로 헬라 교부들에 의해서는 인간의 죄 문제가 덜 심각하게 다루어지니 인간을 하나님의 은혜로 구원한다는 것도 강조점이 인간의 자유의지를 중심으로 나타났다. 그러므로 중생에서 주도권이 인간의 의지에 있는 것이라는 인상을 주고 있다. 여기서 아주 독특한 개념이 나타났는데 인간의 자유의지가 중생의 과정을 개시(開始)시키지만 하나님의 도움 없이는 이 과정을 완성할 수 없다는 생각이 나타났다. 그리하여 일종의 신인협력주의가 나타났다.[43] 하나님의 능력이 인간의 의지와 협력하여 하나님을 기쁘시게 하는 일을 하게 한다고 여긴 것이다. 자연인이 행할 수 있는 선과 영적인 선에 대한 구별이 없는 형태로 논의가 진행되었다.[44] 윌리엄 쉐드는 그 이전 사람들도 그렇지만 크리소스

---

39 Origen, *De Principiis,* 1. 6. 1 (Pelikan, *The Emergence of the Catholic Tradition,* 151).

40 Origen, *Conta Celsum,* 7. 17 (Pelikan, *The Emergence of the Catholic Tradition,* 151).

41 Origen, *De Principiis,* 3. 6. 2 (Pelikan, *The Emergence of the Catholic Tradition,* 151). 이런 보편 구원론에 대해서 6세기에 교회는 정죄를 선언했다. 이에 대해서도 Pelikan, *The Emergence of the Catholic Tradition,* 151, 337-38을 보라.

42 Berkhof, *The History of Christian Doctrines,* 128=한역, 134.

43 Berkhof, *The History of Christian Doctrines,* 129=한역, 134. 그런 점에서 어거스틴 이전의 교부들에게는 구원 적용의 문제 있어서 "자유와 은혜의 협력"이 가르쳐졌다는 카니스(Kahnis)의 말은 옳은 말이다(Berkhof, *The History of Christian Doctrines,* 203에서 재인용).

44 Berkhof, *The History of Christian Doctrines,* 128=한역, 135.

톰의 중생론도 확고히 신인협력주의적이라고 잘 논의하였다.[45] 사람이 거룩을 향해 나아가면 하나님의 은혜가 원군으로 와서 그것을 강화시킨다는 것이다. 사람이 노력할 때 "하늘로부터 돕는 은혜가 필요하다"고 말한다.[46] 사람이 의지를 가지고 노력해 가는데 "용기를 내고 지속적으로 하려면 그 자신의 노력으로가 아니라 하나님의 자비로만 가능하다"고 강조한다.[47] 그는 이렇게 말한다. "우리의 역할이 먼저 선택하고 의도하는(will) 것이라면 하나님의 역할은 마치고 온전하게 하는 것이다."[48] 중세 사람들도 항상 이런 생각에 근거해서 생각하여 간 것을 보게 될 것이다.

그래도 구주가 그리스도라는 것과 그가 만물의 창조주시라는 것은 모든 교부들이 아주 분명히 하고 있다. 창조의 주체(agent of creation)이신 분이 구원의 주체(the agent of salvation)라는 것은 아따나시우스가 아주 분명히 드러냈다.[49] 이고니움의 암필로치우스(Amphilochius, c. 339/340-394/403)도 이런 점에서 다음과 같이 매우 중요한 말을 하였다. "구주이신 그리스도(Christ the savior)께서 또한 만물의 창조자라고 말하지 않는다면 그는 아주 비종교적이고 진리를 전혀 모르는 사람이다."[50]

---

45 Shedd, *A History of Christian Doctrine,* 2:40을 보라.

46 Chrysostom, *Homilia* 12: *Ad Hebraos* (Shedd, *A History of Christian Doctrine,* 2:41, n. 1).

47 이도 역시 Chrysostom, *Homilia* 12: *Ad Hebraos* (Shedd, *A History of Christian Doctrine,* 2:41, n. 1).

48 Chrysostom, *Homilia* 12: *Ad Hebraos* (Shedd, *A History of Christian Doctrine,* 2:41, n. 1).

49 이 점을 잘 논의하고 있는 Pelikan, *The Emergence of the Catholic Tradition,* 204를 보라.

50 Amphilochius, *Fragments,* 16 (Pelikan, *The Emergence of the Catholic Tradition,* 204-205).

2. 라틴 교부들의 견해들

(1) 터툴리안의 견해

터툴리안(c. 155/160 – c. 220/240)은 소위 영혼 유전설(traducianism)을 주장했다. 그의 유명한 말인 "영혼의 유전과 함께하는 죄책의 유전"(*tradux animae, tradux peccati*)은 이를 잘 요약한다.[51] 기본적으로 그는 하나님께서 몸과 영혼으로 이루어진 하나의 인간성을 창조하셨고, 그것이 점점 개별화되는 것이라는 입장을 취했다. 그는 보존(preservation)은 무(無)로부터의 창조보다는 덜 어렵다고 하면서 이렇게 주장하였다.[52] 그러므로 아담 안에서 인간성이 타락한 이후에는 그 타락한 인간성이 개별적인 사람에게 있게 되는 것이라고 한 것이다. 이런 점에서 그에게서 원죄 교리의 첫째 흔적을[53] 찾는 것은 자연스럽다.

그런데 터툴리안은 유아의 무죄성을 상대적인 의미에서 인정하여 유아들은 자범죄는 없다고 한다.[54] 또한 중생에서도 인간의 기여가

---

[51] Berkhof, *The History of Christian Doctrines,* 129. 또한 Shedd, *A History of Christian Doctrine,* 2:44도 보라.

[52] Cf. Shedd, *A History of Christian Doctrine,* 2:45.

[53] 이는 Berkhof, *The History of Christian Doctrines,* 64에서 온 표현이다.

[54] Berkhof, *The History of Christian Doctrines,* 129.

있는 듯한 표현도 사용하고 있다.[55] 그리고 고해를 강조하면서 좀 더 율법적 죄 고백을 강조하였다.[56] 이런 것이 터툴리안의 잘못된 자기 나름의 생각이라고 할 수 있다.

그럼에도 그는 아담이 "인류의 시작이 되는 분(the pioneer)이면서 동시에 우리 죄의 시발자(pioneer)"라고 제대로 말했고,[57] "사람은 한 비참한 나무의 열매를 맛봄으로 죽음으로 정죄되었고, 이로부터 죄들과 그 형벌들이 나왔다. 그래서 지금 그 낙원(에덴동산)을 전혀 보지 못한 사람들도 멸망하고 있다"고[58] 기본적 성경의 사실과 의미를 제대로 진술한다.

(2) 다른 라틴 교부들: 키프리아누스, 암브로시우스, 힐라리우스

키프리아누스(† 258), 암브로시우스(† 397), 힐라리우스(† 368)는 터툴리안보다는 인간 죄성의 심각성을 생각하면서 의지에 미치는 죄의 영향력(the effects of sin upon the will itself)을 좀 더 강조하고, 따라서 구원은 오직 하나님께서 하시는 것임을 강조하는 방향으로 나아가고 있다. 키프리아누스는 죽음으로부터의 구원을 확신시키면서 "우리를 위해 죽음을 정복하신 [구주께

---

[55] Berkhof, *The History of Christian Doctrines,* 129-30. 그러므로 터툴리안이 중생에 있어서 오직 성령님이 하신다는 독력주의(monergism)적 입장을 표명했다는 쉐드의 주장(Shedd, *A History of Christian Doctrine,* 2:44)은 조금은 가다듬어져야 한다. 동방 교부들에 비하면 상당히 독력주의적이다. 그러나 인간의 기여가 있다는 듯한 표현도 사용하고 있다고 해야 한다. 조금 후에 쉐드도 이 점을 말한다(46). 이런 점에서 벌코프의 판단이 상당히 정확하다고 할 수 있다.

[56] 이를 잘 제시하는 Berkhof, *The History of Christian Doctrines,* 75를 보라.

[57] Tertullian, *Exhortation to Chastity,* 2. 5 (Pelikan, *The Emergence of the Catholic Tradition,* 290).

[58] Tertullian, *Marcion,* 1. 22. 8 (Pelikan, *The Emergence of the Catholic Tradition,* 290).

서] 우리 안에서 계속해서 죽음을 정복하신다"고 말한다.[59] 그는 또한 "우리의 모든 능력은 하나님에게서 온 것이다. 그 안에서 우리가 살고, 그 안에서 힘을 얻는다."고 잘 말한다.[60] 그럼에도 키프리아누스도 "받아들이는 신앙(a recipient faith)을 가져오는 만큼, 흘러나오는 은혜를 마신다"고 말하며,[61] 또한 원죄의 죄책은 자신이 행한 것의 죄책은 아니기에 자범죄의 죄책보다는 크지 않다고 한다. 그래서 유아들은 더 쉽게 죄 용서를 받을 수 있다고 말하기도 한다.[62]

암브로시우스와 힐라리우스는 모든 사람이 아담 안에서 범죄하였기에 죄 가운데서 태어난다는 것을 더 분명히 한다. 암브로시우스는 이렇게 말한다. "우리 모두는 첫 사람 안에서 범죄하였고, 본성이 전달됨에 따라서 죄책(*culpae*)도 한 사람에게서 모두에게 전달되었다(transfused)";[63] "우리 모두가 그로부터 왔기에 우리 모두는 그로부터(*ex eo*) 죄인들이 되었다."[64] 그러나 전적 타락은 아니라는 인상을 주면서 중생에서의 인간의 협력설을 시사한다.[65] 암브로시우스는 이렇게 말한다. "공로가 있는 자들을 그가 미리 보시고 그들의 공로에 대한 보상을 미리 정하셨다." 그런가 하면 또 이렇게도

---

59 Cyprian, *Epistles* 10. 3 (Pelikan, *The Emergence of the Catholic Tradition*, 154).

60 Shedd, *A History of Christian Doctrine,* 2:47에서 재인용.

61 Cyprianus, *Ad Fidum,* c. 5 (Shedd, *A History of Christian Doctrine,* 2:47, n. 2). 이 표현은 있을 수 있는 표현이나 최소한의 신인 협력주의를 생각하게 할 수 있는 불안하게 하는 표현이기도 하다.

62 Cyprianus, *De Gratia, ad Donatun,* c. 4, 5 (Shedd, *A History of Christian Doctrine,* 2:47, n. 3).

63 Ambrosius, *Ad Psalmum* 52. 7 (Shedd, *A History of Christian Doctrine,* 2:48).

64 Ambrosius, In Ep. ad Rom. c. 5 (Shedd, *A History of Christian Doctrine,* 2:49, n. 1).

65 Berkhof, *The History of Christian Doctrines,* 130. 쉐드도 암부로시우스와 힐라리 모두 결국은 신인협력주의적 이론을 가르친다고 말한다(Shedd, *A History of Christian Doctrine,* 2:49).

말한다. "사람의 의지가 하나님에 의해서 준비되어졌다(*praeparatio*). 하나님의 거룩한 의지로 하나님께서 영광을 받으시는 것도 하나님의 은혜로 되는 것이다."[66] 그러므로 후대의 명확한 빛에서 보면 이랬다저랬다 하는 것으로, 즉 자의적(恣意的)인 것으로 보인다.[67] 그럼에도 라틴 교부들은 어거스틴의 견해를 향해 준비해 가는 것으로 보인다.[68]

3. 펠라기우스와 펠라기우스의 견해

영국의 켈틱 수도사로 알려진[69] 아마도 아일랜드 사람인[70] 펠라기우스(Pelagius, c.AD 390 - 418)는 잘 교육받았고 라틴어와 헬라어에 능숙한 수도사로서 스스로 아주 엄격한 삶을 살려고 노력했고,[71] 그런 자신의 노력이 모든 그리스도인들의 모습이어야 한다고 여겼던 것으로 보인다. 그는 조용한 사람이었다는 것을 모든 사람들이 인정한다.[72] 그러나 그가 제기한 논쟁 상

---

66 Ambrosius, *De fide,* Lib. V., n. 83; *Expisitio in Lucam,* Lib. 1 (Shedd, *A History of Christian Doctrine,* 2:50, n. 1).

67 같은 점을 지적하는 Shedd, *A History of Christian Doctrine,* 2:50을 보라

68 이는 거의 모든 분들의 견해이다. Shedd, *A History of Christian Doctrine,* 2:47, 49; Berkhof, *The History of Christian Doctrines,* 130.

69 Gerald Bonner, "Pelagius (fl. c. 390–418), theologian," in *Oxford Dictionary of National Biography* (Oxford University Press, 2004). doi:10.1093/ref:odnb/21784.

70 제롬이 그런 견해를 표명했다고 한다. Cf. Dáibhí Ó. Cróinín, *Early Medieval Ireland, 400-1200* (London: Longman, 1995, 2nd edition, London: Routledge, 2016), 206.

71 Fisher, *History of Christian Doctrine,* 183을 보라. 그를 비판하는 어거스틴도 펠라기우스가 순결한 삶을 살았고 그리하려고 했다는 점은 높이 평가한다. Cf. *Ep..,* 186, *ad Paulus De Pecc. Merit.,* 3. 1. 3, cited in Fisher, *History of Christian Doctrine,* 183, n. 4.

72 G. F. Wiggers, *Augustinianism and Pelagianism,* 47, cited in Berkhof, *The History of Christian Doctrines,* 131.

황 속에서 자신의 입장 제시가 더 뚜렷하게 되었다는 것도 사실이다.

펠라기우스가 **380년 로마에 와서 활동하면서**, 특히 409-411년 사이에 바울 서신에 대한 주석을 통해 그와 그의 견해를 널리 알렸다.[73] 그는 로마 사회와 로마 교회의 부패성을 목격하고, 그 원인을 하나님의 은혜로 모든 것을 설명하려는 어거스틴의 은혜론 때문이라고 비판하면서, 엄격한 도덕적 삶과 도덕주의를 강조하기 시작했다. 그는 어거스틴의 『고백록』에 있는 "주님, 당신님께서 명령하시는 것을 주시고, 원하시는 것을 명령하소서"라는 문장에 걸려 넘어졌고, 이것이 문제라고 생각하면서 비판을 시작하였다고 한다.[74] 그리고 그와 그의 제자라고 할 수 있는 캘레스티우스(Caelestius) 또는 쾰레스티우스(Coelestius)가 411년에 아프리카로 갔을 때 그는 어거스틴과 만나게 된다.

(1) 최초 아담의 상태에 대한 이해

펠라기우스에 의하면, 아담은 거룩하지도 않고 죄악된 것도 아닌, 그러므

---

[73] Richard A. Fletcher, *Who's Who in Roman Britain and Anglo-Saxon England* (London: Shepheard-Walwyn, 1989), 11–12.

[74] 이점을 지적하는 Fisher, *History of Christian Doctrine,* 183; Orr, *The Progress of Dogma,* 154를 보라.

로 선하지도 않고 악하지도 않은 중립의 상태였다고 한다. 이때 아담은 전혀 결정되어 있지 않는 의지를 지니고 있었다고 한다. 자신이 원하면 하나님의 뜻에 순종할 수도 있고, 원하면 불순종할 수도 있는 상태였다는 것이다. 그는 온전하고 내재적인 능력을 가지고 선과 악을 선택할 수 있었다.[75] 그리고 아담은 처음부터 일정한 시간이 지나면 죽을 존재로 창조함을 받았다고 한다.[76]

(2) 죄와 타락한 인간성에 대한 이해

이런 비결정적 상태에서 타락한 아담은 그 타락으로 자신만이 해를 입은 것이고, 그의 인간성이 손상을 받은 것은 아니라고 한다. 따라서 그 아담의 상태에서나 그의 후손도 손상받지 않은 자유로운 인간성을 가지고 있으며, "죄책의 전이" 같은 것은 있지 않았다고 주장한다. "원죄"나 아담으로부터 물려받은 손상된 도덕성 같은 것은 있지 않다는 것이다. 모든 아기들은 아담과 같이 순수하고 완전한 상태로 태어난다고 했다.[77]

따라서, 펠라기우스에 의하면, 아담과 그의 후손 사이의 유일한 차이는 아담 앞에는 범죄한 모범이 있지 않았는데, 그의 후손들은 아담의 범죄라는 모범이 존재한다는 것뿐이다. 잘못된 모범들이 많으면 사람들이 좀 더

---

75 *Ep. ad Demetri.* c. 2, 3, 13, 14를 인용하면서 이를 언급하는 Fisher, *History of Christian Doctrine,* 184를 보라.

76 Pelagius, *Expositiones in Epist. Paul, Epistl. ad Demetri*와 *Libell. Fidei et Innocent* (이는 Jerome의 작품에 나온다고 한다), cited in Fisher, *History of Christian Doctrine,* 190, n. 1. 또한 이 점을 잘 지적하는 Shedd, *A History of Christian Doctrine,* 2:93, 95을 보라.

77 펠라기우스의 이런 주장을 잘 지적하는 Orr, *The Progress of Dogma,* 158, 159; Shedd, *A History of Christian Doctrine,* 2:93-94을 보라.

쉽게 죄를 지을 수 있다고 말한다. 그래서 펠라기우스는 죄의 보편성은 그저 잘못된 모범, 잘못된 교육, 나쁜 습관 때문에 나타나는 것이라고 한다.[78] 그런 상황에서도 언제나 선택의 자유는 있다고 한다.[79] 이것이 펠라기우스의 의지 이해에서 제일 중요한 점이다. 그에게 있어서 자유는 선택할 수 있는 능력이고, 사람은 언제나 원하는 대로 선택할 수 있다는 것이다.[80] 그는 사람이 스스로 율법을 지켜서 구원을 얻을 수 있다고 생각했다.[81] 그러므로 펠라기우스는 사람이 제대된 선택을 하면 죄 없는 삶을 살 수도 있고, 예를 들어서, 아벨이나 세례 요한 같은 분들은 죄 없이 살았다고 주장한다.[82] 마리아를 이런 범주에 넣어 생각했다는 것은 너무 자명하다.[83] 심지어 이교도들 가운데서도 이것이 가능하다고 했다.[84]

그러므로 펠라기우스에게 있어서 죄는 개별적 의지의 행위들과 관련된 문제이다. 이런 점에서 펠라기우스의 인격 이해는 "원자론적"(atomistic)이라고 한 피셔 교수의 평가는[85] 적절하다. 우리의 모든 행위는 그때그때 개별적 선택이라고 여겨지기 때문이다. 그 누구나 온전한 자유의지를 가지고

78 Berkhof, *The History of Christian Doctrines,* 133.

79 Pelagius, *Ep. ad Demetri.* c. 8, cited in Fisher, *History of Christian Doctrine,* 190, n. 4.

80 이를 지적하는 Orr, *The Progress of Dogma,* 155를 보라.

81 누구나 펠라기우스의 이 문제를 지적하지만 이 점을 언급하는 Berkhof, *The History of Christian Doctrines,* 205를 보라.

82 Augustine, *Natura et gratia,* 36. 42 (Pelikan, *The Emergence of the Catholic Tradition,* 314)에서 재인용. 펠라기우스의 이런 주장을 언급하는 Fisher, *History of Christian Doctrine,* 191; Orr, *The Progress of Dogma,* 158; Pelikan, *The Emergence of the Catholic Tradition,* 314를 보라.

83 Cf. Pelikan, *The Emergence of the Catholic Tradition,* 314.

84 Shedd, *A History of Christian Doctrine,* 2:96.

85 Fisher, *History of Christian Doctrine,* 190. 그런 뜻에서 그는 "펠라기우스의 체계에는 인격의 통일성 또는 인격의 단일성 개념이 없다"고 말하기도 한다.

하나님께 불순종하기를 선택한 것이 죄이다. 그래서 펠라기우스는 이성을 사용할 수 있는 연령이 되기 전의 유아들, 그 스스로 악을 선택하기 전의 사람의 죄를 묻는다는 것은 있을 수 없다고 여겼다.[86] 펠라기우스는 이렇게 생각하는 것이 개별자들의 철저한 책임을 분명히 할 수 있는 길이라고 여긴 듯하다. 펠라기우스에게는 개인이 스스로 행한 것에 대해서만 개인이 책임을 질 수 있다는 생각이 주도적이었다.[87] 그래서 그는 원죄나 유전죄가 있을 수 없다고 생각했다.[88]

(3) 은혜에 대한 이해

펠라기우스도 '은혜'라는 말을 사용한다. 심지어 우리는 매순간, 모든 행위에 대해서 은혜가 필요하며 이것을 부인하는 사람들은 저주를 받아야 한다고까지 말한다.[89] 그런데 그는 (1) 인간의 이성적 본성과 자유의지, (2) 성경에 있는 하나님의 계시, 특히 복음의 설교, 그리고 (3) 그리스도의 모범 같은 외적인 은사들을 은혜라고 한다.[90] 성경의 계시를 좀 더 언급하면서 선한 일에 대해서 보상하시고 잘못을 벌하신다는 미래에 대한 말씀과 마귀의 궤계가 있음을 말해 주는 것들, 그리고 "많고 이루 다 말할 수 없는 천상

---

86 이를 지적하는 Fisher, *History of Christian Doctrine,* 190을 보라.

87 이 점을 강조하여 제시한 Orr, *The Progress of Dogma,* 156을 보라.

88 이를 지적하여 말하는 Orr, *The Progress of Dogma,* 156, 159을 보라.

89 Augustine, *De gratia christi,* 2. 2 (Pelikan, *The Emergence of the Catholic Tradition,* 315)에서 재인용.

90 펠라기우스의 은혜 이해를 이렇게 말하는 Orr, *The Progress of Dogma,* 158, 159; Berkhof, *The History of Christian Doctrines,* 206을 보라.

적 은혜에 의한 조명"도 은혜라고 말한다.[91] 이 중에서 본성의 은혜(the grace of nature)는 보편적이고 절대적으로 본질적인 것이나 복음의 은혜는 보편적이거나 꼭 필요한 것은 아니고 사람이 구원받는 것을 좀 쉽게 하는 것이라고 한다.[92] **본성에 주어진 것을 잘 사용한 사람들에게** 기본적으로 "하나님의 뜻과 진리를 알려 주시는 것", 먼저 율법과 그 후에 그리스도의 삶과 가르침을 통해서 알려 주신 것이 주어진다고 한다.[93]

그러나 이런 은혜는 인간의 의지에 직접(*directly* and *immediately*) 작용하지 않고, 인간들이 깨닫도록 오성(understanding)을 밝히고(illuminates) 이를 통해서 **간접적으로 의지에 작용한다고 한다. 그리하여 의지의 자유로운 행동을 촉진한다**고 한다.[94] 그는 "은혜의 도움"이나 "신적인 도움"이 하나님께서 명령하신 것을 더 쉽게 성취할 수 있도록 하는 "있으면 좋은"(desirable) 것이라고도 했다.[95] 또한 인간이 이 은혜에 저항하는 것도 가능하다고 한다. 그래서 스스로 판단하여 하나님의 뜻을 수행할지 말지를 선택할 수 있다는 것이다. "능력(*posse*)은 하나님에게서 온 것이지만, 의지(*velle*)와 실제 행동(*esse*)은 사람의 자유로운 결정에 의존한다"는 것이다.[96] 쉐드가 잘 표현한 말로 요약하자면, 펠라기우스에 의하면, "하나님의 은혜는 모든 사람들을 위해 디자인된 것이다. 그러나 사람이 덕에 대한 진지한 추구로 스스로를

---

[91] Augustine, *De gratia christi,* 7. 8을 인용하면서 이렇게 말하는 Pelikan, *The Emergence of the Catholic Tradition,* 315도 보라.

[92] 이 점을 언급하는 Berkhof, *The History of Christian Doctrines,* 206을 보라.

[93] 이것이 후에 천주교회의 가르침에서도 반영되고 있는 것을 주목해야 한다.

[94] Berkhof, *The History of Christian Doctrines,* 206.

[95] 이 점을 지적하는 Berkhof, *The History of Christian Doctrines,* 206을 보라.

[96] Augustine, *De gratia christi,* 3. 4-4. 5 (Pelikan, *The Emergence of the Catholic Tradition,* 315)에서 재인용.

가치 있게 만들어야 한다"고 한다.[97] 그래서 펠라기우스의 글을 살펴본 후에 어거스틴은 펠라기우스가 은혜라는 단어를 많이 말하지만 그의 의도를 잘 살펴보면 결국 "율법과 가르침"만 남는다고 잘 지적하였다.[98]

그러므로 펠라기우스는 성령님의 독특한 역사하심으로 인간을 중생시키거나 그들에게 계속적으로 은혜를 베풀고 인도하는 소위 "내면적 은혜"(*gratia interna*)가 필요하지 않다고 한다. 그는 은혜의 도움이나 하나님의 도우심은 "하나님께서 명령하신 것을 **좀 더 수월하게 성취하기 위하여" 필요한 것이지 필수적인 것은 아니라**고 보았다.[99]

펠라기우스도 유아세례를 받아야만 한다고 말한다. 그러나 그는 이를 **성별의식**이라고 하면서 **장래의 죄 사함을 미리 선언하는 것**으로 본다.[100] 유아세례를 받지 못하고 죽은 아이들은 "영생"(life eternal)이라고 불리는 낮은 차원의 지복의 삶에는 들어가지만, 최고의 지복의 상태인 "하늘"(heaven)에서는 배제된다는 아주 이상한 입장을 취한다.[101] 최고의 지복의 상태는 오직 세례받은 사람들만 들어간다고 한다. 이와 같이 펠라기우스는 성경이 말하는 하늘관과 영생관을 가지지 않고 자기 나름의 사고방식을 드러내었다.

---

97 Shedd, *A History of Christian Doctrine,* 2:96-97.

98 Augustine, *De gratia Christi,* 11. 이를 잘 찾아 준 Orr, *The Progress of Dogma,* 158, n. 3을 보라.

99 Berkhof, *The History of Christian Doctrines,* 205-6=한역, 219.

100 Berkhof, *The History of Christian Doctrines,* 133; Orr, *The Progress of Dogma,* 159. 그러므로 펠라기우스는 미래의 죄를 사하기 위해 유아세례가 필요하다고 하는 것이다(Shedd, *A History of Christian Doctrine,* 2:97-98).

101 이를 언급하는 Fisher, *History of Christian Doctrine*, 191; Orr, *The Progress of Dogma,* 159; Shedd, *A History of Christian Doctrine,* 2:98를 보라.

(4) 펠라기우스의 구원 이해

펠라기우스에 의하면, 선이나 악은 우리가 행하는 것일 뿐이다. 모든 정황에서 "우리가 (선이든지 악이든지 다) 할 수 있기 때문이다."[102] 그러므로 펠라기우스는 인간의 스스로의 능력을 하나님의 뜻에 순종하여 하나님과의 바른 관계에 들어갈 수 있다는 자력 구원을 주장하는 것이 된다. 그래서 결국 이 세상에서의 삶은 그 순종 여부를 보는 과정이 되고, 죽음 이후에 하나님과 바른 관계에 들어가 "하늘"(heaven)에 이르는 것으로 구원을 제시한다. 그에게는 "그리스도 안에서의 부활"도 없다.[103] 펠라기우스에 의하면, 진정한 그리스도인은 하나님을 알고 믿으며, 복음의 교훈들을 순종하고, 그리스도의 거룩하심을 본받는 자이고,[104] 이렇게 그리스도처럼 하나님의 뜻을 수행하여 거룩하게 되어 구원을 받는다고 주장한다. 그러므로 우리는 이를 자력 구원의 주장이라고 한다.

(5) 펠라기우스주의자들인 에클라눔의 줄리안과 켈레스티우스

펠라기우스주의자들 가운데서 (오늘날 이탈리아의 베네벤토(Benevento) 가까이에 있는) **에클라눔의 감독이었던 줄리안(Julian of Eclanum**, c. 386 - c. 455)이 "펠라기우스 교리의 형성자"(architect)라고 하며,[105] 어거스틴과 "가장 강하게 논

[102] Pelagius, *De lib. arbitr.* (in Augustine, *De Pecca. Orig.* 14), cited in Fisher, *History of Christian Doctrine,* 190, n. 2.

[103] 이 점을 지적하는 Orr, *The Progress of Dogma,* 159를 보라.

[104] Berkhof, *The History of Christian Doctrines,* 206=한역, 220.

[105] Augustine, *Against Julian (of Eclanum),* 6. 11. 33 (Pelikan, *The Emergence of the Catholic Tradition,* 313).

쟁한" 사람(the most formidable)이라고 한다.[106] 그리고 켈레스티우스(Celestius)는 펠라기우스가 말하려는 진정한 의도를 잘 드러낸 인물이라고 어거스틴이 말하는 인물이다.[107] 이들은 모두 펠라기우스에게 동의하면서 성경에서 우리에게 주신 명령은 인간이 그것을 행할 수 있음을 전제하는 것이라는 생각에서 출발한다.

특히 줄리안은 원죄 교리는 부조리하고 불공평하며 신적 공의와 상반되는 것이라고 하면서, "신적 공의가 없으면 신성 자체도 없는 것이다"고 하면서 원죄 교리를 공격했다.[108] 그는 "죄는 모방에 의해 수행되고, 의지로 저질러지며, 이성에 의해 옳지 않다고 판단되고, 율법에 의해 드러나게 되며, 공의로 형벌된다"고 하면서, 만일 원죄가 있다면 이 모든 것이 참되지 않은 것이 된다고 논의했다.[109] 그는 또한 이렇게 말한다. "만일 죄가 자연

---

106 이는 Gerald Bonner, *St. Augustine of Hippo: Life and Controversies* (London: SCM Press, 1963), 344의 평가이다.

107 Augustine, *De peccato originalis,* 76. 6 (Pelikan, *The Emergence of the Catholic Tradition,* 313).

108 Augustine, *Incomplete Work against Julian,* 1. 38 (Pelikan, *The Emergence of the Catholic Tradition,* 315)에서 재인용.

109 Augustine, *Incomplete Work against Julian,* 2. 74 (Pelikan, *The Emergence of the Cath-*

적이라면, 의지로 이루어지는 것이 아니고(not voluntary), 의지에 의해 이루어지는(voluntary) 것이라면, 타고 나는(inborn) 것이 아니다. 이 둘은 마치 필연성(necessity)과 [자유] 의지(free will)와 같이 상호 모순되는 것이다."[110] 타락 이전에도 이후에도 인간은 죄를 지을 수 있는 가능성과 안 지을 수 있는 가능성을 가지고 있다는 것이다.[111] 그는 그리스도의 은혜를 말하면서 무로부터의 창조 사실과 우리들이 이성에 의해 감각에 의해 사는 사람들보다 우월한 것을 언급한다.[112]

켈레스티우스(Celestius or Caelestius)는 죄에 대해서 다음 같은 6가지 명제를 제시하였다.

1. 아담은 본래 수명이 다하면 죽게끔 창조되었다. 따라서 그가 죄를 범하든지 범하지 않든지 수명이 다하면 죽도록 되어 있었다.
2. 아담의 죄는 그 자신에게만 손상을 주는 것이지, 인류 전체에 손상을 주는 것은 아니다.
3. 복음이 그러하듯이 율법도 (사람들을) 천국으로 인도한다. (즉, 율법을 지켜서도 구원 받는다 - 보역).
4. 그리스도께서 오시기 이전에도 죄 없이 산 사람들이 있었다.
5. 이제 막 태어난 유아들은 아담의 범죄 이전의 상태와 같은 상태에 있

olic Tradition, 315)에서 재인용.

110 Augustine, *Incomplete Work against Julian,* 4. 93 (Pelikan, *The Emergence of the Catholic Tradition,* 315)에서 재인용.

111 Augustine, *Incomplete Work against Julian,* 1. 78 (Pelikan, *The Emergence of the Catholic Tradition,* 315)에서 재인용.

112 Augustine, *Incomplete Work against Julian,* 1. 94 (Pelikan, *The Emergence of the Catholic Tradition,* 315)에서 재인용.

는 것이다.

6. 아담의 죽음과 범과 안에서 전 인류가 죽은 것도 아니며, 그리스도의 부활로 모두 다 다시 살아나는 것도 아니다.[113]

그러나 삼위일체에 대해서나 유아세례에 대해서는 펠라기우스와 그를 따르는 자들도 모두 이것들이 모두 다 절대적으로 필요하다고 하였다.[114] 에클라눔의 줄리안은 유아들은 (타락 전의 아담 같이) 선하게 태어나지만 새롭게 되고 하나님의 자녀로 입양되는 것이 더 좋기에 유아세례를 받아야 한다고 했다.[115] 그들은 일반적으로 "죄 용서를 위해서가 아니라 그리스도 안에서 성화되기 위해서 유아들은 세례를 받아야 한다"는 식의 주장을 하였고, 이런 생각들이 그들 사이에서 퍼져 갔다고 한다.[116]

(6) 펠라기우스주의에 대한 교회의 판단

펠라기우스가 409-411년 사이에 로마에서 자신의 견해를 주장하였고, 아마도 409년경에 그의 제자가 된 켈레스티우스(Celestius)가[117] 북아프리카에

113 Augustine, *De gestis Palgii (On the Proceedings of Pelagius),* 11. 23; idem, *De Peccato originalis,* 11. 12(Pelikan, *The Emergence of the Catholic Tradition,* 315-16)에서 재인용.

114 이에 대해서는 Pelikan, *The Emergence of the Catholic Tradition,* 316-17을 보라.

115 Augustine, *Incomplete Work against Julian,* 3. 151 (Pelikan, *The Emergence of the Catholic Tradition,* 317)에서 재인용.

116 Augustine, *De peccatorum meritis et remissione,* 3. 6. 12 (Pelikan, *The Emergence of the Catholic Tradition,* 317)에서 재인용.

117 이에 대해서 Orr, *The Progress of Dogma,* 155를 보라. 그러나 자세한 곳에서 펠라기우스와 켈레스티우스의 생각이 다른 곳이 있고(이를 지적하는 Augustine, *Original Sin,* 11을 보라), 펠라기우스 사상의 대변인은 에클라눔의 줄리안(Julian of Eclanum)이라고 한다(Orr, *The Progress of Dogma,* 155, n. 1).

서 펠라기우스주의를 전했고, 펠라기우스 자신은 팔레스타인에서 이런 가르침을 선포하였다. 이에 대해서 카르타고 공의회(412)는 켈레스티우스를 이단이라고 단죄하고, 그의 입장을 철회할 것을 요구하였으나 그가 거부하자 그를 출교시켰다.[118]

411년에 팔레스타인으로 간[119] 펠라기우스 자신은 예루살렘과 가이사랴 주교(the bishop of Cæsarea)인 율로기우스(Eulogius)의 관할 하에 있던 디오스폴리스(Diospolis, Lydda, 415), 그리고 팔레스타인에서 이단으로 고소되었는데, 구원을 위해서 하나님을 필요로 한다고 해명하여 방면되었다(414-16년).[120]

그런데 그 후에 펠라기우스는 〈의지의 자유의 본질과 변호〉(*On Nature and Defense of the Freedom of the Will*)라는 책을 내어서, 인간이 자유의지로 죄를 범하지 않을 수 있다고 했고, 어거스틴은 악을 하나님과 같은 수준으로 올려서 생각하는 것이니 결국 마니교(Manichaeism)의 영향하에 있고, 이교의 결정론을 마치 기독교 교리인 것같이 가르친다고 비판하였다. 그러므로 펠라기우스는 인간은 항상 의지의 자유를 가지고 자유로운 선택을 할 수 있다는 입장을 취하였다.

결국 펠라기우스와 그를 따르던 켈레스티우스는 416년에 밀레브

---

118 Shedd, *A History of Christian Doctrine,* 2:99; Berkhof, *The History of Christian Doctrines,* 137. 이때 중요한 기소자가 밀란의 장로였던 파울리누스(Paulinus)로 그는 6가지 항목으로 켈레스티우스를 기소하였다. 출교된 후 켈레스티우스는 동방으로 갔다고 한다. Cf. Fisher, *History of Christian Doctrine,* 194.

이때 삼위일체에 대해서와 부활에 대해서는 켈레스티우스도 정확히 정통파 교회의 견해를 옹호한다고 하였다. Cf. Augustine, *De Peccato originalis,* 19. 43 (Pelikan, *The Emergence of the Catholic Tradition,* 316)에서 재인용.

119 Shedd, *A History of Christian Doctrine,* 2:99.

120 Shedd, *A History of Christian Doctrine,* 2:99.

(Mileve)와 카르타고 공의회에서 이단으로 단죄되었고,[121] 우유부단하던[122] 당시 로마의 감독이었던 조시무스(Zosimus)에 의해 최종적으로 재가되었다(카르타고 공의회, 418년).[123] 그리고 펠라기우스 사후 431년에 동방의 에베소 공의회도 네스토리우스를 정죄하면서 켈레스티우스 등의 펠라기우스주의도 이단으로 정죄하였다.[124] 그러므로 펠라기우스주의는 서방에서만이 아니라 동방에서도 이단으로 정죄되었다.[125]

---

121 Shedd, *A History of Christian Doctrine,* 2:99. 이때 기소를 어거스틴이 했다고 한다. 그리고 이 결정은 이노센트 1세의 재가를 받았다고 한다(Fisher, *History of Christian Doctrine,* 194).

122 이렇게 말하는 이유는 로마의 조시무스(Zosimus) 주교가 그 전에 몇 번 펠라기우스가 정통이라는 문서를 발부한 일이 있었기 때문이다(Berkhof, *The History of Christian Doctrines,* 137). 이 과정에 대한 설명으로 Orr, *The Progress of Dogma,* 160을 보라.

123 Shedd, *A History of Christian Doctrine,* 2:99. 418년 아프리카 주교들이 모두 모인 카르타고 공의회의 결정의 핵심은 다음과 같은 것들이라고 한다. (1) 아담의 타락이 이 세상에 죽음을 가져왔다. (2) 타락한 아담으로부터 유래된 죄를 사하기 위해서 유아들은 세례를 받아야 한다. (3) 죄를 피하기 위한 필수적인 도움을 주는 은혜가 영혼 안에서 작용해야 한다. (4) 죄 없는 온전함은 이 세상에서는 불가능하다. 이를 정리해서 제시한 Fisher, *History of Christian Doctrine,* 195f.을 보라.

124 Shedd, *A History of Christian Doctrine,* 2:99-100; Pelikan, *The Emergence of the Catholic Tradition,* 318. 사실 여기에는 매우 복잡한 정황의 진전이 있었다. 이에 대한 상세한 논의에 대해서는 Fisher, *History of Christian Doctrine,* 194f.를 보라. 그리고 동방 교부들의 철저하지 않음에 대한 지적으로 Shedd, *A History of Christian Doctrine,* 2:100-101을 보라.

그러나 이때 삼위일체에 대해서는 펠라기우스도 정확히 정통파 교회의 견해를 옹호한다고 하였다. Cf. Augustine, *De gestis Palgii (On the Proceedings of Pelagius),* 19. 43 (Pelikan, *The Emergence of the Catholic Tradition,* 316)에서 재인용.

125 이 점을 강조하면서 말하는 Pelikan, *The Emergence of the Catholic Tradition,* 340도 보라.

4. 어거스틴의 이해[126]

모든 사람이 인정하듯이 어거스틴은 사도 시대 이래로 교회의 모든 교사들 가운데서 가장 영향력 있는 사람이었다.[127] 엄밀히 말해서, 죄와 구원에 대한 어거스틴의 생각은 펠라기우스 논쟁이 있기 10년 전에 이미 확립되어 있었다고 여겨진다.[128] 계속되는 논의에서 잘 드러나지만, 어거스틴의 이해는 위에서 고찰한 펠라기우스의 이해와 완전히 대립하는 것이다.[129] 이 어거스틴은 서구 기독교에서 특히 은혜 교리에 대한 "가장 명료한 해석자"라고 제시된다.[130] 그래서 그를 "은혜 박사"(*doctor gratiae*)라고 한 것은 과언이 아니다.[131]

(1) 최초의 아담의 상태에 대한 이해

어거스틴은 인간이 처음 창조 받은 상태, 즉 타락하지 않은 상태에 있을 때에는 순수하였고(pure), "범죄하지 않을 수도 있고 따라서 죽지 않을 수도 있는"(*posse non peccare et mori*), 동시에 "범죄할 수 있고 범죄하면 죽을 수도

---

126 어거스틴에 대해서는 다음 장에서 따로 다룰 것이다. 그러나 여기서는 펠라기우스 논쟁과 관련한 어거스틴의 입장에 대해서 언급하도록 한다.

127 많은 사람들이 이렇게 평가하지만 특히 이렇게 평가하는 Fisher, *History of Christian Doctrine,* 176을 보라. 그러나 전체적으로 어떻게 보아야 하는지에 대해서 다음 장의 논의를 보라.

128 이를 논의하는 Orr, *The Progress of Dogma,* 145를 보라. 오어는 어거스틴에게 있어서는 하나님과 인간의 영혼은 항상 서로 관련하여 보아야 한다고 한다.

129 이 대립성을 잘 지적하는 Orr, *The Progress of Dogma,* 159를 보라.

130 Pelikan, *The Emergence of the Catholic Tradition,* 292.

131 같은 의견의 표명으로 Pelikan, *The Emergence of the Catholic Tradition,* 294를 보라.

있는"(*posse peccare et mori*) 상태에 있었다고 한다. 순수 상태에서 인간은 범죄하지 않을 수도 있고, 범죄할 수도 있는 그 두 가지 가능성을 다 가졌었다.[132] 창조 때의 인간은 온전한 의미의 의지의 자유를 가졌다. 선악간의 선택은 그의 자유로운 의지의 선택에 주어져 있었다. 물론 타락 이전에 아담은 "선을 받기 위해 은혜를 필요로 하지 않았다. 왜냐하면 아직 은혜를 상실하지 않았기 때문이다. 그러나 그 안에 머물기 위해서는 은혜의 도움(*adjutorium gratiae*)을 필요로 했다. 이것이 없이는 은혜 안에 결코 머물 수 없기 때문이다."[133]

그런데 인간은 영원히 이런 상태에 있도록 창조된 것이 아니라 하나님께서 주신 계명에 잘 순종해서 "전혀 범죄하지 않고 죽지 않는 가능성"(*non posse peccare et mori*)의 상태로 가야만 했다. 그런 점에서 선과 악을 알게 하는 나무 자체는 비난할 만한 것이 아니고 그 자체는 선한 것이었다.[134] 그런데 하나님께 순종해서 이 나무의 열매를 먹지 않는 일에 있어서도 인간은 하나님을 절대적으로 의존해야 한다는 것을 어거스틴은 강조한다.[135] "사람은 신적인 도움이 없이는 계속해서 의롭고 바르게 머물러 있을 수 없게 의롭고 바르게 지어졌다."는[136] 말의 의도를 잘 생각해 보라. 하나님께서 창조 받은 아담이 가야 할 길이 있음을 시사하셨는데, 이것이 사람이 마땅히

132 Augustine, *Correptioni et gratia,* 12. 33 (Pelikan, *The Emergence of the Catholic Tradition,* 298)=*Rebuke and Grace,* 27-33; *Enchiridion,* 105.

133 Augustine, *Correptioni et gratia,* 11. 32 (Pelikan, *The Emergence of the Catholic Tradition,* 299).

134 Augustine, *De Natura boni contra Manichaeos,* 36을 인용하면서 이 점을 말하는 Pelikan, *The Emergence of the Catholic Tradition,* 299도 보라.

135 Berkhof, *The History of Christian Doctrines,* 134.

136 Augustine, *Enchiridion,* 28. 107 (Pelikan, *The Emergence of the Catholic Tradition,* 295).

이루어야 하는 그들의 사명이요, 그들의 갈 길(destiny)이었다 한다. "아담이 순종하는 것으로 드러났다면 그는 거룩성 안에 든든히 세워졌을(confirmed in holiness) 것이다."[137] 이 사명과 마땅히 가야 할 길을 이루는 일에 아담은 하나님께 철저히 의존했어야 한다고 본 것이다. 무죄 상태에서도 자신의 가야 할 길을 오직 하나님을 철저히 의지해서 진전해 나갔어야 했다. 그리고 무죄한 아담도 은혜를 필요로 했다.[138] 하나님과의 교제가 참된 복됨과 자유의 조건이었다. 가장 정상적 상태에서 하나님은 영혼의 최고선(*Summum bonum*)이고 영혼은 하나님을 위해 지어진 것이다.[139]

(2) 타락과 죄에 대한 이해

어거스틴에 의하면, 죄는 의도적(voluntary) 범과 행위이다.[140] 이런 개념으로 죄가 본성에 있는 것으로 생각하던 마니교적 이해로부터 죄가 의지적 행위에 있는 종교-윤리적 문제로 바꾸었다고 하는 오어의 설명은 매우 의미가 있다.[141] 죄의 행위는 하나님과의 교제를 끊어냈고, 생명의 원천과 유지를 끊어내어 악의 필연성의 영역 안에 있게 한 것이니[142] 근원적 문제다.

아담은 자신이 죄로 타락함으로써 순전함(innocence)을 상실했다. "그의

137 어거스틴의 글에 근거하여 이렇게 잘 정리하여 표현한 Orr, *The Progress of Dogma,* 147-48을 보라.

138 어거스틴의 글에 의존해서 이를 잘 표현한 Orr, *The Progress of Dogma,* 149를 보라.

139 이를 잘 논의하는 Orr, *The Progress of Dogma,* 145를 보라.

140 Augustine, *Confession,* 7. 16; *Rebuke and Grace,* 28, 31; *Enchiridion,* 105.

141 Orr, *The Progress of Dogma,* 146.

142 Cf. Augustine, *Grace and Free-Will,* 31; *Rebuke and Grace,* 2.

영혼의 불순종의 결과로 그의 몸도 불순종했다"고 한다.[143] 몸은 불순종의 도구였다. 그런데 어거스틴은 또한 로마서 5:12 말씀에 근거해서 아담의 첫 번째 범죄에서 모든 인류가 범죄했고,[144] 따라서 아담 안에 있던 **전체 인간성이 부패**했다는 것을 명확히 말한다.[145] "그가[아담이] 죄를 범했을 때 모든 사람들이 그 안에 있었으므로 모든 사람들이 첫 사람 안에서 범죄한 것으로 이해된다"고 한다.[146] 또한 "그 한 죄는 그 자체가 너무 심각한 것이어서 그것으로 한 사람 안에서 온 인류가 근원적으로(originally) 그리고 말하자면 온전히(radically) 정죄되었다"고 한다.[147] 그때는 아담 안에 온 인류가 씨앗의 형태로 있었으므로 아담이 잠재적으로 곧 인류였다(potentially he *was* the race)고 할 수 있다는 것이다.[148] 따라서 아담 안에 있던 전체 인간성이 타락하여 부패했으니 인간성 전체가 타락하고 부패한 것이라는 것이다. 그러므로 아담의 첫째 범죄는 아담이 행한 범죄이므로 첫 사람인 아담의 행위로 이루어졌지만, 인간성이 나뉘어지지 않은 전체 인간성의 범죄이므로 참으로 인류의 범죄(truly the common act of mankind in their collective or undistributed form of existence)라고 할 수 있다는 것이다.[149] 그러므로 이 행동의 결과에 대

---

143 Augustine, *De peccatorum meritis et remissione,* 1. 16. 21 (Pelikan, *The Emergence of the Catholic Tradition,* 299).

144 Cf. Pelikan, *The Emergence of the Catholic Tradition,* 299.

145 이를 지적하는 Fisher, *History of Christian Doctrine,* 185를 보라.

146 Augustine, *Against Two Epistles of the Pelagians,* 4. 4. 7 (Pelikan, *The Emergence of the Catholic Tradition,* 299).

147 Augustine, *Enchiridion,* 14. 48 (Pelikan, *The Emergence of the Catholic Tradition,* 290).

148 어거스틴에 글에 근거해서 이렇게 요약하는 Orr, *The Progress of Dogma,* 148을 보라.

149 이렇게 표현하는 Fisher, *History of Christian Doctrine,* 185를 보라. Augustine,*Forgiveness of Sins,* I. 11을 보라.

해서 인류가 다 같이 책임을 져야 하니, "그 죄책과 그와 연관된 부패성이 그 후손에게 전달되었기" 때문이다.[150] 이와 같이 타락한 인간의 "아이 낳음으로 죄가 인류에게 전달된다"고 한다.[151]

따라서 이 타락으로 모든 인간의 영혼은 하나님에게서 끊어져 악한 상태에 놓이게 되었다. 즉, 타락한 인간은 (1) 하나님에 대한 사랑에 뿌리를 둔 참된 선에 대한 소욕을 더 이상 가지지 않고, (2) 자신들이 마땅히 가야 할 길을 실현할 수 없게 되었고, 즉 그 존재의 참된 목적을 실현할 능력을 상실하였고, (3) 오히려 무지와 악한 습성(evil habit)으로 죄의 속박 상태로 더 깊이 빠져 들어가게 되었다.[152] 선을 행할 수 있는 자유가 상실된 것이다. 최고선과 생명의 원천이신 하나님을 저버리고, 죄에 대한 죄책과 그 의지가 죄에 노예 됨과 물리적 죽음을 자초했다.[153] 그러므로 타락한 인간에게도 의지력이 사라져 버린 것이 아니고 활동하는 의지가 있으나, 타락한 인간은 그 의지가 죄의 노예가 되어 계속해서 죄를 짓는 선택만 하고 하나님의 뜻을 따른 선택은 하지 않는다. 소위 시민적인 선은 자유롭게 행할 수 있고 낮은 관점에서 말하는 도덕적으로 칭찬할 만한 일도 자유롭게 할 수 있으나, 하나님 보시기에 선한 일은 전혀 하지 않으려 한다.[154] 더구나 그는 스스로를 이런 상태에서 구원해 낼 능력이 없다.

---

150 Augustine, *Enchiridion,* 26, 27; *Nature and Grace and Free-Will,* 3, 5;

151 Augustine, *De peccatorum meritis et remissione,* 1. 9. 10 (Pelikan, *The Emergence of the Catholic Tradition,* 300).

152 Berkhof, *The History of Christian Doctrines,* 135; Orr, *The Progress of Dogma,* 146.

153 이는 어거스틴의 글에 너무 명백히 나타난다. 그래도 이를 지적하는 Fisher, *History of Christian Doctrine,* 185를 보라.

154 이를 잘 표현하는 Orr, *The Progress of Dogma,* 149를 보라. 그는 어거스틴에게는 "하나님을 사랑하는 데서 나오는 것만이 하나님 보시기에 선한 것이다"는 것도 잘 지적한다.

그리고 이렇게 타락한 사람은 완전히 부패하여 영적인 선을 도무지 행할 수 없는 존재라고 한다.[155] 사람이 마땅히 가져야 하는 하나님 사랑을 자기 사랑으로 대체해 버린 것이 죄다. 그 때문에 육욕(concupiscence)과 감각적 욕구들이 기승을 부리게 되었고,[156] 결국 죽음이 그를 지배하게 되었다고 한다. 그러나 이런 상태에서도 자신들도 모르는 끊임없는 영혼의 갈망이 있음을, 스스로 채울 수 없는 갈망이 있음을 어거스틴은 잘 묘사한다.

그러므로 인간이 "산 존재라는 점에서는 하나님에게서 온 것이나, 인간이 죄인인 것은 하나님에게서 온 것이 아니다"라는 말과[157] 타락한 인간의 "본성 안에 잘못(a fault)이 있지만, 본성 자체가 잘못(a fault)은 아니다"라는 말은[158] 어거스틴의 중요한 강조점이다.

(3) 아담의 죄와 후대 사람들의 죄의 관계에 대한 어거스틴의 이해

위에서도 시사되었지만, 어거스틴은 아담과 그의 후손들의 유기적 연결을 강조한다. 그래서 아담 안에 온 인류는 씨앗의 형태로(seminally) 존재하고 있었다고 하면서 실재론적 관계성을 분명히 한다. 첫 사람인 아담에게 전체 인간성(human nature as a whole)이 주어졌다(deposited)는 것이다.[159] 전체 인

155 Berkhof, *The History of Christian Doctrines,* 135.

156 어거스틴의 "육욕" 개념을 생각하면서 다음과 같이 표현한 오어의 표현은 매우 정확한 것이다: "영혼 안에 있는 이성의 법에 저항하는 '감각적 욕망의 무질서한(inordinate) 능력'"(Orr, *The Progress of Dogma,* 147).

157 Augustine, *De duabus animabus (On Two Souls),* 9 (Pelikan, *The Emergence of the Catholic Tradition,* 299).

158 Augustine, *De gratia Christi,* 19. 20 (Pelikan, *The Emergence of the Catholic Tradition,* 301).

159 이를 지적하는 Fisher, *History of Christian Doctrine,* 185를 보라.

간성이 아담 안에 있었고, 후대에 그것이 개별적으로 분화되는 것이라고 보았다. 따라서 아담이 첫째 죄를 지어 그 본성이 부패하게 되면, 매우 자연스럽게 씨앗의 형태로 아담 안에 있던 후손에게 그 죄책과 부패성(타락한 성질)이 물려진다고 한다. 그래서 "우리 모두는 아담 안에 있었고, 아담이 죄를 지을 때 우리가 죄를 지었다"는 표현이 나올 수 있었다.[160] 어거스틴은 이렇게 말한다.

> 그가 [아담이] 죄를 범했을 때 모두가 그 안에 있었으므로 첫 사람 안에서 모두가 죄를 지은 것으로 이해된다고 결론지을 수밖에 없다. (개인에게는) 죄가 태어남으로 도입되었으므로, [죄는] 새로운 태어남(the new birth)에 의해서만 제거될 수 있다. [그리고는 로마의 부제였던 힐라리가 했다는 다음과 같은 말을 긍정적으로 인용한다] "아담 안에서 모두가 죄를 지었다, 즉 전체적으로(*en masse*) 죄를 지었다는 것이 분명하다."[161]

그 죄에 의해서 "우리들은 '부패한 한 무리'(*massa perditionis*)가 되었다."[162] 그런데 어거스틴은 죄책과 부패성이 전달되는 수단(the instrument of this transmission)이 성적 관계, 특히 성적인 욕망(the sexual appetite)이라는 생각을 한다.[163] 어거스틴이 말하는 "육욕"은 죄의 원리(the principle of sin)로서 인간

---

160 이는 어거스틴과 관련해서 거의 모든 사람들이 말하는 아주 유명한 표현인데 이를 말하는 Fisher, *History of Christian Doctrine,* 186을 보라.

161 Augustine, *Cont. duas Epp.. Pelag.* IV. 7, cited in Fisher, *History of Christian Doctrine,* 186, n. 2. 또한 Fisher, *History of Christian Doctrine,* 190도 보라.

162 Augustine, *De Pecc. Orig.* 31; *De Corrept. et Garat.* 7, (Fisher, *History of Christian Doctrine,* 186, n. 3).

163 이를 말하는 Fisher, *History of Christian Doctrine,* 185를 보라. 그래서 어거스틴은 성적

성의 저급한 성향인데, 어거스틴은 이 말을 주로 성적 욕망과 연관시켜 사용한다.[164] 첫 번째 죄의 결과이면서 동시에 아담의 후손들에게 그 첫 번째 죄의 죄책과 부패성이 전달되는 수단이기도 하다.[165]

그래서 아담 안에 있던 그 인간성을 (아담의 첫째 범죄 이후로 타락한 그 인간성을) 이제 개별적으로 소유하게 된 그의 모든 후손들도 태어나면서부터 아담의 첫 번째 죄에 대한 죄책을 가지고, 그 의지가 죄의 노예가 되며, 물리적 죽음의 대상이 된다.[166] 그 모든 사람들은 개별적 존재로 존재하면서 매우 자연스럽게 본성의 부패성인 "육욕"(concupiscience)을 드러낸다. 예외적 존재가 하나도 없다. 개별적 삶의 시작부터 인간은 죄된 부패성을 지닌 죄인들이다. 이렇게 어거스틴은 원죄의 존재(the existence of original sin)와 개인들의 자범죄(actual sins of the individuals)를 모두 강조했다.

어거스틴은 이에 따라서 유아 세례의 필요성(the need for infant baptism)을 역설했으며, 그리스도가 없이 죄 없는 삶이 불가능하다는 것(the impossibility of a sinless life without Christ)과 그리스도의 은혜의 필요성(the necessity of Christ's grace)을 강조하였다.[167]

타락한 인간들은 전적으로 타락하여 그 어떤 영적인 선도 행할 수 없다

관계와 육욕(concupiscence)을 부정적으로 보면 언급한다. 이것이 문제의 하나이다.

164 이를 말하는 Fisher, *History of Christian Doctrine,* 190을 보라. 또한 Orr, *The Progress of Dogma,* 147도 보라.

165 이를 말하는 Fisher, *History of Christian Doctrine,* 185를 보라.

166 이를 말하는 Fisher, *History of Christian Doctrine,* 185를 보라.

167 여러 곳에서 그리하였지만 특히 "*De perfectione justitiae hominis*" (415, 작성은 412년에 되었다고 생각하는 분들도 있다. Cf. Gerald Bonner, "De perfectione justitiae hominis," in *Augustine Through the Ages: An Encyclopedia,* eds., Allan D. Fitzgerald & John C. Cavadini (Grand Rapids: Eerdmans, 1999), 646에서 이를 아주 강조하였다.

는 것이 어거스틴의 입장이다.[168] 그는 하나님에 대한 사랑에서 나오는 것만이 하나님을 기쁘시게 할 수 있고, 그것을 행해야 영적인 선이 된다고 한다.[169] 물론 상대적인 의미에서 선한 일들, 상대적으로 칭찬할 만한 일은 타락한 인간도 할 수 있다고 한다. 그러나 타락한 사람은 근본적으로 하나님과 분리되어 있고, 죄책 아래에 있으며, 악의 통치와 지배 아래 있어서 하나님께서 보시기에 선한 일을 할 수 있는 능력을 가지고 있지 않다. 즉, 영적인 선을 행할 수 없다. 그것을 행할 원함도 없고 할 수 있는 능력도 없다.

(4) 어거스틴의 죄 이해의 문제점

다른 교부들에 비해서 비교적 성경의 가르침에 충실한 어거스틴이지만 논의하는 과정에서 그 시대에 속해 있으므로 철저하게 성경적 가르침에 충실하지 못한 모습을 보이기도 한다.

가장 대표적인 것이 죄를 선(善)의 결여(*privatio boni*)로 보는 그의 입장이다.[170] 마땅히 있어야 할 선(善)이 없는 것을 강조하려는 것과 이런 죄가 없을 때 선이 온전함을 말하려는 의도는 이해할 수 있다. 그러나 잘못하면 죄가 적극적으로 하나님을 대항하는 것임을 약화시킬 수도 있는, 어거스틴 자신이 의도하지 않은 결과를 낼 수도 있다.

또한 인간의 영혼과 몸 중에서 영혼을 더 강조하며, 또 영혼의 작용 가운데서도 지성의 우위성을 강조하는 모습은 당대 신플라톤주의적 모습과

---

168 Berkhof, *The History of Christian Doctrines,* 135.

169 Orr, *The Progress of Dogma,* 149; Berkhof, *The History of Christian Doctrines,* 135.

170 Augustine, *Enchiridion,* 11.

더 잘 어울리는 것으로 보여질 수도 있는 측면이다.

(5) 어거스틴의 은혜 이해

인간의 철저한 타락을 이해하는 어거스틴은 인간의 의지는 도움을 필요로 하거나 강화되기만 하면 되는 것이 아니라, 전적으로 새롭게 되어야만 하는데 이는 철두철미 하나님의 은혜로만 이루어질 수 있다고 생각한다.[171] 위에서 살펴본 대로, 무죄한 아담도 계속 은혜에 상태에 머물기 위해서는 은혜를 필요로 하였으니 타락한 아담과 온 인류는 더 많은 은혜를 필요로 한다. 철저하게 새롭게 되지 않으면 아무것도 이루어지지 않는다. "나무가 선해야 선한 열매가 나오는 것이다."[172] 타락한 인간은 복음, 세례, 죄사함 같은 외적 은혜만이 아니라 내적 은혜도 필요로 한다. 내적 은혜는 인간의 지성을 조명해 주고, 그 의지가 거룩으로 이끌려질 수 있도록 해 주는 내적이고 영적인 은혜인데, 이는 성령님의 초자연적 감화이기도 하다.[173] 영혼 안에서 역사하시는 성령님의 은혜를 떠나서는 그 어떤 외적인 것도 회개에 효과를 낼 수 없다. 또한 우리의 사랑은 고침을 받아야만 있을 수 있으니 하나님의 은혜에 의해서만 있게 된다.[174] 그리고 우리의 사랑은 그 후에

---

171 이 점을 잘 지적하며 언급하는 Orr, *The Progress of Dogma,* 149-50을 보라. 그 "갱신의 사역은 전적으로 하나님 혼자의 일이다"는 것에 대한 강조로 Orr, *The Progress of Dogma,* 150을 보라.

172 Cf. Augustine, *Grace of Christ,* 20. 후에 루터와 에라스무스의 논쟁에서 다시 이 문제가 드러난 것을 우리들은 잘 안다. 그러므로 루터는 어거스틴의 견해를 다시 강조한 것일 뿐이다.

173 Berkhof, *The History of Christian Doctrines,* 한역, 220.

174 Augustine, *De natura et gratia,* 31. 35 (Pelikan, *The Emergence of the Catholic Tradition,* 302).

도 은혜가 필요하니 그래야만 "건강하고 강하게 될 수 있기 때문이다."[175] 이렇게 "은혜는 사람의 사랑에 앞서고 그것을 뒤따르니,"[176] 근본적으로 하나님 혼자의 힘으로 구원이 시작되고 끝까지 은혜만이 모든 것을 이룬다(monergistic). "사람 자신의 의지가 공로를 주장할 수 있는 것은 아무것도 없다."[177] 그래서 그는 영생을 하나님께서 주시는 상급이라고 하면서도 이때 하나님께서는 "당신의 공로가 아니라 **그 자신의 은사**에 면류관을 주시는 것이다"고 말한다.[178] 그러므로 어거스틴에게는 구원에 있어서 처음과 마지막은 오직 은혜일 뿐이다.[179] 이 은혜는 "죄를 피하고 극복할 수 있게 하나님께서 주신 능력"이다.[180] 따라서 어거스틴에게는 "은혜가 우리 안에 있는 모든 선의 원천이다."[181]

어거스틴은 초기에 믿는 것이 인간의 능력 안에 있다고 생각했으나 고린도전서 4:7, 특히 "네게 있는 것 중에 받지 아니한 것이 무엇이냐?"는 말씀을 통해서 자신의 견해를 수정했다고 한다.[182] 위로부터 오는 성령님의 은혜는 우리들을 믿을 수 있게 할 뿐만 아니라 **실제로 믿게 만든다**고 한

---

175 Augustine, *De natura et gratia,* 31. 35 (Pelikan, *The Emergence of the Catholic Tradition,* 302).

176 이 점을 잘 말하는 Pelikan, *The Emergence of the Catholic Tradition,* 302를 보라.

177 Orr, *The Progress of Dogma,* 150.

178 Augustine, *Grace and Free-will,* 15: "[God] crowns *His own gifts*, not thy merits." (강조점은 덧붙인 것임). 이 인용문을 적절하게 제공한 Orr, *The Progress of Dogma,* 151, n. 3을 높이 사게 된다.

179 바울과 같이 이런 견해를 어거스틴이 주장했다는 좋은 논의로 Orr, *The Progress of Dogma,* 151을 보라.

180 Augustine, *Epistle,* 177. 4 (Pelikan, *The Emergence of the Catholic Tradition,* 301).

181 Orr, *The Progress of Dogma,* 151.

182 Berkhof, *The History of Christian Doctrines,* 한역, 221.

다.[183] 하나님에 대한 사랑(*amor dei*)에서만 모든 선한 것이 나올 수 있는데, 하나님에 대한 사랑은 "우리들 자신에게서 나오는 자유의지에 의해서가 아니라, 성령을 통해서" 오는 것이다.[184]

그런 의미에서 어거스틴은 "불가항력적 은혜"(irresistible grace)를 말한다.[185] 이때 은혜는 "**의지를 노예로 만드는 것이 아니라, 자유롭게 한다**."[186] 하나님의 은혜가 인간의 의지를 변화시켜서 인간이 자발적으로 선한 것을 선택하게 한다는 것이다. 자유의지의 존재(the *esse*)와 가능성(the *posse*)뿐만 아니라 새로운 마음, 즉 실제적 바른 선택(the *velle*, the right choice)이 있게 되는 것이다.[187] 이제 새롭게 된 의지력을 가진 사람이 자신의 자유로운 선택에 따라 덕과 거룩함을 지향하게 된다. 선한 성향(good disposition)과 그것이 굳어진 선한 습성이 있고, 그로부터 개별적 선한 의지(good volition)의 활동이 나타나게 된다는 것이다.[188] 그 모든 것에 하나님의 은혜가 작용하니, 그러므로 하나님의 은혜만이 모든 선의 원천이 된다.

어거스틴은 하나님의 은혜를 세 가지로 구별해서 말한다. 첫째로 선행

---

183 이를 잘 드러내는 Fisher, *History of Christian Doctrine,* 191을 보라.

184 Augustine, *De spritu et littera,* 3. 5 (Pelikan, *The Emergence of the Catholic Tradition,* 301).

185 어거스틴이 말하는 "불가항력적 은혜"에 대한 좋은 설명으로 Orr, *The Progress of Dogma,* 150-51을 보라.

186 이 점을 잘 지적하여 언급하는 Orr, *The Progress of Dogma,* 151을 보라. (강조점은 덧붙인 것임).

187 이 표현도 Fisher, *History of Christian Doctrine,* 191에서 왔다. 피셔 교수는 존재와 가능성만을 말하는 것이 펠라기우스의 가르침이라고도 한다.

188 이를 잘 설명하면서 따라서 어거스틴에게는 "선한 정향이 선한 의지에 앞선다"고 잘 지적하는 Orr, *The Progress of Dogma,* 156을 보라. 그런데 이런 어거스틴의 견해를 중세 스콜라 신학이 받아들여서 자신들 나름의 공로적 구원관으로 만든 과정을 주목해야 한다. 이에 대해서는 중세 부분의 논의를 잘 보라.

적 은혜(prevenient grace), 이는 율법을 사용하여 죄의식과 죄책감을 낳는 것이라고 한다. 둘째는 작용적 은혜(*gratia operans*, operative grace)인데, 하나님께 순종하고자 하는 "의지가 없을 때 이런 의지를 가질 수 있도록 하는" 은혜로서,[189] 이는 복음을 사용하여 그리스도와 그의 속죄 사역을 믿는 믿음을 낳으며 그 결과로 칭의와 하나님과의 화목이 주어진다고 한다. 셋째로 협력하는 은혜(*gratia co-operans*, co-operative grace)는 인간의 새로워진 의지가 "헛되지 않게 해주어" 하나님과 협력하여 일생에 걸친 성화를 낳는 것이라고 한다. 이런 은혜의 불가항력성도 그는 강조한다.

은혜에서 믿음이 온다. 어거스틴은 지적인 동의와 함께 존재를 다 던져 넣어 믿는 것을 강조한다. 그리하여 "그리스도를 사랑하고 자신의 소망을 확고하게 그리스도에게 두는 자만이 진정으로 그리스도를 믿는 자"라고 한다.[190]

이러한 어거스틴의 은혜 교리가 신플라톤주의에서 나온 것이라는 주장은[191] 너무 지나친 말이다. 그러기에는 어거스틴이 성경의 가르침에 아주 충실하려는 노력이 잘 드러나 있다고 판단된다.

(6) 어거스틴 은혜 이해의 문제점

그러나 이와 같은 세 단계의 은혜 이해는 중세의 변용에서 잘 보여 주듯이 잘못하면 오용될 위험이 있다고 여겨진다. 그러나 어거스틴 자신의 의도가

189 Berkhof, *The History of Christian Doctrines,* 207.

190 Berkhof, *The History of Christian Doctrines,* 207.

191 Otto Scheel, *Die Anschauung Augustins über Christi Person und Werk* (Tübingen, 1901), 145 (Pelikan, *The Emergence of the Catholic Tradition,* 295).

과연 중세 스콜라 신학자들이 말한 것과 같은 것인지는 생각해 볼 만하다. 어거스틴은 후에 개혁자들이 말한 의미로 이야기했고, 이를 중세 스콜라 신학자들이 변용했을 가능성이 높다.

그러나 어거스틴이 교회가 독자적으로 하나님의 은혜를 나누어주는 존재라고 묘사한 것은 문제이고,[192] 이것은 중세에 아주 심각한 오류를 낳게 한 원천이 되었다고 할 수 있다. 또한 세례 중생설을 말한 것은 제일 명백한 오류라고 해야 한다. 그는 세례를 통해서 은혜의 첫번째 축복들, 즉 중생 또는 마음이 새로워지고 죄를 사함받는 축복을 받는다고 말했고, 이것이 상실될 수도 있다고 했다.[193] (모든 사람에게 주어지는 것이 아닌) 견인의 은혜를 동시에 받지 않는다면 이는 어느 것도 유지될 수 없다고 했다. 다시 말하지만, 이것이 그의 가장 큰 잘못의 하나이고 중세의 성례주의의 문을 여는 것이고, 성례주의의 토대를 마련한 것이라고 할 수 있다.

(7) 어거스틴의 예정론

하나님께서 시간 가운데서 죄인들을 새롭게 하시는데, 이는 이미 영원한 계획 안에 있던 것임을 성경을 따라서 보다 분명하게 이야기하기 시작했다. 어거스틴의 예정 이해는 근본적으로 인간의 죄로 가득 차 있음과 스스로 구원할 수 없음(무능력)에 대한 인식에서 왔다.[194] 그래서 그는 구원받는 신앙으로 복음을 믿는 사람들이 천상적 상을 받기로 선택되었을 뿐만 아니

192 Berkhof, *The History of Christian Doctrines,* 136.

193 Berkhof, *The History of Christian Doctrines,* 207.

194 이를 시사하는 Fisher, *History of Christian Doctrine,* 191을 보라.

라 그 믿음도 받기로 선택되었다고 했다.[195] 신앙 자체가 하나님의 선물이라는 것을 분명히 한다. 또한 새롭고 거룩한 삶 가운데서 **끝까지 견디는 것**도 하나님의 선물이다. 더 나아가 어거스틴은 선택된 자들이 고정되어 있다고도 표현한다.[196] 하나님의 계획 가운데 미리 정해져 있다는 말이다. 따라서 신앙을 선물로 받지 못한 사람들은 그들의 죄 가운데서 그대로 내버려져서 그 가운데서 멸망하도록 유기된 것이다.[197] 이는 타락 후에 인간은 스스로 믿을 수 없다는 것에 대한 인식에서 온 자연스러운 생각이며, 이를 말하는 성경에 충실한 결론이라고 할 수 있다.

초기에 마니교에서 돌이킨 바로 뒤에 어거스틴은 아직 절대적 예정을 생각하지 않고 일종의 조건적 선택을 생각하고, 타락 후에도 의지에 능력이 남아 있다는 방식으로[198] 그래서 이를테면 예지, 예정의 방식으로 설명하려 하였었다. 이때는 사람이 자신의 능력을 믿고, 그렇게 함으로 회개하

---

195 Augustine, *De Praedest. Sactorum,* 37, c. 18, cited in Fisher, *History of Christian Doctrine,* 191f., n. 1. 이런 어거스틴의 예정론에 자의성(恣意性, arbitrariness)이 있을 여지가 없다는 좋은 논의로 이 점을 지적하는 Orr, *The Progress of Dogma,* 163, 168을 보라. 그 이유를 우리가 알 수는 없지만 선택은 하나님의 영원한 지혜와 의와 사랑의 결과라는 것이다(특히 163f., n. 2에 언급된 어거스틴 저작들에 근거한 논의를 보라). 이 세상에서는 도무지 종잡을 수 없을 것처럼 보여도 **믿음으로** 우리는 그 모든 것 배후에 "의와 사랑의 의지"가 있음을 보게 된다는 것이다(164). 하나님의 경륜은 "영원한 지혜와 선하심의 경륜"이라는 것이다.

196 Augustine, *De Corrept. et Gratia,* 39, c. 13, cited in Fisher, *History of Christian Doctrine,* 192, n. 2.

197 이는 Fisher, *History of Christian Doctrine,* 192의 표현이다. 어거스틴이 말하는 선택은 "정죄된 한 무리"(a *massa perditionis or massa damnata*) 가운데서의 선택이라는 말(Augustine, *Rebuke and Grace,* 16 등)을 인용하면서 비슷하게 설명하는 Orr, *The Progress of Dogma,* 166, 167도 보라. 그러므로 그런 말은 아직 사용되지 않았지만 본래 예정론이 타락후 선택설적 구조를 가지고 있다고 말할 수 있다.

198 이를 언급하는 Fisher, *History of Christian Doctrine,* 192; Orr, *The Progress of Dogma,* 161을 보라.

는 은혜의 선물(the gift of converting grace)을 얻을 수 있다고 했었다.[199] 394년 히포의 사제로 있던 시절, 그가 로마서 주석을 쓸 때 로마서에서 대조된 것은 행위에 근거한 선택과 믿음에 근거한 선택인데, 믿음에 근거한 선택이 옳으나 선택된 자들에게는 "감춰어진 공로들"(*occultissima merita,hidden merits*, 즉 그들이 "선택될 근거와 이유가 되는 마음의 어떤 정향들")이 있다고 하였다.[200]

그러나 후에는 자신의 영적인 경험을 성경에 비추어 성찰한 결과로 **온전히 성경을 근거하여 자신의 설명 방식을 수정**하여, **선택은 무조건적이라는 결론**에 이르렀다. 하나님께서 의도하시는 선을 의도하는 것 자체가 은혜라는 것을 철저히 생각한 결과이다.[201] 이제 그는 로마서는 사람이 스스로 행하는 것들과 **전적으로 하나님에게서 오는** 행위들을 대조하는 것이라고 하였다.[202] 선택은 주권적 은혜의 행위이다. 그러기에 하나님께서 선택한 사람들은 반드시 구원된다.[203]

또한 어거스틴은 구원에 대해서 영원의 창문으로(*sub specie aeternitatis*) 바라보는 예정에는 선택과 유기가 있음을 말한다. 그래서 "두 종류의 사람들의 사회"(the two societies of men)가 있다고 하니, 하나는 하나님과 함께 영원히 통치할 사람들의 사회이고, 또 하나는 마귀와 함께 영원히 고통받을 사

---

199 Augustine, *On Predestination,* 7에서 자신의 이런 초기 생각이 잘못된 것임을 말하는 것을 보라. 또한 이에 대한 좋은 논의로 Fisher, *History of Christian Doctrine,* 192; Orr, *The Progress of Dogma,* 152, 161, 163, n. 2을 보라. 그러므로 초기 어거스틴은 말하자면 일종의 알미니안이라고 할 수 있었다.

200 이는 Fisher, *History of Christian Doctrine,* 192에서 온 정보이다.

201 이 점을 지적하는 Orr, *The Progress of Dogma,* 152를 보라.

202 이는 Fisher, *History of Christian Doctrine,* 192에서 온 정보이다.

203 이 점을 잘 논의하는 Pelikan, *The Emergence of the Catholic Tradition,* 297을 보라.

람들의 사회라고 한다.[204] 이와 같이 선택과 유기가 분명히 구별되어 제시되고 있고 그 숫자도 고정되어 있다.[205] 이를 보면서 코트하르트 니그렌은 "이중예정 교리는 ... 어거스틴 신학의 마지막 말이다."고 말하기도 한다.[206] 그리고 이 중에 유기는 덜 직접적이고 결과적인 것이라는 함의의 말도 하였다. 타락할 것을 미리 보면서 왜 그들을 창조했는지에 대해서 질문하고서는 어거스틴은 "하나님의 진노를 나타내고 그의 능력을 드러내기 위해서"라고[207] 전형적인 대답을 한다. 그러나 그 모든 것을 포함한 예정은 "속일 수도 없고, 변할 수도 없는 그의 예지 가운데서 '미래의 일들을 계획하는' 것(God's arrangement of his future works)"이라고 한다.[208] 또한 "하나님은 모든 사람이 구원을 받으며 진리를 아는 데에 이르기를 원하시느니라"(딤전 2:4)에서 말하는 "모든 사람"이라는 말이 "모든 종류의 사람들"이라는 설명을 한 사람도 어거스틴이다.[209] 이때도 그 사람들이 누군지 "우리들은 모르기 때문에 하나님께서는 우리가 이 평화를 선포하는 모든 사람들이 구원받

---

204 Augustine, *Civitas Dei,* 15. 1 펠리칸은 어거스틴에게 있어서 이중예정이 그 종류의 사회의 구별뿐만 아니라, 개인적으로도 적용된다고 명시한다(Pelikan, *The Emergence of the Catholic Tradition,* 297).

205 이를 말하는 Pelikan, *The Emergence of the Catholic Tradition,* 321도 보라.

206 Gotthard Nygren, *Das Prädestinationsproblem in der Theologie Augustins* (Lund, 1956), 265-66 (Pelikan, *The Emergence of the Catholic Tradition,* 298).

207 Augustine, *De Genesi ad litteram,* 11. 8 (Pelikan, *The Emergence of the Catholic Tradition,* 297).

208 Augustine, *On the Gift of Perseverance,* 17. 41 (Pelikan, *The Emergence of the Catholic Tradition,* 297). 미래 일까지를 다 포한한다는 또 다른 진술로 Augustine, *Civitas Dei,* 22. 2도 보라.

209 Augustine, *De correptione et gratia,* 14. 44 (Pelikan, *The Emergence of the Catholic Tradition,* 321). 이는 Fisher, *History of Christian Doctrine,* 192에서도 언급된 것이다. 후에 루스페의 풀겐시우스(Fulgensius of Ruspe, 462 or 467–527 or 533), cf. Fulgensius, *Epistles,* 15. 15 [Pelikan, *The Emergence of the Catholic Tradition,* 325])와 칼빈도 이와 같이 설명한다.

기를 원하라고 명령하시는 것이다"라고도 말한다.[210]

그러므로 고대 사상가 가운데 어거스틴이 가장 성경의 예정 이해에 근접하는 설명을 한 것이다. 그래서 어거스틴은 예정론을 일종의 숙명론처럼 제시하면서 죄를 범하는 것에 대해서 용인하려는 잘못된 생각과 논의를 강하게 반박하였다.[211] 그러나 이런 것이 항상 신비라는 것은 아주 분명히 표명하고 있다. 이런 점에서는 어거스틴을 "바울 이후로 주요 정통파 사상가들 가운데서 가장 철저한 예정 교리를 제시한" 것으로 보는 펠리칸의 말은 정확한 것이다.[212]

이렇게 점점 성경적 방향으로 나아간 면도 있지만 오히려 성경의 가르침과 다른 주장을 한 것도 어거스틴의 예정에 대한 진술에 나타난다. 어거스틴은 자신의 세례 중생설에 근거해서, 세례받은 모든 사람들이 다 중생하였지만 그 중에서 견인의 은혜를 받은 사람들만이 결과적으로 구원을 얻는다는 주장을 하게 된다.[213] 어거스틴의 예정론에 있는 모순이 여기 나타난다. 이런 점에 대해서 오어는 일관성 있는 예정론과 일관성 있는 세례 중생설은 서로 연합될 수 없다고 잘 지적한다.[214]

---

210 Augustine, *De correptione et gratia,* 15. 46-47 (Pelikan, *The Emergence of the Catholic Tradition,* 321).

211 이 점을 지적하는 Orr, *The Progress of Dogma,* 162를 보라. 또한 Prosper Aquitanu나 |『이방인들의 부름에 대하여』(*De Vocatione Gentium*)라는 책을 쓴 익명의 인물과 9세기의 수도사 Gottshalk, 중세 스콜라 신학자들인 베데와 알퀸을 비롯하여 알셀름, 버나드, 피터 롬바르드 아퀴나스, 블래드워딘 등도 이 점에서 어거스틴을 따른 사람들이었다는 논의(Orr, *The Progress of Dogma,* 162)도 정확한 것이다.

212 Pelikan, *The Emergence of the Catholic Tradition,* 297.

213 Cf. Augustine, *De correptione et gratia; Predinastanation; Perseverance.* 이를 잘 정리하여 제시한 Orr, *The Progress of Dogma,* 144를 보라.

214 Orr, *The Progress of Dogma,* 144-45.

(8) 어거스틴의 구원론 정리

이처럼 어거스틴의 구원론은 고대 기독교 신학자들의 작업 중에서 가장 성경에 근접하는 구원론이라고 할 수 있다. 그는 모든 것을 하나님의 은혜로 파악한다.[215]

그러나 그의 설명 가운데서도 성경의 가르침에 부합하지 않는 것도 있으니, 그 대표적인 것이 중생의 은혜가 다시 상실될 수도 있다는 생각이다. 그래서 그는 (1) 중생하고 끝까지 신앙을 지킨 사람들과 (2) 중간에 중생의 은혜를 상실했으나 다시 회복한 자들이 최종적 구원을 받는다고 한다.[216]

또한 그는 칭의를 순전히 법정적인 것으로 보지 않는다.[217] 그가 말하는 칭의를 통해 죄인을 의롭다고 선언할 뿐만 아니라 실제로 의롭게 만든다고 한다. 그는 칭의와 성화를 명확하게 구별하지 않고 성화를 칭의 아래로 포섭시킨다.[218] 세례는 우리의 죄책을 씻어내지만 육욕(concupiscence)은 비록 약화되긴 하지만 계속 남아 있어서 우리를 괴롭힌다고 한다.[219] 이런 점에서 어거스틴은, 어떤 점에서는 중세 구원론의 토대도 제시했다고 말할 수 있다. 그의 논의는 참으로 복합적이었다. 이를 잘 나타내는 한 말을 인용해 보자.

---

215 Berkhof, *The History of Christian Doctrines,* 207.

216 Berkhof, *The History of Christian Doctrines,* 136=한역, 144.

217 Berkhof, *The History of Christian Doctrines,* 207=한역, 222.

218 Berkhof, *The History of Christian Doctrines,* 207=한역, 222. 역시 비슷하게 평가한 Shedd, *A History of Christian Doctrine,* 2:255-58, 312를 보라.

219 이를 말하는 Fisher, *History of Christian Doctrine,* 191을 보라.

> 신앙을 가질 수 있는 능력(capacity)은 사랑할 수 있는 능력(capacity)과 마찬가지로 사람의 본성에 속한다. 그러나 신앙을 가지는 것도 사랑하는 것과 같이 신자들에게 주어지는 은혜에 속한다.[220]

후에 개신교도들은 이 인용문의 뒷부분을 강조하였고, 천주교회는 이 인용문의 앞부분을 강조한 것이다. 그러나 이런 것에 대해서 "두 편 다 옳고 또한 두 편 다 틀렸다"고 말하는 것이[221] 과연 옳은 것인지 모르겠다. 이런 태도는 결과적으로 개혁자들의 논의를 파괴하는 결과를 낸다. 그것은 결국 교회를 파괴하는 것이다.

5. 반(半)-펠라기우스적인 견해들(Semi-Pelagianism)

상당히 어거스틴의 입장과 같이 하기에 "어거스틴주의적 주장의 챔피언"(the champion of the Augustinian cause)으로 불리기도 하는 제롬(Jerome)도 타락 이후의 어느 정도의 의지의 자유가 있다고 생각한 것 같고 어거스틴이 말한 절대적 선택과 불가항력적 은혜를 온전히 받아들이지는 않았다고 여겨진다.[222] 그러므로 에베소 공의회(431)에서와 같이 당대 교회가 펠라기우스주의를 정죄했다는 말이 곧 바로 어거스틴이 말한 모든 것에 다들 동의했다는 것은 아니라는 것을 유념해야 한다. 펠라기우스주의를 받아들이지 않

---

220 Augustine, *De Praedestinatione sactorum,* 5. 10 (Pelikan, *The Emergence of the Catholic Tradition*, 329).

221 Pelikan, *The Emergence of the Catholic Tradition*, 331.

222 많은 사람들이 이렇게 평가하지만 특히 이렇게 평가하는 Fisher, *History of Christian Doctrine,* 196을 보라.

으면서도 어거스틴의 온전한 은혜 이해에는 전혀 동의하지 않던 사람들이 있었고,[223] 결국 그것이 중세 천주교 사상의 주류가 된다.

더구나 삼신론에 가까운 견해를 말하여 이단으로 정죄된 **존 카시안, 즉 요하네스 카시아누스**(**John Cassian=Ioannus Cassianus**, c. 360 - c. 435)는 반(反)-어거스틴적인 입장을 아주 명백히 드러내었다. 아마도 (오늘날의 루마니아와 불가리아 지역인) 소-스키티아 출신으로[224] 15년 동안 더 나이든 친구인 게르마누스(Germanus)와 함께 베들레헴 수도원과 이집트 수도원들에 있으면서 훈련받고, 마르세이유(Marseilles)에 "아마도 **서방에서 처음으로** 동방, 특히 이집트 식의" 수도원을 설립하고 수도원장을 했던 카시아누스의 생각은 그의 신론부터 신비주의 주장에서뿐만 아니라 여러 면에서 문제가 있었다.

물론 그도 타락한 인간에게 죄로 향하는 성향이 있고, 사람은 그 스스

---

[223] 이 점을 지적하는 Pelikan, *The Emergence of the Catholic Tradition*, 318을 보라.

[224] Shedd, *A History of Christian Doctrine,* 2:103; George Thomas Kurian & James D. Smith, *The Encyclopedia of Christian Literature,* vol. 2 (Scarecrow Press, 2010), 241; Julia A. Lamm, *The Wiley-Blackwell Companion to Christian Mysticism* (Wiley, 2012), 220.

이런 견해에 반해서 아마도 고울 지역 출신이었을 가능성이 높다고 논의하는 Stephen Lake, "Knowledge of the Writings of John Cassian in Early Anglo-Saxon England," in *Anglo-Saxon England,* eds., Michael Lapidge, Malcolm Godden, & Simon Keynes, vol. 32 (Cambridge: University Press, 2004), 27과 비교하라.

로는 불충분하기에 은혜의 내적 작용이 필요하다는 것은 인정한다. 그러나 타락 이후 인간이 타고난 죄를 향한 성향은 엄밀한 의미에서는 죄책적인 것(guilty)이라고 할 수 없다고 하면서, 타락한 사람 안에도 남아 있는 능력이 있어서 최초의 회개에서도 인간 의지의 협력적 사역이 있다고 하였다. 이교도들의 덕(virtues)이라는 분명한 증거가 있는데도 "그들의 의지의 자유가 포로되어 있다고 어떻게 생각할 수 있느냐"는 것이다.[225] 또한 "모든 영혼에는 본성에 의해서 어떤 선의 씨앗들이 창조자 하나님의 자비로 심겨져 있다는 것은 의심할 여지가 없다"고 한다.[226] 따라서 신적 은혜의 관여 없이도 사람이 먼저 하나님께 갈 수 있다고 하였다. (하나님의 의지가 앞서는) 바울이나 마태의 경우와는 달리 삭개오의 경우나 한편 강도의 경우에는 사람의 의지가 먼저 있었다고까지 말한다.[227] 이런 것 전체를 보면서 하나님의 부르심의 방법은 다양하다고도 말한다.[228] 그는 또한 시편 51편을 생각하면서 다윗 자신이 "스스로 자신을 낮추고 자신의 죄책을 인정하지만," 그의 죄를 용서하시는 것은 "자비로운 주님의 선물"이라고 한다.[229] 따라서

---

225 Cassian, *Collationes,* 13. 4 (Pelikan, *The Emergence of the Catholic Tradition*, 323). 이에 반해서 어거스틴과 어거스틴주의자들은 "불신자들의 영혼 안에는 참된 덕이 없다"고 한다 (Prosper, *Against Cassian the Lecturer,* 13. 3 [Pelikan, *The Emergence of the Catholic Tradition*, 323]).

226 Cassian, *Collationes,* 13. 12 (Pelikan, *The Emergence of the Catholic Tradition*, 323-24).

227 Cassian, *Collationes,* 13. 11 (Pelikan, *The Emergence of the Catholic Tradition*, 324). 이에 대해서 후의 오랑주 공의회(529)에서는 이런 주장들은 "참된 신앙에 낯선 것"(alien to the true faith)이라고 선언하였다(Council of Orange, *Canons,* 8 [Pelikan, *The Emergence of the Catholic Tradition*, 328]). "신앙의 시작"은 항상 성령의 영감으로 말미암은 것이라고 하였다(Council of Orange, *Definitio fidei* [Pelikan, *The Emergence of the Catholic Tradition*, 328]).

228 Cassian, *Collationes,* 13. 15 (Pelikan, *The Emergence of the Catholic Tradition*, 324).

229 Cassian, *Collationes,* 13. 13 (Pelikan, *The Emergence of the Catholic Tradition*, 330).

카시아누스는 선택에 대해서는 일종의 조건적 선택을 말할 수 있을 뿐이라고 하였다.[230] 그는 어거스틴처럼 말하는 것은 모순이라고 한다. 한편으로는 하나님께서 모든 사람들이 구원 받기를 원한다고 말하면서 또 한편으로는 일부만이 구원받기 원하신다고 하는 것은 신성 모독이라고 하면서, 결국 "멸망하는 사람들은 하나님의 의지에 반하여 멸망하는 것이다"고 하여[231] 하나님의 능력을 제한하는 결과를 드러낸다.

5세기 말에는 레기움의 주교였던 파우스투스(Faustus, Bishop of Rhegium [Riez])와 마르세이유의 겐나디우스(Gennadius of Marssilia)가 반(半)-펠라기우스주의를 옹호하는 작업을 하였다.[232] 파우스투스는 어거스틴의 가르침이 교회의 보편적이고 고대적 신앙에서 벗어난 새로운 것이며,[233] 이교적 결정론(*fatalis persuasio*)을 도입한 것이라고 주장하였다.[234] 그러면서 늘 회자되는 유명한 말을 하였으니 "창조자가 회복자와 같은 분이시니 우리가 그 어떤

---

[230] Cf. Fisher, *History of Christian Doctrine,* 196.

[231] Cassian, *Collationes,* 13. 7 (Pelikan, *The Emergence of the Catholic Tradition*, 322).

[232] Faustus of Riez, *De gratia,* 1. 1 (Pelikan, *The Emergence of the Catholic Tradition*, 318). Cf. Orr, *The Progress of Dogma,* 161. 여기에 레린의 빈센트를 넣어 언급하는 경우도 있다 (Pelikan, *The Emergence of the Catholic Tradition*, 319). 또한 레린의 빈센트(Vincent of Lerins)와 젊은 아르노비우스(Arnobius the Younger)를 이 그룹에 넣어 제시하는 Shedd, *A History of Christian Doctrine,* 2:103도 보라.

[233] Vincentius, *Commonitorium,* 26. 37 (Pelikan, *The Emergence of the Catholic Tradition*, 320)도 그런 견해를 말했다.

이에 대해서 후의 오랑주 공의회(529)에서 이전의 근거를 들어서 반박하고 있다. Cf. Pelikan, *The Emergence of the Catholic Tradition*, 327.

[234] Faustus of Riez, *De gratia,* 1. 16 (Pelikan, *The Emergence of the Catholic Tradition*, 320). 파우스투스 입장에서의 어거스틴에 대한 논박의 예시로 Pelikan, *The Emergence of the Catholic Tradition*, 320-21의 긴 논의도 참조하라.

이에 대해서 "사람이 하나님을 기쁘시게 하지 못하는 어떤 일을 할 때, 그는 하나님의 뜻이 아니라 그 자신의 뜻을 행하는 것이다"는(Augustine, *Ev. John,* 19. 19) 말로 반박되었다. 이를 말하는 Pelikan, *The Emergence of the Catholic Tradition*, 329를 보라.

사역을 [창조된 것이든지, 회복된 것이든지 그 무엇이든] 높여 찬양하든지 같은 분이 찬양받으시는 것이다."고 하였다.[235] 이들은 또한 어거스틴적 견해는 은혜의 방도를 무의미하게 하는 것이라고 하였다. 유기된 자들에게는 세례도 성례도 소정의 효과를 못 내기 때문이라는 것이다.[236] 또한 유기된 자들에게 회개하라고 외치는 것과 복음 전도,[237] 또한 그들을 위한 기도도 무의미하지 않느냐고 한다.[238] 그러나 이렇게 주장하는 반(半)-펠라기우스주의자들의 견해는 너무 모호하였고 내적 정합성이 없었으며, 어거스틴 교리의 강함을 흔들 수 있는 정도의 것이 아니었다는 오어의 평가는 의미 있다.[239]

이에 대해서 어거스틴도 두 편의 글을 내었다. 그것이 〈거룩한 예정에 대하여〉(*De predestinatione sanctorum*)와 〈견인의 은혜에 대하여〉(*De dono perseverantiae*)이다. 그 핵심은 선택의 작정은 사람을 방종에 빠지게 하지 않고, 오히려 (1) 선택을 확신하는 사람만이 기독교적 경주를 경주하며 끝까지 견딘다는 것이고, (2) 하나님의 작정은 목적뿐만 아니라 수단도 포함한 것이다. 그러므로 예정 교리는 위험한 것이 아니고 무력하고 절망하는 사람에게 유일한 확신의 근거를 주는 것이라고 하였다.[240]

---

235 Faustus of Riez, *De gratia,* 2. 10 (Pelikan, *The Emergence of the Catholic Tradition*, 324). 이것에 대해서 좀 더 설명하면서 펠리칸은 파우스투스의 견해에 의하면, "사람의 자유 의지를 찬양하는 것은 그 창조자를 찬양하는 것이며, 그것은 그분의 은혜를 조금도 손상시키는 것이 아니다"는 말도 하고 있다(324).

236 이 점을 논의하는 Pelikan, *The Emergence of the Catholic Tradition*, 322를 보라.

237 Cf. Pelikan, *The Emergence of the Catholic Tradition*, 322-23.

238 Pelikan, *The Emergence of the Catholic Tradition*, 323.

239 Orr, *The Progress of Dogma,* 161.

240 Shedd, *A History of Christian Doctrine,* 2:104.

루시두스(Lucidus)는 아를 공의회(a Council ar Arles, 475)에서 어거스틴적인 예정론을 강하게 옹호하였으나[241] 레기움의 주교였던 파우스투스(Faustus, Bishop of Rhegium)의 〈은혜와 자유의지에 대하여〉(*De gratia et libero arbitrio*)의 영향 때문에 아를 공의회와 리용 공의회(475)는 반(半)-펠라기우스주의적으로 흘러갔다고 한다.[242]

6세기에 반-펠라기우스 논쟁(the Semi-Pelagian Controversy)이 새롭게 일어나게 된다. 스키티아 출신의 수도사들이(the Scythains monks) 자신들의 글이 이단혐의를 받자 자신들의 저작의 정통성을 당시 로마의 주교였던 호르미스다스(Hormisdas, 514-553)에게 호소했는데 그를 만족시키지 못하게 되자, 사르디니아(Sardinia)와 코르시카(Corsica)에 와 있던 루미디아의 풀겐티우스(Fulgentius of Lumidia)에게 호소하게 된다. 이에 풀겐티우스 감독은 어거스틴적인 예정론을 변증하는 일련의 책을 쓰게 된다.[243] 이에 동의하는 아를의 감독 캐사리우스(Caesarius, Bishop of Arles) 같은 분도 있었지만 발렌스 공의회(the Synode of Valence, 529)에서는 반(半)-펠라기우스의 표현을 강하게 반박하지 않았다.

그런데 같은 해인 529년 아를 지역에 있는 오랑주(Orange)의 새로운 예배당을 봉헌하면서 캐사리우스(Caesarius of Arles)를 포함한 14명의 감독들이 모인 공의회에서 어거스틴과 포로스퍼(Prosper)의 글을 인용하면서 어거스틴적 입장을 분명히 하는 선언서를 작성하게 된다. 여기서 오랑주 공의회는 (1) 선행하는 은혜의 필요성을 말하고, (2) 영혼의 갱신의 매 단계에 은

241 Cf. Fisher, *History of Christian Doctrine,* 197.

242 Shedd, *A History of Christian Doctrine,* 2:104.

243 Fisher, *History of Christian Doctrine,* 197.

혜가 필요함을 말하고, (3) 공로 없는 은혜가 공로적 행위에 선행함을 확언하고,[244] (4) 하나님을 사랑하는 것을 포함한 모든 선은 다 하나님의 은사임을 말하고, (5) 타락하지 않았던 사람도 은혜를 필요로 했었음을 선언하였다.[245] 이 결정은 로마의 주교였던 보니페이스 II (Boniface II)에 의해 재가되었다(530년).[246] 이들은 "펠라기우스주의의 잔재"를[247] 간직하면서 말하는 것으로 이는 (펠라기우스주의) "이단과도 조화되지 않고, 가톨릭의 주장과도 조

244 중세와 종교개혁기의 논쟁을 생각하면 이 점이 가장 심각한 점이다. 그리고 이것이 다른 조항의 이해에 영향을 미치는 것이다. 따라서 은혜에 근거해서만 인간이 공로적 선행을 할 수 있다고 선언한 것이 된다.

245 Fisher, *History of Christian Doctrine,* 197의 요약을 참조하라.

246 Cf. Fisher, *History of Christian Doctrine,* 197; Orr, *The Progress of Dogma,* 161.

247 이 표현은 카시안의 사상을 잘 반박한 Prosper, *Against Cassian the Lecturer,* 18. 2 (Pelikan, *The Emergence of the Catholic Tradition*, 319).

화되지 않는"[248] 주장을 한 것으로 판단된 것이다.

흔히 이때 펠라기우스주의가 온전히 정죄되었다고 언급되고 펠라기우스의 생각을 반박한 것은 사실이지만, 이 공의회에서는 무조건적 선택이나 불가항력적 은혜에 대한 확언도 없었고, 죄에 대한 작정이 부인되었고, 타락 이후 아담 안에서 자유의지가 약화되어졌고, 세례의 은혜를 통해서 회복된다고 하였다. 그러므로 어떤 의미에서는 중세 천주교회 주장과 거의 일치하는 선언이 이루어진 셈이어서[249] 펠라기우스주의와 "좁은 의미의 반(半)-펠라기우스주의"를 반박한 이 공의회는 "**넓은 의미의 반**(半)-펠라기우스적인(semi-Palagian) 공의회"라고 할 수 있다.[250]

흔히 서방의 교부들의 시대의 맨 마지막 시대를 장식하는 인물로 여겨지는 **그레고리 1세**(590-604 재위) 역시 어거스틴의 생각과 반(半)-펠라기우스 사상을 섞은 사람으로 언급된다.[251] 선행하는 은총을

[248] Prosper, *Against Cassian the Lecturer,* 3. 1 (Pelikan, *The Emergence of the Catholic Tradition*, 319).

[249] 이 점을 잘 언급하고 있는 Pelikan, *The Emergence of the Catholic Tradition*, 328-29를 보라.

[250] 이와 연관해서 중세 천주교회 전체는 결국 반(半)-펠라기우스적인(semi-Palagian) 생각으로 빠져 들어갔다는 평가로 Orr, *The Progress of Dogma,* 143을 보라.

[251] Fisher, *History of Christian Doctrine,* 198의 평가이다. 여러 면에서 이것은 매우 정확한 지적이라고 판단된다.

강조하면서 그는 불가항력적 은총을 부인하였고, 타락할 때 인간의 자유가 온전히 상실되었다는 생각도 다 버렸다. 세례 때에 죄가 용서되나 구원은 참회와 (내면에서 역사하는 은혜가 도움을 주어 발생하는) 공로적 행위로 개별적인 구원이 이루어진다고 하였다.[252]

세례 이후의 대죄(大罪)에 대해서는 다시 어찌할 수 없는 파멸이 있을 뿐이나 작은 죄에 대해서는 대속의 길이 있고 연옥에서의 영혼의 정화도 확언되었다. "온전한 의에 조금 미치지 못한 사람들"은 이미 세상을 떠난 성자들의 기도와 이 땅의 신실한 자들의 기도로 도움을 얻을 수 있다고 한 것이다.[253] 성찬도 문자적인 희생 제사로 여겨져서 이는 살아 있는 사람들에게만 유익이 될 뿐 아니라 연옥에서의 고통에 대해서도 효과를 내는 것으로 여겨졌다. "구원하시는 희생자(saving Victim)의 거룩한 드림은 죽은 이후에도 영혼을 지속적으로 도울 수 있다, 그래서 죽은 자들의 영혼들은 한동안 이를 부르짖으면 요청하는 것이다."[254] 그래서 이 땅에서 사제들이 계속해서 죽은 자들을 위해서도 미사를 드려야 한다고 하였다. 마리아를 비롯한 온전하게 된 성인들과 천사들의 기도가 소망의 근거로 제시되었다. 이와 같이 중세의 모든 생각의 토대가 제시되었다.

여기서 동방지역 교회의 상황을 소개하는 네안더(August Neander, 1789 - 1850)의 다음과 같은 말을 인용해 놓는 것이 전세계적 상황을 잘 파악하는데 도움이 될 것이다. "서방 교회에서 어거스틴적 교의 구조가 주도적인 것

---

252 이 점을 언급하고 있는 Pelikan, *The Emergence of the Catholic Tradition*, 329를 보라.

253 Cf. Gregory Magnus, *Dialogues,* 4. 25 (Pelikan, *The Emergence of the Catholic Tradition*, 355-56).

254 Gregory Magnus, *Dialogues,* 4. 55 (Pelikan, *The Emergence of the Catholic Tradition*, 356).

이 되어 가고 있을 때에 헬라 교회(Greek Church) 안에서는 은혜와 자유의지와 섭리에 대해서 좀 더 오래되고 비결정적인 이해 방식, 즉 펠라기우스주의에 접근해 가는 이론이 보존되었다."[255]

---

[255] August Neander, *General History of the Christian Religion and Church,* III (London: Wiley & Putnam, 1853), 554.

제5장

어거스틴의 교리사적 기여와 문제점

앞에서 주제별로 다루면서도 부분적으로 언급하였지만[1] 고대교회의 교리사적 논의를 마무리하면서 이 장에서는 그의 여러 한계에도 불구하고 고대교회에서 가장 영향력 있는 인물로[2] 인정되는 어거스틴(354-c.430)의 생각을 전체적으로 살펴보고, 그의 생각 중에서 교리사적 영향을 미친 것과 문제를 낳은 것이 무엇인지를 논의해 보기로 하자. 그의 중요성은 누구나가 다 인정하였지만 가장 의미 있는 말은 아마, 화이트헤드의『과정과 실재』에서 플라톤에 대해서 한 말을[3] 인유해서 말한 다음

---

1 특히 구원론은 4장에서 이미 정리되어 제시되었다.

2 거의 모든 사람이 이렇게 평가하지만 특히 이를 언급하면서 어거스틴은 "사도 바울만큼 그 자신의 일을 하도록 섭리적으로 준비되어 기독교회 안에서 일어난 사람"이라고 말하는 James Orr, *The Progress of Dogma* (London: James Clarke & Co. Limited, 1901), 26을 보라.

3 Alfred North Whitehead, *Process and Reality: Gifford Lectures Delivered in the University of Edinburgh, During the Session 1927-28* (1929, 2nd edition, Free Press, 1979), 39.

과 같은 다니엘 윌리엄스(1910 - 1973)의 말일 것이다. "만일에 서구 철학이 플라톤에 대한 일련의 각주들에 불과하다면, 서구 기독교에서 신학은 어거스틴에 대한 일련의 각주에 불과하다고 말해야 공정할 것이다."[4] 이를 따라서 펠리칸이 1971년에 화이트헤드를 언급하면서 서구 신학의 역사는 "어거스틴에 대한 일련의 각주에 불과하다"고 말하였다.[5] 펠리칸은 또한 "히포의 어거스틴에게서 서구 기독교는 가장 영향력 있는 대변인을 만나게 된다"고 하였다.[6] 그 어떤 교리에 대해서 논의하든지 어거스틴이 좋은 종합자(a synthesizer)로나 때로는 "창의자"(a creator), 또는 그 두 역할을 다한 사람으로 나타나게 된다고 했다.[7] 어거스틴의 큰 영향력은 "소위 아따나시우스 신조"에 잘 나타나고 있다.[8] 많은 사람들은 소위 아따나시우스 신조가 "어거스틴주의를 ... 전통적인 거의 스콜라주의화한 어거스틴주의를 공고(鞏固)하게 하고(codified) 압축한(condensed) 것"이라고 한다.[9] 이렇게 중요한 어거스

---

[4] Daniel D. Williams, "The Significance of St. Augustine Today," in *A Companion to the Study of St. Augustine,* ed., Roy W. Battenhouse (Oxford: Oxford University Press, 1955, reprinted. Grand Rapids, Michigan: Baker Book House, 1979), 4: "If Western philosophy is a series of footnotes to Plato, we can say with equal justice that theology in Western Christianity has been a series of footnotes to Augustine."

[5] Jaroslav Pelikan, *The Christian Tradition: A History of the Development of Doctrine,* vol. 1: *The Emergence of the Catholic Tradition [100-600]* (Chicago & London: The University of Chicago Press, 1971), 330.

[6] Pelikan, *The Emergence of the Catholic Tradition,* 292. 한 예로 그레고리 1세는 어거스틴의 저작들이 알곡이라면 자신의 글들은 겨에 불과할 뿐이라고 하였다고 한다(Gregory Magnus, *Epistles,* 10. 16 [Pelikan, *The Emergence of the Catholic Tradition,* 350]).

[7] Pelikan, *The Emergence of the Catholic Tradition,* 294.

[8] 이남규 교수님도 이 신조는 500년경 전후에 라틴 교회에서 나온 신경으로 보면서 완전한 모습은 8세기 말에서 9세기 초에 나타났다고 한다(『개혁교회 신조학』 [수원: 합신대학원출판부, 2020], 58).

[9] 이 표현은 John N. D. Kelly, *The Athanasian Creed: The Paddock Lectures for 1962–1963* (New York and Evanston: Harper & Row, 1964), 119에서 왔다. 이런 내용에 근거해서 야로슬라브

틴의 신학적 작업을 간단히 전체적으로 정리해 보기로 하자.

많은 사람들은 그가 학자이면서 천주교적 의미의 성인(saints)이고, 동시에 좋은 설교자요, 교회의 수호자였다고 생각한다.[10] 이런 판단 자체가 상당히 천주교적이다. 그러므로 여러 면에서 그는 중세 신학의 토대를 놓은 사람이다.[11] 그러나 중세교회가 모든 면에서 그에게 과연 충실하였는지는 또 논의해 보아야 할 문제이다. 예를 들어서, 그레고리 1세의 글에 대해서 "그 안에 있는 거의 모든 것은 다 어거스틴에게 뿌리를 두고 있는 것이지만, 그 어떤 것도 참으로 어거스틴적인 것은 없다"라고 한 제베르크(1859 - 1935)의 말은[12] 상당히 의미가 있다. 이제는 누구나 다 인정하고 다음 논의에서 잘 나타나듯이, 어거스틴은 후대 개혁자들의 주장의 토대가 될 만한 점도 제시하였고, 또한 개혁자들이 통렬히 비판한 천주교의 주장의 근거가 될 만한 것도 주장하였다. 교회가 혼합된 공동체임을 강조한 것과 같이 어거스틴의 생각도 혼합된 것(a mixed stuff)이다. 전자만을 생각하면서 개혁자들은 자신들이 어거스틴주의자들이라고 하였고, 천주교회는 후자만을 생각하면서 오히려 어거스틴이 자신들의 편이라고 하였고 또 지금도 그렇게 주장한다. 그러나 실상 어거스틴 자신의 생각은 상당히 혼합된 것이어서 우리가 성경적으로 바른 것도 있었고, 후대의 빛에서 볼 때 비성경적인 주장도 같이 있었다고 해야 한다.

펠리칸은 이 신조는 사실 "어거스틴 신조"로 불릴 수도 있다고 한다(Pelikan, *The Emergence of the Catholic Tradition,* 351).

10 이를 시사하는 George Park Fisher, *History of Christian Doctrine* (Edinburgh: T. & T. Clark, 1896, 7th Impression, 1949), 176을 보라.

11 Fisher, *History of Christian Doctrine*, 176.

12 Reinhold Seeberg, *Lehrbuch der Dogmengeschichte,* 4 vols. 4th revised edition (1953-54), vol. 3 (Basel, 1953), 45, cited in Pelikan, *The Emergence of the Catholic Tradition,* 350.

1. 긍정적인 주장들

기독교인이 된 어거스틴의 생각에서는 항상 신앙이 선행하고 있고 신앙에서 지식으로 나아가는 전통을 세웠다는 것은 거의 모든 사람들이 인정한다.[13] 그리고 신앙의 토대는 역시 성경이었다. 그래서 그는 그 누구도 자신의 주장을 성경에 근거해서 지지하기를 실패한다면 "우리는 그런 생각을 오래할 필요가 없다"고 말한다.[14] 그러므로 그가 신앙을 출발점으로 삼았다는 것으로부터 시작하는 것은 매우 중요하다. 그런데 그는 사람은 지식을 지향하도록 창조되었으므로 동시에 "지식은 신앙의 보상"이라고 한다.[15] 이처럼 신앙에서 출발하는 좋은 전통을 마련한 것은 역시 어거스틴이었다고 할 수 있다.[16] 그리고 그것은 또 다시 신앙으로 나아간다. 그래서 그는 삼위일체론을 다루면서 논점들을 "논변(disputation)보다는 기도로 마치는 것이 더 낫다"고 한다.[17] 이렇게 그는 신앙에서 이해로 나아가서 논의하다가 다시 더 깊은 신앙으로 나아가는 이런 선순환이 계속되는 것이 신앙의 삶이라고 한다.

또한 어거스틴에게 있어서 기본적으로 불변하는 진리라는 실재는 하나

---

[13] Fisher, *History of Christian Doctrine*, 177; Louis Berkhof, *The History of Christian Doctrines* (Grand Rapids: Eerdmans, 1937, 1949, paperback edition, Grand Rapids: Baker, 1975), 207.

[14] Augustine, *On Baptism against the Donatists,* 7. 48. 95 (Pelikan, *The Emergence of the Catholic Tradition,* 303).

[15] Augustine, *Ev. Johann. Tract.* 29, section 6; *Letters,* 120 (Fisher, *History of Christian Doctrine*, 178, n. 1).

[16] 이런 점에서 "A-A-C 전통"을 말할 수 있다. 신앙으로부터 시작하는 Augustine, Anselm, Calvin과 그의 후예들의 전통이 그것이다.

[17] Augustine, *De Trinitate,* 15. 27. 50 (Pelikan, *The Emergence of the Catholic Tradition,* 307).

님 자신이다.[18] 따라서 하나님에게 모든 것의 합리적 근거(the rational grounds of all things)가 있다고 한다.[19] 그리고 세상은 모든 점에서 하나님께 의존하는 것임을 매우 강조하였다.[20] (이런 점에서 후에 칼빈주의자들은 이런 어거스틴의 전통에 매우 충실하다고 할 수 있다.)[21]

그리고 사실 자신이 여러 문제에 대해서 잘못 생각한 것도 있다고 하면서[22] "나의 글들이 온갖 오류로부터 벗어나게 생각하고 말할 수 있었으면 하는 바람"도 표현했다.[23] 그런데 그의 생각의 발전 과정을 잘 검토한 학자들은 "그의 발전의 매 단계가 모두 더 깊이 있는 성경 연구에 의해서 시작된 것이 특징"이라고 한다.[24] 항상 성경을 연구하면서 계속해서 자신의 생각을 고쳐 가는 것 이것은 매우 중요한 일이 아닐 수 없다.

이제 구체적인 문제들(*loci*)에 대해서 특히 어거스틴이 기여한 점들을 아

---

18 Fisher, *History of Christian Doctrine*, 178. 그러므로 "어거스틴에 의해서 신학은 동방에서 서방으로 신론에서 인간론으로옮겨졌다"는 제임스 오어의 말(Orr, *The Progress of Dogma,* 135)은 한 면을 강조하기 위한 수사적 표현이지 사실을 진술하는 말이라고 하기 어렵다. 오어 자신이 잘 말하듯이 터툴리안과 암브로스와 힐러리 등을 생각해야 하고(137), 어거스틴에게 인간과 구원 문제가 심각한 문제였지만 어거스틴도, 오어(135) 자신이 인정하고 잘 표현하듯이 "그보다 더 하나님의 본성의 신비를 깊이 파고든 사람이 없다"고 할 정도로 역시 하나님 중심적이었다고 해야 하기 때문이다.

19 Fisher, *History of Christian Doctrine*, 178.

20 이 점을 강조하는 Fisher, *History of Christian Doctrine*, 184를 보라.

21 그 한 예로 코르넬리우스 반틸의 사상과 여기서 강조한 어거스틴의 생각을 비교해 보라. Cf. 이승구, 『코넬리우스 반틸』 (서울: 살림, 2007).

22 가장 대표적인 것으로 그가 죽기 몇 년 전인 427년에 쓴 『철회』(Retractationes, *Retractions*)라는 책자에 이런 것이 잘 나타나 있다. *The Fathers of the Church: A New Translation*, trans. Mary Inez Bogan, vol. 60 (Washington: Catholic University of America Press, 1968).

23 Augustine, *On Baptism against the Donatists,* 5. 17. 23 (Pelikan, *The Emergence of the Catholic Tradition,* 307).

24 대표적으로 Fritz Hoffmann, *Der Kirchenbegriffbei heiligen Augustinus in seinen Grundlagen und in siner Entwicklung* (Munich: Max Hueber Verlag, 1933), 77-78을 동감적으로 인용하는 Pelikan, *The Emergence of the Catholic Tradition,* 307을 보라.

주 간단히 언급해 보기로 한다.[25]

하나님

어거스틴에 의하면, 창조주에게는 존재와 생명, 이해함, 복됨의 구별이 없다. "그에게는 존재한다는 것이 이해한다는 것이고, 그것이 복된 것이다."[26] 또한 "하나님이신 분은 유일하신 불변하는 본질(substance or essence)이신데, 그에게 존재 자체 [*ipsum esse*]가 분명히 속한다. 그로부터 '존재'(*esse*)라는 말이 나오고, 그에게 이것이 특히 그리고 참으로 속한다."고 한다.[27] 하나님은 다른 모든 것에서 그러하시듯이 초본질적(super-substantial)이라고 표현한다.[28] 따라서 하나님의 본질과 속성들은 구별할 수 없다.

또한 어거스틴은 하나님의 삼위일체를 강조하면서 하나님의 통일성을 분명히 한다. 위격을 나누어 언급하는 것은 그 상호 관계에 대해서만 말하

---

25 사실 이를 하나하나 논하려면 그 자체가또 하나의 책이 될 것이다. 그래서 여기서는 될 수 있는 대로 간단히 어거스틴의 기여만을 말하려고 한다.

26 Augustine, *Civitas Dei,* 8. 6. 이런 생각은 플라톤주의 철학자들이 누구나 받아들일 수 있을 것이라는 펠리칸 교수의 말(Pelikan, *The Emergence of the Catholic Tradition,* 295)은 한편으로는 옳으나, 어거스틴의 하나님과 플라톤주의자들의 하나님의 차이, 성경의 하나님과 철학자들의 하나님의 차이를 분명히 하는 것이 좋을 것이다. 어거스틴의 하나님 개념이 네오 플라톤주의에서 나온 것이라는 Otto Scheel, *Die Anschauung Augustins über Christi Person und Werk* (Tübingen, 1901), 145 (Pelikan, *The Emergence of the Catholic Tradition,* 295)의 말은 너무 지나친 말이다. 그의 초기 저작들에서 창조주로서의 하나님 개념이 "플라톤이나 플로티노스가 하나님에 대해서 말한" 것과 동일시한 듯하다는 것은 할 수 있는 말이다(Augustine, *Soliloquies,* 1. 4. 9 [Pelikan, *The Emergence of the Catholic Tradition,* 295]). 그러나 신플라톤주의자요 그리스도인인 마리우스 빅토리아누스조차도 신플라톤주의적 신(神) 개념과 성경의 하나님을 구별하고 있었기 때문이다.

27 Augustine, *De Trinitate,* 5. 2. 3 (Pelikan, *The Emergence of the Catholic Tradition,* 296).

28 그는 하나님의 *substantia*라는 말도 사용하지만 하나님이 super-substantial 하기에 "*substantia*"라는 말보다는 "*essentia*"라고 말하는 것이 더 적절하다고 한다(Fisher, *History of Christian Doctrine*, 178).

는 것임을 강조한다. 따라서 삼위의 한 "본질"(*essentia*)이 있고, 우리는 성부와 성자와 성령의 구별을 다른 말로 표현하기 어려워서 삼위(three persons)라는 말을 쓸 뿐이라는 것을 분명히 한다.

> 분명히 셋(Three)이 있는데, 무슨 셋이냐고 물을 때 인간의 언어는 표현할 길이 없어진다. 그래서 우리는 사태를 정확히 표현해서가 아니라 우리들이 아무 말도 안 할 수 없어서 "삼위"(Three persons)라고 말하는 것이다.[29]

늘 인용되는 이 구절은 우리가 사용하는 언어가 성경의 가르침에 근거해서 우리 나름대로 최선을 다해 표현하려는 지난한 몸부림이라는 것을 잘 표현하는 말이다. 삼위의 각 위가 전능하다고 말하지만 하나님에게 세 전능자(three omnipotents)가 있다고 하지는 않는다는 것이다.[30] 이런 조심스러운 표현 태도에서 어거스틴은 상당히 의미 있는 삼위일체적 논의를 하였다고 할 수 있다.

더구나 어거스틴의 삼위일체에 대한 이해와 논의는 그의 교회 이해와 밀접한 관련을[31] 지니고 있다는 점이 그의 큰 기여의 하나이다. 이 문제를

---

29 Augustine, *De Trinitate*, 5. 9 (김종흡 역, 『삼위일체론』 [고양: 크리스챤 다이제스트, 1993], 180에서는 "이 용어가 뜻을 충분히 표현한다는 것이 아니라, 전혀 아무 말도 하지 않을 수 없기 때문이다"라고 번역했다). 후에 칼빈도 이 구절을 인용하면서 쓸데없는 잔소리를 줄이면서 그래도 하나님에 대해서 말하기 위해 이와 같은 용어를 사용하는 것이라고 한다(Calvin, *Institutes*, 1. 8. 5).

30 Augustine, *De Trinitate*, 5. 8 (『삼위일체론』, 179). 이는 아따나시우스 신조의 "세 전능자가 아니라 한 전능자가 있는 것이다"는 말에 대한 인용과 설명에서 나오는 말이다.

31 406년 12월부터 407년 중반까지 도나티스트들에 대한 설교에 대한 분석을 통해서 이 점을 잘 드러낸 Adam Ployd, *Augustine, the Trinity, and the Church: A Reading of the Anti-Donatist Sermons* (Oxford: Oxford University Press, 2015)를 보라. 이는 Lewis Ayres의 지도 아래서 에모리 대학교에서 쓴 박사 학위 논문(2013)을 Oxford Studies in Historical Theology 시리즈의 하나로 낸 것이다. 그는 세인트 루이스의 에덴 신학교에서 가르치다가 2021년에 영국 캠브리지로 옮겨 역사 신학을 가르치면서(Affiliated Lecturer), Wesley House의 Vice-Principal로 있다.

잘 다룬 아담 플로이드가 아주 잘 말하고 있듯이, 어거스틴에게는 "교회의 정체성과 순전성(identity and integrity)은 삼위일체의 삶과 사역의 표현들이다."[32]

창조

하나님의 지혜로서의 로고스 안에 피조된 모든 것의 불가시적 근거가 있다고 하면서, 하나님의 자유로운 창조를 강조한다.[33] 또한 하나님께서 "시간 안에서"(*in tempore*) 창조하신 것이 아니라 "시간과 함께"(*cum tempore*) 창조하셨다고 주장한 것은 어거스틴의 가장 큰 공헌의 하나이다. 시간 안(*in tempore*)에서 창조하셨다고 하면 창조 이전에 이미 시간이 있는 것이 된다. 그러므로 시간과 함께 창조하셨다는 것은 그 자체로도 중요한 것이지만 창조 이전에는 오직 삼위일체 하나님 외에는 그 무엇도 있지 않았음을 분명히 하는 것이고, 따라서 "무로부터의 창조"(*creatio ex nihilo*)를 분명히 선언하는 것의 하나이다.

섭리

창조된 모든 것이 하나님의 섭리 가운데 있음을 어거스틴은 명백히 한다.[34] 이 세상의 그 어떤 것도 하나님의 섭리 밖에서 일어나는 것은 없다. 그러므

---

32 Ployd, *Augustine, the Trinity, and the Church,* 56: "The church's identity and integrity are expressions of the life and work of the Trinity."

33 Augustine, *Contra Faustus Manich.* 14. 1 (Fisher, *History of Christian Doctrine*, 181).

34 이에 대해서 특히 Augustine, *De Civitas Dei,* 5. 2를 보라.

로 인간의 타락도 섭리 안에 있음을 어거스틴은 기꺼이 인정한다.

그러나 악을 하나님이 창조하셨느냐는 질문에 대해 고민하면서 이 악의 문제에 대한 어거스틴의 아주 독특한 주장을 한다. 악은 존재하는 것이 분명한데, 악은 "선의 결여"(*privatio boni*, the privation of good)라는 말을 한다. 악은 창조의 대상이 아니기에[35] 창조된 것이 아니라고 한다. 하나님은 악의 조성자가 아니라고 하기 위해 이를 말하는 것이다. 더구나 하나님께서는 악을 선으로 바꾸신다(turns evil into good). 즉, 하나님께서 악을 잘 통제하시고 인간의 의미를 잘 통제하셔서 궁극적으로는 하나님의 선한 뜻이 승리하게 하신다는 것이다. 사악한 사람들의 악한 동기와 그런 활동이 이 세상에 있으나 그것이 하나님의 놀라운 섭리에 의해서 궁극적으로는 하나님의 선하신 뜻을 이루는 일에 기여하게 하신다는 것이다.

그렇다고 해서 인간의 악한 동기와 악한 행동이 선이 되는 것은 아니다. 그것들은 악으로 남아 있고 따라서 인간이 책임을 져야 한다. 그러나 그런 것이 있다고 해서 하나님의 선하신 뜻이 전복(顚覆)되지 않고, 우리들은 알 수 없는 기묘한 하나님의 섭리 하에서 오히려 결과적으로는 하나님의 선한 뜻이 승리한다는 말이다. 이때 사용하는 중요한 말이 하나님께서 "악을 허용하시고, 허용하시기를 원하신다"는 말이다.[36]

인간에 대한 이해

개인의 영혼이 어떻게 있게 되었는지(the origin of souls)는 어거스틴에게도 매

[35] 이를 말하는 Fisher, *History of Christian Doctrine*, 181f.를 보라.

[36] Augustine, *Enchridion,* 101.

우 중요한 문제였다. 그는 개별적 영혼이 어떻게 존재하게 되었는지에 대해서 그 당시까지 제시된 여러 의견들을 (1) 아담의 영혼만 창조되고, 다른 이들의 영혼은 유전된다는 설, (2) 각 사람이 존재하기 시작할 때 개별적인 새로운 영혼들이 창조된다는 설, (3) 영혼이 하늘에 선재하다가 이 세상에 존재하게 될 때 하나님에 의해서 세상에 보내진다는 설, (4) 영혼이 선재하다가 자신의 의지로 몸과 결합하게 된다는 설, (5) 영혼이 하나님의 한 부분이라는 설로 나누어 검토하면서, (5)는 말도 안 되는 생각이니 아예 배제하여 논의도 하지 않고, (3)과 (4)는 잠시 논의 후에 배제시키고, (1)과 (2)의 대안을 가지고 이 문제를 풀어 보려했다. 그러나 이 문제는 기도에 의해서도(*neque orando*), 독서에 의해서도(*neque legendo*), 성찰이나 추론에 의해서도(*neque cognitando et rationcinando*) 해결할 길이 없었다고 한다.[37]

초기에는 개인의 영혼이 부모로부터 유전된다는 생각에 기울어져 있기는 하였으나 이에 대해서도 상당히 조심스럽게 의혹을 제시하면서 논의하였다.[38] 특히 터툴리안의 세련된 물질론(the refined materialism)에 대한 교회의 반대를 생각하면서, 이런 생각이 혹시 영혼을 물질 비슷하게 생각하는 것으로 여겨질까봐 걱정하면서 아주 명확히 유전설적인 입장을 표명하기를 꺼려한다.[39] 제롬에게 보낸 편지에 어거스틴의 이런 우려와 조심함이 잘 표현되어 있다.

어거스틴은 먼저 영혼의 불멸성에 대해서는 의심할 바가 없다고 한다. 물론 영혼의 불멸성은 하나님의 불멸성과는 질(質)이 다른 문제이고 영혼

---

37 Augustine, *Epistles,* III. LXV. c. iv. 9 (Fisher, *History of Christian Doctrine*, 188, n. 1).

38 Auigustine, *De Gen.,* 50. 10을 인용하면서 이렇게 말하는 Fisher, *History of Christian Doctrine*, 187, n. 2를 보라.

39 이 점을 잘 지적하는 Fisher, *History of Christian Doctrine*, 187f.을 보라.

이 하나님의 한 부분이거나 하나님께서 불멸하신 것과 같은 의미에서 불멸적인 것은 아니라는 점을 명백히 한다. 그런 영혼이 타락했는데, 이 타락한 영혼은 자체의 성격에 의해서나 하나님께서 부과하신 필연성을 따라 타락한 것도 아님을 분명히 한다. 그는 그저 여기 모든 인간의 영혼이 타락한 영혼이라는 사실을 받아들이면서, 또한 "하나님께서는 죄책 없이 그 어떤 영혼도 정죄하지 않으실 것"임을 분명히 하면서 계속 생각한다. 개별적 영혼에 대한 영혼 직접 창조설을 상당히 설득력 있게 생각하면서도 이런 생각을 받아들일 경우에 '하나님의 손에서 나온 순수한 영혼이 어떻게 죄 된 몸과 연결되게 되고, 결국 정죄 받게 되는지'의 문제를 하나님의 공의와 연관시켜 생각할 때 풀기 어렵다고 진솔하게 말한다.

성육신과 그리스도의 사역에 대하여

어거스틴은 그리스도의 신성과 인성을 온전히 다 인정한다. 특히 당시 많은 사람들이 부정하려는 인성에 대해서 그리스도는 "마리아의 육체(flesh)로부터 육체를 받으셨다" 고 하고 "그는 그 육체(in that very flesh)로 이 땅을 걸으셨다고 하고, 우리의 구원을 위해서 그의 육체(that very flesh)를 주셔서 먹게 하신다"고 하였다.[40] 또한 그 양성이 한 인격에 의해 그 어떤 변화도 없이 있음을 잘 말한다. 그리고 그는 그리스도의 자원하신 비하에 대해서 자주 말한다. 성육신이 바로 비하의 방식이었음을 잘 드러내었다. 그런데 그리스도는 "그만이 다시 나는 것이 필요 없는 방식으로 나셨다"고 한다.[41] 그

---

[40] Augustine, *Exposition of the Psalms,* 98. 9 (Pelikan, *The Emergence of the Catholic Tradition,* 305).

[41] Augustine, *Enchiridion,* 14. 18 (Pelikan, *The Emergence of the Catholic Tradition,* 290).

리스도께서 참 하나님이시며 동시에 참 인간이시되 죄 없으심을 잘 표현하는 방식이었다.

또한 어거스틴은 성경적 구속론을 잘 제시하였다. "[그리스도는] 죄책이 없는 분이신데 우리의 형벌을 스스로 감당하셨다 이는 우리의 죄책을 제거하고 우리의 형벌을 그치게 하려는 것이다."[42] 그래서 그리스도는 "죄인을 취하셔서 고치시고 회복하신다... [이 때 그는] 그 자신이 한 몸으로 의사요, 동시에 약이시다."[43] 특히 도나티스트와의 논쟁 가운데서 어거스틴은 "우리들의 죄를 위해 죽으시고 우리를 의롭다 하기 위해 부활하신 그분밖에 그 누구도 나를 죄책에서 자유롭게 할 수 없다. 왜냐하면 나의 신앙이 의로 여겨진다는(may be counted to me righteousness) 것을 믿을 때, 나는 세례를 주신 사역자를 믿는 것이 아니라 불경건한 자를 의롭다 하시는 분을 믿는 것이다"고 아주 분명하게 말한다.[44] 그러나 후에 논하겠지만 그의 칭의 개념은 문제를 지니고 있다. 그는 또한 그리스도의 죽음이 사탄에 대한 것이라는 이전 견해를 다시 도입시켜 제시하는 문제도 드러내고 있다.[45]

물론 이런 말 뒤에는 모든 인간의 성관계가 문제가 있고 따라서 그리스도 외의 모든 사람은 죄 가운데서 태어난다는 지나친 이해가 배경으로 있다.

[42] Fisher, *History of Christian Doctrine*, 178, 180f. (*Conta Faust. Manich.* XIV. 1을 인용). 힐러리와 암브로시우스에게도 같은 취지의 말이 나온다고 한다.

[43] Augustine, *De doctrina christiana,* 1. 14. 13. Available at: http://www.ntslibrary.com/PDF%20Books/Augustine%20doctrine.pdf.

[44] Augustine, *Against the Letters of Petilian,* I, 8. 그러나 후에 이로부터 성례의 사효성을 이끌어 내는 것은 문제가 있다.

[45] Fisher, *History of Christian Doctrine*, 180.

교회에 대한 바른 이해들

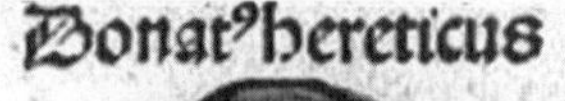

어거스틴은 교회 울타리 안에 있는 모든 사람들이 다 구원받는 것은 아니라고 하였다. 교회는, 특히 도나투스를 따르는 도나투스주의자들에 반대하면서 그가 늘 강조하듯이 "혼합체," 즉 "섞여 있는 몸"(*corpus permixtum*)이다.[46] 역사 안에 있을 때는 "전체로서의 교회가 점과 흠이 없을 때가 없기 때문이다."[47] 또한 구약 교회인 아브라함과 그들의 자손 밖에 있으면서도 "영적인 예루살렘"에 속한 사람들이 있으니 "거룩하고 놀라운 사람인 욥"이 그 대표적인 인물이라고 한다. 이는 열방을 다 포함하는 더 크고 영적인 이스라엘이 있음을 보여 준다고 한다.[48] "밖에 있는 듯이 보이는데 안에 있는 사람들이 있고, 안에 있는 듯이 보이는데 사실은 밖에 있는 사람들이 있다."[49] 그러나

---

[46] 이를 말하는 Fisher, *History of Christian Doctrine*, 193을 보라.

이와는 달리 도나투스주의자인 페틸리안(Petilian)은 "교회의 거룩한 것을 손상시키면 (교회의) 통일성을 없애버린" 것이라고 하면서(Augustine, *Against the Letters of Petilian,* 2. 105. 240에서 재인용), 거룩성을 유지하는 자신들만이 참 교회라고 하면서 "그리스도의 교회," 즉 도나투스주의자들과 "사탄의 회" 사이에는 교제가 있을 수 없다고 했다(Augustine, *On Baptism against the Donatists,* 7. 24. 46에서 재인용). 그러면서 "교회에 속하는 한 세례가 있고, 교회가 없는 곳에는 세례도 없다"고 주장하였다(Augustine, *On Baptism against the Donatists,* 7. 31. 60 [Pelikan, *The Emergence of the Catholic Tradition,* 309]에서 재인용). 사제나 감독이 배교하거나 잘못하면 그가 시행하는 세례도 무효라고까지 한 것이다.

[47] Augustine,*Epistles,* 185. 38 (Pelikan, *The Emergence of the Catholic Tradition,* 310).

[48] Augustine, *De Civitas Dei,* 18. 47.

[49] Augustine, *On Baptism against the Donatists,* 5. 27. 38; *De correptione et gratia,* 7. 16 (Pelikan, *The Emergence of the Catholic Tradition,* 303).

계시와 전혀 상관없는 것이 아니고, 참 하나님 백성은 그 당시에 주어진 계시의 내용을 알고 믿는다. 〈데오그라티아스(Deogratias)에게 보낸 편지〉의 한 구절이 이런 생각을 잘 드러내어 준다.

> 인류의 시작 때부터 그를 믿은 사람들, 그를 알고 그의 규례에 따라서 경건하고 바르게 산 사람들은, 그가 어떤 시간과 장소에 있었던지, 그에 의해서 구원받았음에 틀림이 없다.[50]

이 인용문에 시사된 사상, 즉 그리스도를 통한 구원이 계시된 형태대로 그를 믿는 것에 달려 있음을 강조하는 것에 주목하라. 그러므로 참된 교회는 "창세 전에 선택된 성도들의 고정된 수이다."[51] 이런 점에 대한 지적은 어거스틴의 중요한 기여의 하나이다.

성례에 대한 바른 이해들

어거스틴의 큰 기여 중의 하나는 성례는 눈에 보이는 말씀이다(visible words)는 것을 분명히 한 것이라고 할 수 있다. 그러면서 "성례에서 보여지는 것이 있고 이해되는 것이 있다."고 하고, 성례는 "불가시적 은혜의 가시적 형태이다(the visible form of an invisible grace)"라고 말하면서도, 외적인 표지(the

---

50 Augustine, *Letter* 102. 12 (Fisher, *History of Christian Doctrine*, 193).

51 Augustine, *On Baptism against the Donatists,* 5. 27. 38; *De correptione et gratia,* 7. 16. 이런 인용문에 근거해서 당대와 중세와 종교개혁 시대에 제도적 교회 개념에 대항하는 성경적 바른 교회 개념의 기능을 강조하는 Pelikan, *The Emergence of the Catholic Tradition,* 303을 보라.

sign)를 그것이 의미하는 것(the thing signified)과 혼동하지 말라고[52] 강하게 이야기하기도 한다. 어거스틴은 "선한 자와 악한 자들에게도 주어질 수 있는 눈에 보이는 성례와 선한 자들에게만 속하는 '눈에 보이지 않는 사랑의 부으심'(the invisible unction of charity)을 구별해야" 함을 강조한다.[53] 그러나 심지어, 중세에 그를 따른다고 주장하던 분들이나 오늘날의 천주교인들이 놀라게도, "떡과 포도주의 본질은 불변하고 그대로 남아 있다"고도 말한다.[54] 어거스틴은 또한 성찬 의식과 그 성체를 미신적으로 존숭하는 당대의 관례를 비판하였다.[55] 후에 루터가 인용한 말에 의하면 어거스틴은 성례가 "시행되었기 때문에 칭의하는 것이 아니라 믿어졌기에 칭의한다"라고도 했다고 한다.[56] 여기까지의 논의는 교회 안에서 의미 있게 활용될 수도 있는 논의이다.

어거스틴은 교회가 혼합된 공동체이므로 참으로 믿지 않는 사람들도 그 안에 있고 그들도 성례에 참여하지만 "선택되지 않는 사람들에게는 성례가 구원하는 효과를 내지 않는다"는 시사(示唆)도 한다.[57] 그는 성례에는 (십자가와 부활 사건을) 상기(想起)하게 하는 면이 있음을 강조하면서, 사악한 자들은 성례의 요소들을 먹을지라도 그리스도의 몸에 참여하는 것은 아니라고

---

52 Augustine, *De. Chri. Doctrine,* 3. 16 (Fisher, *History of Christian Doctrine*, 181). 또한 이를 잘 구별하여 언급하는 Berkhof, *The History of Christian Doctrines,* 252를 보라.

53 Augustine, *Against the Letters of Petilian,* 2. 104. 239 (Pelikan, *The Emergence of the Catholic Tradition,* 302).

54 이 점을 지적하는 Berkhof, *The History of Christian Doctrines,* 252를 보라.

55 이 점을 지적하는 Berkhof, *The History of Christian Doctrines,* 252를 보라.

56 Martin Luther, *Lectures on Titus, Philemon, and Hebrews* (Saint Louis: Concordia Publishing House, 1968), 172 ("[It] justifies not because it is performed, but because it is believed.")에서 재인용.

57 이를 말하는 Fisher, *History of Christian Doctrine*, 193을 보라. 이하의 성찬에 대한 논의에서도 이것이 나타날 것이다.

한다.[58] 마찬가지로, 세례의 물은 외적으로 "은혜의 성례"를 보여주고(shows the sacrament of grace), 내적으로 역사하시는 성령님께서 "은혜의 효과"(the benefit of grace)가 있게 하신다.[59]

또한 어거스틴은 이단자가 행한 세례의 유효성과 반역자들이 행한 임직식의 효과에 대한 논란과 관련해서 그렇게 시행된 의식을 건전한 교회가 **다시 베풀어서는 안 된다고 하였다. 세례는 "누가 베풀었든지 그리스도에게 속하기 때문이다."**[60] 단지 그 사람들이 정통 교회 안으로 공적으로 받아들여지는 방식으로 보충되어야 한다고 논의하였다.

또한 유아세례의 정당성을 공언하면서 유아세례에서 은혜가 앞선다는 것이 분명히 드러난다고 한 것은[61] 어거스틴의 공헌이다. 이때 세례받는 아기는 세례받겠다는 자신의 의지도 있지 않고 주의 백성으로 인정한 자신의 공로도 전혀 없다.[62] 그러므로 오직 하나님의 은혜로만 세례에 참여하게 되는 것이다.

하나님의 나라에 대한 이해

어거스틴의 가장 큰 기여의 하나는 이 땅 가운데서 진행되고 있는 하나님

---

58 이 점을 지적하는 Berkhof, *The History of Christian Doctrine,* 252를 보라.

59 Augustine, *Epistle,* 98. 2 (Fisher, *History of Christian Doctrine*, 181). 이것이 매우 중요한 것이다. 그런데 후에 논의하는 과정에서는 이런 점이 좀 가려지고, 후론할 바와 같이 마치 성례가 그 자체로 역사하는 듯한 인상을 주는 말을 많이 한다.

60 Augustine, *On Baptism against the Donatists,* 6. 10. 15 (Pelikan, *The Emergence of the Catholic Tradition,* 311).

61 Augustine, *De gratia,* 22. 44 (Pelikan, *The Emergence of the Catholic Tradition,* 302).

62 이 점을 잘 드러내어 논의한 Pelikan, *The Emergence of the Catholic Tradition,* 302를 보라.

나라에 대한 이해를 잘 드러낸 것이라고 할 수 있다. 물론 20세기에 좀 더 정교하게 제시된 하나님 나라에 대한 이해와 비교하면 좀 아쉬운 면도 있지만 어거스틴의 『하나님의 도성』만큼 하나님 나라의 현재성을 명료하고도 자세히 논의한 책도 드물다. 물론 정확하게 따지면, 그리스도의 메시아로서의 사역을 결정적으로 임하여 온 하나님 나라라는 측면을 덜 드러내는 구조로 제시한 점과 다른 성경 해석의 문제가 있다. 그래도 (래드가 점선으로 표현한 부분을 이미 잘 표현해서) 이미 셋 계열 때부터 하나님의 약속을 참으로 믿어서 하나님 도성에 속한 사람들이 있음을 잘 드러낸 것은 어거스틴의 큰 기여다. 예정되고 은혜 가운데서 선택되어 하나님 나라에 속한 사람들은 이 땅에서 나그네들(aliens)로 살지만, 위에 속한 사람들로 살아나간다는 것을 어거스틴은 이 책에서 잘 드러내었다.[63]

2. 문제를 함의하고 있는 주장들

이상의 주제들에 대한 논의에서는 기본적으로 성경적이고 바른 입장이 주도적이고, 때때로 잘못된 것이 섞여 있는 것들이었다면, 이제부터는 어거스틴의 글 가운데서 오히려 문제를 더 많이 함의하는 주장들에 대해서 생각해 보기로 한다.

성경과 전통의 문제

성경에 대한 어거스틴의 말 가운데서 가장 중요한 말은 "정경 성경에 대해

---

[63] Cf. Augustine, *Civitas Dei,* 15. 1. 이 점을 잘 논의하는 Pelikan, *The Emergence of the Catholic Tradition,* 303도 보라.

서만 아무 유보 없이 찬동해야 한다."[64]는 말일 것이다. 그는 당대의 다른 모든 그리스도인들과 함께 성경을 하나님의 말씀으로 믿는다. 이것은 모든 것의 토대가 된다.

그러나 동시에 "**보편적 교회의 권위**가 나를 그리로 움직이게 하지 않았더라면 나는 복음을 믿지 않았을 것이다"는 말도 한다.[65] 이처럼 마니교와 논쟁할 때 그는 교회의 권위에 근거해서 성경을 받아들인다고 강하게 말하였다.[66] 이와 같이 정경을 무엇으로 할 것인가의 문제에서 어거스틴은 "교회의 결정"이 결정적이었다고 한다. 그러므로 그는 결국 교회의 결정이 정경을 결정했다는 천주교 사상의 토대를 제공한 것이 된다.

그러나 "수정될 필요가 없고 그저 순종해야만 하는" 성경의 권위와 성경에 의해서 수정될 수 있는 후대 감독들의 편지들의 권위를 아주 분명히 구별하기도 한다.[67] 그렇지만 어거스틴에게는 성경의 권위와 당대 가톨릭 교회의 권위는 서로 모순되는 것이 아니었다는 펠리칸의 말은[68] 어거스틴의 글에 비추어 보면 옳은 것이지만,[69] 우리들은 심각하게 질문하게 되는 문제가 아닐 수 없다.[70]

---

[64] Augustine, *Natura et Gatia,* 61 (Fisher, *History of Christian Doctrine*, 179).

[65] Augustine, *Contra Epistle Manich.,* 5, cited in Fisher, *History of Christian Doctrine*, 179; Pelikan, *The Emergence of the Catholic Tradition,* 303, 강조점을 덧붙인 것임.

[66] Augustine, *Cont. Epistl. Manich.,* 6, cited in James Orr, *The Progress of Dogma* (London: James Clarke & Co. Limited, 1901), 142, n. 2.

[67] Augustine, *On Baptism against the Donatists,* 2. 3. 4 (Pelikan, *The Emergence of the Catholic Tradition,* 303).

[68] Pelikan, *The Emergence of the Catholic Tradition,* 304.

[69] 이는 아마도 당시 어거스틴은 그렇게 생각했으리라는 말이다.

[70] 이것이 종교개혁의 문제 제기이고, 우리들의 문제 제기다. 이에 대해서는 본서 12장을 보라.

존재와 선에 대한 이해

누구나 알듯이 어거스틴은 "존재는 그 자체로 선한 것"이라는 생각을 지속한다.[71] 하나님과 관련해서 이것은 나쁜 것이 아니다. 그러나 그저 추상적으로 존재 자체가 선하다고 하는 것은 여러 오해를 낳을 수 있다. 그러므로 종국적인 어거스틴 해석의 문제는 성경의 하나님 중심인가 존재 자체 중심인가의 문제라고도 할 수 있다. 어거스틴이 성경의 하나님을 중심으로 하려고 한다는 것은 부인할 수 없지만 존재론에 사로잡혀져 있는 듯한 인상을 주는 것도 문제이다. 바로 여기서 악은 "선의 결여" 또는 "선의 부재"(*privatio boni*)라는[72] 어거스틴의 문제 많은 진술이 나온 것이다.

죄의 전달의 문제

비록 마니교의 잘못된 이론인 악한 신의 창조로 악이 세상에 있게 된 것이라는 것을 비판하기 위해 악은 적극적이기보다는 그저 마땅히 있어야 할 선(善)이 없는 것이라는 의도에서 악을 "선의 부재"(*privatio boni*)로 규정한 어거스틴의 변증적 동기는 높이 살 수 있지만,[73] 결과적으로 이 개념은 악이

---

[71] 특히 "존재하는 것은 선한 것이다"(*esse qua esse bonum est*)는 말을 인용하면서(아마도 Augustine, *De Duabus animabus (On Two Souls),* 9에서 인용하면서) 이를 설명하는 Pelikan, *The Emergence of the Catholic Tradition,* 299를 보라.

[72] Augustine, *Enchiridion,* 11. (https://www.ccel.org/ccel/schaff/npnf103.iv.ii.xiii.html).

[73] 이런 점을 언급하면서 어거스틴이 "선의 부재"을 말한 것을 옹호하는 Donald A. Cress, "Augustine's Privation Account of Evil: A Defense," *Augustinian Studies* 20 (January 1, 1989): 109-28, 특히 110; Maria Schmidt, "Augustine on Evil as Potency for Privation," Best Systematic Theology Essay, in the Summer 2022 Clarifying Catholicism Theology Essay Contest, available at:https://clarifyingcatholicism.org/claritas-fidei/augustine-on-evil-as-potency-for-privation를 보라.

적극적인 죄라는 것을 약화시키는 듯한 인상을 주기에 후대의 정통 신학에서는 사용하지 않는 개념이 되었다.[74]

지난 장에서 살펴본 바와 같이 어거스틴은 아담의 죄책과 그 부패성이 그 후손에게 전달된다는 것을 분명히 하면서 그 전달 수단이 성적인 관계라고 하면서 욕정을 아주 심각하게 문제시한다. 이것이 수도원적 삶을 동경하게 했고, 중세 수도원주의의 토대의 하나가 된다. 그래서 창조의 관점에서 성적 관계를 보기보다는 타락의 관점에서 성적인 관계를 바라보는 오랜 천주교적 전통을 만드는 데 기여하였다. 타락 이후에 인간의 성적 관계도 타락한 것을 충분히 강조하여야 하지만 창조 때에 하나님의 의도가 어떤 것인지를 좀 더 생각했어야 한다. 물론 어거스틴은 에덴동산에서는 성적인 본능이 "육욕"(concupiscience)과 연관되지 않았고 그래서 부끄러움에 물들어 있지 않았다고 바르게 지적한다.[75] 이 점을 더 강조했었어야 할 것이다. 특히 또한 구속함을 받은 사람들에게 있어서 혼인의 범위 안에서의 성적 관계를 좀 더 적극적으로 생각했어야 할 것이다.

교회에 대한 이해의 문제

어거스틴은 교회에 대한 바른 성경적 개념을 강조하면서도 또 한편으로는 "교회는 로마 주교의 수위권을 인정하면서 사도적 직분들과 연관된 조직체"라는 입장을 취하였다.[76] 이런 교회는 "이적들에 의해서 시작되었고, 희

---

[74] 이런 입장을 잘 드러내는 Louis Berkhof, *Systematic Theology* (Grand Rapids: Eerdmans, 1941), 228, 231-32를 보라.

[75] 이를 말하는 Fisher, *History of Christian Doctrine*, 190을 보라.

[76] 이를 시사하는 Augustine, *Against Faustus the Manichean,* 33. 9 (Pelikan, *The Emer-*

망에 의해 자양분을 공급받으며, 사랑에 의해 확장되고, 고대성에 의해 수립되었다"고 한다.[77] 이와 같이 어거스틴은 연속성을 지니는 감독들에게서 "권위의 자리"가 있다고 하고 그 안에 안식할 수 있다고 하였다.[78] 이것이 가장 큰 문제이고 후에 개혁자들은 어거스틴의 이런 이해에 동의하지 않았다.

또한 교회의 거룩성은 교회가 성례로 나누어 주는 은혜의 거룩성이라는 개념도[79] 후대의 개혁자들은 동의할 수 없었다. 그들은 교회의 머리이신 그리스도의 거룩성에서 시작하려 하였다.

성례론과 문제점

앞에서 어거스틴은 이단자가 행한 세례의 유효성과 반역자들이 행한 임직식의 효과에 대한 논란과 관련해서 그렇게 시행된 의식을 건전한 교회가 다시 베풀어서는 안 되고, 단지 그 사람들이 가톨릭교회 안으로 공적으로 받아들여지는 방식으로 보충되어야 한다고 논의하였음에 대해서 언급하였다. 이는 집례자의 개인적 특성과 상관없이 성례는 유효하다는 **밀레비우스**

---

gence of the Catholic Tradition, 303)를 보라.

77 Augustine, *Against the Epistle of Manicheus Called Fundamental,* 4 (Pelikan, *The Emergence of the Catholic Tradition,* 303).

78 Cf. Augustine, *On Baptism against the Donatists,* 2. 8. 13 (Pelikan, *The Emergence of the Catholic Tradition,* 304).

79 어거스틴보다 먼저 이런 생각을 표현한 분은 도나투스주의자들과 논쟁을 먼저 했던 옵타투스(Optatus of Mileve)이니, 그는 "교회는 하나이고, 그 거룩성은 성례에 의해서 나온다"고 하였다 (Optatus, *Against Parmenianus the Donatist,* 2. 1 [Pelikan, *The Emergence of the Catholic Tradition,* 311]). 옵타투스의 저작으로는 M. W. Edwards, *Optatus: Against the Donatists,* Translated Texts for Historians, vol. 27 (Liverpool: Liverpool University Press, 1997)을 보라.

의 옵타투스(**Optatus of Milevius**)가 제시한 명제를 공식적으로 수립한 314년에 있었던 Arles 공의회의 규례와 일치하는 입장이다.[80] 그러므로 어거스틴은 소위 사효성(事效性)을 강조하는 입장을 옹호한 것이다.

어떤 의미에서 이런 논의는 집례자의 자격에 따라(*ex opere operantis*) 성례의 효과를 부인하는 소위 인효성(人效性)을 강조하는 도나티스트들의 주장은 문제를 드러내고 반박한 것으로서는 매우 큰 의미를 지닌다.[81] 그러나 이런 논의는 동시에 **세례 의식의 집례 자체**(***ex opere operato***)가 효과를 낸다는 또 다른 극단의 문제를 낳게 한 주장이다. 그래서 세례는 "행위로 한 것이든지 말로 한 것이든지 생각으로 한 것이든지, 원죄든지 후에 부가적으로 범한 것이든지, 무의식적으로 행한 것이든지 의식적으로 행한 것이든지 절대적으로 모든 죄를" 씻는다고 하였다.[82]

어거스틴은, 아담 프로이드가 잘 요약한 바와 같이, 그리스도께서 "매번

---

80 Fisher, *History of Christian Doctrine*, 180.

81 이를 강조하면서 어거스틴은 "그리스도를 넘겨준" 변절자요 배반자인 가룟 유다의 진정한 계승자는 핍박 때에 로마 군병에게 성경을 넘겨준 감독이 아니라, "온 세상과 짝하여 자신을 온전히 그리스도에게 드리지 않은 사람"이고, 따라서 교회의 보편적 통일성을 배반한 사람이라고 한다(Augustine, *Against the Letters of Petilian,* 2. 8. 20 [Pelikan, *The Emergence of the Catholic Tradition,* 311-12]).

82 Augustine, *Against Two Epistles of the Pelagians,* 3. 3. 5 (Pelikan, *The Emergence of the Catholic Tradition,* 304).

의 세례에서 성령을 주신다"고 한다.[83] 유아세례를 포함해서 세례를 베푸는 것 자체로 중생한다는 생각을 어거스틴이 한 듯하다.[84]

기본적으로 그는, 우리가 위에선 언급한 것과 같이, 세례의 물은 외적으로 "은혜의 성례"를 보여주고(shows the sacrament of grace), 내적으로 역사하시는 성령님께서 "은혜의 효과"(the benefit of grace)가 있게 하신다.[85] 여기까지는 성경의 생각을 따라서 말할 수 있는 말이다. 그러나 이와 동시에 앞서 말한 자동적으로 역사하는 성례 이해가 적용되는 말을 하기도 한다. 예를 들어서, 성례가 죄 용서를 가져온다고 하여 세례 중생설을 드러낸다.[86] 그리고 세례가 우리 안에 있는 죄의 세력을 약화시킨다고도 한다.[87] 또한 세례가 과거의 죄책을 없앨 수 있다고 한다. 또한 후에 반복되는 회개하는 죄에 대한 용서(the forgiveness of subsequently repented sins)가 주어지는 것이라고 한다.[88] 이런 표현은 마치 성례가 그 자체로 역사하는 듯한 인상을 준다.

---

83 Ployd, *Augustine, the Trinity, and the Church,* 148: Christ "gives the Spirit in every baptism."

84 이를 지적하는 Berkhof, *The History of Christian Doctrines*, 248을 보라. 물론 어른의 경우에는 먼저 신앙과 회개가 있어야 한다고 하였다.

85 Augustine, *Epistle,* 98. 2, cited in Fisher, *History of Christian Doctrine*, 181. 이것이 매우 중요한 것이다. 그런데 후에 논의하는 과정에서는 이런 점이 좀 가려지고, 후론할 바와 같이 마치 성례가 그 자체로 역사하는 듯한 인상을 주는 말을 많이 한다.

86 Augustine, *De peccato originali,* 39. 44 (Pelikan, *The Emergence of the Catholic Tradition,* 304). Cf. Orr, *The Progress of Dogma,* 144.
그러나 어거스틴이 "성령이 없이도 세례가 주어질 수 있다"(*On the Baptism,* 5. 24. 34 [Pelikan, 1:304])고 해서 세례를 베풀면 그 자체로 역사한다고 하는 것은 아님을 시사하는 말도 하였다는 것을 무시해서는 안 된다.

87 Fisher, *History of Christian Doctrine*, 181; Orr, *The Progress of Dogma,* 144.

88 이에 대해서는 대개 어거스틴의 다음 말들에 주목하도록 한다: *On Baptism against the Donatists,* 1.11.15–13.21, 2.13.18–14.19, 3.13.18–16.21, 6.4.6–5.7 (CSEL 51:160–66, 193–95, 207–13, 301–3), cited in J. Payout Burns, "Baptism as Dying and Rising with Christ in the Teaching of Augustine," *Journal of Early Christian Studies* 20/3 (2012): 407–38, at 422, n. 64.

이로부터 중세에 계속된 주장인 성례를 시행하면 "그 자체가 역사한다"(*opera ex operato*)는 주장이 나오게 되었다고 할 수 있다. 중세 천주교회의 잘못된 성례관의 토대를 마련하는 주장을 어거스틴이 한 것이다. 이런 성향이 어거스틴에게 분명히 있다. 이런 입장에 충실하게 그는 세례받지 않은 죽은 아이들은 모두 다 구원받지 못한다고 하였다.[89] 어거스틴으로부터 세례는 거의 절대적인 것으로 여겨졌다. 물론 세례받지 못하고 순교 당한 사람의 경우에는 순교가 세례적 씻음과 온전히 같은 효과를 낸다고 하였다.[90]

또한 어거스틴은 그리스도의 몸에 속한 사람들은[91] "참으로 그리스도의 몸을 먹고 그리스도의 피를 마신다"고 말한다.[92] 이때 그리스도의 몸은 문자적인 의미가 아니니, "이 땅에 계셨던 그리스도의 몸은 이제 하늘에 계신다"고 명확히 말하기[93] 때문이다. 그러므로 "그리스도 안에 머물러 있지 않는 사람, 그리스도께서 그 안에 거하시지 않는 사람은 그의 몸을 먹은 것이 아니고, 그의 피를 마시는 것이 아니다"고 말한다.[94] 그러나 때로는 가룟 유다나 어거스틴 시대에 성찬에 부당하게 참여한 사람들도 "여전히 주의 몸

---

89 이를 지적하는 Berkhof, *The History of Christian Doctrines*, 210, 248; Pelikan, *The Emergence of the Catholic Tradition,* 298을 보라. 그리고 이런 아이들은 유기되었다고까지 말한다(Augustine, *De Anima et eius origine,* 4. 11. 16 [Pelikan, *The Emergence of the Catholic Tradition,* 297-98]). 물론 이때도 그는 성급히 말하기보다는 무지(無知)를 택하겠다고 하면서 말하고 있음을 잊어서는 안 된다(이 점을 지적하는 Pelikan, *The Emergence of the Catholic Tradition,* 298을 보라).

90 이를 언급하는 Berkhof, *The History of Christian Doctrines*, 249를 보라.

91 그런데 그는 이를 가톨릭 교회에 속한 사람들이라고 보았다.

92 Augustine, *De Civitate Dei,* 21. 25.

93 Augustine, *Epi.* 205, cited in Fisher, *History of Christian Doctrine*, 181, n. 6.

94 Augustine, *In Johann. Tract.* 26. 18, cited in Fisher, *History of Christian Doctrine*, 181.

과 주의 피를 받은 것"이라는 말도 한다.[95]

또한 천사를 통해 일어난 이적들과 그리스도의 몸과 피의 현존을 병렬시켜 말할 때[96] 사람들은 어거스틴이 실재론적 견해를 표명하는 것으로 보인다. 천주교회에서는 이런 말이 어거스틴의 진정한 의도였다고 한다. 어거스틴이 좀 기계적인 인상을 주는 것도 사실이다. 예를 들어서, 그는 "세례와 주의 몸과 피가 없이는 구원도 영생도 희망할 수 없다"고 말한다.[97] 그러나 여러 곳에서 그의 말은 모호하다.[98] 앞에서 루터의 글에서 인용한 바와 같이 어거스틴은 성례가 "시행되었기 때문에 칭의하는 것이 아니라 믿어졌기에 칭의한다"라고도 했다.[99] 이런 강조점이 더 많다면 이는 후에 종교개혁 시대의 논의와 연관해서 의미 있게 생각해 볼 수 있는 중요한 주장이 아닐 수 없다. 그러므로 어거스틴의 생각 자체가 복합적이었다. 그는 중세적 성례의 이해의 토대를 제공했지만 그 자신의 생각이 그에 꼭 부합하는 것은 아니다. 이런 것이 역사의 아이러니의 하나이다.

또한 어거스틴은 천주교에서 강조하는 이야기도 하니, 성찬은 "희생 제

---

95 Augustine, *On Baptism against the Donatists,* 2. 8. 13 (Pelikan, *The Emergence of the Catholic Tradition,* 304).

96 Augustine, *De Trinitate,* 3. 10. 21을 인용하면서 이를 언급하는 Pelikan, *The Emergence of the Catholic Tradition,* 305를 보라.

97 Augustine, *De peccatorum meritis et remissione,* 1. 24. 34 (Pelikan, *The Emergence of the Catholic Tradition,* 306).

98 이 모호성 때문에 어거스틴은 천주교적 화체설도, 개신교적 가르침도 가르치지 않았다고 하는 펠리칸의 말(Pelikan, *The Emergence of the Catholic Tradition,* 305), 그리고 그것이 "은혜의 역설"을 잘 드러낸다는 말(306)은 의미 있기는 하지만 상당히 회피적인 것이라고 여겨지며, 그렇게 하는 것이 과연 교회를 잘 세우는 일[진정한 의미에서의 건덕(健德), edification]에 도움이 되는지 모르겠다.

99 Martin Luther, *Lectures on Titus, Philemon, and Hebrews* (Saint Louis: Concordia Publishing House, 1968), 172 ("[It] justifies not because it is performed, but because it is believed.")에서 재인용.

사"(a sacrifice)로, 그 핵심은 성찬을 받는 사람들이 자신들을 하나님께서 영적으로 드리는 것이라고 하기도 한다.[100] 또한 이런 "희생 제사"는 이미 죽은 사람들에게도 유익을 준다고 한다. 이런 생각을 후대의 천주교회는 더 강조하면서 확대 재생산하였다.

구원론에서 복합성을 드러내는 문제점

어거스틴은 처음에 타락한 사람이 믿을 수 있는 능력을 스스로 가지고 있다고 생각했는데, 고린도전서 4:7의 바울의 가르침을 의해 자신의 견해를 바꾸었다고 한다.[101] 그래서 그는 하나님의 은혜에 의해 마음이 새롭게 되고, 정신이 밝혀지고, 의지가 선을 향하게 되어 신앙을 생산하며 영적인 선을 행할 수 있게 된다고 했다. 따라서 은혜가 주어지는 것은 인간의 공로에 대한 고려가 없다고 했다. 한마디로 "하나님의 은사는 인간의 공로에 앞선다"고 했다.[102] 이때 그가 강조하는 용어가 소위 "작용하는 은혜"(a *gratia operans*), 즉 "사람이 (선을) 원하지 않을 때 (선을) 원하도록 하는 은혜"이다.[103] 이처럼 하나님은 은혜의 선행(先行)성을 강조하고, 우리가 하나님에 대한 사랑에서 행하는 것만이 의미가 있다고 하는 것은 어거스틴의 큰 공로다. 셋 계열의 백성들에서 잘 드러나는 하나님 나라 백성은 "하나님에 대한 사랑"으로(*amor dei*) 사는 사람들임을 잘 드러내고 강조한 것도 매우 중요한 기여이다. 그리고 그렇게 하나님을 사랑해서 행한 것만이 의롭다고 말

---

100 Fisher, *History of Christian Doctrine*, 181.

101 이 점을 지적하는 Berkhof, *The History of Christian Doctrines*, 206을 보라.

102 이를 지적하는 Berkhof, *The History of Christian Doctrines*, 206을 보라.

103 Cf. Berkhof, *The History of Christian Doctrines*, 207.

하는 것도 어느 정도 의미가 있다. 어떤 옳은 일을 해도 하나님에 대한 사랑에서 한 것이 아니면 의로운 것이 아님을 잘 드러낸다는 점에서 그렇다. 하나님에 대한 사랑이 없다면 우리가 행하는 "시민적인 선"(civil good)도 기껏해야 "빛나는 악"(*splendida vitia*)이 되고 만다.[104]

그러나 그 의(義)를 어떻게 이해하느냐에 따라서 후에 종교개혁적 이해가 나올 수도 있고, 천주교회적 이해가 나올 수도 있다. 이런 데서 복합적인 어거스틴의 생각이 나타난다. 앞서 인용한 "하나님의 은사는 인간의 공로에 앞선다"는 말은 은혜에 근거하여 공로가 있게 된다는 것을 함의한다. 그러므로 어거스틴의 구원 이해는 그야말로 **혼합된 것**이다.[105] 한편으로 그는 인간은 하나님과의 교통이 없이는 그 어떤 선도 행할 수 없다는 것을 강조한다.[106] "작용하는 은혜"(a *gratia operans*)에 대한 그의 강조가 이를 잘 드러낸다. 그러나 그의 "협력하는 은혜"(a *gratia coperans*) 개념은 결국 처음에 강조했던 "작용하는 은혜"의 좋은 의미와 다음과 같이 좋은 말의 함의를 다 손상시킨다. "만일에 하나님께서 그의 불변하는 선하심의 일부를 주심으로(imparting) 돕지 않으신다면 사람이 계속해서 의에 머물 수 없을 정도이다."[107] 협력하는 은혜는 "사람이 원할 때 후속해서 주어진 은혜로 그의 원함이 헛되지 않게" 해주는 은혜다.[108] 그러므로 어거스틴은 하나님의 "함께 하시며 영감을 주시는 은혜가 아니면"(without God's indwelling, inspiring grace)

---

104 이를 잘 지적하는 Fisher, *History of Christian Doctrine*, 190을 보라.

105 어거스틴의 구원론과 교회론의 이런 혼합성에 대한 좋은 요약적 진술로 Berkhof, *The History of Christian Doctrines*, 208을 보라.

106 이 점을 잘 드러내어 설명하고 있는 Berkhof, *The History of Christian Doctrines*, 206을 보라.

107 Augustine, *Enchiridion,* 106.

108 Cf. Berkhof, *The History of Christian Doctrines*, 207.

인간은 아무것도 할 수 없다는 것을 강조하면서, 인간이 사랑으로 하는 일은 공로가 된다고 말한다. 이와 같이 어거스틴은 우리들의 공로도 강조하면서, 동시에 우리들의 모든 공로들은 하나님의 선물이라고 선언하면서 은혜를 높이려 하였다.[109] 그리하여 그는 중생과 성화의 구별도 명확히 하지 않는다.[110] 그러므로 어거스틴이 죄의 죄책에 대해서도 강조하였고 민감하였지만 죄의 지배와 그에 함의된 오염에 대해서만큼은 아니었다는 피셔 교수의 말은 정확하다고 여겨진다.[111]

어거스틴은 기독교적 삶의 시작을 신앙이라고 하고, 그것이 모든 선행의 원천이라는 것을 잘 강조하였다.[112] 그런데 그에 의하면, 의롭게 하는 신앙은 그것에 사랑이 연합된 신앙이다. 예수님을 사랑하고 그에게 소망을 둘 때에 참으로 그를 믿는 것이라고 하였다. 기독교적 신앙은 사랑으로 역사하는 신앙이라고 한다. 이렇게 사랑과 연합된 신앙을 강조하면서, 인간의 선행을 한 것이 구원에 이르는 인간의 공로가 된다고 말한다. 바울과 야고보는 모두 다 신앙이 앞선다고 주장했다. 그런데 야고보는 그것에 행위가 뒤따르지 않으면 효과가 없다는 것을 강조하는 것에 관심을 가졌다고 하면서[113] 어느 정도는 바울과 야고보의 대립을 말한다. 어거스틴도 믿음으로 말미암아 칭의된다고 했지만, 그는 칭의에서 하나님께서는 사람을 의롭다고 선언하는 것만이 아니라 실제로 의롭게 만드신다고 했다. 그러므로

---

109 Augustine, *Confession,* 9. 34.

110 같은 점을 지적하는 다음 학자들의 논의도 보라. Orr, *The Progress of Dogma,* 143; Berkhof, *The History of Christian Doctrines*, 207, 213.

111 Fisher, *History of Christian Doctrine*, 180.

112 이 점을 잘 지적하는 Berkhof, *The History of Christian Doctrines*, 207을 보라.

113 Augustine, *De Fide et opera,* 14 (Fisher, *History of Christian Doctrine*, 180).

그는 칭의라는 말을 순전히 법정적(forensic) 의미로 사용하지 않는다.[114] 이것도 심각한 문제가 될 수 있다.

사후 상태에 대한 이해의 문제점

후에 자세히 논의하겠지만,[115] 어거스틴도 연옥의 가능성을 여러 곳에서 말하고 있으며, 따라서 죽은 자들의 죄가 용서받기를 위해 기도할 수 있다고 하였다.[116] 이런 것들은 심각한 문제를 지닌 것이라고 하지 않을 수 없다.

결론: 복합적인 어거스틴의 생각

구원 이해에서의 복합성은 그의 교회론과도 연관된다. 어거스틴은 첫 번째 은혜를(the first blessings of grace) 세례에서 받는다고 했는데, 그는 세례에서 중생하는 것이라고 하였고, 이때 타락한 사람의 마음의 갱신이 시작되고 죄 용서가 주어진다고 보았다. 이 중생에서 은혜의 주입이 일어나 사람들로 하여금 선행을 하게 하고 영생의 공로를 내게 한다는 것이다.[117] 그런데 이런 은혜가 상실될 수도 있다고 했고,[118] 견인의 은혜(the grace of perseverance)가 주어질 때에야 마음의 갱신과 죄 용서가 다시 회복되고 유지될 수 있다

114 이 점을 잘 지적하는 Berkhof, *The History of Christian Doctrines*, 207을 보라.

115 본서의 24장을 보라.

116 Augustine, *Civitas Dei,* 21. 24.

117 Cf. Berkhof, *The History of Christian Doctrines*, 208.

118 이 점을 지적하는 Berkhof, *The History of Christian Doctrines*, 207, 208을 보라.

고 하였다.[119] 그러므로 어거스틴은 하나님의 은혜에 참여하는 것을 교회와 성례에 의존하게 하였다.[120] 그리고 그는 모든 교리에 대한 논의에 있어서 "사도들의 본래 자리부터 지금까지 계속되는 감독들의 계승에 의해 지지되는 ... 가톨릭 교회의 증언"을 매우 중요시했다.[121] 이것이 중세적 교회론과 연관된다는 것은 누구든지 잘 알 수 있다.

또한 어거스틴은 예수님을 믿지 않는 사람들의 영원한 형벌을 분명히 주장하면서도,[122] "어떤 신자들은" 죽은 후에 "일종의 연옥적 불"(a kind of purgatorial fire)을 통과해야 할 것이라고 하여, 그 전부터 있던 연옥 이해를 더 공고히 하여 천주교적 연옥설을 지지하는 사람으로 나타났다.[123] 그러나 후대의 천주교 생각과 다른 것은 연옥에 있는 사람들에게 대한 미사와 그들을 염두에 두면서 하는 구제가 그들에게 도움이 되리라고는 할 수 없다고 한다.[124] 물론 이런 주장의 배후에는 이 땅에 있는 성도들의 구제를 비롯한 이런 선행이 자신을 구원할 정도로 충분할 수 없다는[125] 지극히 천주교적인 생각이 있음을 잊어서는 안 된다.

그리고 마리아에 대한 어거스틴의 견해가 대표적인 문제의 온상이다.

---

119 이를 잘 지적하는 Berkhof, *The History of Christian Doctrines*, 207을 보라.

120 이것을 첫째 문제로 지적하는 Berkhof, *The History of Christian Doctrines*, 208을 보라.

121 Augustine, *Against Faustus the Manichean,* 11. 2 (Pelikan, *The Emergence of the Catholic Tradition,* 337).

122 그 당시에도 "많은 사람들이 이를 믿지 않으려 한다"는 것을 언급하면서, 그러나 영원한 형벌이 있음을 분명히 하는 Augustine, *Enchiridion,* 112를 보라.

123 물론 그는 "이 문제를 더 탐구하여야 하고 의심스러운 채로 놓아두어서는 안 된다"고 하지만 (Augustine, *Enchiridion,* 66) 결과적으로 이를 확언한다.

124 이를 분명히 언급하는 Fisher, *History of Christian Doctrine*, 183을 보라.

125 이를 말하는 Augustine, *Enchiridion,* 110을 보라.

그는 마리아에게는 죄가, 특히 자범죄가 없을 수 있다고 한다.[126] "분명히 죄 없으신 분[예수님]을 임신하고 낳을 공로가 있었던 그녀에게는 죄를 극복할 은혜가 주어졌다"는 것이다.[127]

이런 점에서 어거스틴의 생각에는 중세 천주교적 사유의 토대를 마련한 면도 있고, 기본적으로 그것을 따른다고 할 수 있다. 그러나 어떤 곳에서는 그에 반하여 온전히 성경에 충실하게 생각한 것들은 후에 개혁자들의 생각의 토대를 제공한 면도 있다. 그러므로 어거스틴의 사상은 여러 면에서 복합적인 것이었다고 할 수 있다. 이런 복합적 생각이 여러 면에서 잘 드러내는 그의 다음과 같은 말도 보라.

> 율법으로 죄를 깨닫게 되고, 믿음으로 죄를 대항하는 은혜를 얻게 되며, 은혜로 영혼은 죄의 잘못으로부터 치유함을 받고, 영혼의 건강으로 의지가 자유롭게 되면, 자유로운 의지로 의를 사랑하게 되고, 의에 대한 사랑으로 율법이 성취된다. 그러므로 믿음은 은혜를 얻어 은혜로 말미암아 율법이 성취되니 율법은 믿음으로 헛되게 되는 것이 아니라 도리어 확고히 서게 된다. 마찬가지로 은혜는 의지를 치유하여 그 의지로 의를 자유롭게 사랑하게 되니 자유의지는 은혜로 말미암아 헛되게 되는 것이 아니라 도리어 확고히 서게 된다.[128]

---

[126] 이를 언급하는 Fisher, *History of Christian Doctrine*, 191; Orr, *The Progress of Dogma,* 158, n. 2을 보라.

[127] Augustine, *De natura et gratia,* 36. 42 (Pelikan, *The Emergence of the Catholic Tradition,* 314).

[128] Augustine, *De spiritu et littera,* 30. 52 (Pelikan, *The Emergence of the Catholic Tradition,* 306-307).

이를 보면서 우리는 어떤 말에 대해서는 격하게 동의하게 되고, 또 어떤 말에 대해서는 의혹을 가지게 된다. 이런 것이 어거스틴적 복합성을 잘 드러내는 전형적 모습이다.

〈부록〉

부활에 대한 어거스틴의 이해를 통해 본 어거스틴의 플라톤주의 극복의 문제

때때로 어거스틴(Aurelius Augustine, AD 354-c. 430)은 플라톤주의자인가 아니면 진정한 기독교의 제시자요 변증가인가 하는 질문이 제기된다(소위 "Platonism or Christianity?"의 질문). 이 오래된 어려운 문제에 대해서 어거스틴 학계 안에 기본적으로 다섯 가지 입장이 있다.

첫째 입장은 어거스틴이 신플라톤주의로 회심한 것이지 진정한 기독교로 회심한 것이 아니라는 입장이다.[1] 이런 주장은 기본적으로 어거스틴이 제시한 기독교가 기독교의 본래적 모습이기보다는 플라톤주의로 채색된 것이니, 기독교가 바르게 되기 위해서는 어거스틴의 기독교가 극복되거나 어느 정도 정리되어야 한다는 함의를 가지는 주장이다.

둘째 입장은 이것의 변형으로, 어거스틴의 386년의 회심은 신플라톤주의로의 회심이지만, 후에 그가 바울의 글을 다시 새롭게 읽은 후인 395년 경에 진정한 기독교로의 회심을 한 것이라고 주장하는 **피터 브라운**과 브라

---

[1] 이런 주장의 대표자들로 이미 오래전에 이런 주장을 했던 Gaston Boissier, Adolph von Harnack, Prosper Alfaric을 들 수 있다. 그들은 아주 명확하게 어거스틴은 386년에 기독교로가 아니라 신플라톤주의로 회심한 것이라고 주장했다. 이에 대한 좋은 정리를 하는 논의로 Mark J. Boone, "The Role of Platonism in Augustine's 386 Conversion to Christianity," *Religion Compass* 9/5 (May 2015): 151-61을 보라. (Available at: https://doi.org/10.1111/rec3.12149). (물론 마크 분 자신의 입장은 후에 언급할 넷째 입장에 속한다).

이언 도벨 등의 주장도 있다.[2] 이는, 대개 396/7년에 쓰여진 것으로 여겨지는 (신플라톤주의자인) 『심플리키아누스에 반하여』(*Ad Symplicianum*), 1. 2에 나타난 은총에 대한 강조와 예정론에 대한 분명한 표현 등에 근거하여 하는 말이다. 또한 396년에 주교가 된 어거스틴의 성숙한 신학을 그렇게 볼 수 있다고 하는 것이다.

셋째 입장은, 둘째 입장에 대한 반론으로, 그가 처음부터 참으로 기독교로 회심한 것은 옳지만, 그가 제시하는 기독교 이해는 매우 플라톤주의적이어서 (명확한 이단인 영지주의는 아니지만) 거의 "플라톤주의적 기독교"라고 해야 한다는 비판적인 입장이다.[3]

---

[2] Cf. Brian Dobell, *Augustine's Intellectual Conversion: The Journey from Platonism to Christianity* (Cambridge & New York: Cambridge University Press, 2010), 137. 사실 이와 비슷하게 두 번에 걸친 회심이 있는데 첫째 회심이 386년에 일어났고, 두 번째 진정한 회심은 396년 어간에 일어났다는 프린스톤의 역사학자 **피터 브라운**의 오랜 주장이 있었다. Peter Brown, *Augustine of Hippo: A Biography,* (London: Faber & Faber, 1967), 147–152; a new edition with an epilogue (London: Faber & Berkeley: University of California Press, 2000), 490. 피터 브라운은 **396년에야 어거스틴이 "비로소 사람이 전적으로 하나님께 의존적인 것이라고 보기에 이르렀다"고 했다**(154). 또한 Paula Fredriksen, "Paul and Augustine: Conversion Narrative, Orthodox Traditions and the Retrospective Self," *Journal of Theological Studies* 37 (1986): 3-34도 보라.

그러나 이런 피터 브라운의 견해에 대한 좋은 논박으로 Carol Harrison, *Rethinking Augustine's Early Theology: An Argument for Continuity* (Oxford: Oxford University Press, 2006)를 보라. 이 논의가 훨씬 건전한 것으로 판단된다. 또한 도벨도 어거스틴 초기 인간성을 취한 기독론에 대한 논의가 실제로 양자론적이라는 그의 주장을 보여 주는 일에서 성공하지 못했고 그의 증거는 자주 연약한 것이고 그 자신도 이를 인정한다는 Travis Ables의 서평에서의 논의가 정확하다고 할 수 있다. Cf. *Journal of the History of Philosophy* 50/1 (2012): 137-38: "Dobell still does not succeed in showing that the early "pedagogical" *homo assumptus* Christology is, in fact, adoptionist; indeed, his evidence is often rather weak (for a tacit admission, see 73)."

[3] 예를 들어서, 『스탠포드 철학 사전』(*The Stanford Encyclopedia of Philosophy*)은 어거스틴

넷째 입장은, 그보다는 좀 부드럽게, 어거스틴은 참으로 기독교로 회심하였는데 플라톤주의를 완전히 거부하지는 않았다고 주장하는 입장이다 (Carol Harrison).[4]

마지막으로 어거스틴은 플라톤주의의 배경에서 기독교를 이해하였지만 결국 성경에 충실하여 플라톤주의를 극복한 기독교를 이해하고 그에 충실하려고 하였다는 입장이 있다. 그러므로 플라톤주의가 기독교 신앙과 일치

을 기독교적 신플라톤주의자(Christian Neoplatonist")라고 규정할 정도이다(Available at: https://plato.stanford.edu/entries/augustine/). Robert J. O'Connell과 Pierre Courcelle도 어거스틴은 기독교로 회심하였지만 기본적으로 플라톤주의자라고 주장한다. 기독교를 온전케 된 플라톤주의라고 보는 피터 킹의 입장도 여기에 넣어야 할지? Cf. Peter King, "Augustine's Encounter with Platonism," *Modern Schoolman* (forthcoming)을 보라. (Available at: http://individual.utoronto.ca/pking/articles/Augustine_and_Neoplatonism.pdf).

4 이런 입장의 대표적인 예로 옥스퍼드에서 어거스틴 연구로 D. Phil. 학위를 하고 덜햄의 Reader로 있다가 2015년에 옥스퍼드의 여성 최초로 레이디 마가렛 교수가 된 Carol Harrison의 다음 책들을 보라. 1988년의 Oxford 학위논문을 출간한 Carol Harrison, *Beauty and Revelation in the Thought of Saint Augustine* (Oxford: Clarendon Press, 1992); idem, *Augustine: Christian Truth and Fractured Humanity* (Oxford: Oxford University Press, 2010); idem, *Rethinking Augustine's Early Theology: An Argument for Continuity* (Oxford: Oxford University Press, 2006), 특히 7: "The thesis of this book is that the real revolution in Augustine's thought happened not in 396 but in 386, at his conversion, and that the defining features of his mature theology were in place from this moment onwards." 특히 마지막 책에서 395년의 진정한 회심이 일어났다고 주장하는 견해들을 논박하면서 소위 "386년의 혁명"(the revolution of 386)을 말하는 그녀의 견해가 잘 나타난다 (이는 이 책의 제2장(20-34)의 장 제목이기도 하다). 그녀에게 동의하면서 논의를 전개하는 Boone, "The Role of Platonism in Augustine's 386 Conversion to Christianity," 151-61도 보라. 이런 입장은 이미 1950년에 오메아라가 제시한 일이 있다(John J. O'Meara, ed., *St. Augustine: Against the Academics* [Westminster, 1950], 197).

역시 캐롤 해리슨에게 동의하면서 386년에 진정한 회심이 있었다고 보면서도 그 이전의 회심적 추구의 과정도 중요시하면서 회심 이전의 경험과 회심 이후의 연속성도 보아야 한다는 루방 가톨릭 대학교의 두퐁의 주장은, 해리슨의 주장에 동의하는 주장이며, 또한 내용상 매우 천주교적이라고 여겨진다. 두퐁의 주장은 Anthony Dupont, "Continuity or Discontinuity in Augustine?," *Ars Disputandi* [http://www.ArsDisputandi.org] 8 (2008): 67–79, 특히 75 이하에 나타난다: "The 'orthodox' faith of the (new) convert has very important pre-conversial roots." 두퐁에 의하면 초기 어거스틴과 후기 어거스틴의 연속성을 주장한 다른 학자들로 Thomas Gerhard Ring (1994), Volker Henning Drecoll (1999), Pierre-Marie Hombert (1996, 1998), 그리고 Nello Cipriani (2002) 등이 있다고 한다. 이들에 대한 문헌 정보는 Dupont, "Continuity or Discontinuity in Augustine?," 78, ns. 10, 11, 12, 13을 보라.

할 때는 그것을 사용하고, 신앙과 대립할 때는 가차 없이 플라톤주의를 버렸다고 보는, 그러므로 어거스틴이 일종의 바른 분별을 하였다는 입장이다.[5] 물론 이런 입장도 어거스틴이 아직도 극복하지 못한 플라톤주의의 문제점이 그의 생각 안에 있음은 인정한다. 그러나 핵심에 있어서는 플라톤주의가 아니라 성경적 기독교가 어거스틴에게 중요한 것이라고 보는 것이다.

네 번째와 다섯 번째 입장은 강조점의 차이라고도 할 수 있으나, 기본적으로 어거스틴에게 플라톤주의가 얼마나 중요하게 잔존하고 있다고 보느냐의 차이라고도 할 수도 있다.

어거스틴과 플라톤주의의에 대하여 왜 이렇게 다양한 해석이 존재하는가? 그것은 어거스틴 저작 안에 나타나고 있는 플라톤주의적인 인상을 주는 표현들 때문이다. 예를 들면, "신적 빛에 의한 진리로의 접근,"[6] "참으로 존재하는 실체는 항상 있어 변치 않는 존재입니다"와 같은 표현,[7] 그리고 "존재하는 것은 다 선하다"는 말,[8] 또는 어머니 모니카의 죽음에 대하

[5] Cf. James J. McEvoy, "Neoplatonism and Christianity: Influence, Syncretism or Discernment?" in *The Relationship between Neoplatonism and Christianity,* eds., Thomas Finan and Vincent Twomey (Dublin: Four Courts Press, 1992), 155-70.

[6] Aurelius Augustine, *Confession,* 7. 10. 16. (선한용 옮김, 『성 어거스틴의 고백록』[서울: 대한기독교서회, 2003, 17쇄, 2016], 227-28). 특히 "진리를 아는 자는 그 빛을 알게 되고 그 빛을 아는 자는 영원을 알게 됩니다. 그리고 진실로 사랑은 이 빛을 알게 합니다"(227). 또한 11. 19 (401): "내 영혼의 눈을 조명하시는 즐거운 빛이시여"

[7] Augustine, *Confession,* 7. 11. 17. (229).

[8] Augustine, *Confession,* 7. 12. 18. (229-30). Cf. Plotinus, *Enneads,* 1. 7. 2.

여 "경건한 저 영혼이 몸에서 벗어나게 된 것"이라고 표현하는 것[9] 같이 어거스틴이 플라톤주의적인 인상을 주는 표현을 때때로 사용하기 때문에 이런 논의가 제기된다는 것은 누구나 인정한다. 그의 초기 저작인 『독백록』에서 어거스틴은 그 어떤 사람이 강도라고 해도 "그의 영혼은 사랑스럽다(lovable)"고 표현할 정도로 영혼은 고귀하고 아름답게 보는 표현을 한다.[10] 어거스틴은 (어거스틴 자신이 그에 대해서 "플라톤 자신이 환생한 것" 같다고 했던)[11] 주로 로마에서 활동했던 플로티누스(Plotinus, 204/205-270), 이암블리쿠스(Iamblichus), 부분적으로 시실리에서 살기도 했던 두로의 폴피리(Porphyry of Tyre, 233 or 약 250-305),[12] 그리고 아프리카 사람 아풀레이우스(Apuleius) 같은 신플라톤주의자들을 유명한 플라톤주의자들이라고 언급한다.[13]

그리고 『고백록』 7권에서 어거스틴이 하는 말에 근거해서 육체를 가지지 않은 실체로서의 하나님과 인간 영혼이라는 개념을 플라톤주의에게서 배웠다고 말하는 일도 있다.[14] 플라톤주의가 말하는 것이 "말은 같지 않지만" 요한복음 1:1-12의 말씀과 실제로 "전적으로 같은 것"(*idem omnino*)이

---

[9] Augustine, *Confession,* 9. 11. 28. (303).

[10] Aurelius Augustine, *Soliloquia,* 1. 2, cited in Thomas Jones Parry, "Augustine's Psychology During his First Period of Literary Activity, With Special Reference to His Relation to Platonism" (Dissertation, Strasburg, 1913; Leipzig: Buchdruckerie Robert Nosske, 1913), 2.

[11] Augustine, *Contra Academicos,* 3. 41, cited in Henry Chadwick, *Augustine* (Oxford: Oxford University Press, 1986), 9.

[12] 뒤의 연대는 Chadwick, *Augustine*, 9에서 주고 있는 정보이다.

[13] Aurelius Augustine, *The City of God,* trans. Henry Bettenson (Middlesex, England: Penguin Books, 1972), 8. 13.

[14] 이는 "Neoplatonism and Christianity"라는 위키피디아의 항목에서 제시된 입장이다. (Available at: https://en.wikipedia.org/wiki/Neoplatonism_and_Christianity): "Augustine owes his conception of both God and the human soul as incorporeal substance to Neoplatonism."

라고 말하는 어거스틴의 『고백록』의 한 구절과 같은 것이[15] 이런 의혹을 더 강화시킨다. 아마도 어거스틴은 다음과 같은 심정에서 이와 같은 말을 했을 것이다:

> 만일에 철학자들이라고 불리는 사람들이, 특히 플라톤주의자들이 참되고 우리 신앙과 조화되는 말을 했다면, 우리는 그것에서 움츠러들거나 피하지 말고, 그것을 불법으로 소유하고 있는 사람들로부터 우리의 용도를 위해 사용할 수 있도록 그것을 주장해야 한다.[16]

"진리는 어디서 발견하든지 그것이 진리라면 그것은 다 주님의 것"이라는 확신에서[17] 이런 태도와 표현이 나온 것이다. 그러나 이런 표현이 문제를 일으킬 수는 있다. 좀 온건한 논의로 어거스틴이 플라톤주의를 조금 수정했지만 그 자신은 자신이 제시한 기독교가 "온전케 된 플라톤주의"(platonism perfected)로 생각했기에,[18] 그는 기본적으로 플라톤주의적으로 보아야 한다는 논의도 있다.

그러나 어거스틴이 그저 플라톤주의자가 아니라 그와는 다른 진정한 기

---

15 Augustine, *Confession,* 7. 9. 13. (224-25).

16 Aurelius Augustine, *De doctrina Christiana,* trans. D. W. Robertson, Jr., *On Christian Doctrine* (Indianapolis: The Bobbs-Merrill, 1958), 2. 60: "If those who are called philosophers, and especially the Platonists, have said which are indeed true and are well accommodated to our faith, they should not be feared; rather, what they have said should be taken from them as from unjust professors and converted to our use."

17 Cf. Augustine, *On Christian Doctrine,* 2. 28. 이로부터 "모든 진리는 다 하나님의 진리이다"(All truth is God's truth)는 중요한 주장이 나왔다고 할 수 있다.

18 이런 논의의 예로 Peter King, "Augustine's Encounter with Platonism," *Modern Schoolman* (forthcoming)을 보라. (Available at:
http://individual.utoronto.ca/pking/articles/Augustine_and_Neoplatonism.pdf).

독교의 제시자라는 것을 보여주는 것은 다음과 같은 점들에서라고 할 수 있다: (1) 자신이 플라톤주의와는 다른 것을 기독교에서 발견했다고 어거스틴이 명백히 주장하는 강한 말들,[19] (2) 성경에 근거한 창조에 대한 이해와[20] (3) 성경에 근거한 그리스도의 성육신과 구속에 대한 이해,[21] (4) 그리고 성경에 근거한 부활에 대한 그의 이해이다.[22]

이 글에서 나는 (이 중에서) 어거스틴의 부활 이해를 다루려고 한다. 그러므로 이 작은 논문에서 나는 그의 부활 이해를 생각할 때 어거스틴은 결코 단순한 플라톤주의자가 아니라는 것을 나타내어 보이고자 하는 것이다. 성경을 참으로 믿는 사람들에게는 매우 자명한 이 주장을 어거스틴을 깊이 다룬다고 하면서 때때로 왜곡하는 일이 너무 많기에, 이 논문에서 어거스틴의 부활에 대한 이해를 요점으로 이를 논의하고자 한다. (그러므로 나는 플라톤주의와 기독교에 대한 논의에서 어거스틴이 기본적으로 플라톤주의를 극복하려고 했다는 입장을 취하며, 이 논문에서 그것을 지지하는 한 논거로 부활 이해를 중심으로 어거스틴의 입장을 제시하는 것이다).

먼저 어거스틴의 생애를 간단히 더듬어 보고(I), 어거스틴의 부활론을

---

19 그 대표적인 예가 Augustine, *Confession,* 7. 20. (238-39)

20 이 점을 언급하며 강조하는 Thomas Williams, "Augustine and the Platonists" (A Lecture given to the Freshman Program of Christ College, the Honors College of Valparaiso University, 23 October 2003), 1-8, at 4을 보라.

21 이 점을 중심으로 신플라톤주의와 어거스틴이 다르다고 하는 것을 잘 논의한 King, "Augustine's Encounter with Platonism"을 보라. 특히 6 ("[Neoplatonism] was faced with internal philosophical difficulties the Incarnation/Redemption would have resolved, and its not seeing so was a failure."); 그리고 Williams, "Augustine and the Platonists," 5-6.

22 먼저 이 문제를 다른 좋은 논의로 Gerard Watson, "St Augustine, the Platonists and the Resurrection Body: Augustine's Use of a *Fragment* from Porphyry," *Irish Theological Quarterly* 50/2-4 (June 1, 1983): 222-32와 Margaret R. Miles, "Sex and the City (of God): Is Sex Forfeited or Fulfilled in Augustine's Resurrection of Body?" *Journal of the American Academy of Religion* 73/2 (June 2005): 307-27 등을 보라. 이 논의들과 이 글의 차이는 본문 중에서 다루어질 것이다.

(II-1) 그리스도의 부활에 대한 이해, (II-2) 그리스도 부활과 우리의 존재에 대한 이해, 마지막으로 (II-3) 우리의 부활에 대한 이해를 정리한 후에, 어거스틴의 부활 논의에서 몇 가지 아쉬운 점에 대한 지적과 함께 이 모든 논의의 함의를 찾아보도록 하겠다(IV).

I. 어거스틴과 기독교

거의 모든 사람이 알다시피, 어거스틴은 어릴 때 십자가의 표시로 인침을 받았지만 당시의 잘못된 관습을 따라 세례는 연기하고 있었다.[23] 그러므로 그는 일면 교회와 관련을 가지고 있어서 중산층 지주였던 그의 아버지 파트리키우스(Patricius, 영어식으로는 Patrick)와는[24] "달리, 이교도는 아니라"고 할 수 있었지만,[25] 청소년기 이후로 오랫동안 사실상 기독교 밖의 사람으로서 살았다고 할 수 있다. 그 자신이 말하고 있듯이, 그의 "젊은 시절에 [그를] 붙들어 주시는 [하나님을] 멀리 떠나 헤매고 다녔다."[26] 그러므로 그는 실질상 비그리스도인이었던 사람이 그리스도인이 되고, 결국 교회의 사역자가

---

23 Augustine, *Confession,* 1. 11. 17. (59-60)에 이에 대한 언급이 나온다.

24 이 정보는 보스톤 College에서 박사학위를 하고 Dayton 대학교 종교학과 교수로 있는 Matthew Levering의 *The Theology of Augustine: An Introductory Guide to His Most Important Works* (Grand Rapids: Baker Academic, 2013), xiv, 이 이름의 영어식 표현은 Chadwick,*Augustine,* 6에서 온 것이다.

25 이 표현은 Anthony Dupont의 표현이다. Dupont, "Continuity or Discontinuity in Augustine?," 75: "unlike his father, was never a pagan."

26 Augustine, *Confession,* 2. 10. 18. (91)

된 대표적인 사람이다. 물론 그의 어머니 모니카는 처음부터 그를 위해 기도했고,[27] 결국 그녀의 기도가 응답되어 아들이 주께로 돌아온 대표적인 예라고 할 수 있다.

주후 354년 11월 13일에 북아프리카의 (지금은 수크 아라스[Souk Ahras]라고 불리는)[28] 따가스테(Thagaste)에서 태어나[29] 그의 아버지의 야심 덕에 그곳과 12세부터는 인근 도시 마다우라(Madaura)에서 초급 교육과 문법학교 교육을 받은 어거스틴은, 그의 아버지 사후에 부유한 이웃인 로마니아누스(Romanianus)의 도움을 얻어서[30] 17세에 북아프리카에서 가장 큰 도시인 카르타고(Cartago, 현 튀니지의 수도 튀니스)에 가서 수사학을 공부하게 된다. 이처럼 어거스틴은 "라틴어를 말하는 로마 시민들 중에서 자라났다."[31] 이때 한 여인과 동거하며 아들 "아데오다투스"(Adeodatus)를 얻고, 18세부터 수사학 교수를 하고 있었다. 이때 키케로의 (지금은 소실된) 『호르텐시우스』(*Hortensius*)도 읽고 하던 중, 한동안 마니(Mani, 216-77)에 의해 창시된 마니교도(a Manichee)가 되어 9년 동안[32] 그들의 가르침을 따르던 어거스틴이 마니

---

27 이에 대한 어거스틴의 증언으로 Augustine, *Confession,* 5. 9. 17. (164)을 보라: "어머니는 당신님께 금이나 은이나 혹은 변하고 없어질 재물을 달라고 기도하지 않고 오직 자기 자식의 영혼의 구원을 위해 눈물을 흘리며 기도했는데 당신님께서 어찌 어머니를 돕지 않을 수 있으며, 이렇게 흘린 눈물을 당신이 무시할 수 있었겠습니까? 어머니가 이렇게 기도하게 된 것도 당신님의 은혜로 말미암은 것입니다."

28 이 정보는 Levering, *The Theology of Augustine*, xiv에서 온 것이다.

29 패트릭과 모니카 사이에서 태어난 어거스틴에게 한 형제와 한 자매가 있었으나 그가 몇째인지에 대한 정보는 없다고 한다. Cf. Chadwick, *Augustine*, 7.

30 Chadwick, *Augustine*, 7.

31 Levering, *The Theology of Augustine,* xiv. 더 정확하게 그는, 어거스틴과 그의 가족들이 이전에 로마에 저항했던 이탈리아 지역 사람들에게 로마 시민권을 확대하기 위해 주전 89년에 새롭게 형성된 시민권인 "Papiria"라는 이름의 시민권을 가지고 있었다고 밝히고 있다.

32 Augustine, *Confession,* 5. 6. 10. (156). 사실 마니는 교회의 교리를 가져다 자기 마음대로 비틀었을 뿐만 아니라 마르시온과 바실리데스를 추종하는 사람들의 견해를 받아들여 자신의 사상을

교에서 나오는 데에 있어서는 신플라톤주의가 중요한 역할을 했다고 그 자신도 말하고,[33] 다른 많은 이들도 인정한다.

이후 어거스틴은 로마로 가서 수사학 교수를 계속한다(*Confession*, 5. 8. 14-15). 그러다가 로마 시장 심마쿠스에 의해서 (30세 되던) 384년에 밀라노 시의 수사학 교수(official orator)로 가게 된다. 밀라노에서 암부로시우스 주교를 보좌하던 사제인 심플리키아누스(Simplicianus)와 대화하면서, 그가 소개한 플라톤주의 철학자로 로마에서 수사학과 철학을 가르치다 (어거스틴이 태어날 때 즈음에 회심하고 세례를 받은) 빅토리누스(Marius Victorinus)를[34] 본받기로 마음먹지만 그렇게 되지 않아 고민하고,[35] 또한 수도사 안토니우스(Antonius)의 이야기를 듣고 수도 생활을 동경하였다.[36] 그 어간 천식 증세와 목소리를 잃을 수도 있는 상황 가운데서 수사학 교수직과 세상을 추구하는 것을 그만두고 수도 생활을 해야 하는가를 고민

만들어 제시했다고 한다. 이런 논의의 대표적인 예로 Jaroslav Pelikan, *The Christian Tradition: A History of the Development of Doctrine,* vol. 1: *The Emergence of the Catholic Tradition (100-600)* (Chicago & London: The University of Chicago Press, 1971), 85를 보라.

33 이에 대한 어거스틴의 말은 약 399-401년의 글인 그의『고백록』, 5. 10. 19. (166), 7. 9. 13 (224), 7. 20, 8. 2와 (약 386년 경 작품인) *Contra Academicos,* 2. 5; 그리고 *De beata vita* 1. 4 ("a few books or treatises by Plotinus, *lectis autem Plotini paucissimis libris*")에서 찾아볼 수 있다.

34 그는 플로티노스와 폴피리의 저작 중 상당수를 라틴어로 옮겼다고 한다. 이 정보는 Chadwick, *Augustine*, 9, 16, 22에서 왔다. 그에 의하면 플로티노스는 일자(一者, the One)와 하나 되는 경험을 4번 했고, 폴피리는 그가 68세 되었을 때 그 "신비한 하나 됨"의 경험을 했다고 한다(17).

35 Augustine, *Confession,* 8. 2. 3. - 8. 5. 12. (247-56).

36 Augustine, *Confession,* 8. 6. 13 - 8. 6. 18. (256-62).

하는 중,[37] **386년 7월 말**에 자기 집 정원 무화과나무 밑에서 "들어서 읽어라"(*tole, lege*)는 노랫소리와 관련된 경험으로 로마서 13:13-14 말씀을 읽고, 진심으로 그리스도인이 되기로 한다(32세).[38]

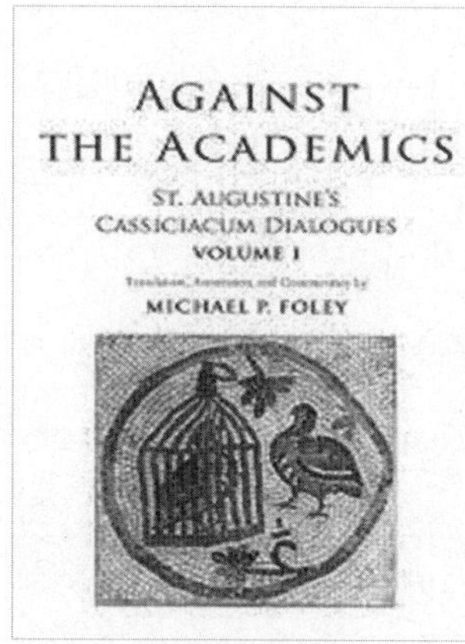

그 후 어거스틴은 수사학 교수직을 사임하고 일종의 공동생활을 염두에 두고서 카시키아쿰(Cassiciacum) 지역의 한 빌라(a villa)에서 어머니, 아들, 제자들과 함께 약 8개월 동안 묵상하고 세례받을 준비를 한다. 이때 쓴 책들이 『아카데미 반박』(*Conta Academicos*), 『복된 삶에 대하여』(*De beata vita*), 『질서에 대하여』(*De ordine*), 그리고 『독백』(*Soliloquia*)이다(386년).[39] 그리고는 밀라노에 와서 **387년 4월 25일 부활주일 전야**에 그와 그의 아들 아데오다투스, 제자인 알리피우스(Alypius),[40] 그리고 다른 사람들과 함께 **암브로시우스 주교**에게서 세례를 받는다(33세).[41]

그 후 고향으로 돌아가 수도 생활을 하려

---

[37] 이런 당시 그의 상황에 대한 설명은 Chadwick, *Augustine*, 25-26에서 왔다.

[38] Augustine, *Confession,* 8. 12. 28-29 (272-74).

[39] 이에 대해서 다른 것과 함께 Parry, "Augustine's Psychology During his First Period of Literary Activity," 405를 보라.

[40] 그는 유능한 법률가로서 386년만 해도 아직 마니교적 경향을 가지고 있었으나, 이때 회심하여 세례받고 후에 따가스테의 감독이 되었다고 한다(Chadwick, *Augustine*, 25).

[41] Augustine, *Confession,* 9. 6. 14.

고 오스티아에서 아프리카로 가는 배를 기다리던 중 모니카가 열병에 걸려 56세에 하나님의 부름을 받는다(387년). 그 전에 어머니와 '미래에 있는 거룩한 자들의 삶'에 대해 이야기하던 중 함께 신비한 체험을 한다.[42] 출항 관계로 1년 후 일행과 함께 카르타고를 거쳐 따가스테에 가서 자기 집을 수도원으로 만들어 수도생활을 시작한다(388, 34세). 그러나 아들 아데오다투스의 죽음과 친구이자 제자인 네브리디우스의 죽음(390 - 36세) 후에 따가스테 서북쪽에 있는 지중해 연안에 있는 "바쁜 항구도시"인 (현재의 알제리의 Annaba인)[43] 히포(Hippo)로 이주한다(391, 37세). 여기서 발레리우스(Valerius) 주교에 의해 교우들의 환호 중에 거의 강제로 사제로 임직한다(391년 봄).[44]

역시 발레리우스 주교에 의해 395년 그와 함께 하는 '동역 주교'(coadjutor bishop)가 되고, 얼마 후 발레리우스 주교가 세상을 떠나자, 어거스틴이 히포의 주교가 되어(396) 34년을 봉직하여,[45] 그는 역사 속에서 "히포의 어거스틴"(Augustine of Hippo)이 되었다. 그 후 도나티스트 논쟁과 펠라기우스 논쟁을 통해 성경적 입장을 정립하고, 429년 5월 침입한 반달족의 침략이 히포에 이르러 봉쇄한 430년 5월 이후 3개월이 지난 8월 28일에 "회개의 시

42 Augustine, *Confession,* 9. 10. 23-24.

43 이 표현과 정보는 Chadwick, *Augustine*, 1에서 온 것이다: "busy sea port." 그런데 Matthew Levering은 이곳이 지금의 Bône라고 한다(*The Theology of Augustine,* xiv).

44 이 시기에 쓴 <로마서 주석>(394)에는 온전하지 않은 어거스틴의 생각이 나타나고 있다. Cf. Fisher, *History of Christian Doctrine,* 192.

45 일반적인 정보이나 이것도 채드윅이 말하고 있고, 또한 "히포에서 주교인 어거스틴만이 책을 가지고 있었다"고 한다(Chadwick, *Augustine,* 1). 어거스틴이 행한 사제와 주교로서의 사역에 대해서 천주교적 입장에서의 논의로 Michele Pellgrino, *The True Priest: The Priesthood as Preached and Practicied by Saint Augustine,* trans., Atthur Gibson (New York: Palm, 1968)을 보라. 어거스틴과 연관한 천주교적 의미의 목회에 대한 논의로 Paul R. Kolbet, *Augustine and the Cure of Souls: Revisiting a Classical Ideal* (Notre Dame, IN: University of Notre Dame Press, 2010)을 보라.

편들(penitential psalms)을 암송하면서"[46] 하늘의 부름을 받았다(76세).

II. 어거스틴의 부활론

어거스틴이 신플라톤주의와 전혀 다른 의견을 가진 여러 가지 요점 중의 하나가 몸의 부활에 관한 것이다. 신플라톤주의자라고 언급되는 (플로티노스의 제자인) 폴피리(Porphyry, 234-305)는 썩지 않는 몸의 부활을 부인하면서, 구원은 정화된 영혼(purified spirit)이 아버지에게 가서 영원히 그와 함께 사는 것이라고 주장했다. 이렇게 부활을 부인하는 폴피리(Porphyry)와 다른 비판자들을 비판하면서 어거스틴은 기독교의 부활 이해와 부활 신앙을 강하게 변증한다.[47] 이제 어거스틴의 부활에 대한 논의로 나가 보기로 하자.

어거스틴은 부활만을 따로 떼어내어 하나의 주제로 논의한 책이나 논문을 쓴 일은 없다. 그렇다고 해서 부활이 그에게 중요하지 않았다는 것은 전혀 아니다. 앤드류 해밀톤은, "어거스틴에게는 따로 부활에 대한 책을 쓰는 일이 필요하지 않았다"고 한다. 왜냐하면 "부활은 기독교라는 방 안에 있는 하나의 가구가 아니라, 기독교라는 방 자체"라고 여겨졌기 때문이라고까지 말한다.[48] 기독교 신앙 자체의 성격이 그러하듯이 이처럼 부활은 어거

---

[46] 이를 말하는 Serge Lancel, *St. Augustine,* trans. Antonia Nevill (London: SCM, 2002), 474-75; 그리고 그를 인용하면 말하는 Levering, *The Theology of Augustine,* xvii.

[47] 폴피리를 비판하는 어거스틴의 논의는 Augustine, *The City of God,* trans. Henry Bettenson (Middlesex, England: Penguin Books, 1972), 10. 30과 22. 27에 잘 나타나고 있다.

[48] Andrew Hamilton, SJ, "Book review: *Saint Augustine on the Resurrection of Christ,*" available at: https://jesuit.org.au/book-review-saint-augustine-resurrection-christ/: "For Augus-

스틴에게 매우 중요한 것이었다. 그는 “만일 죽은 자가 다시 살아나는 일이 없으면 그리스도도 다시 살아나신 일이 없었을 터이요, 그리스도께서 다시 살아나신 일이 없으면 너희의 믿음도 헛되고 너희가 여전히 죄 가운데 있을 것이요 또한 그리스도 안에서 잠자는 자도 망하였으리니, 만일 그리스도 안에서 우리가 바라는 것이 다만 이 세상의 삶뿐이면 모든 사람 가운데 우리가 더욱 불쌍한 자이리라”고 말하는(고전 15: 16-19) 바울의 말을 따라서 어거스틴도 “죽은 자들의 부활에 대한 신앙을 제거하면, 기독교 교리 전체가 무너진다”고 말한 일도 있다.[49] 또한 “그리스도께서 죽은 자들로부터 부활하셨다고 믿는 믿음으로” 우리가 다른 사람들과 구별된다고 말하기도 한다.[50] 그러므로 그가 그리스도인이 된 후로는 기회가 될 때마다 부활에 대한 언급을 하고 강조를 하고 있다. 부활에 대한 그의 논의는 그가 회심하고 2년 후인 388년에 쓴 “영적 측면에 대하여”(*De quantitate animae*)부터[51] 그가 죽기 5년 전인 425년에 쓴 그의 마지막 저서요 주저인 『하나님의 도성』(*De civitate dei*)에 이르기까지 계속 나타난다. 어거스틴은 주로 고린도전서 15

---

tine it did not need a treatise: it was not part of the furniture in the Christian room; it was the room itself.”

49 Augustine, *Sermons (341-400) on Various Subjects,* vol. III/10, trans. and notes by Edmund Hill, O P. (Hyde Park, New York: New City Press, 1995), *Sermon* 361. 2: “Take away faith in the resurrection of the dead and the whole of Christian doctrine crumbles.”

50 Augustine, *Sermons (230–272B),* trans. Edmund Hill (New Rochelle, NY: New City Press, 1993), 37: *Sermon* 234. 3: “Let us believe in Christ crucified, but in him who rose again on the third day. That’s the faith which . . . *distinguishes us from the pagans, distinguishes us from the Jews*; the faith by which we believe that Christ has risen from the dead”(Emphasis is given).

51 Augustine, *De quantitate animae: The Measure of the Soul,* Latin text, with English translation and notes by Francis E. Tourscher (Philadelphia: Peter Reilly Co., 1933). 이를 “영적 차원”으로 번역하는 일도 있음을 주목하라. Cf. "Augustine's *De quantitate animae* or the Spiritual Dimensions of Human Existence." In *Lectio Augustini: Settimana Agostiniana Pavese* VII, 131-69, in Palermo Edizioni, "Augustinus," *Collected Essays*, vol. 1, 41-59.

장을 중심으로 그의 부활론을 제시하지만, 때때로 복음서에 나타난 주께서 하신 말씀을 매우 중요시하면서 논의하고 있다.

어거스틴에게는 제일 중요한 것이 **부활의 사실성과 확실성**이었다. 그는 처음부터 끝까지 부활은 확실한 것이라는 것을 강조한다. 그는 "(어떤 사람들은 너무 늦게 받아들이고, 또 어떤 사람들은 전혀 받아들이지 않는) 몸의 부활은 태양이 (진 다음에는 확실하지 않은 것처럼 보이지만 다시) 떠오르는 것만큼이나 그렇게 확실한 것이라고 주장할 수 있다."[52] 또한 그는 사람의 출생에 근거해서 매우 자연스럽게 몸의 부활을 논의하고 있다: "당신을 태로부터 적절한 형태로 내보내실 수 있는 하나님 자신이 ... 당신을 무덤에서 일으키실 수 있다고 믿기를 원하신다."[53] 처음에 몸과 영혼을 결합시키신 하나님께서 후에 몸과 영혼을 다시 결합시키실 수 있다는 것은 너무 당연하다는 것이다.[54] 어거스틴은 부활이 출생보다 자연스러운 것이라고까지 말한다. 그의 다음과 같은 설교 내용을 들어 보라: "이미 존재했었던 사람들이 다시 일어나는 것보다 이전에 존재하지 않았던 그렇게도 많은 사람들이 매일 태어난다는 것이 더 큰 기적이다."[55]

이처럼 분명한 부활에 대해서 어거스틴의 논의를 생각하면서 그리스도

---

[52] Augustine, *De quantitate animae* (393), 23. 76: "We may hold even the resurrection of the body (which some believe too late; others not at all) to be so certain that the rising of the sun, after it has gone down, is not more certain to us."

[53] Augustine, *Sermons (230-272B) on the Liturgical Seasons,* vols. III/7, trans., Edmund Hill, O.P. (New York: New City Press, 1993), *Sermons*, 242A. 2: "The God who was able to thrust you out in proper shape from the womb, himself wishes you .. . to believe that he can also bring you alive from the tomb."

[54] Augustine, *The City of God,* 22. 4.

[55] Augustine, *Sermon* 242. 1: "It is a greater miracle, so many people being born every day who did not previously exist, than a few having risen again, who did exist."

의 부활에 대한 그의 이해, 그리스도 부활의 성도들에 대한 현재적 의미, 그리고 성도들의 미래의 부활 순으로 논의해 보기로 하자.

1. 그리스도의 부활에 대한 이해

어거스틴은 상당히 많은 것을 그리스도의 부활을 중심으로 생각하고 논의한다.[56] 그는 그리스도의 부활이 기독교 신앙의 표지라고도 말하고 이것은 오직 그리스도인만이 안다고 한다.[57] 마니교 대표 사상가였던 파우스투스에 반박하면서도 "이교도들도 그리스도께서 죽으셨음을 말하나 그리스도께서 다시 살아나셨다는 것은 기독교 신앙뿐"이라고 한다.[58] 천지를 무로부터 창조하신 하나님께서 그리스도를 죽은 자들로부터 살리실 수 있다는 것은 너무나도 당연하다는 것이 어거스틴의 기본적 태도요 주장이다.[59] 아무것도 없는 가운데서 창조하신 분이 죽은 후의 부패 가운데서 다시 창조하실 수 없겠느냐는 것이다.[60] 하나님의 전능성으로 죽은 자들을 다시 살리시

56 이 점을 잘 보여 주는 어거스틴의 모든 저작 전체를 살핀 논의로 Gerald O'Collins, SJ, *Saint Augustine on the Resurrection of Christ* (Oxford: Oxford University Press, 2017)을 보라. Cf. Gerald O'Collins, "St Augustine as Apologist for the Resurrection of Christ," *Scottish Journal of Theology* 69/3 (August 2016): 326-40.

57 Augustine, *Sermons (184–229Z),* trans. Edmund Hill (New Rochelle, NY: New City Press, 1996), *Sermon* 229H. 1, 3: "the resurrection of the Lord Jesus Christ is the distinctive mark (*forma*) of the Christian faith . . . both friends and enemies have believed that Christ was crucified and died; that *he rose again, only his friends have known.*"

58 Augustine, *Contra Faust,* 16. 29, in *Answer to Faustus a Manichean*, trans. Roland Teske (Hyde Park, NY: New City Press, 2007), 222.

59 Cf. Augustine, *The City of God*, 22. 13; 21. 7.

60 Augustine, *The City of God,* 22. 27.

고 다시 회복하실 수 있다고 한다.[61]

그리스도의 부활에 대한 어거스틴의 논의에서 일반적으로나 우리의 논의의 맥락과 관련해서도 가장 중요한 것은 그리스도의 부활이 "몸의 부활"이라는 것을 어거스틴이 강조하는 점이다. 그리스도께서는 우리를 위하여 십자가에 못 박혀 죽으시고 무덤에 장사되셨으나 "무덤에서 일어나셨다."[62] 어거스틴은 이와 연관해서 마니교에 대한 비판을 시도하고 있다. 이것은 동시에 신플라톤주의 사상에 대한 비판이기도 하다.

이렇게 변화되었지만 몸을 가지므로 부활하신 예수님은, 여러 성경 기록이 분명히 밝히고 있듯이, 먹고 마실 수 있었다.[63] 그러나 부활하신 주님은 꼭 먹어야만 해서 잡수셨던 것은 아니다. 부활한 몸의 성격이 잘 드러난다.

그런데 그리스도의 부활체의 특성은 그의 부활체가 상처를 그대로 가지고 있었다는 것이다. 어거스틴은 성경에 근거해서 부활하신 그리스도께서 "그들이 만질 수 있도록 상처 자국을 보여주셨다"고 말한다.[64] 또 다른 곳에서 어거스틴은 이렇게 말한다: "비록 그의 상처는 치유되었으나 그 자국은 남아 있었다. 왜냐하면 그 상처를 유지하시는 것이 제자들의 영혼을 치유하는 데 유용하다고 생각하시어 그 상처를 그대로 가지시기로 판단하셨기 때문이다."[65]

---

[61] Augustine, *The City of God,* 22. 20. 이 세 가지 인용과 관련하여 O'Collins, "St Augustine as Apologist for the Resurrection of Christ," 327, ns. 5-7을 사용하였음을 밝힌다.

[62] Augustine, "Sermon" for Easter (A Sermon based on Luke 24:36), available at: http://catholicism.org/st-augustine-easter.html.

[63] Augustine, *Sermons (341-400) on Various Subjects,* vol. III/10, trans. and notes by Edmund Hill, O P. (Hyde Park, New York: New City Press, 1995), Sermon 362. 11.

[64] Augustine, *The City of God,* 22. 19: the risen Christ "showed *the marks of the wounds* for them to touch." (Emphasis is given)

[65] Augustine, "Sermon for Easter (on Luke 24:36): "He rose from the sepulchre; and

그리스도의 부활이 어거스틴에게 중요한 것은 그것이 후에 우리가 경험할 부활체를 미리 보여 주는 것이기 때문이다. 그의 부활체 이해는 그리스도의 부활체를 모범으로 한다.[66] 단지 부활하신 우리 주님이 그 상처를 가지신다는 점을 빼고는 그의 부활체가 우리들의 부활체의 전형으로 제시되는 것이다.

2. 그리스도의 부활과 그리스도인의 현재의 삶

성경을 믿는 그리스도인답게 어거스틴은 그리스도의 부활이 그 자체로 독자적으로 있기만 한 것이 아니라 현재의 그리스도인들과 관련된다는 것도 분명히 한다. 그리스도인들은 그리스도와 함께 죽고 그와 함께 다시 살아난 사람들이라는 것을 잘 강조하는 것이다.[67] 그리스도 부활의 첫째 효과가 바로 지금 여기 사는 그리스도인에게서 나타난다는 것이다.

물론 초기 교부로서 그는 이를 세례와 밀접하게 연관시켜서 설명하는 경향이 강했다. 세례받는 것이 그리스도와 함께 죽고 그리스도와 함께 사

---

though His wounds were healed the scars remained. For this He judged expedient for His Disciples: that He should keep His scars to heal the wounds of their soul."(Available at: http://catholicism.org/st-augustine-easter.html)

[66] 특히 Augustine, *Sermons (341-400) on Various Subjects,* vol. III/10, Sermon 362. 10 등을 보라.

[67] 다른 곳에서도 그러하지만 특히 다음과 같은 곳들을 보라. Augustine, "On the Spirit and the Letter," in *A Select Library of the Nicene and Post-Nicene Fathers of the Christian Church,* 5 *Saint Augustin: Anti-Pelagian Writings,* ed., Philip Schaff (Buffalo: Christian Literature Company, 1887), 86-87: "Now it is plain enough that here by the mystery of the Lord's death and resurrection is figured *the death of our old sinful life, and the rising of the new*; and that here is shown forth the abolition of iniquity and the renewal of righteousness. Whence then arises this vast benefit to man through the letter of the law, except it be through the faith of Jesus Christ?" (Emphasis is given).

는 것과 연관된다는 것이다. 그래서 후에 천주교에서 이해하는 바와 같이 세례 때에 이와 같은 일이 발생하는 것으로 어거스틴이 제시했다고 해석하는 분들도 있다. 그만큼 어거스틴은 세례와 그리스도와 함께 죽고 살아남을 연관시켜서 설명하는 경우가 많다. 그러나 엄밀히 분석해 보면, 어거스틴은 세례로서 이 일이 발생한다고 인과적으로 설명하고 있는 것은 아니라는 인상도 받게 된다.[68] 오히려 어거스틴은 세례를 로마 군인들이 충성을 맹세하며 그 표(the *Nota Militaris*)를 받는 것과 연관시켜 설명하는 것을 즐겨 했다.[69] 그러면 어거스틴은 그리스도와 함께 죽고 사는 일이 있는 것으로 보고, 그런 사람으로서 이제 우리의 사령관이요 왕이신 그리스도에게 충성을 맹세하고 그 표를 받는 것을 세례로 보았다는 것이 된다. 물론 아주 명확하게 그런 식으로 순서를 나누어 어거스틴이 말하지는 않기에 앞서 언급한 다른 해석(즉, 세례 때에 이 일이 일어난다고 보는 해석)도 등장하기는 한다. 그러나 적어도 어거스틴은 이 헌신의 맹세를 죄 용서나 사랑의 은혜를 주는 것과 동일시하지는 않았다는 것은 많은 분들이 관찰한다. 어거스틴에게는 세례자가 자신을 삼위일체 하나님께 헌신한다고 맹세하는 것이 가장 중요하다고 여겼다. 그런 헌신(dedication)은 그리스도와 세례받는 사람 사이에 영속적인 관계를(a permanent relationship between Christ and the baptized) 수립하는 것이라고 한다. 그것에 근거해서 후에 반복되는 회개하는 죄에 대한 용서

---

[68] 이 점을 강조하는 J. Payout Burns, "Baptism as Dying and Rising with Christ in the Teaching of Augustine," *Journal of Early Christian Studies* 20/3 (2012): 407–38, 특히 407을 보라: "Augustine seems to have broken the link between the effect and the symbolism of the ritual."

[69] 이 점을 잘 논의한 논문으로 다음을 보라: Bradley Mark Peper, "On the Mark: Augustine's Baptismal Analogy of the *Nota Militaris*," *Augusztine Studies* 38 (2007): 353–63; Burns, "Baptism as Dying and Rising with Christ in the Teaching of Augustine," 407–38, 특히 407, 421f.

(the forgiveness of subsequently repented sins)가 주어지는 것이라고 한다.[70] 그리고 초기 천주교 사상을 드러내면서 세례를 받을 때에 죄가 용서된다고, 심지어 세례를 받은 자가 회개하지 않아도 죄 용서가 일어난다고 말하기도 한다.[71] 소위 성례의 사효성(事效性, *ex opere operato*)을 드러내는 진술을 하는 것이다. 물론 이런 경우에 세례를 받는 사람이 계속해서 죄된 마음을 가지고 하나님과 이웃을 미워해 나가면 그 성화의 효과가 곧 상실된다고 한다. 이런 것은 성경에 따른 바른 진술인지에 대해서 후에 정확한 논란이 필요하다. 이런 것이 후의 공식화된 천주교 사상을 형성하는 자료가 되었다는 것은 분명하다.

그러나 우리의 논의와 관련해서 중요한 것은 어거스틴이 그리스도의 부활 때문에 그리스도인들이 이 땅에서 그리스도와 함께 살아난 자로 살아야 한다는 것을 강조한다는 점이다. 이 일은 오직 성령을 통해서만 일어난다고 어거스틴은 강조한다.[72] 그래서 어거스틴은 그리스도와 함께 죽고 살아난 것 자체를 은혜스러운 하나님의 은사들이라고 본다.[73] 오직 영혼이 그리스도와 함께 살아난 사람만이 참 신앙을 가지고, "오직 신앙이 있을 때만 내면의 사람이 하나님의 법을 즐거워하게 되는데, 그것 자체가 하나님은

---

70 이에 대해서는 대개 어거스틴의 다음과 같은 말들에 주목하도록 한다: *Bapt.,* 1.11.15–13.21, 2.13.18–14.19, 3.13.18–16.21, 6.4.6–5.7 (CSEL 51:160–66, 193–95, 207–13, 301–3), cited in Burns, "Baptism as Dying and Rising with Christ in the Teaching of Augustine," 422, n. 64.

71 Augustine, *Bapt*. 1. 11. 15–12. 20 (CSEL 51:160–65), cited in Burns, "Baptism as Dying and Rising with Christ in the Teaching of Augustine," 422, n. 64.

72 Augustine의 "On the Spirit and the Letter"를 인용하면서 어거스틴에게서의 이런 의미를 잘 논하고 있는 것으로 Timothy Todd Stoller, "Dying and Rising with Christ: Visualizing Christian Experience in Martin Luther's 1519 Devotional Writings," Ph. D. Dissertion (Iowa: University of Iowa, 2011), 48을 보라.

73 Augustine, "On the Spirit and the Letter," 92, 93.

은사"라고 한다.[74]

이렇게 하나님으로부터 주어지는 것임을 명확히 하는 데서도 어거스틴의 이해가 신플라톤주의적인 것이 아니고, 오히려 신플라톤주의적인 자신의 영적 수련에 의한 신과의 합일 개념과 대립시켜 정통 기독교의 입장을 제시하려는 의도가 있다고 할 수 있다.[75] 하나님 앞에 서서 죄에 대한 정확한 인식을 가진 그리스도인은 스스로의 노력으로 신과의 합일을 이루려고 전혀 할 수 없다는 것을 발견하는 것이다. 그러므로 그리스도인은 죄 고백(confession)을 항상 할 수밖에 없다고 한다. 그리고 바로 여기에 그가 그리스도와 함께 죽고 다시 살아났다는 증거가 있는 것이다.

그러나 어거스틴은 그리스도와 함께 죽고 살아나는 것이 아주 명확하게 단번에 일어난 것으로 언급하지 않고 점진적으로 일어나는 것으로 오해하도록 언급하기도 하여 후대 천주교적 이해의 토대를 놓기도 한다. 이것은 논란이 될 수도 있는 부분이다. 그는 다음과 같이 말하는 것이다. 바울의 말을 인용하면서 새로워진 성령님을 따르는 마음이 내 마음의 또 다른 법과의 싸움이 일어난다고 하면서, 그런 싸움은 "옛 상태가 변하여 새로움으로 바뀔 때까지 있게 되는데, 이는 하나님의 은혜가 우리 주 예수 그리스도를 통해서 이 죽음의 몸으로부터 우리를 해방하시는 동안 내면의 사람에게서 날마다 증진해 간다."[76] 이를 들으면 성화의 과정을 언급하는 것으로 이

---

74 Augustine, "On the Spirit and the Letter," 95: "... then one begins to delight in the law of God after the inward man, and *this delight is the gift of the spirit...*" (Emphasis is given).

75 어거스틴의 관상(contemplation) 이론을 추출하여 제시해 보려는 그 나름의 문제점도 있지만, 적어도 이 점, 즉 어거스틴의 생각이 신플라톤주의와는 다르고 의도적으로 대립적이라는 점을 잘 드러내면서 논의한 것으로 John Peter Kenney, *The Mysticism of Saint Augustine: Rereading the Confessions* (New York: Routledge, 2005), 특히 58-63을 보라.

76 Augustine, "On the Spirit and the Letter," 95: ".... the old state is changed, and passes into that newness which increases from day to day in the inward man,

해되어 우리가 새로워지는 것이 일생의 과정으로 이해되고 있는 듯이 생각할 근거를 어거스틴이 제공한다.

이 문제를 제외하면 부활과 관련하여 어거스틴은 현재 그리스도인들이 누리는 영적인 부활, 즉 그리스도와 함께 다시 살아남을 매우 강조하고 그 의미를 잘 드러내고 있다고 할 수 있다.

3. 그리스도인들의 미래 부활

가장 현저한 것은 그리스도인들의 미래 부활에 대한 어거스틴의 강조이다. 기본적으로 성경과 바른 것을 믿는 그리스도인들과 같이, 어거스틴도 그리스도의 부활한 몸과 같은 몸을 그리스도인들이 가질 것임을 강조한다. 죽은 자들의 부활은 예수님의 부활의 결과라는 것이다.[77] 부활하신 그리스도께서 다시 죽지 아니하시고 장애될 것이 없는 몸을 가지셨던 것처럼 그리스도 재림 때에 성도들도 그와 같은 몸으로 부활할 것이다. 그리스도께서 신령한 몸을 가지셨던 것과 같이 후에 성도들도 신령한 몸을 가질 것이다. 이에 대한 어거스틴의 강조를 직접 들어 보기로 하자.

> 성도들의 몸은 ... 흠도 없고 기형도 없는 상태로 다시 일어나게 될 것이다. 그들이 부패하지 않고 그 어떤 방해도 장애도 없게 될 것처럼 말이다. 그들의 지복(*felicitas*)만큼이나 그들의 재능(*facilitas*)도 아주 온전하게 될 것이다. 그래서 그들의 몸이, 영들이 아니고 몸들임에도 불구하고, "영적인" 몸이라고

---

whilst the grace of God is liberating us from the body of this death through Jesus Christ our Lord."

77 Augustine, *The City of God,* 22. 6-7.

> 불리는 것이다. 지금의 몸이 영(*anima*)이 아니라 몸임에도 불구하고 생동적(*animale*)이라고 언급되듯이, 부활한 몸도 영이 아니고 몸임에도 불구하고 영적인 몸일 것이다.[78]

그래서 성도들의 부활체는 신령한 몸이며, 하늘의 몸(heavenly body)일 것이다(고전 15:40).

따라서 부활체는 썩지 아니하며 "영에 대립하는 육의 소욕"을 가지지 않을 것이다(갈 5:17). 그때에는 우리를 대적하는 외적인 원수가 없을 것처럼 우리 안에서도 우리를 대적하는 대적이 없게 될 것이다.[79] 그러나 어거스틴이 이를 주장하는 이유는 무엇보다도 바울이 성경에서 그렇게 이야기하기 때문이다.

어거스틴은 또한 바울이 "혈과 육은 천국을 받지 못한다"고 한 말에 주의하면서 부활한 몸은 "육"(flesh) 이 아니지만 역시 몸이라는 것을 강조한다.[80] 그리고 부활한 몸은 이 세상에서의 육체가 아니기에 땅에서나 바다에서나 공기 중에서나 하늘에서나 그 어디서나 그 거처를 가질 수 있다고까지 표현한다.[81] 그러나 또 한편으로는 현재의 몸과의 연속성을 강조하

---

[78] Augustine, *Enchiridion,* §91: "The bodies of the saints, then, shall rise again free from blemish and deformity, just as they will be also free from corruption, encumbrance, or handicap. Their facility [*facilitas*] will be as complete as their felicity [*felicitas*]. This is why their bodies are called "spiritual," though undoubtedly they will be bodies and not spirits. For just as now the body is called "animate" [*animale*], though it is a body and not a "spirit" [*anima*], so then it will be a "spiritual body," but still a body and not a spirit.“

[79] Augustine, *Enchiridion,* §91.

[80] Augustine, *De fide et symbolo* 10. 24. 또한 *Enchiridion,* §91: then *still be "flesh."*

[81] Augustine, *The City of God,* 22. 11. Cf. 22. 21.

기 위해서, 심지어 다른 의미의 "육"(flesh)이라는 말도 사용한다.[82] 그리스도께서 부활하신 것에 대해서도 또 그의 승천에 대해서도 이 넓은 의미의 "육"(flesh)이라는 말을 사용하기도 한다.[83] 부활 때에 우리들은 이 세상에서 경험하는 두려움, 가난, 피곤, 그리고 어리석게 행함 등 - "그 모든 것들은 사라질 것이지만, 몸은 가지고 있게 될 것이다."[84] 기본적으로 "이전의 생동적이었던 몸"(*corpus animale*, the "old animated body")이 "새로운 영적인 몸"(*corpus spirituale*, a "new spiritual body")으로 변화할 것이라고 말한다.[85]

어거스틴은 고린도전서 15:53을 인용한 후에 "그때는 몸이 아무런 문제를 일으키지 않을 것이니 몸이 부족함이 없을 것이기 때문이다. 몸은 가장 평화로운 상태에서 복되고 온전한 영혼에 의해 움직여지게 될 것이다"라고 말한다.[86]

이때 우리들의 몸에는 옛 몸에서 발달한 즐거움을 위한 기능들은 유지될 것이나 새 몸에서는 그것이 변혁될 것이라고 한다.[87] 예를 들어서, 새 몸도 먹고 마실 수는 있다. 그러나 그 몸은 꼭 먹어야만 하는 몸은 아니다. 어거스틴은 이와 연관하여 이렇게 말한다. "어떤 일을 할 수 있다는 것과 반

---

82 Augustine, *Enchiridion,* §91: "then *still be 'flesh.'*"" 그러므로 어거스틴은 "육"(flesh)이라는 말을 이중의 의미로 사용한 것이다. 하나는 이 세상의 몸을 지칭할 때 사용하고, 또 하나는 부활체를 포함한 몸을 지칭할 때도 사용하는 것이다. 부활하신 예수님의 몸에 대해서도 이 단어가 사용되었다는 의미에서 어거스틴은 그런 시도를 한다(*Enchiridion,* §91).

83 Augustine, *The City of God,* 22. 18: "that one grand and saving miracle of Christ's ascension into heaven *in the flesh in which he rose*."(Emphasis is given).

84 Augustine, *Sermons (230-272B) on the Liturgical Seasons,* vols. III/7, Sermon 242A.

85 Augustine, *Enchiridion,* §91.

86 Augustine, *On Christian Doctrine*, 1. 19 (17)

87 Augustine, *The City of God,* 22. 21. 하나님의 도성 22권이 고전 13:12을 자세히 주해하면서 어거스틴이 제시하고 있는 부활체에 대한 가장 자세한 설명이다.

드시 해야만 해서 그것을 하는 것은 전혀 다른 것이다."[88] 어거스틴은 부활체도 성적인 차이가 있다고 명백히 논의한다.[89]

그러나 부활 상태에서는 성적인 관계는 없다고 예수님의 말씀을 해석하고 이 세상에서는 "모든 물리적 기쁨을 능가하는 쾌락"(a pleasure surpassing all physical delights)이라고 그가 표현한 인간 경험의 최고의 기쁨(*summa voluptas*)인[90] 성적인 관계가 부활 상태에서는 없다는 것을 잘 논의하고 있다.[91] 죽음이 없는 부활 상태에서는 더 이상 자녀 생산이 필요하지 않기 때문이라는 논의를 상당히 하지만 결국 "부활 때에는 장가도 아니 가고 시집도 아니 가고 하늘에 있는 천사들과 같으니라"(마 22:30) 말씀을[92] 부활 상태에서는 성적 관계가 없다는 것으로 해석하고 그 말씀에 따르려고 하여 나온 결론이라고 해야 한다.

이를 요약하면 부활의 영적인 몸들도 생물학적인 성을 가지고 있으나 성적 행위는 없을 것이니, "성적인 교제는 죽을 몸들(mortal bodies)에게만 일

---

88 Augustine, *Sermons (341-400) on Various Subjects,* vol. III/10, Sermon 362. 11: "It's one thing, after all, to do something because you can, another to do it because you have to."

89 Augustine, *The City of God,* 22. 17.

90 Augustine, *The City of God,* 14. 16.

91 이 문제를 잘 논의하면서도 결국은 어거스틴은 부활 상태에서도 성적 관계가 있다고 논의하는 Margaret R. Miles, "Sex and the City (of God): Is Sex Forfeited or Fulfilled in Augustine's Resurrection of Body?" *Journal of the American Academy of Religion* 73/2 (June 2005): 307-27, 특히 310을 보라. 이미 오래전에 *Augustine on the Body* (Missoula, MT: Scholars Press, 1979)를 학위논문으로 썼던 마가렛 마일즈의 이 논의는 그녀 자신이 말하고 있듯이 부활체에 대한 어거스틴의 묘사를 "확대하고, 더 상세히 하고, 재규정하는 것이다"(extends, elaborates, and refines Augustine's description of resurrection bodies"(310). 그녀의 논의는 "성(性, sexuality)이 인간의 삶의 다른 것으로 환원할 수 없는 규정적인 양상"(an irreducible and defining aspect of human lives)이라는 프로이트적 논의의 틀을 가지고 있음을 그녀 자신이 분명히 드러내고 있다.

92 병행구인 마가복음 12:25에서는 "사람이 죽은 자 가운데서 살아날 때에는 장가도 아니 가고 시집도 아니 가고 하늘에 있는 천사들과 같으니라"로 나온다.

어날 수 있기" 때문이라고 한다.[93]

그러므로 어거스틴은 성경을 따라서 현재의 몸과 부활한 몸의 비연속성과 함께 모두 연속성을 강조하고 있다고 말할 수 있다.[94] 이것은 성경을 따르는 모든 바른 기독교적 사상가들의 특징이다. 어거스틴도 성경을 따르는 사람으로서 현재의 몸과 부활체의 연속성과 비연속성을 모두 강조하는 것으로 보아야 한다.

III. 문제점

어거스틴은 연속에 대한 강조에서 좀 더 지나치게 나아가 부활 상태에서 부활체는 그 눈으로 하나님을 뵈올 것이라고 추론하는 데까지 나아간다.[95] 때로는 모호하기도 하지만[96] 그가 "하나님은 모든 것 가운데 모든 것이 될

[93] Augustine, *De bono coniugale* 2; *Retractationes* 2. 22. 1, cited in Miles, "Sex and the City (of God): Is Sex Forfeited or Fulfilled in Augustine's Resurrection of Body?" 309: "sexual intercourse can only take place between mortal bodies."

[94] 이렇게 이해하는 것이 초기에는 비연속성을 강조하다가 말년에 이르러 연속성을 논한다는 논의보다 더 정당한 것이라고 판단된다. 그렇게 초기와 후기를 나누어 이해하고 논의하는 Miles, "Sex and the City (of God): Is Sex Forfeited or Fulfilled in Augustine's Resurrection of Body?" 315를 보라. 어거스틴이 특정한 문제를 다루는 것이 있는 것에 근거해서 그의 초기 사상 전체와 후기 사상 전체라고 말하는 것은 공정하지 않은 논의라고 여겨진다. 각각의 저서의 강조점이 다르기에 나타난 현상을 가지고 초기 사상과 후기 사상으로 나누어 말하기 어려운 것이다.

[95] Augustine, *City of God,* 22. 29: "He will be seen in every body by means of bodies, wherever the eyes of the spiritual body are directed with their penetrating gaze." See also The City of God, 22. 30: "the eyes of the body will see God."

[96] 따라서 이는 어디서든지 하나님을 바르게 파악하게 될 것이라는 의미로 그가 말했을 수 있다. 그리고 그랬기를 바라며 그랬다면 이 비판은 무의미한 것이 된다. 진심으로 그렇기를 바란다. 그럼에도 그가 좀 더 강한 의미를 넣어서 이 말을 한다는 인상을 지우기는 어렵다.

것이므로"(고전 15:28) 성도들의 영적인 몸들이 "우리의 눈을 어디로 향하든지" 하나님을 볼 것이라고 말하는 것에서 그는 부활체의 몸이 하나님을 뵈옵는 것을 배제하지 않는 듯하다(CD 22. 30). 물론 이것이 추론이라는 것을 분명히 밝히고 있지만 이는 성경이 명백히 이야기하고 있는 하나님의 불가시성의 빛에서 조절해야 하는 추론이라고 여겨진다. 최대한 강하게 말하면 이를 주장함으로써 어거스틴은 너무 지나치게 말하여 성경이 말하는 틀을 넘어선 것이라고 할 수 있다. 연약하게 표현한다고 해도, 어거스틴은 좀 더 주의하여 다른 사람들이 오해하지 않도록 표현했어야 하는 것이다.

이런 표현은 결국 이전에 하나님을 "보이지 않으시는 하나님"이라고 언급하며 불렀던 바와[97] 몸의 눈으로 하나님을 본다고 상상하는 것은 어리석은 것이라고 자신이 말했던 바와[98] 스스로 모순을 범하는 것이라는 비판을 불러일으키는 것이고, 인간이 하나님은 볼 수 없다는 성경의 가르침과 이에 따른 기독교의 바른 전통으로부터의 일탈을 가져오는 것이다.

그러므로 어거스틴 자신도 자신의 이런 언급이 성경적 근거가 없는 추론이라는 것을 잘 인식하면서 다음과 같이 표현하는 것이 더 나은 것이라고 물러서기도 한다: "아마도 하나님은 우리들 각자에 의해서, 우리들 각자 안에서 영적으로 인식된다는 의미에서 우리들에게 알려지고 보여지게 될 것이다."[99] 오히려 이와 같이 온건한 표현이 더 적절한 것이다.

---

[97] Augustine, *Confession,* 9. 11. (302).

[98] 이는 408년의 작품인 Augustine, *Epistula* 92에서 온 말이다(Miles, "Sex and the City (of God): Is Sex Forfeited or Fulfilled in Augustine's Resurrection of Body?" 317에서 재인용).

[99] Augustine, *The City of God,* 22. 24: "Perhaps God will be known to us and visible to us in the sense that he will be spiritually perceived by each one of us, in each one of us."

IV. 마치면서: 죽음을 넘어선 삶의 이중적 축복

우리는 이제까지 어거스틴이 인간의 사후 몸의 부활을 매우 중요시하면서 논의하는 내용을 살펴보았다. 가장 현저하게 나타나는 것은 어거스틴이 우리 주님과 바울의 말을 중심으로 이 논의를 진행하고 있다는 것이었다. 철저히 성경을 따라서 논의하려는 태도가 부활에 대한 그의 논의에서도 현저하게 나타나는 특성이었다. 성경을 무시하는 이 시대 속에서 우리가 존중해야 할 사유의 태도라고 해야 한다.

그 결과 그는 마니교나 플라톤주의자들과는 달리 몸의 중요성과 몸의 부활을 성경을 따라서 강조하고 있음을 살펴보았다. 성경을 따라갈 때 그 시대의 주요 사상이요 어거스틴 자신도 매력적으로 느꼈던 플라톤주의를 극복할 수 있었다. 그가 플라톤주의로부터 많은 것을 배운 것이 분명하고 그들로부터 많은 것을 빌어 와서 사용하는 것도 분명하나, 아주 오래전에 토마스 패리가 잘 표현한 바와 같이, "모든 것은 그의 초월적인 천재성의 힘에 의해 변혁되었던" 것이다.[100] 아니 성경의 가르침을 따르려고 하는 것에 의해 변혁된 것이다. 어거스틴이 몸의 부활을 매우 상세하게 다루고 있는 것으로부터 그가 플라톤주의자가 아니라는 것이 아주 분명히 드러난다. 당대의 이교도 중 지성인들이었던 플라톤주의자들이나 기독교를 플라톤주의에 혼합시킨 영지주의자들과는 달리 어거스틴은 명확히 성경을 따라서 몸의 부활을 강조하여 몸 자체의 중요성을 상실하지 않았다. 오히려 그는

---

100 Parry, "Augustine's Psychology During his First Period of Literary Activity," 3: "... everything is transformed through the force of his transcendent genius."

플라톤주의의 관점을 가지고 있으면서 기독교적으로 그것을 변형시킨 것이라고 보아야 한다.[101] 몸의 부활에 대해서 평생 어거스틴을 연구한 마가렛 마일즈가 한 다음 말을 생각해 보는 것이 어거스틴의 부활 이해와 잘 조화되는 것이라고 여겨진다: "내가 보기에 이 [몸의 부활] 교리를 믿는 것은 그것을 향해 사는 것에 전념하는 것이다. 매일 현재에서 (장차 가지게 될) 부활체를 믿음으로 살아나가는 것의 의미를 추구하는 것은 그저 합리주의적 정신이 동의하는 것보다 더 실재적이고, 또한 더 요구사항이 많은 신념의 정의라고 여겨진다."[102]

이 시대에도 우리가 우리 주변의 사상을 잘 알면서도 그에 동화되거나 그 영향 하에 있지 않을 수 있는 길은 명확한 성경적 가르침을 따라가는 길이다. 죽음에 복속하거나 죽음 등을 비기독교적으로 극복하며 그와 비슷한 사상을 만들어 가는 것은 그리스도인에게는 있을 수 없는 것이다. 어거스틴에게 있어서, 기독교는 "영혼을 구하는 보편적인 방식을 소유하고 있는 종교이다. 왜냐하면 이 길이 아니면 그 누구도 구원받을 수 없기 때문이다."[103] 이런 확신이 그를 진정한 기독교의 변증가로 만드는 것이다. 오직

---

101 이런 입장을 잘 표현한 강연문으로 아이오나 대학교의 Thomas Williams, "Augustine and the Platonists" (A lecture given to the Freshman Program of Christ College, the Honors College of Valparaiso University, 23 October 2003), 1-8, 특히 1, 4을 보라: ".... the Platonic outlook and Augustine's Christian transformation of it.... he sees that Christian belief requires him to *modify the Platonist picture in significant ways*. "(emphasis is given) (Available at: http://shell.cas.usf.edu/~thomasw/aug&plat.pdf).

102 Margaret Miles, *Augustine and the Fundamentalist's Daughter* (Eugene: Cascade Books, 2011), 216: "For me, to believe this doctrine is to commit to living toward it. To seek what it means to live out into the resurrection body in the present, every day, seems both a more realistic and a more demanding definition of belief than that of rational mind's assent."

103 Augustine, *The City of God,* 10. 32: Christianity "is the religion which possesses the universal way for delivering the soul; for, except by this way, none can be delivered."

성경의 가르침에 따라 명확한 부활 사상을 가지고 그것을 변증한 어거스틴처럼 우리도 이 세대의 사상에 따라가지 않고 성경적 입장을 분명히 하는데 최선을 다해야 할 것이다.

제6장

기타 기본적 교의의 정립

위에서 살펴본 것들 외에도 기독교의 기본적 교리들을 고대교회는 성경에 근거해서 진술하고 초보적 형태로나마 유지하고 보존했었다고 할 수 있다. 그중의 몇 가지를 언급하고, 바른 이해를 진술하는 중에 문제가 되는 것들을 지적한 후에 마치도록 하겠다.

창조에 대한 이해

정통 교회는 삼위일체 하나님께서 온 세상을 창조하셨다는 것을 처음부터 아주 분명하게 주장하였다. 이렇게 시작이 있고 역사 안에서 끝이 있다는 것이 교회의 공식적 교리였다.[1] 특히 하나님이 창조하신 것이 본래 선한 창조였음을 아주 분명히 하였다. 구약과 신약의 자명한 가르침(특히 창 1:4, 10, 12, 18, 21, 25, 31; 딤전 4:4)을 잘 반영한 것이다. 또한 창조는 순전히 은혜의 행위(an act of sheer grace)라는 것도 분명히 하였다.[2] 영지주의가 여러 에온들과

[1] 이를 말하는 Jaroslav Pelikan, *The Christian Tradition: A History of the Development of Doctrine,* vol. 1: *The Emergence of the Catholic Tradition (100-600)* (Chicago & London: The University of Chicago Press, 1971), 151-52를 보라.

[2] 특히 어거스틴을 논하면서 이를 말하는 Pelikan, *The Emergence of the Catholic Tradition,* 295를 보라.

중간적 존재들을 상정하는 것에 반대하면서 교회는 천사들이 하나님의 피조물임을 처음부터 잘 논의하였고,[3] 결국 니케아 신조(325)에서 천지만이 아니고 "보이는 것들과 보이지 않는 것들"의 창조자라고 선언할 때에 기독교적 입장이 명백하게 드러났다. 삼위일체 하나님만이 구별된 분이시라는 것을 분명히 선언한 것이다.

천사들에 대한 논의와 사변의 한계를 고대교회가 명확히 하지 않았지만 적어도 천사들이 모두 다 창조된 존재라는 것은 2-3세기의 변증가들과 교부들도 아주 분명히 한 것이다.[4] 사탄과 그와 함께 타락하여 악한 영들이 된 귀신들(evil spirits)에 대해서도 역시 그렇게 하였다. 터툴리안도 천사들 가운데서의 배교를 말하고,[5] 그들을 "하나님을 저버린 존재들"(deserters of God), "여인들을 유혹한 존재들"(the seducers of women)이라고 하고,[6] 점성술이 그들로부터 유래했다고 말했다. 어거스틴도 귀신들은 타락한 천사들임을 분명히 했다.[7] 자기들 나름의 성령운동을 하던 브리스길라주의자들(the Priscillianists)에 반대해서 563년에 있었던 브라가 공의회(a council of Braga)에서는 이렇게 선언하였다.

---

3 이 점을 자세히 논의하고 있는 Pelikan, *The Emergence of the Catholic Tradition,* 234-35를 보라.

4 이 점을 지적하는 Pelikan, *The Emergence of the Catholic Tradition,* 135를 보라.

5 Tertullian, *On Idolatry,* 4. 2 (Pelikan, *The Emergence of the Catholic Tradition,* 135).

6 Tertullian, *On Idolatry,* 9. 1 (Pelikan, *The Emergence of the Catholic Tradition,* 135). 이 때 그는 창세기 6장을 생각하면서 이런 말을 하는 것이라고 여겨진다. 그래서 "여인들"이라고 복수로 쓰고 있고, "인간 처녀들에 대한 그들의 욕정이 그들로 하여금 하나님의 면전까지 벗어나 죄로 타락하게 했다"고 한다(*De Virginibus velandis* (On the Veiling of Virgins) 7. 2 [Pelikan, *The Emergence of the Catholic Tradition,* 135]. 그러므로 귀신들이 타락한 천사들이라는 제대로 된 생각과 창세기 6장에 대한 잘못된 이해가 같이 있는 것이다.

7 Augustine, *De natura boni conta Manichaeos,* 32-33 (Pelikan, *The Emergence of the Catholic Tradition,* 136).

> 마귀가 본래 하나님께서 창조하신 선한 천사였었다는 것을 부인하며, 오히려 마귀는 심연과 어두움에서 일어났다고 하면서 [그에게는] 창조자가 없고, 그 자신이 악의 원리(principle)요 본체(substance)라고 주장하는 사람들은 누구든지 저주를 받을 것이다.[8]

이와 같이 고대교회의 진술 중에 성경이 말하는 내용에 충실하려는 모습이 나타나고 있다.

성경이 말하는 이적 이야기나 당시에도 하나님께서 원하시면 이적이 일어난다는 것도 아주 명백히 하였다. 이적 이야기에서 더 깊은 영적 의미를 찾으려 하던 오리겐도 이적의 사실성은 아주 분명히 하였다. 예를 들어서, "자연에 거스리는 것은 하나님이 원하지 아니하신다"고 하면서 이적을 부인하던 켈수스(Celsus)에 대항해서 오리겐은 하나님의 뜻과 말씀에 따라 이루어진 것은 그 어떤 것도 자연에 어긋나는 것이 아니라고 논증하였다.[9] 또한 터툴리안은 "신앙의 규범과 성경의 무오성을 받아들이면서 이적 이야기들을 문자적 진리로 여겼다."[10] 참된 기독교 신앙을 가진 분들의 가장 정상적 태도를 잘 드러낸 것이다.

---

8 J. D. Mansi, ed., *Sacrorum conciliorum nova et amplissima collectio* (Florence, 1759-98), 9:775 (Pelikan, *The Emergence of the Catholic Tradition,* 136).

9 Origen, *Contra Celsum,* 5. 23 (Pelikan, *The Emergence of the Catholic Tradition,* 137; https://www.newadvent.org/fathers/04165.htm).

10 Tertullian, *Prescription against Heretics,* 44. 5-10 (https://www.newadvent.org/fathers/0311.htm)을 인용하면서 이렇게 말하는 Pelikan, *The Emergence of the Catholic Tradition,* 137을 보라.

섭리에 대한 이해

이 세상에서는 상대적 섭리는 많이들 인정하여 왔으나 기독교 신학이 생각하는 절대적 의미의 섭리를 인정하지 않았다. 서구 문화의 토대가 된다고 여겨지는 호메로스의 시에는 "운명"(μοῖρα)이 중요한 것으로 나타난다. 그러면서 운명에 순응하는 것과 저항하는 것이 아주 중요한 주제로 나타나고 있다. 이때만 해도 운명과 신들의 활동과 관여가 중요한 요인이었다. 그런데 올림픽 제신(諸神)들에 대한 신앙이 점점 사라지기 시작하면서는 운명이 더 중요하게 나타나고 사람들은 운명에 맡기는 경향이 강해졌다.[11] 그리스 비극의 대가인 애스퀼루스(Aeschylus)는 운명의 독재와 신들의 능력과 사람의 책임의 균형을 잘 찾아보려고 노력했다. 플라톤도 "신들의 통치"와 "운"(幸運, luke, Τύχη)과 적절한 타이밍(timing, καιρός)과 기술(skill, τέχνη)의 균형을 찾으려고 했다.[12] 로마 시대에도 운명에 대한 생각이 사람들을 지배했다. 키케로도 "모든 것은 운명(fate)에 의해, 즉 일련의 원인들의 질서에 의해 일어난다는 것을 받아들이도록 이성이 우리에게 강요한다"고 하였다.[13] 그런데 당시의 대중들은 이런 운명을 별들의 위치와 움직임에 의해 정해진 것으로 아는 것이 성행했다. 예를 들어, 디베료 황제(Tiberius)조차도 모든 것이 별들에 의해 이미 정해졌다고 생각해서 로마의 여러 신들에게 제사하거나 존경을 표하는 일을 그만두었다고 한다.[14]

---

11 이 과정에 대해서 설명하는 Pelikan, *The Emergence of the Catholic Tradition,* 280을 보라.

12 Platon, *Republic,* 709b-c. Cf. Pelikan, *The Emergence of the Catholic Tradition,* 281.

13 Cicero, *De divinatione,* 1. 56. 127, trans. W. A. Falconer, *Cicero: On Old Age On Friendship On Divination,* The Loeb Classical Library 154 (Cambridge, MA: Harvard University Press, 1923), 363. Cf. Pelikan, *The Emergence of the Catholic Tradition,* 281.

14 이를 말해 주는 Pelikan, *The Emergence of the Catholic Tradition,* 281을 보라.

이런 것에 비해서 기독교는 처음부터 고대 점성술을 강하게 비판하면서,[15] 모든 것이 별들의 위치나 움직임 같은 것이 아니라 하나님의 섭리 가운데 있고, 그것이 모든 것에 대한 섭리이고 전체적인 것임을 잘 인정해 왔다. 때때로 섭리를 상대화하는 잘못된 생각들이 나타나기는 했으나 교대교회는 기본적으로 하나님의 절대적 섭리를 잘 인정하여 왔다고 할 수 있다. 이레니우스 같은 분은 영지주의자들이 "하나님 자신을 필연성의 노예같이 만들어서 죽을 수밖에 없는 존재에게 불멸성을 줄 수 없는 존재로 만들었다"고 비판하였다.[16] 영지주의는 일종의 운명론에 사로잡혀 있다고 비판한 것이다. 실제로 시몬 마구스(Simon Magus)는 구원받도록 된 사람들은 그들의 도덕적 행실이 어떻든지 구원받는다고 말했다고 이레니우스는 강하게 비판하고 있다.[17] 또한 영지주의자들은 대개 죄에 빠지는 것은 우주적 구속이라는 큰 틀에서 보면 어쩔 수 없는(inevitable) 것이라는 입장을 드러냈다.[18] 이에 비해서 기독교는 모든 종류의 운명론을 비판하면서 하나님의 전적인 섭리를 끝까지 견지하려고 했다.[19]

---

[15] 그 대표적인 예로 Tertullian, *On Idolatry,* 9. 1 (Pelikan, *The Emergence of the Catholic Tradition,* 282)을 보라. 이 문제에 대한 가장 자세한 논의로 다음 학위 논문을 보라. Timothy Michael Joseph Hegedus, "Attitudes to Astrology in Early Christianity: A Study based on Selected Sources," Ph. D. dissertation (Toronto University, 2000).

[16] Ireneaus, *Adv. Haereses,* 2. 14. 4 (Pelikan, *The Emergence of the Catholic Tradition*, 283).

[17] Ireneaus, *Adv. Haereses,* 1. 23. 3 (Pelikan, *The Emergence of the Catholic Tradition*, 283).

[18] 이 점을 잘 논의하면서 제시하는 Pelikan, *The Emergence of the Catholic Tradition*, 282-83을 보라.

[19] 후대의 논의의 빛에서 보면 이 일을 제대로 한 것은 역시 개혁신학에서라고 할 수 있다. 신학에서 중요한 것은 운명론에 빠지지 않으면서 하나님의 절대주권과 의지를 제대로 주장하는 것, 하나님의 주권을 분명히 하면서 인간의 책임을 없애지 않는 것이다. 개혁신학은 하나님의 절대주권과 인간의 책임을 둘 다 끝까지 제대로 유지하려고 했다. Hyper-calvinism 같이 필연성을 지나치게 강조

그러나 고대사회의 운명론과 다른 입장을 제시하면서 때때로 변증가들은 인간의 자유의지를 강조하는 성향도 나타냈다. 예를 들자면, 저스틴은 유일하게 피할 수 없는 것은 "사람들이 자유의지로 행한 것에 대한 응분의 대가가 따른다는 법칙뿐이다"라고도 했다.[20] 이런 사유는 우리가 제4장에서 살핀 초기의 여러 문제를 낳는 기초가 되기도 했다.

인간에 대한 이해

(1) 인간 영혼의 기원에 대한 견해들

인간 영혼에 기원에 대해서는 교부들은 기본적으로 세 가지 견해를 제안하였다. 그것은 영혼선재설(Pre-existence theory), 영혼 유전설(traducianism), 그리고 영혼 직접 창조설(creationism)이다. 이 하나 하나에 대해서 생각해 보자.

영혼선재설(靈魂先在說)이란 모든 인간의 영혼이 창조 때 이미 다 창조되어 감각적인 물질세계의 창조 이전에 예지계(intellectual universe)에 있었다는 견해이다. 그러므로 예지계가 물질세계보다 먼저 있었다는 설이다. 그 세계에서 사람은 천사적 영이었다고 한다. 그 천사적 영역에서의 잘못 때문에 그 영들이 형벌로서 세상 영역의 물질적 몸에 갇혀 살게 되었다는 것이다. 그리하여 이땅에서와 필요한 징계를 다 받으면 모든 인간이 천사적 상태로 회복될 것이라는 것이 영혼선재설의 핵심이다. 아담 이전의 합리적이

하는 신학들은 인간의 책임을 손상시키는 성향이 있었다면, 과거와 근자의 많은 신학들은(특히 과정신학과 개방된 유신론[open theism] 등 만유재신론적(pannentheistic)인 신학들은) 하나님의 절대주권을 손상시키려고 하고 있다. 진정한 칼빈주의와 개혁신학은 항상 하나님의 절대주권과 인간의 책임을 모두 지키며 강조한다.

[20] Justin Martyr, *1 Apology,* 43 (Pelikan, *The Emergence of the Catholic Tradition,* 282).

고 영적인 원리가 중요하며, 구원은 그것을 회복한다는 것이다.[21]

이런 이론의 가장 중심적 주장자는 오리겐(Origen)이다. 그러므로 그는 창세기 3장을 유한한 영혼들이 낮은 세계로 타락한 것을 표현한 것으로 알레고리적으로 해석한다. 아담은, 실제 역사적 인물이 아니라 인류의 표상(image)이요 표현이고, 뱀은 마귀를 표상하는 것이고, 여기서 말하는 죽음은 몸의 죽음이 그 그림자요 표상인 영원한 죽음을 뜻하는 것이고, 낙원에서의 축출은 선재적 복됨의 상실을 뜻하고, "가죽 옷"은 타락한 영혼이 물질적 몸으로 옷 입음을 표현하는 것이라고 한다.[22]

오리겐은 로마서 9:11 이하를 이상하게 해석하면서 야곱이 "이전의 삶에서 얻은 공로에 근거해서"(*ex praecedentis vitae meritis*) 그의 형인 에서보다 애호되었다고 하면서,[23] 기본적으로 공로 구원론적인 전제를 드러내고 있다. 심지어 마태복음 21장에 나타나는 포도원 품꾼 비유도 알레고리적 해석을 통하여 이를 위한 증거로 제시한다. 처음에 온 사람들은 아담과 그 시대 사람들이라고 하고, 3시에 온 사람들은 노아와 그 시대 사람들, 6시에 온 사람들은 아브라함과 그 시대 사람들, 9시에 온 사람들은 모세와 그 시대 사람들, 11시에 온 사람들은 그리스도 이후의 모든 사람들이라고 하고,[24] "영혼이 몸 이전에 있지 않았다면 그리스도 이전 사람들이 어떻게 그 때까지 할 일 없이 있었다고 할 수 있는가?"라고 말하면서[25] 잘못된 전제에

---

21 이런 영혼선재설에 대한 좋은 설명으로 William G. T. Shedd, *A History of Christian Doctrine,* vol. 2 (New York: Charles Scribner's Sons, 1897), 4-5를 보라.

22 이런 알레고리적 해석을 잘 설명하는 Shedd, *A History of Christian Doctrine,* 2:6을 보라.

23 Origen, *De Principiis,* 2. 9 (Shedd, *A History of Christian Doctrine,* 2:7, n. 3).

24 이런 해석은 중세기에 일반적이었다고 하면서 *Ordericus Vitalis,* 1. 40을 제시하는 Shedd, *A History of Christian Doctrine,* 2:8, n. 1을 보라.

25 Origen, *Matt. Track* X, ed., Basil (1571), 81 (Shedd, *A History of Christian Doctrine,*

근거한 이상한 수사 의문문을 제시하고 있다.

알렉산드리아의 시릴(Cyril of Alexandria)과 엠네사의 네메시우스(Nemesius of Emesa)는 단순한 형태의 영혼선재설을 주장했으나 현 상태에 있게 된 것이 선재 상태의 타락 때문이라고는 하지 않았다.[26] 그러나 이런 견해도 논박되어 4세기 후반에는 자취 없이 사라졌다. 필라스트리우스(Philastrius)는 이런 가르침을 이단적인 것으로 취급했다.[27] 어거스틴도 영원 상태에서의 타락이라는 이런 견해를 반박하면서 "하나님께서 창조하신 것이 매우 좋았다"는 구절을 상기시킨다.[28] 또한 죄 때문에 몸에 사로잡히게 된 것이 사실이라면, 사탄은 더 나쁜 몸을 가져야 하는데 사실은 그렇지 않지 않느냐고 한다.[29]

영혼선재설은 가장 개인주의적인 이론이고 인류의 연대성과 하나 됨을 전혀 생각하지 않는 이론이다. 각 사람의 영혼은 그 자체로 하나의 단위이고 다른 영혼들과 전혀 관련이 없는 것이 된다. 인간의 종의 창조라든지 공통적 인간성의 근거가 없어지게 하는 것이다. 물론 이 이론에 의해도, 몸은 분명히 부모로부터 온 것이나 이 이론에 의하면 사람은 오직 잠시만 이 몸을 가지고 사는 것일 뿐이다. 그러므로 오리겐에 의하면 사람의 감각적이고 지상적 형태는 참된 인간성(real and proper humanity)의 한 부분이 아닌 것이

2:8, n. 2).

26 Cyrilus Alexadriainus, Com. in Johan. *Op.* IV, 78ff.; Nemesius, *De natura hominis,* cap. 2, (Shedd, *A History of Christian Doctrine,* 2:8, n. 3 & n. 4).

27 Philastrius, *Hereses,* 99 (Shedd, *A History of Christian Doctrine,* 2:9, n. 2).

28 Augustinus, *De civitate Dei,* 11. 23 (Shedd, *A History of Christian Doctrine,* 2:9, n. 3).

29 Shedd, *A History of Christian Doctrine,* 2:9.

된다.[30]

둘째로, 영혼 유전설(traducianism)은 개개인의 몸과 영혼이 모두 그 부모로부터 온 것이라는 설이다. 그래서 영혼 유전설이라고 번역한다. 이는 창세기 1:27의 창조 행위가 아담 개인에 대한 것일 뿐만 아니라, 인류(human *race*)와 인간성(human *nature*)에 대한 창조라고 본다.[31] 이때 하나님께서 인간성을 창조하셨고, 그러니 결국 한 번의 창조로 모든 인간을 창조하신 것이고 지금까지 창조에 관한 한 안식하신다는 것을 강조한다.[32] 창조와 생육이 다르다는 것을 강조하면서 창조는 인간성을 무로부터 처음 있게 하는 행위에만 적용하자고 하는 것이다. 이런 의미에서 창조될 때의 인간성은 창조자의 형상과 의를 부여받고 창조되었는데, 타락 이후에 낳아진 사람은 죄책과 부패성을 받고 태어나게 된다는 것이다.[33] 영혼 유전설은 터툴리안이 강조한 것이고 그 이후로 서방에서 주도적 견해가 되었다.[34] 동방에서는 닛사의 그레고리와 '시내 산의 아나스타시우스'(Anastasius Sinaita)만이 이를 받아들이는 경향이 있었다.[35]

대개 "아담 안에서 모두 죽었다"(고전 15: 22, 롬 5: 12-19 참조)는 말과 "레위가 그 조상의 허리에 있을 때"(히 7:10)와 같은 말씀 또는 창세기 5:3과 같은

---

30 이런 점을 잘 지적하는 Shedd, *A History of Christian Doctrine,* 2:9-10을 보라.

31 이 점을 지적하는 Shedd, *A History of Christian Doctrine,* 2:13을 보라.

32 이것을 강조하는 Shedd, *A History of Christian Doctrine,* 2:13을 보라. 물론 섭리하시는 일은 지속하신다고 인정한다. 그러나 마치 한번 창조하고 그 후에는 보통 생육법에 따라 일이 진행되게 하신다는 말로 들려 이에서 좀 더 나아가면 이신론이 나타날 위험성이 있게 들린다. 물론 유전설은 아직 그런 입장은 아니다.

33 이렇게 요약하여 설명하는 Shedd, *A History of Christian Doctrine,* 2:13을 보라.

34 이 점을 말하는 Shedd, *A History of Christian Doctrine,* 2:14; Berkhof, *The History of Christian Doctrines,* 129를 보라.

35 이를 지적하는 Shedd, *A History of Christian Doctrine,* 2:15를 보라.

말씀에 근거해서 이를 말한다. 터툴리안은 "사람의 영혼은, 마치 나무의 가지가 나오는 것 같이, 부모라는 원줄기인 아담으로부터 나온(*deducta*, drawn out)" 것이라고 했다.[36] 또한 "그 두 실체가(몸과 영혼) 잉태되고, 완성되고, 온전히 결합되었다"고 하면서 이것이 동시에 이루어짐을 강조했다.[37]

그러나 영혼이 어떻게 후대로 전달되는가, 영혼이 나누어질 수 있는가? 아버지의 영혼과 어머니의 영혼과의 관계는 어떻게 되는가? 이것은 영혼의 단순성(Simplicity), 즉 나누어질 수 없음을 파괴하는 것이 아닌가 하는 많은 질문이 제기된다.[38]

셋째로, 영혼 직접 창조설(creationism)은 새로운 인간이 형성될 때마다 하나님께서 각 사람의 영혼을 무로부터 직접 창조하신다는 견해다. 몸은 아담 때 무로부터 창조해서 그로부터 보통 생육법에 있게 존재하는 것인데, 영혼은 직접 창조한다는 것이다. 이를 주장하는 분들은 "아버지께서 일하시니 나도 일한다"고 하신 요한복음 5:17 말씀을 아주 강조하였고 "그는 모두의 마음(לֵב)을 지으시며"라고 하는 시편 33:15과 "사람 안에 심령(אָדָם-רוּחַ)을 지으신 이"를 말하는 스가랴 12:1을 늘 언급하였다. 일반적으로 말해서 동방 교회에서 주도적 견해였고 서방에서도 이를 지지하는 사람이 있었으니 제롬이 그 대표적 인물이다.[39] 그때까지 서방 교회 주교들이 많이 받아들이지는 않았으나 영혼 직접 창조설은 참된 교회의 교의(*ecclesiasticum est*)라고 하였다.

---

36 Tertullian, *De Anima,* c. 19 (Shedd, *A History of Christian Doctrine,* 2:14).

37 Tertullian, *De Anima,* c. 27 (Shedd, *A History of Christian Doctrine,* 2:14).

38 이런 질문들은 Louis Berkhof, *Systematic Theology* (Grand Rapids: Eerdmans, 1941), 198에 정리되어 제시되어 있다. 또 다른 표준적 조직신학 인간론 책들을 보라.

39 Hieronymus, *Ad Pammmachium,* a 397 (Shedd, *A History of Christian Doctrine,* 2:11, n. 1).

서방에서 영혼 직접 창조설을 가장 강력히 주장한 사람은 **힐라리(Hilary of Poitiers=Hilarius Pictaviensis**, c. 310 - c. 367)라고 할 수 있다. 시편 91편에 대한 짧은 책에서 '비밀스럽고 알려지지 않은 신적 능력'으로 사람들의 영혼이 날마다(*quotidie*) 창조된다는 입장을 제시하였다.[40] 이에 대해서 복합적 이론이라는 쉐드의 논의는[41] 한편으로는 일리가 있으나, 이 주장의 독특성을 좀 무시하는 측면도 있다고 여겨진다.

영혼 직접 창조설의 가장 큰 난점은 하나님의 손에서 나온 순결한 영혼이 인간의 몸과 결합하면 곧바로 죄악에 오염되고 죄책을 갖게 되는데[42] 어떻게 선하고 공의로우신 하나님이 그렇게 하시냐는 것이다.[43]

영혼 유전설을 가장 잘 설명한 어거스틴이 잘 설명하고서도 최종적으로 의견을 확정하지 않으면서 줄리안(Julian)에 대해서 다음과 같이 말한 것은 우리에게 바르게 신학하는 태도가 과연 어떤 것인지를 잘 보여 준다고 판단된다.

---

40 이를 말하는 Shedd, *A History of Christian Doctrine,* 2:11을 보라.

41 Shedd, *A History of Christian Doctrine,* 2:11-12.

42 키프리안도 어린 아기들은 "태어남으로 옛 죽음의 오염에 접촉하게 된다"(has contracted the contagion of the ancient death)고 하였다(Cyprian, *Epistles* 64. 5 [Pelikan, *The Emergence of the Catholic Tradition,* 291]).

43 어거스틴이 이와 비슷한 논박을 제시한 바 있다. 이에 대해서 Shedd, *A History of Christian Doctrine,* 2:19를 보라. 이를 비롯한 난점들에 대한 좋은 정리와 논박으로 Berkhof, *Systematic Theology,* 199-200을 보라.

(이 문제 대해서와 같이) 내가 잘 모르는 것에 대해서 나는 확언하거나 부인하지 않으려 하는 것 때문에 나의 주저함에 대해서 당신이 원하시면 나를 비난해도 좋습니다. 이 주제의 깊은 모호성에 대해서 당신이 원하시는 대로 말해도 좋습니다. 그럼에도 한 사람의 죄책이 모두의 죽음이고 그 안에서 모두가 죽었다는 이 교리는 확고하고 불변하게 생각해야 합니다.[44]

자신이 잘 모르는 것에 대해서는 확언하지 않으려 하면서 동시에 성경이 명확히 말하는 것에 대해서는 아주 분명한 태도를 취하는 것이 참으로 바른 신학하는 사람다운 모습이다. 어거스틴은 다시 말한다. "이제까지 나는 정경 성경으로부터 영혼의 기원에 관한 확실하고 결정적인 구절을 발견하지 못했습니다."[45] 그러면서 영혼 직접 창조설을 말하는 제롬에게 이렇게 편지했다: "당신에게 청합니다. 지금이라도 내가 가르쳐야 할 바를 나에게 가르쳐 주십시오. 내가 붙들어야 할 바를 가르쳐 주십시오. 과연 날마다 낳아지는 사람들에게 영혼이 무존재로부터 날마다 어떻게 하나하나 불려져 있게 되는지를 가르쳐 주십시오."[46] 성경에서 명확한 가르침을 주면 자신은 그것을 그대로 따르겠다고 하는 어거스틴의 태도가 잘 드러난다.

그러므로 고대 교회 안에서 이 문제를 논의한 것만 보아도 이 주제에 대해서 논의할 때 많이 조심해야 한다는 벌코프의 태도는[47] 아주 건전하게 보인다. 각자가 조심하면서 자신의 견해를 진술하는 것이다. 우리가 위에서

44 Augustine, *Opus imperfectum,* 4. 104 (Shedd, *A History of Christian Doctrine,* 2:15-16).

45 Augustine, *Retractationes,* 1. 1. 3 (Shedd, *A History of Christian Doctrine,* 2:22, n. 2).

46 Augustine, *De origine animae, seu episcola 166, ad Hieronymum* (Shedd, *A History of Christian Doctrine,* 2:23, n. 1).

47 Berkhof, *Systematic Theology,* 200-201.

살펴본 것과 같이, 어거스틴은 둘 다를 잘 살피면서 확정하지는 못하나 영혼 유전설적 경향을 나타냈다. 후대의 루터와 루터파 신학자들은 상당히 유전설을 옹호하는 방향으로 나갔으나 게르하르트(Gerhard)와 칼로비우스(Calovius), 홀라츠(Hollaz) 등은 결정을 주저하였고, **칼릭스투스(George Calixtus,** 1586 - 1656)만 영혼 직접 창조설을 옹호했다. 이에 비해서 칼빈과 개혁신학자들은 전반적으로 영혼 직접 창조론을 옹호했고 베자가 가장 단호하게 이런 입장을 표현했다.[48] 이런 전통 속에서 벌코프는 매우 조심하면서 그래도 어떤 형태의 직접 창조설이 선호할 만하다는 결론을 제시했다. 근자에 후크마는, 조금 아쉽기는 하지만, 그 둘, 즉 영혼 직접 창조설과 영혼 유전설을 적절하게 연결시켜 이해하고 설명해 보려고 했다.

(2) 인간의 구성 요소들에 대한 이해

헬라 교부들은 인간 구성에 대해서 삼분설적인 이해를 가지고 있었다. 그래서 사람은 몸(τὸ σῶμα)과 영(τὸ πνεῦμα)과 혼(ἡ ψυχή)으로 구성되었다고 일반적으로 생각했다. 혼은 동물적 삶의 원리로 인식되었는데 이것은 물리적 세계와 연관되는 감각적 욕망들과 감정과 연관된 것으로 여겨졌고, 영은

48 이에 대한 설명으로 Shedd, *A History of Christian Doctrine,* 2:24-25와 n. 1을 보라.

의지와 도덕적 정서를 포함한 합리적이고 영적인 원리로 여겨졌다.[49] 그런데 오리겐은 영혼선재설을 생각하면서 "영"은 유전된 것이 아니기에 원죄와 상관없는 것으로 여긴 것이[50] 가장 큰 문제였다. 합리적인 부분인 "영"은 천사적 세계에서 온 것으로 부패하지 않게 보존되었다고 잘못 이해되고 진술된 것이다. 부패한 육욕성(corrupted sensuousness)은 "영"을 둘러싸고 있으나 "영" 안에는 있지 않다고 한 것이다.[51] 후대의 다른 헬라 교부들은 영과 의지에도 아담의 죄의 간접적 영향이 있음을 좀 더 많이 인정하기는 했고, 타락한 사람에게는 거룩을 향해 가는 능력이 더 제한되어 있다고 여겼다.

후에 교회는 당대의 철학적 관례를 따라가는 이런 삼분설적 이해를 극복하게 되었다. 그리스도께서 인간의 몸과 혼은 취하셨으나 인간의 영은 취하지 아니하시고 그 자리를 로고스가 차지한다고 주장한 아폴리나리우스의 견해의 문제점이 정리되면서 더욱더 인간 구성에 대한 삼분설적 견해가 사라지게 되었고, 점차 인간을 몸과 영혼의 연합으로 보는 건전한 이분설적 이해가 자리잡게 되었다. 이를 오해해서 선하고 좋은 영혼과 악하고 문제 있는 몸으로 이해하는 영육이원론이 지속적으로 문제가 되긴 했으나 건전한 교회는 이 세상에 있을 때는 항상 몸과 영혼의 단일체(psycho-somatic unity)로 있으나 구성으로는 몸과 영혼의 두 요소로 구성되어 있으며, 믿는 사람들은 죽을 때 몸은 땅에서 썩으나 영은 하나님께서 계신 "하늘"(heaven)로 가고, 끝까지 믿지 않는 사람들은 그 영혼이 지옥에 있게 된다는 것을 말해 왔다. 그러다가 그리스도께서 다시 오시는 날에 다시 영육 단

---

49 이런 일반적 설명으로 Shedd, *A History of Christian Doctrine,* 2:35를 보라.

50 이 점에 대한 좋은 설명으로 Shedd, *A History of Christian Doctrine,* 2:35를 보라.

51 Origen, *John.,* 32. 11; 2. 9; *Matt.,* 10. 11; *De Principiis,* 3. 1에 근거한 Shedd, *A History of Christian Doctrine,* 2:35, n. 1.

일체(psycho-somatic unity)가 되어 하나님께서 온전히 새롭게 하시는 우주에서 영원히 살거나 그로부터 쫓겨나서 그 영육 단일체 전체가 지옥 형벌을 받게 된다는 의견이 대다수의 의견으로 점차 나아갔다.

그리스도에 대한 이해

그리스도의 양성론에 대한 논의에서 잘 드러났지만 고대교회는 이런저런 잘못된 이해를 비판하면서 그리스도께서 온전한 하나님(*vere Deus*)이시고 온전한 사람(*vere Homo*)이심을 잘 선언하고, 양성론을 보호하였다. 신인(the God-man)이신 그리스도를 성경에 근거해서 잘 붙들고, 드러낸 것은 매우 중요한 기여이다. 또한 그리스도의 동정녀 탄생과 그의 생애의 모든 것들을 성경에 근거해서 잘 보존하고, 특히 이적들을 온전히 인정하였으며, 그의 수난과 죽으심과 부활과 승천과 하나님 우편에 앉아 계심과 다시 오심까지를 잘 선언하고 보호하였다. 이것은 고대교회의 큰 기여이다.

흔히 **레오 대제(Leo the Great**, c. 400 - 461)라고 불리는, 천주교회에서 흔히 45대 교황(440-461년 재위)으로 언급하는, 로마의 감독 레오는[52] "놀라운 교환으로 우리에게 해당하는 것을 그

---

[52] 그가 재위하고 있던 때가 "교회사에서 가장 중요한 때였다"고 베네딕트 16세가 말하였다고 한다(Pope Benedict XVI, "Saint Leo the Great," *General Audience*, 5 March 2008, Libreria Editrice Vaticana). 후에 논의하겠지만, 이때는 아직 교황이라는 말이 일반화되기 전임을 유념해야 한다.

[그리스도]가 취하시고 그에게 해당하는 것을 우리들에게 주셔서 구원을 주셨다(entered into a bargain of salvation)"고 말하여,[53] 종교개혁 시대의 루터의 말을 선취(先取)하여 말하기도 했다. 그 당시 교회와 그 후에도 이런 성경적 생각에 참으로 충실했더라면 좋았을 것이다.

교회에 대한 이해

이 논의를 할 때 교의사적으로는 "은혜에 대한 교리는 천천히 확정되었는데 비해서, 은혜의 수단(means of grace)에 대한 교리는 아주 급진적으로 나타나게 되었다"는 펠리칸 교수의 말을[54] 의미 있게 들어야 한다. 은혜의 교리는 결국 어거스틴과 종교개혁에서야 제대로 그 의미가 드러났으나, 은혜의 수단에 대해서는 잘못된 견해, 특히 성례가 인간이 하나님께 또는 하나님을 위해서 행하는 것이라는 견해가 아주 빨리 나타나 천주교회의 교리를 형성했기 때문이다. 그러나 은혜의 수단에 대한 교리에 대해서도 결국 모든 것이 제대로 된 것은 종교개혁 때라고 할 수 있다. 사실 2-3세기에 성례(*sacramentum*)라는 말은 그 말의 어원의 하나로 간주 되는 "비밀(μυστήριον)"이라는 말의 함의를 따라서 다양한 것에 대해 사용되었기 때문이다.[55]

이레니우스(130-202)가 여러 이단들을 염두에 두면서 한 말인 **"교회가 있는 곳에 성령님이 계시고, 성령님이 계신 곳에 교회와 온갖 은혜가 있다"**

---

53 Leo Magnus, *Sermons,* 54. 4 (SC 74:33) (Pelikan, *The Emergence of the Catholic Tradition*, 257-58).

54 Pelikan, *The Emergence of the Catholic Tradition*, 155.

55 이를 잘 지적하는 Pelikan, *The Emergence of the Catholic Tradition*, 162를 보라.

고 한 의미심장한 말로부터[56] 이레니우스의 제자인 **힙폴리투스**(c.170-236)는 "교회의 시민이 되기를 원하면서도 하나님을 경외함이 없다면 그가 성도들과 함께 모이는 것이 아무 유익이 못될 것이다"고 하였다.[57]

오리겐(† 254)도 교회를 신자들의 회중(the congregation of believers)으로 여기면서 교회 밖에는 구원이 없다는 것을 분명히 하면서도,[58] 그는 "바르게 교회라고 불리는 것"과 "경험적 교회"를 구별하였다.[59] 이처럼 (비록 그런 용어는 아직 사용되지 않았으나) 참으로 거룩한 눈에 보이지 않는 교회와 문제도 있는 눈에 보이는 교회의 구별에 대한 의식은 처음부터 있었다고 할 수 있다.[60] 또한 고대교회는 "교회는 그 안에 그리스도께서 계시기에 거룩하다"고 하고, 교회의 거룩성은 내주하시는 그리스도의 은사라는 것을 분명히 하였다.[61]

4세기의 콘스탄티노플 신조(381)에서 "나는 죄 용서를 위한 하나의 세례

---

[56] Irenaeus, *Adv. Haereses,* 3. 24. 1 (Pelikan, *The Emergence of the Catholic Tradition*, 156).

[57] Hyppolytus, *Exposition of Daniel,* 4. 38. 2 (Pelikan, *The Emergence of the Catholic Tradition*, 157). 그런데 그의 의도는 좀 더 성도들의 거룩함을 강조하는 것이었다. 그래서 그는 교회를 "의에 따라 사는 거룩한 회중"으로 보면서 이를 강조하였다(*Exposition of Daniel,* 1. 17. 7 [Pelikan, *The Emergence of the Catholic Tradition*, 157]). 후에 나타난 노바티안이나 도나티스적 성향과 유사하다. 이는 그가 로마의 감독 칼리스투스(Callistus)와 벌인 논쟁에서 잘 드러난다.

[58] 이를 잘 제시하는 Louis Berkhof, *The History of Christian Doctrines* (Grand Rapids: Eerdmans, 1937, paperback edition, Grand Rapids: Baker, 1975), 75를 보라. 후에 키프리안이 이를 더 공식화하였다(*Epistles,* 73. 21 [Pelikan, *The Emergence of the Catholic Tradition*, 159]).

[59] Cf. Berkhof, *The History of Christian Doctrines*, 75. 그것이 오리겐이 천상의 교회와 지상의 교회에 대해서 말한 것과 연관될 수도 있다(*De Oratione,* 31. 5 [Pelikan, *The Emergence of the Catholic Tradition*, 160]).

[60] 그렇게 보아서는 안 된다고 경고하는 Pelikan, *The Emergence of the Catholic Tradition*, 160과 대조하여 보라.

[61] Cyprian (*De Unitate Ecclesiae,* 6)과 Tertullian (*Marcion,* 5. 19. 6; *Baptism,* 6. 2)을 인용하면서 이점을 잘 드러낸 Pelikan, *The Emergence of the Catholic Tradition*, 157을 보라.

를 믿습니다"라고 고백할 때에 5세기 초반에는 '세례'라는 말을 주로 유아세례로 이해하였다고 하므로,[62] 4세기와 5세기에는 유아세례가 아주 일반적인 것으로 인정되었다고 할 수 있다. 배교한 자들이 회개하고 돌아올 때 그들을 다시 세례 주는 것의 가능성을 제시했던 키프리안의 견해를 받아들이지 않고 그저 신앙고백을 제대로 하게 하여 받게 한 교회의 결정은[63] 성경적 가르침에 근거한 전통에 충실한 모습을 보여 준다.

성찬에 대해서도 기본적인 것은 보존되었으나[64] 한편으로는 좋은 것을 잘 보존하면서도 후에 논의할 것처럼 성찬을 제사로 이해하는 잘못된 개념이 나타나기 시작하였다. 이렇게 문제가 되는 점들을 좀 더 자세히 논의해 보기로 한다.

문제가 되는 것들

이렇게 고대교회는 한편으로는 제대로 가면서도 동시에 문제가 되는 여러 문제도 같이 그 안에서 일어나고 있었다고 할 수 있다. 가장 현격한 것들을 일부 언급해 보도록 하자.

---

62 이렇게 말하는 Pelikan, *The Emergence of the Catholic Tradition*, 316을 보라.

63 이 결정은 어거스틴을 통해 널리 전파되어서 일반적인 관례가 되었다. 이를 잘 말하는 David Knowles, "From Charlemagne to the Eleventh Century," in *A History of Christian Doctrine,* ed. Hubert Cunliffe-Jones (Edinburgh: T &T Clark, 1978, reprinted, Philadelphia: Fortress Press, 1980), 252을 보라. 그러므로 교회는 처음부터 재세례(rebaptism)를 반대하였다고 해야 한다.

64 그 대표적인 예가 성찬의 포도주를 유지해야 한다고 하면서 그것을 물로 바꾸어 행한 타티안의 습관을 비판하는 알렉산드리아의 클레멘트, 키프리안, 그리고 크리소스톰을 예로 들 수 있다. 이를 잘 지적하는 Klotsche & Mueller, *The History of Christian Doctrine*, 33을 보라.

(1) 사제와 감독 제도의 문제

오리겐은 모든 신자들이 거룩한 산 제사를 드리는 사제들이라는 것을 잘 강조하면서도, 또한 특별한 일을 하는 구별된 사제들이 있다고 하여[65] 상당히 초기에 중세적 사제 이해의 토대를 이미 제시하였다. 그는 또한 클레멘트와 함께 세례가 교회 안에서 새로운 삶을 사는 시작을 표하는 것이라고 하면서 여기에 죄 용서를 직접적으로 연결시켜[66] 역시 중세적 이해의 토대를 마련하였다. **키프리안**(200-258) 때인 3세기에도 사제와 감독이 따로 있었으며, 키프리안은 교회가 선인과 악인이 함께 있는 것임을 인정하면서도 적어도 사제와 감독은 깨끗하고 의로워야만 교회가 거룩성을 유지할 수 있다고 하였다.[67] 그에게는 교회의 통일성이 아주 중요한 문제였다. 그래서 그는 이단 문제도 교회의 통일성을 해치는 것을 중심으로 논의하였다. 특히 『교회의 통일성에 대하여』의 4장에 다들 집중한다.[68] 이런 것을 살피면서 로버트 그랜트는 "속사도 교부들에게 가장 중요한 교회의 측면은 그 통

---

[65] Berkhof, *The History of Christian Doctrines*, 75. 신약 교회 안에 레위적인 제사장이 있다는 생각은 이미 디다케와 로마의 클레멘트의 글에서도 나타나는 구별이다. 이를 언급하는 Pelikan, *The Emergence of the Catholic Tradition*, 160을 보라. 터툴리안도 성직자와 평신도를 구별한다(*De exhortatione castitatis* [Exhortation to Chastity], 7. 3 [Pelikan, *The Emergence of the Catholic Tradition*, 160]).

이를 말하면서도 동시에 모든 신자들이 "제사장적 지위"를 지닌다는 이레니우스의 논의(Irenaeus, *Adv. Haereses,* 4. 8. 3 그리고 4. 34. 3 [Pelikan, *The Emergence of the Catholic Tradition*, 160])도 보라.

[66] Berkhof, *The History of Christian Doctrines*, 75.

[67] Cyprian, *Epistle* 54. 3 (Pelikan, *The Emergence of the Catholic Tradition*, 158).

[68] Cyprian, *De Unitate Ecclesiae,* 4 (Pelikan, *The Emergence of the Catholic Tradition*, 159).

일성이었다"라고 하였다.[69]

예를 들어서, 아주 이른 시기에 **이그나티우스**(c. 35-110)도 감독을 중심으로 교회의 하나 됨을 말하였다.[70] 그러므로 1세기 말에 이미 감독이 독특한 지위를 가지고 있는 것으로 나타난다. 이렇게 상당히 이른 시기부터 '사도적 직임의 계승'이 있음을 주장하는 일이 있었다는 것이 문제다. 예를 들어서, 리용의 감독이었던 이레니우스(135-202)는 이단들에 대해서 반박하면서 정통 교회에서는 사도들에 의해서 감독들로 세워진 자들이 있고 이 사람들의 계승을 밝힐 수 있다고 했다.[71] 그는 "사도적 지위를 지닌 자들에 의해서 교회의 연속성이 보장된다"고 하였다.[72] 2세기 중반 이후에는 이미 감독 제도와 인물에 의한 사도적 계승 개념이 일반화되었다는 것을 보여 준다.

히폴리투스가 전하고 있는 〈사도적 전승〉(*Apostolic Tradition*)에 의하면 감독의 임직식 때 하나님께서 감독에게 사도들에게 주셨던 성령의 능력을 쏟아 부어주시기를 기도하고 백성들을 위해서 기도하고 그들의 죄를 사할 수 있는 권세를 주시기를 위해 기도했다고 한다.[73] 위에서 살펴본 바와 같이, 3세기 키프리안(200-258) 때에는 감독에 대한 강조가 더하였다. 이렇게 교회는 한편으로는 제대로 되어 가면서도, 또 한편으로는 성경 말씀의 명백한 가르침 밖으로 나가는 일도 같이 일어나고 있었다.

---

69 Robert M. Grant, ed., *The Apostolic Fathers: A New Translation and Commentary,* 6 vols. (New York: Thomas Nelson, 1964–1968), vol. 1 (1964), 137-38.

70 Ignatius, *Phil.,*7. 2 (Pelikan, *The Emergence of the Catholic Tradition*, 160).

71 Irenaeus, *Against Heresies,* 3. 3. 1 (Pelikan, *The Emergence of the Catholic Tradition*, 118).

72 Irenaeus, *Adv. Haereses,* 3. 3. 1 (Pelikan, *The Emergence of the Catholic Tradition*, 118, 160).

73 Hippolytus, *Traditio apostolica,* 3 (Pelikan, *The Emergence of the Catholic Tradition*, 161).

(그래도 350년이나 353년에 감독이 된[74] 힐라리(Hilary of Poitiers, Hilarius Pictaviensis, c. 310 - c. 367)의 경우에는 이미 혼인하여 자녀도 있는 상태에서 좋은 교육적 배경에 근거하여 성경을 읽고 신플라톤주의를 버리고 기독교인이 된 후 뽀아띠에(Poitiers) 교우들의 존경에 의해 감독으로 선임된 예에서 볼 수 있듯이, 이때에는 혼인한 사람도 감독이 될 수 있었음을 알 수 있다. 사실 어거스틴도 공식적으로는 아니지만 실질적인 혼인 관계와 아들이 있는 상태에서 387년 그의 아들과 함께 세례를 받고[75] 391년에 사제가 되었고, 395년에 감독이 되었음은 더 잘 아는 사실이다. 그러므로 이때까지도 자녀가 있는 사람들도 사제가 되는 예가 있었음을 잘 알 수 있다.)

그렇지만 감독제도가 거의 1세기 말부터 성경이 말하는 것과는 다른 방향으로 나아간 것은 심각한 문제였다. 심지어, 6세기 초에 아마도 시리아의 단성론자들 그룹에서 나타나기 시작한[76] 아레오파고의 디오니시우스 문서들(the *Corpus Areopagiticum* or *Corpus Dionysiacum*, the Dionysian corpus)에서도[77] 하나님과 천사들과 감독들과 사제들의 위계질서(hierarchy)가 연관되어 언급되어 상당히 신비주의적 경향을 지닌 그룹도 주교제도의 공고화에 기여한

---

74 David G. Hunter, "Fourth-century Latin Writers: Hilary, Victorinus, Ambrosiaster, Ambrose," in Frances Young, Lewis Ayres, & Andrew Louth(eds.), *The Cambridge History of Early Christian Literature* (Cambridge: University Press, 2004), 302-17에서 350년으로 제시한다.

75 누구나 다 아는 사실이지만 Peter Brown, *Augustine of Hippo: A Biography* (Berkeley: University of California Press, 2000), 117.

76 이렇게 지적하는 Pelikan, *The Emergence of the Catholic Tradition*, 344를 보라.

77 이 문서들의 저자가 사도행전 17:34에 나오는 아레오바고의 디오니시우스(Dyonysius of Ageopagite)로 언급되어 있는데, 실상은 500년도 즈음의 문서들이므로 흔히 위(僞)-디오니시우스(Pseudo-Dyonysius)라고 언급된다. 프로렌스의 인문주의자였던 로렌초 발라(Lorenzo Valla, d. 1457)와 에라스무스가 이를 잘 드러내었다. Cf. https://en.wikipedia.org/wiki/Pseudo-Dionysius_the_Areopagite.

것을 보게 된다.[78]

(2) 세례에 대한 오해

세례에 대한 오해도 이미 발생하였다. 이레니우스(135-202)는 아람 장군 나아만이 요단강 물에 몸을 씻은 이야기(왕하 5장)를 세례의 모형이라고 제시하면서, "우리들은 죄 가운데 있는 문둥병자들과 같았으나 거룩한 물과 주의 이름을 부름을 수단으로 해서 깨끗해지고, 우리의 옛 범과에서 벗어났으며, 영적으로 갓 태어난 아이와 같이 중생하였다"고 하였다.[79] 터툴리안(c. 155 - c. 220)은, 마르시온의 가르침을 논박하는 중에, 세례를 받을 때 4가지 은사가 주어진다고 하였는데, 그것은 죄 용서, 죽음으로부터의 구원, 중생 그리고 성령의 수여이다.[80] 세례 요한의 세례가 죄 용서를 위한 세례(막 1:4)라는 말을 터툴리안은 죄 용서가 조금 후에 주어질 것이라고 선언했다고 하면서, 예수님 안에서는 죄 용서와 성화가 실제로 주어진다고 하였다.[81]

클레멘트(Clement of Alexandria, c. 150 - c. 215)도 "죄 용서로의 세례를 받는다"는 것은 이교적 생활 방식과 절연하고, 죄를 신앙으로 바꾸는 것이라고 했다.[82] 오리겐도 "중생의 씻음"에 의해 "중생과 삶의 갱신"이 나타날 수 있

---

78 이 점을 잘 지적하는 Pelikan, *The Emergence of the Catholic Tradition*, 344를 보라.

79 Ireaneus, *Fragments,* 33 (Pelikan, *The Emergence of the Catholic Tradition*, 164).

80 Tertullian, *Marcion,* 1. 28. 2 (Pelikan, *The Emergence of the Catholic Tradition*, 163). 기독교 세례는 "죄를 씻어 버림으로 참으로 죽음을 파괴한다"고 한다(*Baptism,* 5. 1; 6 [Pelikan, *The Emergence of the Catholic Tradition*, 165]).

81 Tertullian, *Baptism,* 10. 5-6 (Pelikan, *The Emergence of the Catholic Tradition*, 164).

82 Clement of Alexandria, *Stromata,* 2. 13. 58. 1 (Pelikan, *The Emergence of the Catholic*

다고 하면서 이것이 복음의 능력이 이교 철학보다 우월함을 드러내는 것이라고 하였다.[83] 이것이 어떻게 중세 교회의 세례 중생설로 발전하였는지는 매우 자연스럽게 이해할 수 있다. 키프리안(200-258)도 마태복음 28:19-20을 언급하면서 온 나라의 백성들의 죄가 세례에서 사해진다고 하였다.[84] 히폴리투스(c.170-236)도 좀 더 말씀과 믿음을 강조하면서 "진리의 말씀을 믿음으로 그들의 죄의 더러움을 씻는 자들이 성령을 받을 자들"이라고 해서,[85] 기계적 이해가 아님을 보여 주는 진전한 면이 있었지만 또한 그들에게 성령이 주어진다고 해서 잘못하면 공로주의의 문을 여는 말도 하였다. 가이사랴의 바실(330 - 379)도 중생은 "아버지의, 아들의 그리고 성령의 이름으로의" 세례를 통해서 일어난다고 하였다.[86] 알렉산드리아의 시릴(c. 376 - 444)도 세례로 "우리들은 예수 그리스도 안에 있는 신적 이미지로 변화된다(reshaped)"고 하였다.[87]

세례에서 성령을 주심과 관련해서는 더 많은 문제가 나타났다. 터툴리안(c. 155 - c. 220)이 자세히 말하는 바에 의하면, 세례의 씻음 후에 기름부음(anointing)이 있고,[88] 그 후에 (세례 베푸는 자가) 손을 얹는데 이때 성령이 주어

Tradition, 164).

[83] Origen, *Contra Celsum,* 1. 64 (Pelikan, *The Emergence of the Catholic Tradition*, 165).

[84] Cyprian, *Epistles* 27. 3 (Pelikan, *The Emergence of the Catholic Tradition*, 163). 또한 Cyprian, *Epistles* 64. 5 (Pelikan, *The Emergence of the Catholic Tradition,* 291)도 보라.

[85] Hypollytus, *Daniel.* 4. 59. 4 (Pelikan, *The Emergence of the Catholic Tradition*, 163).

[86] Basil of Caesarea, *On the Holy Spirit,* 29. 75 (Pelikan, *The Emergence of the Catholic Tradition,* 217).

[87] Cyril of Alexandria, *Quod unus sit Christus* (Pelikan, *The Emergence of the Catholic Tradition,* 237).

[88] Tertullian, *Baptism,* 5. 5 (Pelikan, *The Emergence of the Catholic Tradition*, 166).

지는 것으로 묘사하고 있다.[89] 이는 성경의 가르침에서 벗어나 의식주의의 길로 가고 있는 모습을 보여 준다.

더구나 터툴리안은 유아세례의 정당성을 논박하며 아이들이 커서 그리스도를 안 후에 세례받게 하라고 하고 있다.[90]

(3) 성찬에 대한 오해와 미사의 문제

또한 성찬을 희생 제사로 여기며 언급하는 잘못된 언급도 아주 이른 시기부터 나타났다. 펠리칸은 아마도 말라기 1:11이 말하는 "깨끗한 제물"을 언급하는 디다케 14:1을 생각하면서 디다케 문서의 작성 때부터 성찬을 제사로 여기는 생각이 나타난 것으로 보인다고 했다.[91] 이그나티우스는 성찬을 "우리 죄 때문에 고난받으신 우리 구주 예수 그리스도의 육체(flesh)"라고 하여, 성찬에서의 그리스도의 임재의 실재성을 강하게 묘사하면서, 이렇게 생각하지 않는 것은 가현설적이라고 하였다.[92] 이레니우스가 다음과 같이 말할 때에도 여러 생각이 들어 있다고 할 수 있다

---

89 Tertullian, *Baptism,* 8. 1 (Pelikan, *The Emergence of the Catholic Tradition*, 166).
후에 키프리안은 "성령이 없이는 세례가 없다"는 것을 강하게 이야기하면서 혹시 삼위일체의 이름으로 이단에서 세례를 받고 온 경우라도 (일정한 절차를 거쳐) 인정할 수 있음을 말한다(Pelikan, *The Emergence of the Catholic Tradition*, 166).

90 Tertullian, *On Baptism,* 18. 5 (Pelikan, *The Emergence of the Catholic Tradition,* 290).

91 Pelikan, *The Emergence of the Catholic Tradition*, 146. 그는 이것이 언제인지는 계속되는 논쟁거리라고 했지만 우리들이 논의한 대로 100년 이전의 문서라면(이 문서의 연대에 대해서 이승구, 『하나님께 아룁니다』 [서울: 말씀과 언약, 2020], 435, n. 12를 보라), 교회는 상당히 이른 시기부터 이런 잘못된 생각을 발전시켜 온 것이 된다.

92 Ignatius, *Smyrna* 7. 1 (Pelikan, *The Emergence of the Catholic Tradition,* 168).

땅에서 취한 빵이 하나님으로부터 온 거룩케 함(the consecration from God)을 받을 때에 더 이상 일반적인 빵이 아니고 성찬이 된다. 이는 천상적 실재와 지상적 실재를 지닌 것이다. 마찬가지로 우리의 몸이 성찬을 받을 때 더 이상 부패할 것이 아니고, 영원한 삶으로 부활할 소망을 가지게 된다.[93]

여기에는 일부 바른 생각도 있지만 결국 성찬 때에 거룩케 함이 발생한다는 것을 시사하고 그것은 천상적 실재를 가진다고 하니, 과연 이 논의가 어떤 방향으로 나갈지를 걱정하게 하는 진술이 된다.

터툴리안(c. 155 - c. 220)은 갈보리 언덕에서의 희생 제사를 성찬에서 "다시 표현하는 것"(re-presentation)이라고 하면서 성찬의 떡이 그리스도의 몸을 다시 표현해 내는 것이라고 하였다.[94] 그는 또한 성찬에서 수찬자의 육체가 그리스도의 육체와 피를 먹는다고 표현하기도 했다.[95]

3세기에 키프리안이 성찬의 맥락에서 그리스도께서 자신의 수난을 희생 제사로 드림에 대해서 말할 때는[96] 이런 생각이 아주 현저하게 나타난다. 그는 심지어 다음과 같이 말한다. 신약 교회에서 "사제는 그리스도께서 하신 것을 본받아 그리스도의 직분을 참으로 수행하여야 한다. 그리고 그리스도께서 드린 것이라고 파악한 바를 따라 제사를 드리러 나아갈 때에 그는 성부 하나님께 교회 안에서 참되고 온전한 희생 제사를 드리는 것이

---

[93] Irenaeus, *Adv. Haereses,* 4. 18. 5 (Pelikan, *The Emergence of the Catholic Tradition,* 167).

[94] Tertullian, *Marcion,* 1. 14. 3 (Pelikan, *The Emergence of the Catholic Tradition*, 170).

[95] Tertullian, *Resurrection,* 8. 3 (Pelikan, *The Emergence of the Catholic Tradition,* 168).

[96] Cyprian, *Epistles* 63 (Pelikan, *The Emergence of the Catholic Tradition*, 147). 니케아 이전에 이를 가장 분명하게 말하는 이가 키프리안이라고 지적하는 Pelikan, *The Emergence of the Catholic Tradition,* 168-69도 보라.

다."[97]

이런 이해는 "그리스도께서 자신을 희생 제사로 드리셨다"는 바른 이해에서[98] 한 발자국 더 나가서 나온 것이다. 안타까운 일이다. 그가 그리스도의 희생 제사는 온전한 것이어서 덧붙여지거나 반복되는 것이 아니라고 말했던[99] 것에 좀 더 충실했더라면, 또한 그 자신이 강조한 "상한 심령의 제사가 고귀하고 영광스러운 희생 제사"라는 것을[100] 더 강조했더라면 문제가 없었을 것이다. 그러나 키프리안은 성찬을 "희생 제사"라고 말하는 것이 아주 적절하다는 것을 너무 명백하게 하였다.[101]

성찬을 희생 제사로, 그것도 "참되고 온전한 희생 제사"라고 언급한 이런 것이 중세교회에서 더 그런 방향으로 발전해 간 것을 보면서 우리는 더 걱정하게 된다. 사실 고대의 마지막 인물이면서 중세의 최초의 인물이라고 많이 언급되는 그레고리 1세(590-604 재위)는 다음과 같이 말했다.

> 우리는 날마다 우리 눈물의 희생 제사, 그의 몸과 피의 제사를 하나님께 바쳐야 한다.... 왜냐하면 이 희생 제사를 드리는 때에 사제의 음성에 반응해서 하늘이 열리고 '예수 그리스도의 이 신비' 속에서 천사들의 찬양이 제시된다는 것에 대해서 신실한 자들 가운데서는 그 어떤 의심도 있어서는 안 된다.[102]

---

97 Cyprian, *Epistles* 63. 14 (Pelikan, *The Emergence of the Catholic Tradition*, 169).

98 Cyprian, *Epistles* 63. 17 (Pelikan, *The Emergence of the Catholic Tradition*, 169).

99 Cyprian, *Epistles* 63. 17 (Pelikan, *The Emergence of the Catholic Tradition*, 169).

100 Cyprian, *Epistles* 76. 3 (Pelikan, *The Emergence of the Catholic Tradition*, 169).

101 Cyprian, *On the Lapsed,* 25-26 (Pelikan, *The Emergence of the Catholic Tradition*, 169). 그뿐만 아니라 터툴리안, 힐러리 등 고대교회의 이런 이해에 대해서 Pelikan, *The Emergence of the Catholic Tradition*, 146-47, 168-69, 356, 그리고 그레고리의 이런 이해에 대해서는 356을 보라.

102 Gregory Magnus, *Dialogues,* 4. 58 (Pelikan, *The Emergence of the Catholic Tradition*,

이와 같이 성찬을 희생 제사로 여기고, 매일 하나님께 올려드리는 제사로 여기는 것이 아주 명확하게 되어 예수 그리스도의 십자가 이후에는 더 이상 제사를 드려서는 안 된다는 성경의 명확한 가르침(히 10:18)을 완전히 벗어난 것이다.[103]

더구나 클레멘트는 더 높은 상태(a higher state)의 그리스도인의 삶이 있고 더 낮은 상태(a lower state)의 삶이 있다고 하면서, 낮은 상태에서는 두려워하며 소망을 가지고 거룩함을 추구하는데 더 높은 상태로 가면 온전한 사랑에 의해 두려움이 제거된다고 한다. 이것이 참된 지식의 삶이라고 하면서 이 상태에서 신비들이 계시된다고 하여[104] 오해를 많이 낳게 하며, 중세 신비주의의 토대를 제시한 것으로 보인다. 또한 성찬에 의해 수찬자들이 그리스도와 신적인 영과의 교제로 나아가 불멸성에 참여하는 것이 주어진다고 하여 이때부터 계속되는 기계적인 성찬 이해와 의식주의(ritualism)의 길을 열었다고 할 수 있다.

또한 이그나티우스(c. 35 - 110)가 성찬의 떡을 "불멸의 약이요, 죽음에 대한 해독제요, 예수 그리스도 안에 있는 영생"이라고 표현한 것도[105] 많은 오해를 낳을 수도 있었다. 4-5세기에 몹수에스티아의 떼오도르(Theodore of Mopsuestia, c. 350 - 428)는 그리스도께서 최후의 만찬에서 떡을 주실 때 이것은 나의 몸의 상징이라고 말하지 않으시고 "이것은 나의 몸이다"라고 하셨다는 것을 말하면서, 이는 성찬의 요소들이 "성령의 강림으로 그렇게 변화되기 때문이다"라고 한 것도[106] 결국 화체설적 이해를 마련하는 하나의 길

356).

103 이 점은 후에 종교개혁의 예배 이해에서 더 깊이 논의될 것이다.

104 Berkhof, *The History of Christian Doctrines*, 75.

105 Ignatius, *Ephesians,* 20. 2 (Pelikan, *The Emergence of the Catholic Tradition*, 169).

이 되었다. 그의 다음 표현은 그런 길로 가도록 하기에 충분하다. "처음에는 제단에 그저 빵과 물에 섞인 포도주로 놓여진다. 그러나 성령의 임재로 그것은 몸과 피로 변화되고(transformed), 따라서 영적이고 불멸의 양식의 능력으로 변화된다."[107]

그와 대립적이었던 알렉산드리아의 시릴도 (요한복음 6장의 말씀을 생각하면서) 그리스도께서 "단지 성령을 주셔서 그에게 참여하게 함을 통해서만이 아니라, 그가 취하신 육체를 먹을 수 있는 형태로 주심으로 우리를 살리신다"고도 말했다.[108] (역시 요한복음 6장을 생각하면서) 다른 곳에서는 "모든 것에게 생명을 주시는 로고스의 육체(fresh) 자체"로 변하지 않는다면 성찬에서 주어지는 빵은 생명을 주는 것이 될수 없다고도 말했다.[109] 그래서 시릴은 성찬에서 받는 몸은 "살리는 씨"(vivifying seed)와 같아서, 그것으로 수찬자가 로고스 자신과 밀접하게 연결되고 로고스와 같이 불멸하고 썩지 않게 된다고 하였다.[110]

이에 비하면, 오리겐은 성찬을 좀 더 영적으로 이해하는 길을 열었다. 그래서 그는 성찬은 "**순수한 의도를 가지고 참여하는 사람들을** 거룩하게 하는 분명한 성체(a certain holy body)"라고 하였다.[111] 그는 또한 성찬은 성령

---

106 Theodore of Mopsuestia, *Catechetical Homilies,* 15. 10 (Pelikan, *The Emergence of the Catholic Tradition*, 237).

107 Theodore of Mopsuestia, *Catechetical Homilies,* 16. 36 (Pelikan, *The Emergence of the Catholic Tradition*, 237).

108 Cyril of Alexandria, *Quod unus sit Christus* (Pelikan, *The Emergence of the Catholic Tradition,* 237).

109 Cyril of Alexandria, *De incarnatione unigeniti* (Pelikan, *The Emergence of the Catholic Tradition,* 237-38).

110 Cyril of Alexandria, *Exposition of the Gospel of Luke* 22. 19 (Pelikan, *The Emergence of the Catholic Tradition,* 238).

의 은혜스러운 작용을 **표하면서** 이런 하나님의 영향력을 **상징하는 것**이라고 하였다.[112] 이는 기계적 이해보다는 나은 것이지만, 이 말도 또 다양하게 해석될 수 있기에 여러 면에서 주의가 필요하다고 여겨진다.

명확한 화체설 논쟁은 한참 후인 9세기에야 일어나지만, 이미 그레고리(590-604 재위)에게서, 좀 모호하게 표현하기는 하였지만, 미사가 희생 제사라는 교리가 확립된 가르침이 되었다고 할 수 있다.[113] 비록 논의는 되지 않았어도 이때부터는 일반적으로 천주교회 안에서 성찬을 할 때 그리스도의 몸과 피가 희생 제사로 드려진다는 것에 일반적 동의(common consent)가 있었다고 한다.

(4) 성호를 긋는 문제

더구나 교회 안에서 행하는 여러 일들과 관련해서는 잘못된 이해와 습관이 점차 나타나기 시작하였다. 정통파의 챔피언으로 불린 아따나시우스도 그가 매우 존경하던 『안토니의 생애』를 저술하면서 일종의 수도적 삶을 칭송하였고, 안토니가 귀신을 쫓아내고 병을 고친 것을 기록하고,[114] 그 속에서

---

111 Origen, *Contra Celsum,* 8. 33 (Pelikan, *The Emergence of the Catholic Tradition*, 156).

112 Berkhof, *The History of Christian Doctrines*, 75. Pelikan, *The Emergence of the Catholic Tradition,* 167에서도 클레멘트와 오리겐은 좀 더 이런 방향으로 생각하는 듯하다고 말한다.

113 이 점을 잘 논의하는 Pelikan, *The Emergence of the Catholic Tradition,* 356을 보라.

114 그러나 이때 강조하기를 안토니가 "명령해서 그리한 것이 아니고, 기도하고 그리스도의 이름으로 그리하여, 이것을 행하는 이가 그가 아니요 주께서 사람들에게 사랑과 자비를 나타내시며 안토니를 통해서 고통을 제거하셨다"고 말한다(Athanasius, *Vita Antonii,* 84 [Pelikan, *The Emergence of the Catholic Tradition,* 137]). 또한 "이적적 능력이 발휘되지 않는 때가 있었으니, 그것이 하나님의 뜻이 아니었기 때문이다"고도 말한다(Athanasius, *Vita Antonii,* 56 [Pelikan, *The Emergence of the Catholic Tradition,* 137]).

십자가의 표(the sign of the cross)는 모든 사탄적 "마술과 마법을 이기고 극복한다"고 기록하고 있다.[115]

줄리안 황제도 "이 두 가지가 그들의 신학에 아주 중요한 것인데, 그것은 귀신들을 제지하는 것(hiss at demons)과 그들의 이마에 십자가 표를 하는 것이다"고 말한다.[116] 이런 것이 성호를 긋는 일로 계속 정착되어 나간 것으로 보인다. 이와 연관된 것이 교회 안에도 영향력을 미친 이원론이다. 비록 영지주의나 마르시온주의나 몬타누스주의나 마니교 같은 확고한 이원론을 잘 비판한 정통파 교회도 일종의 이원론적 성향을 드러낸 것이 사실이다.

(5) 종교적 실천과 관련된 문제들

가이사랴의 바실(300?-379) 때에는 매일 저녁 예배당에서 램프의 불을 밝히면서 "우리들은 성부와 성자와 하나님의 성령을 찬양하옵나이다"라는 고대적 찬송을 하였다고 하니,[117] 삼위일체에 대한 이해와 삼위일체에 대한 송영을 잘 보존하면서, 동시에 매일 저녁 예배당에서 램프의 불을 켜는 일을 전통으로 지속하는 문제를 남긴 것이다.

---

115 Athanasius, *Vita Antonii,* 78; 35 (Pelikan, *The Emergence of the Catholic Tradition,* 136). 펠리칸은 여기서 락탄티우스의 *Divine Institutes,* 4. 27도 언급하고 있다.

116 Julian the Emperor, *Epistles* 19 (Pelikan, *The Emergence of the Catholic Tradition,* 136).

117 Basil of Caesarea, *On the Holy Spirit,* 29. 73 (Pelikan, *The Emergence of the Catholic Tradition,* 217).

기도에 대해서도 여러 문제를 드러냈으나, 그래도 하나님을 "하늘에 계신 아버지라고 언급하면서 기도하는 것이 적법하다면, 하나님은 사람들이 조종할 수 있는 분이 아니시라는 것이(beyond manipulation)이 분명하고, 그의 뜻에 어긋나는 것을 구해서는 안 된다"는 것도 분명히 하였다.[118] 그래서 이교의 마술적 종교 행위와 운명론과는 다른 기독교적 경건이 표현되도록 하였다. 그렇게 하나님의 뜻을 따라 기도하는 것을 강조하면서도 이것을 오해하여 운명론에 빠져 기도하지 않는 것을 방지하기 위해 하나님께서 "이해를 가지고 기도하는 그 사람에게 내가 귀를 기울이신다고 하신다"는 것도 강조했다.[119]

(6) 마리아에 대한 존숭의 문제

마리아에 대한 이상한 생각도 아주 초기부터 나타나기 시작하였다. 이레니우스가 마리아를 둘째 하와로 간주하면서 "그녀가 순종으로 인류의 어머니의 불순종이 초래하게 한 문제를 돌이키게 했다(had undone)"고 논의하였다.[120] 점차 마리아는 평생 동정녀(virgin)였다는 견해가 자리 잡았고, 은혜가 충만해서 절대적으로 무죄했다는 견해까지 교부들로부터 중세에 넘겨졌다.[121]

---

[118] Tertullian, *De Oratione,* 4. 1을 인용하면서 이렇게 말하는 Pelikan, *The Emergence of the Catholic Tradition,* 139를 보라.

[119] Tertullian, *De Oratione,* 6. 4 (Pelikan, *The Emergence of the Catholic Tradition,* 139).

[120] Irenaeus, *Demonstratio apostolicae praedicationis,* 33 (Pelikan, *The Emergence of the Catholic Tradition,* 241).

[121] David Knowles, "From Charlemagne to the Eleventh Century," in *A History of Christian Doctrine,* ed., Hubert Cunliffe-Jones (Edinburgh: T &T Clark, 1978, reprinted, Philadelphia:

(7) 외경 문제

이 모든 논의를 할 때 아주 자연스럽게 외경에도 호소하는 것이 일반적인 관례가 되어 그것이 그대로 중세로 나아갔다고 할 수 있다. 알렉산드리아의 시릴이 하나님의 불변성을 잘 논의하면서, 피조된 성질은 본질적 불변성을 부여받을 수 없음과 비교하면서 신적인 성질은 그 어떤 때도 변할 수 없고 그 어떤 수난을 받을 수도 없음을 잘 이야기할 때에도 마지막에 "당신님은 영원히 보좌에 앉으시며, 우리들은 영원히 파멸하나이다"는 바룩서 70인경을 인용하고 있다.[122] 이런 예들이 많으니, 성경을 존중한 교부들도 후대가 강조한 "오직 성경의 원리"에 충실하지 않은 것이다.

(8) 죽은 자의 영역에 내려가심에 대한 잘못된 생각

그런데 죽으심과 부활 사이를 생각하면서 저스틴 마터는 이렇게 말한다. "주 하나님께서 무덤에 누워 있는 이스라엘의 그의 백성을 기억하셔서, 그들의 구원을 선포하기 위해서 그들에게 내려가셨다."[123] 이레니우스도 그리스도께서 "죽은 자들의 영역으로 내려가신" 것은 구약 족장들을 해방하시기 위한 것이라고 해석하는 듯하다.[124] 370년경에 사도신경에 이 어귀가

Fortress Press, 1980), 254.

[122] 이를 잘 드러내어 언급하는 Pelikan, *The Emergence of the Catholic Tradition,* 230을 보라.

[123] Justine Martyr, *Dialogue, with Trypho,* 72. 4 (Pelikan, *The Emergence of the Catholic Tradition*, 150).

[124] Irenaeus, *Adv. Haereses,* 3. 20. 4 (Pelikan, *The Emergence of the Catholic Tradition*, 150). 이 중요한 말의 함의는 다양하게해석될 수 있어서 문제다. 특히 이에 이어서 "그리스도의 몸에서 흘러나오는 샘"을 말할 때 그가 세례와 성찬을 의미하기에 성례에 대한 기계적 이해의 시작으로

편입되고 그런 식으로 해석되는 것이 서방 교회에서 고착된 것으로 보인다.[125] 이런 것은 성경으로부터 확증할 수 없는 것을 고대교회가 (그리고 후에 중세교회가) 무리하게 생각해 간 것으로 여겨진다.[126]

〈헤르마스의 목자서〉(*The Shepherd of Hermas*)에서는 심지어 사도들도 사후에 죽은 자들의 영역에 내려가서 말씀을 전하고 세례의 인(印, seal)을 주어 그들을 죽음에서 구해내는 것에 대해서도 말한다.[127] 이런 것은 기독교의 한계를 넘어서 이교적 이해를 끌어들인 것으로 보아야 할 것이다.

(9) 신화(神化, deification)라는 용어 사용의 문제

우리는 고대교회의 많은 사람들이 신화(神化)라는 용어를 사용하는 것을 보았다. 아따나시우스와 갑바도기아 교부들과 많은 분들이 이 용어를 사용하면서 우리의 구원에 대해서 설명하려 하였다. 그것이 베드로후서 1:4이 말하는 "신성한 성품에 참여하는 자가 되게 하여 하셨다"는 의미로, 그러므로 후대의 보다 일반적으로 사용되는 구원, 특히 성화(聖化)의 의미로 사용된다면 후대의 빛에서는 우리들은 그저 오해를 낳지 않을 용어인 성화로 사용하되, 옛사람들이 신화(神化, deification)라고 썼던 것을 성화로 이해하면 될 것이다. 그러나 때로는 좀 더 과한 표현도 나타나기에 문제를 지적하면서 그들도 좀 더 주의했어야 한다는 말을 쓰는 것이 좋을 것이다.

읽히기도 한다.

125 이를 지적하는 Pelikan, *The Emergence of the Catholic Tradition*, 150-51을 보라.

126 이 문제와 관련한 바른 해석을 위해서는 이승구, 『사도신경』 (서울: SFC, 2004, 2009년 개정판의 최근판, 2022), 231-47을 보라.

127 Hermas, *Similitudes,* 9. 16.3-5. 93 (Pelikan, *The Emergence of the Catholic Tradition*, 164-65).

특히 위-디오니시우스 문서에서 우리들은 "할 수 있는 한 하나님과 비슷해지고 그와의 연합을" 성취하려고 해야 한다고 할 때,[128] 이 신비주의적 문서의 분위기 때문에 더욱 조심해야 할 것을 느끼게 된다. 특히 "합리적 구원은 ... 구원받은 자들의 신화(神化) 외의 다른 방식으로는 일어날 수 없다. 그런데 이 신화(θέωσις)는 할 수 있는 한 하나님과 가까이하고 그와 연합하는 것이다"고 할 때,[129] 이 신비주의 문서가 말하는 하나님과의 연합이라는 개념 때문에 더 우려된다. 그리고 이 문서에서는 이런 상승 개념을 가지고 세례, 성찬, 그리고 기름부음(anointing)을 신화(神化)의 성례들이라고 제시하고 있기에 그것도 문제다.[130] 특히 기름부음을 "온전하게 하는 것"(τελετή)이라고 한다.[131] 이 모든 것은 교회에 건강하지 않은 신비주의적 경향을 불어넣었다고 할 수 있다.[132]

(10) 잘못된 성경해석의 문제들

다 열거할 수 없지만 성경을 이상하게 해석하는 문제를 고대교회가 계속

---

128 Pseudo-Dionysius, *Celestial Hierarchy,* 3. 2 (Pelikan, *The Emergence of the Catholic Tradition*, 345).

129 Pseudo-Dionysius, *Ecclesiastical Hierarchy,* 1. 3 (Pelikan, *The Emergence of the Catholic Tradition*, 345). 같은 책의 2. 1.도 참조. 이것이 신비주의가 말하는 정화(purification), 조명(illumination), 그리고 연합(union)의 단계에 관련된 것이고, 그것이 일종의 범신론적(pantheistic) 경향과 관련될 수 있다는 좋은 논의로 Pelikan, *The Emergence of the Catholic Tradition*, 345-47를 보라.

130 Cf. Pelikan, *The Emergence of the Catholic Tradition*, 346.

131 Pseudo-Dionysius, *Ecclesiastical Hierarchy,* 4. 12 (Pelikan, *The Emergence of the Catholic Tradition*, 345).

132 오리겐을 정죄하면서 또 한편으로는 이런 것을 용인한 당대 교회의 아이러니를 지적하는 Pelikan, *The Emergence of the Catholic Tradition*, 348-49도 보라.

가지고 있었다. 루피누스도 그렇고 그 외에도 많은 교부들이 욥기 41:1이 말하는 하나님이 리워야단을 잡으신다는 말씀을 사탄을 잡으시는 데 그리스도의 인성을 사용해서 잡으신다는 '소위 낚시 이론'을 제시하였는데,[133] 그레고리도 이에 동의하면서 이런 생각을 널리 유포시켰다.[134]

에스더서에 대한 해석을 중심으로 고대 교회 성경의 해석의 문제를 잠시 생각해 보자.[135] 로마의 클레멘트는 유대인들이 구원된 것이 에스더의 큰 믿음과 덕 때문이라고 하여(I Clement 55:6) 인간의 공로를 높이는 문제를 드러내었다. 오리겐은 다른 곳에서보다는 좀 건전한 해석의 태도를 보이면서, 에스더서에서 문제가 되는 것은 정치적인 앙갚음이나 개인적 앙갚음의 문제가 아니라 영적인 전쟁이라고 하였다. 그런데 영적인 전쟁은 오직 기도와 금식으로만 승리할 수 있다고 하여[136] 다시 공로주의의 문을 열고 있다. 또한 좀 더 문자적 해석을 하려는 경향을 지닌 제롬은 흥미롭게도 에스더서에 대해서는 알레고리적 해석을 하여, 에스더를 "교회의 표상이라고 하면서, 하만의 이름은 사악함(iniquity)이니 이를 죽인 후에 교회가 사람들은 위험에서 자유롭게 해 주어야 하고, 후대에게 기념할 만한 날과 큰 잔

---

[133] Rufinus, *Commentarius in symbolum apostolorum,* 14 (Pelikan, *The Emergence of the Catholic Tradition*, 355).

[134] Gregory Magnus, *Moral Discourses on Job,* 33. 7. 14 (Pelikan, *The Emergence of the Catholic Tradition*, 355).

[135] 이하 한 문단은 에즈버리 신학교 출신(1985-1988)으로, 시카고 대학교에서 다니엘서에 대한 논문으로 박사학위를 하고(1988-1995), 현재는 벧엘 신학교 구약학 부교수인 Anthony Tomasino, *Esther,* Evangelical Exegetical Commentary (Bellingham, WA: Lexham Press, 2016), 112f.에 의존하였음을 밝힌다.

[136] Cf. M. Kuyama, "Origen and Esther: A Reflection on the 'Anti-Jewish' Argument in Early Christian Literature," in *Studia Patrisca* 34: *Papers Presented at the 13th International Conference on Patristic Studies at Oxford in 1999,* eds., M. Wiles, E. Yarnold, and P. Parvis (Louven: Peeters, 2001), 424-35.

치를 물려주어야 한다"고 해석하고 있다.[137] 이렇게 고대 교회의 성경 해석에는 한편으로 치우치게 하여 공로주의의 문을 열든지, 알레고리적 해석을 하는 일이 많았다.

연옥에 대한 생각에 동원된 성경 해석도 심각한 문제이다.[138]

나가는 말

이렇게 많은 문제들이 있었음에도[139] 불구하고, 교부들에 의해서 이단에 대한 논박이 이루어지고 기독교의 기본적 개념들이 제대로 자리잡게 된 것은 정말 하나님의 은혜라고 생각하지 않을 수 없다. 1장에서 언급했던 "신앙의 규범"을 통해서 성경적이고 사도적 가르침에 충실한 기본적인 틀은 교회론의 구체적인 모습에서는 잘못되어 가는 교회 안에 보존되었다. 역사의 아이러니의 하나이다. 예를 들어서, 오리겐(† 254)은 유아세례는 "사도들로부터의 교회의 규례"였다는 것을 분명히 진술하였다.[140] 그리고 키프리안

137 Jerome, "Letter 53:8," in *A Select Library of Nicene and Post—Nicene Fathers of the Christian Church,* 2nd series (New York: Chriasrtian Lituratuere, 1893), 6:110.

138 이에 대해서는 이 책의 마지막 장에서 구체적으로 논의할 것이다.

139 이 잘못된 문제들은 다양한 것을 포함하고 있다. (1) 당대에는 옳은 가르침이라고 여겨져서 심지어 신조에 들어 있는 것도 있었고, (2) 신조에는 포함되어 있지 않지만 당대에는 대개 그렇게 생각하던 것도 있고, (3) 당대에는 교의에 속하지 않으므로 허용되는 것이라는 여겨지는 것도 있다. 그러나 그것들 때문에 당대의 교의의 빛에서 매 시대를 평가하는 것은 옳지 않다고 여겨진다. 예를 들어서, 4-5세기 상황에서는 교의에 주로 삼위일체에 대한 것과 양성론에 대한 것이 속해 있었으니 다른 문제에 대해서 잘못된 것을 말해도 "이단은 아니고, 그저 어리석은 것으로" 언급되는 예들을 계속해 언급하는 것은(Pelikan, *The Emergence of the Catholic Tradition*, 316) 오해를 양산할 수 있다.

140 Origen, *Commentary on Romans,* 5. 9 (Pelikan, *The Emergence of the Catholic Tradition,* 291). 물론 그는 세례에 의해 출생의 오염이 제거되기에 유아세례가 필요하다고 하며, 물과 성령으로 나지 아니하면 천국에 들어갈 수 없다는 말씀을 세례에 적용하므로(이를 잘 드러내는 Pelikan,

(200-258)은 당시에 어떤 사람들이 그렇게 하듯이 태어난 지 8일까지 기다릴 필요 없이 될 수 있는 대로 빨리 유아세례를 행하는 것이 좋다고 논의하였다.[141] 키프리안의 이 말과 암브로스에게 의지하면서 어거스틴(354-c.430)도 어린아이들도 원죄를 가지고 있으므로 세례가 필요하다고 했고,[142] 유아세례는 "보편 교회가 전통으로 전해 준 것"이라고 했다.[143] 또한 고대교회에 기도에 대한 오해와 오용도 있었지만 고대교회도 기도하는 교회로 삼위일체 하나님께 그리스도의 구속에 근거해서 성령님 안에서 하나님의 뜻을 기도하는 바른 전통은 유지하였다. 심지어 그와 더불어 고대교회가 그치는 것으로 보거나[144] 그와 더불어 중세교회가 시작되는 것으로 여겨지는 그레고리 1세(590-604년 재위)의 "교회의 수난은 아벨의 피로부터 시작하며, 선택된 자들의 교회는 하나다"라는 말에 대해서,[145] 그의 교회 개념이 어떤지를 알기에 불안하지만, 일면에서는 동의할 수도 있다.

그러므로 고대교회가 교회에 대해서 한 말에 대해서 우리들은 일부에 대해서는 동감하면서 동시에 일부에 대해서는 불안하고 안타까운 마

The Emergence of the Catholic Tradition, 291을 보라!) 문제를 함의하고 있다.

141 Cyprian, *Epistles* 64. 5 (Pelikan, *The Emergence of the Catholic Tradition,* 291). 어거스틴은 이를 "유아세례에 대한 키프리안의 책"이라고 했다(Augustine, *De nuptiis et concupiscentia,* 2. 29. 51 [Pelikan, *The Emergence of the Catholic Tradition,* 292]).

142 Augustine, *De nuptiis et concupiscentia,* 2. 29. 51 (Pelikan, *The Emergence of the Catholic Tradition,* 292).

143 Augustine, *Incomplete Work against Julian,* 3. 149 (Pelikan, *The Emergence of the Catholic Tradition,* 317).

144 펠리칸은 그런 식으로 제시하였다. Cf. Pelikan, *The Emergence of the Catholic Tradition,* 334, 336. "그레고리는 철저히 중세를 미리 보여주는 인물이다"(Gregory is throughout prefigurative of the Middle Ages)고 말한 헨리 테일러도 그렇게 생각한 듯하다(Henry Osborn Taylor, *The Medieval Mind,* 4th edition, 2 vols. [London: Macmillan, 1938], 1:102).

145 Gregory Magnus, *Homilies on Ezechiel,* 2. 3. 16 (Pelikan, *The Emergence of the Catholic Tradition,* 336), 강조점은 덧붙인 것임.

음을 가지게 된다. 예를 들어서, 그레고리 1세의 입장을 요약하면서 펠리칸이 하는 다음과 같은 말에 대해서 우리는 정확히 이렇게 생각하게 된다: "이 교회는 진리의 보관자이고, 은혜를 나누어 주는 기관이고, 구원의 보증자이고, 하나님께서 받으실 만한 예배를 위한 모형(母型, matrix)이다."[146] 특히 "가톨릭교회로부터만 진리가 비추어진다"고[147] 하는 말에서 이런 생각은 고조(高調)된다. 더구나 그가 "우리는 4권의 책들을 복음서로 받아들이는 것과 같은 방식으로 거룩한 보편의 교회의 네 공의회를 모두 받아들인다"고 할 때도[148] 비슷한 생각을 하게 된다. 이로부터 "네 복음서의 교회와 네 가지 공의회가 성경과 전통에 충실하며 그 범위와 권위에 있어서 같이 보편적이라는" 생각이 나타날까 걱정된다.[149] 이로부터 "성경과 전통 모두"(both Scripture and tradition)를 말하는 전통이 나오기 때문이다.

---

146 Pelikan, *The Emergence of the Catholic Tradition,* 334.

147 Gregory Magnus, *Moral Discourses on Job,* 35. 8. 13 (Pelikan, *The Emergence of the Catholic Tradition,* 334).

148 Gregory Magnus, *Epistles,* 3. 10 (Pelikan, *The Emergence of the Catholic Tradition,* 335).

149 실제로 이렇게 말하는 Pelikan, *The Emergence of the Catholic Tradition,* 335를 보라.

제 7 장 중세 신학의 교리사적 기여

1. 기독교의 기본 교리의 보존과 명료화
2. 구속을 위한 그리스도의 양성의 필요성 논증
3. 대리형벌설의 정립

제 8 장 중세 신학의 문제들(1): 구원 교리와 관련한 문제들

제 9 장 중세 신학의 문제들(2): 성례 교리와 관련한 문제들

제10장 중세 신학의 문제들(3): 교회 조직과 관련한 문제들

제11장 중세 신학의 문제들(4): "성경과 전통"과 관련한 문제들
마리아론, 상(像) 문제, 혼배성사, 고해제도, 성호 사용의 문제

제2부

중세교회의 주장과 그 문제점:

천주교회의 교의 이해와 그 문제점

제7장

중세 신학의 교리사적 기여

인간적으로 매우 존경할 만한 삶과 태도를 보인 **그레고리 대제**(**Gregory the Great**, c. 540-604)는 590년에 만장일치로 로마의 감독으로 선출되었을 때에 매우 주저하면서 이를 수락했다고 한다.[1] 그는 어거스틴과 제롬과 암브로스를 열심히 공부하였고 상당히 일찍부터 세속을 등지고 수도 생활을 하였으며, 특히 그의 아버지 사후에는 그 유산을 순전히 명상적 삶에 몰두하기 위한 수도원들을 세우는 데 사용했다고 한다.[2] 그는 고대 교회에서 어거스틴 다음으로 가장 영향력 있는 인물로 여겨지고, 중세 초기에는 어거스틴도 그레고리가 해석한 형태

---

[1] Louis Berkhof, *The History of Christian Doctrines* (Grand Rapids: Eerdmans, 1937, 1949, paperback edition, Grand Rapids: Baker, 1975), 140. 이때 "교황"이라는 용어의 적절성 여부는 그 문제를 다루는 부분을 참고하라.

[2] Berkhof, *The History of Christian Doctrines*, 140.

로 이해되었다고 한다.[3] 그는 라틴 교부들 가운데 마지막 인물로 언급되기도 한다.[4] 그래서 교리사에서 중세는 그와 같이 시작되는 것이 상례이다.[5] 이 시기 특히 니케아(Nicaea)에서 열린 소위 7차 에큐메니칼 공의회(787)부터 콘스탄스 공의회(1414)까지는 그 어떤 공의회를 열어 해결할 큰 논쟁적 문제는 없었다는 것에는 거의 모든 사람들이 동의한다.[6]

가장 복잡한 것 중의 하나가 중세 스콜라 신학이다. 그전에 그레고리 1세 사후(604)부터 카롤링거 궁전에서의 준비 시기 또는 카롤링거 르네상스 시대(780-880)를 포함하여 그레고리 1세 사후(604)부터 그레고리 7세까지의 준비기(604-1050)를 거쳐서, 본격적인 스콜라 신학은 대성당 학교가 본격적으로 자리잡아 활동하여 소위 11세기 말과 12세기의 르네상스를 일으킨 약 1050-1160년경에 시작한 것으로 여겨진다.[7]

---

3 Berkhof, *The History of Christian Doctrines*, 140. 그래서 "그레고리의 어거스틴주의"(the Augustinianism of Gregory)라는 말이 일반적으로 사용된다(140).

4 David Knowles, "The Middle Ages: 604-1350," in *A History of Christian Doctrine,* ed., Hubert Cunliffe-Jones (Edinburgh: T&T Clark, 1978, reprinted, Philadelphia: Fortress Press, 1980), 229-30. 신학적 깊이나 스타일의 독특성으로 보면 레오나 제롬보다 못하다고 하고, 그의 『대화들』(*Dialogues*)은 중세적 성격을 드러낸다고 한다(230).

5 이것은 Berkhof, *The History of Christian Doctrines*, 140을 따라 언급한 것이다. 또는 그레고리가 죽은 604년부터를 중세로 언급하는 일도 있다. 좀 자의적이라고 하면서 이런 입장을 말하는 Knowles, "The Middle Ages: 604-1350," 229-30. 그런데 쉐드는 하겐바흐(Hegenbach)를 따르면서 다마스커스의 요한으로부터 시작하는 730년부터로 제시하고 논의한다. William G. T. Shedd, *A History of Christian Doctrine,* vol. 1 (New York: Charles Scribner's Sons, 1863, 1902 edition, reprinted by Birmingham, AL: Solid Ground Christian Books, 2006), 35, 75, 177.

6 Knowles, "The Middle Ages: 604-1350," 229.

7 David Knowles, "The First Century of Scholastic Theology, c. 1050-c. 1200," in *A History of Christian Doctrine,* 257-65. 예를 들어 파리의 경우에 센 강 안에 있는 섬에 있는 대성당 학교, (휴고가 가르치던) St. Victor 수도원에 있는 학교, (아벨라드가 가르치던) 몽 상 제네비(the Mont Sante Geneviève)에 있는 학교 등 세 학교가 중심이었다(이 정보는 David Knowles, "The Golden Age of Scholasticism," in *A History of Christian Doctrine,* 266에서 얻었다).

그러다 스콜라 신학의 전성기는 대학이 형성되고[8] 본격적으로 대학에서 신학이 강의된 1160년부터 1270년경으로 여겨지며,[9] 아퀴나스적 종합이 깨어지는 후기 스콜라 신학의 시기는 1270-1350년까지로 본다.[10]

---

8 혹은 새로운 형태의 대학이라고 한다. 그 이전에는 수도원과 대성당 학교들에서 연구되었으나 이제 새로운 형태의 교육 기관이 등장한 것이다. 이 시기를 "버나드의 죽음과 함께 수도원의 세기들이 마쳐졌고, 대성당 학교들은 새로 생겨난 대학들에게 근거를 빼앗기면서 [교회법들을 집대성했던] 그라티안과 [명제들을 집대성한] 롬바르드와 함께 새로운 비판적 방식으로, 이전에 논란되던 의견들이 교과서와 강의실의 자료가 되었다"고 잘 묘사하는 Knowles, "The First Century of Scholastic Theology, c. 1050-c. 1200," 261을 보라. 그렇게 새로 나타난 대학의 대표적인 예가 학생들이 길드처럼 모여 형성된 볼로냐 대학교, 교수들이 모여 형성된 파리대학교이다(Cf. Knowles, "The First Century of Scholastic Theology, c. 1050-c. 1200," 260). 교수들의 길드라고 할 수 있는 파리대학교는 약 50여 년에 걸쳐서 형성되어 1215년에 온전히 인정되었다고 한다(266). 그 이전부터도 많은 학생들이 센 강의 왼편 뚝을 중심으로 몰려들었고, 이곳은 후에 파리의 라틴 지역으로 언급된다.

이때 같이 도입된 것이 스페인과 시실리에서 아빅세나(Avicenna), 아붸로즈(Averroes), 그리고 마이모니데스(Maimonides) 같은 분들이 조용히 라틴어로 번역하고 주석을 써서 들여온 아리스토텔레스의 저작들이다. 1050-1250에 번역되어(267) 1200년경에는 이것들이 파리에서 읽혀지고 가르쳐지고 했고, 1250년에는 전집을 라틴어로 읽을 수 있었다고 한다(268). 그래서 결국 아리스토텔레스를 상당히 따르면서 신학에 원용하던 알버트(Albert the Great)와 아퀴나스와 그런 시도를 하다가 결국 아리스토텔레스를 불신하게 된 보나벤튜라와 프란시스칸 수도사인 교수들 같이 둔스 스코투스와 함께 새로운 체계를 추구한 사람들이 나누어지게 된다(이에 대해서 David Knowles, "The Golden Age of Scholasticism," in *A History of Christian Doctrine,* 267-68를 보라). 프란시스칸 교수들은 신학을 학문으로보다는 하나님께 이르는 길, 즉 영적 생활을 위한 지침으로 보면서, 자신들이 해석한 어거스틴의 생각에 충실하려고 했다(269). 그런데 (서구 유럽에서 15세기까지는 플라톤의 대화록을 볼 수 없었던(267) 상황에서도) 어거스틴이 플라톤적 또는 폴로티노스적인 면이 있어서 결국 중세에 아리스토텔레스적 경향을 지닌 신학자들과 플라톤적 성향을 지닌 신학자들이 있게 된 것이다. 그래서 어거스틴의 옛길을 따르는 사람들과 아리스토텔레스가 바른 이성의 해명자라고 생각하는 사람들 사이에 충돌이 있게 된다(269).

9 Knowles, "The Golden Age of Scholasticism," in *A History of Christian Doctrine,* 266-79.

이때 "12세기는 사실 과거로부터 물려받은 어떤 체계도 없었고 그런 체계를 만들 시도도 하지 않았다. (그러나) 13세기에 이것이 다 바뀌었다"는 노울즈 교수의 말(268)을 깊이 생각하는 것이 좋을 것이다. 그는 13세기에 나타난 (1) 정통적 어거스틴주의, (2) 아퀴나스를 따르는 사람들(Thomist), (3) 둔스 스코투스를 따르는 사람들(Scotist), (4) 오캄을 따르는 사람들(Ockamist)의 형성을 염두에 두고 이 말을 하는 것이다. 이들은 천주교 신앙의 근본적 진리에 대해서는 다 동의하면서도 그 설명과 이끌어낸 결론이 상당히 달랐다.

10 David Knowles, "The Later Scholastics," in *A History of Christian Doctrine,* 280-86. 이 시기 말기로 가면서 아리스토텔레스적 논리와 추상적 본질을 높이는 태도가 사물들과 개별적 사람들의 세계와 살아 있는 복음으로부터 유리를 가져오게 했다는 중요한 논의를 하는 Knowles, "The

이와 함께 1350년부터 종교개혁 전야까지를 또 한 덩어리로 묶어 생각한다.[11] 이 마지막 시기는 기본적으로 그 전의 모든 위대한 종합의 시기가 이미 지나간 것으로 판단된다.[12] 그러다 15세기에 토미즘이 다시 새로운 형태로 등장하였지만,[13] 전체적으로 중세의 틀이 깨지는 것을 곳곳에서 보여 준다.

종교개혁의 빛에서 보면 스콜라 신학의 논의 중 어떤 것은 성경의 가르침에서 벗어나 이상한 점들이 많이 있다. 이에 대해서는 다음 장에서 하나하나 정리해 갈 것이다. 그러나 다음 몇 가지 점에서 중세 스콜라 신학은 바른 교리를 확립하는 일에 기여한 것이 있다고 하지 않을 수 없다. 그러므로 스콜라 신학은 복합체다. 문제도 많고 기여한 것도 있는 복합체(a mixed object)다. 기본적으로 (1) 삼위일체 교리를 비롯한 고대 교회의 가장 기본적 기독교 교리를 잘 보존하고 더 명료화하며 그것에 대해서 설명하려고 노력한 점에 대해서와 (2) 구속을 위한 그리스도의 양성의 필요성을 논증하여 양성론을 믿는 토대 위에서 그 필요성을 더 분명히 드러낸 점, 그리고 (3) 십자가에서 우리를 대신해서 형벌을 받으셔서 우리가 우리의 죄에 대한 형벌을 받지 않도록 하셨다는 '대리형벌설'(penal substitution theory)을 분명히 한

Later Scholastics," 286도 보라.

11 E. Gordon Rupp, "Christian Doctrine from 1350 to the Eve of the Reformation," in *A History of Christian Doctrine,* 289-304.

12 Rupp, "Christian Doctrine from 1350 to the Eve of the Reformation," 289.

13 프라하 대학교 출신(1355)으로 에르푸르트(Erfurt) 학교에서 가르쳤고, 후에 파리대학교(1377-1381)에서 가르치다, 프라하대학교(1381)에서 시편과 요한복음을 강의했고, 비엔나 대학교(1384?-1390)에서 가르쳤던 유명론자인 오이타의 하인리히 토팅(Heinrich Totting von Oyta, c. 1330–1397)과 프랑스 도미니칸 수도사요 토마스주의자들의 왕자로 불린 요하네스 카프레올루스(Johannes Capreolus,c. 1380–1444) 같은 분들의 '새로운 토마스주의'(Neo-Thomism)를 언급하는 Rupp, "Christian Doctrine from 1350 to the Eve of the Reformation," 289를 보라.

것을 중세 신학의 기여로 언급하면서 논의를 시작해 보기로 하자.

1. 기독교의 기본 교리의 보존과 명료화

중세교회의 가장 큰 기여는 하나님의 삼위일체이심과 그리스도의 양성을 초대교회가 성경에 근거해서 명확히 한 것을 그대로 받아들이고 그것을 그대로 믿으면서 교회는 삼위일체 하나님의 교회요 그리스도의 교회로 있어야 한다는 것을 천명한 것이다. (물론 다음 장들에서 논의할 여러 문제들 때문에 중세교회가 온전히 삼위일체 하나님의 교회요, 그리스도의 교회요, 성령님의 교회인지를 우리는 심각하게 질문해야 한다). 그래도 중세교회가 삼위일체 하나님에 대한 이해와[14] 그리스도의 양성 이해를 보호하고 보존한 것은[15] 높이 사야 한다. 물

---

[14] 중세교회가 삼위일체에 대한 이해에 있어서 기본적으로 이전 600년까지의 교리적 가르침을 받아들이고 변호하였다는 좋은 논의로 Shedd, *A History of Christian Doctrine,* vol. 1:376-77; 그 대표적인 예로 가톨릭 교회의 교리는 그저 "거룩한 삼위일체의 신비" 또는 "삼위일체의 신앙"이라고 지칭될 수 있다고 하면서(Gregory, *Moral Discourses on Job,* 33. 10. 20), 이 교리는 어디서나 누구에 의해서나 믿어졌다는 것을 강조한 그레고리 1세의 말을 잘 제시하는 Pelikan, *The Emergence of the Catholic Tradition,* 336을 보라. 보에띠우스(Boethius, c.470 or 475-c.524)의 삼위일체론(*On the Trinity*)을 보라(이를 지적하는 Pelikan, *The Emergence of the Catholic Tradition,* 349를 보라).

물론 9세기 스코투스 에뤼게나(John Scotus Erigena, c. 800–c. 877)는 좀 범신론적이고 사벨리우스적으로 생각하는 경향을 나타내기도 했고, 삐에르 아벨라르(Pierre Abelard, 1079-1142)도 좀 이상한 신론을 드러내기도 했으며, 로셀린(Roscellin, 또는 로스켈리누스, 1050–c. 1125)는 삼신론(trithism)으로 정죄되기도 했고, 뽀아티에의 길베르(Gilbert of Poitiers, 라틴어로 Gilbertus Porretanus, 불어로 Gilbert de la Porrée, after 1085–1154)는 이전 알렉산드리아의 다미안(Damian of Alexandra, † 605)이 말한 '하나인 모나드'와 '삼위'를 구별하여 일종의 사신론(tetratheism) 비슷한 것을 제시하여 정죄 받았으나, 안셀름, 버나드, 아퀴나스 등 중세의 대부분의 신학자들은 고대 교회의 고전적 삼위일체론을 제시하고 그것을 변호하였음을 잘 말하는 Shedd, *A History of Christian Doctrine,* 1:377-78을 보라. 아퀴나스의 정통적 삼위일체론을 잘 요약해서 제시하는 Knowles, "The Golden Age of Scholasticism," 274도 보라.

[15] 보에띠우스(Boethius, c.470 or 475-c.524)의 〈유티케스와 네스토리우스 반박〉(*Against Euthyches and Nestorius*)을 보라. 이를 지적하는 Pelikan, *The Emergence of the Catholic Tradition,* 349를 보라.

론 때때로 아니 자주 이런 문제들과 다른 문제들에 대해서 생각하면서 성경에 일치하지 않게 생각하려는 시도들을 하였다. 그럼에도 중세 교회도 성경과 고대 교회의 가르침에 충실하려고 노력한 면도 있다.

예를 들어서, (그 자신은 중세 이전의 인물이지만) "어거스틴 다음으로는 중세에 가장 큰 영향을 미친 라틴 작가"로 언급되는[16] **보에띠우스**(c. 470 or 475-c. 524)는 삼위일체론과 그리스도의 양성론에 상당히 충실하였고, 이를 논의하면서 "그 자체로 신앙의 확실한 토대(foundation) 위에 서 있는 조항에 [이성으로부터의] 논증을 제공하는" 일을 하였다고 한다.[17] 이는 후에 논의할 안셀름적인 사유의 선구적 태도를 드러낸 것이라고 할 수 있다. 그런데 자신이 한 작업이 "복된 어거스틴의 저작들 가운데서 이성의 씨앗을" 가져와 열매 맺게 하기를 원한다고 하니,[18] 어떤 의미에서 그는 이성의 길로 좀 더 나아가 앞으로 논의될 중세적 태도로 간 것이라고도 할 수 있다. 보에띠우스는 다른 곳에서도 "가능하면 이성과 신앙을 조화시키라"고 하였다.[19]

---

16 Martin Grabmann, *Die Geschichte der scholastischen Methode nach gedrucken und ungedruckten Quellen,* 2 vols (1909-11), reprint, Graz, 1957) 1:148 (Pelikan, *The Emergence of the Catholic Tradition,* 349).

17 Boethius, *On the Trinity,* 6 (Pelikan, *The Emergence of the Catholic Tradition,* 349).

18 Boethius, *On the Trinity, pr.* (Pelikan, *The Emergence of the Catholic Tradition,* 350).

19 Boethius, *Whether Father, Son, and Holy Spirit may be Substantially Predicated of the Divinity?* (Pelikan, *The Emergence of the Catholic Tradition,* 350).

(1) 예증 1: 양자론의 등장과 극복

8세기에 스페인에서 벌어진 양자론 논쟁을 잠시 생각해 보자. "인자(the Son of Man)는 **입양된** 하나님의 아들(the adopted son of God)"이라는 시사를 주는 미그네티우스(Mignetius)를 정죄하면서 톨레도의 대감독 엘리파두스(Elipadus)가 주재한 톨레도 공의회에서 "성자는 동시에 인자요 하나님의 아들이신데, 그의 인성을 따르면 양자된 아들(adopted son)이지만, 신성에 따르면 양자된 것이 아니다"고 선언하였다.[20] 이에 대해서 (계시록에 대한 주석가로 알려진) 수도원장 베아투스(Beatus)는 엘리파두스 대감독이 이단적 견해를 가졌다고 교황 하드리안 1세에게 제소하였을 때, 교황은 조심스러운 신학적 설명과 함께 그리스도에게 "양자"(adopted son)라는 말을 쓰는 것을 정죄하였다.[21]

그러자 톨레도의 엘파누스 대감독은 이 문제에 대한 판단을 **우르겔리스의 펠릭스**(**Felix of Urgellis**, † 818)에게 부탁하였다. 펠릭스는 스페인에서 당시 그곳에 있던 이슬람교도들이 좀 더 쉽게 예수님을 믿도록 하기 위한 방도의 하나로 그리스도께서는 그의 신성과 관련해서는 온전히 하나님의 아들이시지만, 그의 인성과 관련해서는 양자됨

20 이에 대해서 David Knowles, "The Middle Ages: 604-1350," in *A History of Christian Doctrine,* ed., Hubert Cunliffe-Jones (Edinburgh: T &T Clark, 1978, reprinted, Philadelphia: Fortress Press, 1980), 236-37

21 이에 대해서 Knowles, "The Middle Ages: 604-1350," 236-37.

(by ***adoption***)으로 하나님의 아들이라고 할 수 있다는 독특한 양자론(Adoption theory)을 제시하였다. 그 때문에 펠릭스가 샤를마뉴에게 제소되었고, 그는 레겐스부르크와 로마에 소환되어서 왕과 교황에게 자신의 견해를 취소한다고 선언하였다.[22]

그런데 스페인 감독들은 엘리파두스 대감독과 의견을 같이하면서 인간성이 양자되었다는 의미에서 "양자된 아들"이라는 말을 쓸 수 있다고 베아투스(Beatus) 수도원장에게 답하면서 샤를마뉴 왕의 협조를 부탁하였다. 이 문제를 해결하기 위해 소집된 프랑크푸르트 공의회(the Synod of Frankfurt, 794)는 우르겔리스의 펠릭스의 생각은 네스토리우스적이라고 하면서 '양자된 아들'이라는 표현을 정죄하였다.[23] 이때 형상 숭배도 같이 정죄하였다.[24]

그 바로 전에 샤를마뉴 궁전의 학자로 초빙되어 소위 샤를마뉴 르네상스를 일으키고 중세 스콜라 신학의 초기를 형성했다고 여겨지는 **알퀸(Alcuin of York**, c. 730/735 - 804)은 아헨 공의회(a Synod in Aachen)에서 6일 동안의 논증으로 펠릭스에게 오류가 있음을 드러내었다.[25] 그리하여 9세기 중반에 이런 식의 양자론적 오류가 스페인에서 사

22 Knowles, "The Middle Ages: 604-1350," 237.

23 Knowles, "The Middle Ages: 604-1350," 237.

24 이에 대해서 James Orr, *The Progress of Dogma* (London: James Clarke & Co. Limited, 1901), 206을 보라.

25 Orr, *The Progress of Dogma*, 206. 오어는 알퀸이 약 735년경 출생했다고 하고, 노울즈는 알퀸이 약 730년에 출생했다고 한다(Knowles, "The Middle Ages: 604-1350," 236).

라졌다.[26] 이와 같이 중세에도, 이런저런 잘못된 생각들을 정확히 비판하면서, 예수 그리스도에 대해서는 그의 신성이 온전한 것이며, 따라서 성자는 성부와 형이상학적 (존재론적) 부자 관계에 있음을 아주 분명히 하였다.

(2) 예증 2: 이중 예정에 대한 변증

그런가 하면 7세기부터 9세기에 걸쳐서 중세교회 안에서 "이중 예정"에 대한 생각이 거의 사라지고 예정에 대한 생각이 있다면 오직 예지에 근거한 선택만을 생각하는 상황 속에서,[27] 어거스틴의 글을 열심히 읽고 그의 사상에 깊이 들어가서 어거스틴이 말하는 성경적 선택 개념에서 안정과 평화를 찾았던 풀다(Fulda)의 수도사였던[28] **고트샬크**(***Gottshalk***, † 868)는 성경이 가르치는 대로 (1) 구원받는 사람들에 대한 예정인 선택과 (2) 결국 멸망하는 사람들에 대한 예정인 유기

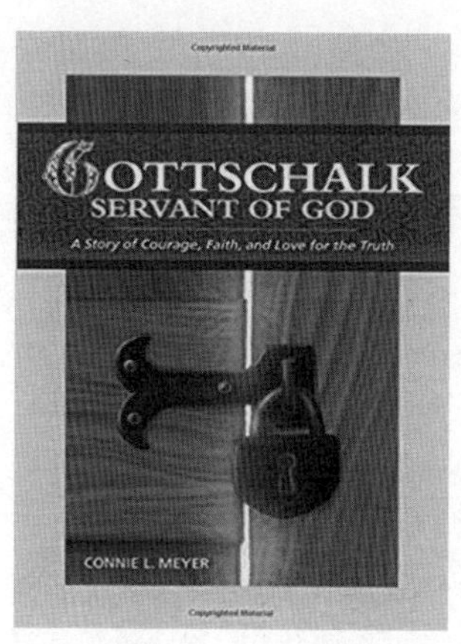

[26] Orr, *The Progress of Dogma*, 206. 물론 처음에는 엘리파두스 대감독과 알퀸 사이의 논쟁이 계속되었으나 "이때부터 11세기 스페인에 있게 된 어두움 속으로 이 문제가 들어가 버리고 말았다"고 하는 Knowles, "The Middle Ages: 604-1350," 237을 보라.

[27] 후에 이런 생각을 대변한 사람이 아퀴나스이다. 그는 하나님의 주권적 예정을 말하고 심지어 사실된 사람들도 하나님께서 예지하신다고 하면서도 "이중 예정"은 전혀 말하지 않으려고 했다 (Knowles, "The Golden Age of Scholasticism," in *A History of Christian Doctrine,* 275).

[28] 그 수도원장이 라바누스 마우루스(Rabanus Maurus)였고, 고트샬크는 수도 생활에서 벗어나 사제가 되었으나 그 이후의 삶은 계속되는 논쟁과 구금의 생활이었다고 한다. 이를 말하는 David Knowles, "From Charlemagne to the Eleventh Century," in *A History of Christian Doctrine,* ed., Hubert Cunliffe-Jones (Edinburgh: T &T Clark, 1978, reprinted, Philadelphia: Fortress Press, 1980), 243을 보라.

(reprobation) 모두를 말하는 "이중 예정"을 말하였다.[29] 또한 성경에 따라서 매우 조심스럽게, 선택되어 믿고 거룩함을 향해 가는 사람들에게 신적 은혜의 유효성(divine efficacy)이 있음을 강하게 말하고, 이 세상에 죄를 범한 자들이 있게 될 것을 분명히 하는 허용적 작정(a permissive decree)을 말하였다.[30] 또한 예지에 근거한 선택을 말하는 것은 신적 작정을 인간의 행위에 의존하게 하는 것이므로 허용될 수 없다고 하였다.[31] 예지는 예정에 따라 나오는 것이고, 하나님의 정하심이 정의롭다는 것을 드러낼 뿐이라는 것이다.[32]

이와 같이 성경에서 벗어난 생각이 주도적인 중세에도 성경과 성경에 충실한 어거스틴의 견해를 따르면서 성경적 예정론을 유지하는 견해가 나타난 것도 중세의 한 기여이다. 물론 이에 대한 강한 반박이 있었다. 반대자들은 고트샬크의 주장이 하나님을 죄의 원인자로 만든다고 강하게 비난하였다. 이에 대해서 고트샬크는 타락한 인간들에게는 하나님 은혜 외에는 구원의 길이 없음을 말하면서, 그 은혜는 결국 하나님의 선택에서 오는 것임을 강조했다. 그러므로 그리스도께서는 오직 선택된 사람들을 위해 죽으셨다고 논리적으로 말하였다.[33] 안타깝게도 그의 가르침은 848년 메이엔(Mayene)에서 정죄되었고, 그 다음 해에 채찍질당하고 무기 수감되었다.[34]

그래도 이에 대한 논쟁은 계속되어, 프루덴티우스(Prudentius)와 라트람

---

29 Berkhof, *The History of Christian Doctrines*, 141; Knowles, "From Charlemagne to the Eleventh Century," 243.

30 William G. T. Shedd, *A History of Christian Doctrine,* vol. 2 (New York: Charles Scribner's Sons, 1897), 114; Berkhof, *The History of Christian Doctrines*, 141.

31 Berkhof, *The History of Christian Doctrines*, 141.

32 Berkhof, *The History of Christian Doctrines*, 141.

33 Knowles, "From Charlemagne to the Eleventh Century," 243.

34 Berkhof, *The History of Christian Doctrines*, 141.

누스(Ratramnus), 그리고 레미기우스(Remigius), 페리에레의 루푸스(Lupus of Ferrières) 같은 뛰어난 분들이 이중 예정이 어거스틴적인 바른 가르침이라고 변증하였다. 그러나 이전에 고트샬크가 속해 있던 수도원의 원장이었던 라바누스(Rabanus)나 레임스의 대감독 힝크마(Hincmar of Rheims, † 882) 같은 분들은 지속적으로 이를 반박하였다.[35] 힝크마 대감독은 그리스도께서는 모든 사람들을 위해 죽으셨다고 주장하였다.[36] 안타깝게도 퀴에르시(Quiercy or Quierzy, 853) 회의에서는 라바누스나 힝크마의 입장을 옹호했다. 반(反)-어거스틴적 어조를 지닌 이 결정문의 중요 내용은 다음과 같다.

(1) 단일 예정이 있으니 오직 선택된 자들에 대한 예정만 있다. 그러나 이것은 그들의 선행에 대한 하나님의 예지에 근거한 것이 아니다. 상실된 자들에 대해서는 하나님께서 어떤 이들이 원죄 가운데 계속 있을 것과 은혜 가운데 있던 자들이 은혜에서 떨어질 것을 신적인 예지로 미리 보셨다.
(2) 사람은 자유는 원죄에서 상실했으나 은혜로 회복되었다.
(3) 하나님께서는 모든 사람의 구원을 바라신다.

---

35 그런데 이분들의 논쟁은 결국 말에 대한 것뿐이었으니 이 분들은 심정으로 반(半)-어거스틴주의(Semi-Augustinianism)들로 같은 생각을 다른 말로 하였다는 Berkhof, *The History of Christian Doctrines*, 412의 평가를 심각하게 들어야 한다. 프루덴티우스(Prudentius)와 라트람누스(Ratramnus), 그리고 레미기우스(Remigius) 같은 분들은 어거스틴의 이중 예정을 옹호하면서도 유기에 대해서는 예지에 근거한 것이라고 하고, 라바누스(Rabanus)나 레임스의 힝크마(Hincmar of Rheims)는 예정이라는 말을 오직 선택에만 한정시키면서 유기는 예지에 근거한 것이라고 했기 때문이다. 또한 이 분들은 모두 성례적 은혜 개념을 말하면서 엄격한 예정론은 성례에서 영적 가치를 앗아가 단지 형식만 남게 할 것임을 우려했기 때문이다(Berkhof, *The History of Christian Doctrines*, 142). 이것이 신학은 말로만 해서는 안 된다는 것을 잘 드러내주는 사례의 하나다.

36 Knowles, "From Charlemagne to the Eleventh Century," 243.

(4) 그리스도께서는 모든 사람들을 위해 수난을 당하셨다.[37]

그러나 발렌스 회의(Valence, 855)에서는 이중 예정 옹호자들의 입장을 인정하였으나 그 내용은 상당히 중세적 입장을 드러내고 있다. 이중 예정을 옹호한 발렌스 회의의 결정문은 다음과 같다.

> 우리들은 택자들에 대한 생명으로의 선택에 대한 예정과 사악한 자들에 대한 죽음으로의 예정을 믿고 고백한다. 그러나 (궁극적으로) 구원받는 사람들에 대한 선택에서 하나님의 자비가 선한 공로보다 우선한다. 또한 (궁극적으로) 멸망할 사람들에 대한 정죄에서는 악한 일을 한 것이 하나님의 의로운 심판보다 선행한다. 예정에서 하나님께서는 은혜로운 자비에서나 의로운 심판에서 오직 당신님 자신이 하실 것들만 예정하셨다.... 사악한 자들에게서 그 사악함이 그들에게서 온 것이기에 그것을 미리 아신 것이다. 하나님께서 그것을 예정하신 것이 아니니, 그것이 하나님에게서 온 것이 아니기 때문이다.[38]

그러므로 이중 예정을 옹호한 발렌스 회의의 결정문에서도 결국 하나님은 사악함을 미리 보고 그들을 내버려 두시기로 했다고 함으로 중세적 입장을 유지하고 있다. 이런 중세에 그래도 성경적 예정론을 말하던 사람들이 있었고, 그런 분의 하나인 고트샬크 같은 분은 어려움을 당하면서도 성경적 진리를 말하였다.

37 이는 Knowles, "From Charlemagne to the Eleventh Century," 243-44에 요약된 것이다.

38 Seeberg, *History of Doctrines,* II, 33; Berkhof, *The History of Christian Doctrines*, 142.

(3) 예증 3: 안셀름 등의 성경적 견해

샤를마뉴 궁에서 학문적 노력을 이룬 빛나는 알퀸(Alcuin)에게서 시작된 소위 스콜라 신학이 꽃을 피울 때 큰 기여를 한 첫째 사람(first of the greater schoolmen)으로[39] 흔히 언급되는 11세기 말과 12세기 초의 **켄터베리의 안셀름(Anselm of Cantebury**, c. 1033-1109)은 하나님에 의해 조명된 정신을 사용하여 신학을 하려고 하였다. 그는 스스로가 어거스틴의 가르침에서 벗어나지 않았다고 자랑한 대로 어거스틴의 생각을 잘 유지하면서 논의하였다.[40] 그러나 이렇게 어거스틴에게 충실한 그는 그저 둘째 어거스틴은 아니고 독자적인 사상가였다.[41] 그래도 그는, 그 이전의 어거스틴과 마찬가지로, 온건한 실재론자이면서도 각 사람의 영혼은 하나님께서 직접 창조하셨다고 생각하였다.[42] 중세에는 이와 같이 영혼 직접 창조설이 주도적이었다.[43] 따라

---

39 이는 Orr, *The Progress of Dogma*, 210에서 온 표현이다.

40 이 점을 말하는 Knowles,"From Charlemagne to the Eleventh Century," 248을 보라.

41 이렇게 말하면서 안셀름의 독자성을 강조하면서 "그는 그의 시대에 군계일학"이라고 하는 Knowles,"From Charlemagne to the Eleventh Century," 249를 보라: "He stands alone in his age, and has no followers approaching to his stature." 계속해서 그는 이렇게 말한다. "어떤 의미에서 그는 스콜라 신학의 아버지이지만 또 다른 의미에서 그의 사유 방식은 그와 함께 종말을 고한다."

42 George Park Fisher, *History of Christian Doctrine* (Edinburgh: T. & T. Clark, 1896, 7th Impression, 1949), 187. 이 문제에 대한 안셀름의 논의로 <동정녀 탄생과 원죄>(*De Conceptu virginaldi et originali peccato*) 그리고 <자유의지에 대하여>(*De libero arbitrio*)를 보라.

43 이 점을 지적하여 언급하는 William G. T. Shedd, *A History of Christian Doctrine,* vol. 2 (New York: Charles Scribner's Sons, 1897), 23을 보라.

서 사람의 영혼이 그 부모들로부터 유전된다는 소위 "유전설"(traducianism)을 지지하지 않았다. 이 유전설은 영혼을 물질적인 것으로 취급하는 경향이 있었고, 상당수는 어거스틴의 인간론을 거부하고 동방의 인간론을 채용하는 경향이 있었기 때문이다.[44] 그러나 안셀름은 중세에 어거스틴적 인간론을 다시 제시했을 뿐만 아니라 그 나름의 기여도 한 분이라고 평가받는다.[45] 그는 원죄론을 강조하면서 이를 자연적 죄(타락한 후의 본성적 죄, *peccatum naturale*, natural sin)이라고 부르면서 이는 원죄가 인간성 자체에 속한다는 뜻이 아니라 원죄는 타락한 상태에서 자연적이라는 것, 즉 타락 후에는 본성적이라는 것을 강조했다.[46]

안셀름은 모든 인간이 가진 공동의 인간성(a common human nature) 개념을 잘 생각하였고,[47] 아담 안에 있던 인간성이 각 사람에게 개별화되는(individualization) 것이라고 생각하였다. 그래서 아담은 창조되었고(created), 모든 후대 사람들은 생육하는(propagated) 것이라고 구별하여 말하기를 즐겼다.[48] 아담은 첫 조상으로 모든 인간성이 씨앗의 형태로(seminally) 그 안에 있다고 했다.[49] 모든 인간의 인간성은 아담과 동일 본질(ὁμοούσιος)이다. 아담 안에 있는 인간성이 반드시 범죄해야 하는 것은 아님을 분명히 하면서도,[50]

---

44 중세에 영혼 유전설이 많이 거부된 이유를 이렇게 두 가지로 제시하는 좀 단순한 논의로 Shedd, *A History of Christian Doctrine,* 2:23-24를 보라.

45 이렇게 평가하는 Berkhof, *The History of Christian Doctrines*, 142를 보라.

46 Berkhof, *The History of Christian Doctrines*, 142-43.

47 이를 잘 언급하는 Shedd, *A History of Christian Doctrine,* 2:117을 보라.

48 Shedd, *A History of Christian Doctrine,* 2:123. 그래서 안셀름은 사람은 죄 가운데서 창조되지 않고(not created in sin) 개인은 죄 가운데서 태어난다(born in sin)고 표현한다(125).

49 Shedd, *A History of Christian Doctrine,* 2:120.

50 Shedd, *A History of Christian Doctrine,* 2:119: "There is no original and created necessity for sin."

타락할 때 인간성이 아담 안에서 패괴하게 되었다고 하였다.

첫 범죄는 독특한 것이었다.[51] 다른 범죄는 그와 같지 않다. 가인과 아벨의 죄들과 다른 사람들의 죄들은 그 안에 인간성 전체가 관여하는 그런 개인의 범죄가 아니다. 심지어 아담의 두 번째 죄도 그런 죄는 아니다. 아담의 이런 개인적 죄의 죄책이 후대에 전달되지는 않는다. 오직 아담이 인간성 전체(one human nature)를 가지고 있는 그때에 범한 최초의 죄의 죄책과 오염만이 전가되는 것이다.[52] 아담의 첫째 범죄만이 자신의 인간성만이 아니라 인간성 전체를 오염시키는 것이다.[53] 따라서 첫째 범죄의 타락 이후의 모든 사람의 인간성은 다 죄책이 있고 오염된 것임을 아주 자명한 것으로 논의하였다.[54] 아담의 경우에는 개인이 인간성 전체를 부패시킨 것이고, 후대 사람들의 경우에는 부패한 인간성이 개인을 부패시키는 것이다.[55] 따라서 안셀름은 타락으로 인간은 죄책이 있고 오염되었다는 것도 분명히 하였고,[56] 그 죄책과 오염 모두가 부모에게서 전달되는 것이라고 하였다.[57] 타락한 이 상황에서는 죄된 본성이 전달되는 것이다(a sinful nature propagated). 그러므로 안셀름의 경우에 있어서도 어거스틴과 같이 "인류 전체의 근원적 통일성"(the original unity of the human race)이 모든 것의 시작이다.

---

51 Shedd, *A History of Christian Doctrine,* 2:122.

52 Shedd, *A History of Christian Doctrine,* 2:123.

53 Shedd, *A History of Christian Doctrine,* 2:126.

54 Shedd, *A History of Christian Doctrine,* 2:116, 119; Berkhof, *The History of Christian Doctrines*, 143. 따라서 만일 아담이 타락하지 않았으면 인간성을 거룩성을 유지했을 것이고 그 거룩한 인간성이 부모에게서 자녀에게로 전달되었을 것이라고 했다.

55 이를 잘 지적하는 Shedd, *A History of Christian Doctrine,* 2:122를 보라.

56 이전에 모호하게 언급되던 것을 아주 자연스럽게 말하도록 한 것은 그의 공로라고 할 수 있다.

57 Berkhof, *The History of Christian Doctrines*, 143.

이런 개념으로부터 후대에 전달되는 것은 최초의 아버지인 아담의 첫 번째 죄에 대한 죄책과 오염이라는 것을 잘 논의한 것도 안셀름의 기여이다. 즉, 후대 부모들의 죄에 대한 죄책과 오염이 그 후대에 유전되는 것은 아니라는 것을 안셀름은 잘 지적하였다.[58] 오직 아담의 인격 안에서 전 인류(their whole human race)가 시험을 받은 것임을 강조한 점에서 그는 후대 언약 개념에 상당히 접근했다고 할 수 있다.[59] 사실 중세 신학은 아담이 인류의 시작일뿐 아니라 인류의 대표라는 생각을 전반적으로 가지고 있었다.[60] 이것이 후대 언약 신학으로 발전할 수 있는 토대의 하나가 되었다고 할 수 있다. 그런 의미에서 원죄론과 구속론에서는 안셀름이 천주교회에 속했다기보다는 후에 나타난 개신교회에 속했다고 말하는 쉐드의 논의는[61] 그저 시대착오적인 것이 아니고 의미 있는 논의라고 할 수 있다.

특히 안셀름이 계시된 진리를 받아들이고(신앙의 우선성) 그것을 영적으로 비추어진 이성으로 파고든 것은 매우 큰 기여이다.[62] 그러므로 그가 이성에게 이성 이상의 능력과 자격을 주었는지는 모두들 더 깊이 생각해 보아야 할 심각한 문제이다. 핵심은 안셀름이 "인간의 지성이 신적 진리를 이해하는 데까지 갈 수 있다"고 했을 때,[63] 그 이성이 과연 어떤 지성이냐 하는 것에 달려 있다.

---

58 Cf. Berkhof, *The History of Christian Doctrines*, 143; Shedd, *A History of Christian Doctrine,* 2:122.

59 이렇게 평가하는 Berkhof, *The History of Christian Doctrines*, 143을 보라.

60 Berkhof, *The History of Christian Doctrines*, 145.

61 Shedd, *A History of Christian Doctrine,* 2:114.

62 이 점을 잘 드러낸 Knowles, "From Charlemagne to the Eleventh Century," 249를 보라.

63 이 표현은 누구나 하는 것이지만 특히 Knowles, "From Charlemagne to the Eleventh Century," 249에서 온 것임을 밝힌다.

〈Roscelin, c. 1050–c. 1125〉

후대의 스콜라 신학자들은 점점 더 일반적 이성의 능력을 말하는 것으로 보였다. 그래서, 예를 들자면, 논리와 변증법을 사용한다고 하면서 **로셀린**(**Roscelin**, c. 1050-c. 1125)은 결국 삼위가 세 분의 신적인 존재로 존재한다(the existence of three divine beings)고 삼신론적인 논의를 하기에 이르렀다.

이에 반응하면서 **아벨라드**(**Peter Abelard**, 1079 - 1142)는 또 다른 극단으로 나가서 삼위란 한 하나님의 속성이나 특성들 (예를 들어 능력, 지혜, 사랑 같은)에 대한 이름에 불과한 것이라고 하였다.[64]

이런 두 가지 잘못이 다 일반적 이성을 가지고 생각한 결과라고 해야 할 것이다. 중생한 이성을 이런 식으로 생각할 수 없으니 말이다.

〈Peter Abelard, 1079–1142〉

아벨라드는 또한 그리스도의 신성의 초월성을 강조하면서 그에 비하면 인성을 무(無, *nihil*)라고 오해할 만하게 표현하기도 하였는데 이것이 로날드 반디넬리(Roland Bandinelli), 심지어 피터 롬바르드(Peter Lombard), 그리고 길베르 데 라 뽀레

---

[64] 이 두 가지 예도 일반적인 것이나 Knowles, "From Charlemagne to the Eleventh Century," 250서 온 것임을 밝힌다. 이런 식으로 모호하게 생각했기에 아벨라드는 키케로(Cicero) 같은 사람들도 삼위일체에 대해서 희미한 관념은 가졌다(dimly perceived)고 생각했다. 이에 대해도 Knowles, "From Charlemagne to the Eleventh Century," 251을 보라.

(Gilbert de la Porrée) 등에 의해서도 채용되어서 프랑스와 후에 독일 지역에도 널리 퍼졌다고 한다. 후에 알렉산더 3세가 된 로날드 반디넬리는 이에 대한 논의를 하지 않도록 두 번이나 금한 후에 결국은 이렇게 표현하는 것을 정죄했다(1177)고 한다.[65]

그렇지만 (비록 사후에야 그런 인정을 받았지만 스콜라 신학이 그에게서 최고봉에 이른 것이라고 평가되는[66]) **토마스 아퀴나스**(*Thomas Aquinas*, 1227-1274)는 삼위일체 이해와 양성론 등의 문제에서는 기독교의 기본적인 것들을 그대로 견지한 공로가 있다.[67] 아퀴나스는 칼케돈 신조의 위격적 연합을 그대로 받아들이면서 그래서 그리스도의 인성이 그 나름의 위격을 가질 필요가 없음을 전제하면서 논의하였다.[68]

---

[65] Knowles, "From Charlemagne to the Eleventh Century," 250.

[66] 누구나 이렇게 말하지만 특히 Orr, *The Progress of Dogma*, 231을 보라: "the greatest of all, Thomas Aquinas, with whom the development of the doctrine ion this age may be said to culminate." 그러나 그의 생전이나 사망(1274) 직후에는 아리스토텔레스의 명제들에 대한 공격(1270년에 파리의 템삐에르(Tempier) 감독의 의한 정죄)에 이어 아퀴나스의 몇 가지 주장에 대한 정죄도 이루어졌다(아퀴나스 사후 3년째인 1277). 이것은 50년 뒤에 요한 22세에 의해서 번복되었다(이런 점들을 잘 제시한 David Knowles, "The Later Scholastics," in *A History of Christian Doctrine,* 280을 보라).

[67] 그에게 있는 다른 문제는 후에 논의할 것이다.

[68] Cf. Berkhof, *The History of Christian Doctrines*, 114.

아퀴나스의 독특성은 이 위격적 연합으로 인해 그리스도의 인성이 이중 은혜를 받는다고 자기(아퀴나스) 식으로 설명한 것이다. (1) **연합의 은혜**(*gratia unionis*). 즉, 인성이 신성과 연합의 결과로 얻게 되는 엄위, 그래서 인간성이 경배의 대상이 되는 성질, 그리고 (2) **습성의 은혜**(the *gratia habitualis*).[69] 인간성을 하나님과의 관련 가운데서 유지시키는 사람으로서의 그리스도에게 보장된 성화의 은혜. 이렇게 연합의 은혜와 습성의 은혜라는 이중의 은혜를 받았다는 것이다. 또한 전지하신 신적 지식과 함께 있는 그리스도의 인간적 지식을 "주입된 지식"(*scienta infusa*)과 "획득된 지식"(*scientia acquisita*)으로 분류해 설명하였다.[70] 주입된 지식으로 사람이 알 수 있는 모든 지식과 계시에 의해 주어질 수 있는 모든 지식을 말하는데 이는 그 종류에 있어서는 완벽한 지식이나 피조물적 제한 아래 있는 지식이라고 한다. 그리고 "획득된 지식"이란 말로써 아퀴나스는 지적 기능을 통해 파악한 것을 의미했다.

그리스도의 양성 간의 추상적 속성 교류는 없다고 했고 신성의 특성이 그 인격에도 돌려지면 인성의 특성들도 역시 그 위격에게 돌려진다고[71] 건전하게 논의하였다. 그러면서 그리스도의 인간성은 전능하지 않고, 슬픔이나 두려움, 놀라움, 분노 같은 인간적 감정들이 있다고 하였다. 또한 7세기의 논의를 반영하면서 그리스도에게는 두 의지가 있으나 궁극적으로는 신성의 의지에 인성의 의지가 복종하니 궁극적 원인은 신성의 의지라고 하였

[69] Berkhof, *The History of Christian Doctrines,* 114.

[70] Berkhof, *The History of Christian Doctrines,* 114. 이 논의에는 아퀴나스의 특징적인 사변이 들어 있어서 지나친 것이란 생각도 든다.

[71] Berkhof, *The History of Christian Doctrines,* 114. 이런 추론은 후에 칼빈 같은 분들도 정확히 같은 입장을 취하여 표현하는 것이다.

다.[72]

또한 어거스틴이 인간 안에 있는 육욕(concupiscence)을 너무 강조하면서 죄와 상당히 동일시한 것에 비해서, 점점 육욕과 죄를 동일시하는 것은 옳지 않으며 이것은 엄밀한 의미에서 죄가 아니며, 그런 부패한 인간성을 따라 행하는 것이 죄라는 생각으로 전환해 간 것도[73] 중세기에 있는 흥미로운 진전이라고 할 수 있다.

이와 같이 중세 교회도 어떤 점에서 기독교의 기본적인 교리를 충실히 견지하려고 한 측면이 있었다는 것을 강조해야 한다. 그 중에 가장 대표적인 것이 그리스도의 양성의 필요성에 대한 강한 논증과 그리스도의 구속이 대리 형벌적인 것임을 잘 보존한 것이다. 다음 장들에서 논의할 중세 교회의 심각한 문제들이 있지만, 이런 기본적인 면에서 중세 교회는 기독교를 보존한 측면이 있다고 여겨지고 따라서 중세도 기독교 역사의 한 부분으로 논의되는 것이 마땅하다. 아돌프 쉴라터와 같이 초기 기독교회 이후의 역사를 괄호 속에 넣어 그 의미를 전혀 인정하지 않으려고 하는 것은[74] 그 동안 교회가 너무 심각하게 진리에서 멀어진 면이 있기에 어느 정도 의미 있는 시도이기는 하나 그래도 너무 지나친 것이다.

2. 구속을 위한 그리스도의 양성의 필요성 논증

안셀름의 "획기적 저작"(an epoch-making book)인 『왜 하나님께서 인간이 되셨

---

[72] Berkhof, *The History of Christian Doctrines,* 115.

[73] 이에 대한 간단한 언급으로 Berkhof, *The History of Christian Doctrines*, 145를 보라.

[74] Cf. Adolf Schlatter, *The History of the Christ: The Foundation of New Testament Theology* (Grand Rapids: Baker, 1997).

는가?』(*Cur Deus Homo*)로부터 구원의 문제가 교회의 본격적 논의거리로 제시되고 특히 기독론적 문제와 구원론 문제가 밀접히 연관되어 제시되었다는 데에는 거의 모든 사람들이 동의한다.[75]

그는 첫째로 사탄 속상설, 즉 그리스도가 사탄에게 속상물(*ransom*)로 드려졌다는 견해를 비판적으로 제거하여[76] 바른 생각을 위한 토대를 마련한다. 그리하여 그는 죄는 하나님께 마땅히 돌려 드려야 할 영예를 하나님께 돌리지 않은 것임을 분명히 한다. 안셈름은 피조물이 하나님께 마땅한 그의 영광을 드리지 않는 것이 이 우주에서 가장 견딜 수 없는 것이라고 한다.[77] 어떤 의미에서 죄에 대한 가장 고상한 견해라고 할 수 있는 이런 이해는 하나님을 온전히 무시하려는 현대인들에게는 전혀 말이 안 되는(do not make sense) 것이지만, 중세 사람들에게는 아주 쉽게 이해할 수 있는 좋은 개념을 제시한 것이다. 바울이 "하나님으로 영화롭게 한다"(롬 1:21)고 말한 바를 안셀름은 하나님께 합당한 영예를 돌린다고 한 것이다.[78] 안셀름의 논의는 다른 면에서도 높이 살 수 있지만 그 당시 사람들이 잘 이해할 수 있도록 당시 상황에 매우 적절한(relevant) 방식으로 신학적 논의를 한 것으로

[75] 그 대표적인 예로 Orr, *The Progress of Dogma*, 28을 보라. 이 책이 "획기적 저작"이라는 표현은 Berkhof, *The History of Christian Doctrines*, 171에서 왔다.

[76] Anselm, *Cur Deus Homo*, I. 7.

[77] Anselm, *Cur Deus Homo*, I. 13.

[78] 이를 잘 지적하여 말하는 Orr, *The Progress of Dogma*, 223을 보라.

도 인정할 수 있다. 하나님께 마땅히 돌려야 할 영예를 박탈하고 도적질한 것(robs God of His due honour)이라는 죄라는 이 개념은 중세 사람들에게는 가장 심각한 문제로 생각될 만한 것이다. 그 전제는 "합리적 피조물들의 전체 의지는 하나님의 뜻에 복속해야만 한다"는 명제다.[79] 역시 현대인들은 전혀 수긍하지 않으려는 이 명제에 모든 것이 달려 있다. (여기서 현대인들의 죄악이 얼마나 크고 무서운 것인가 하는 것이 깊이 생각되어야 한다. 심지어 그리스도인들이라는 사람들조차도 이에 쉽게 동의하지 않으려고 할 정도로 현대에 사는 사람들은 하나님으로부터 독립하여서 스스로 서려 하고 자율적이기를 원한다. 우리의 가장 큰 문제가 바로 여기에 있다.)

그런데 사람들은 하나님께 마땅한 영예를 돌리지 않았으므로 반드시 형벌을 받아야 한다. "어떤 사람이나 타락한 천사도 하나님의 뜻과 통치에 복종하지 않으려고 해도 그것을 피하여 갈 수 없으니, 명령하시는 의지로부터 도망하려고 하는 자는 형벌하시는 의지로 돌진하는 것이기 때문이다."[80] 그런데 이미 죄를 지은 사람이 하나님께 합당한 만족(satisfaction)을 드릴 수는 없다. 하나님으로부터 받지 않은 것이 없으며, 하나님께서 요구하시는 만족을 드릴 능력도 없기 때문이다. 또한 회개와 미래의 순종도 과거의 잘못을 없던 것으로 할 수는 없다.[81]

그러므로 참 인간이시되 죄를 범하지 않으셨으며 동시에 무한한 가치를 가지신 하나님만이 우리의 자리에서 하나님께 만족을 드릴 수 있다.[82] 여기

---

79 Anselm, *Cur Deus Homo,* I. 11. 이것의 함의를 잘 논의하는 Orr, *The Progress of Dogma*, 222-23을 보라.

80 Anselm, *Cur Deus Homo,* I. 15, 강조점은 덧붙인 것임.

81 Anselm, *Cur Deus Homo,* I. 24.

82 Anselm, *Cur Deus Homo,* II. 6, 7. 이것이 성육신의 필요성, 양성의 필요성에 대한 안셀름의 기본적 논의이다. 후에 개혁자들도 기본적으로 이를 받아들여서 설명하였고, 특히 하이델베르크

양성론의 필요성에 대한 좋은 논의가 나타난다. 그리스도의 신성은 그가 하신 것에 무한한 가치를 부여한다. 또한 그의 인성 안에서 하나님을 만족(satisfaction)하게 하는 일이 수행된다. 인간이 행한 것에 대한 만족으로 드리는 것이므로 인성으로 그것을 감당해야 하기 때문이다. 사람의 불순종으로 죄가 임하여 온 것이므로 인간성을 지닌 분의 순종으로 생명이 다시 주어질 수 있다.[83] 그리스도도 사람으로서는 하나님의 모든 율법에 순종해야 할 의무 아래 있으시다.[84] 그러나 그는 죄가 없으시므로 그는 고난 받고 죽어야 할 이유가 없는 분이시다. 하나님께서 우리 죄에 대한 형벌도 그에게 이것을 부과시키신 것이다.[85] 그리스도께서 성부의 뜻에 충실하여 자신을 자원하여 죽음에 내어주심으로 그것이 함의하는 희생 제사의 큼과 족히 비교할 수 있는 영광을 성부께 돌릴 것이다. 성부의 영예를 위하여 그리스도께서는 그의 "무한한 고귀한 생명"을 희생제사로 드렸다.[86] 그 결과로 이 세상은 온전히 멸망하지 않고 하나님의 아들의 생명을 얻게 되었다.[87] 그리스도의 공로(merit)가 사람의 죄의 과실(demerit)보다 더 큰 것이다. 그래서 성부께서는 그것을 "세상 죄에 대한 만족으로", 그리고 "죄 용서의 근거"로 받으신다.[88]

요리 문답이 이런 논의를 가지고 구원을 설명하였다. 하이델베르크 요리문답 14문-18문의 이런 안셀름적 논의에 대한 좋은 설명으로 이승구, 『진정한 기독교적 위로』 (1998), 최근판 (서울: 말씀과 언약, 2022), 80-105을 보라.

83 Anselm, *Cur Deus Homo,* I. 3.

84 이를 잘 드러내어 논의하는 Orr, *The Progress of Dogma*, 226, 227을 보라.

85 Anselm, *Cur Deus Homo,* II. 10, 11.

86 Anselm, *Cur Deus Homo,* II. 18.

87 Anselm, *Cur Deus Homo,* II. 14. 이를 잘 설명하는 Orr, *The Progress of Dogma*, 226을 보라.

88 Anselm, *Cur Deus Homo,* II. 19.

3. 대리형벌설의 정립

이런 논의 속에 아주 자명한 것으로 전제되어 있는 것이 무한한 가치를 지닌 하나님께서 인간이 되어서 우리의 자리에서 우리를 대신하여 형벌을 받으시면 우리는 그 형벌에서 벗어나 자유롭게 될 수 있다는 대리형벌 개념이다.

(1) 안셀름의 기여와 문제점

안셀름과 그 이후에 성경에 충실하려고 하는 사람들은 모두 이런 대리형벌설을 매우 자명한 것으로 인정했고, 이를 보존한 것이 중세 신학의 큰 기여의 하나이다. 그러므로 안셀름과 함께 구속 교리에 대한 체계적 연구가 시작되었다는 벌코프의 말은[89] 매우 정확한 것이라고 할 수 있다. 안셀름은 "조화롭고 일관성 있는" 구속론을 제시하였다.[90]

안셀름은, 당대 사람들의 질문을 대변하면서 하나님께서 십자가에서의 대속 없이 그저 용서하시면 안 되시는가 하는 질문을 제기한 후에 하나님은 그저 사인(私人, a private person)이 아니시고 하나님이시니, 하나님께서 그저 용서한다고 마음먹거나 용서한다고 선언하는 것으로 죄가 용서되는 것

---

89 Berkhof, *The History of Christian Doctrines,* 171. 안셀름의 기여가 아주 새로운 것이었음을 강조하기 위해 "이런 정신이 나타나도록 하는 선구자(usual antecedents)나 이를 위한 점진적 준비를 찾을 수 없다"고 하면서 "새벽이나 여명 없이 (갑자기) 태양이 떠오른 것과 같다"고 하는 쉐드의 표현을 주목하여 보라(Shedd, *A History of Christian Doctrine,* 2:273). 또는 식물이 없는 것처럼 하고 있다가 갑자기 꽃을 피운 것과 비교하는 274도 보라.

90 쉐드는 최초로 "기독교 구속론의 형이상학"을 보게 되었다고 한다(Shedd, *A History of Christian Doctrine,* 2:275).

이 아님을 분명히 한다.[91] 하나님의 불변하시는 성격으로 인해 하나님께서 그저 죄를 묵과하실 수 없음을 밝힌다.[92] 그리하여 그리스도께서 우리를 위하여 이루신 만족(satisfaction)의 필연성(necessity)이 강조되었다. 오어가 잘 표현한 바와 같이, "참으로, 안셀름의 논의는 인간이 만족을 이룰 수 있다는 모든 교리의 논리적 근거를 파괴하였다."[93] 그리고 이런 이해는 중세에 아주 표준적인 것이었다. 안셀름의 논의의 "참된 가치는 구속의 객관성을 수립한" 것이다.[94] 죄는 마땅히 하나님께 드려야 할 영예를 정당하게 하나님께 드리지 않은 하나님께 "빚을 진 것"(debt)이라고 하면서, 이렇게 하나님께 빚진 것에 대해 형벌을 받고 그를 만족(satisfaction)시키는 일의 필요성을 하나님의 불변하는 의지에 근거시켜서 설명한다. 그 과정에서 다른 방식으로 만족이 이루어질 수 없음을 분명히 하였다.

안셀름의 구속론은 여러 면에서 칭찬받아 마땅하지만 후에 종교 개혁 시기에 성경에 비추어 더 명확하게 제시된 대리 형벌 교리(the penal substitutionary doctrine)와 비교하면 다음과 같은 문제도 가지고 있다고 할 수 있다.[95] (1) 인간의 죄에 대한 벌과 만족이 하나님께서 선택하실 수 있는 여

---

91 Anselm, *Cur Deus Homo,* 1. 6; idem, *Proslogium,* c. 8, 9. 이를 잘 논의하는 Orr, *The Progress of Dogma*, 224; Shedd, *A History of Christian Doctrine,* 2:276을 보라.

92 이를 잘 논의하는 Orr, *The Progress of Dogma*, 226을 보라.

93 Orr, *The Progress of Dogma*, 255. 그런데 이것이 이와 연관되는 칭의론으로 발전하는 일이 중세에는 아직 발생하지 않았다고 오어는 탄식하면서 말한다.

94 누구나 지적하는 것이지만 Berkhof, *The History of Christian Doctrines,* 173의 말을 보라.

95 이는 Berkhof, *The History of Christian Doctrines,* 172-73에서 제시한 문제점들의 일부이다. 그러므로 안셀름의 대리 만족성을 높이 사면서 만일에 이런 안셀름적인 것이 교회의 이론과 실제에 주도적인 것이 되었다면 종교개혁은 16세기가 아니라 11세기에 일어났을 것이라는 쉐드의 논의(Shedd, *A History of Christian Doctrine,* 2:318)는 상당히 지나친 것이라고 할 수 있다. 아마도 쉐드는 안셀름의 보다 건전한 논의가 중세의 다른 사람들에 의해 약화되어 간 것을 안타까워하면서 하는 말이라고 여겨진다. 그리스도께서 대리하셨음(vicarious substitution)이 후대에는 안셀름 만큼 철

러 형태들 가운데 하나님께서 선택하신 것으로 제시하는 표현 방식에서 혹시 문제가 발생할 수 있다. (2) 그리스도께서 수난받으신 것이 하나님께 합당한 영예를 돌리기 위해 자원하는 것임을 강조하다가 그것은 사람들의 잘못을 보상하는 "초과적 공로"(a superfluous merit)로 여겼으니, 이는 천주교회의 고해 제도에 근거해 "초과적 공로"를 그리스도에게 적용시키려고 하는 것으로 판단된다.[96] (3) 해를 입은 쪽이 자신이 원하는 "만족"(satisfaction)을 요구할 수 있다는 사법(私法) 또는 관습에서 출발해서 구속의 절대적 필요성을 수립하기 위해 공법의 관점으로 옮겨 가는 일관성 없음이 지적될 만하다. (4) 구속을 그리스도의 죽음에만 근거시키고 그의 삶의 구속적 의미를 무시한 것은 한쪽으로 치우친 면이 있다. 그러나 한 곳에서 안셀름은 "신인(神人, the God-man)의 삶은 (그 어떤 계산으로 볼 때도) 그의 죽음으로 극복된 그 죄들과 비교할 수 없게 더 큰 것이다"고 말한다.[97] 그러므로 안셀름에게 그리스도의 삶에 대한 고려가 전혀 없다고 할 수는 없다. (5) 그리스도의 공로를 죄인들에게 전가하는 것에 대한 표현이 단지 외적인 거래(an merely external transaction)로 드리도록 표현한 것이 문제를 일으킬 수도 있다. 그래서 안셀름의 구속론에 대해서 흔히 "상업설"(commerce theory)이라는 말이 비판적으로 사용되었다. (6) 벌코프가 가장 아쉬워하는 것은 그의 논의 속에는 그리스도와 신자들의 신비한 연합에 대한 시사(示唆)가 거의 없는 듯하다는 것이다.[98] 그리고 벌코프는 말하지 않았지만, (7) 안셀름이 대리 형벌

저하게 강조되지 않았음을 쉐드는 매우 안타까워하면서 말한다(318).

96 이 문제는 후에 아퀴나스와 트리엔트 공의회의 논의에서 더 심각하게 나타나게 된다.

97 Shedd, *A History of Christian Doctrine,* 2:281에서 재인용.

98 Berkhof, *The History of Christian Doctrines,* 174.

의 "절대적 또는 형이상학적 필연성"을 말하는 것이[99] 너무 지나침도 생각해야 한다. 후대의 신학이 말하는 "결과적 절대적 필연성"으로 생각하는 것이 더 나을 것이다. 안셀름 자신은 "형이상학적으로 필연적이지 않은 것은 비학문적이다"라고 생각하는 듯하다.[100] 그러나 이런 입장이 문젯거리로 제시될 수 있다. 이런 것 때문에 안셀름이 생각하는 이성이 과연 중생자의 이성, 즉 영적으로 조명 받은 이성인지, 아니면 중생자와 중생하지 않은 사람들이 공유하는 이성인지가 늘 나온다.

(2) 아벨라드의 주관설의 문제점

그래도 안셀름은 우리가 살펴본 바와 같이 객관적 구속을 분명히 천명하였다. 그래서 십자가에서 이루어진 것을 그저 하나님의 사랑의 표현으로만 이해하려는 아벨라드(Peter Abelard, 1079-1142)의 주관설이 제시되었을 때[101] 성경적이기를 원하는 분들이 그것만으로는 십자가에서 이루어진 것을 온전히 다 표현한 것이라고 할 수 없다고 강하게 반박했다. 아벨라드는 이렇게 말하였다:

> 어떤 사람이 무죄한 사람의 피를 어떤 것의 대가(代價)로 요구한다는 것, 또는 무죄한 사람이 죽어야만 한다는 것이 옳다고 어떤 방식으로라도 생각하는 것은 얼마나 야만적으로 공정하지 않은가? 그러나 하나님께서는 그의 아들

---

99 Cf. Shedd, *A History of Christian Doctrine,* 2:275, 300.

100 이를 잘 지적하는 Shedd, *A History of Christian Doctrine,* 2:275를 보라.

101 아벨라드는 사탄 속상설을 비판하였는데(Shedd, *A History of Christian Doctrine,* 2:288), 그것은 잘한 것이지만 "이 비판과 함께 모든 만족 이론을 버렸다"는 Orr, *The Progress of Dogma*, 229; Berkhof, *The History of Christian Doctrines,* 174의 정확한 논의를 보라.

의 죽음을 온 세상과 화해하는 대가로 받으실 리가 만무하다.[102]

하나님은 죄 용서의 대가로 어떤 만족을 필요로 하지 않는다는 것이다. 그저 회개하면 용서하실 수 있다고 한다.[103] 그러면 십자가는 무엇이냐고 물으면 아벨라드는 십자가에서 우리를 용서하시는 하나님의 사랑이 가장 잘 표현된 것이라고 대답한다. 그것을 위해 일찍이 우리의 인간성을 취하시어 하나님의 사랑을 계시하시고 우리들의 교사로 심지어 죽기까지 복종하신 모범으로 보존되셨다는 것이다.[104] 그의 아들을 고난과 죽음에 내어주신 하나님의 이 크신 사랑은 우리의 반응하는 사랑을 불러일으키고 이것이 죄 용서의 근거가 된다고 하였다.[105] 잘못한 것에 대해서 죄송해하고 새롭게 일깨워진 사랑이 우리를 죄의 세력에서 해방하여 "구속"하고, 사랑의 동기로 자유롭게 하나님께 복종하게 한다는 것이다.[106] 이와 같이 아벨라드는 "구속"이라는 단어에 자신이 생각하는 새로운 의미를 넣어 사용하고 있다.

따라서 전통적 구속 이해를 아벨라드의 생각에 넣어 이해하려고 하면

102 Abelard, *On Rom.* 3:22-26, Orr, *The Progress of Dogma*, 229에서 재인용.

103 Shedd, *A History of Christian Doctrine,* 2:287.

104 Berkhof, *The History of Christian Doctrines,* 174. 또한 Knowles, "From Charlemagne to the Eleventh Century," 250도 보라.

105 이렇게 정리하여 제시하는 Shedd, *A History of Christian Doctrine,* 2:287-88; Orr, *The Progress of Dogma*, 229; Berkhof, *The History of Christian Doctrines,* 174를 보라.

106 Berkhof, *The History of Christian Doctrines,* 174.

안 된다. 사랑을 불러일으켜서 죄의 세력에서 해방하는 것이 아벨라드의 독특한 "구속" 이해이다. 이런 뜻에서 아벨라드는 죄용서는 직접적으로는 우리 심정에 일으켜진 사랑의 결과이고, 간접적으로 그리스도의 죽음의 열매라고 하였다.[107] 하나님은 근본적으로 사랑이시니 그 어떤 만족도 전혀 필요하지 않고 그저 통회하고 참회하는 것만이 필요하다고 하는 아벨라드의 이런 이해는[108] 심각한 문제다.

이런 아주 독특한 주관적 구속이론을 제시하는 그도 역시 중세의 사람이었으니, 그는 사랑이 그 전에 불러일으켜져도 세례가 시행되기 전에는 실제 죄용서가 발생하지 않는다고 했다.[109] 특히 유아들은 그들의 심령에 사랑이 불러일으켜졌는가와 상관없이 죄 용서로, 즉 세례로 받아들여져야만 한다고 했다.[110] 이와 같이 아벨라드도 세례의 중세적 의미는 포기하지 않는 것이다.

그럼에도 불구하고 아벨라드의 생각은 사실상 완전히 다른 기독교 이해를 제시하는 것이라고 보아야 한다. 구속의 개념이 이전에 생각한 것과는 완전히 다른 것이다. 안셀름이 대변한 정통적 구속 개념에 의하면 우리의 객관적 죄에 대한 객관적 형벌을 그리스도께서 십자가에 죽으심으로 다 감당하셨다. 그러므로 우리의 죄에 대한 형벌을 감당하신 것이 그리스도께서 십자가에서 이루신 구속이었다. 이것을 객관적 구속이라고 하자.

그런데 아벨라드가 말하는 "구속"은, 우리가 위에서 지적한 바와 같이,

---

[107] Berkhof, *The History of Christian Doctrines,* 174.

[108] Shedd, *A History of Christian Doctrine,* 2:287; Berkhof, *The History of Christian Doctrines,* 174.

[109] Berkhof, *The History of Christian Doctrines,* 174.

[110] Berkhof, *The History of Christian Doctrines,* 174f.

그와는 다른 것이다. 참으로, 그는 다음 같이 말한다.

> 구속은 그리스도의 수난에 의해 우리 안에서 불러일으켜진 가장 큰 사랑이다. 이 사랑은 우리를 죄의 노예 됨에서 구원해 내고, 두려움이 아니라 사랑이 주도적 정서(ruling affection)인 자녀의 참된 자유를 얻어준 것이다.[111]

이와 같이 다른 "구속" 개념을 아벨라드는 제공한다.[112] 하르낙도 "아벨라드는 그리스도께서 우리의 죄에 대한 형벌을 받으셨다고 가르치지 않는다"고 한다.[113] 그러므로 때때로 아벨라드가 그리스도가 우리 죄를 지셨다고 하고 그리스도의 죽음을 "죄에 대한 희생제사"라는 말을 할지라도 그는 새로운 의미를 가지고 그렇게 말하는 것임을 잊지 말아야 한다.[114] 아벨라드의 새로운 "구속"이해는 철저히 주관적인 것이기에, 그것에 대해서 모두가 주관적인 구속론, 그 중에서도 "도덕적 구속론"(moral theory of the atonement) 또는 도덕 감화설(moral influence theory of the atonement)이라고 한다.[115] 이는 하나님의 중심적이고 모두 것을 통제하는 주도적 속성이 사랑이라는 전제에

---

111 Abelard, *On Rom.* 3:22-26, Orr, *The Progress of Dogma*, 229-30에서 재인용.

112 그러므로 아벨라드의 생각도 용인하면서 안셀름의 만족성도 다 용인하는 피터 롬바르드의 태도는(이에 대해서 말하는 Knowles, "From Charlemagne to the Eleventh Century," 250을 보라), 서로 모순되는 것을 다 인정하는 것이 된다. 이는 아마도 롬바르드가 아벨라드의 제자였던(이에 대해서 David Knowles, "The First Century of Scholastic Theology," in *A History of Christian Doctrine,* 259를 보라) 것이 미친 영향일 수도 있다. 명제집 구성 방법 자체가 아벨라드의 『긍정과 부정』(*sic et non,* pros and cons)의 방법을 채용한 것이다(이를 지적하는 Knowles, "The First Century of Scholastic Theology," 260을 보라).

113 Harnack, *The History of Doctrine,* VI, 80.

114 이 점을 잘 지적하는 Berkhof, *The History of Christian Doctrines,* 175을 보라.

115 이렇게 잘 지적하는 Berkhof, *The History of Christian Doctrines,* 175을 보라.

서 출발하여 하나님의 공의와 거룩하심을 무시한다.[116] 이는 "안셀름의 구속론이 가지는 도덕적 깊이와 내적 일관성을 결여하고 있다"는 벌코프의 말은[117] 매우 정확하다.

그리스도의 십자가에 대한 이런 소극적 이해를 가진 아벨라드는 원죄도 그저 형벌이고 영원한 지복(至福)의 자격의 상실 정도라고 여겼다. 그러기에 은혜도 본질적으로 필요한 것이기보다는 그저 도움을 주는 것 정도라고 하였다.[118]

옳고 그름의 문제에 대해서도 아벨라드는 비슷하게 생각하였다. 어떤 사람이 지금 여기서 양심이 시키는 일을 하면 옳은 일을 한 것이라고 하면서, 의지와 옳은 일을 하려고 하는 의도가 주요한 시금석이라고 했다.[119]

아벨라드의 논의에 담긴 더 심각한 문제는 그가 "진리를 이성적 비판과 분석의 대상이 되게 했다"는 데에 있다.[120] 기독교 교리들을 논하면서 그가 논리와 변증법(dialectic)을 사용하는데 이 점에서 그는 "상당한 대가(大家)"(a consummate master)라고 여겨지고 있다.[121] 그리하여 그는 "인간의 정신이 변증법을 사용해서 신앙의 신비를 증명하고 설명할 수 있다"고 표현했다.[122] 그 정신과 이성이 점점 더 일반적 정신으로 보인다. 결국 이것이 중세의 가

---

116 이를 잘 지적하는 Berkhof, *The History of Christian Doctrines,* 175을 보라.

117 Berkhof, *The History of Christian Doctrines,* 175.

118 이 점을 지적하는 Knowles, "From Charlemagne to the Eleventh Century," 250-51을 보라. 이에 대해서 좀 더 전통적 견해를 가지고 반박한 사람은 끌레르보의 버나드이다. 그러나 버나드는 은혜가 어떻게 작용하는지를 상세하게 규정하지는 않았다.

119 Abelard, *Scito te ipsum* (Know Thyself)에 근거해서 이를 말하는 Knowles, "From Charlemagne to the Eleventh Century," 251을 보라.

120 이 점을 지적하는 Knowles, "From Charlemagne to the Eleventh Century," 249를 보라.

121 이것도 Knowles, "From Charlemagne to the Eleventh Century," 250의 평가이다.

122 Knowles, "From Charlemagne to the Eleventh Century," 251.

장 심각한 문제가 된다. 아벨라드가 소아송(Soissons)과 센(Sens) 공의회에서 정죄되었어도, 이는 아벨라드를 따르는 사람들을 말 못하게 하는 것이었고 그의 저작들이 사라지게 하기는 했어도 "그의 견해의 상당수는 다음 세대의 마음을 얻었다"는 노울즈 교수의 말은[123] 중세의 분위기를 잘 알게 한다.

(3) 버나드와 휴고의 견해

당대에 수도원 신학의 대변자이며 "그 시기의 정치적, 영적 삶을 주도했던"[124] **끌레르보의 버나드(Bernard of Clairvaux**, Bernardus Claraevallensis, 1090 - 1153)는 그리스도의 사랑을 많이 강조하면서도 "아벨라드는 그리스도의 수난과 죽음을 **사랑의 최대의 예증으로 축소시켜서** 교회가 성경을 따라서 항상 부여했던 심오한 구속적 의미를 상실시켰다"고 비판했다.[125] 버나드는 학문적이지는 않고 좀 신비적 성향이 있었지만, 십자가 사건으로 우리를 불법적으로[126] 주장하던 사탄의 세력에서 우리를 구하셨다는 개념을 잘 표현하고 구속은 하나님의 지혜와 은혜의 다 알 수 없는 신비라는 것을 잘 드러내었다. 그는 이렇게 말했다고 한다: "[그리스도께서] 한마디 말로도 다 이루실 수 있는 것을 왜 그의 보혈로 성취하셨는가? 그에게 물어보라. 나

---

123 Knowles, "From Charlemagne to the Eleventh Century," 252. 노울스 교수는 더 많은 것을 생각했을 수도 있다.

124 "수도원과 교회 주변에서는 모든 사람들이 그의 글을 읽을 정도로 아주 영향력 있는 인물이었다"고 한다. 이런 평가는 Knowles, "From Charlemagne to the Eleventh Century," 253에서 온 것이다. 그러면서 그의 독특한 위치는 뉴만 추기경과 비슷하다고 표현하기도 한다. 그런데 버나드는 후대에 거의 잊혔다고 한다.

125 Orr, *The Progress of Dogma*, 230에 요약된 버나드의 주장이다. 강조점은 덧붙인 것임.

126 이를 강조하면서 버나드는 사탄 속상설을 비판한다. 이에 대해서 Shedd, *A History of Christian Doctrine,* 2:290을 보라.

에게는, 왜 그런지가 아니라 **오직 그 사실**(the *fact*)**을 아는 것만** 허락되었다."[127] 버나드의 이 말은 객관적 속죄를 인정하는 말이다. 특히 그는 그리스도께서 수난받고 죽으신 것이 구원 받은 자들의 머리(head)로서 하신 것임을 강조하면서 이렇게 말했다. "머리(head)가 그 지체들을 위해 만족을 이루셨다. 그리스도께서 **그에게 속한 사람들을**(His own bowels) **위해 만족을 이루신 것**이다."[128] 고린도후서 5:14과 관련해서는 이렇게 말했다:

> 분명히 한 사람의 만족이 전가되었다. 마치 그 한 사람이 모두의 죄를 짊어진 것처럼 말이다. 그래서 죄지은 사람이 더 이상 발견되지 않을 정도이다. 그런데 (사실은) 한 사람이 만족을 이룬 것이다. 그 이유는 이 한 분 그리스도가 동시에 머리와 몸이시기 때문이다.[129]

이와 같이 정통적 입장에 충실한 분들은 십자가에서 객관적 만족이 이루어졌음을 잘 강조한다.[130] 그러나 버나드는 안셀름처럼 구속의 절대적 필요성

---

127 Bernard, cited in August Neander, *Allgemeine Geschichte der christlichen Religion und Kirche* (Bohn), 8:210, cited in Orr, *The Progress of Dogma*, 231, 강조점은 덧붙인 것임.

128 Bernard, *Tractate against Aberlard,* VI. 15: "*satisfecit caput pro membris, Christus pro visceribus suis.*"(강조점은 덧붙인 것임).

129 Bernard, *Tractate against Aberlard,* VI. 15, cited in Orr, *The Progress of Dogma*, 231, n. 3. 오어는 이를 Ritschl, *A Critical History of the Christian Doctrine of Justification and Reconciliation,* II, 284에서 인용한다고 말한다.

130 안셀름과 버나드의 구속에 대한 이해를 너무 상세하게 논의하면서 버나드가 안셀름에게 부족한 부분을 보충한다는 오어의 논의(Orr, *The Progress of Dogma*, 231)는 꼭 필요한 것인지 모

을 말하기보다는 하나님께서 여러 가능성 가운데서 그것을 선택하셨다는 상대적 필요성을 말한다.[131] 아벨라드는 그리스도의 수난의 구속적 가치를 다 버리고,[132] 그저 죽기까지 순종하신 것을 말하니 최대한으로 말해서 우리에게 부족한 공로를 그리스도께서 공급해 주신다고 하는 것이다.[133] 그러므로 아벨라드가 생각하는 기독교는 다른 기독교라는 것이 분명하다.

십자가가 하나님의 사랑의 표현인 것은 옳지만, 십자가에서 객관적으로 아무 일이 일어나지 않고 그저 하나님의 사랑이 표현된 것이라는 주관적 이해는 십자가에서 일어난 객관적 사건, 즉 그리스도께서 우리의 자리에 서시어 우리 대신에 객관적으로 형벌 받으신 것을 하나님께서 우리에 대한 형벌로 받으시고, 그 결과로 우리의 죄에서 우리를 해방하시는 객관적인 일이 발생했음을 무시하면서 결국 십자가의 가장 중요한 것을 제거하는 것이다. 그런 점에서 버나드는 객관적 구속을 분명히 하면서 하나님의 사랑의 표현도 잘 강조했다고 할 수 있다.[134] 버나드는 성부께서 성자의 죽음을 요구한 것은 아니지만 그것을 속죄 제사로 받으셨고, 따라서 그것이 우리들을 죄와 죽음과 사탄으로부터 구속하며 하나님과 화목하게 한다는 것을 분명히 했기 때문이다.[135]

르겠다.

131 이를 지적하면서 이 점에서 버나드가 어거스틴과 비슷하게 말한다고 하는 Shedd, *A History of Christian Doctrine,* 2:291을 보라.

132 Berkhof, *The History of Christian Doctrines,* 175.

133 이 점을 지적하는 Orr, *The Progress of Dogma*, 230을 보라. 또 여기서 아벨라드가 당연한 말이지만 상당히 중세적이라는 것이 나타난다. 중세적 공로신학의 틀에 사로 잡혀 있는 것이다.

134 간단하기는 하지만 이를 잘 지적한 Berkhof, *The History of Christian Doctrines,* 175f.를 보라.

135 이를 지적하는 Berkhof, *The History of Christian Doctrines,* 176을 보라.

비슷한 시기의 **세인트 빅토르의[136] 휴고**(**Hugo of St. Victor**, c. 1096-1140/1141)의 구속론은 버나드보다는 안셀름의 입장에 좀 더 가까이 있다고 할 수 있다.[137] 단지 사탄 속상설을 포기하지 않으려 한 것이 문제이다.[138] 그러나 그도 안셀름과 같이 구속을 신성(the divine nature)과 연관시켜서 설명하려 하였다. 또한 구약의 여러 구절들을 인용하면서 십자가 사건으로 죄에 대한 하나님의 진노가 누그러졌다(propitiated)는 것을 여러 번 언급하였다.[139] 그는 구속의 법적이고 희생제사적 의미를 다음과 같이 표현하기도 한다. "하나님의 아들이 사람이 되셔서 성부에 대한 인간의 빚을 갚아주셨고 죽으심으로 인간의 죄책을 사하셨다."[140]

(4) 피터 롬바르드의 기여와 문제점

그 다음 시대에 중요한 역할(役割)을 하면서 스콜라 신학을 공고(鞏固)히 한

136 당시에 파리에 새로 생긴 수도원이 세인트 빅토르(St. Victor)였고, 이 수도원의 성직자(a canon)중 한 사람이 휴고였다(David Knowles, "The First Century of Scholastic Theology," in *A History of Christian Doctrine,* 259). 그래서 그를 일반적으로 세인트 빅토르의 휴고라고 칭한다.

137 같은 평가로 Shedd, *A History of Christian Doctrine,* 2:291를 보라.

138 역시 이 점을 지적하는 Shedd, *A History of Christian Doctrine,* 2:292도 보라.

139 이를 말하는 Shedd, *A History of Christian Doctrine,* 2:292를 보라.

140 Hugo St. Victor, *De Sacramentis,* c. 4, cited in Shedd, *A History of Christian Doctrine,* 2:292, n. 1.

피터 롬바르드나 보나벤튜라나 토마스 아퀴나스도 나름대로 객관적 구속에 근거해서 주관적 측면을 잘 드러내려 하였다.

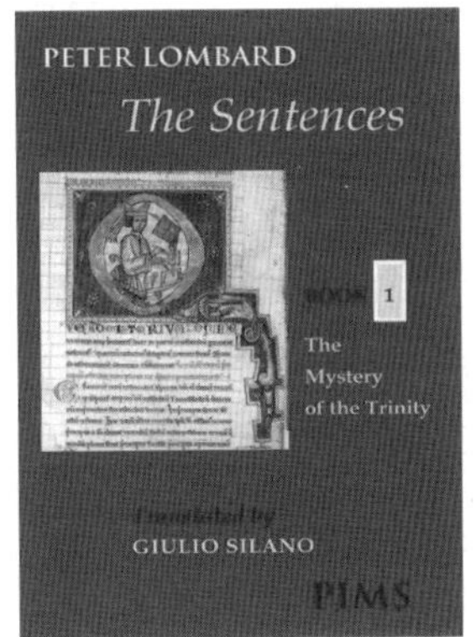

이탈리아 출신으로, 아마도 아벨라드의 제자였었고, 파리대학교의 교수(master)였고 후에 감독이 되었으며, 약 1150년에 4권으로 된 『명제집』(*Sentences*)을 내어서 중세의 모든 논의의 출발점을 제시했다고 할 수 있는[141] **피터 롬바르드**(*Peter the Lombard*, 프랑스 말로는 삐에르 롱바르[Pierre Lombard], 라틴어로는 페트루스 롬바르두스[Petrus Lombardus], c. 1096 - 1160 or 1164)는[142] "다른 만족의 방도가 하나님께는 가능하지만(possible) 지금 이루어진 구속 방도가 최선의 것(the best)"이라고 하면서,[143] 그리스도께서는 우리 죄에 대한 형벌을 감당하셨다고 했다.[144] 그리스도의 경건한 삶이 자신을 고난에서 자유롭게 하였지만 그가 수난받고 죽으신 것을 자발적으로 그리하신 것으로 그것은 자신

---

141 대부분의 스콜라 신학자들이 이 『명제집』에 대한 주석을 내었다. 이것이 정규적 신학 교육의 필수 과정의 하나였다. 보나벤튜라, 아퀴나스, 둔스 스코투스, 오캄의 윌리엄 같은 걸출한 스콜라 신학자들의 주석들이 그 대표적인 예이다.

142 Shedd, *A History of Christian Doctrine,* 2:289에서는 1164년 사망으로 제시한다.

143 이는 롬바르드의 피터만의 견해가 아니라 어거스틴, 버나드, 그리고 후에 토마스 아퀴나스도 따른 견해이다. 이에 대한 논의로 August Neander, *Allgemeine Geschichte der christlichen Religion und Kirche* (Bohn), 8:210; Albrecht Ritschl, *A Critical History of the Christian Doctrine of Justification and Reconciliation,* 3 vols., trans. John Black (Edinburgh: Edmonston and Douglas, 1872), I:43; Harnack, *The History of Dogma,* VI: 192; 그리고 Orr, *The Progress of Dogma*, 232를 보라. 이는 후에 둔스 스코투스 등의 자의설(恣意說)과는 구별되어야 한다. 다른 구속의 방도도 가능하다고 열어 놓는 것의 문제를 깊이 의식해야 한다.

144 이를 잘 설명하는 Ritschl, *A Critical History of the Christian Doctrine of Justification and Reconciliation,* I:42; 그리고 Orr, *The Progress of Dogma*, 232, n. 1도 보라.

을 위한 것이 아니라 죄인들을 위해 받으신 것이라고 했다.[145] 이로써 그는 죄인들을 죄와 형벌과 마귀로부터 구속하시고 낙원에 들어갈 수 있게 하셨다고 했다. 그런데 그의 구속관은 철저한 것이 아니다. 십자가 사건은 세례를 받고 고해를 하는 한, 죄에 대한 현세적 형벌적 결과들에서 사람을 구해낸다고 하기 때문이다.[146]

특히 그리스도의 죽음이 이 구원에 어떤 역할을 하느냐고 하면서 그것이 하나님의 사랑을 우리에게 계시하여 이루어진다고 하였다. 우리를 위한 사랑이 너무 커서 우리들은 감동받아 죄로부터 풀려나고 의롭게 된다고 하였다.[147] 그러므로 그는 안셀름과 후에 논의할 아벨라드를 조화시켜 보려고 하는데 그의 본심은 아벨라드와 같은 것이라는 쉐드의 강한 주장도[148] 생각해볼 만하다. 그가 세례와 고해를 너무 강조하고 있다는 데서 이것이 잘 드러난다. 후에 지적할 중세적 문제가 있기는 하지만, 우리가 죄로부터 자유롭게 될 때 마귀로부터도 자유롭게 된다고 객관적 구속을 말하면서[149] 그것이 우리에게 영향을 미칠 때 하나님의 사랑이 우리를 감화한다는 것을 강조했다.

---

145 Berkhof, *The History of Christian Doctrines,* 176.

146 Shedd, *A History of Christian Doctrine,* 2:289.

147 Berkhof, *The History of Christian Doctrines,* 176.

148 Shedd, *A History of Christian Doctrine,* 2:289. 이런 해석이 옳은지 그는 그저 안셀름과 아벨라드의 생각에 모두 같은 가치를 부여하고 있는지(Knowles, "From Charlemagne to the Eleventh Century," 250)는 또 다른 논의를 필요로 하는 문제이다.

149 Berkhof, *The History of Christian Doctrines,* 176.

(5) 보나벤튜라의 기여와 문제점

13세기에 안셀름과 비슷하게 구속의 필요성을 강조하면서 논의한 분으로 프란시스칸 신학자인 **보나벤튜라**(**Bonaventura**, 1221-74)를 들 수 있다.[150] 그도 롬바르드와 같은 분석적이고 철저한 방식으로 구속에 대한 논의를 제공했다.[151] 그는 타락한 인류가 구속받아야 하였으므로 성육신이 필요했다고 논의했다.[152] 하나님의 속성이 법의 만족을 필요로 한다는 것이다.[153] 하나님의 본성과 속성 때문에 사람에게 율법을 지키라고 하셨으니 구속도 같은 방식으로, 즉 하나님의 공의를 만족시키는 방식으로 이루어져야 한다는 것이다. 그런데 한 피조물은 전 인류를 위해 만족을 이룰 수 없고 또한 그것을 다른 피조물이 대신할 수도 없으므로 하나님께 만족을 드릴 수 있는 분은 하나

150 프란시스칸 수도사인 그는 36세에 그 종파 전체를 책임지는 일(general of his order)을 하게 되어 그때부터는 학문적 일을 더 이상 하지 못했다고 한다(Knowles, "The Golden Age of Scholasticism," 270). 그는 아퀴나스와 같은 해인 1275년에 박사 학위를 받았고 여러 면에서 아퀴나스와 대조적이었다(이를 지적하는 David Knowles, "The Later Scholastics," in *A History of Christian Doctrine,* 280을 보라).

151 이는 그를 비롯해서 헤일즈의 알렉산더(Alexander of Hales), 알베르투스 마그누스(Albertus Magnus), 그리고 토마스 아퀴나스(Thomas Aquinas) 등 후기 스콜라 신학자들의 논의 방식이다. 자명한 것이기는 하지만 이를 언급하는 Shedd, *A History of Christian Doctrine,* 2:293을 보라. 그는 이런 분석적 방법이 풍성한 내용을 조작조각 내는 문제가 있음도 잘 지적하고 있다(293-94).

152 Berkhof, *The History of Christian Doctrines,* 176.

153 이를 잘 언급하는 Shedd, *A History of Christian Doctrine,* 2:296을 보라.

님이요 동시에 사람이셔야만 한다고[154] 안셀름 식으로 논의하였다.

타락으로 손상된 인간성의 회복을 만족(satisfaction)의 방식으로 하는 것이 (1) 신적 정의에 보다 잘 부합하고, (2) 신적 지혜에 부합하며, (3) 신적 전능에 부합하고, (4) 신적 영예와 엄위에 더 잘 부합하다고 자세하고 철저하게 논의하였다.[155] 이렇게 그리스도의 공로로 법적인 만족이 이루어져서 "하나님의 공의와 자비가 잘 드러났다"고 하였다.[156] 그리스도의 공로 때문에 인간성이 죄책과 비참의 상태에서 칭의와 영광의 상태로 회복되었다고 한다. 이렇게 매우 분석적인 논의를 하고 있는 보나벤튜라에게도 중요한 것은 "성육신하신 하나님께서 우리들을 위해서 죽음의 고난을 인내하셨다는 사실"이었다. 그는 이 사실이 죄 용서 자체보다 더 인상적인 것이라고 하며, 인간 구원의 토대가 구원보다 더 큰 것이라고 한다.[157]

이렇게 거의 안셀름적인 논의를 하면서[158] 동시에 그리스도의 수난은 구속을 위한 "가장 적절한 수단"이었으니 그것이 "하나님에 대해 반응하는 사랑을 불러일으키기에 가장 적절한" 것이라는 아벨라드적 논의도 같이 연관시켜 설명하였다.[159] 그러나 그의 논의는 하나님의 공의를 만족시키는 방

---

154 이를 잘 묘사한 Berkhof, *The History of Christian Doctrines,* 176f.; Shedd, *A History of Christian Doctrine,* 2:294-99을 보라.

155 Cf. Shedd, *A History of Christian Doctrine,* 2:294.

156 Berkhof, *The History of Christian Doctrines,* 177; Shedd, *A History of Christian Doctrine,* 2:294.

157 이 점을 언급하는 Shedd, *A History of Christian Doctrine,* 2:297을 보라.

158 보나벤튜라에게 미친 안셀름의 영향을 말하면서 안셀름, 버나드, 세인트 빅토르의 유고가 같은 의견을 지녔음을 말하면서, 그런데 "이해의 명료성에서나 분석의 예리성, 그리고 체계화에서 그를 가장 흥미로운 스콜라 신학자들 중 하나로 여기게 한다"는 Shedd, *A History of Christian Doctrine,* 2:299를 보라.

159 이 점도 잘 지적하는 Berkhof, *The History of Christian Doctrines,* 177을 보라.

식의 객관성을 분명히 하면서 그런 논의를 하고 있다는 점에서 아벨라드와는 전혀 다르다. 그는 또한 그리스도와 성도들의 관계가 머리와 몸의 관계라는 성경의 가르침을 사용해서 그리스도의 복이 어떻게 성도들에게 전달되는지를 잘 설명할 수 있었다고 했다.[160]

보나벤튜라는 또한 하나님의 전능을 둘로 나누어 '규제된 전능'(regulated omnipotence)과 '규제될 수 없는 전능'(unregulated omnipotence), 즉 '절대적(추상적) 의미의 전능'으로 나누어 설명하였다. 이는 후에 헤일스의 알렉산더(Alexander of Hales, 1245)에게서도 그대로 나타나는 개념이다. 그래서 "절대적인 의미로 말하면 하나님께서는 만족이 없이도 용서하실 수 있다고 할 수 있다. 그러나 상대적 의미로, 즉 다른 신적 속성들과 연관하면서 하나님의 능력을 생각하면 공의와 자비와 일치하지 않는 방식으로 전능성이 나타나지 않는다고 말할 수 있다."[161] 이렇게 보나벤튜라 등의 후대 스콜라 신학자들은 더 깊은 논의를 하여 간 것을 볼 수 있다.[162]

---

160 Berkhof, *The History of Christian Doctrines,* 177. 그것이 안셀름의 설명보다 더 나은 것이었다고까지 말한다(177).

161 Alexander of Hales, *Summa,* Pars III, Quaestio I, Membrum 4, cited in Shedd, *A History of Christian Doctrine,* 2:301.

162 그러나 보나벤튜라 자신은 신학을 지적 추구보다는 영적인 것으로, 학문보다는 삶의 방식으로 여겼다. 이를 잘 보여 주는 그의 작품이 『하나님께로 이르는 길』(*Journey of the Mind to God,* Itinerarium mentis ad Deum)이다. 그는 여기서 어거스틴적인 기독교 교육 이해, 즉 인간이 성경적 신학적 공부를 통해서 하나님에 대한 신비적 지식과 급기야 '하나님과의 몰아적 일치'(ecstatic union with God)에 이르는 길을 묘사하였다. 다른 작품들에서도 하나님과 영혼만을 알기 원한다는 어거스틴의 말을 따라 롬바르드 명제집에 대한 주석에서나 창세기 강해에서나 그런 입장에서 논의하였다. 역시 어거스틴과 함께 인간의 지성이 비록 모호하고 직관적이기는 하지만 하나님을 지각할 수 있다고, 따라서 모종의 생득적 지식(innate knowledge)이 있다고 하였다. 다른 지식은 감각을 통해 얻는데 감각은 영혼이 밖으로부터 받은 인상을 전달하면, 지성에 대한 신적 조명에 의해 영혼이 그 본질과 진리성을 판단한다고 하여 나름의 인식론을 제시하였다. 그 의 사후에 이런 것이 프라시스칸 수도사로 칸터베리 대주교가 된 존 페캄(John Pecham)에 의해 보충되어져 중세 안에 어거스틴주의적 입장의 토대를 마련했다. (이를 잘 설명하는 Knowles, "The Golden Age of Scholasticism," 270을 보라).

그런데 쉐드는 오히려 이렇게 절대적 필연성과 상대적 필연성을 나누어 생각한 것이 문제를 일으키는 원인이 되었다고 하면서 비판한다.[163] (버나드와 세인트 빅토르의 휴고의 경우에는) 구속자의 인격과 사역에 덜 의존하게 하고, 그리하여 결과적으로 (아퀴나스와 롬바르드의 경우에는) 그리스도께서 하신 것과 우리가 하는 것을 섞어 내는 것이 여기서 기원하였다고 생각한다.[164] 흥미롭게 논의해 볼 만한 논점이라고 여겨진다. 사람들이 별로 생각하기 싫어하는 복잡한 논의라는 문제는 있으나 그래도 생각해 볼 수 있는 중요한 문제이기 때문이다.

(6) 토마스 아퀴나스의 기여와 문제점

다른 모든 것에 대해서도 그리하였듯이[165] 구속에 대한 모든 문제를 포괄적으로 잘 다루어 제시한[166] 토마스 아퀴나스(Thomas Aquinas, 1225-1274)에게도 객관적 구속과 그리스도께서 우리 대신에 "대리 형벌"을 받으셨음에 대한

---

163 Cf. Shedd, *A History of Christian Doctrine,* 2:319-20.

164 Shedd, *A History of Christian Doctrine,* 2:320.

165 그런 점에서 "가장 위대한 스콜라 신학자"(the Greatest of the Schoolmen)라고 그를 언급하는 Berkhof, *The History of Christian Doctrines,* 177도 보라. 쉐드는 "가장 강력한 체계 형성자"(the strongest systematizer)라고 한다(Shedd, *A History of Christian Doctrine,* 2:304). 성경과 전통을 누구보다 잘 알고 충실하면서도 "신앙의 진리들에 대해 더 풍성하고 창의적인 예증을 하였다"는 Knowles, "The Golden Age of Scholasticism," 271-72도 보라.

166 Cf. Thomas Aquinas, *Summa Theologiae,* Pars III, Quaestiones 46-49. 이렇게 평가하는 Orr, *The Progress of Dogma*, 232를 보라. 단지 논리적 정합성(the close logical cohesion)에서만 안셀름보다 못하며 다른 면에서는 더 진전한 것이라고 하는 그의 평가는 흥미로우나 가혹한 면도 있다고 할 수 있다. 벌코프도 그리스도 사역에 대한 아퀴나스의 제시에는 통일성이 없다고 강하게 평가한다(Berkhof, *The History of Christian Doctrines,* 177). 그래서 안셀름의 논의에 비해 저급한(inferior) 면도 있다고 하면서 논리적 정합성을 약화시킨 점과 자의성(恣意性, arbitrariness)의 문을 열 수도 있는 가능성을 지적한다(179).

인정이 아주 분명히 나타난다.[167] 하나님께서는 타락한 인간들을 죄 가운데서 멸망하게 그대로 내버려 두실 수도 있었고, 그 어떤 만족을 요구하지 않고서도 구속하실 수 있으셨으니 구속이 절대적으로 필요한 것은 아니라고 논의하였다.[168] 그런데 아퀴나스는 이때 아퀴나스 자신의 특성을 잘 나타낸다. 즉, 아리스토텔레스가 말하는 필연성의 두 가지를 이 문제에 적용하면서, 신적 존재나 우주의 구성에서의 '선험적 필연성'(antecedent or *a priori* necessity)의 의미로는 로고스가 성육신하고 고난당하실 필연성이 있지는 않다고 하고, 그러나 도덕적 악이 있게 된 상황에서 '결과적(consequent) 또는 후험적 필연성'(*a posteriori* necessity)으로는 로고스께서 성육신하여 고난당하실 필요가 있다고 하였다.[169]

즉, 공의의 원천이신 하나님께서 침해받은 자들을 생각할 때 죄를 그저 봐주고 용서하실 수 없음을 분명히 하였다. 또한 단순히 외적인 강요를 뜻하는 의미의 필연성을 생각하면 그리스도의 수난은 필연적이지 않다고 하였다.[170] 또한 하나님에게 인간의 죄를 용서해야 할 필연성은 없다는 것을 잘 설명하였다. 그러나 하나님께서는 "**그의 의지의 행위로**" 죄에 대한 만족을 요구하기로 **결정하시면, 그 결정 때문에** 성자의 "성육신이 필요하게" 된

---

167 이를 잘 드러낸 Orr, *The Progress of Dogma*, 232-33; Berkhof, *The History of Christian Doctrines,* 177f.을 보라.

168 이 점을 잘 논의한 Berkhof, *The History of Christian Doctrines,* 177. 바로 조금 후에 말하겠지만 후대에 "결과적 절대적 필요성"이라고 말한 견해가 주장되는 것이다.

169 이 점을 잘 설명하는 Shedd, *A History of Christian Doctrine,* 2:305f.를 보라.
그와 대조해서 스코투스는 "창조 때 주신 하나님의 사랑이 오직 성육신으로만 온전해지기에" 죄가 없어도 성육신이 일어났을 것이라고 했다 (이를 말하는 Knowles, "The Golden Age of Scholasticism," 273을 보라).

170 이 점도 지적하는 Shedd, *A History of Christian Doctrine,* 2:305를 보라.

것이라고 논의했다.[171] 단순히 사람이기만 한 존재는 무한하신 하나님에 대해 가해진 범죄를 속할 수 없기 때문이라고 하였다. 이렇게 그는 후에 "결과적 구속의 필요성"이러고 언급되는 견해를 잘 제시하였다.

또한 그리스도의 공로는 그가 이 지상에 사셨던 모든 시기에 있던 것으로 그의 삶의 모든 행위가 인간의 죄에 대한 구속에 기여하는 것이라는 것도 잘 강조하였다.[172] 이 모든 것이 하나님께 "합당한 만족"(condign satisfaction)을 드리기에 필요한 것이라고 하였다. 그리스도의 수난과 죽음은 그것이 하나님의 자비와 공의에 부합하는 것이고 가능한 최대의 효과를 내기에 구속에 합당한 것으로 여겨주셔서(congruity) 필요하게 된 것이라는 점도 설명하였다.[173] 이렇게 그것을 그저 족한 것으로 하나님께서 인정하고 받아주셔서 구속을 이루는 그리스도의 죽음은 동시에 하나님의 큰 사랑을 계시해 주고 사람들에게 순종과 겸손과 항상성의 모범으로 있다고 한다.[174] 그러면서도 "그리스도의 구속이 하나님의 사랑의 원인이 아니고, 하나님의

---

171 이 점을 잘 논의한 Berkhof, *The History of Christian Doctrines,* 178을 보라.

172 Berkhof, *The History of Christian Doctrines,* 178. 그러므로 그런 용어가 사용되기 전에도 그리스도의 적극적(능동적) 공로를 아퀴나스도 인정했다고 할 수 있다. 벌코프도 조금 후에 이것을 시사(示唆)한다(179).

173 이를 잘 지적하는 Berkhof, *The History of Christian Doctrines,* 178을 보라.

174 Berkhof, *The History of Christian Doctrines,* 178.

놀라운 사랑이 구속을 제공하심에서 드러난" 것이라고 하여[175] 구속의 객관설에 근거해서 주관설을 포괄하면서 잘 설명하고 있다.

아퀴나스의 또 하나의 기여는 구속자와 신자들의 신비한 연합(*unio mystica*) 교리를 잘 제시한 것이다. 신자들은 그의 몸의 지체들이라는 바울의 말(엡 5:30)에 근거해서 아퀴나스는 다른 사람들의 관계처럼 외적인 것이 아니고, 관심과 도덕적 삶의 교제(a communion)가 수립되어 구속적 대리(atoning Substitute)에 근거한 사법적 부과의 근거가 되어, 성육신하신 말씀이 죄인들의 속죄제와 구속이 될 수있게 된다는 것을 잘 설명하였다.[176]

구속 문제와 관련한 또 하나의 기여는 그리스도께서는 그의 수난으로 하나님의 공의를 만족시키셨고, 그의 순종의 공로(merit)로 신자들에게 영생의 복을 얻을 수 있게 해 주셨다고 해서, 후에 사용될 능동적 순종의 의와 수동적 순종의 의의 구별을 선취했다고도 할 수 있다.[177]

이와 관련해서 그리스도의 공로는 단순히 충족할 뿐만 아니라 죄에 대한 넘치는 만족(a superabundant satisfaction)이라는 생각은 좋은 점도 있지만, 이것이 후에 천주교에서 발전된 초과적 공로 사상(Papal theory of works of supererogation)과 연관될 수도 있고, 이런 초과 공로의 집적을 교회가 사용할 수 있다는 것과 연관되면 문제를 일으키게 된다.[178] 후에 다른 문제점에서도 더 명확히 논의하겠지만, 아퀴나스는 그리스도의 넘치는 만족도 세례와

---

175 아퀴나스의 입장을 이렇게 설명하는 Ritschl, *A Critical History of the Christian Doctrine of Justification and Reconciliation,* 1:45; Orr, *The Progress of Dogma*, 233, n. 4를 보라.

176 이를 잘 언급하고 설명하는 Shedd, *A History of Christian Doctrine,* 2:308-309를 보라.

177 이 점을 지적하는 Shedd, *A History of Christian Doctrine,* 2:310을 보라.

178 Cf. Shedd, *A History of Christian Doctrine,* 2:310-11.

고해 없이는 사람을 구원할 수 없다고 하였으니,[179] 이것도 심각한 문제를 일으킨다. 그는, 앞서 칭찬한, 그리스도의 신비한 몸인 교회에서 머리인 그리스도와 그의 지체들의 관계[180] 때문이라고 이를 설명하였지만, 결국 성례에 대한 강조가 너무 지나쳐서 기계주의적 성례관을 낸 것과 연관된 문제를 발생시키는 것이다. 또한 그리스도의 구속이 신자들에게 주어지는 것과 관련해서는 후에 논의할 문제를 많이 드러내고 있다.[181]

(7) 둔스 스코투스의 기여와 문제점

조금 후에 나타나 소위 프란시스파의 대표적 인물로 등장하여 옥스퍼드, 파리, 꼴료냐에서 가르쳤던 둔스 스코투스(John Duns the Scot=Duns Scotus, c. 1266-1308)는 자신의 『신학 대전』(*Summa*)과 특히 롬바르드의 『명제집에 대한 주석』에서 자신의 독특한 견해를 잘 표명하였다.[182] 그는 하나님의 자의적 의지를 강조한 것으로 유명하다. 그래서 아퀴나스를 따르는 토미스트파(도미니칸)와 스코투스를 따르는 스코티스트파(프란시스칸)의 구별이 나타났다.[183]

---

179 이를 잘 지적하는 Berkhof, *The History of Christian Doctrines,* 178을 보라.

180 그리스도의 신비한 몸과 신비한 하나 됨을 잘 강조한 것이 아퀴나스의 큰 기여의 하나이다. 같은 점을 지적하는 Berkhof, *The History of Christian Doctrines,* 179를 보라. 그러나 그의 이해에는 본문이 지적한 문제를 드러내는 함의도 지니고 있어서 온전히 성경적 이해라고 하기 어렵다.

181 다음에 언급되는 중세교회의 의화론(義化論)의 문제를 보라.

182 비슷하게 말하는 Berkhof, *The History of Christian Doctrines,* 179를 보라. 스코투스의 독특성을 잘 표현하는 노울스 교수의 다음 말을 보라: 그는 안셀름적 논증을 허용하지 않았고, 보나벤튜라의 내재적 통찰(innate intuition)도 허용하지 않았으며, 아퀴나스의 인과성으로부터의 논증도 허용하지 않았다. 피조물로부터 창조자에게, 유한으로부터 무한에 이르는 그 어떤 논증도 없다고 했다"(Knowles, "The Later Scholastics," in *A History of Christian Doctrine,* 281).

183 이에 대해서 Shedd, *A History of Christian Doctrine,* 2:315, 317을 보라. "둔스의 천재성

스코투스는 구속에 대한 모든 것도 하나님의 자의적(恣意的, arbitrary) 의지에 종속시키면서 논의했다.[184] 그는 하나님을 만족시키는 일에 그 어떤 필연성(inherent necessity)도 없다는 것을 강하게 주장했다. 그저 하나님께서 만족을 원하셨기에 필요하게 되었다는 것이다.[185] 만일에 하나님께서 원치 않으셨으면 만족이 있을 필요가 없고 만족을 이루심은 하나님의 우발적 행위(a contingent act of God)라고 했다.[186]

따라서 당연히 스코투스는 죄에 대한 만족을 이룸이 꼭 십자가형의 방식으로 일어나지 않을 수도 있다고 했다.[187] 꼭 하나님이신 그리스도께서 만족을 하셔야만 하는 것도 아니고, 아담의 경건한 한 행동으로도 그의 첫

은 그의 비판에 있고, 아퀴나스의 천재성은 구성적 능력에 있다"고 하고, 스코투스 사후 200년 동안 스코투스의 사상이 아퀴나스의 견해보다 더 널리 퍼졌다고 말하는 Knowles, "The Later Scholastics," 282를 보라.

184 같은 점을 잘 지적하는 Berkhof, *The History of Christian Doctrines,* 179를 보라. 이와 같이 의지를 강조하는 스코투스는 사랑이 '최고의 사랑'(the supreme Love)이신 하나님의 행위의, 따라서 인간의 행위의 궁극적 원인이라고 하였다(Knowles, "The Later Scholastics," 281). 스코투스는 로마서 5:5 말씀을 생각하면서 "성령 자신이 그리스도인의 영혼에 쏟아 부어졌다"고 한다(282).

185 후에 종교개혁자들은 이 점을 강조하면서도 그러나 그것이 하나님의 자의적 의지라는 인상을 받지 않도록 애썼다.

186 이런 표현이 잘못하면 자의(恣意)성의 표현으로 들릴 수 있다. 그런 점에서 이것을 표현하는 것에서 주의해야 했다.

187 그의 의도는 짐작할 수 있지만 이런 표현이 자의성을 생각하게 하고 사람들의 당혹감을 불러일으킨다.

번째 죄에 대한 만족을 이룰 수 있었으며, 천사가 만족을 이룰 수도 있었다고 하였다.[188] 그는, 안셀름부터 지속적으로 강조된 입장인 그리스도의 수난이 무한한 가치를 지닌다는 것도 부인하였다.[189] 이 모든 것이 하나님의 자의적 의지에 달린 것이라고 한 것이다. 그러나 하나님께서는 영원부터 그리스도의 수난을 선택된 자들의 구원의 수단으로 미리 정하셨다고 했다. 이렇게 미리 정해졌기에 그리스도의 수난은 특별한 가치와 특별한 유효성을 지닌다고 하였다. 단지 하나님께서 그것을 유효한 것으로 받아들이기를 기뻐하셨기 때문에[190] 그리스도의 고난이 특별하다는 것이다.

다시 말하지만 둔스 스코투스는 그리스도의 공로의 무한한 가치를 인정하지 않았으니, 그것은 **인성의 공로**이니 **유한한** 성격을 지녔다고 했다.[191] 우리가 잘못한 것에 상응하지 않고 **부족한 공로를 하나님께서 자원하셔서 받으셔서** 그것이 우리의 구속에 유효하고 충분하게 하셨다는 것이다. 그러므로 가장 중요한 것은 하나님의 자의적 의지라는 것이다. 그래서 이를 구속에 대한 '수납이론'(Acceptilation theory)이라고들 한다.[192] 이런 입장은, 한편으로는 하나님의 주권성을 강조하는 좋은 점이 있으나, 또 다른 편으로는 하나님께 자의성을 돌리는 문제와 함께 그에 따라, 심각하게 따지면 구속

---

188 이를 언급하는 Berkhof, *The History of Christian Doctrines*, 180을 보라. 스코투스의 이 표현이 가장 큰 문제를 일으키는 표현이다. 따라서 둔스 스코투스는 행위언약을 생각하지도 않고, 타락의 심각성도 별로 의식하지 않는 중세 천주교 신학자로서 후의 개혁자들과 상당히 다르다는 것이 잘 드러난다.

189 이를 언급하는 Shedd, *A History of Christian Doctrine*, 2:315를 보라.

190 이 점을 강조하는 Shedd, *A History of Christian Doctrine*, 2:316을 보라.

191 이 심각한 문제를 잘 지적하는 Shedd, *A History of Christian Doctrine*, 2:315; Berkhof, *The History of Christian Doctrines*, 180을 보라.

192 Berkhof, *The History of Christian Doctrines*, 180. 그런데 매킨토쉬는 이를 "Acceptation theory"라고 표현한다(*Historic Theories of the Atonement*, 110f.).

의 결과적 필연성도 인정하지 않는다는 점에서 잘못된 방향으로 나아가는 것이라고 할 수 있다.[193]

이런 기여점 안에도 잔존하는 문제들

지금까지 중세의 논의 가운데서 그래도 후대 교회에 기여가 되는 점들을 논의하였다. '대리 만족설'(the doctrine of vicarious satisfaction)은 교부들 때로부터 중세 내내 유지되어 온 정통적이고 성경적인 견해였다. 그러나 이런 점을 논의하는 과정에도 간간히 지적하였지만 중세 교회는 문제를 드러내고 있다. 물론 이하에 논의하는 중세적 논의를 할 때 그 개개인들의 진정한 의도에 대해서는 좀 더 포괄적 측면에서 다시 검토할 여지는 있다. 그래도 그 자체로나 미래의 교회를 위해서 문제가 되는 부분으로 여겨지는 점들을 정리해 본다면 다음과 같은 점들을 지적할 수 있다.

첫째는 일종의 합리주의적 성향의 문제를 말해야 한다. 중세 신학자들이 과연 어떤 의도를 가지고 이 논의를 했는지는 후에 더 논의해야 하지만, 중세 스콜라 신학자들은 결과적으로 보면 믿는 사람들이 합리적이라고 하는 바와 불신자들이 합리적이라고 하는 바를 별로 명확히 구별하지 않으려는 성향을 지녔다.[194] 예를 들어서, 하나님께서 죄 용서를 위해서는 십자가에서 일어난 객관적 대리 속죄를 필요로 한다는 것을 잘 드러내기 위한 좋

---

193 나중 논의에서 잘 드러나겠지만, 후대의 종교개혁자들은 이런 문제점에 빠지지 않으면서 하나님의 주권을 잘 드러내는 귀한 작업을 하였다고 할 수 있다.

194 사실 이것은 매우 어려운 문제다. 현대에도 이런 면이 다양하게 나타날 수 있기 때문이다. 이렇게 믿는 사람들이 합리적이라고 생각하는 바와 불신자들이 합리적이라고 생각하는 바를 명확히 구별하여 말하는 대표적인 사람으로 우리는 20세기의 코넬리우스 반틸을 들 수 있다. 이승구, 『코넬리우스 반틸』(서울: 살림, 2007, 재판, 2012), 57-79를 보라.

은 논의를 하면서도, 안셀름은 "만일 하나님께서 거짓말을 하신다면 거짓말하는 것이 옳은 것이 되는 것이 아니라 오히려 그가 하나님이 아니신 것이 된다."고 말한다.[195] 이 말을 잘못 이해하면 하나님보다 더 높은 어떤 원리가 있어서 우리 하나님이 그 기준에 부합하면 그가 하나님이시고, 그에 부합하지 않으면 하나님이 아니시라는 시사를 준다. 아퀴나스에게서 가장 잘 드러나는 이런 특성을 우리는 "합리주의적 성향"이라고 부르려고 한다.[196] 이런 성향 때문에 아담의 타락도 결과적으로 하나님의 은혜를 잘 알게 했다는 의미에서 "복된 범과"(*felix culpa*)라고 언급하는 일도 있었다.[197] 중세 사람들은 "인간의 정신이 사물의 성질을 합리적으로 그리고 참되게 알고 표현할 수 있다"고 여겼다.[198] 믿는 사람들과 믿지 않는 사람들이 같이 동의할 수 있는 합리적인 것의 기준을 가지고 논의하는 이런 논의가 문제다.[199]

---

195 Anselm, *Cur Deus Homo,* 1. 12.

196 어떤 면에서 지각으로 파악할 수 있는 우주로부터 시작하여 그것의 최종적 원인인 최초의 운동자(*prima causa*)를 찾아 간 "아리스토텔레스적 전망을 전복시켜서" 모든 것의 원천이신 "무한히 풍성하신 하나님의 존재, 삼위일체 하나님으로부터 시작했다"는 것(Knowles, "The Golden Age of Scholasticism," 271)은 일면 옳다. 아퀴나스가, 아리스토텔레스와는 달리, 존재론적으로는 하나님으로부터 시작했다고 할 수 있다. 그러나 그의 인식론은 역시 아래로부터 시작하여 위를 향해 나가는 자연과 은총의 구조가 문제라는 지적을 하지 않을 수 없다. 이를 가장 강력하게 지적하는 코넬리우스 반틸의 지적들을 보라.

사람이 타락한 이유에도 사람 안에 있는 불완전성 때문에 타락이 있다고 설명한 것(Knowles, "The Golden Age of Scholasticism," 274)도 이런 합리주의적 성향을 드러내는 것이다.

197 Knowles, "The Golden Age of Scholasticism," 273.

198 이를 잘 표현하는 Knowles, "The Golden Age of Scholasticism," 268-69를 보라. 이런 합리주의는 아퀴나스에게서 가장 잘 나타난다. 기본적으로 아퀴나스적 생각을 가지고 있으면서 이를 신비주의와 연관시켜 나간 독일 도미니칸 수도사들인 마이스터 에크하르트(Meister Eckhart, 1260-1327)와 그의 제자인 요하네스 타울러(Johannes Tauler, c. 1300–1361)와 헨리 수소(Henry Suso=Heinrich Seuse or Heinrich von Berg, 1295–1366) 등이 대표하는 라인란트 신학자들의 모습은 상당히 독특하다. 이 점을 잘 지적한 Knowles, "The Later Scholastics," 282-83을 보라.

199 오캄의 윌리엄은 "오직 개별적인 것(the single entity)만이 알려질 수" 있고, 이것도 "개념으

이런 태도에서 자신들도 의식하지 않은 채 아리스토텔레스를 따라가는 성향이 나타난다. 흔히 "아리스토텔레스 철학은 철저히 수용한" 것으로 언급되는 아퀴나스뿐만이[200] 아니라 상당히 많은 중세 사람들은 명상적이고 관조적인 삶이 활동적인 것보다 더 고귀하다고 생각하고 그런 말을 많이 하였다. 이런 지성과 관조를 강조하는 것은 자신들도 모르게 아리스토텔레스의 생각을 따라가는 데서 발생했을 수 있다. 도미니칸인 아퀴나스가 아리스토텔레스를 따라갔을 뿐 아니라 프란스시칸 수도사인 오캄의 윌리암(William of Ockham, c. 1285-1347)도 역시 아리스토텔레스의 철학을 따랐다. "오캄의 체계는 아리스토텔레스와 옥스퍼드학파의 새로운 논리를 결합시킨" 것이라고 평가된다.[201] 아주 대조되는 두 사람이 모두 아리스토텔레스를 따

로는 표현할 수 없고(not expressible in a concept) 전적으로 통찰적으로만(wholly intuitional) 알 수 있다"고 하였다. 즉, 정신이 사물들로부터 본질을 찾아낼(abstract) 수 없다고 하면서(Knowles, "The Later Scholastics," 283), 전형적인 '유명론(唯名論)'을 주장한 것으로 유명하다. 그리하여 그는 하나님의 존재나 그의 속성이나 영혼의 불멸성 등은 "모두 **증명될 수 없고, 그저 믿어져야 한다**"고 했다(284). 그런데 여기서도 신앙과 대조되는 "알 수 있는 것"이 신자와 불신자가 다 같이 받아들일 수 있는 이성적인 것으로 등장하고 있는 것이 문제다. 그는 성경의 가르침을 계시된 진리로 받아들이면서도 그것은 이성적인 것과는 다른 것이라고 하는 것이다. 여기서 이성과 신앙의 분리가 노골화된 것이다.

물론 그는 신앙인이므로 하나님께서 창조하신 우주가 존재하며 사람의 정신이 우주의 구체적인 것들에 대한 통찰적 지식을 가질 수 있다는 것은 인정했다는 점에서 완전한 회의주의자는 아니다. 그러나 인과 관계는 환상일 뿐이라고 하였다(284).

200 누구나 이렇게 말하지만 대표적으로 Knowles, "The Later Scholastics," 280을 보라. 그러나 이렇게 아리스토텔레스를 전적으로 다 받아들이는 중세 신학자들도 아리스토텔레스에게는 (1) (창조를 배제하는) 세계의 영원성에 대한 생각, (2)영혼의 불멸성에 대한 명확한 선언을 하지 않는 문제, (3) 우주의 엄격한 질서를 강조하다가 도덕적 결정론을 제시하는 것 등은 문제라고 여기고 있었다. 이런 명제들은 1270년에 파리의 템삐에르 감독(Tempier)에 의해 정죄되었다(Knowles, "The Later Scholastics," 280).

201 이렇게 말하는 Knowles, "The Later Scholastics," 283을 보라.

은혜가 존재하지 않는다면 사람의 선행은 자기 자신의 행위가 된다고 하면서 오캄을 펠라기우스주의자로 몰아간 옥스포드의 토마스 브래드워딘(Thomad Bradwardine, c. 1290-1349)의 책(*The Cause of God against the Pelagians*)에 대한 언급으로 Knowles, "The Later Scholastics," 285를 보라. 토마스 브래드워딘의 비판도 지나친 것이지만 오캄 등이 모든 인과율을 부인하고서 나타난 결과도 심각함을 생각해야 한다.

른 것이다.

예를 들어서, 아리스토텔레스는 인간의 기능(faculties)을 활동적 기능과 관조적 기능, 즉 순전히 정신 안에서의 반성적 기능과 추론 기능(the purely intra-mental activity of reflection and reasoning)으로 분류하고서는 후자가 더 고귀한 활동이고 다른 일들은 다 준비일 뿐이라고 하였다.[202] 그래서 무의식적으로 기도와 묵상과 심지어 관상의 삶이 더 높은 것이라는 생각이 나타나기 시작했다.[203] 아퀴나스도 명상적 삶의 우위성에 동의하면서 명상이 영혼의 최고의 영적인 활동이라고 하였다. 그런데 그가 말하는 명상이라는 것이 은혜에 근거해서 하나님의 말씀을 잘 묵상하는 것인지, 아니면 초자연적인 방법으로 말할 수도 없고 전달될 수도 없는 어떤 신적 지식과 사랑을 받는 것인지는 모호하게 나타난다.[204] 그런데 성령의 은사는 인간의 어떤 기능을 통해서 주어지는 것과 같이 협력적이지 않고 순전히 작용적으로 나타난다는 그의 강조에 따라서[205] 직접적인 하나님의 은혜로 신비하게 놀라운 것이 주어지는 것을 뜻할 수도 있다고들 생각한다. 여기서 합리주의적 성향이 자연스럽게 신비주의적 정향으로 넘어가기도 한다.

안셀름은 분명히 믿음으로부터 시작하고, 믿는 것으로부터 이해(지식)으로 나아간다고 다들 생각한다(*Fides quaerens intellectum* 또는 *credo ut intelligam*).[206] 그러나 그에게도 때로는 이렇게 우리가 비판적으로 말하는 합리주의적 성향이 나타나고 있는 것이 아쉽다. 특히 후기에는 대학교에서 논리와 변증

---

[202] 이렇게 말하는 Knowles, "The Golden Age of Scholasticism," 278을 보라.

[203] 이를 잘 지적하는 Knowles, "The Golden Age of Scholasticism," 278을 보라.

[204] 이 모호성을 정확히 지적하는 Knowles, "The Golden Age of Scholasticism," 279를 보라.

[205] 이를 말하는 Knowles, "The Golden Age of Scholasticism," 277, 279를 보라.

[206] Cf. Anselm, *Proslogion,* II–IV.

법에 따라서 신학이 논의되면서 "정신적 활동의 뛰어남이 강조되고 신학적 진리의 본질이 무시된" 경향이 있다.[207] 이런 것이 스콜라 신학의 근본적 문제다.

마찬가지로, 예를 들어 그레고리 대제(Gregory the Great)도 예정에 대해서 말하면서도 이 합리주의적 성향에 따라서 상당히 수정된 형태로 말하였다. 은혜의 불가항력성과 선택된 정한 수의 사람에 대한 하나님의 은밀한 경륜에 대해서 말하면서도 그레고리는 오직 예지에 근거한 예정을 말한다.[208] 복음을 누가 믿을 줄 하나님께서 미리 아셨기에 선택하셨다고 말하는 점에서 그레고리 대제는 이를테면 천주교회 안에 있던 알미니안주의자였다고 할 수 있다. 따라서 그는 그 누구도 자신이나 다른 사람의 선택에 대해서 확신할 수 없다고 하였다.[209] 여기서 '중세적 불안'이 나오기 시작했음을 짐작할 수 있다.

이렇게 문제되는 방향으로 가지는 않아도 일종의 사변성이 도입된 것도 문제라고 할 수 있다. "의지의 자유"를 두 가지 대안 중 "무엇이나 다 택할 수 있는 가능성"(the *possibilitas utriusque partis*)을 지닌 것으로 보기보다는 "외적인 강요 없이 순전히 의만을 행하는 것," 즉 "거룩으로의 자기 결정"(self-determination to holiness)으로[210] 보아야 하지 않느냐는 안셀름의 논의는[211] 타락하지 않은 천사들의 상황이나 극치의 하나님 나라에서의 우리들이 상황

---

207 이는 Knowles, "The First Century of Scholastic Theology, c. 1050-c. 1200," 260에 나오는 논의이다.

208 Berkhof, *The History of Christian Doctrines*, 141.

209 Berkhof, *The History of Christian Doctrines*, 141.

210 안셀름은 이를 "참된 자유의 행위"(an act of genuine freedom)이라고 한다(Berkhof, *The History of Christian Doctrines*, 144).

211 이에 대한 좋은 설명으로 Berkhof, *The History of Christian Doctrines*, 143-44를 보라.

을 생각하면 상당히 의미 있는 시도이기는 하지만, 역시 상당히 사변적 논의라고 할 수 있다. 이런 사변성이 많아지면 결국 성도들에게 적극적으로 설명할 기회가 점점 상실된다.

둘째는, 그와 연관될 수도 있는데, 죄에 대한 연약한 견해가 확산하여 간 것이 문제다. (중세가 그로부터 시작한 것으로 흔히 언급되는) 그레고리 대제는 죄에 대한 책임(죄책, guilt)을 덜 강조하고 죄를 연약성이나 병으로 여기는 경향이 강했다.[212] 또한 그는 타락 때에 사람은 의지의 자유를 상실한 것이 아니라 의지의 선함만을 잃었다고 하였다.[213] 이런 생각들이 보편화될 때 나올 수 있는 문제들과 그 함의는 다음 장들에서 드러나게 될 것이다.

셋째로, 그로부터 이전부터 사용되던 선행하는 은총(prevenient grace)이라는 말의 중세적 고정화가 나타나기 시작한 문제도 지적해야 한다. 그레고리 대제도 "선행적 은총은 사람들을 선을 의도하게(will the good)하고, 후행적 은총이 선을 수행할 수 있게 한다"고 했다.[214]

넷째로, 중세적 특징인 성례의 기계적 이해가 완전히 자리잡게 되었다. 그래서 그레고리 대제도 과거의 죄책을 없애고 믿도록 하는 세례로부터 인간의 변화가 시작된다고 하였다.[215] 의지가 새롭게 되고 우리의 마음에 하나님의 사랑이 부은 바 되어(롬 5:5을 이렇게 사용하였다) 사람이 하나님을 위해 공로가 되는 일을 할 수 있게 한다고 하였다.[216] 그리고 아퀴나스에 대해 지적한 것 같이 그리스도의 넘치는 만족에도 불구하고 세례와 고해가 없이는

---

212 Berkhof, *The History of Christian Doctrines*, 140.

213 Berkhof, *The History of Christian Doctrines*, 140.

214 Berkhof, *The History of Christian Doctrines*, 140.

215 Berkhof, *The History of Christian Doctrines*, 140-41.

216 Berkhof, *The History of Christian Doctrines*, 141.

구원이 없다는 입장이 나온 것도[217] 이런 기계주의적 성례관의 문제를 드러낸다. 이로부터 다음 장들에서 논의할 중세 신학의 문제가 점점 더 명확히 드러나는 것은 매우 자연스러운 일이라고 할 수 있다.

217 이를 잘 지적하는 Berkhof, *The History of Christian Doctrines,* 178을 보라.

제8장

중세 신학의 문제들(1): 구원 교리와 관련한 문제들

1. 좁은 의미의 반(半)-펠라기우스주의와 이와 관련된 논쟁

좁은 의미의 반(半)-펠라기우스주의(Semi-Pelagianism)는 인간 구원에 있어서 하나님의 은혜와 인간의 의지 둘 다가 대등한 요인으로 그 둘이 협력하여 구원이 이루어진다는 견해다.[1] 마르세이유의 대수도원장이었던 **요하네스 카시아누스**(**John Cassian**=Ioannes Casianus, c.360 - c.435)와 같은 수도원의 겐나디우스(Gennadius of Massilia, † c. 496)와 **레기움의 파우스투스**(**Faustus of Rhegium**, c. 400/410-c. 490)가 이런 '좁은 의미의 반(半)-펠라기우스주의'를 대변했다.[2] 모든 것을 아시는 하나님께서 영원에서 미리 보신 예지된 믿음과 순종에 근거해서 예정론을 수립하려는 "헛된 수고를 한" 것이다.[3] 그들은 하나님의 은혜의 조력 없이는 인간이 구원을 가져오는 행위를 할 수 없다는 것을 인정한다.

---

[1] Louis Berkhof, *The History of Christian Doctrines* (Grand Rapids: Eerdmans, 1937, 1949, paperback edition, Grand Rapids: Baker, 1975), 138.

[2] Berkhof, *The History of Christian Doctrines,* 138, 207-208; George Park Fisher, *History of Christian Doctrine* (Edinburgh: T. & T. Clark, 1896, 7th Impression, 1949), 195-98을 보라. Cf. Robert F. Rea, "Grace and Free Will in John Cassian," Ph.D. diss. (Saint Louis University, 1990).

[3] Berkhof, *The History of Christian Doctrines,* 138.

펠라기우스주의와는 달리, 반(半)-펠라기우스주의는 인간의 부패는 어느 정도 인정하였다. 타락에 의해 인간 본성이 그저 약화되고 병들었지만 자유의 요소는 가지고 있다고 본 것에서 모든 문제가 발생한다. 따라서 타락한 인간도 하나님의 은혜에 협력할 수 있다고 한 것이고, 중생의 역사를 개시(開始)시키는 것이 인간이라는 시사를 주고 있어서 문제가 된다.

오렌지 공의회(529)에서 이런 좁은 의미의 반(半)-펠라기우스주의를 단죄함으로써 431년 에베소 공의회에서 최종적으로 정죄된 펠라기우스주의와 함께 좁은 의미의 반(半)-펠라기우스주의는 이단으로 선언되었다.[4]

2. 넓은 의미의 반-펠라기우스주의로서 천주교 구원론

그 이후 천주교회는 일반적으로 어거스틴주의를 지지한다고 하였지만[5] 엄

---

4 Berkhof, *The History of Christian Doctrines,* 138, 208.

5 여러 면에서 어거스틴은 중세 신학의 토대를 놓은 사람이라고 여겨진다. Cf. Fisher, *History of Christian Doctrine*, 176. 한편으로 중세 내내 어거스틴의 말은 법으로 여겨졌다는 말(176)은 한편

밀하게 말하면 반(半)-어거스틴주의라고 할 만한 주장을 정립해 갔다고 볼 수 있다. 타락한 인간의 의지가 죄의 노예와 같이 되어서 하나님의 은혜에 의해서만 인간이 새로워질 수 있다는 것을 상당히 주장하기는 했다. 그래서 오렌지 공의회 이후에 이런 온건한 어거스틴주의가 교회의 공식적 입장이라고 할 수 있다. 그러나 이런 입장에 철저하지 않으므로 후에 여러 복잡한 문제가 발생하였다. 그러므로 중세 천주교회는 일종의 넓은 의미의 반(半)-펠라기우스주의로 빠져들어 갔다고 할 수 있다.[6]

기본적으로 중세 교회는 궁극적으로 잃어버린 자들(the lost)에 대한 간과(preterion)와 유기(reprobation)를 어거스틴만큼 강하게 단언하지 않으려고 했다.[7] 그리하여 이중예정설은 529년에 있던 오렌지 공의회에서 폐기되기에 이르렀다.[8] 그래서 천주교에서 결국 "예정 교리는 버려졌다"고 한 라인홀드 제베르크의 말도 일리가 있다.[9]

또한 어거스틴적 예정보다는 성례전적 은혜를 강조하는 쪽으로 강조점이 바뀌었다.[10] 중세교회는 자신들이 이런 방향으로 나간 것이 어거스틴의

으로 옳다. 그러나 후론할 바와 같이 세세한 부분에서 어거스틴의 생각에서 일탈하거나 그의 생각을 애매하게 만들어 간 부분도 있다는 것을 인정하지 않을 수 없다.

6 여러 사람이 이렇게 평가하지만 특히 이 점을 지적하는 James Orr, *The Progress of Dogma* (London: James Clarke & Co. Limited, 1901), 27; Berkhof, *The History of Christian Doctrines,* 138-39, 208 ("more Semi-Pelagian than Augustinian")도 보라. 중세 교회가 공식적으로 인정한 것은 "절충적 어거스틴주의"(a moderate Augustinianism)라고 한 209의 논의도 보라. "온건한 어거스틴주의"(a mild Augustinianism)인데 "스콜라 신학자들 가운데서는 반(半)-펠라기우스 주의(Semi-Pelagianism)로 기우는 성향도 나타난다"고 한 211의 표현도 보라. Benjamin Drewery도 "The Council of Trent," in *A History of Christian Doctrine,* 408에서 트렌트 종교회의 문서가 "반(半)-펠라기우스주의적"이라고 한다.

7 Berkhof, *The History of Christian Doctrines,* 138.

8 Berkhof, *The History of Christian Doctrines,* 138.

9 Seeberg, *History of Doctrine,* I, 382.

10 같은 점을 지적하는 Seeberg, *History of Doctrine,* I, 382; Berkhof, *The History of Chris-*

가르침에 근거한 것이라고 하였다. 이는 어거스틴의 가르침 안에 하나님의 은혜를 받는 것과 교회의 여러 일들, 특히 성례에 참여하는 것을 거의 동일시해서 말하는 듯한 것, 중생의 은혜가 잃어질 수 있다고 한 것, 간혹 인간이 구원에 기여하는 듯한 시사를 하는 어귀들이 있기 때문이었다. 예를 들어서, 어거스틴은 세례받지 않고 죽는 이들은 구원받지 못한다고 하였다. 어거스틴에게 우리가 보기에는 서로 모순되는 다양한 생각이 있었다고도 말할 수 있고, 또 중세 교회가 어거스틴의 어떤 부분을 사용해서 어거스틴이 강조한 다른 중요한 부분을 배척하는 결과를 내었다고 할 수도 있다. 그런 점에서 어거스틴은 중세 신학의 토대를 놓은 사람이라는 평가는[11] 일면 옳은 점도 있고, 일면 재고할 수도 있는 평가이다. 중세 신학은 어거스틴의 한 면을 중심으로 어거스틴의 다른 측면을 배제하는 방향으로 발전해 갔기 때문이다.

결과적으로 중세 초기의 헬라교회는 넓은 의미의 반-펠라기우스주의와 성례주의의 확고한 토대를 마련하였다. 예를 들어서, 세례 없이 구원받을 수 있는 가능성에 대해서 의심하였다.[12] 세월이 흐르면서 서방 교회도 헬라교회의 인간론을 상당히 받아들이고, 계속 그와 같은 방향으로 진전하여

---

tian Doctrines, 209도 보라.

11 이런 평가의 예로 Fisher, *History of Christian Doctrine*, 176 ("the founder of the medieval theology")을 보라. 그러나 "중세 전체에 걸쳐서 그의 말은 법으로 여겨졌다"는 말은 너무 지나친 말이니, 중세 신학은 어거스틴의 다른 측면을 무시해 나가 면이 많이 있기 때문이다. 중세 신학이 교회 체계에 대한 이해와 성례 이해는 어거스틴의 생각을 상당히 따라간 것이나 구원론 부분은 어거스틴에게 과연 충실한지 논의해 볼 만한 부분이다. 그러므로 중세신학은 교회 체제와 성례에 대해서는 어거스틴에게 충실했고, 그의 구원론에 나타난 은혜론에는 충실하지 않았고 그것을 다시 드러내고 부흥시킨 것이니 종교 개혁자들의 이해라는 생각은 그리 사실에서 멀지 않은 것이라고 할 수 있다. 이 점은 어거스틴이 중세 신학의 토대를 놓았다고 말한 피셔 교수도 인정하는 것이다(176). 그러므로 그의 주장을 너무 강하게 이해하면 안 되고, 그런 점에서 그는 너무 지나친 주장을 했다고도 할 수 있다. 이는 이 책의 다음 부분에서 더 잘 논의될 것이다.

12 Berkhof, *The History of Christian Doctrines,* 210.

중세 천주교회의 공식적 입장은 넓은 의미의 반(半)-펠라기우스주의라고 할 수 있다. 위에서 언급한 바와 같이 어거스틴의 예정론에 대한 가르침이 자취를 감추었고, 타락한 인간의 전적 무능력에 대한 이야기가 점차 사라졌으며, 하나님의 불가항력적 은혜에 대한 가르침은 반대를 받게 되었다.[13] 중생에 있어서 사람이 하나님께 협동할 수 있다는 신인협력주의가 주류적 사상이 되었다. 그리하여 인간이 스스로 준비하여 의의 주입을 받게 되면 점점 더 의롭게 되는 것이라고 하였다.[14] 이 모든 것이 세례를 중심으로 이해되면서, 세례 없이 구원받을 가능성을 전적으로 배제하였다.[15] 철저한 성례주의가 자리 잡은 것이다. 또한 자비와 극기를 보여주는 행위들을 크게 권장하고 이것들이 신자들의 죄를 속죄하는 적절한 방식이라는 논의까지 등장하게 되었다.[16] 이것과 연관된 것이 하나님의 명령과 복음적 권면을 구별하던 어떤 교부들의 설명 방식이었다. 복음적 권면을 받아들이면 더 큰 상급이 주어진다는 이것이 수도원주의를 옹호하는 결과를 낳았다.[17] 제베르크는 이 상황을 다음 같이 정확히 묘사하였다:

> (중세 교회에서) 오직 은혜론이 승리를 거두었지만 예정론은 폐기되었다. 예정에 의한 불가항력적 은혜는 세례에 의한 성례전적인 은혜에 밀려서 퇴출당하였다. 이렇게 하여 은혜론은 통속적인 천주교 상상(想像)과 좀 더 밀접한 관계 속으로 들어갔고, 하나님께서 은혜를 주시는 목적은 인간이 선행을 하

---

13 Berkhof, *The History of Christian Doctrines,* 209.

14 Berkhof, *The History of Christian Doctrines,* 146.

15 Berkhof, *The History of Christian Doctrines,* 210.

16 Berkhof, *The History of Christian Doctrines,* 209.

17 Berkhof, *The History of Christian Doctrines,* 209.

도록 하기 위한 것이라고 이해하여 선행의 의미를 높인 것도 이 일에 한 도움을 주었다.[18]

이러한 이해는 중세의 기본적인 구원론을 형성했다고 할 수 있다. 동방 교회와 서방 교회 모두에서 점점 심해진 성자숭배와 신자들이 성인들과 마리아의 중보 기도에 의존하는 경향도 성자들의 잉여공로를 교회가 배분해 줄 수 있다는 행위 구원론과 교회주의에 근거한 것이다. 중세 교회가 성경의 가르침으로부터 벗어난 전형적 모습이 이런 데서 잘 드러난다. 그러므로 중세 천주교의 교의는 실질적으로 계속되는 교회의 이해에서 벗어난 새로운 이해를 제시한 것이다.[19]

중세 스콜라 신학에서는 인간의 구원에 대해서 이런저런 논의 끝에 결과적으로 우리들이 위에서 살핀 성경의 구원 이해와 상당히 다른 이해를 제시하는 결과에 이르렀다. 중세 천주교회의 구원론은 예수 그리스도의 십자가의 공로에 더하여 '은혜에 근거하여 우리가 행하는 선행(善行)이라는 우리 자신의 공로'가 있어야 온전한 구원이 이루어진다고 하였다. 이런 생각은 넓은 의미의 "반(半)-펠라기우스주의"(Semi-Pelagianism)라고 할 수 있다. 좁은 의미의 반(半)-펠라기우스주의는, 앞서 말한 대로, 존 카시아누스(John Cassianus of Marseilles), 레기움의 파우스투스(Faustus of Rhegium), 그리고 마실리아의 겐나디우스(Gennadius of Massilia) 등의 사상을 지칭하는 것으로 이들

---

18 Seeberg, *The History of Doctrines,* I, 382.

19 여러 사람이 이를 강조하지만 특히 『기독교 강요』 서문에서 칼빈이 이 점을 강조하고 있다. 이에 대한 구체적 논의로 이승구, "칼빈의 『기독교 강요』 저술 동기를 통해 살펴본 신학의 과제", 『개혁신학탐구』 (서울: 도서출판 하나, 1999, 개정판, 수원: 합신대학원 출판부, 2012), 115-40를 보라 또한 Orr, *The Progress of Dogma,* 154를 보라.

의 사상은 펠라기우스주의와 함께 Orange 공의회(529)에서 정죄되었다.[20] 우리가 여기서 반(半)-펠라기우스주의(semi-Pelagianism)라고 할 때는 이런 좁은 의미가 아니라, 천주교 주류 사상으로서의 '천주교 구원론' 전체를 지칭하여 이르는 말이다.[21]

물론 중세 천주교회의 의화 이해는 기본적인 공유점을 지니면서도 그 안에서 다양하며 상당히 복잡한 논의의 과정을 나타내고 있다. 그러므로 스콜라 신학자들 사이에 은혜에 대한 의견의 일치가 없다고 할 수 있다.[22] 피터 롬바르드는 어거스틴과 상당히 비슷하게 "작용하는 은혜"(a *gratia operans*)와 "협력하는 은혜"(a *gratia co-operans*)를 구별해 말하면서도 인간의 의지가 협력해야 선행이 이루어질 수 있다는 점을 좀 더 강조하여, 인간의 자유의지가 작용하는데 신적 은혜는 협력하는 원리로 도와주어 원하는 선행을 하게 한다고 하였다.[23]

헤일스의 알렉산더(Alexander of Hales, c. 1185 - 1245)는 기본적으로 롬바르드에게 동의하면서 하나님의 은혜로운 행위(the gracious activity of God)를 지칭하여 "주시는 은혜"(a *gratia gratis dans*)라고 하고 모든 실제적 은혜들과 주입된 덕들을 지칭하여 "주어진 은혜"(a *gratia gratis data*)라고 하고, 영혼으로 하여금 하나님을 기쁘시게 할 수 있도록 하는 영혼의 지속적인 질로서의 은혜(grace as a permanent quality of the soul)를 "수행하게 하는 주어진 은혜"(a

---

20 이에 대해서는 Berkhof, *The History of Christian Doctriness*, 137-38, 207-208; Fisher, *History of Christian Doctrine*, 195-98을 보라.

21 그런 의미에서 후에 루터는 에라스무스가 펠라기우스적 이단을 **다시 살려내고 있다고 비난**했었다. 이는 천주교회가 펠라기우스주의라는 것이 아니라 그와 비슷한 방향으로 나가려는 **반(半)-펠라기우스주의라는 말**이었다.

22 이 점을 지적하는 Berkhof, *The History of Christian Doctrines*, 211을 보라.

23 이 점을 말하는 Berkhof, *The History of Christian Doctrines*, 212를 보라.

gratia gratum faciens), 즉 "성화시키는 은혜"(sanctifying grace)라고[24] 나누어 제시하였다.[25]

헤일스의 알렉산더와 보나벤튜라는 처음에 자신 안에 있는 것에 대해서 최선을 다하면서 그렇지 못한 죄를 안타깝게 여기고(attrition) 죄로부터 돌아서면, 은혜의 주입이 있고, 그에 근거해서 '죄에 대한 용서'[사죄]와 '의지를 하나님께 돌이킴'이 있다고 하였다.[26] 이에 비해서 둔스 스코투스는 의화가 죄 용서와 거룩하게 하시는 은혜를 통해 영혼을 새롭게 하는 두 부분으로 이루어졌다고 하면서, 이 둘은 동시에 이루어지나 자연의 질서에 있어서 죄 용서가 은혜의 주입에 선행한다고 하였다.[27] 많은 스콜라주의자들은 의화가 "순간적 행위"(an instantaneous act)라는 말도 했으나 후에 논할 트렌트 회의에서는 "의화의 점진적 증진"(a progressive increase of justification)을 말하였다.[28]

다음 절에서는 명료성을 위해 먼저 토마스 아퀴나스의 이해를 중심으로

---

24 이 번역어는 다음 사전에서 제공된 것임을 밝힌다. https://www.catholicculture.org/culture/library/dictionary/index.cfm?id=33795;

25 Berkhof, *The History of Christian Doctrines*, 213을 보라. 아퀴나스의 견해는 다음 절에서 논한다.

26 Berkhof, *The History of Christian Doctrines*, 213-14의 논의를 보라

27 이렇게 제시하는 Berkhof, *The History of Christian Doctrines*, 214을 보라.

28 이를 지적하는 Berkhof, *The History of Christian Doctrines*, 214을 보라.

논의해 보고자 한다.[29]

3. 중세 천주교회의 의화 이해: 토마스 아퀴나스의 이해를 중심으로

중세 스콜라 신학은 사람의 의지에 하나님께서 "주어진 은총"(*gratia gratis data*)인 "선행하는 은총"(*gratia praeveniens*, prevenient grace)이 작용해서[30] 그 사람들로 하여금 하나님을 향할 수 있게 한다고 가르쳤다. 이를 "실제로 작용하는 은총"(*gratia operans*, actual operative grace)이라고 할 수 있으니, 이는 "인간 의지가 선을 바라보도록 하며, 인간의 반응의 필요가 없이 작동하는" 것이기 때문이다.[31] 아퀴나스는 이것이 **충족한**(*sufficient*) 은혜라고 하였다고 한다.[32]

그 결과로 사람이 하나님을 향하게 되면 다시"결과적인" 또는 "후속적

---

29 중세 천주교의 의화론 전체에 대한 논의로 (어떤 부분에서는 그리 만족스럽지는 않지만) Alister E. McGrath, *Iustitia Dei: A History of the Christian Doctrine of Justification,* third edition (Cambridge: Cambridge University Press, 2005), 한성진 옮김, 『하나님의 칭의론』 (서울: CLC, 2008)을 보라.

30 그의 초기, 즉 <진리론>과 <명제집 주석>을 쓸 때에 아퀴나스는 "(우리가 하는) 준비는 은총의 지원 없이도 가능하다"고 보았는데 비해서, 후기 특히 『신학 대전』(*summa theologiae*)에서는 "선행하는 거저주시는 은혜"의 내적 작용에서 모든 것이 시작되었다고 보았다는 좋은 논의로 McGrath, *Iustitia Dei*, 『하나님의 칭의론』, 191을 보라. 후기 입장에 대해 그는 *Summa Theologiae* Ia q. 62, a. 2, ad 3와 *Quodlibertum primum* I a. 7을 언급하고 있다. 그런데 이 은혜는 그 은혜의 수혜자보다도 다른 사람들의 선을 목적으로 한다고도 한다(Berkhof, *The History of Christian Doctrines*, 212). 타락한 사람은 의지가 연약해져 있고 지성도 어두워졌으나 의지의 연약보다는 덜하다(to a lesser extent)고 보는 것이 이를 가능하게 한다. (이를 잘 말하는 David Knowles, "The Golden Age of Scholasticism," in *A History of Christian Doctrine,* 274를 보라). 그는 "선하고 합리적인 인간의 삶의 규범이 지혜(사려 분별), 용기, 절제, 정의," 즉 플라톤의 4 주덕이라고 했다(276). 그리스도인들은 믿음, 소망, 사랑에 의해서 새로운 지식과 하나님 사랑으로 더 높은 수준으로 가는 것이라고 한 것이다. 이로부터 아퀴나스의 유명한 말 "은혜는 자연을 파괴하지 않고 완성한다"는 생각이 나왔다.

31 이런 정의는 McGrath, 『하나님의 칭의론』, 193에 정리되어 주어져 있다.

32 이를 말하는 Berkhof, *The History of Christian Doctrines*, 212를 보라.

인" 은혜(*gratia subsequens*)가 주어져서 사람의 영혼이 선행을 행할 준비가 된다고 가르쳤다. 아퀴나스는 이런 후속적 은혜가 **유효한**(*efficient*) 은혜라고 하였다.[33] 이는 "선한 의도를 외적인 행동의 형식으로 활성화시키기 위해 새롭게 된 의지를 지원하는 은총으로 **의지의 협력을 필요로 하는**" "실제적 협력 은총"(*gratia actualis cooperans*, actual cooperative grace)과[34] "습성적 은총"(*gratia habitualis*, habitual grace)이라고 할 수 있고,[35] 이 "습성적 은총"은 또한 "습성적, 작용하는 은총"(*habitus operativus*, habitual operative grace)과 "습성적, 협력하는 은총"(*habitus cooperativus*, habitual cooperative grace)으로 구분된다.

그러므로 은혜와 구원과 관련한 중세 가톨릭 교회의 가르침의 기본을 언급하면,[36] 첫째로 영혼에 주어지기 시작하는 '은혜의 주입'(*infusio gratiae*, the infusion of grace)이 있고, 그러면 둘째로 하나님께로 향하는 의지의 운동이 있으며, 셋째는 내면에서 죄로부터 돌아서는 것이 있고,[37] 넷째로 '죄 용서'(*remissio peccatorum*)가 있다고 한다. 이와 같이 아퀴나스는 아리스토텔레스의 운동 개념에 근거하여 '의화의 과정'(*processus iustificationis*)을 설명하였

---

33 이를 말하는 Berkhof, *The History of Christian Doctrines*, 212를 보라.

34 김병훈 교수님은 천주교 교리서의 번역을 따라서 이를 '조력 은총'이라고 언급한다. Cf. "천주교회의 선행론에 대한 개혁교회의 신학적 평가", 『노르마 노르마타: 16, 17세기 개혁교회의 신학과 신앙』 (수원: 합신대학원 출판부, 2015), 486.

35 김병훈 교수님은 천주교 교리서의 번역을 따라서 이를 '상존 은총'이라고 언급한다. Cf. "천주교회의 선행론에 대한 개혁교회의 신학적 평가", 486 이하 여러 곳. 습성(習性, *habitus*)이라는 말은 이것이 사람에게 주어져 제2의 천성(the second nature) 같이 된다는 것을 아퀴나스가 강조하기 때문에 쓰는 말이다.

36 토마스 아퀴나스가 의화의 과정을 정확히 이와 같이 이해하고 진술했다고 한다. *Summa Theologiae,* 1a 2ae q. 113, a 8은 인용하는 McGrath, 『하나님의 칭의론』, 97을 보라.

37 이 둘의 관계에 대해서 아퀴나스는 "하나님을 향한 자유의지의 운동이 죄에 반하는 운동에 선행한다. 왜냐하면 전자는 후자의 원인이기 때문이다"라고 했다고 한다(1a 2ae q. 113, a. 8, cited in McGrath, 『하나님의 칭의론』, 99).

다.[38] 이런 이해에 근거해서 **죄 용서는 최종적인**(*terminus*) **은총의 주입**(*infusio gratiae*)이라고 하기도 했다.[39]

그러므로 선행(先行)하는 은총에 근거하여 사람이 나타내는 옳은 감정과 사랑이 최종적 죄 용서에 대한 선행(先行) **조건**이 된다. 중세 스콜라주의자들도 믿음으로 의화(義化)된다고 말하기는 했지만,[40] 결과적으로 그들은 그 믿음을 나누어 설명하면서 진리에 대한 지적 동의만으로 이루어진 "아직 형성되지 않은 신앙"(*fides informis*)은 칭의를 준비하는 것이고, 바른 내면적 정향과 사랑의 역사를 포함한 "사랑으로 형성된 믿음"(*fides caritate formata*)으로[41] 의화(義化)된다고 한다.[42]

물론 선행(先行)하는 은혜, 즉 "최초의 은혜"(*gratia prima*)와 관련해서는 오직 은혜가 유효한 것이라고 하고, 이와 관련해서는 은혜의 수혜자에게 그 어떤 공로도 돌려지지 않는다.[43] 그러나 은혜의 최초의 효과에 따라 나오는

---

38 이 점을 잘 논의하는 Alister McGrath, "The Influence of Aristotelian Physics upon St. Thomas Aquinas's Discussion of the *Processus Iustificationis*," *Recherches de théologie ancienne et médiévale* 51 (1984): 223-29.

39 Cf. Thomas Aquinas, *Summa Theologiae,* 1a 2ae, q. 113 a. 6, cited in McGrath,『하나님의 칭의론』, 98. 이것이 아리스토텔레스의 운동(*motus*) 개념을 칭의의 과정에 적용한 데서 왔다는 맥그라뜨의 좋은 설명을 기억해야 한다.

40 후에 트렌트 공의회도 이것을 강조한다(Cap. 8). 여기서는 심지어 "우리는 값없이 의화되었다고 할 수 있다. 왜냐하면 의화에 선행하는 그 어떤 것들도 (그것이 믿음이든지 행위이든지) 그 자체로 의화의 은총을 일으키지 못하기 때문이다."는 말도 한다. 그러나 맥그리뜨가 잘 지적하는 것과 같이 "이 진술은 '지당히'(*de condigno*) 의화를 일으키는 가능성은 배제한다고 해도, '인정하시는'(*de cogruo*) 의화를 일으키는 가능성을 배제하지 않는다 (그리고 배제하려는 의도도 없다)."고 해야 한다(McGrath,『하나님의 칭의론』, 450-51, 번역문을 조금 적절히 재번역하였음을 밝힌다).

41 이것에 더하여 "교회의 권위에 대한 무조건적인 순명"이 믿음에 포함된다고 한다(Berkhof, *The History of Christian Doctrines*, 213).

42 이는 피터 롬바르드 이후에 스콜라 신학자들이 일반적으로 강조하던 것이다. 이를 말하는 Berkhof, *The History of Christian Doctrines*, 213을 보라. 후에 아퀴나스와 트렌트 공의회가 이를 더 정교히 규정하였다.

것과 관련해서는 아퀴나스의 입장은 때로는 다소 모호하나 그 방향은 분명히 나타난다. 그는 "주입된 덕은 우리 자신이 작용하여 우리 안에 생성되는 것은 아니지만, 우리의 동의 없이(without consenting) 이루어지는 것은 아니다"고 말한다.[44] 그가 말하는 습성(*habitus*)은 공을 던지는 물리적 행위와 같이 일련의 행동을 계속함으로 얻어질 수 있는 것이기 때문이다.[45] 그러므로 이는 은혜로 주어지는 것이며 동시에 사람이 지속적으로 노력해서 제2의 천성같이 그런 사람이 되도록 노력하는 것이다. 따라서 죄에 대한 용서도 "어느 정도는"(*to a certain extent*) 근거로서(*as a ground*) 또는 획득하는 원인으로서(*procuring cause*) 개인의 성격과 행위에 근거하여 주어진다고 한다.[46] 그러므로 은혜의 주입 이후에 은혜에 근거해서 인간이 행하는 것에 대해서 아퀴나스는 그것을 행하는 사람에게 '공로가 있음'을 상당히 인정한다.

그러므로 은총의 주입 이후에 우리에게 주어진 "(하나님의 뜻을) 수행하게 하는 은총"(*gratia gratum feciens*), 즉 "습성적 은총"(*gratia habitus*, habitual grace)은 인간의 상한 본성을 치유하고 의롭게 함[의화(義化)]으로써 그들을 하나님께서 받을 만하게 만든다는 점에서 작용적이며(*operans*), 또한 사람으로 하여금 하나님의 은혜에 협력하여 공로적 행위를 하게 한다는 점에서 협력적(*cooperans*)이다. 그러므로 "(하나님의 뜻을) 수행하게 하는 은총"(*gratia gratum feciens*)은 의화를 위해 수여자에게 주어지는 모든 초자연적인 도움을 지칭

---

43 이에 대한 좋은 언급으로 Fisher, *History of Christian Doctrine*, 248을 보라.

44 "Infused virtue is produced in us without ourselves acting, but not without ourselves consenting."(cited in Fisher, *History of Christian Doctrine,* 248).

45 이 점을 지적하는 Knowles, "The Golden Age of Scholasticism," 277을 보라.

46 William G. T. Shedd, *A History of Christian Doctrine,* vol. 2 (New York: Charles Scribner's Sons, 1897), 312, 쉐드 자신의 강조점임.

하는 것이다.[47]

아퀴나스는 이렇게 말한다: "습성적 은혜는 그것이 영혼을 치유하고 의화하거나 하나님을 기쁘시게 하는 것이기에 '작용적 은혜'(*gratia operans*)라고 불려진다. 그러나 그것이 자유 의지에서 나오는 공로적 행위의 원리가 되기에 또한 '협력하는 은혜'(*gratia cooperans*)라고 불려진다."[48] 이처럼 아퀴나스에 의하면 **은총은 선한 행동을 이루기 위하여 의지와 협력**한다. 이 점에서 선행하는 은혜를 받은 인간의 의지는 능동적이며, 은혜와 협력한다고 할 수 있다. 더구나 "습성적 은혜"(*gratia habitus*)를 받으면 사람이 점점 더 완벽을 향해 갈 수 있게 된다는 것이다. 그런데 이렇게 은혜를 받은 인간도 연약하므로 **"협력하는 은혜"(*gratia cooperans*)로 기능하는 하나님의 은혜의 지속적 지원**이 필요하다고 한다. 그런데 이 모든 것이 초자연적 은혜로 주어지는 것이기에 **'주입된 습성'(*habitus infusus*)**이라는 말도 사용된다.[49] 하나님 편에서는 의화시키는 은혜를 주입하시고 죄를 용서하시고, 인간 편에서는 믿음과 통회로 자신의 의지를 하나님을 향하게 한다는 것이다.[50]

하나님의 은혜를 받은 초기에 인간이 그 주입된 은혜에 근거하여 그 의지를 돌이켜서 하나님을 믿고, 죄로부터 돌이키게 된다. 그런데 아퀴나스는 의롭게 되기 위해서 믿음이 필요하기는 하지만, 그것이 완전한 의와 영생을 얻는 데 **충분하지는 않다**고 한다. 기본적으로 은혜에 근거해서 믿는

---

47 Berkhof, *The History of Christian Doctrines*, 212.

48 Thomas Aquinas, *Summa Theologiae,* 1a 2ae, q. 111, a. 2: "And thus habitual grace, inasmuch as it heals and justifies the soul, or makes it pleasing to God, is called operating grace; but inasmuch as it is the principle of meritorious works, which spring from the free-will, it is called cooperating grace." (http://www.newadvent.org/summa/2111.htm#article2).

49 Cf. http://www.newadvent.org/cathen/06701a.htm.

50 Berkhof, *The History of Christian Doctrines*, 213.

사람은 열심히 죄로부터 돌이키고 하나님을 추구하게 되는데, 그것은 "공로로 평가받을 만하지는 않지만 적당하다고 여겨질 수는 있다"(*non dignitate meriti, sed dignitate congrui*)는 의미에서 나온 "(공로로) 여겨주시는 공로"(*meritum de congruo*)를 가진 것으로 여겨진다.[51]

이렇게 '여겨주시는 공로'에 근거해서 하나님께서 더한 은혜를 내려주셔서 (이것에 해당하는 것이 위에 언급한 '습성적 은혜'[*gratia habitus*)다) 급기야 은혜를 받은 사람이 참으로 타당하고 공로라고 할 만한 가치 있는 공로인 '지당한 공로'(*meritum de condigno*)를[52] 쌓아서 참으로 온전케 된 사람은 죽자마자 "하늘"(heaven)에 속하게 된다고 천주교회는 가르친 것이다.[53] 아퀴나스는 "인간 공로에 대한 신적 보상은 하나님 쪽에서의 정의로운 행동으로 간주

---

51 "여겨주시는 공로(*meritum de congruo,* a merit of congruity). 이를 그 의미를 살려서 "준(準) 공로"로 번역하기도 하고(McGrath,『하나님의 칭의론』, 197에서 한성진 교수의 번역), 천주교회에서 번역한 대로 "재량 공로"로 번역하기도 한다(김병훈 교수의 번역, "천주교회의 선행론에 대한 개혁교회의 신학적 평가", 489 외 여러 곳, 또한『칭의 논쟁』, 문현인 역, 414). 또는 "부분 공로"라고 번역하기도 하셨다(김병훈, "천주교회의 선행론에 대한 개혁교회의 신학적 평가", 517, n. 49). 천주교회의 번역 용례를 보려면 손순태 마태오, "교리 용어: 공로" (available at: http://bbs.catholic.or.kr/home/bbs_view.asp?num=5&id=17028&mwtype=S&menu=question_and_answer)를 보라. 그러나 필자는 의도적으로 "여겨주시는 공로"라고 번역하여 왔고, 여기서도 이 용어를 유지한다.

이 용어들의 의미에 대한 좋은 논의로 Herman Bavinck, *Reformed Dogmatics*, trans. John Vriend (Grand Rapids: Baker Academic, 2006), 3:639; Orr, *The Progress of Dogma*, 263-64; Berkhof, *The History of Christian Doctrines*, 214-15; Heiko Augustinus Oberman, *The Harvest of Medieval Theology* (Durham, NC: The Labyrinth Press, 1983), 169-72; Richard A. Muller, "*meritum de congruo,*" & "*meritum de condigno,*" in *Dictionary Latin and Greek Theological Terms* (Grand Rapids: Baker, 1985)을 보라.

52 지당한 공로(*meritum de condigno,* a merit of condignity). 이를 김병훈 교수님은 천주교의 번역 용례에 따라서 "적정 공로"라고 번역하였다. "천주교회의 선행론에 대한 개혁교회의 신학적 평가", 488-90. 또는 "완전 공로"라고 하기도 하신다(517, n. 49). 천주교회의 번역 용례를 보려면 손순태 마태오 박사, "교리 용어: 공로" (available at: http://bbs.catholic.or.kr/home/bbs_view.asp?num=5&id=17028&mwtype=S&menu=question_and_answer)를 보라. 그러나 필자는 계속해서 "지당한 공로"라고 번역하여 왔다.

53 물론 천주교회에서는 곧바로 "하늘"에 있게 되는 사람은 극소수고, 대부분의 세례받은 사람들은 '연단받는 옥'(연옥)에 있게 된다고 한다.

되어야 한다"고 했다.[54] 물론 이 경우에도 아퀴나스가 인간 편에서의 정당한 청구권을 지닌 것으로 생각하지는 않았음은 다들 인정한다.[55] 그래도 하나님 편에서는 보상하는 것이 의로운 것이며, 따라서 은혜에 근거해서 인간이 성취한 공로가 '지당한 공로'(*meritum de condigno*)라는 것이다.

이런 입장에 대해서 개신교에서는 지속적으로 의화(義化)로 보는 칭의에 대한 이런 이해가 칭의와 성화를 혼합하는 것이라고 비판하여 왔다.[56] 아퀴나스는 구속의 속죄하는 가치가 신자들이 율법을 준수하는 것에 의존한다고 하기 때문이다.[57] 신자 자신이 세례를 받고서 그리스도의 형상을 닮으려고 해야 그리스도의 만족이 죄인에게 적절하게 된다고 한다.[58] 그리스도의 형상을 닮아가는 것에 고해도 포함된다고 하고 있다. 죄인이 자신이 저지른 죄에 대한 용서의 토대를 마련해야 한다고 하기 때문이다. 물론 그것은 죄 용서에 충분하지 않지만 그리스도의 희생 제사와 연관하면 고해도 그 나름의 가치를 가지는 것이라고 한다. "세례받은 신자의 고해는 불완전하다. 그것은 '지당한 공로'(the merit of condignity)를 가지고 있지는 않다. 그러나 그것은 그리스도께서 이루신 만족과 관련하고 그것에 근거해서 은혜

---

[54] Thomas Aquinas, *Summa Theologiae,* 1a 2ae, q. 114 a. 1, cited in McGrath, 『하나님의 칭의론』, 201, n. 363.

[55] 그러나 아퀴나스를 따르는 분들 중에 이렇게 주장한 분들도 있다고 한다(Berkhof, *The History of Christian Doctrines*, 214). 둔스 스코투스는 이를 부인하면서 칭의 이전에 행한 선행은 단지 '여겨주시는 공로'(*meritum de congruo*)를 가질 뿐이고 이에 근거해서 더한 은혜를 받는다고 하였다(214). 이 점에서는 아퀴나스의 견해도 그와 같다고 할 수 있다.

[56] 그 대표적인 예로 Shedd, *A History of Christian Doctrine,* 2:312-13을 보라.

[57] Shedd, *A History of Christian Doctrine,* 2:313을 보라.

[58] Aquinas, *Summa Theologiae,* Quaestio 48, Article 3, cited in Shedd, *A History of Christian Doctrine,* 2:313, n. 1.

롭게 받아들여진다."[59] 더구나 불완전한 통회(imperfect contrition), 즉 죄가 하나님의 벌을 일으키는 것을 보면서 죄를 싫어하는 것(detestation) (이를 대개 'attrition'이라고 말한다) 정도도 죄 용서 선언(absolution)을 받기에 충분한 정향이라고 한다.[60] 계속 그런 방향으로 나가는 것이 의화(義化)라고 한다. 이와 같이 아퀴나스도 칭의와 성화를 합하여 생각함을 잘 드러내는 것이다.

루터가 아직 천주교 사제로 있던 1513-1514년 당시의 루터의 이해도 이에서 그리 멀지 않았다. 그는 "인간이 반드시 자신들의 영적인 연약함과 부당함을 깨닫고 자기 의에 대한 시도로부터 겸손히 돌이켜 하나님께 은혜를 구해야 한다고 생각했다."[61] 그 다음 부분이 가장 천주교적인데, "하나님은 이러한 겸손한 믿음(*humilitas fidei*)의 계약 (즉, 인간에게 요구되는 최선을 다하는 것)이라는 수단을 통해 칭의에 필요한 사전 조건으로 간주하시며, 그리고 나서 그들에게 은혜를 수여함으로써 계약에 따른 하나님의 의무를 충족시키신다."[62] 그러므로 이 당시의 루터는 "인간이 특별은혜의 도움 없이도 하나님을 향해 반응할 수 있으며, 하나님의 의에 대한 이런 반응이 의롭게 하는 은혜의 수여를 위해 필요한 사전 조건이라고 이해했음이 분명하다"고 말하는 맥그라뜨는 옳다고 할 수 있다.[63]

그러므로 중세 천주교회의 의화 이해에 의하면 인간은 결국 '주입된 은

59 Aquinas, *Summa Theologiae,* Quaestio 48, Article 3, cited in Shedd, *A History of Christian Doctrine,* 2:313, n. 1.

60 이를 말하는 Knowles, "The Golden Age of Scholasticism," 275를 보라.

61 이는 맥그라뜨가 초기 루터의 이해를 요약하여 제시하는 표현이다. Cf. McGrath, 『하나님의 칭의론』, 89-92.

62 Cf. McGrath, 『하나님의 칭의론』, 89-92.

63 McGrath, *Iustitia Dei,* 한글판, 296f. 그는 시편 70편과 71편에 대한 논의에서도 여전히 가브리엘 비엘(Gabriel Biel) 등의 비아 모데르나(*via moderna*)의 신학에 충실했다고 판단하고 있다 (297).

혜'에 근거하여 열심히 행하는 것으로서 하나님 앞에 공로가 될 만한 것을 내어놓을 수 있다고 생각하며, 그렇게 '지당한 공로'(*meritum de condigno*)가 충분히 있는 사람이 죽은 후에 곧바로 하나님께서 계신 "하늘"(heaven)에 간다고 했다. 그 공로가 모자란 사람들은 일단 '연단 받는 옥'(purgatory)에서 영혼의 정화 과정을 거쳐야만 한다고 주장하였다. 그리고 이런 이해에 의하면 일반적인 경우에는 이 세상에 있는 동안에는 구원의 확신의 근거는 있을 수 없다. 아퀴나스는 특별히 개인에게 특별 계시에 의해서 확신이 주어지지 않으면 구원의 확신은 있을 수 없다는 입장을 표명했다.[64]

전체적으로 보면 아퀴나스는 하나님께서 모든 사람의 구원을 원하시고 그리스도께서 모든 사람들을 위해 죽으셨으나 사람은 자유롭게 이 하나님의 선물을 거부할 수 있다고 하는 것이다.[65] 이것 전체를 하나님은 미리 보시며 미리 정하신 것은 아니라고 아퀴나스는 말한다.[66]

---

[64] Cf. Thomas Aquinas, *Summa Theologiae,* 1a 2ae, q. 112, a. 5, cited in McGrath, *Iustitia Dei,* 한글판, 263, n. 535. 또한 Berkhof, *The History of Christian Doctrines*, 214를 보라.

[65] 이렇게 정리하는 Knowles, "The Golden Age of Scholasticism," in *A History of Christian Doctrine,* 275를 보라. 그러므로 아퀴나스의 반(半)-펠라기우스주의는 동시에 알미니우스적 이면서 그에 더하여 이중 공로를 주장하는 문제를 지녔음을 잘 의식해야 한다.

[66] Knowles, "The Golden Age of Scholasticism," 275.

4. 트렌트 공의회의 의화 이해[67]

천주교회의 의화 이해는 바오로 3세에 의해 소집된[68] 트렌트 공의회(1545년 12월 13일-1563년 12월 4일까지의 25회기에 걸친 회의)[69] 중 **1546년 6월 21일부터 1547년 1월 13일**까지 6개월간 열린 제6회기(6th session)에서 구체적으로 논의되고 규정되었다("의화에 대한 교령"). 이 공

---

[67] 트렌트 공의회(1545-1563)는 역사적으로는 루터의 이신칭의 주장에 대하여 반응하는 천주교의 공의회였다. 따라서 역사적으로는 루터의 주장을 논하고 난 후에 이를 논의하는 것이 옳다. 그러나 천주교의 의화(義化) 이해와 그에 반하는 루터의 칭의 이해의 명료한 대조를 위해 천주교 입장을 정리하는 트렌트에 대한 논의를 여기 배치하였다.

이 부분은 역사적 정황을 드러내는 것이므로 이 문제를 다룬 필자의 이전 글인 "로마 가톨릭 교회의 의화 이해와 개신교의 칭의 이해의 비교", 『우리 이웃의 신학들』(서울: 나눔과 섬김, 2014), 91-96라는 글 전반부에 있는 것을 활용하였음을 밝힌다. 역사적 배경에 대한 좋은 논의로 Hubert Jedin, *Geschichte des Konzils von Trent,* 2 vos. (Freiburg in Breisgau: Herder, 1947, 1957), trans. Ernest Graf, *A History of the Council of Trent* (London: Thomas Nelson and Sons Ltd., 1957, 1961); Benjamin Drewery, "The Council of Trent," in *A History of Christian Doctrine,* 403-409를 보라.

[68] 그러나 실제로는 3명의 교황이 관여하게 된다. 트렌트 공의회를 소집한 바오로 3세(Pope Paul III) 하에서 처음 회기들이 있었고(1545-49), 흔히 두 번째 시기로 언급되는 12회기부터 16회기까지는(1551-52) 율리우스 3세 하에서 열렸고, 세 번째 시기인 17회기부터 25회기까지는(1562-63) 교황 비오 4세 (Pope Pius IV) 하에서 열렸다. Cf. https://en.wikipedia.org/wiki/Council_of_Trent.

그러나 1555-59년에 교황으로 있던 바오로 4세 시기에는 전혀 모임이 없었다. 실제로 모든 회기에 교황이 참여한 일은 없었고, 대리자들을 통해 통제하였는데 그중에 제3회기를 주재했던 모들 추기경이 가장 영향력을 많이 발휘했다고 한다. 이를 말하는 Drewery, "The Council of Trent," 403을 보라.

[69] 1545년 12월 13일에 공식적으로 개회되었고 그 첫 모임을 1546년 1월 7일에 하였고, 1547년 3월 12일에 볼로냐(Bologna)로 옮겨서 모이다가 1549년 9월 17일에 파회되었고, 1551년 5월 1일에 트렌트(Trent)에서 율리우스 3세 하에서 다시 모였다 1552년 4월 28일에 정회하였다가 거의 10년 후인 1562년 1월 18일에 비오 4세 하에서 다시 열려 1563년 12월 4일에 마지막 모임을 하였다. 이에 대해서 Shedd, *A History of Christian Doctrine,* 2:320, n. 1을 보라.

의회가 열릴 당시 칭의 문제가 주된 논쟁거리라는 것을 모든 사람들이 이해하고 있었다.[70] 당시 천주교회는 루터가 이해한 대로 칭의를 이해하면 논리적으로 로마 천주교 전체의 교리와 성례 제도 자체가 무너진다는 것을 잘 의식하고 있었다.[71] 이 트렌트 공의회에서 천주교회의 의화론이 개신교의 칭의론에 대한 반제(Anti-thesis)로 처음으로 공식적으로 규정되고 선언되었다.[72]

물론 트렌트 공의회에 모인 사람들 가운데서 오직 믿음만으로 칭의가 선언된다고 주장한 **라카바(La Cava)의 감독인 산 펠리체(San Felice)** 같은 분도 있었다고 한다. 그러나 공의회는 **1546년 10월**에 32:4의 투표로 의가 전가된다는 견해를 거부하고서, 결국 이 공의회는 후에 잘 진술될 '변혁주의적인 의화(義化)관'을 선택했다.[73] 이는 당시 천주교회 내에 다양한 견해가 있었어도 칭의를 성화와 결합시키는 것이 천주교의 주류의 견해였음을 잘 보여준다. 이를 잘 관찰하면서, 예수교 사제요 런던 대학교의 천주교 신학부인 헤이뜨롭 컬리지(Heythrop College)에서 교회사를 가르치는 올리버 래퍼티는 이 문서가 천주교회의 "의화 신학에 관한 가장 분명하면서도 체계적인 내용을 담고 있는 자료"일 것이라고 한다.[74] 트렌트 공의회의 의화 이해

---

[70] 이를 말하는 Orr, *The Progress of Dogma*, 244를 보라.

[71] 이 점도 잘 지적하고 있는 Orr, *The Progress of Dogma*, 245를 보라.

[72] 다들 이것을 말하지만 특히 Orr, *The Progress of Dogma*, 261을 보라. 실제로 트렌트 회의 결정문에서 천주교회의 의회론을 16장으로 말한 후에 33개의 저주 선언을 할 때 4개는 펠라기우스주의에 대한 것이지만 29개는 개신교에 대한 것임을 주목하라.

[73] Cf. Klaas Runia, "Justification and Roman Catholicism,"in *Right with God: Justification in the Bible and the World,* ed., D. A. Carson (The Paternoster Press and Grand Rapids: Baker Book House, 1992), 205.

[74] Rafferty & O'Collins, "Roman Catholic View," 265=『칭의 논쟁』, 399. 그런가 하면 트렌트 공의회의 의화 교령은 "매우 영리하게 작성되었기" 때문에 내용상 명확하지 않다는 평가도 있다 (Friedrich Loofs, cited in Eberhard Jüngel, *Justification: The Heart of the Catholic Faith,* trans.

는 다음과 같이 요약할 수 있다.

기본적으로 원죄로 인해서 인간들은 스스로를 구원할 수 없다고 보는 점에서는 성경적 입장을 견지하고, 펠라기우스주의를 명백히 정죄한다:[75] "하나님의 은혜가 없다면 인간은 자신의 자유로운 의지만으로 하나님 보시기에 의로운 상태를 향하여 자신을 움직여 나갈 수 없다.... 우리가 '주여, 우리를 주께로 돌이키소서'라고 응답할 때, 우리는 하나님의 은혜가 우리를 준비시키신다는 것을 고백하는 것이다."[76] 은혜 없이 의화를 공로로 얻을 수 있는 길은 전혀 없음을 분명히 선언한다.[77]

그런데 바로 이어서 "자유의지가 타락으로 인해서 파괴된 것이 아니라

Jeffrey F. Cayzer [New York: T. & T. Clark, 2001], 186에서 재인용).

75 "The Council of Trent, the Sixth Session," Canon 1 & 3, in *The Canons and Decrees of the Sacred and Oecumenical Council of Trent,* trans. J. Waterworth (London: Dolman, 1848), 44: "If any one saith, that man may be justified before God by his own works, whether done through the teaching of human nature, or that of the law, without the grace of God through Jesus Christ; let him be anathema." "If any one saith, that without the prevenient inspiration of the Holy Ghost, and without his help, man can believe, hope, love, or be penitent as he ought, so as that the grace of Justification may be bestowed upon him; let him be anathema."(available at: https://history.hanover.edu/texts/trent/ct06.html).

트렌트 회의의 결정이 펠라기우스주의를 정죄하는 입장에서 출발한다는 또 다른 좋은 논의로 John V. Fesko, *Justification: Understanding the Classic Reformed Doctrine* (Phillipsburg, New Jersey: P&R Publishing, 2008), 352f.를 보라.

76 "The Council of Trent, the Sixth Session," chapter 5,in *The Canons and Decrees of the Sacred and Oecumenical Council of Trent,* 33: "yet is he not able, by his own free will, without the grace of God, to move himself unto justice in His sight.... Whence, when it is said in the sacred writings: Turn ye to me, and I will turn to you, we are admonished of our liberty; and when we answer; Convert us, O Lord, to thee, and we shall be converted, we confess that we are prevented by the grace of God."

77 트렌트 공의회가 은총의 "절대적 필요성"(the absolute need of grace)을 강조했음을, 그럼에도 불구하고 루터 등의 입장과는 전혀 다른 이해를 나타내었음을 잘 드러낸 논의로 Runia, "Justification and Roman Catholicism," 205를 보라. 그러므로 천주교회가 말하는 은총의 "절대적 필요성"이라는 말이 결국은 무색해진다. 후에 논의될 것처럼 오어가 왜 이것을 은혜의 "희화화"(Orr, *The Progress of Dogma*, 268)라고 했는지 이해할 만하기 때문이다.

그저 약해지고 쇠잔해졌다"고 보는 점에서[78] 문제가 발생하기 시작한다.[79] 그래서 트렌트 공의회는 죄의 상태에 있는 사람이 어떻게 은총의 상태, 즉 의의 상태로 **변화해 가는가**를 주목하고 있다: "불경건한 자의 의화(義化)는 인간이 첫 아담의 자녀로 태어난 상태로부터 두 번째 아담인 우리 구주 예수 그리스도를 통하여 하나님의 자녀로 입양과 은총의 상태로(*statum gratiae*) 이전되는 것이다."[80] 그리하여 처음에는 죄의 상태에 있던 사람이 은총의 상태로 나아가는 '**첫 번째 의화**(the initial justification)'에 대해서 말한다(1-9장). 세례는 의화의 "도구적 원인"으로서[81] "신앙의 성례이며, 이것이 없이는 의롭다 여김을 받을 사람이 하나도 없다"고 선언하여, 의화(義化)에 대한 세례의 필수성을 명백히 드러낸다. 바르게 시행된 세례로 우리의 원죄와 세례 받을 때까지의 죄를 씻으며 우리가 영적으로 새롭게 된다, 즉 중생한다고 한다.[82] 이것이 세례 중생설이고, 이것을 트렌트 공의회의 선언에서는 "첫

---

78 "The Council of Trent, the Sixth Session," Chapter 1, in *The Canons and Decrees of the Sacred and Oecumenical Council of Trent,* 31: "free will, attenuated as it was in its powers, and bent down, was by no means extinguished in them." 이는 "타락 이후에 자유의지는 명목으로만 존재한다"는 루터의 주장을 거절하는 것이다.

79 마이클 호튼과 마이클 버드는, 올리퍼 P. 래퍼티가 요약한 바에 의하면, "로마 가톨릭 신학의 주요 관심이 신자가 의롭게 살라는 도덕 명령을 성취할 수 있고, 인간이 하나님의 은총과 협력할 수 있다고 강조하는 것"이라고 한다(Horton, "Traditional Reformed Response," & Michael Bird, "Progressive Reformed Response," in *Justification: Five Views,* 291, 298=『칭의논쟁』, 436, 446).

80 "The Council of Trent, The Sixth Session," Chapter 4, in *The Canons and Decrees of the Sacred and Oecumenical Council of Trent,* 32: "By which words, a description of the Justification of the impious is indicated, - as being a translation, from that state wherein man is born a child of the first Adam, to the state of grace, and of the adoption of the sons of God, through the second Adam, Jesus Christ, our Saviour."

81 "The Council of Trent, The Sixth Session," Chapter 7, in *The Canons and Decrees of the Sacred and Oecumenical Council of Trent,* 34-35: "the instrumental cause is the sacrament of baptism." Cf.『가톨릭 교회 교리서』, 727(#1992): "의화는 신앙의 성사인 세례로 주어진다."

82 천주교의 의화론을 다들 이렇게 정리하지만 특히 Orr, *The Progress of Dogma,* 262, 264을 보라. 오어는 천주교가 칭의론을 세례론으로 바꾸고 그 한 부분으로 만들었다고 강하게 비판한다

째 의화"라고 한다.

그러므로 트렌트 공의회는 "의화의 **최종**인(the *final* cause)을 하나님과 그리스도와 영생의 영광이라고 하고, **유효**인(the *efficient* cause)을 하나님의 자비라고 하며, **공로인**(the *meritorius* cause)은 예수 그리스도의 수난이라고 하고, **도구**인(the *instrumental* cause)을 세례의 성례로, 그리고 유일한 **형상**인(the sole *formal* cause)을 하나님의 의"라고 한다.[83] 또한 이 의화는 그저 우리들을 의롭다고 여겨 주시는 것이 아니라 실제로 의롭게 하는 것임을 강조하면서 "성령님께서 원하시는 대로 각 사람에게 주시는 분량에 따라서, 또한 각자의 성향과 협력에 따라서" 실제로 의롭게 되며, 따라서 우리 "각 사람이 우리 안에 있는 의를 받게 된다"고 한다.[84]

그 후에는 일단 세례를 통해서 의롭게 된 사람이 어떻게 그 의(義) 안에서 자랄 수 있는가를 다루는 '두 번째 의화'를 말하면서(10-13장), 세례로 얻은 이 의(義)를 어떻게 상실할 수 있는지, 그리고 상실한 경우에 어떻게 회복하는지에 대해서 고해 제도를 통해 설명한다(14-16장): "은총을 상실한 사람들은 아마도 그리스도의 공로 덕분에 고해 성사를 통하여 의화의 은총을 다시 얻을 수 있다."[85] 특히 천주교가 "세례에서 주어진 은혜를 완전히 파괴

---

(255).

83 "The Council of Trent, The Sixth Session," Chapter 7. 특히 이를 언급하는 Benjamin Drewery, "The Council of Trent," in *A History of Christian Doctrine,* 406을 보라.

84 "The Council of Trent, The Sixth Session," Chapter 7, in *The Canons and Decrees of the Sacred and Oecumenical Council of Trent,* 35. 특히 이를 언급하는 Benjamin Drewery, "The Council of Trent," in *A History of Christian Doctrine,* 406을 보라.

85 "The Council of Trent, The Sixth Session," Chapter 14, in *The Canons and Decrees of the Sacred and Oecumenical Council of Trent,* 41: "As regards those who, by sin, have fallen from the received grace of Justification, they may be again justified, when, God exciting them, through the sacrament of Penance they shall have attained to the recovery, by the merit of Christ, of the grace lost."

한다"고[86] 말하는 대죄(the seven deadly mortal sins)를 범한 경우에는 이 과정이 처음부터 다시 시작되어야 한다고 말한다.[87] 이는 중세 초기의 신학의 전반적인 정향과도 같은 것이다. 이미 중세 초기에 "의화를 산출하기 위해 고해성사가 제정되었고, 의화 과정에서 성례적인 고해가 공로의 자리를 차지하게 되었기" 때문이다.[88]

이와 같이 트렌트 공의회의 가르침에 의하면, 일단 주어진 의화의 은혜도 상실될 수도 있다. 그들은 말한다. "우리들은 또한 한번 주어진 의화의 은혜는 믿음의 상실의 원인이 되는 불신으로만이 아니라, 믿음이 있어도 다른 중죄들(mortal sins)에 의해서도 상실될 수 있다고 주장해야만 한다."[89] 그러나 고해성사를 행하면, 이 고해성사를 통해서 의화의 은혜가 **다시 회복된다**고 가르친다(Chapter 14 of Session 6).[90] 고해를 통해서 죄가 다시 사해진다는 말은 그 죄에 대한 영원한 형벌(the eternal penalty)이 제거된다는 것이고, 현세적 형벌(temporal penalty)은 남아 있어서 죄인의 노력과 선행과 고해 가운데 어려움을 견디어 내는 것으로 갚아야 한다고 한다.[91] 마땅히 해야 할 일

86 Decree on Penance, 5.

87 "The Council of Trent, the Sixth Session," Chapter 15. 또한 이를 잘 지적하는 Orr, *The Progress of Dogma*, 266을 보라.

88 중세 초기 칭의 신학에 대해서는 Charles P. Carlson, Jr., *Justification in Early Medieval Theology* (Hague: Nijhoff, 1975), 125와 이 책 전체를 보라.

89 "The Council of Trent, The Sixth Session," Chapter 15, in *The Canons and Decrees of the Sacred and Oecumenical Council of Trent,* 42: "[It] is to be maintained, that the received grace of Justification is lost, not only by infidelity whereby even faith itself is lost, but also by any other mortal sin whatever, though faith be not lost."

90 이와 같이 천주교회는 세례가 의화의 시작이고, 고해성사가 의화의 회복이라고 보므로 그들은 "성례를 통해서 모든 참된 의가 시작되거나 증진되거나 다시 회복될 수 있다"("The Council of Trent, The Seventh Session," Foreword, in *The Canons and Decrees of the Sacred and Oecumenical Council of Trent,* 53)고 하는 것이다.

91 "The Council of Trent, The Sixth Session," Chapter 14와 *On Penance,* 8에 근거해서 이

과 자신의 현세적 형벌을 다 감당하지 못하면 연옥에 가서라도 그것을 마무리해야 한다는 것이다.[92] 연옥에 있는 사람들의 고통을 줄이는 방법으로 미사와 성자들의 잉여 공로를 받는 것과 (종교개혁기에 많이 사용된) 면벌부들이 언급된다.

또한 우리가 열심히 노력하면 의화에서 얻은 의가 더 증진되기도 한다는 것이 트렌트의 가르침이다. 그러므로 천주교에서는 우리에게 주어지는 의(義)란 '우리 안의 내면적인 어떤 것'이라고 보는 것이며, 그러기에 이는 **줄어들거나 상실되거나 또는 회복되거나 증진될 수 있다**고 한다.[93] 그래서 이 공의회는 "의화(justification)는 단지 죄의 용서만 이 아니라 내적 사람의 성화와 새로워짐도 포함한다고 선언한다."[94] 이는 마지막에 붙인 저주 선언에서 가장 잘 드러나고 있다. 트렌트 공의회에 모인 분들은 죄가 용서되는(*pardoned*) 하나님의 선언적 행위보다는 "죄가 없어지고 정화되는(*purged*) 과정"을 의화(義化, justification)라고 생각하였다.[95] 따라서 의화는 순간적인(instantaneous) 것이 아니고 계속적인(successive) 것으로 이해되었다.[96]

따라서 여기서도 개개인이 자신의 의화(義化)를 결코 확신할 수 없다는 것이 강조된다: "자신들의 연약함과 부적당함을 인식하는 모든 사람들은,

---

를 설명하는 Orr, *The Progress of Dogma*, 268을 보라.

92 Cf. *Decree on Purgatory*.

93 그리하여 여기서 천주교회의 가르침에서 "다시 은혜가 뒤로 물러가고 행위가 전면에 나서게 된" 것이라고 오어는 비판한다(Orr, *The Progress of Dogma*, 267).

94 "The Council of Trent, The Sixth Session," Chapter 7. 또한 Shedd, *A History of Christian Doctrine,* 2:324도 보라.

95 이렇게 대조해서 표현한 Shedd, *A History of Christian Doctrine,* 2:325도 보라. 그래서 그는 "구속의 전 사역이 단지 정화의 수단이 되었다"고 표현하기도 한다(326).

96 Shedd, *A History of Christian Doctrine,* 2:326, 327.

자신들이 하나님의 은총을 획득하고 있다는 사실을 결코 오류가 없는 믿음의 확신으로 아는 사람은 아무도 없다는 점에서, 그들 자신의 은총에 대해서 두려움과 염려는 지녀야만 한다."[97] 그러므로 이 세상에서는 "특별 계시를 통하지 않고서는 자신이 예정에 속한 사람인지 알 수 있는 사람은 아무도 없다."고 한다.[98] 끌라스 루니아가 잘 말하고 있는 것과 같이, "아주 소량이라도 신인 협력주의의 요소가 은총론에 들어오는 순간 믿음의 확신에 대한 종교개혁적 개념은 사라지는 것"임을[99] 우리는 천주교의 이런 불안(不安)에서 잘 확인할 수 있다.

첫 번째 의화(the initial justification)에 앞서 '선행하는 은총'(the prevenient grace of God)이 인간에게 작용한다고 한다.[100] 그러므로 "이는 인간 편에 존재하는 어떤 공로에 대한 고려 없이 예수 그리스도를 통하여 그의 부르심을 통해, 그리고 그의 일깨우시고 도우시는 은혜를 통하여 그 은혜에 자유롭게 동의하고 **협력함으로써** 자신들을 자신들의 의화(義化)로 돌이키도록 마음먹게 함으로 이루어지는" 것이라고 한다.[101] 여기에 스콜라주의적인 용

---

97 "The Council of Trent, The Sixth Session," Chapter 9, in *The Canons and Decrees of the Sacred and Oecumenical Council of Trent,* 36: "yet is it not to be said, that sins are forgiven, or have been forgiven, to any one who boasts of his confidence and certainty of the remission of his sins, and rests on that alone."

98 "The Council of Trent, The Sixth Session," Chapter 12, in *The Canons and Decrees of the Sacred and Oecumenical Council of Trent,* 39-40: "No one, moreover, so long as he is in this mortal life, ought so far to presume as regards the secret mystery of divine predestination, as to determine for certain that he is assuredly in the number of the predestinate." 또한 Canon 16도 보라.

99 Runia, "Justification and Roman Catholicism," 215.

100 "The Council of Trent, The Sixth Session," Chapter 5, in *The Canons and Decrees of the Sacred and Oecumenical Council of Trent,* 32-33.

101 "The Council of Trent, The Sixth Session," Chapter 5, in *The Canons and Decrees of the Sacred and Oecumenical Council of Trent,* 32-33: "The Synod furthermore declares, that in

어가 밖으로 드러나지 않게 **숨어 있으나, 사실 핵심은 중세 스콜라 사상에 근거한 논의가 이루어지고** 있는 것이다. 세례 이전에 믿음과 회개와 새로운 삶을 살고자 하는 결단과 같은 준비가 필요하다는 것이다. 이렇게 사람이 "하나님의 선행하는 은혜에 의해 도움을 받으면" "의를 지향하게" 되는데, 그것이 의화 이전의 준비라고 한다.[102]

의화의 과정에서 죄용서와 함께 믿음, 소망, 사랑의 신학적 덕들이 초자연적 습성(supernatural habits)으로 영혼에 **주입되어** 인간을 온전하게 만들어 간다고 가르친다.[103] 이와 같이 주입된 은총(*gratia infusa*)이 모든 것의 근본적 토대를 마련한다. 그리고 두 번째 의화에서는 인간이 은총에 협력한다고 한다. 이 단계에서 하나님의 법 준수는 **가능한 일이며 또 필수적인 일**이라고 한다.[104] 하나님의 법을 더 많이 준수하면 더 많이 의화된다고 한다.[105] 이와 같이 트렌트 공의회는 의화의 은혜가 자라가도록 하기 위해서는 우리가 하나님의 법을 준수해 가야 한다고 공언한다.

---

adults, the beginning of the said Justification is to be derived from **the prevenient grace of God,** through Jesus Christ, that is to say, from His vocation, whereby, without any merits existing on their parts, they are called; that so they, who by sins were alienated from God, may be disposed **through His quickening and assisting grace**, to convert themselves to their own justification, by **freely assenting to and co-operating with that said grace."**

102 "The Council of Trent, The Sixth Session," Chapter 5 & 6, in *The Canons and Decrees of the Sacred and Oecumenical Council of Trent,* 32-34. 특히 이를 언급하는 Drewery, "The Council of Trent," in *A History of Christian Doctrine,* 406도 보라.

103 "The Council of Trent, The Sixth Session," Chapter 7, in *The Canons and Decrees of the Sacred and Oecumenical Council of Trent,* 35: "in the said justification, together with the remission of sins, all these (gifts) infused at once, faith, hope, and charity."

104 "The Council of Trent, The Sixth Session," Chapter 11, in *The Canons and Decrees of the Sacred and Oecumenical Council of Trent,* 38.

105 "The Council of Trent, The Sixth Session," Chapter 10, in *The Canons and Decrees of the Sacred and Oecumenical Council of Trent,* 37. 이 장의 제목이 아예 "받은 의화(義化)의 증진에 대하여"이다.

그러므로 트렌트 공의회의 의화 이해에서는 은혜의 주입(an infusion of grace)이 매우 중요하다. 이는 사람의 영적이고 도덕적 본성을 낳는 것이라고 한다. 하나님의 은혜에 협력할 수 있게 하는 주입된 의를 주는 것이라는 것이다. 이와 같이 천주교회는 의화를 법정적인 것으로나 선언적 행위로 이해되지 않고, 성화를 낳는 은총의 주입(*gratia infusa*)으로 이해한다.[106]

이런 이해에 따라서, 트렌트 공의회에서는 오직 믿음만으로 의화(義化) 된다고 주장하면 안 된다고 선언한다: "만일에 어떤 사람이 죄인이 믿음만으로(by faith alone) 의화된다고 말한다면, 그에게 저주가 있을지어다."[107] 더 자세히 그들이 말하는 저주의 내용을 제시하면 다음과 같다: "누구든지, 죄인이 의롭게 하시는 은혜를 얻기 위하여 협동하여야 할 것은 아무것도 없으며, 오직 믿음으로만 의롭게 된다고 말하며, 자신의 의지를 움직여 준비를 하며 정향을 갖추는 일이 전혀 필요 없다고 말하는 자는 저주를 받을지어다."[108]

물론 천주교에서는 때때로 우리가 믿음을 통해 의화(義化)된다고 말할 수도 있음을 용인하는 표현을 한다: "우리는 '믿음이 사람의 구원의 시작이요, 모든 칭의의 토대요 원천이라는 뜻에서 우리는 믿음을 통해서 의화

---

106 "The Council of Trent, The Sixth Session," Chapter 7, in *The Canons and Decrees of the Sacred and Oecumenical Council of Trent,* 35.

107 "The Council of Trent, The Sixth Session," Canon 9, in *The Canons and Decrees of the Sacred and Oecumenical Council of Trent,* 45.

108 "The Council of Trent, The Sixth Session," Canon 9, in *The Canons and Decrees of the Sacred and Oecumenical Council of Trent,* 45: "If any one saith, that by faith alone the impious is justified; in such wise as to mean, that nothing else is required to co-operate in order to the obtaining the grace of Justification, and that it is not in any way necessary, that he be prepared and disposed by the movement of his own will; let him be anathema."

된다는 표현을 할 수도 있다."[109] 그러나 트렌트에서는 믿음으로 시작하여 여러 준비의 단계들이 있어서 그런 준비의 과정을 거쳐서 의화되는 것으로 말한다. 그리고 의화를 준비하는 단계의 신앙은 "아직 형성되지 않은 신앙"(*fides informis*=unformed faith)이라고 여겨진다.[110] 은혜의 주입에 의해 주어진 사랑에 의해 열심히 일할 때, 즉 "사랑으로 형성된 신앙"(*fides caritate formata*)만이 의화하는 믿음(justifying faith)이라는 것이다. 그런데 천주교에서는 처음 은혜의 주입이 세례 때에 주어진다고 보므로 이들은 의화의 수단적 (또는 도구적) 원인을 세례라고 한다.[111] 그리고 원죄의 죄책과 부패성을 씻어 주는 세례에서 첫 번째 의화(the first justification)를 얻는 것으로 언급하기도 한다.

마지막으로 공로란 인간에 대한 하나님의 선물이며 인간의 자랑을 배제하는 것임을 잘 설명하면서도, 공로는 인간의 자유로운 노력의 결과라고 용인한다. 그래서 주입된 은총에 근거한 우리의 선한 행위를 기초로 우리가 진실로 합당한 영생을 소유하게 될 것이라고 한다.[112] 그리하여 신자들은 은총에 협력을 통하여 공로를 부여받고 의화(義化) 가운데서 자라간다고

---

109 "The Council of Trent, The Sixth Session," Chapter 8, in *The Canons and Decrees of the Sacred and Oecumenical Council of Trent,* 36: "we are therefore said to be justified by faith, because faith is the beginning of human salvation, the foundation, and the root of all Justification."
현대 천주교회도 이렇게 할 수 있음에 대해서 Gerald O'Collins, "A Personal Journey," in *Justification, Five Views,* 287=『칭의 논쟁』, 432를 보라.

110 이런 개념들에 대해서는 Louis Berkhof, *Systematic Theology* (Grand Rapids: Eerdmans, 1938), 509; A. A. Hoekema, *Saved by Grace* (Grand Rapids: Eerdmans, 1989), 164 등을 보라.

111 "The Council of Trent, The Sixth Session," Chapter 7, in *The Canons and Decrees of the Sacred and Oecumenical Council of Trent,* 34-35: "the instrumental cause is the sacrament of baptism." Cf.『가톨릭 교회 교리서』, 727(#1992): "의화는 신앙의 성사인 세례로 주어진다."

112 "The Council of Trent, The Sixth Session," chapter 16장에 기초한 Rafferty의 요약, "The Roman Catholic View," 280=『칭의 논쟁』, 420.

언급된다.

트렌트 공의회 제6회기 제7장에 의하면 "의화는 단지 죄들의 용서만이 아니고.... 은혜와 은사를 자발적으로 받음을 통한 성화와 내적인 사람의 새로워짐을 다 포함한다. 이로써 사람은 더 이상 불의한 사람이 아니라 **의로운 사람이 되는 것이다**."고 말한다.[113] 대부분의 개신교도들은 여기서 천주교회가 개신교회가 칭의라고 부르는 것과 성화라고 부르는 것을 합하여 이해하려고 하고 있음을 발견한다.[114] 그러므로 트렌트 공의회에서 드러난 천주교의 구원 이해는 구원의 **과정을 중요시해서 말하는 구원론**이라고 할 수 있다. "아직 형성되지 않은 신앙"(*fides informis*)이 있고, 세례 때에 주어지는 '은총의 주입'(*infusio gratiae*)이 있고, 그에 의해 '사랑으로 형성된 신앙'(*fides caritate formata*)이 있고, 이와 같이 더한 의화(義化)를 공로로 얻어 나가고, 또 선행을 계속하여 그 공로로 얻는 점증하는 의의 단계, 그리하여 종국에 영생을 '지당한 공로'로 얻는 단계가 있는 것이다. 이런 이해를 반영하면서 트렌트 공의회에서는 다음과 같이 선언하였다:

> 만일에 어떤 사람이 칭의 받은 사람의 선행이 그 사람 자신의 선한 공로가 아닐 정도로 하나님의 은혜라고 하거나 칭의 받은 사람이 하나님의 은혜와 예

---

[113] "The Council of Trent, The Sixth Session," Chapter 7, in *The Canons and Decrees of the Sacred and Oecumenical Council of Trent,* 34: "Justification itself, which is not remission of sins merely, but also the sanctification and renewal of the inward man, through the voluntary reception of the grace, and of the gifts, whereby man of unjust *becomes just,* and of an enemy a friend, that so he may be an heir according to hope of life everlasting."(강조점은 덧붙인 것임). 또한 『가톨릭 교회 교리서』, 727(#1989)도 보라.

[114] 이는 매우 전통적인 지적이나 특히 이를 명확히 말하는 것으로 Orr, *The Progress of Dogma,* 265; Berkhof, *Systematic Theology,* 524 ("The Roman Catholic view confounds justification and Sanctification."); Hoekema, *Saved by Grace*, 163; 그리고 Michael Horton, *For Calvinism* (Grand Rapids: Zondervan, 2011), 134: "Justification is collapsed into sanctification."

수 그리스도의 공로를 통해 그가 행하는 선한 일들로 은혜의 증진(an increase of grace), 영생을 참으로 공로로 받을 만하지 못하다고 말한다면, 그가 은혜의 상태에서 죽었을 때 그가 행한 것으로 영원한 생명을 얻음과 영광의 증진을 공로로 받을 만하지 못하다고 말한다면, 그에게 저주가 있을지어다.[115]

그러므로 고전적인 천주교회의 의화 이해는 점증하여 가는 은혜의 과정에 인간들이 참여하면서 은혜를 더 얻게 하며 그 공로로 얻는 은혜에 따라 더 증진하여 종국적 영생을 그리스도의 공로에 더해지는 자신들의 공로(merit)로 얻게 하는 것으로 제시되고 있다. 그러므로 트렌트 공의회의 결정문에서 그리스도의 십자가가 의화의 궁극적(Ultimate) 공로적 원인이라고 말한다고 해도,[116] 결국 천주교회는 오직 그리스도의 공로만으로 칭의된다고 하지 않는다. 은혜에 근거한 인간 행위도 **공로임을** 강조하는 트렌트 공의회는 그리스도의 공로의 전가(imputation)를 철저히 배제하고 거부한다.[117] 그러므로 여기서는 영생이 하나님의 선물이라고 하면서도 동시에 "생애 전체

---

115 "The Council of Trent, The Sixth Session," Canon 32, in *The Canons and Decrees of the Sacred and Oecumenical Council of Trent,* 48-49: "If any one saith, that the good works of one that is justified are in such manner the gifts of God, as that *they are not also the good merits of him that is justified*; or, that the said justified, by the good works which he performs through the grace of God and the merit of Jesus Christ, whose living member he is, *does not truly merit increase of grace*, eternal life, and the attainment of that eternal life, - if so be, however, that he depart in grace, - and also an increase of glory; let him be anathema." (Emphasis is given).

116 "The Council of Trent, The Sixth Session," Chapter 7.

117 "The Council of Trent, The Sixth Session," Canon 11, in *The Canons and Decrees of the Sacred and Oecumenical Council of Trent,* 46: "If any one saith, that men are justified, either by *the sole imputation of the justice of Christ,* or by the sole remission of sins, to the exclusion of the grace and the charity which is poured forth in their hearts by the Holy Ghost, and is inherent in them; or even that the grace, whereby we are justified, is only the favour of God; let him be anathema."(Emphasis is given).
이에 대한 좋은 논의로 Fesko, *Justification,* 353을 보라.

에 걸친 공로에 대한 보상"(a reward of life-long merit)이라는 것이 강조된다.[118] 이것은 성경이 말하는 구원 이해와는 상당히 다른 것이다. 이것이, 오어가 말하는 "성경적 칭의론에 대한 천주교회의 대체물"이요, "하나님의 은혜의 희화화"(the travesty of the grace of God)다.[119] 종교개혁 입장에 선 사람들이 늘 지적하는 대로, 트렌트 공의회의 결정에도 칭의와 성화를 혼합하는 모습이 현저하게 나타난다.[120]

로버트 벨라르민의 이해

트렌트 공의회의 입장을 잘 대변한 신학자로 추기경이었던 **로버트 벨라르민**(**Robert Bellarmin**=Roberto Bellarmino, 1542-1621)을 들 수 있다. 그의 『논박』(*Disputationes de Controversiis*, 1586-93)은 천주교 교의학에서 그때까지 나온 가장 정교하고 상세한 논의라고 여겨진다. 트렌트 공의회의 결정문(Canon)을 잘 설명하면서 첫째 의화는 은혜의 주입 또는 근본적 원리의 전달, 은혜의 하비투스(*habitus*)가 주어지는 것이라고 한다. 두 번째 의화는 그 결과로 오는 선행이나 바른 삶이라고 한다. 첫째 의화로 원죄가 사라지고 죄의 습성

---

118 이 점을 잘 지적하는 Drewery, "The Council of Trent," 407을 보라.

119 Orr, *The Progress of Dogma*, 268.

120 이 점을 말하는 Shedd, *A History of Christian Doctrine,* 2:321-22을 보라.

(the habits of sin)이 사라지게 된다고 한다.

사람의 의지에서 선행이 오는 것을 생각하면 지당한 공로 즉 절대적으로 받을 만한 공로는 없다. 그러나 그, 선행이 성령의 영향력으로 주어지는 것을 생각하면 "하나님께서 자기 자신의 은혜를 그 자체로 뛰어난 것으로 인정하고 보상하시는 것이 하나님께 마땅한 것이기에 사람의 선행이 지당한 공로를 가질 수 있다."[121] 그래서 처음에는 준비시키는 은혜에 근거해서 나아가는 사람이 "(하나님의 뜻을) 수행하게 하는 은총"(*gratia gratum feciens*), 즉 "습성적 은총"(*gratia habitus*, habitual grace)을 받아 점차 의화의 과정을 따라가서 결국에서 지당한 공로를 내기에 이른다는 것이다. 이와 같이 벨라르민은 아퀴나스와 트렌트 공의회의 이해를 그대로 제시하였다.[122] 그는 교황 비오 11세에 의해서 1931년에 성자와 교회의 박사(*doctor ecclesiae*)로 선언되었다.[123]

나가면서: 중세교회의 구원론 정리

그러므로 스콜라 신학자들은 교회 안에서 태어난 아이들은 유아세례를 받을 때에 은혜의 주입과 죄 용서를 포함한 중생의 은혜를 받고, 어른이 되어 복음에 접촉한 사람들은 성령이 그 이해를 밝히시고 그 의지를 강화시키시는 은혜를 받아 칭의의 은혜를 주입받도록 자신들을 준비시킬 수 있다고 했다. 그 준비에는 (1) 교회가 가르치는 진리에 동의하고(*fides informis*), (2)

---

121 Thomas Aquinas, *Summa Theologiae,* Pt. 2.1, Qu. 114, Art. 4.

122 Cf. Shedd, *A History of Christian Doctrine,* 2:328-31. 또한 R. Buick Knox, "The History of Doctrine in the Seventeenth Century," in *A History of Christian Doctrine,* 428을 보라.

123 https://www.catholicnewsagency.com/saint/st-robert-bellarmine-366.

자신의 죄된 상태를 깨달으며, (3) 하나님께서 불쌍히 여겨주시기를 소망하고, (4) 하나님을 사랑하기 시작하며, (5) 죄를 미워하고, (6) 하나님의 명령을 따르기로 결단하며, (7) 세례받기를 갈망하는 7가지 요소들이 있다고 했다. 그래서 세례를 받으면 은혜의 주입(the *gratia infusa*)이 이루어지고, 그 주입된 은혜에 근거해서 선행을 할 수 있는 초자연적 힘을 얻어 사랑의 역사를 이루어가는 구원하는 신앙, 즉 사랑으로 형성된 신앙(a *fides caritate formata*)이 있게 된다고 했다.[124] 그에 근거하여 주어지는 것이 의화(義化, justification)라고 하였다. 이런 스콜라 신학자들의 견해를 필립 왓슨은 이것은 마치 하나님을 "환자가 병들어 있는 상황에서는 접촉하지 않으려 하면서, 우편으로 (교회에서 베푸는 성례적 은혜로) 약을 보내주면서 병에서 나으면 볼 것을 약속하는 의사"와 같은 것이라고 비유적으로 설명한 바 있다. 이와 대조해서 루터는 자신을 돌보지 않고 병든 사람들을 만지시고 건강을 회복하도록 돌보시는 하나님이신 그리스도를 참된 의사(a true physician)로 묘사했었다.[125]

그런데 이 칭의의 은혜가, 불신이나 중세 교회가 말한 7가지 중죄(mortal sins, seven deadly sins)에 의해서도 상실될 수 있다고 했고, 통회, 고백, 만족과 사죄 선언으로 이루어진 고해성사에 의해 다시 얻어질 수 있다고 했다.[126] 죄책과 영원한 형벌을 사죄 선언에 의해 없어질 수 있으나 현세적 형벌들은 만족케 하는 행위에 의해서만 제거될 수 있다고 하여[127] 공로주의 입장을 끝까지 유지하였다. 이런 입장을 르네상스의 대변인이라고 할 수 있는

---

124 이렇게 정리하여 제시한 Berkhof, *The History of Christian Doctrines*, 215를 보라.

125 Philip S. Watson, *Let God be God* (London, Epworth Press, 1947), 68, n. 43.

126 Berkhof, *The History of Christian Doctrines*, 215-16을 보라.

127 Berkhof, *The History of Christian Doctrines*, 216을 보라.

에라스무스(1469-1536)도 그대로 유지하였다.[128] 그렇기에 그는 자유의지에 대해서 루터와 논박을 벌였던 것이다. 중세 신학과 에라스무스는 하나님의 은혜를 강조하였으나 인간이 행하는 선행의 공로(merit)를 끝까지 포기하지 않은 것이다. 종교개혁에 대한 논의에서 잘 드러날 것처럼, 이것이 참 복음이 없는 안타까운 모습을 드러내는 것이다.

---

128 이를 요약적으로 제시하는 Benjamin Drewery, "Martin Luther," in *A History of Christian Doctrine,* ed., Hubert Cunliffe-Jones (Edinburgh: T&T Clark, 1978, reprinted, Philadelphia: Fortress Press, 1980), 337을 보라.

제9장

중세 신학의 문제들(2): 성례 교리와 관련한 문제들

중세 스콜라 신학자들이 성례에 대해서 전반적으로는 불가시적 은혜의 표와 수단이라는 어거스틴의 개념을 따랐다고 여겨진다.[1] 성례의 숫자에 대해서는 다양한 의견이 있어서 다섯 개에서 30가지로 제시하는 분들도 있었다. 성례의 숫자를 일곱 개로 제시한 처음 사람은 피터 롬바르드다.[2] 그의 『문장들』(*Sentences*)이 중세 때에 일반적 교과서처럼 사용된 덕에 그의 사적인 견해가 일반적 의견이 되었고 얼마 후 프로렌스 공의회(1439)에서 7성

[1] 이런 평가로 Louis Berkhof, *The History of Christian Doctrines* (Grand Rapids: Eerdmans, 1937, 1949, paperback edition, Grand Rapids: Baker, 1975), 242를 보라.

[2] Cf. Berkhof, *The History of Christian Doctrines*, 243.

례론이 공식적으로 채택되었다.[3]

성례의 의미에 대한 중세의 두 가지 견해들

어거스틴은 성례에 대해서 각기 다른 두 개념을 말하는 듯이 보이기도 했다. 그는 때때로 성례는 받는 사람의 믿음에 의존하는 듯이 표현하면서 외적인 성례는 영혼 안에서 작용하는 하나님의 사역으로 생각하도록 하기도 했고, 또 때로는 외적인 성례가 그 자체로 역사하는 듯이 말하기도 했다.

전자의 견해를 좀 더 발전시키는 이들도 스콜라 신학자들 사이에 있어서 성례는 은혜를 포함하고 있는 것이 아니라 상징하는 것인데, 하나님께서 받는 사람의 영혼에 은혜를 베푸시는 것과 성례의 사용을 동반시키시기로 약속하셨다고 하는 견해가 나타나기도 하였다. 이것이 보나벤튜라(Bonaventura, 1221-74)와 두란두스(Durandus=Durand of Saint-Pourçain, c. 1275-332/1334)에게서 발견되는 견해다. 둔스 스코투스(Duns Scotus)가 이를 옹호함으로 이 견해가 상당히 널리 퍼지게 되었다.

그런가 하면 은혜가 가시적 성례에 참으로 내재하고 있다는 주장도 강하게 나타났다. 물론 가시적 요소들 안에 은혜가 영속적 능력을 내재해 있다는 말은 아니었다. 성찬 "제정의 말씀이 외적 표(sign) 안에 영적인 효과(*virtus*, efficacy)가 있게 하고, 이는 가시적 요소가 그 영적 효과를 이룰 때까지는 그 안에 내재한다"는 식으로 이해되었다. 세인트 빅토르의 휴고(Hogo

---

[3] Cf. Berkhof, *The History of Christian Doctrines,* 243; David Knowles, "The First Century of Scholastic Theology, c. 1050-c. 1200," in *A History of Christian Doctrine,* ed., Hubert Cunliffe-Jones (Edinburgh: T &T Clark, 1978, reprinted, Philadelphia: Fortress Press, 1980), 262. 동방교회에서는 서방교회에서 7성례를 확정함에 따라서 성례의 숫자를 7개로 하게 되었다고 하는 Pelikan, *The Emergence of the Catholic Tradition*, 163의 논의를 보라.

of St. Victor)와 아퀴나스(Aquinas)가 이런 견해를 주장했고 결국은 이런 견해가 천주교회의 공식적 입장으로 채택되었다.

중세의 성찬 이해

성찬의 물질적 요소들인 떡과 포도주가, 미사를 드리면서 신부님이 축성(祝聖)할 때 하나님의 능력으로 (마리아에게서 태어난 그리스도의) 바로 그 몸과 피로 **문자적으로 변화된다**는 견해를 처음으로 공식적으로 제시한 것은 818년에 **파스카시우스 라드베르트(Pascahsius Radbert**, 785 - 860/865)라고 한다.[4] 피카디(Picardy)에 있는 꼬르비(Corbie) 수도원의 원장이었던 그는 831-32년경에 수도자들을 위해 성례에 대한 한 문서를 작성했다.[5]

그는 떡과 포도주의 외형(outward appearance)은 축성 이후에는 그리스도의 몸과 피라는 그 참 의미를 가리는 베일(a mere veil)이라고 하였다.[6] 그러

4 이를 말하는 Berkhof, *The History of Christian Doctrines,* 252를 보라.

5 David Knowles, "From Charlemagne to the Eleventh Century," in *A History of Christian Doctrine,* ed., Hubert Cunliffe-Jones (Edinburgh: T &T Clark, 1978, reprinted, Philadelphia: Fortress Press, 1980), 242.

6 이를 말하는 Berkhof, *The History of Christian Doctrines,* 252를 보라.

므로 축성 이후에는 외적으로는 떡과 포도주로 있으나 그리스도의 몸과 피라고 한 것이다. 어떤 면에서 이전부터 서방에서 말해 오던 것을 더 분명히 표현한 것이지만, 라드베르트는 그리스도의 몸이 성체에 축소된 형태로(in minuature) 공간적으로 있음(spatially existent)을 표현했다는 점에서 독특한 표현을 했다.[7] 이런 이해에서 십자가에서 "희생제사로 드려진 그리스도의 몸이 **다시 희생(a victim)으로 드려지는" 것**이라고 했다.[8]

이런 가르침은 처음에는 당대의 많은 신학자들에 의해서 반박되었다. "독일의 교장"(the schoolmaster of Germany)이라고 불리던 **라바누스 마우루스(Rabanus Maurus**, 784-856)와 코르비의 수도자였던 라트람누스(Ratramnus, c. 800-868)가 그 대표자들이라고 할 수 있다. 이들은 라드베르트의 새로운 가르침은 성례의 표지(the sign)와 그것이 의미하는 바(the things signified)를 혼동하였고, 믿음을 조악한 물질주의로 대체하였다고 비판하였다.[9] 이들은 수찬자들이 믿음으로 성례 안에서 그리스도와 연합할 때 그리스도의 임재가 믿는 수찬자 안에서 이루어지는 것이라고 하였다.[10] 이분들이 어거스틴의 견해와 가까운 입장을 표현한 것이다. 그런가

---

7 Knowles, "From Charlemagne to the Eleventh Century," 242.

8 Knowles, "From Charlemagne to the Eleventh Century," 242.

9 이를 말하는 Berkhof, *The History of Christian Doctrines,* 253을 보라. 오늘날에는 이를 각각 기표(記表, *signifiant*="시니피앙")와 기의(記意, *signifié*="시니피에")라고 번역하려고 하는 경향이 있다. 그러나 이런 표현들은 페르디앙 드 소쉬르(Ferdinand de Saussure, 1857-1913)가 이렇게 써서 널리 알린 후의 표현들이라는 것을 생각해야 한다.

10 이 점을 잘 표현하는 Knowles, "From Charlemagne to the Eleventh Century," 242를 보

하면 고트샬크(Gottschalk)는 이 두 입장을 모두 비판하면서 그리스도의 임재는 신비한 것이기는 하지만 객관적인 것임을 강조했다.[11] 이것을 성찬에 대

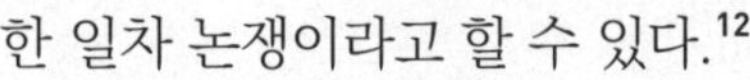

한 일차 논쟁이라고 할 수 있다.[12]

두 세기가 지난 후에 게르베르트(Gerbert)는 라드베르트의 새로운 견해를 옹호하였고(1003), 얼마 지나지 않아 이에 대한 상당히 격렬한 논쟁이 일어났다. 1050년경에 앙거스의 대부제(the archdeacon of Angers)였던 **투르의 베렝거**(**Berenger of Tours**, Betrengarius, c. 999-1088)가 "성찬에는 참으로 그리스도의 몸이 현존"하는데, "본질로는 아니고 능력으로(not in essence, but in power) 현존한다"고 확언하였다.[13] 성찬의 요소들이 축성 때 변하는데 그 본질이 변하는 것은 아니고, 이 변화와 능력이 유효하려면 축성과 함께 받는 자들의 믿음이 필요하다고 하였다.[14] 그는 심지어 그리스도의 현존은 단지 개념적인(*intellectualle*) 것이라고 했다.[15] 어거스틴의 입장에 가까운 것이 다시 한번 더 선언된 것이다.[16]

라. 특히 라트람누스가 이를 명백히 하여 그는 중세에 있는 종교개혁의 선구자라고 언급되기도 한다(243).

11 이를 말하는 Knowles, "From Charlemagne to the Eleventh Century," 242를 보라.

12 이런 표현은 Knowles, "From Charlemagne to the Eleventh Century," 243의 표현이다.

13 이를 말하는 Berkhof, *The History of Christian Doctrines,* 253을 보라.

14 이를 말하는 Berkhof, *The History of Christian Doctrines,* 253을 보라.

15 이 점을 지적하는 Knowles, "The Age of Revival and Reform, 1000-1150," in *A History of Christian Doctrine,* 246을 보라.

16 베렝거가 논리에 의해서 이런 결론에 이르렀지만 라트람누스와 어거스틴에게서 이런 생각을 얻었을 수 있다고 허용하는 Knowles, "The Age of Revival and Reform, 1000-1150," 246도 보라.

그런데 이탈리아 법률가가 자신의 직을 버리고 베네딕트파 수도사가 되어 후에 노르망디에서 벡 수도원장과 성 스테파노 수도원장으로, 그리고 윌리엄 1세의 잉글랜드 정복 후에는 영국의 캔터베리 대주교로 활동한 **란프랑크**(**Lanfranc**,c. 1005-1089)와 **훔베르트**(**Humbert of Silva Candida**, c. 1,000—1059/1061)는 베렝거의 견해를 강하게 비판하면서, “외양(the appearance, species)은 변화가 없지만 빵과 포도주의 본질(substance)은 주의 몸의 본질(substance)로 변한다”고 하면서,[17] “그리스도의 바로 그 몸이 참으로 사제의 손에 들려져 있는 것이고, 신실한 자들의 이로 씹혀지는 것이다”는 조악한 진술까지 하였다.[18]

베렝거는 이에 대항해서 영적인 현존을 말하면서 물질적인 떡과 포도주가 그리스도의 몸과 피로 바뀐다(replaced)는 것을 허용하지 않았다.[19] 그는 1079년에 이 문제 때문에 로마에서 신앙고백을 분명히 하라는 어려움을 겪기도 했으나 그는 자신의 견해를 사수한 것으로 보인다. 그는 사제의 손

---

17 Knowles, “The Age of Revival and Reform, 1000-1150,” 246.

18 이를 말하는 Berkhof, *The History of Christian Doctrines,* 253을 보라.

19 Knowles, “The Age of Revival and Reform, 1000-1150,” 246.

에 들려 있는 이것(*hoc*), 즉 빵이 동시에 그리스도의 몸(*corpus christi*)이라고 (*est*) 말할 수는 없다고 하였다.

란프랑크의 견해를 좀 더 세련되게 하고 이에 화체설(the doctrine of transubstantiation)이라고 이름을 붙인 사람이 **뚜르의 힐데베르(Hildebert of Tours**, c. 1055 - 1133)이다.[20] 그리고 1215년 있었던 제4차 라테란 공의회에서 (the fourth Lateran Council) 이노센트 3세(1161-1216, 1198년부터 재위)에 의해 이것이 천주교회의 공식적 교리로 선언되었다.

제4차 라테란 공의회를 형상화한 그림

뚜르의 힐데베르

화체설을 잘 설명하는 작업을 한 것이 토마스 아퀴나스(1225-1274)라고 할 수 있다. 그는 당대에 유행하기 시작한 아리스토텔레스의 '질료(matter)와 형상(idea, *essentia*)으로 모든 것을 설명하는 것'을 받아들여서 성찬을 설명하였다. 신부님이 축성을 할 때 빵과 포도주의 질료(質料)는 그대로 있지만 그

---

[20] 이를 말하는 Berkhof, *The History of Christian Doctrines,* 253을 보라. 그런데 노울스 교수는 란프랑크의 견해를 페터 다미안(Peter Damian)이 화체설이라고 이름지었다고 한다(Knowles, "The Age of Revival and Reform, 1000-1150," 247).

형상(idea) 즉 그 본질(substance, *substantia, essentia*)이 변한다고 하였다(그래서 "transubstantiation," 즉 화체설이라고 한다). 떡과 포도주의 우연적(偶然的) 성질(the accidents)은 그대로 있지만, 그 본질은 그리스도의 몸과 피의 본질로 바뀐다고 하였다. 그래서 성찬에 대한 아퀴나스의 찬송에서 그는 "오! 숨겨지신(*latens*) 하나님! 나는 당신님을 헌신적으로 찬양합니다"(*Adoro Te devote, latens Deitas*)라고 하였다.[21] 겉으로는 그냥 떡이고 포도주이지만 그 본질은 '그리스도의 몸과 피'라는 뜻이다.

이와 관련해서 성례는 공식적으로 임직받은 사람에 의해서 공식적으로 시행되면 그 자체로 역사한다(*ex opere operato*)는 견해가 일반화되었다. 어거스틴 시대에 도나투스파와 같이 베푸는 사람의 능력에 의존하는 것처럼 생각하는 소위 "인효성(人效性)"이라고 언급될 생각이 옳지 않다는 의미에서 그 시행 자체의 역사를 강조하던 것이 고착화되어 소위 "사효성"(事效性)이라고 언급된 견해가 천주교회의 공식적 입장이 되었다. 이런 사효성 때문에 구약에 비해서 신약의 성례가 우월성을 가진다고 언급되기도 하였다.[22] 물론 성례를 위해서 준비하는 것은 보상을 가져온다는 것이 강조되었고,[23] "조심성 없고 아무 생각 없는 참여자는 자신의 잘못으로 하나님의 넘치는 은혜(the inflowing of God)를 받는 길을 막을 수 있다"고 하면서 참여하는 사람이 바른 마음을 참여하여야 한다는 것도 강조하였지만,[24] 기본적으로 성례 자체가 효과를 낸다는 것이 강하게 주장되었다.

---

21 이 찬양을 인용하면 지적하는 Knowles, "The Age of Revival and Reform, 1000-1150," 247; Knowles, "The Golden Age of Scholasticism," 276을 보라.

22 이를 지적하여 언급하는 Berkhof, *The History of Christian Doctrines,* 244를 보라.

23 Berkhof, *The History of Christian Doctrines,* 244

24 이 점을 말하는 Knowles, "The Golden Age of Scholasticism," 276을 보라.

이런 성찬 이해는 결국 예배를 "백성들을 위해 백성을 대신해서 사제가 하나님께 드리는 희생 제사"라고 이해하는 결과를 낳았다.[25] 이것이 중세 교회에서 발생한 가장 재난스러운 일이었다. 갈보리 언덕의 십자가 사건 이후에는 "다시 죄를 위하여 제사 드릴 것이 없다"(히 10:18)는 성경의 명백한 가르침을 계속해서 어기는 모습이 중세 내내 계속 지속되게 했기 때문이다.[26]

중세기의 세례 이해와 문제점

중세기에 그리스도인이 되어 교회 공동체 안에 들어오는 표(表, sign)로 세례를 강조하였고, 교회 공동체 안에 어린아이들이 세례를 받도록 하는 일에 있어서 큰 기여를 하였다. 아마 이것이 중세교회의 가장 큰 기여일 것이다.

그러나 성례에 대해서 점차 사효성(事效性)적인 이해를 가지게 됨에 따라서 세례도 '세례를 베풀면 그 자체가 구원을 가져다준다'는 이해가 성장하였다. 그래서 등장한 것이 천주교적 오해인 세례중생설(baptismal regeneration theory)이다. 세례라는 표(sign)가 그것이 표시하는 바(the thing signified)를 포함하고 있다고 생각해서 세례를 베풀면 그 시행 자체(*ex opere operato*)로 중생이 일어난다고 하였다. 트렌트 공의회에서 이를 확고히 규정하면서 아이들의 "출생에서 오염된 것이 [세례 때의] 중생으로 씻겨진다"고 하였다.[27] 그리고 이때 주입된 은혜는 가장 중요한 것으로 여겨졌다. 그리고 그와 함께 믿음,

---

25 이 점을 정확히 지적하는 Knowles, "The Age of Revival and Reform, 1000-1150," 247을 보라.

26 이에 대해서는 종교개혁 교리를 다루면서 더 밝히 논하기로 한다.

27 트렌트 종교회의 제5회기에 있었던 원죄에 대한 규정에서. 이를 인용하면서 언급하는 Ben-

소망, 사랑의 초자연적 덕들도 주어진다고 하였다. 그래서 아이 낳을 때 아이가 나아지자마자 곧 죽게 되는 비상(非常) 상황에서는 신부가 아닌 사람인 평신도라도 심지어 불신자라도 세례를 베풀어야 한다고 할 정도로[28] 기계적 이해를 가지게 되었다.

그래서 일단 세례를 받으면 (1) 세례를 받는 사람의 영혼에 지워질 수 없는 특성(the *character indelibilis*)이 주어지고[29] 이것에 의해 교회의 치리 안에 있게 하며, "성도들의 교통"(the communion of the saints)에 가입하게 하여 가시적 교회에 속하게 한다. (2) 원죄의 죄책과 세례받을 때까지 지은 죄에 대한 죄책이 사해지고, 죄의 오염에서 해방되는데 육욕(concupiscence)은 죽을 때까지 남아 있다고 하고, 죄의 자연적 결과들 외에는 현세적 형벌과 영원한 형벌에서 해방이 주어진다고 한다.

그런데 중세 천주교회의 가르침에 의하면, 세례에서 주입된 은혜는 절대적인 것은 아니어서 중세기 대부분의 사람은 구원의 확신이 없이 늘 두려워하며 살아야 했다. 또한 세례를 거의 자동적으로 죄를 사하는 것으로 이해했기에 세례를 죽을 때로 미루는 일도 있었고, 세례는 그 자체로 역사하는 것(*ex opere operato*)이라고 하면서 동시에 인간이 중죄를 지으면 세례 때에 주어진 사죄의 은혜를 박탈당할 수 있다는 생각 때문에 중세 사람들은 평생 죄에 사로잡혀 종노릇 하는 결과가 나타났다.

---

jamin Drewery, "The Council of Trent," in *A History of Christian Doctrine,* 406을 보라.

28 이를 지적하여 언급하는 Berkhof, *The History of Christian Doctrines,* 249를 보라.

29 이는 어거스틴이 말한 바를(이를 지적하는 Berkhof, *The History of Christian Doctrines*, 248을 보라) 중세 교회가 따랐던 것이라고 할 수 있다. 이 용어는 7성례 가운데 세례, 견신례, 그리고 신품 성사에 적용하면서 영혼에 지울 수 없는 성격을 남긴다고 하였다(Knowles, "The Golden Age of Scholasticism," 275).

성례에 대한 트렌트 공의회의 결정들

이런 천주교회의 일반적인 의견을 아주 명확히 규정하여 선언한 것은 종교개혁에 대한 반응으로 천주교회가 개최하여 자신들의 입장을 선언한 트렌트 공의회(1545-1563)의 규정이라고 할 수 있다. 성례에 대한 규정(1547-1563) 중에서 중요한 내용을 요약하면 다음과 같다.[30]

⑴ 구원을 위해서는 성례가 필수적이다. 구원받고자 하는 사람은 반드시 성례를 받아야 하며 적어도 받기를 갈망해야 한다. 물론 모든 사람이 7 성례 모두를 받아야 하는 것은 아니라고 하였다.

⑵ 성례는 그것이 표현하는(signify) 은혜를 포함하고 있고, 성례의 시행은 그 자체로 역사한다(*ex opere operato*). 또는 중죄(mortal sin)나 다른 방해물로 성례의 작용을 방해하려고 하지 않는 사람들에게는 그 자체로 역사한다.

⑶ 성례를 시행하는 사람의 의도는 교회가 의도하는 바를 시행하고자 하는 간절함으로 가지고 있어야 하는데 그것은 그 타당성의 본질적인 것이다.

⑷ 세례와 견신례와 신부님으로 임직하는 신품(神品) 성사는 받는 이의 영혼에 지워질 수 없는 특성(the *character indelibilis*)을 남긴다고 여겨졌고 따라서 반복될 수 없다고 했다.

⑸ 사제들만이 성례를 합법적으로 시행할 수 있다. 세례를 받아야 구원

---

30 이는 Berkhof, *The History of Christian Doctrines,* 244에 있는 벌코프의 요약이다.

받는다는 것에[31] 집착했으므로 물론 긴급한 때에는 세례를 평신도가 집례할 수 있다고 했으며, 견신례와 신품 성사는 오직 감독이 시행할 수 있다고 했다.

또한 트렌트 공의회 제13 회기(Session 13, 1551년)에서 다루어진 성찬에 대한 이해는 다음 같이 요약될 수 있다.[32]

(1) 예수 그리스도는 성례에 참으로(truly), 실제로(really), 그리고 본질적으로(substantially) 현존하신다.

(2) 그가 자연적인 존재 방식으로(the natural mode of existence) 성부의 우편에 계시지만, 이는 그가 더 높고, 영적이고, 초자연적 존재 방식으로(a higher, spiritual and supernatural mode of existence) 동시에 다른 곳에도 계실 수 있음을 배제하지 않는다. 우리가 다 설명은 못해도 그가 여러 곳에 본질적으로(substantial) 그리고 성례적으로 임재(sacramental presence)하실 수 있는 가능성을 받아들일 수 있다.

(3) 축성의 말에 의해서 떡과 포도주의 전 본질(substance)이 그리스도의 몸과 피의 본질(substance)로 변화한다. 각 요소 아래에 전체 그리스도(the entire Christ)가 현존하신다. 그러므로 성찬의 한 요소만 받아도 전체 그리스도(the whole Christ)를 받는 것이다.

---

31 Cf. "The Council of Trent, The Sixth Session," Chapter 7, in *The Canons and Decrees of the Sacred and Oecumenical Council of Trent,* 34-35: "the instrumental cause is the sacrament of baptism." Cf. 『가톨릭 교회 교리서』, 727(#1992): "의화는 신앙의 성사인 세례로 주어진다." 천주교회는 세례를 "칭의의 수단적 원인"이라고 하였다. 이를 잘 드러내어 언급하는 Benjamin Drewery, "The Council of Trent," in *A History of Christian Doctrine,* 406을 보라.

32 이는 Berkhof, *The History of Christian Doctrines,* 253-54에 있는 벌코프의 요약이다.

(4) 주께서 제자들이 받기 전에도 떡을 몸이라고 하셨으니, 수찬자가 떡을 받기 전부터 임재하신 것이다.

(5) 성찬에서의 그리스도의 현존을 볼 때 성체를 존숭하고 성찬 예식(the festival of the *Corpus Christi*)을 존숭하는 것은 오히려 자연스러운 일이다.

(6) 성찬의 주된 효과는 "거룩하게 하는 은혜의 증진, 특별한 실제적 은혜들, 가벼운 죄들의 용서, 중죄에 빠지지 않게 함, 그리고 영원한 구원에 대한 신뢰하는 소망을 가지게 함이다."

천주교 성찬론의 문제점

천주교의 성찬론은 그 자체도 심각한 문제이고, 또한 무수한 문제를 발생시키는 문제의 근원의 하나이다.

첫째로, 천주교회는 초자연적인 은사가 성례를 통해서 물질적으로 밖으로부터 주어지는 것으로 여겼다. 그래서 성례로 전달되는 은혜가 주입된 의화시키는 은혜라고 보면서, 이로써 사람은 초자연적 수준으로 올려지고 그리하여 신의 성품에 참여하는 자가 되게 한다고 여겼다. 이런 점에서 천주교회의 구원론과 성례론은 밀접한 관계를 가지게 되었다.

둘째로, 점차 성례와 말씀의 관계가 거의 무시되기에 이르렀다.[33] 말씀 없이 성례의 시행만으로 효과가 발생한다는 생각이 사효성(事效性)에 대한 강조와 더불어 성장했다. 천주교회에서는 이것을 매우 의미 있게 생각하고 강조하나 종교개혁의 성경적 관점에서 보면 이것은 의식주의(ritualism)를 만

[33] 이 점을 지적하는 Berkhof, *The History of Christian Doctrines,* 245를 보라.

드는 일이며, 결과적으로 하나님의 말씀을 무시하게 하는 것이다. 말씀은 그저 준비하는 일만 할 뿐이고 주입된 은혜가 있을 때에야 참된 믿음이 작용하게 되는데, 주입된 은혜는 성례에 의해서만 주어지므로 성례는 그 가치가 말씀을 넘어서는 것으로 강조되기에 이르렀다. 이것이 말씀을 떠나가게 하는 문제의 근원이 된다.

셋째로, 성례를 위해서 준비하는 것이 필요하다고 하고 그것은 반드시 보상을 얻을 것이라고 하면서도 결국 천주교 체계에서 믿음은 성례의 절대적 요소는 아닌 것으로 여겨진다.[34] 의화시키는 은혜는 성례의 외적인 요소들에 내재해 있는 것으로 여겨지고 그것을 시행하면 효과를 낸다고 하기에 중죄 등과 같이 의식적으로 방해하지 않는 한 그 효과가 나타나게 되어 있다고 하기 때문이다.

넷째로, 성찬에 해당하는 미사가 "피 없이 드리는 희생제사"라는 관념이 발전하여 간 것이 가장 큰 문제이다. 이런 관념이 발전하여 결국 예배를 희생제물을 드리는 제사로 이해하고 예배 때마다 십자가에서 희생 제사를 드리는 그리스도의 제사를 피 없는 형태로 다시 드리는(represent) 일이 필요하다고 생각하게 되었다. 트렌트 공의회에서도 "미사의 희생 제사는 십자가에서 이루어진 역사적 피의 희생 제사를 재현(representation)하는" 것이라고 했다. 그래서 사소한 날마다의 죄를 용서하는 효과가 있고 중죄에 대해서도 "참으로 유효한" "구원적 효과"(salutary efficacy) 가 있다고 선언하였다.[35] 계속해서 미사를 집례하는 사람들을 구약의 제사장과 같이 생각하여 사제(司祭, priest)로 부르는 일이 있었고 이것이 종교개혁 때까지 계속된 것

---

34 이 점을 지적하는 Berkhof, *The History of Christian Doctrines,* 245를 보라.

35 "The Council of Trent, The 22th Session," Chapter 2, in *The Canons and Decrees of the Sacred and Oecumenical Council of Trent,* 154. 이를 언급하면 말하는 Benjamin Drewery, "The

이다. 이런 의미에서 미사는 "그에 의해서 우리가 성부와 화목하게 된 생명을 주시는 희생자(the life-giving victim)를 날마다 사제가 제단에서 제물로 바치는 것"이라고 언급되고 있다.[36]

다섯째로, 이와 연관하여 비성경적인 화체설이 확고하게 자리잡은 것이 문제다. 축성 때 성찬의 요소의 본질이 변한다고 성경은 전혀 가르치지 않는데도 중세 내내 이런 생각에 교회가 사로잡혀 있었다. 그래서 종교개혁 때에 교회의 바빌론 유수라고 루터가 표현한 것은 옳은 일이었다.

여섯째로, 이로부터 나온 문제로 성찬의 떡을 존숭하여 나온 모든 미신들을 언급하지 않을 수 없다. 축성 이후의 그 떡 자체에 대한 오해와 그것이 가져오는 결과를 물질적으로 이해하는 것, 그것에 대해서 절해야 한다고 하여 물질에 경배하는 결과를 낳은 것, 그것을 남겨서 전달하는 것, 행진하는 것 등과 관련된 모든 미신이 다 천주교의 이 '화체설'에서 나왔다고 할 수 있다.

Council of Trent," in *A History of Christian Doctrine,* 409을 보라.

[36] "The Council of Trent, The 22th Session," in *The Canons and Decrees of the Sacred and Oecumenical Council of Trent,* 160.

제10장

중세 신학의 문제들(3): 교회 조직과 관련한 문제들

중세 신학의 심각한 문제 중의 또 하나가 교회에 대한 오해라고 할 수 있다. 교회가 "유기체"이면서 동시에 "조직체"(organization)이기도 하다는 것을 강조하다가 중세 천주교회는 너무 지나치게 나아가 교회를 점차 주로 조직체로 이해하고 그것도 위계를 지닌 조직체(hierarchy)로 이해하는 것이 극단화되었다.

성직자와 평신도 구별의 문제

천주교회에 의하면, 가시적인 교회는 진짜 교회인 '가르치는 교회'(*ecclesia docens*)와 부족한 교회인 '배우는 교회'(또는 '듣는 교회,' *ecclesia Discens* or *ecclesia audiens*)로 구성되었다고 한다.[1] 교회의 속성은 가르치는 교회에 대해서만 적용하려고 한다. 엄격하게 말하면 가르치는 교회가 교회를 구성한다고 한다.[2] 가르치는 교회가 사람들을 말씀과 그리스도에게로 인도한다고

---

[1] Louis Berkhof, *The History of Christian Doctrines* (Grand Rapids: Eerdmans, 1937, 1949, paperback edition, Grand Rapids: Baker, 1975), 235.

[2] 이 점을 지적하는 Berkhof, *The History of Christian Doctrines*, 236을 보라.

한다.[3] 그러므로 그렇게 인도된 배우는 교회 혹 듣는 교회는 가르치는 교회에 의존하며, 오직 파생적 의미에서만 교회의 속성을 부분적으로 가진다고 한다.[4]

가르치는 교회인 참된 교회 안에서 그리스도께서 죄인들을 위해 공로로 얻으신 은혜와 복들의 온전함을 나누어주신다고 한다. 그런 의미에서 가르치는 교회는 '은혜를 나누어 주는 기관'(dispenser of grace)이라고 한다. 그러니 천주교회는 합법적으로 세우신 직원들인 사제들을 통해서만 하나님께서 은혜를 나누어 주신다고 한다.[5] 그러므로 가르치는 교회는 모든 사람들에 대한 은혜의 보고요 분배자이다. 심지어 (그리스도 아래서) 가르치는 교회는 구원의 유일한 중보자(the only Mediator), 배타적인 구원의 기관, 구원하는 방주라는 말도 한다.[6] 그래서 결국 천주교회에 의하면 교회라는 제도의 설립이 논리적으로 교회라는 유기체보다 앞선다. 즉, 눈에 보이는 교회가 보이지 않는 것보다 앞선다.[7] '가르치는 교회'(*ecclesia docens*)는 '배우는 교회'(*ecclesia audiens*)보다 앞서며 훨씬 뛰어난 것이라고 한다.[8]

가르치는 교회를 구성하는 사람들을 성직자라고 하고 그렇지 않은 사람들을 성직자가 아닌 사람이라는 뜻에서 평신도(laymen)라고 하였다. 후에 논의하겠지만,[9] 이는 성경의 가르침에서 벗어난 천주교회의 개념으로, 모

---

3 Berkhof, *The History of Christian Doctrines*, 236

4 Berkhof, *The History of Christian Doctrines*, 235.

5 이 점을 지적하는 Berkhof, *The History of Christian Doctrines*, 235를 보라.

6 이 점을 지적하는 Berkhof, *The History of Christian Doctrines*, 236을 보라.

7 이 점을 지적하는 Berkhof, *The History of Christian Doctrines*, 235를 보라.

8 Berkhof, *The History of Christian Doctrines*, 236.

9 아퀴나스에게도 있는 분류와 그의 생각에 대한 정리로 Knowles, "The Golden Age of Scholasticism," 277-78을 보라.

든 성도들이 하는 일이 다 거룩한 일이라는 것을 저버린 것이고, 모든 성도가 다 왕 같은 제사장이라고 한 성경적 의미를 그 용어와 함께 버린 것이다. 또한 중세 교회는 "선거할 권리를 회중에게서 전부 다 빼앗아 버리고 말았다."[10] 모두 고위 성직자들이 그 휘하의 성직자들을 임명하게 된 것이다.

주교들은 제3 라테란 공의회(1179)에서 주교들이 사제(장로)를 세울 권리가 있다고 규정하였다.[11] 그리하여 소위 참사 회원들(canons)이 사제(장로)와 감독(주교)을 선출하고, 교황과 주교들이 성직과 성직록 수여자(*collatores*)가 되었다.[12] 더구나 중세 말기와 종교 개혁 전야의 성직록 수여에는 다양한 부정이 개입되어 있어 칼빈은 자기 시대의 천주교회 상황을 바라보면서, 아마도 자신이 어릴 때 아버지가 노아용 대성당과 관련한 두 교구에서 성직록을 받게 했었는데 자신이 개신교 신앙을 가지게 된 후인 1534년에 저버린 예도 생각하면서 이렇게 말할 정도였다.

> 단언하지만, 오늘날 교황제도 아래서 주어지는 성직록은 고대 교회가 성직 매매라고 규정했던 그런 성직 매매에 해당되지 않는 경우가 백의 하나도 되지 않는다. 이는 돈으로 사는 것에만 국한되는 것이 아니다. 어떤 사사로운 천거도 거치지 않고 순수하게 성직록을 받은 사람이 20명 중 하나라도 있다면 나에게 보여 달라. 어떤 사람들은 친척이나 인척의 덕으로, 다른 사람들은 부모의 영향으로, 또 다른 사람들은 아첨을 떨면서 자세를 낮추어 호의를 얻어서 높은 자리에 오른다.[13]

---

10 Calvin, *Institutes,* 4. 5. 2.

11 Calvin, *Institutes,* 4. 5. 4, Battles edition, n. 8.

12 이를 언급하는 Calvin, *Institutes,* 4. 5. 2; 4. 5. 6.

4세기 말 로마에서 일반 시민들의 복장이 전반적으로 변했는데 소위 성직자들은 이전에 입던 옷을 그대로 사용하길 원했고, 그 결과 5세기에 성직자들의 독특한 복장제도가 정착되어 이후로는 성직자들과 평신도들의 복장도 완전히 달라졌다.

제2 바티칸 공의회(1962-65)에서 성직자들과 평신도의 구분을 부분적으로 허물어 버렸다는 주장들이 있다.[14] 이는 한편으로는 사실이다. 세례받은 평신도들의 선지자적 기능을 강조했다는 점에서 오콜린스가 잘 말하듯이 오직 "부분적으로" 허물었다는 말이 사실이다. 실질적으로 천주교회는 계속해서 성직자와 평신도를 나누고 그 틀에서 움직여 가기 때문이다. 그

13 Calvin, *Institutes,* 4. 5. 6.

14 이를 강력하게 주장하면서 평신도도 가르치는 교회 안에서의 교사일 수 있다고 하는 (33년 동안 로마의 그레고리안 대학교에서 기초신학과 조직신학을 가르쳤던) Gerald O'Collins, SJ, "Laity as Teachers in the Ecclesia Docens," *Irish Theological Quarterly* 86/3 (2021): 241–53을 보라.

영향력이 커서 심지어 개신교에서도 종교개혁 때에 철저한 종교개혁을 주장한 개혁파에서는 온전히 버려버린 용어인 평신도라는 말을 쓸 정도이니, 천주교에서야 얼마나 더한지 짐작할 수 있다.

성직자들의 위계질서 강조와 그 함의

천주교회가 말하는 성직자들도 점차 계급화되어 강력한 위계질서(hierarchy)를 지닌 일종의 세상적 조직이 되어 갔다. 하나님께 온전히 순종한다는 뜻으로 사용되던 순명(順命, submission, surrender, obedience)이라는 말이 결국은 윗자리에 있는 성직자들에게 온전히 순종해야 한다는 뜻으로 변해 갔다.

이는 성경이 말하는 교회 조직의 의미와 거리가 있는 것일 뿐만 아니라, 그것이 거의 절대적 권력이기에 그 스스로 부패를 가져오는 결과를 낳았다.

먼저, 성경이 말하는 목자 개념이 점점 사라져 가고 장로(elder, presbyter)를 사제(司祭, priest)라고 부르는 일이 일반화되기 시작했다. 점차 사제는 우리들보다 더 높이 있고 하나님께 좀 더 가까이 있는 분으로 인식되었다.

사제가 되기 전에 잠시 부제(副祭, deacon)가 되는 사람들이 있었고, 그는 사제를 보좌하면서 하나님의 백성들 위에서 그들을 지도하는 것으로 언급되기 시작했다. 부제는 신약 성경에 나타난 집사 칭호에 해당하는 것인데, 점차 천주교회는 사제가 되기 전 단계에 있는 분들만을 부제라고 부르면서 일반 성도들이 집사가 될 수 있는 기회를 박탈했다. 이에 대해 후에 칼빈은 다음과 같이 말하기도 하였다: “사제와 부제가 장로와 집사를 대신해서 자리를 꿰차고 앉아서 본연의 일은 전혀 하지 않으면서 무슨 대단한 일이라도 하는 듯이 거들먹거리면서 단순한 사람들을 속여 존경받는 대상이 되려고 한다."[15] 장로는 사제가 독점했고, 부제가 집사의 자리를 차지했으므로 신도들은 장로나 집사가 될 수 없는 것이 되었다. 배우는 교회인 평신도들은 그런 거룩한 직분을 감당하거나 받을 수 없다고 했다.

한 공동체 안에서는 사제인 장로가 제일 높은 분으로 여겨졌고, 다른 지역의 교회와 관련해서는 대개 도시에 있는 강력한 교회의 사제가 더 높은 것으로 여겨져서 점차 그를 감독 또는 주교(bishop)라고 부르기 시작하여 여기서부터 소위 고위 성직자 개념이 나타나기 시작했다. 더 큰 지역의 주교는 대주교(Archbishop)로 칭하는 성경에 없는 직분도 만들어졌다. 이렇게 성경의 가르침과 상관없이 위계질서를 가진 교회를 통제하는 수단으로 교회의 다양한 직분들이 나타났다.

로마에서는 6세기 초에는 또 다른 의미의 '디콘'(deacon)들이 나타났다. 로마의 7 지역에 있는 '디콘'들(the deacons)을 "중요한"(principal), "뛰어난"(eminent), 또는 "더 높은"(superior)이라는 뜻으로 사용되는 "카르디날"(cardinal)이라고 불렀고, 조금 후에는 로마의 교구 교회들의 본당 신부(the senior priest)에 대해서도 이런 칭호를 썼고, 결국 주변 지역의 7 주교 좌의 주교들을 이렇게 부르기 시작했다고 한다.[16]

8세기에 이르러서는 그들의 권한이 더 강해졌고 결국 **769년에 모인 공의회**에서부터는 관례적으로 오직 이들 추기경(樞機卿)만이 피선거권을 가지게 되었다.[17]

그러다 교황 니콜라스 2세(1059 - 61) 거의 마지막 때인 1059년에 **공**

---

15 Calvin, *Institutes,* 4. 5. 5.

16 이에 대해서는 다음을 보라: https://www.britannica.com/topic/cardinal-Roman-Catholicism.

17 https://www.britannica.com/topic/cardinal-Roman-Catholicism.

식적으로 추기경들에게 교황 선출권이 주어져 추기경들이 모여서 자신들 가운데서 교황을 선출하게 되었다. 한동안 이 권한이 특정한 주교들(the cardinal bishops)에게만 주어졌다가 제3차 라테란 공의회(1179)에서 다시 **모든 추기경들에게 주어졌다.** 인노센트 4세(Innocent IV, 1243 - 54) 때인 1244년 혹은 1245년에 그들이 붉은색 옷을 입는 권한이 부여되었고,[18] 그 이후로 붉은색 옷이 추기경의 상징이 되었다. 그러나 칼빈이 잘 논의하고 있는 바와 같이 추기경은 성경적으로나 역사적으로 아무 근거도 없는 직위이다.[19]

교황 제도와 로마 교황권 문제

처음 신약 교회와 고대 교회에도 그렇지 않았었는데, 여러 중요한 교회들의 주교(감독)들이 자신들의 우위성을 주장하는 일들이 있었다. 그중에서도 점차 로마의 주교가 자신의 권세를 강조하기 시작하였다. 점차 강화되던 로마 감독의 권세가 상당히 강화되어 레오 대제(Leo Magnus,c. 400 - 461)라고 불리는 사람이 로마의 감독으로 있을 때에 (이전에 모든 지역의 거의 모든 감독들에게 사용되던 "아버지"라는 뜻의) "파파"(pappas, pope)라는 용어가 오직 로마 감독에게만 사용되기 시작했다.[20] 물론 이를 공식화한 것은 후에 한참 뒤인 11세기에 이루어졌다고 한다.[21]

이와 같이 레오 때부터 로마 감독의 권세를 더 강조해 간 것으로 보인

---

18 https://www.britannica.com/topic/cardinal-Roman-Catholicism.

19 Calvin, *Institutes,* 4. 7. 30.

20 이를 말하는 Isaac Asimov, *The Roman Empire* (Houghton Mifflin: Boston, 1967), 236을 보라. 그래서 레오 때부터 교황이라는 말을 쓰는 사람들도 있다. 그러나 이후에 살펴 볼, 더 엄밀한 역사적 발전을 보아야 한다.

21 John W. O'Malley, *A History of the Popes* (Government Institutes, 2009), xv.

다. 특히 칼케돈 공의회(451) 때 레오의 권위를 인정하여 칼케돈에 모인 감독들이 로마의 정통성과 권위를 증언했다고 한다.[22] 그런데 그 전임자인 셀레스틴도 때때로 교황이라고 불린다.[23] 그러므로 로마 감독의 권한이 점점 강화되다가 셀레스틴(Celestine 1=Caelestinus I, c. 376 - 432, **422-432**년 재위)과 레오(c. 400 - 461, **432-461** 재위) 때에 이르러 로마 감독의 우위성과 권위에 대해 상당히 확고한 입장이 나타났다고 할 수 있다.

533년에 비잔틴의 유스티니안(Justinian) 황제가 다른 대교구좌에 대한 로마 주교(감독)의 우위성을 인정하였다.[24] 그러나 일반적으로 "마지막 교부이고 첫째 교황"이라고 언급되는 인물은 로마 주교의 "본격적 영향력"을 강하게 드러내기 시작한[25] 그레고리 1세이다(540-604, **590-604**년 재위).[26] 그는 처음으로 "최고의 아버지"(*Pontifex maximus*)라는 칭호를 사용한 인물이다.[27] 그레고리는 "사도적 권좌(the apostolic see)의 권위와 동의가 없이는 [공의회에

---

[22] 이를 언급하는 Pelikan, *The Emergence of the Catholic Tradition*, 354를 보라. 그러나 칼빈은 **이에 대해서 강한 의심을 표명하면서** "그 회의의 의사록 어디에서도 그런 말을 읽을 수 없다"고 말한다(Calvin, *Institutes,* 4. 7. 4). 심지어 그레고리 자신이 속은 것이라고 한다.

[23] 예를 들어 Pelikan, *The Emergence of the Catholic Tradition*, 263을 보라.

[24] Berkhof, *The History of Christian Doctrines*, 232.

[25] 이렇게 표현한 오덕교, 『교회 역사를 빛낸 위대한 설교자들』(서울: 좋은 땅, 2021), 76을 보라.

[26] 이 용어는 Pelikan, *The Emergence of the Catholic Tradition*, 349에서 왔다: "last of the church fathers and ***first of the popes.***"

[27] 이 점을 언급하는 Dr. Brendan McGuire (Catholic Historian & Christendom College History Professor), The Medieval Papacy, available at: http://www.cocsermons.net/studies/First_Real_Pope_5E2EF539.pdf. 같은 의견으로 Henry H. Halley, *Halley's Bible Handbook,* 24th edition (Grand Rapids: Zondervan, 1965), 767-78, 771도 보라.

그레고리 자신은 그의 한 편지에서 이렇게 말했다: "사도들의 으뜸(the prince of the apostles)인 베드로를 높여서 고귀한 칼케돈 공의회가 로마 감독에게 (보편적이라는 칭호를) 부여하였음이 분명하다"(*Epistles,* 5. 36 [Pelikan, *The Emergence of the Catholic Tradition*, 352]). 그는 계속해서 말하기를 "거룩한 교회는 사도들의 왕자(the prince of the apostles)와 함께 수립되었다. 그의 마음의 확고함은 그의 이름에 전달되었다."(*Epistles,* 7. 37 [Pelikan, *The Emergence of the Catholic Tra-*

서] 논의되고 결정된 그 어떤 것도 구속력을 가지지 못한다"고 선언하였다.[28] 그는 교부들의 가르침과 전통의 권위를 존중하였지만 로마의 권좌(the see of Rome)가 그 전통을 옹호하는 특별한 책임을 부여받았다고 여겼다.[29] 그러므로 엄격한 의미로 보면,

(천주교회에서는 베드로부터 시작해서 64대 교황이라고 하는) 그레고리 1세부터를 천주교회의 교황이라고 하는 경우가 있다.[30] 이때부터는 서방에서는 "모든 사람이 교황에게 충성을 맹세하도록 되었다."[31] 그래서 서방(천주교회)에서는 교의적 정통이라는 말이 교황의 "거룩한 권좌(the holy see)에 대한 순종"

---

dition, 353]. Cf. *Epistles,* 5. 44 [Pelikan, *The Emergence of the Catholic Tradition*, 354]). 그리스도께서 위임하셨으니 "하나님의 권위로 베드로는 교회 안에서 수위성(principality)을 가진다"(*Moral Discourses on Job,* 26. 26. 45)고 하며, "베드로에게 위임된 교회"라는 말을 자유롭게 한다(*Moral Discourses on Job,* 17. 26. 37 [Pelikan, *The Emergence of the Catholic Tradition*, 353]). 이런 잘못된 주장이 성경에 대한 바르지 못한 주해에 근거해서 하나님의 이름으로 주장되었으니, 후에 자세히 논의하겠지만 이 모든 것을 오직 성경에 근거해서 바로 잡는 것이 개혁자들의 일이었다.

칼빈은 "보편적 감독"(*universalis episcopi*)이라는 칭호(title)에 대해서 그레고리 자신이 "이렇게 부르는 것 자체가 속될 뿐만 아니라, 나아가 불경하고, 더 나아가 적그리스도의 선봉이 된다고 강력하게 항의한다"고 밝히고 있다(*Institutes,* 4. 7. 4).

[28] Gregory Magnus, *Epistles,* 9. 156 (Pelikan, *The Emergence of the Catholic Tradition*, 354).

[29] 이 점을 드러내어 지적하고 있는 Pelikan, *The Emergence of the Catholic Tradition*, 354도 보라.

[30] 이와 비슷하게 제시하는 Pelikan, *The Emergence of the Catholic Tradition,* 352도 보라.
그런데 그레고리는 이 칭호를 주저하면서 받았다고 한다(Berkhof, *The History of Christian Doctrines*, 140).

[31] Pelikan, *The Emergence of the Catholic Tradition,* 356-57.

으로 이해되었다.[32] 에큐메니칼 공의회의 결정도 교황의 재가를 받게 되어 있었고, 교의의 정식화는 결국 처음부터 로마 교황의 권세에 속하는 것이라고 선언되었다. 그 대표적인 예로 은혜 교리에 대해 논하면서도 이에 대해서 "사도적 권좌(the apostolic see)의 글들이면 충분하다"고 하면서 "이 명제들에 어긋나는 것들은 그 어떤 방식으로도 가톨릭 신앙으로 여길 수 없다"고 말하는 프로스퍼의 예를 들 수 있다.[33]

그러나 그레고리 자신은 보편적 감독(Universal Bishop)이라는 칭호(*titulo universalis episcopi*)의 사용을 마지못해 받아들였다고 하면서,[34] 그의 후계자였던 사비니안(Sabinian)이 죽은 606년 2월에서 1년 후인 607년 2월부터 12월까지 로마 주교를 한 보니파티우스 3세(Bonifatius III=Boniface III, 540-607)에게 **607년**에 이 칭호가 사용되었을 때에 그는 이를 주저하지 않았다고 한다.[35] 그러다가 교황이라는 말이 보편적으로 아주 많이 쓰이게 된 것은 649년에 라테란 공의회를 연 **마르틴 1세**(590/600 - 655, **649-655 재위**) 때였다고 할 수 있다.

그 이후로 서방에서는 보편적으로 로마 주교의 영적인 우위성이 인정되었다. 이것이 소위 교황제도(Popery)의 시작이라고 할 수 있다.[36] 이때부

---

[32] Pelikan, *The Emergence of the Catholic Tradition,* 357.

[33] Prosper, *Official Pronouncements of the Apostolic See on Divine Grace and Free Will,* 10 (Pelikan, *The Emergence of the Catholic Tradition,* 357).

[34] 사실 이 칭호를 쓰려고 한 사람은 콘스탄티노플의 요하네스였고, 그레고리우스는 "오히려 이렇게 부르는 것 자체가 속되고, 불경하고, 적그리스도의 선봉이 된다"고 강력히 말했다고 한다 (Calvin, *Institutes,* 4. 7. 4). 또한 Calvin, *Institutes,* 4. 7. 16도 보라.

[35] Berkhof, *The History of Christian Doctrines*, 232. 오덕교 교수님은 보네페이스 3세가 "자신을 지상 교회의 머리라고 선포하고, 모든 교회는 로마에 복종할 것을 명하였다"(『교회 역사를 빛낸 위대한 설교자들』, 76)고 하였다.

[36] 이렇게 지적하여 말하는 Berkhof, *The History of Christian Doctrines*, 232를 보라.

터 로마 교회에 외적이고 가시적인 수장(head)이 있게 되었고, 이것은 곧 교회 안에서의 절대적 군주제로 발전하였다. 그리하여 결과적으로 오늘날까지 천주교회에서 주장하는 대로 교황은 "모든 교회에 대한(over the whole church) 온전하고 지고하며, 보편적 권세"(full, supreme, and universal power)를 가지는데, 이 권세는 교황이 "언제나 방해받지 않고 행사할 수 있다"(always exercise unhindered)고 하기에 이르렀다.[37] 지금도 천주교회는 교황이 "하나님의 제정에 의해서(by divine institution), 목회(the care of souls)에 대한 최고의, 온전한, 직접적이고, 보편적인 권세를 누린다"고 가르친다.[38] 이에 대해서 칼빈은 다음과 같이 평가하였다.

〈마르틴 1세〉

> (교황의 수위권에 대한 주장은) 고대 교회가 점차 부패해 가던 어느 시점에 자리를 잡기 시작해서 갈수록 더 악화되다가 마침내 오늘날과 같은 완전히 기괴한 형태를 취하게 된 것으로서, 그리스도께서 제정하신 제도에 기원을 두고 있지 않을 뿐만 아니라, 우리들이 위에서 살펴본 고대 교회의 관례와도 무관하다.[39]

---

37 *The Catechism of the Catholic Church,* 2nd edition (Libreria Editrice Vaticana, Citta del Vaticano, 1997), Paragraph 882. (p. 234, available at: https://www.kinhle.com/Catechism_of_the_Catholic_Church__2ed_1997__by__United_States_Catholic_Conference.pdf.

38 *The Catechism of the Catholic Church,* Paragraph 937 (p. 246).

39 Calvin, *Institutes,* 4. 6. 1.

그래서 칼빈은 "교황제도 자체가 교회의 질서와 정면으로 배치된다"고 한다.[40]

이것과 함께 천주교회에서는 로마 가톨릭 교회를 이 땅에 있는 하나님 나라로 생각하게 되었고, 로마 주교의 통치는 지상적 왕국(earthly kingdom)이라고 생각하게 되었다.[41] 하나님 나라를 가시적이고 조직된 교회와 동일시한 결과는 엄청났다. 교회만이 하나님 나라라고 했으니, 모든 그리스도인들은 교회를 섬겨야 하는 것이 된다. 교회의 통제 밖에 있는 것은 순전히 세속적인 것이라고 여겨졌고, 그것을 거부하는 것은 영적 경건을 표현하는 것으로 간주되었다. 그리하여 은둔자와 수도사들의 삶이 큰 이상으로 부상되었다.

하나님 나라에 대한 이런 외적 이해로 인해서 교회의 외적인 규례들에 상당한 중요성이 부가되었다. 구원의 복이 이런 교회의 규례들을 통해서 온다는 의식주의가 나타났다. 교회적 의식이 없이는 구원이 불가능하다고 여겨졌다.[42]

그 결과 교회의 세속화가 일어났다. 오덕교 교수님께서 잘 표현한 바와 같이, "교권의 세속권 장악은 교회의 세속화를 가속했고, 이는 교회 생활 전반에 나쁜 영향을 미쳤다."[43] 세상 나라들과 비교하고 경쟁하면서 (하나님 나라로 이해된) 교회가 점점 영혼의 구원보다는 정치적인 것에 집중하게 되었다.[44] 어느 시대든지 교회가 정치, 경제적 문제와 사회적인 것을 더 중요

---

40 Calvin, *Institutes,* 4. 7. 26.

41 Berkhof, *The History of Christian Doctrines*, 232.

42 Berkhof, *The History of Christian Doctrines*, 233.

43 오덕교, 『교회 역사를 빛낸 위대한 설교자들』, 77.

44 이를 지적하는 Berkhof, *The History of Christian Doctrines*, 233을 보라.

시하다 보면 세속화된다는 것이 여기서 가장 전형적으로 나타났다. 교회가 피안(彼岸) 보다는 이 세상을 더 지향하게 되었다. 그 결과 로마 교황이 이 세상 황제의 복속을 요구하였고, 이것이 카놋사의 굴욕 사건을 일으킨 그레고리 7세(Hildebrand)와 그의 후계자들인 이노센트 3세, 보니파키우스 8세에게서 점증하는 열망으로 표현되었다.

트렌트 공의회에서 규정된 천주교의 교회 이해

엄밀하게 시기를 따져 말하면 이는 종교개혁에 대한 논의 후에 이루어져야 한다. 잘 알다시피 트렌트 종교회의(*Concilium Tridentinum*, 1545-1563)는 천주교회에서 19차 공의회라고 주장하는 회의로서, 천주교 입장에서 종교개혁 문제를 처리하기 위해 모인 공의회이고, 결국 종교개혁을 정죄한 공의회이기 때문이다. 그러나 이는 이전부터 있던 천주교회가 믿던 바를 구체적으로 표현한 것이기에 이를 여기서 언급하는 것도 좋다. 트렌트 요리문답에서는 교회를 다음과 같이 정의하고 있다: "눈에 보이지 않는 한 분의 머리이신 그리스도와 로마 교회 주교좌에 있는 베드로의 계승자들은 한 분의 눈에 보이는 머리를 가진, 이제까지 이 땅에 산 모든 신자들 전체."(the body of all the faithful who have lived up to this time on earth, with one invisible head, Christ, and one visible head, the successor of Peter, who occupies the Roman see).[45]

이 정의 가운데 두 가지는 의미가 있다: (1) 교회의 눈에 보이지 않은 머리가 그리스도시라는 것, 그리고 (2) 신자들 전체가 교회라는 것. 그러나 이것이 다른 것들과 합해져서 오염되어 이것이 교회에 대한 잘못된 논의의

---

[45] 이를 인용하고 있는 Berkhof, *The History of Christian Doctrines*, 234를 보라.

출발점이 되고 만다. 교회의 눈에 보이지 않는 머리 외에, 그의 대리자로서 그를 이 땅에서 눈에 보이게 드러내는 "눈에 보이는 머리"(the visible head)가 있다는 것이 근본적으로 이 정의를 망치고 있다. 가시적 머리가 있으면 그것은 참된 교회가 아니기 때문이다. 눈에 보이는 머리 개념을 도입함으로써 이 정의는 앞서 말한 좋은 점 두 가지의 의미를 완전히 손상시키고 있다. 또한 사소한 것으로 "이제까지 산 신실한 자들 전체"라는 말은 그 의도가 무엇인지를 알 수 있으나 이 표현 자체로는 앞으로 살 사람들을 고려하지 않은 듯한 표현이므로 다소 부정확한 표현이라고 할 수 있다.

누구나 벨라르민 추기경(Cardinal Bellarmine, 1543-1621)이 천주교 교회 이해를 당대로는 가장 잘 표현한 추기경이라고 한다.[46] 그도 교회는 "같은 기독교 신앙고백과 같은 성례의 사용과 합법적 목자들의 통치와 근원적으로 이 땅에 있는 '그리스도의 대리자'인 로마 교황(the Roman Pontiff)의 통치 아래 있는 사람들 전체"라고 한다.[47] 온건해 보이는 이 정의의 두 번째 항목은 학습 교인들과 출교된 사람들을 다 배제하는 것이며, 로마 교황에게 순종해야 한다는 셋째 항목은 동방교회 그리스도인들을 포함한 모든 분파주의자들(all

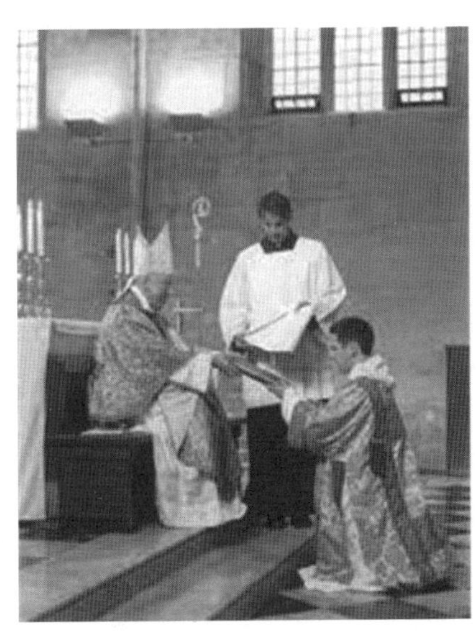

[46] Cf. Berkhof, *The History of Christian Doctrines*, 234.

[47] Berkhof, *The History of Christian Doctrines*, 234.

schismatics)을 교회에서 배제시키는[48] 강한 규정이다. 그러나 그는 교황의 권력이 현세에만 미친다고 하였다.[49] 즉, 교황이 연옥이나 다른 영역에 그 힘을 미칠 수 없다는 것은 인정한 것이다. 그러나 현세의 문제들에 대해서는 교황권의 절대성을 말하였다.

---

48 이 점을 강조하는 Berkhof, *The History of Christian Doctrines*, 234를 보라.

49 R. Buick Knox, "The History of Doctrine in the Seventeenth Century," in *A History of Christian Doctrine,* ed., Hubert Cunliffe-Jones (Edinburgh: T &T Clark, 1978, reprinted, Philadelphia: Fortress Press, 1980), 427.

제11장

중세 신학의 문제들(4): "성경과 전통"과 관련한 문제들
마리아론, 상(像) 문제, 혼배성사, 고해제도, 성호 사용의 문제

마리아론(Mariology)

중세에도 마리아에 대한 존숭이 점점 심해져 갔다. 중세 초기에는 예수님의 할례 때, 주현절, 그리고 정결례 행할 때를 중심으로 마리아에 대한 의식적 기념이 있었으나 일련의 헬라 교황들(Greek popes)이 등극한 것과 특히 페르시아와 무슬림의 침입 때문에 피신해 온 동방 그리스도인들의 영향 때문에,[1] 동방 교회에서 마리아를 존숭하던 것(the Greek Marial devotion)이 서방 교회에도 영향을 미쳐서 수태고지일(3월 25일), 마리아의 생일(9월 8일)도 기념되기 시작하였고, 승천에 대한 생각이 심화되면서 점점 성경에 없는 것들에 대한 생각이 나타나기 시작하였다. 중세 초기에 처음에는 오직 마리아의 영혼이 하나님 면전으로 간 것을 기념하기 시작했었는데,[2] 점차 마리

[1] 이 점을 잘 지적하는 David Knowles, "From Charlemagne to the Eleventh Century," in *A History of Christian Doctrine,* ed., Hubert Cunliffe-Jones (Edinburgh: T &T Clark, 1978, reprinted, Philadelphia: Fortress Press, 1980), 254를 보라.

[2] 이 점을 잘 지적하는 David Knowles, "From Gregory the Great to Charlemagne," in *A History of Christian Doctrine,* ed., Hubert Cunliffe-Jones (Edinburgh: T &T Clark, 1978, reprinted, Philadelphia: Fortress Press, 1980), 234를 보라.

아의 몸의 승천에 대한 생각까지 나타났다.[3] 이는 600년 동방의 모리스 황제 때에 거의 확립되었다고 한다.[4] 에베소 가까이에 있는 코레소스 산에 있는 요한이 마리아를 모신 집이라고 알려진 집(마리아의 집, Meryemana Evi or Meryem Ana Evi)에서 마리아의 승천이 났다고 하는 전승이 있다.

결국에는 8월 15일을 성모승천 기념일로 기념하기 시작했다.[5] 이것이 천주교회의 공식적 교의가 된 것은 **비오 12세**(**Pius XII**, 1876 - 1958, 1939년부터 재위)가 1950년 11월 1일에 선언한 교서[apostolic constitution *Munificentissimus Deus*]를 통해서이다.[6] 여기서 그는 다음과 같이 선언했다.

우리들은 무흠한 하나님의 어머니, 영원히

---

3 이를 묘사하는 묵시문학적 문서들이 의심받았다는 말을 하는 Knowles, "From Charlemagne to the Eleventh Century," 254를 보라.

4 Cf. https://en.wikipedia.org/wiki/Assumption_of_Mary. 에베소에 있는 마리아의 무덤을 열어 보니 시체가 없었기에 몸의 승천에 대한 확신을 가지게 되었다는 말을 기록하는 크리소스톰의 말도 참고하라.

5 Knowles, "From Charlemagne to the Eleventh Century," 254.

6 그는 이것이 성경적이라고(based upon the Sacred Writings as their ultimate foundation) 주장했지만 그 근거를 제시하지는 않았는데 그를 보좌하는 분 중의 하나인 쥬기 신부(one senior advisor, Father Jugie)는 계시록 12:1-2을 언급하였다고 한다. 이런 데서 천주교의 주장이 자의적 해석에 근거한 것임이 잘 드러난다.

동정이신 마리아가 이 세상에서의 삶을 마쳤을 때에 몸과 영혼이 하늘 영광으로 취하여지셨다는 것이 하나님에 의해 계시된 교의라고 선포하고 규정한다.[7]

그러면서 그녀의 존재의 시초부터 원죄가 영향을 미치지 못했다는 소위 무염수태설(the Immaculate Conception)이 11세기에 나타나기 시작했다.[8] 심지어 영국에서도 12월 8일이나 9일에 기념되던 이것은 처음에는 교의적 배경이 없이 원죄에 대한 고려 없이 그냥 기념되다가 후에 교리화된 것이다.[9] 이것은 노르만의 침입(the Norman Conquest)으로 수그러들었다가 켄터베리의 안셀름의 조카로, 로마의 세인트 사바스(St. Sabas)의 수도원장이었다가 1121년에 버리 세인트 에드먼드(Bury St. Edmund's) 수도원장이 된 조카 안셀름(† 1148)에 의해 12세기에 재도입되었다고 한다. 트렌트 공의회에서 마리아는 원죄가 없게 태어났다는 것이 아주 명백히 선언되었다.[10] (이것은 1854년 교황 **비오 9세**[**Pope Pius IX**, 1792-1878,

[7] William J. Collinge, *Historical Dictionary of Catholicism,* 2nd edition (Lanham, MD: Scarecrow Press, 2012), 53에서 재인용: "We proclaim and define it to be a dogma revealed by God that the immaculate Mother of God, Mary ever virgin, when the course of her earthly life was finished, was taken up body and soul into the glory of heaven."

[8] Knowles, "From Charlemagne to the Eleventh Century," 255.

[9] Knowles, "From Charlemagne to the Eleventh Century," 255.

[10] 트렌트 종교회의 제 5회기 원죄에 대한 규정 중에서. 이를 인용하여 언급하는 Benjamin Drewery, "The Council of Trent," in *A History of Christian Doctrine,* 406을 보라.

1846년부터 재위]의 칙서인 〈이루 말할 수 없으신 하나님〉[*Ineffabilis Deus*]에 의해 천주교의 공식적 교의로 선언되었다.)[11]

마리아에 대해서 존숭하는 마음을 계속 가졌던 **버나드**(St. Bernard)는 그녀의 무염수태라는 새로운 가르침에 대해서는 강하게 비판하였다.[12] 그런데 버나드가 이를 반대한 것은 이는 수태 자체가 죄된 것이기에 기념될 수 있는 성격의 것이 아니라는 다른 생각 때문이었다고 한다.[13] 후에는 마리아에게 원죄가 없다면 그녀는 그리스도의 속죄가 불필요한 것이 아닌가하는 반론도 나타났다.

13세기에 아퀴나스는 원죄를 죄된 질(a sinful quality)의 전이(transmission)에서 찾지 말고 "은혜의 결여"에서 찾아야 한다고 하면서 이 문제를 해결했다고 선언했다. 그러나 이에 대해서 여러 번 생각을 바꾸어 결국은 무염수태를 반대하고, 단지 **마리아의 영혼은 창조되자마자 성화되었다고 선언**하였다.[14]

후에 둔스 스코투스는 그리스도의 공로를 미리 보면서 이런 미리 보여진 그리스도의 공로에 근거해서 마리아는 원죄가 있지 않게 되었다고 했다.[15]

---

11 Collinge, *Historical Dictionary of Catholicism*, 209.

12 Knowles, "From Charlemagne to the Eleventh Century," 255.

13 이를 지적하는 Knowles, "From Charlemagne to the Eleventh Century," 255를 보라.

14 Knowles, "From Charlemagne to the Eleventh Century," 256.

15 Knowles, "From Charlemagne to the Eleventh Century," 256.

심지어 중세 후기의 **가브리엘 비엘**(c. 1420/25-95)의 설교에도 마리아에 대한 강한 관심(a Mariological interest)이 나타나고 있다.[16]

GABRIEL BIEL PROFESSOR TVBINGENSIS.

GAbriel Biel uir in diuinis ſcripturis eruditus & in humanioribus literis doctiſsimus fuit. Cum itaq; eius tempore, anno Chriſti 1476. Eberhardus comes inclytus Vuirtenbergenſis Tubingæ Academiam fundaſſet, atq; multis priuilegijs ornaſſet, Gabriel ille inter primos profeſſores ibidem extitit, atq; ſua eruditione eãdem plurimùm illuſtrauit. Fuit itaq; apud comitem cum in magna exiſtimatione. ſcripſit is inter alia in Canonē Miſſæ, atq; in Paſsionem Domini, cum alijs. Cum aũt longo tempore ſacras literas ipſamq; philoſophiã Tubingæ magno auditorum concurſu profeſſus eſſet, atq; tandem ordinem eorum, qui ſe fratres in communi uiuẽtes appellant, ſuſcepiſſet, uitam cum morte commutauit. Trit.

상(像) 문제

상에 대한 문제는 중세 교회의 가장 큰 문제의 하나라고 할 수 있다. 구약 시대에 철저히 금지되었던 것 때문에 가이사랴의 유세비우스(Eusebius of Caesarea) 같이 엄격한 사람들은 계속해서 하나님이나 예수님의 상을 만드는 것이나 십자가를 만드는 것을 반대해 왔다.[17] 그러나 대부분의 사람들은 이 문제에 대해 별로 신경을 쓰지 않았다. 점차 십자가나 상(像)이나 심지어 마리아상(像)에도 존경을 표시하기도 하고 심지어 제의적으로 사용하는 일이 나타났다. 중세 초기에는 서방에서는 이에 대한 미신이 덜했으나 동방, 특히 콘스탄티노플과 여러 수도원들에서는 아이콘에 대한 존숭과 미신이 매우 많았다.[18]

그러다 시리아 사람으로 지칭되는 황제 레오 3세(Leo III the Isaurian, 717-741 재위)가 "726년에 상에 대한 제의를 다 폐지하고 모두 부수라고" 명하였다.[19] 그 이유는 그가 시리아 사람이므로 구약 준수에 근거해서 과거로부

---

16 이 점을 지적하는 E. Gordon Rupp, "Christian Doctrine from 1350 to the Eve of the Reformation," in *A History of Christian Doctrine,* 302.

17 이를 지적하는 Knowles, "From Gregory the Great to Charlemagne," 234를 보라.

18 이를 지적하는 Knowles, "From Gregory the Great to Charlemagne," 235를 보라.

19 Knowles, "From Gregory the Great to Charlemagne," 235.

터 이런 것을 싫어했다는 것부터 이슬람의 영향에 이르기까지 다양하게 추론되나 정확한 것을 알 수는 없다. 이에 대해서 그레고리 2세(715-31)와 그레고리 3세(731-51) 교황들이 강력하게 저항하였고, 특히 그레고리 3세는 731년에 93명의 감독들과 공의회를 열어서 상 숭배를 허용하던 이전의 전통을 확언하면서 그에 따르지 않는 사람들에게는 저주가 있을 것이라고 선언하였다.[20] 그러자 황제는 시실리와 이탈리아 남부의 교황의 영지를 몰수하고 그때까지 서방에 속한 것으로 여겨졌던 발칸 반도와 그리스를 콘스탄티노플 교구에 속하게 하였다. 급기야 "754년에 동방 감독들이 칼케돈 근처에서 공의회를 열어서 상(像)의 생산과 소유와 존중을 정죄하였다."[21]

30년 후에 "상을 존중하는"(iconodule) **이레네(Irene) 황비**(Εἰρήνη, 750/756 - 803)는[22] 교황 아드리안 I세 (Adrian I)와 의논하여 니케아에서 공의회를 열고(소위 제7차 에큐메니칼 공의회, 787) 상(像)의 적법성과 가치를 선언하면서 상에 대한 "예의 표현과 제의"(cult, *dulia*)와 오직 하나님께만 드릴 수 있는 "경

---

20 Knowles, "From Gregory the Great to Charlemagne," 235.

21 Knowles, "From Gregory the Great to Charlemagne," 235.

22 그녀는 동로마 제국 황제였던 레오 4세의 황비였고(775 to 780), 아들 콘스탄틴 6세(Constantine VI)가 어릴 때 10년 동안 섭정이었고(780-790), 그후에 아들과 함께 통치했고(co-ruler, 792-797) 그 후에는 잠시 홀로 통치하는 여황제(empress regnant and sole ruler of the Eastern Roman Empire, 797-802)이기도 했다. Cf. https://en.wikipedia.org/wiki/Irene_of_Athens. 그래서 "최초의 여황제"(the first female emperor)라고 언급되기도 한다.

배"(*latria*, adoration)를 구별하려고 하였다.[23] 성상(聖像)에게는 경배하는 것이 아니라 그저 예의를 표하는 것이고, 그 상을 통해 그 너머에 계신 하나님을 경배하는 것이라고 한 것이다. 얼마 후에 이를 뒤집는 일이 잠시 있기는 했지만(814-43), 결국 이런 입장이 확립되어 중세 내내 계속되었다.[24]

이렇게 서방 교회에서 상이 허용되는 일이 더 확고하게 된 데에는 피핀(Pippin)과 그의 아들 샤를마뉴(Charlemagne)의 프랑크 왕국의 성장이 한몫한다.[25] 이탈리아 북부까지로 그 영토를 확장한 샤를마뉴는 당대의 걸출한 학자들을 주변에 모으고 일종의 문예부흥을 꾀했다. 그중에 오를레앙의 감독이었던 스페인 사람 떼오둘프(Theodulf)도 있었고, 앵글로-색슨 사람인 욕크의 알퀸(Alcuimn of York, 730-804)도 있었다. 788년에 샤를마뉴 대제는 성상 사용을 허용하는 니케아 공의회(787)의 결정 사항에 대한 라틴어 번역본을 받고서 떼오둘프와 알퀸 등에게 의견을 내라고 한다. 그래서 나온방대하고 놀라운 **〈카롤링거 책〉**(***Libri Carolini***)에서 성상에 대해 예의를 표하는 것("상대적 경배")도 옳지 않다고 하였다.[26] 그렇게 예의를 표하는 것도 대부분의 그리스도인들이 지성적으로 용인하지 않는 것이라고 하였다. 그래서 성상 앞

23 Knowles, "From Gregory the Great to Charlemagne," 235. 이 두 단어의 번역을 정확히 해야 의미가 살아난다. 후에 칼빈은 "라트레이아"와 "둘레이아"가 결국 같은 것임을 지적하면서 이 둘을 구별하는 것은 무의미하다고 논의한다(Calvin, *Institutes,* 1. 11. 11).

24 이를 잘 밝히는 Knowles, "From Gregory the Great to Charlemagne," 235를 보라.

25 이 점을 지적하는 Knowles, "From Gregory the Great to Charlemagne," 235를 보라.

26 이를 잘 말하는 Knowles, "From Gregory the Great to Charlemagne," 236을 보라.

에 촛불을 켜거나 향을 피우는 것은 옳지 않으니 금해야 한다고 하였다. 이런 것을 하지 않는다면 인물이나 사건들에 대한 예술적 표현 자체는 허용될 수 있다고 했다.

교황 하드리안(**Pope Adrian I=Hadrianus I**, 772-795 재위)은 이에 반대하는 입장이어서 성상 숭배를 비판하는 프랑크 왕국의 이전의 논의들에 대해서 강하게 반박했기에 이 책은 하드리안 교황에게 보내지지 않았다고 한다.[27] 프랑크 왕국은 제4차 콘스탄티노플 공의회(869)까지는 알퀸의 이런 입장에 굳건히 서 있었다.[28] 그러나 콘스탄티노플 공의회(869)에서 다시 니케아에서 열렸던 공의회(787)의 입장을 확언하면서 성상 사용이 일반화되었다.

혼배 성사의 문제

물론 믿는 사람들은 교회 안에서 성직자의 주례로 혼인하는 것이 일반화되었지만 처음 1,000년 동안은 혼인에 있어서 성직자가 집례하는지의 여부가 혼인의 적법성과 타당성의 강제적 근거로 작용하지 않았다고 한다.[29] 그러나 중세 기간 동안에 교회의 축복을 받는 것이 강화되었다. 그런데 오직

---

27 Cf. https://en.wikipedia.org/wiki/Libri_Carolini.

28 이 점을 잘 언급한 Knowles, "From Gregory the Great to Charlemagne," 236을 보라. 만일 이 입장에 굳건히 서 있었더라면 서방 교회가 이 점에서는 훨씬 건전해졌을 것이다.

29 이렇게 주장하는 Knowles, "The First Century of Scholastic Theology, c. 1050-c. 1200," 262-63을 보라.

트렌트 공의회 때에 이르러서야 비밀 혼인이 무효이며 적법성이 없다고 선언되었고, 약혼식은 반드시 해야 하는 것은 아닌 것으로 선언되었다고 한다.[30]

결국 천주교회에서는 혼인식도 7 성사(sacraments)의 하나라고 선언되었으며(프로렌스 공의회, 1439),[31] 따라서 미사로 집례하도록 되었고, 미사의 문제에 더불어서 여기 포함된 여러 요소들이 문제를 야기하게 되었다.

고해 제도

오리겐과 터툴리안 때부터 심각한 죄들에 대해서 공적인 죄 고백(Public penance)을 하고 그를 통해서 회복되는 일들에 대한 언급이 있었다. 그러다가 소위 사순절(Lent) 제도가 나타나면서 계속해서 죄를 참회하다가 사순절이 마칠 때 감독이 사죄를 선언하는 일이 매년 반복되었다. 이를 천국 열쇠의 권한을 사용하는 것이라고 생각했다.[32] 공적인 참회 전에 개인적으로 죄를 고백하는 것을 허용하고, 고해를 받고 죄 용서를 선언하는 권한을 감독으로부터 사제들에게로 위임하는 일들이 곳곳에서 일어났으나 그렇게 큰 영향력은 없었다.[33]

그런데 특히 수도원에 같이 살면서 영적 생활의 지도를 받을 때 수도원장(abbot)이나 그 집단의 장(master)에게 날마다 잘못을 고하고, 그에 따라 일

---

30 Knowles, "The First Century of Scholastic Theology, c. 1050-c. 1200," 263.

31 Berkhof, *The History of Christian Doctrines,* 243; David Knowles, "The First Century of Scholastic Theology, c. 1050-c. 1200," in *A History of Christian Doctrine,* ed., Hubert Cunliffe-Jones (Edinburgh: T &T Clark, 1978, reprinted, Philadelphia: Fortress Press, 1980), 262.

32 Cf. Knowles, "From Gregory the Great to Charlemagne," 238.

33 Knowles, "From Gregory the Great to Charlemagne," 238.

정한 벌을 부과받고 수행한 후에 죄 용서를 선언받는 일이 일상화되면서 후에 고해 제도의 모든 요소들이 형성되었다.[34] 사소한 잘못에 대한 고백이 주어졌지만 처음에는 후대와 같은 성례전적 사죄 개념이 있지 않았다. 그와 비슷하게 동방 교회에서도 수도자들과 지도자 사이에 죄 고백이 있게 되었고 점차 날마다 사적으로 고백하는 일이 도입되었다.[35]

6세기에 켈틱 수도원들에서 이런 것이 좀 더 규정되기 시작했고 그에 대한 문서들이 나타나기 시작했다. 구체적인 죄들에 대해서 과연 어떤 벌을 부과해야 하는지가 언급되고 기록되기 시작한 것이다. 아이오나 섬에서 시작된 이런 일은 이곳 출신의 수도사들이 가는 곳마다 전파되었고, 노덤브리아(Nothumbria)에도[36] 그리고 그 밖에 지역의 수도원들과 교회들에 널리 퍼져 나갔다. 동방 교회의 전통에 익숙했던 희랍 수도사였던 떼오도르 대감독은 이런 사적 고해 제도를 공식적으로 일반 성도들에게도 적용했고 그의 결정이 떼오도르 고해제도(the so - called Theodore Penitential)에 남아 있다. 베데(Bede, 674-735)와 에그베르트(Egbert) 대감독은 이를 인정하였고, 윌리브로드(Willibrod)와 보니페이스(Boniface)에 의해 프리시아(Frisia)와 독일에 이 제도가 전파되었다.[37]

샤를마뉴의 궁정에서 옛적의 관례를 회복해서 심각한 죄에 대해서는 공개적 고백을 회복하려는 시도가 있었으나 이것은 큰 교구에서도 실행이 어려웠고, 작은 마을들에서도 실제로 시행되기는 어려워서 결국 새로운 제도가 정착되었다. 수도원에서는 주간마다 혹은 날마다 하는 고해가 일반적인

---

34 특히 이 점을 강조하는 Knowles, "From Gregory the Great to Charlemagne," 239를 보라.

35 Knowles, "From Gregory the Great to Charlemagne," 239.

36 이를 말하는 Knowles, "From Gregory the Great to Charlemagne," 239를 보라.

37 Knowles, "From Gregory the Great to Charlemagne," 239.

것이 되었고, **메츠의 크로데강**(**Chrodegang of Metz**, Chrodogangus=Hruotgang, 742/48-766 재위)은 성직자를 위한 규범에 이를 넣어 제시하였다.[38]

10세기에는 4번의 큰 절기를 앞두고 성찬에 참여하기 전에 고해하는 것이 성도들의 관례가 되었다.[39] 이는 곧 남부 고울 지역과 이탈리아로 번져갔다. 그래서 서방에서는 1100년경에 일반적으로 고해 제도가 전반적으로 실천되고 있었다고 한다.[40] 그러나 이때까지도 이를 명확히 규정하는 신학이나 교리가 확정되어 있지는 않았다고 한다. 특히 이 권한은 감독이 사제에게 영속적으로 위임한 것인가, 아니면 단지 허용해준 것인가, 참으로 통회하는 자에게 그저 사죄를 선언할 수 있는가, 죄 고백 없이 사죄가 주어질 수 있는가 등의 문제가 제대로 논의되지 않았다는 것이다.

이런 상황에서 **피터 롬바르드**는 사죄 선언(absolution)이 주어지려면 죄 고백(confession), 통회(contrition), 그리고 만족(satisfaction)의 세 요소가 필요하다고 규정

---

38 Knowles, "From Gregory the Great to Charlemagne," 239.

39 Knowles, "From Gregory the Great to Charlemagne," 239.

40 David Knowles, "The First Century of Scholastic Theology, c. 1050-c. 1200," in *A History of Christian Doctrine,* ed., Hubert Cunliffe-Jones (Ediburgh: T &T Clark, 1978, reprinted, Philadelphia: Fortress Press, 1980), 262.

했다.[41] 이것이 중세적 고해 제도의 토대가 되었다고 할 수 있다.

이렇게 일반적으로 하던 것을 공식적으로 교회법으로 만든 것이 〈제4차 라테란 공의회〉(1215)의 21장의 〈고해에 대한 교령〉(*Omnibus utriusque sexus*)이다.[42] 교회의 회원들은 교구 신부에게 적어도 1년에 한 번은 참으로 통회하면서 고해해야 한다고 하였고, 이것을 관장하는 것이 목회하는 사람의 기본적 의무라고 하였다.

면벌(免罰)부 문제

고해 제도와 밀접히 관련된 것으로 면벌(免罰)부 문제를 언급하지 않을 수 없다.[43] 물론 오늘날은 이것이 폐지되었으나 기본적으로 중세에는 면벌부 발행과 구입이 매우 중요한 종교적 제도였다고 할 수 있다. 10세기에 남부 프랑스나 스페인 북부에서는 개인의 죄가 어떤 것인지는 별 상관없이 순례(pilgrimage), 특히 (이제는 산티아고 순례길로 아주 유명해진) 스페인 갈리시아에 있는 **콤포스텔라 성당**(***Catedral Basilica de Santiago de Compostela***)의 성 야고보(*Santiago*) 기념 성지(the shrine of St. James)로 순례하는 것에 죄를 사하는 가치를 부여하는 일이 많았다.[44] 이 순례를 마치고 오면 수일이나 수년 동안의 참회를 한 것과 같이 여기고 그런 선언을 하였다.

---

41 이를 언급하는 Knowles, "The First Century of Scholastic Theology, c. 1050-c. 1200," 262를 보라.

42 Knowles, "From Gregory the Great to Charlemagne," 240; Knowles, "The First Century of Scholastic Theology, c. 1050-c. 1200," 262.

43 이 둘의 연관성을 지적하는 또 다른 예로 Knowles, "From Gregory the Great to Charlemagne," 240도 보라.

44 이를 지적하는 Knowles, "From Gregory the Great to Charlemagne," 240을 보라.

〈야고보(Santiago) 기념 성지(the shrine of St. James)〉

그래서 예를 들어 "40일 동안의 참된 면벌" 같은 용어가 나왔고, 이 말이 죽은 뒤에 연옥에서 있을 기간 중 40일을 면해 주는 것이라고 오해하는 일도 발생했다. 심지어 **우르바노 2세**(**Urban II=Urbanus II**, c. 1035 - 1099, 1088년부터 재위)는 1095년에 십자군을 모집하면서 십자군으로 가는 사람들에게 현세에서 받을 형벌을 완전히 사면한다는 홍보도 하였다.[45] 그래서 실수로 사람을 죽인 죄에 대해서 오랫동안 고행을 하면서 죗값을 치르던 것을 십자군에 지원하고 그 일을 마치는 것으로 대신할 수 있게 되었다.[46]

이때부터 교황이 면벌을 공적으로 선언하는 일이 일반화되었고, 주교들은 40일 이상의 면벌을 하지 못하게 하고 가끔만 면

45 이를 지적하는 Knowles, "From Gregory the Great to Charlemagne," 240을 보라.

46 Cf. Benjamin Drewery, "Martin Luther," in *A History of Christian Doctrine,* 318.

벌을 하도록 했다.

이런 배경에서 아시시의 프란시스가 그의 **포르지운콜라**(Porziuncola) **대성당**과 관련하여 완전 사면권을 받은 것이나, 후대의 교황들이 로마 희년 동안에 순례자들에게 '완전 사면 증서'를 준 것이 얼마나 놀라운 것인가가 잘 드러난다.

〈포르지운콜라(Porziuncola) 대성당〉

이런 면벌은 그리스도를 땅에서 대리하는 자가 교회의 중보적 공덕을 특정한 사람에게 줄 수 있다는 생각에서 나온 것이다. 교회가 거룩하고 신비한 그리스도의 몸이라고 생각하는 바른 생각과 이 땅에 그리스도의 대리자가 있을 수 있다는 잘못된 생각과 교회가 공로(merit)를 가질 수 있다는 잘못된 생각이 합쳐져서 나온 매우 이상한 종교적 실천이다. 면벌은 본래 죄의 죄책은 없애지 못하는 것으로 되어 있으나[47] 일반적인 용어의 사용과 홍보에서는 완전 사면은 죄의 죄책과 형벌을 모두 면하게 하는 것이라고들 했다.

[47] 이 점을 잘 지적하는 Knowles, "The Middle Ages: 604-1350," 241을 보라.

11세기부터는 일반인들의 마음속에 심지어 면벌부가 기계적인 면벌과 죄책의 제거를 가져오는 것으로 생각하는 일도 많았다.

이것이 공식화된 일의 시작은 **클레멘트 6세**(**Clement VI**=Clemens VI, 1291 - 1352, 1342년부터 재위)가 1343년에 내린 "우니게니투스"(*Unigenitus*)라는 교황의 칙령(Bull)이었다. 이 칙령에서 베드로와 그 계승자들을 통하여 전투하는 교회(the Church militant), 즉 이 땅에 있는 교회를 위해 구속의 굉장한 보화를 가지고 있다는 교황의 주장을 하였다.[48]

클레멘트 6세(Clement VI)

식스투스 4세(Sixtus IV)

그러다 교황 **식스투스 4세**(**Sixtus IV, 1414-1484**, 1471년부터 재위)는 그의 칙령인 "우리들의 구원자"(*Salvator Noster*, 1476)에서 그 보호를 연옥에 있는 영혼들에까지 적용할 수 있다고 확대하였다.[49] 이제 살아 있는 사람들이 연옥에 있는 영혼들을 위해 면벌부를 사면 그들이 연옥에 있는 기간을 단축시키거나 종료시켜서 곧바로 "하늘(낙원)"에 가게 할 수 있다고 주장된 것이다. 죄책과 형벌에 대한 구별은 다 사라지고 (좋은 목적을 위해) 돈을 지불하는

---

48 Drewery, "Martin Luther," 318.

것으로 연옥의 고통을 단축시킬 수 있게 된 것이다.

왕, 추기경, 주교, 부유한 사람들은 면벌부를 사기 위해 금화 23길더를 내야 했다.[50] 1길더는 목수의 2주치 급여였다. 따라서 23길더는 목수가 46주를 일해서 번 돈 정도다. 가난한 사람은 금화 반 길더를 내야 했는데, 이는 일주일 노동급여였다. 더 가난한 사람들은 기도나 금식 등을 통해서 면벌부 가격을 대체할 수 있었다고도 한다.[51]

성호(聖號) 사용의 문제

성호(聖號)를 사용하는 것도 고대 교회로부터 받아들여 중세 교회가 아무 생각 없이 그대로 사용하거나 잘못된 방향으로 더 발전시킨

것의 하나이다. 십자가 형태로 성호를 긋는 것은 다양하게 사용되었다. 대개 대화 중에 하나님의 이름을 말하거나 하나님과 깊이 관련된 것을 언급하면 그렇게 하는 자신과 다른 분들이 성호를 그었다.

---

49 Drewery, "Martin Luther," 318.

50 라인하르트 슈바르츠, 『라인하르트 슈바르츠의 루터』, 정병식 역 (서울: 한국신학연구소, 2007), 96.

51 우병훈, 『처음 만나는 루터』, 39.

아시시의 프란시스(c. 1181 - 1226)가 성경 위에 성호를 긋고 그것을 폈더니 세 곳의 복음서 말씀이 그의 상황에 매우 적절한 말씀이어서[52] 그에 따라 행했다는 전설적 이야기는 아주 널리 알려진 이야기다. 이와 같은 성호의 사용은 모두 성경에 없는 것을 고대 관심에 따라 행하는 미신의 하나라고 해야 한다.

문제의 근원: 성경과 전통

이 모든 것은 중세 교회의 독특한 "성경과 전통에 대한 입장"에서 나온 것이다. 중세 전체가 이런 입장을 가졌지만 특히 트렌트 공의회 제4회기에서 이 문제를 아주 명료하게 다루었다. 이때 성경과 전통은 "같은 경건과 존중으로" 받고 존중한다고 선언하고, 성경을 언급하면서 성경에 속하는 것들에 외경도 포함시켰으며, 라틴 벌게이트를 공인된 역본으로 지칭하여 최고의 권위를 부여하였다. 그리고 "성경의 참된 의미를 판단하고 해석"하는 것은 "거룩한 어머니 교회"의 특권이라고 선언하여, 그 어떤 개인도 교회 또는 "교부들의 의견의 일치"에 반박할 수 없다고 하였다.[53] 이는 결국 "천주교회가 전통의 유일한 보호자이고, 성경을 유일하게 해석할 수 있다"고 선

[52] 나는 이에 대한 언급을 Pelikan, *The Emergence of the Catholic Tradition*, 162로부터 인용하고 있음을 밝힌다.

[53] 이를 잘 정리하여 제시한 Benjamin Drewery, "The Council of Trent," in *A History of Christian Doctrine,* 404를 보라.

언한 것이다.[54] 이로써 가장 먼저 언급했던 "모든 구원하는 진리와 도덕적 치리의 원천은 복음이다"는 선언을 무색하게 하였다. 사실 이 표현 자체가 복음을 강조하는 개혁자들의 주장에 반해서 오히려 중세 교회 자체가 복음의 옹호자이며 트렌트 종교회의가 복음의 순수성을 드러내기 위해 모인 것이라는 것을 드러내기 위한 매우 의도적인 선언이었으나,[55] 결국 그들이 생각하는 복음이 개혁자들이 말하는 복음과 상당히 다름을 드러낸 것이다. 종국적으로 보면, 성경과 전통을 똑같이 존중한다는 이런 입장에서 위에서 언급한 모든 비성경적인 것들을 용인하는 문제가 발생한 것이다. 그러므로 성경과 전통이 거의 동등한 권위를 지닌 것으로 선언되는 것이 문제의 근원이라고 할 수 있다.

이와 연관된 또 하나의 문제가 중세 성경 해석의 심각한 문제이다. 여기서는 에스겔서 해석의 예만을 가지고 이 문제를 잠시 생각해 보도록 한다.[56] 처음으로 에스더서에 대한 가장 온전한 주석을 낸 **라바누스 마우루스**(**Rhabanus Maurus**, c. 780 - 856)는 알레고리적 해석을 폭 넓게 사용하였다.[57] 그래서 아하수에로의 궁전에 처녀들이 모이는 것을 복음 아래 만국이 모이

---

54 Drewery, "The Council of Trent," 405. 그러나 이를 말한 후에 성경과 전통을 대립시키고 성경에만 신적 권위를 부여하는 개혁자들의 입장은 "이론적으로 잘못된 것이고 실제에 있어서도 실행 불가능하다"고 논의하는 것(405)은 매우 안타까운 일이다.

55 이 점을 잘 지적하는 Drewery, "The Council of Trent," 404를 보라.

56 이하 두 문단은 에즈버리 신학교 출신(1985-1988)으로, 시키고 대학교에서 다니엘서에 대한 논문으로 박사학위를 하고(1988-1995), 현재는 벧엘 신학교 구약학 부교수인 Anthony Tomasino, *Esther,* Evangelical Exegetical Commentary (Bellingham, WA: Lexham Press, 2016), 113f.에 많이 의존하였음을 밝힌다.

57 마우루스의 사망연도를 주후 836으로 제시하면서 그를 비롯해서 중세 전체에 알레고리적 해석을 자유롭게 사용했다는 논의로 (20세기 초에) 하트포드 신학교 교수였던 Lewis Bayles Paton, *The Book of Esther,* ICC (Edinburgh: T&T Clark, 1908), 107을 보라. 그는 가장 중요한 것이 니꼴라 드 리라(Nicholas de Lyra=Nicolaus Lyranus, c. 1270–1349)의 작품으로 이것을 통해서 중세의 유대인 주석가들은 라쉬와 이븐 에즈라의 주석이 교회에 알려지게 되었다고 한다.

는 것과 연관시켜 설명하고, 에스더를 위해 준비한 잔치는 성례전적 잔치를 뜻한다고 하며, 하만이 유대인을 멸하려고 꾀한 것은 그리스도를 대한 음모를 뜻한다고 해석하였다.[58] 또한 제롬을 따라서 에스더가 교회를 표상한다고 하였고, 아하수에로 왕이 그리스도 자신을 표상하게끔 하는 이상한 해석을 남겼다.

세월이 지나면서 점점 더 중세적 해석이 등장하여 에스더에게서 마리아를 찾는 일이 발생했다. 그렇게 처음 해석한 사람은 **파두아의 안또니**(**Anthony of Padua**, 1196-1231)였다. 그는 아하수에로와 에스더의 이야기를 그리스도와 마리아의 관계 (또한 그리스도와 교회의 관계)를 표상하게끔 해석하여, 에스더가 아하수에로의 환심을 산 것을 하나님께서 마리아를 애호하신 것을 표상하게 하였고, 에스더 2:15-17에서 아하수에로가 에스더에게 관 씌운 것은 하나님께서 복된 동정녀 마리아를 높이신 것을 표상하는 것이라고 하였다.[59]

이것이 중세에는 아주 일반적인 것이 되어서 에스더가 하만을 파멸시킨 것이 마리아가 무염수태(immaculate Conception)로 사탄을 이기고 승리한 것을 표상하는 것이라고 하였고, 에스더가 아하수에로 앞에서 백성을 위하여 탄원한 것은 마지막 심판 때 마리아가 인류를 위해 중보의 말씀을 드리면서

---

[58] 다음에서 마우루스의 해석을 보라. Marco Conti and Gianluca Pilara, *1-2 Kings, 1-2 Chronicles, Ezra, Nehemia, Esther,* Ancient Christian Commentary on Scripture, vol. 5 (Downers Grove, IL: IVP, 2001), 374-99.

[59] Cf. D. Jeffrey, *A Dictionary of Biblical Tradition in English Literature* (Grand Rapids: Eerdmans, 1992], 237.

탄원하는 것을 표상한다고 해석되었다.[60] 그리하여 오늘날에 이르기까지 천주교인들 사이에서는 에스더가 마리아와 동일시되고 있다.[61]

Anthony of Padua, 1196–1231

Latin Vulgate: 4세기에 라틴어로 번역한 성경

[60] Cf. K. Harty, "The Reputation of Queen Esther in the Middle Ages: The Merchants's Tale, IV (E). 1742-45," *Ball State University Forum* 19/3 (1978): 67.

[61] 예를 들어서 J. Ratinger, *Daughter Zion: Meditations on the Church's Marian Belief* (San Frnacisco: Ignatius Press, 1983), 20를 보라.

제12장 “오직 성경” 원리의 정립

제13장 “이신칭의” 교의의 정립

제14장 성화 교의의 정립

제15장 교회와 교회 조직과 관련한 교의의 정립

제16장 세례에 대한 교의 정립

제17장 성찬에 대한 교의 정립

제18장 고대교회와 중세교회와 연속성을 지닌 교의들

제3부

종교개혁 시대에 정립된 종교개혁적 교의들

종교개혁 시대는 교회사의 다른 어떤 시기보다도 신앙고백서와 요리문답이 많이 나온 시대라고 할 수 있다.[1] 이 신앙고백서들은 "살아 있는 신앙의 열심에서 나와 주조된 것으로 교회가 반드시 가져야만 하는 진리를 감싸고 있는" 것이다.[2] 그러므로 종교개혁 시대는 교회의 공식적 교의의 진전을 살피는 교리사적으로 매우 중요한 시기다. 벌코프가 잘 표현한 대로 "종교개혁과 같이 엄청난 종교적 변혁을 이룬 것도 과거의 교리적 발전과 완전한 단절을 가지는 것은 아니다. 많은 오류들을 드러내고 수정하였지만 개혁자들은 고대의 중요한 교부들의 견해에 호소하기도 했으며 중세기에 발견된 견해들 중 일부를 그대로 받아들이기도 했다."[3] 기본적으로 이전 교회가 교의라고 말한 것 가운데서 성경에 부합하지 않은 것들은 진정한 의미에서 교회의 교의가 아니라고 선언한 것이 종교개혁이다. 이는 이전 교회의 주장 가운데서 성경에 부합한 것은 그때나 지금이나 바른 교회의 교의라는 선언이다. 또한 바른 교회가 믿는 교리 전체에 대한 진술을 시도한 것이 바로 종교개혁 시대의 신앙고백서들의 특성이다.[4] 그 전 시대에는 당대

---

1 누구나 이를 지적하지만 특히 James Orr, *The Progress of Dogma* (London: James Clarke & Co. Limited, 1901), 280을 보라. 그는 심지어 이 시기를 "독특한 신조 형성 시기"(a distinctively *creed-making* age)라고도 표현한다(281).

2 종교개혁 시대의 신앙고백서들에 대한 이런 적극적 표현은 Orr, *The Progress of Dogma*, 281에서 온 것이다.

3 Louis Berkhof, *The History of Christian Doctrines* (Grand Rapids: Eerdmans, 1937, 1948), 22.

4 이 점을 같이 지적하는 Orr, *The Progress of Dogma*, 282도 보라.

에 주로 논의되는 교리들을 중심으로 신조를 작성해서 선언했었는데, 종교개혁 시기에 전체적 교리가 선언되었다. 물론 이 시기의 가장 중요한 문제인 성경과 이신칭의 문제를 중심으로 하기는 하였지만, 이 두 가지 문제에 대해서뿐만 아니라 기독교 신앙고백 전체에 대한 전반적 교의의 선언을 하였다.[5] 그러므로 무엇이 바른 교회의 교의인가 하는 것을 규정하는 데 있어서 종교개혁자들의 기여는 엄청난 것이다.

이 책의 제3부에서는 종교개혁자들 특히 개혁파 입장을 잘 드러낸 분들이 이전 시대와 대립하면서 성경적 교의라고 선언한 것이 무엇인지를 중심으로 논의하고자 한다. 이 모든 논의의 원칙을 제시한 것이 소위 "오직 성경"의 원리이다. 이로부터 개혁자들의 모든 논의가 시작하였다고 해도 과언이 아니다. 그러므로 오직 성경의 원리가 개혁자들의 인식론에서 가장 중요한 것이다. 따라서 후에 이를 신학의 외적 인식의 원리라고 이름하기도 하였다. 이에 따라서 그 내용으로 제시된 것이 이신칭의 교리, 종교개혁적 성화 교리, 종교개혁적 교회 이해와 교회 조직과 관련한 교리, 종교개혁적 성례론이다. 이제 그 내용들을 하나하나 생각해 보기로 하자.

5 개신교도들에 대해 반발하고 반응하는 과정에서 천주교회도 트렌트 회의에서 자신들 나름대로 천주교회의 전반적 교의를 선언하게 되었다는 진술로 Orr, *The Progress of Dogma*, 282, 284도 보라.

제12장

"오직 성경" 원리의 정립

루터가 어거스틴의 구원론의 영향 하에 있었다는 것은 잘 알려진 사실이다. 피셔는 루터는 성경 이외의 저자들 가운데서는 어거스틴에게서 가장 많이 배웠다고 진술하기도 했다.[6] 칼빈도 고대 저자들 가운데서 어거스틴이 "최고이고 가장 [성경에] 충실한 저자"라고 말할 정도였다.[7]

그러나 이렇게 말할 때 그들이 중세 교회가 받아들인 어거스틴의 교회조직 이해나 성례 이해를 그대로 받아들인 것이 아니라는 것은 누구나 잘 아는 사실이다. 칼빈이 말한 바와 같이 어거스틴을 비롯한 소위 교부들이 성경에 일치하는 말을 하면 개혁자들은 그것을 그대로 받아들였다. 그러나 교부들의 주장과 말이라도 성경의 가르침과 어긋난다고 판단된 것을 모두 제거하려고 노력한 것이 개혁자들의 시도였다. 이것을 "오직 성경의 원리"라고 하자. 흔히 이를 종교개혁의 형상적 원리 또는 형식적 원리라고 표현하기도 한다.[8]

---

6 George Park Fisher, *History of Christian Doctrine* (Edinburgh: T. & T. Clark, 1896, 7th Impression, 1949), 176.

7 John Calvin, *Institutes,* 4. 14. 26.

8 그리고 이신칭의를 "종교개혁의 내용적 원리" (또는 "질료적 원리")라고 한다. 멜랑흐톤 때부터 "오직 성경"과 "오직 신앙"에 대해서 이렇게 표현해 왔다. 특히 다음 글에서 이를 강조한 후에 더 일반화되었다.

1. "오직 성경"의 원리

"오직 성경"의 원리란 우리의 믿는 바와 삶 전반에서 "오직 성경이 가르치는 것"만이 절대적인 것이고 규범적임을 확실히 하는 원리다. 그 배후에는 오직 하나님만이 절대적(absolute)이시고 다른 모든 것은 상대적인 것이라는 인식이 있다. 따라서 절대적인 하나님께서 그의 말씀인 성경 가운데서 믿으라고 하는 것과 하라고 하는 것만이 우리에게 규정적인 것이라고 하는 것이다. 이런 입장을 "오직 성경"의 원리라고 한다.

심지어 초기 교회 공의회가 결정한 것들에 대해서도 개혁자들은 하나님의 말씀인 성경에 부합하는지를 판단하려고 하였다. 따라서 개혁자들에게 중요한 것은 고대의 공의회가 결정했다는 것보다도 그들이 결정한 바가 이미 성경이 가르치는 것이었는가 하는 것이다. 이전 공의회의 결정 가운데서도 성경에 근거가 없는 것은 받아들이지 않았다. 이런 것이 "오직 성경의 원리"의 적용이라고 할 수 있다. 그러므로 일차적인 것은 성경이 가르치는

August Twesten (1789–1876), *Vorlesungen über die Dogmatik der evangelisch-lutherischen Kirche* (Hamburg: Perthes, **1826**); **Philip Schaff**, *The Principle of Protestantism as Related to the Present State of the Church,* trans., John W Nevin (Chambersburg, PA: Publication Office of the German Reformed Church, **1845**), 54–94; **Albrecht Ritschl**, *Die christliche Lehre von der Rechtfertigung und Versöhnung,* 2 vols. (Bonn: A. Marcus, **1870**)=*A Critical History of the Christian Doctrine of Justification and Reconciliation,* 3 vols., trans. John Black (Edinburgh: Edmonston and Douglas, 1872), 3:177-81; (이 문제에 대한 리츨의 이전 논의에 대한 좀 더 자세한 설명으로 David W. Lotz, "Albrecht Ritschl and the Unfinished Reformation," *Harvard Theological Review* 73/3-4 (October 1980):337-72, n. 19를 보라); **F. W. C. Meyer**, "The Formal Principle of the Reformation," *The Old and New Testament Student* 15/1-2 (July-August, **1892**):1-39.

20세기 이후에 이를 언급한 대표적인 사람들로 다음을 보라: Paul Tillich, *A History of Christian Thought from Its Judaic and Hellenistic Origins to Existentialism* (New York: Simon & Schuster, 1967), 280; 그리고 최근에 Justin Taylor's blog article, available at: https://www.thegospelcoalition.org/blogs/justin-taylor/why-do-we-call-them-the-formal-and-material-principles-of-the-reformation/.

것이고, 이차적인 것이 고대 교회 공의회의 결정이다. 공의회의 결정 사항도 언제나 성경의 판단을 받아야 한다고 개혁자들은 강조하였다.

울리히 츠빙글리(Ulrich Zwingli, 1484 - 1531)도 1523년 취리히의 천주교인들과 논쟁하면서 제일 큰 원칙으로 오직 성경이 가르친 것을 기준으로 하여 논의하여야 한다고 강조하면서 논의를 시작하였다.[9] 인간들의 모든 전통, 공의회의 결정 사항들, 교부들의 모든 말들, 그리고 교황이 하는 말 등 모든 것이 성경의 판단을 받아야 한다고 했다. "성경의 자증하는 전포괄적인 권위"(the all competent self-authenticating authority of the Scripture)가 전부이고, 모든 것들은 그 앞에서 판단되어야 한다고 했다.[10]

츠빙글리는 이미 그 전해인 1522년 외텐바하(Oetenbach)의 수녀들 앞에서 설교하면서 "성경은 교회의 권위에 의해서 확언을 받아야 할 필요가 있는 것이 아니며, 성경으로부터 하나님의 말씀이 곧바로 각 개인의 마음과 정신에 말하는 것이라고 강조한 바 있었다.[11] "성경의 권위는 자증(自證)적

---

[9] 이 점을 잘 지적한 Basil Hall, "Ullich Zwingli," in *A History of Christian Doctrine,* ed., Hubert Cunliffe-Jones (Edinburgh: T&T Clark, 1978, reprinted, Philadelphia: Fortress Press, 1980), 361을 보라.

[10] 츠빙글리의 입장을 이렇게 표현한 Hall, "Ullich Zwingli," 361을 보라. 이것은 매우 중요한 요점이다.

[11] Ullich Zwingli, "Of the Clarity and Certainty or Power of the Word of God," in *Zwingli*

이고 성령께서 사람의 마음을 감동하사 성경의 불가항력적 권위에 반응하고 인정하게 하신다"는 것이다.[12] 츠빙글리는 성경의 모든 부분에 권위를 인정하면서(*tota scriptura*의 원리),[13] 동시에 그것에 모든 것을 복속시키려고 하였다. 바실 홀은 1523년의 이 논의가 종교개혁 시기에 "오직 성경의 원리"가 근본적 신앙의 조항으로 처음 구현된 것이라고까지 말했다.[14]

요한 칼빈이 항상 그런 태도를 표명해 왔다는 것은 아주 분명하다. 『기독교 강요』도 이런 원칙에 따라서 이루어졌고,[15] 그의 성경 주석과 설교도 이 원칙 때문에 심혈을 기울여 작성된 것이고 선포된 것이다. 1539년 판 『기독교 강요』로부터 이 책의 첫 문장(1. 1. 1)에서 강조하는 하나님에 대한 지식과 인간에 대한 지식이[16] 모두 "오직 성경"에 근거하여 논의되었다. 성경 안에서 우주는 하나님의 피조물로 바르게 해석되어 있고,[17] 이렇게 모든 것을 오직 성경의 원리에 따라 보려는 것이 칼빈의 작업이었다. 왜냐하면 칼빈에 의하면, "하나님께서 성경 안에서 말씀하시고, 그와 같은 방식으로 전체와 각 부분이 하나님으로부터 온 메시지이기" 때문이다.[18] 따라서 성경과 바르게 해석된 성경의 내용은 하늘로부터 온 권위 있는 것으로 여겨진

---

and Bullinger, ed., G. W. Bromiley (Philadelphia: Westminster Press, 1953), 49ff.

12 Hall, "Ullich Zwingli," 361.

13 이 점에서 율법과 복음을 너무 분리적으로 보면서 성경의 어떤 부분을 좀더 강조하는 듯한 루터의 입장과의 차이를 잘 말하는 Hall, "Ullich Zwingli," 361을 보라.

14 Hall, "Ullich Zwingli," 361.

15 특히 Calvin, *Institutes,* 4. 8. 8을 보라.

16 누구나 관찰하는 것이지만 이를 강조하여 언급하는 T. H. L. Packer, "John Calvin," in *A History of Christian Doctrine,* ed., Hubert Cunliffe-Jones (Edinburgh: T&T Clark, 1978, reprinted, Philadelphia: Fortress Press, 1980), 387도 보라.

17 Cf. T. H. L. Packer, "John Calvin," 389.

18 T. H. L. Packer, "John Calvin," 389.

다. 파커 자신도 칼빈의 말을 따라서 "하나님께서만이 당신님에 대한 충족한 증인이시므로 성경은 자증하는(self-authentication, *autopiston*) 것이다. 즉, 성령의 내적 증언에 의해서 하나님께서는 성경이 자신에게서 온 것임을 확신시키신다"고 잘 말한다.[19]

2. "오직 성경"의 원리에 따라서

"오직 성경"의 원리라는 이 큰 원리에 근거해서 이전 교부들이나 중세 신학자들이 말한 것 가운데서 성경에 부합한 것은 그대로 받아들이고 그 함의를 잘 이끌어낸 것이 개혁자들의 큰 기여이다. 삼위일체론이나 그리스도의 양성에 대한 이해에서는 이전 교회가 에큐메니칼 공의회에서 선언한 바를 그대로 받아들였다. 그것이 성경적이고 바른 것이라고 여겼기 때문이다.[20]

칼빈이 피조계에 대해서 말할 때도 "피조계에 대한 지식의 원천은 하나님의 일들 자체(the *opera dei* themselves)가 아니라 성경이었다."[21] "우리들은 성경에 의해서 조명을 받아서 피조계를 잘 관찰하며 그 목적이 무엇인지를 생각한다."[22] 그러므로 이는 그저 이성을 가지고 하는 자연신학(natural theology)이 아니고, 특별 계시의 빛에서 일반 계시를 해석하는 작업의 한 부분이다. 이는 자연에 대한 계시에 근거한 신학(theology of the nature)이다. 그러나 이런 작업의 종국적 결과는 경건(*pietas*)과 바른 종교(*religio*)이다.

그리스도의 구속에 대한 이해에 있어서도 그리하였다. 성경이 말하는

---

19 T. H. L. Packer, "John Calvin," 389.

20 이 점을 강조하는 Orr, *The Progress of Dogma*, 283도 보라.

21 이 점을 잘 지적하면서 언급하는 T. H. L. Packer, "John Calvin," 390을 보라.

22 T. H. L. Packer, "John Calvin," 390.

것은 이전 시대에 잘 표현한 것을 그대로 받아들이면서, 개혁자들은 그것을 그들의 신조에서 더 온전하게 표현하려고 노력했다.[23] 십자가에서" 그리스도에 의해서 하나님의 공

의가 만족되었다"는 토대 위에서만[24] 우리가 다음 장에서 논의하려고 하는 칭의에 대한 논의가 시작될 수 있다. 개혁자들은 모두가 독자적으로 "영원한 법에 표현된 하나님의 공의와 관련하여 그리스도의 구속 사역이 이루어졌다"고 했다.[25] 규범적 측면에서만이 아니라 형벌적(penal) 측면에서도 하나님의 법이 만족되었다는 것을 개혁자들은 분명히 하였다.[26] 개혁자들은 그리스도 죽음의 속죄적 성격을 분명히 하고, 인간이 죄로 손상시킨 하나님의 법을 만족시켰음을 다들 강조한다. 그래서 종교개혁의 거의 모든 신앙고백서는 그리스도께서 "하나님의 공의를 만족시켰다"고 증언한다. 이

---

23 이런 평가는 많은 분들이 하지만 하나의 예로 Orr, *The Progress of Dogma*, 233을 보라.

24 이를 잘 표현한 Isaak August Dorner, *A System of Christian Doctrine,* 4 vols. (Edinburgh: T&T Clark, 1890), IV: 22, 23; Orr, *The Progress of Dogma*, 234-35를 보라.

25 루터와 츠빙글리가 각자 이런 생각을 가지고 표현했다는 좋은 논의로 Albrecht Ritschl, *A Critical History of the Christian Doctrine of Justification and Reconciliation,* 2 vols., trans. John Black (Edinburgh: Edmonston and Douglas, 1872), I:209; Orr, *The Progress of Dogma*, 236을 보라.

26 이를 잘 설명하는 논의로 Ritschl, *A Critical History of the Christian Doctrine of Justification and Reconciliation,* I:197, 198; Orr, *The Progress of Dogma*, 237, 239 (the forensic element)을 보라. 그런데 오어가 여기서 안셀름의 견해와 너무 구별하면서 개혁자들의 견해를 더 높이려고 하는 것(237) 보다는 그들이 각각 같은 생각을 성경에서 발견해서 자신들의 상황에 부합하게 제시하려고 하였다고 보는 것이 좋을 것이다.

점에서 개혁자들의 견해는 일치한다.

흔히 루터가 그리스도의 수난과 죽음에서 죄와 사탄과 죽음을 이기고 승리하셨음을 강조하였다고들 하지만,[27] 잘 살펴보면, 오어도 바로 후에 시사하듯이, 모든 개혁자들이 그리스도의 모든 일에서 그런 승리의 요소를 보고 다 나름대로 강조하고 있다.

또한 개혁자들은 그리스도의 자원하는 순종의 요소를 강조하였고, 얼마 후에 그리스도의 수동적 순종과 능동적 수종으로 나누어 설명할 것의 모든 토대를 다 제시하고 있다.[28]

이와 같이 고대 교회가 믿고 가르친 것이나 중세 교회가 그리한 것 가운데서 성경에 근거한 것은 그대로 받아들이고 성경에 근거해서 더 정확히 설명하려고 하면서, 동시에 성경에 근거가 없는 모든 것들은 다 쓸어버린 것이 개혁자들이 한 작업이다.[29]

3. 원문에 대한 바른 주해와 설교에 의해서 잘못된 생각을 고치는 일

오직 성경의 원리가 종교 개혁 시대에는 일차적으로 당시에 천주교회에서 일반적으로 사용되던 라틴 벌게이트 역이 아니고 히브리어와 헬라어로 된 원문에 근거해서 성경의 의미를 이해하는 것을 뜻했다. 이것이 "원천으로

---

27 이를 강조하는 Gustaf Aulén, *Christus Victor: An Historical Study of the Three Main Types of the Idea of Atonement* (1931), trans. A. G. Herbert (Macmillan, 1951); 그리고 Orr, *The Progress of Dogma*, 238을 보라.

28 이를 잘 논의하는 Orr, *The Progress of Dogma*, 238-39를 보라.

29 이에 동의하면서 말하는 Orr, *The Progress of Dogma*, 283을 보라.

돌아간다"(*ad fontes*)는 말의 종교개혁적 의미였다.

그러므로 여러 사본들에 근거해서 원문을 잘 찾아 제시하는 것이 일차적인 일이었고, 따라서 신약의 경우에 **에라스무스**(**Desiderius Erasmus**, 1466-1536)의 작업이 중요했던 이유이다. 그에 따라서 구약 성경도 히브리어에 근거해서 성경을 이해하는 운동이 일어났다.

그런데 일반 성도들에게는 그렇게 찾아진 원문 성경을 그들이 쓰는 말로 정확히 번역해 주는 일이 중요한 일이었다. 그래서 루터의 성경 번역을 비롯해서 많은 개혁자들이 당대의 백성들이 사용하던 일상어로 성경을 번역하는 일을 매우 중요하게 여겼다.

그 후에는 이렇게 바르게 번역된 성경을 읽히고, 그것의 의미를 백성들이 사용하는 언어로 설교해서 바르게 드러내어 적용하게 하는 것이 중요한 문제였다. 여기 설교의 중요성이 나타난다. 하나님께 드리는 예배의 상당 시간이 하나님의 말씀을 풀어서 설교하는 시간, 그리고 성도 입장에서 보면 하나님의 말씀을 듣는 시간이 되었다.

그 결과 성도들의 생각과 실천의 변화가 일어났고, 그것이 교회와 세계를 변화시켰다. 그런 변화의 몇 가지 예만을 언급해 보기로 한다.

가장 기본적인 것으로 예수 그리스도께서 영단번에 희생제사를 드린 후인 이 신약 시대는 더 이상 제사를 드리지 않을 뿐만 아니라 드릴 수 없다는 신약 교회의 의미를 다시 회복시켰다. 신약 성경이 이것을 분명히 하였다(히 10:1-18). 그런데, 우리가 앞에서 살펴본 바와 같이, 중세에 점차 예배를 제사로 인식하고, 따라서 예배 인도자를 제사장, 즉 사제라고 하였고, 구약 제사와 신약 예배를 연관시켜 보려는 의식이 나타났다. 오직 말씀의 원리에 따라서, 십자가 사건이 이루어진 후에 구속에 감사해서 하는 예배는 제사가 아니라는 것을 다시 회복해 낸 것이다. 그래서 루터와 칼빈은 미사가 희생 제사(sacrifice)가 아님을 아주 분명히 하였다.[30] 그리스도의 십자가 희생을 다시 표현하여 드리는(representation) 것이 아니라고 선언한 것이다.

이와 함께 모든 참된 성도들이 자신의 삶을 하나님께 드리는 제사장이라는 의식이 형성되었다. 루터가 이 논의를 시작했다. 이는 그야말로 혁명적인 일이었다. 루터는 세례와 믿음으로 모든 신자들은 제사장으로 거룩하게 성별되었다는 것을 강조했다.[31] 루터는 모든 그리스도인들은 영적인 지위에서 다 같으며("같은 영적 지위[spiritual estate]를 지니고 있으며"), 각기 다른 직분으로 일해도 다 같은 일을 하는 것임을 강조했다.[32] 그러나, 후에 다시 논하겠지만, 이 문제에 있어서 루터는 철저하지 않았고, 하나님의 말씀을 선포하고 세례를 베풀고 성례를 집례하고 죄 용서를 선언하는 직분자로서의 사제(priest)가 있다는 것도 말하였다.

이에 비해서 칼빈은 성경의 가르침에 근거해서, "우리들은 비록 오염된

---

[30] 많은 분들이 그렇게 하였지만 이 점을 잘 지적한 T. H. L. Packer, "John Calvin," in *A History of Christian Doctrine,* ed., Hubert Cunliffe-Jones (Edinburgh: T&T Clark, 1978, reprinted, Philadelphia: Fortress Press, 1980), 399를 보라.

[31] 이 점을 잘 강조하는 Drewery, "Martin Luther," in *A History of Christian Doctrine,* ed., Hubert Cunliffe-Jones (Edinburgh: T&T Clark, 1978, reprinted, Philadelphia: Fortress Press, 1980), 347; Uche Anizor and Hank Voss, *Representing Christ: A Vision for the Priesthood of All Believers* (Downers Grove, IL: InterVarsity Press, 2016), 18을 보라.

[32] Martin Luther, "To the Christian Nobility of the German Nation," in *Luther's Works,* 44:129.

존재들이만, [그리스도] 안에서 **제사장들이 되어** 우리 자신과 우리에게 속한 모든 것을 하나님께 바치게끔 하실 뿐만 아니라, 우리가 드리는 기도와 찬미의 제사가 하나님께 받을 만하고 흠향하실 만한 것이 되도록 하늘 성소에 자유롭게 들어가게 하신다."[33] 칼빈은 여기서만 그렇게 말하는 것이 아니라 그의 저작 전반에서 진정한 성도가 제사장이라고 한다.[34] 목사직이 제사장직이 아니라는 것을 분명히 하는 것이다.이를 반복하면서 튤레틴과 챨스 핫지는 신약 성경에서 목사를 제사장이라고 부른 일이 없다는 점을 강조한다.[35] "제사장적 기능이 목사에게 부여된 일이 없다."[36]

또한 고대 교회에 상당수의 사람들이 그렇게 생각하여서 결국 중세에도 많은 사람들이 요한복음 1:12-13 중에 13절의 "이는 혈통으로나 육정으로나 사람의 뜻으로 나지 아니하고 오직 하나님께로부터 난 자들이니라"를 복수로 보지 않고, 단수로 보면서 그리스도에게로 적용하려고 하였었다. 그렇게 단수로 된 몇 개의 라틴어 사본들이 있고 시리아어로 된 사본도 있으며,[37] 이레니우스도 이 구절을 활용하면서 "아담이 하나님의 형상과 모양을 따라 창조되도록 하기 위해 사람의 육체로나 사람의 뜻으로가 아니라 성부의 기쁘신 뜻에 따라서 산 사람을(a living man)을 형성하셨다."고 한다.[38]

---

33 Calvin, *Institutes,* 2. 15. 6, 강조점을 덧붙인 것임.

34 칼빈의 입장을 잘 논의한 글로 John R. Crawford, "Calvin and the Priesthood of all Believers," *Scottish Journal of Theology* 21/2 (1968): 145-56을 보라.

35 F. Turretin, *Institutes of Elenctic Theology,* trans. George Musgrave Giger, ed., James T. Dennison, Jr. (Phillipsburg, N.J.: Presbyterian and Reformed, 1994), 14. 9. 19 (2:412); Hodge, *Systematic Theology,* 2:467.

36 Hodge, *Systematic Theology,* 2:467.

37 이를 언급하는 Pelikan, *The Emergence of the Catholic Tradition,* 288을 보라.

38 Irenaeus, *Adv. Haereses,* 5. 1. 3 (Pelikan, *The Emergence of the Catholic Tradition,* 288). 그는 또한 Irenaeus, *Adv. Haereses,* 3. 16.2와 3. 19. 2에서도 단수로 해석하면서 그리스도에게 적

터툴리안도 이를 복수로 해석하는 것은 영지주의자들의 왜곡이라고 하면서 이 구절은 로고스가 성육신하심을 말하는 것이라고 하면서 그는 동정녀에게서 나셨으므로 "혈육으로나 사람으로 말미암아" 성육신한 것이 아니라고 말한다.[39] 암브로우스도 그리스도가 "혈육으로나 사람의 뜻으로 나지 않고 동정녀에게서 성령으로 나셨다"고 할 때[40] 이 구절을 염두에 둔 것으로 보인다. 중세에도 이렇게 이 구절을 그리스도에게 적용한 일들이 있다. 이런 잘못된 성경 해석과 이해는 종교개혁을 하면서 일소(一掃)된다. 성경의 가르침에 충실할 때에 이런 오해가 계속 전달되는 고리를 끊을 수 있었던 것이다.

또 다른 예로 터툴리안 같은 분들이 평생 동정을 지키는 것을 그리스도인으로서 더 높은 삶의 방식이라고 여긴 것과[41] 같은 오용과 잘못된 해석과 적용을 들 수 있다. 더 나아가, 제롬은 요한계시록 14:4과 관련된 성구들에 호소하면서 "천사들의 순결(the pure chastity)과 우리 주 예수 그리스도 자신의 예를 따르지 않고 동정을 계속해서 지키지 않은 사람들은 불결하다(polluted)"고 했다.[42] 그리스도와 마리아가 평생 동정을 지킨 "참된 순결의 모델들"(the models of true chastity)이라고 하였다. 마리아의 "동정녀성이 그녀를 예수의 어머니가 되기에 적합하게 했다"고 하고,[43] 그리스도는 "그 자신

용하여 말하고 있다. 이를 말하는 Pelikan, *The Emergence of the Catholic Tradition,* 288을 보라.

39 Tertullian, *De Carne Christi,* 19. 2; 24. 2 (Pelikan, *The Emergence of the Catholic Tradition,* 288).

40 Ambrose, *Exposition of the Psalms,* 37. 5 (Pelikan, *The Emergence of the Catholic Tradition,* 289-90).

41 이에 대한 논의로 Pelikan, *The Emergence of the Catholic Tradition,* 288-89를 보라.

42 Jerome, *Against Jovinian,* 1. 40 (Pelikan, *The Emergence of the Catholic Tradition,* 289).

43 Jerome, *Epistles*, 22. 38. 3 (Pelikan, *The Emergence of the Catholic Tradition,* 289).

이 동정을 지킨 자(a virgin)로 자신의 동정의 자아 안에서 그의 순결의 첫 열매들을 거룩하게 드렸다"고 했다.[44] 물론 그는 성경 본문을 정확히 해석하려 했으므로 요한복음 1:13을 단수로 읽으면서 그리스도에게 적용하려 하지는 않았다.[45] 그러나 전반적으로 보통 방식으로 아이를 낳는 것은 다 죄 가운데서 낳은 것이라는 생각이 있었고, 따라서 혼인 생활 자체가 문제가 있는 것이라고 여겨졌다. 이런 생각은 중세에 더 분명해졌다. 종교개혁은 바른 성경 해석의 빛에서 이 모든 것을 바로잡았다. 오직 성경의 원리가 바르게 작용하면 이렇게 바른 방향으로 나아가는 결과가 나타나는 것이다.

이를 구체적으로 작용할 때 역시 칼빈이 큰 기여를 했다고 할 수 있다. 그는 구약과 신약이 공통의 본질(a common substance)을 가지고 있음을 아주 명백히 하면서, 신약과 구약이 같은 언약을 가지고 있는데 시행 방식이 다를 뿐이라고 하였다. "모든 족장들과 맺은 언약은 그 본질(substance)과 실체(reality)에 있어서 우리와 맺은 언약과 전혀 다르지 않고 전적으로 하나이며 동일하다. 단지 경륜 방식(*administratio*)에서 다르다."[46] 구약과 신약의 본질은 동일한데 경륜 방식에 따라서(*ad modum administrationis*) 차이가 있다는 것을 칼빈은 잘 강조하였다.[47] 칼빈이 제시한 이 원칙이 후대의 언약신학에서 계속 유용하게 주장되었다. 이것도 오직 성경의 원리를 잘 따른 결과라고 하지 않을 수 없다. 그러므로 오직 성경의 원리는 성경의 내용만을 존중하는 것이 아니라 그것을 바르게 해석하는 원리와도 관련된다는 것을 잘 살

---

44 Jerome, *Against Jovinian,* 1. 39 (Pelikan, *The Emergence of the Catholic Tradition,* 289).

45 "그렇게 하기에는 그가 너무 좋은 학자였다"고 말하는 Pelikan, *The Emergence of the Catholic Tradition,* 289를 보라.

46 Calvin, *Institutes,* 2. 10. 2.

47 Calvin, *Institutes,* 2. 11. 1.

펴보아야 한다.

또한 오직 성경의 원리에 비추어, “순례한다”든지 “성지를 순례한다”는 말들과 그와 관련된 것들을 모두 제거한 것이 개혁파의 큰 기여이다. 그러므로 개혁파에서는 이런 용어를 전혀 사용하지 말아야 한다.

제13장

"이신칭의" 교의의 정립

이신칭의 교리는 성경에 명백히 나타난 가르침으로 종교개혁 시기에 다시 발견되어 강조되었다. 마르틴 루터(1483-1546)는 이 교리에 대한 신앙고백이 그와 함께 "교회가 서고 넘어지는 조항"(*articulus ecclesia stantis et cadentis ecclesiae*)임을 시사(示唆)하는 말을 여러 번 하였고,[1] 칼빈은 이것이 "종교가

---

[1] Cf. Alister E. McGrath, *Iustitia Dei: A History of the Christian Doctrine of Justification,* 2d ed. (New York: Cambridge University Press, 2002), 180, n. 3, 448.

그런데 지나치게 현학적이려고 하는 사람들은 이 말 자체를 루터가 한 것은 아니라고 한다. 이 어귀는 루터파 신학자인 발타잘 마이스너(Balthasar Meisner)가 자신의 *Anthropôlogia sacra disputation* 24 (Wittenberg: Johannes Gormannus, 1615)에서 루터의 말이라고 소개한 것이며, 1618년에 개혁파 신학자인 요한 하인리히 알스테드(Johann Heinrich Alsted)가 "*articulus iustificationis dicitur articulus stantis et cadentis ecclesiae*"라고 쓴 데서 나타난다(*Theologia scholastica didacta* [Hanover, 1618], 711).(Available at: https://blogs.thegospelcoalition.org/justintaylor/2011/08/31/luthers-saying/).

그러나 **그런 어조의 말은 루터가 여러 번 말했다**. 예를 들어 다음을 보라: "만일에 우리가 칭의 교리를 잃는다면 우리는 모든 것을 잃는다"(Martin Luther, *Lectures on Galatians* (1535), in *Luther's Works* 26:26); *the Smalkald Articles* (1537), II, 1: "하늘과 땅과 현세적인 모든 것이 다 파괴된다고 해도 이 조항에 속한 그 어떤 것도 포기되거나 양보될 수 없다. 이 조항에 교황과 마귀와 세상에 대항하여 우리가 가르치고 실천하는 모든 것이 다 있다."(Nothing in this article can be given up or compromised, even if heaven and earth and things temporal should be destroyed. On this article rests all that we teach and practise against the pope, the devil and the World.); "만일 이 신앙의 조항이 그대로 서 있으면, 교회 역시 올바로 서 있을 것이요. 하지만 이 조항이 넘어진다면 교회 역시 넘어질 것입니다."(WA 40/III, 352; WA 39/I, 205, Herman Selderhuis, *Luther, A Man Seeking God* (Wheaton, Ill.: Crossway Books, 2017), 신호섭 옮김, 『루터, 루터를 말하다』 [서울: 세움북스, 2016], 433f.에서 재인용).

안타깝게도 꼭 그런 것은 아니라고 하면서 이를 부인하며 이신칭의 교리가 아니라 그리스도가 그 위치에 있다고 주장하는 칼 바르트의 논의(Karl Barth, *Church Dogmatics,* IV/1 [Edinburgh: T. &

그에 의존하여 돌아가는 주된 경첩"이라고, 즉 "종교가 그에 의존하는 중요한 원리"라고 표현했었다.[2] 그들 외에도 모든 개혁자들은 '이신칭의 교리'를 생명 같이 여겼다.[3]

중세 천주교회의 주장에 반(反)하여 개혁자들은 그리스도를 믿는 우리에게 그리스도 안에서 칭의가 선언됨을 성경을 따라서 아주 분명히 한다. 기본적으로 루터가 바울 서신에서 이신칭의 교리를 재발견하였고, 대부분의 개혁자들은 칭의에 대한 이해에 있어서는 루터의 이해와 비슷한 이해를 가졌다고 할 수 있다.[4] 그러나 그들이 각기 성경을 따라서 이런 이해에 이르렀다는 것을 잘 드러내고 강조하는 것은 매우 중요한 일이다. 그들은 자신들이 교회의 바른 전통을 떠나는 것이 아니라 교회가 오랫동안 상실했던

T. Clark, 1956], 514-28)와 루터의 분명한 입장을 비교하라.

2 John Calvin, *Institutes of the Christian Religion* (1559), LCC edition, edited by John T. McNeill, translated by Ford Lewis Battles (Philadelphia: Westminster, 1960), 3. 11. 1: "the main hinge on which religion turns" (726). 뒤에 붙인 설명은 Henry Beveridge의 번역본에 나온 의역이다([Edinburgh: Calvin Translation Society, 1845, reprint. Grand Rapids: Erdmans, 1970], vol. II, 37: "the principal ground on which religion must be supported").

3 Cf. Klaas Runia, "Justification and Roman Catholicism," in *Right with God: Justification in the Bible and the World,* ed., D. A. Carson (The Paternoster Press and Grand Rapids: Baker Book House, 1992), 197: "For the Reformers and those who stood in their tradition the doctrine of the justification of the sinner by faith alone (*sola fide*) was always of the utmost importance."

4 루터파와 개혁파 안의 다양한 입장의 차이에 대해서는, 그의 논의에 미묘한 논란을 할 수 있기는 하지만, 기본적으로 칭의에 대해서 그들은 같은 견해를 가졌다는 논의로 James Orr, *The Progress of Dogma* (London: James Clarke & Co. Limited, 1901), 269, 270; Berkhof, *The History of Christian Doctrines*, 220; McGrath, *Iustitia Dei,* 한글판, 316-87; 이승구, "개혁자들의 칭의론의 일치성". 『가난하나 부요케: 조병수 박사 은퇴기념논총집』(서울: 가르침, 2020), 415-36을 보라.

가장 바르고 순수한 성경적 전통과 노선을 같이 한다고 의식했고, 그렇게 주장했다.[5] 그러므로 개혁자들은 중세 교회의 공식적 교리적 선언이 교회의 살아 있는 전통과 모순된다고 강하게 느꼈고, 과거의 바른 교회의 주장과 일치하게 자신들이 생각하고 주장하는 바가 중세 교회에 대해서는 항거(protest)가 됨을 잘 의식하였다. 그러므로 이들이 자타가 공인하는 개신교도들(Protestants)이다. 이들은 칭의와 관련된 죄 용서가 마음을 거룩하게 하는 성화와 구별되는 것이고 다른 것임을 아주 분명히 하였다.[6]

루터의 칭의 이해

1514년까지는 아직까지도 천주교회의 입장(즉, 자신 안에 있는 것으로 최선을 다하는 사람에게 하나님께서 은총을 주신다[*facienti quod in se est Deus denegat gratiam*]는 입장),[7] 그 중에서도 *via moderna* 신학의 입장을 가졌던 마르틴 루터가[8] 1515-16년 사이에 행한 〈로마서 강의〉에서 (1) 칭의에 대해서 인간이 상당

---

[5] 거의 모든 이들이 이를 잘 표현하지만 다음도 보라. Orr, *The Progress of Dogma*, 247, 253, 254.

[6] 이를 잘 언급하는 William G. T. Shedd, *A History of Christian Doctrine,* vol. 2 (New York: Charles Scribner's Sons, 1897), 321을 보라.

[7] 이 경구에 대한 천주교 내의 다양한 사람의 입장에 대해서 McGrath, *Iustitia Dei,* 한글판, 155-67을 보라. 루터는 특히 가브리엘 비엘의 이런 입장을 받아들이면서 고민하여 결국 이를 깨고 종교 개혁적 인식에 이르렀다고 해야 한다. 그러므로 루터는 중세 후기의 유명론으로부터 시작했다고 해도 과언이 아니다.

[8] 이는 일반적인 진술이나 특히 다음을 보라. McGrath, *Iustitia Dei,* 한글판, 314: "1514년까지 (어떤 요소들은 1515년까지도 지속된다) 루터의 초기 신학은 근본적으로 비아 모데르나 신학이다." '비아 모데르나'에 대해서는 Heiko A. Overman, *The Harvest of Medieval Theology: Gabriel Biel and Late Medieval Nominalism* (Cambridge, Mass: Harvard University Press, 1963; reprint, Grand Rapids, MI: Baker Academic, 2001), 108-11; McGrath, *Iustitia Dei,* 한글판, 272-75를 보라.

히 수동적이라는 점을 강조하면서 (그러므로 여기서부터 개신교에서 말하는 "칭의"라는 번역어의 의미가 잘 드러난다) 인간을 회개하게 하시는 분이 하나님이심을 강조하고, (2) 인간이 최선을 다할 수 있다는 생각이 바로 펠라기우스주의 자체라고 주장한다.[9] 그리스도의 낯선 의(*justitia Christi aliena*), 그리스도와 죄인 사이의 놀라운 교환(*wunderbaren Austausch, Mirifica Commutatio*), 그리고 전인에 대한 강조 등이 이미 1515-1516년 로마서 강의에 나타나고 있다.[10]

이 시기의 루터는 이렇게 단언한다: "사람들은 희랍인이든지 유대인이든지 율법의 행위와 상관없이(apart from works of law), 즉 율법의 행위의 도움이나 필요 없이도 믿음으로 의롭다함을 받는다, 즉 하나님 앞에서 **의롭다고 인정된다**(*reckoned righteous* before God)."[11] 또한 루터가 **1517년 9월**에 쓴 『스콜라 신학자에 대한 반박』(*Disputatio contra scholasticam theologiam*)에서 루터는 "죄인은 오직 악을 의지하고 행할 뿐이다"고 단언한다.[12] 그러나 이런 이

---

[9] Luther, WA 56. 382. 26-27; 502. 32-503. 5에 근거한 McGrath의 주장(McGrath, *Iustitia Dei,* 한글판, 297).

[10] McGrath, *Iustitia Dei,* 한글판, 302. 이 시기에 "전가된 의"(*iustitia imputata*)라는 용어가 나타나고 있지 않다고 해서 이 시기에 이런 관념이 없었다고 하는 것은 옳지 않아 보인다. 그러므로 이 시기에 이미 "멜랑흐톤적인 의의 전가 교리의 기초가 있다"고 하는 맥그라뜨의 말보다(McGrath, *Iustitia Dei,* 한글판, 308) 좀 더 강하게 말해도 될 것이다. 오히려 그가 그 뒤에서 말하는 "1530년 이후 프로테스탄트 칭의 신학의 특징이 되는 '전가된 의' 개념의 기원이 루터임을 인정하는 것이 적절할 것이다"는 말이(308-309) 더 정확한 말이다.

[11] Luther, *Luther's Works,* 25: *Lectures on Romans* (St. Louis: Concordia, 1974), 33, 강조점은 덧붙인 것임.

[12] Luther, WA 1. 224 (Thesis 4). Cf. McGrath, *Iustitia Dei,* 한글판, 309, n. 58. 이런 생각 배후에 어거스틴의 생각이 있다는 것은 의심의 여지가 없다. 루터가 열정적으로 탐구했던 "어거스틴이 그로 하여금 '논리학자들의 불쾌한 법칙들'을 깨고 성경의 궁극적 권위로 나가도록 인도했다"고 루터 자신의 말을 인용하면서 말하는 (1965년부터 만체스터 대학교에서 교회사를 가르쳤던) Benjamin Drewery, "Martin Luther," in *A History of Christian Doctrine,* ed., Hubert Cunliffe-Jones (Edinburgh: T&T Clark, 1978, reprinted, Philadelphia: Fortress Press, 1980), 316을 보라. 스타우피츠가 루터를 어거스틴의 은혜에 대한 강조로 인도하였다는 것은 누구나 인정한다(Drewery, "Martin Luther," 317). 그런데 스타우피츠는 천주교인이고 루터는 그 족쇄를 깬 것이다. 여기 큰 차이를 보

해로 그가 바로 개신교도가 되는 것은 아니다. 이 시기에 그는 여전히 교황의 존재를 인정하며, 연옥도 인정하고 있었다. 그래서 소위 95개조에서도 그는 교회가 성도들에게 부과한 형벌에 대해서는 교황과 그의 대리자인 사제가 그 형벌을 면할 수 있으나, 연옥에 대한 권한은 없다고 한 것이다. 교황의 세력은 온전한 것이 아니고 단지 그것을 위해 기도하는 능력일 뿐이라고 했지만,[13] 이때까지는 그런 교황이 있는 것을 전혀 반대하지 않았다. 고해제도에 대해서는 더했다. 그래서 〈95개조〉에서도 루터는 고해 과정 중의 "참된 통회(contrition)는 죄의 값 갚기를 추구하고 사랑한다. 그러나 면벌부는 죄책을 경감시키고 사람들로 스스로 만족하게 한다."고 외쳤다. 그러므로 1517년 10월에도 "루터의 신학은 아직 형성 중이었다."[14]

그러나 루터의 생각은 1518년 4월 26일에 있었던 〈하이델베르크 논박, Heidelberg disputation〉에서는 중세 스콜라 신학의 길을 영광의 신학자의 길이라고 좀 더 강하게 비판하면서 그와는 대조적인 십자가의 신학자가 되는 길을 제시한다.[15] 이 논박에서 루터는 "죄를 지은 이후에 자유의지는 오직 명목상 존재하고, [천주교에서 강하게 주장하는] 자유의지가 최선을 다한다고 할 때, [오히려] 그것은 치명적인 죄가 된다"고 단정한다.[16] (이는 에라스무스의 '자유의지론'에 대한 논박으로 루터가 1525년에 쓴 『노예의지』(*De servo arbitrio*)에서 더 명료하게 진술된다). 맥그라뜨가 잘 진술하고 있는 대로,

---

아야 한다.

13 이를 지적하는 Drewery, "Martin Luther," 318을 보라.

14 Drewery, "Martin Luther," 318.

15 Luther, 하이델베르크 논박. (https://bookofconcord.org/other-resources/sources-and-context/heidelberg-disputation/)

16 Luther, WA 1. 354 (Thesis 13). Cf. McGrath, *Iustitia Dei,* 한글판, 309, n. 59.

"만일에 인간의 의지가 노예가 되었다면, 인간은 결코 스스로 의롭게 할 수 없음이 분명하다."[17] 그러니 루터에 의하면, "자신들의 행위로 의를 얻으려고 하는 사람들은 스스로 자기 자신의 창조자가 되려는 사람들이다."[18] 그러므로 창조와 같이 칭의도 "무로부터"(*ex nihilo*) 오직 하나님의 은혜로 주어지는 것이다.

더구나 1520년에 나온 종교개혁 3대 문서에서는 아주 명확한 개신교적 이해가 나타난다. 예를 들자면, 1515-16년 로마서 강의에서 언급했던 "놀라운 교환"(*wunderbaren Austausch, Mirifica Commutatio*) 개념이 더 명료하게 나타난다. "그리스도인의 자유"에 나타나고 있는 이 강력한 표현을 보라:

> 이는 그리스도께서 소유한 모든 것을 믿음의 영이 소유하고, (우리의) 영이 소

---

17 McGrath, *Iustitia Dei,* 한글판, 311.

18 루터의 말에 근거한 Drewery, "Martin Luther," 323.

유한 것이 그리스도에게 속하게 됨을 뜻한다. 그리스도께서는 모든 좋은 것과 거룩함을 소유하시므로, 이제 이것들이 (우리의) 영에 속한 것이 된다. 그리고 (우리의) 영에 속한 모든 악과 죄는 이제 그리스도의 것이 된다.[19]

바로 이런 이해에 근거해서 루터는 "믿음에 의해서 파악되고 가슴 속에 살아계신 그리스도가 참된 성도의 의(義)이며, 그 때문에 하나님께서 우리를 의롭다고 여기셔서 우리에게 영생을 주신다."고 한다.[20]

"하나님께서는 우리들 자신들의(*domesticam*) 의(義)로가 아니라, 우리 밖의(*extrinsecam*), 하늘로부터 온 낯선(*alienam*) 의(義)로 우리들을 구원하시기를 원하신다."[21] 구원하시는 의를 "낯선 의"(*iustitia aliena*)라고 자주 표현할 때 루터는 이사야 28:21에 나타난 비상한 하나님의 일, 기이한 일이라는 용어를 사용하는 것이다. 그리스도께서 하시는 기이한 일은 율법으로 우리의 죄를 정죄하시고 그 결과 "절망적 무력함"(despairing helplessness)에 있는 우리를 구하신다.[22] 이를 생각하면서 루터는 "우리의 구원은 모세 율법 안에 가리워져 있다."고 하기도 한다.[23] 이와 같이 오직 그리스도 때문에 우리는 하나님 앞에서 의인으로 인정되고 그렇게 선언된다. "만일 하나님께서 자신

---

19 Luther, WA 7. 25-26.9=LW 31:351. Cf. Carl Trueman, "*Simul peccator et justus*: Martin Luther and Justification," in *Justification in Perspective*: *Historical Developments and Contemporary Challenges,* ed.,Bruce L. McCormack (Grand Rapids: Baker Academic, 2006), 79.

20 Luther, WA 40/1. 229. 28, McGrath, *Iustitia Dei,* 한글판, 305에서 재인용.

21 루터의 글에 근거해서 이를 지적하는 Drewery, "Martin Luther," 319를 보라.

22 이를 잘 요약해서 말하는 Drewery, "Martin Luther," 334-35를 보라. 때로는 "하나님의 **이상한 일**(*strange work*)은 십자가에서 드러나고 하나님의 **정상적 일**(*proper work*)은 부활에서 드러난다"고 표현하기도 한다(335).

23 루터의 말을 인용하는 Drewery, "Martin Luther," 335. 이것에서 좀 더 나가면 칼빈이 말하는 "율법 안에 있는 복음"이라는 생각에 이를 수 있다. 그런데 루터는 아직 그렇게까지는 표현하지 못했다.

의 의를 내 것으로 만드신다면, 나는 그와 같은 의로 의로운 것이다."[24]

다른 곳에서도 이 놀라운 교환이 잘 나타나고, 이런 "놀라운 교환" 사상에 근거해서 루터가 바울 서신에서 재발견한 "칭의(稱義)", 의롭다고 간주됨, 의롭다고 칭하여짐 사상이 나타난다. 이를 표현하는 다음 말을 보라:

> 성도들은 언제나 자신의 죄를 인식하고 있으므로, 하나님의 자비에 근거해서 하나님으로부터 의를 구하고, 언제나 하나님에 의해 의롭다고 여겨진다(*semper quoque isusti a Deo reputantur*).... 그러나 사실상 그들은 죄인이다(*re vere paccatores*). 그러나 그들은 자비하신 하나님께서 의롭다고 여겨주시기에 의롭다(*sed reputatione miserentis Dei iusti*). 그들은 이런 사실을 모르지만 의롭다. 이런 사실을 알게 되면, 자신들이 의롭지 않음을 알게 된다. 그들은 실제 죄인이지만(*peccatores in re*), 소망 속에서 의롭다(*iusti autem in spe*).[25]

개신교 칭의론의 핵심이 여기 나타나고 있다. 그들 스스로는 의롭지 않지만, 오직 예수 그리스도께서 이루신 온전하신 의에 근거해서 온전히 그리스도에게 의존하는 사람들을 의롭다고 선언하신다.[26] 그러므로 1520년은 루터가 이신칭의를 거부하는 천주교회와의 관계를 개인적으로 분명히 단

---

24 루터의 말을 인용하는 Drewery, "Martin Luther," 326.

25 Luther, WA 56. 346. 16-19, McGrath, *Iustitia Dei,* 한글판, 304에서 재인용.

26 그런데 이런 이해는 성경에 근거하고 있는 것이므로 이와 같이 "오직 믿음에 의한 칭의"를 주장하면서 그전까지는 그 누구도 이렇게 생각하지 않았다고는 **전혀 생각하지 않았다**는 리츨과 오어의 강조를 보라. Albrecht Ritschl, *A Critical History of the Christian Doctrine of Justification and Reconciliation,* 3 vols., trans. John Black (Edinburgh: Edmonston and Douglas, 1872), I:164; Orr, *The Progress of Dogma*, 253, n. 3. 오어는 이를 여러 곳에서 아주 분명히 한 것이 리츨의 교리사 책의 큰 공헌의 하나라고 한다. 참된 그리스도인들은 (비록 그런 용어를 사용하지는 않았어도) 항상 이신칭의를 믿어 왔다는 것을 깊이 의식해야 한다.

절한 때로 여겨질 수 있다.[27]

1530년 아우그스부르크 신앙고백서에서는 이런 사상이 이렇게 정교하게 표현되었다:

> 또한 그들은 사람들은 그들 자신의 힘이나 공로나 행위로는 하나님 앞에서 의롭다함을 받을 수 없다고 가르친다. 그러나 그들이 그리스도께서 그의 죽으심으로 우리 죄에 대한 만족을 이루셨고, 그것을 하나님 앞에서 우리에게 전가하신 그리스도 덕분에 우리의 죄가 용서 받고 의와 영생이 우리에게 주어졌음을 믿을 때에 그 믿음을 통하여 (하나님의) 애호로 받아들여지고 그들의 죄가 용서 되었다는 것을 믿을 때, 그리스도 덕분에 믿음을 통하여 값없이 의롭다함을 받는다고 가르친다.[28]

멜랑흐톤의 칭의 이해

루터보다 14살 어린 동료요 후계자로 언급되며 독일의 교육자(*Praeceptor Germaniae*, precepter of Germany)로 알려진[29] 필립 멜랑흐톤(Philip Melanchthon, 1497-1560)도 같은 견해를 강하게 표현한다. 그는 아우그스부르크 신앙고

27 "불행하고 희망이 없고 신성 모독적인 로마여 안녕!"(Martin Luther, "Open Letter to German Nobility," 1520, *Luther's Works,* X, 266-351)이라고 말하는 루터의 말을 인용하면서 이를 말하는 Drewery, "Martin Luther," 344를 보라.

28 Augusburg Confession, article 4: "Also they teach that men cannot be justified before God by their own strength, merits, or works, but are freely justified for Christ's sake, through faith, when they believe that they are received into favor, and that their sins are forgiven for Christ's sake, who, by His death, has made satisfaction for our sins. This faith God imputes for righteousness in His sight."(https://carm.org/augsburg-confession).

29 Cf. Clyde L. Menschreck, *Melanchthon: The Quiet Reformer* (New York: Abingdon Press, 1958, reprint. Eugene, OR: Wipf & Stock Pub., 2009), 10장-11장.

백서를 변증하고 설명하면서, 친구의 부채를 지불하듯이 그리스도께서 우리의 죗값을 지불하신 것이므로, 신자는 그리스도의 공로, 그러므로 "우리 **밖의 공로** 때문에 의롭다고 간주된다."고 말한다.[30] 그리하여 칭의는, 천주교회에서 이해하는 대로, 의롭게 만든다는 것이 아니라 "의롭다고 선언된다는 것"임을 명백히 밝힌다.[31] 의화(義化)가 아닌 칭의(稱義)를 말하는 것이다. 개신교 최초의 조직신학서라고 불리는 1521년 판 『신학총론』(*Loci communes*)의 최종 개정판인 1555년 판 *Loci communes*에서도 이를 아주 분명히 드러내고 있다.[32]

---

30 Phillip Melanchthon, *Apologia, 1530,* art 21 para 19.

31 Melanchthon, *Apologia,* art 4 para 252. 이것은 루터의 사상에도 명백히 있던 것임이 분명하다. 그러므로 맥그라뜨의 매우 조심스러운 현학적인 다음과 같은 논의, 즉 루터가 칭의의 외적인 성격을 분명히 옹호하긴 했지만 "엄격한 의미에서 볼 때 법정적 칭의 교리를 가르치지 않았다... 사실 루터는 사건과 과정으로서의 칭의라는 어거스틴적인 이해에 충실히 머물러 있었다"는 논의는 (Alister McGrath, "Forerunners of the Reformation? A Critical Examination of the Evidence for Precursors of the Reformation Doctrine of Justification," *Harvard Theological Review* 75 (1982): 219-42, at 225) 많은 논란거리를 제공하는 논의라고 여겨진다.

32 고전적 진술 방식인 *Loci communes*를 우리말로 『신학총론』이라고 옮겼다. 이승구 옮김 (고양: 크리스챤 다이제스트, 2000). 이 번역서에서는 그의 이름을 출판사에서 필립 멜란히톤이라고

이 책에서 칭의에 대한 논의를 하면서 멜랑흐톤이 가장 많이 언급하고 있는 말의 하나가 "우리 (편에서)의 공로 없이, 믿음을 통하여"라는 말이다.[33] 그는 이를 매우 강조하면서 그야말로 '이신칭의'를 분명히 한다.

그렇다면 과연 우리는 누구의 공로로 하나님께 받아들여지고, 의롭다고 칭함을 얻는가? 멜랑흐톤은 그것은 "하나님이요 사람이신 주 그리스도의 순종에 근거"한다고 말한다.[34] "하나님의 아들은 우리의 중보자요 화목자로서, 영원한 아버지 앞에 당신님의 순종을 제시하신다."[35] 그러므로 "그의 순종만이 우리에게 공로가" 된다.[36] "이 화목자 덕분에 우리는 은혜로 칭의 받는다, 즉, 우리가 죄 용서를 받으며, 하나님께 기쁨이 되는 것이다."[37] 물론 "율법은 우리가 율법이 명령하는 대로 하면 칭의 받는다고 말한다. 그러나 우리 주님이시요 구주이신 **그리스도를 제외하고는 그 누구도 율법이 가르치는 대로 할 수 없다.**"[38] 그러니 공로는 오직 그리스도의 것일 뿐이다. 심지어 "하나님께 돌이킨 사람들 안에 있는 믿음[조차도] 그들 자신의 깨끗함에 근거하는 것이 아니라, 하나님의 아들에게 근거하는 것이다."[39] 그러므로 "은혜의 약속은 우리의 공로에 근거하는 것이 아니라, 우리 주 그리스

표기하였다. 이 책과 그 개정 과정에 대해서는『신학총론』, 35-36에 있는 영어역자인 Clyde L. Menschreck의 설명을 보라.

33 Melanchthon,『신학총론』, 296, 299, 300, 301, 306, 316, 317, 324, 335, 338, 340 *et passim*.

34 Melanchthon,『신학총론』, 310.

35 Melanchthon,『신학총론』, 324.

36 Melanchthon,『신학총론』, 316.

37 Melanchthon,『신학총론』, 324.

38 Melanchthon,『신학총론』, 317.

39 Melanchthon,『신학총론』, 323.

도에게 근거하는 것이며, 믿음으로 받아들여야만 한다는 결론이 따라 나온다."[40]

따라서 "그의 아들 때문에 우리에게 의를 전가해 주시는 것이다"고 말한다.[41] "이것은 오직 그리스도 때문이니, 그의 의가 우리의 것 대신에 받아들여진 것이다."[42] 그래서 "복음은 이렇게 해서 얻게 되는 의를 그리스도 때문에 주어지는 전가된 의(an imputed righteousness)라고 부른다."[43] 그러므로 그리스도께서 이루신 의가 우리가 하나님께 받아들여지는 조건이다. "먼저 그리스도의 의가 우리를 위하여 받아들여지고 그리스도로 우리가 덧입혀져야만 한다는 말이다."[44] 멜랑흐톤은 바울이 로마서 5:19에서 "한 사람의 순종하심으로 많은 사람이 의인이 되리라"는 말씀이 그리스도의 순종하심으로 그의 의로 우리가 옷 입어서 의롭다고 칭함을 받았다고 해석하며 강조한다.[45] 그리스도의 순종의 의로 "우리가 덧입혀져서 하나님의 진노가 우리 위에 쏟아 부어지지 않으며, 우리의 참담한 본성을 파괴하지 않는 것이다."[46]

그리스도의 의가 우리에게 전가된 것을 멜랑흐톤은 매우 루터적인 용어로 이렇게 표현한다: "그러므로 우리는 낯선 의로 옷을 입었다."[47] 이와 같

---

40 Melanchthon,『신학총론』, 301.

41 Melanchthon,『신학총론』, 309. 또한 Melanchthon,『신학총론』, 299, 309, 318f., 등도 보라.

42 Melanchthon,『신학총론』, 309.

43 Melanchthon,『신학총론』, 318.

44 Melanchthon,『신학총론』, 319.

45 Melanchthon,『신학총론』, 309.

46 Melanchthon,『신학총론』, 318.

47 Melanchthon,『신학총론』, 309.

이 그리스도의 온전한 순종의 의가 우리에게 전가된다는 것을 멜랑흐톤은 매우 강조한다. 그는 이렇게 말한다: "이 현세의 삶에서 우리가 하나님을 기쁘시게 할 수 있는 것은 우리에게 전가된 그리스도의 의뿐이다."[48] 칭의에서 언급된 의는 언제나 "이 전가된 의를 의미한다"고 멜랑흐톤을 강조하여 말한다.[49] 우리는 "오직 그리스도 덕에 죄 용서를 받고 칭의 받음을" 믿어야 한다는 것이다.[50]

이때 "우리 안에 하나님의 '본질적인 의'(*justitia essentiali*)가 주어져서 그 때문에 칭의 받았다고 사변하는 오시안더의 오류를 범하지 말기로 하자"고 명시하면서[51] 우리에게 그리스도의 신성의 의가 주어진 것처럼 생각하는 **오시안더(Andreas Osiander**, 1498 - 1552)의 견해를 명시적으로 비판한다.[52] 여기서의 의라는 말은 항상 "바울이 말하는 전가된 의로 이해해야만 하는 것이다."고 멜랑흐톤은 아주 명료하게 설명한다.[53]

그리고 "이렇게 (믿음으로) 의롭다함을 받은 자에게는 하나님께서 우리 안에서 역사하시는 갱신(renewal)이 뒤따르게 되는데, 이를 그는[바울은] 성

48 Melanchthon, 『신학총론』, 309.

49 Melanchthon, 『신학총론』, 310.

50 Melanchthon, 『신학총론』, 315.

51 Melanchthon, 『신학총론』, 319f.

52 Melanchthon, 『신학총론』, 319f. 또한 Melanchthon, 『신학총론』, 334f.도 보라.

53 Melanchthon, 『신학총론』, 320.

화(sanctification, *Heilugung*)라고 부른다. 이처럼 칭의와 성화는 분명히 구별되는 것이다."라고 말하여,[54] 멜랑흐톤은 아주 분명한 개신교적 입장을 잘 드러내고 있다. 개념상 구별되는 칭의가 인간의 공로의 의존하지 않고 오직 그리스도의 순종과 그 의에 근거해서 주어지며, 칭의함을 받은 자들은 하나님의 은혜 가운데서 분명히 성화되어 간다고 진술한다. 믿음과 함께 다른 덕들이 있으나 "그 덕들은 공로를 가지는 것(meritorious)이 아니며," "그 덕들은 칭의의 근거(*causae justificationis*)가 되지 않는다. 즉, 그것들이 하나님께서 우리를 받아주시는 이유가 될 수 없는 것이다."고 명확히 한다.[55] "사랑과 새로운 순종이 죄 용서를 공로로 얻는 것도 아니고, 우리로 하나님께 기쁨이 되도록 하는 원인이 되는 것도 아니다. 우리는 오직 중보자 덕분에 죄 용서를 받으며, 하나님께 기쁨이 된다."[56] "우리의 선행, 또는 우리의 시작된 순종이 죄 용서를 공로로 얻는 것도 아니고, 율법을 이루는 것도 아니며, 그것 때문에 우리가 하나님에 의해 받아들여지는 의도 아니고, 영원한 구원을 공로로 얻게 하는 것도 아님을 아는 것이 필요하다."[57] 멜랑흐톤은 곳곳에서 성경의 가르침에 근거하여 "우리의 선행이 영원한 구원을 공로로 얻는 것이 아님은 분명하다"고 천명한다.[58] 왜냐하면 "[우리가 행하는] 이 선행도 [오직] 그리스도 덕분에 하나님께 기쁨이 되는" 것이기 때문이다.[59]

---

54 Melanchthon, 『신학총론』, 311.

55 Melanchthon, 『신학총론』, 315. 또한 335도 보라: "회개한 사람은 그 자신들의 새로운 덕들에 근거해서가 아니라, 주 그리스도 덕분에 값없이 오직 믿음으로 칭의를 받는 것이다."

56 Melanchthon, 『신학총론』, 324.

57 Melanchthon, 『신학총론』, 337.

58 Melanchthon, 『신학총론』, 337.

59 Melanchthon, 『신학총론』, 337.

그러므로 우리는 그저 "믿음으로 죄 용서를 받고, 그리스도 덕에 하나님께 받아들여지는 것이다."[60] 이와 같이 우리는 "우리 편에서의 공로 없이, 믿음을 통하여, 그리스도 덕분에 죄 용서를 받으며, 칭의 받는다. 즉, 하나님께 기쁨이 되는 것이다."[61]

멜랑흐톤의 칭의 이해는 아주 명백하게 천주교적 의화 이해에 대한 반대와 오시안더의 그리스도의 본질적 의의 전가로 인한 변화를 반대하면서 참으로 성경적인 칭의 이해를 분명히 하는 것이다. 다음 말에 이것이 어떻게 잘 드러나는지를 살펴보라:

> 그러나 우리는 하나님께서 신인(神人)이신 그리스도 때문에 우리의 죄를 용서하시고, 우리를 그리스도의 의로 옷 입혀 주시고, 우리 편에서의 공로가 없어도, 그 어떤 주입된 사랑이나 주입된 새로움 때문이 아니고, 또 오시안더가 그의 '본질적인 의'(*justitia essentiali*)에서 말하는 이 세상에 우리의 삶에 작용하시는 하나님의 역사(役事) 때문이 아니고, 중보자요 화목자이신 그리스도의 순종과 공로 때문에 값없이(*gratis*) 믿음을 통하여 우리를 받아주심을 믿어야 하므로, 우리는 이 위로를 가져야만 하고, 회의 중에 머물러 있어서는 안 된다.[62]

이 정리 가운데, 우리가 믿는 바는 (1) 오직 그리스도의 공로에 의존하여, 그러니 순전히 은혜로 하나님께서 믿는 우리들을 받으시는 것이라는 '이신칭의' 이해가 잘 드러나 있고, (2) 이때 이는 우리에게 주입된 은혜에 근거

---

60 Melanchthon, 『신학총론』, 315.

61 Melanchthon, 『신학총론』, 325.

62 Melanchthon, 『신학총론』, 335.

한 우리의 공로로 이루어지는 것이 아니라는 천주교적 의화 이해에 대한 명백한 비판과 동시에 (3) 오시안더가 말한 그리스도의 '본질적인 의'가 우리에게 주입되어 그것이 우리에게 역사하는 것으로 설명하는 잘못된 견해도 분명히 거부하면서, 동시에 (4) 우리는 이신칭의 때문에 회의와 의심에 머물러 있는 것이 아니라, 오히려 확신을 가질 수 있음을 아주 명확히 천명하는 것이다.

츠빙글리의 칭의 이해

츠빙글리도 1519년 이후에 거의 같은 이해를 잘 표현하였고 그것이 삭소니 이후 종교개혁의 두 번째 중심지라고 할 수 있는[63] 취리히의 종교개혁의 시발점이었다. 그런데 츠빙글리의 이신칭의 이해가 루터에게서 온 것이냐,[64] 아니면, 츠빙글리 자신이 잘 말하듯이 성경을 읽는 중에서 독자적으로 발견된 것이냐에[65] 대한 논란이 있어 왔다. 츠빙글리의 서재에

[63] 이렇게 표현한 Basil Hall, "Ullich Zwingli," in *A History of Christian Doctrine,* ed., Hubert Cunliffe-Jones (Edinburgh: T&T Clark, 1978, reprinted, Philadelphia: Fortress Press, 1980), 358을 보라.

[64] Reinhold Seeberg, *Textbook of the History of Doctrines,* 2 vols., trans. Charles Hay (Grand Rapids: Baker, 1956), 307: "츠빙글리가 그의 근본적인 개혁적 견해들뿐만 아니라 이신칭의 개념을 루터로부터 가져 왔다는 것은 의심의 여지가 없다.... 종교적 진리에 대한 의식의 중심에서 츠빙글리는 루터에게 의존한다." 루프스(F. Loofs)도 같은 의견을 표한다.

[65] 독자성을 좀 더 강조하는 Hall, "Ullich Zwingli," 355; 이승구, "개혁파 교회에 대한 쯔빙글리의 기여", 강경림 외, 『한 권으로 읽는 츠빙글리의 신학』 (서울: 세움북스, 2019)를 보라.

루터의 책이 20여권 있었으므로 특히 기독교자의 자유에 대한 이해에 있어서 루터의 영향이 있었다는 것을 부인할 수는 없으나,[66] 종교개혁이 시작되는 전반적인 분위기 가운데서 성경 특히 1516년에 에라스무스가 출판해낸 희랍어 성경을 열심히 읽으면서 자신의 주장을 했다는 것을 부인할 필요는 없다.[67] 바실 홀이 잘 말하고 있듯이 츠빙글리는 "그 어떤 신학자나 저자에게 헌신된 제자라고 할 인물이 아니다."[68] 그러므로 츠빙글리가 루터에서서 배워 이신칭의를 주장한 것인가 독자적으로 칭의를 주장한 것인가의 논의는 사실 별 의미 없는 논의이다. 중요한 것은 성경에서 발견한 이신칭의 사상 자체이기 때문이다.

이신칭의 사상에서나 다른 모든 것에서 츠빙글리는 "모든 것이 하나님에 의해서 그리고 하나님으로부터 이루어졌다. 그가 없이는 아무것도 이루어지지 않는다"는 것을 강조했다.[69] 그도 (때로 그리스도 이전의 이교도들 중에서도 성령의 인도하심을 받을 수 있고 때때로 진리의 파편을 드러내었다고 하지만)[70] 인간의 타락이 심각성을 잘 의식해서 타락한 사람은 그 누구도 스스로 구원할 수 없음을 아주 분명히 하였기 때문이다.[71] 그래서 그리스도께서 우리 죄를

---

66 이를 용인하는 Hall, "Ullich Zwingli," 358을 보라.

67 이 점을 잘 논의한 이승구, "개혁파 교회에 대한 쯔빙글리의 기여", 『한 권으로 읽는 츠빙글리의 신학』을 보라. 그러므로 1516-1519년이 츠빙글리의 견해가 바뀌는 중요한 기간이라는 것에는 의심의 여지가 없다 같은 점을 잘 드러낸 Hall, "Ullich Zwingli," 357을 보라.

68 Hall, "Ullich Zwingli," 355.

69 츠빙글리의 섭리론(*On the Providence of God,* 1530)를 인용해서 이렇게 말하는 Hall, "Ullich Zwingli," 360을 보라.

70 이 점을 언급하는 Hall, "Ullich Zwingli," 362를 보라. 이런 표현은 안타까운 표현이다. 츠빙글리가 좀 더 정교하게 표현하면서 이를 성령님의 인도나 하나님의 인도라 하지 말고 타락한 사람에게조차 미치는 일반 은총 때문이라고 해야 했을 것이다.

71 이 점은 Hall, "Ullich Zwingli," 362에서도 잘 지적하고 있다. 그러므로 조금 후에 츠빙글리가 원죄의 가공할만한 결과를 덜 의식했다고 한 것(362 마지막 줄)은 상당히 의아스러운 표현이라

대신 지시고 그의 의를 주신다고 하면서 우리가 그리스도를 믿을 때 하나님께서 우리를 의롭다고 여겨주신다고 분명히 이신칭의를 말한다. 그래서 하나님의 우리들에 대한 은혜스러운 목적에 대한 신뢰로서 신앙을 말한다. 이 신앙조차도 하나님의 성령에 의해서 우리 안에 일으켜지는 것이고 하나님의 말씀에 의해 낳아진 것이라고까지 표현한다.[72] "성령에 의해서 인도되는 신앙"은 고뇌하는 죄인의 영혼에 확신과 평화를 가져다준다고 한다. 그러니 하나님께서 홀로 다 하시는 것이다. 우리는 하나님께서 홀로 이루시는 구원을 의지할 뿐이다.

칼빈의 칭의 이해

흔히 칼빈은 모든 것을 요약해서 일관성 있게 표현했다고 하는데, 칭의에 대해서도 칼빈은 개혁교회에 아주 잘 요약한 일관성 있는 표현을 남겨주었다.[73] 다음과 같은 요한 칼빈(1509-64)의 말은 종교개혁적 칭의 이해를 아주 잘 요약하는 것이다.

> 바울은 그리스도께서 우리를 의롭게 하셨다고 말한다. 그럼으로써 우리들은 하나님에게 받아들여질 수 있게 되었고, 그의 죽으심으로 죄 용서함을 받았으며, 그의 순종이 우리에게 전가됨으로써 의롭게 되었다. 믿음의 의는 죄의 용서와 은혜의 용납하심으로 구성되는데, 우리는 이 두 가지를 다 그리스도

고 하지 않을 수 없다.

72 이를 잘 요약하여 표현하는 Hall, "Ullich Zwingli," 362를 보라.

73 누구나 이렇게 말하지만 대표적으로 James Orr, *The Progress of Dogma,* 270을 보라: "[He] gave its doctrine a compactness and consistency never attainted in the rival communion."

를 통해서 얻는다.[74]

> 그러므로 우리들은 칭의를 단순히 하나님께서 은총 안에서 우리를 받아들이시며(*acceptatio divina*) 우리를 의롭게 취급하시는 그의 용납으로 해석한다. 칭의는 죄의 용서와 그리스도 의의 전가로 구성된다.[75]

그러므로 칭의 문제에 관한 한 루터와 칼빈 사이에 본질적인 차이가 없다고 할 수 있다.[76] 칼빈도 칭의를 법정적 개념으로 이해한다.[77] 그리고 칭의에서 논의되는 의는 언제나 "우리 자신의 것이 아닌 그리스도의 것"(*non in nobis sed in Christo*)이다.[78] 이 점도 루터가 말하는 "낯선 의(*justitia aliena*), 우리 밖의 의(*justitia extra nobis*)"와 같은 개념임을 누구나 알 수 있다.

그리고 그리스도의 의가 우리에게 전가되기 위해서는 그리스도와의 연합이 중요하다는 것을 칼빈은 강조한다. 그런데 그 연합을 **물질적인 것**으로 이해하고 따라서 그리스도가 내주하시면 그 내주하시는 그리스도에 의해서 개인이 실질적으로 의롭게 변화되는 것이라고 주장하던 안드레아스 오시안더(Andreas Osiander, 1498-1552)의 주장과는 달리, 칼빈은 그리스도와의

---

74 John Calvin, *Comm.,* I Cor. 2:30.

75 Calvin, *Institutes*, 3. 11. 2, 강조점은 덧붙인 것임.

76 이는 루터의 글과 칼빈의 글을 실제로 읽은 대부분의 사람이 잘 관찰한 바이지만 특히 이를 언급하는 G. C. Berkouwer, *Faith and Justification* (Grand Rapids: Erdmans, 1954), chapter 2; Runia, "Justification and Roman Catholicism," 198; Donald MacLeod, "The New Perspective: Paul, Luther, and Judaism," in *The Westminster Confession into the 21st Century,* vol. 3, ed., J. Ligon Duncan, III (Fearn, Ross-shire, Scotland: Christian Focus Publications, 2009), 298 등을 보라.

77 Calvin, *Institutes,* 3. 11. 11.

78 Calvin, *Institutes,* 3. 11. 23.

연합을 영적인 것으로 이해하며 매우 강조한다.[79]

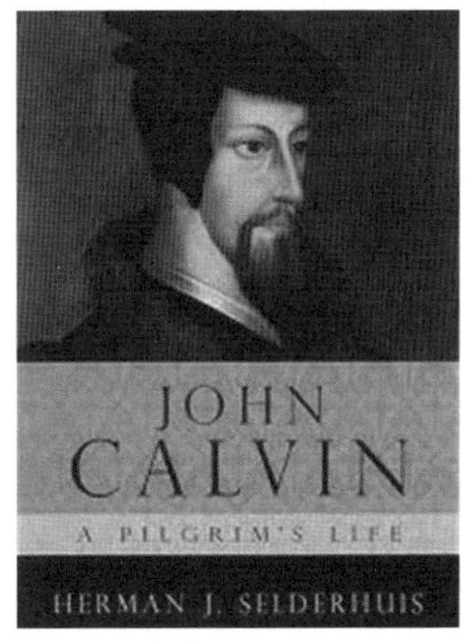

또한 칼빈에게도 칭의는 오직 그리스도에 의한 것이다. 범해진 율법에 대한 형벌을 우리의 대리자(representative)이신 그리스도께서 담당하셨다. 또한 그리스도께서 다 이루신 의를 우리에게 전가하시고 그에 근거해서 우리를 의롭다고 선언하신다. 그러나 칭의는 우리의 덕이나 덕스러운 행위에 의해 이루어지는 것이 아니고, 그리스도께서 하신 것에 대한 선언으로 이루어진다. 이때 믿음은 단순히 그리스도를 받아들이는 그릇일 뿐이다. 그래서 믿음을 칭의의 도구적 요인이라고 하기도 한다.[80] 믿음은 칭의의 도구일 뿐 칭의의 근거가 아니다.

그러므로 루터와 칼빈에게 본질적인 것은 객관적으로는 (1) 그리스도의 의의 전가이고,[81] 주관적으로는 (2) 십자가에서 이루신 구속과 그리스도의 의의 전가를 믿는 믿음에[82] 근거해서만 하나님께서 칭의하신다는 것이다.

---

79 Calvin, *Institutes,* 3. 11. 10. 여기서 그리스도와의 연합에 대해서 루터의 용어가 칼빈의 용어만큼 정교하지는 않지만 루터의 견해 자체는 칼빈의 입장과 유사하며 사실 루터의 견해가 칼빈의 그리스도와의 연합에 대한 이해를 정립하는데 도움이 되었을 것이라고 설득력 있게 논의하는 John V. Fesko, "Luther on Union with Christ," *Scottish Bulletin of Evangelical Theology* 28 (2010): 161-76을 보는 것도 흥미롭다.

80 Calvin, *Institutes,* 3. 11. 7.

81 이에 대한 좋은 강조로 R. Scott Clark, "*Iustitia Imputata Christi:* Alien or Proper to Luther's Doctrine of Justification?" *Concordia Theological Quarterly* 70 (2006): 269-310; 또한 신호섭, "The Imputation of Christ's Active Obedience in Puritan Theology" (Th. M. thesis, Westminster Theological Seminary, 2006)=『개혁주의 전가 교리』 (서울: 지평서원, 2016)을 보라.

82 루터는 이를 그리스도를 "붙잡는 믿음"(*fides apprehensiva*)라고 표현하기도 한다. WA 40/1. 229. 28, McGrath, *Iustitia Dei,* 한글판, 305: "그의 의가 우리의 의가 되며, … 그리스도를 붙잡게 하고, 그에게 딱 달라붙게 하는 믿음이다."

그러므로 개혁자들의 강조점은 현재 우리가 믿을 때에 칭의하심에 주어져 있다. 그래서 "이신칭의"라고 번역하는 것이다. 그럼에도 불구하고 "칭의는 믿음 때문(*propter fidem*)이 아니라, 그리스도 때문(*propter Christum*)이다."[83] 1530년의 아우그스부르크 신앙고백서에서는 "그리스도 때문에 믿음으로 칭의된다"(*proter Christum per fidem*)는 표현이 사용되었다.[84] 그러므로 "루터와 칼빈의 글에서 전가 교리가 전면에 나선다"는 페스코의 주장은[85] 매우 정확한 것이다.

이와 같이 칭의에 관한 한 루터와 칼빈은 의견을 같이 한다.[86] 그들은 모두 (1) 칭의가 하나님께서 값없이 베푸시는 은혜의 행위라고 하였고, (2) 사람의 내면을 바꾸는 것이 아니고 하나님과 관련된 법적 관계만을 바꾸는 순전히 법정적 선언으로 그리스도의 의에 근거하여 의롭다고 선언하는 것이며, (3) 그 근거를 신자 안의 의에서 찾지 않고 오직 그리스도의 전가된 의에서 찾았으며, (4) 칭의가 점진적이라는 것을 부인하고 믿을 때 하나님께서 순간적으로 하시는 완결적 행위라는 것을 강조했고, 또한 (5) 신자들이 진노와 정죄의 상태에서 하나님께 받아들여져 애호받는 상태로 바꾸었음을 절대적으로 확신할 수 있다고 했다.[87]

---

83 McGrath, *Iustitia Dei,* 한글판, 308.

84 believers are "*iustificantur propter Christum per fidem . . .*" (Phillip Schaff, ed., *The Creeds of Christendom,* 3 vols. [Grand Rapids: Baker Book House, 1983], vol. 3, 10. 1).

85 Fesko, *Justification*, 20. 또한 전가를 다루는 장인 9장 "칭의와 전가"도 보라(241-63). 신호섭도 이 점을 잘 강조하여 말하고 있다(『개혁주의 전가 교리』, passim)

86 이에 대한 같은 견해의 표명으로 Berkhof, *The History of Christian Doctrines* , 220을 비롯해서 위의 각주 4에 언급된 내용을 보라.

87 이를 이렇게 5가지로 요약해서 제시하는 Berkhof, *The History of Christian Doctrines* , 220을 보라. 후기 루터파 신학은 이 입장에 철저하지 않았다는 지적도 같이 생각해야 한다.

개혁파 신앙고백서들의 칭의 이해

이후 모든 개신교 문서에서는 우리의 칭의가 그리스도의의 전가 때문이라는 것을 아주 분명하게 언급한다. 〈제2 스위스 신앙고백서〉에서도 칭의의 근거는 하나님께서 우리에게 전가해 주시는 "그리스도의 의"(the *iustitiam Christi*)에 있다고 하며, 하나님께서는 죄인들을 "그리스도 때문에"(*propter Christum*) 의롭다 하시고, 그들은 "그리스도에 대한 믿음을 통해서"(*per fidem*) 그리고 "오직 그리스도에 대한 믿음 안에서"(*sola fide in Christum*) 칭의하신다고 고백한다.[88] 〈하이델베르크 요리문답〉 60문도 "그리스도께서 나를 대신해서 복종하신 것(*pro me Christus praestitissem*)을 그처럼 마치 내가 온전히 복종한 듯이(*eam obedientiam*) 하나님께서는 그리스도의 온전한 만족, 의, 거룩하심을(*perfecta satisfactio, iustitia et sanctitas Christi*) 내게 전가해 주시고, 내 것으로 여겨주십니다"(*mihi ... imputetur ac donetur*)고 고백한다.[89] 또한 같은 사상을 천주교의 의화 이해와 명백히 대조하여 설명하는 〈웨스트민스터 신앙고백서〉 11장을 보라:

> 의를 그들에게 주입해서가 아니라 그들의 죄를 용서해 주시고 그들의 인격을 의롭다고 간주하여 용납하시므로 하나님께서 유효하게 부르신 자들을 또

---

88 *The Second Helvetic Confession,* Art. 15. 3-4, cited in Schaff, Creeds *of Christendom,* vol. 3, 266-67. 같은 표현이 1530년의 아우그스부르크 신앙고백서에서도 사용되었던 것을 이미 위에서 보았다.

89 하이델베르크 요리문답 60문. Cf. 이승구, "성령과 교회 7강: 믿음으로 말미암는 칭의", 『성령의 위로와 교회』 (서울: 이레서원, 2008). 라틴어 번역은 [H. A. Niemeyer, *Collectio Confessionurn in Ecclesiis Reformatis Publicatarum* (Leipzig: Julius Klinkhardt, 1840), 442에서 찾아 넣었다. 이 과정에서 한글판에서 "내게 허락하시고"가 라틴어로는 *imputetur*이니 "전가하시고"임을 발견하고 그렇게 고쳐서 제시하였음을 밝힌다.

한 값없이 의롭다고 칭하신다. 이는 그들 안에서 이루어진 어떤 것이나 그들이 행한 어떤 것 때문이 아니라 오직 그리스도 때문에 그러하며, 믿음 그 자체, 믿음의 행위, 또는 다른 복음적 순종을 그들의 의로 그들에게 주입해서가 아니라, 그들이 믿음으로 그리스도와 그의 의를 받아들이고 의존할 때 그리스도의 순종과 만족을 그들에게 전가함으로 이루어지는데, 그 믿음도 그들 자신에게서 나온 것이 아니라 하나님의 선물이다.[90]

또한 웨스트민스터신앙고백서는 그리스도와 그의 의(義)의 전가를 강조한다고 해서 그리스도 이후에만 이것이 적용되는 것이 아니고, 그리스도의 공효는 그 이전에도, 후에 있을 십자가 구속에 근거하여 이미 작용함을 아주 분명히 하면서 "구약 시대 신자들의 칭의도, 이런 점들에서, 신약시대 신자들의 칭의와 하나이며 꼭 같은(one and the same) 것이다"고 선언하는 것을 잊지 않는다.[91]

이런 입장을 받아들이는 사람들은 어느 시대든지 "믿음 안에 어떤 공로도 존재하지 않는다. 그것은 제공된 호의를 받아들이는 행위일 뿐이다."고 말한다.[92]

---

[90] *The Westminster Confession of Faith,* 11. 1. (Available at: http://www.reformed.org/documents/wcf_with_proofs/)

[91] *The Westminster Confession of Faith,* 11. 6: "The justification of believers under the Old Testament was, in all these respects, one and the same with the justification of believers under the New Testament."

[92] Charles Hodge, *Systematic Theology* (1872), II:365. 신학사의 맥락에서 이 말을 읽는 분들은 누구나 이것 배후에 칼빈과 웨스트민스터 신앙고백서의 진술이 있음을 생각하지 않을 수 없다.

제14장

성화 교의(教義)의 정립

종교개혁이 칭의 교리를 정립했다는 것은 주지의 사실이다. 이를 부인하는 사람이 거의 없다. 이와 함께 종교개혁은 성화 교리도 정립하는 데 아주 큰 기여를 하였다는 것을 강조하지 않을 수 없다. 가장 성경적 입장을 잘 드러낸 칼빈의 성화 이해를 먼저 살피고, 루터와 후기 루터파 학자들의 견해도 살펴보고, 후기 개혁파 정통주의의 구원의 서정 이해와 성화에 대한 강조에 대해서 차례로 생각해 보기로 하자. 공통된 것은, 십자가상의 강도의 예처럼 미처 성화될 시간이 없는 경우를 제외하면 칭의에는 항상 성화가 뒤따른다는 것을 강조한 것이다.

칼빈의 성화 이해

칼빈과 개혁파에 의하면, 구속 언약에서 이미 그리스도와 성부께서 그에게 주신 자들 사이의 연합이 있는 것이고, 법적이며 신비한 이 연합 덕분에 구원의 모든 복이 그리스도에게 속한 자들에게 이상적으로(ideally) 있는 것이다.[1] 이로부터 구원의 모든 것이 나온다. 따라서 중생, 회개, 신앙 등이 그

[1] Berkhof, *The History of Christian Doctrines* (Grand Rapids: Eerdmans, 1937, 1949, paperback edition, Grand Rapids: Baker, 1975), 219. 벌코프가 말하는 "이상적 연합"에 대한 다른

저 준비로 여겨지거나[2] 그리스도와의 연합과 관련 없는 것으로 여겨지거나 사람들이 그 조건을 자신들의 능력으로 만족시켜야 하는 것으로 여겨지지 않고, 그리스도와의 신비한 연합에서 흘려나오는 '은혜 언약의 복들'로 여겨진다.[3] 칼빈은 때때로 신앙에 앞서 오는 회개도 언급하나 대개는 그것을 '시작하는 두려움'(initial fear) 또는 '그저 법적인 회개'(a legal repentance)라고 하면서 이런 것이 반드시 신앙으로 인도하는 것도 아니고 절대적 준비가 되는 것도 아니라고 했다. 칼빈이 강조하는 바른 회개는 신앙에서 나오는 회개다.[4] 이는 그리스도와의 교통에서만 가능한 것이고 평생 계속되는 것이다. 그는 이런 신앙은 회개와 밀접히 연관된다고 하면서, 진정한 회개 없이 신앙이 가능하지 않고, 진정한 신앙 없이 회개가 가능하지도 않다고 했다. 물론 우리는 신앙과 회개를 구별하여 설명할 수 있고, 따라서 회개와 믿음이 구원의 서정에서 각기 위치를 가질 수 있다고 했다.

또한 루터에게도 잔존해 있지만, 특히 칼빈에 의하면, 이렇게 칭의된 사람은 반드시 성화되게 되어 있는데 칼빈은 이것도 하나님의 은혜로 되는 것임을 강조한다. 그래서 그의 이중 은혜(*duplex gratia*) 개념이 있게 된다.[5]

곳에서의 논의로 Louis Berkhof, *Systematic Theology* (Grand Rapids: Eerdmans, 1941, reprinted, 1949), 448을 보라.

2 이는 위에서 요약한 루터파 정통주의의 한 방향과 상당히 대조되는 부분임을 주목해야 한다.

3 이렇게 잘 요약하여 제시하는 Berkhof, *The History of Christian Doctrines*, 220을 보라. 이것은 오늘날의 쓸데없는 복잡한 논의를 미리 극복한 가장 옳은 말이라고 할 수 있다. 구원의 서정에서 그리스도와의 연합이 어디에 속하는가를 가지고 논의하는 것은 무의미한 것임이 여기서 아주 분명히 드러난다. 구원의 서정의 모든 것이 처음부터 끝까지 모두 다 그리스도와의 연합 중에 이루어지기 때문이다. 그래서 벌코프도 부르심(454-64)과 중생(465-79) 등의 논의를 하기 전에 "신비한 연합"을 미리 논하고 있음(447-53)에 유의하라.

4 이하 몇 문장의 내용은 칼빈의 견해를 잘 요약하는 Berkhof, *The History of Christian Doctrines*, 220에서도 잘 강조되고 있다.

5 Calvin, *Institutes,* 3. 11. 1.

특히 성화와 관련해서 칼빈은 '율법의 제3의 용법'을 강조하면서,[6] 칭의함을 받은 그리스도인은 감사함으로 그들의 삶에서 하나님의 뜻을 구하고 그것의 실현을 위해 간구하며, 그것을 이루기 위해 산다는 것을 강조한다. 기본적으로 성령은 우리 안에 새로운 정신(a new mind)이 있게 하신다.[7] 이에 대해서 칼빈은 "성령에 의해 조명된다"고 표현하기도 하고, "새로운 눈을 얻는다"고도 한다. 그 영적인 "새로운 눈으로 하늘의 신비들을 생각할" 수 있게 된다.[8] 그렇게 하여 하나님의 뜻을 생각하고 삶 전체를 그런 방향으로 살게 된다는 것을 강조하면서 이를 중생이라고 표현하여,[9] 칼빈은 넓은 의미의 중생 개념을 사용하고 있음이 잘 나타난다.[10]

그런 신자의 모습을 강조하면서 칼빈은 "우리는 행위들 없이 칭의 받은 것이 아니라는 말은 참된 듯하다"고 하면서도, 아주 분명하게 그런 행위들이 우리의 공로가 되지 않음을 잘 드러내면서, "**그럼에도 불구하고 행위들에 근거해서 칭의된 것은 아니다**"고 덧붙이고 있음을 기억해야 한다.[11] 칭의 받은 성도는 성화를 이루어 나가며 선행을 하지만, 그런 성화와 선행이 칭의의 조건이나 근거도 아니라는 것을 칼빈은 분명히 한다. 바로 이런 의도에서, 그리고 오직 이런 의도로 칼빈은 "칭의하는 것은 '오직 믿음만으

---

6 Calvin, *Institutes,* 2. 7. 12. 용어는 사용되지 않아도 츠빙글리도 율법이 믿는 자에게 바른 삶의 방식을 보여 주는 기능이 있음을 강조했다고 논의하는 Basil Hall, "Ullich Zwingli," in *A History of Christian Doctrine,* ed., Hubert Cunliffe-Jones (Edinburgh: T&T Clark, 1978, reprinted, Philadelphia: Fortress Press, 1980), 363도 보라.

7 Calvin, *Comm.* Eph. 4. 23 (p. 190).

8 Calvin, *Institutes,* 3. 2. 34.

9 Calvin, *Institutes,* 3. 3. 9.

10 특히 Calvin, *Institutes,* 3. 3. 9를 보라. 9절-11절, 그리고 14절도 보라.

11 Calvin, *Institutes,* 3. 16. 1, 강조점은 덧붙인 것임.

로'라고 말한다. 그러나 칭의하는 신앙은 홀로 있지 않다"고 말한다.[12] 그러므로 이런 칼빈의 의도를 손상시키는 식으로 생각하거나 말하지 않도록 주의해야 한다. 오늘날 많은 사람들은 이런 구절들을 오해하면서 확대하여 설명하여 칼빈이 루터와 다르고, 상당히 천주교에 가까이 있는 듯이 설명하는 일들도 발생한다. 언제나 이 문장과 관련된 칼빈의 의도를 정확히 드러내는 것이 중요하다.

개혁자들은 모두 칭의와 성화를 둘 다 강조하되, 그 둘이 다르다는 것을 분명히 드러내면서 그 둘을 혼동하거나 혼합하지 않을 것을 강조한다.[13]

루터의 성화 이해

루터가 성화를 강조하였다는 것은 아주 자명한 것인데도 불구하고 "동시에 의인이며 죄인"이라는 루터의 말에 대한 이런저런 오해로 인하여 루터는 성화에 별 관심이 없는 듯이 생각하는 사람들이 있다. 그러나 칭의를 성경에 따라서 강조하는 사람들은 당연히 성화도 강조하게 된다.

비록 루터 자신은 율법의 제3의 용법이라는 말은 사용하지 않고 율법과 복음을 대조적으로 말하는 듯이 보인다. 그러나 칭의 받는 자는 율법

---

12 Calvin, "*Acta Syn. Trid. cum Antidoto*," in *Opera* VII, 477: "*Fides ergo sola est quae justificat, fides tamen quae justificat, non est sola,"* cited in Runia, "Justification and Roman Catholicism," in *Right with God: Justification in the Bible and the World,* ed., D. A. Carson (Exeter: The Paternoster Press & Grand Rapids: Baker Book House, 1992), 209, n. 41. 이 말을 오해하지 않도록 해야 한다. 현대 논의들에서 이 말은 여러 곳에서 오해되어 사용되고 있는 듯하다.

13 칼빈과 관련하여 이 점을 잘 강조하는 John V. Fesko, "Calvin on Justification and Recent Misinterpretations of His View," *Mid-American Journal of Theology* 16 (2005): 83-114; Fesko, *Justification: Understanding the Classic Reformed Doctrine* (Phillipsburg, NJ: P&R, 2008), 22; 그리고 김은수, "칼빈의 구원론의 중심과 본질: 그리스도와의 연합과 이중 은혜", 안명준 편, 『칼빈의 구원론과 교회론』 (서울: SFC, 2011), 14-38, 특히 31-34, 38 등을 보라.

의 뜻을 준행해 간다는 생각이 루터에게도 있다는 것을 잊어서는 안 된다.[14] 루터가 우리가 항상 죄인(*semper peccator*)이지만 동시에 전가된 그리스도의 의(義)로 항상 의인(*semper iustus*)이듯이 우리는 또한 "항상 회개하는 사람"(*semper penitens*)임을 강조하는 것에서 이 점이 잘 나타난다. 루터는 율법은 죄책을 드러내어 우리들로 하여금 양심의 가책을 받게 한다는 것을 강조한다. 그러면 복음은 죄된 영혼 속으로 들어와 바른 반응을 보이게 한다는 것이다.

그런 의미에서 맥그라뜨가 "루터는 후기 개신교와 관련된 칭의와 성화 사이의 구분을 만들지 않았으며, 되어가는 과정으로 칭의를 다룬다"고 말한 것은[15] 좀 더 사려 깊게 재검토되어야 할 것이다. 왜냐하면 루터 자신도 "그는[칭의 받은 사람은] 언제나 자신이 의롭지 못함을 인식하고 있지만, 의의 시작을 지녔으며, **계속하여 더욱더 의로움을 추구할 것이다**."라고 말하고 있기 때문이다.[16] 또한 루터도 우리의 선한 행동은 하나님에 의한 신자의 칭의를 나타내는 것이지, 선한 행동이 칭의를 불러일으킨다고는 생각할 수 없다고 하기 때문이다.[17]

---

[14] 루터에게도 성화와 삶의 규범으로서의 율법에 대한 이해와 강조가 있음을 잘 논의하는 Fesko, *Justification,* 21-22를 보라.

[15] McGrath, *Iustitia Dei,* 한글판, 305-306. 이처럼 루터가 법정적 칭의와 함께 참여적 변화도 언급하고 있다고 하면서 그런 개념을 더 발전시키는 Veli-Matti Kärkkäinen, *One with God: Salvation as Deification and Justification* (Collegeville, Minn.: Liturgical Press, 2004) 같은 시도도 많이 있다. 예수회 사제인 제라드 오콜린스도 캐르캐이넨에게 동의하면서 "루터의 견해에서는 의화는 의롭다고 선포하는 것과 실제로 의롭게 만드는 것을 모두 포함한다"고 주장한다("로마 가톨릭의 전통적 개혁파에 대한 논평", 『칭의논쟁』, 191). 제라드 오콜린스는 루터를 거의 천주교인 같이 만들어 제시한다. 그러므로 이 글에서의 맥그라뜨에 대한 비판은 그대로 캐르캐이넨이나 오콜린스 같은 분의 시도에 대한 비판이기도 하다.

[16] Luther, WA 56. 272. 21, McGrath, *Iustitia Dei,* 한글판, 307에서 재인용, 강조점은 덧붙인 것임.

[17] Luther, WA 39/1. 96. 9-14, McGrath, *Iustitia Dei,* 한글판, 312에서 재인용.

『기독자의 자유』(1520)의 주된 테제의 두 번째가 "그리스도인은 모든 사람의 가장 충직한 종으로 모든 사람에게 종속한다"고 하지 않는가? 여기에 성화에 대한 루터의 생각이 담겨 있다고 할 수 있다. 하나님의 은혜만이 타락으로 없어진 참된 자유를 주는데, 이는 "죄를 짓는 자유가 아니라 죄를 범하지 않을 수 있는 자유"다. 이것이 구속된 자들의 영광스런 자유이고, 이제 이웃에 대해서 종의 형태를 가지고 섬기게 된다. 이것을 자유롭게 아무것도 바라지 않고 오직 하나님께 기쁨을 드리기 위해 행한다.

또한 루터도 구속함을 받은 그리스도인들이 그리스도의 고난에 피조물적 형태로 참여함, 죄와 죽음과 사단과의 투쟁을 강조한다.[18] 그리고 이것은 성령의 능력으로 가능하다고 하며, 이로써 자원하는 헌신이 나타나게 된다고 한다. 그리스도와의 신앙의 연합을 통하여 그리스도의 사랑이 자유롭게 쏟아 부어지게 된다는 것이다.[19]

그런데 안타까운 것은 루터가 율법의 정치적 용도를 생각하면서 "사회에서의 인간관계에 필수적인 토대"를 율법의 정치적 용도로 제시하고 있다는 점이다.[20] 그래서 율법의 정치적 용도는 죄의 세력을 억제하고 외적이고 도덕적인 따름을 강제하는 것이다. 그래서 그와 루터파의 질서(*ordung*)에 대한 논의는 항상 율법의 정치적 용도와 관련되어 논의되고, 믿는 사람들을 위한 용도, 즉 멜랑흐톤과 칼빈의 이른바 율법의 제3의 용도와 연관하여

---

18 이를 지적하는 Benjamin Drewery, "Martin Luther," in *A History of Christian Doctrine,* ed., Hubert Cunliffe-Jones (Edinburgh: T&T Clark, 1978, reprinted, Philadelphia: Fortress Press, 1980), 336을 보라.

19 이것과 칼빈이 말하는 "그리스도와의 신비한 연합(*unio mistica cum Christo*)"은 그리 멀지 않다.

20 이를 잘 지적하는 Drewery, "Martin Luther," 334를 보라.

생각하지 않는 점이다. 루터에게는 "율법의 제3의 용법이 없다."[21] 이것은 그의 독특한 두 왕국 개념과 관련된 논의가 된다. 그래서 루터의 독특한 생각, 즉 그리스도인은 "육체에 관한 한 율법 아래 있고, 그가 영이므로 복음 아래 있다."는 생각이 나온다.[22] 한 하나님의 주권 안에 현세적(temporal) 통치가 있고 또한 영적(spiritual) 통치가 있다는 것이다. 영적인 통치는 설교자들과 성례를 통해서 행해져서 사람들은 선하고 의롭게 하고(루터는 이를 "수동적 의(義)"라고 한다) 영원한 평화(eternal peace)로 인도하고, 현세적 통치는 군주들과 관리들과 가장들에 의해 행해져서 악을 막고(루터의 이른바 "적극적[능동적] 의(義)"), 외적 평화(external peace)를 이루도록 한다.

이와 같이 루터는 육체 가운데서 살고 있는 그리스도인들에게 율법이 필요하다는 것을 강하게 이야기한다. 그러므로 간혹 복음을 강조하는 루터가 반법주의자(antinomian)인가를 질문하는 사람들이 있는데, 루터의 생애 동안 반법주의 논쟁이 일어났을 때 루터는 반법주의자들을 비판하는 논의를 강하게 하였음을 잊어서는 안 된다.

첫째로, 요하네스 아그리콜라(Johannes Agricola, 1494-1566)를 생각해야 한다. 그는 루터의 고향이라고 할 수 있는 아이슬레벤(Eisleben) 출신으로 1515

[21] 누구나 이를 말하지만 특히 Drewery, "Martin Luther," 335-36을 보라.

[22] 루터의 글에 근거한 Drewery, "Martin Luther," 336. 그런데, 매우 안타깝게도, 이에 대한 드류어리의 설명은 루터에 대한 설명이기보다는 오히려 바르트의 영향 하에 있음이 강하게 드러나고 있다.

년경에 비텐베르크 대학교에서 공부하여 신학사 학위를 1519년에 하고 그 해 있었던 라이쁘찌히 논쟁 때에 루터와 동행하여 일종의 서기(recording secretary) 역할도 했다.[23]

잠시 비텐베르크에서 요리문답 교사를 하다가 1525년 아이슬레벤의 라틴어 학교(St. Andrew School) 교장으로[24] 섬기면서 그곳의 니콜라이 교회(the Nicolai church)의 설교자였다. 그후 1536년에 비텐베르크로 와서 가르치다 논쟁 후에 비밀리에 비텐베르크를 떠나 베를린으로 간 아그리콜라가 1528년과 1537년에 반법주의 논쟁을 일으켰을 때, 루터는 반법주의를 반박하면서 항상 율법과 복음이 필요하다고 강조했다. 물론 루터는 율법으로 죄를 깨닫고 회개하는 점을 주로 말하지만, 교회 공동체 안에서 계속 율법도 선포되어야 한다고 하면서, 다음과 같이 말한다.

> 성도들도 이 삶에서 옛 사람을 완전히 떠나지 않으며 그들의 지체 가운데서 다른 법이 마음의 법과 싸워 죄의 법으로 사로잡는 것을 경험하므로(롬 7:23 참조), 율법은 교회에서 제거되어야 하는 것이 아니고 계속해서 유지되어야 하며 신실하게 그 소정의 목적으로 향해 나가도록 되어야 한다.[25]

이와 연관된 개념이 "하나님 앞에서"(*coram Deo*)와 "사람들 앞에서"(*coram*

---

23 이를 언급하는 John Julian, *Dictionary of Hymnology,* 2nd edition (London: John Murray, 1907), 19를 보라.

24 그래서 그를 "아이슬레벤의 교사"(*Magister Islebius*)라고 부르기도 한다.

25 Martin Luther, Solus Decalogus Est Aeternus: *Martin Luther's Complete Antinomian Theses and Disputations,* ed., Holger Sonntag (Minneapolis, MN: Lutheran Press, 2008),63: "[Since] the saints in this life do not entirely leave the old man and feel the Law in their members rebelling against the Law of their mind and bringing it into captivity (cf. Rom. 7:23), the Law must not be removed from the Church, but must be retained and faithfully driven home."

hominibus)의 대조이다.[26] "하나님 앞에서"(*coram Deo*)는 모든 사람이 동등하다. 다 피조물이고 다 죄인이어서 다 같은 정죄 아래 있고, 복음의 부름을 받았다. 그런데 "사람들 앞에서"(*coram hominibus*)는 모든 사람이 동등하지 않다. 특히 루터처럼 중세 말기에 있을 때 사람은 그 신분과 지위가 다르다. 그래서 여기서는 복음에 따라서가 아니라 율법의 명령 하에 있다고 한다.[27] 이와 같이 하여 계속되는 일상적인 "질서 있는 삶"을 통해서 하나님의 뜻이 이루어진다고 루터는 말한다.[28]

그러므로 몇 가지 안타까운 면이 있음에도 불구하고 루터도 하나님에 의해서 오직 그리스도의 의에 근거해서 칭의된 사람은 자신이 칭의 받았음을 선한 행위로 나타낸다는 성화를 시사(示唆)한다.[29] 루터는 참으로 통회(*contritio*)와 믿음(*fides*)을 강조한 후에 이신칭의에서 나오는 선행(*bona opera*), 즉 하나님께 바쳐진 삶도 매우 강조하였다.[30] 에라스무스와의 논쟁에서도 먼저 좋은 나무가 되어야 좋은 열매가 있다고 했음을 기억해야 한다. 이처럼 루터도 칭의의 은혜를 받은 사람들은 좋은 열매를 내게 된다고 한 것이

---

26 루터의 글에 근거한 Drewery, "Martin Luther," 340. 하나님 앞에서 사람은 그리스도인(*Christperson*)이라고 하고, 사람들 앞에서의 사람은 '세계인'(*Weltperson*)이라고 표현하기도 한다.

27 Drewery, "Martin Luther," 340. 이것이 루터의 가장 큰 문제이다. 칼빈이 이런 식의 두 왕국 이론을 찬동하지 않은 것이 바로 이런 생각의 문제를 깊이 의식했기 때문이다.

28 칼빈은 그 일상적인 삶이 복음에 의해서 새로워진 새로운 질서에 의해 이루어져야 한다고 주장한다. 그래서 칼빈은 루터의 두 왕국 개념이나 심지어 쯔빙글리나 불링거 등 동료 개혁파 신학자의 교회와 국가 관계 이해와는 다른 개념을 강조하는 것이다.

29 이를 잘 드러낸 논의의 하나로 Drewery, "Martin Luther," 326f.를 보라. 그는 루터는 반법주의자로 말하는 20세기 비판자들과 같이 성급하게 결론을 내려서는 안 된다고 하고 있다(327). 또한 "윤리적 성장에 대해서는 루터의 가르침에도 상당한 것이 있다. 그러나 그것은 항상 새로운 시작이다"(328). 또한 Elmer L. Towns, "Martin Luther on Sanctification," *Bibliotheca Sacra* (April, 1969): 115-22도 보라.

30 이를 잘 지적하는 Berkhof, *The History of Christian Doctrines*, 218; 또한 Hall, "Ullich Zwingli," 362를 보라. "츠빙글리도, 루터와 같이, 선행은 오직 신앙에 따라 나온다고 주장한다."

다. 루터도 “한번 시작된 성화는 날마다 점증해 간다. 죄 용서가 더 이상 필요치 않은 삶에 이를 때까지, 모든 사람들이 다 정결하고 거룩해질 때까지 성령님께서 계속해서 우리 안에 역사하신다”고 한다.[31] 이런 성화의 이상은 우리를 위해 죽으시고 부활하셔서 그의 온전한 의가 지금 여기에 있는 우리에게 항상 적용되게 하시는 그리스도이시다. 루터의 이런 성화에 대한 강조와 세례로 늘 되돌아가는 것에 대한 강조를 생각하면서 알트하우스는 “그리스도인들의 모든 성화는 세례의 완성일 뿐이다”고 간명하게 말한 바 있다.[32] 적절한 말이다. 이 점을 초기 루터파 신학자들도 강조하였고, 루터파 교회의 신조들에도 이런 강조가 나타나고 있다. 콘콜디아 신조(1577)에서는 5조에서 복음과 율법을 논의한 후에 6조에서는 “율법의 제3의 용도”도 언급할 정도였다.[33]

후기 루터파의 구원의 서정 이해와 성화에 대한 강조

루터와 초기 루터파 신학자들에게서 매우 간단하게 제시되던 것에 비해서 후기 루터파 정통주의자들은 사도행전 26:17, 18을 적용해서 좀 더 구체적인 구원의 서정(*ordo salutis*)을 제시했다.[34] 사실 “구원의 서정”이라는 말

31 루터의 글에 근거한 Drewery, “Martin Luther,” 329를 보라.

32 Paul Althaus, *The Theology of Martin Luther,* trans. Robert C. Schultz (Philadelphia: Fortress, 1966), 355: “All the sanctification of the Christian is thus nothing else than a completion of baptism.”

33 https://bookofconcord.org/solid-declaration/third-use-of-the-law/

34 이 문장과 다음 문장은 Berkhof, *The History of Christian Doctrines*, 218에서 온 정보를 반영한 것이다.

자체가 18세기의 루터파 신학자인 야콥 카르포프(Jacob Karpov, 1699-1768)에 의해서 1737년에 처음 사용되었다고 많이 언급한다.[35] 그런데 이와 연관하여, 바돌로뮤 대학살을 피하여 위그노의 후예로 루터파 신학자요 철학자가 된 **Johann Franz Buddeaus** (Johannes Franciscus Buddeus, 1667 - 1729)의 *Institutiones Theologiae Dogmaticae* (1724)를 언급하기도 한다.[36] 그러나 인간 중심의 구원의 서정에 대한 논의가 하나님 중심으로 논의하는 칼빈의 입장에서 좀 벗어난 면이 있다고 하면서도,[37] 구원의 서정의 내용은 이미 칼빈의 생각 가운데 그 뿌리를 두고 있었다는 베네마 등의 논의는 매우 의미 있는 논의이다.[38] 그리하여 부르심(calling), 조명(illumination), 회심(conversion), 중생(regeneration), 칭의(justification), 새롭게 됨(renovation) 그리고 영화(glorification) 등이 구원의 서정으로 제시되기 시작하였다.

그런데 그 과정에서 루터에게 있지 않았던 신인협력주의(synergism)적 요

---

[35] Anthony A. Hoekema, *Saved by Grace* (Grand Rapids: Eerdmans, 1989), 11; G. N. M. Collins, "Order of Salvation," in *Evangelical Dictionary of Theology,* 2nd edition, Walter A. Elwell, ed. (Grand Rapids, MI: Baker Academic, 2001), 869.

[36] Sinclair Ferguson, *The Holy Spirit* (Downers Grove, IL: InterVarsity, 1996), 95-96 와 Andre van Oudtshoorn, "SOLUS, SOLA: Constructing a Christocentric Faith Model of the '*Ordo Salutis*'," *Verbum et Ecclesia* 35/1 (2014):1-9 (doi:10.4102/ve.v35i1.739), n. 2.

[37] C. P. Venema, *Accepted and Renewed in Christ: The Twofold Grace of God and the Interpretation of Calvin's Theology* (Bristol, CT: Vandenhoeck & Ruprecht, 2007), 19.

[38] Venema, *Accepted and Renewed in Christ,* 19. 비슷하게 이를 지적하는 Andre van Oudtshoorn, "SOLUS, SOLA," n. 8을 보라.

소가 나타나기도 했다.[39] 그래서 부르심에 나타난 성령의 역사에 저항하지 않으면 통회(contrition)에 이르게 되고, 중생하며, 신앙의 은사를 받게 된다고 한다. 그 신앙으로 의롭다 함을 받고 죄 용서를 받으며, 하나님의 자녀로 입양되고 (그리스도에게 연합되며) 성령에 의해서 새롭게 되고, 종국적으로 영화된다는 것이다. 후기 루터파 정통주의에서는 이 모든 과정의 출발점에서도 하나님의 은혜는 저항할 수 있고, 또한 후에도 언제나 저항할 수 있는 것으로 제시되었다.[40] 이렇게 루터파 정통주의는 특별은총도 저항할 수 있는 은총으로 제시한다.

이것이 후기 루터파 신학의 모순처럼 보이는 부분이다. 그들은 루터와 같이 구원은 전적으로 하나님에게서 주어진다는 것을 계속해서 강조하였다. 그럼에도 불구하고 사람이 언제라도 하나님의 작업(the divine operation)을 유효하게 망가뜨릴 수 있다(frustrate)는 것을 강조하여 결국 구원 문제에서 최종적 결정이 인간에게 있다고 주장하는 결과를 나타내고 있다.[41] 그래서 벌코프는 여러 번 후대 루터파는 신인협력주의적 성향을 나타낸다고 지적하기도 하였다.[42]

루터파 정통주의의 구원의 서정 이해의 두 번째 문제는 믿음과 칭의를 중심으로 하고 있다는 것이다. 루터파다운 특성이다. 믿음과 칭의를 강조하는 것은 좋으나 논의의 과정에서 부르심, 회개, 중생 등은 죄인을 그리스도에게로 이끌어 가는 준비적인 것 같은[43] 인상이 너무 강하다. 믿음으

---

39 이 점을 지적하는 Berkhof, *The History of Christian Doctrines*, 218도 보라.

40 이렇게 제시하는 Berkhof, *The History of Christian Doctrines*, 218-19를 보라.

41 이를 지적하는 Berkhof, *The History of Christian Doctrines*, 219를 보라.

42 Berkhof, *The History of Christian Doctrines*, 218.

43 이 점도 Berkhof, *The History of Christian Doctrines*, 219에서 지적되고 있다.

로 그리스도의 의를 받아들여야 하나님께서 그의 죄를 용서하시고, 율법에서 자유롭게 하며 그를 자녀로 받으시고 그리스도의 신비한 몸에 포함시키신다는 것을 강조해서 모든 것이 신앙에 달린 듯한 인상을 준다. 믿음으로 구원의 과정에 들어가는데, 따라서 믿음을 상실하면 모든 것이 다 상실된다.[44] 이것이 상당히 많은 루터파 정통주의자들이 주는 인상이다. 물론 이에 잘 들어맞지 않는 분들도 있다.

따라서 후기 루터파 정통주의자들도 이 과정의 한 부분인 새롭게 되어 하나님께 바쳐진 자로서 사는 일, 특히 부활 때에 있을 영화에 이르기까지 점진적으로 성화되는 것을 강조한다.

개혁파 정통주의의 구원의 서정 이해와 성화에 대한 강조[45]

개혁파에서는 구원하는 은혜는 처음부터 그리스도와의 신비한 연합을 전제로 한다.[46] 그리하여 구원의 서정도 다 그리스도와의 연합 가운데서 이루어진다고 하였다. 영원의 관점에서는 선택/유기로부터 시작하여 그것이 시간 가운데 실현된 중생, 부르심, 최초의 회개와 믿음으로서의 회심, 최초의 신앙에 근거한 칭의, 양자됨(입양), 계속되는 믿음과 회개로서의 성화, 영화를 논하기 시작하였다. 따라서 개혁파에서는 최초의 믿음과 회개와 계속되는 믿음과 회개의 성격이 근본적으로 같다는 것이 확언(確言)되었고, 따라서

---

44 Berkhof, *The History of Christian Doctrines*, 219.

45 이 내용은 22장에 포함해야 하는 것이지만 논의의 편의상 여기서 제시하도록 하겠다.

46 이 점을 잘 강조하는 Berkhof, *The History of Christian Doctrines*, 219를 보라.

믿음과 회개는 항상 같이 있다는 것이 강조되어 루터파에서와 같이 어떤 것이 앞서느냐의 논쟁이 있을 여지가 없었다.

중생과 부르심의 관계는 많이 논의되었는데 순전히 외적인 부르심은 중생과 관련이 없으나 내적 부르심은 반드시 중생과 같이 나타난다는 것을 강조하면서 전통적으로는 그리스도의 부활 생명이 새로운 생명의 원리가 심겨지는 것(implantation, 입식[入植])은 하나님 말씀과상관없이 일어나나, 그 생명이 약동하도록 하는 일인 소위 신생(新生, new birth)에서는 하나님의 말씀이 작용한다고 정리하였으며, 이때는 그저 외적인 부르심이 아니고 내면적 부르심이니 이런 내면적 부르심은 반드시 중생과 함께 일어난다고 했다. 그러므로 중생의 정확한 순간을 알 수 없으나, 중생이 없이는 그 누구도 하나님께로 돌이킬 수 없으니 중생이 개혁파 구원이해에서 매우 강조되었다.

칭의를 죄 용서와 하나님의 자녀삼는 일 모두를 포함하는 것으로 제시하기도 하고,[47] 칭의를 죄 용서에 제한하고 양자됨이 그 뒤를 따르는 것을 나누어 보는 분들이 있었으나[48] 이 두 가지 제시는 그렇게 큰 차이가 아니고 제시하는 방식의 차이일 뿐임을 의식해야 한다.

그러므로 이 세상에서 신자의 삶의 가장 많은 기간을 차지하는 것은 점진적 성화라는 것을 의식하면서 성화를 지속적으로 강조해 왔다. 존 머리(John Murray)가 성경의 용례를 따라서 그리스도 안에 있는 사람들은 그리스도 안에서 그의 의(義)를 전가 받았을 뿐 아니라 그의 거룩함도 전가 받았다는 것을 분명히 하면서 믿는 사람에게는 이미 성화된 측면인 단정적 성

[47] 그 대표적인 예가 벌코프이다.

[48] 그 대표적인 예가 존 머리이다.

화(definitive sanctification)가 주어져 있고, 그런 사람들은 반드시 점진적 성화(progressive sanctification)의 길로 나아간다는 것을 강조하였다.[49] 그래도 단정적 성화와 칭의가 혼동되어서는 안 된다는 것을 분명히 하였고, 단정적 성화와 점진적 성화는 하나의 성화의 두 측면임을 분명히 하였다. 그러므로 믿는 우리들은 이미 거룩하나 아직 거룩하지 않으므로 날마다 죄를 회개하고 주님을 더욱 믿고 의지하여 더욱더 하늘에 계신 아버지의 온전하심과 같이 온전하여 나가는 것을 강조한 것이다.

이와 같이 개혁파 정통주의는 칼빈을 이어서 성화를 매우 강조하여 왔다. 따라서 그 근거인 그리스도의 구속이 매우 중요했고, 그리스도의 것을 우리에게 적용시켜 가시는 그리스도께 순종하는 것을 강조하는 성령의 신학, 영적 신학, 카리스마틱한 신학을 제시하였다. 개혁파는 항상 신령한 삶을 강조하여 왔다. 그러나 주께서 요구하시는 기준이 아주 높기에 개인적으로나 교회적으로나 이 세상에서는 아직 온전함에 이르지 못함을 분명히 천명해 왔다.[50]

---

[49] John Murray, *Collected Writings of John Murray,* vol. 2 (Edinburgh: Banner and Truth, 1977), 277-93.

[50] 개혁신학의 완전주의(perfection) 논박, 특히 워필드, 패커, 퍼거슨 등의 완전주의 논박에 대해서는 이승구, 『교회, 그 그리운 이름』 (서울: 말씀과 언약, 2021), 27-45를 보라.

제15장

교회와 교회 조직과 관련한 교의의 정립

종교개혁은 믿는 바의 내용만 성경을 따라서 개혁한 것이 아니고 교회가 구체적으로 움직이는 방식, 교회의 조직과 활동도 성경적으로 고치려고 하였다. 가장 성경적으로 고친 개혁파의 '교회와 교회 조직에 대한 이해'를 먼저 제시하고, 비교를 위해서 그 빛에서 다른 종교 개혁 교회들의 모습을 검토하기로 한다.

개혁파의 교회 이해[1]

(1) 교회 이해

개혁파의 교회 이해 자체는 기본적으로 루터파의 교회 이해와 같이 성경에 근거해서 교회의 참된 본질은 영적 실재로서의 성도들의 교제(the *communio sanctorum*), 즉 "눈에 보이지 않는 교회"(invisible church)에 있다고 한다.[2] 선택

---

[1] 여기서 개혁파라고 할 때는 다른 곳에서도 그렇지만 화란 개혁파 교회와 스코틀란드 장로교회, 또는미국의 장로교회와 개혁교회를 다 합하여 생각하는 것이다. 그 둘 사이에 사소한 차이는 있다. 그러나 그 둘은 근본적으로 같은 신학과 교회 제도를 지닌 교회다.

[2] 이를 잘 지적하는 Louis Berkhof, *The History of Christian Doctrines* (Grand Rapids: Eerdmans, 1937, 1949, paperback edition, Grand Rapids: Baker, 1975), 238을 보라.

된 사람들의 총수로 불가시적 교회를 더 명확히 규정한 개혁파에서는 그 불가시적 교회는 반드시 역사 속에서 보이는 교회로 나타난다고 하였다. 그러므로 개혁파도 불가시적 교회와 가시적 교회는 "하나의 교회의 두 측면"이라는 것을 루터파와 같이 강조한다. 즉, 개혁자들은 가시적 교회와 불가시적 교회를 연결시켜 생각하려고 노력했다.[3] 참된 성도는 당연히 두 측면에 다 속한다. 그러나 가시적 교회에는 참 성도가 아닌 사람들도 있을 수 있다. 그러므로 불가시적 교회는 오직 선택된 사람들, 즉 궁극적으로 구원받을 사람들만 속해 있지만, 믿음을 고백하는 성도들과 그 자녀들로 구성된 가시적 교회는 이전에 어거스틴이 말한 혼합된 공동체라는 것을 잘 말하였다.

개혁파에서는 외적인 것보다는[4] 성도들의 내적 교제에서 교회의 본질을 찾고자 하는 의지가 더 강하다. 그래서 개혁파가 말하는 교회의 통일성은 한 그리스도 안에서의 통일성이다.[5] 칼빈은 이렇게 말한다. "모든 선택된 사람들은 그리스도 안에서 연결되어 있기에 머리에 의존하는 그들은 함께 한 몸으로 성장하여 간다."[6] 그러나 개혁파에서도 교회의 불가시성을 다양한 의미에서 말한다. (1) 어떤 분들은 보편 교회(*ecclesia universalis*)를 말하면서 그 누구도 모든 시대의 모든 곳의 교회를 다 본 일이 없다는 뜻에서 이를 말하기도 하고, 또 (2) 어떤 분들은 "선택된 자들 전체"(*coetus electorum*)라는 뜻으로 말하니, 이는 주의 재림 때에야 완성되고 눈에 보이게 될 것이

[3] Berkhof, *The History of Christian Doctrines*, 238.

[4] 이는 동방교회, 천주교회, 그리고 루터파 교회와 비교해서 하는 말이다.

[5] 칼빈에 근거해서 이 점을 말하는 T. H. L. Packer, "John Calvin," in *A History of Christian Doctrine,* ed., Hubert Cunliffe-Jones (Edinburgh: T&T Clark, 1978, reprinted, Philadelphia: Fortress Press, 1980), 397을 보라.

[6] Calvin, *Institutes,* 4. 1. 2.

니 그전에는 불가시적이라고 하고, (3) 또 어떤 분들은 "불려진 선택된 자들의 모임"(*coetus electorum vocatorum*)이라는 뜻으로 말하니 우리는 재림 때까지는 누가 참 신자인지 아닌지를 확실하게 말할 수 없기 때문이다.

그러나 또한 개혁파는 가시적인 교회의 표지에 대해서 아주 분명하게 말한다. (1) 복음의 바른 선포와 (2) 성례의 바른 시행뿐만 아니라, (3) 교회적 치리의 신실한 시행이[7] 교회의 표지라고 한다. 물론 이를 셋으로 말하기도 하고, 내용상 둘이나 하나로 말하기도 하나 내용은 이 셋이 다 들어 있는 경우가 대부분이다.[8] 내용적으로 이런 것이 있을 때 교회이고, 이런 것이 없으면 교회가 아니라는 것이 교회의 표지라는 용어를 사용하는 이유다. 표지가 없어지면 머리가 사라지는 것과 같은 것이 되기에 교회가 없어지는 것이다.[9] 칼빈은 가시적인 교회를 논하면서 어머니라는 말을 사용한다. 칼빈은 이렇게 말한다.

> 왜냐하면 이 어머니가 자기 몸에 우리를 잉태함이 없고, 낳음이 없고, 자기 품에서 양육함이 없다면, 자기의 보호와 다스림 아래서... 돌보심이 없다면 그 무엇으로도 우리에게는 생명에 이를 길이 없기 때문이고, 연약함 가운데서 전 생애에 걸쳐 배워야 하는 학생인 우리가 학교를 떠나는 것이 허용되지 않기 때문에, 나아가 이사야(사 37:32)와 요엘(욜 2:31)이 증인이 되듯이, 교회의 슬하에서 멀어지면 아무 죄 사함도 구원도 소망할 수 없기 때문이다.[10]

---

7 교회적 치리가 중세의 고해 제도를 복음적으로 대체시킨 것이라는 T. H. L. Packer, "John Calvin," 397의 중요한 지적도 눈여겨보라.

8 이 문제에 대한 자세한 논의로 이승구, 『교회, 그 그리운 이름』 (서울: 말씀과 언약, 2021), 30-34, 66-69를 보라. 칼빈은 말씀의 선포와 성례의 바른 시행 - 이 두 가지를 교회의 표지로 말하지만, 두 번째 표지 안에 흔히 말하는 세 번째 표지의 내용이 다 들어 있다는 이 책의 설명에 주목하라.

9 이 점을 지적하여 언급하는 T. H. L. Packer, "John Calvin," 397을 보라.

10 Calvin, *Institutes,* 4. 1. 4.

이 중요한 말을 우리는 잘 기억해야 한다. 물론 이런 말을 할 때 칼빈은 동시에 "아주 많은 양들이 밖에 있고, 아주 많은 이리들이 안에 있다"는 어거스틴의 말을 인용하며 그것을 잘 의식하고 있다는 것을 잊어서는 안 된다.[11] 그러나 정상적 교회는 항상 성도의 어머니이므로, 칼빈이 잘 말하고 있듯이, "교회를 떠나는 것은 언제나 치명적이다."[12]

(2) 교회 직분에 대한 이해

개혁파는 신약 성경이 말하는 교회 직분을 온전히 다시 회복한 교회라고 할 수 있다. 먼저 비상 직원들(extra-ordinary officers)과 평상 직원들(the ordinary officers)을 구별하여 제시한 것이 큰 기여이다. 신약 교회를 이 땅에 있게 하는 그리스도의 사역을 수종들어 이 땅에 신약 교회를 수립하는 일에 헌신한 사도들과 신약 선지자들과 복음 전하는 자들(전도인들)의 역할을 잘 수행한 소위 신약 교회의 창설 직원들(the founding officers)이 신약 교회가 세워지는 비상한 시기에 아주 비상한 일을 감당한 비상직원들이라고 하였다. 이 사도들과 신약 선지자와 복음 전하는 자들이 죽고 나면 더 이상 이런 직원들이 없기에 이들은 단회성을 지닌 비상직원들이다. 즉, 신약 교회가 재림 때까지 지속적으로 존속할 때 그 안에 이런 비상직원들, 즉 사도의 후계자인 다른 사도들이나 선지자들이 계속해서 있게 하지 않으신 것이다. 이런 비상직원들의 사역에 근거하여 신약 교회가 이 세상에 있는 한 항상 있게 되는 직원들인 항존 직원들, 즉 평상 직원들을 성경에서 찾아 회복하

---

11 Augustine, *John's Gospel,* 49. 12 (NPNF, 7:253f.), Calvin, *Institutes,* 4. 1. 8에서 재인용.

12 Calvin, *Institutes,* 4. 1. 4.

고 그에 충실한 교회의 모습을 이 땅에 드러내려고 한 것이 개혁파의 큰 기여이다.

첫째로, 천주교회에서 교회의 의식(ritual)을 행하는 사제(priest)로 전락한 목자, 즉 목사직을 하나님의 말씀과 성례를 섬기는 직분으로 다시 회복하였다. 이 일에서는 말씀 전하는 일을 강조하고 신약적 성례를 회복시키려 한 루터파와 성공회와 보조를 같이했다고도 할 수 있지만, 루터파와 성공회에서는 목사(minister)라는 용어와 사제(priest)라는 용어를 같이 쓰면서 결과적으로 사제라는 용어가 주도적으로 사용되는 결과를 낸 것에 비해서, 개혁파는 매우 의식적으로 사제(priest)라는 용어와 사제 의식을 버리고[13] 오직 말씀과 성례로 하나님과 교우들을 섬기는 사람이라는 뜻을 강조했다. 이는 오직 예수님만이 대제사장이심에 충실한 것이며,[14] 또한 그리스도께서 그의 구속 사역의 완성에서 삼중직을 다 완성하신 것을 온전히 의식하는 데서 나온 것이다.[15] 따라서 목사직도 그리스도께서 삼중직을 완성하신 빛에서 바라보아야 한다. 그래서 개혁파 교회에서는 '섬기는 사람'(minister)이라는 용어를 주로 사용하였다.[16] 그는 특히 하나님의 말씀으로 그리고

---

13 지금은 좀 적어졌지만 한국 교회에서는 때때로 목회자의 사제 의식이 나타나는 경우도 있으니 늘 주의해야 할 것이다.

14 이에 대한 강조로 특히 Calvin, *Institutes,* 4. 6. 2를 보라.

15 온전하지는 않지만 그래도 그리스도의 삼중직 완성의 빛에서 개혁파적 목회를 찾아보려고 한 시도의 하나로 다음 논문을 보라. Michael Joe Matossian, "The Church and the Mediation of Grace: A Reformed Perspective on Ordained Ministry and the Threefold Office of Christ," Ph. D. dissertation (Marquette University, 2012).

16 여기서도 목사님들이 과연 섬기는 사람이라는 의식을 가지고 그 의식에 충실한지 점검해야 한다. 이에 충실할 때만 우리가 진정 개혁파이고, 개혁파 목사라고 할 수 있다. 성도들 위에 군림하는 목사는 개혁파적이지 않은 것이다.

츠빙글리는 목자(*Hirt*)와 지키는 자(*Wachter*, watchman)라는 것을 강조했다가 점차 하나님 말씀을 설교하는 "선지자됨"을 강조하였다. Cf. Basil Hall, "Ullich Zwingli," in *A History of Chris-*

다음 장에서 논의할 성경적 성례로 하나님과 교우들을 섬기는 역할을 하는 것이다.[17] 그래서 그의 공식적 이름이 "하나님의 말씀과 성례를 섬기는 자"(the minister of the Word of God and the Holy Sacraments)이다.[18] 이때 "그 누구도 사역할 곳에서의 직무 없이 임직해서는 안 된다"는 칼케돈 공의회(451)의 결정을 다시 회복한 것도 언급해야 한다.[19]

둘째로, 천주교회에서 사라져 버려서 조금은 바꾸었지만 비슷한 교회 직제를 그대로 유지하고 있는 루터파 교회, 성공회, 감독교회, 그리고 감리교회에서도[20] 여전히 사라져 버린 성도들 가운데서 장로를 선출하여 목사와 함께 '잘 다스리는 장로'의 역할을 하게 한 것도 개혁파 교회의 큰 기여이다. 바젤의 **외콜람파디우스(Johannes Oecolampadius**, 1482 - 1531)가 이미 시사했었고 츠빙글리도 후에는 성도들 가운데서 치리를 하는 장로를 선출할

---

tian Doctrine, ed., Hubert Cunliffe-Jones (Edinburgh: T&T Clark, 1978, reprinted, Philadelphia: Fortress Press, 1980), 366. 여기서 설교를 "예언하는 것"(*Propezei*)으로 표현하는 습관이 나온 것이다. 이때 예언이라는 말이 구약과 신약 성경이 기록될 때의 예언하는 일과 다르다는 의식이 츠빙글리와 청교도들에게 있었음을 기억하고 강조해야 한다.

17 목사가 어떻게 하나님 말씀을 섬기는 것인지에 대한 논의로 이승구, "은혜의 방도로서의 하나님의 말씀", 『교회, 그 그리운 이름』, 139-71과 그 후에 있는 "현대 교회와 교리 설교의 회복", 『교회, 그 그리운 이름』, 173-87와 "잘못된 가르침 vs. 바른 가르침", 『교회, 그 그리운 이름』, 189-216, "상담 설교의 신학적 토대", 『교회, 그 그리운 이름』, 217-26을 보라. 또한 목사가 어떻게 성찬을 섬겨야 하는지에 대해서는 "성찬", 『교회, 그 그리운 이름』, 227-93을 보라. 그 외 1996년에 처음 나왔던 『교회란 무엇인가』 (서울: 말씀과 언약, 2020)와 『성령의 위로와 교회』 (서울: 이레서원, 2001), 그리고 2007년에 SFC 출판부에서 처음 나왔던 『한국교회가 나아갈 길』 (서울: CCP, 2018)의 해당 부분들도 보라.

18 개혁파 교회가 강조한 목사직 회복에 대해서는 이승구, 『한국교회가 나아갈 길』, 150-52도 보라.

19 이를 말하는 Calvin, *Institutes,* 4. 5. 4를 보라.

20 흥미롭게도 한국감리교회는 상당히 오래전부터 성도들 가운데서 장로로 선출하여 세워 사역하게 하고 있다. 비록 성경적 방향으로 가려는 동기에서 시작된 것은 아니지만 이렇게 성경적으로 나아가려는 노력을 높이 산다. 그런 것을 세계 감리 교회들에도 "수출"(?)하여 전세계 감리 교회에도 장로들이 있게 하고, 성경이 말하는 대로 장로들을 감독들로 이해하며 실천할 수 있다면 더 좋을 것이다.

것을 말했으나 취리히에서 시행은 아직 하지 못했던 것을,[21] 칼빈의 인도 가운데서 제네바 교회에서 시작된 이 일은 프랑스 개혁 교회와 스코틀랜드 교회(the Church of Scotland)와 화란 개혁교회에서 좀 더 제대로 구현되어 각 회중들이 하나님의 인도하심을 의식하면서 장로들을 선출하여 교회를 치리하는 일에 더하여 말씀을 가르치는 일에도 수고하는 '가르치는 장로'(教訓 長老, teaching elders)인 목사와 함께 장로의 역할을 제대로 수행하게 하였다.[22]

셋째로, 천주교회에서 다른 직분, 즉 부제(副祭, deacon)로 바뀌어 성공회, 감독교회, 그리고 감리교회에서도[23] 계속 그렇게 되어 있는 성경이 말하는 집사(deacon) 직분을 회복해 낸 것도 개혁파 교회의 큰 기여다. 성도들과 교회 밖의 사람들을 구체적으로 섬겨가는 봉사의 일(diakonia)을 하게 한 것이다.[24] 역시 제네바 교회부터 시작되어 프랑스 개혁 교회와 스코틀랜드 교회(the Church of Scotland)와 화란 개혁교회에서 제대로 시행된 집사를 세우는 일과 그 직무를 하게 하는 일은 개혁파 교회의 큰 특징이다. 그리고 그 집사

[21] 이런 점들을 잘 언급하고 있는 Hall, "Ullich Zwingli," 366을 보라.

[22] 이 문제에 대한 좀 더 구체적인 논의를 위해서는 이승구, 『21세기 개혁신학의 방향』 (서울: CCP, 2018), 139—40, 222-23; 이승구, 『한국교회가 나아갈 길』, 152-54과 그곳에 인용된 문헌들을 보라.

[23] 흥미로운 것은 한국 감리교회는 매우 이른 시기부터 성도들 가운데서 집사를 세워 섬기게 하였다는 점이다. 이것도 세계 감리 교회에 수출하여 모두 성경적 직임을 회복하면 감사할 것이다.

[24] 이 문제에 대한 좀 더 구체적인 논의를 위해서는 이승구, 『21세기 개혁신학의 방향』, 140-41, 223-24; 이승구, 『한국교회가 나아갈 길』, 154-56과 그곳에 인용된 문헌들을 보라.

직을 이전에 천주교회나 루터파적인 의미에서가 아니라, 성도들 가운데서 부름을 받아(called) 가난한 자들을 섬기는(the care of the needy) 이 집사직도 거룩한 직임, 즉 성직임을 분명히 하였다.[25]

이와 같이 목사직과 장로직과 집사직을 회복해 내었을 때 개혁파 사람들은 이전에 없던 것을 새롭게 만든 것이 아니라 처음부터 하나님께서 교회에 있도록 의도하셨던 바, 신약성경에 가르쳐진 바를 다시 회복해 낸 것이라고 의식하고 그 점을 강조하였다.[26]

(3) 교회 정치에 관한 이해

개혁파 교회는 그리스도께서 교회의 머리로 지금도 "그의 왕적인 말씀을 통하여" 교회를 다스리시고 인도해 가심을 강조하면서, 머리이신 그리스도께서 "교회에 권세를 부여해" 주셨는데, "그 권세의 구체적 수행을 회중들에 의해 뽑혀진 대표적 기관들을 통하여 하신다"는 것을 천명하면서[27] 이를 잘 구현하려고 노력한다.

회중들에 의해 뽑혀진 그 대표적 기관들을 당회, 노회, 대회, 총회로 보면서 각 치리회는 하나님의 뜻을 따라서 자신들에게 주어진 역할을 제대로 감당하도록 노력하였는데, 각 교회공동체 안에 항상 존재하는 당회나 이웃

---

25 Cf. Calvin, *Institutes,* 4. 5. 5; 4. 5. 15;4. 19. 32. 누구나 이를 말하지만 특히 Elsie Anne McKee, "The Offices of Elders and Deacons in the Classical Reformed Tradition," in *Major Themes in the Reformed Tradition,* ed., Donald K. McKim (Grand Rapids, Mich.: Eerdmans, 1992), 344를 보라.

26 그 대표적인 예로 장로직의 회복에 대해서 그와 같이 말하는 Calvin, *Institutes,* 4. 3. 8을 보라.

27 이를 성경이 말하는 교회 제도(church system)의 근본 원리로 제시하는 Louis Berkhof, *Systematic Theology* (Grand Rapids: Eerdmans, 1942), 581을 보라.

한 같은 교단 교회들의 대표자들이 정기적으로 모여 여러 교회를 같이 돌보는 "장로들의 회"(πρεσβυτέριον, the body of elders, 딤전 4:14), 즉 노회(presbytery, classis)와는 달리 대회(regional synod)나 총회(general assembly or national synod)는 항상 있는 기관이 아니기에 개회하면서 새로 조직을 하고, 그 회의를 폐회(閉會)하면서 파회(罷會)된다는 것을 아주 분명히 하여[28] 소위 교권이 자리잡지 못하게 신경을 써서 온전히 성령님의 인도를 따르도록 했다. 또한 이런 회의체들이 성도들이 성령님의 인도를 받아 지혜를 모으는 것임을 강조하며, 서로 봉사하는 자세로 섬기는 것임을 분명히 하면서 상회(上會), 하회(下會) 등의 개념과 용어도 배제하고, 서로 섬기는 것을 강조했다.[29]

(4) 교회와 국가의 관계에 대한 이해

교회와 국가에 대한 이해에 있어서도 개혁파는 매우 균형잡힌 견해를 제공하려고 노력했다. 당시 거의 모든 사람들이 다 교회의 회원이었기에 이와 같은 입장을 취하기보다는 치리를 국가가 감당하도록 하는, 스위스 바덴 출신으로 하이델베르크 대학교 의학 교수였던 **토마스 에라스투스(Thomas Erastus**, 1524-1583)의 입장을 따르는 소위 에라스투스주의

[28] 이런 점들에 대해서는 이승구, 『21세기 개혁신학의 방향』, 144-45, 227; 이승구, 『한국교회가 나아갈 길』, 162과 그곳에 인용된 문헌들을 보라

[29] 이런 점들에 대해서는 이승구, 『21세기 개혁신학의 방향』, 142-44, 225-26; 이승구, 『한국교회가 나아갈 길』, 160-61과 그곳에 인용된 문헌들을 보라.

(Erastianism)적 입장을 가지기가 쉬웠는데,[30] 칼빈을 위시해서 일부 개혁파 인사들이 교회의 치리는 교회가 스스로 해야 한다는 것을 강조하여 결국 교회와 국가는 각기 독자적으로 하나님을 섬기는 독립된 기관이라는 것을 강조하여 교회와 국가가 상호 독립해 있으면서 하나님을 섬겨야 한다는 것을 잘 천명하였다. 정부가 교회를 통제하지 못하게 하고 교회의 독립성을 확보하려는 칼빈의 이 투쟁에서 칼빈은 제네바에서 어떤 점에서는 성공하고 많은 영역에서 상당히 절충한 형태를 드러냈으나,[31] 그래도 당시 상황으로서는 그것이 교회의 독립성을 천명하고 지켜나가려고 한 유일한 노력이었고, 더 중요한 것은 제네바에서 그 원리가 강조되고 천명되었다는 것이다. 그러므로 개혁파의 원칙은 국가와 교회의 독립성이다. 후에 카이퍼는 영역주권이라는 이름으로 이를 더 분명히 천명한다.

루터파의 교회 이해

루터는 천주교회가 주장하는 무오한 교회 개념, 특별한 사제직이 있다는 개념, 기계적 방식으로 작용하는 성례가 있다는 개념을 거부하고 모든 믿는 자들의 제사장 됨이라는 성경적 개념을 회복하였다.[32] 그는 교회를 그

30 루터파 교회나 영국 교회뿐만 아니라 심지어 츠빙글리와 불링거까지 이런 입장에 기울어졌다. 츠빙글리가 후기에 그렇게 하는 것은 "영적 사회로서의 교회의 독립성을 적게 인정하는" 것임을 좀 의식했다는 논의도 하는 Basil Hall, "Ullich Zwingli," in *A History of Christian Doctrine,* ed., Hubert Cunliffe-Jones (Edinburgh: T&T Clark, 1978, reprinted, Philadelphia: Fortress Press, 1980), 365를 보라. 만일 그랬다면 다행인데 그래도 그렇게 많지 않았을 것이고, 초기 츠빙글리는 출교 등을 통치자의 손에 맡겼다는 것이 사실이다. 하나님의 뜻에 순종하던 시기의 유대 왕국을 모델로 생각한 그는 홀(Basil Hall)이 잘 말했듯이 "너무 직선적이고, 단순한 신정 개념"을 가지고 있었다(Hall, "Ullich Zwingli," 365).

31 여기까지를 말하는 Hall, "Ullich Zwingli," 366을 보라.

32 이 좋은 요약은 Berkhof, *The History of Christian Doctrines*, 236에서 벌코프가 제시한

리스도를 믿는 사람들의 영적인 교제(communion), 그 머리 되시는 그리스도에 의해서 수립되고 유지되는 교제라고 정확히 규정하였다. 루터에 의하면 교회는 "특별한 공동체(*Gemeinde*, assembly of people)로 이 세상에서 성령님의 바른 사역(the proper work of the Holy Spirit)(의 장)이다."[33] "그리스도께서 구속을 통하여(*per redemptionem*), 그리고 성령께서 "살리심과 성화를 통해서"(*per vivificationem et sanctificationem*) 모으시고 보존하시고 통치하시는 하나의 거룩하고 보편적인 교회"가 있다고 다른 모든 그리스도인과 같이 고백한다.[34] 그러므로 교회는 그저 사람들이 자원해서 모이는 것이 아니라 믿음과 마찬가지로 하나님의 선물로 주어진 것임을 강조한다.[35] 그리스도의 영이 그리스도인들 안에 있으므로 그리스도를 통해서 형제들은 "공동상속자와 한 몸, 그리고 그리스도의 시민들이 된다"고 한다. 이렇게 루터는 우리가 그리스도의 몸인 교회의 지체임을 강조하면서 따라서 "각자가 다른 사람의 지체"라고도 표현한다.[36]

따라서 루터는 교회가 하나라는 것을 강조하면서 **아마도 처음으로** 그 불가시적 측면과 가시적 측면을 잘 구별하여 제시하였다.[37] 교회는 눈에 보

것이다.

[33] 루터를 인용하면서 이를 강조하는 Benjamin Drewery, "Martin Luther," in *A History of Christian Doctrine,* ed., Hubert Cunliffe-Jones (Edinburgh: T&T Clark, 1978, reprinted, Philadelphia: Fortress Press, 1980), 344를 보라.

[34] Martin Luther, *The Small Catechism* (1529), 신앙고백 중 셋째 항목 설명 중에서. Cf. Drewery, "Martin Luther," 344, 345.

[35] 루터를 인용하면서 이를 강조하는 Drewery, "Martin Luther," 344를 보라.

[36] 루터를 인용하면서 이를 강조하는 Drewery, "Martin Luther," 344를 보라.

[37] 이에 대해서도 Berkhof, *The History of Christian Doctrines*, 236을 보라. 그러나 이것이 어거스틴에게 이미 있었고 루터가 그것을 더 명확히 한 것이라는 이해(Drewery, "Martin Luther," 345)도 있다. 따라서 루터에게 플라톤적인 이원론의 영향이 있다고 (그래서 루터 사상은 중세의 아리스토텔레스를 중시하는 것으로부터 아리스토텔레스를 버리고 플라톤을 중요시하는 것으로의 전환이

이기에는 계속해서 "사람들에 의해서 멸시받고 거부되어도," 실제로는 "그리스도와 함께 하늘에 숨겨져 있다." 그러므로 교회는 "오직 믿음으로만 지각이 가능하다"(*sola fide perceptibilis*).[38] 그러나 이것이 두 가지 다른 교회가 아니라 한 교회의 두 측면임을 잘 강조하였다. 교회의 불가시성에 대한 강조는 교회가 "눈에 보이는 머리"("교황")를 가진 외적인 사회라는 천주교회의 이해를 극복하게 하고, 오히려 신앙과 그리스도와의 교제, 그리고 성령을 통한 구원의 복에 참여함이라는 불가시적인 면에서 교회의 본질을 찾게 하는 데 큰 기여를 하였다.[39]

이 불가시적 교회가 교황이나 추기경과 주교들이나 교회의 의식 등의 외적인 것들을 통해서 보여지는 것이 아니라, 말씀의 바른 선포와 성례의 시행에 의해서 가시적이게 된다는 것을 강조하여 가시적 교회의 표지를 먼저 제시한 것도 루터의 공헌이다.[40] 이 표지들은 하나님께서 주신 것이나

라고)하는 분들이 있으나 그런 말들은 어떤 면에서 상당히 과장된 면이 있다.

38 루터를 인용하면서 이를 잘 표현하는 Drewery, "Martin Luther," 346을 보라.

39 이를 잘 강조한 Berkhof, *The History of Christian Doctrines*, 236-37을 보라.

40 그런데 루터의 교회 표지 제시는 상당히 다양하다. 1520년에는 세례와 성찬과 복음의 선포만을 언급했었다(Martin Luther, *Luther's Works,* 55 vols., eds., Jaroslav Pelikan and Helmut T. Lehman (Philadelphia: Muhlenberg and Fortress; St. Louis: Concordia, 1955–), 39 [*On the Papacy in Rome*], 75). 1530년에 고백된 아우구스부르크 신앙고백서도 그렇게 한다(제7항: "교회는 그 안에서 복음이 바르게 가르쳐지고 성례가 바르게 시행되는 성도들의 모임(the congregation of saints)이다.").

그러다 루터가 1539년에 쓴 "공의회들과 교회에 대하여"라는 글에 근거해서 7개를 말하는 것을 잘 정리해 제시하는 W. Robert Godfrey, "Martin Luther's 7 Characteristics of the Church," in *The Legacy of Luther,* eds., R. C. Sproul & Stephen J. Nichols (Orlando: Reformation Trust, 2016), available at: https://www.ligonier.org/learn/articles/martin-luthers-7-characteristics-church. (1) 하나님의 말씀, 즉 복음의 선포, (2) 그리스도의 명령에 따라 가르쳐지고 믿어지고 시행되는 세례, (3) 그리스도께서 제정하신 대로 시행되고 믿어지고 받는 성찬(안타까운 것은 루터가 아직도 이를 "제단의 성례"[the sacrament of the altar]라고 표현한 점이다), (4) 치리 (그런데 이를 루터는 죄가 고백되고 용서가 선언되는 공개적으로 시행되는 열쇠의 직무(the office of the keys)라고 표현한다- 고해를 시사하는 이것은 좀 아쉬운 대목이다), (5) 임직 (말씀과 성례와 열쇠의 공적인 직임으로 부르

그것들이 죄로 왜곡될 수도 있다고 한다. 그리고 가시적 교회는 십자가 아래의 교회(the Church under the cross)여서, 그 전투는 계속되고 고난도 전투하는 교회의 표지의 하나다.[41] 이 모든 것을 하나님 말씀의 선포로 집약할 수도 있다. 그래서 루터는 "하나님의 교회는 하나님의 말씀이 선포되는 곳에 있다. 그곳이 이슬람 땅 (루터는 "터키 땅"이라고 했다) 가운데든지, 교황의 땅 가운데든지, 심지어 지옥 자체라고 해도 말이다."라고 선언하기도 했다.[42]

루터에 의하면 참으로 중요한 것은 영적인 비가시적 교회에 속하는 것이고, 그것이 보이는 교회의 회원됨과 밀접히 연관되어 있다고 했다. 교회는 오직 신앙으로만 보여지나 사람들의 구원을 위해서 섭리 가운데서 오직 형태를 가지는 것이 필수적이라고 한다. 이것은 개혁파의 강조점과 같은 것이다. 또한 루터는 그리스도께서 성령을 통해서 교회를 모으신다는 것도 같이 강조했다. 그래서 앞서 언급한 바와 같이 교회를 "그리스도께서 구속을 통하여(*per redemptionem*), 그리고 성령께서 "살리심과 성화를 통해서"(*per vivificationem et sanctificationem*) 모으시고 보존하시고 통치하시는 하나의 거룩

고 거룩하게 드리는 일이라고 표현한다), (6) 예배 가운데서 공적으로 기도하고 찬양과 감사를 드리는 것, 그리고 (7) 그리스도 때문에 고난받는 것([*Luther's Works,* vol. 41: *On the Councils and the Church*, 148-64, 그리고 마지막 고난에 대한 언급은 이것은 <1535년 갈라디아서 강해>에서도 한 말이다[*Luther's Works,* 27:134]).

2년 후인 1541년에는 10개까지 열거하기도 한다(*Luther's Work,* 41: *Against Hanswurst*, 198ff.: (1) 세례 (2) 성찬(the Holy Sacrament of the Altar - 계속 이렇게 표현하는 것이 아쉽다) (3) 천국 열쇠의 시행 (the keys – 치리를 의미하는 것이면 좋은데, 고해를 포함해서 생각하는 것 같아 아쉽다) (4) 하나님의 말씀을 설교하는 직무, (5) 사도적 신앙의 고백, (6) 주께서 가르치신 기도, (7) 세속 권세를 존중하는 일, (8) 혼인을 귀히 여기는 일, (9) 참된 교회의 고난, (10) 핍박 받을 때 복수하지 않으려고 하는 것(the renouncing of revenge for persecution).

[41] 이 점을 잘 강조해 준 Drewery, "Martin Luther," 346; Robert A. Kelly, "The Suffering Church: A Study of Luther's *Theologia Crucis*," *Concordia Theological Quarterly* 50/1 (1986): 3-18을 보라. 루터는 참된 그리스도인들이 늘 고난 중에 있음을 강조한다. 1535년 갈라디아서 강해에서도 이를 강조했다(*Luther's Works,* 27:134; 27:43).

[42] Cf. *Luther's Works* 41:150. 이를 잘 인용하는 Drewery, "Martin Luther," 346을 보라.

하고 보편적인 교회"라고 하였다.

그런데 이때 그리스도께서 정하신 수단을 사용하신다는 것을 좀 더 기계적으로 강조하는 것이 루터파의 특징이다. 그래서 "말씀을 통하여"(*per Verbum*)를 강조하면서 마치 말씀 그 자체가 작용하고 역사하는 듯한 인상을 주었다.[43] 이런 정신에서 루터는 교회 공동체의 외적 사회의 필수성을 강조하면서 "한 도시에서든지, 한 나라에서든지, 전세계적으로, 사제 또는 감독에게 속한 세례를 받고 믿는 사람들"을 교회라고 한다.[44] 이러한 표현은 기본적으로는 좋은데, 여기에 "사제 또는 주교에게 속한"이라는 말에서 그가 여전히 중세적 교회 이해의 일부를 유지하고 있음을 발견하게 된다.

그래서 외적으로 살피면 교회에는 사악한 사람들과 위선적인 사람들도 섞여 있음을 인정하면서, 그들은 교회의 영적인 관계에 동참하지 않고 있는 것이라고 한다. 그런 교회에서 말씀과 성례를 섬기는 사람들은 목사라고 하기도 했지만 이전부터 사용하던 "사제"(priest)라는 용어도 계속 사용한다. 또한 이전의 주교들을 폐하려고 하였으나 잠시 일종의 감독자(superintendent)를 두자고 했던 것이 결국은 굳어져서 루터파 교회도 감독제를 지닌 교회가 되었다. 그래서 우리들의 형제 교회인 루터파 교회가 참 교회임을 인정하면서도 늘 아쉽다고 느끼게 된다.

---

43 이에 비해 개혁파에서는 성인들의 경우는 거의 비슷하지만 그때도 성령님께서 "말씀과 함께"(*cum Verbo*) 역사하신다고 하면서 성령님께서 말씀과 성례를 사용하여 은혜를 베푸시는 것을 강조하였다. 이에 대해서 Herman Bavinck, *Reformed Dogmatics* (Grand Rapids: Baker, 2004), vol 4, section 522=『개혁교의학 4』, 55, 70, 540-44; 이승구, "은혜의 방도로서의 하나님의 말씀", 『교회, 그 그리운 이름』, 140을 보라.

44 Berkhof, *The History of Christian Doctrines*, 237에서 재인용.

성공회(the Church of England)의 교회 이해

여러 면에서 성공회의 교회론은 몇 가지만 빼고는 루터파와 유사하다. 성공회도 개신교회로 이신칭의를 강조하며 종교개혁에 동의한 교회인데도 교회 제도는 감독교회 제도를 그대로 유지하였다.

그리하여 각 마을의 교구 교회들(parish churches)을 돌보는 목사를 주로 사제(priest)라고 부르며, 계속해서 사제적 돌봄에 대한 기대가 있다. 단지 종교개혁을 한 교회이기에 성공회의 사제들은 혼인을 하며 가정이 있어서 사제관이 목사의 사택으로 사용된다.

이 사제들은 해당 교구(parish)의 주교(bishop)의 감독 하에 있고 그런 감독제를 유지하는 것이 얼마나 유용한가를 늘 강조한다.[45] 그래서 상당히 많은 성공회 사람들은 신약시대 교회 제도가 처음부터 감독제였다고 생각하면서 그렇게 주장하는 일이 많이 있다.[46] 자신들은 신약성경의 그 예를 따라서 지금까지 감독제를 유지한다고 주장한다.

성공회의 유일한 차이는 교회의 가시적 머리(visible head, 首長)가 국가의 국왕이라고 주장하는 점이다. 헨리 8세의 수장령에서 선언된 대로, 교회의 영적 머리(spiritual head)이신 그리스도께서는 하늘에 계시므로 이 땅에 그 대리자(vicar)인 가시적 머리가 있는데, 이전에는 그 가시적 머리가 교황이

---

[45] 개인적으로는 성공회의 유명한 조직신학자의 한 사람인 스테반 사이크스(Stephen Sykes)가 일리의 주교(the Bishop of Ely)로 있을 때 그와의 인터뷰에서 그가 이런 주교제도를 얼마나 중요시하는가 하는 것을 느낀 일이 있다(『영국 신학자들과의 대담』[서울: 엠마오, 1992, 최근 판, 알맹이, 2023] 참조). 그는 국제적 관계에서도 이런 주교제가 여러모로 유용하다고 말하였었다. 이것은 상당히 낯선 경험이었다.

[46] 이에 비해 개혁파와 많은 사람들은 처음의 신약 교회는 분명히 일종의 대의적 교회 체제를 가지고 있었다고 생각한다. 그중에 개혁파는 그렇기에 우리는 그런 대의적 체제를 다시 살려서 장로제도를 회복해야 한다고 한 것이다.

라고 했었으나 수장령을 발표하면서 영국에서는 그 가시적 머리가 영국의 국왕이라고 주장한 것이다. 그러므로 지금은 찰스 3세가 영국 교회의 가시적 머리라는 것이다. 물론 이것은 점차 상징적인 것으로 변화해 갔다. 영국교회의 중요한 문제는 람베트 회의에서 결정되고, 그 의장인 캔터베리 대주교(the Archbishop of Canterbury)가 실질적으로 모든 것을 처리해 가는 주교제도를 유지하고 있다. (사진은 2012년에 취임한 현직 카데베리 대주교인 져스틴 웰비의 모습이다).

종교 개혁 이후의 다양한 교파들의 교회 이해

(1) 알미니우스주의자들(Arminian)의 교회 이해

알미니우스주의자들은 교회가 본질적으로 불가시적인 성도들의 교제라는 것을 명백히 부인하면서 교회는 기본적으로 눈에 보이는 사회(a visible society)라고 주장한다.[47] 그리고 그들은 치리권을 국가에게 양보하고 교회는 복음의 선포와 성도들에 대한 권면만을 할 수 있다고 주장하여 교회의 독립을 박탈한다.[48]

---

[47] 이렇게 말하는 Berkhof, *The History of Christian Doctrines*, 239를 보라.

[48] Berkhof, *The History of Christian Doctrines*, 239. 안타까운 것은 현대에는 많은 교회들이 이런 방향으로 스스로 나아가고 있다는 점이다.

(2) 라바디를 따르는 분들의 교회 이해

쟝 드 라바디(Jean de Labadie, 1610-1674)는 프랑스 예수회에서 개신교로 개종한 신학자다. 보르도에서 예수회에서 교육을 받고 1625년에 예수회에 입회했으며 10년 후 사제로 서품받았다. 1639년 예수회를 떠난 그는 보르도, 파리, 아미앵에서 사목했으며, 1640년에는 신학 교수로 임명되었다. 그는 아브빌에서도 사목했으며, 1649년에는 교회 및 시민 당국과의 충돌을 피하기 위해 아브르 근처에 있는 그라빌의 카르멜 수도원으로 물러났다. 그러다 존 칼빈의 『기독교 강요』을 읽은 후, 1650년 10월 몽토반에서 개혁파가 되기로 하고 같은 해 그곳의 신학교수가 되었다.

1657년 론 강변의 오랑주에서 목회했고, 1659년 제네바의 특별 설교자가 되었으며, 7년 후 네덜란드 미델부르크의 프랑스어권 교회로 부름을 받았으나 벨기에 신앙고백서에 서명하거나 개혁교회의 권위를 인정하는 것을 거부하고, 1666년에 미델부르크(Middelburg)에 오직 참으로 믿는 사람들이 속하는 공동체라고 하면서 "복음주의 회중"을 창설했다. 그리하여 결국 미델부르크에서 추방당했다.

그는 눈에 보이는 교회를 중요하게 여기지 않는 성향을 나타냈다. 경건주의자들은 일반적으로 세속성과 싸우면서 세상이 죄의 유기체라고 하면서 각성한 그리스도인들은 그 영혼을 지키려면 세상과 담을 쌓고 살아야 한다는 것을 강조하였다. 제도적 교회들과 그 의식도 문제가 있다고 하면서 그것에는 덜 관심을 보이면서 경건주의자들의 모임을 따로 가지는 경우들이 많았다. 그들은 점점 더 성령의 특별한 조명을 받은 사람들이 그런 내면의 빛의 비침을 받아 바른 고백과 삶을 살아가는 그 사람들의 교제만이 참 교회라고 생각하는 경향이 나타났다. 이와 같이 라바디는 나름대로 칼빈의 영향을 받았지만 자신의 교회를 순수한 교회라고 하면서 분리주의적 교회관을 주장하였다.

(3) 감리교회의 교회 이해

18세기의 감리교회도 조금은 그런 성향으로 나타났지만 그들은 곧 독자적인 교회를 형성하게 되었다. 그들에게는 연회 모임이 중요했고, 나머지는 그들이 속해 있었던 성공회의 제도와 유사한 제도를 가져서 감독이 있고, 총대감독을 선출하는 형태를 가지게 되었다. 임기가 짧다는 점과 선출을 한다는 점에서는 지명하여 세워지는 영국 성공회나 감독교회와 차이를 가진다.

(4) 이단인 소시니안의 교회 이해

소시니우스주의자들은 눈에 보이지 않는 교회에 대해서 말은 하지만 실제로는 그 면을 전혀 무시하고서 자신들이 제시하는 가르침을 받아들이고 자신들의 예배에 참여하는 것이 교회라고 생각한다.[49]

---

[49] Berkhof, *The History of Christian Doctrines*, 238-39. 이들에 대한 자세한 논의로 이승구, 『교회, 그 그리운 이름』 (서울: 말씀과 언약, 2021), 191-92를 보라.

(5) 종교개혁 이후의 천주교회

종교개혁 이후에 천주교회는 특히 자신들이 참된 교회라고 하는 가르치는 교회인 성직자들 사이의 절대적 위계질서(hierarchy)를 더 강조하는 방향으로 나아갔다. 그런데 보수에(Jacques-Bénigne Lignel Bossuet, 1627 - 1704)를 지도자로 하는 프랑스파(the Gallican Party)는 거의 200년간, 교황도 결정에 오류가 있을 수 있으니 그는 국제적 공의회(an oecumenical council)의 결정에 복속해야 한다고 주장했다.[50] 오랫동안 천주교 교과서에는 이렇게 기록되어 있었다. 이렇게 주장하시는 분들을 공의회주의자들이라고 한다. 특히 1791년에는 1500명의 영국 천주교인들이 교황의 무오성이 천주교회의 공식적 교리가 아니라고 하는 서명에 서명했다.[51]

그러나 **제1 바티칸 공의회(1869-1870)**에서 1870년에 교황 무오설을 천명하였다. 즉, "로마 교황(the Roman Pontiff)이 교황으로서(*ex cathedra*, 즉 **교황의 자리에서**), 즉 모든 그리스도인들의 교사와 목자의 지위에서 선언하는 것은, 그의 최고의 사도적 권위 때문에 신앙과 삶에 대한(*de fide vel moribus*) 보편의 교회가 받아들이는 교리로 규정한다. 성 베드로에게 친히 약속하신 신적 도움을 통해서 그는 신앙과 도덕

50 Berkhof, *The History of Christian Doctrines*, 239.

51 이는 Berkhof, *The History of Christian Doctrines*, 239에서 온 정보이다.

에 관한 교리를 규정하는 일에 있어서 신적인 구속자가 자신의 교회가 가지기를 바라신 그 무오성(that infallibility)을 그가 충분히 향유한다. 그러므로 로마 교황의 그런 규정들은 그 자체들로 불변하고 교회의 승인을 통해 변할 수 있는 것이 아니다"라고 선언되었다.[52]

이에 동의하지 않는 공의회 파를 지지하는 일부 독일 천주교인들은 1871년에 역사학자인 이그나츠 폰 될링거(Dr. Ignaz von Döllinger) 박사를 지도자로 하고 모임을 가지고, 1873년 라이켄스 박사(Dr. Reikens)를 최초의 감독으로 선언하면서 자신들은 옛 가톨릭의 전통을 유지한다고 하면서 '옛 가톨릭 교회'(Old Catholic Church)로 독립하였다.[53] 그 외에도 천주교회 안에 각 종단의 갈등도 있고, 천주교 개혁파, "로마로부터 벗어나자"는 Los-von-Rom파,[54] 그리고 현대주의 운동도 일어나 복잡한 양상을 보이고 있어서 집합적 통일성을 자랑하긴 하지만 그것이 정신과 목적에서의 하나 됨은 아님을 드러내고 있다.[55]

나가면서

그러므로 우리들은 종교개혁에서 개혁파가 교회를 이해한 것이 성경의 교회 이해에 가장 부합한 것이고, 그렇게 성경에 충실하려던 개혁파의 노력은 교회의 직원들에 대한 이해와 교회 체제에 대한 이해에서도 역시 계속

---

52 Berkhof, *The History of Christian Doctrines*, 240에서 재인용.

53 Berkhof, *The History of Christian Doctrines*, 240; 그리고 https://en.wikipedia.org/wiki/Old_Catholic_Church를 보라.

54 Cf. https://en.wikipedia.org/wiki/Away_from_Rome!

55 이것이 Berkhof, *The History of Christian Doctrines*, 240에서 벌코프가 하는 주장이다.

되었으므로 성경에 충실한 교회가 되려는 일에 가장 모범이 될 만한 예를 제시하였음을 확인할 수 있다. 다음 시대에 개혁파 신학자들이 한 노력은 이렇게 성경적으로 바로 이해한 교회와 직분들과 교회 제도에 대한 이해를 더 성경적으로 점검하면서 그것을 실제로 구현한 것이라고 할 수 있다.

제16장

세례에 대한 교의 정립

이 장에서는 개혁파가 세례 문제에 있어서 어떻게 성경적 입장을 잘 천명해 갔는가를 논의하려고 한다. 먼저 기본적인 용어를 정리하고, 개혁파적 세례 이해를 다른 교파의 세례 이해와 비교해서 정리해 보기로 한다.

용어 이해와 초기 교회의 성례 이해와 그 문제들

성례(the sacraments)라는 말은 신약 성경에서 비밀(μυστήριον)이라는 말을 라틴 벌게이트에서 '싸크라멘툼'(*Sacramentum*)이라고 번역한 데로부터 사용된 말이다. 성경에서는 구약에 아직 계시되지 않고 있다가 신약에 비로소 드러난 것, 즉 예부터 감취었던 비밀한 것인 '복음'이 드러났음을 지칭하는 말이었는데, 후에 다른 의미로 사용되게 된 것이다. 그래서 신비한 것들, 보통 사람들은 다 알 수 없는 것(incomprehensible)을 뜻하기도 하고 신비한 행동이나 신비한 것들, 심지어 마술적인 것이라는 의미로 사용되기도 하였다.

또한 라틴어에서 '싸크라멘툼'이라는 말이 군인들이 그 사령관에게 대해 하는 충성의 맹세 같은 것을 뜻할 때 사용되던 것과 관련되어 우리의 진

정한 왕이신 그리스도에 대한 충성 맹세의 의미로 사용되기도 하였다.[1]

또한 고대 재판 때에 일종의 공탁금을 걸어서 재판에 질 경우에 그 공탁금이 국가나 신들에게 돌아가도록 했던 그 공탁금을 '싸크라멘툼'이라고 한 것과 연관시켜서, 교회와 관련한 거룩한 것이라는 의미로 생각되기도 했다.

그 의미가 어떤 것이든지 또 그 어원이 정확히 어떤 것인지는 정확히 단언하기 어렵지만, 처음에는 그저 거룩한 것이라는 의미로 '싸크라멘툼'이라는 용어를 사용한 것 같다. 터툴리안은 창조자의 사역, 성육신하신 성자의 사역과 그의 죽음을 거룩한 것, 즉 '싸크라멘툼'이라고 하였다.[2]

처음 신약 교회는 성경에 충실하게 성례를 하여 왔으나 점차 기계적이고 의식적인 기계적 이해가 나타나기 시작하였다. 그래서 점차 십자가 형태로 성호를 긋는 것, 학습자들에게 소금을 주는 것, 사제들을 임직시키는 것, 혼인, 축사 등 많은 것들이 거룩한 것이라는 뜻에서 성례라고 불려졌다.[3] 그러다 중세 천주교회에서 7성례로 굳어졌으나, 종교개혁을 하면서 세례와 성찬에 대해서 이 용어가 사용되었다.[4] 개혁자들은 성례가 "눈에 보

---

1 "사크라멘툼"의 이런 세속적 용례를 피하려고 하면서 "사크라멘툼"이라는 용어를 피하여 하던 츠빙글리는 세례와 성찬이 충성의 맹세와 책임의 표로서 신앙의 맹세(pledge of faith)라는 것은 매우 강조한다. Cf. Basil Hall, "Ullich Zwingli," in *A History of Christian Doctrine,* ed., Hubert Cunliffe-Jones (Edinburgh: T&T Clark, 1978, reprinted, Philadelphia: Fortress Press, 1980), 367f.

2 이 정보는 Louis Berkhof, *The History of Christian Doctrines* (Grand Rapids: Eerdmans, 1937, 1949, paperback edition, Grand Rapids: Baker, 1975), 242에서 온 것이다.

3 Berkhof, *The History of Christian Doctrines,* 242. 여기서 벌코프는 어거스틴, 힐라리, 레오 대제, 그레고리 대제 등도 이 용어를 느슨하게 사용하였다고 한다.

4 성례를 이 두 가지만으로 제한한 처음 사람은 츠빙글리다. 그런데 그는 "사크라멘툼"이라는 용어의 본래 이교적이고 세속적 용례를 생각하면서 이 용어가 기독교에 도입된 것이 문제라고 하면서 이런 용어가 사용되지 않는 것이 더욱 좋았을 것이라고 하였다. 이 점을 잘 언급하는 Hall, "Ullich Zwingli," 367을 보라. 츠빙글리는 그리스도께서 제정하신 세례와 성찬은 그리스도인들로 하여금 신앙을 지키는 맹세(pledge)로 제정된 것이라고 하였다. 이것들은 교회 공동체를 돕는 것이며, 교회 공

이는 말씀"(the visible word of God)이라는 어거스틴의 표현을 존중하면서,[5] 성례는 말씀과 외적인 표(sign)로 구성되어 있음을 의식하면서 말씀은 오직 듣는 것에 대해서만 말하는 것이나 성례는 그 외의 다른 감각 기관에 대해서도 말하는 것임을 강조하였다.[6]

어떤 의미에서 초기 교부들은 세례 중생설을 가르쳤다고 할 수 있으나 (1) 어른들의 경우에는 바른 내적 정향과 목적이 있어야만 한다고 하였다는 것과 (2) 세례가 영적인 삶 또는 중생의 삶을 시작하는 데 절대적인 출발점으로 보기보다는 갱신의 과정을 완료하는 의미로 강조했다는 점에서 중세의 엄격한 세례 중생설과는 차이가 있다고 할 수 있다.[7] 물론 이때도 터툴리안은 세례를 받는 의식 자체가 죄 용서를 가져온다고 생각한 듯하다.[8] 초기 교부들의 일반적 의견은 유아 세례를 해야 한다는 것이었고, 세례는 평생 오직 한 번만 받는 것이므로 반복해서는 안 된다는 것이었다.[9] 이단이 베푼 세례의 유효성에 대한 논쟁이 있었는데 키프리안(Cyprian)은 그 타당성을 부인하였고, 로마의 주교는 옹호하였다가 결국 로마 주교의 견해가 받아들여져서 삼위일체의 이름으로 행한 세례는 반복되지 말아야 한다는 것

동체가 신앙의 표라고 하였다. 예를 들어, 성찬은 우리가 그리스도의 몸인 교회 공동체의 지체들이라는 것을 보여주는 것이고, 그리스도께서 십자가에서 완성하신 구속을 다시 기억하는 것이라고 했다. 그러므로 츠빙글리의 이해는 공동체 중심의 성례관이라고 할 수 있다.

5 Joseph C. McLelland, *The Visible Words of God: An Exposition of the Sacramental Theology of Peter Martyr Vermigli, A.D. 1500-1562* (London and Edinburgh: Oliver & Boyd, 1957).

6 이 점을 언급하는 T. H. L. Packer, "John Calvin," in *A History of Christian Doctrine,* 398을 보라.

7 이 점을 강조하여 말하는 Berkhof, *The History of Christian Doctrines,* 248을 보라.

8 이 점을 밝혀 말하는 Berkhof, *The History of Christian Doctrines,* 248을 보라.

9 Berkhof, *The History of Christian Doctrines,* 248.

이 고정된 원칙이었다.[10] 1세기 말 문서인 디다케(Didache)가 잘 증언하듯이, 침례가 일반적으로 시행되었으나 그 외에도 다양한 방식이 사용되었고, 세례의 방식은 본질적인 것이 아닌 것으로 여겨졌다.

카르타고 공의회에서 유아들은 아담으로부터 온 죄를 용서받기 위하여 유아 세례를 받아야 한다고 결정했었다.[11] 유아에게도 아담으로부터 온 죄가 있다는 것과 유아 세례가 필요함을 말한 것은 옳은 것이다. 그러나 이 유아 세례가 원죄를 용서하는 방도로 제시되고 결정된 것이 문제였다. 또한 이렇게 세례를 받은 후에는 은혜가 영혼 안에서 작용해서 죄를 피할 수 있도록 필요한 도움을 준다고 결의한 것은, 어떤 면에서는 좋은 식으로 해석하고 받아들일 수도 있으나, 이것은 결국 중세 시대의 은혜론을 준비하게 하는 역할도 할 수 있게 하므로 불안한 결정이라고 판단된다.

중세 시대에는 그야말로 기계적인 성례론, 소위 성례주의가 자리를 잡았다. 그래서 세례 중생설이 중세의 기본적 세례 이해라고 할 수 있다. 물론 중세에는 어거스틴을 따라서 눈에 보이는 표들과 보이지 않는 은혜의 전달을 생각하면서 과연 이 둘이 어떻게 연결되는지를 많이 고민하였다.

그러다가 종교개혁과 함께 세례에 대한 이해가 성경적으로 다시 회복되었다. 중세기 동안 성행하였던 천주교회의 성례주의적 세례 이해를 성경적 관점에서 점검하여(a scriptural revision) 극복하여 영적이며 신앙적 세례론을 잘 드러낸 것이 개신교회의 세례 이해의 큰 기여이다. 먼저 개신교회가 같이 드러낸 종교개혁적 세례 이해를 분명히 하고 이 이후에 그들 사이의 차

---

10 Berkhof, *The History of Christian Doctrines,* 248.

11 George Park Fisher, *History of Christian Doctrine* (Edinburgh: T. & T. Clark, 1896, 7th Impression, 1949), 195. 터툴리안은 어린 아이들을 무거운 언약적 책임에 둘 필요가 있느냐고 하면서 유아 세례에 반대했다고 한다(Berkhof, *The History of Christian Doctrines,* 248).

이와 개혁파적 세례 이해의 독특성을 제시해 보기로 하자.

루터파와 같이 회복한 세례 이해

루터, 츠빙글리, 그리고 칼빈은 모두 (1) 성례에서 주어지는 은혜가 죄의 죄책 문제를 해결하는 용서하시는 하나님의 은혜라는 것과 (2) 성례의 표와 인은 말씀에 붙여진 것이기에 말씀이 없이는 그 표와 인만으로는 아무런 가치가 없다는 것, (3) 따라서 성례는 그 자체가 역사하는 것이 아니라 그 작용과 열매는 받는 자의 신앙에 의존하며 항상 구원하는 은혜를 전제한다는 것에 동의하면서 이 점들을 잘 드러내었다.[12]

처음에는 루터가 복음의 말씀은 교회 일반에게 주어진 것에 비해서 성례는 개인들에게 주어진 것이라는 점을 강조하면서 말씀의 객관성과 공적 성격에 비해 성례가 주관적인 면이 있음을 강조했었다. 물론 이때도 객관성에 근거한 주관성이 있음을 말했음은 분명하다.

그러다 재세례파와의 논쟁과 그들로 인한 어려움을 경험하고서는 1524년에 성례의 절대적 필요성을 강조하면서 그 유효성은 받는 사람의 주관적 상태에 의존하기보다는 신적 제정(the divine institution)에 의존하는 것임을 강조하였다.[13] 루터는 하나님의 능력이 눈에 보이는 말씀으로서의 성례 안에 있어서 성례가 신적 은혜의 도구가 된다고 생각했다.[14] 그러므로

---

12 모든 개혁자들의 동의점으로 Berkhof, *The History of Christian Doctrines,* 245-46에 요약된 것이다.

13 Heppe, *Dogm.* III, 380; 그리고 그를 인용하는 Berkhof, *The History of Christian Doctrines,* 246을 보라.

14 Berkhof, *The History of Christian Doctrines,* 246.

세례는 성례의 하나이니 “눈에 보이는 말씀”으로 은혜를 전달한다는 것을 강조했다. “나는 세례받았다”는 것을 강조하면서 그것으로 사탄의 유혹을 물리치려 했다는 것에 이런 사유가 작용하고 있는 것이다. 루터는 다른 개혁자들과 같이, 세례는 죽음과 부활, 즉 온전한 칭의(the fulfilling and completion of justification)를 외적으로 표하는 것이라고 보았다.[15] 그는 “세례 때에 참으로 죽고, 죽은 자들로부터 (영적으로) 다시 살아난다”고 하였다.[16] 이런 말로부터 루터는 세례 중생설을 말한다는 의혹이 강하게 든다.[17] 그것은 아주 심각한 문제이다. 그리고 이런 식으로 나가면 그의 이신칭의론이 좀 절충되는 것과 같은 결과를 낼 수도 있다.[18] 그리고 심지어 “외적인 세례

---

[15] Martin Luther, “The Pagan Servitude of the Church,” in *Martin Luther: Selections from His Writings,* ed., John Dillenberger (New York: Doubleday, 1961), 301; 죽음과 부활을 강조한 예로 *Luther's Works,* 25:312.

[16] Luther, “The Pagan Servitude of the Church,” 302. 앞에서는 이미 이루어진 것을 외적으로 표현하는 것이라고 했기에 이런 말을 주의해서 들어야 한다. 그러나 루터의 이런 표현 때문에 후에 루터파 안에는 세례 중생설을 유지하는 분들도 있었다.

[17] 루터 자신도 세례 중생설을 주장했다고 하는 논의들은 많이 있다. 대표적인 예로 다음을 보라. Anthony N. S. Lane, *Justification by Faith in Catholic-Protestant Dialogue: An Evangelical Assessment* (London: T&T Clark, 2002), 187.

이에 반해서 루터는 역동적이기에 전통적 의미의 세례 중생설을 말한 것이 아니라는 논의로 Bernhard Lohse, *Martin Luther's Theology: Its Historical and Systematic Development,* translated and edited by Roy A. Harrisville (Minneapolis, MN: Fortress Press, 1999), 299를 보라.

[18] 이 점을 지적하는 다음 논의를 보라. James Atkinson, *Martin Luther and the Birth of Protestantism* (Baltimore: Penguin, 1968), 192; Karl Barth, *The Teaching of the Church Regarding Baptism,* trans. Ernest A. Payne (London: SCM, 1963), 22–29; Barth, *Church Dogmatics* IV/4, trans. G. W. Bromiley (Edinburgh: T&T Clark, 1969), 169.

그렇지 않다고 하면서 세례 중생설이 이신칭의론과 같이 있을 수 있다고 주장하는 다음 학자들의 논의도 비교하여 보라. Paul Althaus, *The Theology of Martin Luther,* trans. Robert C. Schultz (Philadelphia: Fortress, 1966), 356; Anthony N. S. Lane, *Justification by Faith in Catholic-Protestant Dialogue: An Evangelical Assessment* (London: T&T Clark, 2002), 187; Jonathan D. Trigg, *Baptism in the Theology of Martin Luther* (Leiden: Brill, 2001), 2, 151, 226. 안토니 래인이 잘 논의하는 것처럼 세례 중생설을 말하면서 이신칭의를 열심히 주장하는 루터파 사람들이 많이 있는 것은 사실이다.

그러나 논리적으로 세례 중생설과 이신칭의를 동시에 주장하는 것은 모순이라고 여겨진다. 이 모

가 없이는 구원이 없다"는 말도 했다.[19] 세례가 구원의 원인은 아니지만 하나님께서 세례를 통해서 구원하시기로 하셨다는 의미로 말한 것이다. 물론 루터의 세례 이해는 상당히 역동적이다. 그래서 그는 세례는 "한 번 받으나 **믿음으로 계속해서 다시 세례를 받아 항상 죽고 항상 살게 한다**."고 말한다.[20] 따라서 마치 날마다 세례를 받는 것 같이 "한 번 시작되어, 계속해서 그 안에 살게 한다(constantly lived in)"는 것이 루터의 상당히 역동적인 세례 이해다.[21]

1520년대의 여러 설교에서, 특히 1527년 12월과 1528년 1월의 재세례파를 반박하는 글에서,[22] 또한 1529년의 루터의 대요리문답에서 루터는 재세례파에 반대하면서 유아 세례를 강력하게 변호한다.[23] 그는 특히 보편적 교회의 전통에 근거해서 이 변증을 한다. 기독교 역사 전체에 걸쳐서 유아로서 세례를 받은 사람들에게 하나님께서 부인할 수 없게 성령을 주심으

순과 비일관성을 잘 지적하는 D. Patrick Ramsey, "*Sola Fide* Compromised? Martin Luther and the Doctrine of Baptism," *Themelios* 34/2 (2009): 179-93을 보라.

19 Luther, *Luther's Work,* 13:274: "without that outward baptism, no one is saved." 그래서 이전에 죽은 어린 아이들을 위해 세례를 대신 받아 그들을 구원해야 한다고도 했다. 이런 말들이 루터에 대한 경계와 비판의 원인이 되었다. 루터 자신은 기계적이지 않았다. 십자가상의 강도는 세례받지 않았으나 믿음으로 구원받았다고 인정했다.

20 Luther, "The Pagan Servitude of the Church," 303: "Although you only receive the sacrament of baptism once, you are *continually baptized anew by faith, always dying and yet ever living.*" (강조점은 덧붙인 것임).

21 루터를 인용하면서 이 점을 강조하는 Benjamin Drewery, "Martin Luther," in *A History of Christian Doctrine,* ed., Hubert Cunliffe-Jones (Edinburgh: T&T Clark, 1978, reprinted, Philadelphia: Fortress Press, 1980), 348을 보라.

22 Martin Luther, *Luther's Works,* 40:242–43. 또한 *Luther's Works,* 40:245–46도 보라.

23 Martin Luther, "The Large Catechism," trans. F. Bente and W. H. T. Dau, in *Triglot Concordia: The Symbolical Books of the Evangelical Lutheran Church* (St. Louis: Concordia Publishing House, 1921), 565-773, XIIIA (available at: https://www.projectwittenberg.org/pub/resources/text/wittenberg/luther/catechism/web/cat-13a.html).

로 유아 세례를 하나님께서 승인하지 않으셨느냐고 한다. 물론 신약 성경에서 유아 세례를 구체적으로 명하시지도 특별히 언급하지도 않으셨다는 것은 인정한다. 그러나 주님께서는 "어린 아이들이 내게 오는 것을 금하지 말라"고 하셨고, 만민에게 세례를 주라는 말씀에 어떤 연령층이 금해진 것이 아니고, 사도행전 16장은 온 집의 세례에 유아들이 배제되지 않았다는 것을 언급한다. 그리고 유아 세례의 타당성을 믿음에 달린 것이 아니라 하나님의 뜻과 말씀에 근거한 것이라고 결론 내린다.[24] 유아 세례의 경우에는 "목사가 아이를 물속에 담글 때 이것은 죽음을 의미한다; 그리고 아이를 다시 꺼낼 때 이것은 생명을 뜻한다." 그런데 이를 표현할 때 루터는 좀 더 강력한 언어를 사용해서 세례는 "죄 용서, 죽음과 마귀로부터의 구원, 몸과 영혼 모두의 영생", 그러니 하나님의 은혜 전체(the entire grace of God), 즉 "그리스도 전체, 성령님과 그의 은사 전체"를 전달한다(convey)고 표현한다.[25]

물론 루터는 세례의 효과가 물이 적용되는 순간에만 제한되지 **않는다는 것을 강조**하였다. "오히려 눈에 보이는 말씀으로서의 세례는 세례받는 사람의 생애 전체에 영향을 끼친다고 하였다."[26]

또한 루터는 세례와 믿음으로 모든 신자들은 제사장으로 거룩하게 성별되었다는 것을 강조했다.[27] 루터는 모든 그리스도인들은 영적인 지위에서

---

24 루터를 인용하면서 이를 말하는 Drewery, "Martin Luther," 348을 보라. 이를 강조하면서 루터는 "믿음이 세례를 수립하는 것이 아니라 받는" 것이라고 하면서 그렇지 않으면 믿음은 인간의 행위가 되고 우상 숭배가 된다고 한다. 그러나 세례 요한이 아기 때 믿었던 것 같이, 그 방식은 모르지만 그리스도 자신이 아이들에게 믿음이 있게 하신다고 말한다. Cf. Drewery, "Martin Luther," 348.

25 루터의 〈대요리문답〉에서 이 어귀를 인용하면서 이를 말하는 Drewery, "Martin Luther," 347을 보라.

26 J. V. Fesko, *Word, Water, and Spirit: A Reformed Perspective on Baptism* (Grand Rapids: Reformation Heritage, 2010), 46.

27 이 점을 잘 강조하는 Drewery, "Martin Luther," 347; Uche Anizor and Hank Voss, *Rep-*

다 같으며("같은 영적 지위[spiritual estate]를 지니고 있으며"), 각기 다른 직분으로 일해도 다 같은 일을 하는 것임을 강조했다.[28] 그러나, 후에 다시 논하겠지만, 하나님의 말씀을 선포하고 세례를 베풀고 성례를 집례하고 죄 용서를 선언하는 직분자로서의 사제(priest)가 있다는 것도 강조하였다.

루터파를 좀 더 개혁한 세례 이해(1): 성례주의의 극복

루터파와 함께 천주교회의 성례주의적 세례 이해를 극복했지만, 루터파 안에 성례주의가 잔존해 있어서 때때로 루터 자신과 일부 루터파 인사들은 세례 자체가 무슨 효과를 내는 식으로 표현하는 일도 있었다. 이에 대해서 개혁파는 루터파는 성례주의를 온전히 극복하지 못하였다고 표현하곤 했다.

예를 들어서, 교회 안에서 은혜의 영향력 가운데서 자라난 사람들이 교회가 그리스도에 대한 믿음으로 들어가는 은혜의 상태에 들어와 있음을 잘 의식하지 못하는 경우가 있다. 이런 경우에 대해 루터파적인 성례 이론으로 이것을 설명하려고 하는 것은[29] 문제라고 여겨진다. 이에 비해서 개혁파는 성례를 무시하지도 않으면서도 그 어떤 기계적 성례론을 도입하거나 하지 않고 이 문제를 정확하고 일관성 있게 잘 설명할 수 있었다.

---

resenting Christ: A Vision for the Priesthood of All Believers (Downers Grove, IL: InterVarsity Press, 2016), 18을 보라.

[28] Martin Luther, "To the Christian Nobility of the German Nation," in *Luther's Works,* 44:129.

[29] 이런 점에 대한 지적으로 James Orr, *The Progress of Dogma* (London: James Clarke & Co. Limited, 1901), 270을 보라.

루터파를 좀 더 개혁한 세례 이해(2): 유아 세례에 대한 언약적 이해

개혁파에서는 성경에 호소하면서 유아 세례의 성경적 근거를 분명히 하는 일에 힘썼다. 대개는 은혜언약의 일관성에 근거해서 유아 세례를 변호하였다. 구약에서도 신자의 자녀들은 은혜 언약에 속한 것으로 하여 구약의 표인 할례를 받았으니, 신약 시대에도 믿는 사람들의 자녀들은 동일한 은혜 언약 안에 있으니 은혜언약에 속한 표인 세례를 받음이 마땅하다고 한 것이다.[30]

물론 신자의 자녀를 어떻게 보아야 하는가에 대한 이견이 개혁파 안에 있다. 한편에서는 그렇지 않다는 증거가 나타나기 전까지는 믿는 부모의 자녀들은 중생한 것으로 여겨져야 한다고 주장하는 사람들이 있었다. 이것의 가장 과격한 형태가 후에 아브라함 카이퍼가 주장했던 '중생 전제설'이라고 할 수 있다.

이런 견해에 대해서 불편해하는 분들은 유아세례 이전에 중생이 있을 수 있는 가능성은 있으나 선택된 아기들이 세례 전에, 그리고 세례를 받으면서, 아니면 세례받은 지 오랜 후에 중생하는지의 문제는 열려 있는 문제(an open question)로 다루는 것이 더 좋다고 여긴다. 그래서 은혜의 방도로서 유아 세례의 효과는 세례 시행의 때에 한정시켜 생각하지 말아야 한다고 논의되었다.[31]

---

30 츠빙글리, 불링거도 조금 후에 작업하는 칼빈과 함께 이런 입장을 잘 표현하였다. 츠빙글리의 이런 주장에 대해서 Hall, "Ullich Zwingli," 368을 보라. 이에 더해서, 츠빙글리는 모든 사람이 함께 하는 공동체를 중심으로 말하면서 재세례파와 같이 주장하면 모든 사람의 공동체가 파괴되는 점을 많이 우려하면서 글을 썼다. 기독교 공동체에 받아들여지는 자녀들에 대한 기독교 교육의 의무를 부모에게 부과하는 이런 귀한 일을 제거하면 안 된다고 했다.

31 이 문제를 다룬 가장 좋은 논의로 이남규, "중생 전제설에 대한 아브라함 카이퍼와 헤르만 바빙크의 이견", 「신학 정론」 41/1 (2023년 6월): 427-67을 보라.

그러나 이로부터 세례는 외적 언약의 표일 뿐 그 이상은 아니라고 주장하는 것도 너무 나간 생각이고, 소시니안이나 알미니안이나 재세례파와 같이 세례는 신적 은혜를 인치는 것은 아니고 사람 편에서 신앙을 고백하는 행위일 뿐이라고 하는 것도 개혁파의 특성을 상실하는 것이다.

그러므로 신실한 개혁파와 같이 세례는 외적이고 법적인 관계의 언약의 표이면서, 거기에만 머물러서는 안 되고 그리스도와의 생명적 관계의 표와 인이라는 것을 강조해야 한다.[32] 물론 세례를 받았으나 참으로 믿지 않은 사람에게는 그저 외적이고 법적인 관계로서의 언약의 표일 뿐이다. 그러나 우리는 그런 일이 있지 아니하도록 최선의 노력을 해야 할 것이다.

---

32 이를 잘 강조하는 Louis Berkhof, *Systematic Theology* (Grand Rapids: Eerdmans, 1941), 286-89를 보라.

제17장

성찬에 대한 교의 정립

개혁파의 가장 큰 기여 중의 하나가 가장 성경적이고 온전한 성찬론을 정립한 것이라고 할 수 있다. 여기서는 개혁파의 성찬론을 정리하기 위해 먼저 칼빈의 성찬론을 제시하고 이것이 개혁파 문서들에서 어떻게 나타났는지를 살펴보고, 이와 비교하여 루터파의 성찬론과 츠빙글리의 견해를 같이 언급하여 보도록 하겠다.

1. 성찬에 대한 칼빈의 이해

기본적으로 칼빈은 주의 만찬에서 그리스도께서 "그의 몸으로(bodily) 실체적으로(substantially) 장소적으로(locally) 임재하신다"는 것을 츠빙글리와 같이 명확히 거부하여, 천주교회의 화체설과 함께 후에 논의할 루터파의 공재설도 거부하였다. 칼빈은 츠빙글리와 같이 신자가 믿음으로 성찬에 참여하여야 한다는 것을 강조하였다. 그러나 성찬에 참여하는 것이 그저 예수님을 믿고 그의 죽으심이 속죄를 가져온다는 것을 전심으로 믿음을 표현하는 것이라는 인상을 주는 것도 거부하려고 했다. 후에 상론할 츠빙글리의 성찬 이해가 이런 인상을 주는 것을 목도하고 잘 지적하면서 성찬에 참여하는 것은 분명히 믿음의 행위이지만 믿음의 행위 이상으로 하나님께서 은혜스럽게 베푸시는 것이라는 것도 강조하려 했다. 그래서 그리스도께서 성찬에 "그의 몸으로(bodily) 장소적으로(locally) 임하신다는 실체적 임재(substantial presence)"를 부인하면서 그러나 그리스도께서 "참으로 임재하심"(real presence)을 강하게 주장하였다. 그리스도께서는 성찬에 "그 전체가"(in his entire person) "참으로"(really) 그리고 "본질적으로 임재하신다"(essentially present)고 하였다. 그러므로 그의 견해를 "영적 임재설"이라고 말하는데, 이는 매우 적절한 것이다. 생명을 주는 그리스도의 몸과 피는 "공간상 떨어져 있는 것들을 참으로 연결시키시는" 성령님에 의해 우리에게 주어지기 때문이다.[1] 성령에 의해서 그리스도와의 교제가 참으로 일어나는 것이다. 그래서 칼빈은 이것은 너무 큰 신비여서 자신이 온전히 이해하거나 제대로 표현할 수 없다고 하였고, 그러나 "주께서 그의 몸이 나의 영혼의 음식이며, 그의 피가 나의 영혼의 음료라고 하시니, 나는 나의 영혼이 이 음식을 먹고 자양분을 얻도록 나의 영혼을 주께 드린다"고 하면서, "그의 성찬 가운데서 취하여 먹고 마시라고 말씀하시고, 떡과 포도주의 상징으로 먹고 마시라고 하시니, 나는 그가 참으로 주어지시며 내가 참으로 받는다고 의심없이 믿는다"고 한다.[2]

따라서 쉘돈이 잘 요약하고 있는 바와 같이, 칼빈에 의하면 "그리스도의 몸을 먹음은 **전적으로 영적인 것이고, 신앙을 수단으로 하는 것**이며, 따라서 믿지 않는 사람은 (외적으로 성찬에 참여해도) 성찬에 참여하는 것이 아니며, (루터파가 강조하는 것과 같이 성찬은 우리의) 입으로 먹는 것(an oral manducation)이

---

1 John Calvin, *Institutes of the Christian Religion,* trans. Ford Lewis Battles (Philadelphia: The Westminster Press, 1960), 4. 17. 10. 또한 이 점을 강조하는 T. H. L. Packer, "John Calvin," in *A History of Christian Doctrine,* ed., Hubert Cunliffe-Jones (Edinburgh: T&T Clark, 1978, reprinted, Philadelphia: Fortress Press, 1980), 398을 보라.

2 Calvin, *Institutes,* 4. 17. 32.

라는 것은 전혀 고려할 가치가 없는 것이다."[3] 그런 점에서 칼빈의 견해는 여러 면에서 균형 잡힌 성찬론이라고 할 수 있다.

〈제네바 교회 교리문답, 1541/42〉은 이런 칼빈의 입장을 요약해서 잘 표현하고 있다고 여겨진다.

> 우리들의 몸을 이 죽어야 하는 생애 동안에 빵이 양식이 되어 힘을 주듯이 (성찬에서 나누어지는) 그리스도의 몸은 우리들의 영혼에 양식이 되고 우리를 영적으로 생기 있게 합니다. 그와 같이 포도주가 인간의 몸에 기운을 주고 기력을 회복시키고 기쁘게 만들 듯이 (성찬에서 나누어지는) 그리스도의 피는 우리들의 영적인 기쁨이고 활성화이며 힘입니다.(341문)

특히 그리스도의 몸과 피를 우리와 연결시키는 것이 실질적으로 성령님이시라는 지적에 있어서 〈제네바 교리문답〉은 아주 분명하게 선언한다: "우리들의 이해를 뛰어넘는 그리스도의 영의 힘이 공간적으로 멀리 떨어져 있는 것을 굳게 결합시키기 때문입니다."(354문답) 그 다음 문답은 성찬에서의 칼빈의 강조점을 아주 잘 드러내어 준다.

---

[3] Henry Clay Sheldon, *History of Christian Doctrine,* II (New York: Harper & Brothers, 1886), 207, 강조점은 덧붙인 것임. 그래서 칼빈은 루터파가 말하는 그리스도의 살과 피를 "입으로 먹음"(*manducatio oralis*)과 "합당하지 못한 자들의 먹음"(*manducatio indignorum,* "eating of the unworthy")을 인정하지 않는 것이고, 그들은 그저 떡과 포도주만 먹고 마시는 것이라고 한 것이다. 칼빈은 육의 양식을 먹음에 대해서 "입으로 먹음"(*manducation oralis*)이라는 말을 사용하고 그리스도의 몸과 피를 먹고 마심에 대해서는 이를 사용하지 않고 이는 "영적인 먹음"(*manducatio spiritualis*)이라고 한다(Calvin, *Institutes,* 4. 17. 6 ["마치 몸이 떡을 먹음으로써 활력을 얻는 것처럼(*manducatio oralis*) 우리의 영혼도 믿음으로 그리스도의 살에 참여함으로써(*manducatio spiritualis*) 활력을 얻는다"]; 또한 Calvin, *Institutes,* 4. 17. 10도 보라: "떡과 포도주가 육체의 생명을 지탱시키고 유지시켜 주는 것과 똑같은 방식으로 그리스도의 살과 피가 우리의 영혼에게 양식이 된다는 것이다").

따라서 우리들은 예수 그리스도께서 아버지의 영광 안에 계시는 하늘을 향하여 마음을 높이 들어 올리고, 우리들은 (온전히) 구원하기 위해 다시 오실 그리스도를 기다려야 합니다. 따라서 그를 이 스쳐 지나가는 요소들 안에서 찾는 것은 허락될 수 없습니다.(355문)

칼빈은 그리스도께서 영적으로 우리에게 임재하신다는 것을 강조하면서 동시에 그리스도의 몸이 지금 있는 그 하늘을 향해 "우리의 마음을 들라"(*sursum corda*)는 것을 늘 강조하였다. 이 표현은 3세기부터 성찬 때 사용되던 표현이고, 235년 이전이거나[4] 아마도 이집트나 시리아에서 적어도 375-400년에 모아진 글들인[5] 〈사도적 전승〉 4장의 성찬 기도(Anaphora) 부분에 나오는 것을 칼빈이 그의 성찬 때에 사용하면서 강조한 것이다.

2. 개혁파 신조들에 표현된 성찬론

개혁파 신앙고백서들에 기본적으로 이와 같은 입장이 잘 표현되어 있다.

〈스코츠 신앙고백서〉(1560)에서는 "그리스도께서 그 자신을 우리들과

---

4 이는, 19세기 이 문서 발견 이후에 이를 235년에 순교한 로마의 히폴리투스(Hippolytus of Rome)와 이 문서를 연관시키는 분들의 견해이다. 이런 견해를 변호하는 분들로 다음을 보라. Allen Brent, *Hippolytus and the Roman Church in the Third Century* (Leiden: Brill, 1995), 412; Alistair C. Stewart, *On the Apostolic Tradition, Hippolytus; An English Version,* with introduction and commentary, 2nd edition (St Vladimir's Seminary Press, 2015), 28–38.

5 이렇게 주장하는 대표적인 글로는 Paul F. Bradshaw, *The Search for the Origins of Christian Worship* (Oxford: Oxford University Press, 2002), 78–80; Paul F. Bradshaw, Maxwell E. Johnson, & L. Edwards Philips, *The Apostolic Tradition: A Commentary,* Hermeneia (Minneapolis: Fortress Press, 2002)을 보라. 이는 전혀 사용되지 않은 의식서라는 견해를 말하는 Lawrence J. Johnson, *Worship in the Early Church: An Anthology of Historical Sources,* vol 1 (Collegeville, MN: Liturgical Press, 2009), 194도 보라.

연결시켜 주시고 우리 영혼에 참된 음식과 영양이 되어 주셨다"고 했다(36조). 이것이 후에 〈웨스트민스터 신앙고백서〉에 그대로 사용된 것을 주목해 보아야 한다. 〈스코츠 신앙고백서〉는 또한 "성례에 사용되는 지상의 소재와 예수 그리스도의 영원한 실체 사이를 우리들은 명확히 구별한다"(21조)고 정확히 말하여 천주교회의 화체설과 루터파의 공재설을 다 거부한다.

〈벨직 신앙고백서〉(1561)에서는 같은 입장을 분명히 하면서 좀 더 구체적으로 다음과 같이 말한다:

> 우리들이 성례를 실제로 손으로 받고 우리의 생명을 유지할 것을 입으로 먹고 마시는 것과 같이, 우리들의 영혼의 손과 입인 신앙은 우리의 유일하신 구주이신 그리스도의 참된 몸과 참된 피를 우리 영혼에 받아들이고 영적인 생명에 이르는 것을 확증하도록 그리스도께서 성찬을 제정해 주셨습니다(35항).

〈하이델베르크 요리문답〉(1563)에서는 성찬에 대해 매우 풍성한 생각을 75문답에서 82문답에 이르기까지 다음과 같이 제시하고 있다.[6]

(제75문) **성찬에서 당신이 십자가에서 이루신 그리스도의 한 희생 제사와 그의 모든 유익에 참여한다는 것이 당신에게 어떻게 표해지고, 인쳐집니까?**

(답) 그리스도께서는 나와 모든 신자들에게 이 찢겨진 떡을 먹고, 이 잔을 마시라고 명령하셨습니다.

---

[6] 이 어구들에 대한 자세한 설명으로 이승구, 『성령의 위로와 교회』 (서울: 이레서원, 2002, 최근판, 2015)을 참조해 보라.

이 명령과 함께 그는 다음과 같은 약속을 주셨습니다.

첫째로는,
내가 나의 눈으로 나를 위하여 찢기신 주님의 떡과
나를 위해 주신 잔을 분명히 보듯이,
십자가에서 그의 몸이 나를 위하여 내어준 바 되고 찢겨졌음과
그의 피가 나를 위하여 부어졌음이 분명해질 것이라는 약속입니다.

둘째로는,
내가, 섬기는 이의 손으로부터
그리스도의 몸과 피에 대한 분명한 표로써 나에게 주어진
주님의 떡과 잔을 받고 내 입으로 맛보는 것이 분명한 것과 같이,
그가 분명히 그의 십자가에 못 박히신 몸과 흘리신 보혈로써
영원한 생명에 이르기까지
나의 영혼을 먹이시고 새롭게 하신다는 약속입니다.

(제76문) **그리스도의 십자가에 못 박히신 몸을 먹고, 그의 흘리신 피를 마신다는 것은 무엇을 뜻합니까?**

(답) 그것은 그리스도의 모든 수난과 죽음을 믿는 마음으로 받아들이고,
믿음으로써 죄에 대한 용서와 영생을 받음을 의미합니다.
그러나 그것은 또한 더 많은 의미를 가지니,
즉 그리스도 안에, 그리고 우리 안에 거하시는 성령을 통하여
우리가 점점 더 그리스도의 거룩한 몸에 연합되고,

그리하여 비록 그는 하늘에 계시고 우리는 땅에 있어도,
우리가 그의 살 중의 살이요, 뼈 중의 뼈가 되는 것입니다.
그리하여 마치 우리 몸의 각 지체들이 한 영혼의 지배를 받는 것과 같이 우리는 영원히 한 성령의 통치를 받아 살게 되는 것입니다.

(제77문) **그리스도께서는 우리가 쪼개진 떡으로부터 먹고 이 잔으로부터 마시는 것과 같이,**
분명히 그의 몸과 피로 신자들을 먹이시고 양육하시리라는 약속을 어디서 주셨습니까?

(답) 다음과 같은 성찬 제정의 말씀을 하실 때 약속하신 것입니다:

주 예수께서 잡히시던 밤에 떡을 가지고 축사(祝辭)하시고 떼어 가라사대
"이것은 너희를 위하는 내 몸이니
이것을 행하여 나를 기념하라" 하시고,
식후(食後)에 또한 이와 같이 잔(盞)을 가지시고 가라사대
"이 잔(盞)은 내 피로 세우는 새 언약이니
이것을 행하여 마실 때마다 나를 기념하라" 하셨으니
너희가 이 떡을 먹으며 이 잔을 마실 때마다
주의 죽으심을 오실 때까지 전하는 것이니라.

또한 이 약속은 사도 바울이 다음과 같이 말할 때도 또한 반복되었습니다:
"우리가 축복하는 바 축복의 잔은 그리스도의 피에 참여함이 아니며,

우리가 떼는 떡은 그리스도의 몸에 참여함이 아니냐?
떡이 하나요, 많은 우리가 한 몸이니,
이는 우리가 다 한 떡에 참여함이라."

(제78문) **그렇다면 떡과 포도주는 그리스도의 실재적 몸과 피가 되는 것입니까?**

(답) 아닙니다.
마치 세례의 물이 그리스도의 피로 변화하거나,
그 자체가 죄를 씻어내는 것이 아니라,
단지 하나님의 표(標)요 확신[印號]이듯이,
주의 만찬의 떡도 그리스도의 실재적 몸으로 변화되는 것이 아닙니다.
비록 우리가 성례의 성질과 언어에 따라서
그것을 그리스도의 몸이라고 부를지라도 말입니다.

(제79문) **그렇다면 왜 그리스도께서는** (성찬의) **떡을 그의 몸이라고 하시고 잔을 "그의 피 또는 그의 피로 세우는 새 언약"이라고 하셨으며, 바울은 "그리스도의 몸과 피에 참여함"이라고 했습니까?**

(답) 그리스도께서 그렇게 말씀하시는 충분한 이유가 있습니다.
그는 우리에게 떡과 포도주가
우리의 현세의 생명에 영양을 공급하듯이
그의 십자가에 못 박히신 몸과 그의 흘리신 피가
영생을 위하여 우리의 영혼에 참된 영양분을 공급한다는 것을 가르치시기를 원하시는 것입니다.

그는 이 눈에 보이는 표와 보증으로써
우리가 성령의 사역을 통해서
우리가 그를 기념하여 이 거룩한 표를 우리의 입으로 분명히 받을 때,
우리가 그의 참된 몸과 피에 참여한다는 것을 확신시켜 주시며,
그의 수난과 순종은
마치 우리가 개인적으로 수난을 받고, 우리의 죄를 위해 값을 치르신 것처럼
분명히 우리의 것임을 확신시켜 주시기를 원하는 것입니다.

(제80문) 주의 만찬과 교황적 미사의 차이점은 무엇입니까?[7]

(답) 주의 만찬은 우리에게 예수 그리스도께서 십자가에서 단번에 이루신 한 번의 희생 제사로 우리의 모든 죄들에 대한 온전한 사죄가 주어졌음을 우리에게 증언하는 것입니다.

(그리고 성령에 의해서 우리가 그리스도께, 즉 그 몸으로 하늘에 오르셔서 하나님 우편에서 경배를 받으시는 그리스도께 접붙여졌다는 것을 증언하는 것입니다).

그러나 미사는 사제들에 의해서 그리스도를 산 자들과 죽은 자들을

---

7 "What difference is there between the Lord's Supper and the Popish Mass?" 이 질문은 하이델베르크 요리문답 초판에는 없었으나, 초판이 나온 같은 해인 1563년 3월 이전에 출판된 것으로 여겨지는 제2판과 같은 시기에 나온 라틴어 판에 삽입된 것이다. 올레비아누스는 자신이 선제후 프레데릭 3세에게 이 문답을 덧붙이도록 격려했다고 칼빈에게 편지한 바 있다. 그리고 같은 해 4월에 나온 제3판에 첨가된 것이 있다. 그것을 본문 중에서 () 안에 넣어 표하였음에 유의하라.

위해서 날마다 (제사로) 드리지 않는 한(限),

그리스도의 수난에 의해서 산 자들과 죽은 자들이

죄 용서함을 받지 못한다고 가르칩니다.

(그리고 떡과 포도주의 형태 아래 그리스도께서 신체적으로 임재(臨在)해 계시며, 따라서 그 안에서 경배를 받으신다고 가르치는 것입니다).

그러므로 미사는 결국 예수 그리스도의 한 희생 제사와 수난에 대한 부인이며 (따라서 저주받을 우상 숭배입니다).

(제81문) 누가 주의 만찬에 와야 합니까?

(답) 자신들의 죄에 대해서 자신들이 참으로 불만스러워하고,

그러나 그리스도의 수난과 죽음에 의해서 자신들의 죄가 용서되었고,

자신들의 남은 연약성이 (그리스도의 수난과 죽음에 의해서)

덮어졌다고 참으로 믿으며,

자신들의 신앙을 강화하고 더 나은 삶을 살려고

점점 더 열망하는 이들은 모두 와야 합니다.

그러나 회개하지 않는 자들과 위선자들은

자신들에 대한 심판을 먹고 마시는 것입니다.

**(제82문) 그들의 말과 행위로 자신들이 믿지 않으며,
경건하지 않음을 나타내 보이는 이들이 주의 만찬에 받아 들여져야 합니까?**

(답) 믿지 않고 불경건(不敬虔)한 자들이 (주의 만찬에) 허용되는 것은

하나님의 언약을 모독하는 것이며,

전체 회중(會衆)에게 하나님의 진노를 가져오게 하는 것입니다.
그러므로 그리스도와 그의 사도들의 가르침에 의하면,
기독교회는 천국의 열쇠를 공식적으로 사용함으로써
그런 자들이 그들의 삶을 고칠 때까지는
(주의 만찬에서) 배제(排除)시키는 것이 교회의 의무입니다.

이와 같이 하이델베르크 요리문답은 성찬에 대한 바른 개념으로부터 성찬하는 방법에 이르기까지 성찬에 대한 매우 풍성한 이해를 잘 표현했다.

하인리히 불링거가 써서 스위스 교회가 받아들여 고백한 〈제2 스위스 신앙고백서〉(1564년 작성, 1566 수납) 21장 2절과 8절에서는 다음과 같이 고백한다.

> 하나님께서는 성찬을 통해서 언젠가 죽을 사람에게 나타난 위대하고 선한 행위를 신성한 기억 속에 유지할 것을 소망하십니다. 하나님께서는 성자의 바쳐진 몸과 흘린 피에 근거해서 우리들의 죄들을 모두 용서하시고, 우리들을 영원한 죽음과 마귀의 지배로부터 구원해 주셨습니다.
>
> 성찬에 참여하는 사람은 기쁜 마음으로 자신과 전 인류의 구속에 대해서 감사하고, 주님의 죽으심을 경건한 마음으로 기념하고, 그 몸의 지체인 교회 앞에서 신앙을 증언합니다.

그러므로 성찬이 십자가에서 이루신 구속에 대한 감사의 표현이고, 그 구속을 위한 그리스도의 죽으심에 대한 상기(想起)라는 것과 공동체 앞에서 신앙을 증언하는 것임을 분명히 표현하면서 츠빙글리에 대한 배려가 표현되어 있음을 알 수 있다.[8] 그러나 이 떡과 포도주를 집에서 먹듯이 먹어서는 안 되고, "그것이 의미한 바(the things signified)에 영적으로 참여해야 한다, 즉 그리스도의 피와 희생 제사에 대한 믿음을 통해 죄 씻음을 받아야 한다"고 하는 데서[9] 영적 임재에 대한 분명한 의식이 있음을 볼 수 있다.

심지어 1562년에 대회를 통과했으니 그때 작성되었다고도 할 수 있고, 당시의 캔터베리 대주교였던 매튜 파커(Matthew Parker, the Archbishop of Canterbury)의 인도 하에서 모였던 1563년 회합(the Convocation of 1563)에서 시작되어 1571년에 마쳐져서 영국 의회의 재가를 받아 성공회의 〈공동 기도서〉(the Book of Common Prayer)에 포함된 성공회 신조인 성공회의 〈39신조〉(39 Articles)의 28조에서도 성찬에 대해서는 같은 견해를 표현할 정도이다.[10]

> 주의 만찬은 그리스도인들이 서로 마땅히 나누어야 하는 사랑의 표일 뿐만 아니라, 오히려 그리스도의 죽으심으로 이루어진 우리의 구속의 성례(a Sacrament of our Redemption)이다. 그러므로 그런 것으로 바르게(rightly). 존중하는 마음으로 가치 있게(worthily), 그리고 믿음을 가지고 받으면 우리가 떼는 떡은 그리스도의 몸에 참여하는 것이고(a partaking of the Body of Christ), 마찬가지로 축복의 잔(the Cup of Blessing)은 그리스도의 피에 참여하는 것이다(a partaking of the Blood of Christ).

---

[8] 이 점을 지적하는 Jan Rohls, *Theologie reformierter Bekenntnissschriften* (Vandenhoeck, 1987), 위거찬 역, 『개혁교회 신앙고백과 신학』 (서울: 서울성경신학대학원대학교 출판부, 2022), 395를 보라. 심지어 〈제2 스위스 신앙고백서〉가 성찬에 대한 고백에서는 츠빙글리적이라는 William G. T. Shedd, *A History of Christian Doctrine,* vol. 2 (New York: Charles Scribner's Sons, 1897), 471을 보라.

[9] *The Second Helvetic Confession,* 21장. 이 점을 잘 언급하는 Shedd, *A History of Christian Doctrine,* vol. 2, 471을 보라.

[10] 이를 언급하는 Berkhof, *The History of Christian Doctrines*, 255를 보라.

> 성찬 때에 떡과 포도주의 본질이 변한다는 화체설은 성경으로부터 증명할 수 없을 뿐만 아니라, 성경의 평이한 말이 분명히 말하는 것에 반대되는 것이고, 성례의 본질을 뒤엎는 것이며, 많은 미신을 낳게 한 원인이 되었다.
>
> 성찬에서 그리스도의 몸은 오직 천상적이고 영적인 방식으로 전달되고, 받고, 먹는 것이다. 그리스도의 몸이 받아들여지고 먹게 하는 방식은 믿음이다.
>
> 그 성례는 남겨지거나 그것을 가지고 행진을 하거나, 높이 거양되거나 경배되지 않도록 그리스도께서 친히 규정하셨다.[11]

이 마지막 부분에 대해서 우리가 앞서 언급했던 〈스코츠 신앙고백서〉(1560)에서는 아주 자세하게 논의한 바 있다.

> 떡을 숭상하여 무릎을 꿇는 것, 떡을 들고 행진하는 것, 작은 상자[즉, 성체 보관함]에 넣어 보존하는 것 등은 모두 그리스도의 성례를 시행하는 것이 아니라 성례에 대한 모독이다. 왜냐하면 그리스도께서는 "받아 먹으라... 나를 기리고 행하라"고 하셨기 때문이다. 이 말씀과 명령으로 그리스도께서 이 떡과 포도주를 그리스도의 몸과 피의 성례로 구별하신 것이니 그에 따라 떡을 먹고 포도주를 마시는 것이다. 그러므로 그것을 숭배하기 위해서 보존하거나 하나님으로 여기고 그것에 절해서는 안 된다.(22조).

우리 시대까지 우리들이 그대로 유념하고 성찬으로 어떻게 행하야 하는지를 잘 드러내고 있는 규정이라고 할 수 있다.

이것은 그리스도께서 성찬에 문자적으로 물리적으로 임재하신다는 것을 개혁파에서는 거부했기 때문이다. 이전에 〈취리히 일치 협약〉(The

---

11 https://www.britainexpress.com/History/tudor/39articles-text.htm.

Consensus Tigurinus, 1549, 그런데 1551에 인쇄)에서도 "성례의 요소들 아래에 인성으로 그리스도께서 장소적으로 임재하신다는 생각은 배제"되고 있다(21조). 재림하실 때까지 그리스도의 인성은 하늘에만 계신다는 것을 명확히 밝히고 있다(25조).

3. 루터파 성찬론과 그 문제점

성찬이 희생 제사(*sacrificium, bonum opus, meritum*)가 아니라는 것과[12] 따라서 천주교회의 화체설을 거부하는 점에서[13] 루터는 종교 종교개혁적 성찬론의 선두주자 역할을 했다고 할 수 있다. 중세 때와 같이 성례를 행함이 그 효과를 보증한다면, 성례를 하는 인간의 일이 하나님의 은혜를 작동하게 할 수 있게 되고 만다는 것을 루터는 잘 지적하였다. 그러므로 성례는 하나님의 은혜를 확보하기 위해 우리가 드리는 "희생 제사"가 아니라는 것을 루터는 잘 지적하였다.[14]

루터도 성찬의 빵과 포도주가 죄 용서의 표(表, sign)요 인(印, seal)이라는

---

12 이를 분명히 하는 *The Augsburg Confession* (unaltered, 1530), 24. 21을 보라. 따라서 예배 중에 희생 제사를 드린다고 하는 것은 십자가에서 단번에 드린 그리스도의 희생 제사를 명백히 부인하는 것이 된다는 것을 밝히 말하는 *Luther's Works*, 36:311-28을 보라.

13 이 두 가지에 대한 루터의 역할을 인정하는 Berkhof, *The History of Christian Doctrines*, 254를 보라. Benjamin Drewery, "Martin Luther," in *A History of Christian Doctrine*, ed., Hubert Cunliffe-Jones (Edinburgh: T&T Clark, 1978, reprinted, Philadelphia: Fortress Press, 1980), 349에서 루터가 중세의 "성사를 행하면 그 자체가 역사한다"(*ex opere operato*)는 견해를 비판했음을 잘 지적하고 있다. 중세 때와 같이 성례를 행함이 그 효과를 보증한다면, 성례를 하는 인간의 일이 하나님의 은혜를 작동하게 할 수 있게 되고 만다는 것을 루터는 잘 지적하였다. 그러므로 성례는 하나님의 은혜를 확보하기 위해 우리가 드리는 "희생 제사"가 아니라는 것이다.

14 Drewery, "Martin Luther," 349. 그럼에도 후에 논의할 것과 같이 교회의 사역자를 계속해서 사제(司祭, priest), 즉 제사장(祭司長)이라고 부르도록 하다가 예배가 제사가 아니라는 중요한 개념이 희미해지게 한 것은 매우 안타까운 일이다.

것을 가르쳤다.[15] 그러나 츠빙글리가 그것만을 너무 강조하면서 표상적 이해를 가지는 듯하자 츠빙글리를 강하게 비판하였다. 루터는 최후의 만찬에서 예수님께서 "이것은 나의 몸이니"라고 하신 말씀을 문자적으로 받아야 한다고 하면서 그리스도께서 성찬에 "몸으로 임재하심"(bodily presence)을 강조하였다. 이런 생각은 츠빙글리와의 논쟁 이전부터 루터에게 있던 것이다. 그래서 1519년의 한 설교에서도 "이것은 그리스도의 몸과 피가 참으로 현존하는 신적인 표(a divine sign)"라고 하였다.[16] 1520년의 〈교회의 바빌론 유수〉에서도 천주교적 화체설이 아리스토텔레스적 우유성(偶有性, accident, 어떤 실체에 우연히 발생하여 부수적이 되어 있는 성질의 존재방식)과 본질(substance)을 생각하는 철학에 사로잡히게 된 것이라고 하면서 화체설을 비판하였다.[17] 1529년의 루터의 〈대요리문답〉에서는 이렇게 말한다: "그리스도의 (제정의) 말씀에 의해서, 그리스도인들인 우리들에게 제정되고 주어져서, 우리들은 그 빵과 포도주 **안에서, 그리고 그 아래서** 우리 주 예수 그리스도의 바로 그 몸과 피를 먹고 마시는 것이다."[18] 그래서 루터파의 입장을 표현할 때 항상 "안에, 아래, 그리고 함께(in, under and with)"라고 표현한다. 떡과 포도주

---

15 루터는 성찬이 희생 제사가 아니라 "그리스도의 입으로 죄 용서를 베푸시는, 즉 하나님 은혜의 확실한 맹세요, 약속(testament)이라는 것을 강조하였다(Cf. a "certain pledge and sign" of the testament of the forgiveness of sins [Larger Catechism]). 물론 루터는 성찬이 그것일 뿐만 아니라 "그 보화 자체"(the treasure itself)라고 해서 그리스도의 몸과 피가 물리적으로 성찬에 현존함을 강조한다. 루터를 인용하면서 이를 잘 드러내어 언급하는 Drewery, "Martin Luther," 349를 보라.

16 Drewery, "Martin Luther," 348에서 재인용.

17 https://ccel.org/ccel/luther/first_prin/first_prin.v.iii.html.

18 Martin Luther, "The Large Catechism," trans. F. Bente and W. H. T. Dau, in *Triglot Concordia: The Symbolical Books of the Evangelical Lutheran Church* (St. Louis: Concordia Publishing House, 1921), 565-773, XIV: [Part Fifth] Of the Sacrament of the Altar, available at: https://www.projectwittenberg.org/pub/resources/text/wittenberg/luther/catechism/web/cat-14.html#scmt, 강조점은 덧붙인 것임.

"안에, 그 아래, 그리고 그것과 함께" 그리스도의 몸과 피의 본질이 물리적으로 현존한다고 하는 것이다.

루터는 요한복음에서 예수님께서 "나는 세상의 빛이라" "나는 선한 목자라" 등과 같은 말을 한 것과 비교하면서 그 말들이, 심지어 양의 문이라는 말이나 참된 포도나무라는 말도 예수님이 실제로 그런 분이라고 하는(est) 것이지, 츠빙글리와 같이 그것을 지시한다(*significat*)는 것이 아니지 않느냐고 논의한다.[19] 츠빙글리는 부활하여 승천하신 그리스도의 몸은 "하늘에 있는 것이니 이 땅의 성례 안에 계실 수 없다(cannot be localized)"고 반응하고,[20] 이에 대해서 루터는 그의 독특한 승천 이해를 반영하면서 대응한다. "성경은 ... 하나님 우편이라는 것이, 금 보좌 위에와 같이 그의 몸이 있거나 없는 어떤 특정한 장소라고 가르치지 않는다. 오히려 이것은 하나님의 전능성을 가르친다. 그것은 한편으로는 아무 곳도 아니면서 또한 모든 곳을 뜻할 수 있다(at one and the same time can be nowhere and yet must be everywhere)."[21] 여기 나타나는 하늘과 하나님 우편에 대한 루터의 독특한 이해를 주목해야 한다. 루터에 의하면, 하나님 우편이라는 말은 그의 유효한 능력과 현존의 장소를 뜻한다. 다시 말해서 하나님께서 있고자 원하는 곳

---

19 루터의 말을 인용하면서 이를 강조하는 Drewery, "Martin Luther," 349를 보라. 이에 대해서 루터의 주장과는 달리 이런 말들은 "양의 문을 의미한다. 참된 포도나무를 의미한다(*significat*)"로 보는 것이 더 옳을 것이라는 논의가 있을 것임을 잘 생각해야 한다.

20 Cf. Ulich Zwingli, "A Subsidiary Essay on the Eucharist," in *Zwingli's Writings,* vol. II, ed., D. Hadidian, trans. H. W. Pipkin (Allison Park: Pickwick Publications, 1984), 197. 츠빙글리는 "신성은 인성일 수 없고, 인성은 신성일 수 없기" 때문에 이렇게 말해야만 한다고 한다(Zwingli, "Friendly Exegesis, that is, Exposition to the Matter of the Eucharist to Martin Luther," in *Zwingli's Writings,* vol. II, 221). 그리고 신성과 인성을 섞어 버리는 것은 "가증한 것"이라고 한다(Zwingli, "Letter to Matthew Alber," in *Zwingli's Writings,* vol II, 137).

21 Martin Luther, "That These Words of Christ, 'This is My Body,' etc., Still Stand Firm Against the Fanatics," in *Luther's Works,* vol. 37, eds., A. R. Wentz and H. T. Lehman (Philadelphia: Muhlenberg Press, 1959), 57.

이다. 승천하시는 그리스도는 그가 원하는 곳에 계신다. 빵과 포도주의 표(sign) 안에도 그가 원하시면 계신다는 것이다.

루터는 이와 비슷한 말을 여러 곳에서 한다. 요한복음을 설교하면서 하는 다음 말도 보라: "그러나 그가 아버지께로 간다면, 그는 성부께서 계신 모든 곳에 계실(be everywhere the Father is) 수밖에 없다. 성부께서는 하늘과 땅과 모든 피조물들 안과 밖의 모든 곳에 계시므로(everywhere, in and outside heaven and earth and all creatures), [승천하신 그리스도]께서도 마치 별들이 하늘에 있듯이 어떤 곳에 고정되어 계실 수 없으시다."[22] 그러므로 하나님 우편에 계신 그리스도는 "어디에나 다" 계신다(be everywhere)는 루터의 독특한 개념을 말한다. 그의 신성으로만이 아니라 (특히 부활 후에는) "인성으로도 그는 모든 것의 주님이시므로 모든 것을 가지시며(has all things in his hand), 어디에나 계신다(is present everywhere)."[23] 이것이 루터의 계속되는 주장이다. 그래서 성찬의 빵과 포도주 안에 그리스도께서 물리적으로 계실 수 있다고 루터는 주장한다. 루터는 그리스도의 신성과 인성의 위격적 연합 때문에 성례에서도 신성과 인성이 같이 있다고 주장한다.

따라서 루터는 그리스도의 몸과 피를 우리의 "입으로 먹는다"(*manducatio oralis*)는 것을 매우 강조하였다.[24] 그러나 참으로 믿지 않는 사람들이 성찬

---

[22] Martin Luther, *Luther's Works,* vol. 69: *Sermons on the Gospel of St. John, Chapters 17-20,* ed., Christopher Boyd Brown (St. Louis: Concordia, 2009), 73: "But if He is coming to the Father, He must then be everywhere the Father is. Now, the Father is everywhere, in and outside heaven and earth and all creatures, so that He cannot be bound or fixed to any particular place as the stars are fixed in the heavens."

[23] Martin Luther, "The Sacrament of the Body and Blood of Christ: Against the Fanatics" (1526), in *Martin Luther's Basic Theological Writings,* 3rd ed. (Minneapolis: Fortress Press, 2012), 228.

[24] "물리적으로 먹음"을 강조하는 루터의 말들을 생각하라(*Luther's Works,* 37:85). 또한 콩코드 신조 7항을 보라(*The Formula of Concord,* art. 7, available at: https://bookofconcord.org/

에 참여하는 것은 오직 그들의 정죄를 위한 것이 될 뿐이라는 것을 강조하였다. 이것을 "합당하지 않은 자들의 먹음"(*manducatio indignorum*), 즉 "경건하지 않은 자들의 먹음"(*manducation impiorum*)이라고 했다.

루터의 이런 이해를 공재설(共在說, consubstantiation theory)이라고 한다. 그리스도의 몸이라는 본질(substance)과 떡의 본질(substance)이 축성 이후에 성찬의 떡에 같이 있게 되고(그래서 공재[共在]라고 하였다), 마찬가지로 그리스도의 피의 본질과 포도주의 본질이 축성 이후의 성찬의 포도주에 같이 있게 된다[공재, 共在]고 하였기 때문이다. 그래서 "떡과 포도주 아래에 그의 참된 몸과 피가 있다"고 했다.[25]

그러나 엄밀하게 보면, 이는 기본적으로 화체설의 틀을 가지고 사유하는 것이었다. 물론 축성 이후에 떡의 본질이 그리스도의 몸의 본질로, 포도주의 본질이 그리스도의 피의 본질로 기적적으로 변하게 된다는 "본질(本質), 즉 본체(本體)가 변했다"는 화체설(化體說, transubstantiation theory)을 루터가 거부했다. 그러나 아직도 그와 비슷하게 사유하면서 떡의 본질과 함께 그리스도의 몸의 본질도 같이 있다는 두 가지 본질이 함께 있다는 공재설(consubstantiation theory)을 주장하는 것이기 때문이다.

그래서 루터파 사람들도 성찬 때에 무릎을 꿇고 받는 것을 강조하고 선호했으며 (그 영향이 영국 성공회 일부 사람들에게도 미쳤다고 할 수 있다), 이를 집례하는 사람을 섬기는 사람(목사, minister)이라고 하면서도 "사제"(司祭, priest)라고 하는 호칭을 유지해 갔다. 세례받은 그리스도인들 모두가 제사장들이라는 것을 강조하면서도 "우리가 사제들(the priests)이라고 부르는 사람들은 우

---

solid-declaration/the-holy-supper/).

[25] Luther, *Luther's Works,* 35:86: "bread and wine, under which are his true body and blood."

리들 가운데서 부름을 받은 사역자들이다. 그들이 하는 모든 것은 우리들의 이름으로 하는 것이다. 사제 됨은 사역일 뿐이다."라고 하여,[26] 사역과 직무로서의 사제(priest)가 있다고 하였다.

물론 천주교회와는 달리 이런 사제적 직임을 가진 사람들에게 지워지지 않는 특성(indelible character)이 있다는 것을 부인하면서, 교회 공동체의 동의와 권위 부여로 그 직임으로 선출된다는 것을 강조하고,[27] 따라서 교회 공동체가 그 지위를 면직하면 그는 더 이상 사제가 아니라고 했다.[28] 물론 루터가 생각하는 사제의 기본적 기능은 복음을 제대로 선포하고 성례를 신실하게 시행하며, 죄 고백을 듣고 죄 용서를 선언하는 것이다.[29] 이 중에서 가장 기본적인 것은 하나님 말씀의 선포다. "사제의 책무는 선포하는 것이다..... 말씀의 사역이 사제와 감독을 만드는 것이다."[30] 이와 같이 루터와 루터파 교회는 복음을 선포하는 직무를 지닌 사람을 계속해서 사제(priest)라고 한다. 이런 점들과 비교할 때 위에서 제시한 개혁파의 성찬론이 얼마

---

26 Martin Luther, "The Babylonian Captivity of the Church," in *Luther's Works,* 36:113.

27 Martin Luther, "To the Christian Nobility of the German Nation," in *Luther's Works,* 44:129.

28 Luther, "The Babylonian Captivity of the Church," in *Luther's Works,* 36:117. 또한 이 점을 지적하면 루터파의 이해를 잘 드러낸 Drewery, "Martin Luther," 347을 보라.

29 이런 데서 우리들은 왜 루터가 오랫동안 이 세 가지를 교회의 표지로 강조해 왔는지를 짐작할 수 있게 된다. 마지막 일을 루터는 "고해"라고 하기보다는 "죄 용서를 선언하는 사역"(the absolver)이라고 부르기를 좋아하였고, 참으로 죄 용서를 하시는 분(the true absolver)은 참으로 세례를 베푸는 분(the true baptizer)와 같이 살아계신 하나님이시지만 사역자는 그저 하나님의 가면(*larva*)에 불과하다고 말하지만 (이런 점을 잘 지적하는 Drewery, "Martin Luther," 347을 보라), 그래도 루터는 죄 용서를 선언하는 특별한 직임이 있는 듯한 인상을 주며, 결국 고해제도의 연장이라는 점에서 불편함이 있다.

30 Luther, "The Babylonian Captivity of the Church," in *Luther's Works,* 36:115. 또한 "Apology of the Augsburg Confession, Article 24," in *The Book of Concord: Confessions of the Evangelical Lutheran Church,* eds., Robert Kolb and Timothy J. Wengert (Minneapolis: Fortress Press, 2000), 267도 보라.

나 성경적 방향으로 나가 종교개혁을 완수한 것인지를 잘 생각할 수 있게 한다.

4. 츠빙글리의 성찬론

취리히의 시민 사제로 부름을 받아 1519년부터 취리히에서 종교개혁을 시작한 츠빙글리는[31] 루터와 같이 미사가 우상 숭배라고 하면서 거부하고 주의 만찬이 희생 제사가 아니라는 것을 아주 명백히 하였다.

이것을 강조하면서 츠빙글리는 예수님께서 "이것은 나의 몸이니"(*Hoc est corpus meum*)라고 할 때, 그 "이다"(*est*)는 말은 마치 창세기 41:26이나 누가복음 8:11, 그리고 요한복음 10:9, 15:1에서 은유적으로 사용된 것과 같이 해석되어야 한다는 것을 강조하였다. 그래서 그의 유명한 말인 "여기서 '이다'(*est*)라는 말을 '의미한다'(*significat*)를 뜻하는 말이다"가 나왔다.[32] 츠빙글리는 우리는 눈에 보이는 것인 떡과 포도주를 넘어서 눈에 보이지 않는 하나님에게 우리의 마음을 집중해야 한다고 한다. 신앙을 눈에 보이고 만져지는 것에 의존하는 것이 아니라 성령이 성찬 안에서 신앙을 강화한다는 것이다. 츠빙글리는 그리스도의 몸에 참여한다는 것을 교회에 참여한다

---

31 츠빙글리와 그의 사역에 대해서 강경림 외, 『한 권으로 읽는 츠빙글리의 신학』 (서울: 세움북스, 2019)에 실린 여러 글들과 특히 이승구, "개혁파 교회에 대한 쯔빙글리의 기여", 148-67을 보라.

32 Zwingli, "그리스도교 신앙 선언"(1531), 『츠빙글리 저작선집 4』, 임 걸 역 (서울: 연세대학교 대학출판문화원, 2015), 제8장. 이 표현은 1524년에 루터의 물리적 임재설을 비판하면서 그것을 검토해 달라는 코넬리스 호엔(Conelis Hoen=Honoius)의 글에서 사용된 표현이다. 츠빙글리는 이를 존중하면서 이 글을 1525년에 취리히에서 인쇄해서 보급하도록 했다. 그의 이 번역은 Heiko A. Oberman, *Forerunners of the Reformation* (New York:Holt, Rinehart and Winston, 1966), 268ff.에 실려 있다.

는 의미라고 강조하였다.[33] 그러므로 루터는 이 예수님의 말씀에 대한 문자적 해석을 주장하고, 츠빙글리는 은유적, 상징적, 영적 해석을 주장한 것이다. 떡과 포도주는 상징이라는 말을 강조하고, 성찬 자체가 상기하는 것이라는 말을 강조하였다. 그래서 그가 상징설을 가르친다는 인상이 강하였고 루터와 루터파는 그런 것들을 지적하면서 이런 견해를 주장하는 분들과 같이할 수 없다고 하였다.[34] 1528년 성찬론에서 루터는 자신의 견해와 같이하지 않는 사람들은 이단이라고까지 말했다.[35] 헤세 공(the Landgrave of Hesse)과 부셔(Martin Bucer)가 애써 마련한 말부르크 회의(1529) 이후에도 "루터가 보기에 츠빙글리는 성찬을 그저 인간의 일로 보는 듯했고, 효과 없게(inefficacious) 만들어 그리스도께서 약속하신 대로 그의 백성들과 함께함을 잘 드러내지 못한다"고 여겼다.[36]

츠빙글리가 그런 인상을 준 것은 사실이고 그것은 안타까운 일이다. 그러나 츠빙글리의 글을 잘 읽어 보면 그는 영적 임재를 부인하지 않은 것을 볼 수 있다.[37] 예를 들어서, 츠빙글리 자신이 이렇게 말한다: "우리는 그리

---

33 Cf. G. R. Potter, *Huldrych Zwingli* (London, 1978), 89-109; Basil Hall, "Ullich Zwingli," in *A History of Christian Doctrine,* ed., Hubert Cunliffe-Jones (Edinburgh: T&T Clark, 1978, reprinted, Philadelphia: Fortress Press, 1980), 369.

34 츠빙글리의 성찬관에 대한 루터의 의심은 사실 초기에 루터의 가까운 동료였던 칼스타트(Karlstadt)에 대한 논박에서 비롯된 것이며, 루터가 츠빙글리와 부셔가 칼스타트에 대한 실제적 동감자는 아니지만 잠재적 동감자라고 의혹을 가졌었다는 홀의 논의는(Hall, "Ullich Zwingli," 369), 흥미롭고 상당히 설득력이 있다. 우리가 사용하는 개념과 연관된 다양한 영향사가 있음을 드러내 주는 것의 하나다.

35 Luther, "Confession Concerning Christ's Supper" (*Vom Abendmahl Christi, Bekenntnis*, 1528), *Luther's Works* 37:161–372. 그리고 이 점을 잘 지적하는 Hall, "Ullich Zwingli," 370을 보라.

36 이렇게 표현하는 Hall, "Ullich Zwingli," 370을 보라. 반대로 츠빙글리가 보기에 루터는 비성경적인 천주교회적 성찬관에 아직도 많이 사로잡혀 있다고 여겨졌다.

37 이런 점을 잘 관찰하고 지적한 다음 저작들을 보라. Berkhof, *The History of Christian Doc-*

스도가 실제로 성찬식에 **임재함을 믿습니다**.... 그 동안 교회 전체가 그리스도를 위해 모였다면 **그는 얼마나 자주 우리 가운데 있었겠는지요**!"[38] 조금 후에 다시 말하기를, "크리소스톰이 말한 바와 같이 하나님을 경외하는 거룩한 영혼들이 성례에서 **전적으로 그리고 영적으로 진정한 주님의 몸을 먹는 것**입니다."라고 하였다.[39] 이와 같이 츠빙글리는 "영적인 먹음"(a spiritual eating)을 강조했다.[40] 또 다른 곳에서 그는 말한다: "신앙을 가지고 깊이 생각하면(*fidei contemplatione*) **참된 그리스도의 몸이 현존한다.** 그러나 그의 자연적(물리적?)인 몸이 성찬 가운데 실재(實在)로(really) 그리고 실제로(actually) 현존하신다든지 그것을 우리의 입으로 먹는다고 하는 것(*manducatio oralis*)에 대해서 우리는 **하나님의 말씀과 반대되는 오류**라고 계속해서 주장합니다."[41] 그러므로 츠빙글리도, 비록 그가 자주 그런 말을 하지는 않았지만, 영적 임재설을 생각했다는 것을 부인하기 어렵다. 그러므로, 철저히 분

---

trines, 255; G. R. Potter, "Zwingli and Calvin," in *The Reformation Crisis,* ed., Joewl Hurstfield (New York: Harper Torchbooks, 1966), 35: "Christ was spiritually (and in that sense 'really') present"; Jaques Courvoisler, *Zwingli Théologien Réformé* (Neuchâtel: Delachaux et Niestlé, 1965), 쟈끄 꾸르브와지에,『개혁신학자 츠빙글리』, 이수영 역 [서울: 한국 장로교출판사, 2002], 100: "그리스도가 성령을 통하여 자신의 임재에 대해서 확신시키고, 자신의 호의로 자신에게 이끌어 오고자 하는 것은 자신의 몸이다."; 박윤선,『개혁주의 교의학』(서울: 영음사, 2003), 430; 이승구,『21세기 개혁신학의 방향』(서울: SFC, 2005, 개정판, 서울: 나눔과 섬김, 218), 131; 이승구, "개혁파 교회에 대한 쯔빙글리의 기여", 강경림 외,『한 권으로 읽는 츠빙글리의 신학』(서울: 세움북스, 2019), 161.

그러나 츠빙글리는 많은 부분에서 성찬에서 그리스도는 영적으로 현존하시지만 실재(實在)로 현존하시는 것은 아니라는 표현을 주로 한다.

38 Zwingli, "그리스도교 신앙 선언"(1531),『츠빙글리 저작선집 4』, 임 걸 역 (서울: 연세대학교 대학출판문화원, 2015), 316, 강조점은 덧붙인 것임. 또한 같은 구절을 인용하고 있는 William G. T. Shedd, *A History of Christian Doctrine,* vol. 2 (New York: Charles Scribner's Sons, 1897), 463도 보라.

39 Zwingli, "그리스도교 신앙 선언", 318, 강조점은 덧붙인 것임.

40 같은 점을 잘 지적하는 Hall, "Ullich Zwingli," 359를 보라.

41 Zwingli의 말, Berkhof, *The History of Christian Doctrines*, 255에서 재인용, 강조점은 덧붙인 것임.

석해 보면, 그와 칼빈의 차이는 극복될 수 있는 것이었다.[42] 그래서 후에 칼빈과 불링거 사이에 취리히 컨센서스(the *Consensus Tigurinus*, 1549, 취리히와 제네바에서 인쇄된 개정문서 1551)가 이루어질 수 있었다. 그렇지만 츠빙글리 자신은 성찬에서의 그리스도의 임재에 대해서 다른 사람들이 오해할 수도 있게 불명료하게 말하고 있다는 것도 사실이다.[43]

이와 함께 1529년 말부르르크에서 개신교의 연합이 깨진 것에는 성찬에 대한 신학적 차이도 매우 중요한 요소로 있었지만 스위스의 공화정적 정서와 독일의 정서가 다른 것 등의 잠재해 있던 사회정치적 요인들도 작용한 결과라는 논의는[44] 상당히 의미가 있다. 그러나 물론 1529년 논의 파국의 일차적인 요인은 루터와 츠빙글리의 성찬에 대한 신학적 견해 차이에서 찾아야 한다.

---

[42] 그러므로 츠빙글리와 칼빈의 차이가 극복되기 어려운 것이었다고 말하는 것(Hall, "Ullich Zwingli," 368)은 좀 지나친 것이다. 그는 츠빙글리가 성찬은 "은혜의 수단"이기보다는 우리의 신앙을 강화하는 것 이상의 것이 아니라고 함을 주목하면서 이를 주장한다(368). 츠빙글리는 "은혜의 수단"을 협의로 생각한 것인가? 대개는 이미 주어진 신앙을 강화하는 것에 대해서도 은혜의 수단이라는 말을 사용하기 때문이다. 말씀은 신앙을 일으키고 강화하는 은혜의 수단이지만, 성례는 이미 있는 수단을 강화하기만 하는 것임을 개혁파에서는 말하여 왔었다. 다른 점에서는 상당히 균형 잡힌 입장을 잘 표현하는 홀 교수가 이 점에서는 이렇게 강하게 말한 것은 이해하기 힘들다. 그러나 홀이 때때로 지나친 주장을 하는 것을 우리는 많이 보아 왔기에(그 대표적인 예가 그가 이 작품으로 아주 유명해진 그의 *Calvin Against the Calvinists* [Huguenot Society of London, 1962]이다), 이것도 별로 놀랄 일은 아니다.

[43] 이 점을 지적하는 Berkhof, *The History of Christian Doctrines*, 255; 이승구, "개혁파 교회에 대한 쯔빙글리의 기여", 161-62를 보라.

[44] 이런 논의의 대표적인 예로 Hall, "Ullich Zwingli," 354를 보라.

제18장

고대교회와 중세교회와 연속성을 지닌 교의들: 고대교회와 중세교회의 주장 중 옳은 주장을 유지 발전시킨 종교개혁 신학

종교개혁은 모든 것을 성경에 비추어 바르게 돌이킨 운동이다. 그중에서 가장 중요한 것이 우리의 믿는 바, 즉 교리를 성경적으로 옳은 것으로 돌이키고 성경적으로 더 정확하게 표현하려고 했다. 앞의 몇 장에서는 특히 중세에 너무 심각하게 성경적 가르침에서 벗어난 가르침을 어떻게 성경에 근거해서 바로잡아서 우리는 오직 성경이 가르치는 것을 믿는 것이라고 선언한 점들을 중심으로 살펴보았다. 이것은 아무리 강조해도 지나치지 않다. 이런 중요한 점들에서 잘못된 것을 믿고 고백하는 것은 바른 교회가 할 일이 아니었기 때문이다. 그러므로 이 점들을 항상 계속해서 강조해야 한다. 그러나 이것만 강조하면 마치 종교개혁 교회는 고대교회나 중세교회와는 전혀 연속성을 지니지 않은 듯이 오해할 수 있기에 기본적인 가르침에서 성경적으로 문제가 없는 것들에 대해서는 종교개혁 교회가 고대교회가 가르친 것을 계속해서 가르친 것이라는 것을 말해야 한다.

1. 삼위일체, 양성론, 창조, 섭리, 작정에 대한 가르침의 연속성

하나님을 삼위일체 하나님으로 믿고 고백하는 것이나 그리스도의 온전한 신성과 인성을 분명히 하면서 어떻게 한 위격 안에 인성과 신성이 같이 있어 소위 위격적 연합을 이루고 있는지를 잘 받아들이고 천명한 점에서, 그리고 삼위일체 하나님께서 창조하시고 섭리하시는 창조자요 섭리자이심을 강조하고, 이 세상에서 발생할 모든 일에 대해서 영원중에 이미 작정하셨음에 대해서는 고대교회나 건전한 중세 신학자들의 견해와 의견을 같이 하였다. 이런 보편적 신앙의 조항에서는 고대교회와 중세교회와 종교개혁 교회가 믿고 가르치는 바의 차이가 있을 수 없다.

첫째로, 삼위일체 교리에 있어서는 변동 없이 그것을 그대로 유지하였다.[1] 루터파의 기본적인 신앙고백서인 〈아우그스부르크 신앙고백서〉(1530)나 개혁파의 〈제2 스위스 신앙고백서〉(1564)가 삼위일체 하나님에 대해서 말하는 바는 이전에 삼위일체에 대해서 말하던 바와 동일하다. 그런데 개혁자들은 좀 더 성경에 충실하게 하나하나의 조항을 더 성경적으로 표현하게 하는 일에 있어서 좋은 기여를 했다고 할 수 있다.

(1) 위격(*hypostasis, persona*)을 표현할 때 다른 위격들과 연관되나 각기 다른 위격적 속성에 의해서 구별되는 "subsistence"라는 용어를 사용한 것과 "성부가 신성의 근원이요 원천"(the original and foundation of the whole Divinity)이라고 이전 교부들과 같이 표현하면서도[2] 성자와 성령의 본질은 낳아지거나

1 인간론, 구원론, 종말론에 있어서는 입장이 상당히 다른 천주교회와 종교개혁 교회가 삼위일체 교리에 있어서는 같은 근거 위에 서 있었다는 좋은 논의로 Shedd, *A History of Christian Doctrine,* 1:378을 보라.

2 John Calvin, *Institutes of the Christian Religion,* trans. Ford Lewis Battles (Philadelphia: The Westminster Press, 1960), 1. 13. 18.

나온 것이 아님을 분명히 하는 것이 칼빈의 특징이다. "[성자]의 본질은 시작이 없다(unoriginated). 그러나 그의 위격의 기원은 하나님 자신이다."[3] 이와 같이 성자의 "스스로 하나님이심"(*αὐτόθεος*)을 잘 드러내고, 또한 (2) 고대 교부들에게서도 흔히 나타나는 종속설적 표현을 극복하게 하는 데 칼빈은 큰 기여를 하였다.[4] 이것이 정통적 삼위일체론을 성경에 근거해서 그대로 받아들이는 칼빈이 삼위일체론에 대하여 한 큰 기여이다. (3) 삼위일체론에 대한 칼빈의 또 다른 기여는 삼위일체에 대한 유비를 피조계에서 찾는 것이 부적절함을 더 분명히 한 것이다. "하나님은 하나님으로서의 성질을 가지는 것이므로(being of his own nature) 하나님을 하나님이 아닌 자연으로부터 이해할 수 없다"고 했다.[5] 이전에 어거스틴이 어느 정도 심리적 유비를 허용한 것과 달리, 칼빈은 삼위일체에 대한 모든 유비를 다 거부하였다. 더구나 (4) 그의 신학 전체가 다 삼위일체적이었다.[6]

이런 칼빈이 삐에르 까롤리(Pierre Caroli, 1480-after 1545)에 의해서 아리우스주의자로 비판받은 것은 역사의 아이러니다. 까롤리는 칼빈이 그리스도가 여호와이시고 항상 자존하신다는 것 때문에 이런 기소를 하였다. 이에 대해서 칼빈은 다음과 같이 말하였다:

---

[3] Calvin, *Institutes,* 1. 13. 25.

[4] 이를 구체적으로 설명한 것으로 이승구, "칼빈의 신론: 일관성을 지닌 실천적 하나님 이해". 「신학 정론」 34/2 (2016년 11월): 258-84 (『칼빈 신학과의 대화』 [서울: 말씀과 언약, 2024, 근간]에 재수록)을 보라.

[5] 이 점을 잘 말하는 T. H. L. Packer, "John Calvin," in *A History of Christian Doctrine,* ed., Hubert Cunliffe-Jones (Edinburgh: T&T Clark, 1978, reprinted, Philadelphia: Fortress Press, 1980), 390도 보라.

[6] 이에 대해서 T. H. L. Packer, "John Calvin," 390에서는 그가 "강요 1권 13장에서 삼위일체를 다 말해 버리고 만 것이 아니고 다른 교리들 모두에서 하나님에 대해 말할 때 항상 삼위일체적이었다"고 표현한다.

> 성부와 로고스의 차이에 집중에서 생각하면 우리는 성부는 로고스와 다르다고 분명히 말해야 한다. 그러나 로고스의 영원한 본질을 생각하면 그가 성부와 함께 한 하나님이시고 하나님에 대해서 말할 수 있는 모든 것이 로고스에게도 말하여질 수 있으므로 그는 분명히 영광스러운 삼위일체의 제2위이시다..... 우리는 그리스도는 성부와 함께 동일한 본질적 신성을 영원부터 가지신 참되고 자연스러운 하나님의 아들이라고 분명히 가르친다.[7]

칼빈이 말하는 것이 정통적 삼위일체 이해였다는 것을 부인하는 사람은 이제는 아무도 없다. 그는 아주 명확하게 "성부와 성자와 성령은 한 하나님이시다. 그런데 성자는 성부가 아니시고, 성령도 성자가 아니시고, [삼위는] 각 위의 [위격적] 독특성들(property)에 의해서 구별되신다."고 한다.[8]

또한 작정에 대해서 가장 철저하며 성경의 가르침에 충실한 입장을 표하였다. 츠빙글리도 구원을 하나님의 주권적 선택과 연관시켰다.[9] 그래서 츠빙글리도 칼빈도 영원 가운데서 하나님께서 정하신 때부터 택자와 유기자가 있음을 분명히 했다.[10] 택자들의 선행이 그들이 선택받았음의 증거가 되듯이, 유기된 자들의 성령을 훼방하는 죄를 비롯한 악한 행위는 그들

---

7 John Calvin, *Letters of John Calvin,* vol. II (Edinburgh: Thomas Constable and Co., 1857), 30, 31.

8 Calvin, *Institutes,* 1. 13. 5.

9 이를 잘 논의한 Basil Hall, "Ullich Zwingli," in *A History of Christian Doctrine,* ed., Hubert Cunliffe-Jones (Edinburgh: T&T Clark, 1978, reprinted, Philadelphia: Fortress Press, 1980), 362; William Peter Stephens, "The Place of Predestination in Zwingli and Bucer," *Zwigliana* 19/1 (1991): 393-410.

10 Hall, "Ullich Zwingli," 363. 그런데 그는 선한 이교도들도 택자에 포함될 수 있다고 했다 (Hall, "Ullich Zwingli," 363). 이런 것이 그의 철저하지 않은 면이라고 할 수 있다. 그러나 그가 삶을 무시한 형이상학적인 결정론을 말했다는 것은 사실에 부합하지 않은 것임도 잘 논의한 Hall, "Ullich Zwingli," 364도 보라. 칼빈의 정리로 Calvin, *Institutes,* 3. 21. 5를 보라.

이 영원중에서 유기되었음의 증거(sign)가 된다고도 표현했다.[11] 칼빈도 역시 하나님의 부르심과 그리스도에 대한 신앙이 선택의 증거가 된다고 하였다.[12]

창조와 섭리에 대해서도 성경이 말하는 대로 말하려고 하였다.[13] 이 모든 것을 이전 교회와 같이 성경에 가르친 대로 그대로 믿자고 한 것이 개혁파의 주장이었다. 이전 교회가 성경에 근거하여 생각하지 않은 바는 아무리 유명한 사람이 주장했어도 그것이 성경에 있지 아니한 것이니 제거하고, 오직 성경에 있는 대로 보존하는 일을 하였다. 성경을 설명하면서도 다음과 같은 원리에 충실하려고 하였다. "하나님에 의해 행해진 것이 무엇이든, 우리가 그 원인을 알지 못하는 경우가 많더라도, 지혜롭고 의롭게 이루어진 것이라는 사실을 의심하지 말자."[14] 칼빈은 바로 이런 태도가 "모든 경건한 자가 의식해야 할" 바라고 한다.[15] 그래서 "우리는 성경의 가르침에 조명되어 하나님이 우리를 선택하셨음을 배우게 된다"고 칼빈은 말한다.[16]

---

11 성령을 훼방하는 죄에 대해서는 에베소서 Hall, "Ullich Zwingli," 363.

12 부르심을 증거라고 하는 것은 Calvin, *Institutes,* 3. 21. 7; Comm. I Tim. 2:4; Comm. I Thess. 5:24. 그리스도와의 교제가 선택의 증거라고 하는 것은 Calvin, *Institutes,* 3. 24. 5를 보라. 그리고 이것들은 떨어진 것이 아니니, 그리스도와의 교제가 신앙을 말하고, 신앙은 하나님의 예정과 부르심에 의해 있게 되기 때문이다(Calvin. Comm. II Thess. 1:11; Comm. John 17:6; Comm. II Pet. 1:3).

13 이에 대해서 이승구, "칼빈의 창조 이해", 「조직신학연구」 12 (2009):46-61 (『칼빈 신학과의 대화』에 재수록); 이승구, "Calvin on Faith," 2000년 8월 17일 Henry Meeter Center, Calvin Theological Seminary.="칼빈의 신앙 이해", 「국제신학」 2 (2000):163-91 (『21세기 개혁신학의 방향』 [서울: SFC, 2005, 2008]과 『칼빈 신학과의 대화』에 재수록)를 보라.

14 Calvin, *Institutes,* 2. 11. 14.

15 Calvin, *Institutes,* 2. 11. 14.

16 Calvin, *Institutes,* 3. 24. 3.

2. 인간에 대한 이해의 성경적 철저화

칼빈이 강조한 것은 하나님을 제대로 알게 되면 사람이 경건(*pietas*)과 하나님을 바로 섬기는 일(*religio*)로 나아가게 된다는 것이다. 이 두 가지, 경건과 바른 종교는 참된 인간성의 특성이며, 이것이 없이는 인간이 창조된 목적에서 어긋나게 된다고 했다.[17] 사람 안에 하나님을 알 만한 것이 있다는 것을 칼빈은 강조한다.[18] 이는 참된 그리스도인이라면 누구나 인식하는 것인데 칼빈이 잘 드러내어 표현했다고 할 수 있다.

더구나 온 세상과 자신 안에 나타나는 하나님의 일반 계시와 특히 사람 안에 있는 하나님을 알 만한 것의 작용에도 불구하고 타락한 인간은 하나님에 대한 바른 지식을 내지 못하고 피조물을 보아도 창조주를 생각하지 않고, 역사를 그저 우연과 운명의 장으로만 바라본다.[19] 타락한 인간의 심각한 상태를 칼빈은 가장 잘 인식하고 설명했다. 한편으로 하나님께서 일반 계시를 통해서 당신님에 대한 증거를 지금도 분명히 드러내시므로 사람은 하나님을 몰라서 섬기지 않았다고 전혀 변명할 수 없다. 그러나 모든 사람이 하나님께서 주신 계시를 불의로 억눌러 잘못된 것을 만들어 내고 있으니 인간이 하나님에 대해서 바른 생각을 이끌어 내어 구축하고 제시할 수 있다고 할 수 없는 것이다. 그 책임은 타락하여 진리를 억누르고 있

17 칼빈의 글에 근거해서 이를 강조한 T. H. L. Packer, "John Calvin," 388을 보라.

18 그런데 이것이 스토아적인 개념이라고 말한 것(T. H. L. Packer, "John Calvin," 388)은 문제이다. 세네카가 비슷한 것을 말한 것과 칼빈이 바울에게서 인용하여 하나님을 알 만한 것은 다른 것이라고 해야 한다. 칼빈은 하나님을 알 만한 것이 있고 사람들이 타락한 상태에서도 그것을 어느 정도 의식한다는 예로 세네카의 말을 인용한 것이기 때문이다.

19 칼빈의 글에 근거해서 이 점을 잘 언급하는 T. H. L. Packer, "John Calvin," 388-89를 보라. 그러므로 타락한 사람이 그 스스로의 능력으로 자연신학(natural theology)을 구성할 수 있다고 칼빈이 생각했다고 논의하는 것은 옳지 않다.

는 사람이 져야 한다. 이 점을 가장 성경에 근거해서 잘 드러낸 것이 칼빈의 진술이라고 해야 한다. 그러므로 칼빈에 의하면 일반계시는 항상 있고 작용하고 있으나 타락한 사람이 자신의 이성의 능력으로 자연신학(natural theology)을 만들 수는 없는 것이다.

종교개혁으로 말미암아 어거스틴의 인간론이 다시 강조되었다.[20] 이에 따라 중세에 상당히 배후에 있었던 영혼의 유전설이 다시 나타났다. 그러나 칼빈에 의해서는 영혼 직접 창조설이 가르쳐졌다. 사람은 몸과 (때로는 혼이라고도 불린) 영으로 구성되었는데, 그 영혼은 "불멸의, 그러나 창조된 본질"(an immortal, but created essence)이라고 하였다.[21]

인간론 분야에서 칼빈의 가장 큰 기여의 하나는 하나님의 형상 개념을 가장 풍성히 설명한 것이다. 타락하여 일부는 온전히 없어지고 일부는 일그러져 버린 하나님의 형상이 그리스도 안에서 회복됨을 생각하면서 골로새서 3:10과 에베소서에 근거해서 바른 지식과 의와 거룩성이 하나님 형상의 한 부분임을 잘 드러내었다. 후대의 개혁파 신학자들은 이를 좁은 의미의 하나님의 형상이라고 하였다. 그리고 타락해서 일그러졌음에도 불구하고 사람들이 보유하고 있던 나머지는 넓은 의미의 하나니 형상이라고 하였다. "혼잡하게 되고 손상되고, 흠으로 영향 받은" 잔해 가운데 있는 하나님의 형상도 칼빈은 강조했다.[22]

타락했을 때 의지가 사라진 것은 아니나 (그래서 타락한 사람도 자신의 의지를 가지고 의지력으로 무엇인가를 한다) 그러나 결코 하나님의 뜻을 추구하거나 따

---

20 이 점을 지적하는 William G. T. Shedd, *A History of Christian Doctrine,* vol. 2 (New York: Charles Scribner's Sons, 1897), 24를 보라

21 Calvin, *Institutes,* 1. 15. 2.

22 Calvin, *Institutes*, 1. 15. 4.

르지 않고 오직 죄를 향해 나가기를 선택한다. 이를 신학적으로 의지의 자유가 상실되고, 죄에 노예 같이 복종하는 노예 의지가 되었다고 표현한다. 마찬가지로 "이성이 파괴된 것은 아니나 그 건전성이 손상되었다."[23] 그래서 (정치 사회적인 삶이나 예술과 학문과 기술과 같이) 낮은 것들에 대해서는 인성이 어느 정도 능력이 있어 보이지만, 하나님이나 영혼이나 구원 등에 대한 천상적인 것들에 대해서는 "두더지보다 더 눈멀어 있다."[24] 도덕성에도 타락의 영향력이 있어서 사람은 선한 일은 의도하지 않고 오직 악한 일만 의도하는 것에 대해서 책임을 져야 한다. 사람은 외적인 강압에 의해 죄를 범하는 것이 아니라, 그의 본성의 부패에 의해서 자원해서 죄를 범한다.[25]

3. 그리스도에 대해서 더 성경적으로 표현

개혁자들은 성경과 교부들의 바른 전통에 따라서 그리스도의 신성과 인성을 온전히 인정하며 이 양성이 한 위격에 있어 놀라운 구속사역을 이루셨음을 분명히 했다. 기독론에 대한 칼빈의 큰 기여는 칼케돈 신조에 아주 충실하면서, 그 함의를 잘 드러낸 것이라고 할 수 있다. 루터파도 칼케돈 신조를 받아들이고 그에 충실하였지만 논의 과정에서 특히 부활 이후에는 그리스도의 인성에 신성에 속하는 성질이 주어진다는 루터파의 독특한 속성 교류 이론이 나타났다. 이로써 속성 교류(*communication idiomatum*, communication of properties)에 대한 루터파의 이해와 개혁파의 이해가 달라졌

---

[23] 칼빈에 근거해서 이를 잘 논의한 T. H. L. Packer, "John Calvin," 391.

[24] Calvin, *Institutes,* 2. 2. 18.

[25] Calvin, *Institutes,* 2. 3. 5.

다.[26]

루터파에서는 특히 부활 이후에는 그리스도의 "인성에도 신성에 속하는 성질이 전달되어- 이것이 루터파적 속성 교류 이해를 잘 드러낸다 - 인성도 신성과 같이 편재한다(어디에나 있게 된다)"고 설명했다. 그러나 칼빈과 개혁파 사람들은 성육신은 영원하신 성자(로고스)께서 자신의 위격에 인성을 취하신(*assumptio*) 것이므로 성육신 때에도 그러하고 부활 이후에도 신성과 인성이 성자의 위격에 있지만, 이 위격적 연합(Hypostatic union)의 상황에서도 "신성은 신성이요 인성은 인성"(*Gott ist Gott, Mensch ist Mensch*)이라는 것을 강하게 천명하였다. 여기서 나온 유명한 말이 "유한은 무한을 받을 수 없다"(*finitum non capax infiniti*)는 말이다. 즉, 인성은 그 안에 신성을 다 포괄할 수 없다는 말이다. 따라서 성자의 위격에 본래적 신성과 성육신하실 때 성자께서 취하신 인성이 있지만, 그 인성이 신성의 성질을 지니는 것이 아니라는 것을 아주 분명히 하였다. 개혁파 사람들은 이렇게 하는 것이 칼케돈 정의에 충실한 것이라고 하였다. 이런 입장을 잘 드러내면서 나온 유명한 말이 자주 인용되는 칼빈의 다음과 같은 말이다.

하나님의 아들은, 하늘을 떠나지 아니하시면서, 동정녀의 태에서 태어나시

---

26 속성 교류에 대한 개혁파적 이해에 대한 좋은 설명으로 Berkhof, *Systematic Theology,* 324를 보라. 또한 이승구, 『21세기 개혁신학의 방향』(서울: SFC, 2005), 153—54, 406-408=최근판 (서울: CCP, 2018), 210-11도 보라. 이 문제에 대한 학식 있고 철저한, 때로는 난해한 논의로 옥스퍼드에서 중세 신학 교수(Professor of Medieval Theology)도 했었고, 노트르담 대학교의 철학 교수(Rev. John A. O'Brien Professor of Philosophy)인 Richard Alan Cross, *Communicatio idiomatum: Reformation Christological Debates* (Oxford & New York: Oxford University Press, 2019)를 보라. 중세 철학적 신학, 특히 둔스 스코투스 전문가(*The Physics of Duns Scotus: The Scientific Context of a Theological Vision* [Oxford: Clarendon Press, 1998]; *Duns Scotus, Great Medieval Thinkers* [Oxford; Oxford University Press, 1999]; *Metaphysics of Incarnation: Thomas Aquinas to Duns Scotus* [Oxford: Oxford University Press, 2002]; *Duns Scotus on God* [Ashgate: Ashgate Publishing Group, 2004])가 종교 개혁 시대의 루터파와 개혁파의 논쟁을 다룬 것이 독특하다.

고, 땅을 거니시며, 십자가에 달리시기를 원하시는 방식으로 하늘에서 내려 오셨다. 그러나 그분은 계속해서 당신님이 처음부터 그리해 오셨던 것처럼 온 땅을 가득 채우셨던 것이다.[27]

이 말을 깊이 숙고하면 칼빈과 개혁파가 말하는 성육신 이해를 정확히 파악하게 된다. 그래서 칼빈과 개혁파는 부활 이후에는 그리스도의 인성이 신성에 속하는 편재성을 가질 수 있다는 루터파의 속성 교류 개념을 받아들일 수 없었다.[28] 그래서 루터파는 인성 안에서(*intra humanum*)만 신성을 찾으려 했고, 개혁파는 그리스도의 신성은 항상 인성 안에 갇혀 있지 아니하고 인성 밖에서(*extra humanum*)도 작용한다는 것을 강조하니, 개혁파 사람들은 인성이 신성을 다 받을 수 없다고 생각했기 때문이다. 그래서 처음에는 루터파 신학자들이 조롱하는 조로 "칼빈주의자들이 말하는 '밖에서'"(*extra Calvinisticum*)라는 용어를 사용하여 개혁파의 논의를 논박하면서 비난하였다. 후에는 개혁파 사람들 스스로 이것이 우리의 입장이라고 자랑스럽게 "칼빈주의자들이 말하는 '밖에서'"(*extra Calvinisticum*)를 주장했고, 그것이 칼케돈 정의에 충실한 것이라고 선언하였다. 그러므로 개혁파는 성경과 공교회의 신조에 충실하려고 하였고, 그 함의에 철저하였다고 말할 수 있다.

그리스도에 대한 칼빈의 또 하나의 기여는 그리스도의 삼중직(*munus triplex*)을 명확히 제시한 것이다. 교부들도 성경에 근거해서 그리스도의 직분을 부분적으로 논의하였다. 특히 가이사랴의 유세비우스는 삼중직을 처

---

27 Calvin, *Institutes*, 2. 13. 4.

28 루터파가 말하는 속성 교류를 잘 설명하고 이를 개혁파적 입장에서 잘 비판한 Berkhof, *Systematic Theology,* 325-27을 보라.

음으로 시사하기도 하였고,[29] 아퀴나스도 지나가면서 이를 언급한 적이 있다.[30] 그러나 대개는 제사장직과 왕직으로 설명하는 일이 많았는데,[31] 칼빈이 제네바 요리문답과 1539년 판인 『기독교 강요』 2판에서 삼중직으로 언급한 후, 최종판(1559)에서 선자자직, 제사장직, 왕직의 삼중직으로 잘 정리하여 제시한[32] 후로 개혁파에서는 삼중직을 언급하는 것이 거의 일반적인 것이 되었다.[33] 기름부음을 받은 자(메시아)로서 구약의 그런 직분들의 모형과 원형이신 그리스도의 메시아로서의 사역을 아주 잘 설명하는 매우 교육적인 제시라고 할 수 있다. 이렇게 삼중직으로 정리하여 제시한 것도 칼빈의 큰 기여이고, 특히 그리스도의 삼중직은 "전체 그리스도"(the whole Christ, *totus Christus*)의 직임이라는 것을[34] 잘 드러낸 것도 그의 기여이다.

---

29 Eusebius of Caeserea, *Ecclesiastical History,* 1. 3. 8; Chrysostom, *Homilies on 2 Corinthians 3:2,* 이를 잘 설명한 Yale 신학부의 Andrew McGowan의 블로그에서 재인용(http://abmcg.blogspot.com/2012/07/prophet-priest-and-king-triplex-munus_24.html).

30 칼빈도 이를 의식하면서 "교황의 권세 아래 있는 사람들도 그것들을 입에 올리기는 하지만 다만 냉랭하고 별 뜻이 없이 그리할 뿐이다"고 말하였다(Calvin, *Institutes*, 2. 15. 1). 『기독교 강요』의 영역자의 한 사람인 배틀즈가 이것이 Thomas Aquinas, *Summa Theologica,* 3. 22. 2에 대한 언급이라고 찾아 제시하고 있다(Battles edition, n. 3).

31 칼빈도 『기독교 강요』 초판(1536)에서(CO 1. 69)와 〈제1차 신앙교육서〉에서(CO 5. 338)는 이렇게 제시하였다.

32 Calvin, *Institutes*, 2. 15. 1-2 (선지자직); 2. 15. 3-5 (왕직); 2. 15. 6 (제사장직). 처음 언급한 2판은 CO 1. 513-14에서 찾아 볼 수 있다.

33 Cf. F. Turretin, *Institutes of Elenctic Theology,* trans. George Musgrave Giger, ed., James T. Dennison, Jr. (Phillipsburg, N.J.: Presbyterian and Reformed, 1994), 2:393, topic 14, quest. 5, sec. 8.- quest. 18; *Westminster Confession of Faith,* 8장; 대요리문답 43-45문답; 소요리문답, 24-26문답; Heppe, *Reformed Dogmatics,* 425-87; Charles Hodge, *Systematic Theology,* 2: 459-609; Herman Bavinck, *Reformed Dogmatics,* trans. John Vriend, ed., John Bolt (Grand Rapids: Baker Academic, 2006), 3:367-68; Berkhof, *Systematic Theology,* 356-59; Wayne Grudem, *Systematic Theology: An Introduction to Biblical Doctrine* (Grand Rapids: Zondervan Publishing, 1994), 624-30.

34 이 점을 잘 언급하는 T. H. L. Packer, "John Calvin," 393를 보라.

4. 구속론을 더 성경적으로 표현

바른 교회는 언제나 그리스도의 죽음이 죄로 인한 하나님의 진노를 가라앉힐 만하게 하나님을 만족하게 하는 것이었으며, 따라서 무한한 가치의 만족이라고 주장해 왔다. 천주교 신학자들은 이를 말하면서도 확실하지 않게 말하고 명확히 규정하지 않으려는 성향을 나타내기도 하였으나 기본적으로는 십자가와 부활이 가져온 속죄를 믿고 고백하였다. 그리스도께서 이루신 속죄의 객관성을 분명히 말하는 점에서 안셀름과 아퀴나스와 개혁자들의 차이는 없었다. 그리스도의 수난과 죽음을 통한 구속이 신적 지혜와 가장 잘 조화되며 가장 적절하다는 것에는 의견을 같이하였다.

그런데 그 속죄가 절대적으로 필연적인 것이었느냐에 대해서는 안셀름과 개혁자들의 생각의 차이가 있었다. 안셀름은 속죄의 절대적 필연성(absolute necessity)을 강조하였다. 이에 비해서 칼빈은 "만일에 필연성 여부가 문의된다면, 일반적으로 '단순하고 절대적 필연성'을 말하기보다는 인간의 구원이 그에 의존하는 '하나님의 작정에 따라 나오는 필연성'이 있다고 해야 한다. 우리에게 무엇이 최선인지를 가장 사랑 많으신 아버지께서 결정하셨다고 해야 한다"고 말하였다.[35] 타락한 인간을 전멸해 버리지 않으시고 구속하시려는 하나님의 결정에 따라 성육신이 있게 된 것이다. 그러나 칼빈은 하나님께서 결정하신 것에서 나오는 "결과적 절대적 필연성"을 시사한 것이다. 우리를 구속하는 그 "과제의 성질과 그것을 이루신 분의 성질에 따른 필연성"을 말한 것이다.[36] 생명과 의와 주되심이 요구되는 사역이므로

---

35 Calvin, *Institutes*, 2. 12. 1.

36 이렇게 표현한 T. H. L. Packer, "John Calvin," 392를 보라.

"하나님께서만 이 일을 하실 수 있다"고 한 것이다.[37] 그런데 죄를 지은 것은 사람이므로 그가 동시에 사람이 되셔야만 했다.[38] 또한 하나님은 죽으실 수 없으므로 그는 죽으실 수 있기 위해 사람이 되셔야만 했다. 그래서 결과적으로 신성과 인성을 지닌 한 위격이 있게 되는 성육신이 있게 된 것이다. 그리스도의 죽음에 대해서도 같이 생각한다. 이런 이해를 성육신과 그리스도의 죽음의 "결과적 필연성"이라고 한다.

이런 것을 보면서 루터나 칼빈이 둔스 스코투스와 같이 속죄가 하나님의 자의적 의지에 의존하는 것이라고 주장했다고 말하는 것은 공정하지 않은 것이다.[39] 개혁자들이 모든 것이 하나님의 의지에 근거한다고 한 것은 사실이다. 누구나 인정하듯이 개혁자들은 주의(主意)론자들(voluntarianists)이었다. 그러나 그들은 하나님의 의지가 자의적(恣意的)이라고 결코 생각하지 않았고, 그렇게 말하지 않았다.

또한 개혁자들은 죄의 전포괄성을 잘 강조하였다. 특히 하나님의 규례와 율법을 어긴 것을 강조하였으나 그 전포괄적 성격을 잘 강조하였다. 이에 비해서 안셀름은 사람들이 하나님의 영예를 침해하고 하나님께 마땅히 드려야 하는 영예(honor)를 드리지 않은 점을 중심으로 논의하였다. 물론 그는 이 점을 중심으로 논의하며 모든 죄가 결국은 이런 성격을 지닌 것이라고 생각했음에 틀림이 없다. 그래서 하나님을 모독(insult)한 것을 중심으로 논의하였다면 개혁자들은 주로 "죄책"(guilt)을 강조하였다.[40] 따라서

---

[37] T. H. L. Packer, "John Calvin," 392.

[38] Calvin, *Institutes*, 2. 12. 3.

[39] 이 점을 잘 지적하는 Louis Berkhof, *The History of Christian Doctrines* (Grand Rapids: Eerdmans, 1937, 1949, paperback edition, Grand Rapids: Baker, 1975), 183을 보라.

[40] 이 대조를 잘 드러내고 있는 Berkhof, *The History of Christian Doctrines*, 183을 보라.

안셀름은 그리스도의 십자가가 하나님의 영예를 드높이는 넘치는 은사(a superabundant gift)라는 것을 강조하는 데 비해서 개혁자들은 하나님의 공의를 만족시키는 형벌적 희생 제사(a penal sacrifice)라는 점을 좀 더 강조하였다.

그리하여 구속이 개인의 권리라는 사법(私法)의 영역에서 공법(public law)의 영역으로 옮겨져 논의되었다.[41] 개혁자들은 그리스도의 희생 제사로 이루어진 만족이 우리 대신에 그리스도께서 대신하여 형벌 받음을 통한 만족이라는 것을 강조하여 대리 만족(vicarious satisfaction), 즉 대리 형벌설(penal substitution theory)을 확고히 하였다. 그리스도의 수난과 죽음은 우리 대신에 "형벌을 받은"(penal) 대리적(vicarious) 죽음이라고 했다.

또한 개혁자들은 신인(the God-man)이신 그리스도께서 그의 수난과 죽음에서뿐만이 아니라, 언약의 대표자로 율법에 온전히 순종하심으로 하나님의 율법의 요구를 다 만족시키셨다는 것을 강조하였다. 마지막 아담으로 그는 첫 아담이 실패한 것을 이루셨다고 했다. 그래서 그리스도께서는 행위 언약의 조건으로서의 율법도 수행하셨고, 동시에 우리의 범과에 대한 형벌도 자신이 대신 다 감당하셨음을 잘 드러내었다.[42] 중세 신학에서도 때때로 시인되던 바를 개혁자들은 아주 분명히 천명하였다. 그 강조를 지속하면서 조금 후의 신학자들은 이를 그리스도의 능동적(적극적) 순종과 수동적 순종이라고 표현하기를 기뻐하였다.[43]

---

41 이 점을 지적하는 Berkhof, *The History of Christian Doctrines*, 183을 보라.

42 개혁자들의 이런 강조를 잘 드러내어 지적하는 Berkhof, *The History of Christian Doctrines*, 183을 보라.

43 이에 대해서 다음 책들의 폭 넓은 논의를 보라: 김병훈 편, 『그리스도의 순종과 의의 전가』 (수원: 합신대학원출판부, 2022); 브랜던 크로, 『그리스도의 능동적 순종과 수동적 순종 - 왜 예수님은 완전한 삶을 사셨는가?』, 전광규 옮김 (서울: 부흥과개혁사, 2022); 앨런 스트레인지, 『(웨스트민스터 표준문서에 있는) 그리스도의 능동적 순종의 전가』, 윤석인 옮김 (서울: 부흥과 개혁사, 2022).

더 나아가, 그리스도의 공로가 믿는 사람들에게 전달되고 주어지는 방식을 안셀름이 좀 외적인 거래(external transaction) 비슷하게 묘사한 것에 비해서,[44] 아퀴나스가 그리스도와 살아 있는 관계를 가진 사람들에게 구원의 복이 전달되는 것을 신비한 연합으로 표현한 것에 토대를 가지고, 그의 견해에 나타나는 문제를[45] 극복하면서 개혁자들은 더 깊이 있게 표현하였다고 할 수 있다. 다시 말하지만 개혁자들은 그리스도와의 신비한 연합을 매우 강조하는 것에서는 아퀴나스와 의견을 같이하면서 그리스도의 의를 "받아들여 자신의 것으로 하는"(appropriates) 신앙의 행위도 강조하였다. 그러나 후에 잘 논의될 것과 같이, 신앙 자체가 공로적 행위로 여겨지지 않도록 하는 데 가장 힘을 많이 썼다.

5. 신앙에 대한 가장 성경적이고 건전한 이해

또한 이전과 비교해서 칼빈은 신앙을 가장 성경적이고 건전하게 표현하려고 했다. 칼빈은 신앙을 "성령을 통해서 우리 정신에 계시되고 우리 마음에 인쳐진 그리스도 안에서 값없이 주어진 약속의 진리에 근거한 우리에 대한 하나님의 애호에 대한 확실하고 분명한 지식"이라고 제시하였다.[46] 이렇게

---

44 그래서 안셀름의 구속론에 대해서 "상업설"(commercial theory)이라고 하는 경우가 많이 있다. 이를 지적하는 Berkhof, *The History of Christian Doctrines*, 183, 174을 보라. 그리스도의 공로의 전달에 대한 그의 표현이 그저 외적인 것인 양 제시되는 인상이 강하다는 것이다.

45 그 대표적인 문제가 위에서도 지적한 성례주의에 대한 강조 때문에 그리스도의 공로 자체로는 온전한 구원을 다 이루지 못하는 것처럼 표현되는 것이다. 예를 들어서, 세례를 받지 않은 사람은 구원받지 못하는 것으로 묘사되는 것과 같은 것들이다.

46 Calvin, *Institutes,* 3. 2. 7.

확실하고 분명한 지식으로 그리고 성경에 의해 주어진 하나님에 대한 신뢰와 확신으로 신앙을 규정한 칼빈의 신앙 이해는 그야말로 여러 면에서 균형잡힌 것이다.[47] 특히 참으로 믿는 사람들은 "그리스도를 우리들과 분리시켜서도 안 되고 우리들은 그리스도와 분리시켜서도 안 된다"는 칼빈의 말을[48] 강조해야 한다. 그리스도와 분리된 사람, 즉 그리스도와 신비한 연합(*unio mistica cum Christo*) 가운데 있지 않은 사람은 그리스도인이 아니기 때문이다. 칼빈의 구원론 전체가 그리스도와의 연합 가운데서 있다고 해야 한다.[49]

---

47 이 점에 대한 보다 자세한 논의로 이승구, "칼빈의 신앙 이해", 『21세기 개혁신앙의 방향』 (서울: SFC, 2005), 65-94를 보라. 이 글은 최근판에서는 빠져 있고 칼빈에 대한 다른 글들과 함께 『칼빈 신학과의 대화』 (서울: 말씀과 언약, 2004 출판 예정)에 다시 수록될 것이다.

48 Calvin, *Institutes,* 3. 2. 24.

49 칼빈에게서 그리스도와의 연합의 의미와 중요성을 강조한 논의들로 다음을 보라. Lee Gattiss, "The Inexhaustible Fountain of All Good Things: Union with Christ in Calvin on Ephesians," *Themelios* 34/2 (2009): 196-206; John McClean, "Perichoresis, Theosis and Union with Christ in the Thought of John Calvin," *Reformed Theological Journal* 68/2 (2009): 130-41; 그리고 조금 문제가 있기는 하지만 Bruce McCormack, "Union with Christ in Calvin's Theology: Grounds for a Divinisation Theory?" in *Tributes to John Calvin,* ed., David W. Hall (Phillipsburg: Presbyterian and Reformed Publishing, 2009)도 보라.

제19장 개혁신학의 명확한 정리와 정교화

〈부록〉 17~18세기 루터파 교회안에서의 논쟁과 루터파 정통주의

제20장 잘못된 사상들 반박

소시니우스주의, 항론파 사상, 가정적 보편주의, 합리주의 신학 반박

제21장 성경과 계시에 대한 정확한 정리

제22장 언약 사상과 언약 교의의 정립

제23장 다른 사상들 반박

제24장 종말 이해의 정립

제4부

종교개혁 이후 시대에 정리된 교의들

종교개혁이 교의의 역사에 미친 막대한 영향을 생각하면 어떤 의미에서 하르낙과 같이 종교개혁으로 교의사(教義史)를 마치는 것도 가능하다. 종교개혁의 신앙고백서에서 거의 모든 교의적 주제들에 대한 성경적 원칙의 선언이 이루어졌으므로 이제 새롭게(*de novo*) 작업할 이유는 없어졌기 때문이다.[1] 종교개혁 과정에서 그리고 그 후에 정리되어 여러 신앙고백서들에 표현된 것들은 이미 종교개혁에서 중요하게 다루어진 것을 좀 더 구체화하고 정교하게 표현한 것으로 여길 수도 있다.[2]

그럼에도 사실 모든 바른 교리가 성경에 있는 바를 풀어내려고 했다는 점에서 그 내용을 각 시대에 드러내고 표현해 낸 것이 중요하다고 하면서 교의사(教義史)를 추적해 온 것을 생각하면 종교개혁 이후 시대(Post-Reformation period)의 중요성을 그렇게 쉽게 무시하거나 각하할 것도 아니다. 천주교에서도 비오 9세가 1864년에 선언한 동정녀의 무염수태 교의(the dogma of the immaculate Conception of the Virgin)나[3] 하르낙 자신도 다루고 있는 1870년 바티칸 공의회에서 선언된 교황 무오성에 대한 교의(the dogma

---

1 이 점을 강조하는 James Orr, *The Progress of Dogma* (London: James Clarke & Co. Limited, 1901), 284를 보라.

2 이것이 특별한 의미의 조직신학의 구체적 시작이라고 할 수도 있다는 Orr, *The Progress of Dogma*, 285의 논의도 의미 있게 생각해 보라.

3 그런데 천주교의 이 교의는 한 번도 어떤 신조에 담겨 제시된 일은 없다. 이 점에 대한 지적으로 Orr, *The Progress of Dogma*, 279, n. 1을 보라. 그러나 결과적으로 천주교회는 교환이 교황의 자리에서 선언한 것의 권위를 매우 높이고 있으므로 이것도 천주교의 교의라고 할 수 있을 것이다. 이전에도 언급했고 또 후론하겠지만, 이런 것이 천주교와 오직 성경을 말하는 입장의 큰 차이이다. 즉, 이런 것들이 천주교의 교의지만 개신교의 교의는 아니다. 그러므로 삼위일체를 같이 믿고 그리스도의 양성의 관계를 칼케톤 신조에 따라서 믿는 천주교와 개신교는 전체적으로는 상당히 다른 것을 믿는 것임이 잘 드러난다.

of Papal Infallibility)가 나오고, 그 후 20세기에 이루어진 〈제2 바티칸 공의회(1962-65)〉의 결정 사항도 매우 중시하고 있으므로 천주교회에서는 교의사가 계속되는 것으로 생각한다.

종교개혁 이후에 사는 개혁파 신자들도 성경에 근거해서 우리들이 믿는 바를 좀 더 정교하게 선언한 일들이 있었으므로, 개혁파 교회가 우리들의 믿는 바를 **더 정확하게 표현하려고 하는 노력은 지속되어 왔다고 할 수 있다.**[4] 그러므로 개혁파에서도 종교개혁 이후 시대에 대해서도 교의사적인 추구를 지속할 수 있고, 또 해야만 한다.

종교개혁 이후에 개혁파 교회는 (1) 먼저 성경에 근거해서 우리가 믿는 바를 정확하게 표현하려고 하였고(19장), 동시에 (2) 지속적으로 나타난 비성경적이고 잘못된 사상들이 왜 잘못된 것인지를 잘 드러내는 역할을 하였다(20장). 또한 (3) 그 이전에 그저 전제되었던 성경과 계시에 대한 개혁파적 이해를, 특히 19세기와 20세기의 성경 비판적 연구들을 의식하면서, 아주 의식적으로 명확하게 정리하였으며(21장), (4) 성경의 내용을 언약을 중심으로 하는 언약신학을 잘 정리하였고(22장), 또한 (5) 지속적으로 나타난 잘못된 사상들에 대해서 개혁파적 입장을 명료히 검토하였다(23장)고 할 수 있다. 그리고 마지막에 될 일에 대한 전체 교회의 탐구 과정을 살피면서 개혁파적 견해로 결론 내리기로 한다(24장). 이제 이 하나하나의 문제들을 다루어 보기로 하자.

---

4 이보다 좀 더 강한 인정으로 Orr, *The Progress of Dogma*, 279-80을 보라.

제19장

개혁신학의 명확한 정리와 정교화

종교개혁으로 형성된 개혁파 교회(개혁교회와 장로교회)는 개혁교회가 믿어야 할 성경적 교리를 아주 명료하게 잘 정리하였다. 먼저 이에 기여한 사람들을 간단히 논의한 후에, 개혁파 신학에 대한 정교한 표현들을 전체적으로 정리해 보는 일로 시작해 보기로 한다.

개혁파 정통주의 신학자들

개혁파 정통주의를 깊이 연구한 **리처드 멀러 교수**는 개혁파 정통신학의 발달 과정(약 1565-1770)을 다음 같이 다섯 단계로 분류하여 제시한다.[5] 두 단계로 이루어진 초기 개혁파 정통주의 시대인 (1) 도르트 공의회에 이르

---

[5] Richard A. Muller, *After Calvin: Studies in the Development of a Theological Tradition* (Oxford: Oxford University Press, 2003), 4f. 그가 1987년에 낸 *Post-reformation Reformed Dogmatics,* vol. 1: *Prolegomena to Theology* (Grand Rapids: Baker, 1987)에서는 Otto Weber, *Foundations of Dogmatics* (1955), E. T., Grand Rapids: Eerdmans, 1981-82), 12-27을 따라서 (1) 초기 정통주의 시기(약 1565-1640), (2) 정통주의 전성기(약 1640-1700), 그리고 (3) 후기 정통주의(Late Orthodoxy, 약 1700-1790)의 세 단계로 나누어 제시한 바 있었다(14, 42-52). (이하 이 책에서의 인용은 PRRD 1:42-52 식으로 제시하기로 한다). (2003년도에 낸 개정판에서는 *After Calvin*에서의 논의를 반영하여 전성기를 1725년까지로 제시한다,『리처드 멀러의 신학서론』, 조호영 옮김 [서울: 부흥과 개혁사, 2018], 65). 그러므로 2003년에 낸 *After Calvin*에서 보다 구체적인 시대 구분과 함께 개혁파 정통주의 신학자들에 대한 소개가 이루어지고 있다.

기까지의 '초기 개혁파 정통신학 형성기'(ca. 1565-1618), (2) 도르트 공의회 이후의 '초기 개혁파 정통신학 수립기'(ca. 1618-1640).[6] 그 후에 또 다른 두 단계로 나타나는 개혁파 정통신학의 발달기로, (3) 1640년경 소뮈어(Saumur) 신학의 전개와 함께 그에 반응하면서 논쟁적으로 아주 구체적인 신앙고백을 한 '개혁파 정통신학 고백기'(ca. 1640-1685), (4) '신앙고백의 포기(deconfessionalization)와 전이(transition)의 시기'(1685-1725), 그리고 (5) "계속되는 종교개혁"(*Nadere Reformatie*)을 지속해서 살아 있는 개혁파 정통신학적 주장을 하였으나, 논리적으로나 철학적으로 상당히 많은 사람들이 실제로 개혁파 정통 사상을 많이 상실하여 가는 '후기 개혁파 정통주의 시기'(late orthodoxy, ca. 1725-1770)다.

각 시기에 해당하는 목회자들과 학자들에 대해서 간단히 생각해 보자.[7] 개혁자들의 뒤를 이어 (1) **초기 개혁파 정통주의를 형성한 사람**들로는 다음과 같은 분들을 생각할 수 있다. 먼저 취리히에서 츠빙글리의 후계자 역할을 감당한 요한 불링거(Johann Heinrich Bullinger, 1504-1575)를 말해야 한다.[8]

---

6 그러므로 멀러는 자신이 1987년에 초기 정통주의 시대(1565-1640)이라고 말했던 시기를 둘로 나누어 제시한 것이다.

7 여기서는 아주 간단히 생각하기로 한다. 이들 개혁 신학자들에 대한 구체적인 논의는 이승구, 『개혁신학의 역사』(서울: 말씀과 언약, 2024, 출간 예정)에서 제시하기로 한다.

8 불링거에 대해서는 이승구, "The Relationship between Heinrich Bullinger and John Calvin," *Hapshin Theological Review* 8 (2020): 109-48="불링거와 칼빈의 만남", 『종교개혁자 츠빙글리의 삶과 개혁신학』, 주도홍 외 (서울: 킹덤북스, 2022), 284-324와 박상봉, 『하인리히 불링거』(서울: 익투스, 2021)를 보라.

그리고 제롬 장키우스(Jerome Zanchius=Girolamo Zanchi, 1516-90)를 들 수 있다.[9] 그는 이탈리아 어거스틴 종단에 속해 있다가 루카(Lucca)로 가서 피터 마터 베르미글리(Peter Martyr Vermigli, 1499 - 1562)에게서 공부하고 그곳에서 베르미글리의 영향으로 개신교도가 되어, 1551년에 그도 루카를 떠나 잠시 제네바와 영국에 있다가 결국 스트라스부르의 "성 도마 대학"(the college of St. Thomas)에서 구약을 가르치기 시작하여 16세기 후반의 가장 박식한 학자와 교사로 알려졌다. 더구나 1568년에는 우르시우스를 이어서 개혁파 교의학을 하이델베르크 대학교에서 가르치도록 청빙받아 개혁파적 예정론을 아주 분명히 하고,[10] 그리스도와 성도들의 관계를 "영적인 혼인 관계"로 잘 제시하면서,[11] 개혁파 정통주의를 대변하며 가르치다가[12] 1576년 10월 26에 프레데릭 3세가 죽고 그의 아들 루드비히 6세 하에서 하이델베르크가 루터파로 기울자 (프레데릭 3세의 다른 아들인) 요한 카시미르

[9] 그의 삶과 사역에 대한 소개로 Christopher J. Burchill, "Girolamo Zanchi: Portrait of a Reformed Theologian and his Work," *Sixteenth Century Journal* 15 (1984): 185–205를 보라.

[10] Cf. Jerome Zanchius, *The Doctrine of Absolute Predestination,* trans. Augustus M. Toplady (Grand Rapids: Baker Book House, 1977).

[11] Girolamo Zanchi, *The Spiritual Marriage between Christ and the Church and Every One of the Faithful,* translated and introduced by Patrick J. O'Banion (Grand Rapids: Reformation Heritage Books, 2021).

[12] 제롬 장키우스의 기독론에 대한 좋은 분석으로 Stefan Lindholm, *Jerome Zanchi (1516-90) and the Analysis of Reformed Scholastic Christology,* Reformed Historical Theology 37 (Göttingen: Vandenhoeck & Ruprecht Academic, 2016)을 보라.

(Johann Casimir) 공작이 통치하던 노이스타트(Neustadt)로 가서 그곳에 세워진 신학교(the Casimirianum)에서 가르치다 잠시 하이델베르크를 방문했을 때 그곳에서 하늘의 부름을 받고 하이델베르크 대학교 채플에 묻혔다.

또한 프랑스 개혁자의 하나로 **삐에르 보퀸(Pierre Boquin or Petrus Boquinus**, 1518 - 1582)도 생각할 수 있다.[13] 그는 부르게(Bourges) 대학교에서 공부하고, 1539년에는 신학으로 박사학위도 하였고 카르멜 수도회(the Carmelite Order)의 원장(prior)도 하다가 1541년에 종교개혁적 가르침을 받아들인 사람이다. 그는 일단 비텐베르크로 갔다가 1542년부터 칼빈의 후임으로 스트라스부르 아카데미에서 가르치다가 부르게로 돌아가 가르쳤으나, 결국 1555년에 다시 스트라스부르로 와서 이전에 칼빈과 마찬가지로 프랑스 피난민 교회를 목회하였다. 이렇게 확고한 개혁파 입장을 드러낸 보퀸은 1557년에 하이델베르크 대학교의 신학교수로 임명되어 가르치다가 1576년 10월 26에 프레데릭 3세가 죽자 결국 그곳을 떠나서 1578년 로잔 아카데미(Lausanne)에서 4년을 가르치다 소천한 개혁신학자이다.

이미 하이델베르크를 언급했으니, 경건한 프레데릭 3세의 통치하에 그곳에서 하이델베르크 요리문답 작성과 팔츠 교회 형성에 중요한 역할을 한 자카리우스 우르시누스(Zacharius Ursinus, 1534-83)와 성령교회의 목회자인 카

13 보퀸에 대해서 Muller, *After Calvin,* 5를 보라.

스파 올레비아누스(Caspar Olevianus, 1536-87)도 말하지 않을 수 없다.[14]

또한 칼빈을 이어 제네바에서 활약한 인사들로서 제네바의 칼빈의 후계자라고 할 수 있는 떼오도르 베자(Theodore Beza, 1519-1605), 랑베르 다노(Lambert Daneau=Lambertus Danaeus, 1530-1595), 조금 후의 바돌로매우스 케컬만(Bartholomaeus Keckermann, 1571-1609)도 언급해야 한다.

랑베르 다노는 1553년에 오를레앙에서 법학을 하고, 1559년에 부르게(Bourges)로 가서 개혁자들에게 영향을 받고, 1560년에 제네바 아카데미에서 신학을 공부하였다. 기엔(Gien)과 제네바(Geneva)에서 목회하면서 좋은 책을 쓰다가 화란의 레이든(Leiden) 대학교에 가서 가르치고 유럽의 여러 곳(Ghent, Orthez, Lescar, 그리고 Castres)에서 가르친[15] 랑베르 다노는 "칼빈주의적 정통주의의 챔피언"(champion of Calvinist orthodoxy)이라는 말을[16] 들을 정도로 개혁파 정통주의에 충실했다.

바돌로매우스 케컬만은 옛 폴란드 왕국의 단찌히(Danzig) 출신으로 비텐베르크(1590-1592)와 라이브찌히 대학교에서 공부하고(1592년 봄-가을), 하이델베르크 대학교로 옮겨 공부한(1592-1595, MA) 후 하이델베르크에서 히브

[14] 이들에 대해서 이남규, 『우르시누스, 올레비아누스』 (서울: 익투스, 2017)도 보라.

[15] Cf. Olivier Fatio, "Lambert Daneau 1530-1595," in *Shapers of Religious Traditions in Germany, Switzerland, and Poland, 1560-1600,* ed., Jill Raitt (New Haven: Yale University Press, 1981), 105-19.

[16] 이는 Scott M. Manetsch, *Calvin's Company of Pastors: Pastoral Care and the Emerging Reformed Church, 1536-1609* (Oxford: Oxford University Press, 2013), 53에 나오는 말이다.

리어 교수로 임명되었다가 얼마 후 고향인 단찌히로 가서 김나지움의 교장(rector)으로 가르치면서(1602-1609) 많은 책을 낸 독일 칼빈주의 신학자요 철학자다.[17]

그리고 화란의 정통파 개혁신학자로 이름을 남긴 레이든 대학교의 (아르미니우스의 전임자였던) **프란시스쿠스 유니우스**(**Franciscus Junius**, 1545-1602),[18] 영국 사람으로 화란에서 활동했던 윌리엄 퍼킨스(William Perkins, 1558-1602), 개혁파 예정론을 잘 정리해 제시한[19] 바젤의 **아만두스 폴라누스**(**Amandus Polanus**, 1561-1610) 같은 쟁쟁한 인물들도 언급해야만 한다.[20]

(2) 도르트 공의회부터 시작하는 **'초기 개혁파 정통신학 수립기'**(**ca. 1618-1640**)에 속하는 대표적인 개혁파 정통신학자들로 다음 같은 분들을 언급할

---

17 케컬만에 대해서 다음을 보라. Joseph S. Freedman, "The Career and Writings of Bartholomäus Keckermann (d.1609)," *Proceedings of the American Philosophical Society* 141/3 (1997): 305-64; 그리고 Richard A. Muller, "*Vera Philosophia cum sacra Theologia nusquam pugnat*: Keckermann on Philosophy, Theology, and the Problem of Double Truth," *The Sixteenth Century Journal* 15/3 (Fall, 1984): 341-65, reprinted in Muller, *After Calvin,* chapter 7, 122-36.

18 유니우스에 대해서는 Franciscus Junius, *A Treatise on True Theology* with the Life of Franciscus Junius. trans. David Noe (Grand Rapids: Reformation Heritage Books, 2014), 한병수 역, 『참된 신학이란 무엇인가?』 (서울: 부흥과 개혁사, 2016)에 실린 "프란키스쿠스 유니우스의 생애"도 보라.

19 Cf. 아만두스 폴라누스, 『하나님의 영원한 예정』, 김지훈 역 (서울: 킹덤북스 2016).

20 폴라누스에 대해서는 Robert Letham, "Amandus Polanus: A Neglected Theologian?" *The Sixteenth Century Journal* 21/3 (1999): 463–76; 그리고 한병수 교수의 학위 논문을 출간한 Byung Soo Han, Symphonia Catholica: *The Merger of Patristic and Contemporary Sources in the Theological Method of Amandus Polanus (1561-1610),* Reformed Historical Theology 30 (Göttingen: Vandenhoeck & Ruprecht, 2015)을 보라.

프란시스쿠스 유니우스

아만두스 폴라누스

수 있다.

(i) 비텐베르크(1574), 베자의 제네바(1576), 말부르크(1578), 노이스타트에서 쟈카리아스 우르시누스에게서 배우고(1580), 하이델베르크 대학교에서 다니엘 토사누스(Daniel Tossanus) 지도하에서 박사학위를 하고(1587), 프라너꺼르(Franeker) 대학교가 세워진 1585년부터 40년 동안 가르치면서 정통파 개혁신학을 잘 가르치고 특히 후택설을 잘 제시하고 도르트 총회에서 로버트 벨라르민 추기경의 견해에 대하여, 항론파에 대항하여, 그리고 소시니우스주의에 대해서 잘 논박한 **시브란두스 루베르투스(Sibrandus Lubbertus,** ca. 1556-1625),

(Sibrandus Lubbertus, ca. 1556–1625)

(ii) 마띠아스 마르티누스(Matthias Martinus, 1572-1630),

(iii) 이탈리아 루카(Lucca) 출신의 제네바 정착민인 프란세스코 튜레티니(Francesco Turrettini)의 아들로 취리히에서 태어났고, 1612년에 제네바에서 목사가 되고, 1618년에 제네바

아카데미의 신학교수가 되어(1618-1631), 지오반니 디오다티(Giovanni Diodati, 1612-1631)와 떼오도레 트론친(Théodore Tronchin, 1615-1631)과 같이 제네바 아카데미를 섬기고, 1627년에 제네바 시민이 된 베네딕트 튜레티니(Bénédict Turrettini, 1588 - 1631),[21] (iv) 영국 사람으로 화란에서 활동한 윌리암 에임스(William Ames, 1576-1633),

(v) 레이든의 개혁파의 대변인으로 잘 알려진 **프란시스쿠스 호마루스**(**Franciscus Gomarus**, 1563-1641),[22]

(vi) 역시 레이든에서 작업하였으며 『순수 신학 개론』(*Synopsis Prurios Theologiae*, 1625)의 4인의 공저자인 요한 폴리안더(Johann Polyander, 1568-1646), 안토니우스 웰레우스(Antonius Walaeus, 1573-1639), 당시 레이든에서 가장 박식하고 저명한 학자로 알려졌던 위그노인 앙드레 리베(André Rivet=Andreas Rivetus, 1572 - 1651)와 안토니우스 따시우스(Antonius Thysius=Thys, Thijs, 1565 - 1640)를 들 수 있다.

(v) 또한 폴란드 출신으로 단찌히, 말브르크, 하이델베르크를 거쳐서 플라너꺼르에서 공부하고(1613), 그곳에서 사강사(1614)와 신학교수(1615)가 되어 전택설을 강하게 주장하다가(1616)[23] 그의 동료인 시브란두스 루

21 그는 다음에 살필 프랑소와 튜레틴, 즉 프란시스 튜레틴(1623-1687)의 아버지이다.

22 호마루스에 대해서는 김지훈, 『고마루스: 칼빈의 예정론을 지켜내다』 (서울: 익투스, 2021)을 보라.

23 마코비우스의 예정론에 대한 논의로 M. D. Bell, "*Propter potestatem, scientiam, ac beneplacitum Dei*: The Doctrine of the Object of Predestination in the Theology of Johannes Maccovius," Ph.D. dissertation (Westminster Theological Seminary, 1986)을 보라.

베르투스(Sibrandus Lubbertus, ca. 1556-1625)와 논쟁하고, 도르트 총회에서 너무 강하게 전택설을 주장하지 말고 조심하라(to be more cautious and peaceable)는 주의를 들은 개혁신학자 **요하네스 마코비우스**(**Johannes Maccovius**, 1578-1644),[24]

(vi) 또한 헤르본 아카데미, 말부르크, 바젤에서 공부하고 헤르본에 돌아와서 철학과 신학을 가르치다 30년 전쟁 때문에 트란실바니아로 가서 현 루마니아에 개혁파 신학교를 세운, "열심히 공부함"(*sedulitas*)으로 이름난 **요하네스 하인리히 알스테드**(**Johannes Heinrich Alsted**, 1588-1638),

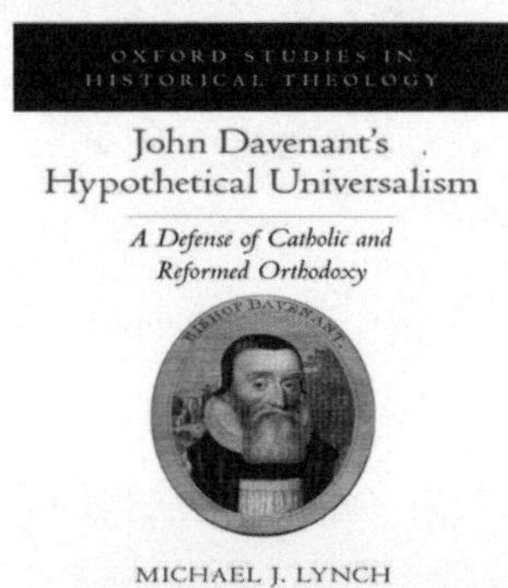

(Johannes Heinrich Alsted, 1588–1638)

(vii) 영국에서 독특한 가정적 보편주의를 제시하였던 존 다버난트(John Davenant, 1572 - 1641),

---

[24] 소위 "마코비우스 문제"에 대한 논의로 Willem J. van Asselt, "On the Maccovius Affair," *Revisiting the Synod of Dort (1618-1619),* eds., Aza Goudriaan and Fred van Lieburg (Leiden: Brill, 2011), 217–41을 보라.

(viii) 캠브리지의 크라이스트 컬리지 출신으로 엠마누엘 컬리지의 펠로우(1595, MA, 1596), 시드니 서섹스 컬리지의 펠로우(1599)로, 신학사 학위(B.D.)로 받고(1603), 1610년에는 마스터가 되어 가르치고 인도하였으며, 흠정역 번역 위원의 하나였고, 도르트 총회에도 참여하였고, 1623년에 캠브리지의 레이디 마가렛 교수로 임명되었던 사무엘 와드(Samuel Ward, 1572 - 1643) 등이 있다.[25]

이 외에도 (ix) 엠덴 출신의 목사의 아들로 흐로닝언(Groningen)과 헤르본(Herborn) 아카데미에서 공부하고, 1608에 하이델베르크에서 프레데릭의 투터(Tutor)를 하며 그와 함께 영국도 다녀온 후에 하이델베르크(*Collegium Sapientiae*)의 교의학 교수로 임명되었고, 후에 흐로닝언에서도 가르쳤던 **요한 하인리히 알팅(Johann Heinrich Alting**, 1583-1644),

(x) 하이델베르크(*Collegium Sapientiae*)에서 우르시누스에게서 배웠고 개혁파적 가르침과 목회를 하다가 루드비히 6세가 죽고 그의 형제인 요한 카시미르가 팔츠 공국의 섭정을 하게 되자 1584년 9월에 하이델베르크 신학부(Collegium Sapientiae)에서 가르치게 되고, 1691년부터 책임자(the

---

[25] Muller, *After Calvin,* 6.

director of the Collegium) 역할도 하고, 1598년부터는 구약 교수로 가르치고, 1602-1622까지는 신약학을 가르친 **데이비드 파레우스**(**David Pareus**, 1548-1622),

(xi) 스당(Sedan)에서 공부하다가 영국으로 피신갔다가(1588-1592) 레이든에 가서 학부에서 철학을 가르치다가 1598년 빠리개혁교회 당회의 청빙으로 프랑스로 돌아가 싸언통 예배당(the temple of Charenton)의[26] 첫 목사가 되어 섬기고, 1612년 프리바 대회(Privas Synod)에서도 중요한 역할을 했으며 영국의 제임스 2세의 초청으로 캠브리지에서 신학박사 학위도 받고 주로 스당(Sedan)에서 가르친 삐에르 두 물랑(Pierre du Moulin, 1568-1658),

(xii) 프랑스와 디에와 에딘버러에서 가르친 존 샤프(John Sharp=Johannes Scharpius,ca. 1572-1648),[27]

(xiii) 아만두스 폴라누스의 제자로, 그리내우스(Johann Jakob Grynaeus, 1540 - 1617)를 이어 바젤 대성당에서 개혁파적 가르침을 하는 역할을 하고, 〈웨스트민스터 대소요리문답〉 작성에 영향을 미쳤다고 여겨지고, 그의 『기독교 신학 요해』(*Compendium Theologiae Christianae*, 1626)가 17세기와 18세기에 에임스와 투레틴의 책과 함께 큰 영향을 미쳤다고 여겨지는 요하네스 볼레비우스(Johannes Wollebius, 1586-1629)도 함께 생각할 수 있다.[28]

---

26 당시 개신교도들은 빠리에서 5리그(league, 즉, 15마일) 떨어진 그린니(Grigny)에 있는 보어드 멀시에이(Bordes Mercier)경의 영지에서만 예배할 수 있었다. 그러다 1601년에는 그로부터 4 리그 (12마일) 떨어진 아블룽(Ablon)에서, 그리고 1606년에는 샤언퉁(Charenton)에서 예배할 수 있었다. Cf. https://museeprotestant.org/en/notice/pierre-du-moulin-1568-1658-2/

27 Richard A. Muller, "John Calvin and Later Calvinism: The Identityof the Reformed Tradition," in *The Cambridge Companion to Reformation Theology,* eds., David Bagchi & David C. Steinmetz (Cambridge: Cambridge University Press, 2004), 138.

28 Cf. Muller, PRRD, 1:43f.

(Pierre du Moulin, 1568–1658)

(Johannes Wollebius, 1586–1629)

(3) **개혁파 정통신학 고백기(ca. 1640-1685)**는 개혁파의 예배할 권리를 인정했던 낭트 칙령이 다시 거두어진 1685년까지를 생각하는데,[29] 이 시기에 속하는 대표적인 개혁파 정통신학자들로는 다음과 같은 분들을 생각한다.

(i) 흐로닝겐의 사무엘 마레시우스(Samuel Maresius, 1599-1673),

(ii) 우트레흐트의 히스베르투스 후티우스(Gisbertus Voetius, 1589-1676),

(iii) 좀 독자적으로 나아간 요하네스 코케이우스(Johnnes Cocceius, 1603-1669),

(iv) 영국의 스테판 챠녹(Stephen Charnock, 1628-1680),

(v) 청교도의 황태자로 흔히 언급되는, 자기 나름의 입장을 발전시킨 존 오웬(John Owen, 1616-1683),

(vi) 제네바의 정통주의 신학자 프란시스 튜레틴(Francis Turretin=Franciscus Turretinus, 1623-1687).[30]

---

29 Muller, *After Calvin,* 6f.

30 Muller, *After Calvin,* 6f.

이 외에 우트레흐트의 신학 교수였던 안드레아스 엣세니우스(Andreas Essenius, 1618 - 1677), 레이든의 아브라함 하이다누스(Abraham Heidanus, 1597-1678), 영국의 캠브리지 대학교의 임마누엘 컬리지 출신의 비국교도(non-conformist)였던 매튜 폴(Matthew Pole, 1624 - 1679), 역시 영국 옥스퍼드 출신으로 의회파 군인과 정치가로 웨스트민스터 회의에도 참여한 에드워드 레이(Edward Leigh, 1602-1671), 화란 우트레흐트의 요하네스 호른베이크(Johannes Hoornbeek, 1617-1666), 화란의 푸란시스쿠스 부르마누스(Franciscus Burmannus=Franz Burman, 1632-1679), 취리히의 요한 하인리히 하이데거(Jonann Heinrich Heiddegger, 1633-98), 프라너꺼르(Franecker)와 흐로닝겐에서 가르쳤던 요하네스 마르키우스(Johannes Marckius, 1656-1713)가 같이 언급될 수 있다.[31]

(4) 멀러가 **"신앙고백의 포기(deconfessionalization)와 전이(transition)의 시기"**라고 한 1685-1725에도 계속해서 개혁파 정통신학을 견지해 간 신학자들로는 다음과 같은 분들이 언급된다.

(i) 페트루스 판 마스트리흐트(Petrus van Mastricht, 1630-1706),

(ii) 1675년부터 프라너꺼르(Franecker)의 신학 교수로 섬긴 헤르만 윗시우스(Herman Witsius, 1638-1708),

(iii) 흔히 아버지 브라끌이라고 언급되는 빌헬무스 아 브라끌(Wilhelmus à Brakel, 1635 - 1711),

(iv) 도르트레흐트와 레이든에서 가르쳤던 살로몬 반틸(Salomon Van Til, 1643-1713),

(v) 프라너꺼르에서 가르친 캄페기우스 뷔트링가(Campegius Vitringa, 1659-

---

31 Cf. Muller, PRRD, 1:47f.

1722),

(vi) 요하네스 반 데어 켐프(Johannes Van der Kemp, 1664-1718),[32]

(vii) 프라너꺼르(1676-1680)와 흐로닝엔(1682-1689), 그리고 레이든에서 신학 교수를 한(1689-1731) 요하네스 마르키우스(Johannes Marckius, 1656-1731),

(viii) 스코틀랜드 장로교 신학자로 소위 매로우 논쟁의 중심인물의 하나인 토마스 보스톤(Thomas Boston, 1676 - 1732),

(ix) 1662년 대축출 때 축출된 토마스 가우지(Thomas Gouge, 1605 - 1681)가 섬긴 런던 토마스 가의 독립 교회인 삼학(三鶴)교회(Three Cranes, Fruiterers' Alley)의 후임으로 선출되어 섬긴, 옛 장로교도로 자처한 토마스 리즐리(Thomas Ridgley, 1667-1734).[33]

(x) 또한 1686년부터 제네바의 교수로 섬긴 베네딕트 픽테트(Benedict Pictet, 1655-1724)도 들 수 있다.[34]

이에 비해 개혁파 정통신학의 신앙고백적 입장을 상당히 포기하고 관용적이고 좀 더 자유스러운 입장(more latitudinarian perspective)을 견지해 간 신학자들로 다음과 같은 분들을 생각할 수 있다.

(i) 히브리어, 헬라어, 라틴어뿐 아니라 불어와 화란어에도 능통했고, 샬리스버리 주교(Bishop of Salisbury)를 한 길버트 버넷(Gilbert Burnet, 1643 -

---

32 Cf. Johannes Van der Kemp, *The Christian, Entirely the Property of Christ, in the Life and Death, Exhibited in Fifty-three Sermons on the Heidelberg Catechism* (New Brunswick, N.J.: Abraham Blauvelt, 1810).

33 웨스트민스터 대요리문답에 대한 그의 강해가 그의 대표적인 *A Body of Divinity* (1731)이다. 이에 근거해서 아버딘 대학교에서 그에게 명예 신학박사학위(D.D.)를 수여하였다.

34 PRRD, 1:48, 51.

1715),

(ii) 화란에서 산 프랑스 신비주의자요 철학자였던 삐에르 뽀아레(Pierre Poiret, 1646 - 1719),

(iii) 캠브리지의 세인트 존스 출신(BA, 1657, fellow, 1658-59, MA, 1661)으로 캠브리지의 트리니티 교회(Trinity Church, Cambridge)에서 목회하다가 신학사(B. D.) 취득 후에 버리 세인트 에드먼즈(Bury St. Edmunds)에서 1년 동안 강의하다가, 다시 대학에 왔으나 그의 장로교회적 입장 때문에 세인트 존스에 더 있지 못하고, 트리니티 홀(Trinity Hall)에서 법률가로서 있다가(a fellow commoner), 캠브리지의 성묘교회(St. Sepulchre's) 교우들이 원하여 목회하고, 그 후에 콜체스터의 성 베드로 교회에서도 목회하다가(1683-1686) 건강 악화로 시골에 가서 요양하다가, 1697년에 다시 캠브리지에 가서 연구하여 박사학위를 받고(1699) 죽을 때까지 학문을 한 존 에드워드(John Edward, 1637 - 1716),

(iv) 삼위일체론에 대해서 다른 견해를 가진 사무엘 클락(Samuel Clarke, 1675 - 1729),

그리고 제네바의 정통파 신학자들의 아들들로 제네바 아카데미 교수가 되어 신조에 서명하는 것을 거부하는 운동을 한 (v) 얀 알퐁소 튜레틴(Jean Alphonse Turretin, 1671-1737)과 (vi) 루이 트론친(Loius Tronchin, 1629-1705) 등이다. 이 시기는 "개혁파 정통신학의 정신에 의해 철저히 형성된 시기도 아니었고 그렇다고 다음 시기의 주도적인 노골적인 합리주의로 나아간 시기도 아닌 독특한 성격의 시기"라고 멀러는 판단했다.[35]

---

35 Muller, *After Calvin,* 7.

(5) 후기 개혁파 정통주의 시기 또는 **"정통주의 말기"(late orthodoxy, ca. 1725-1770)**의 대표적인 개혁파 신학자들로 프라너꺼르(Franecker)와 레이든(Leiden)의 교수를 지낸 Berhardus De Moor (1710-ca. 1765), 영국의 특정주의 침례교 목사였던 John Gill (1697 - 1771), Alexander Comrie (1708-1774), Diesenbach의 목회자였던 Johannes Friedrich Stapfer (1708-1775), 베른(1746-1756)과 말부르그(Marburg, 1756-1779)에서 가르쳤던 Daniel Wyttenbach (1706-1779), 그리고 Franecker의 Herman Venema (1697-1787), John Brown of Haddington (1722 - 1787) 등이 언급된다.[36] 그러나 존 길의 입장에 대해서는 다양한 논의가 있을 수 있다.[37]

이들 개혁파 정통주의자들 가운데 프란시스 튜레틴(Francis Turretin, 1623-

---

36 Muller, *After Calvin,* 7.

37 존 길(John Gill)의 하이퍼 칼비니즘적 경향을 언급하고 있는 Anthony A. Hoekema, *Saved By Grace* (Grand Rapids, MI: Eerdmans, 1989), 78–79를 보라. 좀 온건하나 칼빈의 입장과의 차이를 보면서 Gill을 하이퍼 칼빈주의자로 언급하는 Curt D. Daniel, "Hyper-Calvinism and John Gill," PhD diss. (The University of Edinburgh, 1983), x, 1–40도 보라. 잘 논의한 후에 길의 종국적 입장은 그의 비판자들이 하이퍼 칼빈주의라고 칭한 신학과 잘 조화된다고 정확하게 결론내리는 David Mark Rathel, "John Gill and the Charge of Hyper-Calvinism: Assessing Contemporary Arguments in Defense of Gill in Light of Gill's Doctrine of Eternal Justification," *The Southern Baptist Journal of Theology* 25/1 (2021): 43-62, esp., 58도 보라. 그는 길이 하이퍼 칼빈주의자가 아니라고 강하게 주장하는 죠오지 엘라의 논의(Ella, "John Gill and the Charge of Hyper-Calvinism," *Baptist Quarterly* 36/4 (1995): 160–170; idem., *John Gill and the Cause of God and Truth* (Durham: Go Publications, 1995); idem, *John Gill and Justification from Eternity: A Tercentenary Appreciation (1697–1997)* (Durham: Go Publications, 1998)가 성공적이지 못함을 잘 논의하였다(58). 관계성을 중심으로 Gill을 하이퍼 칼빈주의자라고 하는 Peter Toon, *The Emergence of Hyper-Calvinism in English Nonconformity, 1689–1765* (London: Olive Tree, 1967; repr., Eugene: Wipf & Stock, 2011), 96–100도 보라.

이에, 특히 커트 다니엘에게 동의하지 않는 논의로 Hong-Gyu Park, "Grace and Nature in John Gill (1697–1771)," PhD diss. (The University of Aberdeen, 2001), 286–87; Richard A. Muller, "John Gill and the Reformed Tradition: A Study in the Reception of Protestant Orthodoxy in the Eighteenth-Century," in *The Life and Thought of John Gill (1697–1771): A Tercentennial Appreciation,* ed., Michael A. G. Haykin (New York: Brill, 1997), 52를 보라. 흥미로운 논의가 될 수 있는데 전반적으로 후크마와 데이비드 마크 라뗄의 논의가 설득력 있다고 여겨진다.

1687)의 가르침을 간단히 정리해 보는 것이 좋을 것이다.

프란시스 튜레틴의 기여

프란시스 튜레틴(Francis Turretin, 1623-1687)은 1648년부터 1687년 그가 죽기까지 제네바 아카데미의 신학교수로 있으면서 정통파 개혁신학을 잘 가르쳤고,[38] 그 내용은 후에 그가 정리하여 낸 3권으로 된 『변증신학 강요』(*Institutio Theologiae Elencticae*, 1680-83)에 잘 정리되어 있다.[39] 그는 확신에 차서 개혁파 정통신학의 체계를 제시한다.[40]

튜레틴에 의하면, 예정은 복음의 기둥의 하나이다. 그는 하나님의 영광을 위한다는 명목하에 보편적 은혜를 말하는 것을 처음부터 반박한다. 오히려 하나님께서 구원에 이르도록 자신의 기쁘신 뜻대로 선택한 자들을 선택하시는 일에서 그의 참된 영광이 드러난다는 것이다. 하나님의 선택은 순전히 은혜에 의한 것이고 인간의 행위나 공로에 대한 지식이나 예지에 근거하지 않는다는 것이 개혁파 교회들의 합의된 견해라는 것을 강조한다.

또한 선택과 함께 정죄에로의 유기가 언급되지 않을 수 없다고 한다. 하나님께서 선택하셨다는 것은 다른 이들을 유기하시고 옆으로 치우셨다

---

[38] 그의 생애에 대해서는 페퍼다인 대학교(Pepperdine University)의 조교수인 니콜라스 커밍(Nicholas A. Cumming)이 런던대학교에서 쓴 박사 학위 논문("The Life of Francis Turretin and His Impact on the Protestant Reformed Tradition," 2016)을 단행본으로 낸 *Francis Turretin (1623–87) and the Reformed Tradition,* St Andrews Studies in Reformation History (Leiden: Brill, 2020)을 보라.

[39] Francis Turretin, *Institutes of Elenctic Theology,* 3 vols. (Phillipsburg, NJ: P&R, 1992, 1993, 1997).

[40] 그의 신학의 한 측면을 잘 제시한 Muller, "Scholasticism Protestant and Catholic: Francis Turretin on the Object and Principle of Theology," *Church History* 55/2 (June 1986): 193-205, reprinted in Muller, *After Calvin,* chapter 8 (137-145)을 보라.

는 것이 함의된다는 것이다. "하나님께서 모든 사람의 구원을 의도하셨는데, 동시에 어떤 사람들은 선택하시고 다른 사람들은 거부하셨다고 말하는 것은 모순이다"고 하면서 아미로의 가정적 보편주의를 비판한다. 그래서 하나님의 사랑을 택자에게 한정하기를 기뻐한다.[41]

(Francis Turretin, 1623–1687)

그들은 이미 성부에 의해서 성자에게 주어진 사람들이라고 하면서 예수님이 말하는 이 말이 사실이므로, 그들의 선택은 그리스도를 보내시기로 하신 작정보다 먼저 있는 것이라고 하면서 창세 전에 하나님의 생각 속에 있는 작정의 순서를 생각하는 일도 한다. 이런 것이 성경의 가르침과 칼빈의 생각 속에 있는 바를 좀 더 분명하게 나타내는 것이라고 여겼다.[42]

---

41 튜레틴의 이런 논의들을 잘 요약하고 있는 R. Buick Knox, "The History of Doctrine in the Seventeenth Century," in *A History of Christian Doctrine,* ed., Hubert Cunliffe-Jones (Edinburgh: T&T Clark, 1978, reprinted, Philadelphia: Fortress Press, 1980), 438을 보라. 그러나 그 다음 쪽에서 튜레틴이 아미로의 하나님의 은밀하고 절대적 의지를 간과하여 아미로의 의도를 왜곡하고 있다는 평가는 과연 옳은 것인지를 다시 생각하는 것이 좋아 보인다.

42 이것이 정통파적인 해석이다. 칼빈과 튜레틴 같은 개혁파 정통주의의 연속성을 증거하는 것이다. 오늘날도 그렇게 보는 것이 개혁파 정통주의에 일치하는 해석이며, 사실과도 부합한 역사적 해석이라고 판단된다.

그런데 일부 학자들이 여기서 칼빈과 정통주의의 입장을 분리시키면서 하나님의 영원한 작정을 앞 자리에 배치하는 것은 복음을 비인격적으로 만드는 것이고 복음을 엄격한 논리로 전환시키는 것이라고 비판하려고 한다. 우선 Basil Hall, "Calvin against the Calvinists," in G. E. Duffileld, ed, *John Calvin* (Appleford: Sutton Courtenay Press, 1966), 19-37에 표현된 입장을 보라. 오늘날에 이렇게 주장하면서 칼빈과 개혁파 정통주의를 균열시키는 수많은 사람들이 있다. Karl Barth, Wilhelm Niesel, Hans Emile Weber, Edward Dowey, Jr., John Beardslee, Brian Armstrong, Donald McKim, Jack Rogers, Holmes Rolston, III, R. T. Kendall, M. Charles Bell, Victor A. Shepherd, B. J. van der Walt, Philip Holtrop. 이들에 대한 문헌 정보는 이승구, "칼빈의 신앙이해", 『21세기 개혁신학의

그런데 하나님의 구원하시는 사랑을 강조한 나머지 요한복음 3:16도 오직 택자들에게만 적용되는 말이라고 튜레틴은 강하게 주장한다.[43] 종국적으로 인류 전체가 멸망하지는 않도록 그중에서 택자들을 구하시어 인류를 구하시는 하나님의 의도를 표현하는 말씀이라고 보는 것이다. 이것도 "모든 종류의 사람들 중에서 구하시는" 것에 대해서 말하는 칼빈의 해석과 같은 것이라고 한다. 우리들은 튜레틴이 왜 그렇게 말하는지는 잘 알 수 있고, 그에 상당히 동의할 수 있다. 이렇게 보면 상당히 많은 질문이 다 미리 봉쇄되기 때문이다.

그러나 요한복음 3:16의 자연스러운 읽기가 꼭 그런 함의만을 가질 수 있다고 할 수 있는지에 대해서는 많은 질문이 나올 수 있다. 그러므로 이런 구절에 대한 해석에 있어서는 좀 더 유연한 입장을 가지는 것이 좋았을 것이다. 더구나 튜레틴은 더 협의적으로 오직 택자들만에 대한 사랑을 말한다고 하여 성경에 나오는 "모든"이라는 말을 "모든 종류의 사람들"로 말하는 칼빈보다 더 협의적으로 말하는 듯한 인상도 있다.

방향』(서울: SFC, 2005), 82, n. 59를 보라(이 논문은 최근판 『21세기 개혁신학의 방향』에서 빠지고, 『칼빈 신학과의 대화』[서울: 말씀과 언약, 2024]에 실릴 것이다).

그러나 이에 대한 강한 반박을 하면서 오히려 칼빈과 개혁파 정통주의를 조화롭게 보려는 다음 저자들의 논의가 더 정확한 것이라고 해야 한다. 이전의 Robert Dabney, Charles Hodge, B. B. Warfield, William Cunninhgam, John Murray, John MacLeod, Joel R. Beeke, Richard Muller, Robert Letham, Donald W. Sinnema, Martin I. Klauber, Stephen R. Spence 등의 논의를 보라(이들에 대한 문헌 정보는 이승구, "칼빈의 신앙이해", 『21세기 개혁신학의 방향』(서울: SFC, 2005), 81-86, 특히 ns. 60, 64, 68를 보라(이 논문은 최근판 『21세기 개혁신학의 방향』에서 빠지고, 『칼빈 신학과의 대화』[서울: 말씀과 언약, 2024]에 실릴 것이다).

[43] 이를 언급하는 Knox, "The History of Doctrine in the Seventeenth Century," 438.

신앙고백서에 정리된 개혁파 신앙

개혁파 교회(개혁교회와 장로교회)는 자신들의 신조들에서 개혁교회가 믿어야 할 성경적 교리를 잘 정리하였다. 취리히의 〈67개 조항〉(Sixty-Seven Articles, 1523), 바젤의 어거스틴 수도원에 모였던 취리히의 불링거, 레오 유드(Leo Jud), 베른의 카스파 메간더(Kaspar Megander), 바젤의 오스발트 미코니우스(Oswald Myconius), 시몬 그리네우스 (Simon Grynaeus), 그리고 샤프하우젠(Schaffhausen), 샹 갈렌(St Gall), 뮬하우젠(Mühlhausen), 그리고 비엘(Biel)의 대표자들, 그리고 늦게 도착한 스트라스부르의 마틴 부써(Martin Bucer)와 카피토(Wolfgang Capito)가 작성하여 발표한 〈제1 스위스 신앙고백서〉(*Confessio Helvetica prior*) 또는 〈제2 바젤 신앙고백서〉(1536), 칼빈의 중요한 작업의 하나인 〈제네바 신앙교육서〉(1537), 그리고 〈제네바 요리문답〉(1541/42), 〈취리히 합의〉(*Consensus Tigurinus*, 1549), 〈프랑스 신앙고백서〉(*Confessio Gallicana*, 1559), 존 낙스를 비롯한 6인의 요한 이 기초한 것으로 여겨지는 〈스코틀랜드 신앙고백서〉(*Confessio Scotica*, 1560), 귀도 드 브레(Guido de Burès)가 프랑스 신앙고백서를 토대로 작성했다는 〈벨직 신앙고백서〉(*Confessio Belgica*, 1561), 〈헝가리 신앙고백서〉(*Hungarian Confession*, 1562), 아마도 우르시누스가 주로 작성하고 올레비아누스가 협력하여 팔츠 교회 목사님들이 만들고 프리드리히 3세의 결단과 헌신으로 공표된 〈하이델베르크 요리문답〉(1563), 하인리히 불링거가 개인적으로 작성했으나(1560/61) 결국 츄리히 교회의 공식적 신앙고백서가 된 〈제2 스위스 신앙고백서〉(*Confessio Helvetica posterior*, 1566), 1615년 어셔 감독이 작성한 것으로 여겨지는 〈아일랜드 신앙고백서〉(*The Irish Article of Religion*), 항론파 논쟁을 해결하기 위해 모였던 〈도르트 총회의 결의문〉(*Canones synodi Dordrechanae*, 1619), 〈웨스트민스터 신앙고백서〉(1646)

과 〈웨스트민스터 소요리문답〉(1646), 〈웨스트민스터 대요리문답〉(1647/9), 그리고 〈스위스 합의〉(*Formula Consensus*, 1675)에 이르기까지 1523년부터 1675년까지 나온 개혁파 신앙고백서와 요리문답 등은[44] 당시 개혁파 정통주의를 형성한 교회가 믿는 바를 개혁파 교회의 교의(教義, Dogma)로 선언한 것이다. 그 내용을 전통적 조직신학의 항목(*loci*)에 따라서 간단히 정리해 보기로 한다.

하나님에 대하여

〈제2 스위스 신앙고백서〉(1566) 제3장에서 삼위일체론을 "가장 온전히, 그리고 아주 엄밀하게"[45] 잘 정리해 내었다. 3장 3항에서 삼위일체에 대해서 이렇게 진술하였다.

> 그럼에도 우리는 무한하시고 유일하시며 보이지 아니하시는 한 하나님이 그 위격에 있어서 분리 없이 그리고 혼합 없이 성부와 성자와 성령으로 구별되심을 믿고 가르칩니다. 성부께서는 성자를 영원으로부터 낳으셨으므로 성자는 말로 표현할 수 없는 방식으로 독생하신 분이십니다. 성령께서는 성부와 성자로부터 영원히 나오셨으므로 성부와 성자와 더불어 경배를 받으십니다. 따라서 세 하나님이 계신 것이 아니라 동일한 본질이시며 영원하시고 동등하신 삼위가 계십니다. 그러나 그 위격은 구별됩니다. 그 (논리적) 순서에 있

---

[44] 이들 개혁파 신앙고백서들과 요리문답들에 대한 언급으로 이승구, 『21세기 개혁신학의 방향』 (서울: SFC, 2007년 판), 152을 보라. 그리고 이들 신조들의 형성 배경과 기본적 내용에 대해서는 이남규, 『개혁교회 신조학』 (수원: 합동신학 대학원출판부, 2020), 67-250을 보라.

[45] Louis Berkhof, *The History of Christian Doctrines* (Grand Rapids: Eerdmans, 1937, 1949, paperback edition, Grand Rapids: Baker, 1975), 96.

어서는 먼저와 나중이 있지만 그 어떤 우열도 존재하지 않습니다. 그 본질에 관한 한 서로 완전하게 하나이시므로 삼위는 오직 한 하나님이십니다. 그 신적 본질은 성부와 성자와 성령이 모두 공통적으로 지니고 계십니다.[46]

〈웨스트민스터 신앙고백서〉(1647)도 역시 정확하게 잘 정리했다고 할 수 있다.

신성의 단일성 안에, 본질과 능력과 영원성이 하나인 세 위격이 계시니, 성부 하나님, 성자 하나님, 성령 하나님이시다. 성부 하나님께서는 누구에게서 비롯되지 않으시니, 누구에게서 나셨거나 나오시는 분이 아니시다. 성자 하나님께서는 성부 하나님에게서 영원히 나셨으며, 성령 하나님께서는 성부 하나님과 성자 하나님에게서 영원히 나오신다.[47]

그리고 거의 모든 개혁파 신앙고백서들은 창조가 삼위일체 하나님의 일임을 분명히 하면서, 성자와 성령의 창조사역에 대한 참여를 확실히 드러내고 있다.[48] 그리고 "무로부터의 창조"(*creatio ex nihilo*)를 분명히 한다.[49]

또한 세상은 스스로 그 자체를 유지할 수 없기에 보존과 섭리도 명확히 말한다.[50] 〈벨직 신앙고백서〉(1561)는 하나님께서 "만물을 창조하신 후에 만

---

46 제2 스위스 신앙고백서, 3장 3항.

47 웨스트민스터 신앙고백서 2장 3항; 소요리문답 제 3문; 대요리문답9문, 10문 참조.

48 바젤 신앙고백서, 1조; 벨직 신앙고백서, 12조; 헝가리 신앙고백서 2장 2절; 프랑스 신앙고백서 7조.

49 벨직 신앙고백서, 12조; 하이델베르크 요리문답 26문답; 웨스트민스터 소요리문답 9문답; 웨스트민스터 신앙고백서 4장 1항; 대요리문답 15문답;

50 스코틀랜드 신앙고백서 1조; 벨직 신앙고백서 13조; 하이델베르크 요리문답 27문답; 웨스트

물을 버려두시거나 운명이나 우연에 맡기지 않으시고 자신의 거룩하신 뜻에 따라 다스리고 통치하심으로 이 세상에서 하나님의 지시 없이는 아무 일도 일어날 수 없음을 믿습니다."라고 하였고, 〈제2 스위스 신앙고백서〉(1566)에서는 "처음부터 영원히 계시는 성령에 의해 그것을 보존하신다"고 표현했다.[51] 그러나 보존 사역에 오직 성령님만 관련하신다는 뜻으로 말한 것이 아님은 분명하다. 이렇게 "끊임없이 유지하고 지키시는 것은 한 번 창조하는 것보다 훨씬 위대한 사역"이라고도 말한다.[52] 그리고 섭리의 성격을 잘 규정하면서 이렇게까지 표현했다: "세계는 하나님에 의해 계속 생기는 방식으로 지금도 하나님께서 세계를 유지하고 계신다. 그뿐만 아니라 하나님은 모든 것을 그 안에서 유지하실 정도로 하나님은 모든 것의 통치자이자 주이시다."[53] 그리하여 창조와 섭리가 모두 하나님의 "영광과 엄위를 드러내는 것이 목적이다."[54] 다른 말로 표현하자면, "하나님의 영원하신 능력과 지혜와 선의 영광을 나타내기 위하여" 창조된 것이다.[55] 그러나 또한 우리에게 필요한 모든 것을 그 안에서 주시는데, 하나님은 "전능하신 분이시기에 그리하실 수 있으시고, 신실하신 아버지이기에 그리하기를 원하신다."[56] 따라서 이 세상의 모든 피조물들은 "인간에게 도움이 되도록 이용되

민스터 신앙고백서 5장 1절, 소요리문답 12문답.

51 제2 스위스 신앙고백서, 7장 1항.

52 제네바 요리문답 27문답.

53 제네바 요리문답 27문답.

54 스코틀랜드 신앙고백서 1조.

55 웨스트민스터 신앙고백서 4장 1항.

56 하이델베르크 요리문답 26문답. 이에 대해서 이승구, 『진정한 기독교적 위로』 (1998), 최근판 (서울: 말씀과 언약, 2022), 165-66을 보라.

겠끔 창조되었다."[57] 그것들은 "인간을 섬기게" 창조되었고,[58] 인간은 피조물에 대한 지배권을 위임받았다.[59]

모든 것에서 하나님은 언제나 제1원인(the *Prima causa*)이시지만 대개는 2원인들(*causa secundae*)을 사용하여 일하시니 언제나 제1원인과 제2원인을 구별하라고 하고,[60] 하나님께서 일반적 섭리에서는 수단들(제2의 원인들)을 사용하시지만 비상섭리, 즉 이적에서는 "수단을 초월하여 수단에 역행하여" 원하시는 바를 이루실 수 있다고 단언한다.[61] 이렇게 이적의 가능성을 항상 열어 놓으면서도, 동시에 "하나님의 말씀을 통해 우리에게 권고되는 한, 그 수단들을 우리 자신에게 적용하고 사용해야 합니다. 그러므로 모든 것이 하나님의 섭리에 의해 통치된다면 우리의 연구나 노력은 아무런 열매를 맺지 못하는 소용없는 짓이라거나 모든 일이 하나님의 섭리로 다스려지도록 그저 내버려두라는 경솔한 말들을 우리는 미워합니다."라고 바르게 고백한다.[62]

또한 하나님께서 모든 것을 통제하심을 아주 분명히 하면서 그러나 하

---

57 제2 스위스 신앙고백서, 7장 1항.

58 제2 스위스 신앙고백서, 7장 5항.

59 웨스트민스터 신앙고백서 4장 2항; 소요리문답 제10문; 대요리문답17문 참조.

60 웨스트민스터 신앙고백서 5장 2항: "제 1원인이신 하나님의 예지와 작정과 관련하여 볼 때, 모든 일은 변함없이 그리고 틀림없이 일어난다. 그럼에도 바로 그 섭리에 의하여 하나님께서는 모든 일이 제 **2원인들의 성질에 따라 필연적으로, 자유롭게, 또는 우연히** 일어나도록 하신다." 비슷한 것이 브레멘의 감독(superintendent)인 페젤(Pezel)이 작성한 〈브레멘 일치 협약〉(*The Bremen Consensus,* 1595), 6장 1항에서도 표현되었다. '절대적 필연성'(*necessitas absoluta*)과 '결과적 필연성'(*necessitas consequentiae*)을 나누어 말하는 신학의 오랜 설명 방식을 따라 이렇게 말하는 것이다.

61 웨스트민스터 신앙고백서 5장 3항: "하나님께서는 통상적인 섭리에서는 방편들을 사용하시지만, 그럼에도 그분이 기뻐하시는 대로, **방편들 없이, 방편들을 초월하여, 그리고 방편들을 거슬러서** 행하기에 자유로우시다."

62 제2 스위스 신앙고백서, 6장 4항.

나님께서 악을 만드신 분은 아니라고 분명히 선언한다.[63] 그러나 "악한 사람들과 악한 천사들에 의해서 일어나는 악은 정당한 판단에 기초하여 자유롭게 이루어지는 것을 허락하신다"고 하면서,[64] 허용적 작정과 섭리를 분명히 한다. 물론 우리들로서는 하나님께서 허용하시는 이유를 알기 어렵다. 그것은 우리에게 감취어져 있기 때문이다. 우리들에게 감춰어진 "하나님의 신비에" 우리들이 분수를 넘어 참여하지 않아야 한다.[65] 그러나 우리는 잘 몰라도 하나님께서는 놀랍게 행하신다고 하면서 이를 가장 정교하게 표현한 표현이 다음과 같은 것이다.

> 하나님께서는 악을 선과 똑같이 질서지우지 않으신다. 즉, 하나님께서는 악을 하나님의 뜻에 맞는 것으로서가 아니라 하나님께서 미워하시는 것으로 여기는 그런 위치에 두신다. 그럼에도 하나님께서는 관대한 마음으로 악이 이 세상에서 발생하고 존재하는 것을 허락하시고 멋진 방식으로 그것을 선을 위해 사용하신다.[66]

이는 선은 하나님의 고유한 사역인데 비해서 악은 하나님에게 비본래적인 것인데,[67] 허용하시고 놀라운 섭리 중에서 그것을 더 큰 선이 일어나게 하

---

63 벨직 신앙고백서, 13조; 프랑스 신앙고백서, 8조.

64 〈브레멘 일치 협약〉, 5장 2항.

65 프랑스 신앙고백서, 8조.

66 〈브레멘 일치 협약〉, 5장 6항.

67 이 표현은 〈브레멘 일치 협약〉, 5장 7항에 근거해 뮌헨대학교 조직신학 교수였던 Jan Rohls, *Theologie reformierter Berkenntnisschriften* (Goettingen: Vandenhoek & Ruprecht, 1987), 위거찬 역, 『개혁교회 신앙고백과 신학』 (서울: 서울성경신학대학학대학교 출판부, 2022), 116에서 온 것임을 밝힌다.

는 방식으로 통치하신다는 것이다. 프랑스 신앙고백서에서도 하나님께서는 "악마와 사악한 자들이 행하고 그들이 책임져야만 하는 악을 선으로 바꾸실 방도를 잘 알고 계신다."고 했다.[68]

인간에 대하여

인간은 선한 몸과 "이성적이고 불멸의"[69] 영혼으로서의 전인이[70] 다 하나님의 형상이라고 선언하였다.[71] 하나님의 형상을 영혼의 속성과 은사로 표현한 〈프랑크프르트 신앙고백서〉는 선(*bonatis*), 힘(*potentia*), 지혜 (*sapientia*), 거룩함(*sanctus*), 의(*justitia*)를 언급한다.[72] 〈스코틀랜드 신앙고백서〉는 지혜, 통치권, 의, 자유의지, 하나님을 아는 명백한 인식을 말한다.[73] 이에 비해 〈제2 스위스 신앙고백서〉와 〈하이델베르크 요리문답〉은 의(*iustitia*)와 거룩함(*sanctia*)만 하나님의 형상이라고 말한다.[74] 같은 것을 〈벨직 신앙고백서〉는 선하고 올바르고 거룩하게 만드셨다고 표현한다.[75] 다른 고백서들은 지식

---

68 프랑스 신앙고백서, 8조.

69 웨스트민스터 신앙고백서, 4장 2항; 스위스 제1 신앙고백서, 7조; 제2 스위스 신앙고백서, 7장 6항; 프랑크 푸르트 신앙고백 제1부.

70 특히 이를 강조한 제2 스위스 신앙고백서, 7장 6항; 하이델베르크 요리문답, 1문답.

71 제2 스위스 신앙고백서, 7장 5항; 스코틀랜드 신앙고백서, 2조; 하이델베르크 요리문답, 6문답.

72 프랑크프르트 신앙고백서, 제1부.

73 스코틀랜드 신앙고백서, 2조.

74 제2 스위스 신앙고백서, 8장 1항; 하이델베르크 요리문답, 6문답

75 벨직 신앙고백서, 14조. Cf. 헝가리 신앙고백서 3장 9항.

(*cognitio*)과 의(*iustitia*)와 거룩함(*sanctias*)을 부여하셨다고 한다.[76] 이 모든 것은 원상태에서 인간이 가진 '원의'(原義, *iustitia originalis*)를 표현하는 다양한 표현이었다.[77]

이와 같이 원의와 자유의지(*liberum arbitrium*)를 가졌던 순전한 상태(*status integritatis*)의 아담과 하와는 "사탄의 간계와 시험에 유혹되어[78] 하나님께서 금지하신 열매를 먹음으로써 죄를 범했다."[79] 그러나 그들은 자발적으로 유혹에 굴복한 것이다.[80] 그들은 자유로왔으므로 "그 자신의 죄(*sua culpa*)로 선과 의에서 떨어졌다."[81] 인간이 스스로 죄 범했음을 〈벨직 신앙고백서〉는 다음 같이 표현한다.

> 인간은 자유로운 결단에 따라 모든 점에서 하나님의 뜻에 따를 수 있었습니다. 그러나 그는 영광스러운 지위에 있었음에도 그것을 이해하지 못하고, 자신의 높은 지위를 인식하지 않은 채 사탄에게 귀를 기울였으며 죄를 짓고 기꺼이 죽음과 멸망에 몸을 맡기고 말았습니다.[82]

그리하여 죄가 인간을 전체적으로 파탄시켰다. "마음 속 깊숙한 곳까지 부

---

76 웨스트민스터 신앙고백서, 4장 2항; 웨스트민스터 대요리문답 17문답; 도르트 회의 결정문, 3-4교리, 1항.

77 신앙고백서에 나타난 언약 사상에 대해서는 22장에서 논의하기로 한다.

78 "뱀의 부추김으로" - 제2 스위스 신앙고백서, 8장 1항.

79 웨스트민스터 신앙고백서, 6장 1항; 대요리문답, 21문답.

80 헝가리 신앙고백서 3장 10항.

81 제2 스위스 신앙고백서, 9장 1항.

82 벨직 신앙고백서, 14항.

패와 사악함으로 가득차게" 되었다.[83] 그래서 〈헝가리 신앙고백서〉는 죄를 "인간 전체의 내적인 부패"(*interior corruptis totius hominis*)라고 정의한다.[84] 그 결과 "우리들은 그 어떤 선도 전혀 행할 수 없으며 온갖 악을 행할 성향을 갖게 되었다."[85] 같은 내용을 〈제2 스위스 신앙고백서〉에서는 이렇게 표현한다.

> 또한 죄는 사람의 자연적 본성을 부패시키고, 우리의 첫 조상에게서 우리 모두에게 퍼져 우리들 역시 악한 탐욕(*concupiscentiae*)에 빠지고 하나님에게서 완전히 돌아서게 만들었으며, 도리어 모든 악을 행하는 경향(*malum propensi*)을 가지게 되어 모든 악함과 불신과 경멸과 하나님을 미워함으로 가득차서 우리 스스로는(*ex nobis ipsis*) 도무지 선을 행할 수 없게 되었습니다. 아니, 선을 생각하지도 못하게 되었습니다.[86]

그래서 "지성(*intellectus*)이 어두워졌고, 이전에 자유로웠던 의지(*voluntas*)는 노예적 의지로 전락되었습니다. 그 의지는 마지못해서(*nolens*)가 아니라 기꺼이(*volens*) 죄를 섬깁니다.... 그러므로 악이나 죄에 관한 한, (타락한) 사람은 하나님이나 마귀의 강요에 의해서가 아니라 자신이 원해서(*sua sponta*) 악을 행합니다."[87] 그러므로 "외적인 일에 있어서 중생한 사람들이나 중생하지 못한 사람들이나 모두 의지의 자유를 가지고 있다는 사실을 부인할 사

---

83 제네바 신앙고백서, 4조.

84 헝가리 신앙고백서, 3장 13항, 15항.

85 하이델베르크 요리문답, 8문답.

86 제2 스위스 신앙고백서, 8장 2항.

87 제2 스위스 신앙고백서, 9장 2항.

람은 없습니다."고 한다.[88] 이는 타락한 상태에서도 인간은 "강요되지 않는 의지"(*voluntas no coacta*)를 가지고 있다는 말이다.[89] 〈제2 스위스 신앙고백서〉는 계속해서 이렇게 말한다.

> 그러나 선함과 덕에 관한 한, (타락한) 사람의 지성은 하늘의 것들을 바르게 판단할 수 없습니다.[90] ... 그러므로 중생하지 못한 사람은 선을 향한 의지의 자유가 없으며, 선한 일을 수행할 능력도 없습니다.[91]

타락한 사람은 "죄에 완전히 사로 잡혀 있기 때문에 선에 대한 자유를 전혀 가지고 있지 않습니다."[92] 이처럼 타락한 사람은 "사탄의 노예이고 죄의 포로가 된 것입니다."[93] 〈웨스트민스터 신앙고백서〉는 이를 다음 같이 말하여 잘 정리하고 있다.

> 원초적 부패(original corruption)로 인하여, 우리는 모든 선을 전적으로 꺼려하고, 이것에 무능력하며, 이것을 대적하고, 모든 악을 향해 전적으로 치우치게 되었으며, 이 원초적 부패로부터 모든 자범죄가 나온다.[94]

---

88 제2 스위스 신앙고백서, 9장 10항. 이는 루터파의 아우구스부르크 신앙고백서에서도 말한 바이다: "(죄인도) 이 세상 생활의 외적인 능력에서는 선악을 선택할 자유를 가지고 있다"(아우그스부르크 신앙고백서, 18조).

89 헝가리 신앙고백서 3장 14항.

90 제2 스위스 신앙고백서, 9장 3항.

91 제2 스위스 신앙고백서, 9장 4항.

92 프랑스 신앙고백서 9조.

93 스코틀랜드 신앙고백서 3조.

94 웨스트민스터 신앙고백서 6장 4항.

이와 같이 개혁파 신앙고백서에서는 인간성 전체의 부패를 아주 분명하게 선언하였다. 아담의 첫 번째 죄로 사람은 "원의(original righteousness)와 하나님과의 교제에서 떨어졌으며, 그리하여 죄 가운데 죽은 자가 되었고, 영혼과 몸의 모든 기능과 부분이 완전히 오염되었다."[95] 그러므로 "아담의 불복종으로 인해 원죄(*peccatum originis*)가 전 인류에게 주어졌다. 이제 이런 부패는 자연적 본성 전체라고 할 수 있고, '유전된 병'(*vitium haereditarium*)이다. 따라서 어린 아이들도 어머니 태중에 있을 때부터 이미 죄에 오염되어 있다."[96] 이것은 "우리 부모로부터 우리들에게로 이어지고 더 나아가 뒤에 오는 자손들에게로 계속된다."[97] "원죄의 본질은 .... 아담에게서 유래하여 유전된 인간 본성의 결함이자 타락성이다."[98] 그런 의미에서 타락한 인간은 타고난 부패성(*nativa corruptio*)를 가지고 있어서, "우리들 모두 죄 가운데서 태어난다"고 시편 말씀을 인용해서 고백한다.[99]

이것은 너무 명백한 사실이기에 "죄가 한 사람의 인간으로부터 다른 인간에게 어떻게 옮겨지는지"를 묻는 것은 불필요하다고 말하는 〈프랑스 신앙고백서〉 10조도 있으나 대개는 최초의 인간인 아담과 하와가 "모든 인류의 뿌리였기 때문에, 통상적인 출생에 의하여 이들에게서 태어난 모든 후손에게 이 죄의 죄책이 전가되었으며, 죄 가운데 죽은 바로 그 죽음과 부패한 본성이 전달되었다."고 표현한다.[100] 그러나 때로는 후에 논의할 언약 개

---

95 웨스트민스터 신앙고백서 6장 2항.

96 벨직신앙고백서, 15조.

97 제2 스위스 신앙고백서, 8장 2항.

98 아일랜드 신앙고백서, 23조. 이전에 츠빙글리는 "인간이 천사를 낳는 일이 없는 것처럼, 타락한 아담도 죄 없는 인간을 낳는 일이 없다"고 했다(취리히 신앙입문).

99 하이델베르크 요리문답 7문답.

념을 사용해서 하나님과의 언약 관계를 위반한 일의 죄책과 부패가 그 후손에게 직접 전가됨을 분명히 하는 웨스트민스터 문서의 표현들도 있다.

> 아담과 더불어 맺은 언약은 그만을 위한 것이 아니라 그의 후손까지도 위한 것이므로, 그로부터 보통생육법으로 태어나는 모든 사람은 아담의 첫 범죄를 통해서 아담 안에서 그와 함께 죄를 짓고 타락했습니다.[101]

후에 소뮈르(Saumur) 아카데미의 플라세우스(Placeus= Josué de la Place, 1596-1655/6)가 아담의 첫 번째 죄에 대한 죄책이 우리에게 직접 전가된다는 것은 부인하면서 오직 간접적으로만 전가된다고 주장하고 가르치자 〈스위스 일치 신조〉에서는 다음 같이 반응하여 개혁파 교회의 입장을 분명히 하였다.

> 우리들은 아담이 우리를 대표하고 있다는 것을 분명히 하면서 그의 죄가 직접 전가된다는 것을 인정하지 않는 자들에게 동의하지 않는다. 그들은 전가는 간접적으로만 일어날 수 있는 것이며 유전된 부패성으로부터 그 죄책이 간접적으로 전가되는 것으로 여겨질 수 있다고 했으나, 이런 주장에 의해 원죄 자체가 위기에 빠지게 된다.[102]

이와 같이 죄에 대한 개혁파의 교의는 직접전가를 분명히 하면서 타락한 인간은 모두 근원적 죄책(original guilt)이 있으며, 동시에 근본적 부패성

---

100 웨스트민스터 신앙고백서, 6장 3항; 웨스트민스터 대요리문답, 26문답.

101 웨스트민스터 소요리문답 16문답. 웨스트민스터 신앙고백서, 7장 2항에 함의되어 있음.

102 스위스 합의, 11조. 의미가 더 잘 전달 되도록 원문의 표현을 조금 가다듬었음을 밝힌다.

(original corruption)을 가지고 있고, 그 근원적 부패성에 따라서 자신들이 행하는 자범죄들(actual sins)로 죄책과 부패성을 더하고 있다는 매우 현실적이고 성경적인 입장을 잘 표현하는 것이다.[103] 타락한 우리들이 "스스로 행하는 행위 전체는 결함으로 가득하며 따라서 하나님을 기쁘시게 할 수 없을 뿐만 아니라, 오히려 하나님께서 그것들 전부를 싫어하실" 정도이다.[104]

그러니 타락한 인간이 스스로를 구원하거나 구원으로 나갈 길은 전혀 없다. 이를 "전적인 무능력"(total inability)이라고 한다.

> 사람은 타락하여 죄의 상태에 빠짐으로 구원과 관련된 영적 선을 행할 모든 의지력을 완전히 잃어버렸다. 그러므로 자연인은 이러한 선을 전적으로 싫어하고 죄 가운데 죽은 상태여서, 자신의 힘으로 회심하거나 또는 회심에 이르도록 스스로 준비할 수 없다.[105]

그러나 이렇게 전적으로 부패한 사람도 여전히 사람이며 따라서 동물들과 구별되고, 비록 많이 일그러졌으나 여전히 하나님의 형상(deformed image of God)이다. 좁은 의미의 하나님의 형상인 원의(原義)를 상실한 인간도 하나님의 형상이라고 하였다. 〈도르트 총회의 결의서〉(1619)에서는 이렇게 말한다.

> 그러나 타락한 후에도 사람 안에 어느 정도 자연의 빛(*lumen naturae*)이 남아

---

103 이를 잘 요약하고 있는 Berkhof, *Systematic Theology,* 240-44; Richard A. Muller, "*peccatum originale,*" in *Dictionary of Latin and Greek Theological Terms* (Grand Rapids: Baker, 1985), 221을 보라.

104 제네바 요리문답, 116문답.

105 웨스트민스터 신앙고백서, 9장 3항. 또한 도르트 총회 결의문,3-4 교리, 3조. 성공회의 〈39개조〉의 10조에서도 이와 비슷하게 말한다.

있어서 하나님과 세상 만물과 선과악의 차이에 대한 약간의 지식은 가지고 있으며, 덕과 사회의 선한 질서와 외적인 선행을 질서 있게 수행하는 능력을 지니고 있습니다.[106]

이것이 개혁파적인 이해이다. 그래서 소위 넓은 의미의 하나님의 형상에 대한 이해가 개혁파에서 나타났다. 그런 점에서 〈스코틀랜드 신앙고백서〉에서 타락했을 때 하나님의 형상이 "완전히 사라졌다"고 표현한 것은[107] 너무 지나치게 표현한 것이고 상당히 예외적인 표현이라고 해야 한다.

인간의 죄는 결국 하나님을 저버리고 자기를 주장하는 무서운 것이다. 물론 "모든 죄들이 다 같지는 않아 어떤 죄는 다른 죄들보다 더 심각하고 무시무시하지만,[108] 가장 하찮은 죄라도 그 자체의 성질로 인해 죄는 죽을 죄(mortal sin)다. "죄에 대한 자비가 없으면 위반한 자를 영원한 정죄에 가둔다."[109] 이것은 대죄와 소죄로 나누어서 어떤 죄는 덜 심각한 것처럼 생각하는 천주교적 이해에 대항하는 개혁파의 죄 이해의 강력한 특징이고 기여다.

---

106 도르트 총회 결의서, 3/4 교리, 4항. 물론 그래도 "구원에 이르는 참된 지식을 가질 수는 없으며," 사회적인 일에서도 "이 자연의 빛을 올바르게 사용하지 못한다"는 것을 잘 지적하고 있다.

107 스코틀랜드 신앙고백서 3조: "By which transgression, commonly called Original Sin, was the image of God *utterly defaced* in man." (Emphasis is given). "defaced"를 "사라졌다"고 표현한 것은 이를 라틴어로 *penitus oblitrata*라고 표현한 얀 롤스의 번역과 주장을 따라 한 것이다 (Rohls, 『개혁교회 신앙고백과 신학』, 43). 그러나 이것을 어떻게 이해할 것인가 하는 것은 복잡한 논의의 문제이다. 칼빈도 때로는 타락한 사람에게 하나님의 형상이 완전히 없어진 것으로 표현하기도 하였으나 "찌그러진 것, 또는 "기형적인 된" 것으로 표현하고 있으므로(이에 대해서는 Antony Hoekema, *Created in God's Image* [Grand Rapids: Eerdmans, 1986], chapter 4을 보라), 칼빈의 글과 비슷하게 논의할 수도 있기 때문이다.

108 이를 말하는 <제2 스위스 신앙고백서>, 8장 5항과 6항도 보라.

109 아일랜드 신앙고백서 27조: "All sins are not equal, but some far more heinous than others; yet the very least is of its own nature mortal, and without God's mercy maketh the offender liable unto everlasting damnation."

따라서 죄는 그 자체로 죄책, 즉 죄에 대한 책임을 초래하고,[110] 따라서 형벌을 가져 온다. 그 형벌은 현세와 영원에서도 당하는 형벌이다.[111] 좀 더 구체적으로 말하면, (1) 하나님으로부터의 분리인 영적인 죽음과[112] (2) 현세에서 받는 모든 비참,[113] 그리고 (3) 결과적으로 주어지는 육체적 죽음이 있다. 육체적 죽음은 몸과 영혼의 분리다.[114] 그러나 그것으로 끝이 아니고 (4) 영원한 죽음(*mors aeterna*)이 있다.[115] 영원한 죽음은 하나님으로부터의 영원한 분리이고[116] 지옥의 영원한 고통이다.[117]

그리스도와 그의 사역에 대하여

죄에 빠진 인간들에 대해서 "하나님께서는 성자의 생명을 바칠 만큼 사랑하셨다"는 것이 일치된 고백이다.[118] 〈프랑스 신앙고백서〉는 이렇게 표현한다.

---

110 웨스트민스터 신앙고백서 6장 6항.

111 하이델베르크 요리문답, 10문답; 도르트 총회 결의문,둘째 교리 1조.

112 영적 죽음에 대해서 웨스트민스터 신앙고백서 6장 5항; 소요리문답 19문답; 대요리문답 27문답을 보라.

113 이를 웨스트민스터 소요리문답에서는 하나님의 "진노와 저주 아래서 이 세상에서 받는 온갖 비참함에 놓이게 된 것"이라고 하고, 대요리문답에서는 28문답에서 아주 상세히 열거하고 있다.

114 Cf. 웨스트민스터 신앙고백서, 4장 2항; 제1 신앙고백서, 7조; 제 2 스위스 신앙고백서, 7장 6항; 프랑크푸르트 신앙고백 제1부.

115 스코틀랜드 신앙고백서 3조; 프랑크푸르트 신앙고백서, 1부; 제 2 스위스 신앙고백서, 8장 4항.

116 웨스트민스터 대요리문답 29문답.

117 웨스트민스터 소요리문답 19문답

118 Zwingli, *fidei ratio*. 이와 관련된 언약에 대해서는 개혁신학 안에서의 언약론의 전개를 다루는 22장에서 논의하기로 한다.

하나님께서 성자를 세상에 보내시고 그 성자를 죽음에 넘기시고 다시 살리심으로써 하나님께서는 그의 사랑과 헤아릴 수 없는 선함을 우리에게 주셨다.[119]

이렇게 성자를 보내셔서 이루신 구속 사건으로 (1) 먼저 하나님이 세상과 화목하시고,[120] 그 결과 (2) 세상이 하나님과 화목하게 되었다는 것이 개혁파적 입장이다.[121] 하나님께서 이렇게 하셨다는 것은 그야말로 복음의 소식이다. 왜냐하면 이전에 안셀름과 〈하이델베르크 요리문답〉이 잘 표현하듯이 "하나님께서는 그 의가 충분히 이루어지기를 원하시므로 우리들은 우리 자신에 의해서거나 다른 사람에 의해서 완전한 지불을 해야" 하는데,[122] 우리들은 "스스로 충분히 지불할 수 없을" 뿐만 아니라, "그 부채를 날마다 더하기" 때문이다.[123] 그렇다고 다른 피조물이 대신할 수도 없으니, (1) 하나님께서는 "인간이 죄 범한 것에 대해서 다른 피조물에게 벌하려고 하지 않으시기" 때문이며,[124] (2) 단순한 피조물은 "죄에 대한 하나님의 영원한 진노의 무거운 짐을 질 수 없고, 더구나 다른 사람을 그 무거운 짐에서 해방시킬 수 없기 때문이다."[125] 즉, 피조물은 자신의 유한성 때문에 무한한 형벌

---

119 프랑스 신앙고백서, 16조.

120 이 점을 강조하는 67개조, 2조; 스코틀랜드 신앙고백서 9조.

121 그러므로 이 둘을 대립시켜 논의하는 것은(Rohls, 『개혁교회 신앙고백과 신학』, 165) 참으로 무의미한 일이다.

122 하이델베르크 요리문답, 12문답. 또한 도르트 총회 결의문, 둘째 교리 1조: "하나님의 공의가 만족되지 않는 한, 우리가 형벌을 피할 방법은 전혀 없습니다."

123 하이델베르크 요리문답, 13문답. 앞부분을 중심으로 이를 강조하는 도르트 총회 결의문, 둘째 교리 2조.

124 하이델베르크 요리문답, 14문답.

125 하이델베르크 요리문답, 14문답.

을 감당할 수 없다.[126] 그러므로 "참된 인간이시며 동시에 모든 피조물보다 강하신 분, 즉 참된 하나님이신 분"이라야 이 일을 감당할 수 있다.[127]

이와 같이 구속자, 즉 화해자가 인간성을 지녀야 하는 이유는 "하나님의 의가 죄를 범한 인간성이 죄에 대한 책임을 질 것을 요구하기 때문이다."[128] 그러나 단순히 무죄한 인간으로서는 죄에 대한 무한한 죄책을 감당할 수 없다. 그래서 그는 동시에 "모든 피조물보다 우월하신 참 하나님이셔야만" 한다.[129] 그는 "그의 신성의 능력으로 그의 인간성 가운데서 하나님의 진노를 담당하시고, 그럼으로써 우리에게 의와 생명을 얻고 회복시켜" 주신다.[130] 그러므로 우리는 객관적 사실과 이 모든 것에 근거해서 그가 "참 하나님이시오, 참 사람이라고 고백한다. 우리는 그리스도께서 자신의 능력으로 죽음을 정복하신 참 하나님이시요, 자기 육신의 연약함을 따라 우리를 대신하여 죽으신 참 사람이라고 고백한다."[131]

따라서 개혁파 신앙고백서들은 성경과 고대교회를 따라서 그리스도의 양성(兩性)을 아주 분명하게 천명한다. 따라서 양성을 부인하는 모든 이단들을 정죄하고 있다. 〈제2 스위스 신앙고백서〉는 아주 분명하게 니케아 회의(325), 콘스탄틴노플 회의(381), 에베소 회의(431), 칼케돈 회의(451)의 규정

126 헝가리 신앙고백서 3장 20항.

127 하이델베르크 요리문답, 15문답. 웨스트민스터 대요리문답, 38문답도 보라.

128 하이델베르크 요리문답, 16문답. 웨스트민스터 대요리문답, 39문답도 보라.

129 하이델베르크 요리문답, 15문답, 17문답.

130 하이델베르크 요리문답, 17문답. 이와 같이 논의를 먼저 하고 그가 "우리 주 예수 그리스도"라고 말하는(18문답) 하이델베르크 요리문답이 그리스도와 별개로 먼저 논리를 전개 시키고 그 후에 그리스도를 등장시킨다고 말하는 롤스(Rohls, 『개혁교회 신앙고백과 신학』, 169-70)는 하이델베르크 요리문답 작성자들의 심정을 잘 헤아리지 않는 쓸데없는 사변적 논의를 하는 것이다.

131 벨직 신앙고백서, 19조 마지막 부분.

과 아타나시우스 신경을 받아들인다고 하면서,[132] 아리우스와 세베르투스를 반박하고,[133] 발렌티누스와 마르시온의 가현설을 배격하고,[134] 아폴리나리스(Apollinaris)와 "영혼 없는 육체"를 가졌다고 한 유노미우스(Eunomius)를 비판하고,[135] 위격을 분리시켜 두 인격을 생각하는 네스토리우스와 성육신 후에 결국 하나의 성질로 나아가는 유티케스와 단성론자들을 혐오한다고 하고,[136] "신성이 고난받았다거나" 부활 후에는 인성이 편재한다고 하거나 "참된 몸이기를 중지했다거나 전적으로 신성이 되었다거나 하는 등의 가르침으로 우둔한 교묘함과 모호하고 복잡하며 변덕스러운 논쟁을 일으키는 쉬벵크펠트(Schwenkfeldt)와 이와 유사한 주장들을 허용하지도 받아들이지도 않습니다"라고 명백하게 선언한다.[137]

그리스도께서 취하신 인성에 대해서는 좀 더 구체적으로 말한다. 인간의 몸과 인간의 영혼을 취하셨으니, 이는 "몸과 영혼을 다 구원하시기" 위함이라고 한다.[138] 더 구체적으로 "그리스도는 동정녀 마리아의 몸 안에서 몸과 피로 구성되어 다윗의 자손이 되셨다."[139] 1545년 라틴어 판에서는 이는 인간의 본질(*substantia*)을 가지고 구성되었다는 뜻이라고도 말한다.[140] 즉, 그는 몸과 영혼이라는 인간의 본질(*substantia*)을 가진 전인을 마리아로

---

132 제2 스위스 신앙고백서, 11장 18항.

133 제2 스위스 신앙고백서, 11장 3항.

134 제2 스위스 신앙고백서, 11장 4항.

135 제2 스위스 신앙고백서, 11장 5항.

136 제2 스위스 신앙고백서, 11장 7항.

137 제2 스위스 신앙고백서, 11장 8항.

138 벨직 신앙고백서, 18조.

139 제네바 요리문답, 49문답. Cf. 벨직 신앙고백서 18조.

140 제네바 요리문답, 1545년 라틴어판, 49문답.

부터 받은 것이다.[141] 〈하이델베르크 요리문답〉에서도 "동정녀 마리아의 살과 피로부터 참된 인성을 취하신" 것이라고 했다.[142] 그런데 성육신은 참 하나님이시기를 그만 두고 인간이 되셨다는 말이 아니다. 영원하신 하나님의 아들이 동정녀에게서 태어난 것이다.[143] 그래서 "한쪽이 다른 한쪽에 흡수되거나 혼합되거나 혼동되는 방식을 통해서가 아니라, 오히려 한 인격 속에서 각 본성의 공유성이 지켜지면서 영원히 연합되는 방식으로" 그리한다고 하여,[144] 칼케돈 정의에 가장 부합하게 선언한다. 신성과 인성의 "위격적 연합"(hypostatic union, *unio personalis*)을 가장 잘 표현한 것이다. "두 본성이 한 인격 안에 연합되어 있음을 믿습니다."[145] "그럼에도 "각 본성은 고유의 독특한 속성을 유지하고 있습니다."[146] 따라서 "신성에 관한 한 성부와 동일 본질이시다."[147] 따라서 "그리스도의 신성은 하늘과 땅에 충만하고, 창조되지 않았으며, 시작된 날도 없고, 생명의 끝도 없이 계속"된다.[148] 또한 "그리스도의 인성 역시 자체의 속성을 상실하지 않고, 창조된 상태로 남아 있으며, 시작된 날이 있고, 유한한 본질을 지녔고, 참된 몸의 모든 속성들을 가지고 있다. 비록 그리스도께서 부활로 말미암아 인성에 불멸성이 부여되셨음에도 불구하고 인성의 본질은 변화되지 않으셨다."[149] 그런데 이 두 성질

---

141 Zwingli, *Fidei ratio,* 1장; 제1 스위스 신앙고백서 11조.

142 하이델베르크 요리문답, 35문답.

143 제네바 요리문답, 46문답.

144 제2 스위스 신앙고백서, 11장 6항.

145 벨직 신앙고백서, 19조.

146 프랑스 신앙고백서, 15조; 벨직 신앙고백서, 19조..

147 제2 스위스 신앙고백서, 11장 6항. 웨스트민스터 신앙고백서 8장 2항

148 벨직 신앙고백서, 19조.

149 벨직 신앙고백서, 19조.

이 한 위격을 형성한 것이 성육신의 신비이다. 이 위격적 연합은 강력한 것이어서 "그의 죽음으로도 분리되지 않았다"고 〈벨직 신앙고백서〉는 선언한다.[150] 이를 깊이 의식하면서 진술하였음은 그 다음에 따라오는 다음 말에서 잘 드러난다. 죽으실 때 "그의 몸에서 분리된 것은 참 인간의 영이었다. 그리스도의 신성은 언제나 그의 인성과 연합되어 있었고, 무덤에 있는 동안에도 그랬습니다."[151]

츠빙글리는 그리스도의 "인성이 자기 자신의 인격을 형성하는 것이 아니라 오히려 인성이 분리되지 않고 나뉘지 않고 해소되지 않는 하나님의 아들의 인격으로 수용되는 방식"으로 인성을 취하신다고 하였다.[152] 이전의 정통파 이해와 같이, 인간성이 "그 자체의 위격을 가진 것이 아니고"(*anhypostasis*), 로고스의 "위격 안에" 받아들여졌다(*enhypostasis*)는 것을 분명히 했다. 그런데 그리스도의 사역을 신인 전체의 사역이었다. 따라서 웨스트민스터 신앙고백서에서 잘 말하듯이, "그리스도께서는 그의 중보 사역에서 그의 양성에 따라, 각각의 성질이 자신에게 고유한 일을 함으로써 행하신다."[153] "영광의 주님이 우리를 위하여 십자가에서 죽으셨다"(고전 2:8)는 바울의 말을 이해할 때에도 이런 의미에서 받아들여야 한다.[154] 그러므로 개혁파는 그 어떤 의미에서도 문자적인 속성 교류를 인정하지 않는다.

---

150 벨직 신앙고백서, 19조.

151 벨직 신앙고백서, 19조. 브레멘 일치 협약 2장 1절 2항, 지기스문트 신앙고백서, 나사우 신앙고백서 13조, 그리고 루터파와 합의한 라이쁘찌히 토론에서의 같은 주장을 말하는 Rohls, 『개혁교회 신앙고백과 신학』, 193-94도 보라.

152 Zwingli, *Fidei ratio,* 1장.

153 웨스트민스터 신앙고백서, 8장 7절. 츠빙글리의 표현이 이와 다른 것이라고 하는 얀 롤스의 주장(Rohls, 『개혁교회 신앙고백과 신학』, 197)은 너무 지나친 것이라고 판단된다.

154 제2 스위스 신앙고백서, 11장 9항.

이것이 루터파와의 큰 차이의 하나이다. 개혁파는 신성에 따라 되어진 것을 그리스도의 한 위격에로 돌리고, 인성에 따라 되어진 것도 한 위격에로 돌리는 것을 속성 교류라고 하였다. 그러므로 개혁파는 자신들이 바로 이해한 속성 교류를 부인하지 않았다.[155] 그러나 루터파에서는 우리에게 이는 "말 뿐인 교류"(*communicatio verbalis*)라고 비판하였다.[156] 공재설의 토대가 되는 루터파의 독특한 속성 교류 개념이 있었기 때문이다. 그러나 이것이 많은 문제를 함의하고 있음을 과거의 많은 개혁파 서적들이 잘 논의하였다.

양성을 한 위격에 가진 그리스도의 비하와 승귀는 그리스도의 위격에 대한 이해에 따라나오는 아주 자연스러운 논의였다. 그의 출생, 율법과 비참함 아래 나신 것, 십자가에서 우리의 죄에 대한 저주의 죽음을 죽으신 것, 장사 지내어 한 동안 죽음의 권세 하에 있던 것이 대표적인 비하(humiliation)의 상태의 요소들로 언급되었다.[157] 이 모든 과정에 성령의 함께 하심이 강조되었다. 특히 그리스도의 출생에서는 "그를 모든 부패로부터 지키시고 거룩한 성질로 채우기 위해 성령의 힘이 개입해야 했다."[158] 이에 따르는 부활, 승천, 하나님 우편에 앉아 계심과 재림이 승귀(exaltation)의 요소들로 언급된다.[159] 그러나 이때도 그의 인간성은 그대로 인간성이다 그리스도께서 "부활하셨을 때 그 몸에 불사성이 부여되었어도(롬 1:4; 비;f 3:21) 그

155 이를 가장 잘 나타내는 것이 제2 스위스 신앙고백서, 11장 9항 마지막의 말이다: "고대 교회에서 가르친 속성 교류를 경외감과 경건함으로 받아들이고 사용하기 때문입니다."

156 이 문제에 대한 가장 깊은 논의로 Richard Cross, Communicatio Idiomatum: *Reformation Christological Debates* (Oxford: Oxford University Press, 2019), 6장("The Formula of Concord and Lutheran Christology in the 1570s")을 보라.

157 웨스트민스터 소요리문답 27문답.

158 제네바 요리문답, 52문답.

159 웨스트민스터 소요리문답 28문답.

의 인간적인 성질의 참된 모습을 제거한 것은 아니다."[160] 헝가리 신앙고백서는 그 몸의 본질을 한계와 유한성이라고 명시한다.[161] 신체성이 지닌 유한성은 승천의 장소적 이해를 요구한다.[162] 이미 츠빙글리도 승천을 문자적으로 장소적 이동(local transition)으로 이해하고 표현했다.[163] 여기서도 "하늘"을 "모든 곳"으로 이해하려는 루터와 루터파와의 큰 차이가 명백히 드러난다. 츠빙글리는 그렇게 보는 것은 "그리스도의 참 인간성을 포기하게 하는 것이 되니, 여러 곳에 존재할 수 있는 것은 신성뿐"이라고 하였다.[164] 그러나 그리스도께서 그의 신성으로 어디에나 영향을 끼칠 수 있으니, "마치 태양이 특정한 장소에 있으면서도 여전히 그 힘과 작용을 먼데까지 이르게 하는" 것과 같다.[165] 하이델베르크 요리문답[166]도 "그의 인성으로는 그는 더 이상 땅위에 계시지 않는 것입니다. 그러나 그의 신성과 엄위와 은혜와 영으로는 그가 그 어느 때에도 우리에게서 떠나 계신 때가 없는 것입니다."라고 단언한다. 그 다음 문답에서는 좀 더 분명히 "칼빈주의 신학이 말하는 밖에서"(*extra Calvinisticum*)를 다음 같이 명료하게 선언한다.

> 신성은 불가해적이고 어디에나 계시므로
> 그리스도의 신성은 그가 취하신 인성의 한계를 뛰어 넘는 것이 분명합니다.

---

160 프랑스 신앙고백서, 15조.

161 헝가리 신앙고백서, 3장 25항.

162 취리히 협약, 25조.

163 Zwingli, *Fidei ratio,* 8장.

164 Zwingli, *Fidei ratio,* 8장.

165 Zwingli, *Fidei ratio,* 8장.

166 하이델베르크 요리문답, 47문답.

그러나 그럼에도 불구하고 그의 신성은 그의 인성 안에 덜 있는 것이 아니고 여전히 인격적으로 연합되어 있는 것입니다.[167]

또한 그리스도의 삼중직에 대한 명료한 정리는 역시 개혁파 신앙고백서들의 큰 기여다. 전통적으로 그리스도의 제사장직과 왕직은 많이 말하였다.[168] 그런데 칼빈의 〈제네바 요리문답〉에서부터 삼중직이 언급되었다.[169] 〈하이델베르크 요리문답〉에서도 그가 그리스도, 즉 기름부름을 받은 자로 언급되는 이유를 그가 (1) 우리의 주된 선지자와 교사로, (2) 우리의 유일한 대제사장으로, 그리고 (3) 우리의 영원한 왕으로 "아버지 하나님에 의해서 지정된 자(세워진 자)요, 성령님으로 기름부음 받은 분이기 때문입니다."라고 했다.[170] 그로부터 100년 후인 〈웨스트민스터 신앙고백서〉에서는 다른 칭호와 함께 삼중 칭호는 아주 정형화된 것으로 간주해서 이렇게 말한다.

하나님께서는 그분 자신의 영원한 목적 안에서 자신의 독생자이신 주 예수님을, 하나님과 사람 사이의 중보자, 선지자,[171] 제사장,[172] 그리고 왕으로,[173] 또 교회의 머리와 구주, 만유의 상속자, 그리고 세상의 심판자로 선택하고 정

---

167 하이델베르크 요리문답, 48문답. 이에 대한 좋은 논의와 상세한 설명으로 이승구, 『진정한 기독교적 위로』, 290-92; 『21세기 개혁신학의 방향』 (SFC, 2007년판), 152-55, 407-408, 최근판 (CCP, 2018), 210-11.

168 제1 스위스 신앙고백서, 11조; 취리히 협의, 4조; 제2 스위스 신앙고백서, 11장 17항;

169 제네바 요리문답 36문답-42문답.

170 하이델베르크 요리문답, 31문답. 웨스트민스터 대요리문답 42문답도 보라.

171 행 3:22.

172 히 5:5~6.

173 시 2:6; 눅 1:33.

하기를 기뻐하셨다.[174]

그리스도의 "제사장직"(*munus sacredotale*)은 가장 많이 언급된 것이다. 그리스도께서 십자가에서 영단번에 드린 제사는 영원한 효력을 지님을 강조하였다. "우리 주 예수께서는 우리를 위하여 자진하여 자신을 그의 아버지에게 희생제물로 드렸다."[175] "이 하나님 아들의 죽음은 유일하게 완전한 제물이며 죄를 위해 충분한 구속이다. 그것은 무한한 가치를 지니고 있으며 온 세상의 죄를 속하고도 남을 만큼 충분합니다(sufficient)."[176] 그러나 이를 만인 구속적이거나 가정적 보편 구원의 의도와 같이 오해하지는 말아야 하니, 하나님께서는 택자들에게만 이 효과가 적용되도록(efficient) 의도하셨기 때문이다. "그의 성령과 말씀으로 그들을 확실하고 효과적으로 새롭게 하심으로 그들을 회개하게 하시고" 참된 믿음으로 이끄신다고 하기 때문이다.[177] 따라서 "그 후에는 더 이상 죄에 대한 희생제물은 전혀 존재하지 않는다."[178] 〈스코틀랜드 신앙고백서〉 9조에서 이렇게 명확히 진술하는 이 내용은 다른 고백서에는 그리스도께서 "유일하게 영원한 대제사장"이라는 말과 그가 희생제사를 한 번 드리신 뒤에도 그 효력이 "영원히 이어지는 제물"이라는 표현에[179] 다 함의되어 있는 것으로 여겨졌다. 그리고 제사장적 사역에는 그의 중보기도(*intercessio*)가 포함되어 있는 것으로 제시한다. "그

174 웨스트민스터 신앙고백서, 8장 1절.

175 스코틀랜드 신앙고백서, 9조.

176 도르트 총회 결의안, 제2교리, 2조.

177 도르트 총회 결의안, 제5교리, 7조.

178 스코틀랜드 신앙고백서, 9조.

179 67개조, 17조. Cf. 제1 스위스 신앙고백서, 11조.

의 몸을 단번에 드리심으로 우리를 구속하시고, 항상 살아계셔서 우리를 위해 성부께 간구하시는 우리의 유일한 대제사장"이라고 말하는 〈하이델베르크 요리문답〉 31문의 진술을 보라.[180] 이는 그가 이 땅에 계실 때처럼 무릎을 꿇고 기도하시는 것이 아니라 당신님의 영원한 희생 제사의 효과를 하나님께 제시하시는 방식으로 하신다고 하여 루터파가 말하는 대로 그리스도께서 "소리 내어, 말로, 입으로"(*intercessio vocalis, verbalis, et oralis*) 기도하신다는 개념을[181] 넘어서는 개혁파적 이해를 잘 드러내고 있다.[182] 이 모든 것이 그리스도께서 갈보리 언덕에서 이루신 속죄 사역에 근거한 것이다. 그 효과의 이전 시대에 미치는 효과를 잘 표현한 것은 〈웨스트민스터 신앙고백서〉다. 다음과 같은 진술을 보라.

> 성육신 이전에는, 구속사역이 그리스도에 의하여 실제로 실행되지는 않았지만, 그럼에도 구속사역의 능력, 효력, 그리고 은택들은, 창세로부터 계속해서 모든 시대에 걸쳐서, 약속들과 모형들과 희생제사들 안에서 또 이것들에 의해서, 선택된 자들에게 전달되었다. 그리스도께서는 어제나 오늘이나 영원토록 동일하시기 때문에, 이런 것들 안에서 뱀의 머리를 상하게 하실 여인의 후손 그리고 창세로부터 죽임 당한 어린 양으로 계시되시고 예표되셨다.[183]

---

180 또한 웨스트민스터 대요리문답 144문답; 소요리문답 25문답도 보라.

181 루터파의 표현을 보려면 Francis Pieper, *Christian Dogmatic,* vol. 2 (St. Louis: Concordia Publishing House, 1950), 383을 보라.

182 에어라우달 신앙고백서의 명백한 진술을 소개하면서 이를 잘 논의하는 Rohls, 『개혁교회 신앙고백과 신학』, 180-81을 보라. 또한 Charles Hodge, *Systematic Theology,* vol. 2 (London and Edinburgh: Tomas Nelson & New York: Charles Scribner and Co., 1872), 593을 보라.

183 웨스트민스터 신앙고백서, 8장 6절.

계시사적인 이해를 잘 드러내고 있는 이런 진술은 개혁파 선배들이 얼마나 하나님의 계획과 그 경륜의 전개에 관심을 가지고 있었는지를 잘 보여준다.

그리스도의 선지자직(*munus propheticum*)에 대해서는 이전에 하나님의 뜻을 알리던 선지자들의 사역을 다 포괄하면서 그 모든 것을 완성시키시는 그리스도의 가르치시는 사역을 말한다. 그는 "모든 예언과 계시를 성취하시는" 과제를 가지고 계셨다.[184]

그리스도의 왕의 직무(*munus regis*)도 "영적인 성격을 지니고 있으며 의와 생명을 가지고 하나님의 말씀과 성령으로 다스리는 데 그 본질이 있다."고 하니,[185] 왕직과 선지자직이 밀접하게 연결되어 이해되고 제시된다. 말씀과 성령으로 다스리신다는 것이 지속적으로 강조되고 있다.[186]

그리스도께서 이루신 온전한 순종에 감사하고 그에 근거해서 우리의 삶과 기도가 있게 된다. 우리의 삶과 기도는 구원함을 받았음에 대해 우리의 감사를 표현하는 방식이다. 이것을 가장 잘 표현하는 것이 〈하이델베르크 요리문답〉의 구조이다. 타락으로 인해 죄에 빠진 우리의 참상을 말하고(2문답-11문답), 이로부터 하나님께서 하신 구원에 대해서 언급하고(12문답-85문답), 우리의 삶과 기도를 하나님께서 이루신 구원에 대한 감사로 제시하는 것이다(88문답-129문답). 우리의 삶은 구원함을 받고 위로받은 성도의 삶이고,[187] 우리의 기도는 구원받은 성도의 "감사의 가장 중요한" 표현이다.[188]

---

184 제네바 요리문답, 39문답.

185 제네바 요리문답, 37문답.

186 하이델베르크 요리문답, 31문답.

187 이를 설명한 이승구, 『위로받은 성도의 삶』(2015; 개정판, 서울: 말씀과 언약, 2020)을 보라.

188 하이델베르크 요리문답, 116문답. 그 기도의 의미와 방법을 다룬 이승구, 『하나님께 아뢰니다: 감사의 최고의 표현인 기도』(서울: 말씀과 언약, 2020)을 보라.

따라서 삼위일체 하나님 외의 다른 존재들에게 기도하는 것은 그리스도를 모독하는 것이며, 우상 숭배가 된다. 그래서 〈하이델베르크 요리문답〉은 "성자들이나 다른 피조물들의 이름을 부르는 것을 금하고 피하는" 것을 강조한다.[189] 성인 숭배와 관련된 모든 것은 "모두 사탄의 조작이요 속임수일 뿐이다."[190]

구원에 대하여

하나님 혼자의 힘으로 구원하심을 가장 강조하는 것이 개혁파의 큰 특성이다. 일단 칭의에 대해서는 루터파와 동일한 이해를 제시한다. 그래서 죄 사함에 대한 가르침은 복음적 가르침의 최고이고 가장 중요한 조항이라고 했다. "그것은 모든 설교에서 특히 강조되고 인간의 마음에 새겨져야 하는 조항이다."[191] 루터가 성경에 따라서 이해한 것과 같이 칭의는 전적으로 인간 밖에서 오는 것이고 인간이 협력적 원인으로 관여되는 것도 아님을 분명히 한다. "우리들은 하나님과의 유화에 전혀 공헌할 수 없다."[192] 그러니 칭의는 전적으로 하나님 자신의 사역이다. 우리들은 "우리의 그 어떤 공로나 평판이 아니라, 오직 그리스도의 은혜로 말미암아 칭의받고 죄와 죽음에서 구원" 받는다.[193] "하나님의 은혜가 칭의의 제1원인(*cause prima*)이고 유

189 하이델베르크 요리문답, 94문답.

190 프랑스 신앙고백서, 24조.

191 제1 스위스 신앙고백서, 12조.

192 제네바 요리문답, 103문답.

193 제2 스위스 신앙고백서, 15장 2항.

일한 이유이다."[194] 칭의는 하나님의 은혜로 그리스도의 정당한 공로(*proper meritum Christi*)에 근거하여 일어난다.[195] 이와 같이 그리스도의 의가 공로적 원인(*causa propter quam*)으로 제시된다. 그리스도의 공로가 우리에게 "전가" 되는 것이다. "오직 그리스도만이 우리를 대신하여 그가 행하신 모든 공로와 수많은 거룩한 일들을 우리에게 전가시키심(*imputans*)으로 우리의 의가 되신다."[196] 〈제2 스위스 신앙고백서〉에서도 "그리스도의 의를 우리 자신의 것으로 우리에게 전가하십니다."라고 한다.[197] 그래서 "하나님은 예수의 의를 우리들의 것으로 여기고 결코 우리들의 죄를 보지 않는다."[198] 이에 대한 〈하이델베르크 요리문답〉의 표현은 매우 정확하고 은혜스럽다.

> (우리들의 죄에도 불구하고) 내가 받을 만하지도 않지만 순전한 은혜로
> 하나님께서는 마치 내가 죄를 한 번도 짓지 않은 것처럼
> 또 죄인이 아니었던 것처럼,
> 또한 그리스도께서 나를 대신해서 복종하신 것처럼
> 내가 온전히 복종한 듯이
> 그리스도의 온전한 만족, 의, 거룩하심을
> 내게 허락하시고 내 것으로 여겨주십니다.[199]

---

194 에어라우탈 신앙고백서, "칭의에 대하여," Rohls, 『개혁교회 신앙고백과 신학』, 215에서 재인용.

195 에어라우탈 신앙고백서, "칭의에 대하여," Rohls, 『개혁교회 신앙고백과 신학』, 217에서 재인용.

196 벨직 신앙고백서, 22조

197 제2 스위스 신앙고백서, 15장 3항. 후에 다시 한 번 이것을 반복하면서 "오직 그리스도로 인해 우리 죄를 우리에게 전가하지 않으시고, 그리스도의 의를 우리에게 전가하셔서 우리를 의롭다 하십니다."라고 말한다(15장 3항 마지막 부분).

198 제네바 요리문답, 118문답.

199 하이델베르크 요리문답, 60문답.

그리스도의 행하신 모든 것과 그의 공로를 언급할 때 개혁파 선배들은 그의 삶 전체와 죽음을 모두 포함해서 생각하는 것이다. 좀 더 후에는 이를 능동적 순종과 수동적 순종으로 나누어 설명했는데,[200] 이 "그리스도의 온전한 순종"과 그 의(義) 전체를 우리에게 전가하여 그 빛에서 우리를 의롭다고 선언하는 것이다. 〈웨스트민스터 신앙고백서〉도 강력하게 말한다.

> (칭의는) 이들 안에 이루어진 어떤 것이나 이들이 행한 어떤 것 때문이 아니라, 오직 그리스도 때문이다. 또한 이것은 믿음 자체나 믿는 행위, 또는 어떤 다른 복음적 순종을 이들의 의로 이들에게 전가하심으로써가 아니라, 이들이 그리스도와 그분의 의를 믿음으로 받아들이고 의지할 때 오직 그리스도의 순종과 "만족케 하심"(satisfaction)을 이들에게 전가하심으로써 이루어진다.[201]

그래서 칭의는 "죄 사함, 과실과 그에 따른 형벌을 용서하는 것, 그리고 은혜 가운데서 받아서 의롭다고 선언하는 것"이라고 규정된다.[202] 그러므로 칭의는, 거의 모든 개혁자들이 여러 번 말한 바와 같이, '법정적 행위'(*actus forensis*)다.

그런데 이런 칭의는 성경을 따라서 모든 개신교 신앙고백서들이 선언하는 바와 같이, "오직 믿음으로만"(*sola fide*) 주어진다. 그래서 우리가 믿는 바를 "오직 믿음으로만 주어지는 칭의"(*justificatio sola fide*, 以信稱義)라고 하는 것

---

200 이에 대한 거의 모든 논의는 김병훈 편, 『그리스도의 순종과 의의 전가』 (수원: 합신대학원출판부, 2022)를 보라.

201 웨스트민스터 신앙고백서, 11장 1항.

202 제2 스위스 신앙고백서, 15장 1항.

이다. "신앙이 하나님 앞에서 우리를 칭의한다."[203] 왜냐하면 "우리들이 진정한 마음에서 우러나오는 신뢰로 복음의 약속을 믿고 받아들인다면 우리들은 그리스도의 의를 찾기에 이르기" 때문이다.[204] 즉, 우리들은 복음으로 제공되는 우리 밖의 그리스도의 의를 믿음으로 받아들인다. 따라서 "우리들은 오직 믿음으로만 그 의 아래로 들어간다."[205] 그래도 우리는 이 믿음 자체가 우리를 의롭게 하는 것이라고는 생각하지 않아야 한다. "믿음은 우리의 의가 되시는 그리스도를 받아들이는 수단일 뿐이기" 때문이다.[206] 그래서 이를 칭의의 도구적 원인(*causa instrumentalis*)이라고 하기도 한다.[207] "믿음은 의롭다 하심을 받는 유일한 수단"이다.[208] 〈하이델베르크 요리문답〉은 이렇게 말한다.

(제 61 문) 당신은 왜 오직 믿음으로만 의롭다 함을 받는다고 말합니까?

(답) 나는 나의 신앙의 가치에 근거해서
하나님에 의해 받아들여 질 수 있는 것이 아니고,
그리스도께서 이루신 만족, 의, 거룩함만이

---

203 제네바 요리문답, 114문답. 아일랜드 신앙고백서, 36조.

204 제네바 요리문답, 119문답.

205 프랑스 신앙고백서, 20조.

206 벨직 신앙고백서, 22조. 웨스트민스터 신앙고백서 11장 2항. 칼빈을 읽은 분들은 이런 것에서 칼빈의 영향을 발견하게 된다. Cf. Calvin, *Institutes,* 3. 11. 7: "Faith…is only the instrument for receiving righteousness."

207 Cf. 에어라우탈 신앙고백서, "칭의에 대하여," Rohls, 『개혁교회 신앙고백과 신학』, 229에서 재인용.

208 웨스트민스터 신앙고백서, 11장 2항.

하나님 앞에서 나의 의이기 때문이며,
나는 오직 믿음으로만
그것들을 받고 나 자신의 것으로 만들 수 있기 때문입니다.[209]

그런데 "기독교적 믿음은 하나의 견해나 인간적 신념이 아니고 가장 확신한 신뢰이며 견고한 지성적 동의"라고 제시된다.[210] 〈하이델베르크 요리문답〉도 같은 것을 말한다. "참된 믿음은 하나님께서 당신님의 말씀 가운데서 계시하신 모든 것이 참되다는 확실한 지식일 뿐만이 아니라, 복음을 통해서 성령님에 의해서 내 안에 창조된 마음속에 깊이 뿌리박힌 확신(*ein herzliches Vertrauen*)"이라고 한다.[211] 이렇게 개혁 신앙에서는 신앙이 (1) 하나님에 대한 계시에 근거한 지식이면서, 동시에 (2) 확실한 신뢰(*fiducia*)임이 늘 강조되었다.[212] 기독교 신앙을 가진 사람, 즉 하나님을 믿는 사람은 자신을 온전히 하나님께 맡기고, 하나님께서 가르치시는 것을 날마다 배워 나가면서 그것을 진리라고 한다.

그리고 이 믿음 자체도 하나님의 선물이기 때문에,[213] 우리의 구원은 처음부터 끝까지 온전히 하나님께서 하시는 것이다(신독력주의, monergism). 바로 이런 이해에서 〈제1 스위스 신앙고백서〉는 다음 같이 선언했다.

---

209 하이델베르크 요리문답, 61문답.

210 제2 스위스 신앙고백서, 16장 1항. 여기서도 칼빈과의 관계를 살펴볼 만한다. Calvin, *Institutes,* 3. 2. 2; 1. 2. 2. 이에 대해서 이승구, "칼빈의 신앙 이해", 『21세기 개혁신학의 방향』(2015년판), 67-70을 보라.

211 하이델베르크 요리문답, 21문답.

212 이에 대한 설명으로 이승구, 『진정한 기독교적 위로』, 133-39를 보라.

213 스코틀랜드 신앙고백서, 12조, 웨스트민스터 신앙고백서, 11장 1항; 제2 스위스 신앙고백서, 15장 4항; 제1 스위스 신앙고백서, 13조, 프랑스 신앙고백서, 21조.

경건하고 신앙 깊은 사람이 항상 신앙이 낳은 결과로써 무엇을 행한다고 할지라도, 우리들을 경건하게 만든 원인과 우리들이 받은 구원의 근거는 그런 행위로 돌아가는 것이 아니라 하나님의 순전한 은혜로 돌아간다.[214]

이와 같이 개혁파에서는 참으로 믿는 사람들은 참으로 성화되고, 힘써 주께서 명령하신 것을 행하게 되지만,[215] 우리들의 이런 행위는 칭의의 원인이나 근거가 아니고, 항상 칭의의 열매요 결과임을 강조한다. 칭의가 선행 보다 앞서는 것이다. 이것을 〈벨직 신앙고백서〉는 다음과 같이 잘 증언한다:

믿음이라는 선한 뿌리에서 나오는 이 행위들은 모두 하나님의 은혜로 거룩해지기 때문에 하나님이 보시기에 선하고 받으실 만합니다.[216] 그럼에도 이 행위들은 우리의 칭의에 아무런 소용이 없습니다. 우리가 어떤 선행을 하기 전에 그리스도 안에서 믿음으로 말미암아 의롭다하심을 받기 때문입니다. 그렇지 않으면 그 행위들은 선한 행위가 될 수 없습니다. 나무 자체가 좋지 않고서는 그 열매가 나무보다 더 좋을 수 없기 때문입니다.[217]

이와 같이 칭의가 앞서고, 그 열매로 우리의 성화와 선행이 있다. 〈제네바

[214] 제1 스위스 신앙고백서, 13조. 프랑스 신앙고백서 22조도 보라: "... 선한 행위는 우리들을 의롭게 하는 것으로는 여겨지지 않으며, 하나님께서 우리들을 그의 자녀로 여겨주시는 것에 전혀 공헌하지 않는다." 또한 제2 스위스 신앙고백서 16장 8항도 보라.

[215] 벨직 신앙고백서, 24장 (인간의 성화와 선행), 앞부분; 제네바 요리문답, 126문답; 제2 스위스 신앙고백서, 16장 8항.

[216] 비슷하게 말하는 제 2 스위스 신앙고백서, 16장 6항도 보라.

[217] 벨직 신앙고백서, 24장 (인간의 성화와 선행) 중에서. 또한 헝가리 신앙고백서 14장 18항, 성공회 39개조 신조, 12조도 보라.

요리문답〉이 잘 말하듯이, "신앙은 우리들을 선행에 대하여 무관심하게 만드는 것이 아니라 회개를 싹트게 하는 뿌리다.... 따라서 복음의 가르침은 이 둘(즉, 믿음과 회개)로 요약된다."[218] 그러니 "성화도 하나님의 자유로운 은혜의 행위다."[219] 믿음도 하나님의 선물, 즉 은혜로 주어지는 것을 강조하고, 성화의 과정 중에 있는 참된 회개도 "순전히 하나님의 선물이며... 우리들이 스스로 이루어 낼 수 있는 행위가 아니다."[220] 아마도 그런 뜻을 담아서 〈웨스트민스터 신앙고백서〉에서도 "생명에 이르는 회개는 복음적 은혜"라고[221] 했을 것이다.

또한 개혁파에서는 선행을 아주 엄밀하게 이해한다. 〈하이델베르크 요리문답〉은 "선행이란 (1) 하나님의 율법에 따라, (2) 하나님의 영광을 위하여, (3) 참된 신앙에서 행해지는 것들입니다."라고 하면서, "그러므로 우리 자신의 의견에 따른 것들이나 사람들의 계명에 근거한 것들은 선행이 아닙니다."라고 하여[222] 천주교에서 선행이라고 여겨지는 것 대부분을 배제하였다. 〈웨스트민스터 신앙고백서〉에서도 "선행은 오직 하나님께서 그분 자신의 거룩한 말씀 안에서 명하신 것이다. 맹목적인 열심에서 또는 어떤 선한 의도를 핑계로, 사람들이 성경의 근거 없이 고안해 낸 것들은 선행이 아니다."고 단언했다.[223] 그래서 우리들이 말하는 것은 "참된 덕"이고 이는 (아리스토텔레스가 말하고 아퀴나스가 추천하고 오늘날 "덕 윤리"가 강조하는) "거짓된 철학

---

218 제네바 요리문답, 127문답.

219 웨스트민스터 소요리문답 35문답.

220 제2 스위스 신앙고백서, 14장 3항.

221 웨스트민스터 신앙고백서, 15장 1항.

222 하이델베르크 요리문답, 91문답.

223 웨스트민스터 신앙고백서, 16장 1항. 제 2 스위스 신앙고백서, 16장 3항과 4항도 보라.

적인 덕"이 아닌 "참된 선행과 인간 본래의 기독교적 의무"이다.[224]

이런 바른 선행은 (1) "우리의 전 삶으로 하나님께서 복 주신 것에 대해서 감사함을 나타내 보이고," (2) "우리를 통해 하나님께서 영광을 받으시도록" 하는 것이다. (3) "또한 우리는 그 열매로 우리의 신앙을 확신하게 되고," (4) "우리의 선한 삶으로 우리의 이웃을 그리스도에게로 인도할 수 있기" 위한 것이라고 말하는 〈하이델베르크 요리문답〉의 진술은[225] 우리의 선행의 성격에 대한 가장 온전한 이해를 담고 있다. 이와 같이 선행은 신앙과 칭의의 "인식 근거"다.[226] 〈웨스트민스터 신앙고백서〉에서도 참된 선행은 "믿음의 열매와 증거"라고 했다.[227] 그리고 그것이 진정 선하다면 그것이 오로지 성령님에 의해 행해졌기 때문이다.[228]

그러나 칭의의 열매인 선행도 결코 온전한 것이 아님을 개혁파는 아주 분명히 한다. 이를 가장 잘 진술하는 〈웨스트민스터 신앙고백서〉의 다음 같은 선언을 보라.

> 순종에 있어서 이 생애에서 도달할 수 있는 가장 높은 수준에 이른 사람일지라도 마땅히 행해야 하는 의무에 한참 미치지 못한다.[229] 하물며 잉여공로를

224 제 2 스위스 신앙고백서, 18장 9항

225 하이델베르크 요리문답, 86문답. 이와 비슷한 진술을 길게 하는 제 2 스위스 신앙고백서, 16장 4항도 보라. "(1) 오직 하나님의 영광을 위하고, (2) 우리의 부르심을 증거하며, (3) 하나님에게 감사를 올려 드리고, (4) 또한 우리 이웃의 유익을 위한 것이어야 합니다."

226 헝가리 신앙고백서, 4장 13항. 이를 잘 지적하는 Rohls, 『개혁교회 신앙고백과 신학』, 243을 보라.

227 웨스트민스터 신앙고백서, 16장 2항.

228 웨스트민스터 신앙고백서, 16장 3항; 제2 스위스 신앙고백서, 16장 2항.

229 비슷한 생각을 진술하는 아일랜드 신앙고백서, 43조도 보라.

쌓거나 하나님께서 요구하시는 것보다 결코 더 많이 행할 수는 없다.[230]

> 우리는 최선의 선행으로도 죄의 용서나 영원한 생명을 하나님의 손에서 공로로 얻을 수 없다. 왜냐하면 선행은 다가올 영광과 족히 비교할 수 없으며, 우리와 하나님 사이에는 무한한 간격이 있기 때문이다. 우리의 선행으로는 하나님을 유익하게 할 수 없으며 이전 죄들의 값을 만족시킬 수도 없다. 우리가 할 수 있는 모든 것을 행했을 때에라도, 단지 우리가 해야 할 것을 행한 것뿐이며, 무익한 종일 따름이다. 왜냐하면 선행은 선한 것인 만큼 성령 하나님에게서 나온 것이기 때문이며, 또한 우리가 행한 것인 만큼 오염되고, 많은 연약함 및 불완전함과 혼합되어 있어서 하나님의 심판의 엄정함을 견딜 수 없기 때문이다.[231]

그러므로 우리는 "하나님께서 우리의 행위를 무조건적인 자비로 받아들이시는 것이지 그 행위의 가치 때문에 받으시는 것이 아니다"는 말에[232] 동의하지 않을 수 없다. "하나님께서는 인간의 행위를 가장 엄격하게 검토하시는 것이 아니라, 그 불완전성과 얼룩을 그리스도의 정결로 덮어주셔서 우리를 의로운 사람으로 보신다. 우리는 이것을 양심 속에서 확신해야 한다."[233] 〈웨스트민스터 신앙고백서〉가 정확하게 지적한다. 우리들은 항상

---

230 스코틀랜드 신앙고백서, 15조에서는 "자신의 행위의 공로를 자랑하거나 잉여 행위를 신뢰하는 사람은 전혀 존재하지 않는 것을 자랑하고 있다는 것을 알게 될 것이다."라고 하였다. 또한 아일랜드 신앙고백서, 45조도 보라.

231 웨스트민스터 신앙고백서, 16장 4항과 5항, 강조점은 덧붙인 것임. 16장 6항도 보라. 비슷하게 오염됨을 말하는제네바 요리문답, 123문답; 벨직 신앙고백서, 24조; 하이델베르크 요라문답, 62문답도 보라.

232 제네바 요리문답, 121문답.

233 제네바 요리문답, 123문답

이와 같이 부족하지만

> 그럼에도 신자들 자신이 그리스도로 말미암아 기쁘게 받아들여졌으므로, 이들의 선행도 그리스도 안에서 기쁘게 받아들여지지만, 이 생애에서 하나님 보시기에 비난받거나 책망받을 것이 전혀 없기 때문은 아니다. 비록 이것들이 많은 연약함과 불완전함을 수반할지라도, 하나님께서는 이것들을 그분 자신의 아들 안에서 바라보시기 때문에, 신실한 선행을 기꺼이 받으시고 상주시기를 기뻐하신다.[234]

바로 이런 뜻에서 〈하이델베르크 요리문답〉은 "(하나님의) 보상[상급, 賞給]은 공로(功勞)로 되는 것이 아니라, 은혜로 되는 것"이라고 한 것이다.[235]

구원에 대해서 생각할 때 종국적으로 우리가 어떻게 구원되었는지를 질문하지 않을 수 없다. 우리의 구원은 그리스도의 구속 때문인데, 그 일이 그저 우연히 발생한 일이 아니라는 것을 성경을 통해서 발견한 사람들은 "하나님께서 순전한 은혜로 우리들을 그리스도 예수 안에서 세상이 만들어지기 전에 선택하셨다"고 고백하게 된다.[236] 그래서 "하나님은 **그의 영원하시고 불변하시는 경륜을 따라 그들의 행위를 전혀 고려하지 아니하시고, 오직 자신의 선하심으로 예수 그리스도 우리 주 안에서 선택하신** 모든 자들을 구원하시고 보존하시기 때문에 자비로우시다"고 선언할 때,[237] 여기

234 웨스트민스터 신앙고백서, 16장 6항. 제2 스위스 신앙고백서, 16장 10항도 보라.

235 하이델베르크 요리문답, 63문답.

236 스코틀랜드 신앙고백서 8조; 제2 스위스 신앙고백서, 10장 3항.

237 벨직 신앙고백서 16조. 그러므로 개혁파 신앙고백서들은 모든 보편 구원론을 배제한다. 가장 대표적인 예가 "우리는 또한 마귀와 모든 악인들이 언젠가는 구원받을 것이며, 그들이 당하는 고통이 종결될 것이라고 생각하는 이들도 정죄합니다."고 말하는 제2 스위스 신앙고백서, 11장 13항이다.

서 하나님의 선택의 성격이 잘 나타나고 있다. 선택은 창조 이전에 일어났다.[238] 그리고 우리의 행위를 전혀 고려하지 않고 온전히 하나님의 은혜로 선택된 것이라는 데에도 개혁파에서는 이견이 없다. 믿음도 칭의도 성화도 모두 다 창세 전에 이루어진 이 선택에 근거해서 일어난 것이다. 존재의 순서로는 선택이 앞선다.[239] "하나님께서는 영원부터, 자신의 의지의 지극히 지혜로우며 거룩한 경륜에 의하여, 일어나게 될 어떤 일이든지 자유롭게 그리고 변치 않게 작정하셨다."[240] 그러나 그 때문에 잘못된 추론을 해서는 안 된다. 그런 잘못된 추론들을 배제하면서 〈웨스트민스터 신앙고백서〉는 이렇게 선언한다.

> 그로 인하여 하나님께서 죄의 조성자(the author of sin)가 되시거나 피조물의 의지를 침해하시는 것도 아니다. 또한 제2원인들의 자유나 우유성(偶有性, contingency)이 제거되는 것이 아니라, 오히려 확립된다.[241]

모든 것이 하나님의 주권적 작정에 따라 이루어지니, 그것이 세상의 제2원인들의 성격을 확립하는 것이어서 사람이 자유롭게 자신의 의지로 행하는 것이 침해되지 않는다는 것을 분명히 한 것이다. 따라서 최초의 인간이 타락한 것도 그의 자유의지로 일어난 것이며, 동시에 그것도 하나님의 주권적 작정 안에 있다고 말하였다. "이들이 범한 이 죄를 하나님께서는 자신의

---

238 엡 1:3-5에 근거한 Zwingli, *Fidei ratio,* 3장; 스코틀랜드 신앙고백서 8조; 벨직 신앙고백서 16조; 하이델베르크 요리문답, 54문답; 제2 스위스 신앙고백서, 10장 3항; 웨스민스터 신앙고백서 3장 1항; 소요리문답 7문답; 대요리문답 12문답.

239 이 점을 잘 지적하는 Rohls,『개혁교회 신앙고백과 신학』, 268을 보라.

240 웨스트민스터 신앙고백서, 3장 1항.

241 웨스트민스터 신앙고백서, 3장 1항.

지혜롭고 거룩한 경륜에 따라서 허용하기를 기뻐하셨으며, 그분 자신의 영광이 되도록 의도하셨다."[242]

또한 "타락할 것으로 보여진 인간들", 즉 "부패한 무리"(*corrupta massa*) 가운데서의 선택(election)과 유기(즉, 내어버려 두심, reprobation)가 있다. "자신의 영광을 나타내기 위한 하나님의 작정에 의하여 어떤 사람들과 천사들은 영원한 생명을 얻도록 **예정**되었으며, 다른 이들은 영원한 죽음에 이르도록 **미리 정해졌다**."[243] 또 아일랜드 신앙고백서의 표현으로는 "똑같은 영원한 결의에 의해 하나님께서 어떤 사람들은 생명으로 예정하셨으며 또 어떤 사람들은 죽음으로 유기하셨다."[244] 그러므로 모든 사람이 선택되지 않았고, 어떤 죄인들은 죄의 상태에 그대로 내버려져 있도록 작정된 것이다. 그 중에서 선택은 그리스도 안에서 이루어졌다는 것은 성경이 명료하게 말하는 것이니 다들 동의한다. 따라서 선택은 "우리의 공로 때문이 아니라 그리스도 안에서(in), 그리고 그리스도 때문(um)이다."[245]

이렇게 진술된 것의 함의된 의미를 명확히 하는 것이 좀 더 후대 작업의 의미라고 할 수 있다. 일단 큰 논쟁 후에 그 논쟁이 아직도 일부에서는 진

---

242 웨스트민스터 신앙고백서, 6장 1항.

243 웨스트민스터 신앙고백서 3장 3항. 도르트 총회 결의문, 첫째 교리 6항: "어떤 사람들이 하나님의 믿음의 선물을 받고 또 어떤 사람들은 그것을 받지 못하는 것은 하나님의 영원한 작정에 따른 일입니다."

244 아일랜드 신앙고백서, 12조. 비슷하게 말하는 웨스트민스터 신앙고백서 3장 3항; 대요리문답 13문답. 이것을 보면서 "이중 예정은 어떤 신앙고백서에 의해서도 가르쳐지지 않았다"고 하고, "예정은 오히려 생명으로의 예정이며 따라서 영원한 선택과 동일한 것이다"고 말하는 Rohls, 『개혁교회 신앙고백과 신학』, 272의 주장은 너무 왜곡된 것이다. 유기를 그저 방임으로 표현하려는 그의 의도를 짐작할 수 있으나 이런 이해가 그의 의도와 달리 하나님의 주권성을 해칠 수도 있기에 주의해야 한다. 유기도 "주권적 능력으로 하신" 것이며 그렇게 "작정하는 것을 기뻐하셨다"고 표현하는 웨스트민스터 신앙고백서3장 7항의 표현에 따르는 것이 옳을 것이다.

245 제2 스위스 신앙고백서, 10장 2항.

행되고 있는 상황 가운데서 작성된 〈웨스트민스터 신앙고백서〉에서는 이 문제를 아주 명료하게 정리하여 제시한다.

> 하나님께서는 예상되는 모든 조건 아래 일어나거나 일어날 수 있는 모든 일을 무엇이든지 아신다. 그럼에도 하나님께서 어떤 일을 작정하신 것은 그 일을 미래 일로 보셨거나, 또는 그런 조건 아래 일어날 일로 미리 보셨기 때문이 아니다.[246]

이로써 하나님의 작정이 먼저 있고 그에 근거해서 하나님이 아시는 것이지, 구원에 대한 작정이 인간의 할 것을 미리 보시고 또는 미리 아시고 작정한 것이 아니라는 것을 아주 명백히 하는 것이다. 웨스트민스터 신앙고백서, 3장 5항에서 좀 더 구체적으로 "믿음이나 선행 및 이것들 안에서의 견인, 또는 피조물 안에 있는 다른 어떤 것들을 조건이나 원인으로 미리 보시어 그렇게 행하신 것이 아니다"라고 하여, 구체적 논쟁 상황에서 논의된 "미리 보여진 신앙"이나 "미리 보여진 선행"에 근거해서 선택하신 것이 아님을 분명히 하고 있다.

하나님께서 선택하신 이유를 제시해 보려고 하다가 잘못된 추론을 하여서 영원 중에 "미리 보여진 신앙"이나 "미리 보여진 순종"에 근거해서 선택하셨다는 "조건적 선택"(conditional election)을 말하려고 하던 항론파에 대해서 성경에 근거해서 반론을 제시한 도르트 총회의 결의문에서는 좀 더 구체적으로 이 문제가 상론되고 있다. 일단 창세 전 작정인데, "똑같이 멸망당해 마땅한 모든 사람들을 구별하심"이라고 말하는 것에서 그 작정의 순

246 웨스트민스터 신앙고백서, 3장 2항.

서에 있어서 (1) 창조에 대한 작정, (2) 타락을 허용하심에 대한 작정, (3) 그 중의 일부는 선택하시고, 나머지는 유기하시는 작정의 순서로 된 것이라는, 따라서 타락후 선택설(infralapsarianism)의 방식으로 표현되었음을 모든 사람들이 지적해 왔다.[247]

그러나 타락후 선택설적으로 표현되었다고 해서 도르트 총회에서 타락전 선택설을 배제한 것은 아니다. "확실히 화란의 신조적 표준은 후택설의 입장이다. 그럼에도 불구하고 도르트 신조뿐만 아니고, 그 어떤 교회 회의도 전택설을 정죄한 일이 없다."[248] 기본적으로 도르트 회의 결정문에서는 좀 더 온건하게 타락후 선택설적으로 표현하여 사람들에게 성경적 가르침을 잘 받아들일 수 있도록 하였다. 그러나 영국, 브레멘, 헷센 등지에서 온 대표자들이 타락전 선택설의 "표현들이 정죄되어야 한다고 주장했을 때, 도르트 회의는 이를 받아들이기를 거부하였다."[249] 타락전 선택설을 배제하지 않고, "비록 전택설이 이 [결정문]에 나타나 있지는 않으나 정죄 받지도 않은 것이다." 결정문에는 언급하지 않았으나 타락전 선택설도 개혁파적인 이해로 생각할 수 있음을 충분히 용인하면서, 그렇지만 타락전 선택설만이 개혁파적이고 성경적 입장이라고 너무 강하게 주장하지 말기를 요청한 것이다. 바로 여기에 도르트 총회 결정의 묘미가 있다.

---

247 이에 대해서 이승구, "도르트 결정문의 타락후 선택설적 표현의 의의". 「신학정론」 38/1 (2020년 6월):233-62를 보라. 다음 문단은 이 논문의 한 부분에서 그대로 가져왔음을 밝힌다.

248 Herman Bavinck, *The Doctrine of God*, trans. William Hendricksen (Grand Rapids: Eerdmans, 1951, reprint, Grand Rapids: Baker, 1979), 385=이승구 옮김, 『개혁주의신론』 (서울: CLC, 1988), 553.

249 Bavinck, *The Doctrine of God*, 365=『개혁주의신론』, 527.

교회에 대하여

교회는 "선택된 공동체"라고 지칭된다.[250] 이를 "보이지 않는 교회"(*ecclesia invisibilis*)라고 하는데,[251] 이런 의미의 교회는 "택함 받은 사람들의 총수"이라고 규정된다.[252] 〈웨스트민스터 신앙고백서〉는 좀 더 구체적으로 "보이지 않는 공교회 곧 보편교회는 교회의 머리이신 그리스도 아래 하나로 모아졌고, 모아지고 있으며, 모아질 모든 선택된 자들로 구성된다."고 선언한다.[253] "이 교회 밖에는 어떤 생명도 없고 영원한 복도 없다."[254]

눈에 보이지 않는 교회는 반드시 역사 속에서 구체적으로 눈에 보이는 형태로 나타나게 되어 있다. 그래서 "온 인류 가운데서 하나님의 아드님께서, 그의 성령과 말씀을 통해서, 당신님을 위하여 영생을 하도록 모으시고, 보호하시며, 보존하시는" 공동체라고도 규정된다.[255] "이 세상에서 불러내진 '신실한 자들의 모임'(*coetus fidelium*)이자 '성도의 교제'(*communio sanctorum*)다."[256] 이를 눈에 보이는 교회라고 한다. 이렇게 눈에 보이는 교회는 "온 세상에서 참된 신앙을 고백하는 자들과 이들의 자녀들로 구성된다."[257] 이

250 하이델베르크 요리문답, 54문답.

251 제1 스위스 신앙고백서, 14조 ("오직 하나님의 눈에 명백히 드러나 있다."); 스코틀랜드 신앙고백서, 16조; 제네바 요리문답, 100문답; 아일랜드 신앙고백서 69조; 웨스트민스터 대요리문답, 61, 64문답; 웨스트민스터 신앙고백서, 25장 1항 ("보이지 않는 보편적이고 우주적인 교회"); 제2 스위스 신앙고백서, 17장 13항.

252 웨스트민스터 대요리문답, 64문답; 웨스트민스터 신앙고백서, 25장 1항.

253 웨스트민스터 신앙고백서, 25장 1항.

254 스코틀랜드 신앙고백서, 16조.

255 하이델베르크 요리문답, 54문답.

256 제2 스위스 신앙고백서, 17장 1항.

257 웨스트민스터 신앙고백서, 25장 2항; 대요리문답 62문답.

런 교회가 있는 이유를 "하나님은 태초부터 인간이 구원받고 진리를 아는 지식에 이르기를 원하셨기 때문이라고(딤전 2:4)" 하면서, "교회는 과거에도 존재해야 했고, 오늘날에도 존재해야 하며, 세상 끝날까지 존재해야만 한다."고 선언한다.[258] "일반적으로 이 교회 밖에서는 구원의 가능성이 없다."[259] 이 진술은 보이는 교회에 대해서 하고 있는 진술이라는 것을 유념해야 한다.[260] 그러므로 〈제네바 요리문답〉의 다음 같은 경고를 심각하게 여겨야 한다.

> 그리스도의 몸으로부터 분리하는 사람들과 분열을 통해 그리스도의 한 몸을 파괴하는 사람들은 그와 같은 일을 계속 하는 한, 모든 구원의 소망으로부터 끊어집니다.[261]

또한 이와 연관해서 많은 사람들이 놓치는 것은, 이 진술이 함의하고 있듯이 교회는 구원과 관련된 것이니, 교회는 **죄로부터 구원받은** 사람들이라는 것이다. 그래서 죄가 없는 타락 이전에 교회를 생각하는 것은 이상한 개념이라는 것을 잘 생각하지 않는다.[262]

---

258 제2 스위스 신앙고백서, 17장 1항.

259 웨스트민스터 신앙고백서, 25장 2항.

260 비슷한 말을 하는 벨직 신앙고백서 28조, 아일랜드 신앙고백서 68조; 웨스트민스터 신앙고백서, 25장 2항 전체가 눈에 보이는 교회에 대한 진술이라는 점에 유의해야 한다. 이와는 다르게 판단하는 Rohls, 『개혁교회 신앙고백과 신학』, 304의 주장은 잘못된 것이라고 해야 한다.

261 제네바 요리문답, 105문답.

262 많은 사람들이 그렇게 하나 대표적인 예로 Rohls, 『개혁교회 신앙고백과 신학』, 297-98의 주장을 보라. 이는 대개 "이 교회는 세상의 시작부터 있었고"(벨직 신앙고백서, 27조, 또한 하이델베르크 요리문답, 54문답)를 너무 문자적으로 이해해서 나오는 말들이다. 같은 신앙고백서 구절을 보면서도 이렇게 다르게 생각하는 것이 안타깝다.

이렇게 영원중에서 선택받고, 시간 가운데서 구속된 공동체인 교회는 시간적으로나 공간적으로나 보편적(universal, catholic)이다. "모든 시대, 국민, 민족, 언어를 막론하고 유대인과 이방인으로 이루어지기에 보편적인 교회"다.[263] 구약교회는 (보편적 전망을 바라보고 있으면서도) 현실적으로는 주로 아브라함의 자손들인 유대인으로 구성된 특정적 교회였으나, 이제 신약 교회는 실제적으로 "(이전에 율법 아래에서 한 민족에 한정되었던 것과 달리) 보편적이다."[264] "이 교회는 세상 곳곳에 산재하며 모든 시대에 걸쳐 존재하므로 어떠한 지역이나 시대의 제한도 받지 않는다."[265]

이렇게 보편적인 교회는 하나뿐이다. 하나님이 한 분이시고, 중보자도 한 분이시고, 목자도 한 분이고, 그리스도의 몸도 하나며, 성령님도 하나시요, 구원과 믿음과 약속과 언약도 하나이니 "필연적으로 교회는 오직 하나밖에 없다는 결론"에 이른다고 한다.[266] 교회의 보편성과 하나 됨은 자주 연관되어 제시된다.[267] 그리고 "교회의 일치는 외적인 제사나 의식이 아니라 **보편적 신앙의 진리와 일치** 가운데 존재한다. 이런 보편적 신앙은 사람의 법령이나 계명에 의한 것이 아니라 **하나님의 거룩한 성경에 의한 것**으로, 이것의 개요와 요약이 바로 사도신경"이라는 〈제2 스위스 신앙고백서〉의

263 스코틀랜드 신앙고백서, 16조.

264 웨스트민스터 신앙고백서, 25장 2항.

265 제2 스위스 신앙고백서, 17장 2항; 벨직 신앙고백서 27조. 구체적으로 "아프리카의 어느 지역에 있는 교회로 제한 항려는 도나티스주의자들"과 "오직 로마 교회만이 보편적이라고 불리기에 합당하다고" 주장하는 천주교회의 주장을 배격한다고 한다(제2 스위스 신앙고백서, 17장 2항).

266 제2 스위스 신앙고백서, 17장 2항.

267 그 대표적인 예로 제2 스위스 신앙고백서, 17장 2항을 보라. "그러므로 필연적으로 단 하나의 교회만이 있는데, 우리는 그것을 보편적이라고 부른다."

표현을 존중한다.[268]

또한 그리스도에 의해 구속된 교회 하나님에게 속한 교회, 성령님의 작용 가운데 있는 교회는 거룩한 교회이다. 오직 구속하시고 머리 되시는 그리스도 때문에 거룩한 것이다.

그러나 이 땅에 있는 교회는 "가장 순수한 교회일지라도 혼합과 오류 아래 있다."[269] 그러므로 이 땅의 교회는 죄와 사탄과 전투하는 교회(*ecclesia militant*)다.[270] 그러나 하나님께서 항상 이 전투하는 교회를 돌아보신다는 것을 믿으면서 최선의 노력을 해야 한다. 이에 비해 "승리한 교회(church triumph)는 승리하여 이미 전투에서 해방되어 '하늘'(heaven)에 있으며, 그 모든 전투에서 승리하였기에 하나님 앞에서 계속 기쁨을 누린다."[271]

교회의 표지를 가장 명확히 제시한 것은 〈스코틀랜드 신앙고백서〉와 〈벨직 신앙고백서〉와 〈헝가리 신앙고백서〉다. 〈벨직 신앙고백서〉는 "참된 교회임을 알 수 있는 표지들"로 (1) "순수한 복음의 교리(*pura doctrina evangelii*)가 교회 안에서 설교되어야" 하고, (2) "그리스도께서 제정하신 성례가 순수하게 집행(*recta administratio sacramentorum*)되어야" 하며,[272] (3) "교회의 권징(*disciplina Ecclesiastica*)이 시행되어야" 한다고 하면서,[273] 이를 요약하

---

[268] 제2 스위스 신앙고백서, 17장 15항 (강조점은 덧붙인 것임).

[269] 웨스트민스터 신앙고백서, 25장 5항.

[270] 스코틀랜드 신앙고백서 16조; 제2 스위스 신앙고백서, 17장 3항.

[271] 제2 스위스 신앙고백서, 17장 4항

[272] 이 두 가지, 즉 (1) 복음의 순수한 선포(*pura doctrina evangelii*)와 (2) 성례의 바른 시행(*recta administratio sacramentorum*)이 전통적으로 교회의 표지로 언급되던 것이었다(루터파의 아우그스부르크 신앙고백서, 7조; 성공회의 39 신조, 19조; 제네바 신앙고백서 18조; 프랑스 신앙고백서 28조).

[273] 이를 처음으로 따로 언급한 것은 〈제1 스위스 신앙고백서〉 15조다. 또한 스코틀랜드 신앙고백서, 18조; 헝가리 신앙고백서, 5장 6항도 보라.

면 "모든 것을 하나님 말씀에 따라 경영하고, 말씀에 위반되는 모든 것을 교정하며, 오직 예수 그리스도만이 교회의 유일한 머리이심을 인정해야" 한다고 선언한다.[274] 〈제2 스위스 신앙고백서〉는 첫째 요지 외에는 좀 모호하게 여러 가지를 말하는데 정리해서 보면 다음과 같다. 참된 교회의 표지들은 (1) "하나님의 말씀이 올바르고 성실하게 선포되는 설교, 즉 선지자들과 사도들의 책에서 우리에게 전달하는 것처럼 우리를 그리스도로 인도하는 설교가 있어야" 하며,[275] (2) "한 믿음과 한 영을 가지고, 오직 한 분 하나님만을 영과 진리로 예배하며, 온 마음과 힘을 다해 하나님만 사랑하고, 중보자되신 그리스도를 통해 간구하고, 그리스도와 그리스도를 믿는 믿음을 떠나서 의와 생명을 추구하지 않으며,[276] (3) "오로지 그리스도만이 교회의 유일한 머리와 기초가 되심을 인정하며, 확실하게 그 기초 위에 자신을 두고, 날마다 회개로 새롭게 되어 자기에게 주어진 십자가를 인내하며 짊어지며, 또한 거짓 없는 사랑으로 그리스도의 모든 지체와 결합되어 평화와 거룩한 띠를 견지하여 자신이 그리스도의 제자됨을 분명하게 선포한다"고 하며,[277] (4) "동시에 ... 그리스도께서 제정하시고 사도들이 전달한 성례에

---

274 벨직 신앙고백서, 29조 (참된 교회와 거짓 교회의 차이점). 특히 마지막 요점인 교회의 머리와 관련하여 웨스트민스터 신앙고백서, 25장 6항은 다음과 같이 천명한다. "주 예수 그리스도 외에 교회의 다른 머리는 없다. **로마 교황은 그 어떤 의미에서도 교회의 머리일 수 없다. 오히려 그는 그리스도를 대적하고 하나님으로 불리는 모든 것에 대적하여 교회에서 자신을 높이는 적그리스도이며, 불법의 사람이고, 멸망의 아들**이다."(강조점은 덧붙인 것임). 또한 제2 스위스 신앙고백서, 17장 6항도 다음 같이 말한다. "로마 교황이 이 지상에 있는 전투하는 교회의 보편적 목자요, 교회의 최고 머리요, 그리스도의 참된 대리인으로 교회의 권능 또는 최고의 지배권을 완전히 소유하고 있다는 로마 가톨릭 사제들의 교리를 우리는 인정하지 않습니다.... 그리스도를 대신하는 다른 어떤 대리인도 필요 없다고 우리는 가르칩니다.... 그리스도께서는 자신의 사도들이나 사도들의 후계자가 교회 안에서 수위권과 지배권을 가지는 것을 엄하게 금하셨습니다."

275 제2 스위스 신앙고백서, 17장 9항.

276 제2 스위스 신앙고백서, 17장 10항.

277 제2 스위스 신앙고백서, 17장 10항.

참여하며, 이것을 주께로부터 받은 것과 다른 방식으로 사용하지 않는다"고 한다.[278]

〈하이델베르크 요리문답〉은 한 곳에서 교회의 표지를 모아 말하지는 않지만, 개혁파 교회가 말한 표지 3가지를 다 강조하면서, 거룩한 복음의 설교와[279] 성례의 시행,[280] 그리고 교회의 권징을[281] 다 강하게 말한다.

이런 표지를 가진 교회가 참된 교회이다. 세 가지 표지 모두가 말씀과 관련된 것이므로 교회는 고대 교회가 잘 표현한 바와 같이 과연 "말씀의 피조물"(*creatura verbi*)이라고 할 수 있다. 그러므로 "우리는 구원 얻기를 소원하는 자가 그리스도의 참된 교회에서 스스로 떠나는 일은 도무지 지혜롭지 못한 것이라고 가르친다."[282]

개혁파 교회론의 또 하나의 중요한 측면은 장로회(presbyterion)에 대한 성경적 이해를 제시하고 이에 충실하려고 하는 점이다. 〈제네바 교회 규정〉에 따르면 목사는 "장로들과 함께 형제로서의 권고를 수행하도록" 되어 있

---

278 제2 스위스 신앙고백서, 17장 10항. 과연 이렇게 넷으로 제시하는지는 좀 모호하다. 18장 15항에서는 사역자의 직무를 (1) 그리스도의 복음을 가르치는 것과 (2) 성례전을 합당하게 시행하는 것으로 말하기도 하고, 후에는 권징도 말하고 있다. "교회에는 반드시 권징이 필요합니다"(제 2 스위스 신앙고백서, 18장 17항).

279 하이델베르크 요리문답, 83문답, 84문답, 65문답.

280 하이델베르크 요리문답, 65문, 66문답, 68문답-82문답.

281 하이델베르크 요리문답, 82문답, 83문답(복음의 설교와 교회의 권징을 천국의 열쇠로 제시하고 있다.), 85문답. <웨스트민스터 신앙고백서>와 대소 요리문답은 "그리스도의 구속의 덕을 우리에게 전달하는 외적이고 통상적인 수단들로 (1) 하나님의 말씀과 (2) 성례와 (3) 기도"를 언급한다(웨스트민스터 소요리문답 88문답; 대요리문답 154문답). (1) 말씀 (소요리문답 89-90문답; 대요리문답, 155-160문답), (2) 성례 (소요리문답 91-97문답; 대요리문답, 161-175문답), (3) 기도 (소요리문답 98-129문답; 대요리문답, 178-196문답). 권징에 대해서는 웨스트민스터 신앙고백서, 30장 1항-4항을 보라.

282 제2 스위스 신앙고백서, 17장 11항.

다.[283] 〈제2 스위스 신앙고백서〉에서는 다음과 같이 말하는 제롬의 디도서 주해를 인용하고 있다: "악마의 속삼임으로 종교상 당파적 움직임이 생겨나기 전까지는 장로들의 공동회의에서 교회를 다스렸다."[284] 〈프랑스 신앙고백서〉와 〈벨직신앙고백서〉에 의하면 교회 회의체(Kirchennats)는 목사, 장로, 집사로 구성되는 것으로 언급한다.[285] 이때 모든 직분자의 평등성을 아주 강조한다. "어느 곳에 있든지 진정한 목사는 모두 같은 신뢰를 얻고 동등한 힘을 가지고 있다."[286] 〈벨직 신앙고백서〉는 더 분명히 말한다: "하나님의 말씀을 맡은 사역자들은 온 세상의 유일한 감독이자 교회의 유일한 머리이신 그리스도에게 속한 목사들이기 때문에 어디 있든지 동등한 권세와 권위를 지닙니다."[287] 〈제2 스위스 신앙고백서〉도 같이 말한다.

> 교회에 있는 모든 사역자는 하나이며, 동등한 권세 또는 기능을 부여받았습니다. 감독과 장로는 처음부터 마음을 합하여 함께 수고로이 교회를 다스렸습니다. 누구도 자신을 다른 사람보다 높이지 않았고, 다른 감독들에게 더 큰 권세나 지배권을 빼앗는 자도 없었습니다.[288]

또한 당시 관습을 따라 장로 위에 감독이 있는 것을 생각하며, 또한 그런 상황 속에서 글을 쓴 제롬의 다음과 같은 말을 인용하고 있다.

---

283 제네바 교회 규정, 4조.

284 제2 스위스 신앙고백서, 17장 14항 중에서.

285 프랑스 신앙고백서, 부속 문서 교회 규율, 20조; 벨직 신앙고백서 30조.

286 프랑스 신앙고백서. 30조

287 벨직 신앙고백서, 31조

288 제2 스위스 신앙고백서, 18장 13항.

> 감독들도 자신이 장로보다 위에 있다는 것이 하나님의 진리로 규정된 법칙에 따른 것이라기보다는 오히려 관습에 따른 것이라는 것과 장로들과 협력하여 교회를 정치해야 할 것을 늘 생각해야 한다.[289]

이런 제롬의 말에 이어서 불링거가 하는 다음과 같은 말의 함의를 깊게 새겨야 한다: "그러므로 우리는 인간이 고안한 관습을 받아들이기보다 하나님의 교회의 옛 제도로 돌아가는 것을 어떤 권리로든 그 누구도 금지할 수 없을 것입니다."[290] 그러므로 바른 것은 "어떤 교회도 다른 교회보다 더 뛰어난 우위권과 지배력을 잡는 일은 없고, 어떤 설교자도 다른 설교자보다, 또 어떤 장로도 다른 장로보다, 어떤 집사도 다른 집사보다 위에 서서 지배하는 일은 없다"는 원칙에[291] 충실해야 한다. 그런 뜻에서 한편으로는 이런 원칙에 충실하려고 하면서도, 관습을 중요시하면서 "각 도시의 제1목사(Antistitem), 노숙한 담임 목사(Senior), 담임 목사(Rector), 주관자(Director), 그리고 감독(intendens)이 필요하다"고 하면서[292] 지금까지 유지하고 있는 헝가리 개혁교회의 모습은 좀 예외적이라고 여겨진다. 그러나 한편으로 이는 개혁 교회들의 다양성을 보여 주는 한 가지 예이고, 이로부터 "인간이 고안한 관습을 받아들이기보다 하나님의 교회의 옛 제도로 돌아가는" 일을 지속해야 할 것이다.[293]

---

289 제2 스위스 신앙고백서, 18장 14항.

290 제2 스위스 신앙고백서, 18장 14항 마지막 부분.

291 엠덴 교회 규정 1조, Rohls,『개혁교회 신앙고백과 신학』, 435에서 재인용.

292 헝가리 신앙고백서, 5장 21항, Rohls,『개혁교회 신앙고백과 신학』, 436에서 재인용 (번역을 전체적으로 점검하였음을 밝힌다).

293 이런 점에서 성경이 말한 직분자인 목사, 장로, 집사 외의 모든 직분을 명시적으로 배제하고 있는 제 2 스위스 신앙고백서, 18장 6항은 매우 중요하다. 말씀 사역자를 "목사, 장로, 감독, 교사라고

또한 모든 직분자들은 회중의 동의(*consentement commun*)를 얻어 하나님의 뜻을 확인하고서 직무를 감당하도록 했다는 것도 중요한 기여다.[294] 〈벨직 신앙고백서〉에서는 말씀 사역자, 장로들과 집사들이 "교회의 합법적인 선거를 통해 각자의 직무에 선출되어야" 한다는 것을 명시했다.[295] 이렇게 선출된 사람들을 그 직분으로 세울 때, 즉 장립할 때 초기에는 공식적 장립식에서의 기도만으로 세웠다. 천주교회의 복잡한 미신에 대한 반발을 의식하면서 그리했다. 〈제네바 교회 규정〉은 이를 다음과 같이 명시한다.

> (고대 교회의 바른) 관습이 많은 미신으로 변화되었기 때문에 이 시대도 가지고 있는 연약함 때문에 다음 형식으로 만족해야 한다. 즉, 선출된 사람이 감당해야 하는 직무의 과제를 교직자 한 사람이 설명하고, 그에게 그 일을 제대로 하도록 권고하고, 주께서 그에게 이 봉사를 제대로 해 낼 은혜를 주시도록 기도하는 것으로 충분하다.[296]

안수(*impositio manum*)는 배제되었다. 이는 스코틀랜드의 〈제1 치리서〉(1560)에서와 같았다.[297] 그러나 세월이 지나면서 과거의 미신이 사라졌다고 하면서 안수를 허락할 수도 있다고 하면서 그러나 이는 안수할 때 성령은 은혜

불러도 좋다"고 말하는 18장 5항도 보라.

294 특히 이를 언급하는 제네바 교회 규정, 10조; 프랑스 신앙고백서 부속 문서인 교회 규율 6조;

295 벨직 신앙고백서, 31조. 제2 스위스 신앙고백서, 18장 8항도 보라: "교회의 사역자는 교회의 합법적인 선거와 선출에 따라서 부르심과 선택을 받아야 합니다."

296 제네바 교회 규정, 14조, Rohls, 『개혁교회 신앙고백과 신학』, 440에서 재인용 (번역을 전체적으로 점검하였음을 밝힌다).

297 Cf. 이승구, "요한 낙스와 제1 치리서", 김병훈 편, 『노르마 노르마타』 (수원: 합동신학대학원출판부, 2015)을 보라.

가 임하는 것으로가 아니라 그가 이 직무를 감당하도록 하는 상징적 표로서 그리한다고 한 〈제 2치리서〉(1578)와 같이 많은 개혁교회들이 상징적 행위로서 안수를 허용하였다. 아주 초기부터 문제는 천주교회 때 안수하여 임직시킬 때 그에 붙이던 미신적 사고방식을 제거하는 것이었다. 〈엠덴 교회규정〉(1571)에서는 안수할지 말지는 "각 교회의 자유이고 항상 여러 미신에서 벗어나야 한다."고 말한다.[298] 〈제2 스위스 신앙고백서〉는 "공적 기도와 안수를 통하여 임직해야 한다"고 하고 있다.[299]

각 교회 공동체를 중심으로 생각하면서도 교회의 문제가 있을 때 교회의 대표자들이 모여 의논하고 결정한 사도행전 15장의 예루살렘 회의를 염두에 두면서, "더 나은 교회 정치와 건덕을 위하여, 일반적으로 대회 또는 공의회라고 불리는 교회 회의가 있어야 한다."고 하였다.[300] 이때 하는 일에 대해서도 다음과 같이 규정하고 있다.

> 대회와 공의회가 수종드는 사역은 신앙의 논쟁들과 양심의 문제들을 결정하는 일, 하나님께 드리는 공예배의 더 나은 순서와 하나님의 교회를 다스리기 위한 일을 위한 규칙과 지침을 제정하는 일, 또한 잘못된 행정 사안에 대한 불만을 접수하는 일, 그리고 이 사안을 권위 있게 결정하는 일이다.[301]

이런 확대회의가 결정한 것에 대해서 각 교회 공동체가 어떻게 해야 하는지도 아주 명확하게 다음 같이 제시하고 있다.

---

298 엠덴 교회 규정, 16조.

299 제2 스위스 신앙고백서, 18장, 8항.

300 웨스트민스터 신앙고백서 31장 1항. 스코틀랜드 신앙고백서 20조도 보라.

301 웨스트민스터 신앙고백서 31장 3항의 윗부분.

이 결정과 판결이 하나님의 말씀에 일치한다면 존경과 복종으로 받아들여야 한다. 이 결정과 판결이 하나님의 말씀과 일치하기 때문만이 아니라, 또한 이것들이 하나님의 말씀에서 명하신 하나님의 규례라고 판단한 권세 때문에 그렇게 해야 한다.[302]

물론 "어떤 교회도 다른 교회에 대해 우위권이나 지배권을 주장할 수 없다."는 원리를[303] 기억해야 한다. 그러나 교회의 대표자들이 모여서 하나님의 말씀과 성령님을 따라 결정한 것은 "하나님의 말씀에 일치한다면 존경과 복종으로 받아들여야 한다." 그것도 그것이 "하나님의 말씀과 일치하기 때문만이 아니라, 또한 이것들이 하나님의 말씀에서 명하신 하나님의 규례라고 판단한 권세 때문에 그렇게 해야 한다."[304] 이런 뜻에 따라 같이 의논하고 같이 목회해 가는 것이 노회와 총회 등의 확대회의의 의미다.[305]

개혁파 정통주의 신학자들이 제시한 개혁신학

개혁신학은 내용적으로는 철저한 "성경주의"(biblicism)를 뜻한다. 개혁파 신학자들이 내세우는 것으로도 그러하고, 다른 신학적 입장을 지닌 분들이 개혁파 정통주의를 그렇게 부르면서 조롱했던 것으로 보아서도 개혁파 정통주의는 성경주의를 지향한다. 그러나 개혁파 정통주의는 어떤 사람들이 조롱하는 바와 같이 성경을 우상 숭배하듯 하는 성경숭배주의(bibliolatry)자

302 웨스트민스터 신앙고백서 31장 3항의 아래 부분.

303 프랑스 신앙고백서 30조; 엠덴 교회 규정 1조.

304 웨스트민스터 신앙고백서 31장 3항의 아래 부분.

305 마지막에 되어질 일에 대해서는 24장에서 정리하기로 한다.

들이거나[306] 성경을 "종이 교황"(paper Pope)으로 만드는 사람들이 아니라는 것은 분명히 할 필요가 있다.[307] 개혁파 정통신학은 신학에서나 교회에서나 일상생활에서도 **성경에서 자증하시는 하나님의 가르침을 온전히 따르기 원한다**. 그래서 성경적 신학을 바른 신학이라고 하였고, 성경이 말하는 교회를 바른 교회라고 하였으며, 성경의 가르침에 따르면 온전히 성령님의 인도함을 받아 사는 생활을 바른 생활이라고 표현하기도 하였다.

성경이 가르치는 대로 성경의 사상에 충실한 신학을 하여 성경에 대해서든지, 하나님에 대해서든지, 그 어떤 주제에 대해서든지 성경이 말하는 바에 철저히 따라 가되,[308] 그 일을 우리의 머리로만 하는 것이 아니라 "신앙하는 이성"과 함께 삼위일체 하나님을 전적으로 신뢰하는 "(거룩한) 감정"과 "성령님을 따르는 의지"로 하니, 그야말로 전인격적으로 하나님의 말씀과 성령님의 인도함을 받아 가려고 하는 것이 개혁파 사상이다. 이는 전인격적인 작업이고, 전생애에 걸친 작업이다.

그러므로 이 일은 홀로 할 수 있는 일이 아니고 성경을 따라서 삼위일체 하나님을 바르게 섬겨 가는 교회 공동체가 같이 감당하는 교회 공동체적인 작업이다. 한편으로 이는 모든 지식을 동원해서 하는 작업이면서 동시에

---

306 이 용어는 새뮤얼 콜리지(Samuel Taylor Coleridge, 1772-1834)가 사용했던 말로 후에 다양한 사람들이 이 성경을 그대로 믿는 사람들을 조롱할 때 사용하는 말이 되었다. 콜리지는 "성경숭배주의도 우상 숭배의 하나"(Bibliolatry is a form of idolatry)라고 하였다.

307 심지어 신정통주의자들도 정통파 개혁주의자들을 이와 같이 비판하고 있음을 곳곳에서 볼 수 있다.

308 이런 태도를 "오직 성경"(*sola scriptura*)이라는 모토로 요약하기도 한다. Maarten Wisse, "Part I: Systematic Perspectives – *Contra et Pro Sola Scriptura,"* in *Sola Scriptura: Biblical and Theological Perspectives on Scripture, Authority, and Hermeneutics,* eds., Hans Burger, Arnold Huijgen, & Eric Peels (Leiden: Brill Publishers, 2017), 19–37. 상당히 좋은 논의로 리고니어 사역팀의 Keith A. Mathison, *The Shape of* Sola Scriptura (Moscow, Idaho: Canon Press, 2001)을 보라. 이에 비해서 천주교회는 성경의 우위성(*prima scriptura*)이라는 용어를 선호한다.

우리의 존재 전체가 동원되어 하는 작업이다. 그러므로 살아 있는 하나님과의 관계에서 나오는 것이다.

1. 하나님의 주권에 대한 강조

성경에 온전히 따르는 개혁신학은 무엇보다도 하나님의 주권(sovereignty of God)에 대한 가르침을 받는다. 그래서 성경을 철저히 따르는 신학은 하나님의 전포괄적인 주권을 강조한다.[309] 어떤 분들은 개혁파 사상의 유일한 특성으로 하나님의 전포괄적 주권에 대한 인정을 언급할 정도로 이것은 개혁주의의 가장 큰 특징들 중의 하나다. 하나님의 주권은 절대적이어서 하나님을 대립하여 서는 것은 그 어떤 것이든지 인정되지 않는다고 선언하는 것이 개혁주의다. 코넬리우스 밴틸(Cornelius Van Til)이 잘 표현한 바와 같이, "성경이 자증하는 교리는 역사 가운데서 발생하는 것은 무엇이든지(whatsoever comes to pass in history) 살아계시는 하나님의 계획과 경륜 때문에 실현된다는 것을 전제로 한다."[310] 이처럼 개혁신학이 말하는 하나님 중심 사상은 "자연계와 도덕계에 관여하시는 하나님의 절대적 주권"을 말하고 강조한다.[311]

---

309 이 문제에 대한 가장 좋은 논의들로 다음을 보라. John Murray & William Childs Robinson, *The Sovereignty of God: Proceedings of the First American Calvinistic Conference in 1939,* ed., Jacob Hoogstra (Solid Ground Christian Books, 2008); John Murray, *Calvin on the Scriptures and Divine Sovereignty* (Grand Rapids: Baker, 1960, reprint, Grand Rapids: Baker, 1978). 성도들을 위해 잘 설명한 논의로는 Arthur Pink, *The Sovereignty of God* (Sovereign Grace Publishers, Inc., 1918, reprint, Peabody, MA: Hendrickson Publishers, Inc., 1998); J. I. Packer, *Evangelism and the Sovereignty of God* (Chicago: InterVarsity Press, 1961)을 보라.

310 Cornelius Van Til, *A Christian Theory of Knowledge* (Philipsburg, NJ: P& R, 1959), 28.

311 H. Henry Meeter, *The Basis Idea of Calvinism* (Grand Rapids: International Publications, 1960), 『칼빈주의』, 박윤선, 김진홍 공역 (서울: 한국개혁주의 신행협회, 1976), 16ff.

2. 죄에 대한 철저히 성경적인 이해

그래서 성경에 철저한 사상에서는 어디서나 "죄"가 심각한 문제로 드러난다. 죄는 하나님의 주권을 침범하면서 인간이 자신의 주권을 주장하며, 하나님의 성품을 공격하고, 하나님께서 내신 법을 어기고 자신을 주장해 가는 것으로 인식되기 때문이다. 이런 점에서 여러 신학 중에서 개혁신학이 죄의 심각성을 가장 강조하고 있다. 인류 최초의 죄를 자신을 주장하여 하나님의 명령을 어기고 하나님을 대항하는 것으로 인정하는 일의 철저성에서도 그러한다. 그래서 개혁신학은 다른 건전한 신학과 함께 죄를 그저 "선의 결여"(*privatio boni*) 정도로 표현하는 어거스틴의 표현 방식이[312] 너무 소극적인 것이라고 비판하면서, 죄는 하나님에 대한 적극적인 반항적 태도요 행위라는 것을 정확히 지적한다.[313]

죄는 하나님의 주권을 상대화시켜 보려는 모든 인간의 시도이므로, 그 어떤 형태의 죄도 다 무시무시한 것이다. 그래서 개혁신학은 죄를 천주교회에서와 같이 대죄(cardinal sins or capital vices)와[314] 소죄(가벼운 죄, venial sins)로 나누지 않는다. 성경의 가르침을 철저히 따라 생각해 보면 죄는 그 어떤 것

---

312 Augustine, *Enchiridion,* chapter 11, in *Nicene and Post-Nicene Fathers*, vol. 3 (Edinburgh: T&T Clark, 1887, reprint, Edinburgh: T&T Clark, and Grand Rapids: Eerdmans, 1988), 240: "What is Called Evil in the Universe is But the Absence of Good"; *Civita Dei,* 11. 9, in *Nicene and Post-Nicene Fathers,* series I/volume II (1886; Edinburgh: T&T Clark and Grand Rapids: Eerdmans, 1988), 210.

313 Geerhardus Vos, *Reformed Dogmatics,* vol. 2: *Anthropology*(1910), trans. Richard B. Gaffin, et al. (Lexham Press, 2012-2014), 56; Louis Berkhof, *Systematic Theology* (Grand Rapids: Eerdmans, 1941), 228, 231-33.

314 Thomas Aquinas, *Summa Theologica,* I-II, Q. 84, article 3 & Article 4, second and revised edition, trans. Fathers of the English Dominican Province, 1920, online edition, 2017, https://www.newadvent.org/summa/2084.htm#article4.

이든지 하나님의 주권을 침범해 가는 무시무시한 일이기에 모든 죄는 "죽어 마땅한 죄"이며, 죄인은 누구나 형벌 받아 마땅한 존재다.

인류 최초의 "처음 죄"(the first sin) 때문에 있게 된 "본래적인 죄책"(original guilt)과 "본래적인 부패성"(original corruption)을 원죄(original sin)라고 부르면서 **그것의 심각성을 가장 깊이 의식하는 사상**도 철저히 성경을 따르려고 하는 개혁파 사상이었다. 물론 원죄는 천주교회도 말하고 루터파도 말하고 알미니우스주의자들도 다 말하지만 그것을 얼마나 인식하는 정도는 다 다르다. 펠라기우스를 따르는 사람들은 원죄를 부인하여 아담의 죄된 모범이 후대에 죄를 쉽게 지을 수 있는 여지를 만들었지만 그 상태에서도 사람들은 선조들의 잘못된 모범에도 불구하고 하나님의 뜻을 따라 하나님께 순종을 할 수 있었다고 생각했다. 당시의 거의 모든 그리스도인들은 그것이 잘못된 가르침이라고 하면서 펠라기우스주의를 이단으로 정죄하였다.

그러나 펠라기우스주의를 반대하는 많은 사람들이 인간의 죄의 부패성을 철저히 인정하지 않은 일이 많았고, 그것이 후대의 잘못된 신학사(神學史)를 만들었다. 개혁파 신학은 하나님의 주권을 조금이라도 손상시키는 사상들을 일일이 비판하는 하나님 주권의 대변 사상이다. 그리고 그것이 개혁신학의 철저한 성경적인 구원론의 토대가 되었다.

3. 철저히 성경적인 구원론

개혁신학은 성경이 가르치는 구원에 대한 가르침(**우리 신학의 일차적, 근원적, 최종적 근거**)과 구원 받은 우리의 경험(우리 신학의 **간접적, 보충적 근거**)에 비추어 볼 때 누구나가 다 구원은 전적으로 하나님의 은혜로, 하나님 혼자의 힘으로만 이루어진다는 것을 정확히 인식하고 고백한다. 즉, 성경적으로 생각하고 말하면 "구원 문제에서의 하나님 독력주의(獨力主義, monergism)"를 말한다.[315]

그런데 그렇게 하지 않은 많은 생각들이 우리 주변에 있다. 그것은 (오래된 신인협력주의[synergism] 사상을 지닌 천주교회에서처럼) 성경만을 철저하게 의존하지 않으려고 하거나, 그것이 아니라면 우리에게 일어난 구원에 대해서 우리 식으로 생각하면서 이를 좀더 "합리주의적"으로 생각하려고 하다가 함정에 빠진 것이다. 개혁신앙을 고백하는 교회에 속한 사람들도 주의하지 않으면 그런 식으로 생각해서 잘못될 수 있기에 우리들은 항상 주의해야 한다.

개혁파 교회의 역사에서 가장 반어적(反語的)인 상황의 하나는 개혁파 사람들 가운데서 알미니우스주의(Arminianism)가 나왔다는 것이다. 화란 개혁파 교회 안에서 교회의 공식적 가르침에 동의하지 않는 일단의 사람들이 나타났고, 그들의 생각과 사상에 대해서 검토해 보도록 요청 받은 제네바 유학 출신의 야곱 알미니우스(Jacobus Arminius, 1560. 10. 10 – 1609. 10. 19)가 내면적으로 그들에게 동의하면서 공식화 되게 된 "항론파"(Remonstrants)가 그의 이름으로, 즉 "알미니우스주의"(Arminianism)로 역사에 남게 되었다. 이것에서 보여 지듯이, 이런 사상이 정형화 된 것에 알미니우스의 내적인 공헌이 있었다고 할 수 있다. 이것은 형식적으로 개혁파 교회에 속해 있다는 것으로 우리가 참으로 개혁파적으로, 즉 철저히 성경적으로 생각하고 산다는 것을 보증하지 않는다는 것을 잘 보여주는 역사적인 예가 된다.

---

315 Matthew M. Barrett, *Reclaiming Monergism: The Case for Sovereign Grace in Effectual Calling and Regeneration* (Phillipsburg: P&R Publishing, 2013). 이 용어를 사용하는 개혁파 사람들의 홈페이지로 다음을 보라: https://www.monergism.com/

성경을 통해서 하나님과 하나님의 구원을 잘 배운 후에 생각하기를 어떤 사람은 주께서 선택하셔서 구원하시고, 어떤 사람은 선택하지 않으셔서 구원하지 않았다고 하면 마치 하나님이 공평하지 않은 분 같은 인상을 받으실 수 있으니 하나님을 위해서 하나님을 변호하기 위해 영원 전에 하나님께서 보실 때에 어떤 사람들은 장차 하나님을 믿을 것이니 그 믿음을 미리 보고서, 더 나아가서 그들의 선행을 미리 보고서 선택하시고, 어떤 이들은 그것이 없으니 하나님께서 선택하지 않으셨다는 소위 '조건적 선택'(conditional election)을 생각하고 말하기 시작한 것이 알미니우스적 사상의 출발점이라고 할 수 있다. 이를 더 강화시킨 것이 그리스도는 모든 사람들을 위한 구속[소위 보편 구속, universal atonement]을 이루셔야 하지 않느냐는 생각이었고, 성경에 나타나는 "모든"이라는 말을 문자적으로 읽다보니 그야말로 그리스도는 문자적으로 모든 사람을 위해 피를 흘리셨다는 생각을 하게 된 것이다. 이것을 선포하는 것이 복음을 선포하는 것이라고 했고, 이런 복음이 선포될 때에 각기 사람들이 이를 받아들일 수도 있고 안 받을 수도 있다는 생각이 나타난 것이다. 이런 사상에서는 인간은 타락하기는 했어도 전적으로 타락하지는 않아서 복음이 들려오면 스스로 복음을 선택하고 믿을 수 있을 정도로 타락했다고 생각하기에 이른 것이다. 따라서 복음 선포와 함께 주어지는 하나님의 은혜도 그 은혜를 인간이 받을 수도 있고 저항할 수도 있는 은혜(resistable grace)라고 여긴 것이다.

이렇게 생각한 분들은 자신들이 하나님을 위해서 보편적인 복음 선포를 위해서 생각하고 말한다고 하면서도 과연 이런 생각이 얼마나 위험한 것인지를 깊이 있게 생각하지 않았다고 하지 않을 수 없다. 그리스도께서 위하여 피를 흘려주셨어도[보편 구속, universal atonement] 궁극적으로 구원받지 못하는 사람이 있다[보편구원(universal salvation)은 아님]는 것을 잘 의식하고 말하면서도, 그렇게 말할 때 그리스도께서 피 흘리신 것이 유효하지 않을 수 있는 어떤 부분이 있다고 말하게 된다는 것을 잘 의식하지 않은 것이고, 의식해도 그래야 인간의 선택의 책임을 물을 수 있다고 생각한 것이다.[316] 그러나 그것이 그리스도의 피 흘리심의 효과를 구원의 근거로만 만들지 유효한 구원으로 제시하는 것이 아니라는 것은 무시하여 했고, 또 지금도 그리한다.

그러나 개혁파 교회는 그렇게 말할 수 없으니 그리스도께서 위하여 피 흘리신 것이 실제적 구원을 이루기 때문이다. 그리스도께서 위하여 피흘려 주신 사람들은 반드시 구원된다. 그리고 우리가 지금 하나님과 그리스도의 구속을 믿는 것은 우리의 능력으로 하는 것이 아니라 전적으로 하나님께서 이루신 중생에 의해서 변화되었기에 주님을 믿는 것이다. 죄와 허물로 죽은 사람들은(엡 2:1, 렘 17:5) 스스로 자신의 능력으로 주님을 믿을 수 없다. 십자가의 유효한 구속이 중생으로 이루어 여기서 나로 믿게 한다. 십자가 구속에서 나온 이 믿음은 영원 전에(엡 1:3-5) 하나님께서 조건 없이 하신 선택을(롬 9:11-13 참조) 드러내 주는 것이다. 그러므로 우리들은 성경을 따라서 우리의 구원이 철저히 그리스도의 구속으로만 이루어진 것이라고 믿기에 "오직 그리스도"(*Solus Christus*)를 강조하고 고백한다.[317] 전적으로 하나님의 은혜로만 구원이 이루어지고 그에 근거해서만 우리가 살기에 "오직 은혜"(*Sola Gratia*)를 선언한다.[318] 이를 철저히 믿는 믿음으로만 구원받고 이 믿

---

316 이런 점을 강력하게 주장하면서 개혁파의 성경적 성격을 잘 드러낸 B. B. Warfield, *The Plan of Salvation* (Grand Rapids: Eerdmans, 1955)과 Loraine Boettner, *The Reformed Doctrine of Predestination* (Evangelical Press, 1932, Grand Rapids: Eerdmans, 1936) 등을 보라.

317 대표적인 예로 Stephen Wellum, *Christ Alone* (Grand Rapids: Baker Academic, 2017)을 보라.

318 대표적인 예로 Carl R. Trueman, *Grace Alone* (Grand Rapids: Baker Academic, 2017)

음으로 산다. 그러므로 우리들은 "오직 믿음"(*Sola Fide*)을 강조한다.[319] 이신칭의를 참으로 바르게 믿어야만 이런 구호들이 말하는 바를 제대로 믿는 것이다. 그리고 이 모든 것을 우리는 "오직 성경"(*Sola Scriptura*)에서 배운 것이기에 우리들은 "오직 성경"에서 배우고, "오직 성경" 대로 하나님을 경배하며 산다.[320]

4. 오직 하나님의 영광을 드러내는 개혁주의적 삶에 대한 강조

구원에 대해서 철저히 성경적인 이해를 가진 개혁신학은 구원받은 성도로 사는 삶에 대해서도 철저히 성경의 가르침에 충실한 입장을 제시하고 그것을 강조해 왔다. 여기서 개혁주의가 (초기 근본주의와는 다른) 좁은 의미의 근본주의와 어떻게 다른지가 확연히 드러나게 된다. 좁은 의미의 근본주의는 성경을 정확무오한 하나님의 말씀으로 믿고, 그것을 철저히 믿으려고 하는 점에서는 개혁주의와 같지만, (1) 신앙을 강조하면서 학문에 대한 관심이 적어 반지성주의적(反知性主義的) 형태로 드러나며, (2) 사회와 문화에 대한 관심이 적고 오직 교회 공동체에 대해서만 집중하며, 따라서 (3) 전도 이외에는 이 세상에 대해서 상당히 무관심한 것 같은 인상을 주는 입장이다. 이런 좁은 의미의 근본주의는 성경을 철저히 믿으려고 한다는 것에 대해서는 개혁파와 의견을 같이하지만, 앞서 이야기한 3가지 점을 중심으로 상당한

을 보라.

319 대표적인 예로 Thomas Schreiner, *Faith Alone* (Grand Rapids: Baker Academic, 2015); Matthew Barrett, ed., *The Doctrine on Which the Church Stands or Falls: Justification in Biblical, Theological, Historical, and Pastoral Perspective* (Wheaton: Crossway, 2019)을 보라.

320 대표적인 예로 Matthew Barrett, *God's Word Alone* (Grand Rapids: Baker Academic, 2016)을 보라.

차이를 드러내게 된다. 그래서 성경을 열심히 믿되 안타까운 모습으로 나아가는 근본주의를 성경적으로 수정할 수 있는 바른 대안이 역시 "개혁파 사상과 삶"(이것을 흔히 "칼빈주의"[Calvinism]라고 한다)이라고 할 수 있다. 이것은 과거의 개혁주의가 성경에 충실해서 이 점에 있어서 좋은 입장을 잘 견지해 왔다는 것이므로, 우리나라에서 개혁주의를 표방하는 사람들이 어떻게 하느냐에 따라서 우리가 과연 개혁파인지를 판가름하게 할 수 있는 중요한 시금석이다.

기본적으로, 구원받은 성도는 이 세상에서의 모든 사회적 문화적 활동에서 하나님과 하나님 나라를 위해 열심히 살게 된다는 것을 개혁신학은 성경에 근거해서 강조해 왔고 또 늘 그렇게 해야만 한다. 따라서 구원받아 하나님과 하나님 나라를 위해 이 세상 안에서 사회적 문화적 활동에 힘써 나가는가, 아니면 좁은 의미의 종교적이고 소위 교회적인 일에 집중하므로 이 세상에서의 일에 대해서는 소극적이게 되는가에 따라서 우리가 진정 개혁파적인지, 아닌지가 드러나게 된다. 개혁파적인 성도는 그가 하는 일상의 모든 일들이 다 하나님 나라의 일이라고 믿으며 참으로 하나님 나라를 드러내기 위해 활동하게 된다.

그 일상의 일의 상당 부분이 직장에서 하는 활동이고, 이 세상 속에서 하는 일이다. 그러므로 개혁파적인 이해에 의하면 이 세상은 우리의 사역의 무대다. 물론 이 세상은 하나님에게 대해 관심을 가지지 않고, 때로는 상당히 적대적이지만 바로 그 세상에서 그 세상의 사람들을 잘 인도하여 하나님 나라로 끌어 들이거나, 적어도 그리스도인의 삶을 통해서 하나님 나라가 어떤 것인지는 보도록 하는 것이 구원받은 성도의 삶의 목표이기 때문에 개혁파적인 성도는 이 세상의 삶의 영역에서 하나님의 영광을 위해

매우 적극적인 노력을 하게 된다.[321]

그런데 대개 이 세상에서 적극적으로 사는 **이 세상 사람들은** (1) 자기 자신들의 유익을 위해서 그리하거나, 아니면 (2) 이 세상에서 귀한 것이라고 여기는 세상적 가치를 위해 열심히 하는 것이지만, 구원받은 개혁파 성도들은 **이 두 가지에 대해서 전혀 관심이 없음에도 불구하고 이 세상에서 오직 하나님의 영광과 하나님 나라만을 위해서 이 세상 안에서도 열심히 적극적으로 사는 것**이다.

그러므로 개혁파 성도들은 먼저, 우리들이 과연 자신들의 유익에 대해서, 또한 이 세상의 가치에 대해서 철저하게 관심이 없는지를 점검해야 한다. 우리는 이 세상에 대해서는 십자가에 못 박힌 사람들이기 때문이다. 만일 우리가 이 세상에서 어떤 활동을 열심히 하는 것이 자신의 유익을 위하거나 세상적 가치를 추구하는 것이라면 우리는 개혁파적이지 않을 뿐만 아니라, 전혀 기독교적이지 않은 것이다. 그러므로 개혁파 그리스도인들은, 칼빈 때로부터, 철저한 자기 부인(self-denial)을 늘 강조해 왔다.[322] 이것이 없이는 우리의 모든 활동이 개혁파적이지도 않고 기독교적이지도 않은 것이다.

이런 철저한 자기 부인에 토대한 이 세상의 사회적 문화적 활동에 대한 적극적 관여와 활동은 오로지 하나님 나라를 잘 드러내려는 목적에서 이루어진다. 이 세상을 창조하신 하나님의 뜻에 의하면 이 세상이 마땅히 어떻게 되어야 한다는 인식이 성장하면서 매우 자연스럽게 이 세상에서 우

---

321 Michael Horton, *Calvin on the Christian Life: Glorifying and Enjoying God Forever* (Wheaton: Crossway, 2014); David VanDrunen, *God's Glory Alone: Reformation Heritage Books* (Grand Rapids: Baker Academic, 2015); Joseph Pipa, Jr., *How Can I Do All Things for God's Glory* (Grand Rapids: Reformation Heritage Books, 2018)를 보라.

322 John Calvin, *Institutes of the Christian Religion,* trans. Ford Lewis Battles (Philadelphia: The Westminster Press, 1960), 3. 7-8.

리가 감당하는 일들을 좀 더 하나님의 뜻에 부합하게 하여 가려고 하게 되는 것이다. 일단은 자신의 직업에서 그렇게 하나님의 뜻을 수행하려는 노력을 하게 된다.[323] 그래서 개혁파에서는 루터와 함께 우리의 직업을 "소명"(*vocatio*)으로 의식하면서 하나님께서 나를 불러 시키신 일을 가장 하나님의 뜻에 부합하게 성령님의 의도대로 하여 가려고 애쓰게 된다.[324] 여기에 개혁파의 진정한 모습의 드러남이 있다. 우리 삶의 가장 많은 시간이 직업 활동에 드려지기에 직업에서 하나님 나라를 드러내지 않고, 직업을 통해 하나님을 섬겨 가지 않는 사람은 결국 삶의 대부분에서 하나님을 섬기는 것과는 무관한 삶을 사는 것이 된다. 그러므로 그런 삶은 성경이 말하는 진정한 하나님 백성의 삶이 아니다.

5. 폭 넓은 문화 활동 강조

그러나 개혁파 신학은 직업의 영역에서만 하나님을 섬겨 가는 것은 아님을 강조한다. **직업 활동 이외의 영역에서도** 하나님을 섬겨 가야 한다. 그것의 상당히 중요한 부분은 직업 영역 밖에서의 문화 활동이라고 할 수 있다.

이것은 흔히 말하는 취미나 특기 등에 해당하는 활동이다. 또한 여가를 어떻게 사용할 것인가와 관련된 문제이기도 한다.[325] 이 영역은 이 세상도

---

323 이에 대한 좀 더 구체적인 설명으로 이승구, "기독교 세계관적 직업관", 『기독교 세계관이란 무엇인가』 (서울: SFC, 2003, 최근판, 2022), 199-225를 보라.

324 R. Scott Clark, "The Reformation of Vocation," posted on April 27th, 2019, available at: https://heidelblog.net/2019/04/the-reformation-of-vocation/

325 Arthur Holmes, *Contours of A Word View* (Grand Rapids: Eerdmans, 1983), 이승구 역, 『기독교 세계관』 (서울: 엠마오, 1985, 개정역, 서울: 솔로몬, 2017), 제15장 "놀이 (여가 선용)의 문제"를 보라.

오늘날 많은 분들이 점점 더 강조하여 가는 영역이다. 이 세상 사람들은 그저 자신이 좋아서, 또는 건강을 위해서, 또는 인간관계를 위해서 이런 활동을 하여 간다. 그러나 하나님의 백성들은 이 세상 사람들처럼 이런 목적만을 위해서 이런 활동을 해서는 안 된다. 물론 우리들도 여가 시간에 자신이 좋아하는 활동을, 건강을 위해서, 또 사람들과의 사귐을 위해서 할 수 있다. 그러나 궁극적으로 우리는 이런 활동도 하나님과 하나님 나라를 위해해야 한다. 좀 더 구체적으로는 이런 여가 활동도 우리들은 이 세상의 문화를 변혁시키기 위한 활동의 한 부분으로 하는 것이다.

그러므로 하나님 나라 백성들의 문화 변혁 사역은 두 가지 방식으로 진행된다. 하나는 우리가 전문 분야로 하는 직업 영역을 통해서 이루어지는 것이고, 또 하나는 직업 이외의 관심 분야의 활동을 통해 이루어지는 것이다. 물론 문화 변혁은 주로 전문가들을 통해서 이루어진다. 그러나 이 세상에 전문가들만 있고 그들이 생산하는 문화 활동에 동참하는 사람들이 전혀 없다면 실제적인 문화 활동의 유지나 변혁이 잘 이루어질 수 없다. 그러므로 문화 영역 전반에 대한 우리들의 비전문가적 참여도 전문가들의 활동만큼 중요한 것이라고 하지 않을 수 없다. 그런데 하나님 나라 백성들은 직업 활동 이외의 시간인 여가 시간에 즐기는 활동도 그저 단순히 자신의 유익이나 건강 증진이나 스트레스 해소 등의 목적만을 가지고 해서는 안 된다. 궁극적으로는 이 세상에 과연 어떤 문화가 주도적으로 나타나야 하는지를 생각하면서 교양인으로 문화생활에 폭 넓게 참여해야 한다.

그러나 한 사람이 모든 문화 영역에 모두 적극적으로 참여할 수는 없으니 그 중의 한 영역을 택하여 지속적으로 참여하다 보면 그 일에 대해 상당히 오랫동안 관심을 가지고 참여하는 아마튜어로서의 연륜을 가지게 될 것이다. 그렇게 상당한 시간이 지난 후에는 이런 분들도 웬만한 전문가의 식견에 가깝게 다가가게 될 것이다. 그런 분들이 상당수 모여서 전문가들의 활동을 누리고 감상하고 비평도 하는 집단이 되어갈 때 이는 아주 강력한 문화 변혁 그룹이 될 수 있다. 이런 식으로 그리스도인들이 성경적이고 하나님 나라적 관점에서 문화에 참여하여 나간다면 이 세상의 문화가 좀 더 바른 방향으로 변해 가게 될 것이다.[326]

그런데 현실적으로 상당히 많은 그리스도인들은 문화 영역에 대해 별 관심을 가지지 않고 살거나, 문화 영역에 대해서 불신자들의 향유와 비슷한 태도를 가지고 문화를 향유하는 경우가 많이 있다. 믿지 않는 분들이 여가 시간을 어떻게 보내기를 원하는가 하는 것과 하나님을 믿는다고 하는 분들이 여가 시간을 어떻게 보내려고 하는가를 비교해 보면 별 차이가 없는 경우들이 많이 있다. 영화를 선택하여 본다고 할 때 불신자의 영화 선택과 신자의 영화 선택의 차이가 별로 없는 것을 발견하곤 한다. 이것은 우리들이 여가를 보내는 영역에서 참으로 성경적 그리스도인답게 생각하며 살아가지 않는다는 것을 보여 주는 대표적인 예가 아닐 수 없다.

그러므로 우리는 여가를 어떻게 보내야 하는가에 대해서도 하나님 백성답게 생각하며 선택하기를 노력해야 한다. 그것이 진정한 개혁파 성도들답게 사는 중요한 방식이다. 여가는 전혀 허용하지 않는 일중독자(workholic)로 사는 것이나, 여가만을 위해 사는 사람이 잘못된 것일 뿐만 아니라, 직업 활동에서와는 달리 순전히 자아에 몰입하기 위한 여가 활동 치중도 기독교적이거나 성경적인 것이 아닌 것이다. 부디 우리들 모두가 하나님 나라와 하나님을 위해 여가도 즐기되, 그 일이 이 세상의 문화를 좀 더 바람직한 방향으로 나아가도록 하는 일이 되도록 해야 한다는 것을 개혁파 신

---

326 이 점에 대한 더 깊은 논의로 이승구, "기독교적 문화변혁론", 『한국 교회가 나아갈 길』 (서울:SFC, 2007, 최근판, 서울: CCP, 2018), 361-84와 그에 인용된 여러 글들을 보라.

학은 강조해 왔다.

6. 성경적 교회에 대한 강조

개혁파는 항상 이 땅 가운데 성경적 교회를 드러내는 일을 강조해 왔다. 그리스도인은 성경적 교회를 가시적인 형태로 드러내는 일과 관련하여 다음 몇 가지 특성을 지닌다고 할 수 있다.

첫째는 그 교회의 모든 것이 **성경적**이려고 하려는 일에 큰 관심을 지닌다. 교회의 예배나 목회나 행정이나 교육이나 교회와 관련된 모든 일이 성경적이어야 한다고 생각한다. 둘째는, 따라서 그 성경의 가르침에 근거해서 하나님께서 교회를 세우셨고, 지금도 통치하시니 하나님이 주관하여 가신다는 것을 확실히 믿는다[**교회와 관련된 하나님의 주권과 주도성을 인정함**]. 셋째는, 그 하나님을 믿으니, **열심**을 품고 성경이 말하는 교회를 이 땅에 드러내기 위해 열심히 한다는 것이다[**열심**]. 이 세 가지는 성경에 따른 개혁파적인 교회가 이 땅에 강력하게 나타날 때마다 그 성도들이 나타낸 특성들이다. 따라서 우리들도 교회와 관련해서도 성경적이려고 해야 하고, 하나님의 주권을 인정해야 하며, 따라서 누구보다 열정적이어야 한다.

이 세 가지 가운데 둘째와 세 번째 특성을 먼저 다루고자 한다. 우리는 하나님의 주권과 주도권을 인정하기에 소극적으로, 수동적으로 있는 사람들이 아니다. 하나님의 온전한 주권을 믿는 사람들은 성경의 가르침에 충실하게 하나님을 가장 잘 믿는 사람들이라고 할 수 있다. 그렇게 하나님을 가장 잘 믿는 사람이 어떻게 가장 열정적으로 하나님을 믿지 않을 수 있겠는가? 하나님에 대해서 가장 바른 견해를 가진 사람은 하나님에 대해서 가장 큰 열정을 가질 수밖에 없다. 그러므로 진정한 칼빈주의자들은, 예전에 어떤 교수님이 잘 표현한대로, 열정 칼빈주의자들일 수밖에 없다.[327] 우리가 하나님의 온전한 주권을 믿지 않는다면 우리들은 개혁파 신학을 따르는 것이 아니다. 마찬가지로, 우리에게 하나님과 하나님의 교회 일에 대한 열정이 없다면 그것도 개혁신학에 충실한 것이 아니다. 교회를 주께서 세우시고, 지금도 통치하고 계심을 믿는다면 우리는 **열심히** 교회를 섬길 수밖에 없다.

그런데 어떻게 하는 것이 진정 열심히 하는 것인지를 규정하는 것이 바로 '**성경적**'이라는 말의 뜻이다. 우리의 교회에 대한 이해도 '성경적'이어야 하고, 우리의 교회 섬김도 '성경적'이어야 한다. 그 일에 열심을 내야 한다. 진정한 개혁주의자들은 항상 교회 일에 열심인 열정적인 사람들이었다. 이런 점에서 우리들은 참으로 개혁신학의 후예들이다. 천주교회의 잘못된 교회 이해와 교회 섬김 이해를 성경적으로 개혁한 분들이 바로 개혁자들이었으니, 우리도 그분들의 열심을 가지고 성경이 말하는 교회를 성경적으로 세워 가는 일에 열심을 내어야 한다. 일단 성경이 말하는 대로 "구속받은 하나님의 백성이 교회"라는 성경적 교회관을 분명히 하는 일로부터 시작한다.[328] 그 성도들이 바로 "그리스도의 몸"이고, "성전"이고, "위에 있는 예루살렘"이고, "진리의 기둥과 터"라는 이해를 분명히 하여[329] 다른 잘못된 교회 이해를 극복해야 한다.

---

327 Cf. 정원태, 『열정 칼빈주의』 (서울: CLC, 1984).

328 Cf. Edmund P. Clowney, "Toward a Biblical Doctrine of the Church," *Westminster Theological Journal* 31/1 (November 1968); idem, "The Biblical Theology of the Church," in *The Church in the Bible and the World: An International Study,* ed., D.A. Carson (Baker/Paternoster, 1987, 1993), 13-87, 303-307; and idem, *The Church* (Downers Grove, IL: IVP Academic, 1995).

329 이에 대한 자세한 설명으로 이승구, 『교회란 무엇인가?』 (서울: 엠마오, 1995, 최근판, 서울: 말씀과 언약, 2020), 15-90을 보라.

그리고 교회의 예배가 성경적이 되게끔 하며, 성령님 안에서 그리스도의 공로에 근거해서 삼위일체 하나님께 절하는 것이 되게끔 하는 데 모든 힘을 다 기울여야만 한다.[330] 그러므로 이것은 하루아침에 될 수 있는 일이 아니다. 예배 형식만 고친다고 되는 것이나 사용하는 용어를 조금 바꾼다고 되는 것이 아니다. 우리의 의식(意識)이 전반적으로 고쳐지지 않으면 안 되는 것이다. 진정 삼위일체 하나님께 그 엄위에 부합한 경배를 한다는 의식이 있어야 한다. 그러므로 진정 중생한 성도들이 그리스도의 십자가의 온전한 의를 가지고서만 엄위하신 하나님 앞에 나아갈 수 있다는 의식이 있어야 한다. 그리고 그 하나님께서 내신 예배의 원칙을 잘 배워서, 진정 하나님께 적절한 성경적이며, 영적 예배를 하는 일에 힘쓰게 된다. 우리 교회들이 이런 예배를 드리는 참된 개혁파적인 교회이기를 원한다.

또한 개혁파 교회는 성경이 말하는 예배를 지향하는 것에 더 하여 성경이 말하는 교회제도를 파악하고, 그것을 실현하는 일에서도 앞장서 왔다. 성경은 신약 교회에는 구약과는 다른 독특한 직임자를 세우시되 목사와 장로와 집사를 세우신다고 하였으니 성도들 가운데서 사도가 제시한 원칙에(딤전 3:1-13, 딛 1:7-9; 행 6:2-5) 부합하는 사람들을 성도들이 선택하여(행 14:23) 그 은사에 따라 혹은 목사로, 혹은 장로로, 혹은 집사로 세워(將立하여) 교회의 모습을 이루어 가게 하되, 장로의 회에서 목사를 세운다고 하였으니(딤전 4:14) 이에 근거해서 교회의 모든 중요한 사항을 회중에 세워 그 치리 하에 있기로 한 장로들의 회의 치리대로 하여 가기를 힘쓰는 것이다.

이와 같이 직분자를 세우는 일이나 직분자들이 그 직분을 감당하여 가도록 하는 일에 있어서 성경이 가르치는 것을 중심으로 하여 중세 동안에

---

330 이에 대한 자세한 논의로 이승구, "공예배의 방향", 『한국 교회가 나아갈 길』, 47-84와 이에 인용된 여러 책들을 보라.

성도들 가운데서 장로와 집사를 세우지 않고, 그것을 모두 소위 성직자들이 전담하던 성직자주의를 극복하여 성경적 직임을 회복한 것이 개혁파 교회였으니 오늘날도 그런 성경적 직분 이해를 가진 교회의 체제를 확립하고 그것을 구현하려고 애쓰는 것이 개혁파 교회다.[331] 사실 성도들이 직분자를 선출하여 세우는 것은 모든 성도들이 성령에 충만하지 않으면 시험에 들기 쉽고 여러 문제가 발생하기 쉬운 일이다. 그 어려움에도 불구하고 성경적인 제도를 따라가려고 하는 데서 개혁파 교회의 성경적 교회를 세우려는 노력과 성령님의 인도하심을 따라 가려는 노력이 나타난다. 그러므로 공동의회를 예배하는 마음으로 성령님의 뜻을 분별하려는 마음으로 임하여 하는 것이 개혁교회다운 자태이다.

또한 각 회중의 일을 스스로 처리할 수 없는 상황이 있음을 인정하면서 때때로 확대회의를 할 때에도 성령님의 인도하심을 따라 그 모임을 가지는 것이고(행 15:1-35), 이런 확대회의 때에도 주도하시는 분은 성령 하나님이심을 인정하면서 질서를 위해 그 회의를 사회할 사람을 세워 그 회의 때만 의장이 되게 하는 것이다. 그 정신을 살려 총회의 사회자를 총회 의장이라고 부르도록 하고, 그 회의 때만 총회의 의장이라는 것을 박윤선 목사님께서 강조하신 것이다.[332] 그 정신을 가지고 화란 개혁파 교회의 직분론을 연구하여 박사학위를 하셨던 허순길 박사님도 이를 강조한 바 있다.[333] 또한 확대 회의체들은 더 범위가 넓어, 여러 사람들이 다 깨어 있으면 여러 사람들

---

331 이에 대한 자세한 논의로 이승구, "개혁파 교회 제도와 교회의 직원들", 『한국 교회가 나아갈 길』, 145-63과 이에 인용된 여러 책들을 보라.

332 박윤선, 『헌법 주석』 (서울: 영음사, 1983); 대한 예수교 장로회 (개혁) 총회, 『헌법, 정치』 (서울: 총회교육부, 1986), 69, 83. 또한 이승구, "정암 박윤선의 개혁파적 교회론", 『21세기 개혁신학의 방향』 (서울: CCP, 2018), 123-54를 보라.

333 허순길, 『개혁교회의 목회와 생활』 (서울: 총회출판국, 1997), 111-13, 123-26.

의 지혜를 모아 성령님의 뜻을 찾기가 쉽다는 의미에서 더 권세가 크다고 표현했지, 더 높은 회의체라고는 하지 않아서 "상회"(上會)나 "상회에 올린다" 등과 같은 용어도 사용하지 말 것을 강하게 요청한 바도 있고,[334] 그것이 교단의 헌법에 반영되어 있다. 박윤선 목사님의 개혁파 교회를 이루어 보려던 실천적 노력이 우리에게 남아 있는 좋은 예이다.

그러므로 모든 것을 성경이 가르치는 것을 중심으로 하려고 하는 개혁파 교회는 이런 정신이 우리 가운데 잘 드러나도록 하는 일에 힘을 쓴다. 우리가 그 정신에 충실하여서 실천하고, 이런 정신을 잘 가지지 않은 다른 사람들에게도 모범을 보여서 바른 교회의 모습을 바라고 성경적 가르침에로 돌아오도록 하는 일에 힘을 써야 한다. 물론 이런 일이 제대로 되려면 우리가 참으로 성경에 충실하고, 성령님께 전적으로 순종하여 충만하여야 한다. 따라서 우리가 잘 한다고 하는 의식이 없이 그저 겸손히 성령님께 순종하여 성경의 가르침을 충실히 따라 갈 때만 이런 일이 이루어질 수 있다. 부디 우리 모두가 그런 개혁파 교회의 모습을 이루는 일에 최선의 노력을 다해서 우리가 믿는 바 개혁신학을 교회적으로도 이루어 가는 일에 힘을 다할 수 있기 원한다. 여기에 개혁신학의 참된 모습이 있다. 참된 개혁신학은 교회를 위한 신학이고, 따라서 우리들이 참된 개혁파 교회를 이룰 때 개혁신학이 여기 있음을 드러내는 것이다.

---

334 박윤선, 『헌법 주석』, 120; 허순길, 『개혁교회의 목회와 생활』, 111f.

〈부록〉

17-18세기 루터파 교회 안에서의 논쟁과 루터파 정통주의

그리스도의 양성(兩性)에 대한 루터의 이해는 좀 독특한 것이었다. 그래서 한편으로 그는 그리스도의 양성 문제에 대한 정통파의 정의인 칼케돈 정의에 충실한 입장을 가졌다고 말할 수 있으면서도 이 문제에 대한 좀 독특한 이해를 제시했다고 해야 한다. 특히 그리스도의 부활 이후에는 그리스도의 인성이 편재한다고 하여 "속성 교류"(*communicatio idiomatum*)에 대한 루터파의 독특한 입장을 드러냈다고 할 수 있다. 이는 결국 "그리스도의 각 성질(nature)은 서로에게 "파고 들어 있다"(permeates, περιχῶρεσις)고 하고, 따라서 그의 인성은 그의 신성의 속성에 참여한다"는 의미를 전하게 되었다.[335] 그런

(Johannes Brenz, 1499-1570)

---

335 이는 Juergen Ludwig Neve, *Introduction to Lutheran Symbolics* (Columbus: F. Heer, 1917), 132으로부터의 인용이다(Berkhof, *The History of Christian Doctrines,* 115에서 재인용).

데 시간이 지나면서 점차 인성의 속성이 신성에 참여한다는 생각은 없어지게 되었다.[336]

이로부터 발전한 16세기 루터파 안에서의 논쟁 특히 브렌츠(Johannes Brenz, 1499 -1570)와 켐니츠(Martin Chemnitz, 1522 - 1586) 사이의 그리스도의 인성의 편재성과 관련한 논쟁은 심각한 것이었다. 브렌츠는 그리스도의 영화된 인성의 **절대적** 편재성(an *absolute* omnipresence)을 주장하였고, 켐니츠는 **상대적** 편재(a *relative* ubiquity), 즉 그리스도의 의지에 따른 편재성을 주장하였다.[337] 이 논쟁은 일단 1577년에 선언된 콘콜디아 신조의 형성으로 마무리되었다고 할 수 있다. 신조에서는 신성은 그 속성들을 인성에 부여하는데, 그 행사는 성자의 의지에 의존한다고 하여 기본적으로 켐니츠의 견해를 따라 진술하였다.[338] 그러나 좀 모호하고 애매하게 진술하였다.[339] 그래도 점차 이런 견해가 루터파의 주류 견해가 되었다.[340]

그런데 콘콜디아 신조의 이 구절을 가지고 17세기에 기센(Giessen) 신학자들과 튜빙겐(Tübingen) 신학자들 사이에 그리스도께서 지상에 계실 때 신성을 사용하셨는가에 대한 논쟁이 일어났다. 즉, 지상에 계시는 동안 신성을 비우셨는가(κένωσις), 아니면 은밀하게(κρύψσις)만 행사하셨는가에 대

---

336 이 점을 잘 지적하는 Berkhof, *The History of Christian Doctrines,* 115를 보라.

337 물론 이것도 그리스도께서 절대적으로 편재하실 수있는 능력은 가지셨다는 것은 함의하는 것이다. 이를 잘 지적하는 James Orr, *The Progress of Dogma* (London: James Clarke & Co. Limited, 1901), 287을 보라.

338 이렇게 평가한 Berkhof, *The History of Christian Doctrines,* 116을 보라.

339 이 점을 지적하는 Heinrich Schmid, *The Doctrinal Theology of the Evangelical Lutheran Church,* trans. Charles A. Hay & Henry E. Jacobs (United Lutheran Publishing Society, 1899), 340; 그리고 Berkhof, *The History of Christian Doctrines,* 115를 보라.

340 이렇게 말하는 Berkhof, *The History of Christian Doctrines,* 116을 보라.

〈Martin Chemnitz〉

한 논쟁이 일어났다.[341] 발타져 멘쳐(Balthasar Mentzer), 그의 사위인 포이에르본(Feuerborn), 그리고 빈켈만(Winkelmann) 등의 기센 신학자들은 그리스도께서는 성육신하실 때 가지게 된 신적 속성들을 잠시 비우시고 때때로만 사용하셨다고 하였고(κένωσις, *abstinentia ab usu*), 튜빙겐 신학자들(Thumm, Hafenreffer, Osiander, Nicolai)은 그리스도께서는 항상 신적 속성들을 가지고 계셨고 그러나 그것을 숨기시거나 은밀하게(κρύψσις)만 사용하셨다고 했다.[342]

후에 퀜스테트(Johannes Andreas Quenstedt)의 논의가 이 논쟁의 최종적 형태

---

341 이에 대한 자세한 설명으로 Isaak August Dorner, *History of the Development of the Doctrine of the Person of Christ* (Edinburgh: T. & T. Clark, 1862), III: 229-38; Orr, *The Progress of Dogma,* 287을 보라.

342 이렇게 정리한 Philip Schaff, "The Kenosis Controversy Between Giessen and Tubingen," in *The New Schaff-Herzog Encyclopedia of Religious Knowledge,* vol. III: Chamier – Draendorf, eds., Samuel M. Jackson (Grand Rapids: Baker, 1952), 58; Berkhof, *The History of Christian Doctrines,* 115-16을 보라. 그런데 전자의 견해는 켐니츠가 대변하고 후자의 견해는 브렌츠가 대변한다는 벌코프의 설명은 부정확하거나 오해를 불러일으킬 수 있다. 켐니츠는 16세기 인물이고 기센 신학자들과 튜빙겐 신학자들 사의의 논쟁은 그 다음 세기인 17세기에 일어난 것이기 때문이다. 물론 기센 신학자들이 주로 켐니츠의 견해를 따랐고, 튜빙겐 신학자들은 주로 브렌츠의 견해를 따랐다고 표현할 수는 있다.

를 제시한 정리라고 할 수 있으니, 그는 그리스도의 인성에 있는 신적 능력의 존재는 단순한 가능성(a mere potentiality)으로만 있었다고 하였다.[343] 그러다 19세기 말의 루터파 신학자들은 점차 속성 교류의 특성을 버려 버리게 되었다고 벌코프는 주장한다.[344]

요하네스 게르하르트(Johannes Gerhard, 1582 - 1637), 아브라함 칼로비우스(Abraham Calovius, Abraham Calov or Abraham Kalau, 1612 - 1686), 퀜스테트(Johannes Andreas Quenstedt, 1617 - 1688), 카르프조비우스(Carpzovius=Johann Gottlob Carpzov) 등 뛰어난 학문과 능력을 지닌 사람들에 의해서 정립된 루터나 정통주의는 한편으로는 루터파의 입장을 잘 정리하는 공헌도 있지만, 너무 루터의 어떤 표현을 교조화시켰다는 문제점과 일부 인사들에 의해서 내용을 건조하고 형식적으로만 표현해서 신앙의 역동성을 무시한 측면이 있다는 비판을[345] 살 만한 문제를 드러내었다. 물론 이것도 늘 조심해서 말해야 한다. 게르하르트는 독일 찬송을 잘 정리하여 후대까지 영적인 영향력을 미쳤기 때문이고, 엄격한 교조주의에 반대하는 분들이 지속적으로 있어 왔기 때문이다.

이에 반발해 나타난 경건주의는 경건한 스페너(Spener)와 성경을 사랑하고 진심으로 사랑하던 프랑케(Francke) 같은 분의 지도하에 새롭게 세워진

---

343 Berkhof, *The History of Christian Doctrines,* 116.

344 Berkhof, *The History of Christian Doctrines,* 116.이때 그는 Samuel Sprecher, Groudwork of a System of Evangelical Lutheran Theology (Omaha, Neb.: Lutheran Publication Society, 1879), 458; 그리고 게티스버그에서 복음주의 루터파 교회 총회 신학교(the Theological Seminary of the General Synod of the Evangelical Lutheran Church, Gettysburg, Pa)에서 여러 학자들이 발제한 *Lectures on the Augsburg Confession, on the Holman Foundation, 1866-1886* (Omaha, Neb.: Lutheran Publication Society, 1887), 91f. 등을 생각하면서 이런 주장을 한 것이다.

345 오어는 이를 "비교해 볼 때, 마음의 경건이 물러서게 되었다"고 표현하였다(Orr, *The Progress of Dogma,* 288).

할레 대학교에 미친 큰 영향을 드러냈지만, 경건주의의 강점은 또 그 약점이 되어 주관주의의 문제와 교회의 교의에 대한 무시로 인해 결과적으로 경건주의가 전혀 의도하지 않은 더 심각한 문제가 독일 교회에 나타나게 되는 계기가 되기도 하였다. 그러므로 경건주의자들은 "개혁자들의 경건의 건강한 객관성을 주관적 상태에 대한 병적인 집착"으로 대체시키고, "기독교 교리의 의미를 묻는 사람들을 전혀 만족시키지 못했다"는 오어의 평가는[346] 정확하다고 여겨진다. 그리하여 결국 그들 대다수가 당대 유럽을 휩쓸고 있었던 합리주의의 희생양이 되었다.

[346] Orr, *The Progress of Dogma,* 290.

제20장

잘못된 사상들 반박: 소시니우스주의, 항론파 사상, 가정적 보편주의, 합리주의 신학 반박

1. 소시니우스주의에 대한 반박

(Lelio Soszzini=Laelius Socinus)

(Fausto Sozzini=Faustus Socinus)

이탈리아 출신의 렐리오 소치니(Lelio Soszzini=Laelius Socinus, 1525-1562)와[1] "그

[1] 그는 널리 여행하면서 멜랑흐톤과 칼빈과도 만났던 인물이라고 한다(R. Buick Knox, "The History of Doctrine in the Seventeenth Century," in *A History of Christian Doctrine,* ed., Hubert Cunliffe-Jones [Edinburgh: T&T Clark, 1978, reprinted, Philadelphia: Fortress Press, 1980],

보다 더 유명한"[2] 그의 조카인 파우스토 소치니(Fausto Sozzini=Faustus Socinus, 1539-1604)를 따르던 소시니우스주의자(Socinian)들은 한편으로는 천주교회에서 나와서 종교개혁자들이 말하는 성경에 근거해서 우리의 믿는 바를 정비하자는 일에 동참하는 것 같으면서도 사실은 신앙을 나쁜 의미의 합리주의적 방향으로 이끌어 가려 했기에, 결국은 벌코프가 잘 지적한 바와 같이 "종교개혁에 대한 하나의 반동"(a reaction against the Reformation)이라고 할 수 있다.[3]

파우스트 소시니우스가 마지막에 폴란드에 가서 그 당시 폴란드 개혁교회에서 삼위일체를 믿지 않는다고 1565년에 분리해 나온 사람들 사이에서 살면서(1579-1604) 그들에게 영향을 미쳤다. 이들이 폴란드의 라카우(Racow)에 모여 자신들의 신앙고백서를 만들었기에 〈라코비안 요리문답〉(Racovian Catechism=Katechizm Rakowski, 1605년 인쇄)을 신조로[4] 하는 사람들을 소시니우스주의자들이라고 한다. 이 요리문답은 아마도 파우스투스 소시누스가 초안 작성한 것을 토대로 하여 발렌티누스 스말키우스(Valentinus Smalcius), 히에로님 모스코르조우스키(Hieronim Moskorzowski), 요하네스 푈켈(Johannes Völkel) 등이 최종적으로 작성하여 1605년 인쇄된 것이라고 한다.[5] 이들은 요한복음 1:1의 "태초에"라는 말을 근원적 태초가 아니라 "복음의 시작에"라고 해석하며, 요한복음 8:58의 "아브라함이 있기 전부터 내가 있느니

---

440). 그러나 그들의 가르침을 따라가지는 아니하고 이상한 방향으로 나아갔다.

2 . 이렇게 말하는 Knox, "The History of Doctrine in the Seventeenth Century," 440을 보라.

3 Louis Berkhof, *The History of Christian Doctrines* (Grand Rapids: Eerdmans, 1937, 1949, paperback edition, Grand Rapids: Baker, 1975), 149.

4 Cf. Thomas Rees, F.S.A., *The Racovian Catechism of 1605, A Sketch of the History of Unitarianism in Poland and the Adjacent Countries* (London: Printed for Longman, 1818).

5 이에 대해서 다음을 보라: https://en.wikipedia.org/wiki/Racovian_Catechism.

라"는 말씀을 그리스도의 사역을 통해 아브라함이 많은 민족이 되기 전부터 있다는 말로 해석하고, 요한복음 6:38의 "하늘로서 내려왔다"는 말씀을 "동정녀에게서 났다"고 해석한다.[6]

앞서 말한 바와 같이 나쁜 의미의 합리주의적 환원을 시도하려던[7] 소시니우스파의 사상은 삼위일체론을 부인하면서 그리스도의 신성을 전혀 인정하지 않고, 구원론에 대해서는 이전의 펠라기우스주의 이단을 다시 세운 것이다.[8] 초기 소시니안은 성경을 존중한다고 하고, 동정녀 탄생을 믿고, 그리스도의 삼중직을 분명히 언급한다. 그러나 예수님은 그저 사람일 뿐이라고 하고 구속은 믿지 않는다. 사실 소시니우스주의는 펠라기우스주의보다 더하다. 소시니우스주의는 삼위일체도, 그리스도의 신성도 다 저버리기 때문이다. (여기서 조금 더 나간 것이 17-18세기의 이신론[deism]이 말하는 자연종교(natural religion) 또는 이성 종교(rational religion)나 임마누엘 칸트의 도덕 종교라고 할 수 있다.)

THE
Racovian Catechisme;
WHEREIN
You have the substance
of the Confession of those Churches,
GOD.

소시니우스주의자들은 하나님 형상에 대한 이해를 창세기 1장 26-27절의 맥락에서 찾아야 한다고 하면서, 26절이 시사하는 대로 하나님의 형

[6] 이에 대해서도 다음을 보라: https://en.wikipedia.org/wiki/Racovian_Catechism.

[7] 비슷하게 지적하는 Berkhof, *The History of Christian Doctrines,* 186; Knox, "The History of Doctrine in the Seventeenth Century," 440을 보라.

[8] Berkhof, *The History of Christian Doctrines,* 149.

상은 다른 피조물들의 통치와 동일시될 수 있다고 한다.[9] 또한 비록 죄를 지어 하나님이 불쾌히 여기셔도 사람은 손상되지 않은 도덕적 능력을 가지고 있고 그것이 후손들에게 전달되는 것이라고 하였다. 그러므로 모든 사람의 본성은 아담의 본성과 같다고 한다. 단지 후대의 사람은 잘못한 많은 예들이 그 앞에 많이 있어서 보다 쉽게 잘못할 수 있다고 한다. 물론 죄를 안 범할 수도 있고, 실제로 그렇게 무흠하게 산 사람들도 있다고 한다. 이 점에 있어서도 이분들은 펠라기우스주의와 비슷하다. 사람이 죽는 것도 본래 사람이 일정한 기간을 살고나면 죽도록 창조되었기 때문이라고 보았다.

이렇게 생각하는 소시니우스주의자들은 하나님에 대해서도 상당히 다른 생각을 드러낸다. 흔히 사람들이 생각하는 "죄에 대해서 벌하는 그런 공의(justice)는 하나님의 내재적 특성(an immanent characteristic of God)이 아니고, 그의 의지의 효과나 산물(the effect or product of his volition)이라고 한다."[10] 죄에 대한 형벌로 하나님이 만족하신다는 정통적 입장은 자비를 배제하는 것이기에[11] 잘못된 것이라고 한다. 그는 죄에 대해서 형벌한다면 용서하지 않는 것이고, 죄가 용서받는다면 형벌하지 않는다는 것이라고 한다. 만족과 용

---

9 Berkhof, *The History of Christian Doctrines,* 149. 특히 그들의 고백서인 <라코비안 요리문답>(*Catechismus Racoviensis*), 43, cited in Francis Nigel Lee, *The Origin and Destiny of Man* (Memphis, Tenn.: Christian Studies Center, 1977), 41, n. 41를 보라.

그러므로 오늘날 일부 학자들이 하나님의 형상과 피조물에 대한 통치권(dominion)을 동일시하려고 할 때(Walter Harrelson, *Interpreting the Old Testament* [New York: Holt, Reinhart & Weston, 1964], 51; Leonard Verduin, *Somewhat Less than God: The Biblical View of Man* [Grand Rapids: Eerdmans, 1970], 27) 매우 주의해서 보아야 한다. 이 문제에 대한 바른 이해를 위해서 이승구, 『기독교 세계관이란 무엇인가?』(서울: SFC, 2003, 개정판, 2022), 137-40을 보라.

10 Socinus, *Praelectiones Theologiae,* Caput 16, cited in Shedd, *A History of Christian Doctrine,* 2:378.

11 Cf. Shedd, *A History of Christian Doctrine,* 2:379.

서는 서로를 배제하는 것이라고 한다.[12] 사법적 수난(judicial suffering)을 부가하여 하나님의 공의가 만족된다면 하나님의 자비가 드러날 여지가 없게 된다는 것이다.[13]

소시니우스가 보기에 하나님은 자비롭고 친절한 아버지이시고, 혹시 인간이 죄를 범해도 그들이 참회하는 마음으로 오기만 하면 용서하시는 분이시라고 한다.[14] 이들에 의하면 "죄용서는 그저 하나님의 자비에 의존하는 것이다."[15] 따라서 인간의 구원자가 있을 필요가 없게 된다. 잘못된 구원론은 결국 신론까지 바꾸고 만다는 것이 여기서도 잘 드러난다. 따라서 소시니우스주의자들은 예정도 없고 예지도 없다고 했다.[16]

그렇다면 예수님과 십자가는 무엇인가? 이 문제를 논하면서 소시니우스주의자들은 베드로전서 2:21-23을 보라고 한다.

> 이를 위하여 너희가 부르심을 받았으니 그리스도도 너희를 위하여 고난을 받으사 너희에게 본을 끼쳐 그 자취를 따라오게 하려 하셨느니라. 그는 죄를 범하지 아니하시고 그 입에 거짓도 없으시며 욕을 당하시되 맞대어 욕하지 아니하시고 고난을 당하시되 위협하지 아니하시고 오직 공의로 심판하시는 이에게 부탁하시며(벧전 2:21-23).

---

[12] 이를 말하는 Shedd, *A History of Christian Doctrine,* 2:379-80을 보라.

[13] Shedd, *A History of Christian Doctrine,* 2:380.

[14] Berkhof, *The History of Christian Doctrines,* 150; Shedd, *A History of Christian Doctrine,* 2:378.

[15] Berkhof, *The History of Christian Doctrines,* 185.

[16] Berkhof, *The History of Christian Doctrines,* 151.

그러므로 예수님은 무죄한 분으로 죽기까지 하나님께 복종하셨는데, 그것이 십자가에서 드러나며, 이렇게 십자가를 지신 일은 "너희에게 본을 끼쳐 그 자취를 따라오게 하려 하신"(벧전 2:21) 것이라고 한다. 따라서 자신들과 같이 예수님을 본받아 하나님께 전적으로 순종하는 것이 기독교라고 한다. 예수님의 가르침과 모범이 사람들을 바른 행동과 삶으로 돌아오게 하기에 충분하다는 것이다. 이들은 기본적으로 하나님께서는 구속 사건이 없어도 그저 자유롭게 용서하실 수 있는 분이라고 생각하기에[17] 이렇게 나아간 것이다. 그래서 이들은 인간이 죄에 대해서 참으로 슬퍼하고 율법에 진지하게 순종하고자 하면 그런 사람에 대해서 하나님께서 그저 자비의 행위로 용서하기만 하면 되지 않느냐고 계속해서 주장했다.[18]

또한 죄책은 개인적인 것이므로 대리로 형벌을 받는 것, 즉 대리 속죄가 있을 수 없다고 한다.[19] 그들은 "만족"(satisfaction)과 전가(imputation)를 같이 말하는 것이 모순이라고 한다. 만일에 그리스도께서 만족을 이루셨으면 그것으로 모든 것이 자유롭게 되는 것이지, 하나님께서 그 의를 전가하시고 우리가 믿어 그 열매를 누리게 된다고 하는 것은 일관성이 없다고 주장했다.[20]

위에서 인용한 베드로전서 본문을 생각하면서 그들은 그리스도께서

---

17 이 점을 잘 지적하는 Berkhof, *The History of Christian Doctrines,* 184; Shedd, *A History of Christian Doctrine,* 2:378을 보라. 이것이 중세의 둔스 스코투스의 자의적 의지를 생각나게 한다고 지적하는 Berkhof, *The History of Christian Doctrines,* 185도 보라.

18 이 점을 잘 지적하는 Berkhof, *The History of Christian Doctrines,* 185를 보라. 그러므로 소시니우스주의는 인간이 스스로 회개하고 스스로 하나님의 법을 지킬 수 있다고 주장하는 것이 된다.

19 이에 대해서도 Berkhof, *The History of Christian Doctrines,* 184를 보라.

20 Cf. Berkhof, *The History of Christian Doctrines,* 185.

"신앙의 길과 순종의 길을 영생의 길로 계시하셨다"고 주장한다.[21] 예수님은 그의 삶과 죽음에서 참된 순종의 모범을 제시하고 우리들도 그렇게 살도록 영감을 주고 있다는 것이다.[22] 그러므로 소시니우스주의는 여기서도 오래전 펠라기우스주의의 생각을 다시 드러내고 있다. 단지 그리스도께서 주신 능력에 근거해서 신앙으로 그리스도에게 부속하는 자들에게 그리스도께서 영생을 부여할 수 있다고 주장하는[23] 데서만 펠라기우스주의와 조금 차이가 있다.

그러나 이런 생각들은 성경의 전체적 기조에 충실하지 않은 것임을 누구나 다 인정한다. 그러므로 이 세상의 거의 모든 사람들이 이런 사상을 이단이라고 한다. 베드로전서 2장을 인용하면서 성경적 가르침을 하는 것 같지만 이들은 그 본문에서 자신들이 보려고 하는 것만 본다. 그 바로 뒤에 "친히 나무에 달려 그 몸으로 우리 죄를 담당하셨으니, 이는 우리로 죄에 대하여 죽고 의에 대하여 살게 하려 하심이라"(벧전 2:24)고 말하는 것은 거의 무시하는 것이다. 소시니우스주의는 그리스도의 죽음과 구속의 관계를 전혀 인정하지 않는다. "그리스도의 죽음은 우리의 죄를 속하는 것도 아니고 하나님으로 하여금 우리를 용서하도록 감동시키는 것도 아니다"고 주장한다.[24] 그리스도의 죽음은 오직 "사람들이 용서를 추구하도록 하기 위해"

---

21 이 점을 잘 지적하는 Berkhof, *The History of Christian Doctrines,* 185를 보라.

22 그러므로 소시니우스주의는 여기서도 오래 전 펠라기우스주의의 생각을 다시 드러내고 있다. 벌코프는 소시니우스주의가 고대교회에서 정죄된 여러 이단들의 생각을 조합한 것에 불과하다고 지적하면서 펠라기우스주의도 언급한다(Berkhof, *The History of Christian Doctrines,* 185).

23 이 점을 밝히는 Berkhof, *The History of Christian Doctrines,* 185를 보라. 그래서 이 능력 때문에 그리스도의 죽음이 우리들의 죄를 "사한다"(expiated)고 말할 수 있다고는 표현한다(185). 그러나 이것으로 그들이 전통적 속죄나 구속을 생각하는 것이 아니라는 점에 주의해야 한다. 또한 이런 것에서 고대교회에서 정죄된 양자론이 생각될 수도 있다(185).

24 이는 소시니우스주의의 주장을 요약하는 벌코프의 요약이다(Berkhof, *The History of*

일어난 것이라고 한다.[25] 그들이 그리스도에게 "중보자"라고 하고, 유화(propitiation), 사죄(expiation), 만족(satisfaction), 드림과 제사(offering and sacrifice)라는 말을 사용하기는 해도[26] 소시니우스주의자들이 이런 말들에 부여하는 의미는 정통적 의미와는 전혀 다르다. 그리고 점차 전통적이고 정통적 교리를 제거하는 경향을 보였다.[27] 이에 반해서, 이 세상의 바른 교회들은 이 구절에 명백히 나타나고 있는 십자가 사건의 구속적 의미를 강조하면서 이런 의미의 구속을 믿지 않는 것은 예수님을 믿지 않는 것이며, 하나님을 믿지 않는 것이며, 결국 기독교를 없애는 것이라는 것을 지속적으로 지적해 왔다.

물론 소시니우스주의자들도 매주일마다 모여 예배한다. 그러나 그들의 예배의 대상은 삼위일체 하나님이 아니고 오직 일위(一位)의 성부만을 예배하며, 좋은 모범자인 예수님을 본받자고 격려하는 것이 그들의 설교이다. 이런 소시니우스주의를 천주교회나 루터파 교회나 영국 교회, 그리고 개혁파 교회도 다 잘못된 것이라고 하였기에,[28] 그들은 점점 동부로 옮겨 가다가 지금 폴란드와 특히 루마니아에 소수로 남아 있으면서(1568년에 시작된 the Unitarian Church in Transylvania) 신학교도 운영하고 있다. (19세기와 20세기 초에

Christian Doctrines, 185).

[25] Cf. Knox, "The History of Doctrine in the Seventeenth Century," 440.

[26] 이 점을 잘 지적하는 Knox, "The History of Doctrine in the Seventeenth Century," 440을 보라.

[27] 누구나 이를 말하지만 특히 Arthur Cushman McGiffert, *Protestant Thought before Kant,* new edition (New York: Harper, 1962), 107ff.와 Knox, "The History of Doctrine in the Seventeenth Century," 440을 보라.

[28] 폴란드에서는 제수이트파가 이들을 몰아내었고 영국에서는 제임스 왕의 명령으로 〈라코비안 요리문답〉이 1614년에 불태워졌다고 한다(Knox, "The History of Doctrine in the Seventeenth Century," 440).

[바빙크가 그렇게 표현한 바와 같이] 여기서 "한 걸음 더 나간" 것이 "유니테리안 교회"다. 이들이, 스스로는 오직 성경에만 근거해서 가르치고 믿는다고 하지만, 결국 성경이 말하는 기독교를 제거하는 이단의 하나다.)[29]

트란실바니아 Cluj 에 있는 신학교 (소시니안 신학교와 개혁 신학교가 같이 사용한다)

이런 소시니우스주의는 "하나님 말씀의 계시된 사실에도 부합하지 않고 구속된 자들의 삶에서 경험한 바와도 일치하지 않는"[30] 잘못된 사상임을 종교개혁 이후로 모든 바른 교회들은 계속해서 지적해 왔다.

2. 항론파 사상에 대한 반박

종교개혁 이후에 개혁파 안에서 한 작업 가운데 주요한 것이 항론파

[29] 소시니안과 유니테리안에 대한 논의로 이승구, "잘못된 가르침과 바른 가르침", 『교회, 그 그리운 이름』 (서울: 말씀과 언약, 2021), 192-94를 보라.

[30] 이렇게 표현하는 Berkhof, *The History of Christian Doctrines,* 186을 보라.

(Remonstrance) 사상을[31] 성경적으로 명확히 비판하여 정리한 것이다. 개혁파 교의사에서는 이것이 매우 중요한 한 단계라고 할 수 있다. 이전 시대에 천주교적 사상이 그리스도의 공로에 더하여 인간의 공로를 함께 고려하는 것이기에 성경의 가르침과 다르다는 것을 분명히 드러낸 개혁교회는 화란 교회 안에서 항론파 사상이 널리 퍼져갈 때에 그것이 성경적이지 않음을 말하지 않을 수 없었다.

이것을 칼빈의 예정론을 더 엄격하게 만들어 신론의 앞부분에 배치시킨 베자와 호마루스의 체계에 대한 반발로만 설명하는 것은[32] 문제의 본질을 오도(誤導)할 수도 있는 심각한 문제라고 여겨진다. 예정은 신론에 배치시켜 생각할 수도 있고 구원론 앞부분에 놓고 논의할 수도 있다. 존재의 순서를 생각하면서 앞부분인 신론에서 논의할 수도 있고, 인식의 순서를 생각하면서 구원받은 자들의 의식과 관련하여 예정을 말할 수도 있다. 그런데 알미니우스와 그와 의견을 같이하는 분들은 이 문제와는 달리, 구원에 대해서 전혀 다른 방식으로 이해해 보려고 했다. 바로 그 점이 문제가 된 것이다.

이제는 누구나 잘 알다시피, 알미니우스(Jacobus Arminius=Jacob Harmsen, 1560-1609)는 암스테르담 길드의 장학금을 받고 암스테르담 교회가 추천하여 제네바에 가서 베자에게서 공부한 아주 뛰어난 학생이었고, 베자의 추천장을 가지고 제네바 유학을 마치고 돌아 왔기에, 당대의 제네바와 화란을 잘 연결시킬 수 있는 인물이었다. 그가 제네바에서 돌아와 1588년에 임

---

31 일반적으로 알미니우스주의(Arminianism)라고 하나 알미니우스는 그 중의 선구적인 한 사람이고, 화란 사람들이 그의 이름이 거론되는 것에 대한 조금은 불편해하는 심정을 고려해서 이들을 항론파(Remonstrants)라고 하기로 한다. 화란 사람들의 이런 마음을 헤르만 쉘더하위스가 2019년 도르트 총회 450주년 기념 강좌의 강사로 합신에 와서 한 그의 강연을 통역하는 중에 잘 느끼게 되었다.

32 상당히 많은 바르트주의 해석자들이 이렇게 생각하고 표현한다. 그런데 칼빈주의 입장을 강하게 말하는 James Orr가 자신의 책 *The Progress of Dogma* (London: James Clarke & Co. Limited, 1901), 295-96에서 이와 비슷하게 말하는 것은 매우 의아한 일이다.

직하고 암스테르담에서 사역한 지 5년 정도 지나서 그의 회중 가운데서 그의 설교에 대해서 예정과 선택 문제에 대한 문제 제기가 있었다. 물론 그는 자신이 벨직 신앙고백서와 하이델베르크 요리문답에 충실하겠다고 답변하여 당회를 안심시켰지만 그것은 거짓이었음이 역사적으로 드러났다.[33] 겉으로는 개혁파에 충실한 목사이므로 당시 화란 교회 안에서 나돌던 구원에 대한 다른 이해를 제시하는 문서들에 대한 검토를 그에게 의뢰했을 때 그는 심정적으로 그 문서들에 표현된 사상에 동감하고 있었다고 할 수 있다. 그런 의미에서도 항론파는 알미니우스 이전에 화란 교회 안에서 형성되고 있었다고 할 수 있다.

그러므로, 다 알다시피, 알미니우스는 최초의 항론파 사람이 아니었고, 다음과 같은 분들이 화란에서 알미니우스 이전에 토대를 놓은 항론파 사상의 선구자들이라고 할 수 있다: Johannes Anastasius Veluanus, Hubert Duifhuis (1531-1581), Dirck Volckertszoon Coornhert (1522-1590), Caspar Coolhaas (Leiden), Hermannus Herberts (Dortrecht), Cornelius Wiggerts

---

[33] Cf. Peter G. Feenstra, *Unspeakable Comfort: A Commentary on the Canons of Dort* (Winnipeg: Premier Publishing, 1997), 7. 이때도 그렇고 후에도 거짓으로 자신을 가장한 사람이라는 논의로 Herman Hoekema의 아들인 Homer C. Hoekema가 쓴 *The Voice of Our Fathers* (Grand Rapids: Reformed Free Publishing Association, 1980), 8-9, 특히 9 ("His method is insidious; secretly, not openly, did he work."), 48 ("Acts of the Synod of Dortrecht," in Hoekema, *The Voice of Our Fathers*, 48)를 보라. 암스테르담에서 목회한 지 5년 만에 문제 제기가 있었다는 것에 대해서 펜스트라 목사는 다음 문헌을 제시하고 있다. L. Doekes, "De Dordtse Leerregels," in *De Poortwake* (1981), cited in Feenstra, *Unspeakable Comfort,* 18, n. 7.

(Hoorn), Sybrandi, 그리고 Adolf Venator.[34]

암스테르담에서 목회하다가 1603년에 레이든의 신학 교수가 되어 죽기까지 6년을 가르친[35] 알미니우스(James Arminius, 1560-1609)는 점점 원죄 교리를 약화시키고 결국 보편은혜와 타락한 인간의 자유 의지를 주장하였다.[36] 그러므로 알미니우스는 알미니우스주의자가 아니었다고 증명할 수 있다고 했던 안도버 신학교의 모세 스튜어트(Moses Stuart, 1780 - 1852)의 말은[37] 일부 의미도 있지만 결론적으로 옳지 않다. 알미니우스와 알미니우스주의자들의 생각의 연속성은 매우 크기 때문이다. 알미니우스 자신도 벨직 신앙고백서와 하이델베르크 요리문답에 공식화된 개혁파 예정론에 대해서 교리적 변경을 해야 한다고 생각했기 때문이다.[38]

알미니우스 사후(1609), 호마루스를 이어 레이든의 신학 교수가 되었고[39]

---

34 이를 잘 표현하는 Hoekema, *The Voice of Our Fathers*, 6을 보라.

35 결과적으로 보면 1603년 알미니우스가 레이든 대학교의 교수로 임용되는 것을 반대했던 호마루스 교수의 반대가 얼마나 정확한 것이었는지를 생각해 볼 만하다. 알미니우스가 암스테르담에서 목회할 때 이미 문제가 있었음을 호마루스는 잘 살피면서 화란 개혁파 교회를 위해 알미니우스가 레이든의 교수가 되면 안 된다고 했던 것이다. 올덴바르네벨트(Oldervernevelt)와 그와 함께하는 파를 옹호하는 알미니우스에 대한 정치적 고려가 교회에 어떻게 더 큰 문제를 가져 오게 되는지가 이런 데서 잘 드러난다.

36 Berkhof, *The History of Christian Doctrines,* 150.

37 Moses Stuart의 말을 Berkhof, *The History of Christian Doctrines,* 155에서 재인용.

38 이 점을 지적하는 R. Buick Knox, "The History of Doctrine in the Seventeenth Century," in *A History of Christian Doctrine,* ed., Hubert Cunliffe-Jones (Edinburgh: T&T Clark, 1978, reprinted, Philadelphia: Fortress Press, 1980), 434를 보라. 낙스는 이 글에서 알미니우스가 총회의 소집을 통해서 당시 화란 교회의 교리적 수정을 하기 원했다고 강하게 말했다. 이것은 흥미로운 주장이다. 그러나 이를 확언하는 것은 많은 역사적 탐구를 거쳐서 해야 할 어려운 과제일 수도 있다. 우선은 그의 사후 항론파 목사님들의 의도를 아주 분명히 확인할 수 있다는 말을 하면서 역사적으로 더 탐구해야 할 것이다.

39 에피스코피우스는 호마루스의 후임이며, 알미니우스의 후임은 호르스티우스(Vorstius)라고 말하는 Knox, "The History of Doctrine in the Seventeenth Century," 434를 보라.

홀란드 주(the States of Holland)를 대표하는 신학자였던 시몬 에피스코피우스(Simon Episcopius, 1583 - 1643)와 요하네스 위텐보개르트(Johannes Uytenbogaert, 1557 - 1644)를 중심으로 하는 46명의 목사들이 하우다(Gouda)에 모여서 1610년에 작성하여 선언한 5개 조항의 항론서(the Remonstrance)는 개혁파 교회의 공식적 교의와는 상당히 다른 입장을 천명하였다. 물론 이 문서도 사람이 그 어떤 영적인 선을 하기 위해서는 먼저 중생에서의 성령님의 사역이 필요함을 확언한다(Article 3). 그러나 이 은혜에 대해 사람들이 저항할 수 있다고 하고 있다(Article 4, 5).[40] 그래서 타락한 사람도 스스로 하나님에게로 향해 갈 수 있게 준비할 수 있고 자신의 의지로 그리할 수 있다고 하는 것이다.[41] 그래서 어떤 사람이 중생하지 않는 것은 인간의 의지가 신적인 것에 협력하지 않아서라고 한다.[42] 하나님의 은혜에 저항해서 은혜에 협조하지 않으면 중생하지 않은 것에 대해 스스로 책임져야 한다는 것이다. 그러므로 항론파에 의하면 말씀은 타락한 사람의 이해력과 의지에 그저 도덕적 감화를 미치는 것으로 여겨진다.[43] (이런 데서 항론파가 합리주의적 방향을 향해 나가려 함이 드러나고 있다.)

또한 항론파 사람들은 견인(perseverance) 문제에 대해서는 잘 말하지 않으려고 했다. 그리고 이는 곧바로 1718-1719년 도르트 회의 때에 제출한 항론파의 문서에 잘 나타나 있듯이, 견인에 대한 명백한 거부로 이어졌다.

---

[40] 이것이 가장 큰 문제다. 그래서 후에 도르트 회의 결정문(the canon of the Dordt)에서 이 두 항목(Article 3와 Article 4)에 대해서 합하여 같이 논의한다. 논의의 핵심을 잘 파악한 결정문 작성이었다고 할 수 있다. 항론파가 "특별은총이 저항할 수 있는 은총"이라고 한 것은 결국 타락한 인간의 의지의 자유를 인정하는 것이다.

[41] Berkhof, *The History of Christian Doctrines,* 151.

[42] Berkhof, *The History of Christian Doctrines,* 151.

[43] 이 점을 지적하는 Berkhof, *The History of Christian Doctrines,* 221을 보라.

(시몬 에피스코피우스)

(요하네스 위텐보개르트)

그리고 구속의 보편성을 논의하면서 "예수 그리스도는 **인류 일반의, 특히 그 안에 있는 모든 개인의 죄에 대한** 구속을 이루셨다"고 선언했다(Article 2, 강조점은 덧붙인 것임).[44] 선택에 대해서는 "미리 보여진 신앙에 의한 선택"을 선언하여(Article 1) 조건적 선택(conditional election)을 주장했다. 유기도 미리 보여진 불신앙과 불순종과 죄악 가운데 지속해 거함에 의해 주어진다고 하였다.[45]

이런 선언 안에 종교개혁 교회가 가르친 원죄론에 대한 거부가 있다.[46] 때로 그것을 믿는 듯이 말을 한 일이 있지만, 결국 타락된 인간성의 전적

---

44 이 점을 잘 드러낸 논의로 Knox, "The History of Doctrine in the Seventeenth Century," 434를 보라.

이를 보편 구속(universal atonement)의 주장이라고 한다. 이것이 모든 사람의 구원이라는 뜻이 아님에 유의하라. 항론파의 보편구속론은 결국 모든 사람들이 구원받는다는 후대의 보편구원론과 구별해야 한다. 이를테면 항론파는 모든 사람이 구원받을 수 있는 토대가 주어졌다고 하는 것이다.

45 Berkhof, *The History of Christian Doctrines,* 151. 이렇게 예지에 근거한 예정을 말하는 항론파의 견해가 소시니우스주의보다 "일관성이 없다"고 지적하는 Berkhof, *The History of Christian Doctrines,* 151의 지적도 보라.

46 Berkhof, *The History of Christian Doctrines,* 150.

부패를 믿지 않는 것이다.[47] 그러나 일단 자기 의지로 협력하여 복음을 받아들이면 더 높은 복음적 순종의 은혜(the higher grace of evangelical obedience)가 주어진다고 한다. 이것에 의해 심지어 더 높은 견인의 은혜(the still higher grace of perseverance)를 얻는다고도 한다.[48]

흐로티우스(Grotius), 큐르켈래우스(Curcellaeus), 림보르취(Limborch) 등이 발전시켜 나간 후대의 사상은 더 이상한 문제도 많이 드러내었다. 국제법에 근거한 세계평화론을 제시하여 소위 국제법의 아버지로 언급되고 당대 상황에서 국제 해상법(the law of the sea)을 잘 논의하였던[49] 흐로티우스(Hogo Grotius, 1583-1645)는 오히려 정치학 이론의 역사에서 더 유명한 사람이 되었다.[50] 그런데 그는 신학적으로는 그리스도의 구속을 온 세상에 대한 하나님의 통치의 관점에서 설명하려는 소위 통치설(the governmental theory)을 제시하였다.[51] 즉, 하나님의 세계 통치를 생각할 때 죄와 관련한 형벌은 그저 쉽게 용서될 수 없는데, 그 형벌을 받으면 죄인은 온전히 멸망하고 말기 때문

---

47 Berkhof, *The History of Christian Doctrines,* 150.

48 Berkhof, *The History of Christian Doctrines,* 151.

49 그가 국제법의 아버지라고 언급된다는 것은 잘 알려진 사실이다. 그런데 그것이 해상법에 대한 논의의 중심이었음을 말하는 Knox, "The History of Doctrine in the Seventeenth Century," 435을 보라.

50 Cf. Hamilton Vreeland, *Hugo Grotius: The Father of the Modern Science of International Law* (New York: Oxford University Press, 1917); Arthur Nussbaum, *A Concise History of the Law of Nations* (New York: Macmillan Co., 1947), 62; Knud Haakonssen, *Natural Law and Moral Philosophy: From Grotius to the Scottish Enlightenment* (Cambridge: University Press, 1996); Steven Forde, "Hugo Grotius on Ethics and War," *The American Political Science Review* 92/3 (1998): 639–48; Hedley Bull, Adam Roberts & Benedict Kingsbury, *Hugo Grotius and International Relations* (Oxford: Oxford University Press, 2003); 그리고 Knud Haakonssen, "Hugo Grotius and the History of Political Thought," *Political Theory* 13/2 (2016): 239–65.

51 이에 대해서 Berkhof, *Systematic Theology,* 388-89; Berkhof, *The History of Christian Doctrines,* 186-88을 보라. 이는 흐로티우스가 1617년에 출간한 『그리스도의 만족에 관하여』(*On the Satisfaction of Christ*)를 중심으로 한 논의이다.

에 하나님의 통치적 지혜(rectoral wisdom)로 그 대신에 그리스도가 형벌적 예(penal example)로 세워졌다는 것이다. 즉, 그리스도는 그가 형벌받지 않고서는 하나님의 진노가 누그러지고 인간이 용서받을 수 없어서가 아니라, 그저 인간의 죄의 혐오할 만한 심각성(the heinousness of sin)을 온 세상에 알리기(expose) 위해 형벌을 받은 것이라고 주장한 것이다.

이런 통치설의 문제는 죄에 대한 형벌을 받음이 본질적 공의(essential justice)와 직접 관련되어 있는 것이 아니고, 단지 보는 사람들이 받는 인상(impression)을 중심으로 설명한다는 데에 있다.[52] 즉, 형벌은 죄 때문에 반드시 받아야만 하는 것, **본래적으로 받아 마땅한 것**(*inherently deserved*)이 아니라는 것이다. 죄인들이 범한 죄는 "하나님의 본래적 의로우심"(the inherent righteousness of God)과 직접 관련된 것이 아니라고 생각하는 데서 문제가 발생했다.[53] 흐로티우스는 하나님의 본래적 의로우심을 반영하는 것이 자연법(natural law)이라고 하면서, 이 자연법과 다른 실정법(a positive law)을 어긴 것이 죄인들의 죄라고 한다. 그런데 하나님은 **실정법의 규제 하에 있지 않으니, 실정법은 하나님께서 자유롭게 변경하실 수도 있고 원하시면 없애실 수도 있다**고 주장한다. 따라서 이런 실정법과 그 형벌(penalty)은 우주의 통치자이신 하나님께서 자의로 변경시킬 수도 있고 없앨 수도 있다고 하였다.

따라서 그리스도께서 우리를 대신해서 꼭 형벌을 받아야만 죄가 속해질 수 있는 것은 (*inherently deserved*) 아니지만, 실정법이 전체를 규제하도록 하려는 하나님의 세계 통치적 지혜 가운데서 십자가 사건이 일어났다고 한다. 그래서 그리스도께서 십자가에서 죽음은 율법이 꼭 그것을 요구하

52 이 점을 지적하는 Orr, *The Progress of Dogma*, 301을 보라.

53 이하 이 문단 마지막까지는 Berkhof, *The History of Christian Doctrines,* 186에 잘 표현한 것을 활용하여 제시하였다.

는 것은 아니기에 "율법과 관련해서는 **완화하는 것**(*relaxation*)이고, 죄인들과 관련해서는 **죄용서**(*remission*)"라고 흐로티우스는 말했다.[54] 즉, 율법이 꼭 십자가에 죽는 이런 방식을 요구하는 것은 아니지만(an exact equivalent of the penalty due to man) 하나님이 이것을 죄 용서로 받아주시기로 결정한 행위(this act of the Father) 때문에 이를 죄 용서로 기쁘게 받으시게 된 것이라고 한다.[55] 또한 다른 사람들이 십자가형을 보면서 잘못하지 말아야지 하는 생각을 가지도록 하기 위해 자의(恣意)적으로 부가된(an arbitrary infliction) 것이라고 흐로티우스는 주장한다.[56] 그러므로 십자가에서 일어난 것은 과거에 우리가 저지른 죄를 용서하는 것으로 작용하기보다는 오히려 미래와 관련하여 죄를 방지하는 효과가 있는 것이 된다.[57] 즉, 십자가에서 일어난 것은 우리가 그것을 보면서 하나님이 공의롭게 세상을 통치하시는 분이심을 느끼게끔 하는 기제로만 작용한다는 것이다. 그러므로, 흐로티우스에 의하면, 십자가에서 일어난 것은 우리의 죄를 객관적으로 없애는 것과 필연적으로 관련되지 않는 문제다. 십자가는 "우주에 대한 도적적 통치를 위해 일어난 일"일 뿐이다.[58] 그래서 흐로티우스의 구속론을 "통치설"이라고 한다.

이런 흐로티우스의 통치설은 성경적 입장에 충실하려는 종교개혁적 입

---

54 Berkhof, *The History of Christian Doctrines,* 187에서 재인용.

55 이렇게 표현하여 제시하는 Berkhof, *The History of Christian Doctrines,* 187을 보라.

56 이 점을 지적하는 Orr, *The Progress of Dogma*, 301; Berkhof, *Systematic Theology,* 388을 보라.

57 이를 지적하는 Albrecht Ritschl, *A Critical History of the Christian Doctrine of Justification and Reconciliation,* 3 vols., trans. John Black (Edinburgh: Edmonston and Douglas, 1872), I:313; 그리고 Orr, *The Progress of Dogma*, 301을 보라.

58 이를 잘 지적하는 Berkhof, *The History of Christian Doctrines,* 187을 보라. 이점은 성경적 입장을 가지는 개혁자들에게는 부차적인 문제일 뿐이다(이를 지적하는 Berkhof, *The History of Christian Doctrines,* 187도 보라).

장에서 상당히 벗어난 것이다.[59] 흐로티우스에게 있어서 그리스도의 죽음은 그저 모범적인 것이고 죄인이 마땅히 벌을 받아야 한다는 '필벌(必罰)적 정의'(retributive justice)를 위해 일어난 것이 아니며, 그리스도의 수난과 죽음은 과거의 죄에 대한 형벌을 속하는 것이기보다는 미래의 죄를 방지하기 위해 일어난 것임이 더 강조되는 것이다.[60]

더구나 큐르켈래우스(Curcellaeus)에게서는 결국 삼위일체론도 부인하면서 아리우스주의적 방향으로, 펠라기우스주의적 방향으로, 그리고 소치누스적 방향으로 나아가[61] 모든 면에서 나쁜 의미의 합리주의적 방향으로 나아갔다. 그들의 후기 생각뿐만 아니라 초기 항론파의 견해도 심각하게 문제되고 개혁파 교회 안에서 허용될 수 없다고 선언되었다. 그러니 큐르켈래우스(Curcellaeus)와 림보르취(Limborch) 등의 좀 더 합리주의적 방향으로 나간 사상은 더 용납될 수 없다. 그들은 그리스도의 죽음이 희생 제사(a sacrificial offering)라는 것은 말하였으나 그것이 우리의 죗값을 갚는 것이라든지 특히 공의를 온전히 만족시키는 것이라는 것은 인정하지 않으면서, 죄 용서를 위해 동반하는 것(a concomitant) 또는 "그것이 없어서는 안 되는 조건"(a *conditio sine qua non*)이라고 했다.[62] 그들은 구약에서나 신약에서나 희생 제사가 꼭 있어야 하나님이 용서하시는 것이 아니라고 하면서, 그리스도의

---

59 같은 평가로 Orr, *The Progress of Dogma*, 301; Berkhof, *Systematic Theology,* 388을 보라. 벌코프는 좀 더 구체적으로 이는 개혁자들의 견해와 소시니안 사이의 중도안(a mean)으로 의도된 것이라고 한다(*Systematic Theology,* 388; Berkhof, *The History of Christian Doctrines,* 186). 물론 흐로티우스 자신은 자신의 주장이 소시니안을 비판하는 보편적 신앙을 표현하는 것이라고 생각한 듯하다. 그의 책 제목을 생각해 보라(*Defence of the Catholic Faith Concerning the Satisfaction of Christ Against Faustus Socinus of Siena*).

60 이런 점들을 지적하는 Berkhof, *The History of Christian Doctrines,* 188을 보라.

61 이를 지적하는 Orr, *The Progress of Dogma*, 299, 특히 n. 2를 보라.

62 이 점을 잘 지적하는 Berkhof, *The History of Christian Doctrines,* 188을 보라.

죽음은 분명히 사법적이고 형벌적인 것이지만, 이는 하나님께서 이를 통해 죄를 용서하시기로 하셨기에 일어난 것이라고 하였다. 따라서 그리스도의 죽음은 (개혁자들이 주장하는 것과 같은) 엄격한 의미의 대리 형벌(a substituted penalty)을 받은 것은 아니고, 좀 덜한 가치(of inferior worth)의 형벌을 받음으로 우리를 대리한 것이라고 하였다.[63] 이렇게 말하는 근거로 그들은 "그리스도께서 영원한 죽음을 죽은 것이 아니므로 죄에 대한 온전한 형벌을 감당한 것이 아니다"고 한다.[64] 더 나아가서 그들은 "만일 그리스도께서 죄에 대해서 완전한 속죄를 하셨다면 하나님의 은혜가 작용할 여지가 없고, 하나님께서 우리에게 신앙과 순종을 요구할 권리도 없다"는 이상한 주장도 한다.[65] 그들은 자신들이 말하는 것이 옳다고 하면서, 자신들의 말하는 바를 "선의에 의한 만족"(a satisfaction of *benevolence*)이라고 하였다.[66] 그리고 초기 항론파와 같이, 구속은 신적 의도에 있어서 보편적이지만, 효과에 있어서는 보편적이지 않다고 한다. 그래서 구속의 유효한 적용은 궁극적으로 죄인의 의지에 달린 것이라고 한다.[67]

초기 항론파의 주장을 검토하기 위해서 화란 교회는 48명의 대표들과 18명의 정치적 파견자들이 모여서 자신들의 교회의 총회를 하면서 (영국, 스코틀랜드, 팔라티네이트, 헤스, 나소, 브레멘, 엠든, 그리고 스위스 등) 외국 개혁파 교

---

63 이 점을 잘 지적하는 Berkhof, *The History of Christian Doctrines,* 188을 보라.

64 이 점에서는 흐로티우스와 큐르켈래우스와 림보르취 등의 생각이 일치한다. Cf. Berkhof, *The History of Christian Doctrines,* 189.

65 Berkhof, *The History of Christian Doctrines,* 189를 보라. 그리스도의 온전한 속죄를 부인하면서 이런 궤변으로 나가는 것의 문제성이 이런 데서 아주 잘 드러난다.

66 이 점을 말하는 Berkhof, *The History of Christian Doctrines,* 188을 보라.

67 이 점을 잘 지적하는 Berkhof, *The History of Christian Doctrines,* 189를 보라.

(도르트 회의가 열린 Kloveniersdoelen, 1857년 헐리기 전의 모습)

회의 대표들도[68] 초청하여 도르트레흐트(Dordrecht)에서 그야말로 국제적 회의를 열었다(1618-1619).[69] 총합 154회의 모임이 있었던 이 도르트 총회에 대해서 필립 샤프는 "사도들 시대 이후로 이제까지 열린 모임 가운데서 학문과 경건에서 존경할 만한 괄목할 만한 회의(an imposing assembly)"였다고 평가했다.[70] 이 회의에서 항론파의 5개 신조를 거부하고 반박하면서, 개혁파

---

[68] 프랑스와 브란덴부르크 대표자들은 국내 사정으로 참여하지 못하였다(Berkhof, *The History of Christian Doctrines,* 152)

[69] 도르트 총회에 대해서 Seung-Goo Lee, "The Meaning and Significance of the Infralapsarian Expressions of the Canons of Dort," *Hapshin Theological Review* 7 (2018): 77-98="도르트 결정문의 타락후 선택설적 표현의 의의", 「신학정론」 38/1 (2020년 6월): 233-62와 이에 인용된 많은 문헌들을 보라.

[70] Philip Schaff, *Creeds of Christendom,* 3 vols. (New York: Harper and Row, 1877; 4th edition, 1884; 6th edition, 1938, reprinted, Grand Rapids: Baker, 1977), I:514. 벌코프도 이 회의가 개혁파의 국제회의였음을 강조한다(Berkhof, *The History of Christian Doctrines,* 152, 153: "the most representative body that ever met").

의 입장을 잘 천명하였다.

타락하여 정죄 받은 것으로 보여지는 인류들로부터 무조건적으로 일정한 수의 사람들을 영원중에서 택하시고, 다른 사람들은 그냥 넘어가 자신들의 죄로 인해 정죄된 것으로 보여진 상태에 그대로 놓아두셨음을 명백히 하여 이중 예정을 분명히 천명하면서,[71] 그것을 영원 전에 있는 "타락후 선택설"(Infralapsarianism)의 방식으로 진술하였다. 그러면서도 타락전 선택설(Supralapsarianism) 주장을 정죄하지 않고, 단지 전택설만이 성경적인 것이고 개혁파적인 것이라고 너무 강하게 주장하지 말도록 권하였다.

아담이 인류 전체의 법적인 대표자임을 분명히 하면서, 따라서 그의 첫 번째 죄에 대한 죄책과 오염이 인류 전체에게 전가됨을 아주 분명히 진술하였다.[72] 특히 아담 안에서 타락한 사람들의 본성이 전적으로 부패하였음, 즉 그들의 존재의 모든 부분이 부패하였고, 따라서 그들은 영적인 선을 도무지 하지 못하고 스스로 하나님과의 관계를 회복할 수 없음을 분명히 하였다.[73] 이를 대개 "전적 무능력"(*tota impotentia*)이라고 표현한다. 물론 타락한 사람들에게도 자연적이고 시민적인 일을 유능하게 할 수 있는 능력이 남아 있음은 분명히 하였다.

> 그러나 타락 이후에도 사람에게는 본성의 빛의 잔재(the glimmerings of natural light)는 남아 있어서 그것으로 [타락한] 사람도 하나님에 대한 어떤 지식, 자연적인 것들에 대한 어떤 지식, 선과 악의 구별에 대한 어떤 지식을 유지하고, 덕과 사회의 선한 질서, 그리고 질서 있는 외적 행동을 유지하는 것에

---

71 Berkhof, *The History of Christian Doctrines,* 152.

72 Berkhof, *The History of Christian Doctrines,* 152.

73 Berkhof, *The History of Christian Doctrines,* 152.

대한 어떤 지식은 가질 수 있다. 그러나 이 본성의 빛은 구원하는 신지식을 얻게 하는 데는 불충분할 뿐만 아니라, 자연적이고 시민적인 것들도 아주 온전하게 할 수는 없다.[74]

단지 영적인 선은 행할 수 없고, 스스로 구원할 능력은 없다는 것이다.

또한 그리스도는 "모든 사람을 위해 충분했으나(*sufficienter*) 오직 택자들만을 위해 유효하게(*efficienter*) 죽으셨다"고(결정문, 2) 선언하여[75] 모든 면에서 성경에 일치하게 하려고 애썼다. 또한 성령의 능력으로 그리스도의 구속은 그리스도께서 위하여 피를 흘려주신 모든 사람들의 마음과 삶에 유효하게 되어, 그들은 모두 구원되며, 그들의 구원은 오직 하나님의 은혜에 의존하는 것임을 도르트 총회의 결정문은 분명히 하였다.[76]

누구나 잘 알 수 있듯이 사실 이 논쟁은 새로운 것이 아니다. 이전에 천주교회의 반(半)-펠라기우스주의와 철저한 어거스틴주의 사이의 논쟁이 새로운 형태로 나타난 것이라고 할 수 있다.[77] 그런데 구원 문제에 대해서 당대까지 이만큼 상세한 논의가 있은 적이 없다고 할 정도로 자세하게 논의하면서[78] 결론으로 제시한 개혁파 신조인 〈도르트 총회 결정문〉은 어거스틴과 칼빈이 성경을 따라서 생각하고 표명한 입장을 철저히 따르면서 종국적으로 따지면 결국 "하나님께서 혼자 역사하셔서 구원하신다"[神獨力主義,

---

74 Canon of Dort, III/IV, 4.

75 이 점을 잘 언급하고 있는 Knox, "The History of Doctrine in the Seventeenth Century," 435도 보라.

76 이를 잘 요약한 Berkhof, *The History of Christian Doctrines,* 189를 보라.

77 이를 잘 지적하는 Orr, *The Progress of Dogma*, 299를 보라.

78 Berkhof, *The History of Christian Doctrines,* 153.

monergism]는 것을 아주 분명히 천명했다. 이것은 중생에 대한 이해에서 가장 잘 드러났다.[79] 이 중생의 은혜가 아니면 그 누구도 하나님께 돌이킬 수 없으며, 선택에 근거한 하나님의 유효한 행동을 떠나서는 그 누구도 복음의 소식을 받아들여 믿지 않으니,[80] 믿는 사람들은 우리 안에 이 놀라운 은혜에 대해서 감사하면서 찬양함을 잘 드러내었다. 그러나 동시에 복음 자체는 누구에게나 진지하게 선포되어야 한다는 것을 강조했다("복음의 자유로운 제시", "the free offer of the Gospel"). 따라서 끝까지 믿지 않아서 구원받지 못하는 사람들은 자신들이 상실되었음을 드러내는 것이며, 그것에 대해서 자신들의 책임이라는 것을 강조하며 선언하였다. 이 모든 점에서 이는 얼마 후에 있을 〈웨스트민스터 신앙고백서〉의 진술에 상당한 영향을 미쳤다고 할 수 있다.[81]

3. "가정적 보편주의"에 대한 반박

개혁파 안에서 일어난 또 하나의 심각한 논쟁은 프랑스 지역의 소위 소뮈어(Saumur) 신학교에서 가르친 가르침으로 인해 일어났다. 그래서 이를 소뮈어(Saumur) 학파라고도 표현한다. 아마도 스코틀랜드 출신으로 알려진 존 카메론(John Cameron, 1580-1625)은 사람의 의지는 항상 이성의 주도적 통제를 따른다고 하면서, 따라서 중생에서 정신을 밝혀주는 것이 필요하고 실제로 그런 일이 일어난다고 했다.[82] 그는 사람의 의지에 직접 작용하는 성령님의

79 Berkhof, *The History of Christian Doctrines,* 152-53.

80 Berkhof, *The History of Christian Doctrines,* 153.

81 이 점을 잘 지적하는 Berkhof, *The History of Christian Doctrines,* 153을 보라.

82 이 점을 지적하는 Berkhof, *The History of Christian Doctrines,* 221을 보라.

[프랑스 소뮈어(Saumur)의 정경]

초자연적 작용은 없다고 했다. 카메론에게서 배운 클로드 빠종(Claude Pajon, 1626 - 1685)은 하나님 은혜의 특별한 내적 작용을 필요하지 않으니, 신적 소명의 유효성은 그것이 주어지는 외적 정황과 부응해 오는 것이라고 했다.[83]

또한 카메론 교수의 지도를 받고서(1618-1620), 레이든 등에서도 공부하다가 1623년에 다른 곳에서 목회하다가 1626년에 소뮈어의 목사가 되고 동시에 신학교에서 부분적으로 가르치면서 1633년에는 공식적인 교수가 되어 가르치던 **모이스 아미로(Moïse Amyraut = Moyses Amyraldus**, 1596 - 1664)는[84] 1634년에 자신의 『예정론에 대한 짧은 논의』에서 아주 명확한 "가

---

[83] 이 점을 지적하는 Berkhof, *The History of Christian Doctrines,* 221을 보라. 그에 대한 가장 포괄적인 논의는 Albert Gootjes, *Claude Pajon (1626–1685) and the Academy of Saumur: The First Controversy over Grace,* Brill's Series in Church History 64 (Leiden: Brill, 2013)에서 발견할 수 있다.

[84] 그의 생애에 대한 좋은 설명은 Richard Muller, "Beyond Hypothetical Universalism: Moïse Amyraut (1596–1664) on Faith, Reason, and Ethics," in *The Theology of the French Reformed Churches: From Henri IV to the Revocation of the Edict of Nantes,* Martin I. Klauber, ed. (Grand Rapids: Reformation Heritage Books, 2014), 198-200을 보라.

그는 다른 점에서는 개혁파 입장에 충실한 입장을 유지하고 변증하였다. Cf. 자신의 딸 엘리자베뜨 사후에 썼다는 *A Discourse on the State of Believers after Death* (Saumur, 1646); 프랑스 개혁자들을 옹호하기 위하여 쓴 *An Apologia in Defence of the Reformed Religion* (Saumur, 1647); 당대의 가장 방대한 기독교 윤리서요 목회학 책이라고 할 수 있는 *Christian Ethics,* 6 vol. (Saumur,

정적 보편주의"(Hypothetical universalism)를 가르쳤다. 그는 회개와 믿음을 조건으로 해서 보편적으로 구원하시려는 선행하는 가정적 작정(an antecedent hypothetical divine decree)인 일반적이고 조건적인 작정(a universal and conditional decree)이 있다고 하고 (그래서 그는 "그리스도는 모든 사람을 위해 죽게 하시려고 세상에 보내졌다"고[85] 한다), 그러나 **사람들이 믿지 않을 것임을 스스로 미리 보시고** 택자들에게 유효한 은혜의 특정한 작용(믿음과 회개의 은혜)이 있게 하여 구원하시는 "결과적인, 절대적이고 후택설적 작정(a consequent, absolute, and infralapsarian decree to save the elect)인 "제한되고 무조건적인 작정"이 있다고 하였다.[86] 이 가정적 보편구원론은 알미니우스주의와 같지는 않지만 좀 더 쉽게 불신자의 이성에 호소하면서 만족시키려고 하다가 온전한 성경

1652-1660); 대회를 없애는 상황에서 개혁파 교회 정치 체제를 잘 드러내고 변호한 *In Favour of the Government of the Church, as Opposed to the Abolition of Synods and Their Authority* (Saumur, 1653).

85 Berkhof, *The History of Christian Doctrines,* 190에서 재인용.

86 이것은 "신비하며 숨겨진 하나님의 절대적 뜻"이라고 한다. Cf. Moyses Amyraldus, *A Short Treatise on Predestination and the Principal Arguments in Its Defence* (Saumur: Lesnier and Desbordes, 1634). Muller, "Beyond Hypothetical Universalism," 205를 보라.

당시 아미로의 입장의 찬동하던 사람들로 프랑스 개혁파의 지도자들이었던 로쉬에 드 라 플라스(Josué de la Place=Joshua Placeus; c. 1596–1665 or 1655), 루이 카펠(Louis Cappel, 1585–1658), 쟌 다일(Jean Daillé=Dallaeus, 1594–1670), (툴레틴의 교수였던) 대비드 브롱델(David Blondel, 1591–1655) 들이 있었다(이에 대해서 Knox, "The History of Doctrine in the Seventeenth Century," 436). 또한 제네바에서는 제네바에서 레이든으로 간 프리드리히 스판하임을 대신해 가르친 알렉산더 모루스(Alexander Morus)가 '가정적 보편주의'를 가르쳤다고 한다. 그러나 그는 곧 사직해야만 했다(이에 대해서 Knox, "The History of Doctrine in the Seventeenth Century," 437을 보라).

적 입장을 버린 것이다.[87] 실제로 아미로는 모든 사람을 구원하시려는 하나님의 의도를 강조하고, 심지어 율법시대 동안에도 모세를 통해 주신 율법에 온전히 순종하면 그것을 조건으로 해서 구원하시려고 했다고까지 말한다.[88] 그래서 벌코프는 이 가정적 보편주의가 "실제로는 보편 구속론의 한 종류"(really a species of universal atonement)라고 밝히면서 비판한다.[89]

이런 전통적 해석을 비판하면서 리쳐드 멀러는 아미로주의는 다른 개혁파 저자들이 날카롭게 반대하고 배제시키려 하였지만 "개혁파 정통주의의 한 형태"라고 주장한다.[90] 그래서 그는 아미로를 "개혁파 정통주의의 특정한 한 가지"(one particular branch of Reformed orthodoxy)라고 여기려고 한다.[91] 가끔 멀러 교수에게서 나타나는 아주 강한 주장이다.

벌코프 등의 전통적 주장이 더 옳은지 아니면 멀러 교수의 좀 더 관용적 해석이 더 옳은지는 앞으로도 더 많은 학문적 논의를 요청하는 것이다. 그러나 멀러 교수도 아미로의 사상은 "다른 개혁파 저자들이 날카롭게 반대하고 배제시키려 하였다"고 인정하듯이, 아미로가 문제 있는 논의를 한 것

---

87 아미로의 가정적 보편주의와 제네바의 입장을 잘 대조시킨 글들로 다음을 보라: Roger R.Nicole, "Moyse Amyraut (1596–1664) and the Controversy on Universal Grace, First Phase (1634–1637)," PhD diss. (Harvard University, 1966); Donald D. Grohman, "Genevan Reactions to the Saumur Doctrine of Hypothetical Universalism, 1635–1685," ThD diss. (Knox College, Toronto, 1971); F. P. van Stam, *The Controversy over the Theology of Saumur, 1635–1650* (Amsterdam: APAHolland University Press, 1988); Roger R. Nicole, "Covenant, Universal Call and Definite Atonement," *Journal of the Evangelical Theological Society* 38 (1995): 403–11.

88 이를 밝히면서 언급하는 Knox, "The History of Doctrine in the Seventeenth Century," 436을 보라.

89 Berkhof, *The History of Christian Doctrines,* 190.

90 Muller, "Beyond Hypothetical Universalism," 208. 이것이 아미로 자신의 입장이기도 하니, 자신이 말하는 바가 성경적이고 칼빈적인 것이라고 생각하였다. 이를 잘 언급하는 Knox, "The History of Doctrine in the Seventeenth Century," 436을 보라.

91 Muller, "Beyond Hypothetical Universalism," 216.

은 사실이니 매우 조심스럽게 살펴보아야 한다. 특히 암스트롱 교수가 제시한 대로의 아미로에 대한 묘사,[92] 특히 소위 칼빈주의를 개신교 스콜라주의로 제시하고 아미로를 개신교 휴머니즘 전통에 위치시키면서 참된 칼빈적(true Calvinian) 입장이라고 하며 대조시키는 것에 대해서는 멀러 교수도 상당히 비판하고 있다.[93] 그러므로 암스트롱이 말하는 아미로가 아닌 "역사 속에 실제하던 아미로"의 생각을 잘 살펴야 한다. 그런데 비판을 받을 때 아미로가 자신의 입장과 칼빈의 입장이 정확히 같다고 제시한 것에 대해서는 멀러도 그것은 "믿을 수 없다"고 말한다.[94]

따라서 칼빈의 입장과 좀 더 가깝게 연결하여 개혁파 정통주의를 생각하는 분들은 아미로의 입장이 그런 엄격한 입장과는 다르다고 한다. 실제로 아미로의 입장에 강하게 반대한 개혁파 정통주의자들이 많이 있다. 멀러 자신도 삐에르 듀 무라(Pierre du Moulin=Petrus Molinaeus, 1568 - 1658)를 그 대표적인 예로 들고 있다.[95] 그러므로 앞으로 계속해서 논의할 가능성이 있다고 학문적 논의의 여지는 열어 놓으면서도 나는 여기서 잠정적으로 벌코프와 로저 니콜 등의 결론에 찬동하고자 한다.

소뮈어 학파에 속하는 다른 사람인 죠쉬아 플라캐우스(Joshua Placaeus), 즉 로쉬에 드 라 플라스(Josué de la Place, c. 1596 - 1665 or 1655)는 아담의 첫째

---

92 Cf. Brian G. Armstrong, *Calvinism and the Amyraut Heresy: Protestant Scholasticism and Humanism in Seventeenth Century France* (Madison: University of Wisconsin Press, 1969).

93 Muller, "Beyond Hypothetical Universalism," 205, 209-10.

94 Muller, "Beyond Hypothetical Universalism," 205.

95 Muller, "Beyond Hypothetical Universalism," 206. 또한 Richard A. Muller, *Calvin and the Reformed Tradition: On the Work of Christ and the Order of Salvation* (Grand Rapids: Baker, 2012), 107–25. 몰리내우스 외에도 그와 함께 레이든에서 가르치던 프리드리히 스판하임 (Frederich Spanheim)도 아미로의 견해를 강력하게 반박하였다(Knox, "The History of Doctrine in the Seventeenth Century," 436).

죄에 대한 죄책이 후손들에게 직접 전가된다는 것을 부인하였다.[96] 아담의 후손들은 타락 이후에 부패한 본성을 가지고 태어나는데, 그것 때문에 죄책이 있다고 후론할 수 있다는 것이다. 그는 아담의 후손들이 아담 안에 있던 죄책이 전가된다는 것, 그래서 우리가 아담 안에서 죄책이 있다는 것을 그냥 받아들이기 어려워한 것이다. 그래서 **좀 더 합리적 설명을 하려고 하다가** 우리들이 모두 아담 안에서 부패한 본성을 가지고 태어나니 죄책이 있다고 할 수 있지 않느냐는 생각을 새롭게 제시하였다. 플라캐우스는 이를 "간접적 그리고 결과적 전가설"(mediate and consequent imputation)이라고 했다.[97] 자신으로서는 좀 더 쉽게 받아들이게 한다고 작업하였지만, 플라캐우스는 결국 아담의 죄책이 전가되는 것을 믿지 않도록 하는 움직임의 한 길을 열었다고 할 수 있다.

아미로의 주장은 1637년 알랑손 대회(the national synod of Alençon)를 비롯한 세 개의 대회에서 다루어졌는데 이 대회들은 그를 정죄하지는 않았지만 그의 견해가 이끌어 갈 수 있는 오해와 방향에 대해서 주의하는 것이 필요하다고 하였다.[98] 논란을 일으킬 수 있는 문제를 강단에서 말하지 말고 오해될 수 있는 새로운 용어를 쓰지 말라고 했고, 그들의 책과 교육 지침을 지방 대회(the provincial synods)에 제출하여 승인을 받도록 하였다.[99] 그리고

---

96 Berkhof, *The History of Christian Doctrines,* 153.

97 Berkhof, *The History of Christian Doctrines,* 153.

98 Berkhof, *The History of Christian Doctrines,* 153-54. 이것이 아주 정확한 묘사일 것이다. 그런데 같은 사실에 근거해서 멀러는 그렇기에 아미로가 이단으로 정죄되지는 않았으니 개혁파 정통주의의 한 형태로 인정될 수 있다고 하는데(Muller, "Beyond Hypothetical Universalism," 208, 216), 이보다는 벌코프의 진술이 더 조심스럽고 더 옳다고 여겨진다.

99 이를 정확히 말하는 Knox, "The History of Doctrine in the Seventeenth Century," 436을 보라. 그런데 아미로는 1644년에 <유기에 대한 절대적 작정에 대한 칼빈의 가르침에 대한 변호>라는 제목으로 자신의 견해를 다시 제시하였다. 그래서 1644년에 샤런통(Charenton) 대회가 다시 소집

플라캐우스의 견해는 1644년 샤런통(Charenton) 대회에서 거부되었다. 그러나 아미로 자신은 정죄되지는 않았고 1641년에 소뮈어 아카데미 원장 직을 그대로 유지할 수 있다고 선언되어 그가 1664년 죽기까지 교수직과 원장직을 유지하였다.[100]

그리고 개혁파 입장에 대한 명백한 진술을 한 〈스위스 일치 신조〉(the Formula Consensus Helvetica, 1675)에서는[101] 아미로와 플라캐우스에 대한 반대와 정죄가 분명히 나타나 있다.[102] 그것에 주의하는 것이 멀러처럼 이 신조에서도 아미로의 입장이 명확히 이단이라고 하지 않았고, 또 이 신조에 대해 서명이 요구된 것은 스위스 칸톤에만 주어진 것이라고 하면서, 아미로와 같은 주장도 개혁신학 내에서 있을 수 있다고[103] 말하는 것보다 훨씬 더 나아 보인다. 멀러가 강조하는 대로 아미로 자신이 정죄되지는 않았으나, 아미로가 가르친 내용인 가정적 보편주의는 거부되었기 때문이다.

결과적으로 볼 때 알미니우스주의와 가정적 보편 구원론은 모두 불신자

되어 만일 그렇게 하지 않으면 하나님께서 하시려던 것이 이루어지지 않는다는 받아들일 수 없는 결론이 내려지므로 하나님의 선택과 유효한 소명은 택자들에게만 주어진다는 것과 원죄는 죄성만이 아니라 아담의 첫 번째 죄에 대한 죄책도 포함한다는 것이 다시 확언되었다.

100 이를 정확히 말하는 Knox, "The History of Doctrine in the Seventeenth Century," 437을 보라.

101 취리히의 하이데거(Heidegger)와 제네바의 프란시스 튜레틴(Francis Turretin)과 바젤의 게렐러(Gereler)가 함께 작성한 이 신조에 대해서 쉐드는 "가장 학문적인 칼빈주의적 신조들(the most scientific of Calvinistic symbols) 중의 하나"라고 하였다(William G. T. Shedd, *A History of Christian Doctrine,* vol. 2 [New York: Charles Scribner's Sons, 1897], 472). Knox, "The History of Doctrine in the Seventeenth Century," 437에서는 취리히의 하이데거가 작성한 것이라고 한다.

102 이 문서에 대해서 Berkhof, *The History of Christian Doctrines,* 154, 190. Cf. Shedd, *A. History of Christian Doctrine,* II, 472, 473.

103 Muller, "Beyond Hypothetical Universalism," 216. 어쩌면 다베난트(Davenant)나 칼라미(Calamy), 그리고 리처드 박스터(Richard Baxter)에게서 시도된 가정적 보편주의를 생각하면서 이런 주장을 하려는 것이 아닌지 모르겠다. 이들에 대해서도 문제를 지적하는 Berkhof, *The History of Christian Doctrines,* 190을 보라.

의 이성을 만족시키는 방향으로 신학적 논의를 해 보려고 하다가[104] 성경에 충실하지 않게 되는 결과를 낳았다. 여기 개혁파의 고전적 입장의 특성이 나타난다. 오직 성경의 가르침에만 충실해 보려고 노력하는 개혁파의 고전적 입장은 이를 좀 더 쉽게 설명하려는 모든 시도를 거부한 것이다. 아직도 타락성에 물들어 있는 우리의 이성을 만족시키려고 하지 말고, **당장 우리의 이성에는 다 설명할 수 없는 것처럼 보여도 성경이 가르침에 충실하려는 것**이 개혁파의 입장이다.

4. "까르테시안 신학"과 합리주의 신학에 대한 반박

그러므로 개혁파에 충실한 사람들은 도르트 회의 이후에 화란에서 등장해서 널리 퍼져 나가는 잘못된 의미의 합리주의 신학을 배격할 수밖에 없었다. 이런 잘못된 의미의 합리주의 신학을 흔히 데까르트(Decartes, 1596-1650)의 이름을 활용해서 그와 같은 식으로 신학을 하려는 것이라고 하여 "까르테시안 신학"(Cartesian theology)이라고 한다. 데까르트는 이전의 사람들의 그런 성향을 따라서 교회의 지배에서 벗어난 독자적 사변(independent speculation)을 근대에 시작한 사람으로 다들 판단한다.[105] 그의 『방법서설』(*Discourse on Method*, 1637)에서 제시된 방법론적 회의(methodical doubt)의 방법이 결국 보편적 회의의 격률을 철학의 원리로 만들어 결과적으로 모든 것을 의심하게 하는 결과를 낳았다. 물론 데까르트 자신은 이런 회의의 과정

---

104 이런 점에서 "아미로의 신학적 합리주의"를 말하는 David W. Sabean, "The Theological Rationalism of Moïse Amyraut," *Archiv für Reformationsgeschichte* 55 (1964): 204–15의 지적은 상당히 옳다고 할 수 있다. 특히 212-13에서 "선험적 도덕 기준"에 부합하게 설명하려는 면이 있음을 잘 지적한 것을 보라.

105 이런 판단의 대표적인 예로 Orr, *The Progress of Dogma*, 304를 보라.

을 통해서 그의 이른바 "명석 판명한 개념"(clear and distinct idea)을 찾을 수 있다고 하면서, 이 과정을 통해 얻은 회의하는 자아(the doubting self)의 존재성을 확립하고(*cogito ergo sum*), 이 근본적 확실성(basic certainty)을 토대로 하여[106] 그로부터 필연적으로 귀결되는 것(the necessary consequence)을 찾아 나가는 방법으로 추론하였다. 그래서 하나님이 우리를 창조하실 때 그에 대한 관념을 우리의 본성에 남기실 것이 분명하다고 하면서[107] 가장 온전한 존재라는 개념에 그의 존재가 포함된 것으로 보이는 하나님에 대한 믿음도 확립시키고,[108] 이 세상에 대한 믿음도 확립하였다. 그러나 그 이후의 사람들은 근대에는 그 자아, 즉 주체를 확고히 하였지만,[109] 나머지는 다 믿을 수 없다고 버려 버렸다.

1629년에 암스테르담에 거주하기 시작한 데까르트의 영향을 화란 사람들도 받아 그들 나름의 신학적 시도를 하여 나갔다. 특히 코케이우스의 입장을 존중하는 사람들 사이에 이런 영향력이 커져 갔다.[110] 심지어 정통 신학을 유지한 분들 가운데서도 어느 정도 데까르트적 생각을 받아들이는

---

106 이후 이런 식의 사상을 토대주의, 또는 기초주의, 또는 정초주의(foundationalism)라고 부른다. 이에 대한 가장 최근의 논의로 Richard Fumerton, ed., *Foundationalism* (Cambridge: Cambridge University Press, 2022)를 보라.

107 이에 대한 논의로 Knox, "The History of Doctrine in the Seventeenth Century," 448을 보라. 그래서 하나님에 대한 관념을 본유관념(the innate ideas)의 하나로 제시하였다.

108 그리하여 중세기의 안셀름에 이어 데까르트가 하나님의 존재에 대한 존재론적 논증의 대변인의 한 사람으로 제시된다.

109 그러다가 우리들이 살고 있는 소위 포스트-모던적 상황에서는 이 주체마저도 그 존재를 확신할 수 없다고 한다. 이것이 포스트모던 사상이 곳곳에서 말하는 "주체의 죽음"이다. 데카르트 이후 근대는 회의하는 자아라는 주체를 굳게 붙들어 그 이후 유럽의 철학을 근대의 주체에 대한 철학(주체철학)이라고 한다. 그런데 포스트모던 사상가들은 그것마저도 회의하는 것이다. 포스트모던 사상가들은 그야말로 붙잡을 수 있는 것이 없어져 버렸다. 이것이 존재의 산종(散種, dissemination)을 말하는 데리다(Jacques Derrida, 1930-2004)의 포스트모던 사상의 현실이다.

110 이를 잘 지적하는 Orr, *The Progress of Dogma*, 305를 보라.

분들도 있었다. 그러나 이런 까르테시안 신학에 반박하면서 성경적 입장을 잘 발전시켜 나가려 한 분들로 후티우스(Voetius), 아메시우스(Amesius), 제네바의 프랑소아 툴레틴(F. Turrentin) 등을 들 수 있다.

영국에서는 데까르트와 서신을 주고받던 첼버리의 헐버트(Herbert of Cherbury, 1583-1648)의 『진리에 대하여』(*De Veritate*, 1624)로부터[111] 시작하여 결국 영국 이신론(Deism)이 더 명확히 드러나기 시작하였다.[112] 이 전통을 이어 나간 것이 성경이 보편적 전통이라고 하고, 하나님께서는 성경이 당신님의 말씀임을 믿기를 원한다고 하여, 성경의 참된 의미를 찾아내고 그에 따라 사는 것이 모든 사람의 의무라고 말하면서, 결국 영국교회 안에 있게 하며 이성을 판단 기준으로 제시한 『개신교도들의 종교』(*The Religion of Protestants*, 1638)의 저자인 윌리엄 칠링워뜨(William Chillingworth, 1602-44)다.

후에 허버트 경의 본유관념을 전체적으로 비판하면서 사람은 아무것도 쓰여지지 않은 백지와 같은 빈 서판(*tabula rasa*)으로 태어나니 모든 것이 증거와 이성에 의해서만 판단되어야 한다고 하면서 『성경에 제시된 기독교의 합리성』(*Reasonableness of Christianity*, 1695)이라는 제목의 책을[113] 낸 존 로크(John Locke, 1632-1704)의 영향 하에서, 그러나 로크에게서 더 나아가서 이성

---

111 그의 본유관념(innate idea)에 대한 옹호 등은 매우 중요한 것이고 상당한 기여도 있다고 여겨지지만, 결과적으로 그의 생각에 들어 있는 이신론적 성향이 후대에 큰 영향을 미치게 된다고 여겨진다. 이 모든 것이 이성중심적 기독교 이해를 만들어 가는 데 기여하게 된다.

112 이를 잘 언급한 Knox, "The History of Doctrine in the Seventeenth Century," 447을 보라.

113 이 책에서 로크는 자신이 "가장 자명하고 분명하게" 읽은(2) 성경에서 그저 "회개하고 예수님을 메시아로 받아들이는 것만" 요구되지, 원죄 교리, 구속, 그리고 영원한 형벌에 대한 교리 등을 찾아 낼 수 없다고 하면 이는 성경이 말하는 기독교에 속하지 않는다고 하였다. 이를 잘 지적하는 John H. S. Kent, "Christian Theology in the Eighteenth to the Twentieth Centuries," in *A History of Christian Doctrine,* 463, 465을 보라. 그러므로 이성이 찾아 낼 수 없는 것은 배제한 기독교를 말하는 것, 그리고 그런 기독교의 합리성을 말하는 것이 로크의 책이다. 물론 로크는 그 이후 사람들과는 달리 예수님이 구약의 예언을 이루신 신적인 존재라는 것과 신약에 기록된 이적들을 인정하였다(이를 지적하는 Kent, "Christian Theology in the Eighteenth to the Twentieth Centuries," 465를 보라).

을 더 높이고, 이적과 신비, 그리고 삼위일체 같은 것을 다 거부하면서 『신비적이지 않은 기독교』(1696)라는 책을 쓴 아일랜드의 존 톨런드(John Toland, 1670-1722), 그리고 자연종교가 본래적인 것이고 기독교가 자연종교를 왜곡시켰다고 하는 『창조만큼 오래된 기독교, 또는 자연종교의 재판인 복음』(*Christianity as Old as the Creation; or, the Gospel a Republication of the Religion of Nature*, 1730)의 저자인 매튜 틴달(Matthew Tindal, 1657–1733) 등의 이신론이 나타났다.[114]

조금 후에 안토니 콜린스(Anthony Collins, 1676-1729)는 예수님이 구약 예언을 성취하신 메시아라는 것을 부인한다(*Discourse of the Ground and Reasons of the Christian Religion*, 1724).

더구나 스코틀랜드의 데이비드 흄(David Hume, 1711-1776)은 그의 『인간오성론』(*An Inquiry concerning Human Understanding*, **1748**)에서 그의 회의론에 근거해서 "**자연의 법칙을 깨고**" 발생하는[115] "이적은 증명될 수 없고, 따라서

---

114 이런 입장의 절정의 하나가 모든 이적적 능력을 부인하는 Conyers Middleton, *Free Inquiry into the Miraculous Powers which are supposed to have subsisted in the Christian Church* (1749)이다. 그는 "성경의 모든 어구가 하나님 자신의 말씀이요 목소리라고 받아들이는 것이 이제는 받아들여질 수 없다"고 했다(*A Letter to Dr. Waterland,* 1731, 44f.).

이런 영국 이신론에 대한 대답으로 쓰여진 것이 조셉 버틀러 감독(1692-1752)의 『종교의 유비』(*Analogy of Religion,* **1736**)이다. 이 점에 대한 좋은 지적으로 Kent, "Christian Theology in the Eighteenth to the Twentieth Centuries," 462, 469-71을 보라. 이 책은 한편으로는 이신론에 대한 좋은 논박이지만 어떤 의미에서 개연성(probability)에 호소하는 잘못된 변증의 한 유형으로 나타난 것은 역사의 아이러니이다. 이에 대한 Cornelius Van Til의 논의를 제시하는 이승구, 『코넬리우스 반틸』(서울: 살림, 2007), 132-36을 보라. 이것은 이런 이신론의 사상적 선조가 에라스무스라는 것을 지적하는 Kent, "Christian Theology in the Eighteenth to the Twentieth Centuries," 466의 논의와 어울릴 수 있다. 그는 그 근거로 *Colloquies*가 17세기 말 Roger L'Estrange에 의해서, 그리고 1725엔 N. Bailey에 의해 다시 번역된 것을 예로 든다. 물론 켄트는 이런 방향에 대해서 동감적이고, 반틸은 이런 방향에 대해 비판적이라는 분명한 차이를 보아야 한다.

115 David Hume, *An Inquiry concerning Human Understanding* **(1748),** Selby-Brigge edition (1902), 114: "*a violation of the laws of nature.*" (강조점을 덧붙인 것임).

종교 체계의 근거가 될 수 없다"고 단언하였다.[116] "죽은 사람이 살아나는 이적은 그 어느 시대나 어느 나라에서나 관찰되지 않았기 때문"이라는 것이다.[117] 이적 이야기들은 증명으로는 훨씬 부족하고 최대한으로 말해야 발생할 수 있는 가능성만 있고, 그런 일이 확실히 발생했다는 확실성은 전혀 가지지 못하는 것이므로 이적 이야기는 종교 체계의 토대를 제공하지 못한다고 하였다.[118]

혹시 이적이 발생했다고 해도 그런 역사 속에 있는 우연적 사실은 영원한 진리의 바른 토대를 제공하지 못하니 역사의 우연적 사실들과 이성의 영원한 진리 사이에는 "추하고 넓은 도랑"이 있다고[119] 루터파 목사님의 아들이었던 독일의 계몽 사상가로 극작가요 극작비평가였던[120] 레씽(Gotthold Ephraim Lessing, 1729-1781)은 강조하였다.

또한 프랑스의 볼테르(Voltaire, 1694-1778), 드니 디드로(Diderot, 1713-1784), 장 쟈크 루소(1712-1778) 등의 계몽 사상가들인 백과전서학파는 기독교를 강력하게 도전하여 일반적으로 기독교의 기본적인 개념을 거의 다 전복시

---

116 Hume, *An Inquiry concerning Human Understanding*, 127.

117 Hume, *An Inquiry concerning Human Understanding*, 115.

118 이를 지적하는 Kent, "Christian Theology in the Eighteenth to the Twentieth Centuries," 472를 보라. 이로써 데까르트 이후 논의의 특성인 토대주의 또는 정초론의 기초를 다 무너뜨린 것으로 이런 합리주의자들은 생각했다.

119 Gotthold Ephraim Lessing, "On the Proof of the Spirit and of Power," in *Lessing: Philosophical and Theological Writings*, trans. and ed. H. B. Nisbet (Cambridge University Press, 2005), 87에서 나와 유명해진 말로, 이를 후에 흔히 "레씽의 도랑"(Lessing's Ditch)이라고 언급한다: "내가 아무리 자주 뛰어넘어 보려고 진지하게 노력했지만 뛰어넘을 수 없는 추하고 넓은 도랑"(That, then, is the ugly great ditch which I cannot cross, however often and however earnestly I have tried to make that leap.).

120 레씽 자신이 극작 비평(dramaturgy)이라는 말을 만들어 내었고, 레씽 자신이 함부르크 국립 극장의 최초의 극작 비평가(dramaturge)로 언급되곤 한다. 일종의 "극장 감독"과 비평가를 합해 놓은 개념이다.

키는 방향으로 시대정신이 흘러갔다. 흔히 1648년부터 1789까지라고 불리는 시대는 루이 14세에서 루이 16세에 이르는 시기, 소위 "앙시앙 레짐"(the *Ancien Régime*)의 시기, 백성들의 분노가 집적된 시기였다.[121] 이때 프랑스 천주교회는 백성들의 삶으로부터 거의 이탈되어 있었고 소수의 귀족들을 옹호하는 종교적 기구로 전락해 있었다.[122] 국가와 천주교회의 검열에 맞서서 백과전서 편집에 열심이었던 디드로는 1746부터 1749년 사이에 이신론에서 무신론으로 더 과격하게 변화해 갔다.[123] 특히 그가 국가 감옥(a state prison)이었던 빈센느(Vincennes) 성채에 수감되자 그는 모든 종교 기관과 국가의 비민주적 기관 전체에 대해 더 비판적이게 되었다. 계몽된 군주제도를 옹호하던 볼테르조차도 그의 생에 말에는 제네바적 민주주의에 더 동감적이게 되었다.[124] "이 사람들이 만들어낸 지적인 분위기에서 천주교적 정통주의나 개신교 정통주의가 살아남기 어렵게 되었다"는 브리스톨 대학교의 켄트 교수의 지적은 정확한 것이다.[125] 그리고 미국에서는 존 아담스, 토마스 제퍼슨, 벤자민 프랭클린 등에 의해서 더 명확한 이신론이 제시되

---

121 이 점을 지적하는 Kent, "Christian Theology in the Eighteenth to the Twentieth Centuries," 473을 보라. 이와 관련해서 J. McManners, *French Ecclesiastical Society under the* Ancien Régime: *A Study of Angers in the Eighteenth Century* (Manchester: Manchester University Press, 1960)을 인용하면서 참고한 것은 흥미로운 논의라고 여겨진다.

122 역사는 "만일"이라는 가정을 허락하지 않지만, 만일 바돌로뮤 날의 학살이 없었고, 만일 유그노들이 프랑스 밖으로 나가지 않아도 되는 상황이었더라면 상황이 어떠하였을까를 생각해 보는 것은 흥미로운 일이다. 이는 우리의 사회 속에서의 역할을 아주 잘 의식하게 하는 주제임이 분명하다. **백성들과 유리된 종교는 결국 비극을 만들어 낸다.** 그러나 대중의 요구에만 반응하는 종교는 더 이상 종교가 아니다.

123 이를 지적하는 Kent, "Christian Theology in the Eighteenth to the Twentieth Centuries," 482를 보라.

124 이를 지적하는 Kent, "Christian Theology in the Eighteenth to the Twentieth Centuries," 482를 보라.

125 Kent, "Christian Theology in the Eighteenth to the Twentieth Centuries," 482.

었다.

이렇게 소위 합리주의적 종교, 그리고 소위 자연 종교(natural religion)를 추구하는 일이 나타났다. 그래서 이신론을 자연종교로 돌아가자는 운동으로 이해하는 일도 있다. 영국 놀위치(Norwich)의 주교였던 조셉 홀 주교(1574-1656)는 이신론자들은 "자연을 우상으로 하고 있고, 그들의 종교는 이차적 무신론(secondary atheism)이며, 그들의 참된 종교는 가장 낮은 지옥"이라고 강하게 비판하였다.[126]

이런 합리주의적 성향이 철학에서는 라이쁘니쯔(Gottfried Wilhelm Leibniz, 1646-1716), 그리고 크리스챤 볼프(Christian Wolff, 1679-1754), 그리고 임마누엘 칸트(Immanuel Kant, 1724-1804)의 사상을 전개되었고, 그들과 관련하여 관념론적 신학적 작업을 하는 사람들이 있게 되었다. 칸트는 하나님이 인간들에게 요구하시는 것은 어떤 의식이나 기도나 종교적 경험이 아니라, 도덕적으로 선한 행위를 지속적으로 하는 것이라고 했다. "모든 의무들을 신적 명령으로 여기는" 것이 칸트가 말하는 종교이고, 이것에 신실한 것이 바른 예배라고 했다. "단순히 외적인 경건의 표현은 참된 내적인 덕의 대체물이 되지 않는다"는 것이 칸트의 주장이다.[127]

이 모든 정향은 결국 인간의 이성을 종국적 판단자로 내세우면서, 프랑스 계몽주의자들과 같이, 그 이성에 근거하여 기독교를 온전히 무시하거나, 아니면 영국 이신론자들이나 자유주의자들과 같이 이성에 부합하는 기

---

126 Joseph Hall, *Works* (ed. 1863), 5:249, cited in Knox, "The History of Doctrine in the Seventeenth Century," 447, n. 2.

127 Immanuel Kant, *Religion within the Limits of Reason Alone* (1793), trans. Theodore M. Greene and Hoyt H. Hudson (New York: Harper & Row, 1960), 142-43, 147-53, 156-58, 162, 165, 167-68, 170, 그리고 181-89; cf. Immanuel Kant, *Lectures on Ethics,* trans. Louis Infield (New York:Harper & Row, 1963), 78-116.

독교만 인정하려고 하는 결과를 드러내었다. 카시러는 “종교와 도덕의 참된 적은 회의(懷疑, doubt)가 아니라 교리(教理, doctrine)라는 것이 계몽주의의 근본적 원리”라고 하였다.[128] 로크와 칸트는 여전히 몇 가지 기독교적 용어를 사용하지만, 결국 전통적 기독교의 모든 것을 저버린 것이다.[129] 이와 같이 합리주의적 종교, 우리가 볼 때 타락한 이성에 부합하는 것만을 인정하려는 이런 성향들은 결국 다음과 같은 문제를 만들어 내었다.

첫째로, 합리주의 신학은 모든 이적들을 부인했다. 따라서 그리스도의 동정녀 탄생이나 부활도 발생하지 않았다는 생각들이 퍼져 갔다. 이에서 조금 더 나아가, 이신론은 아예 섭리 개념 자체를 인정하지 않으려고 했다.

둘째로, 따라서 기도에 대한 응답으로 하나님께서 어떤 일을 일으키실 수 있다는 생각을 인정하지 못하는 사람들에 의해서 결국 기도가 무시되거나 다른 의미로 전용되는 결과가 있게 하였다. 칸트 같은 철학자는 18세기 말에 기도에 의해서 무엇을 얻으려고 하는 것 자체가 부도덕한 일이라고 하였다. 기도를 포함한 모든 제의들은 순수한 종교에 해를 끼치는 것이라고 하였다.[130] 특히 ‘말로 하는 기도’(verbal prayer)는 위험한 미신적 환상(a dangerous superstitious illusion)이 될 수 있다고 했다.[131] 그러나 칸트도 자신

---

128 Ernst Cassirer, *The Philosophy of the Enlightenment* (1932), trans. Fritz C. A. Koelln and James P. Pettegrove (Princeton, New Jersey: Princeton University Press, 1951)에 근거하여 이를 제시하는 Kent, “Christian Theology in the Eighteenth to the Twentieth Centuries,” 463-64를 보라.

129 이 점을 지적하는 Kent, “Christian Theology in the Eighteenth to the Twentieth Centuries,” 484-85를 보라.

130 이 점을 가장 강조하면서 제시한 Clement C. J. Webb, *Kant's Philosophy of Religion* (Oxford: Clarendon, 1926), 20을 보라.

131 Kant, *Religion within the Limits of Reason Alone*, 183. 그러나 어린 아이들에게는 하나님 관념을 형성하기 위해서 이런 ‘말로 하는 기도’도 필요한 것이며(186), 어떤 어른들에게도 그들이 참된 도덕적 정향을 가지기 전까지 잠시 도움을 주는 “목발” 같이 필요할 수도 있다(185)고 한다. 그

이 강조하는 도덕 종교의 근거가 되는 "성찰적 신앙의 핵심적 경험"(the core experience of reflective faith)을 잘 표현하는 기도의 정신(the spirit of prayer)은 중요한 것이라고 하였으니, 이는 "내면적 기도"이고 예수님의 가르침이 그 모델을 제시하는 것인데, 이는 "우리의 연약성을 전제로 할 때 하나님 나라의 가치 있는 지체가 되려고 지속적으로 열망하는 선한 삶과 행동을 하려는 결단일 뿐(nothing but the resolution to good life-conduct)이다."고 한다.[132] 그리하여 기도는 그저 선한 삶을 살겠다는 자기 독백으로 여겨지거나 스스로 명상하는 것이라고 여겨졌다. 칸트에 의하면, 기도는 하나님께 말을 하는 것(an incantation)이기보다는 하나의 태도(an attitude)다. 그런 것조차도 인정하지 않으려는 사람들은 기도를 완전히 제거하였다. 이처럼 합리주의 종교를 지향하는 사람들은 타락하여 하나님과 교제하기를 싫어하는 사람들의 경향이 극도로 표현되어 결국에는 하나님을 배제한 자기 독백으로 전환시키든지, 기도를 아예 없애 버려서 하나님과 교제하지 않으려는 타락한 인간의 진면목을 드러내었다.

셋째로, 성경의 기록 가운데서 자신들이 받아들이지 못하는 것들은 다른 식으로 설명해 버리든지(explain away), 나중에는 실제로 일어나지 않은 것인데 당시 종교심이 강한 사람들이 당시 상황에 익숙한 방식으로 만들어 낸 것이라고 설명하는 일이 나타났다. 이런 성경을 비판하는 경향은 이때부터 드러나서 19세기와 20세기 초에 그 절정에 이르렀다고 할 수 있다.

그러므로 합리주의적 성향은 결국 그리스도를 위대한 선지자나 교사로

러나 성숙하면, 이와 같은 '말로 하는 기도'는 필요 없다는 것이다. 이는 결국 기독교의 가장 중요한 특성을 버려 버리는 것이 된다.

132 Kant, *Religion within the Limits of Reason Alone,* 183.

만 여기는 신학적 자유주의를 만들어 내었다고 할 수 있다.[133] 물론 이런 상황 속에서도 이 모든 정향들과 영적인 전투를 계속하면서 개혁신학을 잘 유지해 가면서 잘못된 사상들을 계속 논박해가는 사람들이 지속적으로 있어 왔다.[134] 그들이 성경적 기독교 교의를 유지한 사람들이라고 할 수 있다.

---

133 이 점을 잘 지적하는 Berkhof, *The History of Christian Doctrines,* 222를 보라.

134 18세기와 19세기에 성경을 그대로 믿고 따른 사람들이 이에 속한다. 이들에 대한 좋은 연구로 Mark A. Noll, et al. eds., *Evangelicalism: Comparative Studies of Popular Protestantism in North America, the British Isles, and beyond 1700-1900* (Oxford University Press, 1994)을 보라. 버틀러 감독은 성경을 믿으면서 이를 또 다시 합리적으로 설명하려는 모습을 드러냈고, 웨슬리는 성경을 믿고 이신칭의를 믿으면서 자기 나름으로 해석하려 하였다.

제21장

성경과 계시에 대한 정확한 정리

성경을 지금 우리에게 있는 유일한 "하나님의 특별 계시"로 여기는 태도는 고대교회에서부터 있던 것이고 교회가 소위 자유주의적 방향을 취하기 전까지 교회 안에 있던 가장 기본적인 태도였다. 중세 때도 성경을 하나님의 말씀으로 여겼으나 여기에 다른 것을 더하는 태도가 모든 문제를 일으켰다.

이에 대항해서 종교개혁기와 그것을 견고히 하는 시기에 외경을 제외하고 오직 정경만이 영감된 문서이고, 신앙과 생활의 유일한 표준이 된다는 것이 강하게 주장되었다. 〈웨스트민스터 신앙고백서〉가 이를 가장 분명히 하면서 정경에 속한 책들을 일일이 열거한 후에 "이 모든 책은 하나님의 영감에 의하여 믿음과 생활의 규범으로 주어졌다."고 선언하였다.[1] 그리고는 이를 분명히 하기 위해 "보통 외경이라 불리는 책들은 하나님의 영감으로 된 것이 아니므로 정경인 성경의 일부가 전혀 아니다. 따라서 이것들은 하나님의 교회에서 어떤 권위도 가지지 못하며, 단지 사람들이 쓴 다른 글과 같은 것일 뿐이며, 이와 다르게 인정을 받아서도 안 되며 사용되어서도 안

---

[1] 웨스트민스터 신앙고백서, 1장 2항.

된다."고 단언하면서,[2] 외경과 다른 책들은 하나님의 말씀이 아니라고 배제하였다. 이와 관련해서 "하나님께서 자신의 뜻을 자기 백성에게 계시하시던 이전 방식들은 이제 중지되었다."는 1장 1항 마지막 부분의 진술과 1장 6항 중앙에 있는 "성령의 새로운 계시들에 의해서든지, 사람의 전통들에 의해서든지, 어떤 것이라도 어느 때이건 성경에 추가되어서는 안 된다."는 진술을 항상 잘 지켜야 한다.

이렇게 성경을 영감된 하나님의 말씀으로 받아들이는 일을 아주 철저히 하려는 입장은 〈스위스 일치신조〉(1675)에서 잘 드러난다. 스당(Sedang)과 소뮈르(Saumur)에서 공부하고 옥스퍼드에서 아랍어를 연구하고 와서 소뮈르 아카데미에서 히브리어를 가르친 **루이 카펠**(**Louis Cappel**, 1585-1658)은 히브리어 모음 부호가 5세기경에 만들어졌다는 것에 근거해서 히브리어 성경 맛소라 본문의 모음은 영감에서 제외시키려고 하였다. 스위스 일치신조는 이런 카펠의 주장과 가르침을 반박하면서, 하나님께서 기록을 주도하셨고 기록될 때부터 현재까지 보존하도록 하셨기에 모음들까지도 영감되었으며, 성경의 "사건들뿐만 아니라 문자까지도"(*tum quoad res, tum quad verba*) 영감되었다고 주장하였다.[3] 이를 부정하는 카펠의 시도는 "우리 신앙의 근원과 그 거룩한 권위가 파괴되도록 한다."고 강하게 선언한 것이

---

2 웨스트민스터 신앙고백서, 1장 3항.

3 〈스위스 일치신조〉(The Helvetic Consensus, *Formula consensus ecclesiarum Helveticarum*) 1-3항. (https://heidelblog.net/2012/09/helvetic-consensus-formula-1675/)

다. 정경 성경을 매우 존중하는 태도가 나타났다. 이전부터 그렇게 여겨지던 축자 영감(逐字靈感, *verbal inspiration*)이 가장 온전하게 표현된 것이다.[4]

후에 자유주의적 입장을 취하는 사람들에 의해서 성경에 대해서 다른 태도가 나타났다. 그런 사람들이 성경에 대해서 매우 높이 칭송하는 말을 해도 근본적으로 그분들이 성경을 하나님의 계시로 받아들이지 않을 때 그것은 교회를 해치는 일이 된다. 예를 들어서, 자유주의의 대변인인 하르낙이 구약에 대해서 "얼마나 놀라운 종교적 자료의 부요함인가! 종교 역사에 있어서 가장 오래된 때로부터 전달된 것들이 이 책에 담겨져 있다!"고 할 때도[5] 그것은 구약 성경을 높이는 말이 결코 아니다. 그러므로 19세기와 20세기 초의 상황에서 참으로 성경에 대해서 충실하려고 하는 사람들이 거의 다 그렇게 느꼈듯이, 변화된 이 상황에서 해야 하는 첫 번째 전투는 성경의 가치와 권위에 대한 전투였다.[6]

자유주의적 계시관은 상당히 폭넓은 것으로 나타난다. 그런 입장에 반해서 개혁파를 비롯한 복음주의자들은 이전부터 가졌던 계시에 대한 이해, 즉 정통주의적 성경관을 유지하려고 하였다.

정통주의적 성경관이라 함은 예수님께서 드러내신 성경에 대한 이해를

---

4 이 문제에 대한 흥미로운 논의로 조금 넓은 입장을 드러내어 안타깝지만 Richard A. Muller, "The Debate over the Vowel Points and the Crisis in Orthodox Hermeneutics," *The Journal of Medieval and Renaissance Studies* 10/1 (Spring, 1980): 53-72, reprinted in Muller, *After Calvin: Studies in the Development of a Theological Tradition* (Oxford: Oxford University Press, 2003), chapter 9 (146-55)을 보라.

5 Adolf von Harnack, *Lehrbuch der Dogmengeschchte,* 3 vols. 5th edition (Tuebingen, 1931-32), 2:469, cited in Jaroslav Pelikan, *The Christian Tradition: A History of the Development of Doctrine,* vol. 1: *The Emergence of the Catholic Tradition (100-600)* (Chicago & London: The University of Chicago Press, 1971), 140.

6 이를 의식하면서 이것이 20세기의 첫째 전투가 될 것이라고 말하는 Orr, *The Progress of Dogma*, 352를 보라.

토대로 해서, 사도들이 성경을 이해하고 표현한 바, 이를 흔히 "성경이 자증(自證)하는 성경관"이라고 하는데 이런 "성경이 자증하는 성경관"을 그대로 받아들이는 견해를 말한다. 사도들의 이런 입장은 교부(教父)들(the Church Fathers)의 기본적 입장이기도 했다. 이런 견해는 종교개혁자들에 의해서도 그대로 표명되었고, 이를 17세기 정통주의자들이 잘 정리하였다.[7] 18세기와 19세기에, 성경에 대한 비판적 의견들이 성장하는 동안에도, 이런 정통주의적 성경관과 같은 입장을 가지신 분들에 의해서 이런 정통주의적 성경관은 유지되어 왔다.[8] 성경에 대한 이런 입장이 수 세기가 지난 오늘날에도 사활(死活)적 문제라는 것이 이 시대를 살아가는 정통주의자들의 확신이다.

이 장에서는 17세기 개혁파 정통주의자들의 입장을 계속해서 그대로 유지하면서 19세기 말과 20세기 초의 이런 정통주의적 입장을 잘 제시한 프린스톤 신학교의 워필드(Benjamin B. 1851-1921)의 성경관을 제시하고, 20세기 중반에 이를 다시 확인한 웨스트민스터 신학교의 에드워드 제이 영(Edward J. Young, 1907-1968)의 입장을 제시해 보려고 한다.[9] 워필드와 영의 성

---

[7] John Murray, *Calvin on Scripture and Divine Sovereignty* (Philadelphia: Presbyterian and Reformed, 1960); D. A. Carson & John D. Woodbridge, eds., *Scripture and Truth* (Grand Rapids: Zondervan, 1983).

[8] 그러므로 프린스톤 신학자들의 성경관, 특히 A. A. Hodge와 B. B. Warfield가 1881년에 쓴 "영감"이라는 논문의 입장이 새로운 것이었다는 Ernest Sandeen, *The Origins of Fundamentalism* (Philadelphia, 1968), 14; idem, *The Roots of Fundamentalism* (Grand Rapids: Baker, 1978), 128의 논의는 논박되어야 한다. 이에 대한 좋은 논박으로 John D. Woodbridge and Randall H. Balmer, "The Princetonians and Biblical Authority: An Assessment if the Proposal of Ernest Sandeen Proposal," in *Scripture and Truth* (Grand Rapids: Zondervan, 1983), 251-79를 보라.

[9] 이들 외에도 오래전에 제네바의 루이스 가우센이 낸『성경의 만전 영감』(S. R. Louis Gaussen, *Theopneustia,* or *The Plenary Inspiration of the Holy Scripture,* revised American edition [Chicago: Bible Institute Colportage Association. n. d. (1853?)]), 래어드 해리스 교수가 출판해 낸『성경의 영감과 정경』(R. Laird Harris, *Inspiration and Canonicity of the Bible* [Grand Rapids; Zondervan, 1957]), 그리고 좀 더 일반적 주제들에 대한 논의를 포함하고 있는 제임스 패커의『근본주의와 하나님의 말씀』(J. I. Packer, *"Fundamentalism and the Word of God: Some Evangelical*

경관이 이런 통일성을 지니고 있다는 것을 드러냄을 통하여 이런 정통주의적 성경관은 오늘날에도 계속 유지될 수 있는 성경에 대한 바른 이해라는 것을 드러내고자 하는 것이 목적이다. 오늘날 계속해서 나타나고 있는 잘못된 성경관들을 비판하고[10] 그 문제점을 극복할 수 있는 길은 바로 이런 정통주의적 성경관에 충실한 것이기 때문이다.

오늘날 자유주의나 신정통주의자들에 의해서는 물론이거니와 심지어 복음주의권에서도 성경에 대한 비판적 입장이 곳곳에서 나타나고 있는 것을 우리는 목도(目睹)하고 있다.[11] 많은 소위 복음주의자들이 교회가 그토록 존귀하게 여겨 왔던 **성경적 영감론**을 버리고 이것을 불필요한 것이거나 거추장스러운 것으로 여기고 있는 이 시점에서 워필드와 영(Young) 교수가 제시하던 **성경적 영감론**을 다시 분명히 드러내어 그런 영감론을 견지하는 것 자체의 중요성을 드러내고, 그런 성경관이 우리들의 구체적인 학문 활동에 어떤 함의를 가지는지를 끌어내는 것이 이 장의 목적이다.

Principles [Grand Rapids: Eerdmans, 1958]); idem, *God has Spoken: Revelation and Bible* (London: Hodder & Stoughton, 1979) 등도 개혁주의적 입장을 지닌 분들의 성경 영감 이해를 명확히 드러낸 것으로서 의미를 지닌다.

10 이런 좋은 작업의 하나로 J. I. Packer, “Infallible Scripture and the Role of Hermeneutics,” in *Scripture and Truth,* 325-56을 보라. 특히 바르트의 견해, 불트만의 견해, 주로 불트마니안들이 제안하는 신해석학의 견해, 제임스 바와 제임스 던의 견해, 노르만 피텐져 등의 과정신학의 견해 등을 정통주의적 입장에서 논의하고 있다. 바르트의 성경관과 그와 가까이 가는 Paul J. Achtemeier, *The Inspiration of Scripture: Problems and Proposals* (Philadelphia: Westminster, 1980)에 대한 마샬의 입장에서의 비판으로 I. H. Marshall, *Biblical Inspiration* (London: Hodder and Stoughton and Grand Rapids: Eerdmans, 1982), 35-38도 보라.

11 Cf. Peter Enns, *Inspiration and Incarnation: Evangelicals and the Problem of the Old Testament* (Grand Rapids: Baker Academic, 2005).

1. 워필드의 성경관

성경의 하나님의 말씀으로서의 특성과 권위가 심각하게 도전받던 시기에 살던[12] 워필드(Benjamin B. Warfield)에게는 성경이 가르치고 있는 성경관, 특히 성경이 가르치고 있는 영감관이 매우 중요했다. 그래서 그는 힘을 들여서 성경이 말하는 성경관을 잘 제시하려고 노력했고, 이에 대한 변증을 시도했다.[13] 워필드는 이런 다양한 공격을 논박하는 일을 시대적 필요라고 느꼈다. 그의 이런 역사의식은 정확한 것이었고, 그는 자신의 재능과 은사로 그 시대의 교회를 잘 섬겼다. 그가 소천하고(1921) 1년 후에 존 맥케이가 워필드의 성경과 영감에 대한 변증 노력에 대해서 그것이 "획기적인"(it had marked an epoch) 것이었다고 말한 것은[14] 전혀 지나친 말이 아니다.

12 Cf. Fred G. Zaspel, *The Theology of B. B. Warfield* (Wheaton, IL: Crossway, 2010), 549.

13 Cf. John Gerstner, "Warfield's Case for Biblical Inerrancy," in *God's Inerrant Word,* ed., John Warwick Montgomery (Minneapolis, MN: Bethany House, 1974), 115-42: Matthew McDill, "B. B. Warfield and the Inspiration of Scripture," *Faith and Mission* 21/3 (Summer 2004): 77–87.

14 John Mackay, "Benjamin B. Warfield: A Bibliography," *The Expositor,* eight series (24. July 1922): 37.

(1) 예수님과 사도들을 따르는 "만전 영감"이라는 기본적 입장

기본적으로 워필드는 성경으로부터 예수님 자신과 사도들의 성경관과 성경 영감관을 도출해 내어서 모든 시대의 교회가 이런 성경관과 성경 영감관에 충실할 것을 요구했다. 이런 성경관이 새로운 것이 아니라 교회가 예수님과 사도들로부터 배운 것이며 계속해서 바르게 믿고 고백해 온 것이라는 것을 워필드는 잘 드러내었다. 그러므로 "성경에 대한 교회의 교리"는 "기본적으로 거룩한 저자들의 주장에 근거해야 한다는 것이 분명하다."[15] 영감의 성격상, 성경의 인간 "저자 자신들이 영감이라는 사실과 그 영감의 성격에 대한 기본적 증인"이므로(Warfield, 1948:423), 성경에 적용되는 영감을 이해하려면 마땅히 그들의 말을 따라야 한다는 것이 워필드의 기본적 입장이다. 그는 성경의 영감 교리와 연관된 성경 구절들(특히 딤후 3:16, 벧후 1:21; 요 10:34-35)을 철저히 주석하면서 분석하여 성경이 하나님의 말씀임을 확언한다(133-41). 또한 그는 또한 성경 계시가 성문화된 이후에는 특별계시가 더 이상 주어지지 않는다는 것을 잘 드러내었다.

그는 다양한 논문들을 통해서 성경의 계시관을 분명히 하고(71-102), 영감(靈感)에 대한 교회의 이해가 이런 성경의 계시관을 토대로 하고 있음을 밝히면서(105-28), 이런 교회의 영감 이해가 성경적 영감 이해와 밀접하게 관련이 있음을 밝히고(131-66), 19세기 말의 성경 비평적인 여러 입장을 드러내는 여러 책들의 논의 중에서 영감과 관련된 여러 문제들을 잘 정리하면서(169-226), 모든 성경은 하나님의 영감으로 되었다는 말의 정확한 의미

---

15 B. B. Warfield, *The Inspiration and Authority of the Bible,* ed., Samuel G. Craig (Philadelphia: Presbyterian and Reformed Publishing Co., 1948), 422f. 이하 이 책으로부터의 인용은 본문에 면수만을 밝히기로 할 것이다.

를 드러내고 있다(229-41). 특별히 "하나님께서 영감하신 성경"이라는 말의 의미를 밝히고(423), 성경에 의하면 "하나님이 말씀하시되"라는 말과 "성경이 말씀하시되"라는 말이 같은 의미로 사용되고 있음을 학문적으로 잘 드러내었다(299-348). 그는 또한 하나님의 말씀(the oracle of God)이라는 말이 성경에서 과연 어떻게 사용되고 있는지도 주해적으로 매우 잘 드러내었다(351-407). 19세기 말과 20세기 초라는 매우 심각한 상황(critical period) 속에서 이런 정통적 성경 이해를 깊이 있는 학문적 논의를 통하여 잘 드러낸 워필드의 논의에 대해서 아무리 많이 칭찬해도 부족함이 없다.

워필드가 프린스톤에서 가르치기(1887년-1921년) 전에 펜실베니아주 알레게니(Allegheny, Pennsylvania)에 있는 웨스턴 신학교(Western Theological Seminary, 지금은 Pittsburgh Theological Seminary)의 신약학 교수로 취임하던 1879년에도[16] 워필드는 당시 교계에 기독교적 신념 전반을 느슨하게 하려는 경향, 특히 성경에 대한 신념을 약화시키는 경향이 있음을 지적하면서 그것이 기독교적 실천을 약화시키는 근원(inevitable parent of looseness of practice)이 된다는 것을 잘 지적했다(419). 이때 워필드는 "축자 영감" (verbal inspiration)이라는 주제를 택하여 이것이 당대에 공격받고 있다고 하면서 자신의 취임 연설에서, 그리고 그의 가르치는 사역에서 이런 공격에 대항하여 문자적 영감을 명확히 지지하며 보호하려고 한다. 신약학 교수로 취임하는 상황이므로 신약성경으로 문제를 좁혀서 "현대 성경 비평의 결과로 신약의 만전(萬全) 영감에 대한 교회의 교리가 위험에 빠지는가?"라는 질문으로 그의 논의는 시작된다(420).

---

[16] 그 취임 논문의 내용은 Warfield, *The Inspiration and Authority of the Bible,* 419-42에서 볼 수 있다.

먼저 워필드는 성경이 모든 점에서 온전히 영감되었다는 것을 만전(萬全, plenary) 영감(靈感, inspiration)이라고 지속적으로 표현한다는 점을 말해야 한다. 이는 성경이 하나님의 영감으로 된 것이고 그 결과로 성경은 모든 점에서 온전하다는 것을 표현하는 당시의 방식이었다. 우리나라에서는 이를 오래전부터 만전(萬全) 영감이라고 번역하여 왔다.[17] 한자 말을 낯설어하는 오늘날은 "완전 영감"이라고 할 수도 있을 것이다. 자신이 말하는 바를 온전히 표현할 때 만전축자영감(萬全逐字靈感, full verbal inspiration")이라고 하고(441), 이 용어는 정통주의자들이 계속 사용해 온 용어다. 둘째로 워필드는 그렇게 성경이 온전히 영감되었다는 만전 영감 교리가 교회의 교리(the Church doctrine)라고 늘 표현한다(105-28, 420, 422, 440, *et passim*).

바른 교회는 늘 이런 입장을 취해왔다는 것을 표현하는 말이다. 따라서 그 이전에도 그런 주장을 하는 사람들이 간혹 있었지만 특히 18세기 이후로 성경이 영감 되지 않았다고 하거나 영감 되었으되 만전 영감은 아니라고 주장하는 것은 바른 교회가 그동안 믿고 고백한 것과는 다른 입장임을 분명히 하는 것이다. 워필드는 특별히 "개혁파 교회들의 전통적 교리"(the traditional doctrine of the Reformed Churches)를 "교회의 교리"(the Church doctrine)라고 한다. 그래서 자신이 어떤 바른 교리적 진술을 할 때 그는 "우리 자신의 교회 안의 모든 대표적 신학자들이 가르친 교리"라고 말한다(421, n. 4). 특히 성경의 영감에 대한 교회의 교리는 **"성령님께서 성경의 저자들에게 미**

---

17 박형룡, 『교의학 서론』 (서울: 한국기독교교육연구원, 1977); 박윤선, 『개혁주의 교의학』 (서울: 영음사, 2003), 41; 신복윤, "성경의 영감과 무오," 「신학정론」 1/1 (1983): 49-72; 김상훈, "웨스트민스터 신앙고백서에 근거한 개혁주의 성경관 연구". 「총신대 논총」 22 (2003): 159-78: 김상훈, "성경의 본질과 교육적 특성: 딤후 3:15-17, 마 28:19-20, 벧후 1:19-21을 중심으로". 「신학지남」 86/4 (2019년 12월): 81-103; 변종길, "개혁주의 성경관," 고려신학대학원 교수진, 『개혁주의를 말하다』 (서울: SFC, 2011), 32-52.

친 비상하고 초자연적인 영향력으로 (또는, 피동적으로 표현하면, 그 결과로) **성경의 말들이 또한 하나님의 말들이 되고(rendered), 따라서 완전히 무오하게 (perfectly infallible) 되었다**"는 것이다(420, 워필드 자신의 강조임). 다른 곳에서는 성경의 영감에 대한 이런 교회의 교리를 이렇게 표현하기도 한다: "성령님의 특별하고, 초자연적이며, 비상한 영향력으로, 거룩한 저자들은 성경을 기록할 때 다음과 같이 인도되었으니, 그들의 인간성이 완전히 치워지는 방식으로가 아니라, 그 인간성이 성령님에 의해 온전히 주관되어서 그들이 사용한 단어들이 동시에 하나님의 말씀들이었다. 따라서 그 말씀들은 모든 경우에(in every case) 모두 동일하게(all alike) 절대적으로 무오하다(absolutely infallible)"(422).

이와 관련해서 워필드 자신이 다음 몇 가지를 강조한다. 첫째로, 이 영감은 초자연적인 것이어서 어떤 시인(詩人)이나 천재가 영감 되었다는 것과는 전혀 다른 참으로 초자연적인 영향력을 뜻하는 것이다. 예를 들어서 "누가의 정확성은 '부지런하고 정확한' [로마 초기 시대를 잘 기록한 역사가인] 슈에토니우스(Gaius Suetonius Tranquillus, c. AD 69 - AD 122)가 가진 것으로 보장할 수 있는 것으로만 주어진 것이 아니고," 여기에 성령님의 초자연적인 영향력이 있었다는 것이다(420). 그런데 그것이 과연 어떤 방식으로 되었는지는 신비로 남아 있다고 한다(420f.).

둘째로, 이것은 "신자들을 변개하도록 하고, 거룩하게 하시는 인도하심(the sanctifying guidance)이라는 성령님의 통상적인 사역과는 또 다른 비상한 영향력(an extraordinary influence)"이라고 한다(420). 이를 위해 워필드는, 예를 들어서, "바울은 루터나 또는 심지어 거룩한 러더포드(the saintly Ruderford)보다 전반적으로 훨씬 더 보호되어서(some more prevalent safeguard against) 잘못된 가르침을 가르치지 않도록 되었다"고 말하기도 한다(420). 하나님께서 진리를 계시하신 것이 있고, 그 계시된 바를 "전달하는"(the communication of truth) 것에도 이렇게 하나님의 깊은 관여가 있었다는 것이다(421). 계시가 무오하게 전달되지 않으면 반(半) 계시(half Revelation)가 되고, 그것이 무오하게 기록되지 않았으면 반쪽짜리 전달(half communication)이 되고 만다는 것이다(442). 여기서 워필드의 중요한 말을 하나 인용하는 것이 좋을 것이다. "영감(靈感, inspiration)은 그 자체가 목적이 아니고 수단이다. 만일에 진리가 그것을 듣는 사람의 귀에 정확하게 전달되었다면, 그 온전한 목적이 성취된 것이다"(438). 영감에 의해 기록된 성경이 있어야 처음에 하나님께서 계시하신 것이 제대로 전달될 수 있다는 말이다.

셋째로, 그렇게 영감되었기에 성경에 기록된 말들(the words written under its guidance)은 바로 하나님의 말씀들(the words of God)이다. "참으로 개혁파 교회들은 성경의 모든 말씀은 예외 없이 하나님의 말씀이라고 주장했다"고 그는 말한다(421). 따라서 신적인 말씀에 걸맞게 절대적 무오성(無誤性)이 확언된다. 이때 영감은 "그 단어에까지 미치고(extending to the very word) 그리고 모든 단어들에 대해서(to all the words) 적용되어, 그 어떤 정도의 오류도 허용하지 않는다(admitting no degrees whatsoever)." 이를 '축자 영감'(verbal inspiration)이라고 표현한다(420, 423, 425f., 427, 440, 441, *et passim*).

그러므로 "성경의 모든 부분은 그 진술하는 바가 무엇에 관한 것이든 모두 무오하게 참되다"(20). 그러나 이것이 기계적 영감론이 아니고, 사실 개혁파 교회들은 한 번도 어떤 기계적 영감론을 주장한 적이 없다고 워필드는 강조한다(421, 437. 이때 Charles Hodge, *Systematic Theology*, vol. 1, 157도 보라고 한다). 그래서 사람들이 흔히들 기계적 영감론을 말한다고 언급되는[18] **프랑소와 루이스 가우센**(François Samuel Robert Louis Gaussen, 1790 - 1863) 같은 분도 그의 성경 이해에서 인간적 요소를 부인한 적이 없음을 분명히 하면서,[19] 성경을 성경에 따라 이해하고 말하는 분들은 누구나 유기적 영감 이해를 잘 드러낸다고 한다(412). 워필드가 표현하는 대로 말하자면, "성령께서 인간의 언어를 사용하실 때, 성령님께서 발견하신 대로 사용하신다"(438). 성경이 하나님의 말씀임을 말한 개혁파 신학자들은 동시에 그 모든 말이 사람의 말이라는 것도 분명히 주장하였다고 명기한다(421). 그래서 "모든 것이 신적이고 모든 것이 인간적이라고 단숨에 말함을" 강조하면서, 이 점을 여러 곳에서 반복해서 말한다(422).

마지막으로 이렇게 말할 때 이때 우리는 풀 수 없는 퍼즐로서의 신비를 말하는 것이 아니라 영적 경험의 아주 분명한 사실들 (the plainest facts of spiritual experience)을 말하는 것임을 워필드는 강조한다(422). 마치 중생한 영혼이 그 구주를 향해 사랑의 믿음을 처음 나타낼 때 "그것이 중생한 영혼이 의식적으로 선택한 행위이면서 동시에 성령의 직접적 역사하심인 것과 같이, 영감된 모든 말씀은 인간 저자가 자의식적으로 선택한 단어이면서 동시에 성령님에 의해 신적으로 영감된 말씀이라는 것이다"(422). 그러므로

---

18 이런 오해를 하도록 유도하는 대표적 사람들로 Van Oosterzee, *Dog.*, I; 202; Dorner, *Protestant Theologie,* 2:477; President Bartlett (of Dartmouth), *Princeton Review* [January 1880]: 34, cited in Warfield, "Inspiration and Criticism," in *The Inspiration and Authority of the Bible,* 421, n. 4.

19 Cf. (François Samuel Robert) Louis Gaussen, *Theopnousty, or, The Plenary Inspiration of the Holy Scriptures* (New York: J. S. Taylor, 1842), 34, 36, 44ff., *et passim,* cited in Warfield, "Inspiration and Criticism," in *The Inspiration and Authority of the Bible,* 421, n. 4.

성경에는 "인간적 특성들을 찾을 수 있고 그것이 드러나지만, 그럼에도 신적 온전성과 무오성이 있다"(422).

그러므로 교회는 사도들에 따라서 성경이 영감 되었고 무오하다고 주장하며 믿어 왔다. 신약의 예를 들어서 말하면, "하나님께서 사도들과 함께하셨고 그들의 주장을 그들의 사역에 복 주심으로 인치셔서, 정신이 건전하고 솔직한 사도들이 축자 영감을 주장한 것을 당대의 교회가 그렇다고 인정하고, 그들의 글에 그에 반하는 그 어떤 증거도 있지 않으면, 축자 영감 교리를 그 어떤 비평적 근거에서 반대하는 것은 게으른 것"이라고 워필드는 주장한다(23). 그래서 이를 버리기 위해서는 성경 비평이 (1) 신약의 저자들은 영감을 주장하지 않았다는 것을 보이든지, (2) 성경이 영감 되었다는 주장을 당대나 바로 계속되는 시대의 교회가 거부했다는 것을 보이든지, (3) 영감을 주장하는 책이 조작된 허위의 것이라는 것을 보이든지, 아니면 (4) 영감 되었음을 주장하는 글이 사실의 오류나 진술의 모순과 섞여 있음을 보여야 한다고 워필드는 말하고, 이 점들을 하나하나 논의한다(423).

(2) 성경 비평은 성경 저자들의 영감 주장을 약화시킬 수 있는가?

첫째로, 워필드는 당대까지 성경 비평은 "신약 저자들이 온전한 축자 영감을 주장한다는 증거를 전혀 약화시키지 못하고 있다"고 주장한다(427). "오히려 신약 본문을 잘 살펴보고, 역사적-문법적 주해라는 학문적 원리를 적용해 보면 축자 영감의 주장은 의심받을 가능성이 없게 된다."(423) 그는 심지어 자유주의 신학자인 리처드 로떼(Richard Rothe, 1799 - 1867)도 "신약의 저자들에 의해서 정통주의적 영감이 언급되었다는 것은 분명하다"고 말함을 인용하면서(423f.), 공정한 신학자들은 누구나 성경의 저자들이 절대적 영감을 말한다는 것을 드러낸다. 오히려 성경의 저자들이 이런 주장을 한다는 것을 이전보다 더 분명히 한다고 말한다(424). 더 고생하면서 더 정확한 것을 파헤칠수록 점점 확신을 덜 가지게 될 수밖에 없는 역사 영역에서 수고하는 학자들이 다른 곳에서 발견하는 것과는 비교할 수 없을 정도로 명확하게 성경이 영감과 하나님의 권위를 주장하는 이 현상을 인정할 수밖에 없다고 한다(424). 고린도후서 10:7, 8을 예로 들면서, 워필드는 성경의 저자들이 그들의 가르침의 절대적 권위를 주장하고, 그들의 말의 규정적 성격을 아주 분명히 한다는 것은 너무 명확하다고 한다. 특별히 기록된 것에 대해서 절대적 권위를 주장하면서, 자신이 쓰는 것이 "주의 명령인 줄로 알라"고 말하는 것이(고전 14:37. cf. 살후 2:15; 3:6-14) 너무 분명하다고 한다. 바울은 자신이 쓰는 말이 "우리들의" 말이라고 하면서(살후 3:14) 동시에 전승된 말씀이 하나님의 말씀이라고 한다(살전 2:13). 명백히 자신이 명령하면서 그것이 그리스도께서 자신을 통해서 주시는 명령이라고 한다(살전 4:2). 베드로도 복음은 성령 안에서 선포된 것이라고 하고(벧전 1:12), 요한도 자신이 쓴 것을 어떤 방식으로도 고치려 하는 사람에게는 저주를 선언한다(계 22:18, 19, cf. 요일 5:10). 만일 이런 저자들에게 영감이 있지 않다고 판단한다면 이런 말들은 그저 이상한 현상으로 보일 것이다(424). 성경 저자들의 의식과 그들의 주장은 이렇게 분명하다.

특히 바울은 영적인 것을 가르칠 때에 그저 사람의 말로(in merely human words) 표현할 수 없어서 성령의 가르친 것으로 한다(고전 2:13)고 말하는 것에는 "성령이 주신 가르침을 성령이 주신 단어들로 옷 입혀야만 한다"는 의식이 작용한다고 워필드는 말한다. 이는 분명히 단어까지에 영감 되었다는 시사이고, 그러니 "이 구절은 축자 영감을 직접적으로 주장하는 구절로 우리 앞에 있다"고 말한다(425).

더 나아가서, 워필드는 다음과 같이 단언한다. "신약의 저자들은 다른 신약 저자들의 글을 그들이 구약의 글들을 높이 보는 것과 같은 그렇게 높은 범주에(in the same lofty category) 놓아서, 그들이 구약의 온전한(the full), 심지어 축자(even verbal) 영감을 주장한다는 것이 분명하므로 신약 저자들은 신약에 대해서도 같은 축자 영감(the same verbal inspiration)을 주장한다는 결론이 나온다"(425f.). "신약 전체는 구약의 신성(즉, 하나님이 영감하여 주신 것이라는 사실)에 근거하고 있으며, 구약의 영감은 매 쪽에 전제되어 있다"(426). 신약 저자들이 구약 성경을 인용하는 태도에도 그들이 "구약의 영감을 온전히 믿고 있음이" 잘 드러난다. 특히 "성경이 말한다"는 말이 "하나님께서 말씀하신다"는 말과 동일한 의미로 나타나는 곳에서 이것은 분명하다. 구약의 저자들이 성령님 안에서 구약을 썼다는 것을 명백히 언급하고(마 22:43; 눅 20:42; 행 2:25), 구약에서 하나님께서 친히 말씀하지 않은 것으로 언급된 부분에 대해서도 하나님께서 말씀하셨다고 함으로 하나님께서 구약의 인간 저자들의 입을 사용해서 말씀하심(행 4:25)을 잘 드러낸다(426).

좀 더 구체적으로 말하자면, "성경의 기록된 말씀을 말씀하시는 분은 성령님이시다(히 3:7) - 심지어 기사적인 부분에서도 말이다(히 4:4)"(426). 이런 태도에 상응하게 신약의 저자들은 구약의 말씀을 권위 있게 여겼으며 반드시 이루어지는 말씀으로 대했다. 예수님께서도 여러 번 그런 태도를 보이셨고, "그의 거룩한 입으로 '폐하지 못한다'고 선언하셨다"(426). 그래서 한 어귀만 가지고 논의를 하신 일도 있고(요 10:34; 마 22:43), 사도 바울도 그런 예를 따랐다(갈 3:16).

또한 신약에는 구약의 영감을 아주 명확하게 가르치는 구절들이 나오니, 한 구절에서는 "모든 성경을 하나님의 영감으로 된 것"이라고 선언하며(딤후 3:16), 또 한 구절에서는 "예언은 언제든지 사람의 뜻으로 낸 것이 아니요 오직 성령의 감동하심을 받은 사람들이 하나님께 받아 말한 것임이라”(벧후 1:21)고 선언한다(426, cf. 133-37, 292-96).

그리고 신약의 저자들은 다른 신약의 저자들의 글을 구약과 같은 태도로 다루고 있으니, 특히 베드로는 바울의 글을 그렇게 여긴다(벧후 3:16). 즉, (신약에 수록된) “바울의 모든 서신들이 성경의 나머지 부분들[구약]과 같은 수준을 차지하는 것으로 여겨져야 한다고 선언하는 것이다”(427). “그러므로 신약의 저자들이 신약의 책들에 대한 온전한 영감을 주장한다는 것은 논박할 수 없이 아주 분명하다”(427). 이와 같이 워필드는 이런 사실 자체는 너무 분명해서 현대의 성경 비평이 “신약의 저자들이 가장 온전한 영감을 주장한다는 사실을 제거하지 못한다”고 단언한다(427). 그런데 자유주의의 문제는 이런 성경 저자들의 견해에 자신들이 동의하지 않는다는 것이다. 다른 의지가 작용하는 것이다. 워필드는 이 문제를 그저 전제하면서 잘 논의하지 않는다. 그러나 점점 더 이 문제가 심각하게 나타나기에 우리들은 성경을 온전히 믿으려고 하지 않는 사람들은 이렇게 의지적으로 객관적 사실을 인정하지 않으려고 한다는 것을 지적해야 한다.[20]

(3) 성경 비평은 성경이 영감 되었다는 주장을 당대의 교회와 속사도시대의 교회가 거부했다는 것을 보일 수 있는가?

다음으로 워필드는 “성경 비평은 성경이 영감 되었다는 주장을 당대의 교회가 거부했다는 것을 보일 수 있는가?”라는 질문에 대해서도 동일하게 부

[20] Cf. Van Til's Introduction, in Warfield, *The Inspiration and Authority of the Bible,* 30-68, 특히 14-14, 66-68; 이승구, “이성과 계시 문제에 대한 챨스 핫지의 견해”, 길자연, 강웅산 편, 『챨스 핫지의 신학』(서울: 솔로몬, 2009), 83-94.

정적으로 답할 수밖에 없다고 한다(427). 신약 안에서도 그렇지만 속사도 시대에도 바른 교회는 "신약의 주장을 온전히 수납하였다"(427). 속사도 시대에도 모든 정통적 사람들은 구약과 함께 "신약을 최대의 존경을 가지고 다루고, 그 가르침을 최고의 존중으로 붙들고, 그 진술의 형태조차도 권위 있는 것으로 여기면서 그들의 신학적 진술을 성경의 언어와 표현으로 점철(點綴)시킬 정도였다"(427). 그들은 신약의 책들을 오늘날 우리가 잘 받아들이고 있는 바와 같이 가장 온전한 의미에서 "성경"이라고 불렀다(427). 속사도 시대에도 신실한 분들은 모두 신약의 책들을 다른 모든 문서들과는 다르게 취급하였고 이에 반대하는 목소리는 전혀 있지 않았다(428). 그래서 워필드는 "구약의 영감에 대한 초대 교회의 신념이 논란의 여지가 없다는 것을 생각할 때, 사도적 교회는 신약의 책들도 하나님에 의해 영감 된 것으로 분명히 받아들였다는 결론이 나온다"고 결론 내리고 있다(428f.).

(4) 성경 비평은 영감을 주장하는 책이 조작된 허위의 것이라는 것을 증명해 보일 수 있는가?

이 질문에 대해서도 역시 강하게 부정적으로 대답을 하는 워필드의 논의는 매우 독특하다. 물론 그도 비평학자들 중의 일부가 성경이 다 참된(authentic) 것이라고 하지 않음을 잘 알고 있다. 그래서 그는 비평학자들 가운데 지나친 분들은 27권 가운데 일부만이 참된 사도적 문서라고 하지만, "참된 비평(true criticism)은 이를 직접적으로 반대하면서 모든 신약의 문서들이 참되다(authentic)고 강력하게 주장한다"고 한다(429). 그러므로 비판 학자들이 여러 그룹으로 있다는 것을 인정하면서, 이런 다양한 입장들을 두고는 "단순한 상식의 법정에서의 판단"(before the court of simple common sense)이 중요하다고 한다(429). 여기 일상적 상식 철학(common sense philosophy)에 호소하는 워필드의 모습이 드러난다. 구프린스턴에 속한 워필드의 전형적 모습이다. 이것은 후대에는 논란거리가 될 수 있다. 그러므로 후대에 사는 우리들은 성경에 비판적인 학자들이 다양하다는 것, 그리고 그들은 다른 사람들과 마찬가지로 매우 고집스럽다는 것을 깊이 의식하는 것이 좋을 것이다. 후대에는 그런 모습이 더 잘 드러나서 비판 학자들의 생각 배후의 전제를 논하는 것이 더욱 효과적임을 생각하면서 논의하게 된다. 좀 더 후대에 학문 활동을 하는 반틸은 이런 방식으로 비판적 학자들의 전제를 비판하는 쪽으로 논의해 간다.

그런데 워필드는 성경 비평에 대해서 매우 당당해하면서 논의한다. 비판(criticism)이란 "(1) 전제 없이 오로지 사실들만 겁 없이 솔직하게 추구하는 것이며, (2) 사실들을 가장 세심하고도 온전하게, 그리고 편견 없이 모으고 검토하는 것이며, 그리고 (3) 그들로부터 추론을 할 때에 가장 조심스럽게 하는 것"이지 않느냐고 한다(429f.). 그러므로 이때 워필드는 '비판'(criticism)이라는 말을 '학문적'(scientific)이라는 말과 거의 같은 의미로 사용한다. 그는 비판 학계가 어떤 전제를 가지고 있는지를 잘 생각하지 않고, 어떤 의미에서 상당히 순진하게 논의하고 있는 것이라고 할 수 있다. 다른 분들도 다 자신과 같이 (하나님 앞에서 바르고 정직하게) 생각하리라고 생각하면서 논의한다. 그들도 다 사실이 아닌 것은 사실이 아니라고 인정하리라고 하면서 논의하는 것이다. 비평학계가 어떤 의심의 해석학(hermeneutics of suspicion)을 가지고 있으며, 후에 트뢸취가 정리해 제시한 비판의 원리, 유비의 원리, 상호관계의 원리를 가지고[21] 사유해 간다는 것을 잘 생각하지 않고 논의하는

[21] Cf. Austin Van Harvey, *The Historian and The Believer: The Morality of Historical Knowledge and Christian Faith* (New York: Macmillan Company, 1966), 13-15.

것이다.

그래서 워필드는 상식적인 의미에서 무비판적인 사람들은 "(1) 기존의 의견과 편견에 사로잡혀서, (2) 사실들을 조심 없이, 불완전하게, 그리고 편견을 가지고 모으고, 검토하며, (3) 성급하게 추론하지만 않으면"(430) 다들 제대로 된 판단에 이를 수 있을 것이라고 생각한다. 이와 같이 사람들을 너무 믿는 태도를 드러낸다. 그래서 아주 당당하게 이렇게 물으면서 논의를 시작한다. "초자연적인 것은 불가능하다는 전제를 가지고 출발하며, 사실들을 무모하게 파괴하는 식으로 진행하며, 모든 정립된 역사(all established history)를 뒤엎어 놓는 결과를 내는 것이 과연 참된 비판인가?"(430) 1879년에 이렇게 말할 때 자신 이후의 비판 학계가 과연 어떤 작업을 하는지를 모르는 상황에서 이런 말을 하는 것이라고 여겨진다. 물론 당시에도 잘못된 비평(그는 이를 '부정적 비평'[the negative criticism]이라고 한다. 430)이 있음을 말하면서도, 이들이 점차 무너져 간 역사를 의식하면서 논의한다. 예를 들어서, 바울루스(Heinrich Paulus, 1761-1851), 스트라우스(David Friedrich Straus, 1808-1874), 바우어(F. C. Baur, 1792-1860)가 차례로 그 선임자들의 잘못을 공격한 것과 바우어도 부정적 계승자들의 거침없는 논리 앞에서 무너진 것을 바라보면서, 당시에 상승세를 타는 듯한 꾸에넨(Abraham Kuenen, 1828 - 1891)과 그의 학파가 어떻게 될 것인지를 묻는다(430).

1844년에 시내산 사본을 발견한 티쉔도르프 백작(Lobegott Friedrich Constantin (von) Tischendorf, 1815 - 1874)이 발견한 사본이 당대의 비평 학계의 부정적 결론을 다시 비판하게 한 예를 언급하면서, 워필드는 바른 학문적 노력을 계속해 가면 신약 성경의 진정성을 부인하게 할 증거는 없다고 결론 내린다(431). 대개 베드로후서가 많이 논박되고 있음을 의식하면서, "3세기 초에는 이 서신이 (당대 교계에) 잘 알려진 서신이었다는 것은 분명한 사실이다"고 한다(431). 그리고 그 이전부터 이 책이 사도적인 것으로 받아들여지지 않았으면 이렇게 받아들여질 수 없다고 말한다(432). 더구나 2세기에도 그에 대한 인용이 많고, 그 이전부터 받아들여져 온 증거들이 있음을 언급하면서, 투키디데스(Thucydides)의 작품은 그 작성 시기 200년 뒤에 처음으로 언급되며, 타키투스(Tacitus)의 작품은 그의 사후 거의 한 세기 후에 터툴리안이 처음으로 언급해도 그 진정성을 다 받아들이는 것을 생각해 보라고 한다. 그렇다면 베드로후서와 같이 더 많이 증거가 있는 문서의 진정성은 그 누구도 합리적으로 의심할 수 없지 않느냐고 한다(433). 가장 많이 논란이 되어 온 베드로후서에 대해서 이렇게 말할 수 있다면, 신약의 다른 문서에 대해서는 더한 신뢰를 말할 수 있지 않느냐는 것이 워필드의 강이유(强理由, a fortiori) 논의다(431, 433). 속사도 시대의 교부들은 신약의 책들을 알고 있었고 그것들을 권위 있는 것으로 취급했다는 것이 워필드의 결론이다(434). 이것이 그가 제시하는 외적 증거(external evidence)이다.

(티센도르프 백작)

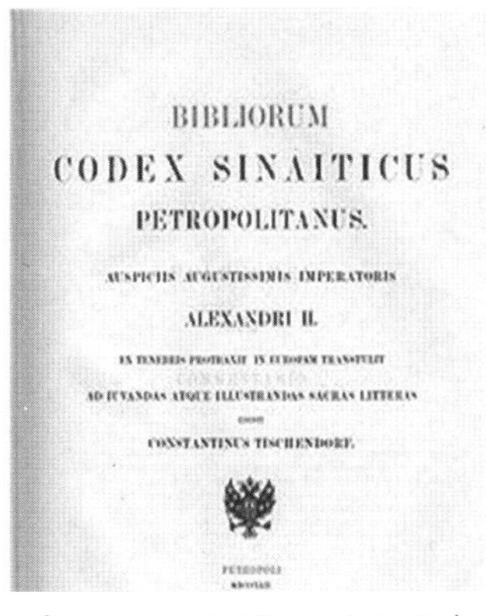
BIBLIORUM
CODEX SINAITICUS
PETROPOLITANUS.
AUSPICIIS AUGUSTISSIMIS IMPERATORIS
ALEXANDRI II.
EX TENEBRIS PROTRAXIT IN EUROPAM TRANSTULIT
AD IUVANDAS ATQUE ILLUSTRANDAS SACRAS LITTERAS
EDIDIT
CONSTANTINUS TISCHENDORF.
PETROPOLI

(1962년에 발행한 시내산 사본)

(5) 성경 비평은 영감 되었음을 주장하는 글이 사실의 오류나 진술의 모순과 섞여 있음을 증명할 수 있는가?

이에 대한 워필드의 논의도 상당히 당당하다. 복음서 안의 서로 다른 듯이 보이는 것을 잘 검토해 보면 "그들 사이에 그 어떤 모순도 없음(not a single contradiction)이 드러난다"고 당당하게 주장한다(435). 오직 (1) 본문이 말하지 않는 것으로부터 모순을 끌어내거나, 아니면 (2) 서로 다른 사건을 비교하고서는 모순이 있다고 하는 방식으로만 모순이 언급될 수 있다는 것이 워필드의 논의다. 예를 들어서, 성탄 이야기에서 마태는 목자들의 방문을 말하지 않는데 누가는 말하므로 모순이라고 하거나 누가는 이집트로 간 것을 말하지 않으니 마태와 모순이라고 하는 것이 첫째 경우에 해당한다(435). 이는 본문이 침묵하는 것으로부터 억지로 모순을 끌어내는 무리한 일이다. 또한 스트라우스는 가브리엘이 마리아에게 나타난 것과 천사가 요셉에게 현몽한 것을 비교하면서 5가지 불일치를 말하는 것이 둘째 경우, 즉 다른 사건을 비교하면서 모순을 언급하는 것이다(435).

성경과 다른 역사를 비교하면 어떻게 되는가? 그 대표적인 예로 워필드는 누가복음 3:1에 언급된 루사니아(Lysanias)의 예를 들고 있다(436). 오랫동안 부정적 비평 학계에서는 이런 것이 대표적인 부정확한 묘사의 예라고 길게 비평적으로 논의해 왔었는데, 요세푸스가 그를 언급할 뿐만 아니라 누가의 시대임을 드러내는 루사니아를 기록한 것들(inscriptions)이 발굴되어 사실은 누가가 잘못한 것이 아니라 회의론자들이 잘못한 것임이 드러났다는 것을 지적한다(436).

또 다른 예로 구브로의 총독이 있었는가를 물으면서 누가의 기록을 의심하던 비평 학계에 구브로에 총독(proconsul)이 있었다는 것이 이미 오래전에 드러났을 뿐만 아니라, 누가가 기록한 서기오 바울 총독의 이름을 명시하는 구브로의 기록(a Cyprian inscription)이 발굴되었음도 말한다(436). 타키투스같이 정확하려고 노력한 로마사가도 때때로 실수한 것을 생각할 때, "신약 성경 기록자의 정확성에 확률을 적용한다고 해도, 그것은 목격자의 진술이며 온전히 진정한(authentic) 것임이 증명된다"고 단언한다(437). 그래서 "현대의 부정적 비평은 외적 증거나 내적 증거로나 신약의 어느 한 책의 진정성에 대한 그 어떤 회의를 던질 수 없다"고 하며, "그 진정성과 정확성과 솔직성은 모든 새로운 탐구에 의해서 더 잘 드러날 뿐이"라고 한다(437). 그러므로 신약의 문서들은 "정신이 온전하며, 정직하고, 정확한 사람의 작품이라는 것이 증명되는데, 그들은 축자 영감(verbal inspiration)을 주장하고, 그들의 주장은 당대 교회의 승인을 받았다"는 것을 다시 확언한다(437).

성경이 진술하는 바가 한 곳에서는 참된 것인데, 다른 곳에서 진술하는 것은 참된 것이 아닌 방식으로 서로 모순되는 경우는 "한 건도 지적된 일이 없다"는 것이 워필드의 확신이다(439). 이 세상 역사를 다룰 때에 여러 곳의 서로 다른 듯이 보이는 진술들이 있을 때 그것들이 부정확한 것이라거나 오류의 것이라고 판단하는 것보다 먼저 조화시키는 것을 더 선호하지 않느냐고 하면서 왜 성경에 대해서는 그렇게 하지 못하느냐는 뜻으로 워필드는 이렇게 말한다. 우리는 그저 "이 인정된 원리를 신약 성경에 적용하기를 요청하는 것일 뿐이다"(439). 그리하여 결국 "이것의 적용은 소위 부조화 때문에 축자 영감을 믿을 수 없다는 모든 논증을 제거한다. (신약 성경과 관련하여 그렇게 엄격한 의미의) 부조화의 경우는 한 건도 증명될 수 없기 때문이다."(439).

다른 자료들에 근거하여 성경을 비평하는 것에 대해서도 아주 분명한 입장을 취한다. 구레뇨(Quirinius) 하에서의 인구 조사와 세금 징수(눅 2:2)와 관련해서 과거에 문제를 제기한 일이 있었는데, 줌프트(Zumpt)는 구레뇨가 시리아 총독을 한 것이 두 번이니, 한 번은 우리 주님이 탄생하신 때이고 그 후에 또 한 번 하였음을 잘 밝혀 주었다고 한다(439f.).[22] 드다(Theuclas)의 반란(행 5:36)에 대한 세속 기록이 없지 않는냐는 논란에 대해서는 예를 들어서 요세푸스가 자신이 언급하지 않는 "만 건의 반란들"이 있다고 하지 않는가?(440)[23] 아레타스가 과연 다메섹을 주관한 일이 있느냐는 논의에 대해서도, 그 시기에 로마 주화가 발견되지 않는다는 것과 다른 정황들에 대한 외적인 증거가 누가의 말을 불신하게 할 근거가 되지 못함을 논의하고 있다(440). 그러므로 워필드는 신약에 "오류가 있다는 것은 한 번도 증명되지 않았다"고 강하게 진술한다(440). 그러므로 "현대 비평은 성경의 현상으로부터 축자 영감에 대한 교회의 교리를 반박하는 타당한 논의를 전혀 내지 못하였다"고 한다(440, 441).

그러므로 워필드에게 있어서 성경은 "하나님께서 영감하신 말씀"(His inspired Word)으로(442, cf. 245-96), "하나님의 의지에 대한 순수한 기록"이며, "인간의 말로 되어 있으나 모든 부분에서 하나님께서 주신" 것이고, "그 모든 진술에서 무오하고, 그 작은 부분에서도 신적인" 책이다(441). 그래서 그는 성경을 "무오한 안내"(infallible guide)라고 부르기도 한다(442). 이렇게 무

---

22 워필드는 간단히 스쳐 지나가서 언급하나 요즈음 대개 구레뇨는 주전 6년-주전 4년과 주후 6-9년 두 번 총독직을 수행하였음을 일반적으로 말한다. 워필드가 말하는 줌프트는 칼 랑케에게 영향을 받은 독일의 고전학자인 August Wilhelm Zumpt (1815–1877)로, *Commentatianum epigraphicarum ad antaquitales Romanas pertinentium,* vol. 2 (Berlin, 1854)와 *Das Geburlsjahr Christi* (Leipsic, 1869)에서 이를 잘 밝혔다.

23 같은 사건을 예로 들면서 워필드처럼 조화롭게 보려는 견해를 아주 있을 법하지 않은(very unlikely) 것이라고 하면서 주후 44-46의 다른 드다 사건의 예를 요세푸스(*Antiquities* 20:97f.)로부터 인용하여 제시하면서 누가가 시대착오적이라고 하는 마샬(Marshall, *Biblical Inspiration,* 63) 같은 논의는 두 분 사이에 근본적으로 입장의 차이가 있음을 잘 생각해야 한다. 이런 논의에서 마샬도 기본적으로 성경의 기록보다는 요세푸스를 더 신뢰하고 있음을 무심결에 드러내는 것이다.

오하게 영감된 성경이 없으면 어떻게 되는지를 이교도들의 영적 소경됨이 잘 증언한다고 한다(442). 그러므로 성경은 우리가 "항상 소중히 여기고 사랑하고 존중하며, 우리의 모든 삶과 생각을 그와 일치시켜야" 하는 것이다. 그럴 때만 우리에게 "가는 길의 안전과 영혼의 평화로운 안전이 보장될" 수 있다(442)는 것이 워필드의 확신이다.

2. 에드워드 J. 영의 성경관과 영감 이해[24]

워필드보다 약 50-60년 뒤에 작업을 한 웨스트민스터 신학교의 뛰어난 구약학자 **에드워드 영**(**Edward J. Young**, 1907-1968)의 성경 영감론은 그가 이 문제를 직접 다루고 있는 『아버지의 말씀은 진리니이다』에 잘 언급되어 있으므로 비교적 도출해 내기가 쉽다.[25] 특히 영 교수의 이 책은 아주 일반적인 언어로 정통적 입장에서 성경 영감(靈感)에 대한 이해를 잘 정리해서 제시하고 있다는 점에 그 특징이 있다. 영 교수 자신은 이

[24] 이 부분은 필자의 논문 "Edward J. Young의 영감(靈感) 이해와 그 주해적 함의", 「교회와 문화」 23 (2009년 8월): 9-50에 실린 글의 한 부분을 가져와 조금 변용한 것임을 밝힌다.

[25] Edward J. Young, *Thy Word is Truth: Thoughts on the Biblical Doctrine of Inspiration* (Grand Rapids: Eerdmans, 1957; 10th Printing, 1978). 이하 이 책으로부터의 인용은 면수만을 본문 가운데 ( )에 밝히기로 한다.

책은 “전문적 신학적인 글이 아니고 비전문가들이 성경의 영감론이 무엇인지를 친숙하게 알게 되고 그 중요성을 확신하게” 하려고(5) 매우 일반적인 방식으로 기록한 책이라고 한다. 그러므로 이 책은 접근 가능성이 높은 글이고, 또한 영 교수의 의도가 잘 드러나는 글이라고 할 수 있다. 그리고 사실 영 교수는 자신이 특히 제1장에서는 디모데후서 3:16에 대한 바른 해석에 있어서 워필드의 논의를 그대로 따르면서 자신의 논의를 제기하고 있다고 밝히고 있다(6, 115). 그러므로 이 책은 워필드가 변호한 성경적 영감론이 1950년대 말이라는 상황 가운데서도 유효하며, 워필드 이후에 나온 새로운 성경관들과 대항하여 정통주의 입장을 1950년대 말에도 드러내어 준 역사적 의미도 지닌다. 워필드 시대에도 성경관이 문제였듯이 영 교수 시대에도 성경이 성경에 대해 말하는 바를 그대로 받아들일 것인가 아닌가의 문제가 교회 앞에 놓인 중요한 문제였다(12, 28, 31, 35, 39f.) 그는 성경관, 특히 성경적 영감관과 함께 교회가 서고 넘어진다는 것을 아주 분명히 하고 있다(109). 이것은 매우 중요한 진술이다. **종교개혁 때는 이신칭의가 그만큼 중요했다면, 19세기 말과 20세기에는 성경관이 핵심적인 문제로 부상한 것이다.** 영 교수는 그의 시대에 잘못된 성경관으로 인하여 “**오늘날도 어두움이 땅을 덮고, 심각한 어두움이 백성을 뒤덮고 있다**”고 말했다(109, 강조점은 덧붙인 것임). 영 교수가 이 책을 처음 출간했던 1957년에 이런 지적과 호소가 필요했다면 그로부터 60년이 더 지난 오늘날에는 얼마나 더하겠는가?

흥미로운 것은 성경적 영감론을 버리는 대부분의 학자들은 성경의 인간적 측면에 좀 더 관심을 가지려고 한다고 말하는 점이다(5, 23). 물론 성경의 인간적 측면에 깊이 있는 관심을 기울이면서도 **성경이 자증하는 성경의 신적 성격(Bible's attestation to its own divinity)에 충분한 주의를 기울인**

다면 문제는 전혀 없다. 우리가 위에서 살펴본 바와 같이, 워필드도 그리하였고, 영 교수 자신도 성경의 인간적인 면(a human side)과 사람의 수단성(the instrumentality of men)을 말하고 그것을 강조한다(25, 36, 65-81, 67, 68, 72). 영 교수가 60년 전에 우려하던 것은 **성경의 영감관을 저버리는 형태로 성경의 인간성에 집중하는 것**이다.

(1) 성경 영감에 대한 성경적인 이해

영(Young) 교수가 말하고 변호하는 참되고 진정한 영감 교리, 즉 역사적 영감 교리(the historic doctrine of inspiration)는 성경에서 나온 것, 즉 성경의 증거(the testimony of Scripture)를 중시(重視)하는 성경 영감관이고(17, 18, 28, 33, 35, 39, 40, 41, 42, 49),[26] 웨스트민스터 신앙고백서 제1장에 표현된 것이다(17, 277-80). 영 교수는 이것이 소위 전문가들의 증언에 근거하여 성경이 어떤 것인지를 알아보려는 것보다 더 나은 것이라고 한다. 왜냐하면 성경은 "하나님으로부터 기원한" 것이고(20, 21, 23, 25, 33, 34, 45, 65, 66, 79, 87, 91, 253, 270), 따라서 그 자체가 성경의 신적 기원에 대한 표징들(marks)을 가지고 있어서, 우리가 "성경의 어디를 읽든지 그 신성에 대한 증거들(the evidence of its divinity)과 직면하게" 되기 때문이라고 한다(18, 33). 물론 성경의 신성을 종국적으로 확신하게 되는 것은 "성령의 내적 증언"으로 되는 일이다(34f.; 75). 또한 "성령이 없이는 그 누구도 성경의 말들의 참된 의미를 알 수 없다."[27] 그러므로 영 교수에게 있어서는 성경의 신성에 대한 객관적인 증거와 이

---

26 Edward J. Young, "Some Thoughts on Old Testament Scholarship," *Faith & Thought* 93/2 (1963): 74-87, at 76도 보라.

27 Young, "Some Thoughts on Old Testament Scholarship," 80.

를 바로 보게 하는 성령의 내적 증거가 모두 다 중요한 것으로 강조된다(cf. Murray, 1960).

이런 성경의 신성은 결국 성경이 하나님의 감동으로 된 것이기 때문이다. 여기에 영감(inspiration)의 의미가 있다. 성경은 하나님께서, 특히 성령님께서 "숨을 불어 넣으셔서(θεόπνευστος=God breathed) 이루어진 것(breathed forth)"이라는 것이다(20, 21, 269, *et passim*). 성경은, 이로부터 나온 은유를 유지하여 말한다면, "하나님의 **창조적 숨결의 산물**이다"(21, 23).[28] 그러므로 하나님은 "성경의 궁극적 저자"(the final and the ultimate Author)이시다(79, 253, 269). 그러므로 성경은 절대적 권위를 지닌다(21). 이런 생각은 이미 구약에 말씀이 "나의 입에서 나간 것"이라는 말씀들, 또한 예수님께서 시험을 받으실 때에 인용하신 "하나님의 입에서 나오는 **모든**(*every*) 말씀으로 살 것이다"고 하시는 말씀과도 연관된다(신 8:3; 마 4:4).

먼저 어떤 것이 영 교수가 말하는 영감이 아닌지를 말하자면, 영 교수는 성경을 "일단의 인간적 문서에 신적인 어떤 것이 불어넣어진 것"(a body of human writings into which something Divine has been breathed)으로, 심지어 "신적인 영으로 물들어진 글들"(writings which are imbued with the Divine Spirit)로 생각하면 **안 된다**는 것을 아주 분명히 한다(122).

또한 하나님께서 승인하시는 어떤 아이디어들을 포함하고 있다는 의미에서 영감 된 것도 아니다(23). 성경의 영감은 단순한 사상 영감(thought inspiration)이 아니다(269). 더구나 우리가 일상생활에서 시인이나 음악가들이나 미술가가 영감을 받았다고 하는 수준의 것이나 그들의 뛰어난 작품을 대하고 우리가 영감 된다고(inspired) 하는 수준의 것도 아님도 분명하다. 물

28 Cf. Warfield, *The Inspiration and Authority of the Bible,* 134.

론 성경이 이 세상의 그 어떤 것보다 더 영감을 주는 책이고 영감의 원천이라는 것을 부인할 수 없지만 바울이 성경이 영감 되었다고 할 때는 그런 수준에서 하는 말이 아니다.

그렇다면 성경이 말하는 영감은 어떤 것일까? 영 교수는 베드로후서 1:21을 언급하면서, "성령으로 난 사람들이 하나님께 받아 말했다"고 했을 때 사람은 수동적(passive)이고 하나님이 능동적(active)이심을 강조한다(25, 26). 그러나 그렇다고 해서 성경 기자들이 단순히 기계적으로 받아쓰기를 한 기계(automata)인 것은 아니고, 하나님께서는 그들의 은사들과 재능을 성경을 구성하시는 데 사용하신 것이다(27, 44, 45). 이와 같이 인간 저자들을 성령님께서 주관하셔서 그들이 쓰고 있는 것이 신적 권위와 신뢰성(trustworthiness)을 가지고 오류로부터 벗어나도록(free from error) 하신 것이 성경이 말하는 영감이다(27, 44, 45). 그러므로 "**영감은 가르쳐진 것의 정확성(accuracy)을 확보하고, 주의 대변인들이 가르칠 때에 오류를 범하지 않도록 하기 위한 것**이다"(41, 54, 82). 이 말씀은 성경적 영감론의 핵심이다. 이런 의미에서 영감은 성경을 주실 때 사용된 "계시의 하나의 형식이나 방식"(a form or mode of revelation)이라고 할 수 있다. 기본적으로 영감은 "가르침에서 무오성을 확보하기 위한 것"이다(42). 그러므로 성경 기자들은 "그들의 공적인 가르침에서는 오류로부터 벗어날 수 있게" 되었다. 그들은 그들 자신의 마음의 생각을 말하는 것이 아니라, 하나님께서 그들에게 주신 말씀을 전하는 것이다. 그러므로 그들은 "그들에게 하나님의 계시가 임한 영감 된 기관들"(inspired organs to whom Divine revelation had come)이다(42, 43, 44).

이렇게 영감 된 성경이기에 성경은 절대적 권위를 가진 것이고, 성경에서 말하고 있는 것은 부정되거나 제쳐질 수 없다(Young, 1958:27). 한 마디로, 예수님께서 말씀하신 대로 "성경은 폐하여질 수 없다"(요 10:35). 이때 주님은 전체로서의 성경에 대해서 말하면서 성경 전체가 폐하여질 수 없다고 하신다. 따라서 "성경이 무엇에 대해서 말하면 그 문제는 단번에 해결된 것이고, 그것은 폐하여질 수 없는 것이다"(27, 48). 이는 성경이 말하는 것은 하나님께서 친히 말씀하시는 것으로서 "참되고 신뢰할 만한 것"이기 때문이다. 하나님께서 말씀하시는 것은 전적으로 순수하고 참되다(40, 50, 268). 이사야 5:3에서 보여주는 것과 같이 비록 선지자들이 말을 전해도 말씀하시는 분은 하나님 자신이시다(40, 50, 268).

결론적으로 영 교수는 그리스도인은 성경을 하나님의 말씀이라고 확신하니, 이는 하나님께서 그렇다고 말씀하셨기 때문이라는 입장을 표명한다(34). 또한 성경의 저자가 진리이시고 거짓말하실 수 없으시니, 그의 말씀인 성경도 참되고 거짓일 수 없다(45, 92, 87). 이렇게 영 교수는 영감과 무오성의 문제는 하나님 자신의 참되심(the veracity of God Himself)이 걸려 있는 문제라고 한다(86, 88, 165, 166).

(2) 영감의 범위

워필드와 같이 영(Young) 교수도 (Revised Version이 옮기고 있는 바와 같이) 각각의 성경(every scripture)이 영감 되었으므로 (KJV의 옮기고 있는 바와 같이) 모든 성경(all scripture)이 영감 되었다는 것을 강조하면서 각각의 성경(every scripture)의 영감과 모든 성경(all scripture)의 영감이 결국은 차이가 없는 것이라고 논의한다.[29] 성경의 그 어떤 부분도 영감 되지 않은 부분은 없다는 것이 바울이 말하려는 바이고 성경 전체가 말하려는 바라는 것이다.

---

[29] Young, 1958: 19, 20; Young, 1966b: 7; Young: 1966a: 13, cf. Warfield, 1948: 134.

성경의 도덕적이고 윤리적인 부분뿐만 아니라 성경이 말하는 "사실의 진술도 모두"(all statements of fact) 영감 된 것이다(48). 이런 뜻에서 그는 온전한(full) 영감이라는 뜻에서 만전 영감(plenary inspiration)을 말한다(48, 192). 따라서 성경적 영감의 결과로 성경의 말들은(their very words) 그대로 하나님의 말들(words of God)이다(46). 온전한 영감이므로 영감의 범위는 "단어들에게까지 미치는" 것이다(49). 그래서 영 교수는 축자 영감(a verbal inspiration)을 언급한다(49, 85, 98, 99, 161).[30] 현대인들이 그것을 좋아하든지 아니하든지 성경과 우리 주님은 축자 영감을 가르치고 있다는 것을 영 교수는 강조한다. 성경의 사상을 성경의 말씀들로부터 분리할 수 없기 때문이다(49).[31] 하나님께서는 당신님의 사상을 단어들을 매개로 하여 전달하시는 것이기 때문이다.[32] 그러므로 성경이 가르치는 유일한 영감론은 만전 축자 영감(a plenary and verbal inspiration) 교리이다(49, 59).[33] 그리고 영 교수는 현대 정신이 이를 얼마나 적대적으로 여기고 있는지를 아주 잘 의식하면서(49, 86) 자신은 성경이 말하는 이런 축자적 만전 영감을 확신하며, 사람들로 하여금 계속해서 이런 성경관을 가지도록 권하는 것이다.

그러나 영 자신이나 다른 보수적 학자들이 기계적인 구술 이론(mechanical dictation theory)을 주장하는 것이 아님을 영 교수는 분명히 한다.

---

30 또한 Young, "What is God-breathed Scripture?" *Grace Journal*7/3 (Fall, 1966): 13-23, at 17도 보라.

31 또한 Young, "What is God-breathed Scripture?" 17도 보라.

32 Young, "What is God-breathed Scripture?" 17.

33 또한 다음도 보라. Young, "Verbal Plenary Inspiration of the Scriptures," *Bibliotheca Sacra* 121 (April-June 1964): 117-24; idem, "Verbal Plenary Inspiration of the Scriptures," *Bibliotheca Sacra* 121 (Oct.-Dec. 1964): 303-10; idem, "Verbal Plenary Inspiration of the Scriptures," *Bibliotheca Sacra* 122 (Jan.-March 1965): 16-22; idem, "Verbal Plenary Inspiration of the Scriptures," *Bibliotheca Sacra* 122 (July-Sept. 1965): 236-42

구술 이론을 비판하는 것은 허수아비를 세워 놓고 비판하는 것이 된다는 것이다(49, 86). 영 교수는 하나님께서 인간 저자들을 그들이 있는 그대로 사용하셨다는 것을 강조하면서 "그들의 모든 훈련된 은사와 타고난 재능들을 하나님께서 활용하신 것이다"라고 말한다(69). 그들은 "의식 있고 책임 있는 인간들"(responsible agents)로서 이 일을 감당했다(80, 161). 바울이나 모세 등 다른 성경 기자들의 경우에도 이것이 잘 드러남을 잘 밝히고 있는(69-70) 영의 논의는 그의 입장이 참으로 유기적 영감(organic inspiration)의 입장임을 잘 드러내고 있다. 그러나 이런 유기적 영감의 과정 가운데서 하나님께서 어떻게 오류가 스며들지 않게 하셨는가에 대해서는 성경이 말해 주지 않는 신비의 영역이라는 것을 영은 말하고 있다(71).[34] 그러나 이 인간 저자들이 다른 일을 할 때나 다른 글을 쓸 때는 아니고 이 저자들이 성령으로 말할 때, 오직 그리할 때만 이 저자들이 기록한 것은 무오한 것이고(81, 82), 따라서 성경의 인간 저자들이 종국적으로 기록한 것은 "진리의 하나님이 기록하게 한 것이고, 그것은 하나님의 말씀(the Word of God)이다"(80).

(3) 성경 무오성

이와 같은 성경의 가르침에 충실한 성경 이해를 가지게 되면 성경에는 그 어떤 종류의 오류(誤謬)도 있을 수 없다고 말하지 않을 수 없다(45, 165). 영 교수에게 있어서는 성경이 영감 되었는데 무오하지 않다는 것은 있을 수 있는 생각이 아니다. "영감 된 성경은 무오한 성경이다. 그 중간은 없다"(109). 그러므로 영 교수는 "사람들이 무오한 성경 교리를 반대하는 진

---

[34] 또한 Young, "What is God-breathed Scripture?" 17도 보라.

정한 이유는 그들이 영감에 대한 **성경의 교리**를 받아들이기를 원하지 않기 때문이다"라고까지 말한다(108f.). 이와 같이 성경은 "그 모든 부분에서 전체적으로 전적으로 무오하다"는 것을 영 교수는 매우 강조한다(48). 성경의 각 책이 무오할 뿐만 아니라 각 책의 내용이 그 자체로 성경, 즉 기록된 하나님의 말씀이고, 무오하다, 즉 단순한 인간 구성물에 깃드는 오류로부터 전적으로 자유롭다. 영 교수 자신은 "an Infallible Bible"이라는 말과 "an inerrant Scripture (or an inerrant Bible)"라는 말을 혼용하여 사용한다(51, 76, 88, 89, 92, 113, 117, 144, 148).

영 교수가 말하는 '무오성'("infallibility")이란 단순히 "성경은 흠결 없는 권위(an indefectible authority)를 지니고 있다"는 말이다(113). 성경은 그 판단과 진술에 있어서 결코 틀림이 없다는 것이다. 이를 강조하는 영 교수의 말은 매우 강하다: "성경이 가르치는 모든 것은 전혀 의심하거나 문제삼을 수 없으며, 절대적 권위를 지니고 있고, 논파되거나 반박되거나 거부될 수 없는 것이다. 비록 천지는 없어진다 해도 이 진리의 말씀은 영원히 설 것이다. 그것은 변하거나 파괴될 수 없다"(113). 또한 영 교수는 '무류성'(inerrancy)이라는 말을 이와 아주 가까운 것으로 여기면서, 이는 "성경은 오류로부터 자유로운 성질을 가졌다"는 뜻이라고 말한다(113). 성경은 오류를 범할 수 없다는 것이다. "성경의 모든 가르침은 진리와 온전히 일치한다"는 것이다(113). 이와 같이 영 교수는 infallibility라는 용어와 inerrancy라는 말을 심각하게 구별하면서 사용하지 않는다. 이는 좀 더 후대에 나온 복음주의권 내에서 일종의 균열을 일으킨 안타까운 구별이라고도 말할 수 있다.

그런데 영 교수는 성경의 무오성이나 무류성을 논할 때 어떤 선험적 이해를 가지고 접근하는 것은 옳지 않다고 한다(114, 143). 이 문제에 대한 선험적 접근은 많은 혼동의 원인이 된다고 한다. 이슬람교도들이 코란에 대해서 그리한다는 것이다. 그러나 우리가 성경의 무오를 말할 때는 성경으로 가서 성경이 과연 자체에 대해서 무엇이라고 말하느냐를 배워야 한다는 것이다. 그리고 무오성은 결코 스타일의 단조로움이나 같음을 함의하는 것이 아님을(117) 영 교수는 신구약의 구체적인 예를 들어 설명한다.

이로부터 성경에는 당시의 말하는 관습에 맞지 않게 (즉, 우리가 정리한 문법에 어긋나게) 말하는 것도 포함되어 있음을 영 교수는 기꺼이 인정한다 (117f.). 그러나 그것 때문에 성경이 무오하지 않다고 해서는 안 된다는 것이다. 무오성은 늘 똑같은 단조로움을 함의하는 것이 아니기 때문이다. 또한 "무오성은 병행 구절에서의 절대적 동일성을 요구하지 않는다. 사소한 변이가 발견된다는 것과 무오성은 잘 조화되는 것이다"(120).

예를 들어서, 열왕기상 15:14에서 "아사가 다만 산당은 없애지 아니하니라"라고 말하는 것과 역대하 14:5에서 "유다의 모든 성에서 산당들과 분향 단들을 없애니"라고 말하는 것, 더구나 역대하 15:17에서 "아사가 산당들을 이스라엘에서 제거하지는 않았으니"라는 말을 어떻게 설명할 수 있을 것인가의 문제를 제시한 후에, 영(Young)은 (1) 이는 우상들에게 제사 지내는 산당들은 제거하였으나(대하 14:5은 이 점을 중심으로 말하는 것이라고 보는 것이다), 여호와께 제사하는 산당들은 제거하지 않았다고 해석하든지(125f., Thenius 와 Bertheau가 이런 해석을 제시한다고 한다), 아니면 (2) 아사와 여호사밧이 산당을 없애기 위한 그들의 최선의 노력을 하였으나 그 개혁을 끝까지 밀고 가지는 못했다고 해석하는 것이다. 아사와 여호사밧의 권위가 미치는 유다에서는 모든 산당이 제거되었으나(대하 14:5, 대하 17:6), 더 넓은 지역에서는 산당들이 아직도 남아 있었다고 해석하는 것이다(왕상 15:14, 대하 15:17) (126). 그러므로 이런 구절들의 상이성은 상호 모순되는 것으로 언급될 수 있는 것이 아니고 잘 해석하여 궁극적으로 조화적으로 보면 그 의미를 알 수 있다는 것이다.

마찬가지로 복음서에서 조금씩 표현이 다르게 주어진 이유는 (1) 복음서 기자들이 그 대화를 문자 그대로 전하기를 원하지 않았던지, 아니면 (2) 주님의 원 대화는 아람어로 진행되었는데 복음서 기자들이 그것을 희랍어로 옮긴 것이라고 설명될 수도 있다고 한다(130). 그 두 가지 중 어떤 해석으로 보든지 복음서 간의 사소한 상이점들이 잘 설명될 수 있다고 한다. 더구나 이런 사소한 차이는 사실 이들이 참되다는 증거가 된다고도 말한다(130, 131).

이런 입장에서 보았을 때 신약 성경이 구약을 인용할 때 아주 문자적으로 그대로(the verbatim words of Isaiah or a verbatim quotation of Isaiah) 말하지 않고 오히려 70인 경을 따라 인용하기도 하는[35] 마태복음 1:21과 같은 상황도 마태가 희랍어로 말을 전하는 상황을 생각하면 "그가 말하는 바는 사실상 주께서 이사야를 통해서 말씀하신 바이고, 그는 이사야와 모순되지 않는다"고 말할 수 있다고 한다. 오히려 마태는 선지자의 의미를 분명하게 끌어내었고, 선지자 이사야의 입을 통해서 주께서 말씀하셨을 때 주께서 사실상 말씀하신 것을 바르게 전달했다고 한다(Young, 1958:147).

그런가 하면 마태복음 27:9에서 스가랴 11:13을 인용하면서 선지자 예레미야의 말이라고 하고 있는 것과 관련해서 (1) 바빌론 탈무드(*Baba Bathra* 14)에서 보는 바와 같이 그보다 오랜 전통이 선지자 중에 예레미야를 선두에 세우는 오랜 전통을 따라서 (누가복음 24:44에서 성문서 전체를 시편으로 대신 언급하는 예와 선지자 가운데 예레미야를 가장 처음 언급하는 마태복음 16:14의 예가 이를

[35] Cf. Warfield, *The Inspiration and Authority of the Bible,* 438.

잘 보여준다고 한다) 실상은 스가랴를 인용하면서도 그 선지자들의 선두인 예레미야를 언급하고 있다는 해석(173)과 (2) 마태가 사실 여기서 예레미야 18장과 19장을 생각하면서 말하고 있다는 해석(173f.), (3) 마태는 여기서 예레미야 32:6-8의 예레미야가 밭을 산 것을 생각하면서 예레미야를 말하고 있다는 해석(174), (4) 시리아 역에 예레미야라는 말이 없다는 것에 주목하면서 원문에서는 스가랴가 있었다는 해석(174), 그리고 (5) (스가랴 1:14이 예레미야 18:11과 35:15에 반영되어 있고, 스가랴 3:8이 예레미야 23:5에 반영되어 있는 것으로부터) 유대인들은 스가랴에게 예레미야의 영이 전수되었다고 생각하고 있었기에 이런 표현이 나왔다는 해석을 제시하면서(174), 영 자신은 네 번째 견해, 즉 원문에는 스가랴가 있지 않았겠느냐는 견해로 기울어진다고, 그러므로 이는 이른 시기에 나타난 필사자의 오류(a copyist's error)로 보고자 한다(174f.). 그러나 이 논의의 핵심은 결국 **바르게 해석하면 소위 성경에 오류가 있다는 말을 하지 않을 수 있다**는 것이다.

영 교수에 의하면 무오성이 중요한 이유는 다음과 같다: "만일에 성경이 무오하지 않다면 우리는 그 어떤 것도 확신할 수 없게 된다"(5). 이는 영 교수만이 아니라 성경을 제대로 믿는 사람들의 공통적 확신이다. 기독교는, 그가 말하는 대로, 무오한 성경과 함께 서고 넘어지게 되는 것이다. 영 교수는 이런 결론을 가리거나 모호하게 하려는 사도들은 모두 자기-기만(self-deception)으로 인도할 뿐이라고 한다(5). 그러므로 그는 항상 사람들이 서로 모순된다고 주장하는 바를 찾아 언급하면서 그것이 잘 살펴보면 모순되지 않는다는 것을 잘 드러내는 작업을 한다(cf. 59, n. 6, 123). 그리고 계시 종교의 모든 교리에서 난점들(difficulties)은 있게 마련이므로 이를 자유롭게 인정하자고 한다(59, 60, 72, 269). 그러나 이런 난점들은 "우리들이 유한한 피조물들이고 따라서 하나님께서 계시하신 것들의 깊이를 다 파악하지 못해서 나오는 것이다."는 것이 영 교수의 입장이다(60, 71, 124). "우리는 항상 인간 지식의 한계를 인정해야 한다"는 것이다(61, 125, 179, 184f.).[36] 이런 점에서 성경 안에 우리가 이해하지 못할 것이 있다는 것은 전혀 놀라운 것이 안 된다는 것이다(60). 우리는 성경의 난제들을 다 설명하도록 부름을 받은 것이 아니기 때문이다. "우리는 오히려 성경을 끊임없이 공부하고 그것을 설명하며, 필요할 때는 그것을 옹호하기 위해 일어나도록 부름받은 것이다."(270).[37]

그러므로 영 교수는 하나님께서 우리에게 "무오한 성경"(an infallible Bible)을 주셨다는 것을 아주 명확히 강하게 강조한다(31). 하나님의 말씀은 "절대적으로 오류로부터 자유로운 것"이다(40, 45). 그러므로 성경은 "살아계시고 참되신 하나님의 무오한 말씀"(the infallible Word of the one living and true God)이다(47).

물론 이때 성경 저자들이 쓴 원본(original or the original manuscripts)이 그러하다는 것이 성경과 웨스트민스터 신앙고백서와 영 교수 등의 정통적 신학자들의 입장이다(56, 61, 84f., 87, 91, 118, 148). 하나님께서 왜 그 원본들을 보존하지 않으셨는지 우리는 모른다는 것을 겸손히 인정하면서도 아마도 당신님의 지혜 가운데서 우리들로 하여금 그 원본을 우상 숭배하듯이 그 앞에 절하지 않도록 하시려고 그렇게 하셨을 수도 있다는 추론도 한다(61). 이와 같이 우리들이 가지고 있는 것은 여러 사본뿐이지만 그러나 또한 하나님께서는 여러 사본들(copies)을 통해서 우리에게 전달된 이 성경도 하나님의 섭리 가운데서 원본과 상당히 가깝게(a remarkable close) 하셨다(57, 58). "하나님의 신비로운 섭리로 하나님께서는 그의 말씀을 보존하셨다."(61). 비록

---

36 또한 Young, "Some Thoughts on Old Testament Scholarship," 78도 보라.

37 또한 Young, "Scripture: God-breathed and Profitable," *Grace Journal* 7/3 (Fall, 1966): 3-11, at 11도 보라.

소위 "필사자의 오류들"(copyist's errors)이 있지만, 본문 비평(textual criticism)을 통해서 우리는 원문에 가깝게 갈 수 있다는 것을 영 교수는 잘 말해 주고 있다(57, 87, 88, 89, 183).[38]

성경의 무오성이 중요한 이유는 우리가 성경의 무오성을 버려 버리게 되면 우리는 점차 성경의 모든 교리들을 저버리게 될 것이기 때문이라고, 그리고 바로 이 점을 드러내기 위해 자신이 성경 영감에 대한 책을 쓴 것이라고 영은 말한다(269).

---

[38] Cf. Young, "Verbal Plenary Inspiration of the Scriptures," *Bibliotheca Sacra* 122 (Jan.-March 1965): 16f.; John Murray, *Calvin on Scripture and Divine Sovereignty* (Philadelphia: Presbyterian and Reformed, 1960).

제22장

언약 사상과 언약 교의의 정립

처음부터 개혁신학은 언약신학이라고 주장해 왔다. "언약신학은 개혁파 사상과 전통에서 중심적이었기" 때문이다.[1] 때때로 잘못된 논의를 하는 사람들이 있었으나, 정통파 개혁신학은 항상 언약신학이었다. 이를 역사적 과정을 통해 살피면서 확언하는 것은 의미 있는 일이다.

언약 사상의 진전 과정

많은 책들에서 흔히 언약신학이 1636-1650까지 프라너꺼르(Franecker)의 교수를 하였고, 1650년부터 레이든(Leyden)에서 교수를 한 코케이우스(Coccejus, 1603 - 69)와 더불어, 특히 그의 『언약교리와 하나님의 유언』(1648)과 함께 나타났다고 하면서,[2] 흔히 코케이우스를 "언약신학의 아버지"라고

---

[1] Peter Golding, *Covenant Theology* (Fearn, Ross-shire: Christian Focus Publications, 2004, reprint, 2008), 178.

[2] Cf. Charles S. McCoy, "Covenant Theology of Johannes Cocceius" (Ph.D. dissertation, Yale University, 1957). 그의 언약신학에 대한 더 좋은 논의로는 W. J. van Asselt, *The Federal Theology of Johannes Cocceius (1603–1669)*, ed. Robert J. Bast, trans. Raymond A. Blacketer (Leiden: Brill, 2001)을 보라.

(결과적으로 보면 잘못) 말하곤 한다.[3] 그러나 많은 분들은 이것이 옳지 않다고 강하게 말한다.[4]

코케이우스 이전에 불링거(Heinrich Bullinger, 1504 - 1575)와 칼빈(1509-1564), 아만두스 폴라누스(Amandus Polanus, 1561 - 1610), 요한 클로펜부르크(Johann Cloppenburg, 1592 - 1652)의 언약 사상에 대한 기여를 말해야 한다.[5] 불링거는 1534년의 글에서 주로 아브라함 언약을 중심으로 분석하면서 그가 강조하면서 표현한 "하나이며 영원한 언약"을[6] 잘 드러내었다. 그는 특히 하나님의 언약이 "아브라함의 씨 전체, 즉 신자들을 포함한다"고 한다.[7] 또한 제프리 토마스가 잘 표현한 것과 같이 "후기 언약신학의 대부분의 언급

---

[3] 그를 언약신학의 창설자, 완성자라고 잘못 말하는 대표적인 예로 다음을 보라. https://ko.wikipedia.org/wiki/%EC%9A%94%ED%95%9C_%EC%BD%94%EC%BC%80%EC%9D%B4%EC%9A%B0%EC%8A%A4, 그리고 "이 언약신학을 체계화시킨 사람은 코케이우스(J. Cocceius, 1603-1669)"라고 독일에서 나온 신학사전을 따라 말하는 배경식 교수님의 흥미로운 다음 논문도 보라. "하이델베르크 교리문답과 개혁신학" (2013).
(http://fampae.net/?mid=Moltmann&page=6&order_type=desc&sort_index=readed_count&search_target=regdate&search_keyword=201901&document_srl=11019)을 보라.

[4] 이를 잘 지적한 예로 Peter A. Lillback, *The Binding of God: Calvin's Role in the Development of Covenant* (Grand Rapids: Baker, 2001), 특히 언약에 대한 칼빈의 기여에 대해서 137, 311; 불링거의 기여에 대해서 George M. Ella, *Henry Bullinger: Shepherd of the Churches* (Durham: Go Publications, 2007), esp., 334; Seung-Goo Lee, "The Relationship between Heinrich Bullinger and John Calvin," *Hapshin Theological Review* 8 (2020): 129-34를 보라. R. Scott Clark, "A Brief History of Covenant Theology" (2015) (https://heidelblog.net/2015/08/a-brief-history-of-covenant-theology/)만 보아도 이것은 아주 분명히 드러나니, 코케이우스 이전에 많은 사람들이 언약에 대한 사상을 발전시켰기 때문이다.

[5] Louis Berkhof, *The History of Christian Doctrines* (Grand Rapids: Eerdmans, 1937, 1949, paperback edition, Grand Rapids: Baker, 1975), 149.

[6] Heinrich Bullinger, *De Testamento sev foedere Dei unico & Aeterno* (Zürich: Christoph Froschouer, 1534), trans. Charles S. McCoy and J. Wayne Baker, "A Brief Exposition of the One and Eternal Testament or Covenant of God," in their *Fountainhead of Federalism: Heinrich Bullinger and the Covenant Tradition* (Louisville, Kentucky: Westminster/John Knox Press, 1991), 155-61.

[7] 이를 잘 언급하는 Golding, *Covenant Theology*, 127을 보라.

들은, 칼빈 안에 이미 존재한다."[8]

그리고 칼빈은 아담의 인류 전체를 대표하는 머리의 지위를 강하게 말하면서, 모든 사람들의 상태가 아담의 행위에 의존하였다는 것을 강하게 말한다.[9] 얼마 후 이런 생각이 존 오웬(John Owen, 1616-1683)에게서 그대로 나타난다. 그래서 오웬은 아담의 실패는 "그들을 대표하여 그가 공인(a public person)이 되었던 모든 사람에게 정죄의 책임을 가져온다."고 분명히 진술했다.[10]

또한 하이델베르크의 우르시누스(Zacharias Ursinus, 1534 - 1583)나 성령교회의 목회자였던 올레비아누스(Casper Olevianus, 1536 - 1587)나 스코틀랜드의 세인트 앤드류스에서 교육받고(BA, 1576, MA, 1577?) 가르치다가 에딘버러 대학교의 뉴컬리지의 교수(1583)로 그리고 최초의 학장(Principal, 1586년부터)으로 수고했던 로버트 롤록(Robert Rollock, c.1555-1599),[11] 그리고 화란에서 활동했던 아메시우스(Guilielmus Amesius=William Ames, 1576 - 1633)에게 언약 사상

---

8 Geoffrey Thomas, "Covent Theology: A Historical Survey," Westminster Conference, London (1972), 13. 청교도들이 언약을 말하기 오래전에 이미 칼빈이 언약신학을 발전시켰다고 하는 Peter Lillback, "Ursius' Development of the Covenant of Creation: A Debt to Melanchton or Calvin?" *Westminster Theological Journal* 43/2 (1981): 247-88, at 252의 논의, 그리고 그의 박사학위 논문을 출판한 Lillback, *The Binding of God,* 126-209도 참조하라.

칼빈의 언약에 대해서는 너무 많은 분들이 잘 다루었다. E. H. Emerson, "Calvin and Covenant Theology," *Church History* 25 (1956): 136-44; Anthony A. Hoekema, "The Covenant of Grace in Calvin's Teaching," *Calvin Theological Journal* 2/2 (1967): 133-61; M. Eugene Osterhaven, "Calvin on Covenant," *Reformed Review* 33 (1979-1980): 136-49.

9 고전 15:45과 로마서 5:12ff. 에 대한 칼빈의 주석을 보라. 이 점을 강조하는 Thomas, "Covent Theology: A Historical Survey," 14와 Lillback, *The Binding of God,* 270-86; 그리고 Golding, *Covenant Theology*, 111-13을 보라.

10 John Owen, *The Works of John Owen* (Edinburgh: Banner of Truth, 1965-1968), 10:354.

11 후에 논의하겠지만 롤록은 모세 언약이 행위 언약의 갱신이라는 표현을 하여(*A Treatise of Our Effectual Calling* [1849], 34f.) 오해를 살 논의를 하였다.

(Robert Rollock, c. 1555–1599) (William Ames, 1576–1633)

이 나타났음을 관찰할 수 있다.[12]

올레비아누스는 "타락한 무리들로부터 은혜로 자녀로 입양하기로 그리고 그들에게 믿음을 주시기로 작정하신 모든 사람들"과 언약을 맺으셨다고 한다.[13] 롤록은 행위 언약과 은혜 언약을 명확히 구분한 후에 은혜 언약은 믿음을 조건으로 하여 제공하지만 "믿음 또한 그 자신의 선물이다"는 것을 분명히 하면서 공로가 되지 않음을 명확히 말한다.[14]

특히 행위 언약과 은혜 언약을 중심으로 언약 사상을 잘 정리해서 제시한 〈웨스트민스터 신앙고백서〉는 1647년에 작성되었는데, 이는 언약에 대한 코케이우스의 책이 나오기 1년 전이라는 오어(Orr)의 지적은 매우 강력한 논점의 하나가 될 수 있다.[15] 그러므로 개혁신학에서는 코케이우스 이전에도 상당히 오랫동안 언약에 대한 논의가 있어 왔다는 것은 공공연한 사

12 이를 말하는 James Orr, *The Progress of Dogma* (London: James Clarke & Co. Limited, 1901), 302, n. 3을 보라.

13 올레비아누스의 글에 근거해서 이를 언급하는 Golding, *Covenant Theology*, 127을 보라.

14 Robert Rollock, *The Selected Works of Robert Rollock,* 2 vols. (Edinburgh, printed for the Wodrow Society, 1849), 1:40.

15 Orr, *The Progress of Dogma*, 302.

실이다.

이 여러 사람들의 노력에 의해서 아담이 언약의 머리이며 우리들 모두의 대표라는 것이 매우 자연스럽게 언급되게 되었다.[16] 그래서 모든 사람이 실제로(realistically) 문자적으로(literally) 아담 안에 있었다는 실재론적 표현이 아담이 모든 인류의 대표로 죄를 지었다는 언약적 표현으로 사용되는 일이 일반화되었다.[17] 첫 사람이 모든 사람의 법적인 대표로 죄를 범했으므로 아담의 첫 번째 죄의 죄책(罪責, guilt)이 모든 사람의 죄책이라는 것이 더 분명해졌다. 그리하여 이제는 언약적 이해가 죄의 전이(the transmission of sin)를 설명하는 이론으로 대체되었다.[18]

물론 언약 사상에 대한 코케이우스의 기여를 말할 수 있다. 오어가 잘 논의한 바와 같이 (1) 코케이우스는 언약을 자신의 신학적 체계의 주도적 개념(the leading idea)이 되게 했고, 그는 (2) 행위 언약과 은혜 언약의 일반적 구별도 하였고, (3) 구속사의 전체 발전이 언약 사상을 중심으로 주관되게 하였다.[19] 그러나 행위 언약과 은혜 언약으로 나누어 제시한 이전 학자들의 기여를 생각하고, 특히 후에 이를 명확한 교의로 제시한 웨스트민스터 신앙고백서(1647)를 생각할 때, 그리고 코케이우스가 일으킨 여러 문제와 논쟁을 생각할 때[20] 코케이우스를 언약신학의 아버지라고 표현하는 것은 잘

---

16 Berkhof, *The History of Christian Doctrines,* 149.

17 Berkhof, *The History of Christian Doctrines,* 149.

18 Berkhof, *The History of Christian Doctrines,* 149.

19 이를 잘 제시한 Orr, *The Progress of Dogma*, 303을 보라. 코케이우스의 견해에 대한 또 하나의 간단한 요약으로 R. Buick Knox, "The History of Doctrine in the Seventeenth Century," in *A History of Christian Doctrine,* ed., Hubert Cunliffe-Jones (Edinburgh: T&T Clark, 1978, reprinted, Philadelphia: Fortress Press, 1980), 437-38을 보라.

20 흔히 코케이우스를 성경적이고 정통파를 스콜라주의적이라고 하지만 코케이우스의 용어 사용을 볼 때 "그도 당대적 의미에서 스콜라주의적"이라는 좋은 논의로 Brian Lee, "The Covenant

못된 것이다.

그래도, 다시 말하지만, 코케이우스도 언약신학의 진전에 큰 영향을 미쳤다는 것은 인정받아야 하고, 특히 언약 개념을 중심으로 하나님의 경륜 전체를 잘 설명한 프란츠 부어만(Franz Burmann, 1628-1679)과 헤르만 위트시우스(Herman Witsius, 1636-1708)의 논의에 미친 코케이우스의 긍정적 영향을 생각하지 않을 수 없다.

프란츠 부어만(Franz Burmann=Franciscus Burmannus, 1628-79)은 아마도 1643년에 신학을 공부하기 위해 레이든 대학교(Leiden University)에 등록하였다. 1650년에는 독일 하나우(Hanau, Germany)에 있던 화란인 교회의 목사가 되어 목회하다가 1661년에는 홀란드 주의 학생들을 위한 신학 교육기관인 레이든 주 대학(the Leiden Statencollege)의 대리 학감(deputy dean)이 되었고, 1662년에는 우트레흐트 대학교의 신학 교수가 되어 1671년까지 가르쳤다. 부어만은 계시의 역사적 발전을 따라가면서 논의하는 점에서 코케이우스를 따랐다고 할 수 있다. 그는 또한 데까르트적인 탐구에 대해서도 상당히 개방적인 입장을 취하였다.

다음 두 가지 점에서 부어만은 후티우스(Gysbertus Voetius)를 따르는 사람

Terminology of Johannes Cocceius: The Use of *foedus, pactum,* and *testamentum* in a Mature Federal Theologian," MJT 14 (2003): 11-36, 특히 11, n. 1을 보라. 그는 자신의 박사 학위 논문인 "Biblical Exegesis, Federal Theology, and Johannes Cocceius: Developments in the Interpretation of Hebrews 7:1–10:18" (Ph.D. diss., Calvin Theological Seminary, 2003)을 사용하여 논의하고 있다.

들과 많이 논쟁하였다. 하나는 안식일 성수와 관련한 것이었다. 코케이우스가 안식일에 대해서 아주 느슨한 견해를 주장하였기에 문제가 되었다. 둘째는 태중의 아이가 생각할 수 있는가에 대한 논쟁, 따라서 태중의 아이가 과연 악한 생각을 할 수 있는가의 논쟁이 있었다. 부어만과 논쟁하시던 분들은 그가 데까르트적 사유를 받아들인 결과로 잘못된 견해를 드러낸다고 비판하였다. 이는 결국 로마서 9:11을 어떻게 해석하느냐의 문제였는데, 부어만은 자신은 그저 이 구절에 대한 다른 해석의 여지를 열자는 것이라고 하였다.

젊은 학생의 학구열과 후에 그의 장인이 된 아브라함 헤이다누스(Abraham Heidanus, 1597 - 1678)가 데까르트의 친구였는데, 그런 영향 때문에 부어만이 데까르트의 생각에 더 쉽게 가까워졌다고 여겨진다. 부어만이 레이든 대학교 학생일 때인 1648년 4월 16일에 에그몬드(Egmond)까지 가서 데까르트를 만나 여러 질의를 할 정도였다고 한다. 이것이 이 두 사람이 처음 만난 것인지, 이때 다른 사람들도 같이 있었는지는 잘 모른다. 그러나 부어만이 데까르트의 글을 열심히 읽고, 그의 생각을 잘 알고 있었음은 분명하다.[21]

그는 1671년에 『신학 개요와 하나님의 언약 경륜의 광채』(*Synopsis Theologiae et Speciatim Economiae Foederum Dei*, 1671)라는 제목의 책을 내어 언약 신학을 진전시켰다.

헤르만 위트시우스(Herman Witsius, 1636-1708)는 『언약들의 경륜』(1685)이

---

[21] 특히 1648년 4월 20일자로 요하네스 크라우베르크(Johannes Clauberg)가 암스테르담에서 사본을 만든 본문에 이것이 잘 나타난다고 한다. 이상의 정보는 Theo Verbeek, "Burman, Frans (Franciscus) (1628–1679)," in *The Cambridge Descartes Lexicon,* ed., Lawrence Nolan (Cambridge: Cambridge University Press, 2015), 81-82에서 얻은 정보임을 밝힌다.

라는 중요한 책을 써냈다.[22] 흐로닝겐(Groningen), 레이든(Leiden), 그리고 우트레흐트(Utrecht)에서 공부하고 개혁파 목사가 되어 1656년에 웨스트우드(Westwoud)에서 목회를 시작했고 후에 보르메어(Wormer), 회스(Goes), 그리고 레우바르덴(Leeuwarden)에서 목회한 후에 1675년 프라너꺼르(Franeker)의 신학 교수가 되었다가 1680년에는 우트레흐트 대학교의 신학 교수가 되고, 1686년에는 학장이 되었다가 1698년에는 프리드리히 스판하임 2세(Friedrich Spanheim)의 후임자로 레이든 신학 교수로 지명되어 가르치다가 1708년에 레이든에서 소천한 위트시우스는 개혁파 정통주의와 코케이우스적 입장을 잘 조화시켜 보려고 애썼다. 대개 그를 조직신학 영역에서 작업한 성경신학자로 칭한다.[23] 그러므로 어떤 의미에서는 아주 바람직한 방향으로 개혁신학적 작업을 하였다고 할 수 있다.

---

22 Herman Witsius, *De oeconomia Foederum Dei cum hominubus,* 4 vols. (Leeuwaarden, 1685, 2nd edition, Utrecht, 1693, later edition, Basel, 1739), trans. *The Economy of the Covenant between God and Man,* 3 vols. (London, 1763); New Translation by William Crookshank, 2 volumes (Edinburgh, 1771; London, 1822; reprint (Philipsburg, NJ: P&R, 1990); 2010 edition (https://www.pcabookstore.com/samples/12872.pdf).

23 이렇게 평가하는 https://en.wikipedia.org/wiki/Hermann_Witsius을 보라.

위트시우스의 주저인 『언약들의 경륜』도 후티우스파와 코케이우스파 사이의 논쟁에 대한 슬픔을 가지고 작업했고 출판했다고 알려진다.[24] 개혁파 정통주의를 잘 알고 그 가치를 높이 사면서 언약신학을 잘 발전시켜 보려고 한 그의 작업으로 그는 당대의 양파 모두를 다 만족시키지는 못했다고 한다.[25] 그러나 패커는 "코케이우스 진영에서 잘못된 주해로 일으킨 부정확성과 오류를 바로잡았다"고 매우 적극적으로 평가한다.[26] 후티우스와 코케이우스는 시간 이전의 언약인 구속 언약(*pactum salutis*)에 대해서 이미 일치하는 견해를 가지고 있었다.[27] 그러므로 구속 언약이 "코케이우스에게 없다"는 찰스 라이리의 말은[28] 명백한 허위다.[29] 후티우스와 코케이우스를 다 잘 아는 위트시우스는 그들의 논의의 터 위에서 성경에 근거하여 언약사의 진전을 논의하였다.[30] 위트시우스의 언약에 대한 책은 크룩생

---

[24] 이에 대한 부분적 논의로 박재은, 『칭의, 균형 있게 이해하기』 (서울: 부흥과개혁사, 2016); 김찬영, 『마이클 호튼의 언약 신학』 (서울:CLC, 2018), 268-82; 박재은, "헤르만 비치우스의 기독론", 『종교개혁과 그리스도』, 개혁주의 신학과 신앙 총서 제13권 (부산: 개혁주의학술원, 2019), 255-83; 박재은, "양자의 영으로 읽는 헤르만 비치우스의 성령론", 『종교개혁과 성령』, 개혁주의 신학과 신앙 총서 제14권 (부산: 개혁주의학술원, 2020), 371-403을 보라.

[25] 이것이 *Schaff-Herzog Encyclopedia of Religious Knowledge,* vol. 4 (1894), 2543에 나오는 Ebrard의 평가이다.

[26] J. I. Packer, "On Covenant Theology," Introduction to *The Economy of the Covenant* (Den Dulk Christian Foundation, 1990), 18.

[27] 이 점을 잘 말하는 Peter Lillback, "Ursius' Development of the Covenant of Creation: A Debt to Melanchton or Calvin?" *Westminster Theological Journal* 43/2 (1981): 251; Golding, *Covenant Theology*, 62를 보라

[28] Charles Caldwell Ryrie, *Dispensationalism Today* (Chicago: Moody Press, 1965), 178-83.

[29] 이를 잘 지적하는 Golding, *Covenant Theology,* 49를 보라.

[30] 위트시우스의 언약론에 대한 좋은 논의로 다음을 보라: J. Mark Beach, "The Doctrine of the *Pactum Salutis* in the Covenant Theology of Herman Witsius," *Mid-America Journal of Theology* 13 (2002): 101-42.

크(Crookshank)에 의해서 번역되어 스코틀랜드에도 상당한 영향을 미쳤다고 존 매클라우드 학장은 말한다.[31] 그렇기에 후대의 개혁파 신학자들은 그의 작업을 좀 더 진전시켜서 참된 언약신학을 제시하였다.

〈웨스트민스터 대요리문답〉과 〈소요리문답〉에서는 "생명 언약"(covenant of life)이라고 하였고, 〈웨스트민스터 신앙고백서〉에서는 보다 일반적인 용어로 "행위 언약"(the covenant of works)이라고 부른 하나님과 인간 사이의 첫째 언약은 "하나님께서 인간에게 제공하신 축복의 전망에서" 파악되었다.[32]

그래서 17세기 이전에는 "두 언약, 즉 행위 언약과 은혜 언약 교리가 개혁주의 교의학자들에 의해 한결같이 채택되었었다."[33] 토마스 카트라이트(Thomas Cartwright, 1535-1603)는, 보스가 잘 표현한 바와 같이, "언약 교리라는 실을 취해서 그것을 잘 짜내었다."[34] 특히 제임스 어셔(James Ussher, 1581-1652)가 작성한 〈아일랜드 신앙고백〉(*Irish Articles*,

---

31 John Macleod, *Scottish Theology in Relation to Church History since the Reformation* (Edinburgh: Free Church of Scotland, 1943), 219.

32 이 표현도 매클라우스의 표현이다. J. Macleod, "Covenant Theology: The Need for a Reappraisal and a Reaffirmation," *The Monthly Record of the Free Church of Scotland* (August, 1983): 148. 행위 언약은 카스퍼 올레비아누스, 로버트 롤록(1596), 마테르누스 헤이더(Maternus Heyder), 폴라누스(Amandus Polanus), 존 프레스톤(John Preston), 어셔 주교의 〈아일랜드 신앙고백서〉(1615)에 나타나고 후에 프란시스 튜레틴에 의해서 잘 설명되었다(*Institutio Theologiae Elentocae*, VIII). 이에 대해서 Golding, *Covenant Theology,* 110-11을 보라. 그러므로 릴백이 잘 드러낸 바와 같이 초보적 형태이기는 하지만 칼빈도 행위 언약을 생각하고 있었다고 할 수 있다(Lillback, *The Binding of God,* 286; Golding, *Covenant Theology,* 113).

33 이를 명확히 말하는 Mark Karlberg, "Reformed Interpretation of the Mosaic Covenant," *Westminster Theological Journal* 43/1 (1980): 1-57, at 23; 폴라누스, 존 볼, 코케이우스, 프란시스 튜레틴, 에드워드 레이(Edward Leigh), 러더포드, 존 오웬에 근거해서 비슷하게 말하는 Murray, "Covenant Theology," 228; Golding, *Covenant Theology,* 50, 125.

34 Geerhardus Vos, "The Doctrine of the Covenant in Reformed Theology" (1891), in *Redemptive History and Biblical Interpretation: The Shorter Writings of Geerhardus Vos,* ed.. Richard B. Gaffin, Jr. (Phillipsburg, NJ: P&R, 1980), 240.

1615)은 “행위 언약”이라는 용어를 명확하게 처음 사용하였고,[35] 이는 후에 〈웨스트민스터 신앙고백서〉에서도 그대로 사용되었다.[36]

(Thomas Cartwright, 1535–1603) (James Ussher, 1581–1652)

그 후에도 캠브리지의 청교도들이 세운 임마누엘 칼리지의 교수였던 존 프레스톤(John Preston, 1587-1628)의 『새 언약 또는 성도의 유업』(New Covenant or Saints' Portion, 1629)의 실천적인 언약론,[37] 언약에 대한 모든 문제를 다룬 것으로 인정되는,[38] 후에 좀 더 개방된 성찬을 주장하면서 (닫힌 성찬을 주장하던 박스터와 논쟁했던, 옥스퍼드의 크라이스트 컬리지 출신의 온건한 장로교주의자였던)

---

35 *Irish Article,* 21조. 그런데 〈아이리쉬 신앙고백서〉는 이를 행위 계약(*foedus operum*) 또는 율법의 계약(*foedus legale*)이라고 표현한 것이 특징이다.

36 웨스트민스터 신앙고백서 7장 2절; 대요리문답 30문답; 소요리문답, 12문답; 스위스 일치신조, 15조.

37 후에 논의하겠지만 존 프레스톤은 모세 언약이 행위 언약의 갱신이라는 표현을 하여 오해를 살 논의를 하였다.

38 이렇게 평가하는 Vos, “The Doctrine of the Covenant in Reformed Theology,” 240: “그는 언약 교리가 불러일으킨 모든 난해한 질문들을 다룬다.”

토마스 블레이크(**Thomas Blake**, 1597? - 1657)의 언약론,[39] 웨스트민스터 요리문답 이전에 많이 사용되었던 두 개의 요리문답의 저자였고, 사후에 "영국 언약신학의 가장 완전한 논의"라고 평가되기도 했던[40] "정교하고 박식한 책"인[41] 『은혜 언약에 대한 논의』(1645)를 낸 **존 볼**(**John Ball**, 1585 - 1640),[42] 은혜 언약을 대중적으로 잘 설명한 존 번연 같은 영국 신학자들과 목회자들의 기여도 주목해야 한다.[43] 또한 **존 오웬**(**John Owen**, 1616 - 1683)의 성경신학과 히브리서 강해도 주목해야 한다.[44]

(John Preston, 1587–1628)

(John Owen, 1616–1683)

---

39 Thomas Blake, *Vindicae Foederis, a Treatise about God's Covenant made with Man, in Its Various Types and Degrees,* 1653. Revised and Enlarged 2nd edition, 1658.

40 이는 마크 칼베르그의 평가다. Mark Karlberg, "Reformed Interpretation of the Mosaic Covenant," 35.

41 E. F. Kevan, "The Law and the Covenants: A Study in John Ball" (1956), A Symposium of Papers read at Annual Puritan and Reformed Studies Conferences, Westminster Chapel, London (1956): 38.

42 John Ball, *Treatise on the Covenant of Grace* (1645).

43 특히 그의 *The Doctrine of the Law and Grace Unfolded* (1659)을 보라.

44 John Owen, *Biblical Theology: The History of Theology from Adam to Christ* (1661), trans. Stephen P. Westcott (Grand Rapids: Soli Deo Gloria, 1994, 5th printing, 2022); idem, *An*

또한 스코틀랜드 세인트 앤드류스의 사무엘 러더포드(Samuel Rutherford, 1600-1661)의 『생명언약』(1655),[45] 글라스고우 대학교 신학부 학장(principal)이었던 패트릭 길레스피(Patrick Gillespie, 1617-75)의 『열려진 언약궤』(1661), 그 책과 연관된 구속 언약에 대한 사후 출판도서에서 하나님의 언약에 대한 논의는 언약신학의 진전의 큰 기여이다. 특히 길레스피의 "우리는, 은혜 언약의 종말론적인 그리고 최고의 나타남과 시행 아래 살고 있다"는 논의,[46] 그리고 "하나님께서는 보상의 어떤 약속도 하지 않으신 채, 그의 의지에 절대적 복종을 아담에게 요구하실 수 있으시다"는 것을 분명히 하면서,[47] 그러나 그가 순종할 때 보상하시기로 "스스로 낮아지셔서" 은혜롭게 약속하셨다고 잘 논의한 것은[48] 그가 얼마나 성경의 가르침에 충실한지, 따라서 결과적으로 〈웨스트민스터 신앙고백서〉의 진술에 충실한지를 잘 드러내는 논의다.

대부분의 개혁신학자들은 은혜 언약의 당사자가 하나님과 성자 안에 있는 "선택된 죄인들"이라고 명확히 한다.[49] 이에 비해서 알미니우스주의자

Exposition of the Epistle to the Hebrews, 7 volumes (Edinburgh: Banner of Truth Trust, 1991). 그런데, 후에 논의하겠지만 존 오웬은 시내 산 언약이 은혜 언약의 한 경륜이었다는 칼빈의 견해도 거부하고, 단지 행위 언약이었다는 생각도 거부하는 제3의 입장을 취한다(이에 대해서 Ferguson, *John Own on the Christian Life,* 27-32을 보라). 그래서 은혜 언약의 진전을 말하면서 오웬을 잘 말하지 않으려는 경향이 있다.

45 Samuel Rutherford, *The Covenant of Life Opened* (1655). 안상혁 옮김, 1권: 『생명언약』 (수원: 합신대학원출판부, 2018), 『생명언약 2부: 구속 언약』 (수원: 합신대학원출판부, 2020).

46 Patrick Gillespie, *The Ark of the Testament Opened, or The Secret of the Lord's Covenant Unsealed in a Treatise of the Covenant of Grace* (1661), 41.

47 Gillespie, *The Ark of the Testament Opened,* 100.

48 Gillespie, *The Ark of the Testament Opened,* 100.

49 Hodge, *Systematic Theology,* II:357; Berkhof, *Systematic Theology,* 273.

들은 "은혜 언약은 예외 없이 모든 사람들과 맺어졌다"고 주장하여,[50] 그들의 알미니우스적 주장의 토대를 제시했다. 또한 개혁신학 안에서 전개된 언약신학은 "율법의 수여 행위가 행위 언약으로의 회귀였다고 가르친 적이 결코 없다."[51] 개혁신학자들은 율법의 복음적 성격을 항상 강조해 왔다.

은혜 언약은 무조건적인 것임을 강조하는 것은 모든 언약 신학자들의 공통의 특성이었다. 후에 이런저런 복잡한 논쟁을 생각하면서 튜레틴은 다음과 같이 그의 전형적 특성을 드러내면서 논의를 마무리한다. "공로적 원인(meritorious cause)으로 생각하면 은혜 언약은 조건적이지 않으나, 도구적 원인(instrumental cause)으로 이해한다면 은혜 언약은 조건적이다."[52] 이를 표현하는 그의 말을 요약하는 머리의 말을 들어 보자.

> 믿음이 언약의 조건이라는 사실이 언급될 때 이것은 절대적으로 이해되는 것이 아니라, 그리스도를 받아들이고 그의 의를 통해 영생의 자격을 획득한다는 상대적이고 도구적으로(instrumentally) 이해되는 것이다. 그러므로 그것은 하나님의 은혜와 일치하는 것이다.[53]

또한 개혁신학 안에서 성례는 항상 "은혜 언약의 거룩한 표와 인으로 해석

---

50 예를 들어서 영국 캠브리지 퀸스 컬리지에서 훈련받은 성직자로 알미니우스주의자로 유명한 John Goodwin (1594–1665)의 글 456-58를 인용하는 Golding, *Covenant Theology,* 133을 보라.

51 Golding, *Covenant Theology,* 115-16에서 나온 이 중요한 말은 "율법의 수여가 언약 신학에 있어 행위 언약의 회귀"라고 주장하는 롤스톤의 잘못된 주장(Holmes Rolston, III, *John Calvin versus the Westminster Confession* [Richmond, VA: John Knox, 1972], 18)에 대한 강한 반론이며, 개혁신학 안에서의 언약 이해를 가장 잘 설명하는 말이기도 하다.

52 이는 튜레틴의 말을 요약하는 Golding의 표현이다(*Covenant Theology,* 137).

53 그의 말을 머리가 인용하면서 말한 것이다. Murray, "Covenant Theology," 233.

되었다."[54] 그리고 16세기의 신앙고백서들에서 언약이라는 말은 주로 유아세례와 관련하여 많이 나타나고 있다.[55]

17세기 중반부터는[56] 은혜 언약의 토대로서 삼위일체 안에서의 협의(the Triune Council), 영원한 의논(the eternal council)에 대한 생각들이 정리되어 제시되기 시작하였다.[57] 머리는 "이것이 언약신학의 공식화에 있어서 특별한 발전을 나타낸다"고 했다.[58] 그러나 이는 17세기 중반에 갑자기 나타난 것이 아니다.[59] 이미 16세기부터 준비되고 있던 것이다. 이 용어가 코케이우스로부터 시작되었다고 또 다시 잘못 말한 멀러도[60] 이미 그 이전에 루터(Luther), 외콜람파디우스(Oecolampadius), 부대우스(Budaeus), 아르미니우스(Jacob Arminius, 1603), 에임스(William Ames, 1623), 에드워드 레이놀즈(Edward Reynolds, 1632), 그리고 토마스 후커(Thomas Hooker, 1638)가 이를 시사했음을

---

54 Murray, "Covenant Theology," 239.

55 예를 들어서, 벨직 신앙고백서(1561), 34항; 하이델베르크 요리문답(1563), 74문답; 제2 스위스 신앙고백서(1566), 20장 2항과 6항을 보라.

56 이렇게 말하는 Golding, *Covenant Theology,* 138을 보라.

57 이 문제를 전체적으로 다룬 가장 좋은 논의로 J. V. Fesko, *The Covenant of Redemption: Origins, Development and Reception* (Göttingen: Vandenhoeck & Ruprecht, 2015); *The Trinity and the Covenant of Redemption* (Fearn: Mentor, 2016)을 보라.

58 Murray, "Covenant Theology," 234. 그리하여 후대에도 개혁신학에서는 계속해서 이를 받아들이고 같이 사용한다. 대표적인 예로 다음을 보라. Michael J. Horton, *Introducing Covenant Theology* (Grand Rapids: Baker, 2006), 78: "an eternal pact between the persons of the Trinity. The Father elects a people in the Son as their mediator to be brought to saving faith through the Spirit."

59 그러므로 구속 언약(*pactum salutis*) 개념은 코케이우스가 도입시켰다는 Gass의 논의가 잘못이라는 Vos, "The Doctrine of the Covenant in Reformed Theology," 248과 그를 따르는 Golding, *Covenant Theology,* 138의 논의가 옳고 중요하다.

60 Richard Muller, *After Calvin: Studies in the Development of a Theological Tradition* (Oxford: Oxford University Press, 2003), 187.

말한다.[61]

올레비아누스(Casper Olevianus, 1536 - 1587)는 이미 성자의 "영원한 보증"(eternal sponsorship)을 말하면서 그의 논의를 확대했었고,[62] 헤페 역시도 "올레비아누스 안의 구속 교리는 성부와 성자 사이에 있는 '계약 그리고 구속 협의'(*pactum* and *consilium salutis*)에 있어 실제적 무게의 중심을 갖는다."고 했다.[63] 칼빈도 성부와 성자 사이에 구원에 대한 영원한 협약(an eternal pact of salvation)이 있다고 했다.[64]

또한 1622년부터 프라너께르(Franeker)에서 강의하던 윌리엄 에임스(William Ames, 1576-1633)는 구속 언약을 매우 중요하게 다루었고, 그는 이것을 사용하여 항론파를 강하게 비판하였다.[65] 프레스톤도 이에 대해서 은혜 언약 안에서 그리스도에 대한 약속과 관련하여 다룬 적이 있다.[66]

구속 언약 논의에 있어서 가장 큰 기여를 한 사람은 요한 클롬펜부르크

---

61 Richard Muller, "Toward the *Pactum Salutis*: Locating the Origins of a Concept," *Mid-America Journal of Theology* 18 (2007): 12.

62 Olevianus, *De Substantia Foederis,* 23. 이것이 올레비아누스의 사상 전체를 지배한다는 점을 밝히 드러내어 말하는 Vos, "The Doctrine of the Covenant in Reformed Theology," 248-49를 보라.

63 Heppe, *Dogmatik des deutschen Protestantismus im 16ten Jahrhundert* (Gothar, 1857), II, 218f., cited in Golding, *Covenant Theology,* 138-39.

64 요한복음 17장에 있는 말씀에 대한 칼빈의 논의와 특히『기독교 강요』, 2. 17. 2("창세 전에 사랑하신 자들")에 근거하여 Paul Helm은 "Calvin and the Covenant: Unity and Continuity," *Evangelical Quarterly* 55 (April 1983): 69–70에서 이를 분명히 한다.

65 특히 William Ames, "Anti-Synodalia: De Morte Christi," I, 5를 인용하는 Golding, *Covenant Theology,* 139를 보라. 보스도 에임스의 기여를 높이 인정하면서 말한다(Vos, "The Doctrine of the Covenant in Reformed Theology," 250).

66 John Preston, *The New Covenant or The Saints' Portion* (1629), 374-75, cited in Golding, *Covenant Theology,* 139.

(Johann Cloppenburg, 1592 - 1652)라고 다들 말한다.[67] 그는 스가랴 6:13을 사용해서 성부와 성자 사이의 계약(pact)을[68] "평화의 의논"(the council of peace)이라고 불렀다. 프란시스 튜레틴도 성부와 성자 사이의 계약(pact)을 말하면서 성부와 성자 사의의 구속 언약(*pactum salutis*)과 그에 근거한 은혜 언약을 잘 말한다.[69]

(Johann Cloppenburg, 1592–1652)

(Francis Turretin, 1623–87)

피터 판 마스트리흐트(Peter van Mastricht)도 성부와 성자 사이의 영원에서 맺어진 언약과 하나님과 선택된 죄인들 사이에 시간 가운데서(temporal) 맺어진 언약을 말하면서, "전자가 원형(prototype)이고, 후자는 모형(ectype)이라고 할 수 있다"고 말하여[70] 구속 언약의 우선성을 분명히 하였다. 헤르만 위트시우스(Herman Witsius, 1636-1708)는 언약에 대해서 가장 자세한 논의를 하

---

67 Cf. Murray, "Covenant Theology," 235; Golding, *Covenant Theology,* 139.

68 그가 이 용어를 코케이우스보다 먼저 사용한 것으로 인정된다. 이를 말하는 Murray, "Covenant Theology," 235; Golding, *Covenant Theology,* 139를 보라.

69 Turretine, *Institutio Theologiae Electicae,* Loc. 12, Q. 2. 11-16.

70 Peter van Mastricht, *Theoretico-Practical Theologia* (1698), 5. 1. 7-11에 근거한 Murray, "Covenant Theology," 236.

면서 성부와 성자 사이의 계약(*pactum*)이 우리의 구원의 토대라는 것을 강조하였다.[71] 사무엘 러더포드도 구속 언약이라는 용어를 사용하면서 강조하였다.

그런가 하면 토마스 보스톤(Tomas Boston, 1676 - 1732)은 구속 언약과 은혜 언약을 동일시하면서 "그리스도와 관련해서만 그것이 구속 언약이라고 불린다. 왜냐하면 그 안에서 그가 우리의 구속을 위한 값을 지불하는 일을 맡으셨기 때문이다."라고 한다.[72] 그 구속 언약은 "성부와 성자 사의의 영원한 협약"이라는 것이다.[73] 그 결과로 우리에는 전적으로 자유로운 은혜에 속한 것이 되어 은혜 언약으로 불린다고 한다. 그래서 그는 은혜 언약이 "우리에게 절대적이지 조건적이지 않다"는 것을 강조한다.[74] 당대에도 구속 언약에 대한 반대들이 있었지만,[75] 신실한 개혁신학자들은 성경의 가르침 안에 그런 용어는 없어도 구속 언약의 내용이 내포되어 있음을 아주 잘 드러내었다.

후에 바빙크도 은혜 언약은 구속 언약의 실현임을 잘 논의하였다.[76] 그

---

71 Witsius, *The Economy of the Covenant between God and Man* (Edinburgh, 1771; London, 1822; reprint. Philipsburg, NJ: P&R, 1990), 1:222-381. Cf. J. Mark Beach, "The Doctrine of the *Pactum Salutis* in the Covenant Theology of Herman Witsius," *Mid-America Journal of Theology* 13 (2002): 101-42.

72 Thomas Boston, *The Compete Works of Thomas Boston* (London, 1853), I:333.

73 Boston, *The Compete Works of Thomas Boston*, I:317=Thomas Boston, *View of the Covenant of Grace from the Sacred Records* (Edinburgh: John Gray, 1776), 2.

74 Boston, *The Compete Works of Thomas Boston*, I:334.

75 그 대표적인 예로 『신학의 정수』(*The Marrow of Modern Divinity*)라는 책의 사상을 옹호했다는 이유로 1722년 총회에서 견책을 받고(rebuked and admonished), 결국 1733년에 펄뜨 대회에서 한 설교에 대해서 새로운 기소가 있게 되었을 때 해명을 요구하는 청문의 기회를 얻지 못하고 면직된 목사님들이 합하여 Associate Presbytery를 세우고 결국 분리파의 대표적 인사가 된 Ebenezer Erskine (1680–1754)을 들 수 있다. 이에 대한 논의로 Stephen G. Myers, *Scottish Federalism and Covenantalism in Transition: The Theology of Ebenezer Erskine* (Eugene, OR: Pickwick, 2015), 54–56을 보라.

76 Herman Bavinck, *Our Reasonable Faith* (Grand Rapids: Eerdmans, 1956), 273. 퍼거슨

리하여 보스가 잘 논의한 바와 같이 구속 언약의 본질에 관한 한, 구속 언약은 "모든 공격들을 견뎌 온 개혁신학의 원칙들 안에 매우 견고히 자리 잡고 있다."[77]

웨스트민스터 신앙고백서(1647)의 언약론

결과적으로 보면 영국의 청교도들과 스코틀랜드 신학자들의 공동의 작품이라고 할 수 있는 〈웨스트민스터 신앙고백서〉(1647)에서는, 보스가 잘 평가하였듯이, "언약 교리가 단지 부분적으로 제시된 것이 아니라 최전면에 놓여 거의 모든 관점에 스며들게 되었다."[78] 워필드도 『웨스트민스터 회의와 그 사역』에서 "웨스트민스터 신앙고백서의 구성 원칙(architetonic principle)은 언약신학의 도식에 의해 제공되는데, 언약신학은 대륙에서와 같이 영국에서도 이때쯤은 개혁파 교리를 집대성하는 가장 포괄적인 양식으로 지배적인 위치를 점하고 있었다"고 지적했다.[79] 옥스퍼드의 세인트 메어리 홀(St. Mary Hall) 출신의 **존 볼(John**

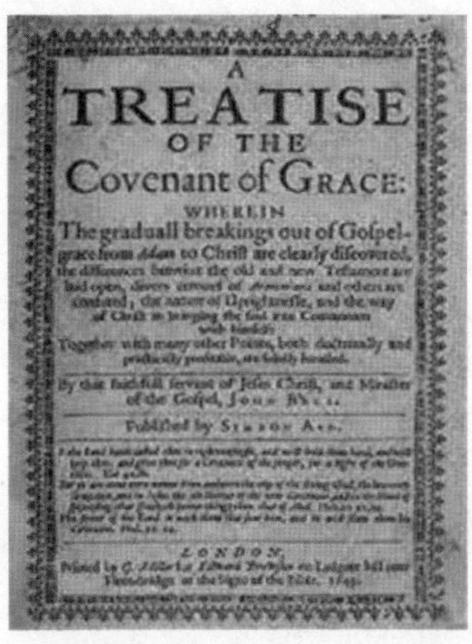
A
TREATISE
OF THE
Covenant of GRACE:
WHEREIN
The graduall breakings out of Gospel-
grace from *Adam* to Christ are clearly discovered,

LONDON,

도 정확히 같은 의미로 "은혜 언약은 그것의 토대로, 그리고 그것의 구원하는 능력을 위해서 구속 언약에 의존한다"고 잘 말했다(Sinclair Ferguson, *John Owen on the Christian Life* [Edinburgh: Banner of Truth Trust, 1987], 27).

77 Vos, "The Doctrine of the Covenant in Reformed Theology," 252

78 이렇게 평가하는 Vos, "The Doctrine of the Covenant in Reformed Theology," 239를 보라

79 B. B. Warfield, *The Westminster Assembly and Its Work* (New York & Oxford: Oxford University Press, 1931), 56.

Ball, 1585 - 1640)의 『은혜언약에 대한 논의』(1645)가 웨스트민스터 신앙고백서가 작성되는 기간에 출간되었으므로 자연스럽게 그는 죽은 지 이미 5년된 상황이었지만 "그의 영향력이 이 언약 교리의 공식화에서 발견될 수 있다"고 생각한다.[80] 그 구체적인 상황은 어떤 것이든지 간에 결과적으로 보면 웨스트민스터 신앙고백서에 나타난 언약에 대한 표현이 아주 독특하지 않고, 보편적 개혁신학의 보편적 교리를 반영하고 있다고 할 수 있다.[81] 그러므로 당대 개혁신학적 논의를 요약하는 웨스트민스터 신앙고백서 7장의 언약론은 개혁파 언약 교의라고 할 수 있다. 그런 점에서 〈웨스트민스터 신앙고백서〉 7장은 개혁파 교의사에서 매우 중요한 문서이다. "하나님 편에서의 자발적 낮추심"으로 하나님과 인간 사이의 관계가 시작되는데 "하나님께서는 이 자발적 낮추심을 언약의 방식으로 나타내기를 기뻐하셨다."고 하였다.[82]

중요한 것은 (1) 행위 언약을 분명히 하고 있다는 것이고, 인간이 행위 언약을 저버리고 (2) 타락한 후에 주어진 은혜 언약의 통일성을 잘 표현한 것이다. 이와 같이 행위 언약과 은혜 언약을 나누어 설명한 것은 웨스트민스터 신앙고백서 7장과 개혁신학의 가장 중요한 기여의 하나이다.[83] 이 점

---

80 Cf. Vos, "The Doctrine of the Covenant in Reformed Theology," 241.

81 이 점을 잘 지적하여 논의하는 Golding, *Covenant Theology,* 58을 보라.

82 웨스트민스터 신앙고백서, 제7장 1항. 이하 〈웨스트민스터 신앙고백서〉로부터의 인용은 합신 신학위원회가 수년 동안 작업하여 2023년 여름에 완성한 개정 번역안에 따라 제시하였음을 밝힌다.

83 칼 바르트와 그의 신학의 영향을 받은 사람들은 개혁신학의 이런 특성에서 벗어나 단일 언약으로서의 은혜 언약만을 말하려고 하며 그리하여 잘못된 언약 사상을 제시한다. Thomas F. Torrance, *The School of Faith: Catechisms of the Reformed Church* (London: James Clarke, 1959), iv: *The Confession of the United Presbyterians, USA,* 1967; *The Confession of Faith,* the Southern Presbyterians, 1970; Holmes Rolston, III, *John Calvin versus the Westminster Confession* (Richmond, VA: John Knox, 1972).

바르트와 상관없이 이를 반대하는 Herman Hoeksema, *The Triple Knowledge: An Exposition*

들을 하나하나 논의해 보자.

〈웨스트민스터 신앙고백서〉 작성자들은 "사람과 맺으신 첫 번째 언약은 행위 언약이었다."고 단언한다.[84] 처음 창조 받은 원상태는 9장 자유의지에 대한 진술에 잘 나타나 있다.

> 무죄 상태에서 사람은 하나님 보시기에 선하고 기쁨이 되는 것을 원하고 행할 자유와 능력을 가지고 있었다.[85] 그럼에도 이것은 가변적이어서, 사람이 타락할 수도 있었다.[86]

무죄 상태에서의 인간이 온전하였으나 동시에 가변적이라는 것을 아주 잘 표현한 것이다. 이때 하나님께 순종하였으면 어떻게 되는지의 내용을 다음과 같이 표현한다. 인류의 대표로서의 아담의 "완전하며 개인적(인격적) 순종을 조건으로 하여,[87] 아담에게 그리고 아담 안에 있는 그의 후손들에게[88] 생명"을 주시기로 약속하셨다.[89] 물론 하나님께 순종하지 않으면,

---

of the Heidelberg Catechism, 3 vols. (Grand Rapids: Reformed. Free Publishing Association, 1956), 1:108: idem, *Reformed Dogmatics* (Grand Rapids: Reformed Free Publishing Association, 1973), 214-20을 보라. (여기서 그는 Charles Hodge, *Systematic Theology*, II:117-22에서 제시되고 있는 행위 언약을 반대하고 있다). 단일 언약주의는 매우 안타까운 일이다.

84 웨스트민스터 신앙고백서 7장 2항. 소요리문답은 "생명 언약"이라고 한다(12문답). 그 이전에 있던 행위 언약에 대한 논의로 Robert Rollock의 "Treatise on Effectual Calling" (1597), in *Select Works of Robert Rollock,* 2 vols. (Edinburgh, printed for the Wodrow Society, 1849), 1:34 등을 보라.

85 전 7:29; 창 1:26.

86 웨스트민스터 신앙고백서 9장 2항.

87 창 2:17; 갈 3:10.

88 롬 10:5; 5:12~20.

89 웨스트민스터 신앙고백서 7장 2항.

아담과 그의 모든 후손들이 그 온전한 상태에서 떨어져서 죄의 상태에 빠지게 된다. 이렇게 타락한 상태를 다음 같이 묘사한다: "죄의 상태에 빠짐으로 구원과 관련된 영적 선을 행할 모든 의지력을 완전히 잃어버렸다. 그러므로 자연인은 이러한 선을 전적으로 싫어하고 죄 가운데 죽은 상태여서, 자신의 힘으로 회심하거나 또는 회심에 이르도록 스스로 준비할 수 없다."[90] 그러므로 처음 창조된 상태는 온전한 상태였으나, 불순종하면 죄와 사망의 상태로 떨어질 수도 있는 가변적(可變的) 상태였다는 인식이 아주 중요한 인식이다.

〈웨스트민스터 신앙고백서〉의 설명에 충실하던 19세기 프린스턴 신학자인 찰스 핫지(1797 - 1878)는 행위 언약을 "생명 언약"이라고 하면서, 이에 대해서 이렇게 말했다.

> 하나님께서는 지식과 의와 거룩의 자신의 형상으로 인간을 창조하신 후에 완전한 순종을 조건으로 그와 '생명 언약'을 맺으셨으며, 죽음의 고통에 이르게 하는 선과 악을 알게 하는 나무의 실과를 먹는 것을 금지하셨다.[91]

또한 "사람이 타락하여 스스로는 이 언약에 의해 생명에 이를 수 없게 되었으므로, 주님께서는 통상적으로 은혜 언약이라고 불리는 두 번째 언약을 맺기를 기뻐하셨다."고 선언하여,[92] 은혜 언약을 분명히 제시하고 있다. 그리고 이 은혜 언약은 근본적으로 그리스도와 관련된 것임을 다음과 같이

---

90 웨스트민스터 신앙고백서, 9장 3항.

91 Charles Hodge, *Systematic Theology* (1872), 2:117.

92 웨스트민스터 신앙고백서, 7장 3항.

제시하고 있다.

> 이 은혜 언약 안에서, 주님께서는 죄인들에게 예수 그리스도에 의한 생명과 구원을 값없이 제안하셨으며, 구원받기 위하여 이들에게 그리스도를 믿을 것을 요구하셨고, 생명에 이르도록 작정된 모든 사람에게 그분의 성령을 주시어 이들이 믿기를 원하고 믿을 수 있게 해 주실 것을 약속하셨다.[93]

그러나 그리스도께서 오시기까지 주어진 여러 언약들을 생각하면서 그것들을 크게 구약과 신약으로 나누어 제시하였다. 그중에 구약에 대해서는 다음과 같이 표현하였다.

> 율법 아래에서 이것은 약속들, 예언들, 희생 제사들, 할례, 유월절 어린 양, 그리고 유대 백성에게 전달된 여러 모형과 규례로 시행되었으며, 이 모든 것은 오실 그리스도를 예표하는 것이었다. 이것들은 선택된 자들에게 약속된 메시아를 믿는 믿음을 가르치고 양육하는 일에 성령 하나님의 일하심으로 말미암아 그 시대에는 충분하고 유효했다. 이 메시아로 말미암아 이들은 완전한 죄 사함과 영원한 구원을 받았다. 이것은 구약이라고 일컬어진다.[94]

구약의 여러 가지 것들이 그리스도를 예표하는 것이었음을 분명히 하고, 그것들이 구약적 한계 내에 있었으나 성령님의 사역으로 "그 시대에는 충분하고 유효했다"고 잘 밝히고 있는 점, 따라서 그 시대에도 장차 오실 메

---

93 웨스트민스터 신앙고백서, 7장 3항.

94 웨스트민스터 신앙고백서, 7장 5항.

시아의 사역으로 말미암아 완전한 죄 사함과 영원한 구원이 있음을 잘 표현해 주었다. 구약이 말하는 바의 실체이신 그리스도께서 오신 신약에서는 "이 언약이 실행되는 규례들은 말씀 설교와 성례 곧 세례와 성찬의 시행이다. 이 규례들이 비록 수가 더 적고, 더 간소하며, 외적인 화려함은 덜하지만 그럼에도 이것들 안에서 이 언약은 더 충만하고, 더 명백하며, 영적으로 더욱 효력 있게 모든 민족 곧 유대인과 이방인에게 제시된다"고 명확히 제시한다.[95]

그러나 "본질적으로 차이가 있는 두 가지 은혜 언약이 있는 것이 아니라, 하나님의 동일한 언약이 여러 다른 경륜들로 존재한다"고,[96] 칼빈의 『기독교 강요』의 표현을 그대로 유지하면서[97] 제시한 점이 웨스트민스터 언약론의 가장 탁월한 진술의 하나이다.[98] 타락한 후에 우리에게는 행위 언약이 작용하지 않고 오직 은혜 언약이 작용하는데, 그것이 구약과 신약에 있어서 시행 형식은 다르지만 본질적으로 같은 은혜 언약이라는 것을 잘 드러낸 것은 웨스트민스터 신앙고백서가 참으로 개혁파적인 신앙고백서이며, 이것이 지향하는 성경 해석의 원리를 잘 드러내 준 것이다. 여기서 언

---

[95] 웨스트민스터 신앙고백서, 7장 6항.

[96] 웨스트민스터 신앙고백서, 7장 6항; 웨스트민스터 대요리문답, 33-35문답.

[97] John Calvin, 『기독교 강요』, 2. 10. 2: "모든 족장들과 맺으신 언약은 그 실재와 본질에 있어서 우리와 맺으신 언약과 결코 다르지 않다. 그것은 전적으로 하나이고 동일한 것이다. 단지 그 시행 방식에서 차이가 있을 뿐이다." 이 문제에 대한 논의로 이승구, "John Calvin의 신 • 구약 관계 이해에 대한 비판적 고찰", 『개혁신학에의 한 탐구』 (서울: 웨스트민스터출판부, 1995), 145-56. 특히 146을 보라. 칼빈의 이해의 보다 고대적 형태가 어거스틴의 말인 "신약은 구약 안에 감추어져 있고, 구약은 신약에서 드러난다."(*Novum Testamentum in Vetere latet, Vetus in Novo patet*)는 말이다(419-420년 작품으로 알려진 *Quaestiones in Heptateuchum,* 2. 73).

[98] 칼빈과 웨스트민스터 신앙고백서의 언약론이 연속성을 가지고 있음을 잘 논의한 논문으로 Paul Helm, "Calvin and the Covenant: Unity and Continuity," *The Evangelical Quarterly* 55/2 (April 1983): 65-81을 보라.

약신학은 바른 성경 해석학이라는 패커의 말을[99] 유념할 필요가 있다. 언약신학을 잘 가지면 성경을 하나의 유기적 통일체로 읽을 수 있게 된다. 신구약의 본질적 통일성에 대한 이해가 주어지기 때문이다. 바른 언약신학을 가지면 성경을 바르게 해석할 길이 주어지는 것이다.

또한 웨스트민스터 표준 문서들은 그 구체적인 내용도 명료하게 진술하고 있다. 예를 들어서, 언약의 당사자를 말하면서는 하나님과 그의 백성들이라고 잘 표현한다.[100] 〈웨스트민스터 대요리문답〉에서는 이를 좀 더 구체화하면서 "은혜 언약은 두 번째 아담인 그리스도와 맺으셨으며, 또한 그 안에서, 그의 씨로서 모든 택한 자들과도 맺으셨습니다."라고 언급한다(대요리문답 30문답).

또한 〈웨스트민스터 신앙고백서〉는 영원에서 주어진 칭의 개념을 강하게 비판하면서 저버렸다. 11장 4절의 진술은 매우 조심스럽다:

> 하나님께서는 영원부터 모든 선택된 자를 의롭다 하시기로 작정하셨다. 그리고 때가 차매 그리스도께서 이들의 죄를 위하여 죽으셨으며, 이들의 의롭다 하심을 위하여 다시 살아나셨다. 그럼에도 정하신 때에 성령 하나님께서 그리스도를 이들에게 실제로 적용하셔야 이들은 의롭다 하심을 받는다.

칭의에 대한 작정도 다른 모든 것과 같이 영원중에서 이루어지지만 실제적 칭의는 성령님께서 그리스도의 공로를 적용해 주실 때에야 이루어진다는 것을 아주 잘 표현한 것이다. 이는 당시 은혜 언약의 무조건성을 강조하

---

[99] Packer, "On Covenant Theology," Introduction to *The Economy of the Covenant*, vi.

[100] 웨스트민스터 신앙고백서, 7장 3항; 웨스트민스터 소요리문답, 20문답.

면서 더 나아가 "영원에서의 칭의"를 주장하면서 믿기 전에 칭의받는다고 주장하던[101] 윌트셔(Wiltshire)의 브링크워뜨(Brinkworth)의 목사였던 토비아스 크리습(Tobias Crisp, 1600-1643) 주장을[102] 의식하면서 그것을 거부한 것이다.[103]

언약신학을 더 진전시킨 후대 개혁신학의 공헌

18세기에는 요나단 에드워드(1703 - 58),[104] 조오지 휫필드(1714 - 1770),[105] 등

---

[101] Tobias Crisp, "Christ Alone Exalted"(1643), in *The Works of Tobias Crisp,* vol. II, (John Bennett, 1832), I:90ff.

[102] 이를 잘 드러내는 William Young, "Tobias Crisp," in *The Encyclopedia of Christianity,* vol. III (Leiden: Brill, 2003), 250을 보라.

크리습 목사는 "새 언약에서는 인간 편의 그 어떤 조건도 없다"는 것을 잘 말하고(Crisp, "Christ Alone Exalted," 86), 이것이 방종으로 인도한다면서 그를 반법주의자로 몰려는 시도에 대해서는 "조건으로서 행하는 것과 ...봉사와 의무와 관련된 무엇인가를 행하는 것을 구별해야 한다"(89)고 하고, 믿음이나 회개, 인내 등은 언약의 조건들이 아니고 오히려 "제정한 것으로부터[즉, 언약으로부터] 흘러나오는 축복들이다"라고 정확히 말한다(89). 따라서 크리습 등이 은혜 언약을 조건적이라고 했다면서 그를 비판한 (후에 좀 더 개방된 성찬을 주장하면서 닫힌 성찬을 주장하던 박스터와 논쟁했던, 옥스퍼드의 크라이스트 컬리지를 나온 온건한 장로교주의자였던) Thomas Blake (1597?–1657, *Vindiciae Foederis: A Treatise about God's Covenant with Man,* 1653)와 장로교주의자로 후에 국교에서 나온 이들을 위한 연구 센터라고 할 수 있는 윌리엄스 라이브러리를 남긴 Daniel Williams (c. 1643–1716, *Gospel-Truth Stated and Vindicated,* 1692; *A Defence of Gospel Truth,* 1693)의 논박은 안타까운 일이다. 이 논쟁에 대해서는 Golding, *Covenant Theology,* 134-35를 보라. 결국 이분들이 모두 은혜 언약의 무조건성을 후대의 걸출한 언약 신학자인 Herman Witsius나 Herman Bavinck와 같이 말하고 있기 때문이다. 그러므로 크리습의 주장 중에서는 "우리가 믿기 전에 칭의 받는다"는 주장만이 너무 지나치게 나아간 잘못된 주장이다.

[103] 이를 잘 지적하는 Golding, *Covenant Theology,* 227, n. 61을 보라.

[104] Jonathan Edwards, *Collected Writings of Jonathan Edwards,* vol. 2 (Edinburgh: Banner of Truth, 1979), 950. Cf. Reita Yazawa, "Covenant of Redemption in the Theology of Jonathan Edwards: The Nexus Between the Immanent and the Economic Trinity," Ph. D. diss., (Calvin Theological Seminary, 2013).

[105] 조오지 휫필드의 언약 이해를 잘 분석한 Joel D. Houston, "The Cavity in the Covenant: George Whitefield's Use of the *Pactum Salutis*," *Churchman* 131/2 (Summer 2017): 139-56을

이 언약신학을 설교로 제시하고 확산시켰고, 19세기에는 프린스턴 신학자들인 찰스 핫지(Charles Hodge,1797 - 1878), 아들 핫지(A. A. Hodge, 1823 - 1886), 워필드(B. B. Warfield, 1851 - 1921)와 게할더스 보스(Geerhardus Vos, 1862 - 1949), 그리고 화란에서는 헤르만 바빙크(1854-1921)가 언약신학에 근거한 논의를 잘하였다.

이들은 16세기 이후 언약 신학자들이 고민하는 문제를 깊이 생각하면서 은혜 언약의 두 측면을 잘 설명하여 주었다. 그래서 바빙크는 유아 세례를 받았으나 결과적으로 신앙을 유지하지 않는 사람들의 경우를 생각하면서 그들은 "언약 안에(*in foedere*) 있으나 언약에 속한 것(of foedere)은 아니다"고 표현하였다. 게할더스 보스는 "순전히 법적인 관계로서의 언약"과 "생명의 교제로서의 언약"을 구별하여 설명하였다. 벌코프는 자신의 선생님인 보스의 이런 표현을 받아들여서 "법적인 언약 관계 안에 있는 사람이 생명의 교제의 언약 안에 들지 못할 수 있다"고 하면서 안타깝지만 그런 식으로 외적으로만 언약의 회원을 인정되는 경우도 있음을 설명하였다.[106]

이런 모든 것에 근거해서 (1) 오늘날의 성경적 언약 신학 연구에서는 "하나님의 언약 실행의 주권적 성격을 확실하게 확립한다."[107] 이미 1954년에 존 머리(John Murray, 1898 - 1975)는 게할더스 보스, 헤르만 바빙크, 그리고 1903년부터 20년까지 자유대학교의 구약학 교수였던 알더스

보라.

[106] Berkhof, *Systematic Theology,* 289. 바빙크와 보스의 말도 벌코프의 책에 인용되어 있다. 이를 잘 지적하는 Golding, *Covenant Theology,* 129를 보라.

[107] O. Palmer Robertson, *The Christ of the Covenants* (Grand Rapids: Zondervan, 1980), 15. 현대의 논의와 관련하여, 이승구, "언약에의 이해", 『개혁신학에의 한 탐구』, 163-66을 보라. 존 머리의 작업이 이를 잘 강조하였다는 로벗슨의 평가로 O. Palmer Robertson, "Current Reformed Thinking on the Nature of the Divine Covenants," *Westminster Theological Journal* 40/1 (1977): 73-76, at 64.

(Gerhard Charles Aalders, 1880 - 1961) 등의 논의를 생각하면서 다음과 같이 논의한 바 있다.

> 최근 언약신학 연구자들에게서, 조약(pack) 혹은 계약(compact) 혹은 약정(contract)에 대한 사상이 "베리뜨"나 "디아떼케"의 정의로 적당하거나 적절하지 못하다는 인식이 있어 왔다.[108]

이 말이 시사(示唆)하는 것처럼 20세기 이전에는 언약을 상호 계약이라는 관점으로 보려는 경향이 강하였다.[109] 그러나 성경에는 계약이나 거래에 대한 암시조차 없다. 오히려 성경에서의 언약은 시종일관 **일방적인** 것으로 특징지어진다(unilateralism).[110] 메이천이 잘 표현한 바와 같이 성경이 말하는 "언약은 인간의 의지가 아니라 하나님의 의지의 표현이다."[111] 심지어 70인경 번역자들이 쌍방적 성격이 좀 더 드러나는 "순떼케"라는 용어를 피하고 일방적[112] 성격을 드러내는 "디아떼케"를 사용한 것에도 이런 의도가 있

---

108 John Murray, *The Covenant of Grace: A Biblico-theological Study* (London: Tyndale Press, 1954), 7, n. 15. 또한 이 논문의 13, 15, 31 등을 보라. 머리의 작업이 "하나님의 언약의 성경적 개념에 대한 더 깊은 수준의 이해로 교회를 이끌었다"는 로벗슨의 평가를 보라. Robertson, "Current Reformed Thinking on the Nature of the Divine Covenants," 63.

109 하인리히 불링거, 자카리우스 우르시누스, 존 프레스톤, 윌리엄 퍼킨스, 피터 판 마스트리흐트, 코케이우스, 프란시스 튜레틴, 헤르만 위트시우스, 심지어 찰스 핫지에 이르기까지 이런 경향이 있었음을 잘 드러낸 논의로 Golding, *Covenant Theology,* 85-87을 보라.

110 이를 강조하는 Murray, *The Covenant of Grace,* 12, 19; Golding, *Covenant Theology,* 79, 150을 보라.

111 J. Gresham Machen, *The Christian View of Man* (Edinburgh: The Banner of Truth, 1965), 153.

112 이전에 이것을 "편무적"이라는 어려운 한자어로 표현하는 일들이 있었다.

다고 해석되고 있다.[113] 결과적으로 언약 안에 두 당사자가 있으니 결과적으로 쌍무적이지만, 기본적으로는 항상 하나님 중심적이고 하나님의 주권적 성격을 잊어서는 안 된다는 점을 근자의 개혁파 학자들이 잘 드러내었다.[114] 또한 하나님의 주권성과 관련해서 언약이라는 용어가 존재하지 않아도 언약 관계의 실재는 존재한다는 것을 잘 드러내었다는 것도[115] 말하는 것이 좋을 것이다.

(2) 현대의 성경적인 언약 신학자들의 또 다른 기여의 하나는 20세기나 21세기 상황에서도 이전의 언약 신학자들이 그랬던 것과 같이, 모든 성경을 잘 받아들이면서 그것으로부터 언약의 진전을 연구하려고 한 점이다. 게할더스 보스가 이 점에서 매우 중요한 기여를 하였다. 그는 성경신학의 주요한 원칙으로 (i) 계시의 무오한 성격, (ii) 계시의 기본 사역의 객관성을 강조하면서 주관적 계시도 있음을 드러내는 것, 그리하여 "우리는 그의 말씀을 충분히 신적 가치를 가진 것으로 받을 수 있다"고 하는 것, (iii) 만전 영감을 제시하였다.[116] 이런 것을 받아들이는 사람들만이 참으로 성경적인 언약신학을 하는 것임을 처음부터 아주 분명하게 천명한 것이다. 성경에 있는 것을 다 받아들이지 않으면 언약신학을 제대로 할 수 없다. 머

---

113 Geerhardus Vos, *Biblical Theology* (Grand Rapids: Eerdmans, 1948), 24-25=이승구 역, 『성경신학』 (서울: CLC, 1985), 40-41; Leon Morris, *The Apostolic Preaching of the Cross* (1955, 2nd edition, London: Tyndale Press, 1960), 81; Golding, *Covenant Theology,* 80.

114 이 점을 잘 강조하는 Herman N. Ridderbos, *The Epistle of Paul to the Churches of Galatia* (Marshall, Morgan and Scott & Grand Rapids: Eerdmans, 1954), 131, n.; Murray, *The Covenant of Grace,* 8, 13, 17, 18, 19; Morris, *The Apostolic Preaching of the Cross*, 92; Golding, *Covenant Theology,* 79를 보라.

115 이를 잘 언급하는 Robertson, *The Christ of the Covenants*, 2장 전체, 특히 25; 그를 따르는 Golding, *Covenant Theology,* 148, 52를 보라.

116 Vos, *Biblical Theology,* 11-13=『성경신학』, 28-30.

리(Murray)도 같은 입장을 표명했다. "족장 역사의 ...특징을 필요 없게 만들 수 있는 신학은 성경적 신학이 아니다."[117]

이런 견해에 동의하면서 피터 골딩은 아주 당연하게 "순수한 언약신학의 기초는 ... 다른 성경들뿐만 아니라 모세 오경의 역사적 진정성이다"고 말한다.[118] 이를 구체화하면서 "만일 우리가 아브라함과 맺어진 언약 안에 있는 그것의 근원들로 돌아가지 않는다면 성경에서의 언약의 역사는 그것의 근원들로부터 단절된다"고 말한다.[119] 이를 강조하면서 그 이전과 단절되면 결국은 "아브라함의 하나님을 잃는다"고 말한 워필드의 말을 인용하고 있다.[120]

(3) 현대 성경적 언약 신학자들의 또 하나의 큰 기여는 은혜 언약의 통일성을 잘 드러낸 것이다. 존 머리가 잘 논의한 바와 같이 시내 산 언약에서도 언약은 이미 시행되어 있는 것으로 인식되고, 순종에 따른 조건은 언약을 맺는 것이 아니고 "언약이 의도하는 복 누림이다."[121] 그러므로 아브라

---

117 Murray, "Covenant Theology," 15.

118 Golding, *Covenant Theology,* 144. 그러므로 J. P. Gabler (1753-1826), Rudolf Bultmann (1884–1976), John A. T. Robinson (1919–1983), Krister Stendahl (1921–2008), Marcus Borg (1942–2015), John Dominic Crossan (b. 1934) 같은 현저한 자유주의적 성경신학자들뿐만 아니라, 언약신학으로 구약신학을 잘 제시했던 월터 아이흐로트(Walter Eichrodt, 1890-1978), 일반적으로 20세기 성경신학을 잘 대변한다고 여겨지는 게르하르트 폰 라트(Gerhard von Rad, 1901–1971), 제임스 스마트(James D. Smart, 1906-1982), 조오지 어니스트 라이트(George Ernest Wright, 1909–1974), 차일즈(B. S. Chillds, 1923-2007)와 그와 함께 하는 분들(Christopher Seitz, Gerald T. Sheppard 등), 부르그만(Walter Brueggemann, b. 1933), 심지어 피터 엔스(Per Enns)의 논의도 바른 성경신학, 바른 언약신학이라고 할 수 없음을 분명히 해야 한다. 이분들의 문제에 대해서는 이승구, 『우리 이웃의 신학들』(서울: 나눔과 섬김, 2014), 191-266을 보라.

119 Golding, *Covenant Theology,* 145.

120 Golding, *Covenant Theology,* 229, n. 9. 여기서 그는 Warfield (1970), 57이라고 출처를 밝히고 있는데, 아마도 *Selected Shorter Writings,* ed., John E. Meeter, vol. 2 (Phillipsburg, New Jersey: P&R, 1973)의 오기로 보인다.

함 언약과 시내 산 언약의 차이는 그저 정도에 있다는 머리(Murray)의 말이 정확한 것이다.[122] 그 둘은 본질적으로 같은 언약이기 때문이다. 20세기 언약신학은 이런 점에서 성경의 이런 성격에 좀 더 충실한 면을 드러내고 있다. 그러나 또 한편으로 머리 같은 분이 지나치게 통일성만 드러내지 말고 성경의 "다양한 언약들"의 다양성에 대해서도 좀 더 신경 쓰는 것이 좋았을 것이라는 논평도 있다.[123]

(4) 그러나 이처럼 통일된 은혜 언약은 한꺼번에 주어진 것이 아니라 여러 시대에 걸쳐서 점진적으로 주어졌음을 잘 표현한 것이 현대 언약신학의 또 하나의 기여이다. 보스 이후에 그의 입장에서 발전된 성경신학, 즉 "특별계시의 역사에 대한 탐구"가 이런 작업을 한 것이다. 그러나 이미 오래전에 칼빈이 계시의 역사적 점진성과 연속성을 명확히 표명했음을 잊어서는 안 된다. 예를 들어 칼빈의 다음과 같은 말을 들어 보라.

> 그는 자신의 자비의 언약을 시행하실 때의 경륜과 질서를 가지셔서 시간의 흐름을 따라 그 언약이 완전히 제시되기까지 나날이 더 분명한 계시를 더하셨다. 처음에 아담에게 첫 약속이 주어졌을 때 그것은 희미한 불꽃을 점화하는 것과 같았다(창 3:15). 그 불꽃이 더욱 크게 타오르게 됨을 따라 빛이 더해져 충만해지고 더 많이 발산되어 그 광선이 더욱 퍼지게 되었다. 마침내 모든 구름

---

121 Murray, *The Covenant of Grace,* 21, 22; Golding, *Covenant Theology,* 93-94. 이런 이해가 가나안 땅을 기업으로 누리는 것이 주를 향한 지속적 충성에 의존한다는 점에서 행위 언약과 유사하다고 논의하는 클라인의 논의(Meredith G. Kline, *Treaty of the Great King* [Grand Rapids: Eerdmans, 1963], 124f.)보다 더 나은 것이다.

122 Murray, *The Covenant of Grace,* 22.

123 Robertson, "Current Reformed Thinking on the Nature of the Divine Covenants," 70; Golding, *Covenant Theology,* 180.

이 사라지고 의의 태양이신 그리스도께서 온 땅에 충만히 비취게 되었다.[124]

이 말씀이 잘 보여 주듯이 칼빈도 계시의 점진성을 잘 의식하면서 생각했고 논의하였다. 그 안에서의 진전 과정도 칼빈은 잘 의식하고 있었다. 그래서 칼빈은 다윗도 계시를 전하는 선지자의 하나로 제시하면서 "다른 선지자들보다 시기적으로 앞서는 다윗은 천상적 비밀들을 그들보다 좀 희미하게 하나님의 경륜의 순서에 따라 예표하였다. 그럼에도 그는 아주 명료하고 확실히 자신이 전하는 모든 말씀이 그 목표를 향하도록 하였다."고 말한다.[125] 칼빈도 계시의 점진성과 각 계시가 그 시대에서는 어떻게 명료했는지를 아주 잘 표현한 것이다. 그러므로 20세기 언약신학자들은 그것을 받아들이면서 점진적으로 주어진 언약의 진전 과정을 좀 더 자세히 논의하였다는 것을 알 수 있다.

(John Murray, 1898–1975)

(Palmer Robertson, 1937–)

---

124 Calvin, *Institutes,* 2. 10. 20.

125 Calvin, *Institutes,* 2. 10. 15.

또한 이전보다 좀 더 주해적으로 언약의 진전을 잘 논의한 것도 큰 기여라고 해야 한다. 벨하벤 대학(Bellhaven College)과 웨스트민스터 출신으로 리츠몬드의 유니온 신학교에서 학위(Th. D.)를 한 팔머 로벗슨은 비교적 개혁신학의 언약신학 전통 안에서 언약의 진전 과정을 잘 정리하면서 주해적 논의를 통해 기여한 것으로 판단될 수 있다.[126] 머리(Murray) 이후로 추구해 왔던 구속사에서 "점진적으로 드러나는" 언약의 진전을[127] 비교적 온전하게 논의했다고 여겨진다. 그러므로 노리스 윌슨이 잘 말한 바와 같이, "이 책은 구약 신학에 대한 훌륭한 개혁파 교과서가 될 수 있다."[128] 잘 알려진 바와 같이 그는 언약을 "주권적으로 시행되는 피로 맺은 유대"(a bond in blood sovereignly administered)라고 정의한다. 골딩은 이런 정의 이상의 정의가 없다고 높이 사면서 칭송하고 있다.[129] 물론 로벗슨이 행위 언약보다는 창조 언약이라는 용어를 선호하는 것은[130] 단순히 용어의 문제라면 별 문제가 없지만, 그 이상이라면 문제가 될 수 있다. 그러므로 의도적으로 행위 언약이라는 용어를 사용한 선배들의 의도를 좀 더 존중하는 것이 좋았을 것이다. 이제 우리들은 이 토대 위에서 더 바른 주해를 하면서 그 진전 과정을 밝히는 작업을 하도록 요청받고 있다고 할 수 있다.

(5) 또한 이전 언약 신학자들의 논의를 그대로 받아들이면서 좀 더 진전

---

126 Palmer Robertson, *The Christ of the Covenants* (Grand Rapids: Zondervan, 1980).

127 Murray, "Covenant Theology," in *The Collected Writings of John Murray,* vol. 4 (Edinburgh: Banner of Truth Trust, 1982), 223.

128 Norris Wilson, "Review of *The Christ of the Covenants* by O. Palmer Robertson," *Reformed Theological Journal* (1987): 81. 그는 더 나아가 이 책은 "언약 개념이 성경과 인간 역사 자체의 유기적 원리임을 설득력 있게 논증한 것"이라고 높이 산다.

129 Golding, *Covenant Theology,* 184.

130 Robertson, *The Christ of the Covenants*, 67.

시키는 현대의 논의의 하나로 (일부 학자들이 구속 언약에 대해서 반감을 표현하는 것에[131] 반하여), (i) 기본적으로 구속 언약을 잘 유지하면서 논의하는 것과[132] 특히 (ii) 구속 언약에서 혹시 성령을 좀 소외시키는 경향을 반성적으로 보면서 온전한 삼위일체적 구속 언약 논의가 있어야 한다는 논의도[133] 좀 더 균형 잡힌 방향으로 나아가는 논의로 주목할 수 있다.

그러므로 게할더스 보스, 헤르만 바빙크, 존 머리, 팔머 로벗슨은 개혁파 언약신학 진전에 있어서 큰 기여를 하였다고 할 수 있다. 또한 이전 학자들의 논의를 잘 정리하여 제시하는 데에서는 보스, 머리, 그리고 피터 골딩이 큰 기여를 하였다. 이 시점에서 우리들은 성경신학과 조직신학의 행복한 함께함이[134] 신학계와 교회에 얼마나 큰 기여를 하는지를 잘 볼 수 있다. 구속 언약에 대한 에드워드 영의 다음과 같은 말은 성경신학과 조직신학이 어떻게 함께 가는지를 잘 보여 주는 대표적인 말이다.

> 조직신학은 성부와 성자 사이의 구속 언약을 언급할 때 성경에 충실해 왔다.

---

131 구속 언약 논의가 삼위일체를 잘 이해하지 않는 이들의 일종의 신화론이라고 비판한 Karl Barth, *Church Dogmatics,* IV/I (Massachusetts: Hendrickson, 2010), 65와 구속 언약 논의가 사변적이고 스콜라주의적이라고 하면서 비판적으로 말하는 G. C. Berkouwer, *Divine Election* (Grand Rapids: Eerdmans, 1960), 162–171을 보라. 이미 오래전에 페리 밀러가 17세기 청교도들의 구속 언약에 대한 논의가 삼위일체 안으로 파고드는 사변이며 너무나 가벼운 상업 이론을 제시한 것이라고 비판한 바 있다(Perry Miller, *The New England Mind: The Seventeenth Century* [Cambridge: Harvard University Press, 1939], 특히 407).

132 대표적인 예로 다음을 보라: Michael J. Horton, *Introducing Covenant Theology* (Grand Rapids: Baker, 2006); J. V. Fesko, *The Covenant of Redemption: Origins, Development and Reception* (Göttingen: Vandenhoeck & Ruprecht, 2015); idem, *The Trinity and the Covenant of Redemption* (Fearn: Mentor, 2016).

133 예를 들어서 다음과 같은 논의를 보라. Joohyun Kim, "The Holy Spirit in David Dickson's Doctrine of the *Pactum Salutis*," *Puritan Reformed Journal* 7/2 (2015): 113–15.

134 이런 점을 강조하는 이승구, 『성경신학과 조직신학』 (서울: SFC, 2015)를 보라.

주님께서 여자의 후손과 뱀의 후손 사이의 투쟁의 결말을 예언하신다는 바로 그 사실이 그 결말이 이미 결정된 어떤 것이라는 사실을 명확하게 한다. 이런 예언 안에 하나님께서 그의 백성들의 구원을 결정하셨다는 사실의 암시가 이미 존재한다.[135]

스코틀랜드의 도날드 매클라우드(1940 - 2023)도 성부와 성자 사이에 "시간 이전의 언약"(pre-temporal covenant)이 있음을 분명히 하면서, 따라서 이 구속 언약과 은혜 언약을 구별되어야 한다고 하면서 구속 언약의 결과로 나오는 은혜 언약을 잘 설명한다.[136]

그런데 클라인(Meredith G. Kline, 1922-2007)은[137] 그의 뛰어난 제자들인 마이클 호튼과[138] 데이비드 반드루넨과 함께 한편으로는 성경적 언약신학을 잘 드러내는 일에 상당한 기여를 하면서도,[139] 또 한편으로는 개혁신학 내의 복잡한 논쟁을 일으키고 있다고 할 수 있다.[140] 반드루넨에게는 안 되었

---

135 Edward J. Young, *The Study of Old Testament Theology Today*, 78.

136 Donald Macleod, "Covenant," *Banner of Truth Magazine* 141 (1975): 22-28, at 27. 또한 139:19-22도 보라.

137 Meredith G. Kline, *Treaty of the Great King* (Grand Rapids: Eerdmans, 1963)은 신명기 연대와 간접적으로 모세 오경의 연대를 이른 시기로 보게 한 기여와 언약이 종주권 언약과 유사하다는 논의로 흥미로운 기여를 하였지만, 특히 이 책의 124f.에서 모세 언약이 어떤 점에서 행위 언약과 차이점을 분명히 가지면서도 철저한 순종을 조건으로 가나안 땅 유지를 보장받았다는 점에서 유사한 점이 있음을 말하고 가르침으로 논란을 일으켰다고 할 수 있다.

138 모세 언약에 행위 언약적 요소가 있다는 호튼의 주장으로 다음을 보라. M. S. Horton, *God of Promise: Introducing Covenant Theology* (Grand Rapids: Baker Books, 2006), 90f., 100-104. 언약 신학에 대한 호튼의 기여와 문제는 김찬영 박사가 합신에서 쓴 귀한 박사 학위 논문(2017)을 출판한『마이클 호튼의 언약신학』(서울: CLC, 2018)에 잘 정리되어 있다.

139 그 기여에 대한 좋은 평가로 Robertson, "Current Reformed Thinking on the Nature of the Divine Covenants," 63; Golding, *Covenant Theology,* 180을 보라.

140 반드루넨의 기여와 문제는 황경철 박사가 합신에서 쓴 귀한 박사학위 논문인 "제임스 스미스와 데이비드 반드루넨의 공적 신학 비교연구"(2022)에 잘 정리되어 있다.

지만(*Pace* VanDrunen), 노아 언약은 은혜 언약의 진전 과정에 있는 하나의 언약이고, 동시에 피조계 전체에도 그 영향을 미치는 성격을 지니고 있음을 분명히 해야 한다.

각 신학자들이 은혜 언약의 통일성과 다양성에 주의를 기울이는 과정에서 어느 한 언약에 기준으로 제시하는 것도 문제가 될 수 있어 보인다. 머리는 잘 논의하면서도 홍수 이후의 노아 언약을 원형(proto-type)으로 제시하였고,[141] 클라인은 시내산 언약의 중심성을 지적하면서[142] 그가 말하는 "법 언약"(law covenant) 혹 "율법 언약"을[143] 그가 말하는 "약속 언약"(promise covenant)보다 더 강조하는 성향이 있다.[144] 특히 이 두 가지 구별되는 형태의 언약이 있었다는 클라인의 설명의 노력은 성공적이지 못했고 특히 "율법 언약의 우선성을 확립하지 못했다"는 반박이 항상 있어 왔다.[145] 이와 유사

안타까운 것은 클라인을(Kline, *Kingdom Prologuee: Genesis Foundations for a Covenantal Worldview* [Eugene, OR: Wipf and Stock Publishers, 2006], 230–34) 따라서 이렇게 보려는 분이 또 나타난 것이다. Cf. Miles Van Pelt, "은혜 언약의 하나인 노아 언약", 가이 워터스, 니컬콜라스 리드, 존 뮤더 편, 『성경적 신학적 역사적 관점에서 본 언약신학』(*Covenant Theology* [Crossway, 2020], 111-32), 김귀탁 역 (서울: 부흥과 개혁사, 2022), 5장을 보라. 그도 클라인을 따라서 노아 언약을 둘로 보면서, 창세기 6:18은 노아 개인과 맺은 조건적 약속이라고 하고, 창세기 9장 이하의 것은 무조건적이고 보편적인 일반은총이라고 한다.

141 이 점을 지적하는 Golding, *Covenant Theology,* 179를 보라.

142 Kline, *The Treaty of the King,* 17.

143 Cf. M. Kline. "Law Covenant," *Westminster Theological Journal* 27/1 (1964): 1-20, at 3.

144 Kline, *The Treaty of the King,* 16ff. 그는 "약속 언약에서조차도 약속의 원칙보다는 법의 원칙이 더 근본적이다"고 말하기까지 한다(Kline, "Law Covenant," 13). 이로부터 그는 "전적인 법의 재가 아래서 백성들을 자신에게로 거룩하게 하신 하나님의 주권의 시행이다"고 한다(17). 나는 이 말에 대해서 상당히 불편하다. 물론 그 후에 나오는 말에 대해서는 전적으로 동의한다. "언약은 하나님 나라의 주권적 시행이다. 언약 시행은 왕국 시행이다."(17)

145 Robertson, "Current Reformed Thinking on the Nature of the Divine Covenants," 70-73, 특히 73; Campbell, *God's Covenant,* 36; 이승구, "언약에의 이해"(1986), 『개혁신학에의 한 탐구』(서울: 웨스트민스터출판부, 1995), 166; Golding, *Covenant Theology,* 181.

하게 언약을 나누어 보려고 하면서, 아주 독특하게 창세기 16장과 다윗 언약만을 약속 언약(promissory covenant)이라고 하고, 창세기 17장과 모세 언약과 새 언약 등을 시행의 언약(administrative covenant)이라고 하면서 논의를 진행한 (브랜다이스[Brandeis] 대학교에서 학위를 하였고, 트리니티 신학교에서 가르쳤던) 맥코미스키(1928-96)의 논의도[146] 불만스럽다. 이 구분도 문제이지만, 노아 언약을 간과하고, 새 언약을 아브라함에게 주어진 약속과 다윗 언약의 시행으로만 한정한다는 점이 큰 결점으로 늘 언급된다.[147] 특히 골딩이 잘 지적한 바와 같이 "어떻게 새 언약이 하나님의 은혜와 약속과 관련되기보다는 주로 인간의 응답에 관련되는 것으로 분류되는지를 이해하는 것은 어려운 일이다."[148]

은혜 언약의 진전 과정[언약사]에 대한 이해[149]

이제까지 여러 개혁신학자들이 논의한 바를 유념하면서 은혜 언약의 진전

---

[146] Thomas Edward McComiskey, *The Covenant of Promise: A Theology of the Old Testament Covenants* (Grand Rapids: Baker & Nottingham: IVP, 1985).

[147] 이 점을 언급하는 John L. Mackay (1948–2018), "Review of McComiskey's *The Covenant of Promise*," *The Record: Monthly Magazine of the Free Church of Scotland,* cited in Golding, *Covenant Theology,* 183.

[148] Golding, *Covenant Theology,* 183.

[149] 1982년부터 언젠가는 한 권의 책으로 이 내용을 다루겠다고 마음먹었었다. 여기 간단하게 제시하지만 언젠가는 이 뜻을 이룰 수 있기 바란다. 그때 다음과 같은 책에 대한 공정한 평가도 같이 있게 될 것이다. Peter J. Gentry & Stephen J. Wellum, *Kingdom through Covenant: A Biblical-Theological Understanding of the Covenants* (Crossway, 2012). 이에 대한 간단한 논의로 "고전적 언약신학적 이해와 스티븐 웰럼의 침례교적 언약 이해," 「교회와 문화」 45 (2021년 3월): 146-66도 보라. 또한 Guy Prentiss Waters, J. Nicholas Reid, and John R. Muether, eds., *Covenant Theology: Biblical, Theological, and Historical Perspectives* (Wheaton: Crossway, 2020)와의 본격적 논의도 있을 것이다.

과정을 잘 생각해 보는 것은 교회를 위해서도 매우 유익한 일이 된다. 먼저 "행위 언약"(*foedus operum*)을 분명히 해야 한다.[150] 이를 "자연 언약"(*foedus naturale*)이라고 하기도 하고,[151] "창조 언약"이라고 하기도 하며,[152] "생명 언약"이라고 하기도 하고,[153] "아담적 경륜"이라고 하기도 하나[154] 그 내용은 같은 것이다.[155]

행위 언약이라는 토대를 상실하면 모든 언약신학의 토대가 상실된다. 개혁신학은 창세기 2장(그러므로 창세기 1:28부터의 정황이 모두 이에 포함된다)부터 3장 인간의 타락 사건 이전까지를 "행위 언약의 시기"로 이해해 왔다. 요즈음 어떤 사람들은 이런 이해를 받아들이지 않고 성경 전체에서 나타나고 있는 '하나의 언약'을 상정하면서 성경을 이해하려고 한다. 그런 분들은

---

150 웨스트민스터 신앙고백서 7장 2항과 Casper Ollevianus, Maternus Heyder, Amandus Polanus, John Preston, 어셔 주교의 〈아일랜드 신앙고백서〉 (1615), Robert Rollock (1596), J. H. Heidegger, Hermannus Witsius, Raphaelis Eglin, Johannes Cocceius, Francis Turretin, Harman Bavinck, Charrles Hodge, Robert L. Dabney, William G. T. Shedd: G. Vos, Louis Berkhof, Robert L Reymond, Harold G. Stigers 등이 이 용어를 사용한다. 이승구, "생명관", 『광장의 신학』 (수원: 합신대학원출판부, 2010), 285, n. 18. 또한 근자의 Richard P. Belcher, Jr., "The Covenant of Works in the Old Testament," in *Covenant Theology*, 64–66도 이를 말하였다.

151 웨스트민스터 소요리문답 12문답; Francis Turretin, *Institutes of Eclectic Theology,* vol. 1 (Phlipsburg, NJ: P&R, 1992), 574-78; Raphaelis Eglin과 (브레멘에서 코케이우스를 가르친) Matthaeus Martinus도 자연 언약이라는 말을 쓰면서 행위 언약과 혼용한다. 후에 아미로가 자연 언약이라는 용어를 선호하면서 그 약속된 내용이 지상에서의 삶이라고 하였다(이에 대해서 이남규, 『개혁교회 신조학』, 249를 보라).

152 Robertson, *The Christ of the Covenants*, 67. 또한 17–25, 67–87도 보라.

153 Samuel Rutherford, *The Covenant of Life Opened* (1655). 안상혁 옮김, 1권:『생명 언약』 (수원: 합신대학원출판부, 2018), 『생명 언약 2부: 구속 언약』 (수원: 합신대학원출판부, 2020).

154 John Murray, "The Adamic Administration," *Collected Writings of John Murray,* vol. 2 (Edinburgh: Banner of Truth Trust, 1977), 49. 골딩이 마치 그 내용에 있어서 차이가 있는 듯한 시사를 주는 것(Golding, *Covenant Theology,* 179-80)은 오해를 불러일으키기 쉽다고 여겨진다.

155 그래도 왜 "행위 언약"이라는 용어가 선호할 만한지에 대한 좋은 설명으로 Berkhof, *Systematic Theology,* 211을 보라.

개혁신학이 과거에 제시한 행위 언약에 대한 이해가 과연 성경적인지를 질문한다. 그런 질문은 결국 행위 언약을 생각하는 것이 사실은 성경적이지 않은 것이라고 주장하는 것이다. 이에 대항해서 우리들은 행위 언약을 생각하지 않는 것이 과연 성경적인지를 질문해야만 한다.

행위 언약은 기본적으로 아담 이후의 우리가 왜 다들 죽게 되었는지를 제대로 설명할 수 있게 하는 좋은 해석 방식이다. 행위 언약을 생각하지 않으면 왜 아담과 하와를 포함한 우리 모두가 다 죽게 되었는지를 설명할 수 없게 된다. 또한 하와 이후의 모든 여인들이 왜 잉태하는 고통을 크게 얻게 되었는지를 설명할 수도 없게 된다. 이 죽음과 고통의 구조가 행위 언약에서 실패한 아담과 그 안에 있는 우리들에게 "언약적 형벌"로서 주어졌다는 것을 설명할 수 있게 해준다.

로마서 5장에 나타나고 있는 대표의 원리를 생각해 볼 때에 일정한 기간 아담이 우리의 대표로 행동하던 때가 있다는 것을 우리는 아주 명확히 확언할 수 있다. 아담 한 사람이 죄를 범하므로 우리 모두가 죄와 죽음의 구조 하에 있게 된 것은 이렇게 행위 언약의 틀로서 가장 잘 설명할 수 있는 것이다. 아담은 우리의 "언약적 머리"(대표)였음을 기억해야 한다.

물론 만일에 인류가 타락하지 않은 상황에서 오늘에라도 아담이 선과 악을 알게 하는 나무를 먹으면 어떻게 되는가 하는 있을 수 없는 가정적인 질문들 때문에 행위 언약의 시기가 일정한 기간 동안이라고 추론하여 일종의 유예 기간(probation period)을 생각하는 추론이 불가피하게 나왔다. 이를 생각하지 않는 것보다 이를 상정하는 것이 훨씬 많은 문제를 해결하기에 우리 선배들은 그렇게 생각했던 것이다.

성경에 명확히 나와 있는 선과 악을 알게 하는 나무를 "먹으면 정녕 죽으리라"는 것은 이렇게 행위 언약을 생각할 때 가장 잘 설명할 수 있게 된다. 그로부터 그와는 정반대의 것인 "생명", "온전한 생명", 즉 더 이상 타락할 가능성이 없는 상태(견고한 상태 또는 확고히 세워진 상태)에 이르게 되는 것이 하나님께 철저히 순종한 것에 대한 보상과 상급으로 주어지도록 되었다는 생각도 자연스럽게 나왔다. 그리고 선과 악을 알게 하는 나무와 함께 에덴동산 중앙에 배치된 "생명나무"도 그것을 확증하는 것으로 여겨졌다.[156] 하나님께 온전히 순종한 아담과 하와는 그렇게 온전히 순종한 결과로 더 이상 타락할 가능성이 없는 상태에 이르게 되어 있었고, 그런 상태에서 하나님과의 교제인 온전한 생명을 누리고 있음을 상징하는 생명나무의 과실을 먹을 수 있게 되었던 것이다.

타락한 인간들은 이제 그 생명나무를 먹으면서 생명을 누릴 자격이 없기에 하나님의 동산에서 축출된 것이고,[157] 오직 예수 그리스도의 제2의 아담으로서의 온전한 순종에 근거해서 그 구속에 참여하여 이제 하나님 낙원에 있는 생명나무의 실과를 주어 먹게 하는 특권을 다시 얻게 된 것이다.[158] 이것이 우리에게는 "은혜 언약"으로 주어진 것이다. 예수님의 온전하신 순종 덕분에 우리가 그 큰 은혜에 참여할 수 있게 된 것이다. 이런 은혜 언약은 예수님 자신이 온전히 이루신 순종에 근거하여 주어지는 것이므로 아담은 실패했으나 예수님이 이루신 행위 언약에 근거해서 은혜 언약으로 주어

---

156 생명나무의 성례전적 성격에 대한 이해로 Calvin, *Commentaries on the First Book of Moses* (1993), 116f.; Vos, *Biblical Theology,* 28; Turretin, *Institutes of Eclectic Theology,* vol. 1,580-82; Berkhof, *Systematic Theology,* 217; Keil and Delitzsch, *The Pentateuch* (1976), 1:85; Derek Kidner, *Genesis* (1967), 62 그리고 Meredith G. Kline, "Genesis," in *New Bible Commentary* (Leicester: IVP, 1970), 84; 이승구, 『광장의 신학』, 287, n. 24를 보라.

157 이를 잘 표현하는 Vos, *Biblical Theology,* 28, 40=『성경신학』, 44, 56.

158 이 함의를 잘 설명하는 Vos, *Biblical Theology,* 28=『성경신학』, 44; J. Murray, "The Adamic Administration," in *Collected Writings of John Murray* (Edinburgh: Banner of Truth, 1982), 2:47-59.

진 것이다. 그러므로 아담과 처음 맺으셨던 행위 언약을 부인하면 성경을 해석할 수 있는 여러 길을 막고, 많은 문제를 양산하게 된다. 행위 언약을 바르게 이해하고 수립해야 그 토대 위에서 은혜 언약도 바르게 이해할 수 있게 된다.

이제는 인간이 행위 언약을 준수하지 못하고 타락한 후의 상황을 생각해 보자. 이 상태에서 하나님께서 은혜로 관여하지 않으셨으면 우리에게는 전혀 희망이 없다. 타락한 인간에게 하나님께서 친히 찾아오시는 일은 두렵고 떨리는 일이지만 이것만이 인간에게 희망의 길이다. 이제 타락한 인간들에게 주어진 은혜 언약(*foedus gratiae*)의 진전 과정만을 간단히 제시하기로 한다.

(1) 타락하여 하나님과의 바른 관계와 언약을 망쳐버린 인간들에게 찾아오셔서 그들의 죄를 드러내시고, 심판을 선언하시면서 그 안에서 주신 원복음(protevangelion)에서 은혜 언약의 첫 계시들을 발견할 수 있다.[159] 아담은 이 원복음을 믿었기에 하나님의 죽음의 선언(창 3:19) 바로 후에 자신의 부인을 "생명"이라는 뜻에서 "하와"라고 이름 붙일 수 있었다(창 3:20).

그 후에 주어진 성경에서 처음으로 명시적으로 언약이라는 말이 언급된 (2) 노아 언약이 보존의 언약 또는 일반 은총의 언약이라는 것은 다 받아들

---

[159] 위의 칼빈도 그러하였고, 웨스트민스터 신앙고백서 7장 3항, Bavinck, *Our Reasonable Faith,* 271; Berkhof, *Systematic Theology,* 293; Edward J. Young, *The Study of Old Testament Theology Today* (London: James Clarke, 1958), 69; K. M. Campbell, *God's Covenant* (Phillipsburg, NJ: P&R, 1974), 25; Golding, *Covenant Theology,* 148-49, 152. 이에 대한 가장 좋은 논의로 윤영탁, 『그가 네 머리를 상하게 하리라: 창세기 3장 15절에 나타난 원복음』 (수원: 합신대학원출판부, 2015)을 보라. 이는 한국복음주의신학회 학술지인 「성경과 신학」에 발표하신 "창세기 3:15에 나타난 원복음", 「성경과 신학」 4 (1987): 50-80을 발전시킨 것이다.

창세기 3:15에 대한 메시아적인 해석으로 다음 책들도 보라: C. John Collins, "A Syntactical Note (Genesis 3:15): Is the Woman's Seed Singular or Plural?," *Tyndale Bulletine* 48/1 (1997): 139–48; T. Desmond Alexander, "Further Observations on the Term 'Seed' in Genesis," *Tyndale Bulletin* 48/2 (1997): 363–67; James M. Hamilton Jr., "The Skull Crushing Seed of the Wom-

이면서도 "그것이 이 언약이 전적으로 은혜 언약으로부터 분리된다는 인상을 전하지 않는다"고 말하는 벌코프의 말에[160] 동의하는 것이 개혁파의 일반적 이해이다.[161] 노아는 창세기 6:18에서 그에게 주어진 언약이 무엇인가 고 묻지 않았다. 그러므로 "우리는 그가 그 개념에 친숙했다고 결론 내려야 한다."는 캄벨의 말은[162] 매우 적절하다. 노아 언약도, 머리가 항상 그렇게 말하듯이, "하나님 자신에 의해서 시작되고, 계획되고, 결정되며, 수립되고, 승인되고, 시행된다."[163] 도날드 매클라우드가 잘 표현한 바와 같이, "보존은 구속을 위한 것이다."[164]

(3) 아브라함 언약은 비록 간략하기는 하고, 언약이라는 용어도 등장하지 않지만 창세기 12장에서 아브라함에게 주신 약속들로부터 찾는 것이 일반적이다. 여기에 언약의 본질이 명확히 있기 때문이다.[165] 그것이 좀 더 구체화되어 15장에서 제정되고, 수년 후에 17장에서 갱신되고 확대되었다고들 생각한다.[166] 결국 아브라함 언약의 목적은 "여자의 후손이 올 가계를

---

an: Inner-Biblical Interpretation of Genesis 3:15," SBJT 10/2 (2006): 30–55; Kevin Chen, *The Messianic Vision of the Pentateuch* (Downers Grove, IL: InterVarsity Press, 2019); Jonathan M. Cheek, "Genesis 3:15 as the Root of a Biblical Theology of the Church and the World: The Commencement, Continuation, and Culmination of the Enmity between the Seeds" (Ph. D. diss., Bob Jones University, 2019); Jonathan Cheek, "Recent Developments in the Interpretation of the Seed of the Woman in Genesis 3:15," *JETS* 64/2 (2021): 215–36.

160 Berkhof, *Systematic Theology,* 294; Campbell, *God's Covenant,* 25; Golding, *Covenant Theology,* 149.

161 그러므로 노아 언약은 은혜 언약이 아니고 그저 일반은총의 언약이기만 하다는 반드루넨의 주장은 새로운 주장이라고 해야 한다.

162 Campbell, *God's Covenant,* 26.

163 Murray, *The Covenant of Grace,* 12.

164 Donald Macleod, "Covenant," *Banner of Truth Magazine* 141 (1975): 22-28, at 25.

165 Golding, *Covenant Theology,* 149.

166 Campbell, *God's Covenant,* 28; 그에 동의하는 Golding, *Covenant Theology,* 149.

계시하는 것이었다"는 골딩의 표현은[167] 매우 적절하다. 그런 의미에서 "전 세계적 관점에서 수립된 하나님 나라가 아브라함 언약의 목적"이라고 하면서, 그런 점에서 "아브라함 언약이 교회의 가장 소중한 유업으로 간주될 수 있다"는 덤브렐의 말은 옳다.[168] 물론 이로부터 아브라함 언약만을 너무 특별하게 여기는 것보다는 이 모든 언약들이 다 은혜 언약의 진전 과정이라는 식으로 이해해 가야 더 건전할 것이다.

이에 따라오는 (4) 모세 언약 혹 "시내산 언약 시행의 시기는 이스라엘 역사의 큰 부분을 차지한다." 따라서 "이 시기는 구약 종교와 옛 언약 사회에 대한 이해를 위해 근본적 중요성을 지닌다"고 보는 것은[169] 옳다. 이때 율법이 주어졌기에 모세 언약은 율법 언약(*foedus legale*)이라고 불리기도 한다. 모세 언약과 히타이트 종주권 언약 사이에는 "모든 어떤 성경 자료보다 덜 밀접한 유사성이 있다."[170] 그러나 다른 종주권 언약과 구별되는 특징을 리버풀 대학교의 이집트학 교수였던 키친 교수는 다음과 같이 잘 지적한 바 있다.

> 이 특이한 언약은 단지 또 다른 하나의 정치적 조약이 아니다.... 그것의 조항들은 조공을 바치는 일이나 군사적 지원에 중점을 두지 않고, 온 백성의 삶이 합당한 것인가, 즉 유일하시며 보이지 않으시고 전능하신 하나님께 대한 독

---

167 Golding, *Covenant Theology,* 154.

168 William J. Dumbrell, *Covenant and Creation: An Old Testament Covenantal Theology* (Exeter, Devon: The Paternoster Press, 1984), 78. 덤브렐의 이런 기여에도 불구하고 그의 접근이 지니는 문제에 대해서는 이승구, 『성경신학과 조직신학』 (서울: SFC, 2015), 520-22 등을 보라.

169 Campbell, *God's Covenant,* 32; 그에 동의하는 Golding, *Covenant Theology,* 155.

170 Golding, *Covenant Theology,* 155.

점적인 충성과 예배에 근거한 것인가를 중심으로 하고 있다.[171]

이 언약은 또한 "비록 형식에 있어서는 어느 정도 다를지라도 아브라함과 맺어진 것과 본질적으로 동일한 것이다."[172] 그렇지 않고 만일 "시내 산 언약이 율법적 순종이 구원의 방법인 행위 언약이었더라면, 그것은 이스라엘에게 저주가 되었을 것이다."[173] 그러나 율법은 그것을 지킴으로 구원을 얻도록 주어진 것이 아니다. "즉, 이 체제는 율법의 행위에 의한 구원을 가르치지 않는다."[174] "모세 언약을 포함하여 율법의 맥락은 하나님의 은혜로운 구원이다"는 캄벨의 말을 항상 분명히 해야 한다.[175] 로벗슨이 잘 표현한 바와 같이, "하나님의 율법 자체가 하나님의 은혜를 구현한다."[176]

---

171 Kenneth A. Kitchen, *Ancient Orient and the Old Testament* (London: Tyndale, 1966), 14, cited in Golding, *Covenant Theology,* 155.

172 Berkhof, *Systematic Theology,* 297.

173 Golding, *Covenant Theology,* 156. 그러므로 "모세 언약이 어떤 의미에서는 행위 언약으로 간주되어야 하고, 이것이 대부분의 개혁신학자들의 확신이었다"는 마크 칼버그(Mark Karlberg, "The Mosaic Covenant and the Concept of Works in Reforemd Hermeneutics: A Historical-Critical Analysis with Particular attention to Early Covenant Eschatology" [Ph. D. Diss., Westminster Theological Seminary, PA, 1980], 3)와 호튼 등의 논의는 재고되는 것이 옳을 것이다. 그렇게 말한 사람은 영원에서의 칭의를 말하여 비판받았던 토비아스 크리습(1600-1643)이었는데, 그는 개혁파 주류에 있었다고 하기 어려운 면이 있다. 콜쿠훈(J. Colquhoun, *A Treatise on the Law and the Gospel,* 63-72)과 롤록(Robert Rollock, *A Treatise of Our Effectual Calling* [1849], 34f.)과 존 프레스톤(*The New Covenant,* 317f.)이 행위 언약의 갱신을 언급했다고 한다(이에 대해서 Golding, *Covenant Theology,* 170을 보라. 이것을 소수파의 다른 견해들(minor divergences)의 하나라고 하고 있다). 제세례파와 일부 침례교도, 그리고 일부 독립파 신도들의 입장과 같이하는 이런 말들은 혼동을 일으키는 안타까운 진술들이라고 해야 한다.

그런가 하면 존 오웬은 시내 산 언약이 은혜 언약의 한 경륜이었다는 칼빈의 견해도 거부하고, 단지 행위 언약이었다는 생각도 거부하는 제3의 입장을 취한다(이에 대해서 Ferguson, *John Own on the Christian Life,* 27-32을 보라).

174 Golding, *Covenant Theology,* 164.

175 Campbell, *God's Covenant,* 36.

176 Robertson, "Current Reformed Thinking on the Nature of the Divine Covenants," 73.

그러므로 율법은 "이스라엘로 하여금 그들의 무능력을 깨닫게 하여," 메시아를 지향하게 하는 데 있었다.[177] 그러나 시내 산 언약은 이전 언약이 지향하게 하는 국가(a nation)를 대상으로 하는 것으로, "그 백성의 행위에 대한 하나님의 의지에 대한 명확한 계시는 이 백성의 국가적 결속에 필수적인 것이었다."[178] 또한 "율법을 준수해서 의를 세우는 데 있어서 인간의 결함을 철저히 드러내어 .... 율법은 아브라함의 약속의 언약에 중요한 기여를 하였다."[179] "율법과 관련된 의식들 같은 부가물들은 달라질 수 있다. 그러나 그것의 본질은 지속적으로 유지된다."[180] 벌코프가 명확히 말하듯이, "시내 산 언약은 행위 언약의 갱신이 아니었다. 그 안에서 율법은 은혜 언약에 종속하는 것이었다."[181] 그러므로 우리는 피터 골딩과 같이 "가장 훌륭하고 가장 명확한 개혁신학자들과 주석가들은 결코 모세 언약 안에서 행위-원칙을 행위 언약을 제정하는 것으로 해석하지 않았다."고 말해야 한다.[182]

(5) **다윗 언약**. "사무엘하 7장은 하나님의 약속에 대해 더 추가되고 더욱

---

[177] Golding, *Covenant Theology,* 157. 이는 심지어 아이히로트도 지적한 바이다. Walter Eichrodt, "Covenant and Law," *Interpretation* 20/3 (1966): 302-321, at 313.

[178] Robertson, *The Christ of the Covenants,* 187.

[179] Robertson, *The Christ of the Covenants,* 18. 비슷하게 강조하는 Karlberg, "Justification in Redemptive History," *Westminster Theological Seminary* 43/2 (1981): 213-46을 보라.

[180] G. S. Harrison, "The Covenant, Baptism, and Children," *Tyndale Bulletin* 9 (1961): 3-16, at 5.

[181] Berkhof, *Systematic Theology,* 298.

[182] Golding, *Covenant Theology,* 167. 위에서도 언급했지만 클라인과 호튼 등의 논의는 주류 개혁파 신학자들의 논의가 아니다. 이를 잘 드러내어 논의한 김찬영, 『마이클 호튼의 언약 신학』 (서울: CLC, 2018)도 보라.

특별한 계시를 기록하였는데, 그것은 다윗과의 언약으로 주어진다."[183] Cf. 시편 89: 3, 4, 28, 34. "이 언약이 언약적 의무와 책임을 내포한다는 사실은 솔로몬에 의해 명백히 인식되었다(왕상 8:23; 고후 6:14; 시 89:30-32). 그러나 그러한 강조가 공로 없이 얻는 하나님의 은혜 위에 견고히 놓여 있다는 사실은 이 언약의 형식과 내용으로부터 명백하다."[184] 아브라함 언약과 다윗 언약에서는 약속의 요소가 지배적이다.[185] 그럼에도 불구하고, 다윗 언약은 후대의 언약으로서 매우 당연히 "노아, 아브라함, 그리고 모세와 맺어진 언약의 전 표지를 가지고 있다."[186] 그런 뜻에서 "아브라함 언약, 모세 언약, 그리고 다윗 언약은 하나가 또 다른 하나를 대체하지 않는다. 그것들은 서로를 보완한다."[187] 구약에 관한 한 다윗 언약을 "절정의 언약"이라고 할 수 있다.[188] 결국 "아브라함의 믿음과 아브라함의 약속은 다윗 왕의 후손이 될 한 사람에게서 분명해지고, 짙어지며, 집중된다."[189] 그런데 "다윗의 후손이 영원히 세워지며, 그의 왕좌가 모든 세대에 세워지는 것은 그리스도 안에서이다."[190]

(6) 새 언약에 대한 약속들(렘 31:31-34, 겔 36:24-31). 새 언약에 대한 약속은 "포로기로부터의 복귀를 그것의 초기 성취에 담고 있지만, 예언이 말하는

---

183 Golding, *Covenant Theology,* 158-59.

184 Golding, *Covenant Theology,* 159.

185 Golding, *Covenant Theology,* 159.

186 Sinclair Ferguson, *John Owen on the Christian Life,* 41.

187 Robertson, *The Christ of the Covenants*, 34.

188 Cf. Robertson, *The Christ of the Covenants*, 229.

189 Campbell, *God's Covenant,* 42.

190 Murray, *The Covenant of Grace,* 23.

것은, 신약이 아주 분명히 하는 것과 같이, 포로기 이후의 회복을 훨씬 넘어서는 것이다(히 8:8-12; 10:16-17)."[191]

(7) 새 언약의 실현.

새 언약의 실현은 그리스도께서 그의 사역 과정에서 암시하시고, 최후의 만찬에서 분명히 언급하신 바와 같이(특히 눅 22:20) 그리스도에게서 실현된다. 이 새 언약이 최종적 언약이다. 따라서 이 시기가 "새 언약의 중보자에 의해 시작된 하나님의 구속 행위의 마지막, 그리고 최종적 시기"이다.[192] "구약 시대 내내 드러난 은혜 언약의 핵심을 이루는 영적인 관계는 새 언약에서 그것의 절정에 이른다."[193] "그리스도 안에서 약속과 성취가 그것들의 충만으로 주어졌기 때문이다."[194]

---

191 Golding, *Covenant Theology,* 161.

192 Campbell, *God's Covenant,* 48.

193 Golding, *Covenant Theology,* 163.

194 Golding, *Covenant Theology,* 163.

제23장

다른 사상들 반박

17세기 이후에 개혁파 정통주의 교의에 동의하지 않고 다른 견해를 말하는 사람들이 많이 나타났다. 일부는 다른 교파에서 자신들의 입장을 말하면서 나타나기도 하고, 일부는 온 세상의 지속적인 세속화 정향 가운데서 나타나는 교의적 무관심에서 나온 자유로운 사상들이 일부 개혁파 교회에도 영향을 미친 것이라고 할 수 있다. 먼저 독일 경건주의 운동에 대한 검토부터 하기로 하자.

1. 독일 경건주의 운동의 의미와 문제

경건주의 운동은 바르게 전개되면 정통주의와 같이 가는 운동이다. 마땅히 그러해야만 한다. 성경에 충실하고자 하는 정통주의는 참으로 경건하기를 원하기 때문이다. 개혁자들의 의도가 그런 것이었으니 성경에 충실하고자 하는 정통주의는 반드시 경건한 모습으로 나타나야만 한다. 화란에서의 경건주의 운동은 개혁된 교회를 더 개혁해 가는 바람직한 운동으로 나타났던 것이 이를 잘 반영한다. 이것은 정통주의를 위해서도 또한 그와 함께 하는 경건주의를 위해서도 아주 좋은 일이었고, 아주 좋은 역사적 선례를 남긴 것이다. 그래서 화란의 개혁파 정통주의자의 한 사람인 **히스베르투스 후**

티우스(**Gisbertus Voetius**, 1589-1676) 같은 분은 화란 경건주의의 대변인으로 여겨지기도 한다.[1] 가장 정통파에 충실한 분이 경건주의를 가장 잘 대표하는 분으로 인식되는 경우이다. 이것이 우리가 본받아 가기를 원하는 아주 행복한 역사적인 예라고 할 수 있다.

그런데 매우 안타깝게도 독일에서는 루터파 정통주의와 경건주의가 상당히 대립하는 인상을 주었다. 그것을 안타까운 역사의 예로 생각해 볼 수 있다. 이런 예가 역사 속에서 반복되지 않도록 하는 일이 후대의 사명이다. 그런 마음을 가지고 독일 경건주의의 역사를 조금 더듬어 보는 것은 유익할 것이다.[2] 대개 필립 야콥 스페너(Philips Jacob Spener, 1635-1705)로부터 시작하게 된다.

스페너는 거의 모든 독일 학생들이 한동안 그랬던 것처럼 4개 대학을 두루 다니고 루터파 목사로 임직한 후, 1666년 프랑크푸르트-암-마인에 있는 루터파 교회에서 목회를 시작한 지 조금 지난 1670년 어간부터 그는

---

1 후치우스에 대한 좋은 논의로 다음을 보라. 변종길, "개혁교회의 영성과 경건", 「교회와 문화」 6 (2001); 유정모, "17세기 화란의 자유의지론 논쟁에 대한 연구: 히스베르투스 푸치우스(1589-1676)의 "*De Termino Vitae*"를 중심으로", 「한국개혁신학」 49 (2016: 202-39; 우병훈, "기스베르투스 푸티우스(1589-1676)의 신학교육론", 『종교개혁과 교육』, 개혁주의 신학과 신앙 총서 제11집 (2017): 101-35. 후치우스의 번역된 다음 책들도 보라: 히스베르투스 푸치우스 & 요한너스 호우른베이크, 『내 영이 주를 갈망하며』, 홍종락 역 (서울 : 도서출판 두란노, 2007); 히스베르트 푸치우스, 『영적 침체』, 황영식 역 (서울: 도서출판 누가, 2011).

2 이에 대한 좋은 연구들로 다음을 보라: F. Ernest Stoeffler, *German Pietism During the Eighteenth Century* (Leiden: Brill, 1973); Richard L. Gawthrop, *Pietism and the Making of Eighteenth-century Prussia* (Cambridge: Cambridge University Press, 1993).

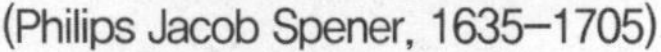
(Philips Jacob Spener, 1635–1705)

PIA DESIDERIA:
Oder
Hertzliches
Verlangen/
Nach Gottgefälliger Besserung
der wahren Evangelischen Kirchen/
Philipp Jacob Spenern/ D.
Predigers und Senioris zu Franck-
furt am Mayn;
Sampt angehengten
Zweyer Christlichen Theologorum
Franckfurt am Mayn/
M DC LXXVI.

(*Pia Desideria*, 1675)

예배 후에 더 관심 있는 사람들을 모아 성경공부 모임을 하기 시작했다는 것, 이 모임이 '경건한 모임(*Collegia Pietatis*)이라고 알려졌다는 것은 널리 알려진 이야기다. 이 경험을 기초로 해서 중생과 여러 교회들의 갱신을 목표로 그가 『경건한 열망』(*Pia Desideria, or "Heartfelt Desire for God-pleasing Reform"*, 1675)를[3] 썼다는 것도 누구나 안다. 경건한 성경 공부, 사랑의 실천, 감정에 대한 호소, 신학생들과 신학 교수들의 영적이고 고귀한 삶의 필요성, 회개와 성화를 위한 새로운 설교에 대한 촉구 등 그가 제시한 것은 중요한 요점이었다.

그런데 매우 안타깝게도 1695년에 비텐베르크 대학교에서는 그의 주장에서 264개의 오류가 있다고 지적했다고 한다.[4] 목회자로서 강하게 이야

---

[3] Philips Jacob Spener, *Pia Desideria, Or Heartfelt Desire for a God-pleasing Reform of the true Evangelical Church,* trans. Theodore G. Tappert (Philadelphia: Fortress Press, 1964); 이성덕 역 (서울: 배재대학교 출판부, 2017).

[4] 이를 언급하는 R. Buick Knox, "The History of Doctrine in the Seventeenth Century," in *A History of Christian Doctrine,* ed., Hubert Cunliffe-Jones (Edinburgh: T&T Clark, 1978, reprinted, Philadelphia: Fortress Press, 1980), 433을 보라.

기한 것에 대해서 이런 식으로 반응하는 것이 정통주의와 경건주의 분열의 원인이었다고 할 수 있고, 이미 그전에 실질적 분열이 있어서 이런 결과가 나타났다고 할 수 있다.

그러나 그 바로 전 해인 1694년에 스페너의 이런 정신을 가지고 새로운 대학교가 할레(Halle)에 건립되었다. 많은 이들이 이 대학교에 관심을 가지게 되었고, 할레 대학교는 곧 명성을 얻는 대학교가 되었다. 놀라운 일이라고 하지 않을 수 없다. 그 중요한 지도자 중에 희랍어 교수였던[5] 아우구스트 헤르만 프랑케(August Hermann Francke, 1663-1727)가 있었다. 그는 수천 명의 학생들의 세계관을 형성했고, 할레에서 고아원 운동을 전개해 오히려 이것으로 그가 더 유명하게 되었다.

(August Hermann Francke, 1663–1727)

(할레 대학교 정경)

또한 진젠도르프 백작의 여러 노력 특히 모라비안 교도들을 잘 보호한 것, 특히 헤른후트 공동체를 지지한 노력은 귀한 것이고, 경건주의의 좋은

[5] 이 점을 밝히는 Knox, "The History of Doctrine in the Seventeenth Century," 433을 보라.

모습을 잘 보여 준다.[6]

경건주의가 오히려 합리주의적 길을 연 문제점은 프랑케의 할레 대학교 동료였던 토마시우스(1655-1728)의 케노시스 이론에서도 드러났다.[7] 성경에 충실한 정통주의에서 떠나면 이상한 이론을 제시하게 된다는 예가 이런 데서 나타난 것이다.

또한 교회 안에서 교회를 새롭게 하기 원했던 "교회 안의 교회"(*Ecclesiolae in Ecclesia*)가 어떤 경우에는 잘못된 실천의 모습을 드러내기도 했고, 교회로부터 분리하여 그 가르침과 실천에 있어서 경건에 항상 가깝지만은 않은 정신을 고양하는 역할도 하는 문제를 드러냈다.[8] 물론 독일 경건주의는 성경에 충실하려는 성향도 드러낸다. 그 좋은 열매의 하나가 벵겔(Johannes Albrecht Bengel, 1687-1752) 같이 평생 성경을 정확하고 바르게 해석해 보려고 노력한 인물의 출현이다. 그와 진젠도르프 백작 사이의 오랜 논쟁은 경건주의가 그저 단순한 하나의 운동이 아니고 다양한 형태를 지닐 수 있음을 잘 보여 주는 것이다. 벵겔은 진젠도르프의 모든 교리적 차이를 별로 개의치 않는 선교 운동에 대해서 비판적이었고, 진젠도르프는 성경에 근거해서 예수님의 재림 일자를 추정하려는 벵겔의 노력을 "때의 징조를 구별하려는 미신적인 시도"라고 비판하였다. 그들은 서로 상대의 약점을

---

[6] 성경을 그대로 믿으려는 모라비안 교도들이 후에 웨슬리에게 미친 영향을 생각할 때도 역사적으로 이는 의미 있는 일이었다고 할 수 있다.

[7] 토마시우스의 케노시스 이론의 문제점에 대해서는 다음을 보라: David Wells, *The Person of Christ* (Westchester, Ill.: Crossway Books, 1984), 이승구 역, 『기독론: 그리스도는 누구신가』 (서울: 엠마오, 1994, 최근 판, 부흥과 개혁사, 2015), 262-63, 268-70; Robert L. Reymond, *A New Systematic Theology of the Christian Faith* (Nashville: Thomas Nelson Publishers, 1998), 616-17; Donald MacLeod, *The Person of Christ* (Leicester: IVP, 1998), 8장.

[8] 이 점을 잘 지적하여 말하는 Knox, "The History of Doctrine in the Seventeenth Century," 433을 보라.

정확히 지적한 것이다.

그러나 넓은 의미에서 경건주의 영향 하에 있던 임마누엘 칸트(1724-1804)와 슐라이어마허(1768-1834)가 합리주의적 방향이나 이성 중심적 감정의 방향으로 나아간 입장을 형성하게 된 것은 사실이다. 그러나 이것이 경건주의 입장을 그들이 버렸기 때문인지 아니면 성경을 철저히 따르는 정통적 입장을 거부하는 성향이 그들에게 있어서 인지는 또 다른 논의를 필요로 하는 큰 문제이다.

2. 웨슬리안 알미니안주의

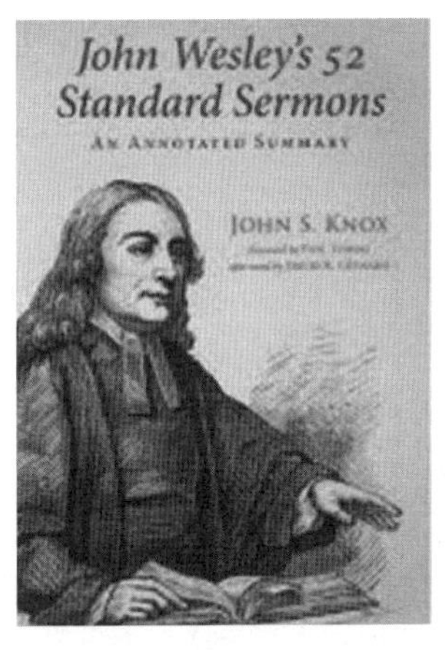

"좀 더 경건주의적 형태의 알미니우스주의"로[9] 웨슬리를 따르는 분들을 언급할 수 있다. **요한 웨슬리(John Wesley, 1703–1791)**와 찰스 웨슬리(Charles Wesley, 1707–1788)를 중심으로 열심히 성경을 공부하고 자신들이 배운 바를 사회적으로 실천하려는 진지한 사람들을 영국 성공회가 더 이상 품을 수 없게 되었을 때, 결국 영국의 곳곳에서 채플로 모이던 분들이 18세기 중반에 감리교회(the Methodist Church)가 되었다. "그들의 신학은 따뜻한 복음적 경건에 의해 형성되었고, 하나님을 의존하는 깊은 감각의 특성을 지니고 있었고 인간의 자유와 책임에 대한 진지하고 실천적인 관심을 가지고

---

[9] 이 표현은 Louis Berkhof, *The History of Christian Doctrines* (Grand Rapids: Eerdmans, 1937, 1949, paperback edition, Grand Rapids: Baker, 1975), 222에서 온 것이다.

있었다"는 쉘던의 말은[10] 초기 웨슬리안의 모습을 잘 드러내 준다. 교회에 대한 이해에서는 이전에 그들이 속해 있던 성공회와 상당히 유사하나 좀 더 열정적으로 모이던 이분들의 구원에 대한 이해가 전통적 의미의 알미니우스주의 이해와 상당히 유사한 형태로 나타났다. 이것은 웨슬리들이 알미니우스와 후기 알미니우스주의자들의 글을 읽고서 그런 방향으로 간 것이기보다는 그저 자신들의 성경 해석이 유사한 형태의 구원 이해를 제시하기 시작한 것이라고 할 수 있다. 더구나 삼위일체도 부인하고 그리스도의 신성도 부인하는 비성경적으로 나아가던 후대 알미니우스주의의 영향을 받은 것은 분명히 아니다.

첫째로, 웨슬리파 사람들은 죄가 실제로 참으로 죄이고 하나님 보시기에 죄책(guilt)이 있다는 것을 분명히 했다.[11] 또한 아담의 죄책이 그의 후손들에게 전가된다(impute)는 것을 기꺼이 인정하였다.[12]

그런데 이 원 죄책이 그리스도 안에서 모든 사람에게 없어질 수 있음을 강조하였다. 그래서 벌코프는 그들의 체계에서는 원 죄책 개념이 이 체계 안에서 이론적 위치만 가진 것이 아닌가 하고 질문할 정도이다.[13]

둘째로, 웨슬리파에서는 타락한 사람이 하나님의 은혜에 협력할 수 없

10 Sheldon, *History of Christian Doctrine,* II, 263.

11 Berkhof, *The History of Christian Doctrines*, 155-56.

12 Berkhof, *The History of Christian Doctrines,* 156.

13 Berkhof, *The History of Christian Doctrines,* 156.

을 정도로 타락했다고 타락한 사람의 전적인 도덕적 부패성을 인정하였다.[14] 그러므로 구원에 있어서 전적으로 하나님의 은혜에만 의존함을 말했다. 그런데 동시에, 아주 이상하게도 그 누구도 이런 영적 무능력 상태에 실제로 존재하지 않는다고 주장했다.[15] 그리스도의 보편적 구속의 빛에서 하나님께서 은혜로 "믿을 수 있게 하는 충분한 은혜"(sufficient enabling grace)를 주시기에 타락한 사람이 그에 의해서 스스로 믿음과 회개로 하나님께 돌이킬 수 있다고 하였기 때문이다.[16] 이것이 웨슬리주의의 독특한 입장을 형성하게 하는 원인이었다.

본래의 알미니안주의에서는 하나님께서 타락한 사람을 믿고 회개할 수 있게 해 주셔야만 정의롭다고 했었다. 그런 능력이 없이는 자신들이 한 일에 대해서 책임질 수 없다고 여겼기 때문이다. 그런데 웨슬리파에서는 이렇게 믿을 수 있게 해 주시는 것이 하나님 편에서의 순전히 자유로운 은혜의 문제라고 주장하였다.[17]

그들은 구속에 대한 영광스러운 복음을 강조하면서 사람이 이를 믿어서 영원한 정죄를 피하라고 강하게 권하는 것을 좋아했다.[18] 또한 믿으면 그 즉시 가장 큰 비참에서 가장 큰 기쁨으로 옮겨져 큰 기쁨을 누리게 됨을 강조하였다. 이런 순간적 변화는 즉각적인 구원의 확신을 가져온다고 했다. 그리고 두 번째 획기적 변화도 있다고 하면서 그것이 완전한 성화(entire sanctification)인 완전 성결이라고 하였다. 웨슬리의 "기독교적 완전(Christian

---

[14] Berkhof, *The History of Christian Doctrines,* 156.

[15] Berkhof, *The History of Christian Doctrines,* 156.

[16] Berkhof, *The History of Christian Doctrines,* 156.

[17] Berkhof, *The History of Christian Doctrines,* 156.

[18] 이 점을 강조하는 Berkhof, *The History of Christian Doctrines*, 222을 보라.

Perfection)"이라는 설교는 1741년에 인쇄되었고, "기독교적 완전에 대한 생각들"(Thoughts on Christian Perfection)이라는 글은 1760년에 발행되었다.[19] 그리고 "기독교적 완전에 대한 단순한 설명"을 1777년에 내었다.[20]

웨슬리는 완전함이 죽을 때 또는 죽음 이후에나 주어진다는 견해를 반박하면서 요한이 "그의 말씀을 지키는 자는 하나님의 사랑이 참으로 그 안에서 온전하게 되었나니"(요일 2:5) 같은 말씀, 특히 "그가 강림하실 때에 우리로 담대함을 얻어 그 앞에 부끄럽지 않게 하려 함이라"(요일 2:28)와 같은 말씀에 근거해서 이 세상에서 완전에 이를 수 있다고 한다.[21] 그러나 그것을 설명하면서는 완전한 그리스도인들이란 "무지나 오류, 연약성, 또는 유혹에서 벗어난 사람들이라는 말이 아니라, 온전하게 된 자는 하나님의 법을 고의적으로 의식적으로 범하지는 않는 것이다"고 한다. 악한 생각을 할 수도 있고 유혹도 받을 수 있으나, 이런 내적인 고뇌는 물리칠 수 있으니 그것이 죄된 행동은 아니라고 한다. 오직 그런 의미에서 "그리스도인은 죄를 범하지 않을 정도로 완전하게 된다"고 한다.[22] 1760년에 출판된 "기독교적 완전에 대한 생각들"(Thoughts on Christian Perfection)에서도 알려진 법에 대한 고의적 범과와 하나님의 법에 대한 고의적이지 않은 범과를 구별하면

---

[19] 이렇게 말하는 브리스톨 대학교의 신학 교수였던 John Henry Somerset Kent, "Christian Theology in the Eighteenth to the Twentieth Centuries," in *A History of Christian Doctrine,* 474를 보라.

[20] John Wesley, "A Plain Account of Christian Perfection," in *The Works of John Wesley,* edited by Thomas Jackson (1872), 11:366-446=이후정 역, 『그리스도인의 완전』 (서울: 감리교신학대학교 출판부, 2006).

[21] 구체적으로 이 구절들을 언급하지 않으나 1741년 설교에서 그렇게 말한다고 하는 Kent, "Christian Theology in the Eighteenth to the Twentieth Centuries," 475를 보라.

[22] Kent, "Christian Theology in the Eighteenth to the Twentieth Centuries," 475에서 A. C. Outler, *John Wesley, An Anthology* (1964), 267에서의 인용이라고 하면서 인용한 말이다: "*a Christian is so far perfect as not to commit sin*" (Kent's emphasis).

서 역시 요한일서에 근거해서 하나님의 사랑으로 가득 찬 사람은 고의적이지 않은 범과를("당신이 원하면 이것도 죄라고 불러도 좋다"고 말한다) 저지를 수 있으나, 신자 자신이 죄라고 심각하게 여기는 고의적인 범과를 범할 수는 없다고 한다. 의식적(意識的) 죄의 부재가 "완전"이라고 하는 것이다. 완전 성화의 선물은 신실한 지체들 누구에게나 열려 있다고 하면서 웨슬리는 "모든 계명을 지키는 열심, 깨어 있음과 그 고난을 다 감수함, 자기를 부인하고 날마다 십자가를 짐, 열심히 기도하고 금식하며 하나님의 모든 규례들을 착실히 지키려고 함 가운데 ... 우리가 단순한 믿음으로 받는다는 것은 사실이나, 하나님께서 제정하신 방식대로 우리가 열심히 추구하지 않는 한, 하나님께서는 그 신앙을 우리에게 주시지 않으신다(does not, will not, give that faith.)"고 말한다.[23] 그 신앙을 가지게 되면 다음과 같이 말하게 된다고 한다: "나는 죄를 느끼지 않고 모든 사랑만을 느낀다. 나는 끊임없이 기도하고, 기뻐하며, 감사한다. 내가 칭의 받음과 같이 내가 온전히 새로워졌다는 것에 대한 분명한 내적 증거를 가지고 있다."[24] 이를 공로에 근거하지 않고 은혜에 근거해서 하나님의 선물로 주어지는 은혜의 상태(the state of grace)라고 표현하기도 한다. 웨슬리는 그런 경험을 추구하고 기대하라고 계속 권면한다.

문제는 네 가지이니, 첫째는 우리의 추구가 조건이 되는 것처럼 말하는 부분이고, 둘째는 이것을 "완전"이라고 표현하는 부분이다. 셋째는 의도적인 죄와 의도하지 않은 죄에 대한 구별이 상당히 자의적이다.[25] 또한 넷째

23 Outler, *John Wesley, An Anthology* (1964), 294로부터의 인용이라고 하면서 Kent, "Christian Theology in the Eighteenth to the Twentieth Centuries," 475에 인용된 말이다.

24 Outler, *John Wesley, An Anthology* (1964), 290로부터의 인용이라고 하면서 Kent, "Christian Theology in the Eighteenth to the Twentieth Centuries," 476에 인용된 말이다.

로, 그것을 "죄를 느끼지 않고 온전히 사랑만 느끼는 것"으로 표현하는 것도 조금은 걸린다. 은혜의 상태는 다양하며, 계속적인 성화를 향해 가는 상태인데 따로 한 상태를 구별하는 듯한 인상을 주는 것이 문제이다.

이런 것들만 제거되면 모든 진정한 그리스도인들은 웨슬리가 강조하는 말에 다들 큰 기쁨으로 동의할 것이다. 1777년의 글에서도 "그리스도인의 완전이란(어떤 사람들이 생각하듯이) 무지도 없고 실수도 없으며 연약성도 없고 유혹도 없는 것을 말하는 것이 아닙니다. 그리스도인의 완전이란 '진정한 성결'이라는 말을 달리 표현한 것뿐입니다. 완전과 성결이란 같은 사실에 대한 두 가지 명칭입니다"라고 말하고 있으니, 결국 웨슬리는 늘 언급하는 바와 같이 불완전한 완전을 완전이라고 표현하는 것이다. 따라서 그 용어만 제거하기를 바라는 것이 우리들의 간절한 바람이다. 또한 인간의 이런 추구가 무슨 조건이 되는 듯이 표현하는 것만 제거되면 그것이 참으로 "완전한"(perfect) 표현이라고 생각된다.

이 문제점을 정확히 지적할 사람들은 성경과 인간의 경험에 근거해서 이 세상에서 완전한 성화에 이른 사람은 누구도 없음을 지적하는 칼빈주의자들이었다.[26]

---

[25] 웨슬리에게 상당히 동감적인 Kent 교수도 "Christian Theology in the Eighteenth to the Twentieth Centuries," 477에서 이 점을 잘 지적하고 있다. 그는 Richard Newton Flew, *The Idea of Perfection in Christian Theology: A Historical Study of The Christian Ideal for the Present Life* (London & Oxford: Oxford University Press, 1934)도 웨슬리의 진술에서 이것이 가장 큰 결점이라고 한다고 하면서 인용한다.

[26] 완전주의에 대한 바른 이해와 비판을 위해 이승구, 『교회, 그 그리운 이름』 (서울: 말씀과 언약, 2021), 27-29와 그에 인용된 책들을 보라.

3. 18세기-19세기 뉴 잉글랜드에서의 신학의 변화

마지막 청교도 또는 후대의 청교도라 불리는 요나단 에드워즈(Jonathan Edwards, 1703 - 1758)는 전반적으로 개혁파적인 입장을 표현하였다. 그런데 그의 후배들 중의 상당수는 별로 조심하지 않고 이 세상에 악이 있게 된 것에 하나님이 적극적으로 관여하시는 듯한 표현을 함의하기도 하고 적극적으로 표현하기도 했다. 이를 악에 대한 신적 유효성(the divine efficacy)이라고 표현한다.[27] 예일대학교 졸업(1741) 후에 에드워즈와 같이 공부하고 목사로 임직해(1742) 회중교회 목사를 한 사무엘 호프킨스(Samuel Hopkins, 1721 - 1803)는[28] 이를 시사하는 듯하고, 나다니엘 에몬스(Nathaniel Emmons, 1745-1840)는[29] 적극적으로 이렇게 가르쳤다. 이분들은 기본적으로 당시 발흥하기 시작한 유니테리언(unitarian)적 주장에 반(反)해서 에드워즈를 따라서 개혁파 신학을 옹호하였고, 선교에도 많은 관심을 가졌으나 장로교회적 정치제도보다는 회중주의를 적극적으로 옹호하였다. 그런데 많은 분들은 나다니엘 에몬스의 개인적 해석이 결국 미국에서 칼빈주의 신학의 몰락을 가져오게 하였다고 생각한다.[30]

좀 더 후대의 흔히 "뉴 헤븐 신학자들"(the New Haven theologians)이라고 언급되는 분들인 (요나단 에드워즈의 외손자인) 티모디 드와이트(Timothy Dwight,

---

27 Cf. Berkhof, *The History of Christian Doctrines,* 156.

28 그에 대한 좋은 논의로 Peter Jauhiainen, "Samuel Hopkins and Hopkinsianism," in *After Jonathan Edwards: The Courses of the New England Theology,* eds., Oliver D. Crisp & Douglas A. Sweeney (New York: Oxford University Press, 2012), 106-17.

29 Cf. Nathaniel Emmons, *Complete Works,* 6 vols. (Boston, 1842).

30 가장 대표적으로 이와 같이 주장하는 Gerald R. McDermott, "Nathanael Emmons and the Decline of Edwardsian Theology," in *After Jonathan Edwards,* 118–29를 보라.

1752 - 1817)나 나다니엘 테일러(Nathaniel William Taylor, 1786-1858) 같은 분들은 그와는 정반대로 죄가 이 세상에 들어온 것을 전반적인 섭리의 한 부분이라고 여기면서 하나님과의 연관성을 가장 소극적으로 표현하려고 했다.[31] 도덕적 우주를 만드시려는 하나님의 결단에는 자유롭게 선택하는 자유로운 사람의 창조가 포함되는 것이 자연스럽고, 따라서 죄가 가능하게 했지만 죄가 발생하는 것을 확실하게 한 것은 아니라고 말하려고 했다. 따라서 죄는 "최선의 제도에 따라 나오는 필요한 사건"이라고 여겨졌다.[32]

창조 받은 인간의 자유의지를 인정하고 진정한 자유를 타락으로 상실했다고 한 에드워즈와는 달리 후대의 뉴잉글랜드 신학자들은 사람이 "자유롭고 책임 있는 도덕적 존재"(a free and responsible moral being)이려면 타락 이후에도 상반되는 것 가운데서 자유로운 선택을 할 수 있어야 한다고 주장했다.[33] 그래서 그들은 알미니우스적 입장에 가까이 접근하면서 어떤 일은 반드시 그에 따르는 결과를 내도록 되어 있으므로 하나님은 바로 그런 것을 예지하는 것이라고 하였다.[34]

죄의 전이 문제와 연관해서 요나단 에드워즈는 실재론적 입장을 가지고 설명하면서 모든 사람들은 뿌리인 아담과 연결된 나무와 같으니 아담의 첫 번째 죄가 우리의 죄가 되고 우리에게 전가된다고 하였다.[35] 그런데 우즈(Woods)나 타일러(Tyler) 같은 뉴잉글랜드 신학자들은 간접 전가설을 옹호하

---

31 Berkhof, *The History of Christian Doctrines,* 156.

32 Berkhof, *The History of Christian Doctrines,* 157.

33 Berkhof, *The History of Christian Doctrines,* 157.

34 Berkhof, *The History of Christian Doctrines,* 157.

35 이는 루터파 정통주의자들이나 개혁파 정통주의자들 중에서도 상당히 많은 분들이 받아들이는 설명이다. 특히 H. B. Smith나 W. G. T. Shedd 등도 이런 입장을 표한다(Berkhof, *The History of Christian Doctrines,* 157).

였다. 아담의 후손들은 자연적으로 연관되어 있어서 그의 도덕적 부패성을 물려받지만, 아담의 첫 번째 죄에 대한 죄책을 받는 것은 아닌데, 그들이 부패성을 물려 받은 것을 통해서 간접적으로 죄책도 전가된다고 하는 것이다.[36]

이 모든 것들이 타락한 사람들에게 기독교를 좀 더 그들의 관점에서 합리적으로 설명해 보려고 하다가 일어난 일이다. 물론 이분들은 중도에 멈추어서 부패성은 유전적으로 주어지는 것에 근거해서 죄책도 전가되는 것이라고 할 수 있다고 설명했지만, 이렇게 중간에 머물러 서지 않는 그 다음 세대에는 결국 아담의 죄와 우리의 죄의 연관성을 부인하고, 더 나가면 19세기 중반 이후에 나타난 것과 같이 역사적 아담을 인정하지 않는 방향으로 가는 것이다. 이 모든 것이 타락한 인간의 합리성에 부합하게 설명하려는 시도의 방향이라고 해야 한다.

4. 18-19세기 철학자들의 견해들에 대한 논박

라이쁘니쯔(Gottfried Wilhelm Leibniz, 1646-1716)는 초기에 그의 『신학의 체계』(*Systema Theologicum*, 1686)에서 다양한 생각들을 하나로 묶으려는 시도를 하였고, 그 목적을 가지고 천주교회의 보쉬에 주교(Bishop Bossuet)와 서신 교환도 하였으나 아무 소득을 얻지 못하였고, 후에는 종교철학적 논의에 집중하였다.[37] 그는 세상의 악의 문제를 형이상학적으로 취급하면서 그저 피조

36 Berkhof, *The History of Christian Doctrines,* 157.

37 이 점을 말하고 있는 R. Buick Knox, "The History of Doctrine in the Seventeenth Century," in *A History of Christian Doctrine,* ed., Hubert Cunliffe-Jones (Edinburgh: T&T Clark, 1978, reprinted, Philadelphia: Fortress Press, 1980), 432를 보라.

계의 한계와 제한성에 따르는 자연적 결과라고 보았다.[38] 죄를 영적이고 종교-윤리적인 것으로 보지 않는 것이 심각한 결과를 낳게 하는 요인이 되었다.

라이쁘니쯔와 자연철학에 대해서 서신 교환을 하였던 사무엘 클락(Samuel Clarke, 1675 - 1729)은 그의 시대에 독특한 삼위일체 이해를 제시하였다. 쉐드는 이것이 아따나시우스적인 삼위일체론과는 상당히 다른 오리겐주의적이고 상당히 아리우스적인 종속론을 말한 것이라고 강하게 비판한다.[39] 사무엘 클락은 최고의 유일한 하나님은 성부라고 하면서 시작한다. 그러면서 말하기를 "성부에 대해서 말하면 그가 사람이 되실 수 있다거나 그가 어떤 의미에서라도 수난을 당할 수 있다고 하는 것은 상당히 신성모독적인 것이 될 것이다."고 한다.[40] 그런데 그 성부와 함께 "처음부터" 존재해 온 그의 말씀 또는 아들이 계셨는데 그는 그의 존재 또는 본질과 모든 속성들을 성부로부터 받았는데 "본성의 필연성에 의해서가 아니라 성부의 선택 가능한 의지의 행위로" 있게 된 분이다. 그런데 그가 영원부터 있었는지 모든 세상들 전부터 계셨는지는 확실하지 않다. 또한 그의 본질을 성자로부터 받은 제3의 위격도 계신다고 한다. 그는 천사나 다른 어떤 피조물보다 높은 칭호가 주어졌는데, 성경에서 그는 그 어디서도 하나님이라고 불리지 않으셨고 본성에 의해서나 성부에 뜻에 의해서 성자에게 종속한다.[41] 그는 심지어 아따나시우스나 힐라리의 글도 자기식으로 사용하면서

---

38 Berkhof, *The History of Christian Doctrines,* 158.

39 Shedd, *A History of Christian Doctrine,* 1:386.

40 Clakre, *On the Trinity,* 2, section 5, cited in Shedd, *A History of Christian Doctrine,* 1:386.

41 이렇게 클락의 견해를 제시하는 Shedd, *A History of Christian Doctrine,* 1:387을 보라.

그들이 성자의 본질에서의 종속을 말한다고 잘못 말하고 있다.[42] 그는 같은 생각에서 니케아 신학자들이 성부만이 필연적 존재성(necessary existence)을 가졌다고 했고 성자는 우연적 존재(exists contingently)라고 했다고 왜곡하고 있다.[43] 그는 그의 본질이 낳아지지 않았다는 것을 잘 생각하지 않고 이렇게 말하는 것이다. 본질은 낳거나 낳아지는 것이 아니다. 삼위일체 논의에서 사용되는 "낳는다"(begets) 와 "낳아진다"(is begotten)는 말은 성부와 성자 사이의 영원한 관계성을 지칭하는 말로 사용될 뿐이다.[44] 그러므로 이런 용례에서 "낳아진"이라는 말은 "낳아지지 않은"이라는 말과 똑같이 "피조되지 않았다"는 뜻이다. 따라서 영원에서 "낳아지신" 성자도 낳아지지 않으신 성부만큼이나 필연적 존재이다. 성부의 경우에는 성부 되심(아버지 되심, paternity)로 그러하시고, 성자의 경우에는 아들됨(sonship, filiation)으로 그런 것이다.[45]

칸트(Immanuel Kant, 1724-1804)는 인간에게 악으로 향하는 근본적 성향이 있다고 하면서 이를 인간이 뿌리 뽑을 수 없다고 했다. 이런 근본적 악(radical evil)은 **모든 경험적 행위에 선행하는 것이지만 자율적 의지에 뿌리 박고 있는 것**이고 그래서 그에 대해서도 우리가 죄책을 가진다고 했다. 그러나 이것을 원죄와 연관시키지 않으려고 했는데, 그는 죄의 기원에 대한 전통적 역사적 설명을 거부하였고 따라서 첫 번째 죄의 죄책과 오염이 후대 사람에게 전달되거나 전가된다는 것을 부인하였다. 그에게는 죄도 인간

42 이런 점을 지적하면서 비판하는 Shedd, *A History of Christian Doctrine,* 1:387을 보라.

43 같은 점을 지적하는 Shedd, *A History of Christian Doctrine,* 1:388을 보라.

44 이 점을 지적하면서 클락의 견해를 잘 비판하는 Shedd, *A History of Christian Doctrine,* 1:388을 보라.

45 같은 점을 지적하면서 클락을 잘 비판하는 Shedd, *A History of Christian Doctrine,* 1:388을 보라.

의 순수이성으로 설명할 수 없는 것의 하나였다. 그러나 인간은 스스로는 이 근본적 악(the radical evil)을 극복하지 못해도 덕의 법이 온 인류에게 강제하는 윤리적 공동체에 참여하면 극복해 갈 수 있다고 하였다.[46] 칸트는 그의 『이성의 한계 내의 종교』의 3권에서 하나님 나라라는 말을 사용하는데, 그에게 있어서 하나님 나라는 윤리적 공동체를 수립하는 것(the establishment of the ethical commonwealth)과 관련되는 것이다.[47] 따라서 칸트가 말하는 하나님의 백성은 윤리적 공동체이며, 이 안에서 인간이 근본적 악을 극복할 수 있다는 입장을 취했다. 그 덕의 공동체를 매우 아이러니하게도 "눈에 보이지 않는 교회"라고 부르면서 (흔히 교회라고 불리는) 사람들의 가시적인 종교적 기관들은 이 이상을 땅에 실현하고자 하는 사람들의 열망을 표현하는 역사적 예들이라고 하였다. 칸트에 의하면, 참된 교회는 불가시적 교회의 네 가지 원리들인 보편성(universality), 순수성(purity), 자유(freedom), 그리고 불변성(unchangeableness)에 근거한 가시적 교회라고 하였다. 교회는 인간의 근본적 죄악의 표로 서 있다고 한다.

그러므로 칸트는 죄를 고백하는 것이나 매주 예배하는 것이 종교적으로 필수적인 것은 아니라고 했다. 그가 볼 때 예수의 종교인 진짜 기독교, 참된 종교는 단지 도덕적 신앙(moral faith)일 뿐이었다. 그것만이 사람을 하늘에 계신 하나님이 거룩하심과 같이 거룩하게 하는 것이고, 그것만이 구

---

46 이렇게 제시하는 Kent, "Christian Theology in the Eighteenth to the Twentieth Centuries," 483을 보라.

47 이 책 3권의 제목을 그는 "악한 원리에 대한 선의 승리 그리고 하나님 나라를 땅에 수립함"(The Victory of the Good over the Evil Principle, and the Founding of a Kingdom of God on Earth.) (Immanuel Kant, *Religion within the Limits of Reason Alone* (1793), trans. Theodore M. Greene and Hoyt H. Hudson [New York:Harper & Row, 1960], 85).

원하는 신앙(saving faith)이라고 한다.[48] 예수의 죽음은 하나님께 대한 철저한 순종의 행위였다. 그러나 그의 부활과 승천은 합리적 종교에 전혀 가치를 가지지 못한다고 칸트는 말한다. 예수께서 자신이 제자들과 항상 함께 있겠다고 했을 때 그는 그에 가르침의 기억이나 모범과 공로의 기억이 잔존할 것임을 말한 것이라고 한다. 신약성경의 모든 해석에 있어서 이적적인 것과 형이상학적인 것은 모두 도덕적인 것에 종속해야 한다고 한다. 예수님은 참된 종교를 세운 것이 아니니 참된 종교는 그 이전부터 있었기 때문이라고 하면서, 예수는 처음으로 참된 교회를 세운 사람이라고 한다. 사람들은 초자연적인 도움에 대해서는 알 수 없다고 했다.

칸트가 마련한 토대 위에서 쉘링(Shelling)과 헤겔이 나름의 길로 나갔다. 헤겔은 모든 종교적 개념들을 이성의 개념으로 환원시킬 수 있다고 하였다. 헤겔(Georg Wilhelm Friedrich Hegel, 1770-1831)은 자의식적 영으로서의 인간의 발전 과정에 필연적으로 있게 되는 필수적 단계라고 여겼다.[49] 처음의 인간은 소박한 순진성을 지닌 상태로 마치 동물들이 그런 상태와 비슷한 상태에 있었다고 보았다. 선과 악도 모르고 그저 자연과 하나 되어 있는 상태에 있었다는 것이다. 이런 상태가 동물에게는 자연스럽지만, 인간에게는 자연적이거나 이상적인(ideal) 상태가 아니었다고 한다. 사람은 그런 상태에서 스스로 소외되어 자의식적인 영(a self-conscious self)이 되었다는 것이다. 선악을 알게 하는 나무의 실과를 먹은 것이 낙원의 축복 상태에서 타락하게 하였으나, 그 일로 자의식이 일깨워져서 자기에 대한 지각을 가지게 되

---

[48] 이렇게 말하는 Kent, "Christian Theology in the Eighteenth to the Twentieth Centuries," 484를 보라. 칸트는 "구원하는 신앙"이라는 말은 이율배반이라고 보면서 비판하면서도 필요한 경우에는 이 용어를 자신의 의미로 사용하고 있음이 이런 데서 잘 드러낸다.

[49] Berkhof, *The History of Christian Doctrines,* 158.

었고, 이기적이게 되고 죄악 되게 되었다는 것이다.[50] 그러나 자기 발전을 위해서는 이것이 반드시 있어야 하는 단계라고 하였다. 그러므로 이기성은 죄된 것이지만 인간이 자의식이 일깨워져서 의도적으로 악을 선택하기 전까지는 인간에게 죄책이 있다고 할 수 없다고 했다. 물론 이기적 사람은 그가 마땅히 되어야 할 사람은 아니다. 이 이기성과 투쟁하는 것이 덕(virtue)에 이르는 길이라고 보았다.[51]

5. 19세기 자유주의 신학에 대한 논박

칸트(1724-1804)와 헤겔(1770-1831)의 사상적 토대와 함께 19세기 자유주의 신학의 토대를 마련한 것은 제믈러(Johann Salomo Semler, 1725-91)의 성경비평이라고 할 수 있다.[52] 제믈러는 정경이 5세기에나 받아들여졌다고 주장하면서 정경을 역사화 했다.[53] 정경의 형성은 절대적 권위를 지닌 것이 아니고 실천적이고 교회적 행위일 뿐이라고 했다. 따라서 처음에 합의된 정경이 없어도 기독교가 전파되는 데 지장이 없었으니 정경을 기독교 신앙과 사상의 법으로 만들 수 없다는 것이다. 제믈러는 그리스도인들에게는 오직 신약의 메시지만이 규범적 성격을 지닌다고 했다.[54] 따라서 구약은 열등한

---

50 Berkhof, *The History of Christian Doctrines,* 158.

51 Berkhof, *The History of Christian Doctrines,* 158.

52 그 이후의 자유주의 신학에 대한 칸트와 제믈러의 중요성을 지적한 Kent, "Christian Theology in the Eighteenth to the Twentieth Centuries," 483을 보라.

53 J. A. Semler, *Abhandlung von freier Untersuchung des Kanons,* 4 vols. (Halle, 1771-75)을 언급하면서 이를 지적하는 Kent, "Christian Theology in the Eighteenth to the Twentieth Centuries," 486을 보라.

54 이를 지적하는 Kent, "Christian Theology in the Eighteenth to the Twentieth Centuries," 486을 보라.

위치에 있게 되거나 아니면 온전히 저버려지는 결과를 낳았고,[55] 신약도 그 전체를 그대로 받아들이는 것이 아니고 비평적 검토를 거치도록 했다. 결국 엘리트의 손에 판단권을 넘겨주거나 성령께서 역사하시는 순간에만 하나님의 말씀이 된다는 결과를 낳게 하는 토대가 제믈러의 이런 성경 비판적 태도에 의해 형성되었다. 그는 축자 영감이란 개념이 마치 70인경의 번역자들에 대한 전설과 같은 데서 출발한 것이라고 일축하면서 신약 자체에는 축자 영감의 증거가 없다고 하였다. 요한이나 바울도 그런 영감에 호소하지 않았고, 예수님이나 이전 전승과의 접촉을 근거로 말하고 있다고 하였다. 축자 영감 이론의 발달은 성경의 내용을 보증하려는 교회의 제도적 필요에서 나온 것이라고 하였다.

제믈러는 성경에 계시된 하나님의 진리에 대한 실천적 지식인 내적 경험을 종교라고 하면서, 계시는 성경에 외적으로 표현된 것과 구별된다고 하였다. 그래서 성경은 하나님의 말씀을 포함하고 있다고 정식화하려고 했다.[56] 이것이 경건한 방식으로 텍스트에서 신비적 의미를 찾지 않고, 원저자의 의미를 찾는 역사적 방법에 충실한 것이라고 했다. 제믈러에게 있어서 신학은 종교적 문서에 대한 학문적 연구였다.

제믈러에게는 19세기의 비판적 신학의 기본적 주제들이 다 나타나고 있다. (1) 역사 비평적 방법을 사용하는 역사적 접근, (2) 축자 영감 이론에 대한 거부, (3) 반(反)-교의주의, (4) 신조나 신앙고백서의 진술이나 명제적 신학보다는 '종교'라는 실존적인 것을 더 중시하는 태도 등이 그런 것이다.[57]

---

55 후에 불트만(Rudolf Bultmann, 1884-1976)에게서 이런 태도가 가장 잘 나타나게 된다.

56 Cf. Kent, "Christian Theology in the Eighteenth to the Twentieth Centuries," 487.

이렇게 이중적인 의미에서 비판적 태도로 신학을 하는, 즉 (1) 칸트적 비판 철학의 입장에서 신학을 하고, 또 (2) 한편으로는 제믈러적인 성경 비평에 근거해서 신학을 하는 슐라이어마허(Friedrich Daniel Ernst Schleiermacher, 1768-1834)는 19세기 신학을 새로운 상황 속에 있게 했다. 그 이전 철학자들은 정통 기독교에서 벗어나는 것을 분명히 하면서 철학의 영역에서 작업하였지만, 슐라이어마허는 그 같은 정향을 신학의 영역에 끌어들여 자유주의 신학을 제시하였다.

이것을 언급하면서 "19세기 초에 독일에서 신학을 회춘시켰다(새롭게 하였다)"고 표현하는 제임스 오어의 표현은[58] 상당히 지나친 것이라고 여겨진다. 그 내용으로는 신학을 타락시킨 것이라고 할 수 있기 때문이다. 그러므로 정통주의와 이제 막 시작된 자유주의의 투쟁을 "19세기 신학사의 가장 중요한 양상"이라고 하는 켄트 교수의 표현이 더 적절하다고 여겨진다.[59] 흔히 말하듯이 19세기를 자유주의의 시기라고 일반화하여 말하는 것보다는 켄트 교수의 이 표현이 사실에 더 가까운 표현이다. 당시에 대다수는 정통주의자들이거나 정통주의에 가까웠고, 자유주의자들이 일부 나타나 성경을 비판하면서 자신들의 영향력을 확대해 가고 있었기 때문이다. 켄트가 잘 표현하고 있듯이 "개신교에서는 자유주의자들이 성경을 분석하는 데서 18세기의 역사비평적 방법이 **일반적으로 받아들여지게 하는 것**을(*obtain general acceptance*) 추구했다."[60]

---

[57] Cf. Kent, "Christian Theology in the Eighteenth to the Twentieth Centuries," 488.

[58] James Orr, *The Progress of Dogma* (London: James Clarke & Co. Limited, 1901), 313.

[59] Kent, "Christian Theology in the Eighteenth to the Twentieth Centuries, II. The Nineteenth Century," 489.

[60] Kent, "Christian Theology in the Eighteenth to the Twentieth Centuries, II. The Nineteenth Century," 489, 강조점은 덧붙인 것임.

그 결과, "양적으로는 종교적 집단들이 강하게 남아 있었지만, 그들의 역할은 미국의 독립 전쟁(1775 - 1783)과 프랑스 혁명(1789-99) 후에는 이전과는 달라졌다"는 그의 말을[61] 유념해야 한다. 켄트 교수가 인용하고 있는 근대사가 에릭 홉스봄의 말은 (좀 과장된 면이 있기는 하지만)[62] 의미심장하다: "미국 혁명과 프랑스 혁명의 이데올로기에서 유럽 역사에서 처음으로 기독교가 적절하지 않은 것(irrelevant)이 되었다.... 새로운 노동 계급 운동들의 이데올로기는 처음부터 세속적인 것이었다."[63] 이처럼 19세기에 "정통신학은 문화에 대한 장악력을 상실했다."[64] 물론 상당히 지나친 말이지만 우리들은 이 말을 뼈아프게 들어야 한다. 앞으로 우리가 해야 할 일이 무엇인지를 생각하면서 말이다.

슐라이어마허는 죄를 인간의 감각적 본성(sensuous nature)의 필연적 산물이라고 보았다.[65] 인간 영혼이 물리적 유기체 안에 있음으로 필연적으로 죄가 있게 된다는 것이다. 즉, 몸의 원하는 바가 영의 바른 기능이 작용하는 것을 막고, 오히려 감각적 본성(sensuous nature)이 주도적 영향력을 미쳐서 죄가 발생한다는 것이다.[66] 그러나 그는 죄의 객관적 실재를 부인하고, 그것이 우리의 인간적 의식 안에 존재하는 것으로 여겼다.[67] 감각적 본성

---

[61] Kent, "Christian Theology in the Eighteenth to the Twentieth Centuries, II. The Nineteenth Century," 491.

[62] 특히 미국 혁명과 관련하여서 그런 점을 잘 언급하는 Kent, "Christian Theology in the Eighteenth to the Twentieth Centuries, II. The Nineteenth Century," 491을 보라.

[63] Eric J. Hobsbawm, *The Age of Revolution* (London: Weidenfeld & Nicolson, 1962), 220.

[64] Kent, "Christian Theology in the Eighteenth to the Twentieth Centuries, II. The Nineteenth Century," 499: "Orthodox theology had lost its grip on the culture."

[65] Berkhof, *The History of Christian Doctrines,* 158.

[66] Berkhof, *The History of Christian Doctrines,* 158-59.

[67] Berkhof, *The History of Christian Doctrines,* 159.

(sensuous nature)이 주도적이게 되면 그의 신의식(God-consciousness)이 제대로 작용하지 않고 오히려 갈등의식, 즉 죄에 대한 감각이 있게 된다는 것이다. '원죄'란 점진적으로 형성된 "획득된 습성"(an acquired habit)일 뿐이라는 것이다.[68] 이것으로부터 모든 자범죄가 나오게 된다고 한다.

이런 슐라이어마하의 생각은 전통적 죄 개념과 전통적 원죄 개념을 다 버리고 자신이 새롭게 정의한 개념으로 대치해 버려서, 따라서 구원 개념도 정통적인 모든 것을 부인하고 신의식으로 충만해지는 것이라는 지극히 슐라이어마허적인 개념으로 바뀌게 되었다. 그러므로 기독교 자체의 성격을 바꾸어 버린 것이다. 이런 입장에서는 정통적 교의는 다 버려 버리고, 그 대신에 새로운 개념을 제시한 것이다. 그러므로 개혁파 교회는 이런 입장을 도무지 받아들일 수 없다고 선언한 것이다.[69]

슐라이허마허를 비롯해서 19세기 독일에서는 성경에 충실하지 않은 모든 종류의 사람들이 삼위일체 개념을 버렸다.[70] 그리하여 소시니안과 같은 입장에 이른 것이다.[71] 이것이 후에 미국 등에서 본격적인 유니테리언(unitarian) 운동으로 다시 나타났다.

---

[68] Berkhof, *The History of Christian Doctrines,* 159.

[69] 이런 입장을 잘 드러낸 것이 슐라이어마허, 릿츌, 헤르만의 생각 전체를 자유주의로 규정하면서 이런 것은 기독교가 아니라고 명확히 선언한 그래스햄 메이첸(1881-1937)의 『기독교와 자유주의』다. Cf. Gresham Machen, *Christianity and Liberalism* (1923; New edition, Grand Rapids: Eerdmans, 2009).

[70] Cf. Schleiermacher, *The Christian Faith,* section, 170-section 172. 이는 후에 논의할 르낭을 비롯해 많은 자유주의자들의 일반적 특성이다.

[71] 특히 합리주의 신학이 그렇게 하였다는 점을 잘 지적하는 Shedd, *A History of Christian Doctrine,* 1:390을 보라. 그런데 흥미로운 것은 삼위일체론에 대한 학문적 논의가 이 시기에 독일에서 활발하게 나타났다는 점이다. 특히 도르너와 바우어의 작업을 지적하면서 이 점을 지적하는 Shedd, *A History of Christian Doctrine,* 1:391을 보라. 신앙과 학문이 분리된 전형적 모습을 잘 보여 준다.

그리스도의 양성론도 비판하고[72] 그리스도의 속죄에 대한 이론도 비판하여 속죄를 말하지 않는 기독교를 제시하려고 하였다.[73] 정통주의의 교의들을 하나하나 없애서 결국은 교의적이지 않은(non-dogmatic) 기독교를 만드는 것이 자유주의의 목적이었다. 그래서 자유주의는 반교의적(anti-dogmatic) 태도도 나타냈다. 자유주의자들은 기독교적 교리의 체계가 계시된 계시(a *revelatio revelata*)로 주어졌다는 것을 거부하였다.[74]

19세기에 나타난 "역사적 예수에 대한 탐구"가 이런 분위기를 잘 보여준다. 신약성경에 있는 증거만으로 역사적 예수가 정통파의 예수상과 다른 "세상적 하나님 나라가 곧 올 것이라고 선포한 묵시문학적 예언자, 따라서 실패한 유대 혁명가"로 제시한 18세기의 라이마루스(Hermann Samuel Reimarus, 1694-1768)에게서[75] 시작해서, 자신을 메시아라고 믿게 된 유대인 교사의 죄에 대한 심판 선언에 근거해서 예수 사후에 주로 구약에서 끌어와서 (예수의 탄생과 유아기와 이적 이야기들과 변화산 이야기, 수난 예고, 부활과 승천 이야기를 비롯한) 완전한 신화가 만들어졌다고 한 데이비드 스트라우스(David Strauss, 1808-74),[76] 역사적으로 확실한 방법을 적용해서 분석하면 단지 몇 줄

---

72 Cf. Matthew Arnold, *Literature and Dogma* (1873), 8장과 9장. 매튜 아놀드의 생각에 대한 분석과 설명으로 Kent, "Christian Theology in the Eighteenth to the Twentieth Centuries, II. The Nineteenth Century," 498-99를 보라.

73 Cf. B. Jowett, "On Atonement and Satisfaction"; commentary on the Epistle to the Romans.

74 Kent, "Christian Theology in the Eighteenth to the Twentieth Centuries, II. The Nineteenth Century," 489.

75 라이마루스 사후에 레씽(Gotthold Ephraim Lessing)이 라이마루스의 『예수전』의 일부를 "익명의 저자의 단편들"이라는 제목으로 자신의 『역사와 문학을 위해서』(*Zur Geschichte und Literatur*, 1774–1778)에 출판하였는데, 이에 근거해서 이렇게 제시하는 Kent, "Christian Theology in the Eighteenth to the Twentieth Centuries, II. The Nineteenth Century," 492-93을 보라.

76 D. F. Strauss, *Das Leben Jesu kritisch bearbeitet,* 2 vols. (1835-36), trans. from the

만남을, 십자가에 죽고 얼마 후 어떤 사람들이 그가 부활했다고 믿었다는 말로 마쳐질 예수의 생애에 대해서[77] 자기 나름의 "소설"을 제공하였다고 많은 사람들이 말하는, 어떤 의미에서 프랑스의 슐라이어마허라고 할 수 있는[78] 에르네스트 르낭(Joseph Ernest Renan, 1823-92).[79] 르낭에 의하면, 예수는

---

fourth German edition [1840] by George Eliot, *The Life of Jesus Critically Examined* (1846), a modern edition, ed., Peter C. Hodgson (Philadelphia: Fortress Press, 1972; London: SCM Press, 1972). 스트라우스 자신은 예수에 대해서 하나님과 인류의 연합이라는 거의 헤겔적인 이해를 제시하고 있다. Cf. 1946년 판, vol. 3, 438. 이런 이해는 후에 영국 자유주의자들에게서 계속 나타났다. 예를 들어서, 1911-35년까지 캠브리지의 레이디 마가렛 신학 교수를 했던 James Franklin Bethun-Baker (1861-1951), 그리고 그의 처음 저서인『결국, 하나님』(*In the End, God: A Study of the Christian Doctrine of the Last Things,* 1950) 때부터 "모든 불멸적 영혼들의 우주적 화해"를 말하면서 보편 구원(universal salvation)을 믿고 주장한, 1951년부터 캠브리지에서 가르치다가 1959년부터 울위치의 감독을 하다가 10년 후인 1969년에 다시 캠브리지로 돌아가 가르친 J. A. T. Robinson (1919–1983) 등을 생각해 보라. 이를 잘 지적하는 Kent, "Christian Theology in the Eighteenth to the Twentieth Centuries, II. The Nineteenth Century," 499을 보라.

라이마루스와 스트라우스 모두 예수 자신이 세계 종교를 만드는 일에 큰 기여를 한 것은 아니고 그를 믿게 된 익명의 공동체가 결정적인 역할을 한 것으로 제시된다. 이 점을 지적하는 Kent, "Christian Theology in the Eighteenth to the Twentieth Centuries, II. The Nineteenth Century," 496을 보라.

[77] 1974년 불어판『예수의 생애』, 44-45에 근거해서 이를 지적하는 Kent, "Christian Theology in the Eighteenth to the Twentieth Centuries, II. The Nineteenth Century," 496을 보라. 이런 점에서 그들이 사실이라고 믿는 바에 대해서는 르낭의 입장은 후에 불트만의 입장과 상당히 유사했다고 할 수 있다.

[78] 르낭 자신은 자신이 말하는 의미에서 "심령 깊은 곳으로부터 예배한다면 가장 단순한 사람이 우연과 유한의 용어로 모든 것을 설명할 수 있다고 믿는 유물론자들보다 사실의 실재에 대해 더 계몽된 것이다"고 진지하게 말했다. 르낭의『예수의 생애』, 1974년 불어판, 59쪽에서 이 말을 인용하는 Kent, "Christian Theology in the Eighteenth to the Twentieth Centuries, II. The Nineteenth Century," 495-96을 보라.

예수의 신성을 믿지 않고 윤리적 교훈만을 중시했다는 점에서 또한 영국 시인이요 문예비평가였던 매튜 아놀드(1822-1888)나 러시아의 문호 레오 톨스토이(1828-1910)와 비슷하다. "현대의 교육 받은 사람"에게 성경 이야기를 하면 그것이 무엇이냐는 전혀 반응이 없는 반응을 받게 될 것이라고 하는 톨스토이의 ***What then Must We Do?* (1886),** trans. Aylmer Maude, The World's Classics 281 (1925), 236을 보라.

[79] J. E. Renan, *Vie de Jésus* (1863), trans., *The Life of Jesus* (Prometheus Books, 1991). 이는 1863년부터 1881년 사이에 8권으로 낸 <기독교의 기원에 대한 역사>(*Histoire des origines du christianisme*)의 첫째 권이었다. 르낭의 주장에 대한 위의 요약은 Kent, "Christian Theology in the Eighteenth to the Twentieth Centuries, II. The Nineteenth Century," 493에 제시되고 있다.

인류를 [존재의 숨겨진 원천이요 우주의 영적인 핵심인] 신적인(the divine) 것으로 나가도록 가장 큰 걸음(its biggest step)을 내딛도록 한 개인이라고 한다. 그래서 예수는 그런 의미에서 하나님이라고 할 수 있다고 한다. 그 예수는 구체적인 예배와는 전혀 상관없는 의식과 사제와 장소도 필요 없고, 시공간에 매이지 않는 순수 예배를 처음으로 보여 주었다고 하면서 산상수훈에 근거해 그가 말하는 "절대 종교"를 제시하고 있다. 그러므로 르낭에 의하면 가장 중요한 것은 윤리적인 것이다.

또한 브레데(Georg Friedrich Eduard William Wrede, 1859 - 1906)와 심지어 예수님을 임박한 종말을 예언한 철저 종말론자로 제시한 요하네스 바이스(Johannes Weiss, 1863-1914)를 거쳐 급기야 역사적 예수에 관한 탐구에 대해 모라토리움을 선언한 슈바이처(Albert Schweitzer, 1875-1965)에 이르기까지 성경이 말하는 예수님이 아닌 분이 역사 속에 참으로 산 인물이라고 여기면서 그를 찾아 제시해보려던 노력에 대해서 슈바이처 자신이 다 잘못된 것임을 선언하였다.[80]

---

[80] 그러나 사람들은 그 이후에도 계속 역사적 예수에 대한 탐구를 하니, 역사적 예수에 대해서는 전혀 알 길이 없다고 선언한 불트만 이후 불트만 제자들인 훅스, 콘첼만, 캐제만(Ernst Käsemann), 보른캄(Günther Bornkamm), 에벨링 등이 1953년 10월 20일에 말부르크 대학교 동문들의 모임에서 한 강연인 "역사적 예수의 문제"(The Problem of the Historical Jesus)라는 강연을 시작으로 다시 시작한 탐구를 〈제2의 탐구〉(보른캄의 *Jesus of Nazareth* [1956])라고 하고, 1977년에 샌더스(E. P. Sanders)가 『바울과 팔레스타인 유대교』(*Paul and Palestinian Judaism*)를 내면서 소위 〈제3의 탐구〉가 시작되었다고들 말한다. John P. Meier가 1991년부터 2009년까지 낸 *A Marginal Jew*를 비롯해 다양한 작업이 이 작업에 속한다. 그러다가 최근에는 진정성(authenticity)에 대한 요구를 충족시킬 수 없다고 하면서 그것을 확장해서 탐구하자는 다음 단계의 탐구가 제안되기도 했다. Jonathan Bernier, *The Quest for the Historical Jesus after the Demise of Authenticity: Toward a Critical Realist Philosophy of History in Jesus Studies* (Bloomsbury Publishing, 2016). 2021년에 「역사적 예수 연구 저널」(the *Journal for the Study of the Historical Jesus*)의 편집자인 제임스 크로슬리(James Crossley), 역사적 예수 연구 학회는 이제 다음 탐구로 넘어갔다고 선언하였다. James Crossley & Robert J. Myles, *Jesus: A Life in Class Conflict* (Washington (USA) and Winchester (UK): Zero, 2023)이 대표적 저서로 제시된다.

이 과정에서 (르낭과 프리드리히 니체 같이) 기독교를 전적으로 버린 사람들도 있고, 기독교 교의 체계가 말하는 예수님은 저자들이 해석한 것일 뿐이라고 주장한 이들이 대부분이다(스트라우스, 매튜 아놀드[Matthew Arnold, 1822-88], 그리고 슈바이처).[81]

1888년에 써서 1895년에 인쇄된 『적그리스도』에서, 니체(Friedrich Wilhelm Nietzsche, 1844-1900)는 유대교에서나 후대의 기독교에서 강조한 회개나 죄용서를 위한 기도가 아니라 생의 실천에서 '신적인 것,' '복됨,' '하나님의 자녀 됨'을 느껴야 한다는 것이 예수의 메시지였다고 했다. 그런 의미에서 예수는 그의 내면적 하나님 나라 안에서 "모든 종교, 모든 예배 개념, 모든 역사, 모든 자연 과학, 세상의 모든 경험, 모든 요구, 모든 정치, 모든 심리학, 모든 예술 밖에 서 있을 수 있었다."고 한다.[82] 예수는 가장 내면적인 것에 대해서만 말했는데, 그가 말한 '생명', '진리', '빛'은 가장 내면적인 것에 대한 표현이라고 했다.[83] 그런데 예수의 죽음과 함께 복음은 십자가에서 죽었다고 한다.[84] 교회가 말한 것들, 하나님을 인격이라고 하는 것이나 속죄 이야기나, 땅에 임한 하나님 나라 이야기들은 모두 예수의 가르침과는 전혀 상관없는 것이라고 하였다. 기독교는 예수께서 극복하려고 한 유대교의 연속에 불과한 것이라고 한다. 그리하여 예수께서 의도하신 의미에서의 그리스도인은 하나도 없다고 니체는 선언한다. 이제는 하나님의 죄용서를 필요로 하지 않고, 하나님이 더 나아지게 하리라는 희망도 가지지

---

81 이를 잘 지적하면서 언급하는 Kent, "Christian Theology in the Eighteenth to the Twentieth Centuries, II. The Nineteenth Century," 491-92를 보라.

82 F. Nietzsche, *The AntiChrist,* with *Twilight of the Idols* (1888), trans. R. J. Hollingdale (Harmondsworth and Baltimore: Penguin, 1968), 145.

83 Nietzsche, *The AntiChrist,* 144.

84 Nietzsche, *The AntiChrist,* 146.

않고, 그저 인간성을 긍정하는 용기를 가지고 사는 일이 남았다고 한다. 그런 인류의 미래를 위해서는 교의적 예수상도 윤리적 예수상도 역사적 예수상도 부적절하다고 한다.[85]

결과적으로 이런 자유주의적 접근으로 "성경"으로서의 신약 성경이 사라지고, 호머의 시들이나 셰익스피어의 극작과 같은 문학서로서의 신약 문서들이 등장하게 되었다. 신적 권위를 지닌 신약 성경은 사라지고 그와 자유롭게 대화할 수 있는 역사적, 문학적 문서들만 남게 된 것이다.

그렇게 했을 때 이르게 되는 결론으로 끝까지 가지 않으려고 한 사람들은 콜리지(Samuel Taylor Coleridge, 1772 - 1834)와 같이 학문으로부터 종교적 경험으로 도피하여 갔다. 전통을 확언하기 위해서 경험에 호소했던 것이다. 성경에 대한 접근은 자유주의적으로 하되, 종교적 경험은 그와는 다른 영역이라고 주장하면서 이런 종교적 경험에서 무엇인가 적극적인 것을 말할 수 있다고 한 것이다.[86]

또한 소위 "중재 신학"(mediating theology)은 "슐라이어마허의 감정의 신학과 역사적 기독교의 보다 적극적인 것들을 결합시켜 보려는 노력"을 하였다.[87] 그 대표자의 한 사람인 율리우스 뮬러(Julius Mueller, 1801 - 1878)는 칸트의 제자로, 칸트에게 동의하면서 죄란 도덕법에 대한 불순종에서 나타난 의지의 자유로운 행위라고 하였다.[88] 그런데 시간 안에서는 원죄를 찾을

---

85 니체의『적그리스도』에 근거한 이런 요약으로 Kent, "Christian Theology in the Eighteenth to the Twentieth Centuries, II. The Nineteenth Century," 500-501을 보라.

86 그 대표적인 예로 콜리지의『탐구하는 영의 고백들』(*Confessions of an Inquiring Spirit*, ed. I. N. Coleridge, 1840, Facsimile edition, Scholar Press, 1971)을 들고 있는 Kent, "Christian Theology in the Eighteenth to the Twentieth Centuries, II. The Nineteenth Century," 494를 보라.

87 이런 평가로 Orr, *The Progress of Dogma*, 314를 보라.

88 Berkhof, *The History of Christian Doctrines,* 159.

수 없다고 본 뮬러는 "의지의 무시간적(non-temporal)이거나 시간 이전적(pre-temporal) 결단"에서 원죄를 찾으려고 하였다. 어떤 이전 존재에서 선택이 이루어져서 사람은 죄책이 있고 부패한 상태로 태어난다고 하였다.[89] 매우 사변적이고 모호한 이 이론은 검증 가능성도 없어서 사람들이 잘 수납할 수 없었다.[90]

더 적극적으로 자유주의적 방향으로 나가는 사람들은 이성의 우위성을 강조하면서 자연과 역사에서 초자연적인 것을 전적으로 거부하였다. 그렇게 나간 대표적인 예가 리츨파의 신학이라고 할 수 있다. 리츨(Albrecht Ritschl, 1822-1889)은 한편으로는 칸트 철학의 토대에 서면서 또 한편으로는 역사적 계시를 존중하면서 그것으로부터 가치판단의 결과된 것을 제시할 수 있다고 했다. 이런 시도는, 칸트의 작업과 같이, 인간에게 도덕적 목적이 있다는 것을 잘 보여 주지만, 종국적으로는 사실과 가치를 너무 이분법적으로 나누어 사실의 측면에는 신학이 관여할 수 없는 것으로 만들어 결국 기독교에 해를 가한다.[91] 그는 또한 헤겔에게 동의하면서 죄는 무지의 일종이라고 하면서 인간의 도덕적 발전의 필수적인 한 단계로 보았다.[92] 사람들은 마땅히 하나님 나라를 최고선으로 추구해야만 하는데 완전한 선을 알지 못하기에 그 무지 때문에 그 반대적으로 추구한다는 것이다. 리츨이 죄로 인정한 자범죄는 하나님 나라에 대립하여 서는 것이라고 보았다.[93] 그

---

89 Berkhof, *The History of Christian Doctrines,* 159.

90 벌코프의 이런 평가를 보라. Berkhof, *The History of Christian Doctrines,* 159.

91 이런 입장이 결국 철학적 불가지론(philosophical agnosticism)을 가져왔다는 평가로 Orr, *The Progress of Dogma*, 321을 보라.

92 Berkhof, *The History of Christian Doctrines,* 159.

93 Berkhof, *The History of Christian Doctrines,* 159.

러나 그것도 하나님께서 죄책을 묻지 않는 것이니, 사람들은 무지 때문에 그리하는 것이라고 하였다. 하나님께서 죄인들에 대해서 진노하신다고 생각하는 것은 순전히 상상적인 것이라고 하였다.[94] 리츌은 이상적인 것에 대한 점증하는 지식이 죄의식을 낳게 하고 사람들이 그것에 대해서 자신들이 죄책이 있다고 하는 것이라고 하였다.[95] 그러나 사실, 오어가 잘 말한 바와 같이, "이런 행위에 연관시키는 죄책은 죄인들 자신의 의식 안에서 하나님으로부터 분리되었다는 감정일 뿐인데, 이는 하나님의 아버지 같은 사랑의 계시에 의해 극복할 수 있는" 것이라고 하였다.[96] 그러므로 리츌의 신학에 대해서도 의식 신학이라고 하는 이유가 있는 것이니, 그것도 그저 인간의 의식을 논하는 것이기 때문이다.

1913년부터 영국 캠브리지의 트리니티 대학의 fellow로 신학을 가르친 성공회 신학자 프레데릭 로버트 테난트(Frederick Robert Tennant, 1866 - 1957)는 캠브리지에서 1901-1902 학기 동안 행한 훌세인 강좌(Hulsean Lectures)인 『죄의 기원과 전파』에서 아주 노골적으로 진화론적 입장에서 죄 문제를 다루었다.[97] 인간의 욕정, 갈망 등은 진화되기 전 야수들에게서 기원한 것으

---

94 Berkhof, *The History of Christian Doctrines,* 160.

95 Berkhof, *The History of Christian Doctrines,* 159.

96 James Orr, *The Christian View of God and the World,* The Kerr Lectures for 1890-1891 (Edinburgh: 1893), 179.

97 Frederick Robert Tennant, *The Origin and Propagation of Sin* (Cambridge: The University Press, 1903, 2nd edition, 1906). 그에 대한 좋은 논의로 다음을 보라. Delton Lewis Scudder, *Tennant's Philosophical Theology* (New Haven: Yale University Press, 1940); D. K. Brannan, "Darwinism and Original Sin: Frederick R. Tennant's Integration of Darwinian Worldviews into Christian Thought in the Nineteenth Century," *Journal for Interdisciplinary Research on Religion and Science* 1 (2007): 187–217; idem, "Darwinism and Original Sin: Frederick R. Tennant's Analysis of the Church Fathers' Understanding of Original Sin and an Exegesis of St. Paul," *Journal for Interdisciplinary Research on Religion and Science* 8 (2011): 139–71.

로, 이런 것은 아직 죄된 것은 아니라고 하였다. 물론 이런 것이 죄의 질료(내용)를 구성하는 것이지만 윤리적 규제에 반해서 그런 것을 드러낼 때에만 죄가 된다는 것이다.[98] 따라서 죄는 "개인의 양심, 옳고 의로운 것이라고 생각하는 것, 도덕법과 하나님의 뜻에 대한 지식에 반하는 의지의 행위로서, 이는 생각과 말과 행동으로 표현된다"고 하였다.[99] 인류가 더 발전해 감에 따라서 윤리적 기준이 더 정확해지며, 이에 따라서 죄의 가증함에 대한 인식도 점증한다고 한다. 그는 죄의 보편성을 인정하고, 우리의 본성과 환경은 우리를 더 나은 사람들로 실현시키는 일이 매우 어려운 작업이 될 만큼 나쁘다는 것도 인정한다.[100]

(Frederick Robert Tennant, 1866–1957)

그러나 이와 같이 이 세상에서 유행하는 생각을 따라서 우리가 믿는 바를 조정해 가려는 노력은 명확히 교회의 교리를 훼손하는 것이고, 결국 교회를 해치는 것이라는 것을 분명히 해야 한다.

이런 방향으로 나아가지 않는 사람들도 자신들이 사는 시대가 달라졌다고 다들 느끼고 있었다.[101] 새로운 개념의 시대

[98] Berkhof, *The History of Christian Doctrines,* 160.

[99] Berkhof, *The History of Christian Doctrines,* 160에서 재인용.

[100] Berkhof, *The History of Christian Doctrines,* 160.

[101] 그 대표적인 예로 오어 스스로가 자신이 19세기 말과 20세기 초에 정황 속에서 느끼는 바를 진술한 Orr, *The Progress of Dogma*, 317을 보라. 그런데 "성경에 대해서는 그렇게 느끼지 않음은 성경의 보편적 성격과 항존적 능력을 증거하는 것이다"는 말은(317, n. 1) 오어가 얼마나 성경을 그대로 믿고 있는지를 잘 드러내주는 것이다.

가 왔다는 것이다. 이때 어떤 사람들은 과거의 것을 다 버리고 기독교에서 벗어나든지,[102] 아니면 전적으로 새로운 기독교를 추구하든지, 그것도 아니면 기존의 것을 수정하려고 한다. 그러나 진정 하나님을 믿는 사람들은 이 새로운 환경 가운데서 성경으로부터 더 전포괄적인 이해를 하여 가야 한다는 사명감을 느끼게 된다. 그 대표적인 예로 제임스 오어는 이런 상황에서 마땅히 해야 할 일과 그런 작업을 제대로 했을 때의 유익을 다음과 같이 열거한 바 있다:

(1) 각각의 교리에 대한 인식의 심화,
(2) 신적 계시의 중심에 더 가까이 가면서 시작점부터 전체에 대한 더 분명한 파악,
(3) 신적 목적의 전반적 구조와 우주 안에서 하나님께서 활동하시는 일반적 법칙과 방법을 더 잘 파악하는 데서 오는 '체계에 대한 더 유기적 관점'을 가지게 됨
(4) 이와 같이 하여 "이루 다 말할 수 없이 풍성하게 됨"(incalculable enrichment).[103]

다른 사람들은 성경을 떠나가도 이렇게 성경의 가르침에 충실하려고 하는 분들이 과거에도 있었고 앞으로도 계속해 있을 것임을 믿으면서, 우리들도

---

102 그 대표적인 예가 『적그리스도』(*Antichrist*, 1895)라는 책과 여러 책에서 기독교를 "생 자체"(life itself)를 파괴하는 음모라고 하고, 기독교의 주장을 약자의 윤리라고 비판했던 니체(Friedrich Wilhelm Nietzsche) 같은 사람이다.

103 Orr, *The Progress of Dogma*, 318. 그러나 오어 자신이 말하려는 것은 자연과 초자연의 경계를 허물어 결국 "자연적 초자연주의"(natural supernaturalism)을 말하는 것이 아님에 대한 강한 반론으로 Orr, *The Progress of Dogma*, 323-24를 보라. 그는 "자연적 초자연주의"는 절대로 계시의 하나님을 믿는 것의 대체물이 될 수 없다고 단언한다(324).

이전에 믿던 모든 것을 계속해서 성경에 근거해서 점검하면서 모든 면에서 더 성경적 방향으로 가려고 해야 할 것이다. 이것이 우리가 항상 해야 하는 작업이다.

제24장

종말 이해의 정립

종말을 어떻게 이해해야 하느냐에 대한 논의는 교회 안에서 처음부터 있었으나 그 내용을 정확히 성경적으로 가다듬은 것은 역시 종교개혁 시대였고, 모든 용어와 개념을 좀 더 성경적으로 점검하면서 제시한 것은 20세기에서였다고 할 수 있다. 이 장에서는 그 과정을 간단히 다루어 보기로 한다.

1. 고대교회의 종말 이해

기독교회에서는 처음부터 마지막에 될 일들에 대한 기본적인 이해가 제시되었다. 제일 강조된 것은 우리 주 예수 그리스도께서 다시 오실 것이면 우리들은 그가 다시 오시는 것을 기다린다는 것이었다. 그래서 초기의 기도문 가운데 "은혜여 오시옵소서! (또는 주여 오시옵소서!) 그리하여 세상이 지나가게 하옵소서!"라는 기도가 있었는데,[1] 이는 기본적으로 그리스도의 최종적 오심을 기원하는 말이었고, 성찬 때 그리스도께서 임재하시기를 간구하

[1] *Didache* 10:6.

는 함의도 가지고 있었다.[2] 그러므로 초기 그리스도인들에게 있어서 성찬은 재림의 연기에 대한 보상으로 여겨진 것이 아니고 다시 오시기로 약속하신 분이 종국적으로 오시기 전에 영적으로 임재하셔서 함께하심을 축하하는 것이었다는 야로슬라브 펠리칸 교수의 말은 정확한 것이다.[3] 터툴리안이 "소망"이라는 말을 쓸 때 그는 거의 세상 끝에 있을 사건과 그리스도의 재림을 뜻한 것이라는 그의 지적도 중요한 것이다.[4]

그리스도 안에서 모든 것이 총괄 갱신한다(recapitulation)는 것을 강조한 이레니우스가 종국적 정황에서 모든 것이 어떻게 온전하게 또 새롭게 될 것이라고 했는지는 자명하다. 그러나 그는 모든 사람이 다 구원받는다고는 생각하지 않았다. 이에 비해서 3세기 초의 오리겐은 종국적으로 모든 것이 회복된다는 것을 강조하였다.[5] 4세기의 닛사의 그레고리(Gregory of Nyssa)와 5세기의 몹수에스티아의 떼오도르(Theodore of Mopsuestia)도 그와 비슷한 회복설을 말했다. 아르노비우스(Arnobius)는 악한 자들은 종국적으로 멸절한다고 했다.[6] 그러나 많은 교부들은 이 지상에서 행한 바에 따라서 영원한 상태가 결정되는데 사악한 자들은 영원한 형벌(an eternal punishment)을 받고, 예수님을 믿는 자들은 영원한 보상(eternal reward)을 받는다고 했다.

---

2 이렇게 해석하는 Jaroslav Pelikan, *The Christian Tradition: A History of the Development of Doctrine,* vol. 1: *The Emergence of the Catholic Tradition (100-600)* (Chicago & London: The University of Chicago Press, 1971), 126.

3 Pelikan, *The Emergence of the Catholic Tradition,* 126-27.

4 Pelikan, *The Emergence of the Catholic Tradition,* 127.

5 이 점을 지적하는 다음 논의를 보라. William G. T. Shedd, *A History of Christian Doctrine,* vol. 2 (New York: Charles Scribner's Sons, 1897), 416; Berkhof, *The History of Christian Doctrines*, 267.

6 Shedd, *A History of Christian Doctrine,* vol. 2, 417에서 재인용.

(1) 중간 상태에 대한 이해

저스틴(Justin Martyr)은 “경건한 자들의 영혼들은 더 나은 곳에서, 불의한 자들과 악한 자들은 더 나쁜 곳에서 심판의 때를 기다린다”고 하면서, 믿는 자들의 영혼이 “죽자마자 ‘하늘’(heaven)로 취해진다”고 말하는 사람들을 이단적이라고 했다.[7] 이때 ‘하늘’은 성도들이 궁극적으로 있게 될 곳을 지칭하는 용어로 사용되었다는 것을 문맥상 알 수 있다. 그러므로 이는 성도들이 궁극적으로 있게 될 곳과 죽자마자 있게 될 곳을 나누어 생각하려는 시도였다. 이는 죽음과 부활 때까지의 중간기(intermediate period)의 상태를 말하는 중간 상태(the intermediate state)를 처음으로 생각하는 표현이기도 했다.

상당히 많은 교부들은 죽은 사람들이 “잠정적으로 있는 곳”(a merely temporal and provisional habitation of the dead)인 하데스(hades)에 가서 있다고 생각했다. 이전 유대교인들이 잘못 생각하던 관념이 초기 기독교회로 그대로 넘겨진 것이다.[8] 그런데 터툴리안은 **순교자들의 영혼만은 곧바로 영광으로 받아들여져서 ‘복된 자들의 거주지’로 간다**고 했다.[9] 키프리안은 좀 더 바른 방향으로 나아가서 **주 안에서 죽은 자들은 모두 다 곧바로 주께로 간다**고 하였다.[10] 나지안줌의 그레고리도 그렇게 표현했고, 후에 겐나디우스

---

[7] Justin Martyr, *Dialogus cum Tryphone,* section 5. 80, Shedd, *A History of Christian Doctrine,* vol. 2, 400과 Berkhof, *The History of Christian Doctrines*, 259에서 재인용.

[8] 이 점을 지적하는 Shedd, *A History of Christian Doctrine,* vol. 2, 400을 보라.

[9] Tertullian, *De anima,* 60; *De Resurrectione,* 43, Shedd, *A History of Christian Doctrine,* vol. 2, 401, n. 1과 Berkhof, *The History of Christian Doctrines*, 260에서 재인용.

[10] Cyprian, *Adv. Demetrium; De mortalitate*, Shedd, *A History of Christian Doctrine,* vol. 2, 401, n. 2에서 재인용.

(Gennadius)와 그레고리(Gregory the Great)도 이를 옹호했다.[11]

그런데, 그리스도께서 하데스(hades)에 내려갔다는 생각을 하면서 구약 성도들이 있는 곳에 가서 그들을 데리고 "하늘"(heaven)로 올라가셨다고 생각하는 분들이 나타나기 시작했다. 하데스가 의로운 자들의 사후 거주지라는 생각이 점점 사라지게 되어서, 결국 음부(하데스)가 "게헨나"와 같은 형벌의 장소로 여겨지기도 했다.[12] 오리겐(Origen)은 아주 명시적으로 그리스도께서 이전 시대의 모든 의로운 자들은 그리스도와 함께 하데스(hades)로부터 낙원(paradise)으로 옮겨졌다고 했고, 그 이후로부터는 낙원이 모든 죽은 성도들의 목적지라고 했다.[13] 최초의 교회사가로 유명한 유세비우스는 콘스탄틴의 어머니 헬레나는 죽자마자 곧바로 하나님에게로 가서 천사같은 실체로(an angelic substance) 변모하였다고 표현하기도 했다.[14] 고대교회에서는 이렇게 옳은 생각과 옳지 않은 생각들이 복합적으로 나타나고 있었다.

그런데 아직 온전히 성화되지 않은 신자들은 어떻게 되는가에 대한 걱정이 일어났고,사후의 죄 용서에 대한 희미한 언급이 나타나기도 하고,[15] 그들은 죽은 후에 고난받음으로 그 영혼이 정화된다(purified)는 생각들이 상당히 초기부터 나타나기 시작했다.[16] 〈헤르마스의 목자서〉(*The Shepherd*

[11] 이를 지적하는 Shedd, *A History of Christian Doctrine,* vol. 2, 402를 보라.

[12] 이 점을 지적하는 Berkhof, *The History of Christian Doctrines*, 260을 보라.

[13] Berkhof, *The History of Christian Doctrines*, 260.

[14] 이를 말하는 Shedd, *A History of Christian Doctrine,* vol. 2, 402를 보라.

[15] 알렉산드리아의 디디무스(Didymus of Alexandria)와 닛사의 그레고리(Gregory of Nyssa)에게서 이런 것이 나타남을 지적하는 Shedd, *A History ofChristian Doctrine,* vol. 2, 417을 보라.

[16] 1세기부터 나타나고 있었다고 말하는 Shedd, *A History of Christian Doctrine,* vol. 2, 410을 보라.

of Hermas)에 이미 이런 것을 시사(示唆)하는 어귀가 나타나고 있고, 죽은 사람들을 위한 기도가 초기부터 있었던 것은 이를 좀 더 강력하게 시사해 준다.[17] 소위 알렉산드리아 학파에서 죽은 후에 영혼이 점차 정화된다는 생각이 많이 나타났다.[18] 특히 오리겐은 하나님의 구원의 힘의 능력을 강조하면서 장래 정화의 기회와 종국적 구원에 대해서도 시사하였다.[19]

어거스틴은, 모든 사람과 심지어 마귀에 대한 종국적 구원의 가능성을 말하는 오리겐의 사변에 대해서는 강하게 반대하면서도,[20] 신자들의 영혼이 온전히 정화될 때까지 음부(hades)에 있을 것이라고 하였다.[21] 그는 이렇게 말한다: "죽음과 최종 부활 때까지의 기간(*tempus*) 동안 영혼들은 은밀한 곳에서(in secret receptacles) 그들의 성격과 이 세상에서 살 때의 행위에 따라 다루어질 것이다."[22] 그는 고린도전서 3:11-15을 이에 적용하면서 이 기간에 남은 부패성이 완전히 사라지게 될 것이라고 했다.[23] 그래서 죽은 자들의 죄가 용서받기를 위해 기도할 수 있다고 하였다.[24]

---

17 이 점을 잘 지적하는 James Orr, *The Progress of Dogma* (London: James Clarke & Co. Limited, 1901), 346-47을 보라.

18 이를 지적하는 Shedd, *A History of Christian Doctrine,* vol. 2, 401을 보라.

19 이에 대해서 Pelikan, *The Emergence of the Catholic Tradition*, 151-52, 355를 보라.

20 Augustine, *Civitas Dei,* 21. 23.

21 Augustine, *Civitas Dei,* 21. 13. Cf. Berkhof, *The History of Christian Doctrines*, 259; Pelikan, *The Emergence of the Catholic Tradition*, 355.

22 Augustine, *Enchiridion,* 109, Shedd, *A History of Christian Doctrine,* vol. 2, 401, n. 5에서 재인용. 그의 이런 생각은 암브로스에게서 가르침 받은 것과 일치한다. 암브로스는 이렇게 말했다. "영혼은 죽을 때 몸으로부터 분리되어, 지상의 삶이 마쳐지면 애매한 상태(*ambiguo suspenditur*)에 있으면서 최후 심판을 기다린다"(*De Cain et Abel,* 2. 2, Shedd, *A History of Christian Doctrine,* vol. 2, 401, n. 4에서 재인용).

23 이를 언급하는 Shedd, *A History of Christian Doctrine,* vol. 2, 410을 보라.

24 Augustine, *Civitas Dei,* 21. 24.

갑바도기아 교부들, 특히 나지안줌의 그레고리와[25] 암브로스(Ambrose), 에프램(Ephraem) 등도 정화하는 불 개념을 시사하고 있다.[26] 그러나 6세기 말 그레고리 대제(604년 사망)가 연옥설을 공식적인 천주교의 교의로 만들기 전까지는 이는 그저 언급만 되는 것이었다.[27] 그전까지는 그저 잠정적으로(tentatively) 스쳐 지나가면서(in passing) 언급되던 것이 그레고리에 의해서 "믿어야만 하는 것"(*credendus*)이 되었다.[28] 또한 "악의로 죄를 범한 것이 아니라 무지 때문에" 죄를 범한 사람들이" 연옥의 불에서 벗어날 수 있도록 신실한 자들의 기도가 사용될 수 있다는 것을 "믿어야만 한다"(*credendum est*)고 했다.[29] 이런 것이 중세기에 명확히 발전된 연옥설로 나타나게 되었다. 이런 비성경적 개념은 종교개혁에서 극복된다.

(2) 천년왕국에 대한 이해

아주 초기에는 그리스도의 재림이 곧 있으리라고 생각하였으나 요한계시록 20:1-6을 문자적으로 생각하는 일부 사람들이 문자적인 첫째 부활과 둘째 부활을 말하면서 그 사이에 천년왕국이 있다는 생각을 선포하였고, 사도들이 죽은 후 얼마 후인 150년부터 고대교회는 상당히 천년왕국적

---

25 Cf. Shedd, *A History ofChristian Doctrine,* vol. 2, 411.

26 Berkhof, *The History of Christian Doctrines*, 260.

27 Orr, *The Progress of Dogma*, 347; Shedd, *A History of Christian Doctrine,* 2:411.

28 Gregory Magnus, *Dialogues,* 4. 39 (Pelikan, *The Emergence of the Catholic Tradition*, 355).

29 Gregory Magnus, *Dialogues,* 4. 40 (Pelikan, *The Emergence of the Catholic Tradition*, 355).

(chiliastic, millenarian)이었다고 할 수 있다.[30] 그래서 후에 역사적 전천년설(the historic premillennialism)이라는 말이 사용된다. 파피아스(Papias)와 이레니우스(Irenaeus)는 천년왕국을 강조하면서 천년왕국에 대해서 상당히 물질적으로 묘사하기를 좋아했다.[31] 예를 들어서, 이레니우스가 인용하는 파피아스의 말에 따르면, 한 포도나무에 1,000 가지가 달리고, 한 가지에 또 1,000가지가 있다고 하며, 각 가지마다 1,000개의 순이 나고 각 순마다 10,000 송이의 포도송이가 나고, 각 송이는 1,000개의 포도로 이루어지고, 하나의 포도에서 상당한 양의 포도주(25 measures of wine)가 있게 된다고까지 말했다.[32] 그래서 후에 교회사가 유세비우스는 파피아스의 천년왕국 사상이 "상당히 이상하고"(bizarre), "좀 신화적(rather mythological)"이라고 했다.[33]

바나바(Banabas), 헤르마스, 저스틴,[34] 터툴리안,[35] 그리고 키프리안(Cyprian) 등은, 그와 같이 너무 지나치게 표현하지는 않았어도, 천년왕국에 대해서 가르쳤다.[36] 심지어 케린뚜스(Cerinthus)나[37] 에비온주의자들, 그리고

---

30 이를 시사(示唆)한 분들로 일반적으로 Papias, Justin, Irenaeus를 든다.

31 Irenaeus, *Contra Hereses,* 5. 25. 36 (Shedd, *A History of Christian Doctrine,* 2:392, n. 1).

32 Irenaeus, *Contra Hereses,* 5. 33 (Shedd, *A History of Christian Doctrine,* 2:392, n. 1).

33 Eusebius, *H.E.* 3. 39. 11 (Pelikan, *The Emergence of the Catholic Tradition,* 129).

34 Cf. E. H. Klotsche & J. Theodore Mueller, *The History of Christian Doctrine* (Burlington, Iowa: The Lutheran Literary Board, 1945), 27.

35 Tertullian, *Adversus Marcionem,* 3. 24 (Shedd, *A History of Christian Doctrine,* 2:393, n. 2).

36 이를 지적하는 William G. T. Shedd, *A History of Christian Doctrine,* vol. 2 (New York: Charles Scribner's Sons, 1897), 390, 394; Berkhof, *The History of Christian Doctrines*, 262을 보라.

37 요한과 동시대 사람인 케린뚜스의 유대교적 영지주의 글에서 천년왕국에 대한 강조가 처음으로 나타난다는 지적으로 Shedd, *A History of Christian Doctrine,* 2:390, 391을 보라.

몬타누스주의자들 같은 이단들도 천년왕국을 열심히 강조하였다.[38] 그래서 200년 경 로마의 장로였던 가이우스(Gaius)는 몬타누스주의자인 프로클루스(Proclus)의 천년왕국적 견해를 비판하면서 천년왕국 사상은 이단자인 케린뚜스의 창안물이고 요한계시록이 케린뚜스의 작품이라고 잘못 비판하기도 하였다.[39] 이것이 잘 보여주듯이 고대의 모든 교부들이 다 천년왕국을 가르친 것은 아니다. 예를 들어서, 로마의 클레멘트, 이그나티우스, 폴리캅, 타티안, 아떼나고라스, 안디옥의 떼오필루스 등에게는 천년왕국에 대한 관심이 거의 나타나지 않는다.[40] 이와 같이 150년까지는 천년왕국에 대한 생각이 교회의 공식적 교의가 아니었고 개인들의 의견이었다.[41]

그러다가 150년에서 250년 사이에 천년왕국에 대한 가르침이 많이 있어서 저스틴은 영지주의자들을 제외하고는 모든 교회가 이를 가르친다고 하였다.[42] 그 자신은 예루살렘이 다시 건립되어 신구약 성도들이 그리스도와 함께 새 시대의 기쁨을 누리는 것을 생각하나 아주 경건하고 정통적 그리스도인들 가운데서는 그렇게 생각하지 않는 분들도 있음을 분명히 한다.[43] 이레니우스(135-202)는 천년왕국적 하나님 나라 이해가 정통의 특성이

---

38 이를 지적하는 Berkhof, *The History of Christian Doctrines*, 262을 보라.

39 나는 이 정보를 Shedd, *A History of Christian Doctrine,* 2:394에서 얻었다.

40 이를 지적하는 Karl Rudolf Hagenbach, *Compendium of the History of Doctrines,* vol. 1, trans. Carl W. Bush (Edinburgh: T & T Clark, 1846), section 75, 225, n. 6; Shedd, *A History of Christian Doctrine,* 2:390; Berkhof, *The History of Christian Doctrines*, 262을 보라.

41 이 점을 말하는 Shedd, *A History of Christian Doctrine,* 2:391을 보라.

42 Justin Martyr, *Dialogus cum Tryphone,* Cap. 80, 81 (Shedd, *A History of Christian Doctrine,* 2:394, n. 1).

43 Martyr, *Dialogus cum Tryphone,* 80. 2 (Pelikan, *The Emergence of the Catholic Tradition,* 125).

라고 말할 정도였다.[44] 그러나 이때도 정통 교회의 모두가 이것을 가르친 것은 아니었다.[45] 그래서 고대교회의 신조에는 천년왕국 사상이 전혀 언급되지 않았다.[46]

3세기 중반에는 오히려 천년왕국 사상을 비판하였으니, 특히 알렉산드리아의 클레멘트, 오리겐이 대표하는 알렉산드리아 학파는 비판적이었고,[47] 특히 오리겐은 약속된 하나님 나라는 순전히 영적인 것이어서 몸이 있을 여지가 없다고 했다.[48] 그러나 이런 논쟁의 상황 속에서도 (니사아와 두로에서 활동하나 후에 그리스의 칼시스에서 순교한 올림푸스의 메토디우스(Μεθόδιος, †c. 311)는 천년왕국적 견해를 말하였고,[49] 250년경에 활동했던 라틴 시인이었던 콤모디아누스는 이런 견해가 당연한 것처럼 말하였다.[50] 3세기 후반에 알렉산드리아의 주교였던 디오니시우스(Dionysius)는 자신의 교구에서 네포스(Nepos)와 코라시온(Coracion)의 주도하에서 이런 사상이 번지는 것을 금하였다.[51] 4세기에 천년왕국 사상을 말한 사람은 락탄티우스(Lactantius, 330년

---

44 Irenaeus, *Adversus Haereses,* 5. 35. 1 (Pelikan, *The Emergence of the Catholic Tradition,* 70).

45 이 점을 말하는 Shedd, *A History of Christian Doctrine,* 2:392를 보라.

46 이 점을 말하는 Shedd, *A History of Christian Doctrine,* 2:394를 보라.

47 Berkhof, *The History of Christian Doctriness*, 75.

48 Origen, *The First Principle,* 2. 11. 2-3 (Pelikan, *The Emergence of the Catholic Tradition,* 125). 그래서 리처드 한슨은 오리겐의 종말론은 "기독교 종말론의 플라톤주의적 형태도 아니고, 종말론에 대한 대안(alternative)을 제시하여 종말론을 없애버린(evasion) 것"이라고까지 말하였는데 (R. P. C. Hanson, *Allegory and Event* [London, SCM, 1959], 354) 이것이 지나친 평가였다고 하기도 어렵다. 그만큼 오리겐의 견해에 문제가 있다.

49 Methodius, *Symposium,* 9. 1 (Pelikan, *The Emergence of the Catholic Tradition,* 125).

50 Commodianus, *Instructions,* 2. 3. 6-9; 2. 39. 15 (Pelikan, *The Emergence of the Catholic Tradition,* 125).

51 나는 이 정보를 Shedd, *A History of Christian Doctrine,* 2:395에서 얻었다.

사망)가 유일하다고 한다.[52] 어거스틴도 초기에는 이를 생각하였으나 후에 이 견해를 버렸다고 한다.[53]

특히 교회가 공인되고 핍박이 사라진 상황에서는 다른 이해가 나타났으니 교회를 하나님 나라로 생각하는 어거스틴의 후기 이해가 지배적인 것이 되었다. 그는 현 기독교적 시대에 천년왕국을 기대해야 한다고 가르쳤다.[54] 그래서 그의 견해를 "교회시대 천년왕국주의"로 표현하기도 한다.

(3) 몸의 부활과 최후의 심판과 영원상태에 대한 이해

아주 이른 시기의 교부들은 누구든지 부활에 대해서 아주 분명히 말했다. 예를 들어서, 저스틴은 그리스도인들은 "부패와 변화와 죽음으로부터 자유로운" 몸으로 다시 살아날 것을 기대하기에 "죽음 가운데서도 기뻐할 수 있다"고 하였다.[55] 또한 최후 심판에 대해서 별로 말하지 않았지만 점차 최후의 심판의 확실성을 분명히 말하는 것이 일반적인 추세였다.[56] 점차 성도들이 죽은 후에 하늘에 있음을 분명히 하면서 하늘에서의 지복의 정도(degrees of blessedness)가 다르다고 생각했다. 여기까지는 시기를 애매하게 하긴 했지만 상당히 성경적으로 생각해 갔다고 할 수 있다. 그런데 그것이 이 땅에서

---

52 Cf. Shedd, *A History of Christian Doctrine,* 2:395.

53 Augustine, *Civitas Dei,* 20. 7 (Pelikan, *The Emergence of the Catholic Tradition,* 129). Cf. Shedd, *A History of Christian Doctrine,* 2:395.

54 이를 지적하는 Berkhof, *The History of Christian Doctrines*, 263을 보라. 그러나 "서방에서는 어거스틴의 강력한 영향력이 교회의 생각을 미래로부터 현재로 돌이키게 하였다"는 진술(262-63)은 너무 강한 진술이다. 교회 안에서는 항상 미래 재림에 대한 강한 기대가 있었기 때문이다.

55 Justin Myrtyr, *Dialogue with Trypho,* 46. 7 (Pelikan, *The Emergence of the Catholic Tradition*, 154).

56 Berkhof, *The History of Christian Doctrines*, 267.

그들이 발휘하거나 쌓은 덕에 상응하는 것으로 생각하여[57] 중세적 공로 사상의 토대를 시사(示唆)하여 문제의 씨앗을 심었다고 할 수 있다. 클레멘트와 오리겐 모두 이 땅에서부터 정화의 과정(the process of purification)이 시작된다고 하면서 사후에도 이 일이 지속된다고 하였다. 고난은 중요한 정화 기관(cleansing agency)이요, 죄에 대한 치유책이 된다고 하였다. 이런 이해가 문제를 낳은 원인이 되었다. 더 큰 문제는 미래의 삶을 감각적으로 표현하는 일이 늘어 간 것이다.

이에 비해서 오리겐의 글은 좀 더 영적이기는 했으나[58] 이는 오리겐의 독특한 구원관, 즉 형벌로서의 몸을 지닌 것을 극복하는 것이 궁극적 구원이라는 견해와 연관되어 또 다른 문제를 일으키는 것이었다. 그는 사후에 복된 자들이 공기 같은 지역(the aerial regions)에 살면서 그들의 거룩성이 더 높아지면 더 높은 하늘로 간다고 하며 그에 따라 별의 위치와 거리 등에 대한 지식을 포함한 모든 것에 대한 지식도 많이 증대된다는 식으로 생각하였다.[59] 최종적 단계에서는 감각의 영역을 넘어서 하나님의 직관적 통찰(intuitive vision)에 방불한 수준에 이를 것이라고 했다.[60]

더구나 오리겐은 대중적인 글에서는 악한 자들이 받을 영원한 형벌을 언급하기도 했으나, 그의 조직신학서요 최초의 조직신학이라고 할 수 있는 『원리에 대하여』(*De Principiis*)에서는 영원한 형벌 개념을 전적으로 배제하

---

57 이 점을 지적하는 Berkhof, *The History of Christian Doctrines*, 267을 보라.

58 이를 언급하는 Shedd, *A History of Christian Doctrine,* 2:412; Berkhof, *The History of Christian Doctrines*, 267을 보라.

59 이를 언급하는 Shedd, *A History of Christian Doctrine,* 2:412를 보라

60 Cf. Shedd, *A History of Christian Doctrine,* 2:412

는 경향을 보였다.[61] 그래서 스스로 모순을 일으키고 있다. 종국적으로 보면 오히려 징계(chastisement)를 하여 모든 것의 온전한 회복을 바라는 마음을 표현하면서 "모든 인간 영혼의 종국적 회복"을 주장하려고 한 것으로 보인다.[62]

오리겐은 죽을 때 선한 자들 중 극소수는 곧바로 낙원에 가서 하나님을 뵈옵는 영광을 누리지만, 대다수는 더 교육받고 정화되는 곳으로 간다고 하였고, 악한 자들은 심판의 불을 경험하는데 그것도 정화의 수단이라는 시사를 주었다.[63] 이는 한편으로는 중세와 천주교회가 말하는 연옥 개념의 토대를 제공한 것이면서, 또 한편으로는 그런 이해를 더 넘어서는 보편 구원에 대한 시사도 담고 있어서 이것이 후에 오리겐에 대한 정죄의 근거가 되기도 하였다.

클레멘트는 이교도들이 사후에 하데스에서 회개의 기회를 얻으니 최후의 심판에서 유기(reprobation)가 끝난다고 하고, 오리겐은 더 적극적으로 모든 것들이 최초의 그 아름다움으로 회복하기까지는 구속의 일이 그치지 않을 것이라는 시사를 많이 주고 있다. 특히 만물의 회복에 사탄과 그 무리들인 악한 영들까지를 포함될 것이라는[64] 시사 때문에 여러 논쟁이 되었으나 때로 그 자신이 이것은 부인하기도 하였다.[65]

---

61 이를 지적하여 말하는 Berkhof, *The History of Christian Doctrines*, 267을 보라.

62 이를 언급하는 Shedd, *A History of Christian Doctrine,* 2:416을 보라.

63 Berkhof, *The History of Christian Doctriness*, 75.

64 Berkhof, *The History of Christian Doctriness*, 75.

65 그가 알렉산드리아의 감독 데메트리우스(Demetrius)에게 이 죄목으로 심문을 받을 때에 오리겐은 강력하게 부인했다고 하는 Olson, *The Story of Christian Theology*, 105; McGuckin, "The Life of Origen (ca. 186–255)," 15; Henry Ansgar Kelly, *Satan: A Biography* (Cambridge: Cambridge University Press, 2006), 199 등을 보라. 오리겐이 정확히 어떤 생각을 했는지는 후에야 알게 될 것이다. 만일 오리겐이 사탄과 악한 영들의 종국적 돌이킴을 말했다면 그는 성경과는 다

부활에 대해서 오리겐은 그것을 영적으로 설명하면서[66] 자신의 영혼의 구원이라는 생각에 부합하게 설명하는 경향을 드러낸다. 즉, 그는 몸의 핵심(a germ of the body)은 유지되는데 몸이 그에 속하는 영의 성격에 부합하는 영적인 유기체(a spiritual organism)가 된다고 하였다.[67] 그래서 선한 이들은 '선한 영적인 유기체'가 되고 '악한 영적인 유기체'가 된다고 하였다. 이것이 사실이라면 그는 흔히 말하는 보편 구원을 주장하는 것은 아닌 것이 된다. 그렇다고 해도 이런 설명이 성경이 말하는 것과는 다른 자기 자신의 생각이라는 것은 분명하다.

후기 교부들은 아주 명확히 세상 끝에 있을 최후의 심판을 말하였는데 대부분은 상당히 설교적이고 수사적으로 말하곤 하였다. 따라서 아주 구체적인 정보를 주고 있지는 않다. 어거스틴은 최후 심판에 대한 성경의 표현이 표상적이라는 것을 전제하고 논의하였다. 그래서 예를 들자면 최후의 심판이 얼마나 오래 걸릴지는 성경이 분명하게 말하고 있지 않다고 잘 언급하였다.[68]

하늘의 지복(至福, blessedness)이 어떤 것인지에 대해서도 의견이 달랐으나, 온전한 지식이 있게 될 것과 성도들의 온전한 교제와 현재 몸이 받는 제약을 상당히 벗어날 것과 참된 자유를 누리는 것 등은 모두가 말하였다.[69] 불신자들도 영원히 형벌을 받는다고 말하였고, 어떤 분들은 하늘의 지복과 지옥에서의 형벌이 모두 다 각기 다른 수준의 지복과 형벌이 있을

른 생각을 말한 것이 된다.

[66] Berkhof, *The History of Christian Doctriness*, 76.

[67] Berkhof, *The History of Christian Doctriness*, 76.

[68] 이를 지적하여 말하는 Berkhof, *The History of Christian Doctrines*, 267을 보라.

[69] Cf. Berkhof, *The History of Christian Doctrines*, 267을 보라.

것임도 말하였다. 최후의 지옥에 대해서 대부분의 교부들은 지옥의 불이 물리적인 불이라고 생각하였으나, 모든 분들이 지옥 개념의 핵심은 하나님으로부터의 영원한 분리와 자신들의 악함에 대한 온전한 의식의 영원함이라고 여겼고 그것이 영원히 지속된다고 하였다.

저스틴은 악한 자들이 장차 받을 형벌에 대해서 플라톤이 1,000년이라고 말한 것과 대조하면서 영원하다고 하였다.[70]

어거스틴도 마태복음 24:41, 46의 "영원하다"(αἰώνιός)는 말에 의지해서 종국적으로 잃어버린 자들의 비참함은 끝이 없다고 하면서, "영생이 끝이 없는데 영원한 형벌이 끝이 있다는 것은 말이 안 된다"고 하면서, 그 형벌의 성격에 대해서 감각적으로 해석할 수도 있고 영적으로 해석하는 것은 개인이 판단할 일이라고 하면서, 아마도 그 둘을 합하여 생각하는 것이 더 나을 것이라고는 말을 덧붙이고 있다.[71]

크리소스톰도 그의 놀라운 언변으로 악한 자들의 영원한 고통을 묘사한 후에 지옥의 장소성과 그 성격을 아는 것보다 어떻게 지옥에 가지 않을 수 있는가를 아는 것이 더 중요하다고 하였다.[72] 이것이 건전한 태도이다.

3세기 이후의 고대교회는 대개 성경과 사도신경이 말하는 대로 마지막에 될 일들을 생각하게 되었다고 할 수 있다. 복음이 땅 끝까지 전파되어(행 1:8) "이방인의 수가 충만히 들어올 때까지"(롬 11장), 그리고 배교가 일어나고 최후의 적그리스도인 불법의 사람이 나타날 때까지(살후 2:3) 그리스도는

70 Shedd, *A History of Christian Doctrine,* 1:128; Shedd, *A History of Christian Doctrine,* 2:414.

71 Augustine, *Enchiridion,* section. 112; *De moribus ecclesiae,* c. 11; *De civitate Dei,* 21. 60. 10 (Shedd, *A History of Christian Doctrine,* 2:414, n. 1).

72 이 점을 지적하는 Shedd, *A History of Christian Doctrine,* 2:415를 보라.

"하늘"(heaven)에 계시다가(행 3:21) "그 곳으로부터 산 자와 죽은 자를 심판하러 오실" 것을 기다리게 되었다.[73] 부활에 대한 이해는 가장 중요한 것으로 상당히 성경적으로 유지되었다.[74]

2. 종말 문제에 대한 중세기의 이해

대개 중세기에는 종말론이 "신화적 단계"(mythological phase)로 접어들었다고들 한다.[75] 사후의 중간 상태를 하늘(Heaven), 지옥(Hell), 그리고 연옥(Purgatory)과 같이 셋으로 나누어 생각하고, 상상력을 가지고 각각의 장소와 그 곳에서의 경험들을 묘사하는 일이 중세기에 특히 서방 교회에서 유행하였다. 6세기 말 그레고리 대제가 연옥을 아주 분명한 신앙의 조항으로 제시하였다. "가벼운 잘못들에 대해서는 심판 전에 정화하는 불(a purgatorial fire)이 있다는 것이 믿어져야만 한다."[76] 그래서 일반적으로 그레고리 대제를 "연옥의 창안자"(inventor of purgatory)라고 부른다. 따라서 그는 그 이전의 사람들의 생각을 다 모아서 죽은 사람들을 위한 기도와 기부(oblations)와 그들을 위한 미사(*sacra oblatio hostiae salutaris*)로 연옥으로부터 더 빨리 나오게 할 수 있다는 생각을 더 강화시켰다.[77]

중세기의 스콜라주의자들과 신비주의자들은 연옥을 묘사하는 일에 열

---

[73] 이런 것을 재림에 대한 보편적 이해(catholic theory)라고 하는 Shedd, *A History of Christian Doctrine,* 2:398f.를 보라.

[74] 이를 자세하게 설명하고 있는 Shedd, *A History of Christian Doctrine,* 2:403-405를 보라.

[75] 이 용어도 Orr, *The Progress of Dogma*, 347에서 온 것이다.

[76] Berkhof, *The History of Christian Doctrines*, 260에서 재인용.

[77] Cf. Shedd, *A History of Christian Doctrine,* 2:411.

심이었고 상당수의 사람들은 물질적인 불로 묘사하는 일이 많았다. 이 연옥에 대한 생각과 관련해서 면벌부(indulgences) 판매가 이루어졌음을 생각하게 된다. 연옥 교리는 트렌트 공의회에서 공식적인 천주교회의 교리로 선언되었다(1546).[78] 천주교회에서는 연옥을 주로 고성소(古聖所)라고 부른다. 동방 교회들은 서방 교회에서 유행하던 이런 생각을 전적으로 받아들이지는 않았다.[79]

이전 스콜라 신학자들은 연옥에 가까운 곳에 유아 림보(the *limbus infantum* or the *limbus puerorum*)가 있다고 생각하였다.[80] 이곳은 세례받지 못하고 죽은 유아들이 가 있는 곳인데 이곳에서 원죄는 있으나 개인적 죄책은 없는 이 아이들은 적극적 고통을 받지는 않으나 "하늘의 지복으로부터 영원히 제외된다"고 하였다(kept forever out of heaven). 유아 림보에 대한 생각은 오랫동안 천주교에서 통용되는 생각이었고 일반적으로 가르쳐졌으나 한 번도 천주교의 공식적 신앙의 조항을 선포된 일은 없다. 그러다 2007년에 베네딕트 16세는 "유아 림보"는 천주교의 공식적 가르침이 아니라고 선언했다.[81] 전통적 천주교의 생각은 제한적 구원론(a restrictive view of salvation)을 반영하는 것이기에 세례를 받지 않은 유아들의 영혼들은 자비로운 하나님에 의해서 "하늘"에 받아들여(admitted to heaven)지기를 바라는 것이 합리적인 것이라고 선언되었다.[82]

또한 지옥에서 더 먼 곳에 "조상 림보"(*limbus patrum*)가 있다고 하였다.

---

78 Berkhof, *The History of Christian Doctrines*, 261.

79 이를 지적하는 Berkhof, *The History of Christian Doctrines*, 261을 보라.

80 Berkhof, *The History of Christian Doctrines*, 261을 보라.

81 이승구, 『사도신경』, 개정판 (서울: SFC, 2009, 최근판, 2022), 244, n. 2.

82 "Limbus Infantum,": https://encyclopedia2.thefreedictionary.com/Limbus+Infantum.

이는 "아브라함의 품" 또는 "낙원"(paradise)이라고도 불린 곳으로 구약의 참 신자들이 죽어서 그곳에서 그리스도께서 이곳에 오셔서 복음을 선포하실 때까지 기다리고 있던 곳이라고 하였다.[83]

중세기에는 천년왕국에 대한 관심이 거의 없었고,[84] 이단들이나 소종파에 의해서 이곳저곳에서 천년왕국을 말하는 사람들이 있어서 천년왕국 사상은 일반적으로 이단적인 것으로 여겨졌다.[85]

부활에 대해서도 중세기에 이상한 상상을 하는 견해들이 많이 나타났다. 아퀴나스조차도 재림 때에 살아 있는 성도들은 재림 때 바로 죽고 다시 살아나 다 같이 부활체를 입는다고 억지로 꿰맞추려 하였고, 부활의 시간은 저녁이 가까울 때라고 하였다.[86] 모든 이들이 젊은이로 부활할 것이고, 만질 수 있는 몸을 가지지만, 더 세련되고 빛날 것이라고 하였다. 성별의 차이는 있지만 성욕은 없을 것이라고 했다.[87] 모든 감각 기관은 작동할 것이나 미각은 없을 것이라고 하였다.[88] 키도 더 크지 않고 몸무게의 변화도 없을 것이라고 추론하였다.[89] 영혼의 의지에 따라서 신속하고 쉽게 움직일 수 있을 것이라고 하였다. 그 몸은 영화되고 빛날 것이기 때문에 영화된 눈

---

83 Shedd, *A History of Christian Doctrine,* 2:417; Berkhof, *The History of Christian Doctrines*, 261을 보라.

84 Cf. Shedd, *A History of Christian Doctrine,* 2:396; Berkhof, *The History of Christian Doctrines*, 263.

85 이를 지적하는 Berkhof, *The History of Christian Doctrines*, 263을 보라.

86 Aquinas, *Summa.* P. 3. Q. 75, Shedd, *A History of Christian Doctrine,* 2:405와 Berkhof, *The History of Christian Doctrines*, 266에서 재인용.

87 Aquinas, *Summa.* P. 3. Q. 75, Shedd, *A History of Christian Doctrine,* 2:405에서 재인용.

88 Aquinas, *Summa.* P. 3. Q. 75, Shedd, *A History of Christian Doctrine,* 2:405에서 재인용.

89 Aquinas, *Summa.* P. 3. Q. 75, Shedd, *A History of Christian Doctrine,* 2:406에서 재인용.

으로만 지각될 수 있다고 했다.[90] 악한 자들은 그와 대조되게 추해질 것이고 많은 수난을 당할 수 있는 몸을 가지고 부활하여 영원히 고통을 당하게 된다고 하였다.[91]

최후에 심판에 대해서도 비교적 성경적 입장을 가지고 이 땅에서의 행위에 대한 심판이 일어날 것임을 잘 말하면서도 이상한 생각도 같이 나타났으니 대중적으로는 그 심판이 여호사밧의 골짜기에서 일어날 것이라는 견해가 있었다.[92] 그런가 하면 아퀴나스는 모든 사람들의 행위를 모두 말로 재판하고 변호를 듣고 하는 식으로 심판하면 시간이 너무 많이 걸릴 것이므로 최후의 심판은 정신적으로(mentally) 있을 것이라고 추론하기도 했다.[93]

하늘(heaven)에 대해서도 복잡한 사변이 나타났으니, 기본적으로 세 종류의 하늘을 말하면서 첫째 하늘은 눈에 보이는 하늘(the *visible* heaven)로 창세기 1장이 말하는 "궁창"이라고 하였고, 둘째 하늘은 영적인 하늘(the *spiritual* heaven)로 성도들과 천사들의 거주지라고 하였고, 셋째 하늘은 예지적 하늘(the *intellectual* heaven)로 복된 자들이 "삼위일체를 복 되게 뵈옵는"(the beatific vision of the Trinity) 곳이라고 하였다.[94] 아퀴나스는 하늘에서 각기 다른 상이 주어지는데 모든 복된 자들에게는 "영광의 관"(the *corona aurea*)이 주어질 것이고, 순교자들과 성자들과 수도사들과 수녀들에게는 "특별한 영광의

---

90 Aquinas, *Summa*. P. 3. Q. 75, Shedd, *A History of Christian Doctrine,* 2:406에서 재인용.

91 Aquinas, *SummaTheologica,* Part 3. Q. 75, Shedd, *A History of Christian Doctrine,* 2:406과 Berkhof, *The History of Christian Doctrines*, 263에서 재인용.

92 이를 언급하는 Shedd, *A History of Christian Doctrine,* 2:408을 보라.

93 Aquinas, *Summa Theologica,* Part 3. Q. 88, Art. 2, Shedd, *A History of Christian Doctrine,* 2:409에서 재인용.

94 이를 언급하는 Shedd, *A History of Christian Doctrine,* 2:413을 보라.

빛"(the particular *auleolae*)이 주어질 것이라고 하였다.[95]

진취적이었던 스코투스 에뤼게나(Scotus Erigena)는 오리겐의 만유 회복설을 다시 제안하면서도 지옥 형벌의 영원성을 부인하지 않았고 그 둘을 다 같이 주장하려고 하였다.[96]

3. 종교개혁기의 성경적 점검

위클리프와 후스 같은 종교개혁의 선구자들이 성경에 근거해서 연옥을 비판한 것을 따라서 종교개혁 때에 이런 비성경적인 사상들과 그와 연관된 면벌부 판매 등이 일소(一宵)되었다. 〈스말칼드 신앙고백서〉(Smalcald Articles)에서는 연옥에 대한 가르침은 "용의 꼬리에 의해 낳아진 우상숭배의 뱀의 독"이라고 선언하기도 하였다.[97] 영국 교회의 〈39신조〉에서도 "연옥에 대한 로마적 교리(the Romish doctrine)는[98] 헛되이 창안된 어리석은 것이요, 그 어떤 성경적 근거도 없고, 오히려 하나님의 말씀과 반대되는 것이다"고 선언하였다.[99]

그런가 하면 당시 재세례파 일부에서 다시 나타난 죽은 후에 영혼이 최후 심판 때까지는 자고 있다고 생각하는 영혼 수면설에 대해서도 개혁자들은 강한 비판을 하였다. 칼빈의 최초의 신학적 저술인 『싸이코파니키아』

---

95 Shedd, *A History of Christian Doctrine,* 2:413에서 재인용.

96 이를 말하는 Shedd, *A History of Christian Doctrine,* 2:418을 보라.

97 Berkhof, *The History of Christian Doctrines*, 261에서 재인용.

98 여기에 "고해와 상들과 유해들을 경배하고 높이는 것과 성자들을 부르는 것"(Pardons, Worshipping and Adoration, as well of Images as of Relics, and also Invocation of Saints)에 대한 로마교의 교리도 포함시켜 말하고 있다.

99 39신조의 22항. http://anglicansonline.org/basics/thirty-nine_articles.html

(*Psychopannychia*)에서 칼빈은 이런 영혼 수면설을 비판하면서 사후에 영혼이 온전한 의식을 가지고 있음을 잘 변증하였다.

따라서 종교개혁 교회들은 성경의 가르침을 따라서 사후의 중간 상태가 있음을 분명히 하고, 중간 상태는 오직 "하늘"(heaven)과 "지옥"(hell) 두 상태뿐임을 분명히 하였다. 죽자마자 신자의 영혼은 "하늘"에, 불신자의 영혼은 "지옥"에 있으면서 그리스도 재림 때에 있을 몸의 부활을 기다린다는 것을 명확히 하고, 재림 때에 모든 부활한 사람들이 그리스도의 심판대 앞에서 심판을 받고(최후의 심판), 불신자들은 영원한 형벌의 장소인 "지옥"에 이번에는 "몸과 영혼"이 던져져서 영원히 형벌을 받으며, 신자들은 오직 그리스도의 십자가의 공로에 근거해서 "새 하늘과 새 땅"에서 영화롭게 부활한 몸을 가지고 영원히 산다는 것을 천명하였다.

개혁자들은 대부분 천년왕국 사상에 대해서 비판적이었다. 오히려 재세례파에 의해서 천년왕국 사상이 가르쳐졌고, 뮌스터에서 천년왕국이 실현되었다고 하는 운동이 많은 문제를 일으켰기에 당대 많은 사람들이 천년왕국 사상을 더 비판적으로 보게 하였다. 루터는 그리스도의 심판 전에 이 땅에 지상적 그리스도의 왕국이 세워질 것이라는 생각을 "꿈"이라고 하면서 조소하며 거부하였다.[100] 루터파의 아우구스부르크 신앙고백서도 이를 유대적 의견들이라고 하면서[101] "죽은 자들의 부활 이전에 경건한 사람들이 세상 왕국을 세우고 악한 자들이 억압될 것이라는 유대교적 의견들을 유포하는 사람들을" 정죄하였다(17항). 하인리히 불링거가 작성한 〈제2 스위스 신앙고백서〉에서도 "심판의 날 전에 지상에 황금시대가 있어서 경건한 사

100 이를 지적하는 Berkhof, *The History of Christian Doctrines*, 263을 보라.

101 유대교의 메시아 왕국 사상이 천년왕국 사상과 유사하다는 논의로 Shedd, *A History of Christian Doctrine,* 2:398-90을 보라.

람들이 세상 왕국을 소유하고 악한 자들을 복종시키게 될 것이라는 유대교적 희망을 우리들은 정죄한다"고 선언하였다(11장). 그러므로 종교개혁 시기는 천년왕국에 대한 관심이 없던 시기라고 말할 수 있거나 소위 무천년주의라고 하는 이미 영적인 천년왕국이 시작된 시대라고 말할 수 있을 것이다.

종교개혁자들은 예수님이 세상을 심판하기 위해 세상에 다시 오신다는 성경적 개념을 성경 그대로 천명하기를 즐겨 했다. 최후의 심판의 목적은 하나님의 공의의 공적인 선언이다. 이에 따라서 최종적 상 주심도 있음을 성경을 따라서 언급하였다.

또한 예수님의 재림 때에 있을 몸의 부활에 대해서 중세기의 추론들을 상당히 제거하고서 그저 현재의 몸과 같은 몸이어서 그 정체성(identity)을 유지하면서 연속성(continuity)과 함께 비연속성(discontinuity)을 지닌다고 선언하였다.

4. 17세기 이후의 건전한 논의들

17세기에는 이런 영적 천년왕국 개념을 생각하면서 전적으로 새로운 견해가 등장하였다. 그것은 예수님에 대한 가르침이 온 세상에 전파되게 되면 그리스도께서 재림하기 전에 아주 놀라운 그리스도의 영적 현존을 느끼게 되고 보편적 종교적 각성이 나타날 것이라는 견해이다. 이를 흔히 초기 형태의 후천년주의라고 한다. 일부 청교도들과 그들을 이은 분들 사이에서 유행한 이런 사상은 복음의 능력이 기독교의 황금시대를 열 것이고 이렇게 온전히 기독교화된 세계에 그리스도께서 재림하실 것이라고 했다.

그런가 하면 18-19세기에 다시 역사적 전천년주의를 강조하는 일들이 나타나기도 하였다. 벵겔이 그런 사람의 하나이고, 루터파 안에 어어랑겐(Erlangen) 학파라고 할 수 있는 호프만(Hofmann), 델리취(Delitzsch), 아우베를렌(Auberlen), 로떼(Rothe), 떼오도르 잔(Theodore Zahn), 영국의 엘리오트(Elliott), 커밍(Cumming), 비케르스테뜨(Bickersteth), 보나르(Bonar), 알포드(Alford), 같은 분들이 다시 천년왕국을 강조하면서 역사적 전천년주의를 주장했다.[102]

5. 18세기 이후 오도(誤導)하는 견해들의 등장

그런데 18세기부터 다양한 형태의 의심(疑心)이 극도로 나타나기 시작하였다. 특히 16세기부터 시작된 지리상 발견 이후 잘 의식하게 된 수없이 많은 이교도들의 존재를 생각하면서 한편으로는 선교에 열심히 나간 사람들도 있었지만 복음을 한 번도 들어 보지 못한 이교도들은 어떻게 하실 것인가에 대한 질문과 회의가 많아졌다. 그러면서 더 큰 희망을 말하면서 일종의 교의적 보편주의가 확대되어 나타나기 시작하였다. 자유주의 신학, 특히 하르낙이 말하는 하나님의 보편적 아버지 되심에 근거해서 그런 보편적인 하나님의 자녀들은 그 누구도 종국적으로 멸망할 수 없을 것이라는 추론이 강하게 등장하였다. 그래서 최종적으로 보편주의를 말하는 사람에서 사후(死後)에 두 번째 기회를 주어서 이 두 번째 기회에서 자신이 선택한 바에 따라 상황이 달라 질 것이라는 견해(소위 제2의 기회설, the second chance theory),[103] 또는 불신자들은 사후에 결과적으로는 다 멸절하게 된다는, 그리하여 그들

---

102 이를 지적하는 Berkhof, *The History of Christian Doctrines*, 264를 보라.

103 이에 대해서 Louis Berkhof, *Systematic Theology* (Grand Rapids: Eerdmans, 1938, 4th edition, 1948), 692-693를 보라.

에 대한 영원한 형벌은 없고, 오직 신자들의 영원한 복됨이 있을 것이라는 견해들이 등장하기 시작했다.[104]

숫자는 적으나 삼위일체를 부인하는 유니테리언파 사람들 중 아주 철저한 사람들은 절대적 의미에서의 보편 구원과 만물의 회복을 주장하기도 하였다.[105] 그보다 좀 연약한 견해가 어떤 종교를 가지든지 선하게 산 사람들은 종국적으로 구원될 것이라는 종교 다원주의와[106] 그런 이들은 하나님의 계획 안에서 그리스도의 구속으로 구원되니 자신들이 그것을 의식하는 그리스도인과 자신이 의식하지는 않아도 십자가의 구속에 속하는 소위 익명의 그리스도인이 있다는 내포주의 주장이 더 많이 나타나고 있다.[107]

그러나 이런 견해들은, 그 주장자들의 이런저런 논의에도 불구하고, 실질적으로 성경의 든든한 근거를 전혀 가지고 있지 않은 것이다.[108] 그러므로 영원한 형벌에 대한 부인은 성경의 무오성 교리를 부인하면 나타나는

---

104 이에 대해서 Berkhof, *Systematic Theology*, 690-692를 보라. 그는 이런 멸절설의 주장자들로 Arnobius, 초기 소시니안들, 철학자인 로크와 홉스를 들고, 19세기에 이를 변형하여 나타난 "조건적 불멸설"(conditional immortality)의 주장자들로 영국의 E. White, J. B. Heard, Row, 독일의 Richard Rothe, 프랑스의 A. Sabatier, 스위스의 E. Petavel, Ch. Secretan, 그리고 미국의 C. F. Hudson, W. R. Huntington, L. C. Baker, L. W. Bacon 등을 들고 있다. 오어는 로떼 외에도 알브레흐트 릿츌도 이런 견해를 주장한다고 하였다(Orr, *The Progress of Dogma*, 350).

105 Berkhof, *The History of Christian Doctrines*, 269.

106 종교 다원주의에 대해서는 Dennis L. Okholm and Timothy R. Philips, eds., *Four Views on Salvation in a Pluralistic World* (Grand Rapids: Zondervan, 1996), 이승구, 조호영 역, 『다원주의 논쟁』 (서울: CLC, 2001), 39-42; 이승구, "종교 다원주의의 대변자 존 힉(John Hick)의 종교 다원주의 주장과 그 문제점", 『우리 이웃의 신학들』 (서울: 나눔과 섬김, 2014), 105-40과 이에 인용된 여러 글들을 보라.

107 내포주의에 대해서는 Okholm and Timothy R. Philips, eds., 『다원주의 논쟁』, 280-310; 이승구, "복음주의적 내포주의자 클락 피녹과 그 문제점", 『우리 이웃의 신학들』, 141-51을 보라.

108 이런 주장을 하는 사람들의 동기에 동감적임을 밝히면서도 이 사실을 분명히 제시하는 Orr, *The Progress of Dogma*, 349를 보라. 더구나 성경은 사실 이런 견해들을 논박하고 있으며, 이들이 제시하는 성경 이외의 논의도 거의 상상적(largely illusory)인 것이라는 오어의 논의를 보라(349). 또한 Berkhof, *Systematic Theology*, 690-63을 보라.

것이라는 논의는[109] 옳은 것이다.

또한 예수님의 재림의 실재성(reality)에 대한 부인이 일어나고 또한 우리의 부활이 부인되기 시작하였다. 또한 부활에 대한 성경의 표현을 "모든 능력을 지닌 온전한 인격성이 죽음 이후에도 존재한다"는 것을 표현하는 표상적 표현들이라고 여기는 분들이 나타났다. 그들은 부활하는 것이 존재의 다른 차원으로 나가는 것이거나 다른 존재 방식(other mode of existence)을 가지는 것이라고 표현하기를 좋아한다. 그러나 이런 것도 결국 성경이 말하는 부활을 부인하는 것이다.

19세기에 등장하여 지금까지 온 세상에 큰 영향을 미치고 있는 세대주의는 세대주의적 전천년설을 온 세상에 퍼뜨렸다. 초대교회의 전천년주의나 벵겔 등의 전천년주의 등의 소위 역사적 전천년설과 달리 세대주의적 전천년주의는 다음 같은 점들을 강조하여 문제를 드러낸다. (1) 그리스도의 공중 재림, (2) 공중에 재림하신 예수님에게로 가는 휴거, (3) 이 기간에 이 땅에서 유대인들에 의한 왕국의 복음 전파, (4) 마태복음 25:31-46의 말씀을 왕국 복음을 전하러 다니던 유대인들에게 어떻게 대우했느냐에 따라 천년왕국에 들어가는 사람들과 천년왕국에서 제외되는 사람들을 나누는 심판이라고 해석, (5) 천년왕국이 유대인이 제1 시민이 되고 이방인들이 다스림을 받는 시민들이 되는 왕국이라고 보는 해석, (6) 이 기간에 팔레스타인, 특히 예루살렘이 중심이 된다는 해석, 그래서 소위 "백 투 제루살렘"(Back to Jerusalem: BTJ) 운동을 강조하는 것, (7) 천년왕국 시기에 예루살렘에 성전이 세워지고 제단을 쌓아 예수님의 구속을 "기념하는 제사"가 드려질 것이라고 주장하는 것, (8) 이 모든 것을 형성해 낸 '지나친 문자적 성경 해석' 그

109 이런 논의의 대표적인 예로 Shedd, *A History of Christian Doctrine,* 2:418-19을 보라.

리고 (9) 종국적으로도 이스라엘과 교회를 구별하게 하나님의 두 가지 프로그램을 말하고 강조하는 것.

이런 세대주의가 초기의 세대주의를 많이 극복하고 점진적 세대주의(Progressive Dispensationalism)로 변모해 간 것은 환영할 만한 일이다. 이에서 좀 더 성경적 해석으로 나아가 위에서 언급한 문제들을 온전히 극복하기를 소망하게 된다. 그런 점에서 세대주의자로 자라나서 언약 신학적 해석으로 성경 해석 방법을 변화시킨 죠오지 래드나 세대주의의 본산인 달라스 신학교 출신으로 점차 개혁파적으로 생각을 바꾸어 결국 웨스트민스터 신학교 총장으로 오랫동안 섬기고 있는 피터 릴백(Peter Lillback) 총장 같은 분들이 더 많이 나타나기를 바라게 된다.

또한 19세기-20세기에는 후천년주의를 자유주의적 형태로 제시하는 사람들도 나타났다. 여러 사람을 들 수 있으나 사회복음주의 운동을 주장한 월터 라우쉔부쉬(1861 - 1918)는 "우리들은 천년왕국적 소망의 회복을 필요로 한다"고 하였는데,[110] 그가 생각한 천년왕국이란 그저 그리스도의 법을 중심으로 하는 새로운 사회질서가 나타나는 것이었다. 결국 이런 입장은 그리스도의 실질적 재림이 있을 필요가 없는 것으로 만들었고, 이들 때문에 성경을 믿는 사람들은 후천년주의 자체를 아예 거부하게 만들었다.

6. 성경적 정통 교리의 유지와 근자의 좀 더 성경적 표현

천년왕국 사상은 그 어떤 보편적 신조에 포함되어 있지 않은 것이고 따라

---

110 Walter Rauschenbush, *A Theology of the Social Gospel* (New York: Abingdon Press, 1917), 224.

서 신앙의 본질적 요소에 속한 조항이라고 하기 어렵다.[111] 물론 건전하게 성경을 주해하면서 이를 말할 수 있다. 성경이 언급하는 것이기 때문이다. 그러므로 소위 역사적 전천년설이나 무천년설이나 건전한 후천년설이나 주께서 재림하시기까지는 각자 자신의 의견을 개진할 수 있고, 교회 공동체 안에서 그 의견들이 같이 있을 수 있다.

고대교회의 논의에서 더 명확히 나타난 것은 중간 상태와 최종 상태를 구별해야 한다는 것이다.[112] 일단 중간 상태는 영혼만 있는 상태이고, 최종 상태는 영혼과 몸이 다 온전히 된 전인의 상태다. 정통파 신학은 항상 이 구별을 분명히 해 왔다. 단지 믿는 사람들이 있게 되는 곳을 지칭하면서 두 곳을 모두 "하늘"(heaven)이라고 쓰는 경향이 있었다. 아마도 본질적으로 같은 성질을 지녔음을 생각하면서 그렇게 표현하는 것이 일반화된 것이라고 보아야 한다.

근자에 들어서 이런 용어도 좀 더 정확히 쓰려는 시도들이 있다. 성경의 용어를 더 정확히 쓰려는 노력으로 볼 수 있다. 하나님 나라를 마태복음과 다른 곳에서 천국(天國)이라고 언급하였으니, 성경이 말하는 천국은 예수 그리스도 안에서 '이미' 임하여 왔으나 동시에 '아직 아니' 상태에 있는 하나님 나라라고 해야 한다는 것이 이제는 보편적으로 인정되고 있다.[113] 따라

111 이를 강하게 말하는 Shedd, *A History of Christian Doctrine,* 2:398을 보라.

112 이 점을 잘 언급하는 Shedd, *A History of Christian Doctrine,* 2:410을 보라.

113 거의 모든 건전한『신약성경신학』은 이를 명확히 말하고 있다. 특히 고전적인 책들인 다음을 보라. Geerhardus Vos, *Biblical Theology: Old and New Testaments* (Grand Rapids: Eerdmans, 1948), 이승구 역,『성경신학』(서울: CLC, 1985, 개정역, 2000): George Eldon Ladd, *A Theology of the New Testament* (1974, revised edition, Grand Rapids: Eerdmans, 1993); Donald Guthrie, *New Testament Theology* (Leicester & Downers Grove: Inter-Varsity Press, 1981); Leon Morris, *New Testament Theology* (Grand Rapids: Zondervan Academic, 1990); I. Howard Marshall, *New Testament Theology: Many Witnesses, One Gospel* (Leicester and Downers Grove: IVP, 2004); Walter C. Kaiser, Jr., *The Promise-Plan of God: A Biblical Theology of the Old and New*

서 종말, 그리고 종말론이라는 용도도 20세기에 들어서 신약 성경이 말하는 바와 같이 정확히 사용되어야 한다는 생각과 의식적 표현이 늘어 가기 시작하였다. 이제는 그리스도께서 이미 오신 그 초림으로부터 종말론적 사건들이 이루어졌으니, 초림과 재림 사이, 즉 신약 시대 전체를 종말 기간이라고 해야 한다는 의식이 성장한 것이다. 따라서 종말이 임하여 왔으나 "아직 끝은 아니라는 것"을 명확히 의식하게 되었다. 오래전에 예수님께서 하신 말씀을 깊이 생각한 결과이다. "이런 일이 있어야 하되 아직 끝은 아직 아니니라"(마 24:6). 끝은 아직 오지 아니하였으나 그리스도 안에서 종말이 임하여 왔다는 성경적 인식이 제대로 나타나기 시작하였다. 따라서 물과 성령으로 거듭난 성도들은 이미 그리스도 안에서 우리에게 임하여 온 하나님 나라 안에 있는 것이니(골 1:13 참조), 이 땅에서 이미 하나님 나라 백성으로 살다가 죽은 뒤에 곧바로 하나님께로 가서 하나님께서 계시는 그 "하늘"(heaven)에서(마 6:9; 전 5:2) 안식하면서 종국적 상태를 기다린다.

그러다가 예수님께서 재림하실 때 우리들은 몸의 부활을 통해 부활체를 가지고 영원토록 새 하늘과 새 땅에서 살게 된다. 그 "새 하늘과 새 땅"을

Testaments (Grand Rapids: Zondervan, 2008). 근자의 다음 책들도 보라. T. Desmond Alexander & Brian S. Rosner, eds., *New Dictionary of Biblical Theology* (Leicester & Downers Grove: InterVarsity Press, 2000); Frank S. Theilman, *Theology of the New Testament: A Canonical and Synthetic Approach* (Grand Rapids: Zondervan, 2005); Thomas R. Schreiner, *New Testament Theology: Magnifying God in Christ* (Grand Rapids: Baker Academic, 2008); James M. Hamilton, *God's Glory in Salvation through Judgment: A Biblical Theology* (Wheaton, IL: Crossway, 2010); G. K. Beale, *A New Testament Biblical Theology: The Unfolding of the Old Testament in the New* (Grand Rapids: Baker Academic, 2011); Graeme Goldsworthy, *Christ-centered Biblical Theology: Hermeneutical Foundations and Principles* (Downers Grove, IL: IVP Academic, 2012); Craig L. Blomberg, *A New Testament Theology* (Waco, Texas: Baylor University Press, 2018). 성격은 좀 다르지만 다음 책들도 보라. Peter Stuhlmacher, *Biblical Theology of the New Testament,* trans. and ed., Daniel P. Bailey (Grand Rapids: Eerdmans, 2018).

이전 성도들은 "영광의 왕국"(*regnum gloriae*)이라고 부르기를 즐겨했다.[114] 예수님의 재림 이후에야 "영광의 왕국"이 있게 되는 것이다. 이 상태를 최종 상태라고 하고, 이것이 예수 그리스도 안에서 이미 우리에게 임하여 온 하나님 나라가 그 극치(極致, consummation)에 이른 상태다. 그러므로 성도들의 최종 상태는 "새 하늘과 새 땅"이며, 그것이 "영광의 왕국"이고, 그것이 "극치에 이른 천국"이다. 그러므로 참된 성도들은 이미 예수 그리스도 안에서 우리에게 임하여 온 하나님 나라 안에 살면서 오늘도 "그 나라가 임하옵시며"라고 기도하기를 그치지 않는다.

---

114 Charles Hodge, *Systematic Theology*, II. XI. 4 (563). Cf. Richard Muller, *Dictionary of Latin and Greek Theological Terms* (Grand Rapids: Baker Books, 1985), 259-61.

나가면서

20세기로 바로 접어드는 상황에서 제임스 오어는 "본질적 교의의 모든 것들은 이때쯤이면 다 확립되었다"고 하면서, 그래도 또 다른 더 어려운 과제를 지니고 있는데 그것은 "기독교를 우리의 삶과 사회의 조건에 적용하는 과제"라고 한 바 있다. 그리스도의 마음이 우리 시대의 모든 실천적 삶, 즉 법과 제도와 상업과 문학과 예술과 가정과 사회와 정치 관계에 적용될 때 즉 하나님 나라가 사람들 사이에 실현될 때의 의미와 방법을 찾아야 한다는 것이다.[1] 이것은 실천의 문제이다. 그래서 오어 자신은 20세기가 기독교 신학보다는 기독교 윤리의 시대가 될 것이라고 전망했다.[2] 그러므로 이에 대한 어떤 교의적 진술을 제공하기는 어려울 것이다. 그러나 우리는 이제까지 오직 성경에 근거해서 우리가 믿는 바가 무엇인지를 탐구해 온 것과 같이 이 문제에 대해서도 오직 성경에 근거해서 말하려고 노력해야 할 것이다. 오어가 "역사를 뒤로 하고, 하나님 편에 서서, 우리가 호소해야 하는 인간 마음의 불변하는 필요를 생각하면 우리는 그 어떤 미래에 대해서

---

1 James Orr, *The Progress of Dogma* (London: James Clarke & Co. Limited, 1901), 353.

2 Orr, *The Progress of Dogma*, 353.

도 두려워할 필요가 없다"는 말로 자신의 교의사를 마친 것과 같이[3] 우리도 오직 성경의 가르침에 근거해서 담담하게 주어진 일을 해가야 할 것이다.

[3] Orr, *The Progress of Dogma,* 353f.: "With God on our side, history behind us, and the unchanging needs of the human heart to appeal to, we need tremble for the future of neither." 이후에 그는 베드로전서 1:24-25 말씀을 붙이고 있다. "모든 육체는 풀과 같고 그 모든 영광은 풀의 꽃과 같으니 풀은 마르고 꽃은 떨어지되, 오직 주의 말씀은 세세토록 있도다 하였으니, 너희에게 전한 복음이 곧 이 말씀이니라."

참고 문헌

〈전체와 서론의 참고 문헌〉

Berkhof, Louis. *The History of Christian Doctrines*. Grand Rapids: Eerdmans, 1937, 1949. Paperback Edition. Grand Rapids: Baker, 1975.

_______. *Systematic Theology*. Grand Rapids: Eerdmans, 1941.

Cunliffe-Jones, Hubert. (Ed.) *A History of Christian Doctrine*. Edinburgh: T&T Clark, 1978. Reprinted, Philadelphia: Fortress Press, 1980.

Dorrien, Gary J. *The Remaking of Evangelical Theology*. Louisville, Ky.: Westminster/John Knox Press, 1998.

Evans, William B. *A Companion to the Mercersburg Theology: Evangelical Catholicism in the Mid-Nineteenth Century*. Eugene, OR: Cascade Books, 2019.

Fisher, George Park. *History of Christian Doctrine.* Edinburgh: T. & T. Clark, 1896, 7th Impression, 1949.

Harnack, Adolf von. *History of Dogma*. 7 Vols. Trans. from the 3rd German Edition. Edited by Neil Bucahnan. New York: Russell & Russell, 1858.

Herring, George. *What Was the Oxford Movement?* London: Continuum, 2002.

Hwang, Alexander Y. *Intrepid Lover of Perfect Grace: The Life and Thought of Prosper of Aquitaine*. Washington D. C.: Catholic University of America E. Press, 2009.

Klotsche. H. & J. Theodore Mueller. *The History of Christian Doctrine*. Burlington, Iowa: The Lutheran Literary Board, 1945.

Littlejohn, W. Bradford. *The Mercersburg Theology and the Quest for Reformed Catholicity*. Eugene, OR: Wipf and Stock, 2009.

Lonergan, Bernard. *The Way To Nicea: The Dialectical Development of Trinitarian Theology*. Philadelphia: Westminster Press, 1976.

Martin, Brian. *John Henry Newman: His Life and Work*. London: A&C Black, 2000.

Newman, John Henry. *An Essay on the Development of Christian Doctrine*. Toovey, 1845. 14th Printing of the 1978 Edition. London: Longmans, Green and Co., 1909=Digital Edition (https://www.newmanreader.org/works/development).

________. *The Idea of a University*. London, 1852. 2nd edition. London: Longmans, Green and Co., 1858. Uniform Edition, 1900.

Nichols, James Hastings. *Romanticism in American Theology: Nevin and Schaff at*

Mercersburg. Chicago: University of Chicago Press, 1961.

________. (Ed.) *The Mercersburg Theology.* New York: Oxford University Press, 1966.

Orr, James. *The Progress of Dogma*. London: James Clarke & Co. Limited, 1901.

Pelikan, Jaroslav. *The Christian Tradition: A History of the Development of Doctrine*. Vol. 1: *The Emergence of the Catholic Tradition (100-600)*. Chicago & London: The University of Chicago Press, 1971.

Ritschl, Albrecht. *A Critical History of the Christian Doctrine of Justification and Reconciliation.* 3 Vols. Trans. John Black. Edinburgh: Edmonston and Douglas, 1872.

Rohsė, Bernhard. *Epochen der Dogmengeschichte.* Stuttgart: Kreuz Verlag, 1963. Trans. F. Ernest Stoeffler. *A Short History of Christian Doctrine.* Philadelphia: Fortress Press, 1966. Revised Edition, 1985.

Schaff, Philip. *The Principle of Protestantism.* Chambersburg, PA: The Publication Office of the German Reformed Church, 1845.

_______. *The Creeds of Christendom*. 3 Vols. 1876. Reprinted. Grand Rapids: Baker, 1984.

Scorgie, Glen G. *A Call for Continuity: The Theological Contribution of James Orr.* Macon: Mercer University Press, 1998. Reprint. Vancouver: Regent College Publishing, 2004.

Seeberg, Reinhold. *Text-book of the History of Doctrine.* 2 Vols. Trans. Charles E. Hay, Philadelphia: Lutheran Publication Society, 1905.

Shedd, William G. T. *A History of Christian Doctrine*. Vol. 1. New York: Charles Scribner's Sons, 1863. 1902 Edition. Reprinted by Birmingham, AL: Solid Ground Christian Books, 2006.

________. *A History of Christian Doctrine.* Vol. 2. New York: Charles Scribner's Sons, 1897.

Tillich, Paul. *A History of Christian Thought from Its Judaic and Hellenistic Origins to Existentialism.* Edited by Carl E. Braaten. New York: Simon & Schuster, 1967.

Vincentius. *Commonitorium* (https://www.newadvent.org/fathers/3506.htm).

"Pope Beatifies Cardinal Newman as His UK Tour Ends (with video clip)." *BBC News*, 19 September 2010.

"Pope to Canonize Newman and Four Others on 13 October." *Vatican News*, 1 July 2019 (www.vaticannews.va.).

이승구. 『사도신경』. 서울: SFC, 2004, 2009년 개정판의 최근 판, 2022.

______. 『코넬리우스 반틸』. 서울: 살림, 2007.

______. 『하나님께 아룁니다』. 서울: 말씀과 언약, 2020.

______. 『교회, 그 그리운 이름』. 서울: 말씀과 언약, 2021.

〈제1부 참고 문헌〉

Athanasius. *Select Treatises of St. Athanasius: In Controversy With the Arians.* Freely Translated by John Henry Cardinal Newman. Longmans, Green, and Co., 1911.

________. *On the Incarnation.* New York: Macmillan Publishing, 1946.

________. *The Incarnation of the Word of God.* New York: Mcmillan, 1964.

Audi, Robert. *The Cambridge Dictionary of Philosophy.* Cambridge University Press, 1999.

Augustine. "On the Spirit and the Letter." In *A Select Library of the Nicene and Post-Nicene Fathers of the Christian Church, 5 Saint Augustin: Anti-Pelagian Writings.* (Ed.) Philip Schaff. Buffalo: Christian Literature Company, 1887.

________. "Enchiridion." In *Nicene and Post-Nicene Fathers.* Vol. 3. Edinburgh: T&T Clark, 1887. Reprint, Edinburgh: T&T Clark, and Grand Rapids: Eerdmans, 1988. (https://www.ccel.org/ccel/schaff/npnf103.iv.ii.xiii.html).

________. *Civita Dei.* In *Nicene and Post-Nicene Fathers.* Series I/Volume II. 1886. Reprinted. Edinburgh: T&T Clark and Grand Rapids: Eerdmans, 1988.

________. *De quantitate animae: The Measure of the Soul.* Latin Text, with English Translation and Notes by Francis E. Tourscher. Philadelphia: Peter Reilly Co., 1933.

________. *De doctrina Christiana.* Trans. D. W. Robertson, Jr. *On Christian Doctrine.* Indianapolis: The Bobbs-Merrill, 1958.

________. "Sermon" for Easter (A Sermon based on Luke 24:36). Available at: http://catholicism.org/st-augustine-easter.html.

________. *Sermons (230–272B).* Trans. Edmund Hill. New Rochelle, NY: New City Press, 1993.

________. *Sermons (341-400) on Various Subjects.* Vol. III/10. Trans. and Notes by Edmund Hill, O P. Hyde Park, New York: New City Press, 1995.

________. *Sermons (184–229Z).* Trans. Edmund Hill. New Rochelle, NY: New City Press, 1996.

________. *Contra Faust.* In *Answer to Faustus, a Manichean.* Trans. Roland Teske. Hyde Park, NY: New City Press, 2007.

________. *De Trinitate.* 김종흡 역. 『삼위일체론』. 고양: 크리스천 다이제스트, 1993.

________. *Confession.* 선한용 옮김. 『성 어거스틴의 고백록』. 서울: 대한기독교서회, 2003, 17쇄, 2016.

Aulén, Gustaf. *Christus Victor: An Historical Study of the Three Main Types of the Idea of Atonement.* Trans. A. G. Herbert. London: SPCK, 1931. Reprint. New York: Macmillan, 1969.

Baines, Ronald S., Richard C. Barcellos, James P. Butler, Stefan T. Lindblad & James M. Renihan. *Confessing the Impassible God.* Palmdale: RBAP, 2015.

Barrett, William. *Irrational Man*. New York: Doubleday & Co., 1962.

Bauckham, R. "'Only the Suffering God Helps': Divine Passibility in Modern Theology." *Themelios* 9/3 (1984): 6–13.

Bavinck, Herman. *Reformed Dogmatics*. Vol. 2. Grand Rapids: Baker Academic, 2004. 『개혁주의 신론』. 서울: CLC, 1987.

Berkhof, Louis. *Systematic Theology*. Grand Rapids: Eerdmans, 1941.

Bonner, Gerald. "De perfectione justitiae hominis." In *Augustine Through the Ages: An Encyclopedia*. Edited by Allan D. Fitzgerald & John C. Cavadini. Grand Rapids: Eerdmans, 1999.

Bonner, Gerald. *St. Augustine of Hippo: Life and Controversies*. London: SCM Press, 1963.

_______. "Pelagius (fl. c. 390–418), theologian." In *Oxford Dictionary of National Biography*. Oxford University Press, 2004.

Boone, Mark J. "The Role of Platonism in Augustine's 386 Conversion to Christianity." *Religion Compass* 9/5 (May 2015): 151-61. (Available at: https://doi.org/10.1111/rec3.12149).

Brown, Peter. *Augustine of Hippo: A Biography*. London: Faber & Faber, 1967. A New Edition with an Epilogue. London: Faber & Berkeley: University of California Press, 2000.

Bull, George. *Defensio fidei Nicaenae. A Defense of the Nicene Creed. Out of the Extant Writings of the Catholik Doctors*. Oxford: J. H. Parker, 1981-1852.

Burns, J. Payout. "Baptism as Dying and Rising with Christ in the Teaching of Augustine." *Journal of Early Christian Studies* 20/3 (2012): 407–38.

Castelo, Daniel. "Qualified Impassibility." In *Divine Impassibility: Four Views of God's Emotions and Suffering*, 53-74. (Eds.) Robert J. Matz and A. Chadwick Thornhill. Downers Grove: IVP, 2019.

Chadwick, Henry. *Augustine*. Oxford: Oxford University Press, 1986.

Cobb, J. B. and D. Griffin. (Eds.) *Process Thought: An Introductory Exposition*. Philadelphia: Westminster Press, 1976.

Cochrane, Charles Norris. *Christianity and Classical Culture*. London: Oxford University Press, 1944.

Coray, Henry W. *Against the World: The Odyssey of Athanasius*. Neerlandia, Alberta, Canada & Pella, Iowa: Inheritance Publications, 1999.

Cress, Donald A. "Augustine's Privation Account of Evil: A Defense." *Augustinian Studies* 20 (January 1, 1989): 109-28.

Cróinín, Dáibhí Ó. *Early Medieval Ireland, 400-1200*. London: Longman, 1995, 2nd edition. London: Routledge, 2016.

Cunningham, William. *Historical Theology*. Edinburgh: T. & T. Clark, 1870.

de Jonge, H. J. "On the Origin of the Term 'Apostolic Fathers'." *The Journal of Theological Studies*, n.s. 29/2 (Oct. 1978): 503-505.

DeWolf, L. Harold. *The Religious Revolt Against Reason*. New York: Harper & Row, 1949.

Dobell, Brian. *Augustine's Intellectual Conversion: The Journey from Platonism to Christianity.* Cambridge & New York: Cambridge University Press, 2010.

Dorner, Isaak August. *The History of the Development of the Doctrine of the Person of Christ.* 4 Vols. Edinburgh: T. & T. Clark, 1862.

Drewery, Benjamin. "Martin Luther." In *A History of Christian Doctrine.* (Ed.) Hubert Cunliffe-Jones. Edinburgh: T&T Clark, 1978. Reprinted. Philadelphia: Fortress Press, 1980.

Dunn, James. *Christology in the Making: A New Testament Inquiry Into the Origins of the Doctrine of the Incarnation*. London: SCM, 1980.

Dünzl, Franz. *A Brief History of the Doctrine of the Trinity in the Early Church.* Edinburgh: T & T Clark, 2007.

Dupont, Anthony. "Continuity or Discontinuity in Augustine?" *Ars Disputandi* (http://www.ArsDisputandi.org) 8 (2008): 67–79.

Edwards, M. W. *Optatus: Against the Donatists.* Translated Texts for Historians. Vol. 27. Liverpool: Liverpool University Press, 1997.

Erickson, Millard J. *Christian Theology*. Grand Rapids: Baker, 1985.

Fiddes, Paul. *The Creative Suffering of God.* Oxford: Oxford University Press, 1988.

_______. "Suffering, Divine." In A. E. McGrath. (Ed.) *The Blackwell Encyclopedia of Modern Christian Theology*, 633-36. Oxford: Blackwell, 1993.

_______. *Participating in God: A Pastoral Doctrine of the Trinity*. London: Darton, Longman and Todd, 2000.

Fletcher, Richard A. *Who's Who in Roman Britain and Anglo-Saxon England.* London: Shepheard-Walwyn, 1989.

Fredriksen, Paula. "Paul and Augustine: Conversion Narrative, Orthodox Traditions and the Retrospective Self." *Journal of Theological Studies* 37 (1986): 3-34.

Fretheim, T. E. *The Suffering of God: An Old Testament Perspective*. Philadelphia: Fortress Press, 1984.

Gavrilyuk, Paul L. "God's Impassible Suffering in the Flesh: The Promise of Paradoxical Christology." In *Divine Impassibility and the Mystery of Human Suffering, 140-41.* (Eds.) James F. Keating and Thomas Joseph White. Grand Rapids: Eerdmans, 2009.

Goetz, R. "The Suffering God: The Rise of a New Orthodoxy." *New Christian Century* 103/13 (1986): 385–89.

Grant, Robert M. (Ed.) *The Apostolic Fathers: A New Translation and Commentary*. 6 Vols. New York: Thomas Nelson, 1964–1968.

______. "Origen." In *The Encyclopedia of Philosophy*. (Ed.) Paul Edwards, Vol. 5. New York City, New York: The MacMillan Company & The Free Press, 1967.

Hagenbach, Karl Rudolf. *Compendium of the History of Doctrines.* Vol. 1. Trans. Carl W.

Bush. Edinburgh: T & T Clark, 1846.

Harrison, Carol. *Beauty and Revelation in the Thought of Saint Augustine*. Oxford: Clarendon Press, 1992.

________. *Augustine: Christian Truth and Fractured Humanity*. Oxford: Oxford University Press, 2010.

________. *Rethinking Augustine's Early Theology: An Argument for Continuity* Oxford: Oxford University Press, 2006.

Hart, David Bentley. *The Beauty of the Infinite: The Aesthetics of Christian Truth*. Grand Rapids: Eerdmans, 2004.

Hegedus, Timothy Michael Joseph. "Attitudes to Astrology in Early Christianity: A Study based on Selected Sources." Ph. D. dissertation. Toronto University, 2000.

Hill, E. (Trans). *The Works of Saint Augustine. A Translation for the 21st Century. Sermons*, III/4. New York: New City Press, 1992.

Holmes, William Gordon. *The Age of Justinian and Theodora: A History of the Sixth Century A.D.* 2 Vols. London: G. Bell and Sons, LTD., 1905. 2nd Edition 1912. Reprint, Adamant Media Corporation, 2003.

Hunter, David G. "Fourth-century Latin Writers: Hilary, Victorinus, Ambrosiaster, Ambrose." In Frances Young, Lewis Ayres, & Andrew Louth. (Eds.) *The Cambridge History of Early Christian Literature*. Cambridge: University Press, 2004.

Irenaeus. *Adv. Haereses*. Trans. Alexander Roberts and William Rambaut. Ante-Nicene Fathers. Vol 1. Buffalo, NY: Christian Literature Publishing, 1885. http://www.newadvent.org/fathers/0103.htm.

Kelly, Henry Ansgar. *Satan: A Biography*. Cambridge: Cambridge University Press, 2006.

Kelly, John N. D. *The Athanasian Creed: The Paddock Lectures for 1962–1963*. New York and Evanston: Harper & Row, 1964.

Kenney, John Peter. *The Mysticism of Saint Augustine: Rereading the Confessions*. New York: Routledge, 2005.

King, Peter. "Augustine's Encounter with Platonism." *Modern Schoolman*. (Available at: http://individual.utoronto.ca/pking/articles/Augustine_and_Neoplatonism.pdf).

Kinzig, Wolfram. *Faith in Formulation*. 4 Vols. Oxford: Oxford University Press, 2017.

Kirsch, Jonathan. *God against the gods: The History of the War between Monotheism and Polytheism*. New York: Viking Compass, 2004.

Kitamori, Kazoh. *Theology of the Pain of God* (1946). London: SCM, 1966.

Klotsche, E. H. & J. Theodore Mueller. *The History of Christian Doctrine*. Burlington, Iowa: The Lutheran Literary Board, 1945.

Knowles, David. "From Charlemagne to the Eleventh Century." In *A History of Christian Doctrine*. (Ed.) Hubert Cunliffe-Jones. Edinburgh: T &T Clark, 1978. Reprinted. Philadelphia: Fortress Press, 1980.

Knowles, David. "The Middle Ages: 604-1350." In *A History of Christian Doctrine*. (Ed.)

Hubert Cunliffe-Jones. Edinburgh: T &T Clark, 1978. Reprinted. Philadelphia: Fortress Press, 1980.

Kolbet, Paul R. *Augustine and the Cure of Souls: Revisiting a Classical Ideal.* Notre Dame, IN: University of Notre Dame Press, 2010.

Kroner, Richard. *Speculation and Revelation in the Age of Christian Philosophy.* Philadelphia: Westminster Press, 1953.

Kurian, George Thomas & James D. Smith. *The Encyclopedia of Christian Literature.* 2 Vols. Lanham, MD and Plymouth: Scarecrow Press, 2010.

Lake, Stephen. "Knowledge of the Writings of John Cassian in Early Anglo-Saxon England." In *Anglo-Saxon England.* (Eds.) Michael Lapidge, Malcolm Godden, & Simon Keynes. Vol. 32. Cambridge: University Press, 2004.

Lamm, Julia A. *The Wiley-Blackwell Companion to Christian Mysticism.* Oxford: Blackwell Pub. Co., 2012.

Lancel, Serge. *St. Augustine.* Trans. Antonia Nevill. London: SCM, 2002.

Lee, Jung-Young. *God Suffers for Us: A Systematic Inquiry into a Concept of Divine Passibility.* The Hague, 1974.

Letham, Robert. *Systematic Theology.* Wheaton, IL: Crossway, 2019,

Levering, Matthew. *The Theology of Augustine: An Introductory Guide to His Most Important Works.* Grand Rapids: Baker Academic, 2013.

Lewis, C. S. "Introduction" to St. Athanasius. *On the Incarnation.* New York: Macmillan Publishing, 1946.

Lightfoot, J. B. *The Apostolic Fathers.* Second Edition. London: Macmillan & Co., 1890.

Lincincum, David. "The Paratextual Invention of the Term 'Apostolic Fathers'." *The Journal of Theological Studies*, n.s. 66/1 (April 2015): 139-48.

Lister, Rob. *God is Impassible and Impassioned: Toward a Theology of Divine Emotion.* Wheaton: Crossway, 2013.

Luther, Martin. *Lectures on Titus, Philemon, and Hebrews.* Saint Louis: Concordia Publishing House, 1968.

McEvoy, James J. "Neoplatonism and Christianity: Influence, Syncretism or Discernment?" In *The Relationship between Neoplatonism and Christianity.* (Eds.) Thomas Finan and Vincent Twomey. Dublin: Four Courts Press, 1992.

McGuckin, John Anthony. "The Life of Origen (ca. 186–255)." In *The Westminster Handbook to Origen.* (Ed.) John Anthony McGuckin. Louisville, Kentucky: Westminster John Knox Press, 2004.

McManners, John. *Oxford Illustrated History of Christianity.* Oxford: University Press, 2001.

Meyendorff, John. *Imperial Unity and Christian Divisions: The Church 450-680 A.D.* Crestwood, NY: St. Vladimir's Seminary Press, 1989.

Miles, Margaret R. *Augustine on the Body.* Missoula, MT: Scholars Press, 1979.

________. "Sex and the City (of God): Is Sex Forfeited or Fulfilled in Augustine's

Resurrection of Body?" *Journal of the American Academy of Religion* 73/2 (June 2005): 307-27.

________. *Augustine and the Fundamentalist's Daughter.* Eugene: Cascade Books, 2011.

Moltmann, J. *The Crucified God.* London: SCM, 1974.

Moss, Yonatan. *Incorruptible Bodies: Christology, Society and Authority in Late Antiquity.* Oakland, CA: University of California Press, 2016.

Neander, August. *General History of the Christian Religion and Church.* III. London: Wiley & Putnam, 1853.

O'Collins, Gerald. SJ. "St Augustine as Apologist for the Resurrection of Christ." *Scottish Journal of Theology* 69/3 (August 2016): 326-40.

_______. *Saint Augustine on the Resurrection of Christ.* Oxford: Oxford University Press, 2017.

O'Meara, John J. (Ed.) *St. Augustine: Against the Academics.* Philadelphia: Westminster, 1950.

Olson, Roger E. *The Story of Christian Theology.* Downers Grove, Illinois: InterVarsity Press, 1999.

Oord, Thomas Jay. "Strong Passibility." In *Divine Impassibility: Four Views of God's Emotions and Suffering.* Downer Grove, IVP Academic, 2019.

Orr, James. *Neglected Factors in the Study of the Early Progress of Christianity.* The Morgan Lectures delivered at Auburn Theological Seminary in New York in October 1897. London: Hodder and Stoughton, 1899.

Packer, J. I. "God." In *New Dictionary of Theology* (Eds.) Sinclair Ferguson and David Wright. Downers Grove: InterVarsity, 1998. idem, "Theism for Our Time." In *God Who Is Rich in Mercy.* (Eds.) Peter T. O'Brien and David G. Peterson. Grand Rapids: Baker, 1986.

Parry, Thomas Jones. "Augustine's Psychology During his First Period of Literary Activity, With Special Reference to His Relation to Platonism." Dissertation, Strasburg, 1913. Leipzig: Buchdruckerie Robert Noske, 1913.

Pellegrino, Michele. *The True Priest: The Priesthood as Preached and Practiced by Saint Augustine.* Trans. Arthur Gibson. New York: Palm, 1968.

Peper, Bradley Mark. "On the Mark: Augustine's Baptismal Analogy of the *Nota Militaris.*" *Augustine Studies* 38 (2007): 353–63.

Pinnock, Clark H., Richard Rice, John Sanders, William Hasker, & David Basinger. *The Openness of God.* Downers Grove: InterVarsity, 1994.

Pinnock, Clark H. "An Interview with Clark Pinnock." *Modern Reformation* (Nov-Dec, 1998): 37.

_______, *Most Moved Mover: A Theology of God's Openness.* Carlisle: Paternoster, 2001.

Ployd, Adam. *Augustine, the Trinity, and the Church: A Reading of the Anti-Donatist Sermons.* Oxford: Oxford University Press, 2015.

Pope Benedict XVI. "Saint Leo the Great." *General Audience*, 5 March 2008. *Libreria Editrice Vaticana.*

Rushdoony, R. J. *The Foundations of Social Order: Studies in the Creeds and Councils of the Early Church*. Chalcedon Foundation, 1968.

Schaff, Philip. (Ed.) *Creeds of Christendom*. 3 Vols. New York: Harper and Row, 1877. 6th edition, 1938. Reprinted. Grand Rapids: Baker, 1977.

Schmidt, Maria. "Augustine on Evil as Potency for Privation." The Best Systematic Theology Essay in the Summer 2022 Clarifying Catholicism Theology Essay Contest. Available at: https://clarifyingcatholicism.org/claritas-fidei/augustine-on-evil-as-potency-for-privation.

Shedd, William G. T. *A History of Christian Doctrine*. Vol. 2. New York: Charles Scribner's Sons, 1897.

Sohm, Rudolph. *Outlines of Church History.* Trans. May Sinclair. London: Macmillan & Company, 1895.

Stoller, Timothy Todd. "Dying and Rising with Christ: Visualizing Christian Experience in Martin Luther's 1519 Devotional Writings." Ph. D. Dissertation. Iowa: University of Iowa, 2011.

Taylor, Henry Osborn. *The Medieval Mind.* 4th Edition. 2 Vols. London: Macmillan, 1938.

Teal, Andrew Robert. *The God-Man: Athanasius in Early Christianity.* Missoula, MT: Scholar's Press, 2013.

Tillich, Paul. *A History of Christian Thought: From Its Judaic and Hellenistic Origins to Existentialism*. New York: Simon & Schuster, 1968.

Torrance, Thomas F. *The Doctrine of Grace in the Apostolic Fathers*. Edinburgh & London: Oliver and Boyd, 1958. Reprint. Grand Rapids: Eerdmans, 1959.

Trigg, Joseph Wilson. *Origen: The Bible and Philosophy in the Third-Century Church.* Atlanta, Georgia: John Knox Press, 1983.

Van Til, Cornelius. 『조직신학 서론』. 이승구, 강웅산 옮김. 서울: 크리스챤 출판사, 2009.

Ware, Bruce A. *God's Greater Glory: The Exalted God of Scripture and the Christian Faith.* Wheaton: Crossway, 2004.

Warfield, B. B. "Tertullian and the Beginnings of the Doctrine of the Trinity(1)." *Princeton Theological Review* 3/4 (October 1905): 529-57.

_______. "Tertullian and the Beginnings of the Doctrine of the Trinity(2)." *Princeton Theological Review* 4/1 (January 1906): 1-36.

_______. "Tertullian and the Beginnings of the Doctrine of the Trinity(3)." *Princeton Theological Review* 4/2 (April 1906): 145-67.

Watson, Gerard. "St Augustine, the Platonists and the Resurrection Body: Augustine's Use of a *Fragment* from Porphyry." *Irish Theological Quarterly* 50/2-4 (June 1, 1983): 222-32.

Watts, Edward J. *City and School in Late Antique Athens and Alexandria*. Berkeley and Los

Angeles, California: University of California Press, 2008.
Whitehead, Alfred North. *Process and Reality: Gifford Lectures Delivered in the University of Edinburgh, During the Session 1927-28*. 1929. 2nd Edition. Free Press, 1979.
Williams, Daniel D. "The Significance of St. Augustine Today." In *A Companion to the Study of St. Augustine*. (Ed.) Roy W. Battenhouse. Grand Rapids, Michigan: Baker Book House, 1979.
Williams, Thomas. "Augustine and the Platonists." A lecture given to the Freshman Program of Christ College, the Honors College of Valparaiso University, 23 October 2003.
Wolfson, H. A. *The Philosophy of the Church Fathers*. Cambridge: Harvard University Press, 1970.
Wolterstorff, Nicholas P. "Does God Suffer?" *Modern Reformation* (Sept-Oct 1999): 45-47.
이남규.『개혁교회 신조학』. 수원: 합신대학원출판부, 2020.
이승구. "The Relationship Between the Ontological Trinity and the Economic Trinity." Journal of Reformed Theology 3/1 (2009): 90-107=『개혁신학 탐구』, 53-67. 수원: 합신대학원출판부, 2012, 개정판, 2022.

〈제2부 참고 문헌〉

"The Council of Trent, the Sixth Session." In *The Canons and Decrees of the Sacred and Oecumenical Council of Trent*. Trans. J. Waterworth. London: Dolman, 1848. (Available at: https://history.hanover.edu/texts/trent/ct06.html).
Anselm, *Proslogion*.
Anselm. *Cur Deus Homo*.
Aquinas, *Summa Theologica*. Trans. Fathers of the English Dominican Province. Second and Revised Edition, 1920. Online Edition, 2017, https://www.newadvent.org/summa/2084.htm#article4.
Asimov, Isaac. *The Roman Empire*. Houghton Mifflin: Boston, 1967.
Buick, Knox, R. "The History of Doctrine in the Seventeenth Century." In *A History of Christian Doctrine*. Philadelphia: Fortress Press, 1980.
Carlson, Charles P., Jr. *Justification in Early Medieval Theology*. Hague: Nijhoff, 1975.
Collinge, William J. *Historical Dictionary of Catholicism*. 2nd Edition. Lanham, MD: Scarecrow Press, 2012.
Drewery, Benjamin. "The Council of Trent." In *A History of Christian Doctrine*. (Ed.). Hubert Cunliffe-Jones. Edinburgh: T &T Clark, 1978. Reprinted. Philadelphia: Fortress Press, 1980.
_________. "Martin Luther." In *A History of Christian Doctrine*. Philadelphia: Fortress Press,

1980.

Fesko, John V. *Justification: Understanding the Classic Reformed Doctrine*. Phillipsburg, New Jersey: P&R Publishing, 2008.

Halley, Henry H. *Halley's Bible Handbook*. 24th Edition. Grand Rapids: Zondervan, 1965.

Hoekema, A. A. *Saved by Grace*. Grand Rapids: Eerdmans, 1989.

Horton, "Traditional Reformed Response." In *Justification: Five Views*, 291, 298=『칭의논쟁』, 436, 446.

Horton, Michael. *For Calvinism*. Grand Rapids: Zondervan, 2011.

https://en.wikipedia.org/wiki/Assumption_of_Mary.

https://www.britannica.com/topic/cardinal-Roman-Catholicism.

Jedin, Hubert. *Geschichte des Konzils von Trent*. 2 Vos. Freiburg im Breisgau: Herder, 1947, 1957. Trans. Ernest Graf, *A History of the Council of Trent*. London: Thomas Nelson and Sons Ltd., 1957, 1961. https://en.wikipedia.org/wiki/Council_of_Trent.

Jüngel, Eberhard. *Justification: The Heart of the Catholic Faith*. Trans. Jeffrey F. Cayzer. New York: T. & T. Clark, 2001.

Knowles, David. "From Gregory the Great to Charlemagne." In *A History of Christian Doctrine*. Philadelphia: Fortress Press, 1980.

_______. "The Middle Ages: 604-1350." In *A History of Christian Doctrine*. Philadelphia: Fortress Press, 1980.

________. "From Charlemagne to the Eleventh Century." *In A History of Christian Doctrine*. Philadelphia: Fortress Press, 1980.

________. "The Age of Revival and Reform, 1000-1150," In *A History of Christian Doctrine*. Philadelphia: Fortress Press, 1980.

________. "The First Century of Scholastic Theology, c. 1050-c. 1200." In *A History of Christian Doctrine*, 257-65. Philadelphia: Fortress Press, 1980.

________. "The Golden Age of Scholasticism." In *A History of Christian Doctrine*. Philadelphia: Fortress Press, 1980.

________. "The Later Scholastics," In *A History of Christian Doctrine*. Philadelphia: Fortress Press, 1980.

McGrath, Alister. "The Influence of Aristotelian Physics upon St. Thomas Aquinas' Discussion of the *Processus Iustificationis*." *Recherches de théologie ancienne et médiévale* 51 (1984): 223-29.

________. *Iustitia Dei: A History of the Christian Doctrine of Justification*. 3rd Edition. Cambridge: Cambridge University Press, 2005. 한성진 옮김. 『하나님의 칭의론』. 서울: CLC, 2008.

McGuire, Brendan. "The Medieval Papacy." Available at: http://www.cocsermons.net/studies/First_Real_Pope_5E2EF539.pdf.

Muller, Richard A. *Dictionary Latin and Greek Theological Terms*. Grand Rapids: Baker, 1985.

O'Collins, Gerald. "A Personal Journey." In *Justification, Five Views*, 287=『칭의 논쟁』, 432.

________. "Laity as Teachers in the *Ecclesia Docens*." *Irish Theological Quarterly* 86/3 (2021): 241–53.

Oberman, Heiko Augustinus. *The Harvest of Medieval Theology*. Durham, NC: The Labyrinth Press, 1983.

O'Malley, John W. *A History of the Popes*. Government Institutes, 2009.

Rupp, E. Gordon. "Christian Doctrine from 1350 to the Eve of the Reformation." In *A History of Christian Doctrine*, 289-304. Philadelphia: Fortress Press, 1980.

Schaff, Philip. (Ed.) *Creeds of Christendom*. 3 Vols. New York: Harper and Row, 1877. 6th edition, 1938. Reprinted. Grand Rapids: Baker, 1977.

Schlatter, Adolf. *The History of the Christ: The Foundation of New Testament Theology*. Grand Rapids: Baker, 1997.

The Catechism of the Catholic Church. 2nd Edition. Libreria Editrice Vaticana. Citta del Vaticano, 1997.

Watson, Philip S. *Let God be God*. London, Epworth Press, 1947.

김병훈. "천주교회의 선행론에 대한 개혁교회의 신학적 평가". 『노르마 노르마타: 16, 17세기 개혁교회의 신학과 신앙』. 수원: 합신대학원 출판부, 2015.

손순태 마태오. "교리 용어: 공로". Available at: http://bbs.catholic.or.kr/home/bbs_view.asp?num=5&id=17028&mwtype=S&menu=question_and_answer).

라인하르트 슈바르츠. 『라인하르트 슈바르츠의 루터』. 정병식 역. 서울: 한국신학연구소, 2007

오덕교. 『교회 역사를 빛낸 위대한 설교자들』. 서울: 좋은 땅, 2021.

우병훈. 『처음 만나는 루터』, 39.

이승구. 『진정한 기독교적 위로』. 1998, 최근 판. 서울: 말씀과 언약, 2022.

______. "칼빈의 『기독교 강요』 저술 동기를 통해 살펴본 신학의 과제". 『개혁신학탐구』, 115-40. 서울: 도서출판 하나, 1999. 개정판, 수원: 합신대학원 출판부, 2012.

______. "로마 가톨릭 교회의 의화 이해와 개신교의 칭의 이해의 비교". 『우리 이웃의 신학들』, 91-96. 서울: 나눔과 섬김, 2014.

〈제3부 참고 문헌〉

Althaus, Paul. *The Theology of Martin Luther*. Trans. Robert C. Schultz. Philadelphia: Fortress, 1966.

Anizor, Uche and Hank Voss. *Representing Christ: A Vision for the Priesthood of All Believers*. Downers Grove, IL: InterVarsity Press, 2016.

Atkinson, James. *Martin Luther and the Birth of Protestantism*. Baltimore: Penguin, 1968.

Augusburg Confession. (https://carm.org/augsburg-confession).

Aulén, Gustaf. *Christus Victor: An Historical Study of the Three Main Types of the Idea of Atonement*. 1931. Translated by A. G. Herbert. Macmillan, 1951.

Barth, Karl. *Church Dogmatics*. IV/1. Edinburgh: T. & T. Clark, 1956.

Barth, Karl. *The Teaching of the Church Regarding Baptism*. Trans. Ernest A. Payne. London: SCM, 1963.

Barth. *Church Dogmatics* IV/4. Trans. G. W. Bromiley. Edinburgh: T&T Clark, 1969.

Bavinck, Herman *Reformed Dogmatics*. 4 Vols. Trans. John Vriend. (Ed.) John Bolt. Grand Rapids: Baker Academic, 2006.

Berkouwer, G. C. *Faith and Justification*. Grand Rapids: Eerdmans, 1954.

Bradshaw, Paul F. *The Search for the Origins of Christian Worship*. Oxford: Oxford University Press, 2002.

Bradshaw, Paul F., Maxwell E. Johnson, & L. Edwards Philips. *The Apostolic Tradition: A Commentary*. Hermeneia. Minneapolis: Fortress Press, 2002.

Brent, Allen. *Hippolytus and the Roman Church in the Third Century.* Leiden: Brill, 1995.

Calvin, John. *Letters of John Calvin.* Vol. II. Edinburgh: Thomas Constable and Co., 1857.

_______. *Institutes of the Christian Religion* (1559). LCC Edition. Edited by John T. McNeill. Translated by Ford Lewis Battles. Philadelphia: Westminster, 1960.

Clark, R. Scott. "*Iustitia Imputata Christi:* Alien or Proper to Luther's Doctrine of Justification?" *Concordia Theological Quarterly* 70 (2006): 269-310.

Collins, G. N. M. "Order of Salvation." In *Evangelical Dictionary of Theology*. 2nd Edition. (Ed.) Walter A. Elwell. Grand Rapids, MI: Baker Academic, 2001.

Courvoisier, Jaques. *Zwingli Théologien Réformé* (Neuchâtel: Delachaus et Niestlé, 1965. 쟈끄 꾸르브와지에. 『개혁신학자 츠빙글리』. 이수영 역. 서울: 한국장로교출판사, 2002.

Crawford, John R. "Calvin and the Priesthood of all Believers." *Scottish Journal of Theology* 21/2 (1968): 145-56.

Cross, Richard Alan. *Communicatio idiomatum: Reformation Christological Debates*. Oxford & New York: Oxford University Press, 2019.

Dorner, Isaak August. *A System of Christian Doctrine*. 4 Vols. Edinburgh: T&T Clark, 1890.

Drewery, Benjamin. "Martin Luther." In *A History of Christian Doctrine*. (Ed.) Hubert Cunliffe-Jones. Edinburgh: T&T Clark, 1978. Reprinted. Philadelphia: Fortress Press, 1980.

Ferguson, Sinclair. *The Holy Spirit*. Downers Grove, IL: InterVarsity, 1996.

Fesko, John V. "Calvin on Justification and Recent Misinterpretations of His View." *Mid-American Journal of Theology* 16 (2005): 83-114.

______. *Justification: Understanding the Classic Reformed Doctrine*. Phillipsburg, NJ: P&R, 2008.

______. "Luther on Union with Christ." *Scottish Bulletin of Evangelical Theology* 28 (2010): 161-76.

______. *Word, Water, and Spirit: A Reformed Perspective on Baptism*. Grand Rapids: Reformation Heritage, 2010.

Gatiss, Lee. "The Inexhaustible Fountain of All Good Things: Union with Christ in Calvin on Ephesians." *Themelios* 34/2 (2009): 196-206.

Godfrey, W. Robert. "Martin Luther's 7 Characteristics of the Church." In *The Legacy of Luther*. (Eds.) R. C. Sproul & Stephen J. Nichols. Orlando: Reformation Trust, 2016. Available at: https://www.ligonier.org/learn/articles/martin-luthers-7-characteristics-church.

Grudem, Wayne. *Systematic Theology: An Introduction to Biblical Doctrine*. Grand Rapids: Zondervan Publishing, 1994.

Hall, Basil. *Calvin Against the Calvinists*. Huguenot Society of London, 1962.

_____. "Ulrich Zwingli." In *A History of Christian Doctrine*. Edinburgh: T&T Clark, 1978. Reprinted. Philadelphia: Fortress Press, 1980.

Hodge, Charles. *Systematic Theology*. 3 Vols. New York, London and Edinburgh: C. Scribner and Company, 1872-1873. Reprint. Grand Rapids: Eerdmans, 1977.

Hoekema, Anthony A. *Saved by Grace*. Grand Rapids: Eerdmans, 1989.

https://bookofconcord.org/solid-declaration/third-use-of-the-law/

Johnson, Lawrence J. *Worship in the Early Church: An Anthology of Historical Sources*. Vol 1. Liturgical Press, 2009.

Julian, John. *Dictionary of Hymnology*. 2nd Edition. London: John Murray, 1907).

Kärkkäinen, Veli-Matti. *One with God: Salvation as Deification and Justification*. Collegeville, MN: Liturgical Press, 2004.

Kelly, Robert A. "The Suffering Church: A Study of Luther's *Theologia Crucis*." *Concordia Theological Quarterly* 50/1 (1986): 3-18.

Lane, Anthony N. S. *Justification by Faith in Catholic-Protestant Dialogue: An Evangelical Assessment*. London: T&T Clark, 2002.

Lohse, Bernhard. *Martin Luther's Theology: Its Historical and Systematic Development*. Translated and Edited by Roy A. Harrisville. Minneapolis, MN: Fortress Press, 1999.

Lotz, David W. "Albrecht Ritschl and the Unfinished Reformation." *Harvard Theological Review* 73/3-4 (October 1980): 337-72.

Luther, Martin. "The Large Catechism." Trans. F. Bente and W. H. T. Dau. In *Triglot Concordia: The Symbolical Books of the Evangelical Lutheran Church, 565-773*. St. Louis: Concordia Publishing House, 1921. (Available at: https://www.projectwittenberg.org/pub/resources/text/wittenberg/luther/catechism/web/cat-13a.html).

_______. *Luther's Works*. 55 Vols. (Eds.) Jaroslav Pelikan and Helmut T. Lehman. Philadelphia: Muhlenberg and Fortress; St. Louis: Concordia, 1955-1975.

_______. "Open Letter to German Nobility" (1520). *Luther's Works* 10: 266-351.

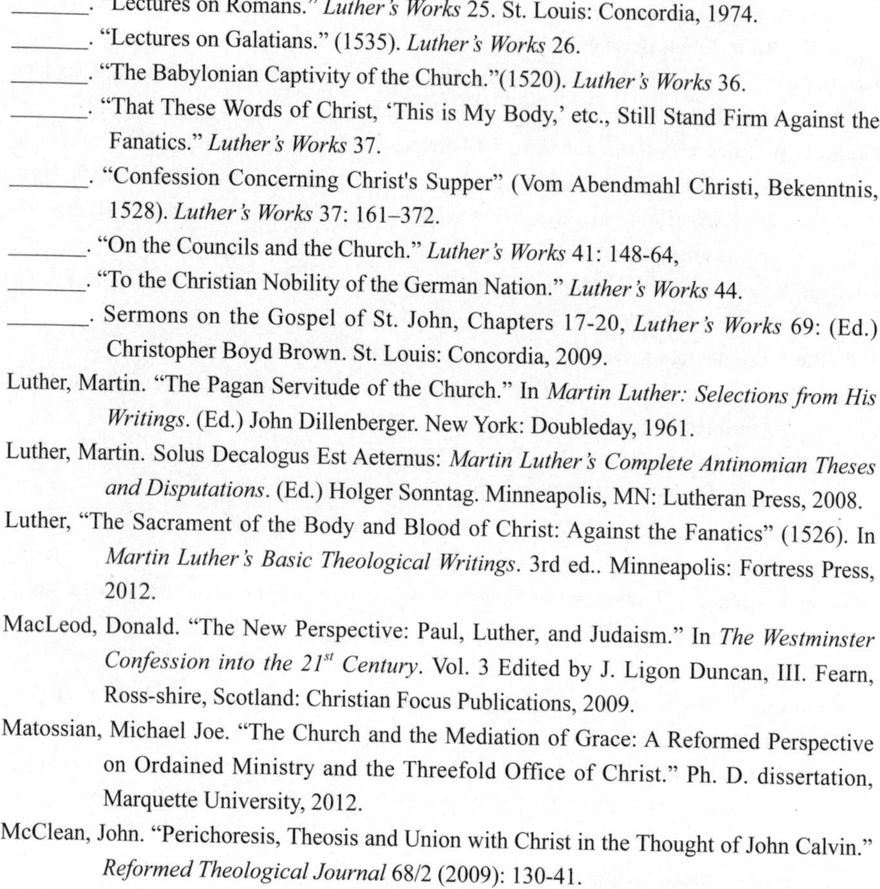

_______. "Lectures on Romans." *Luther's Works* 25. St. Louis: Concordia, 1974.

_______. "Lectures on Galatians." (1535). *Luther's Works* 26.

_______. "The Babylonian Captivity of the Church."(1520). *Luther's Works* 36.

_______. "That These Words of Christ, 'This is My Body,' etc., Still Stand Firm Against the Fanatics." *Luther's Works* 37.

_______. "Confession Concerning Christ's Supper" (Vom Abendmahl Christi, Bekenntnis, 1528). *Luther's Works* 37: 161–372.

_______. "On the Councils and the Church." *Luther's Works* 41: 148-64,

_______. "To the Christian Nobility of the German Nation." *Luther's Works* 44.

_______. Sermons on the Gospel of St. John, Chapters 17-20, *Luther's Works* 69: (Ed.) Christopher Boyd Brown. St. Louis: Concordia, 2009.

Luther, Martin. "The Pagan Servitude of the Church." In *Martin Luther: Selections from His Writings*. (Ed.) John Dillenberger. New York: Doubleday, 1961.

Luther, Martin. Solus Decalogus Est Aeternus: *Martin Luther's Complete Antinomian Theses and Disputations*. (Ed.) Holger Sonntag. Minneapolis, MN: Lutheran Press, 2008.

Luther, "The Sacrament of the Body and Blood of Christ: Against the Fanatics" (1526). In *Martin Luther's Basic Theological Writings*. 3rd ed.. Minneapolis: Fortress Press, 2012.

MacLeod, Donald. "The New Perspective: Paul, Luther, and Judaism." In *The Westminster Confession into the 21st Century*. Vol. 3 Edited by J. Ligon Duncan, III. Fearn, Ross-shire, Scotland: Christian Focus Publications, 2009.

Matossian, Michael Joe. "The Church and the Mediation of Grace: A Reformed Perspective on Ordained Ministry and the Threefold Office of Christ." Ph. D. dissertation, Marquette University, 2012.

McClean, John. "Perichoresis, Theosis and Union with Christ in the Thought of John Calvin." *Reformed Theological Journal* 68/2 (2009): 130-41.

McCormack, Bruce. "Union with Christ in Calvin's Theology: Grounds for a Divinisation Theory?" In *Tributes to John Calvin*. (Ed.) David W. Hall (Phillipsburg: Presbyterian and Reformed Publishing, 2009.

McGrath, Alister. "Forerunners of the Reformation? A Critical Examination of the Evidence for Precursors of the Reformation Doctrine of Justification." *Harvard Theological Review* 75 (1982): 219-42.

_______. *Iustitia Dei: A History of the Christian Doctrine of Justification*, 2d ed. New York: Cambridge University Press, 2002.

McKee, Elsie Anne. "The Offices of Elders and Deacons in the Classical Reformed Tradition." In *Major Themes in the Reformed Tradition*. (Ed.) Donald K. McKim. Grand Rapids, Mich.: Eerdmans, 1992.

McLelland, Joseph C. *The Visible Words of God: An Exposition of the Sacramental Theology of Peter Martyr Vermigli, A.D. 1500-1562*. London and Edinburgh: Oliver & Boyd,

1957.

Melanchthon. *Loci communes.* 『신학 총론』. 이승구 옮김. 고양: 크리스천 다이제스트, 2000.

Menschreck, Clyde L. *Melanchthon: The Quiet Reformer*. New York: Abingdon Press, 1958. Reprint. Eugene, OR: Wipf & Stock Pub., 2009.

Meyer, F. W. C. "The Formal Principle of the Reformation." *The Old and New Testament Student* 15/1-2 (July-August, 1892): 31-39.

Murray, John. *Collected Writings of John Murray*. Vol. 2. Edinburgh: Banner and Truth, 1977.

Oberman, Heiko A. *The Harvest of Medieval Theology: Gabriel Biel and Late Medieval Nominalism*. Cambridge, Mass: Harvard University Press, 1963. Reprint. Grand Rapids, MI: Baker Academic, 2001.

________. *Forerunners of the Reformation*. New York: Holt, Rinehart and Winston, 1966.

Oudtshoorn, Andre van "SOLUS, SOLA: Constructing a Christocentric Faith Model of the '*Ordo Salutis*'." *Verbum et Ecclesia* 35/1 (2014): 1-9 (doi:10.4102/ve.v35i1.739).

Packer, T. H. L. "John Calvin." In *A History of Christian Doctrine*. Philadelphia: Fortress Press, 1980.

Potter, G. R. "Zwingli and Calvin." In *The Reformation Crisis*. (Ed.) Joel Hurstfield. New York: Harper Torchbooks, 1966.

______. *Huldrych Zwingli*. London, 1978.

Rohls, Jan. *Theologie reformierter Bekenntnissschriften*. Vandenhoeck, 1987. 위거찬 역. 『개혁교회 신앙고백과 신학』. 서울: 서울 성경신학대학원대학교 출판부, 2022.

Runia, Klaas. "Justification and Roman Catholicism." In *Right with God: Justification in the Bible and the World*. (Ed.) D. A. Carson. Exeter: The Paternoster Press & Grand Rapids: Baker Book House, 1992.

Selderhuis, Herman. *Luther, A Man Seeking God*. Wheaton, Ill.: Crossway Books, 2017. 신호섭 옮김. 『루터, 루터를 말하다』. 서울: 세움북스, 2016.

Sheldon, Henry Clay. *History of Christian Doctrine*. II. New York: Harper & Brothers, 1886.

Stephens, William Peter. "The Place of Predestination in Zwingli and Bucer." *Zwigliana* 19/1 (1991): 393-410.

Stewart, Alistair C. *On the Apostolic Tradition, Hippolytus; An English Version*. With introduction and Commentary. 2nd Edition. St Vladimir's Seminary Press, 2015.

Taylor, Justin. "Why do we Call Them the Formal and Material Principles of the Reformation." Available at: https://www.thegospelcoalition.org/blogs/justin-taylor/why-do-we-call-them-the-formal-and-material-principles-of-the-reformation/.

The Formula of Concord.
Available at: https://bookofconcord.org/solid-declaration/the-holy-supper/).

The Second Helvetic Confession. In Schaff, *Creeds of Christendom*. Vol. 3:266-67.

The Westminster Confession of Faith.
(Available at: http://www.reformed.org/documents/wcf_with_proofs/)

Tillich, Paul. *A History of Christian Thought from Its Judaic and Hellenistic Origins to*

Existentialism. New York: Simon & Schuster, 1967.
Towns, Elmer L. "Martin Luther on Sanctification." *Bibliotheca Sacra* (April, 1969): 115-22.
Trigg, Jonathan D. *Baptism in the Theology of Martin Luther*. Leiden: Brill, 2001. D. Ramsey, Patrick. "*Sola Fide* Compromised? Martin Luther and the Doctrine of Baptism." *Themelios* 34/2 (2009): 179-93.
Turretin, F. *Institutes of Elenctic Theology*. Trans. George Musgrave Giger. Edited by James T. Dennison, Jr. Phillipsburg, N.J.: Presbyterian and Reformed, 1994.
Venema, C. P. *Accepted and Renewed in Christ: The Twofold Grace of God and the Interpretation of Calvin's Theology*. Bristol, CT: Vandenhoeck & Ruprecht, 2007.
Zwingli, Ulrich. "Of the Clarity and Certainty or Power of the Word of God." In *Zwingli and Bullinger*. (Ed.) G. W. Bromiley. Philadelphia: Westminster Press, 1953.
______. "A Subsidiary Essay on the Eucharst." *Zwingli's Writings*. Vol. II. (Ed.) D. Hadidian. Trans. H. W. Pipkin. Allison Park: Pickwick Publications, 1984.
______. "Friendly Exegesis, that is, Exposition to the Matter of the Eucharist to Martin Luther." *Zwingli's Writings*. Vol. II.
______. "Letter to Matthew Alber." *Zwingli's Writings*. Vol. II.
______. "그리스도교 신앙 선언"(1531). 『츠빙글리 저작선집 4』. 임 걸 역. 서울: 연세대학교 대학출판문화원, 2015
김병훈 편. 『그리스도의 순종과 의의 전가』. 수원: 합신대학원출판부, 2022.
김은수. "칼빈의 구원론의 중심과 본질: 그리스도와의 연합과 이중은혜". 안명준 편. 『칼빈의 구원론과 교회론』, 14-38. 서울: SFC, 2011.
박윤선. 『개혁주의 교의학』. 서울: 영음사, 2003.
브랜던 크로. 『그리스도의 능동적 순종과 수동적 순종 - 왜 예수님은 완전한 삶을 사셨는가?』 전광규 옮김. 서울: 부흥과개혁사, 2022.
신호섭. "The Imputation of Christ's Active Obedience in Puritan Theology." Th. M. Thesis. Westminster Theological Seminary, 2006=『개혁주의 전가 교리』. 서울: 지평서원, 2016.
앨런 스트레인지. 『(웨스트민스터 표준문서에 있는) 그리스도의 능동적 순종의 전가』. 윤석인 옮김. 서울: 부흥과개혁사, 2022.
이남규. "중생 전제설에 대한 아브라함 카이퍼와 헤르만 바빙크의 이견". 「신학 정론」 41/1 (2023년 6월): 427-67을 보라.
이승구. "칼빈의 신앙 이해". 2000년 8월 17일 Henry Meeter Center, Calvin Theological Seminary.=「국제신학」 2 (2000):163-91. 『21세기 개혁신학의 방향』. 서울: SFC, 2005, 2008에 재수록.
______. 『성령의 위로와 교회』. 서울: 이레서원, 2002. 최근 판, 2015.
______. "칼빈의 창조 이해". 「조직신학연구」 12 (2009): 46-61.
______. "칼빈의 신론: 일관성을 지닌 실천적 하나님 이해". 「신학 정론」 34/2 (2016년 11월): 258-84.
______. 『한국교회가 나아갈 길』. 서울: CCP, 2018.

______. 『21세기 개혁신학의 방향』. 서울: CCP, 2018.
______. "개혁파 교회에 대한 쯔빙글리의 기여". 강경림 외. 『한 권으로 읽는 츠빙글리의 신학』. 서울: 세움북스, 2019.
______. "개혁자들의 칭의론의 일치성". 『가난하나 부요케: 조병수 박사 은퇴기념논총집』. 서울: 가르침, 2020.
______. 『교회, 그 그리운 이름』. 서울: 말씀과 언약, 2021.

〈제4부(1) (19–21장) 참고 문헌〉

Achtemeier, Paul J. *The Inspiration of Scripture: Problems and Proposals*. Philadelphia: Westminster, 1980.

Alexander, T. Desmond. "Further Observations on the Term 'Seed' in Genesis." *Tyndale Bulletin* 48/2 (1997): 363–67.

Aquinas, *Summa Theologica*. Trans. Fathers of the English Dominican Province. Second and Revised Edition, 1920. Online Edition, 2017, https://www.newadvent.org/summa/2084.htm#article4.

Armstrong, Brian G. *Calvinism and the Amyraut Heresy: Protestant Scholasticism and Humanism in Seventeenth Century France*. Madison: University of Wisconsin Press, 1969.

Augustine. "Enchiridion." In *Nicene and Post-Nicene Fathers*. Vol. 3. Edinburgh: T&T Clark, 1887. Reprint, Edinburgh: T&T Clark, and Grand Rapids: Eerdmans, 1988. (https://www.ccel.org/ccel/schaff/npnf103.iv.ii.xiii.html).

________. *Civita Dei*. In *Nicene and Post-Nicene Fathers*. Series I/Volume II. 1886. Reprinted. Edinburgh: T&T Clark and Grand Rapids: Eerdmans, 1988.Augustine. "Enchiridion." In *Nicene and Post-Nicene Fathers*. Vol. 3. Edinburgh: T&T Clark, 1887. Reprint, Edinburgh: T&T Clark, and Grand Rapids: Eerdmans, 1988.

Barrett, Matthew M. *Reclaiming Monergism: The Case for Sovereign Grace in Effectual Calling and Regeneration*. Phillipsburg: P&R Publishing, 2013.

________. *God's Word Alone*. Grand Rapids: Baker Academic, 2016.

________. (Ed.) *The Doctrine on Which the Church Stands or Falls: Justification in Biblical, Theological, Historical, and Pastoral Perspective*. Wheaton: Crossway, 2019.

Bavinck, Herman. *Our Reasonable Faith*. Grand Rapids: Eerdmans, 1956.

Beach, J. Mark. "The Doctrine of the *Pactum Salutis* in the Covenant Theology of Herman Witsius." *Mid-America Journal of Theology* 13 (2002): 101-42.

Bell, M. D. "*Propter potestatem, scientiam, ac beneplacitum Dei*: The Doctrine of the Object of Predestination in the Theology of Johannes Maccovius." Ph.D. dissertation.

Westminster Theological Seminary, 1986.

Berkouwer, G. C. *Divine Election*. Grand Rapids: Eerdmans, 1960.

Boettner, Loraine. *The Reformed Doctrine of Predestination*. Evangelical Press, 1932. Grand Rapids: Eerdmans, 1936.

Boston, Thomas. *The Compete Works of Thomas Boston*. London, 1853.

Bull, Hedley, Adam Roberts & Benedict Kingsbury. *Hugo Grotius and International Relations*. Oxford: Oxford University Press, 2003.

Bullinger, Heinrich. *De Testamento sev foedere Dei unico & Aeterno*. Zürich: Christoph Froschouer, 1534. Trans. Charles S. McCoy and J. Wayne Baker. "A Brief Exposition of the One and Eternal Testament or Covenant of God." In their *Fountainhead of Federalism: Heinrich Bullinger and the Covenant Tradition*, 155-61. Louisville, Kentucky: Westminster/John Knox Press, 1991.

Burchill, Christopher J. "Girolamo Zanchi: Portrait of a Reformed Theologian and his Work." *Sixteenth Century Journal* 15 (1984): 185–205.

Campbell, K. M. *God's Covenant*. Phillipsburg, NJ: P&R, 1974.

Carson, D. A. & John D. Woodbridge. (Eds.) *Scripture and Truth*. Grand Rapids: Zondervan, 1983.

Cassirer, Ernst. *The Philosophy of the Enlightenment* (1932). Trans. Fritz C. A. Koelln and James P. Pettegrove. Princeton, New Jersey: Princeton University Press, 1951.

Cheek, Jonathan M. "Genesis 3:15 as the Root of a Biblical Theology of the Church and the World: The Commencement, Continuation, and Culmination of the Enmity between the Seeds." Ph. D. diss. Bob Jones University, 2019.

________. "Recent Developments in the Interpretation of the Seed of the Woman in Genesis 3:15." JETS 64/2 (2021): 215–36.

Chen, Kevin. *The Messianic Vision of the Pentateuch*. Downers Grove, IL: InterVarsity Press, 2019.

Clark, R. Scott. "A Brief History of Covenant Theology" (2015). (Available at: https://heidelblog.net/2015/08/a-brief-history-of-covenant-theology/)

________. "The Reformation of Vocation." Posted on April 27th, 2019. Available at: https://heidelblog.net/2019/04/the-reformation-of-vocation/

Clowney, Edmund P. "Toward a Biblical Doctrine of the Church." *Westminster Theological Journal* 31/1 (November 1968).

________. "The Biblical Theology of the Church." In *The Church in the Bible and the World: An International Study*. (Ed.) D. A. Carson. Grand Rapids: Baker/Exter: Paternoster, 1987, 1993.

________. *The Church*. Downers Grove, IL: IVP Academic, 1995.

Collins, C. John. "A Syntactical Note (Genesis 3:15): Is the Woman's Seed Singular or Plural?" *Tyndale Bulletin* 48/1 (1997): 139–48.

Cross, Richard. Communicatio Idiomatum: *Reformation Christological Debates*. Oxford:

Oxford University Press, 2019.
Cumming, Nicholas A. *Francis Turretin (1623–87) and the Reformed Tradition*, St Andrews Studies in Reformation History. Leiden: Brill, 2020.
Daniel, Curt D. "Hyper-Calvinism and John Gill." PhD Dissertation. The University of Edinburgh, 1983.
Dorner, Isaak August. *History of the Development of the Doctrine of the Person of Christ*. 3 Vols. Edinburgh: T. & T. Clark, 1862.
Dumbrell, William J. *Covenant and Creation: An Old Testament Covenantal Theology*. Exeter, Devon: The Paternoster Press, 1984.
Edwards, Jonathan. *Collected Writings of Jonathan Edwards*. Vol 2. Edinburgh: Banner of Truth, 1979.
Eichrodt, Walther. "Covenant and Law." *Interpretation* 20/3 (1966): 302-21.
Ella, George M. *Henry Bullinger: Shepherd of the Churches*. Durham: Go Publications, 2007.
_______. "John Gill and the Charge of Hyper-Calvinism." *Baptist Quarterly* 36/4 (1995): 160–70.
_______. *John Gill and the Cause of God and Truth*. Durham: Go Publications, 1995.
_______. *John Gill and Justification from Eternity: A Tercentenary Appreciation (1697–1997)*. Durham: Go Publications, 1998.
Emerson, E. H. "Calvin and Covenant Theology." *Church History 25* (1956): 136-44.
Enns, Peter. *Inspiration and Incarnation: Evangelicals and the Problem of the Old Testament*. Grand Rapids: Baker Academic, 2005.
Fatio, Olivier. "Lambert Daneau 1530-1595." In *Shapers of Religious Traditions in Germany, Switzerland, and Poland, 1560-1600*, 105-19. (Ed.) Jill Raitt. New Haven: Yale University Press, 1981.
Feenstra, Peter G. *Unspeakable Comfort: A Commentary on the Canons of Dort*. Winnipeg: Premier Publishing, 1997.
Ferguson, Sinclair. *John Owen on the Christian Life*. Edinburgh: Banner of Truth Trust, 1987.
Fesko, J. V. *The Covenant of Redemption: Origins, Development and Reception*. Göttingen: Vandenhoeck & Ruprecht, 2015.
______. *The Trinity and the Covenant of Redemption*. Fearn: Mentor, 2016.
Forde, Steven. "Hugo Grotius on Ethics and War." *The American Political Science Review* 92/3 (1998): 639–48.
Freedman, Joseph S. "The Career and Writings of Bartholomäus Keckermann (d. 1609)." *Proceedings of the American Philosophical Society* 141/3 (1997): 305-64.
Fumerton, Richard. (Ed.) *Foundationalism*. Cambridge: Cambridge University Press, 2022.
Gaussen, S. R. Louis. *Theopneustia, or The Plenary Inspiration of the Holy Scripture*. Revised American Edition. Chicago: Bible Institute Colportage Association. n. d. (1853?).
Gentry, Peter J. & Stephen J. Wellum. *Kingdom through Covenant: A Biblical-Theological Understanding of the Covenants*. Crossway, 2012.

Gerstner, John. "Warfield's Case for Biblical Inerrancy." In John Warwick Montgomery. (Ed.) *God's Inerrant Word*, 115-42. Minneapolis, MN: Bethany House, 1974.

Golding, Peter. *Covenant Theology*. Fearn, Ross-shire: Christian Focus Publications, 2004. Reprint, 2008.

Gootjes, Albert. *Claude Pajon (1626–1685) and the Academy of Saumur: The First Controversy over Grace*. Brill's Series in Church History 64. Leiden: Brill, 2013.

Grohman, Donald D. "Genevan Reactions to the Saumur Doctrine of Hypothetical Universalism, 1635–1685." ThD diss., Knox College, Toronto, 1971.

Haakonssen, "Hugo Grotius and the History of Political Thought." *Political Theory* 13/2 (2016): 239–65.

Haakonssen, Knud. *Natural Law and Moral Philosophy: From Grotius to the Scottish Enlightenment*. Cambridge: University Press, 1996.

Hall, Basil. "Calvin against the Calvinists." In (Ed.) G. E. Duffileld. *John Calvin*, 19-37. Appleford: Sutton Courtenay Press, 1966.

Hamilton, Jr., James M. "The Skull Crushing Seed of the Woman: Inner-Biblical Interpretation of Genesis 3:15." SBJT 10/2 (2006): 30–55.

Han, Byung Soo. Symphonia Catholica: *The Merger of Patristic and Contemporary Sources in the Theological Method of Amandus Polanus (1561-1610)*. Reformed Historical Theology 30. Göttingen: Vandenhoeck & Ruprecht, 2015.

Harrelson, Walter. *Interpreting the Old Testament*. New York: Holt, Reinhart & Weston, 1964.

Harris, R. Laird. *Inspiration and Canonicity of the Bible*. Grand Rapids; Zondervan, 1957.

Harrison, G. S. "The Covenant, Baptism, and Children." *Tyndale Bulletin* 9 (1961): 3-16.

Helm, Paul. "Calvin and the Covenant: Unity and Continuity." *Evangelical Quarterly* 55 (April 1983): 65–81.

Hodge, Charles. *Systematic Theology*. Vol. 2. London and Edinburgh: Tomas Nelson & New York: Charles Scribner and Co., 1872.

Hoekema, Anthony A. "The Covenant of Grace in Calvin's Teaching." *Calvin Theological Journal* 2/2 (1967): 133-61.

_________. *Created in God's Image*. Grand Rapids: Eerdmans, 1986.

_________. *Saved By Grace*. Grand Rapids, MI: Eerdmans, 1989.

Hoeksema, Herman. *The Triple Knowledge: An Exposition of the Heidelberg Catechism*. 3 Vols. Grand Rapids: Reformed. Free Publishing Association, 1956.

_________. *Reformed Dogmatics*. Grand Rapids: Reformed Free Publishing Association, 1973.

Hoeksema, Homer C. *The Voice of Our Fathers*. Grand Rapids: Reformed Free Publishing Association, 1980.

Holmes, Arthur. *Contours of A Word View*. Grand Rapids: Eerdmans, 1983. 이승구 역. 『기독교 세계관』. 서울: 엠마오, 1985. 개정역. 서울: 솔로몬, 2017.

Horton, Michael S. *God of Promise: Introducing Covenant Theology*. Grand Rapids: Baker

Books, 2006.
________. *Calvin on the Christian Life: Glorifying and Enjoying God Forever*. Wheaton: Crossway, 2014.
Houston, Joel D. "The Cavity in the Covenant: George Whitefield's Use of the Pactum Salutis." *Churchman* 131/2 (Summer 2017): 139-56.
https://en.wikipedia.org/wiki/Racovian_Catechism.
Hume, David. *An Enquiry concerning Human Understanding* (1748). Edited by L. A. Selby-Bigge. Oxford: Oxford University Press, 1902.
Junius, Franciscus. *A Treatise on True Theology* with the Life of Franciscus Junius. Trans. David Noe. Grand Rapids: Reformation Heritage Books, 2014. 한병수 역. 『참된 신학이란 무엇인가?』 서울: 부흥과 개혁사, 2016.
Kant, Immanuel. *Religion within the Limits of Reason Alone* (1793). Trans. Theodore M. Greene and Hoyt H. Hudson. New York: Harper & Row, 1960.
______. *Lectures on Ethics*. Trans. Louis Infield. New York: Harper & Row, 1963.
Karlberg, Mark. "The Mosaic Covenant and the Concept of Works in Reformed Hermeneutics: A Historical-Critical Analysis with Particular attention to Early Covenant Eschatology." Ph. D. Diss. Westminster Theological Seminary, PA, 1980.
________. "Reformed Interpretation of the Mosaic Covenant," *Westminster Theological Journal* 43/1 (1980): 1-57.
________, "Justification in Redemptive History." *Westminster Theological Seminary* 43/2 (1981): 213-46.
Kent, John H. S. "Christian Theology in the Eighteenth to the Twentieth Centuries." In *A History of Christian Doctrine*. (Ed.) Hubert Cunliffe-Jones. Edinburgh: T&T Clark, 1978. Reprinted, Philadelphia: Fortress Press, 1980.
Kevan, E. F. "The Law and the Covenants: A Study in John Ball" (1956). A Symposium of Papers read at Annual Puritan and Reformed Studies Conferences, Westminster Chapel, London, 1956.
Kim, Joohyun. "The Holy Spirit in David Dickson's Doctrine of the *Pactum Salutis*." *Puritan Reformed Journal* 7/2 (2015): 113–15.
Kline, Meredith G. *Treaty of the Great King*. Grand Rapids: Eerdmans, 1963.
____. "Law Covenant," *Westminster Theological Journal* 27/1 (1964): 1-20.
____. *Kingdom Prologue: Genesis Foundations for a Covenantal Worldview*. Eugene, OR: Wipf and Stock Publishers, 2006.
Knox, R. Buick. "The History of Doctrine in the Seventeenth Century." In *A History of Christian Doctrine*. (Ed.) Hubert Cunliffe-Jones. Edinburgh: T&T Clark, 1978. Reprinted, Philadelphia: Fortress Press, 1980.
Lee, Brian."Biblical Exegesis, Federal Theology, and Johannes Cocceius: Developments in the Interpretation of Hebrews 7:1–10:18." Ph.D. diss. Calvin Theological Seminary, 2003.

_____. "The Covenant Terminology of Johannes Cocceius: The Use of *foedus, pactum*, and *testamentum* in a Mature Federal Theologian." *MJT* 14 (2003): 11-36.

Lee, Francis Nigel. *The Origin and Destiny of Man*. Memphis, Tenn.: Christian Studies Center, 1977.

Lee, Seung-Goo. "The Meaning and Significance of the Infralapsarian Expressions of the Canons of Dort." *Hapshin Theological Review* 7 (2018): 77-98="도르트 결정문의 타락후 선택설적 표현의 의의". 「신학정론」 38/1 (2020년 6월): 233-62.

______. "The Relationship between Heinrich Bullinger and John Calvin," *Hapshin Theological Review* 8 (2020): 129-34.

Lessing, Gotthold Ephraim. "On the Proof of the Spirit and of Power." In *Lessing: Philosophical and Theological Writings*. Translated and Edited H. B. Nisbet. Cambridge University Press, 2005.

Letham, Robert. "Amandus Polanus: A Neglected Theologian?" *The Sixteenth Century Journal* 21/3 (1999): 463–76.

Lillback, Peter A. "Ursius' Development of the Covenant of Creation: A Debt to Melanchton or Calvin?" *Westminster Theological Journal* 43/2 (1981): 247-88.

______. *The Binding of God: Calvin's Role in the Development of Covenant*. Grand Rapids: Baker, 2001.

Lindholm, Stefan. *Jerome Zanchi (1516-90) and the Analysis of Reformed Scholastic Christology*. Reformed Historical Theology 37. Göttingen: Vandenhoeck & Ruprecht Academic, 2016.

Machen, J. Gresham. *The Christian View of Man*. Edinburgh: The Banner of Truth, 1965.

Mackay, John. "Benjamin B. Warfield: A Bibliography." *The Expositor*, eight series (24. July 1922): 37.

Macleod, Donald. "Covenant." *Banner of Truth Magazine* 141 (1975): 22-28.

Macleod, John. *Scottish Theology in Relation to Church History since the Reformation*. Edinburgh: Free Church of Scotland, 1943.

Macleod, J. "Covenant Theology: The Need for a Reappraisal and a Reaffirmation." *The Monthly Record of the Free Church of Scotland* (August, 1983): 148.

Manetsch, Scott M. *Calvin's Company of Pastors: Pastoral Care and the Emerging Reformed Church, 1536-1609*. Oxford: Oxford University Press, 2013.

Marshall, I. H. *Biblical Inspiration*. London: Hodder and Stoughton and Grand Rapids: Eerdmans, 1982.

Mathison, Keith A. *The Shape of* Sola Scriptura. Moscow, Idaho: Canon Press, 2001.

McComiskey, Thomas Edward. *The Covenant of Promise: A Theology of the Old Testament Covenants*. Grand Rapids: Baker & Nottingham: IVP, 1985.

McCoy, Charles S. "Covenant Theology of Johannes Cocceius." Ph.D. dissertation, Yale University, 1957.

McDill, Matthew. "B. B. Warfield and the Inspiration of Scripture." *Faith and Mission* 21/3

(Summer 2004): 77–87.

Meeter, H. Henry. *The Basis Idea of Calvinism*. Grand Rapids: International Publications, 1960.『칼빈주의』. 박윤선, 김진홍 공역. 서울: 한국개혁주의 신행협회, 1976.

Miller, Perry. *The New England Mind: The Seventeenth Century*. Cambridge: Harvard University Press, 1939.

Morris, Leon. *The Apostolic Preaching of the Cross*. Grand Rapids, 1955. 2nd edition, London: Tyndale Press, 1960.

Muller, Richard A. "The Debate over the Vowel Points and the Crisis in Orthodox Hermeneutics." *The Journal of Medieval and Renaissance Studies* 10/1 (Spring, 1980): 53-72. Reprinted in Muller. *After Calvin*, chapter 9 (146-55).

_______. "*Vera Philosophia cum sacra Theologia nusquam pugnat:* Keckermann on Philosophy, Theology, and the Problem of Double Truth." *The Sixteenth Century Journal* 15/3 (Fall, 1984): 341-65. Reprinted in Muller. *After Calvin*, chapter 7, 122-36.

_______. "*peccatum originale*." In *Dictionary of Latin and Greek Theological Terms*. Grand Rapids: Baker, 1985.

_______. "Scholasticism Protestant and Catholic: Francis Turretin on the Object and Principle of Theology." *Church History* 55/2 (June 1986): 193-205. Reprinted in Muller, *After Calvin*, chapter 8 (137-145).

_______. *Post-reformation Reformed Dogmatics*. Vol. 1: *Prolegomena to Theology*. Grand Rapids: Baker, 1987.

_______. "John Gill and the Reformed Tradition: A Study in the Reception of Protestant Orthodoxy in the Eighteenth-Century." In *The Life and Thought of John Gill (1697–1771): A Tercentennial Appreciation*. (Ed.) Michael A. G. Haykin. New York: Brill, 1997.

_______. *After Calvin: Studies in the Development of a Theological Tradition*. Oxford: Oxford University Press, 2003.

_______. "Toward the *Pactum Salutis*: Locating the Origins of a Concept." *Mid-America Journal of Theology* 18 (2007): 12.

_______. *Calvin and the Reformed Tradition: On the Work of Christ and the Order of Salvation*. Grand Rapids: Baker, 2012.

_______. "Beyond Hypothetical Universalism: Moïse Amyraut (1596–1664) on Faith, Reason, and Ethics." In Martin I. Klauber. (Ed.) *The Theology of the French Reformed Churches: From Henri IV to the Revocation of the Edict of Nantes*, 198-200. Grand Rapids: Reformation Heritage Books, 2014.

Murray, John. *The Covenant of Grace: A Biblico-theological Study*. London: Tyndale Press, 1954.

_______. *Calvin on Scripture and Divine Sovereignty*. Philadelphia: Presbyterian and Reformed, 1960.

_______. "The Adamic Administration." *Collected Writings of John Murray*. Vol. 2, 47-59. Edinburgh: Banner of Truth Trust, 1977.

_______. "Covenant Theology." In *The Collected Writings of John Murray*. Vol. 4. Edinburgh: Banner of Truth Trust, 1982.

Murray, John & William Childs Robinson. *The Sovereignty of God: Proceedings of the First American Calvinistic Conference in 1939*. (Ed.) Jacob Hoogstra. Solid Ground Christian Books, 2008.

Myers, Stephen G. *Scottish Federalism and Covenantalism in Transition: The Theology of Ebenezer Erskine*. Eugene, OR: Pickwick, 2015.

Nicole, Roger R. "Moyse Amyraut (1596–1664) and the Controversy on Universal Grace, First Phase (1634–1637)." PhD dissertation, Harvard University, 1966.

______. "Covenant, Universal Call and Definite Atonement." In *Journal of the Evangelical Theological Society* 38 (1995): 403–11.

Noll, Mark A. et al. (Eds.) *Evangelicalism: Comparative Studies of Popular Protestantism in North America, the British Isles, and beyond 1700-1900*. Oxford University Press, 1994.

Nussbaum, Arthur. *A Concise History of the Law of Nations*. New York: Macmillan Co., 1947.

O. Palmer Robertson, "Current Reformed Thinking on the Nature of the Divine Covenants," *Westminster Theological Journal* 40/1 (1977): 73-76.

Osterhaven, M. Eugene. "Calvin on Covenant." *Reformed Review* 33 (1979-1980): 136-49.

Owen, John. *The Works of John Owen*. Edinburgh: Banner of Truth, 1965-1968.

_________. *An Exposition of the Epistle to the Hebrews*, 7 volumes. Edinburgh: Banner of Truth Trust, 1991.

_________. *Biblical Theology: The History of Theology from Adam to Christ* (1661). Trans. Stephen P. Westcott. Grand Rapids: Soli Deo Gloria, 1994, 5th printing, 2022.

Packer, J. I. *Fundamentalism and the Word of God: Some Evangelical Principles*. Grand Rapids: Eerdmans, 1958.

_______. *Evangelism and the Sovereignty of God*. Chicago: InterVarsity Press, 1961.

_______. *God has Spoken: Revelation and Bible*. London: Hodder & Stoughton, 1979.

_______. "Infallible Scripture and the Role of Hermeneutics." In *Scripture and Truth*, 325-56. Grand Rapids: Zondervan, 1983.

_______. "On Covenant Theology." Introduction to *The Economy of the Covenant*. Den Dulk Christian Foundation, 1990.

Park, Hong-Gyu. "Grace and Nature in John Gill (1697–1771)." PhD diss. (The University of Aberdeen, 2001).

Pieper, Francis. *Christian Dogmatic*. Vol. 2. St. Louis: Concordia Publishing House, 1950.

Pink, Arthur. *The Sovereignty of God*. Sovereign Grace Publishers, Inc., 1918. Reprinted. Peabody, MA: Hendrickson Publishers, Inc., 1998.

Pipa, Joseph Jr. *How Can I Do All Things for God's Glory*. Grand Rapids: Reformation

Heritage Books, 2018.
Polanus, Amandus. 『하나님의 영원한 예정』. 김지훈 역. 서울: 킹덤북스 2016.
Rathel, David Mark. "John Gill and the Charge of Hyper-Calvinism: Assessing Contemporary Arguments in Defense of Gill in Light of Gill's Doctrine of Eternal Justification." *The Southern Baptist Journal of Theology* 25/1 (2021): 43-62.
Rees, Thomas. F.S.A. *The Racovian Catechism of 1605. A Sketch of the History of Unitarianism in Poland and the Adjacent Countries.* London: Printed for Longman, 1818.
Ridderbos, Herman N. *The Epistle of Paul to the Churches of Galatia*. Marshall, Morgan and Scott & Grand Rapids: Eerdmans, 1954.
Ritschl, Albrecht. *A Critical History of the Christian Doctrine of Justification and Reconciliation*. 3 Vols. Trans. John Black. Edinburgh: Edmonston and Douglas, 1872.
Robertson, O. Palmer. *The Christ of the Covenants*. Grand Rapids: Zondervan, 1980.
Rohls, Jan. *Theologie reformierter Bekenntnisschriften*. Goettingen: Vandenhoek & Ruprecht, 1987. 위거찬 역. 『개혁교회 신앙고백과 신학』. 서울: 서울성경신학대학원대학교 출판부, 2022.
Rollock, Robert. *The Selected Works of Robert Rollock*. 2 Vols. Edinburgh, printed for the Wodrow Society, 1849.
Rolston, Holmes. III. *John Calvin versus the Westminster Confession*. Richmond, VA: John Knox, 1972.
Rutherford, Samuel. *The Covenant of Life Opened* (1655). 안상혁 옮김. 1권: 『생명언약』. 수원: 합신대학원출판부, 2018. 『생명언약 2부: 구속언약』. 수원: 합신대학원출판부, 2020.
Ryrie, Charles Caldwell. *Dispensationalism Today*. Chicago: Moody Press, 1965.
Sabean, David W. "The Theological Rationalism of Moïse Amyraut." *Archiv für Reformationsgeschichte* 55 (1964): 204–15.
Sandeen, Ernest. The Origins of Fundamentalism. Philadelphia, 1968. idem, The Roots of Fundamentalism (Grand Rapids: Baker, 1978.
Schaff, Philip. "The Kenosis Controversy Between Giessen and Tubingen." In *The New Schaff-Herzog Encyclopedia of Religious Knowledge*. Vol. III: Chamier–Draendorf. (Ed.) Samuel M. Jackson. Grand Rapids: Baker, 1952.
Schaff, Philip. *Creeds of Christendom*. 3 Vols. New York: Harper and Row, 1877. 6th edition, 1938. Reprinted. Grand Rapids: Baker, 1977.
Schmid, Heinrich. *The Doctrinal Theology of the Evangelical Lutheran Church*. Trans. Charles A. Hay & Henry E. Jacobs. United Lutheran Publishing Society, 1899.
Schreiner, Thomas. *Faith Alone*. Grand Rapids: Baker Academic, 2015.
Thomas, Geoffrey. "Covenant Theology: A Historical Survey." Westminster Conference. London, 1972.

Toon, Peter. *The Emergence of Hyper-Calvinism in English Nonconformity*, 1689–1765. London: Olive Tree, 1967. Reprinted. Eugene: Wipf & Stock, 2011.

Torrance, Thomas F. *The School of Faith: Catechisms of the Reformed Church*. London: James Clarke, 1959.

Trueman, Carl R. *Grace Alone*. Grand Rapids: Baker Academic, 2017.

Turretin, Francis. *Institutes of Elenctic Theology*. 3 Vols. Phillipsburg, NJ: P&R, 1992, 1993, 1997.

van Asselt, Willem J. *The Federal Theology of Johannes Cocceius* (1603–1669). (Ed.) Robert J. Bast. Trans. Raymond A. Blacketer. Leiden: Brill, 2001.

_______. "On the Maccovius Affair." *Revisiting the Synod of Dort* (1618-1619), 217–41. (Eds.) Aza Goudriaan and Fred van Lieburg. Leiden: Brill, 2011.

Van der Kemp, Johannes. *The Christian, Entirely the Property of Christ, in the Life and Death, Exhibited in Fifty-three Sermons on the Heidelberg Catechism*. New Brunswick, N.J.: Abraham Blauvelt, 1810.

Van Harvey, Austin. *The Historian and The Believer: The Morality of Historical Knowledge and Christian Faith*. New York: Macmillan Company, 1966.

Van Pelt, Miles. "은혜 언약의 하나인 노아 언약". 가이 워터스, 니콜라스 리드, 존 뮤더 편. 『성경적 신학적 역사적 관점에서 본 언약신학』(*Covenant Theology* [Crossway, 2020], 111-32). 김귀탁 역. 서울: 부흥과 개혁사, 2022.

van Stam, F. P. *The Controversy over the Theology of Saumur*, 1635–1650. Amsterdam: APA-Holland University Press, 1988.

Van Til, Cornelius. *A Christian Theory of Knowledge*. Philipsburg, NJ: P& R, 1959.

VanDrunen, David. *God's Glory Alone: Reformation Heritage Books*. Grand Rapids: Baker Academic, 2015.

Verbeek, Theo. "Burman, Frans (Franciscus) (1628–1679)." In *The Cambridge Descartes Lexicon*. (Ed.) Lawrence Nolan. Cambridge: Cambridge University Press, 2015.

Verduin, Leonard. *Somewhat Less than God: The Biblical View of Man*. Grand Rapids: Eerdmans, 1970.

Vos, Geerhardus. *Biblical Theology*. Grand Rapids: Eerdmans, 1948. 이승구 역. 『성경신학』. 서울: CLC, 1985.

_______. "The Doctrine of the Covenant in Reformed Theology" (1891). In *Redemptive History and Biblical Interpretation: The Shorter Writings of Geerhardus Vos*. (Ed.) Richard B. Gaffin, Jr. Phillipsburg, NJ: P&R, 1980.

_______. *Reformed Dogmatics*. Vol. 2: *Anthropology* (1910). Trans. Richard B. Gaffin, et al. Lexham Press, 2012-2014.

Vreeland, Hamilton. *Hugo Grotius: The Father of the Modern Science of International Law*. New York: Oxford University Press, 1917.

Warfield, B. B. *The Westminster Assembly and Its Work*. New York & Oxford: Oxford University Press, 1931.

_______. *The Inspiration and Authority of the Bible*. (Ed.) Samuel G. Craig. Philadelphia: Presbyterian and Reformed Publishing Co., 1948.

_______. *The Plan of Salvation*. Grand Rapids: Eerdmans, 1955.

_______. *Selected Shorter Writings*. (Ed.) John E. Meeter. Vol. 2. Phillipsburg, New Jersey: P&R, 1973.

Webb, Clement C. J. *Kant's Philosophy of Religion*. Oxford: Clarendon, 1926.

Weber, Otto. *Foundations of Dogmatics* (1955). E. T. Grand Rapids: Eerdmans, 1981-82.

Wellum, Stephen. *Christ Alone*. Grand Rapids: Baker Academic, 2017.

Wilson, Norris. "Review of *The Christ of the Covenants* by O. Palmer Robertson," *Reformed Theological Journal* (1987): 81.

Wisse, Maarten. "Part I: Systematic Perspectives – *Contra et Pro Sola Scriptura*. In *Sola Scriptura: Biblical and Theological Perspectives on Scripture, Authority, and Hermeneutics*, 19–37. (Eds.) Hans Burger, Arnold Huijgen, & Eric Peels. Leiden: Brill Publishers, 2017.

Witsius, Herman. *De oeconomia Foederum Dei cum hominubus*. 4 Vols. Leeuwarden, 1685. 2nd edition. Utrecht, 1693. later Edition, Basel, 1739. Trans. *The Economy of the Covenant between God and Man*. 3 Vols. London, 1763. New Translation by William Crookshank. 2 Volumes. Edinburgh, 1771. London, 1822. Reprint. Philipsburg, NJ: P&R, 1990. 2010 edition (https://www.pcabookstore.com/samples/12872.pdf).

Woodbridge, John D. and Randall H. Balmer. "The Princetonians and Biblical Authority: An Assessment if the Proposal of Ernest Sandeen Proposal." In *Scripture and Truth*, 251-79. Grand Rapids: Zondervan, 1983.

Yazawa, Reita. "Covenant of Redemption in the theology of Jonathan Edwards: The Nexus Between the Immanent and the Economic Trinity." Ph. D. diss., Calvin Theological Seminary, 2013.

Young, Edward J. *Thy Word is Truth: Thoughts on the Biblical Doctrine of Inspiration*. Grand Rapids: Eerdmans, 1957. 10th Printing, 1978.

_______. *The Study of Old Testament Theology Today*. London: James Clarke, 1958.

_______. "Some Thoughts on Old Testament Scholarship." *Faith & Thought* 93/2 (1963): 74-87.

_______. "Verbal Plenary Inspiration of the Scriptures." *Bibliotheca Sacra* 121 (April-June 1964): 117-24.

_______. "Verbal Plenary Inspiration of the Scriptures." *Bibliotheca Sacra* 121 (Oct.-Dec. 1964): 303-10.

_______. "Verbal Plenary Inspiration of the Scriptures." *Bibliotheca Sacra* 122 (Jan.-March 1965): 16-22.

_______. "Verbal Plenary Inspiration of the Scriptures." *Bibliotheca Sacra* 122 (July-Sept. 1965): 236-42.

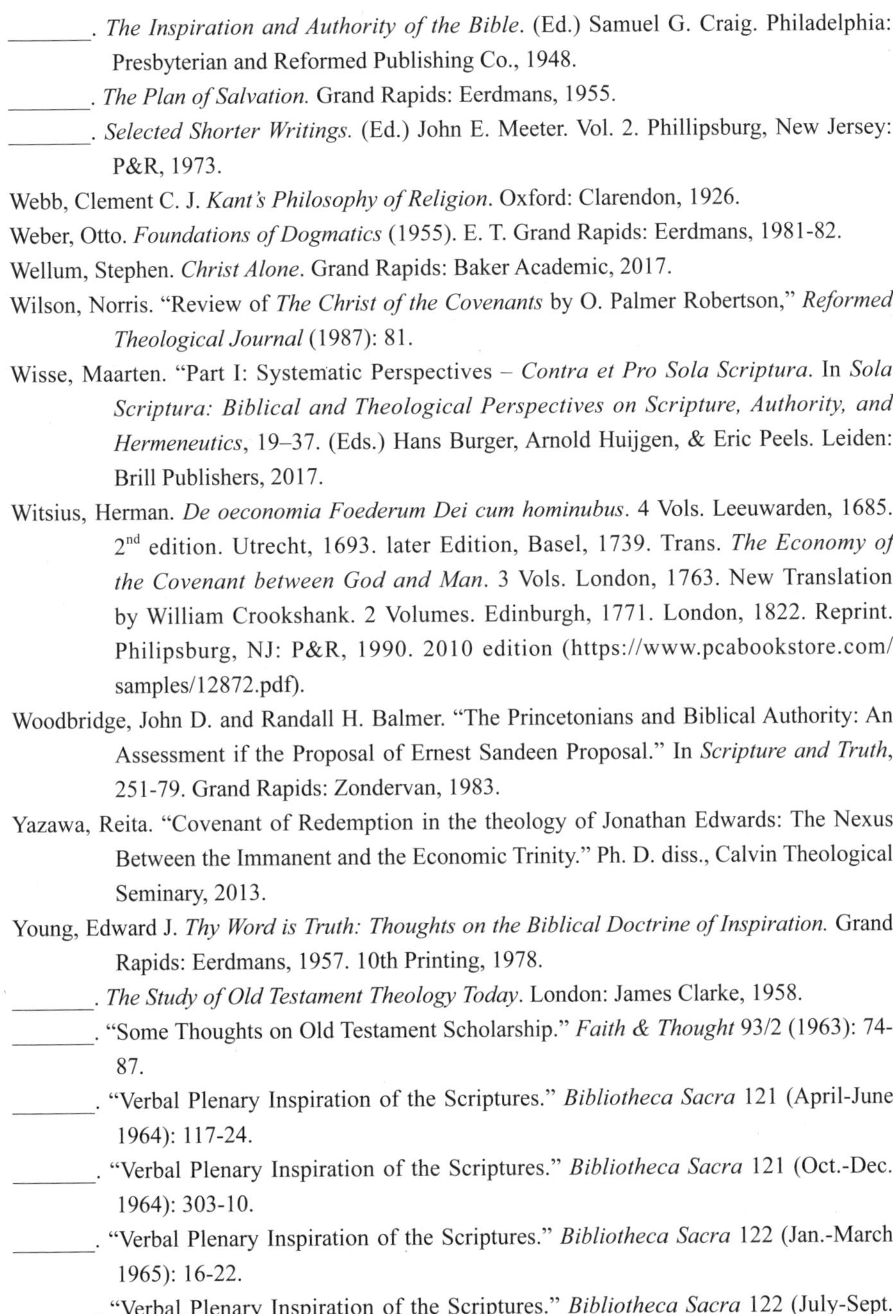

______. "Scripture: God-breathed and Profitable." *Grace Journal* 7/3 (Fall, 1966): 3-11.
______. "What is God-breathed Scripture?" *Grace Journal* 7/3 (Fall, 1966): 13-23.
Zanchius, Jerome. *The Doctrine of Absolute Predestination*. Trans. Augustus M. Toplady. Grand Rapids: Baker Book House, 1977.
Zanchi, Girolamo. *The Spiritual Marriage between Christ and the Church and Every One of the Faithful.* Translated and introduced by Patrick J. O'Banion. Grand Rapids: Reformation Heritage Books, 2021.
Zaspel, Fred G. *The Theology of B. B. Warfield.* Wheaton, IL: Crossway, 2010.
김병훈 편. 『그리스도의 순종과 의의 전가』. 수원: 합신대학원출판부, 2022)를 보라.
김상훈. "웨스트민스터 신앙고백서에 근거한 개혁주의 성경관 연구". 「총신대 논총」 22 (2003): 159-78.
_____. "성경의 본질과 교육적 특성: 딤후 3:15-17, 마 28:19-20, 벧후 1:19-21을 중심으로". 「신학지남」 86/4 (2019년 12월): 81-103.
김지훈. 『고마루스: 칼빈의 예정론을 지켜내다』. 서울: 익투스, 2021.
김찬영. 『마이클 호튼의 언약 신학』. 서울: CLC, 2018.
박상봉. 『하인리히 불링거』. 서울: 익투스, 2021.
박윤선. 『헌법 주석』. 서울: 영음사, 1983.
_____. 『개혁주의 교의학』. 서울: 영음사, 2003.
박재은. 『칭의, 균형 있게 이해하기』. 서울: 부흥과개혁사, 2016.
_____. "헤르만 비치우스의 기독론". 『종교개혁과 그리스도』, 255-83. 개혁주의 신학과 신앙 총서 제13권. 부산: 개혁주의학술원, 2019.
_____. "양자의 영으로 읽는 헤르만 비치우스의 성령론". 『종교개혁과 성령』, 371-40. 3개혁주의 신학과 신앙 총서 제14권. 부산: 개혁주의학술원, 2020.
박형룡. 『교의학 서론』. 서울: 한국기독교교육연구원, 1977.
배경식. "하이델베르크 교리문답과 개혁신학" (2013) (http://fampae.net/?mid=Moltmann&page=6&order_type=desc&sort_index=readed_count&search_target=regdate&search_keyword=201901&document_srl=11019.
변종길. "개혁주의 성경관". 고려신학대학원 교수진. 『개혁주의를 말하다』, 32-52. 서울: SFC, 2011.
신복윤. "성경의 영감과 무오." 「신학정론」 1/1 (1983): 49-72.
윤영탁. 『그가 네 머리를 상하게 하리라: 창세기 3장 15절에 나타난 원복음』. 수원: 합신대학원출판부, 2015.
이남규. 『우르시누스, 올레비아누스』. 서울: 익투스, 2017.
_____. 『개혁교회 신조학』. 수원: 합동신학 대학원출판부, 2020.
이승구. "John Calvin의 신•구약 관계 이해에 대한 비판적 고찰". 『개혁신학에의 한 탐구』, 145-56. 서울: 웨스트민스터출판부, 1995.
정원태. 『열정 칼빈주의』. 서울: CLC, 1984.
허순길. 『개혁교회의 목회와 생활』. 서울: 총회출판국, 1997.

〈제4부(2) (22장) 참고 문헌〉

Alexander, T. Desmond. "Further Observations on the Term 'Seed' in Genesis." *Tyndale Bulletin* 48/2 (1997): 363–67.

Bavinck, Herman. *Our Reasonable Faith*. Grand Rapids: Eerdmans, 1956.

Beach, J. Mark. "The Doctrine of the Pactum Salutis in the Covenant Theology of Herman Witsius." *Mid-America Journal of Theology* 13 (2002): 101-42.

Berkouwer, G. C. *Divine Election*. Grand Rapids: Eerdmans, 1960.

Boston, Thomas. *The Compete Works of Thomas Boston*. London, 1853.

Bullinger, Heinrich. *De Testamento sev foedere Dei unico & Aeterno*. Zürich: Christoph Froschauer, 1534. Trans. Charles S. McCoy and J. Wayne Baker. "A Brief Exposition of the One and Eternal Testament or Covenant of God." In their *Fountainhead of Federalism: Heinrich Bullinger and the Covenant Tradition*, 155-61. Louisville, Kentucky: Westminster/John Knox Press, 1991.

Campbell, K. M. *God's Covenant*. Phillipsburg, NJ: P&R, 1974.

Cheek, Jonathan M. "Genesis 3:15 as the Root of a Biblical Theology of the Church and the World: The Commencement, Continuation, and Culmination of the Enmity between the Seeds." Ph. D. diss. Bob Jones University, 2019.

______. "Recent Developments in the Interpretation of the Seed of the Woman in Genesis 3:15." *JETS* 64/2 (2021): 215–36.

Chen, Kevin. *The Messianic Vision of the Pentateuch*. Downers Grove, IL: InterVarsity Press, 2019.

Clark, R. Scott. "A Brief History of Covenant Theology" (2015). (Available at: https://heidelblog.net/2015/08/a-brief-history-of-covenant-theology/)

Collins, C. John. "A Syntactical Note (Genesis 3:15): Is the Woman's Seed Singular or Plural?," *Tyndale Bulletin* 48/1 (1997): 139–48.

Dumbrell, William J. *Covenant and Creation: An Old Testament Covenantal Theology*. Exeter, Devon: The Paternoster Press, 1984.

Edwards, Jonathan. *Collected Writings of Jonathan Edwards*. Vol 2. Edinburgh: Banner of Truth, 1979.

Eichrodt, Walther. "Covenant and Law," *Interpretation* 20/3 (1966): 302-321.

Ella, George M. *Henry Bullinger: Shepherd of the Churches*. Durham: Go Publications, 2007.

Emerson, E. H. "Calvin and Covenant Theology." *Church History* 25 (1956): 136-44.

Ferguson, Sinclair. *John Owen on the Christian Life*. Edinburgh: Banner of Truth Trust, 1987.

Fesko, J. V. *The Covenant of Redemption: Origins, Development and Reception*. Göttingen: Vandenhoeck & Ruprecht, 2015.

_____. *The Trinity and the Covenant of Redemption*. Fearn: Mentor, 2016..

Gentry, Peter J. & Stephen J. Wellum. *Kingdom through Covenant: A Biblical-Theological*

Understanding of the Covenants. Crossway, 2012.

Golding, Peter. *Covenant Theology*. Fearn, Ross-shire: Christian Focus Publications, 2004. Reprint, 2008.

Hamilton, Jr., James M. "The Skull Crushing Seed of the Woman: Inner-Biblical Interpretation of Genesis 3:15." *SBJT* 10/2 (2006): 30–55.

Harrison, G. S. "The Covenant, Baptism, and Children." *Tyndale Bulletin* 9 (1961): 3-16.

Helm, Paul. "Calvin and the Covenant: Unity and Continuity." *Evangelical Quarterly* 55 (April 1983): 69–70.

Hoekema, Anthony A. "The Covenant of Grace in Calvin's Teaching." *Calvin Theological Journal* 2/2 (1967): 133-61.

Hoeksema, Herman. *The Triple Knowledge: An Exposition of the Heidelberg Catechism*. 3 Vols. Grand Rapids: Reformed. Free Publishing Association, 1956.

________. *Reformed Dogmatics*. Grand Rapids: Reformed Free Publishing Association, 1973.

Horton, M. S. *God of Promise: Introducing Covenant Theology*. Grand Rapids: Baker Books, 2006.

Houston, Joel D. "The Cavity in the Covenant: George Whitefield's Use of the Pactum Salutis." *Churchman* 131/2 (Summer 2017): 139-56.

Karlberg, Mark. "The Mosaic Covenant and the Concept of Works in Reformed Hermeneutics: A Historical-Critical Analysis with Particular attention to Early Covenant Eschatology." Ph. D. Diss. Westminster Theological Seminary, PA, 1980.

________. "Reformed Interpretation of the Mosaic Covenant." *Westminster Theological Journal* 43/1 (1980): 1-57.

________. "Justification in Redemptive History." *Westminster Theological Seminary* 43/2 (1981): 213-46.

Kevan, E. F. "The Law and the Covenants: A Study in John Ball" (1956). A Symposium of Papers Read at Annual Puritan and Reformed Studies Conferences, Westminster Chapel, London, 1956.

Kim, Joohyun. "The Holy Spirit in David Dickson's Doctrine of the Pactum Salutis." *Puritan Reformed Journal* 7/2 (2015): 113–15.

Kline, Meredith G. *Treaty of the Great King*. Grand Rapids: Eerdmans, 1963.

______. "Law Covenant," *Westminster Theological Journal* 27/1 (1964): 1-20.

______. *Kingdom Prologue: Genesis Foundations for a Covenantal Worldview*. Eugene, OR: Wipf and Stock Publishers, 2006.

Lee, Brian. "The Covenant Terminology of Johannes Cocceius: The Use of *foedus, pactum,* and *testamentum* in a Mature Federal Theologian." *MJT* 14 (2003): 11-36.

Lillback, Peter A. "Ursius' Development of the Covenant of Creation: A Debt to Melanchton or Calvin?" *Westminster Theological Journal* 43/2 (1981): 247-88.

_______. *The Binding of God: Calvin's Role in the Development of Covenant*. Grand Rapids: Baker, 2001.

Machen, J. Gresham. *The Christian View of Man*. Edinburgh: The Banner of Truth, 1965.

Macleod, Donald. "Covenant." *Banner of Truth Magazine* 141 (1975): 22-28.

Macleod, John. *Scottish Theology in Relation to Church History since the Reformation*. Edinburgh: Free Church of Scotland, 1943.

Macleod, J. "Covenant Theology: The Need for a Reappraisal and a Reaffirmation." *The Monthly Record of the Free Church of Scotland* (August, 1983): 148.

McComiskey, Thomas Edward. *The Covenant of Promise: A Theology of the Old Testament Covenants*. Grand Rapids: Baker & Nottingham: IVP, 1985.

McCoy, Charles S. "Covenant Theology of Johannes Cocceius." Ph.D. dissertation, Yale University, 1957.

Miller, Perry. *The New England Mind: The Seventeenth Century*. Cambridge: Harvard University Press, 1939.

Muller, Richard. "Toward the Pactum Salutis: Locating the Origins of a Concept." *Mid-America Journal of Theology* 18 (2007): 12.

Murray, John. *The Covenant of Grace: A Biblico-theological Study*. London: Tyndale Press, 1954.

_______. *The Apostolic Preaching of the Cross*. Grand Rapids, 1955. 2nd Edition, London: Tyndale Press, 1960.

_______. "The Adamic Administration." *Collected Writings of John Murray*. Vol. 2, 47-59. Edinburgh: Banner of Truth Trust, 1977.

_______. "Covenant Theology." In *The Collected Writings of John Murray*. Vol. 4. Edinburgh: Banner of Truth Trust, 1982.

Myers, Stephen G. *Scottish Federalism and Covenantalism in Transition: The Theology* of *Ebenezer Erskine*. Eugene, OR: Pickwick, 2015.

Osterhaven, M. Eugene. "Calvin on Covenant." *Reformed Review* 33 (1979-1980): 136-49.

Owen, John. *The Works of John Owen*. Edinburgh: Banner of Truth, 1965-1968.

_______. *An Exposition of the Epistle to the Hebrews*. 7 Volumes. Edinburgh: Banner of Truth Trust, 1991.

_______. *Biblical Theology: The History of Theology from Adam to Christ* (1661). Trans. Stephen P. Westcott. Grand Rapids: Soli Deo Gloria, 1994, 5th printing, 2022.

Packer, J. I. "On Covenant Theology." Introduction to *The Economy of the Covenant*. Den Dulk Christian Foundation, 1990.

Ridderbos, Herman N. *The Epistle of Paul to the Churches of Galatia*. Marshall, Morgan and Scott & Grand Rapids: Eerdmans, 1954.

Robertson, O. Palmer "Current Reformed Thinking on the Nature of the Divine Covenants," *Westminster Theological Journal* 40/1 (1977): 73-76.

_________. *The Christ of the Covenants*. Grand Rapids: Zondervan, 1980.

Rollock, Robert. *The Selected Works of Robert Rollock*. 2 Vols. Edinburgh, printed for the Wodrow Society, 1849.

Rolston, Holmes. III. *John Calvin versus the Westminster Confession*. Richmond, VA: John Knox, 1972.

Rutherford, Samuel. *The Covenant of Life Opened* (1655). 안상혁 옮김. 1권: 『생명언약』. 수원: 합신대학원출판부, 2018. 『생명언약 2부: 구속언약』. 수원: 합신대학원출판부, 2020.

Ryrie, Charles Caldwell. *Dispensationalism Today*. Chicago: Moody Press, 1965.

Thomas, Geoffrey. "Covent Theology: A Historical Survey." Westminster Conference. London, 1972.

Torrance, Thomas F. *The School of Faith: Catechisms of the Reformed Church*. London: James Clarke, 1959.

Turretin, Francis. *Institutes of Eclectic Theology* Vol. 1. Phlipsburg, NJ: P&R, 1992.

van Asselt, W. J. *The Federal Theology of Johannes Cocceius (1603–1669)*. (Ed.) Robert J. Bast. Trans. Raymond A. Blacketer. Leiden: Brill, 2001.

Van Pelt, Miles. "은혜 언약의 하나인 노아 언약". 가이 워터스, 니콜라스 리드, 존 뮤더 편. 『성경적 신학적 역사적 관점에서 본 언약신학』(*Covenant Theology* [Crossway, 2020], 111-32). 김귀탁 역. 서울: 부흥과 개혁사, 2022.

Verbeek, Theo. "Burman, Frans (Franciscus) (1628–1679)." In *The Cambridge Descartes Lexicon*. (Ed.) Lawrence Nolan. Cambridge: Cambridge University Press, 2015.

Vos, Geerhardus. *Biblical Theology*. Grand Rapids: Eerdmans, 1948. 이승구 역. 『성경신학』. 서울: CLC, 1985.

_______. "The Doctrine of the Covenant in Reformed Theology" (1891). In *Redemptive History and Biblical Interpretation: The Shorter Writings of Geerhardus Vos*. (Ed.) Richard B. Gaffin, Jr. Phillipsburg, NJ: P&R, 1980.

Warfield, B. B. *The Westminster Assembly and Its Work*. New York & Oxford: Oxford University Press, 1931.

_______. *Selected Shorter Writings*. (Ed.) John E. Meeter. Vol. 2. Phillipsburg, New Jersey: P&R, 1973.

Wilson, Norris. "Review of *The Christ of the Covenants* by O. Palmer Robertson," *Reformed Theological Journal* (1987): 81.

Witsius, Herman. *De oeconomia Foederum Dei cum hominubus*. 4 Vols. Leeuwarden, 1685. 2nd edition. Utrecht, 1693. later Edition, Basel, 1739. Trans. *The Economy of the Covenant between God and Man*. 3 Vols. London, 1763. New Translation by William Crookshank. 2 Volumes. Edinburgh, 1771. London, 1822. Reprint. Philipsburg, NJ: P&R, 1990. 2010 edition (https://www.pcabookstore.com/samples/12872.pdf).

Yazawa, Reita. "Covenant of Redemption in the theology of Jonathan Edwards: The Nexus Between the Immanent and the Economic Trinity." Ph. D. diss., Calvin Theological Seminary, 2013.

Young, Edward J. *The Study of Old Testament Theology Today*. London: James Clarke, 1958.

김찬영. 『마이클 호튼의 언약 신학』. 서울: CLC, 2018.
박재은. 『칭의, 균형 있게 이해하기』. 서울: 부흥과개혁사, 2016.
_____. “헤르만 비치우스의 기독론”. 『종교개혁과 그리스도』, 255-83. 개혁주의 신학과 신앙 총서 제13권. 부산: 개혁주의학술원, 2019.
_____. “양자의 영으로 읽는 헤르만 비치우스의 성령론”. 『종교개혁과 성령』, 371-40. 개혁주의 신학과 신앙 총서 제14권. 부산: 개혁주의학술원, 2020.
배경식. “하이델베르크 교리문답과 개혁신학” (2013) (http://fampae.net/?mid=Moltmann&page=6&order_type=desc&sort_index=readed_count&search_target=regdate&search_keyword=201901&document_srl=11019.
윤영탁. 『그가 네 머리를 상하게 하리라: 창세기 3장 15절에 나타난 원복음』. 수원: 합신대학원출판부, 2015.
이승구. “John Calvin의 신 · 구약 관계 이해에 대한 비판적 고찰”. 『개혁신학에의 한 탐구』, 145-56. 서울: 웨스트민스터출판부, 1995.
_____. 『우리 이웃의 신학들』. 서울: 나눔과 섬김, 2014.
_____. 『성경신학과 조직신학』. 서울: SFC, 2015.
_____. “고전적 언약신학적 이해와 스티븐 웰럼의 침례교적 언약 이해.” 「교회와 문화」 45 (2021년 3월): 146-66.

〈제4부(3) (23–24장) 참고 문헌〉

Alexander. T. Desmond & Brian S. Rosner. (Eds.) *New Dictionary of Biblical Theology.* Leicester & Downers Grove: InterVarsity Press, 2000.
Beale, G. K. *A New Testament Biblical Theology: The Unfolding of the Old Testament in the New*. Grand Rapids: Baker Academic, 2011.
Bernier, Jonathan. *The Quest for the Historical Jesus after the Demise of Authenticity: Toward a Critical Realist Philosophy of History in Jesus Studies.* Bloomsbury Publishing, 2016.
Blomberg, Craig L. *A New Testament Theology*. Waco, Texas: Baylor University Press, 2018.
Brannan, D. K. “Darwinism and Original Sin: Frederick R. Tennant’s Integration of Darwinian Worldviews into Christian Thought in the Nineteenth Century.” *Journal for Interdisciplinary Research on Religion and Science* 1 (2007): 187–217.
_______. “Darwinism and Original Sin: Frederick R. Tennant’s Analysis of the Church Fathers’ Understanding of Original Sin and an Exegesis of St. Paul.” *Journal for Interdisciplinary Research on Religion and Science* 8 (2011): 139–71.
Crossley, James & Robert J. Myles. *Jesus: A Life in Class Conflict.* Washington (USA) and Winchester (UK): Zero, 2023.

Emmons, Nathaniel. *Complete Works*. 6 Vols. Boston, 1842.

Gawthrop, Richard L. *Pietism and the Making of Eighteenth-century Prussia.* Cambridge: Cambridge University Press, 1993.

Goldsworthy, Graeme. *Christ-centered Biblical Theology: Hermeneutical Foundations and Principles*. Downers Grove, IL: IVP Academic, 2012.

Guthrie, Donald. *New Testament Theology*. Leicester & Downers Grove: Inter-Varsity Press, 1981.

Hagenbach, Karl Rudolf. *Compendium of the History of Doctrines.* Vol. 1. Trans. Carl W. Bush. Edinburgh: T & T Clark, 1846.

Hamilton, James M. *God's Glory in Salvation through Judgment: A Biblical Theology.* Wheaton, IL: Crossway, 2010.

Hanson, R. P. C. *Allegory and Event.* London, SCM, 1959.

Hobsbawm, Eric J. *The Age of Revolution.* London: Weidenfeld & Nicolson, 1962.

Jauhiainen, Peter. "Samuel Hopkins and Hopkinsianism." In Oliver D. Crisp & Douglas A. Sweeney. (Eds.) *After Jonathan Edwards: The Courses of the New England Theology*, 106-17. New York: Oxford University Press, 2012.

Kaiser, Jr., Walter C. *The Promise-Plan of God: A Biblical Theology of the Old and New Testaments*. Grand Rapids: Zondervan, 2008.

Kant, Immanuel. *Religion within the Limits of Reason Alone* (1793). Trans. Theodore M. Greene and Hoyt H. Hudson. New York: Harper & Row, 1960.

Kelly, Henry Ansgar. *Satan: A Biography*. Cambridge: Cambridge University Press, 2006.

Kent, John Henry Somerset. "Christian Theology in the Eighteenth to the Twentieth Centuries." In A History of Christian Doctrine. (Ed.) Hubert Cunliffe-Jones. Edinburgh: T&T Clark, 1978. Reprinted. Philadelphia: Fortress Press, 1980.

Knox, R. Buick. "The History of Doctrine in the Seventeenth Century." In *A History of Christian Doctrine*. Philadelphia: Fortress Press, 1980.

Ladd, George Eldon. *A Theology of the New Testament*. 1974. Revised Edition. Grand Rapids: Eerdmans, 1993.

Machen, Gresham. *Christianity and Liberalism*. 1923. New Edition. Grand Rapids: Eerdmans, 2009.

MacLeod, Donald. *The Person of Christ.* Leicester: IVP, 1998.

Marshall, I. Howard. *New Testament Theology: Many Witnesses, One Gospel.* Leicester and Downers Grove: IVP, 2004.

McDermott, Gerald R. "Nathanael Emmons and the Decline of Edwardsian Theology." In *After Jonathan Edwards*, 118–29. New York: Oxford University Press, 2012.

Morris, Leon. *New Testament Theology.* Grand Rapids: Zondervan Academic, 1990.

Nietzsche, F. *The AntiChrist*, with *Twilight of the Idols* (1888). Trans. R. J. Hollingdale. Harmondsworth and Baltimore: Penguin, 1968.

Okholm, Dennis L. & Timothy R. Philips. (Eds.) *Four Views on Salvation in a Pluralistic*

World. Grand Rapids: Zondervan, 1996. 이승구, 조호영 역. 『다원주의 논쟁』. 서울: CLC, 2001.
Orr, James. *The Christian View of God and the World*. The Kerr Lectures for 1890-1891. Edinburgh: 1893.
Rauschenbush, Walter. *A Theology of the Social Gospel*. New York: Abingdon Press, 1917.
Renan, J. E. *Vie de Jésus* (1863). Trans. The Life of Jesus. Prometheus Books, 1991.
Reymond, Robert L. *A New Systematic Theology of the Christian Faith*. Nashville: Thomas Nelson Publishers, 1998.
Schreiner, Thomas R. *New Testament Theology: Magnifying God in Christ*. Grand Rapids: Baker Academic, 2008.
Scudder, Delton Lewis. *Tennant's Philosophical Theology*. New Haven: Yale University Press, 1940.
Spener, Philips Jacob. *Pia Desideria, Or Heartfelt Desire for a God-pleasing Reform of the true Evangelical Church*. Trans. Theodore G. Tappert. Philadelphia: Fortress Press, 1964. 이성덕 역. 서울: 배재대학교 출판부, 2017.
Stoeffler, F. Ernest. *German Pietism During the Eighteenth Century*. Leiden: Brill, 1973.
Strauss, D. F. *Das Leben Jesu kritisch bearbeitet*. 2 Vols. (1835-36). Trans. from the Fourth German Edition (1840) by George Eliot. *The Life of Jesus Critically Examined* (1846). A Modern Edition (Ed.) Peter C. Hodgson. Philadelphia: Fortress Press, 1972 & London: SCM Press, 1972.
Stuhlmacher, Peter. *Biblical Theology of the New Testament*. Trans. and Ed. Daniel P. Bailey. Grand Rapids: Eerdmans, 2018.
Tennant, Frederick Robert. *The Origin and Propagation of Sin*. Cambridge: The University Press, 1903. 2nd Edition, 1906.
Theilman, Frank S. *Theology of the New Testament: A Canonical and Synthetic Approach*. Grand Rapids: Zondervan, 2005.
Voetius, Gijsbert & 요한너스 호우른베이크. 『내 영이 주를 갈망하며』. 홍종락 역. 서울: 도서출판 두란노, 2007.
Voetius, Gijsbert. 『영적 침체』. 황영식 역. 서울: 도서출판 누가, 2011.
Vos, Geerhardus. *Biblical Theology: Old and New Testaments*. Grand Rapids: Eerdmans, 1948. 이승구 역. 『성경신학』. 서울: CLC, 1985, 개정역, 2000.
Wells, David. *The Person of Christ*. Westchester, Ill.: Crossway Books, 1984. 이승구 역. 『기독론: 그리스도는 누구신가』. 서울: 엠마오, 1994. 최근 판. 부흥과 개혁사, 2015.
Wesley, John. "A Plain Account of Christian Perfection." In *The Works of John Wesley*. Edited by Thomas Jackson (1872). 11:366-446=이후정 역. 『그리스도인의 완전』. 서울: 감리교신학대학교 출판부, 2006.
"*Limbus Infantum*." https://encyclopedia2.thefreedictionary.com/Limbus+Infantum.
변종길. "개혁교회의 영성과 경건". 「교회와 문화」 6 (2001).
우병훈. "기스베르투스 푸티우스(1589-1676)의 신학교육론". 『종교개혁과 교육』, 개혁주의 신학과 신앙 총서 제11집 (2017): 101-35.
유정모. “17세기 화란의 자유의지론 논쟁에 대한 연구: 히스베르트스 푸치우스(1589-1676)의 "*De Termino Vitae*"를 중심으로”. 「한국개혁신학」 49 (2016): 202-39.
이승구. “종교 다원주의의 대변자 존 힉(John Hick)의 종교 다원주의 주장과 그 문제점”. 『우리 이웃의 신학들』, 105-40. 서울: 나눔과 섬김, 2014.
_____. “복음주의적 내포주의자 클락 피녹과 그 문제점”. 『우리 이웃의 신학들』, 141-51. 서울: 나눔과 섬김, 2014.
_____. 『사도신경』. 개정판. 서울: SFC, 2009, 최근 판, 2022.
_____. 『교회, 그 그리운 이름』. 서울: 말씀과 언약, 2021.

Soli Deo Gloria

지은이는 개혁신학을 전문적으로 연구하는 이로서 현재 합동신학대학원대학교 조직신학 교수로 있다. 총신대학교 기독교 교육과를 졸업하고(B.A.), 서울대학교 대학원에서 윤리학과 가치 교육에 관한 논문으로 석사 학위를 취득하고(M.A. in Ethics Education), 합동신학원을 졸업하였으며(M. Div.), 영국 The University of St. Andrews 신학부에서 연구(research)에 의한 신학석사(M. Phil., 1985) 학위와 신학박사(Ph. D., 1990) 학위를 취득하였고, 미국 Yale University Divinity School에서 연구원(Research Fellow)으로 있다가(1990-1992), 귀국하여 한국 웨스트민스터신학원(1992-1999)과 국제신학대학원대학교(1999-2009)에서 조직신학 교수, 부총장 등을 역임한 후 지금은 합동신학대학원대학교의 조직신학 교수로 있다.

그 동안 한국장로교신학회 회장(2016-2018), 한국개혁신학회 회장(2018-2020), 한국복음주의신학회 회장을 역임하였으며(2020-2022), 2023년 봄부터는 한국성경신학회 회장으로 섬기고 있다.

이승구 교수 저서

『현대 영국 신학자들과의 대담』(대담 및 편집). 서울: 엠마오, 1992. 복간판. 알맹e, 2023.
Kierkegaard and Barth. Seoul: The Westminster Theological Press, 1994.
『개혁신학에의 한 탐구』. 서울: 웨스트민스터 출판부, 1995, 재판, 2004.
『교회론 강설: 교회란 무엇인가?』. 서울: 여수룬, 1996, 2판, 2002. 개정판. 서울: 나눔과 섬김, 2010. 4쇄, 2016. 재개정판. 서울: 말씀과 언약, 2020.
『진정한 기독교적 위로』. 하이델베르크 요리문답 강해 1. 서울: 여수룬, 1998, 2002. 개정판. 서울: 나눔과 섬김, 2011. 3쇄, 2015. 재개정판. 말씀과 언약, 2020.
『성령의 위로와 교회』. 하이델베르크 요리문답 강해 2. 서울: 이레서원, 2001. 2쇄, 2003, 개정판, 2009. 개정 2쇄, 2013. 개정 3쇄, 2015. 5쇄, 2022.
『인간 복제: 그 위험한 도전』. 서울: 예영, 2003. 개정판, 2006.
『기독교 세계관이란 무엇인가』. 서울: SFC, 2003, 개정판 5쇄, 2009. 재개정, 2014, 2016, 2020, 2022.
『기독교 세계관으로 바라보는 21세기 한국 사회와 교회』. 서울: SFC, 2005. 2쇄, 2008. 5쇄, 2016. 개정판. 서울: CCP, 2018.
『사도신경』. 서울: SFC, 2005. 개정판, 2009. 재개정판, 2013. 2쇄, 2015. 3쇄, 2022.
Kierkegaard on Becoming and Being a Christian. Zoetermeer: Meinema, 2006.
『21세기 개혁신학의 동향』. 서울: SFC, 2005, 2쇄, 2008. 개정판, 서울: CCP, 2018.
『한국 교회가 나아갈 길』. 서울: SFC, 2007, 2011. 개정판, 서울: CCP, 2018.
『코넬리우스 반틸』. 서울: 도서출판 살림, 2007, 2012.
『전환기의 개혁신학』. 서울: 이레서원, 2008, 2쇄. 3쇄, 2016.
『광장의 신학』. 수원: 합신대학원출판부, 2010. 2쇄, 2010.
『우리 사회 속의 기독교』. 서울: 도서출판 나눔과 섬김, 2010. 2쇄, 2010.
『개혁신학 탐구』. 서울: 하나, 1999. 2쇄, 2001. 개정판, 수원: 합신대학원 출판부, 2012.재개정판, 2022.
『톰 라이트에 대한 개혁신학적 반응』. 수원: 합신대학원 출판부, 2013. 2쇄, 2013.
『거짓과 분별』. 서울: 예책, 2014.
『우리 이웃의 신학들』. 서울: 도서출판 나눔과 섬김, 2014. 2쇄, 2015.
『위로 받은 성도의 삶』. 하이델베르크 요리문답 강해 3. 서울: 나눔과 섬김, 2015. 개정판, 서울: 말씀과 언약, 2020.
『묵상과 기도, 생각과 실천』. 서울: 도서출판 나눔과 섬김, 2015. 개정판 e-Book, 서울: 말씀과 언약, 2023.

『성경신학과 조직신학』. 서울: SFC, 2018. 재판, 2022.
『하나님께 아룁니다: 감사의 최고 표현인 기도』. 하이델베르크 요리문답 강해 4. 서울: 말씀과 언약, 2020.
『데이비드 웰스와 함께하는 하루』. 서울: 말씀과 언약, 2020.
『교회, 그 그리운 이름』. 서울: 말씀과 언약, 2021.
『성경적 종말론과 하나님 나라 백성의 삶』. 서울: 말씀과 언약, 2021. 재판, 2023.
『1세기 야고보, 오늘을 말하다』. 서울: 말씀과 언약, 2022.
『변증 목회: 그 가능성과 실제』. 서울: 말씀과 언약, 2023.
『벨직 신앙고백서 강해』. 서울: 말씀과 언약, 2023.

이승구 교수 번역선

Lee, Francis Nigel. *The Origin and Destiny of Man.* 『성경에서 본 인간』. 서울: 엠마오, 1984. 개정역. 도서출판 토라, 2006.
Ladd, George Eldon. *The Last Things.* 『마지막에 될 일들』. 서울: 엠마오, 1984. 개정역. 서울: 이레서원, 2000. 재개정역. 『조지 래드의 종말론 강의』. 서울: 이레서원, 2017.
Harper, Norman E. *Makes Disciples!* 『그리스도의 제자 만드는 기독교 교육』. 서울: 엠마오, 1985. 개정역. 도서출판 토라, 2005.
Van Til, Cornelius. *The Reformed Pastor and Modern Thought.* 『개혁신앙과 현대사상』. 서울: 엠마오, 1984. 개정역. 서울: SFC, 2009.
Holmes, Arthur. *The Contours of a Word View.* 『기독교 세계관』. 서울: 엠마오,1985. 개정역. 서울: 솔로몬, 2017.
Webber, Robert E. *The Secular Saints.* 『기독교 문화관』. 서울: 엠마오, 1985. 개정역. 서울: 토라, 2008.
Packer, J. I. 『자유 권위 성경』. 서울: 엠마오, 1985.
Vos, Geerhardus. *Biblical Theology.* 『성경신학』. 서울: 기독교문서선교회(CLC), 1985. 개정역, 2000. 2쇄, 2011. 3쇄. 2013.
Bloesch, Donald, *The Ground of Certainty.* 『신학서론』. 서울: 엠마오, 1986.
Morris, Leon. *The Cross of the New Testament.* 『신약의 십자가』. 서울: CLC, 1987.
Vos, G. *The Self-disclosure of Jesus.* 『예수의 자기계시』. 서울: 엠마오, 1987. 개정역. 서울: 그 나라 출판사, 2014.
Vos, G. 『바울의 종말론』. 오광만 교수와의 공역. 서울: 엠마오, 1988.
Bavinck, Herman. *The Doctrine of God.* 『개혁주의 신론』. 서울: CLC, 1988.
Bockmuel, Klaus. 『복음주의 사회 윤리』. 서울: 엠마오, 1988.
Yandell, K. E. *Christianity and Philosophy.* 『기독교와 철학』. 서울: 엠마오, 1988. 개정역. 서울: 이컴비즈니스, 2007.
Reymond, Robert. 『개혁주의 변증학』. 서울: CLC, 1989.
Noll, Mark and David Wells. (Eds.) 『포스트모던 시대의 기독교 신학과 신앙』. 서울: 엠마오, 1992.
Wells, David. *The Person of Christ.* 『그리스도는 누구신가?』. 서울: 엠마오, 1992. 개정역. 토라, 2008. 재개정역. 서울: 부흥과 개혁사, 2015.
Van Til, Cornelius. *Introduction to Systematic Theology.* 『개혁주의 신학 서론』.서울: CLC, 1995. 강웅산과의 개정역. 서울: 크리스챤, 2009.
Stibbs, A. M. and J. I. Packer. *The Spirit within You. Grand Rapids*: Baker Book House, 1967. 『그리스도인 안에 계신 성령』. 서울: 웨스트민스터 출판부, 1996.
Clark, Kelly J. *The Return to Reason.* 『이성에로의 복귀』. 서울: 엠마오, 1998.
Philips, Timothy R. and Dennis L. Ockolm. (Eds.) *Four Views on Pluralism.* 『다원주의 논쟁』. 서울: 기독교문서선교회(CLC), 2000.
Melanchthon, Philip. *Loci Communes.* 『신학총론 (최종판)』. 세계기독교고전 39. 고양: 크리스챤다이제스트, 2000.
Helm, Paul. *The Providence of God.* 『하나님의 섭리』. 서울: IVP, 2004.
Klooster, Fred H. *A Mighty Comfort.* 『하나님의 강력한 위로』. 프레드 H. 끌로스터. 개정역. 도서출판 토라, 2004. 개정, 서울: 나눔과 섬김, 2014. 재개정역. 서울: 개혁,2021.
Morris, Leon. *The Cross of Jesus.* 조호영과 공역. 『그리스도의 십자가』 서울: 토라, 2007. 개정역. 서울: 바이블 리더스, 2007.
Berkouwer, G. C. *The Church.* 나용화 교수와 공역. 『개혁주의 교회론』. 서울: 기독교문서선교회, 2008.
Hesselink, John. *Calvin's First Catechism: A Commentary.* Kentucky:Westminster/John Knox Press, 1997. 조호영과 공역. 『칼빈의 제 1차 신앙교육서:그 본문과 신학적 해설』. 서울: CLC, 2019.
Shelderhuis, Herman. *On Death.* 『우리는 항상 죽음을 향해 가고 있다』. 수원: 합신대학원출판부, 2019.